DROIT ANGLAIS DES AFFAIRES

DROIT ANGLAIS DES AFFAIRES

2e édition

CÉCILE LE GALLOU
Professeur de droit privé
Co-directrice du master Juriste d'affaires internationales
École de droit, Université Toulouse Capitole

SIMON WESLEY
Avocat honoraire Barreau de Lyon
Enseignant de droit anglais Université Catholique Lyon Faculté de droit
Ancien *Solicitor* (England & Wales)

LGDJ un savoir-faire de Lextenso

Les auteurs

Cécile Le Gallou est professeur de droit privé et co-directrice du master Juriste d'affaires internationales à l'École de droit de l'Université de Toulouse Capitole, où elle enseigne notamment le droit anglais des affaires.

Simon Wesley est avocat honoraire au Barreau de Lyon, ancien Solicitor (England & Wales). Sa spécialité était le droit des affaires et le contentieux international. Après avoir été maître de conférences associé à l'Université Jean Moulin Lyon 3 faculté de droit, il enseigne la Common law et Legal Skills à l'Université Catholique de Lyon.

Contributions des auteurs

Cécile Le Gallou

— Les contrats
— La responsabilité délictuelle
— Les biens et les *trusts*
— Les garanties de paiement

Simon Wesley

— La présentation générale
— L'organisation du business
— Les graves difficultés financières
— Le règlement des litiges
— La régulation des marchés

1, Parvis de La Défense
92044 Paris La Défense Cedex
www.lgdj-editions.fr
commercial-livres@lextenso.fr
EAN : 9782275160887
ISSN : 2968-7454
Collection : Précis Domat

SOMMAIRE

AVERTISSEMENT

Cet ouvrage a pour vocation de faire découvrir les bases du droit anglais des affaires au lecteur et ne saurait représenter des conseils juridiques.

INTRODUCTION

1 **Le droit anglais.** La connaissance du droit anglais des affaires est un impératif pour tout juriste. En effet, la mondialisation des échanges implique fréquemment les concepts, pratiques et terminologies contractuels et juridiques issus du système de *Common law* originaire du Royaume-Uni, et utilisés dans de nombreux pays. Des études récentes[1] rappellent l'influence mondiale des marchés de la City de Londres, une des premières places du droit, et le rôle des tribunaux de la Haute Cour de Justice, notamment son "*Commercial court*" très actif dans le droit des affaires internationales. Ceci explique la place prépondérante du droit anglais dans les affaires internationales. 21 % des professionnels du droit anglais exercent dans la *City of London*, ce qui n'exclut pas des cabinets d'affaires importants dans les grandes villes de province.

Malgré le Brexit, le "*Common law*" reste un système de référence pour de nombreux pays ; et a même été intégré en tant que source de droit complémentaire pour les marchés financiers de Dubai, Abu Dhabi, le Qatar et le Kazakhstan. Le droit anglais reste un choix de loi de prédilection dans le commerce et les marchés internationaux, tout particulièrement les marchés financiers, les marchés des matières premières et des assurances, du grain, et les fusions-acquisitions.

Londres est devenue en quelques années la deuxième place mondiale des nouvelles technologies dans le domaine financier, réglementaire et d'assurance *(dont "Fintech, Regtech et Assurtech"*) stimulant des évolutions législatives déjà en cours pour faire face aux défis du commerce en ligne et les "crypto biens" et monnaies. La notion de bien digital a désormais sa place en droit anglais, reconnu par une loi et confirmé par la jurisprudence[2].

Les législations en matière de commerce en ligne, puis la criminalité organisée, notamment internationale, et les divers trafics en ligne, ont été considérablement

1. Law Society International Data Insights Report 2023: Global Position of English Law et The City UK UK Legal Services 2024.

2. Voir notamment : *Property (Digital Assets etc.) Bill*, projet de loi qui a pratiquement achevé son passage au Parlement britannique en juin 2025, reconnaissant la possibilité d'un 3e type de bien (bien digital) ; et Fabrizio d'Aloia v Persons Unknown 2024 EWHC 2342 Ch qui a reconnu pour la première fois après un procès au fond, l'existence d'un bien digital (cryptomonnaie).

renforcées. À la suite du covid, les tribunaux anglais font l'objet de la digitalisation des procédures. En matière de l'intelligence artificielle, les tribunaux se montrent particulièrement circonspects, n'hésitant pas à réprimander sévèrement les avocats qui ne vérifient pas les sources obtenues par l'IA.

Dans ce contexte foisonnant, les tribunaux anglais, notamment le "*Commercial Court*", avec les institutions d'arbitrage international à Londres, continuent d'apporter leur contribution à l'une des premières places juridiques, au plan mondial[3], notamment dans le domaine des contrats.

Avocats, juristes d'entreprises, magistrats, et étudiants sont confrontés, ainsi, aux concepts et pratiques du droit anglais au gré des relations internationales d'affaires. De même, les académiques peuvent puiser au sein des règles juridiques anglaises d'enrichissantes sources de comparaison avec le droit français[4], ouvrant alors un monde de compréhension et d'échanges, sachant qu'historiquement nos collègues britanniques ont fait de même, notamment en puisant source d'inspiration législative et jurisprudentielle du droit français.

Par ailleurs, les effets du Brexit, aujourd'hui jugés largement négatifs, laissent un impact significatif sur le droit du Royaume-Uni, malgré le fait que des pans entiers du droit européen ont été conservés lors de sa sortie de l'Union européenne début 2021. Il fallait éviter un vide important dans son droit, mais pour sa mise en place un processus législatif complexe relaté plus loin, était nécessaire. En même temps, les principes fondamentaux du droit de l'Union européenne ("UE"), et la jurisprudence de la Cour européenne de Justice depuis 2021, ont été délesté progressivement du droit britannique.

Si le Brexit n'a pas eu de conséquences significatives sur la place du système de droit anglais dans le commerce international, il a néanmoins apporté des modifications importantes affectant les entreprises et le droit des affaires, y compris sur le plan du droit international privé. Après une première phase où les gouvernements conservateurs pensaient pouvoir totalement éliminer le droit d'origine européenne du système de droit britannique avant fin 2023, une réalité s'imposait au dernier gouvernement conservateur et son successeur travailliste en 2024, qui ont laissé perdurer une partie importante du droit européen conservé dès le Brexit, et qui a été renommé "*assimilated European law*". Une purge totale aurait été d'autant plus irréalisable dans le délai initialement prévu fin 2023, que l'enracinement du droit européen était tel que son élimination allait laisser un vide sidéral contraire à tous les intérêts en jeu. Aujourd'hui, comme il sera décrit plus loin, une cohabitation complexe, et évolutive, de droit européen assimilé dans le système de droit applicable au Royaume-Uni s'est instaurée, avec des retouches destinées à donner de la vigueur à l'économie dans certains secteurs, notamment les nouvelles technologies comme le "*fintech*".

Quelques divergences sont apparues tant au niveau législatif que jurisprudentiel, sans renier nécessairement les origines européennes. Si une coopération s'est rétablie avec les autorités européennes à différents niveaux, il est difficile de prédire le

3. Voir aussi S. Wesley, « L'attractivité des juridictions et de la loi anglaises après le Brexit : continuité et divergence », *RLDA*, nº 228, septembre 2024.

4. Voir not. G. Blanc, « Réforme du droit des obligations et droit anglo-américain », *in L'influence de la réforme du droit des obligations sur le droit des affaires*, Dalloz, 2017, p. 5.

degré de divergence ou convergence future. De nouveaux pouvoirs sont donnés aux ministres et autorités de régulation pour gérer ces changements. Pour les entreprises une période complexe s'est ouverte avec le Brexit, les obligeant à suivre les éventuelles divergences actives ou passives, ou alignements actifs, selon que le gouvernement décide de se mettre au diapason des évolutions européennes, ou non. Un "*Brexit tracker*" du gouvernement et des publications spécialisées comme "*UK in a Changing Europe-regulatory divergence tracker*", et les blogs des cabinets de Solicitors et Barristers, permettent de suivre les développements en cours au jour le jour. En réalité, beaucoup d'entreprises sont obligées de se conformer aux réglementations des deux marchés britanniques et européens. D'autres ont renoncé face à la complexité de la tâche. En 2025 un possible renouveau des relations avec l'Union européenne semble s'amorcer. Le droit européen reste, malgré ces développements, une source de droit de référence, même si l'on ne peut plus le qualifier de source directe de droit dans le système britannique.

Dans un impératif de simplicité, le droit applicable au Royaume-Uni est le plus souvent qualifié dans cet ouvrage de « droit anglais » par un indéniable abus de langage, puisque ce système dit « de droit commun » (*Common law*) trouve à s'appliquer, *stricto sensu*, à l'Angleterre et au Pays de Galles. Dans le cadre du Brexit, le droit européen existant au début 2021 a été intégré au droit des pays du Royaume-Uni, et par un abus de langage similaire, il est fait parfois référence dans ce contexte très particulier au « droit britannique » pour indiquer le périmètre d'application du droit européen « assimilé », alors que, *stricto sensu*, il n'existe pas. Il convient de rappeler que l'Écosse et l'Irlande du Nord jouissent de systèmes juridiques proches mais distincts, et d'une certaine autonomie politique et législative asymétrique, de sorte, qu'il convient au cas par cas des jurisprudences et des régulations, de vérifier si les règles s'appliquent ou non sur ces territoires. En effet, depuis 1998, le Pays de Galles, l'Écosse et l'Irlande du Nord bénéficient de lois spécifiques par lesquelles ils jouissent de leurs propres pouvoirs exécutifs et législatifs, sous réserve de certains domaines réservés aux autorités centrales[5]. Un processus de dévolution interne à l'Angleterre pour renforcer les pouvoirs des collectivités régionales et locales par rapport au gouvernement central de Whitehall, est en cours de discussion. Un projet de loi devrait être proposé après consultations[6]. Par ailleurs, l'Irlande du Nord jouit d'un statut particulier après le Brexit, en restant dans le marché unique européen sous des conditions particulières, afin de préserver le commerce avec son voisin du sud. Enfin, le recours de décisions des tribunaux écossais ou nord-irlandais est possible auprès de la Cour Suprême du Royaume-Uni ("*UK Supreme Court*"), ou des juges de ces deux pays siègent aux côtés de leurs homologues anglais et gallois. Ce livre traite surtout du droit anglais.

2 **Les distinctions avec les autres pays de *Common law*.** Le rôle prééminent de la *City* à Londres, notamment au niveau des marchés de matières premières,

5. *The Scotland Act* 1998, *The Government of Wales Act* 1998, *The Northern Ireland Act* 1998. Pour plus de detail, voir notamment: Introduction to Devolution in the United Kingdom-House of Commons Library, 21 May 2024, David Torrance & English Devolution White Paper, December 2024.

6. L'évolution du projet de loi peut être suivie notamment sur le site du Local Government Association : https://www.local.gov.uk/our-support/devolution-and-lgr-hub/devolution-and-local-government-reorganisation-faqs-and-glossary.

bancaires et financiers et des assurances, et le commerce maritime, a eu pour conséquence le développement historique de tribunaux spécialisés dans les affaires internationales, notamment la "*Commercial Court*" de la "*High Court*", et l'arbitrage international. Ceci explique l'influence importante du droit anglais dans les autres pays de *Common law*, regroupant traditionnellement ceux qui ont adopté le système anglais depuis longtemps en tout ou partie (l'Australie, la Nouvelle-Zélande, les États-Unis[7], le Canada, le Kenya, l'Inde, Singapour, Hong Kong, le Nigéria, etc. pour les états anglophones). Mais il ne faut pas oublier le fait que le droit de ces pays connaît des différences parfois importantes, tout en se référant aux jurisprudences et débats doctrinaux des uns et des autres, pour enrichir le développement du droit et des techniques juridiques de cette famille de pays de droit commun. Les tribunaux anglais se réfèrent aisément aux jurisprudences de leurs homologues des pays de *Common law*, notamment lorsqu'il existe une question difficile ou une lacune à combler.

Le droit anglais des affaires demeure une source de compréhension de ces droits de *Common law* par le maintien de nombreux points communs ; malgré l'existence des spécificités de droit des affaires, comme aux États-Unis, telle la notion de bonne foi de son Code Uniforme de Commerce, ou des avancées dans des états tels que New York et de Delaware, de certains concepts de droit anglais comme *promissory estoppel*, en "*Equity*". Un exemple récent des développements de la *Common law* en parallèle entre pays de *Common law* concerne le développement de la notion de biens digitaux et la possibilité de saisie de crypto-monnaies[8].

3 **Les (six ou sept ?) principales sources du droit anglais, et des sources secondaires.** Héritier d'une longue, riche et complexe histoire, le droit anglais est le fruit de diverses sources. Le droit anglais est composé, depuis le Brexit, de six principales sources : i) la *Common law (qui a développé les fondements du droit civil, commercial, pénal et des biens)* ; ii) l'*Equity (qui apporte des correctifs par le biais de remèdes spéciaux et concepts tels le trust pour éviter des abus du droit)* ; iii) la *Legislation* votée par le Parlement et la réglementation (qui intègrent également le droit européen existant au 31 décembre 2020) ; iv) "*European human rights law*" le droit européen des droits de l'homme (dont les principes sont intégrés dans le droit anglais par *Human Rights Act* 1998) ; v) *International law* (dont *Public International law-les traités et droit coutumier international-* et *Private International Law*) ; et vi) *Custom* (la coutume locale).

Si l'on ne peut plus qualifier le droit européen comme source directe, il est permis de dire que la loi dite « *European Union (Withdrawal) Act* 2018 » qui a acté la décision du Parlement britannique de sortir le pays de l'Union européenne au 31 décembre 2020, a, en quelque sorte, maintenu une septième source de droit en réintégrant le droit européen (devenu "*retained European law*" puis "*assimilated EU law*"), en qualité de législation, en attendant son abrogation progressive prévue par cette même loi. Début 2025, environ un tiers des lois et règlements d'origine

7. Pour une présentation du droit américain, voir A. A. Levasseur, *Le droit américain, Connaissance du droit*, Dalloz, 2018.

8. Voir notamment les jugements des tribunaux anglais, néo-zélandais et de Singapore cités dans le chapitre sur les biens.

européenne (souvent de nature technique) ont été abrogés, dans certains cas remplacés et réintégrés dans le droit par des décrets (“*regulations*”)[9]. Les principes généraux de droit de l’UE et les décisions de la CJUE ne lient plus la Cour Suprême et les Cours supérieurs d’appel, dont la Cour d’appel anglaise. Ainsi, stricto sensu, le droit de l’Union européenne ne peut plus constituer une source principale de droit, sous les réserves indiquées dans la section consacrée à son influence actuelle.

Des sources secondaires. Par ailleurs, depuis une trentaine d’années la régulation des marchés est également devenue une source importante d’obligations pour les entreprises. En outre, les écrits d’éminents juges, juristes, académiques et praticiens sont cités dans les affaires soulevant des points de droit difficiles ou nouveaux, mais le recours à ces sources est moins systématique que dans les systèmes de droit civil. Dans le domaine du droit des affaires, les coutumes et normes issues des marchés, de la pratique contractuelle, ainsi que des usages et de la régulation des différents secteurs de l’économie, sont également des sources importantes. Ces coutumes et normes sont souvent qualifiés de *Soft law* (normes plus ou moins contraignantes selon les secteurs d’affaires ou les marchés concernés). Ils peuvent, selon les cas, intégrer également des principes dérivés des droits humains, droits humanitaires et normes environnementaux, sociaux et de gouvernance au plan international ; et peuvent devenir des sources de *Hard law* (normes d’application générale) du fait de la jurisprudence, de législations ou de pratiques et codes normatifs des autorités de régulation. Enfin, le droit comparé devient une source plus importante et peut influencer les décisions des tribunaux britanniques[10].

4 **Une hiérarchie des sources ?** Une première question, que peut se poser le juriste français, concerne la hiérarchie des sources, que le droit anglais n’articule pas en tant que principe légal. Dans certains domaines, tels certains aspects du droit des contrats, les seules sources pertinentes peuvent être la *Common law* éventuellement complémentée par l’*Equity* qui apporte certains concepts et remèdes spéciaux pour éviter une injustice, puis des législations ponctuelles traitant des points spécifiques. Pour d’autres domaines, la législation telle qu’interprétée par les tribunaux, qui a une force supérieure dans les domaines qu’elle traite, est souvent la seule source de droit. Dans d’autres, comme la limitation de responsabilité contractuelle ou délictuelle, il est nécessaire d’analyser une combinaison de sources jurisprudentielles du droit commun des contrats, et les effets de la législation, par exemple, sur les conditions abusives (*Unfair Contract Terms Act 1977*) puis l’*Equity*.

En ce qui concerne le droit européen, les tribunaux anglais prennent en compte, sans être obligés de suivre, les décisions de la Cour européenne des droits de l’homme. Depuis le Brexit le *droit de l’Union européenne* n’est plus une source supérieure de droit ; et les tribunaux supérieurs anglais sont libérés de l’obligation de suivre les décisions de la Cour européenne de Justice ; mais peuvent en tenir

9. Voir par exemple The Product Safety and Metrology etc. (Amendment) Regulations 2024.

10. Voir notamment : Comparative Public Law in the United Kingdom-John Bell-Droit Public Comparé 2023 et Reference to Foreign Law in the Supreme Courts of Britain and the Netherlands: Explaining the Development of Judicial Practices-Elaine Mak-Utrecht Law Review Volume 8, issue 2 May 2012.

compte, notamment pour interpréter la législation anglaise issue des règlements et directives européennes. La loi dite *Consumer Protection Act 1987* qui a rendu illicites les clauses exonérant un opérateur économique de sa responsabilité pour le décès ou le préjudice corporel, ou la directive européenne sur les agents commerciaux peuvent être citées comme exemples.

Le *droit international*, notamment les traités ratifiés par le Parlement, reste une source supérieure de droit comme certaines Conventions de La Haye ratifiées récemment pour combler partiellement des vides créés par le Brexit ; et le traité, signé le 24 décembre 2020 après des négociations difficiles entre le Royaume-Uni et l'Union européenne, dit « Accord de commerce et de coopération », traitant divers aspects des relations post-Brexit entre les deux parties[11]. Dans le domaine du *droit international privé*, des traités, la jurisprudence, et la doctrine[12] sont les sources les plus importantes. Certains instruments du droit européen dans ce domaine ont été abrogés dès 2020, telle le règlement Bruxelles I (refonte)[13] sur la compétence judiciaire, ou le règlement UE sur les procédures d'insolvabilité ; alors que le texte du règlement Rome 1[14] sur la loi applicable aux contrats a été conservé en droit interne. La coutume (coutume locale ancienne) peut avoir une force supérieure sur toute autre source. Par exemple si une entreprise pétrolière souhaite construire un *pipeline* qui traverse une plage sur la côte de la mer du Nord, il sera nécessaire de vérifier, par exemple, si les pêcheurs locaux n'ont pas le droit d'étaler leurs filets à cet endroit. Cette coutume ne peut être annulée que par une loi spécifique du Parlement. Les coutumes et normes des différents secteurs commerciaux et industriels deviennent par leur intégration contractuelle et reconnaissance jurisprudentielle (*Precedent*) une source complémentaire de droit, s'imposant au cas par cas comme norme juridique.

Dans la pratique le juriste anglais est amené à vérifier, pour chaque question donnée, lesquelles de ces différentes sources peuvent s'appliquer, et le cas échéant dans quel ordre hiérarchique.

Chacune de ces sources que sont la *Common law* (section 1), l'*Equity* (section 2), la loi (section 3), le droit européen : « droit UE assimilé » et le droit issu de la Conv. EDH (section 4), le droit international (section 5) et la coutume (section 6) méritent de plus amples éclairages.

11. N.B. : La Cour de justice de l'Union européenne est compétente pour certaines questions au titre de l'Accord de Retrait et l'Accord de commerce et de coopération-voir par exemple la décision de la CJUE Case C-202/24 Alchaster, et l'article de Thomas Wahl-Eucrim-issue 2/2024-Max Plack Institute for the Study of Crime, Security and Law.

12. Voir notamment l'ouvrage de reference : Dicey, Morris and Collins on the Conflict of Laws. Ed. Sweet & Maxwell.

13. Règlement UE n° 1215/2012.

14. Règlement UE n° 593/2008.

SECTION 1 LA COMMON LAW

5 **Le fondement du droit civil et commercial.** Aujourd'hui encore, le droit jurisprudentiel de la *Common law* constitue le fondement du droit civil (droit applicable aussi bien aux particuliers non commerçants, qu'aux entreprises et associations, ainsi qu'à l'État, aux régions et collectivités locales et à leurs différentes émanations publiques ou publique/privé), notamment dans les domaines du contrat et de la responsabilité civile des entreprises. Il s'agit d'un droit bâti depuis le XIIe siècle sur la base de décisions des Cours dans des situations factuelles spécifiques (*precedents*), le droit commun se développant cas par cas. Le droit commercial et le droit maritime quant à eux, ont connu un développement distinct du droit commun depuis le Moyen Âge, avant d'être intégrés dans le droit commun à partir du XVIIe siècle[15].

6 **Les atouts de la *Common law* : simplicité, certitude et pragmatisme.** En 1761, le célèbre juriste et juge Lord Mansfield disait, dans le cas *Hailton v. Mendes*, que « Les négociations quotidiennes et biens des marchands ne devraient pas dépendre de subtilités, mais de règles facilement apprises et retenues, car elles sont dictées par le bon sens tiré de la vérité de l'affaire »[16]. En 1774, dans l'affaire *Vallejo v. Wheeler*, le tribunal jugeait que « dans tous les contrats "mercantiles" (commerciaux), l'objectif principal doit être la certitude : il est plus important que la règle soit certaine [...] car les spéculateurs dans le commerce savent, par conséquent, sur quel terrain ils avancent [...] »[17]. En outre, la *Common law* est un droit pragmatique, ancré dans la réalité des échanges commerciaux, de ses besoins et de ses difficultés. En effet, aujourd'hui, les juges de la Haute cour de justice et notamment la Cour commerciale (*Commercial Court*), en tant qu'anciens praticiens du droit (*Barristers* ou *Solicitors*) souvent très spécialisés, sont parfaitement au courant du fonctionnement des marchés de la *City*, la finance, les instruments du financement du commerce, et les contrats internationaux. Ainsi ils perpétuent une tradition de proximité des Cours et tribunaux, et de leur jurisprudence, au monde des affaires et à ses us et coutumes.

7 **Présentation**. La *Common law* est le fruit d'une longue et riche évolution (§ 1). Il n'est pas seulement le fondement du droit civil et commercial, mais aussi de droits constitutionnels (§ 2). Nombreuses sont désormais les illustrations de cette *Common law* (§ 3).

15. Pour une approche générale de la *Common law*, voir A. J. Bullier, *La Common law, Connaissance du droit*, Dalloz, 2016.
16. Hailtonv Mendes [1761] 2 Burr 1198.
17. Vallejo v Wheeler [1774] 1 Cowp 143.

§ 1. LES ORIGINES HISTORIQUES

8 **Premier aperçu.** Il est utile de connaître un peu de l'histoire du droit commun pour comprendre ses mécanismes. Historiquement, la *Common law* (ou « droit commun »), est la principale source de droit dans le domaine civil, commercial et pénal. Il peut être considéré comme étant la plus ancienne source du droit, qui a émergé au cours des XIIe et XIIIe siècles, mais il reflétait également des coutumes encore plus anciennes, dont les sources des prérogatives de la Couronne (et aujourd'hui du gouvernement, du Parlement et le pouvoir judiciaire). Il est à noter, toutefois, que le droit commercial et le droit maritime, issus des coutumes et usages du commerce développés par des tribunaux des principaux marchés et ports du royaume depuis le Moyen Âge, n'ont été intégrés complètement à la *Common law* que tardivement, au XVIIIe siècle. Ces droits comportaient des éléments de droit marchand (*law merchant*) issu de la coutume des commerçants, du droit civil, du droit romain et de la coutume internationale. Par le nombre de décisions des tribunaux statuant sur des situations factuelles spécifiques, par son ancienneté et sa capacité d'évolution et d'adaptation aux évolutions sociales, scientifiques et économiques, le droit commun reste une source essentielle de la vie des affaires, tant au plan contractuel que de la responsabilité[18]. Ce droit commun est d'autant plus ancré dans la pratique, qu'il est souvent fait référence aux personnages fictifs du *reasonable man*, ou de *reasonable business person*, ou encore de *business common sense* notamment en droit des contrats.

9 **Annonce**. La *Common law* est le résultat d'une évolution politique et juridique (A) qui sera enrichie par moult influences (B). C'est à l'issue de ces diverses étapes que l'on observe un développement du droit civil (C), au sens de droit applicable entre particuliers.

A. UNE ÉVOLUTION POLITIQUE ET JURIDIQUE

10 **Avant le droit normand.** En réalité, le droit commun puisait ses sources dans des fragments de législations et de coutumes locaux anciens, de quelques rémanences de droit romain, et le droit et coutumes anglo-saxons, qui avaient traversé la mer du Nord avec les Saxons au sud et les Vikings dans le Nord : ainsi, « Le droit avait été apporté à travers la Mer du Nord, en tant que coutume du peuple, par eux déclaré dans leurs assemblées locales où il se faisait justice, recherchant la coutume qui s'appliquait en l'ajustant en tant que de besoin[19] ». Le concept de *folkright* (coutumes du peuple élaborées, déclarés et adaptés lors d'assemblées locales, appelées à faire justice entre les membres de la communauté locale), représentait la pratique coutumière respectée de longue date.

18. Il convient de rappeler que le droit civil issu du droit commun et de l'*Equity* s'applique également aux contrats de l'État et ses différentes émanations avec les opérateurs privés, et relève de la compétence des juridictions de droit commun.

19. Professor Helen Cam, précité : *"The law had been brought across the North Sea, as it was the custom of the folk, declared by the people in their local assemblies where they did justice one to another, finding the custom that applied and adjusting it at need"*.

11 **Le droit normand.** Le droit coutumier féodal normand (notamment le droit immobilier) amené dans les bagages de Guillaume de Normandie au XIe siècle constituait un autre germe important du système qui allait devenir le droit commun prononcé par les Cours royales applicable sur tout le Royaume (droit commun à tout le royaume, d'où l'expression de *Common law*), à partir des XIIe et XIIIe siècles.

12 **Les évolutions postérieures.** De manière distincte, la *Common law* était également une inspiration du système parlementaire issu du Conseil du roi. Œuvre des juges des Cours royales, il trouve ses sources dans les coutumes de l'Angleterre découvertes par les juges lors de leurs tournées judiciaires (*eyres and circuits*) autour d'un pays réuni militairement et administrativement depuis la conquête de Guillaume duc de Normandie. Les Cours royales étaient devenues au fil des siècles plus attrayantes pour les plaideurs en raison de leur indépendance et leur pouvoir par rapport aux tribunaux locaux, qui eux étaient plus susceptibles aux influences locales. Le roi Jean avait en outre promis lors de *Magna Carta* en 1215 de nommer des juges « connaissant le droit », ce qui a renforcé le développement d'un corps de juristes professionnels, dont sont toujours issus les juges.

Pour saisir la Cour, le demandeur devait formuler les allégations de sa demande selon les critères factuels déjà reconnus par la Cour comme constitutifs d'un droit d'action en vertu du droit commun. Concrètement le demandeur devait plaider les faits dans un formulaire d'action (*form of action*) inscrit dans le *writ of summons* (assignation) que devait délivrer la Cour pour convoquer le défendeur. Les critères dépendaient des précédents déjà reconnus par la Cour comme ouvrant droit à sa saisine.

13 **Des règles ancrées dans le temps et la tradition.** En outre, la promesse faite par chaque monarque lors de son couronnement, depuis au moins Guillaume de Normandie en 1066, de respecter les lois et coutumes anglaises, constitue le socle constitutionnel sur lequel est bâti le droit commun, ainsi que l'indépendance des Cours et tribunaux et les droits constitutionnels. Comme le disait Mme le Professeur Helen Cam, « Le droit était certainement plus ancien que la royauté »[20]. Définie au départ comme *custom of the realm since time immemorial* (coutume du Royaume depuis les temps immémoriaux), la *Common law* est apparue en tant que source de droit structurée à travers les écrits de deux éminents juges des Cours royales, Glanvil et Bracton, respectivement au XIIe siècle puis vers 1254.

B. LES INFLUENCES

14 **Présentation.** La *Common law* des origines a connu diverses influences, celles de la *City* et de certaines villes et ports au Moyen Âge (1) et des droits étrangers (2), de tradition *Common law* ou non.

20. Professor Helen CAM : *Law Finders and Law Makers in Medieval England*, Merlin Press 1962 : *"Almost certainly, the law was older than Kingship."*

1. Un rôle international de la *City* et certaines villes et ports dès le Moyen Âge

15 **La *City*.** La *City* de Londres, et certaines autres villes ou des ports, comme Londres, Bristol ou Southampton, avaient obtenu du roi très tôt (avant le XIIIe siècle dans certains cas), le droit de tenir des tribunaux distincts siégeant notamment dans la *City* de Londres et les grands ports maritimes. Ces tribunaux traitaient des affaires internationales des commerçants itinérants. Les tribunaux du *Staple* étaient spécialisés dans certaines affaires d'import et d'export, notamment dans le commerce de laine qui était déjà une activité répartie sur différents pays européens à l'époque.

Ainsi, le droit commercial traitait principalement des contrats entre commerçants et les effets de commerce, y compris des contrats internationaux (*law merchant*). La loi marchande internationale avait été reconnue par une loi de l'époque d'Edward III en 1303, *Carta Mercatoria*.

16 **Le succès des tribunaux sur les marchés et ports.** Des tribunaux spécifiques dispensaient la justice près des marchés, d'où le nom pittoresque de *Court of Pie Powder* (corruption de « pieds poudrés », car les marchands assistaient aux audiences les pieds recouverts de poussière !).

Par ailleurs, le droit des effets de commerce était partiellement inspiré par le droit vénitien. Les méthodes de preuve des tribunaux de la *City* étaient plus appréciées des commerçants de la *City* et leurs co-contractants étrangers, car plus souples que celles des Cours royales de droit commun, qui ont dû s'adapter au fil des siècles. Le *tally* (morceau de bois sur lequel les dettes étaient inscrites) était accepté comme preuve ; alors que les Cours de droit commun n'acceptaient pas ce type de preuve à l'époque. Le droit maritime (*Admiralty law*) était proche du droit civil ; et s'inspirait très largement des codes maritimes internationaux telles les lois d'Oléron et de Rhodes, ou des ports hanséatiques.

17 **L'intégration progressive des activités des tribunaux de commerce et de droit maritime aux Cours Royales et la *Common law*.** Les activités de ces tribunaux ont été progressivement intégrées au système des Cours royales de droit commun pendant une période de plusieurs siècles entre le XIVe et le XVIIIe siècle. Ainsi, la *Common law* a repris et intégré certains aspects de droits étrangers et de codes internationaux. Lorsque le droit de la vente a été réformé par la loi dite *Sale of Goods Act 1893*, un certain nombre des dispositions avait été inspiré par les écrits du juriste français Pothier.

2. L'influence persistante des droits des autres pays de *Common law* et des droits étrangers

18 **Pays de *Common law*.** Les tribunaux anglais se réfèrent en tant que de besoin, et notamment en l'absence de précédents convaincants de la jurisprudence anglaise, aux décisions de tribunaux des autres pays de *Common law*. Quelques célèbres arrêts sont inspirés par les arrêts des tribunaux américains ou canadiens. Ce point sera traité plus en détail dans le chapitre sur la méthodologie du droit commun.

19 **Pays civilistes.** Les droits des pays civilistes sont également source d'inspiration pour les plus éminents juges anglais. Dans une affaire *Hongkong Fir Shipping v. Kawasaki Kisen Kaisha Ltd*[21], Lord Diplock avait dit au sujet de l'exécution d'obligations contractuelles que : « chaque contrat synallagmatique contient le germe du problème : dans quels cas une partie qui n'a pas encore exécuté ses obligations peut être libérée ?.... ». À l'époque, on ne savait pas trop à quoi le juge se référait, le concept de contrat synallagmatique n'existant pas dans la terminologie habituelle du droit commun.

Plus tard, dans l'affaire *United Dominions Trust (Commercial) Ltd v. Eagle Aircraft Services Ltd*[22], Lord Diplock est revenu sur son utilisation du mot « synallagmatique » généralement inconnu du droit anglais ! « On pensait que l'utilisation de cet adjectif qualifiant "synallagmatique" a été un exemple typique d'exhibitionnisme philologique gratuit. Mais cet appel concerne la différence de nature juridique entre les contrats synallagmatiques (un terme que je préfère à "bilatéral", car il peut y avoir plus que deux parties) et les contrats qui ne sont qu'unilatéraux, un terme qui, comme synallagmatique, j'ai emprunté du droit français (Code civil arts. 1102 et 1103)... ». En effet, le très éminent juge de la *House of Lords Appellate Committee* cherchait son salut dans la précision des termes juridiques du droit civil français !

Plus récemment, le juge Peter Prescott de la Haute Cour de Justice, dans son jugement dans une affaire d'interprétation technique d'une licence de brevet[23], a cité dans la langue de Molière, Nicolas Boileau, l'avocat et écrivain français du XVIIe siècle, pour illustrer son approche à l'interprétation : « Ce que l'on conçoit bien s'énonce clairement et les mots pour le dire arrivent aisément ». En 2024 la Cour d'appel avait à juger une question du remède approprié en matière de manquement contractuel, en l'espèce le non-paiement d'une dette d'acompte pour l'achat de trois navires. Il s'agissait de déterminer si une action pour le paiement de la dette ou une action en dommages-intérêts étaient appropriée. Dans la discussion, l'œuvre du juriste français Robert Pothier était cité en le comparant aux développements similaires de la *Common law* depuis le XVIIe siècle, ainsi qu'un précédent de droit écossais basé sur le droit civil romain[24].

C. LE DÉVELOPPEMENT DU DROIT CIVIL

20 **Le droit civil issu des assignations et le trouble à l'ordre public.** À l'origine, le droit civil anglais a été élaboré à partir de classifications précises issues des assignations spécifiques que la Cour acceptait de délivrer, notamment à partir de situations factuelles pouvant troubler l'ordre public. Le demandeur devait formuler sa demande dans la forme requise pour le type de cas concerné, en plaidant des faits correspondant aux cas reconnus par les précédentes décisions de la Cour. Il devait

21. Hongkong Fir Shipping v Kawasaki Kisen Kaisha Ltd 1962 2 QB 26.
22. United Dominions *Trust* (Commercial) Ltd v Eagle Aircraft Services Ltd 1968 1 All ER 104.
23. Oxonica Energy Ltd v Neuftec Limited 2008 EWHC 2127 Pat.
24. King Crude Carriers SA & others v Ridgebury November LLC & others 2024 EWCA Civ 719 (un appel devant la UK Supreme Court était pendant en mai 2025).

en outre demander un remède prévu par le droit commun. À titre d'exemple, on peut citer les cas d'invasions illicites de la propriété ou d'atteinte à la personne d'autrui nécessitant un *writ of trespass to land* (ouvrant droit à un jugement reconnaissant la « possession » étant l'équivalent au titre d'un bien) ou *writ of trespass to the person* (ouvrant droit à des dommages-intérêts : *damages*). Pour ce dernier cas, il fallait alléguer que le défendeur avait eu recours à la force et à une arme (*trespass vi et armis*). Une distinction était faite entre la menace de force imminente (*assault*) et la *battery* qui sanctionnait le passage à l'acte.

21 **Développement des assignations par fictions et cas spéciaux *(special cases)*.** Progressivement les Cours ont accepté de délivrer des assignations sur des cas spéciaux, *writ of trespass on the special case,* où l'arme était remplacée par une fiction tel le bistouri d'un chirurgien, puis au XXe siècle par le concept général de *negligence* ouvrant la possibilité de nouvelles catégories de demandes.

22 **L'évolution vers l'idée de principe général dans certains cas : la responsabilité envers le « voisin » dans la *negligence*.** En effet, ce n'était qu'en 1932 que le *Appellate Committee* de la Chambre des Lords a relégué les actions en *trespass on the special case* au banc de l'histoire, en reconnaissant une action distincte de *negligence* basée sur un principe plus général de responsabilité issue d'une relation de proximité et prévisibilité de dommage, dans le célèbre arrêt *Donoghue v. Stevenson*[25].

Cet arrêt concernait une consommatrice qui avait bu de la bière de gingembre (*ginger beer*) dans une bouteille opaque contenant non seulement la bière mais également les restes décomposés d'un escargot qui s'était introduit dans la bouteille par la négligence du fabricant.

23 **La persistance de droits de la responsabilité issus de jurisprudences spécifiques.** Le droit des *torts*[26] reconnaît toujours des *torts* très spécifiques tels que le *Trespass*, la *Nuisance*, la *Defamation*, l'utilisation illicite d'un nom commercial (*passing off*), la concurrence déloyale, la responsabilité issue de l'affaire *Rylands v. Fletcher*[27], responsabilité sans faute d'un propriétaire d'un bien immobilier pour une chose dangereuse s'échappant de son terrain, etc.

24 **Le développement du droit des contrats.** Dans le domaine du droit des contrats des assignations spécifiques et techniques ont été utilisés pour formuler différents types de demandes selon la nature de la difficulté (*writs of covenant, debt, misfeasance, non-feasance, assumpsit*). Ce n'est au XVIIe siècle que le droit des contrats a connu une évolution vers l'éclosion d'une conception plus unifiée du contrat[28] !

25 **Un développement pragmatique et l'absence de Code civil.** Ainsi, au lieu d'un système codifié avec des principes généraux de responsabilité, le droit anglais a pris un chemin différent, le droit étant bâti sur la réponse des Cours à des

25. Donogue v Stevenson [1932] AC 562 (M'Alister v Stevenson).
26. Pour de plus amples développements, voir la partie *Torts*.
27. Rylands v Fletcher 1866 LR 1 Exch 265.
28. Slades Case [1602] 4 Co Rep 91.

situations factuelles spécifiques au cas par cas. Il a été dit avec justesse dans la nécrologie de Lord Bingham, un des plus célèbres juges du xxe siècle, parue à l'*Economist*[29], qu'il avait apporté sa pierre (plutôt des pierres) à l'édifice (*web of walls*) de la *Common law*. Cette image de la construction brique par brique de la *Common law* paraît très juste.

26 **Le rôle limité, mais nécessaire, de la doctrine.** Lady Hale, présidente de la *Supreme Court*, a récemment confirmé l'importance de la doctrine, tout particulièrement pour les questions de droit délicates où la jurisprudence est limitée voire même absente. La doctrine inclut non seulement les articles d'éminents auteurs académiques ou de praticiens, mais également les rapports de la Law Commission (voir chapitre Acteurs). Lord Carnwath JSC, juge de le *Supreme Court*, a indiqué dans un récent discours que, devant la multiplication de citations de jurisprudences extraites de bases de données informatiques, dont la pertinence n'est pas toujours garantie, la référence à la doctrine permet de voir plus clair[30]. Les juges se réfèrent également aux écrits de juges éminents tels les Institutes of the laws of England de Sir Edward Coke, juge du xviie siècle, ou Blackstones Commentaries on the Laws of England. Quelques indications supplémentaires sur ce sujet figurent dans le chapitre sur la méthodologie de la *Common law*.

27 **Le contenu de l'assignation au xxie siècle.** Avant 1875, toutes ces différentes actions nécessitaient de plaider la demande selon les formulations acceptées et d'apporter des preuves selon des règles strictes et formalistes. Aujourd'hui, la formule d'assignation devant la Haute cour de justice est générale ; mais il n'en reste pas moins que le demandeur doit formuler une demande énonçant de manière détaillée les faits sur lesquels la demande est basée. Afin de prospérer, la demande doit reposer sur des éléments factuels déjà reconnus par la jurisprudence comme établissant une action connue du droit commun. La défense peut poser une question préliminaire de droit au tribunal pour contester le droit d'action du demandeur (voir par exemple l'affaire *McLoughlin v. O'Brian*[31] citée dans la section consacrée à la méthodologie du droit commun).

L'assignation indique par ailleurs quel est le remède (ou remèdes) que le demandeur cherche à obtenir.

La cohérence de la *Common law*

Aujourd'hui, la cohérence du système de la *Common law* est garantie par une hiérarchie d'autorité des Cours et tribunaux par laquelle les tribunaux inférieurs doivent respecter le précédent établi par une Cour supérieure dans une situation factuelle similaire. La méthodologie du système de précédent sera examinée plus en détail dans le chapitre qui lui est consacré.

29. *The Economist Obituary*, Sept 16th 2010.
30. "*Judicial Precedent-Taming the Common law*" Lord Carnwath of Notting Hill JSC Nigerian Monthly Law Reports Annual Lecture Series 7th June 2012.
31. McLoughlin v O'Brian 1983 1 AC 410.

§ 2. LE DROIT COMMUN, SOURCE DE DROITS CONSTITUTIONNELS

28 **Droit commun et droits constitutionnels.** Le droit commun a contribué au développement du droit constitutionnel de deux façons. En premier lieu, les assignations spéciales (*prerogative writs*) permettaient de contrôler l'exercice d'une autorité ou d'un pouvoir notamment judiciaire ou lorsque des décisions affectant les droits d'une personne pouvaient être affectées. Ainsi, elles permettaient, en principe, de convoquer devant la Cour toute personne exerçant un pouvoir pour vérifier l'existence du pouvoir et/ou le respect de la procédure. La célèbre assignation *Habeas corpus* qui permet de contrôler la légalité d'une détention existe toujours. En second lieu, par des arrêts délimitant les pouvoirs prérogatives du monarque, ses préposés ou son gouvernement. Cela a permis notamment de juger que la pratique de la torture était contraire au droit commun dès le XIVe siècle. Plus récemment Lord Bingham ancien Président du Comité d'appel de la Chambre des Lords (prédécesseur de l'actuelle Cour Suprême) a énoncé les principes fondamentaux de « la règle de droit » ("*rule of law*") issus des grands arrêts constitutionnels[32]. Le pouvoir constitutionnel des juges est rappelé, de manière éclatante, dans l'affaire de la prorogation du Parlement lorsque la Cour Suprême, siégeant exceptionnellement à 11 juges et en urgence, a décidé à l'unanimité que l'Ordonnance de sa Majesté prorogeant le Parlement à la demande et sur les conseils de Boris Johnson, alors Premier ministre, pour reporter les débats sur le Brexit, était illégale, nulle et non avenue[33].

29 **L'immutabilité des règles constitutionnelles du droit commun.** Les règles de droit commun peuvent être considérées comme étant en quelque sorte des *grund normen* du droit anglais, qui existent depuis les temps immémoriaux. Dans le cadre du débat politique récurrent sur la sortie du Royaume-Uni de la Convention européenne des droits de l'homme et le renoncement britannique à la Charte européenne des droits fondamentaux du fait du Brexit, les tribunaux ont rappelé, à travers un certain nombre de décisions, au cours de la dernière décennie, que le droit commun a historiquement posé certaines limites aux pouvoirs de la Couronne (et du gouvernement), que reflètent d'ailleurs les principes de la Convention européenne des droits de l'homme, dont la rédaction initiale, de l'après-guerre, a été notamment l'œuvre de juristes britanniques inspirés des principes historiques de la *Common law* !

30 **Exemples.** Dans une récente décision de la Cour Suprême[34], un des juges a indiqué que le principe de proportionnalité venu du droit européen n'était pas éloigné de la proportionnalité de la jurisprudence du contrôle de légalité du droit commun. Dans la décision de la *Supreme Court* concernant le pouvoir du gouvernement de notifier la sortie du Royaume-Uni de l'Union européenne, la Cour a rappelé que les pouvoirs du gouvernement ("*Crown*") étaient issus de la *Common*

32. https://binghamcentre.biicl.org/our-vision & David Williams Lecture Cambridge University 2006.
33. R (on the application of Miller) Appellant v The Prime Minister (Respondent), Cherry & others v Advocate General for Scotland 2019 UKSC 41.
34. Pham v Secretary of State for the Home Department 2015 UKSC 19.

law, et leur contenu et limites sont définis par la jurisprudence[35]. Enfin, une affaire de 2017, concernant le droit ancien des sujets de sa Majesté d'accès à la justice, illustre le fait que les tribunaux n'hésitent pas à annuler des règlements du gouvernement en matière de frais de procès, pour illégalité en raison de leur contrariété à la règle de droit, principe érigé par la *Common law* depuis des siècles et confirmé par des lois telles que *Magna Carta*[36].

§ 3. DES REMÈDES DE LA *COMMON LAW* COMPLÉTÉS PAR L'*EQUITY*

31 **Les remèdes limitatifs de la *Common law*.** La *Common law* ne propose que certains remèdes. Par exemple, c'est le cas de la notion de *debt* permettant de récupérer une somme certaine au titre d'une obligation, telle une dette constatée par une facture. De même, il y a les dommages-intérêts (*damages*), l'indemnisation financière d'un préjudice subi[37]. L'on peut aussi citer le mécanisme de *possession*, permettant la récupération d'un bien illicitement enlevé à son propriétaire, remède *in rem*. L'on peut aussi ajouter l'exemple du *self-help*, remède permettant dans des cas très spécifiques de faire justice soi-même, par exemple en coupant une branche d'arbre dépassant la limite d'un terrain voisin, ou en reprenant possession d'un bien par son propriétaire. Enfin, citons, dans le domaine des contrats d'affaires, la prise d'acte de rupture d'un contrat.

Ces remèdes sont de droit (*as of right*) à partir du moment où le demandeur apporte la preuve de ses allégations.

Cependant, le nombre limité de remèdes du droit commun et les rigueurs des règles de preuve et de procédure de la *Common law* ont mené à la création (par le Roi) au xve siècle d'une deuxième source de droit jurisprudentiel et de remèdes spéciaux dispensé par le garde des Sceaux ("*Lord Chancellor*"), dénommé *Equity*, pour complémenter les remèdes le droit commun et éviter des injustices dans des cas exceptionnels.

SECTION 2 L'*EQUITY*

32 L'*Equity* constitue une source essentielle dans la mesure elle contribue à renforcer la mise en exécution de la *Common law* par le biais de remèdes spéciaux ou de principes fiduciaires que seul l'*Equity* a su élaborer, et qui viennent complémenter la *Common law* pour éviter des abus de droit. Dans l'affaire *Hughes v Metropolitan Railway*, Lord Cairns a rappelé que « ... le principe

35. R (Miller and another) v Secretary of State for Exiting the European Union 2017 UKSC 5.
36. *R (on the application of Unison) v Lord Chancellor* 2017 UKSC 51.
37. Pour une discussion sur la différence entre "*debt*" et "*damages*", voir *King Crude Carriers v Ridgebury*, November 2024 EWCA Civ 719.

essentiel qui fonde l'action de la Cour en matière d'*Equity*, est qu'elle doit empêcher une personne d'insister sur ses droits stricts, que ce soit au titre d'un contrat, d'un acte immobilier, ou de par la loi, lorsqu'il serait inéquitable au regard des actes des parties... »[38] À l'origine inspirée par le droit canonique dont les *Lords Chancellor* (garde des Sceaux) étaient des spécialistes, l'*Equity* est aujourd'hui dispensée par les cours et tribunaux, même s'il reste une source de droit indépendant et complémentaire au droit commun.

Les remèdes spéciaux de l'*Equity, qui sont à la discrétion du juge tenant compte de toutes les circonstances,* constituent des armes essentielles notamment pour protéger le droit de la propriété intellectuelle ou industrielle des entreprises, assurer l'exécution de certains contrats, faire arrêter des actes de concurrence déloyale, obtenir des comptes dans le cadre d'une société commune (*joint venture*), etc. Dans le domaine financier le mécanisme du *trust*, proche de la fiducie, est un composant essentiel de nombreuses opérations de prêt international (par exemple les prêts internationaux syndiqués) imposant des obligations renforcées à la banque responsable de la gestion du prêt, qui vont au-delà du droit commun[39] en protégeant les droits des banques créancières.

À l'instar de la *Common law*, l'*Equity* est le fruit d'une évolution historique (§ 1) et ses apports au droit anglais sont désormais incontestables (§ 2).

§ 1. LES ORIGINES HISTORIQUES DE L'*EQUITY*

33 **Fondement.** Chaque monarque promet lors de son couronnement d'assurer le respect des lois et coutumes du Royaume. C'est sur la base de cette promesse, ayant valeur constitutionnelle, que les plaignants frustrés par le formalisme des actions du droit commun et son système rigide de preuve ainsi que le nombre limité de remèdes, ont demandé par pétition au Roi, de manière de plus en plus insistante et fréquente au cours des XIVe et XVe siècles, de faire justice dans des cas individuels en conscience. Le Roi a confié cette fonction au Chancelier (*Lord Chancellor*) qui était le garde des Sceaux (*Keeper of the Great Seal*). Le Chancelier a créé des cours spéciales nommées *Court of Chancery* (car situées au départ dans les bureaux du Chancelier), pour examiner ces pétitions (requêtes) et délivrer des ordonnances dirigées contre une personne en particulier, d'où le principe que l'*Equity* agit *in personam* ou contre la personne.

34 **Décision « en conscience ».** L'affaire était décidée en « conscience » à la discrétion du Chancelier ou de sa *Court of Chancery*, celui-ci étant un ecclésiastique trempé dans les principes moraux et religieux inspirés notamment par le droit canonique. La notion de « conscience » inspire toujours les juges, tel le cas de Mlle Burch et du Crédit Lyonnais NV où la Cour d'appel a refusé de donner suite à la demande de la banque d'exécuter l'hypothèque qui lui avait été consentie sur l'appartement londonien de Mlle Burch, employée d'une agence de voyages en

38. 1877 2 App Cas 439.

39. Voir les deux articles toujours d'actualité et des plus clairs de Michael Elland-Goldsmith : the Trust and its use in Commercial and Financial transactions-Revue du droit des Affaires Internationales 1985.

faillite, dont elle avait garanti le découvert (*overdraft*) à la demande de son employeur, et en octroyant une hypothèque pour laquelle la banque n'avait pas insisté sur la présence d'un conseil indépendant pour le salarié[40]. La Cour a indiqué que l'opération avait heurté la conscience de la Cour.

35 **Vers l'unification des juridictions.** Historiquement, une jurisprudence propre aux Cours d'*Equity* permettait de systématiser les situations où l'*Equity* était susceptible d'intervenir, mais sans toucher à la discrétion du juge dans chaque espèce. Jusqu'en 1873, l'*Equity* avait son propre juge (*Court of Chancery*) distinct des tribunaux de droit commun. Dans la plupart des cas, celui-ci était saisi une fois que le demandeur avait épuisé les possibilités devant le juge de la *Common law*. L'existence de deux juridictions parallèles et les difficultés nées des rivalités et incohérences entre les deux systèmes, a mené au XIXe siècle à une quasi-paralysie des opérations de vente de biens immobiliers, et des procédures qui pouvaient durer quelques décennies, telles que décrites par Charles Dickens dans son roman *Bleak House*. Des réformes législatives étaient devenues nécessaires. Les lois dites *Judicature Acts* de 1873 et de 1875 ont fusionné les deux juridictions permettant ainsi au juge saisi de juger en droit et en *Equity*, ce qui a considérablement simplifié la tâche des parties (et des juges).

En 1925, le droit immobilier a été réformé par deux lois *Law of Property Act* et *Land Registration Act* limitant certaines complexités du droit immobilier et créant un registre national des titres immobiliers.

Les principes applicables du droit commun et les règles du droit de l'*Equity* sont mis en œuvre aujourd'hui par le même juge siégeant au fond, ou lors d'une procédure d'urgence.

36 **Maximes de l'*Equity*.** La mise en œuvre de l'*Equity* est facilitée par des principes dits *maxims of Equity*. Le principe général de l'*Equity* était de ne pas laisser une personne sans remède : "*Equity will not suffer a wrong to be without a remedy*" ; et de s'assurer que la justice soit faite : "*Equity looks on that as done which ought to be done*". Ces principes aident le juge dans l'exercice de sa discrétion d'octroyer un remède, sans être des précédents contraignants. Une autre maxime est : "*Equity follows the law*". En cela, l'*Equity* doit vérifier que le remède ne serait pas contraire au droit commun pour éviter la création de nouveaux droits. Mais en réalité, l'*Equity* est plus concernée par le fond que la forme, en raison du fait que, historiquement, les règles et procédures du droit commun privaient parfois le demandeur de la possibilité de faire valoir ses droits. Ainsi, lorsqu'un conflit existe entre les règles de droit commun et *Equity,* c'est *Equity* qui doit primer. Ce principe est consacré aujourd'hui par la loi[41]. L'autre principe de base important est le fait que *Equity* agit *in personam* (*i.e.* contre une personne qui doit exécuter l'ordonnance) et non pas *in rem*.

Mais, en règle générale, le fait que les dommages-intérêts de droit commun suffiraient à protéger les intérêts du demandeur exclut la possibilité d'un remède équitable.

40. Crédit Lyonnais Bank Nederland NV *v Burch [1997]* 1 All ER 144.
41. Section 49 (1) *Senior Courts Act* 1981.

§ 2. LES APPORTS DE L'*EQUITY* AU DROIT ANGLAIS

37 **Présentation.** Le droit jurisprudentiel d'*Equity* a apporté plusieurs contributions essentielles au droit anglais. Lord Briggs, juge de la Cour Suprême a rappelé récemment que « la principale fonction de l'Equity est de corriger une injustice lorsque le droit (*Common law* ou législation) y resterait aveugle, en limitant l'application de règles rigides du droit lorsque leur mise œuvre serait contraire à la conscience de la cour »[42]. D'une part, il apporte des remèdes spéciaux permettant de protéger les droits existants en droit commun ou empêcher leur abus. En cela, l'*Equity* vient compléter les remèdes du droit commun qui sont essentiellement les dommages-intérêts et la possession de biens, pour traiter des situations d'urgence ou lorsque les remèdes du droit commun sont inadéquats pour empêcher une injustice. D'autre part, l'*Equity* justifie des principes juridiques destinés également à prévenir des abus de droit. Il s'agit notamment du *trust* (fiducie), et de l'estoppel, ou la correction de difficultés émanant d'un vice de forme légal ou de droit commun (par exemple où l'absence d'accomplissement d'une formalité empêche une personne d'obtenir le bénéfice de ses droits). Ainsi une hypothèque doit satisfaire certaines conditions légales, mais l'*Equity* peut considérer que l'hypothèque existe *in Equity* (*equitable mortgage*) en attendant la perfection des formalités légales, à condition que tous droits opposables des tiers ne soient pas lésés.

En somme, l'*Equity* propose de nombreux remèdes (A) et constitue un outil efficace pour lutter contre les abus les plus divers (B). Mais les décisions des juges prises sur le fondement de l'*Equity* sont discrétionnaires (C).

A. LES REMÈDES DE L'*EQUITY*

38 L'*Equity* est riche de remèdes (1) aux effets importants (2).

1. La variété des remèdes

39 **La richesse des remèdes aujourd'hui.** Les remèdes (toujours à la discrétion du juge) prennent la forme d'ordonnances classées selon le type de remède utile : injonction de cesser un trouble illicite, injonction de faire ou d'exécuter une obligation contractuelle, ordonnance permettant la saisie des preuves ou de geler un bien ou le mettre sous séquestre de la justice, une ordonnance de rendre un compte financier, ou de rectifier un instrument écrit en cas d'erreur commune. Les remèdes, développés au fil des siècles, constituent aujourd'hui une partie importante de l'arsenal juridique permettant de protéger les intérêts des entreprises ; tel est le cas du distributeur exclusif subitement évincé par un fabricant qui nomme un nouveau distributeur[43], le détenteur d'une marque ou d'un droit d'auteur dont les produits sont copiés sans autorisation.

Les principaux remèdes spéciaux de l'*Equity* sont l'injonction, l'exécution forcée, l'ordonnance d'établir un compte, la nomination d'un administrateur *ad hoc*, la

42. Guest v Guest 2022 UKSC 27.
43. Decro Wall International SA v Practitioners in Marketing Ltd 1971 1 WLR 361.

rectification d'un acte écrit, la rescision, le *tracing*, la déclaration de droit, et les dommages-intérêts équitables. Le demandeur doit agir sans tarder et doit être lui-même exempt de mauvais comportement ("*clean hands*").

40 **L'*injunction*.** Il s'agit d'une ordonnance enjoignant de faire cesser un trouble illicite. Il existe de nombreuses situations où l'*injunction* est appropriée. Par exemple la cessation d'une nuisance provoquée par le stationnement des véhicules d'un atelier voisin empêchant l'accès des automobilistes clients à une station-service d'une grande compagnie pétrolière ; ou une ordonnance empêchant un « tort » tel une violation de secret d'entreprise, ou de la propriété privée ; ou un acte de concurrence illicite, ou pour empêcher un *trustee* d'agir à l'encontre des intérêts des bénéficiaires du *trust*.

Elle peut être délivrée, soit lorsqu'il y a tout lieu de croire que le défendeur va commettre un acte contraire au droit et qu'un préjudice est à craindre *quia timet* (par exemple en matière de contrefaçon de brevet)[44], dès avant la commission d'une faute (par exemple lorsque le demandeur est en passe de commettre un manquement à une obligation de confidentialité ou de non-concurrence) ; soit lorsque le demandeur apporte la preuve que le défendeur a déjà commis une faute.

Il existe des *injunctions* à effet spécifique connues sous le nom du premier arrêt de la Cour qui les a ordonnés. Ainsi, il peut s'agir de la *Mareva injunction :* c'est une saisie conservatoire de fonds dans un compte en banque ou similaire pour empêcher leur sortie du Royaume en attendant le jugement au fond. L'ordonnance empêche aussi bien le titulaire du compte que la banque (ou éventuellement des tiers détenant des biens ou fonds pour compte ou on *trust* pour le défendeur) de transférer les fonds[45]. L'on peut également citer l'*Anton Piller injunction :* il s'agit d'une saisie conservatoire des preuves, par exemple en matière de contrefaçon. Le tribunal ordonne un *solicitor* assisté si nécessaire d'un officier de police de se présenter au lieu où se trouvent des biens allégués contrefaisants, d'y pénétrer et constater leur présence afin de constituer des preuves des contrefaçons avant leur disparition[46]. Ces remèdes ont pris un relief particulier récemment dans la saisie de crypto-monnaies issues de rackets d'entreprises, et leur qualification en qualité de biens saisissables[47].

41 **La *specific performance* du contrat.** Ce remède peut être approprié lorsque les dommages-intérêts ne suffisent pas à indemniser un préjudice, ou ne peuvent constituer un substitut satisfaisant de l'objet du contrat[48]. Il s'agit notamment de contrats portant sur des biens rares telles les antiquités, les biens immobiliers, des parts dans une société, etc. Il pourrait aussi s'agir de situations telles qu'un cas où le fournisseur d'un bien difficilement remplaçable manquerait à livrer le bien contractuel ; par exemple, un logiciel de navigation et de contrôle aéronautique

44. Merck Sharp Dohme Corp and Bristol-Myers Squibb Pharmaceuticals Limited v Teva Pharma BV [2013] EWHC 1958 (Pat).

45. Mareva Compania Naviera v International Bulk Carriers SA [1975] 2 Lloyds Reports 509 (1981 2 All ER 213) ; adde TSB Private Bank SK v Chabra [1991] 1 WLR 231.

46. Anton Piller KG v Manufacturing Processes Ltd [1976] CH 55.

47. Voir par exemple : AA v Persons Unknown 2020 4 WLR 35.

48. Pour de plus amples développements, voir la partie *Contrats*.

conçu et devant être installé par l'unique concepteur et installateur au plan mondial, dans un délai impératif de calendrier de production d'une société aéronautique constructeur d'avions. Dans un cas pareil, celle-ci n'a pas d'autre solution que de demander l'exécution de l'obligation, les dommages-intérêts n'étant pas un remède suffisant compte tenu de l'impact sur l'activité de la société aéronautique.

42 **L'*account*.** C'est une ordonnance imposant à une partie d'établir un compte, par exemple la partie chargée de gérer un *joint venture* (ou société de fait), ou par le distributeur d'un film cinématographique qui doit produire un compte détaillant les recettes « box office » au bénéfice des producteurs du film.

43 **Le *receiver*.** Le juge peut également prononcer la nomination d'un administrateur *ad hoc* pour protéger des biens en péril. Cette ordonnance a été à l'origine des procédures d'insolvabilité des personnes et des sociétés, qui font l'objet aujourd'hui de législation et procédures spécifiques dans la compétence de la *Chancery Division* de la *High Court*.

44 **La rectification d'un document écrit.** Appelée "*Rectification of a written instrument*", il s'agit de la rectification d'un acte écrit lorsque celui-ci a mal traduit les intentions communes des parties. Par exemple, un contrat de cession de droits cinématographiques dans une pièce de théâtre a été écrit et signé par l'auteur de la pièce et des producteurs de cinéma sur une serviette en papier dans un restaurant à Londres, mais il était nécessaire de clarifier une disposition écrite de manière trop succincte. Dans une affaire plus récente les parties avaient contracté pour l'octroi d'un sous-bail commercial alors que l'acte a eu pour effet une cession de bail. Le tribunal a rectifié l'acte pour rétablir le sous-bail prévu[49]. En revanche, la *House of Lords* a rappelé récemment qu'il s'agit de cas exceptionnels et ne s'agit pas de permettre aux tribunaux de réécrire les contrats mal rédigés où le tribunal doit plutôt appliquer les principes du droit d'interprétation des contrats[50].

45 **La *rescission*.** Ce remède permet au tribunal, dans des situations appropriées, de remettre les parties à un contrat vicié par une erreur ou déclaration erronée dans la position où elles se trouvaient avant la formation du contrat. Le contrat est considéré comme n'ayant jamais existé.

46 **Le *"following"* et *tracing*.** Par ailleurs, dans certains cas, le tribunal peut ordonner une recherche de biens détournés ("*following*") *par exemple les biens* d'un trust, et, en cas de succès, leur saisie ("*tracing*").

Cette technique permet de récupérer des biens soustraits par un *trustee* et un tiers complice aux bénéficiaires d'un *trust*, ou par exemple, des bénéfices illicites obtenus par un administrateur au détriment d'une société (il existe aussi une possibilité de *tracing* au titre de la *Common law*, mais selon des critères différents).

47 **La déclaration de droit, les *equitable damages*.** La déclaration de droit est un remède qui permet à une partie de demander au tribunal de déclarer l'existence d'un droit ou la façon dont il peut être mis en œuvre, ou dans certains cas l'absence

49. Cooperative Insurance Society v Centremoor Ltd 2 EGLR 52.
50. Chartbrook v Persimmon Homes Ltd 2009 UKHL 38.

de responsabilité ("*negative declaration*"). Ce remède est utilisé notamment dans les cas où un distributeur cherche à clarifier la nature exclusive de son contrat, ou lorsqu'un inventeur souhaite vérifier que son invention ne constituerait pas une contrefaçon[51].

Les dommages-intérêts en *Equity* sont issus d'une loi dite *Lord Cairns Act* (modifiée par *Senior Courts Act 1981*) et sont parfois appelés "*equitable compensation*". Dans certains cas limités, le juge peut ordonner le paiement d'une somme raisonnable en lieu et place d'un autre remède en *Equity*, par exemple en matière de manquement à une obligation de confidentialité où le tribunal ordonne le paiement d'une somme destinée à restituer un bénéfice notionnel qu'aurait perçu le demandeur en l'absence d'infraction à ses droits.

2. Les effets

48 **Effet *in personam*.** Initialement, la juridiction de *Chancery* avait la possibilité d'émettre des ordonnances contre la personne du défendeur ("*Equity acts in personam*") afin d'assurer que la justice soit faite. C'est toujours le cas aujourd'hui. Les remèdes de l'*Equity* prennent la forme d'une ordonnance adressée à une personne donnée l'ordonnant de cesser un trouble ou exécuter un acte.

49 **Sanction pénale.** L'*Equity* agissant *in personam*, le non-respect d'une ordonnance est sanctionné par une peine de prison ou une amende (*Contempt of Court Act 1981*). La sanction de l'emprisonnement reste exceptionnelle. Si le juge le décide, le défendeur est emmené immédiatement en prison à l'audience par les deux huissiers qui sont toujours présents lors de l'audience à laquelle le défendeur a été convoqué. Cette possibilité existe encore aujourd'hui, et constitue un remède efficace face, notamment, à un dirigeant d'entreprise récalcitrant. Toutefois la procédure de *contempt* ne peut pas être utilisée pour obtenir l'exécution d'une dette monétaire[52]. Dans une affaire à laquelle l'auteur a assisté, le juge, après avoir admonesté le défendeur convoqué pour non-respect d'une ordonnance de la Cour, lui a indiqué « vous avez 28 jours pour respecter l'ordonnance. Si je vous revois ici, vous savez où vous iriez... » (en prison) !

B. *EQUITY* OU LA LUTTE CONTRE LES ABUS DE DROIT

50 **Présentation.** L'*Equity* permet de lutter contre des abus de droit qui resteraient sans solution si l'on appliquait strictement les règles de *Common law*. Le *trust* (1) et l'estoppel (2) en sont deux illustrations.

51. Voir par exemple : Messier Dowty Ltd v Sabena SA 2000 1 WLR 2040, BNP Paribas SA v Trattamento Rifiuti Metropolitani SpA 2020 EWHC 2436 Comm, Fujufilm v Abbie 2017 EWHC 395 Pat.

52. Voir notamment le *Debtors Act 1869* qui a aboli les peines de prison pour non-paiement de dettes.

1. Le *trust*

51 **Apercu.** Le *trust*[53], qui ressemble à l'institution de la fiducie en droit français (sans partager les mêmes caractéristiques ou règles), fait intervenir le créateur du *trust* (dit *settlor*), qui transfère un bien à une personne de confiance (dit *trustee*) qui accepte (hors relation contractuelle) de le détenir et de le gérer au bénéfice d'un tiers (dit *beneficiary*). Le *trust* peut être créé spécifiquement par un acte de *trust* (*trust deed-"express trust"*). Elle exige néanmoins l'existence de trois conditions certaines : l'intention (apparente ou supposée) de création d'un *trust*, l'identification des biens objets du *trust*, et l'identité des bénéficiaires. L'avantage, c'est que les biens du *trust* ne rentrent pas dans le patrimoine personnel du *trustee*[54]. Certains types de trust spécifiques sont prévus par la loi (tel le *trustee in bankruptcy* [administrateur] d'une personne insolvable ; ou l'administrateur dans le cas une *succession ab intestat*. Le *trust* peut aussi exister du simple fait des circonstances ("*implied trust*" ou "*constructive trust*")), tel le couple non marié où l'un d'eux détient le titre d'un bien financé par des contributions de l'autre. L'*Equity* permet, dans toutes ces diverses situations, d'éviter des abus.

2. L'estoppel

52 **Présentation.** Les principes fiduciaires, notamment l'estoppel, impactent l'exécution des contrats, et particulièrement le droit de mettre fin à des tolérances consenties dans le cadre de l'exécution d'un contrat (*promissory estoppel*)[55]. L'estoppel peut également avoir un effet en matière des relations patrimoniales (*proprietary estoppel*).

53 **L'estoppel en matière de contrat *promissory estoppel*.** Si une partie, sans renoncer à son strict droit au titre d'un contrat, a consenti une tolérance permettant à l'autre de ne pas exécuter le contrat à la stricte lettre, la partie ayant octroyé la tolérance doit donner un préavis raisonnable à l'autre afin de revenir aux strictes dispositions du contrat. En effet, la première partie est *estopped* temporairement en ce qui concerne la possibilité de faire respecter la disposition concernée du contrat par son co-contractant. Le mot « estoppel » provient d'ailleurs d'un mot d'origine normand « étoupe » ou « estoupail ».

Lorsque l'on sait que pratiquement aucun contrat commercial n'est exécuté strictement selon ses dispositions, le principe d'estoppel en "*Equity*" est plus que pertinent pour analyser, à un moment donné, les possibilités de retour à la stricte lettre du contrat.

---

53. Pour de plus amples développements, v. *infra*, n° 914.

54. Compte tenu de la protection qu'il apporte aux biens objet du *trust*, le *trust* est un instrument fréquemment utilisé dans les montages financiers internationaux (tels que les "*syndicated loans*") pour protéger des biens détenus par le gérant ou représentants des banques ou institutions prêteurs. Cela explique, en partie, le fait que la plupart des opérations financières internationales sont soumises à la juridiction de la Haute Cour de justice à Londres ou le *Southern District Court of New York* à Manhattan, tribunaux parfaitement au fait de ces montages et leurs effets.

55. Pour une étude détaillée, voir par exemple la thèse doctorale du Pr. O. Moreteau, *L'estoppel et la protection de la confiance légitime*, Université Jean Moulin Lyon 3, 1990.

54 **Le *proprietary estoppel*.** Cette application du principe de l'estoppel permet au tribunal de décider que, suite aux agissements des parties, constitutifs d'un *trust ad hoc*, l'une doit transférer le titre d'un bien au demandeur. C'était le cas d'un fils déshérité par son père, alors que le fils avait travaillé de longues années à bas salaire sur la ferme de son père (valant quelques millions de livres sterling) sur la foi d'une promesse que celui-ci allait la lui transférer[56]. La Cour Suprême a récemment défini en détail ce concept dans l'affaire *Guest v Guest*[57] concernant les droits d'un fils à qui ses parents avaient promis oralement une part significative de la ferme familiale. Sur la foi de cette promesse, il avait accepté de travailler sur la ferme pour une rémunération bien en dessous du niveau normal pendant de longues années. Les éléments nécessaires à l'*estoppel* de cette nature sont une promesse, une croyance en la promesse et un détriment subi sur la foi de cette promesse.

C. LA NATURE DISCRÉTIONNAIRE DES DÉCISIONS ET LES RÈGLES GUIDANT LE JUGE

55 **Pouvoir discrétionnaire et lignes directrices.** La décision du juge en matière d'*Equity* est toujours discrétionnaire, même si la jurisprudence éclaire l'exercice de sa discrétion dans des cas spécifiques. L'*Equity* a élaboré des principes dits "*maxims of Equity*" pour guider le juge dans chaque cas, comme la rapidité de la demande, l'effectivité de la solution apportée, les difficultés potentielles engendrées pour l'activité du défendeur par l'ordonnance, l'attitude irréprochable du demandeur, l'équilibre des intérêts en présence et l'ordre public.

56 **La rapidité de la demande.** La demande doit être formulée rapidement, c'est le terme "*laches*" qui décrit cette idée, un vieux mot français indiquant une négligence d'agir, car l'une des maximes de l'*Equity* indique que "*delay defeats Equity*", les retards font succomber l'*Equity*. Il est donc nécessaire d'agir rapidement.

Les illustrations sont variées. Ainsi, en matière des contrats, la question de retard de la demande de remède équitable dépend de la nature du contrat. Dans certains cas, l'objectif est de parfaire la transmission du titre où la question du temps est moins importante, dans d'autres cas de contrats à valeur fluctuante ou spéculative, le temps peut avoir une influence importante sur la pertinence d'une ordonnance de *specific performance* ou exécution forcée. La question de périodes de prescription est également pertinente, car dans certains cas l'*Equity* ne connaît pas de durée de prescription, notamment dans le cas de fraude. Enfin, un retard peut lui-même générer une situation où il devient inéquitable (*unconscionable*) de pouvoir poursuivre en justice[58].

57 ***Hardship* ou difficultés engendrées pour l'activité du défendeur par l'ordonnance.** Le tribunal est également attentif à la question de l'existence d'un préjudice potentiel pour le défendeur. Par exemple, lorsque l'activité commerciale du

56. Moore v Moore 2016 EWHC 2022.

57. 2022 UKSC 27.

58. Voir notamment "*Laches and Limitation*" Clare Stanley and Michael Ashdown Ed : *Trusts & Trustees* August 26 2014.

défendeur serait entravée par l'interdiction. Le tribunal exigerait éventuellement une garantie financière du demandeur pour le cas où le tribunal décidait ultérieurement que la demande n'était pas justifiée.

58 **La décision en *Equity* doit être effective.** Une autre maxime indique que l'"*Equity will not act in vain*", c'est-à-dire que le recours à l'*Equity* ne doit pas être un coup d'épée dans l'eau. C'est pourquoi, le tribunal n'interviendra pas en *Equity* si l'ordonnance risque de ne pouvoir faire l'objet d'une exécution effective.

59 **Les *clean hands* du demandeur.** En vertu d'une autre maxime, le demandeur doit avoir eu un comportement exemplaire pour pouvoir convaincre le juge d'exercer sa discrétion en sa faveur. C'est ce que traduit l'expression suivante : "*he who comes to Equity must come with clean hands*". Une variation sur le même thème est le principe "*he who seeks Equity must do Equity*".

60 **La recherche d'un équilibre.** Le juge tiendra compte d'un équilibre entre, d'une part, les intérêts du demandeur qui demande, par exemple, la saisie de produits contrefaits ou l'interdiction d'un commerce qui crée une nuisance ; et d'autre part, les intérêts du défendeur dont le commerce risque d'être anéanti par une suspension de son activité en attendant le procès. C'est la maxime du *balance of convenience*.

61 **L'ordre public.** Le tribunal veille à ce qu'une ordonnance prise en *Equity* ne crée pas un trouble à l'ordre public (*public order*) ; par exemple, ainsi en serait-il d'une ordonnance de *specific performance* (exécution forcée) d'un contrat de vente d'immeuble qui aurait pour effet l'expulsion de l'épouse et des enfants du vendeur ou d'une ordonnance d'exécuter un contrat de prestation de services par un salarié. Le juge doit vérifier que l'octroi d'un remède n'aurait pas pour effet de léser les droits d'autrui, ce que traduit la maxime "*Equity will not act as a cloak for fraud*" (« L'*Equity* ne doit pas abriter la fraude »).

62 **Applications et exemple.** En droit des affaires, l'arrêt de référence au sujet de l'exercice de discrétion en matière des "*injunctions*" par le juge est l'arrêt *American Cyanamid*[59] où la *House of Lords* a jugé que les critères à prendre en compte étaient l'existence d'une question sérieuse de droit à juger au procès à venir, l'équilibre commercial (*balance of convenience*) et l'existence d'éléments spécifiques et la question de savoir si les dommages-intérêts alloués éventuellement lors du procès ne seraient pas un remède adéquat. Le tribunal tiendra éventuellement compte des dispositions contractuelles en matière de limitation de dommages-intérêts.

59. American Cyanamid Co v Ethicom Ltd [1975] AC 396.

SECTION 3 LA LÉGISLATION

63 **Présentation.** La législation est probablement aujourd'hui la principale source de droit en termes de volume. Elle a une force supérieure sur toutes les autres sources nationales de droit dans les domaines qu'elle traite. Aujourd'hui la législation est, notamment, la source spécifique du droit de la vente, du droit des sociétés, de la concurrence, du droit immobilier, procédures d'insolvabilité, les impôts, la sécurité sociale, la protection du consommateur, la régulation du secteur financier etc. Elle complémente certains aspects du droit des contrats et de la responsabilité. La plupart de l'ancien droit de l'Union européenne a été intégré en droit interne au titre d'une législation spécifique adoptée pour traiter les conséquences du Brexit : *European Union (Withdrawal) Act* 2018.

La législation est également la principale source de la régulation de nombreux secteurs de l'économie, mettant en place des autorités étatiques ou organismes de régulation, jouissant d'une certaine indépendance de l'état.

La loi est l'expression de la souveraineté du Parlement (§ 1), qui présente une riche variété (§ 2) et dont l'interprétation est soumise à des règles (§ 3).

§ 1. LES AUTEURS DE LA LOI ET LA SOUVERAINETÉ DU PARLEMENT

64 **La souveraineté du Parlement.** L'introduction formelle de chaque loi est rédigée ainsi : "*Be it enacted by the Queen's most Excellent Majesty, by and with the advice and consent of the Lords Spiritual and Temporal, and Commons, in this present Parliament assembled, and by the authority of the same, as follows*"[60]. Ceci rappelle le principe constitutionnel que la loi est faite par la Reine sur avis de la Chambre des Communes et la Chambre des Lords. C'est la formulation classique du pouvoir législatif de la *Queen in Parliament*. Le *Bill of Rights*, loi constitutionnelle datant 1689, a rappelé le principe de la souveraineté législative du Parlement, qui, en principe, peut légiférer sans restriction dans tout domaine, abroger ou modifier des lois existantes, ainsi que le droit commun et l'*Equity*.

Ceci étant, les tribunaux rappellent toutefois que certaines lois dites « constitutionnelles » dont la qualification revient aux tribunaux, ne peuvent être modifiées ou abrogées sans une intention spécifique exprimée par le Parlement.

Certains juges de la Cour Suprême ont également rappelé, par *obiter dicta*, qu'il existe certains principes du droit commun qui ne pourraient être abrogés par le Parlement sans créer une crise constitutionnelle, et que les juges seraient amenés éventuellement à juger une loi contraire aux principes essentiels de la *Common law* source du pouvoir législatif et dont la Couronne est la garante. Cette situation ne s'est pas encore présentée depuis le XVIIe siècle.

60. Extrait du site www.parliament.gov.uk. « Qu'il soit promulgué par son excellence Sa Majesté la Reine, et par les Nobles Spirituels et Temporels et la Chambre des Communes, après leur conseil et avec leur consentement, dans ce présent Parlement réuni, et de par son autorité ».

Par ailleurs, les atténuations apportées par le droit européen (qui ne concerne depuis le Brexit que la Convention européenne des droits de l'homme) et le droit international, au principe des pouvoirs souverains du Parlement, sont rappelées dans les parties consacrées au droit commun et le droit européen et international.

§ 2. LES DIFFÉRENTES CATÉGORIES DE LÉGISLATION

65 Parmi la législation *lato sensu*, il faut distinguer la loi ou *Primary legislation* (A) et les décrets d'application *Secondary Legislation* (B).

A. LA LOI OU *PRIMARY LEGISLATION*

66 **Les *statutes* et les *bills*.** Cette source législative est élaborée par le Parlement après débat du projet de loi (*bill*) le plus souvent dans les deux chambres. Après promulgation, la loi, appelée "*Act of Parliament*", est publiée au *Statute Book*.

On appelle la législation communément *statute law* ; et on se réfère aux *statutes* ou plus généralement à *legislation*. Les projets de lois sont intitulés *Bills* et peuvent être proposés de quatre manières différentes. En premier lieu, il peut s'agir de *Public Bills :* ils sont prévus pour une application générale (souvent partie du programme législatif du gouvernement ou le projet de loi des finances). En deuxième lieu, il peut s'agir de *Private Members Bills :* ce sont des projets de loi d'application générale mais proposé par un député (*Member of Parliament*) et non pas par un ministre. En troisième lieu, l'on rencontre des *Private Bills :* ces projets sont habituellement d'application limitée et spécifique. Il peut s'agir d'une loi concernant une entreprise assurant un service public, ou une collectivité locale par exemple pour un projet de transport local, d'où le nom de *Local Bill* parfois donné à ses projets de loi. Enfin, il existe des *Hybrid Bills :* il s'agit de projets de lois d'application générale avec des conséquences ou effets particuliers au sujet d'intérêts privés ou locaux. La loi sur le tunnel sur la Manche est un exemple fréquemment cité.

67 **L'introduction d'un projet de loi et son passage devant le Parlement.** Les projets de loi impliquant la réglementation sont accompagnés d'une étude d'impact préparée par le ministère concerné.

Ensuite, ils passent plusieurs étapes devant chaque chambre du Parlement (House of Commons où les députés sont élus, et *House of Lords* où les membres sont nommés à vie ou héréditaires). Le projet est fréquemment soumis aux comités spécialisés du Parlement (*select committee*) pour un premier échange avec les députés ou membres de la chambre des Lords (*members of parliament* [House of Commons] ou *members of the House of Lords* [*House of Lords*]), avant l'introduction du projet finalisé pour une première lecture (introduction formelle), puis une deuxième lecture (explication du ministre puis premier débat et propositions de modifications). Le projet passera ensuite devant le ou les commissions spécialisées (*committee stage*). Sur rapport des commissions, le projet est soumis en troisième lecture formelle avec débat éventuel. Si le projet est proposé par la Chambre des Lords, il passera des étapes similaires.

68 **Un titre et préambule succincts.** La législation britannique est remarquable par le fait que le titre et le préambule de chaque loi sont d'une grande brièveté comparée aux instruments européens. La nouvelle loi des sociétés de 2006 qui a consolidé le droit législatif, le droit commun et l'*Equity* en cette matière est préfacée de cette manière : "*An Act to reform company law and restate the greater part of the enactments relating to companies; to make other provision relating to companies and other forms of business organisation; to make provision about directors' disqualification, business names, auditors and actuaries; to amend Part 9 of the Enterprise Act 2002; and for connected purposes.*" [8th November 2006].

Le titre d'une loi et son préambule peuvent éventuellement être pris en compte par le juge aux fins d'interprétation, mais sont des indicateurs réduits de l'intention du législateur.

B. LES DÉCRETS D'APPLICATION DE LA LOI

69 Les décrets d'application sont des textes appliquent et complètent la loi. Empruntant des noms différents (1), ils sont d'une grande variété (2) et sont soumis à un certain contrôle des tribunaux (3).

1. Notions de *secondary delegated,* ou *subordinate legislation*

70 **Les trois types de textes.** Ces trois appellations, *secondary, delegated* ou *subordinate legislation* sont synonymes. Il s'agit d'une source qui complète le détail d'une loi qui a établi les principes généraux, en donnant pouvoir, notamment aux ministres, pour promulguer des instruments détaillés. L'étendue de ces pouvoirs est variable, parfois presque illimitée. Il peut s'agir de l'émission de règles techniques telles des dates d'entrée en vigueur d'une loi ou la modification des amendes ou autres sanctions prévues par une loi ; ou de compléter, modifier voire même abroger les dispositions d'une loi. Certains pouvoirs donnés aux ministres au titre de la loi *Legislative and Regulatory Reform Act 2006* sont tellement étendus que la loi a été surnommée "*the Abolition of Parliament Act*" !

La *secondary* législation prend habituellement la forme de *Statutory instruments*. C'est aujourd'hui la source la plus importante de règles législatives et leurs préambules réfèrent brièvement à la loi dont ils sont issus.

71 **Entrée en vigueur.** La procédure de mise en vigueur[61] des *delegated* ou *secondary legislation* est prévue par le *Statutory Instruments Act 1946* et nécessite deux conditions alternatives : soit une approbation négative du Parlement ; le projet de *statutory instrument* est déposé au Parlement ; si aucune objection n'est formulée dans le délai requis (habituellement 40 jours), l'instrument est considéré comme approuvé et entre en vigueur. C'est le cas de la majorité des *statutory instruments*. Soit une approbation positive où le Parlement doit activement approuver le projet d'instrument.

61. House of Commons Information Office Factsheet L7 Statutory Instruments (pour plus d'informations).

72 **Une surveillance inefficace du Parlement.** Une surveillance de la *delegated* ou *secondary legislation* est censée être assurée par des commissions spécialisées des deux chambres du Parlement.

Mais, Lord Judge, ancien juge et *Lord Chief Justice*, qui siégeait au *Constitution Committee* de la *House of Lords*, a rappelé dans son discours *Annual Bingham Lecture*[62] en mai 2017, que le Parlement britannique éprouve les plus grandes difficultés à exercer de manière effective son droit constitutionnel de contrôle des 12 000 pages de *secondary législation* (décrets d'application) produites chaque année par les différentes émanations du gouvernement. Il indique que la dernière fois que le Parlement avait rejeté un *statutory instrument* remontait à il y a 35 ans !

Par ailleurs, Lord Judge cite des lois qui annoncent simplement des politiques sans en donner aucun détail, puis les lois appelées *skeleton* (squelettes) qui énoncent un principe très général ou *mission statement* sans définition afin de laisser le gouvernement compléter les détails par voie de règlement. Une autre technique utilisée par des gouvernements concerne les projets de loi dites *Christmas Tree bills* dotés d'un grand titre mais contenant de multiples dispositions diverses sans aucun lien avec le titre de la loi.

2. Les différents types de *delegated* ou *secondary legislation*

73 **Présentation.** Mis à part les décrets d'application des lois du Parlement par le ministre concerné, le monarque dispose, sur avis d'un nombre limité de membres du gouvernement et du Parlement, de certains pouvoirs législatifs résiduels. Certaines autres autorités disposent également de pouvoirs réglementaires, qui seront traités dans cette section.

74 **Les *statutory instruments*.** Les *statutory instruments* permettent au gouvernement de légiférer par voie de décret les détails nécessaires à la mise en œuvre des principes adoptés par le Parlement dans la loi. Ces instruments concernent une variété très large de législation et de domaines d'activité. Ils sont utilisés notamment pour la mise en œuvre de directives européennes (par exemple, le *Commercial Agents Regulations 1993*[63] qui a introduit la notion d'agent commercial dans le droit anglais pour la première fois).

75 **Le *Orders in Council*.** La Reine peut émettre des ordonnances. Sa Majesté agit au titre de la prérogative royale sur avis de son Conseil Privé (*Privy Council*). Les ordonnances émises à ce titre traitent habituellement de questions d'importance constitutionnelle, telles que le transfert de pouvoirs entre ministres, ou modifiant le statut de fonctionnaires, ou pour l'instauration de mesures d'urgence.

En 1982, le statut des membres de la fonction publique britannique (*Civil Service*) était régi par une ordonnance du *Privy Council* (*Civil Service Order in Council 1982*). Les *civil servants* sont au service de la Couronne. L'article 4 de ladite ordonnance autorise le ministre du *Civil Service* qui était Mme Thatcher à l'époque

62. Lord Judge Annual Bingham Lecture May 2017.
63. Commercial Agents Regulations 1993 Statutory Instrument 1993/3053.

(elle était aussi la Premier ministre) de délivrer des règlements (*regulations*) ou instructions de temps en temps, afin de surveiller le comportement des fonctionnaires ou modifier leurs conditions de service. À la suite de mouvements de grève des fonctionnaires du très secret *Government Communications Headquarters* (GCHQ), Mme Thatcher, en sa qualité de ministre du *Civil Service*, a fait délivrer, en urgence, une ordonnance en vertu de ses pouvoirs sous l'article 4, pour priver ces fonctionnaires du droit de faire grève avec effet immédiat. Saisie par le syndicat des fonctionnaires, la *House of Lords Appellate Committee* a jugé que ce pouvoir discrétionnaire, même issu directement de la prérogative royale, était susceptible de contrôle de légalité ; et devait s'exercer normalement en respectant l'usage de consultation en vigueur entre le gouvernement et le syndicat, sauf cas d'urgence dont le ministre devait apporter la preuve par déclaration assermentée[64].

76 **Les *orders of Council*.** Le *Privy Council* peut lui-même passer des ordonnances réglementant certaines professions tels les dentistes, experts immobiliers (membres de la *Royal Institute of Chartered Surveyors*). À noter que le statut de certaines professions réglementées émane d'une Charte Royale (*Royal Charter*).

77 **Les *rules*.** Certaines autorités disposent du pouvoir réglementaire par voie de délégation du Parlement, tels pour les règles de l'Office des Brevets, ou le *Senior Judge* pour ce qui concerne les détails des règles de procédure civile.

78 **Les *regulations* des secteurs industriels, commerciaux et financiers.** Si le mot générique "*Regulation*" s'applique à des lois et aux *statutory instruments*, c'est également le terme utilisé plus spécifiquement pour désigner la régulation édictée par le Parlement depuis la vague de privatisations des années 1970 et 1980 dans de nombreux secteurs et qui a donné naissance à une pléthore d'organismes de régulation (*regulatory authorities*). Certaines autorités ont le pouvoir de passer des réglementations en forme de *statutory instrument*, telles que le *Legal Services Board* qui supervise la régulation et la discipline des professions juridiques. Cet organisme édicte des règles au titre des pouvoirs qui lui sont conférés par la loi dite *Legal Services Act 2007*. De même en est-il du *Financial Conduct Authority*. Cet organisme régulateur, issu de la loi *Financial Services Act 2012*, édicte des règles pour la régulation des acteurs du domaine financier, telles les *Listing Rules and Disclosure and Transparency Rules* en vertu des pouvoirs conférés par la loi *Financial Services and Markets Act 2000*[65].

79 **La réforme de la réglementation.** Une loi dite *Legislative and Regulatory Reform Act 2006* autorise le gouvernement de modifier à sa guise des réglementations pesant sur les entreprises ("*to cut red tape*") dans l'intérêt général. Un exemple de l'utilisation de cette loi concerne l'ouverture des commerces le dimanche. La loi est critiquée pour avoir enlevé au Parlement son rôle législatif permettant au gouvernement de légiférer sans réel contrôle.

64. C.C.S.U. v Minister for Civil Service [1983] UKHL 3 WLR 1174.

65. Pour de plus amples développements sur les sources de droit que sont les régulations et décisions d'autorités de régulation touchant des domaines importants de la vie et du droit des affaires au Royaume-Uni, v. *infra* partie 8.

80 **Les *remedial orders* au titre de la loi *Human Rights Act 1998*.** Lorsqu'un tribunal juge qu'une loi est incompatible avec la Convention européenne des droits de l'homme, le gouvernement peut proposer une modification par la voie d'une ordonnance réformatrice qui est déposée devant le Parlement pour revue et validation.

Une procédure d'urgence existe également prévoyant une mise en vigueur immédiate avec durée limitée pour permettre au Parlement de la confirmer.

Le gouvernement a procédé à la modification de certaines dispositions anti-terroristes de la loi 2002, suite à l'arrêt *A and Others v Secretary of State for Home Department*[66].

Cette loi avait autorisé le ministre à faire incarcérer pour une période de temps indéterminé, sans charge ou procès, des personnes soupçonnées d'activités terroristes et qui était immigrants sans titre de séjour. La *House of Lords Appellate Committee* avait jugé ces dispositions contraires aux dispositions de la Convention des droits de l'homme. Dans la foulée, le gouvernement a fait modifier la loi.

81 **Le *Henry VIII clauses*.** Certaines lois prévoient la possibilité pour le gouvernement de modifier les dispositions de la loi. La première, datant de 1539 de l'époque du roi Henry VIII, permettait au Roi de légiférer par proclamation, elle a depuis été considérée par les tribunaux comme contraire au droit commun. Par exemple, la loi sur l'immigration, nationalité et asile de 2002 prévoit la possibilité pour le gouvernement de modifier ses dispositions par voie d'ordonnance. De nombreuses lois permettent au gouvernement de modifier des dispositions législatives voire même de les abroger.

Le procédé a été critiqué par un des plus hauts magistrats du pays, Lord Judge, lorsqu'il était *Lord Chief Justice*. Dans son récent discours *Annual Bingham Lecture* cité plus haut, il a indiqué que, pendant la dernière session du Parlement, 14 projets de lois contenaient des dispositions Henry VIII ! Un exemple récent est la loi consacrant le Brexit : *European Union (Withdrawal) Act 2018* qui octroie de très larges pouvoirs aux ministres afin de mettre en œuvre les suites du Brexit notamment pour abroger ou modifier des lois, règlements ou principes, issus du droit européen. Ces pouvoirs ont été utilisés abondamment. Les ministres sont également autorisés à créer de nouvelles agences de l'état ("*public bodies*" avec divers statuts juridiques), pour prendre la suite de celles de l'Union européenne qui ne disposent plus de pouvoirs sur le territoire britannique après le Brexit.

82 **Les *bye-laws*.** Il s'agit des réglementations collectivités locales émises au titre de pouvoirs octroyés par la loi les concernant.

3. Le contrôle de légalité des décrets d'application par les tribunaux

83 **Un contrôle de légalité possible.** Contrairement à la législation du Parlement ou *Primary legislation,* pour laquelle la *Bill of Rights 1689* interdit en principe tout contrôle de conformité de la procédure parlementaire par les tribunaux, les décrets d'application ou *Secondary legislation* émis par les ministres ou autres autorités au

66. A and Others v Secretary of State for Home Department [2004] UKHL 56.

titre de pouvoirs conférés par une loi, peuvent faire l'objet d'un contrôle de légalité par la Haute cour de justice (*Administrative Court*) suivant la procédure du *judicial review* afin de déterminer si l'autorité disposait du pouvoir nécessaire au titre de la loi. Dans le cas négatif, le tribunal peut déclarer la réglementation nulle *ultra vires* de l'autorité.

Le manque de consultation des représentants de l'industrie concernée par un ministère, lorsque la consultation est requise par une réglementation, peut également être une cause d'annulation. C'était le cas dans l'affaire *Agricultural, Horticultural and Forestry Industry Training Board v. Aylesbury Mushrooms*[67] où le ministre avait envoyé un courrier aux représentants de l'industrie des cultivateurs de champignons pour proposer une réglementation de la formation professionnelle. Le courrier n'avait pas été reçu et la Cour a jugé que le ministre était obligé de procéder à une consultation plus organisée pour satisfaire ses obligations de consulter les industries concernées. La réglementation a été annulée par la Cour.

§ 3. L'INTERPRÉTATION DES LOIS D'ORIGINE NATIONALE PAR LES TRIBUNAUX

84 **Le point de départ d'interprétation et l'évolution des règles.** Le point de départ traditionnel de l'interprétation de la législation d'origine nationale est l'interprétation littérale et objective du texte. Néanmoins, la recherche du contexte et de l'objectif du législateur est utilisée par les tribunaux au titre de ce qui est appelé "*integrated approach*", lorsqu'il apparaît que l'interprétation littérale trahirait l'intention du législateur, ou que le texte est ambigu ou mène à une absurdité. C'est l'intention objective, « la signification vraie »[68], du Parlement dans l'intérêt collectif qui est recherchée. La Cour peut avoir recours à des documents existants lors du passage du projet de loi au Parlement. Le juge peut rechercher comment un parlement raisonnable aurait souhaité voir appliquer la législation dans la limite du principe de légalité. Lorsqu'il s'agit de législation émanant d'une législature écossaise, galloise ou de l'Irlande du Nord, il va de soi que l'analyse se fera tenant compte des limites légales de compétence de la législature concernée. Enfin, le pouvoir d'interprétation des juges tient compte également de leur devoir, au titre de la loi *Human Rights Act* 1998, de s'assurer que leur interprétation est conforme à la Conv. EDH[69].

L'ambiguïté quant à la signification d'un article de la loi résultant d'une erreur de rédaction, ou l'incertitude quant à l'application d'un texte à une situation factuelle donnée, après une interprétation littérale, amène les tribunaux à recourir à des techniques complémentaires énoncées ci-dessous.

67. Agricultural, Horticultural and Forestry Industry Training Board v Aylesbury Mushrooms [1972] 1 WLR 190.

68. Lord Bingham: R (Quintavalle) v Secretary of State for Health 2003 UKHL 13 para 8.

69. Statutory Interpretation-a collaboration between Democratic legislatures and the Courts-address to the Government Legal Service for Scotland 10th November 2021.

Jusqu'à une décision de la *House of Lords* en 1993 dans l'affaire *Pepper v. Hart*[70], les tribunaux étaient extrêmement réticents à explorer les débats du Parlement lors du passage d'un projet de loi en raison du principe énoncé à l'article 9 du *Bill of Rights 1689* (intitulé *Bill* mais en réalité une vraie loi) qui avait établi le principe de la liberté des débats au Parlement, qui ne peuvent être remis en question devant un tribunal ou autre endroit à l'extérieur du Parlement.

Depuis la jurisprudence *Pepper v. Hart*, les tribunaux peuvent (assez rarement dans la pratique) prendre connaissance notamment des avis ou déclarations de ministres donnés au Parlement lors des débats sur un projet de lois quant à la signification d'un article du projet.

La pratique du gouvernement de rédiger des *explanatory notes* lors du passage d'une loi au Parlement s'est développée depuis quelques années. Ces notes peuvent être prises en compte dans la mesure où le tribunal juge qu'elles expriment l'intention du Parlement, du moins les objectifs de la législation (*R [Westminster City Council] v. National Asylum Support Service*[71]).

L'absence de préambules détaillés aux lois britanniques, et la complexité récurrente des textes, malgré les récriminations des juges, ne facilitent pas la tâche d'interprétation. Ainsi, les juges doivent passer par plusieurs étapes dans la recherche de l'interprétation. En réalité depuis les années 1970 les tribunaux anglais ne se cantonnent pas à la stricte interprétation littérale qui n'est que le point de départ.

En présence d'une difficulté, le tribunal cherchera l'intention du législateur (*contextual interprétation* et *purposive interprétation*) que sont les extensions logiques du *mischief rule* et la règle dite *Pepper v. Hart* décrites aux points D et E ci-dessous.

Le jugement de Lord Bingham dans l'affaire *R (Quintavalle) v. Secretary of State for Health*[72] est souvent cité comme exprimant la méthode des tribunaux anglais : « La tâche essentielle de la Cour est d'identifier et donner effet à la vraie signification de ce que le Parlement a dit dans la loi que la Cour doit interpréter. Cela ne veut pas dire que notre attention doit être limitée ou confinée à une interprétation littérale... Une concentration indue donnée aux détails du texte peut amener la Cour à négliger le but que le Parlement cherchait à atteindre. La tâche de la Cour, dans les limites autorisées de l'interprétation, est de donner effet à l'objectif du Parlement. Ainsi les dispositions contestées devraient être lues dans le contexte historique de la situation qui a provoqué la législation ».

Les méthodes d'interprétation de la Cour européenne de justice et de la Cour européenne des droits de l'homme (téléologiques et contextuelles), ont accentué cette tendance dans leurs domaines propres. La méthode d'interprétation des dispositions de la Convention européenne des droits de l'homme doit permettre, autant que possible, la protection des droits issus de la convention, même si le tribunal anglais ne doit que « tenir compte » des décisions de la Cour de Strasbourg dont les effets infusent tous les domaines du droit anglais depuis 2000.

70. Pepper v Hart 1993 AC 593.

71. R (Westminster *City* Council) v National Asylum Support Service 2002 UKHL 38.

72. R (Quintavalle) v Secretary of State for Health 2003 2 AC 687 (cité notamment par le juge Sir John Dyson "The Shifting Sands of Statutory Interprétation").

Aujourd'hui les tribunaux s'efforcent d'adopter une approche intégrée (*integrated approach*) en ce qui concerne l'interprétation de la législation, en utilisant les différentes règles d'interprétation exposées ci-dessous afin d'atteindre les objectifs du législateur. Les tribunaux peuvent, en cas d'incohérence d'un texte de loi, procéder à des corrections dans des limites strictes. *In fine*, quelques arrêts laissent entendre que les tribunaux interprètent les lois dans le sens du maintien des principes fondamentaux du droit commun. En somme, la loi s'interprète littéralement (A), mais il faut articuler ce principe avec bien d'autres règles (B). Enfin, les lois dites *European Union (Withdrawal) Act* 2018 et *Retained European Law (Revocation & Reform) Act* 2023 ont progressivement libéré les juges anglais de leur obligation de suivre la jurisprudence de la Cour de justice de l'Union européenne (CJUE). Il s'agit, pour citer Lord Sales juge de la Cour Suprême, d'une modification profonde de l'architecture constitutionnelle britannique avec la disparition du "telos" ou méthode téléologique européenne[73].

A. LA *LITERAL RULE*

85 **La règle de base ou point de départ.** La *Literal rule* correspond à l'interprétation littérale ou grammaticale et la recherche de la signification ordinaire qui est la première tâche du tribunal dans son interprétation du texte, avant d'avoir recours à d'autres règles. Si l'interprétation littérale ne prête à aucune ambiguïté ou absurdité, le tribunal l'applique généralement sans nuance, et sans rechercher plus loin l'intention du Parlement, sauf à mener à une absurdité, un non-sens évident ou une contrariété avec les objectifs avérés de la législation, tenant compte de la méthode dite "*integrated approach*". Un exemple de la rigueur de la "*literal rule*" est l'affaire *Commissioners of Customs & Excise v. Air Canada*[74] qui illustre cette règle : un avion de ligne, gros porteur, d'Air Canada faisant escale à Londres entre Bombay et Toronto, fait l'objet d'une saisie à l'aéroport de Heathrow par les douanes britanniques après la découverte d'un bagage passager contenant des substances prohibées (drogue). Une législation avait été introduite par le Parlement britannique en 1979 (Section 141 (2) *Customs and Excise Management Act 1979*) pour tenter de décourager les trafics de stupéfiants par voie aérienne, après que les autorités avaient constaté l'usage plus fréquent d'avions privés pour le transport de ces substances. La loi précisait tout simplement que les stupéfiants saisis pourraient être confisqués au profit de la Couronne, ainsi que tout aéronef (*aircraft*) utilisé pour leur convoyage[75]. Les douanes avaient donc décidé de confisquer l'avion en le déclarant forfait au bénéfice de la Couronne. Air Canada avait porté l'affaire devant les tribunaux britanniques pour contester l'interprétation des douanes. En première instance, le juge avait été convaincu que l'interprétation du mot

73. Lord Sales, Retained EU Law. Purposive Interpretation when the Constitutional Architecture Changes. Annual lecture of the UK Association for European Law. 20 novembre 2023.

74. Commissioners of Customs & Excise v Air Canada 1990 Court of Appeal 14 June 1990 TLR.

75. Voici les termes du texte concerné : "(...*where anything has become liable to forfeiture under the Customs and Excise Acts:*
a) any... aircraft... which has been used for the carriage... of the thing so liable to forfeiture... shall also be liable to forfeiture)".

« *used* » devait signifier « utilisé avec une intention de participer à une contrebande » car il ne pouvait imaginer que l'intention du Parlement était de sanctionner une compagnie aérienne qui n'avait aucune connaissance de la présence de stupéfiants illicites à bord de l'avion. Puis, la Cour d'appel a jugé que le texte était sans ambiguïté et ne se prêtait à aucune autre interprétation, de sorte que l'affaire ne supposait pas une recherche plus détaillée de l'intention du Parlement. Les douanes avaient donc le pouvoir de confisquer l'avion qui pouvait être forfait à la Couronne. Observons que, par ailleurs, la Cour a pris note que dans la section suivante de la loi (section 142), une distinction était faite, aux mêmes fins, entre des navires excédant une certaine taille qui ne pouvait être confisqués, alors que la section 141 ne faisait aucune distinction en termes de taille de l'aéronef.

86 **Règles subsidiaires d'interprétation.** Le tribunal peut également se référer à des règles subsidiaires d'interprétation qui sont principalement au nombre de trois. En premier lieu, il faut citer la règle dite *Eiusdem generis :* des mots à caractère général suivant une liste de mots spécifiques seront interprétés par rapport au sens des mots spécifiques ; par exemple, dans l'énumération "*ice, snow, hail and other adverse conditions*", la dernière partie ("*and other adverse conditions*"), très générale, sera interprétée pour correspondre à la liste qui la précède, soit des conditions hivernales. En deuxième lieu, l'on peut appliquer la règle *Expressio unius exclusio alterus* : en se référant à des objets spécifiques sans autre précision, la loi sera limitée à ces objets, tout autre objet étant exclu. En troisième lieu, la règle *Noscitur a sociis* peut être utile : un mot prend sa signification de ce qui l'entoure dans le texte de la loi.

87 **Des présomptions.** Plusieurs présomptions simples sont utilisées. Tout d'abord, celle du droit commun s'applique sauf modification ou abrogation spécifique par la loi ; ensuite, les contraventions, délits et crimes nécessitent une intention coupable pour être contraire à la loi sauf si la loi précise autrement ; puis, l'on sait que la Couronne n'est pas soumise à la loi sauf indication contraire ; et enfin, la loi mettant en œuvre un traité international sera interprétée de façon à ne pas contrevenir aux dispositions du traité.

B. LES AUTRES RÈGLES

88 **La *Golden rule*.** En cas d'ambiguïté, absurdité ou incohérence entre différentes parties d'un texte législatif, que la *literal rule* n'a pas résolu, le tribunal cherchera l'interprétation la moins absurde ou la plus cohérente dans le cadre du texte de la loi, pour voir si la question peut être résolue sans aller plus loin. Si nécessaire l'interprétation des mots utilisés sera élargie ou modifiée de manière la plus limitée possible pour donner une cohérence au texte.

À cette fin, le tribunal examine l'ensemble de la loi, l'interprétant pour donner effet au texte dans sa signification ordinaire, à moins de créer une incohérence au point de soulever un doute quant à l'intention du législateur[76].

76. Lord Blackburn River Wear Commissioners v Adamson HL [1877] 2 App Cas 743.

89 ***Mischief rule*: la règle de *Heydens Case 1584*.** Au cas où l'application des deux premières règles ne permet pas au tribunal de trancher la question, il fera référence au mal auquel le Parlement cherchait à remédier[77].

Le tribunal procédera en plusieurs étapes : tout d'abord il s'informera de l'état du droit (droit commun ou législation) qui pré-datait la législation pour évaluer le contexte dans lequel la législation avait été votée ; la législation sera ensuite analysée dans son intégralité pour tenter de déterminer la difficulté que la législation était censée traiter ; le tribunal recherchera une interprétation qui donnera le sens du texte compatible à l'intention du Parlement ; les sous-titres et notes ne sont pas des indicateurs fiables de l'intention du Parlement.

Dans l'affaire *Smith v. Hughes*[78], la Cour avait à rechercher l'interprétation de la loi *Street Offences Act 1959* destinée à combattre la sollicitation de clients par des prostitués sur la voie publique. La loi interdisait "*soliciting in the street*". Certaines prostituées se sont installées par la suite dans des vitrines de maisons donnant sur la rue et hélaient leurs clients potentiels en tapant sur la vitrine en faisant signe de venir. Lors des poursuites qui avaient été intentées contre elles leur avocat a plaidé que la sollicitation n'avait pas lieu « sur la voie publique », et devant la clarté du langage, que le texte ne nécessitait pas une interprétation plus développée. S'ensuivait un débat sémantique au sujet de l'interprétation du mot « *in* » dans le contexte de la loi. Le tribunal était prêt à se servir de la *mischief rule* pour donner effet à l'intention du Parlement. Mais la *mischief rule* ne permettait pas au juge d'examiner les débats devant le Parlement pour tenter d'élucider les intentions du législateur. Une nouvelle règle le permet depuis 1993.

90 **La règle de *Pepper v Hart*.** Cette règle, issue de l'arrêt *Pepper (Inspector of Taxes) v. Hart and Others* en 1993, a été énoncée par la *House of Lords Appellate Committee* dans une affaire de droit fiscal, le contribuable contestait l'interprétation d'un texte fiscal proposé par le *Inland Revenue*. Les juges ont décidé que le tribunal pouvait prendre connaissance des déclarations faites par le ministre lors du passage du projet de loi devant le Parlement pour connaître les objectifs de la loi. La Cour a imposé trois conditions à cette excursion vers les travaux préparatoires : le texte de la loi était ambigu, ou menait à une absurdité, les déclarations devaient émaner d'un ministre ou autre promoteur du projet de loi et devaient clairement identifier les objectifs du projet de loi ou les difficultés traitées par le texte. Lord Hodge, alors Président adjoint de la Cour Suprême en novembre 2021, membre écossais de la Cour, a indiqué qu'il était rare que la Cour ait recours à cette règle[79].

91 **Les *interprétation Acts* et autres aides à l'interprétation.** La loi dite *Interprétation Act 1978* pose certaines règles générales, qui peuvent être écartées par une loi. D'autre part, certaines lois contiennent leur propre article de définitions spécifiques à cette loi. Une interprétation d'une Cour supérieure au sujet d'un texte s'impose aux autres tribunaux en ce qui concerne la loi en question. Un article récent

77. Heydon's Case [1584] 76 ER 636, 1584 EWHC Exch J36.

78. Smith v Hughes [1960] 2 All ER 859.

79. Statutory Interpretation-a collaboration between Democratic legislatures and the Courts-address to the Government Legal Service for Scotland 10th November 2021.

rappelle la nécessité pour les tribunaux de tenir compte des procédures et pratiques de Parlement pour interpréter correctement les textes[80].

92 **Le droit commun, aide à l'interprétation.** *In Re Sigsworth 1935*[81], il était question de la succession d'une femme qui avait été assassinée par son fils, qui, selon la loi, devait hériter de sa succession. Le juge a décidé que la stricte application de la loi de l'époque heurtait le principe du droit commun qu'un assassin ne pouvait bénéficier de son crime. Il s'agit d'un cas exceptionnel.

93 **L'interprétation à la lumière des règles européennes ou internationales.** Dans l'affaire *Three Rivers District Council v. Governor and Company of the Bank of England*[82], le tribunal a jugé que lorsqu'il s'agit de lois introduites à la suite d'une convention internationale ou de législation européenne, le tribunal pourra prendre en compte des déclarations ministérielles au-delà des limites posées par les règles d'interprétation des législations d'origine nationale (*Banking Acts* 1978 et 1979 issues du *Banking EU Directive* de 1977). En effet, les tribunaux britanniques avaient intégré les techniques d'interprétation du droit européen notamment l'approche téléologique dans leurs décisions (cet aspect sera traité plus en détail sous la section suivante sur les impacts du droit européen). Depuis la loi *Retained European Law (Revocation & Reform) Act 2023*, un processus de retour vers les méthodes d'interprétation tradionnelles s'amorcerait ; bien que pour certaines législations dont les objectifs sont partagés par le Royaume-Uni avec d'autres pays de l'Union européenne, telle la protection de données, les tribunaux pourraient continuer d'utiliser la méthode téléologique[83].

94 **Une règle de sauvegarde en cas d'incohérence d'un texte de loi : correction par le tribunal.** Dans l'affaire *Inco Europe Ltd v. First Choice Distribution*[84], Lord Nicholls indiquait que le tribunal peut et doit corriger des erreurs de rédaction dans un texte de loi. Le cas échéant le tribunal peut ajouter, omettre ou substituer des mots pour rendre le sens au texte afin de mettre en œuvre la volonté du législateur.

Dans un cas plus récent, *R (Noone) v. The Governor of Her Majesty's Prison Drake Hall*[85], la *Supreme Court* notait, en face d'incohérences entre deux lois concernant la durée des peines de prison, que le rédacteur de la loi était peut-être dans un « état de fatigue homérique » lors de la rédaction du texte, et qu'il incombait à la Cour de l'interpréter de manière à donner effet aux objectifs essentiel de la loi (voir discours de Lord Mance *Oxford Shrieval Lecture*, octobre 2011[86]).

80. Daniel Greenberg Judicial Ignorance of the Parliamentary Process-Implications for Statutory Interprétation Judicial Power Project March 2017.

81. Re Sigsworth [1935] 1 Ch 89.

82. Three Rivers District Council v Governor and Company of the Bank of England, CA TLR 8 January 1996.

83. Lord Sales, Retained EU Law. Purposive Interpretation when the Constitutional Architecture Changes. Annual lecture of the UK Association for European Law. 20 novembre 2023.

84. Inco Europe Ltd v First Choice Distribution [2000]1 WLR 586.

85. R (Noone) v The Governor of Her Majesty's Prison Drake Hall [2010] UKSC 30.

86. Lord Mance Oxford Shrieval Lecture octobre 2011 : "Should the law be certain?".

95 **La règle de légalité**. Dans l'affaire *R v. Secretary of State*[87], Lord Hoffmann a rappelé que les droits fondamentaux ne peuvent pas être annulés par une loi dont la rédaction est trop générale ou ambiguë. Les tribunaux présument que même les phrases les plus générales sont soumises aux droits essentiels des personnes. En l'absence d'une constitution écrite limitant les pouvoirs du Parlement, cette règle est essentielle au maintien de l'équilibre constitutionnel. C'est la règle de légalité, encore appelée *principle of legality*.

SECTION 4 LE DROIT EUROPÉEN SUITE AU BREXIT : LA FIN DU DROIT DE L'UE EN TANT QUE SYSTÈME DE DROIT SUPÉRIEUR. LE MAINTIEN DES RÈGLES DE LA CONVENTION EUROPÉENNE DES DROITS DE L'HOMME

96 **Droit européen.** Les règles issues de l'Union européenne concernent encore le Royaume-Uni depuis sa sortie de l'Union fin 2020, puisque la plupart du droit européen (y compris la jurisprudence de la CJUE existante à la date de sortie début 2021-"*exit date*") a été intégré dans le droit interne. Il prend rang désormais en qualité de source de droit interne, sa force supérieure ayant été éliminée (depuis 2024), et les Cours supérieures libérées de l'obligation de suivre les principes du droit de l'UE et la jurisprudence de la CJUE. Pour rappel, le droit de l'Union européenne s'appliquait de manière directe au Royaume-Uni depuis le 1er janvier 1973 jusqu'au 31 décembre 2020 date de sa sortie de l'Union européenne.

En deuxième lieu, la Convention européenne des droits de l'homme (Conv. EDH) qui a été signée par le Royaume-Uni en 1950, puis intégrée dans la loi nationale à partir de 2000, continue d'être pleinement applicable au Royaume-Uni. Les tribunaux britanniques « tiennent compte » seulement de la jurisprudence de la Cour européenne des droits de l'homme. Le Brexit n'a eu aucun impact sur les effets de la Convention au Royaume-Uni.

97 **Droit de l'Union européenne.** Les effets combinés de la loi *European Union (Withdrawal) Act* 2018 et *Retained European Law (Revocation & Reform) Act* 2023 ont écarté progressivement la force supérieure du droit européen, dont les traités, les règlements et directives de l'UE, principes de droit européen et les décisions de la CJUE, depuis le 1er janvier 2021. Mais si le droit européen a ainsi perdu sa force supérieure, le Parlement britannique a, par nécessité pragmatique, réintégré la quasi-intégralité du droit européen à cette date dans le droit interne. L'objectif était d'éviter un vide juridique, notamment dans les domaines du droit de la consommation, du travail, du commerce, de la concurrence, des marchés financiers

87. R v Secretary of State for the Home Department ex parte Simms [1999] AC.

et de l'agriculture. Les ministres disposent du pouvoir en vertu de la loi de 2018, d'abroger et/ou modifier le droit européen ainsi intégré (intitulé "*retained European law*", puis renommé "*assimilated' European law*" en 2023). Cette ancienne source de droit est désormais en perpétuelle évolution au gré des décisions politiques et techniques. Entre 2021 et début 2025 environ un tiers du droit européen a été abrogé ou modifié, pour la plupart dans des domaines techniques. Par ailleurs, la jurisprudence de la Cour de justice de l'Union européenne *après* la date de sortie ne lie plus les Cours d'appel et Cour Suprême, qui peuvent, néanmoins, continuer d'en tenir compte, en tant que de besoin, dans le cadre, et la limite, de l'évolution du droit interne. La jurisprudence de la CJUE datant *d'avant la date de sortie* continue de s'appliquer, mais les Cours supérieures peuvent décider de ne pas en tenir compte lorsqu'il leur apparaît approprié (de la même manière que pour leur propre jurisprudence)[88].

98 **La Conv. EDH.** La Convention européenne des droits de l'homme a été intégrée en droit anglais à partir de 2000, par *Human Rights Act* de 1998 et constitue maintenant le *European Human Rights law* ; et son impact sur les entreprises n'est pas négligeable, notamment en droit du travail et les relations entre le citoyen ou les entreprises et les administrations. Un débat important existe sur la supériorité du droit européen en tant que norme en termes constitutionnels. Il en est de même en ce qui concerne les décisions de la Cour européenne des droits de l'homme.

Si des récents gouvernements conservateurs avaient indiqué leur souhait d'organiser le retrait du Royaume-Uni de la Convention européenne des droits de l'homme et de pouvoir échapper à la compétence de la Cour européenne des droits de l'homme, le débat s'est estompé avec l'arrivée d'un gouvernement travailliste en 2024 qui a affirmé son intention de ne pas quitter la Convention. Nous verrons que les impacts très significatifs de la Convention sur le droit anglais et la récente décision de la *Supreme Court* sur les pouvoirs du gouvernement pour retirer le pays d'un traité international[89], rendront la question particulièrement délicate, du moins sans une majorité politique et la volonté expresse du Parlement pour organiser ce retrait. La Cour Suprême a rendu visite en 2023 à la Bundesgerichtshof (Cour Suprême allemande) pour échanger notamment sur les relations entre la Conv. EDH, la Cour européenne des droits de l'homme et les tribunaux et droits nationaux ; montrant ainsi l'importance que continuent d'accorder les juges britanniques à la Convention.

Le droit européen est désormais morcelé depuis le Brexit en ce qui reste des effets du droit de l'UE (§ 1), et la CEDH qui reste en vigueur (§ 2).

88. V. *infra*, n° 302 et section 6 (5) *European Union (Withdrawal) Act* 2018.
89. R (Miller & another) v Secretary of State for Exiting the European Union 2017 UKSC 5.

§ 1. L'INTRODUCTION DU DROIT EUROPÉEN (UE ET CONV. EDH) DANS LE SYSTÈME JURIDIQUE BRITANNIQUE, PUIS LA DISPARITION DU DROIT DE L'UNION EUROPÉENNE EN TANT QUE SOURCE SUPÉRIEURE DE DROIT

99 Depuis le Brexit, le droit européen concerne le droit de l'Union européenne tel qu'il a été intégré au droit anglais fin 2020, puis le droit issu de la Conv. EDH. Il reste utile pour les besoins de la perspective d'évoquer les impacts des textes de l'UE et de la jurisprudence de la CJUE avant le Brexit, ainsi que la divergence progressive du droit anglais (A). En revanche, la Convention européenne des droits de l'homme conserve tous ses effets (B).

A. L'HISTORIQUE DES TEXTES DE L'UE ET LES DÉCISIONS DE LA COUR DE JUSTICE DE L'UNION EUROPÉENNE DANS LE DROIT ANGLAIS PUIS LEUR ÉCARTEMENT PROGRESSIF

100 **L'ECA.** La loi dite *European Communities Act* de 1972 (ECA) avait fait entrer en vigueur début 1973 au Royaume-Uni, les traités de la Communauté européenne, ainsi que l'effet direct de la législation communautaire et les décisions de la Cour de justice de la Communauté européenne. Ces décisions étaient devenus des précédents liant les cours et tribunaux britanniques. La primauté du droit européen sur la loi interne a été confirmée par la CJCE dans l'affaire *Factortame* en 1990.

Après la notification du « Brexit » effectuée par le gouvernement britannique au président du Conseil européen (Consilium) en mars 2017, le Royaume-Uni est sorti de l'Union européenne le 31 décembre 2020. L'effet du Brexit sur le droit européen en droit interne britannique a été le sujet de plusieurs traités et lois successives.

Tout d'abord, la loi *European Union (Withdrawal) Act de 2018*, qui actait le retrait du Royaume-Uni de l'Union européenne, avait prévu de réintégrer le droit de l'Union européenne dans le droit anglais ("*retained European law*") en conservant les textes et jurisprudence européenne existants, et leur force supérieure à la date de sortie ("*exit day*") (aux exceptions notables de la Charte des droits fondamentaux de l'Union et le règlement Bruxelles sur la compétence et la reconnaissance des décisions judiciaires). Toutefois la Cour Suprême était autorisée à ne pas tenir compte de la jurisprudence antérieure de la CJUE dans des « cas appropriés ». Cette loi a également prévu que les textes et la jurisprudence de l'UE datant d'**après** "*exit day*" n'auraient pas de force supérieure ; mais que les tribunaux pourront en tenir compte dans des cas appropriés. Cette loi a également prévu l'élimination totale du droit européen du système juridique britannique avant fin 2023 (« le *Brexit bonfire* » !). Les ministres étaient également autorisés à corriger des difficultés "*deficiencies*" du droit européen intégré ("*retained EU law*"), par ordonnance. Ce pouvoir a été utilisé de manière importante. Par ailleurs, une période de transition était initialement prévue par la loi de 2018 en attendant la négociation des conditions de sortie définitives avec les instances européennes.

Un "*Withdrawal Agreeement*" ou accord de retrait a été finalisé en forme de traité entre le Royaume-Uni et l'UE en octobre 2019. Il est entré en vigueur en février 2020. Ce traité réglait différentes questions dont les droits des citoyens, l'accès au marché unique en attendant la négociation d'un accord de commerce et de coopération avant le 31 décembre 2020 (période de transition).

L'accord de Commerce et de Coopération entre le R-U et l'UE a été signé in extremis le 30 décembre 2020. Cet accord permettait la poursuite des échanges de marchandises, sous réserve notamment de critères d'origine et autres conditions ; et régulait également les prestations de services sous conditions, la propriété intellectuelle, l'énergie, pêche, transport routier, subventions, protection de données, marchés publics, sécurité sociale détachements ou expatriations de personnel et le commerce électronique, Les marchés financiers n'ont pas fait l'objet d'accord ; et des prestataires sur le marché de Londres ne disposaient plus de « passeport » leur permettant d'opérer sur le marché européen des services financiers. L'exportation de produits alimentaires et phytosanitaires nécessitait la conformité avec les règles européennes, aucun accord spécifique n'étant intervenu sur ce sujet avant le sommet UE/GB de mai 2025 qui envisage de les assouplir. En somme le Royaume-Uni bénéficie depuis 2021 d'un accès limité et contrôlé au marché unique européen.

Un **Protocole concernant l'Irlande du Nord** traitait du commerce entre ce pays et la République d'Irlande toujours membre à part entière de l'Union européenne. Ce traité a été transposé en droit interne par The *European Union (Withdrawal Agreement) Act 2020*. Le protocole concernant l'Irlande du Nord a fait l'objet de modifications ultérieures en février 2023 ("*Windsor Framework*"), pour faciliter le transit douanier de marchandises entre le reste du Royaume-Uni et l'Irlande du Nord, puis entre ce dernier et l'Irlande membre du marché unique européen.

Entretemps, une loi *European Union (Future Relationship) Act 2020* a reçu l'assentiment de sa Majesté après son passage par le Parlement pour mettre en œuvre le traité sur le Commerce et la Coopération entre le Royaume-Uni et l'UE.

Une loi de septembre 2020 (*UK Internal Market Act 2020)* a été voté par le Parlement pour assurer une fluidité des échanges de marchandises et de services entre les quatre pays du Royaume-Uni par suite de leur exclusion du marché unique européen.

Puis, la loi *Retained European Law (Revocation & Reform) Act 2023* est venue reporter la date limite de l'élimination du droit européen en droit interne, prévue initialement pour fin 2023. Elle est devenue nécessaire devant la tâche immense d'analyser la situation préexistante et les choix éventuels à faire. Cette loi a également abrogé les derniers effets directs du droit de l'UE (précédant la date de sortie) et ses différents principes. Elle a prévu d'élargir la discrétion accordée aux tribunaux de ne plus suivre la jurisprudence de la CJUE (antérieure à la date de sortie) (notamment en permettant au tribunal de tenir compte du développement du droit national) ; et d'instaurer un système de question préjudicielle permettant aux tribunaux inférieurs de poser des questions préjudicielles à la Cour d'appel pour savoir si le droit de l'UE devait être pris en compte. Finalement le gouvernement travailliste a décidé de reporter ces mesures afin d'effectuer une revue de la situation (en cours au moment de la rédaction de la 2e édition de ce livre)[90]. Ce même gouvernement a déjà introduit un projet de loi *Product Regulation and Metrology Bill* (qui sera probablement en vigueur au moment de publication de la 2e édition de ce livre). Cette loi donnerait pouvoir aux ministres d'aligner la réglementation britannique des produits sur celle de l'UE en matière environnementale et sécurité des produits. La situation juridique laissée par la législation post-Brexit concernant l'interprétation future par les tribunaux britanniques est complexe et nécessite des analyses à plusieurs niveaux[91].

B. LE DROIT DE LA CONVENTION EUROPÉENNE DES DROITS DE L'HOMME (CONV. EDH)

101 **Recours individuel. HRA.** Si le Royaume-Uni a été le premier signataire de la Convention en 1950 ayant participé activement à sa rédaction, cette convention, ne faisait pas partie de sa loi interne faute d'une loi du Parlement britannique ; et ce n'est qu'en 1966 que les citoyens britanniques ont été autorisés par la loi britannique à porter des recours individuels devant la Cour européenne des droits de l'homme (CEDH) à Strasbourg. Finalement, la Conv. EDH a été introduite dans le droit substantif du Royaume-Uni par la loi dite *Human Rights Act 1998* (HRA) et est entré en vigueur en 2000.

La sortie du Royaume-Uni de l'Union européenne ne déclenche pas le retrait du Royaume-Uni de la Conv. EDH. Il serait nécessaire d'enclencher une procédure distincte auprès du Conseil de l'Europe, organisme distinct des institutions de l'Union européenne. Cela n'était plus d'actualité au moment de la deuxième édition de ce livre.

§ 2. LES EFFETS DU DROIT EUROPÉEN DANS LE DROIT ANGLAIS

102 Le droit européen occupe une place particulière au Royaume-Uni (encore plus depuis le Brexit) (A), et occupe toujours une place importante dans le droit substantiel anglais (B) ainsi que dans les méthodes d'interprétation des tribunaux, notamment au titre de la Conv. EDH (C), mais aujourd'hui avec des divergences concernant le droit de l'UE.

A. LA PLACE JURIDIQUE DU DROIT EUROPÉEN AU ROYAUME-UNI

103 La place du droit européen dans le droit anglais exige de dissocier les reliquats du droit de l'UE (1) du droit fondé sur la Conv. EDH toujours en vigueur (2).

90. *Retained European Law (Revocation and Reform) Act* 2023 (Commencement N° 2 and Saving Provisions (Revocation) Regulations 2024).

91. Statutory Interpretation and the role of the courts after Brexit-Martin Brenncke-European Publlic Law 2019.

1. Le droit de l'Union européenne et la reprise de la souveraineté

104 **Droit européen *versus* Parlement souverain.** C'est le *European Communities Act 1972* (ECA) qui avait donné au droit européen sa pleine force dans le système juridique anglais. Mais, en principe aucun Parlement ne peut lier ses successeurs. La règle de la suprématie du Parlement a été instaurée par le *Bill of Rights 1688*. Cette même loi interdit aux tribunaux de questionner les procédures et débats du Parlement. Ainsi, en l'absence d'une Cour constitutionnelle comme en France ou en Allemagne, les tribunaux ne peuvent juger de la légalité d'une loi ou s'opposer à sa mise en vigueur[92]. C'est ainsi qu'il revenait au Parlement britannique de décider d'abroger l'ECA à la suite du référendum sur le Brexit, en votant le *European Union (Withdrawal) Act* en 2018.

105 **Évolution législative et réglementaire depuis le Brexit.** Depuis, comme il a été indiqué *supra*, nº 100, une série de mesures législatives ont permis l'écartement du Royaume-Uni des Traités européens et leurs principes, tout en conservant les législations et réglementations d'origine européennes avec la possibilité pour le gouvernement de les abroger ou modifier. En janvier 2025, 2 395 lois ou règlements issus du droit de l'UE ont été abrogés ou modifiés sur un total de 6 901 au total. Ces abrogations recouvrent environ 400 domaines législatifs souvent de nature technique[93]. À titre d'exemples, certaines mesures fiscales et douanières (par exemple le régime UE de TVA), les procédures d'agrément de fusions/acquisitions auprès de la Commission européenne, la coordination des institutions en matière de services bancaires et financiers ; la reconnaissance des qualifications professionnelles ; le règlement concernant les travailleurs détachés ; la participation à certaines institutions ou agences européennes telle l'agence des médicaments européens, etc. ; et dans le domaine du droit international privé, le règlement Bruxelles I bis sur la compétence judiciaire, reconnaissance et exécution des décisions en matière civile et commerciale[94], qui n'a pas été retenu.

Les entreprises britanniques et européennes sont désormais contraintes à pratiquer une veille pour vérifier les divergences ou convergences des réglementations britanniques et européennes, telle la définition générique de « marmalade » qui risque de diverger, obligeant un étiquetage différent pour chaque marché. On peut citer également des législations britanniques récentes touchant à la protection de données, les subventions, les services et marchés financiers comme zones de divergence potentielle.

106 **La jurisprudence : un début de divergence ?** En considérant tout d'abord l'interprétation des tribunaux anglais du droit de l'UE intégré ("*retained EU law*") deux affaires retiennent l'attention : dans une des premières affaires jugées post-Brexit par la Cour d'appel anglaise[95], concernant une infraction au droit

92. Comp. : en principe, la seule exception concerne depuis 2000 le pouvoir du tribunal de déclarer une loi incompatible avec la CEDH (*Human Rights Act 1998*).

93. Retained European law and assimilated law dashboard 23 January 2025 gov.uk.

94. Règlement (UE) nº 1215/2012 du Parlement européen et du Conseil du 12 décembre 2012.

95. Tune In v. Warner Music UK Ltd (2021) EWCA Civ 441.

d'auteur, la Cour considérait qu'elle ne devait pas s'écarter de la jurisprudence européenne, car celle-ci n'empêchait pas le développement approprié du droit anglais[96] et ne menait pas à un résultat injuste ou contraire à l'intérêt général. En revanche, dans une affaire au sujet de délai d'acquiescence en matière de contrefaçon de marque, la Cour d'appel a décidé de ne pas suivre la jurisprudence de la CJUE[97].

En deuxième lieu, la divergence a été plus marquée en ce qui concerne la compétence des tribunaux anglais par suite de l'exclusion du règlement Bruxelles I modifié du "*retained European Law*". Libérées des contraintes des décisions de la CJUE dans les affaires *Turner v. Grovit*[98] et *Allianz Spa v. West Tankers Inc*[99], les tribunaux anglais ont commencé à délivrer des ordonnances d'interdiction (*prohibitory injunction*) dans plusieurs affaires empêchant la poursuite d'instance à l'étranger[100]. Ces décisions risquent de provoquer des réponses des tribunaux de pays européens.

En même temps, les règles de compétence des tribunaux anglais ont été modifiées pour élargir leur saisine ; mais aussi pour tenir compte des règles dites « *forum non conveniens* » où le tribunal peut décider quel tribunal serait le plus approprié pour juger une affaire et le renvoyer éventuellement[101]. Une affaire récente (*Limbu v Dyson*)[102], suivant d'autres cas similaires, permettrait aux salariés étrangers (dans ce cas en Malaisie) de sociétés faisant partie d'un groupe ayant son siège au Royaume-Uni, de saisir le tribunal anglais sur la base notamment d'infractions aux droits humains, droits de salariés et droits environnementaux, en arguant de « *forum conveniens* » en Angleterre. La Cour d'appel anglaise a décidé dans l'affaire *Limbu v Dyson* que le tribunal anglais était compétent pour juger une demande de travailleurs migrants népali et bangladeshi au sujet de leurs conditions de travail en Malaisie où ils fabriquaient des composants pour les produits du groupe britannique Dyson. La *UK Supreme Court* a décidé en mai 2025 de ne pas recevoir l'appel de cette décision formulé par Dyson, confirmant ainsi la décision de la Cour d'appel.

2. La Convention européenne des droits de l'homme

107 **La force de la Conv. EDH.** La loi *Human Rights Act 1998* (« HRA ») a intégré les dispositions de la Convention européenne dans le droit interne en obligeant toutes les institutions à respecter les principes de la Convention. Le HRA a néanmoins posé certaines limitations. L'article 2 (1) du HRA dispose que les tribunaux doivent

96. Voir notamment *Retained EU Law (Revocation and Reform) Act* 2023 s. 6.

97. Industrial Cleaning Equipment (Souhampton) Ltd v Intelligent Cleaning Equipment Holdings Co Ltd and Killis Ltd 2023 EWCA Civ 1451.

98. CJCE 27 avr. 2004, n° C-159/02, *Turner,* ECLI:EU:C:2004:228.

99. CJCE 10 févr. 2009, n° C-185/07, Allianz, ECLI:EU:C:2009:69.

100. QBE Europe SA/NV v. Generali Espana de Seguros y Reaseguros (2022) EWHC 2062 Comm ; Ebury Partners Belgium SA/NV v. Technical Touch BV 2022 EWHC 2927 Comm ; Louis Dreyfus Company Suisse SA v. International Bank of St. Petersburg (2021) EWHC 1039 Comm.

101. Voir par exemple : Mercedes Benz Group AG v Continental Teves UK Ltd 2023 EWHC 1143 Comm.

102. Limbu v Dyson Technology & others 2024 EWCA Civ 1564.

seulement « prendre en compte » (*take into account*) les décisions de la CEDH et non pas les traiter comme des précédents liants. L'article 3 (1) du HRA indique que la législation (*primary and secondary*) présente ou future doit être interprétée selon les principes de la Convention « pour autant que cela soit possible » (*in so far as it is possible to do so*).

En revanche, les projets de lois proposés au Parlement doivent être accompagnés d'un rapport indiquant leur compatibilité avec la Convention et les raisons d'une éventuelle disparité.

Les articles 4 et 5 du HRA prévoient que les tribunaux peuvent déclarer la législation non conforme à la Convention par une *declaration of incompatibility*. Le gouvernement peut ensuite y remédier en proposant des modifications à la législation pour approbation par le Parlement. Un premier exemple concernait un prêteur professionnel que la loi *Consumer Credit Act 1974* privait de recours en cas d'un problème de forme du contrat de prêt à la consommation. La Cour a jugé que l'absence de recours en faveur du prêteur était disproportionnée et privait celui-ci de ses droits contrairement aux dispositions de la Convention[103].

L'influence de la Conv. EDH intégrée au système juridique britannique en 2000 par la loi du *Human Rights Act 1998* a été considérable au point de devenir un enjeu politique de première importance des eurosceptiques et de gouvernements successifs bridés par les décisions des tribunaux dans certaines de leurs actions. Un exemple est la décision unanime (5 juges) de la *UK Supreme Court* jugeant illégal la politique du gouvernement de refoulement de demandeurs d'asile vers l'État de Rwanda basé sur des principes de droit international et la Convention européenne des droits de l'homme[104]

B. LES IMPACTS SUR LE DROIT SUBSTANTIEL

108 L'analyse du droit européen sur le droit substantiel anglais suppose, une fois encore, de distinguer le droit de l'UE en sa forme résiduelle post-Brexit (1) de celui issu de la Conv. EDH (2).

1. L'impact du droit européen

109 **L'influence, thème d'études.** Le gouvernement britannique a mené une revue détaillée des relations entre le Royaume-Uni et l'Union européenne entre 2011 et 2014 qui a abouti sur la publication de 32 rapports dans différents domaines qui ont conclu globalement aux effets bénéficiaires de l'adhésion du Royaume-Uni à l'Union européenne[105]. Si, dans le contexte actuel cela peut paraître dépassé par le Brexit, il n'en reste pas moins intéressant compte tenu du volume encore important de la législation européenne encore présente dans le droit britannique.

103. Wilson v First County *Trust* Ltd N° 2 2001 3 WLR 42.

104. R (on the application of AAA and others) v Secretary of State for the Home department (au total 6 affaires conjointes émanant de demandeurs d'asile de Syrie, Vietnam, Iran, Soudan et Iraq).

105. Balance of Competencies.

La *House of Lords EU Select Committee* a publié un rapport sur le sujet à l'époque[106].

Le dossier de recherche préparé par Vaughne Miller pour la Chambre de Communes sur la question de savoir combien de législations britanniques émanent de l'Europe donne des indications précieuses sur l'impact du droit européen dans la législation britannique. Malgré une divergence considérable dans les statistiques, et les discussions politiques, il est possible de citer un certain nombre d'impacts importants du droit européen dans le domaine du droit des affaires, que ce soit au niveau des règlements européens ou au niveau des directives (selon une étude du gouvernement britannique couvrant la période 1997 à 2009, citée par Vaughne Miller, environ 50 % de législation britannique ayant un impact significatif sur les entreprises serait d'origine européenne, sachant qu'il est très difficile de donner des chiffres réellement pertinents et qualitatifs)[107].

110 **L'impact historique en droit anglais des affaires**. Sans être exhaustif, il est possible de noter un certain nombre d'impacts importants du droit européen dans le domaine du droit des affaires. Ces impacts ont été particulièrement importants dans les domaines tels que le commerce (commerce internet, agents commerciaux...), l'agriculture, de l'environnement (climat/énergie), chimie (REACH) et substances dangereuses, les services et marchés financiers, et du droit du travail (directive sur le temps du travail, travail temporaire, et la transmission automatique des contrats de travail en cas de cession d'entreprise – *TUPE, transfer of undertakings*) et la régulation des banques ; puis en droit de la consommation, les règlements sur les contrats de consommation, la vente à distance, les contrats de financement du consommateur, etc. Dans le monde de l'agriculture, de l'environnement et de la politique agricole commune, l'on estimait qu'environ 50 % de la législation britannique dans ce secteur était d'origine européenne. La régulation de la pêche a été aussi un sujet qui a pu être traité au niveau européen et qui a failli bloquer la finalisation de l'accord de commerce et de coopération post-Brexit.

111 **Le EU "*Soft law*"**. Le rapport de Vaughne Miller rappelle que « *EU Soft Law* » inclut notamment les communications, déclarations, recommandations, résolutions, *guidelines* et rapports spéciaux des institutions européennes clarifiant ou expliquant le droit européen. Il s'agit d'un dialogue informel entre les institutions européennes et les États membres intitulé « *Open Method of Communication* » étant un instrument de la stratégie du Conseil européen à Lisbonne en 2000 encourageant la coopération, les échanges de bonnes pratiques, et l'harmonisation volontaire, notamment, entre États membres.

Si la question de l'effet de la *Soft law* existe au niveau des sources de droit européen, celui-ci produit également des normes sous-jacentes constitutives de *Soft law* (parfois "*Hard law*") pour les marchés et les entreprises, par exemple au

106. http://www.parliament.uk/balance-of-competences-review.

107. How much legislation comes from Europe? Vaughne Miller-House of Commons Library Research Paper 10/62 13 October 2010.

niveau de leur gouvernance, le fonctionnement du marché intérieur, la concurrence au plan européen[108].

Depuis le Brexit il devient nécessaire de s'interroger sur la portée de la *Soft law* européenne passée, présente et future. Une étude par Mary Dobbs et Oana Stefan de l'Université Queens de Belfast apporte un éclairage utile à ce sujet[109]. Elles rappellent notamment l'utilité de la *Soft law* pour l'interprétation de législation. La publication de guides par les ministères britanniques concernés et l'utilisation dans la pratique de ce *Soft law* pour la prise de décisions, par exemple dans le domaine de la règlementation environnemental, peut donner lieu à des attentes légitimes, et influer sur la validité d'une décision au niveau du droit administratif. Une décision de la Cour d'appel anglaise (citée par les autrices)[110] indique que « même si la (*Soft law*) n'est pas liant, il est néanmoins "instructif et fortement persuasif" » selon la Cour. Elles mentionnent également le domaine des services financiers et donnent l'exemple de la participation passée des experts des marchés financiers britanniques dans la rédaction de la *Soft law* émise par l'Autorité européenne des marchés financiers. Dans le domaine de la concurrence et de l'environnement, les décisions des tribunaux font souvent référence à la *Soft law* dans leurs décisions, reconnaissant le besoin de transparence et de cohérence au niveau européen. En tout cas, cet article met en avant la tradition des autorités britanniques avant le Brexit qui était de faire une large place à la *Soft law* européen dans la mise en œuvre ou la pratique des réglementations, même si cela n'était pas systématique. Cela se faisait dans le cadre d'un dialogue régulier entre autorités nationales et européennes. Depuis le Brexit, ce dialogue, au moins au niveau formel est rompu et les législations mettant en œuvre le Brexit ne font pas référence à la *Soft law* européenne. Il reste à voir si les tribunaux et autorités britanniques poursuivront cette pratique ou divergeront dans des affaires à venir. Il est toutefois possible que les tribunaux continuent à tenir compte de EU *Soft law* dans la mesure où la section, 6 (2) de la *European Union (Withdrawal) Act* 2018 leur permet de tenir compte des actes des autorités européennes après la date de sortie[111].

112 **Brexit : les impacts.** Le Brexit a eu de nombreux impacts prévisibles sur l'activité économique : sortie du marché unique et douanier européen, fin de la libre circulation des personnes et marchandises, entraînant une diminution du produit national brut britannique, des nouvelles conditions d'accès au marché européen, les contrôles et formalités douaniers, la divergence réglementaire, conséquences sur les chaînes d'approvisionnement, coûts plus élevés...

Les conséquences indirectes concernent la réorganisation des entreprises qui, pour certaines, ont dû ouvrir une filiale en Europe ou déménager une partie de leur activité ; et le renoncement d'autres, notamment PME et PMI face aux complications et coûts engendrées par le Brexit.

108. F. Terpan, *Soft Law in the European Union The Changing Nature of EU Law*, in European Law Journal, Wiley, 2014, p. 40.

109. EU Soft law in the UK on the eve of Brexit: (not) much ado about nothing? 2023 Hart Publishing.

110. Morge R v Hampshire County Counsil 201° EWCA Civ 608.

111. Voir aussi le rapport House of Commons Library Briefing Paper n° 8140 17 November 2017 EU (Withdrawal) Bill: the Charter, general principles of EU law and Francovich damages. Arabella Lang, Vaughne Miller, Simson Caird.

Ces effets se situaient à plusieurs niveaux pour les entreprises : tout d'abord, selon une étude publiée par le National Institute of Economic and Social Research début 2025 le niveau des investissements étrangers directs au Royaume-Uni entre 2016 (date du référendum sur le Brexit) et 2022 a baissé de 37 %, les entreprises multinationales préférant s'établir dans l'UE pour obtenir l'accès au marché unique. Les nouvelles barrières à la libre circulation ont engendré des pénuries de main-d'œuvre venant de l'UE affectant notamment l'agriculture, les services de santé et des loisirs[112]. Les incertitudes immédiates touchaient également les contrats à moyen ou long terme dont l'exécution dépendait de la poursuite du contrat au sein du marché unique et la libre circulation, tels les contrats de prestations de services nécessitant le détachement ou la circulation de personnels, ou les contrats de livraison de biens dont le régime fiscal et douanier et les délais d'exécution ont été affectés par le Brexit. La question de compétence juridictionnelle (traitée à l'époque par le règlement Bruxelles bis), est directement affectée du fait de l'exclusion de ce règlement du droit européen conservé par le Royaume-Uni lors de la sortie. Ensuite, le Brexit a créé des incertitudes liées au besoin de renouveler les autorisations des institutions européennes, telles pour les produits pharmaceutiques, médicaments, et aliments pour accéder au marché européen. Les « passeports » des banques et institutions financières, permettant la vente et les prestations à travers le marché unique sont devenus caduques. Désormais, les autorisations en matière de concurrence (fusions acquisitions, exemptions en matière de distribution de produits, etc.) doivent être obtenues pour chaque marché (UE et britannique) dans des conditions et des délais qui peuvent diverger[113].

2. L'impact substantif de la Conv. EDH

113 L'impact est notable tant dans le droit en général (a) que, plus spécifiquement, en droit des affaires (b).

a) L'impact sur le droit et la procédure

114 **Quelques exemples.** Les effets du HRA ont été multiples. Elle a permis notamment aux tribunaux d'adopter une interprétation plus large des lois du Parlement britannique en se servant des méthodes d'interprétation de la Cour européenne de Strasbourg et du principe de proportionnalité. L'impact a été particulièrement ressenti dans le domaine de *judicial review*, les procédures utilisées pour contester la légalité de décisions des administrations et régulateurs ; par exemple, le principe de proportionnalité en droit administratif, qui est venu compléter les principes de droit commun en la matière de contrôle des décisions administratives. Dans le domaine des autorités de régulation, le HRA a eu des impacts significatifs dans le détail de l'organisation des autorités de régulation, et de leurs procédures vis-à-vis les

112. Five Years on : The Economic Impact of Brexit National Institute of Economic and Social Research. Dr. Benjamin Caswell and Hailey Low. 31 January 2025.

113. C. Le Gallou, *L'impact du Brexit sur les contrats d'affaires*, Revue Lamy Droit Civil, octobre 2017.

entreprises dont les activités sont réglementées[114]. En outre, l'introduction de la Convention dans le droit anglais a notamment permis le développement de nouveaux concepts de responsabilité ou de protection des droits civils, tel le droit à la protection de la vie privée. Les impacts ne sont pas limités aux effets directs de la Conv. EDH mais s'étendent à des normes internationales tels les Guidelines de l'OCDE pour les entreprises multinationales et les Principes de l'ONU concernant les entreprises et les droits humains (Principles for Responsible Investment), et les règlements européens sur la Taxonomie en matière environnementale. Un traitement détaillé de ces sujets dépasse le cadre de ce livre.

115 **L'*Equality and Human Rights Commission*.** En 2007, un organisme indépendant, le *Equality and Human Rights Commission*, a été établi sous l'égide de la loi *Equality Act 2006* (devenu depuis le *Equality Act 2010*). Il veille au respect des droits et obligations de la Convention par les autorités et les entreprises. Elle a le pouvoir de mener des enquêtes et initier des poursuites. Elle mène des actions d'information auprès des entreprises pour les aider à mettre en place les procédures nécessaires au respect des droits.

b) L'impact sur le droit des affaires

116 **Le HRA et le droit des affaires.** Dans le domaine du droit des affaires, la Convention et les décisions de la CEDH et les tribunaux britanniques ont impacté plus particulièrement les obligations et droits des entreprises (dans le droit pénal et le droit de la responsabilité, y compris au niveau de chaînes d'approvisionnement internationale), les relations du travail, et les possibilités procédurales pour les entreprises de contester les décisions des administrations et des régulateurs. Les marchés financiers, des assurances et des matières premières intègrent aussi des normes en matière des droits humains (voir par exemple les produits financiers et recommandations de la London Stock Exchange-*Guide to ESG reporting*).

117 **Les obligations des entreprises en matière de droits de l'homme.** Il s'agit notamment de la discrimination en matière de sexe, d'origine raciale ou ethnique, orientation sexuelle, ou religion dans le domaine de l'emploi ou vis-à-vis des consommateurs ou clients. Lorsqu'une entreprise preste un service par délégation du service public, elle est soumise aux mêmes obligations de respect de la Convention que l'État ou la collectivité locale. Les administrateurs des sociétés commerciales doivent inclure dans le rapport annuel des indications concernant la conformité de l'entreprise dans ce domaine (*Companies Act 2006*). Il est aujourd'hui considéré qu'une violation des droits au titre de la Convention peut être prise en compte par l'*Employment Tribunal* pour décider si un licenciement était inapproprié[115] (*unfair*). Il en est de même lorsqu'un code vestimentaire ou des horaires de travail imposés par un employeur pourrait interférer avec la liberté religieuse du salarié, s'ils ne sont pas proportionnés[116].

114. Ministry of Justice : *The Human Rights Framework as a Tool for Regulators and Inspectorates.*
115. X v Y [2004] EWCA Civ 662.
116. Copsey v WBB Devon Clays Ltd [2005] EWCA civ 932.

Le *Coroners and Justice Act 2009* et le *Modern Slavery Act 2015* mettent en œuvre certaines obligations au titre de la Convention pour sanctionner les entreprises coupables de trafic d'êtres humains ou travail forcé. Plusieurs affaires récentes montrent l'importance (et les risques) de ces obligations en matière de chaînes internationales d'approvisionnement dans les groupes de sociétés : Dans l'affaire *Lungowe v. Vedanta Resources Plc & Konkola Copper Mines Plc*[117], la *UK Supreme Court* a décidé que les tribunaux anglais étaient compétents pour juger une demande portée par 1 826 habitants de villages proches d'une mine exploitée en Zambie par un groupe britannique et causant des préjudices liés à diverses pollutions. La Cour a décidé que les maisons mères britanniques pouvaient être assignées devant le tribunal anglais. Dans une affaire portée devant les tribunaux anglais, le World Uyghur Congress s'est plaint du refus de la *National Crime Agency* britannique d'enquêter sur des possibles infractions de blanchiment d'argent lié au commerce de marchandises produites en utilisant des travailleurs forcés (contraire aux droits de l'homme) dans la République Populaire de Chine. La Cour d'appel a décidé que la décision de la *National Crime Agency* de ne pas ouvrir une enquête était erronée et qu'elle devait ouvrir une enquête[118] (voir aussi l'affaire *Limbu v Dyson* déjà citée)[119]. Enfin un procès est prévu devant la *High Court* à Londres en juin 2026 dans une affaire impliquant des familles de mineurs en Tanzanie qui allèguent des abus de droits humains et la responsabilité du marché londonien *London Bullion Market* dans la certification de l'or extrait de la mine comme étant exempt d'abus graves de droit humains.

118 **La protection des droits de l'homme des entreprises.** La Convention permet aux entreprises (en tant que sujets du droit [*persons*], définis largement dans la jurisprudence) de protéger leurs droits plus efficacement. Par exemple, les sociétés d'assurance ont la capacité[120] pour contester une loi concernant la responsabilité de leurs assurés – *AXA General Insurance Ltd v. Lord Advocate*[121]. C'est la société en tant que personne morale qui bénéficie des droits relatifs à ses affaires au titre de la Convention, et non pas les associés ou actionnaires. Il est possible de dénombrer un certain nombre de droits de l'homme établis des entreprises, notamment dans les domaines les plus variés : la protection des biens utilisés dans leur activité commerciale, celle des informations confidentielles des entreprises et le droit au respect de la vie privée, le renouvellement de licences officielles, les contrats à objet public, le retrait d'une licence bancaire ou encore les activités et les pouvoirs de sanction des régulateurs.

119 **La protection des biens utilisés dans leur activité commerciale.** La jouissance paisible et le droit de ne pas être dessaisi de ses biens que dans l'intérêt général. La définition de « biens » est large : il peut s'agir de baux, permis de construire, biens meubles tangibles et intangibles (droit de propriété intellectuelle, par exemple). Cependant la marge d'appréciation laissée aux États (notamment le

117. Vedanta Resources Plc & Konkola Copper Mines Plc v Lungowe and others 2019 UKSC 20.
118. R (World Uyghur Congress) v NCA 2024 EWCA Civ 715.
119. Dhan Kumar Limbu & others v Dyson Technology Ltd & others 2024 EWCA Civ 1564.
120. En anglais, l'on dit qu'elles sont « *locus standi* ».
121. AXA General Insurance Ltd v Lord Advocate [2011] UKSC 46.

Parlement) pour la mise en œuvre de politiques sociales et économiques continue d'être définie de manière large, à tel point que dans l'affaire *AXA* citée ci-dessus la *Supreme Court* a jugé que la loi était justifiée pour des raisons sociales. Comme l'ont noté Conor Gearty et John Phillips[122], ces décisions peuvent obliger le gouvernement de justifier par des preuves efficaces l'existence d'un intérêt général. Les auteurs pensent que cela a eu une influence dans l'affaire de l'indemnisation des actionnaires de Railtrack lors de la renationalisation des chemins de fer par le gouvernement, ou dans un autre cas une collectivité locale, lors d'une décision concernant le renouvellement d'un bail de locaux commerciaux.

120 **La protection des informations confidentielles des entreprises et le droit au respect de la vie privée ; la liberté d'expression ; le droit au procès équitable.** La Convention a permis les tribunaux de compléter le droit commun sur la question. Une jurisprudence évolutive permet dans certains cas de protéger les secrets d'une entreprise dans le cadre de ce principe spécifique de la Convention européenne des droits de l'homme[123]. En 2024 le journal le *Daily Mail* a réussi à faire condamner le Royaume-Uni en raison des frais de procès auxquels il avait été condamné dans le cadre d'une action en diffamation, en arguant que son droit à la liberté d'expression (Conv. EDH, art. 10) était entamé par un montant disproportionné de frais juridiques ordonné par le tribunal (honoraire de réussite de l'avocat du demandeur[124]). Par ailleurs, une loi anglaise imposant une responsabilité pénale stricte et une amende automatique en cas de découverte d'immigrants illégaux dans un camion a été jugée contraire aux droits au procès équitable (Conv. EDH, art. 6), et au droit de jouissance paisible de ses biens (Conv. EDH, art. 28 et 49) par la Cour d'appel anglaise[125].

121 **Le renouvellement de licences officielles.** Certaines décisions récentes des tribunaux indiquent que les autorités peuvent être jugées redevables en dommages-intérêts en cas de refus d'octroi ou de renouvellement de licences d'exploitation d'activités réglementées dans certains cas. En 2010, une décision du ministère de l'Intérieur (*Secretary of State for the Home Department*) de suspendre la licence d'une école qui sponsorisait des étudiants étrangers a été contestée par l'école en raison du préjudice causé à son activité. La décision du ministre était prise en fonction de règles (*guidance*) émises par le ministre. L'appel de l'école devant la *Supreme Court* a été rejeté, malgré les critiques des juges sur la complexité et l'évolution fréquente des règles en la matière[126].

122. C. Gearty et J. Phillips, *The Human Rights Act and business: friend or foe*?, Lloyds Maritime and Commercial Review 2012, p. 493.

123. Voir par exemple UAB Kesko Senukai Lithunia v Lithuania 2023, Cour européenne des droits de l'homme, 4 avril 2023 (absence de remède en droit lituanien pour une enquête et perquisition trop invasives de l'autorité de la concurrence lituanienne).

124. Case of Associated Newspapers Ltd v United Kingdom 12 November 2024 (application n° 37398/21).

125. International Transport Roth GmbH v Secretary of State for the Home Department 2002 EWCA Civ 158.

126. R (The New London College Ltd) v Secretary of State for the Home Department [2010] EWHC Admin 2561 ; [2013] UKSC 51.

122 ***Public contracts* et les obligations de sous-traitants.** La jurisprudence évolue en ce qui concerne la question de savoir si une entreprise sous-traitant à qui une entité publique a confié un service est soumise aux mêmes responsabilités que le service public au titre du respect de la *Human Rights Act 1998*. La Cour a décidé qu'une entreprise, privée et non subventionnée, fournissant un service de résidences aux personnes dans le besoin dans le cadre des obligations légales de la collectivité locale, n'était pas soumise aux mêmes obligations « publiques » que la collectivité[127].

123 **Retrait d'une licence bancaire et le droit d'être entendu.** Dans l'affaire *Bank Mellat v. HM Treasury N° 2*, la *Supreme Court* a jugé dans cette affaire que la banque avait le droit au titre de la Convention et de la *Common law* d'avoir la possibilité de présenter ses arguments au Trésor qui a retiré sa licence bancaire au titre de législations sur le terrorisme et l'embargo international concernant l'activité nucléaire de l'Iran[128].

124 **Les politiques d'auto-régulation des marchés, les pouvoirs de sanction des régulateurs.** Dans ce domaine les normes développées par les marchés financiers, des assurances et des matières premières jouent un certain rôle. Le London Metal Exchange a proposé un standard de sélection responsable des sources. Dans le domaine de critères environnementaux et de gouvernance socialement responsable, le London Stock Exchange a promulgué des *Guidelines* d'Investissement socialement responsable ; et l'association des assureurs britanniques a proposé des recommandations. Certaines autorités de régulation disposent de pouvoirs d'imposer des sanctions pécuniaires importantes (par exemple, la Financial Conduct Authority, et la Competition and Markets Authority – les affaires de concurrence). Ces décisions sont soumises au respect des dispositions de la Conv. EDH. L'évolution de la doctrine inspirée par la Convention va dans le sens de considérer que l'autorité devrait être soumise aux mêmes obligations qu'un tribunal en matière pénal, ce qui permettrait d'éviter certains recours aux tribunaux pour excès de pouvoir, le non-respect de la procédure ou du principe du contradictoire. Le *Ministry of Justice* a notamment publié un guide de principes pour les autorités de régulation[129].

C. LES MÉTHODES D'INTERPRÉTATION DES TRIBUNAUX

125 Les méthodes d'interprétation des tribunaux anglais ont été influencées par le droit de l'UE (1) et de la Conv. EDH (2).

1. L'impact du droit de l'Union européenne

126 **Approche.** Un des premiers impacts du droit européen concernait la modification des méthodes d'interprétation des tribunaux britanniques pour juger les affaires

127. YL v Birmingham *City* Council [2007] UKHL 27.
128. Bank Mellat v HM Treasury N° 2 UKSC [2013] 39.
129. The Human Rights Framework as a Tool for Regulators and Inspectorates.

impliquant le droit européen. Il s'agissait notamment des méthodes contextuelles et téléologiques utilisées par la Cour de justice de l'Union européenne, qui prenaient en compte les principes, valeurs, et les objectifs juridiques, sociaux, économiques et l'effet utile des législations de l'UE.

Depuis le Brexit, et l'intégration en droit interne de la majorité du droit européen, ces méthodes continueront à exercer leur influence, même si aujourd'hui les tribunaux ne sont obligés que d'en tenir compte, et se cantonneront probablement à définir l'objectif d'une législation dans son contexte britannique sans téléologie européenne. Mais tout d'abord, il convient de rappeler les débuts de l'intégration des méthodes européennes d'interprétation.

127 **L'affaire du *Champagne Cider* : les premiers changements de méthode.** Dans une célèbre décision impliquant une interprétation du droit européen des noms d'origine opposait un producteur anglais de cidre qui avait appelé un de ses cidres "*champagne cider*", aux producteurs de champagne français. En donnant satisfaction à ces derniers, Lord Denning, président de la Cour d'appel à l'époque, avait comparé le droit européen à une marée inéluctable remontant les rivières et les fleuves, et que les tribunaux devaient s'adapter à ses méthodes ! Il ajoutait que les juges européens comblaient les lacunes de la législation sans aucune honte... Ce risque est semble-t-il aujourd'hui écarté !

128 **L'abandon de l'approche traditionnelle en 1980, puis un retour en 2021 ? : l'affaire de l'*equal pay*.** Cette affaire opposait une salariée Mme Smith à son employeur McCarthy, sur la question de l'égalité de rémunération pour les hommes et les femmes, Mme Smith avait remplacé un homme qui avait quitté le poste en question. La législation indiquait que les salaires devaient être identiques pour les hommes et femmes ("*where a woman is employed on like work with a man in the same employment*")[130]. L'employeur s'est prévalu d'une interprétation stricte et littérale (traditionnelle) de la législation qui laisserait penser que les salariées de l'entreprise n'avaient droit à une rémunération de même niveau que leurs homologues masculins que si leur emploi dans l'entreprise était simultané. Il s'est appuyé notamment sur l'utilisation de temps présent dans la phrase concernée. La demande de Mme Smith a convaincu seulement un juge à la Cour d'appel anglaise (Lord Denning)[131] qui a néanmoins posé une question préjudicielle à la Cour européenne de justice sur la base d'une interprétation téléologique du droit européen conforme aux objectifs de la législation. La Cour a donné raison à Mme Smith[132] et l'affaire a été ensuite jugée en sa faveur par la Cour d'appel anglaise[133]. Aujourd'hui cette décision ne poserait pas difficulté, les méthodes des tribunaux anglais ayant évolué vers une recherche contextuelle et intégrée de la signification de la législation. Toutefois, sans le "telos" du droit européen, une inflexion de la méthodologie vers une approche plus sélective des critères à prendre en compte semble probable. Les tribunaux anglais s'étaient déjà montrés plus stricts dans leur interprétation de la législation fiscale européenne en matière de TVA, divergeant par rapport à leurs

130. Lorsqu'une femme est employée sur du travail similaire à celui d'un homme dans le même emploi.
131. Macarthys Ltd v Smith [1979] 3 All ER 325.
132. CJCE, [1980] Aff 129/79, Macarthys Ltd v Smith.
133. Macarthys Ltd v Smith [1980] EWCA Civ 7.

collègues européennes[134]. Mais, il convient de rappeler que les notes explicatives de la loi *European Union Withdrawal Act* 1918 indiquaient au titre de l'article 6 qu'en cas de besoin le tribunal pouvait avoir recours aux documents tels travaux préparatoires de la législation européenne aux fins d'interprétation[135]. Mais, la loi *Retained European Law (Revocation and Reform) Act* 2023 et ses notes explicatives indiquent que les tribunaux ne seront plus obligés de tenir compte de tels documents[136]. Toutefois, la mise en œuvre de cet article était un suspens à l'heure de la préparation de cette édition. Qui plus est, la Cour Suprême a évoqué (mais *obiter dicta*) une interprétation toute particulière de l'article 6 de la loi *European Union (Withdrawal) Act 2018* sur la question de l'interprétation de la législation d'origine européenne. Dans l'affaire *Lipton v City Flyer BA* la Cour a décidé que la règle habituelle de la loi *Interprétation Act* 1978, qui exclut une application rétrospective d'une nouvelle loi sauf mention spécifique, n'avait pas vocation à s'appliquer en ce qui concerne la loi de 2018. Cela découlait, selon la Cour, de l'intention présumée du Parlement tel qu'il ressortait du schéma général de la législation, d'achever la séparation du droit du Royaume-Uni du droit européen.

Devant les incertitudes actuelles, il semble probable que les tribunaux seront tentés d'utiliser leurs méthodes traditionnelles d'interprétation tout en retenant une certaine flexibilité. La Cour Suprême a récemment rappelé dans une autre affaire[137] qu'un texte sans ambiguïté ne peut être dilué par les aides externes (textes secondaires) tels que rapports de commissions ou du gouvernement, au risque de contrarier l'objectif du législateur ou la difficulté qu'il était censé traiter dans son contexte historique. Ainsi, le recours à des documents d'origine européen tels travaux préparatoires, notes de la Commission etc. risque d'être plus limité. Le droit européen était intégré dans le droit national par le Parlement britannique au titre du *European Union (Withdrawal) Act* 2018, sans la *Soft law* européenne, sauf à s'y référer en cas de besoin[138]. Dans une affaire jugée par la Haute Cour de Justice en 2023[139], le juge a indiqué que pour interpréter un texte d'une loi européen "*retained*" de cette manière, le tribunal devait avoir recours à la méthode « orthodoxe » (anglaise) d'interprétation. Il semble toutefois, comme le prévoit Lord Sales, que les tribunaux adopteront une approche pragmatique selon le type de texte qu'ils sont appelés à interpréter. La Cour d'appel dans l'affaire *Tune In v Warner Music UK Ltd*[140] ne sentait pas nécessaire de s'écarter de la jurisprudence en matière de droit d'auteur dans la mesure où le développement du droit anglais n'était pas menacé et qu'aucune injustice ou contrariété à l'ordre public était engagée. Mais, comme déjà indiqué, le gouvernement travailliste a mis en pause l'article 6 de la loi

134. Voir l'article par Zu Y. Statutory interpretation after Brexit : implications from a case study of VAT. Legal Studies Cambridge University Press 2023, n° 43, p. 295.

135. Explanatory Notes para 111.

136. V. para 104.

137. R (O) v Secretary of State for the Home Department 2022 UKSC 3.

138. Voir les notes explicatives des lois *European Union (Withdrawal) Act* 2018 et *Retained European Law (Revocation and Reform) Act* 2023 cités ci-dessous Statutory Interpretation-a collaboration between Democratic legislatures and the Courts-address to the Government Legal Service for Scotland 10th November 2021.

139. E Accounting Solutions v Global Infosys 2023 EWHV.

140. 2021 EWCA Civ 441.

Retained European Law (Revocation & Reform) Act qui devait donner plus de liberté aux tribunaux en matière d'interprétation de s'écarter des méthodologies originaires du droit européen. Les décisions de la Cour d'appel et la Cour Suprême seront donc déterminantes dans ce domaine évolutif.

Par ailleurs, il peut exister des cas où les dispositions de l'Accord de commerce et de coopération (R-U/UE) pourraient être pertinentes en cas d'interprétation.

2. L'impact de la Convention européenne et *Human Rights Act 1998*

129 **Illustrations.** L'impact de la Convention des droits de l'homme n'a pas été moins important. En effet, la loi *Human Rights Act 1998* dispose que les tribunaux « doivent tenir compte » des décisions de la Cour de Strasbourg (sans être obligés de les suivre) ; et que pour autant que ce soit possible, les lois et décrets doivent être interprétés de manière compatible avec la Convention.

Ainsi, dans le cadre de la législation sur la protection des locataires (*Rent Act 1977*) qui disposait que l'époux survivant puisse continuer de bénéficier de la même protection, les tribunaux ont pu, par exemple, étendre la signification de la phrase « époux survivant » ou "*as his or her wife or husband*" à un membre survivant d'un couple de même sexe, pour éviter une discrimination au titre de la Convention (et *Human Rights Act*)[141].

SECTION 5 LE DROIT INTERNATIONAL

130 Le droit international au Royaume-Uni résulte principalement des traités internationaux (§ 1) et de la coutume internationale (§ 2).

§ 1. LES TRAITÉS INTERNATIONAUX

131 **Système dualiste.** Le Royaume-Uni, ayant un système dit « dualiste », met en œuvre les traités internationaux le plus souvent, par le biais d'une loi spécifique votée par le Parlement, qui bénéficie ainsi d'une force supérieure. Dans certains cas le traité est simplement ratifié par le gouvernement de sa Majesté sans vote par le Parlement, notamment lorsque le traité n'exige pas la mise en place de législation interne, ou lorsqu'aucune modification de la législation existante n'est nécessaire. Ainsi, la place juridique des traités internationaux (A) est importante en droit anglais.

132 **En droit des affaires.** L'impact des traités internationaux dans le domaine du droit des affaires est double. D'une part, il existe des traités spécifiques à certaines

141. Ghaidin v Godin-Mendoza [2004] UKHL 30.

activités telles que le transport aérien de passagers ou le transport par voie routière ; d'autre part, les normes édictées par les institutions des Nations unies ont également un effet de *Soft law* dans les affaires, étant souvent insérées dans les contrats commerciaux internationaux. Ainsi, le droit anglais des affaires est impacté par les traités internationaux, les préconisations de l'ONU et l'OCDE (B). Enfin, les tribunaux anglais en matière des droits des entreprises peuvent être compétents pour interpréter ces textes (C).

A. LA PLACE JURIDIQUE DES TRAITÉS INTERNATIONAUX EN DROIT ANGLAIS

133 **Les traités internationaux.** Les traités internationaux sont le plus souvent négociés entre gouvernements, leurs textes finalisés avant d'être soumis à la ratification par les gouvernements ou les parlements, et leur introduction dans le droit interne. Les traités qui n'exigent pas de législation interne sont ratifiés par le gouvernement de sa Majesté au titre des pouvoirs arbitraires qu'il détient issus de la « prérogative royale » (*Royal prerogative*). Mais il est fréquent que les traités prévoient une ratification du texte par le Parlement. Une convention de la constitution datant de 1924, *the Ponsonby Rule*, voulait que le gouvernement propose le traité en forme de projet devant le Parlement 21 jours avant sa ratification, ce qui permettait une discussion même limitée, mais le Parlement n'avait pas la possibilité de bloquer la ratification. Depuis la loi dite *Constitutional Reform and Governance Act 2010*, le Parlement dispose de la possibilité de bloquer la ratification d'un traité international de manière indéfinie. Toutefois, les possibilités pour le Parlement de modifier un traité sont pratiquement inexistantes.

134 **Les traités de l'Union européenne.** La procédure est différente en ce qui concerne les traités de l'Union européenne (*European Union Act 2011*), où le rôle de Parlement est accentué dans certains cas. L'affaire jugée par la *Supreme Court* en janvier 2017 au sujet de la notification du Brexit[142] a donné un statut constitutionnel à *European Communities Act 1972* qui empêchait le gouvernement de notifier le retrait du Royaume-Uni des traités européens sans le consentement du Parlement, ce qui a été donné par la suite.

B. LES TRAITÉS INTERNATIONAUX, LES PRÉCONISATIONS DE L'ONU ET DE L'OCDE EN DROIT DES AFFAIRES

135 **Règles internationales et lois britanniques.** Certains traités internationaux faisant partie du droit anglais peuvent affecter le droit des affaires, dont par exemple la limitation de responsabilité dans le domaine de l'aviation civile, le transport de marchandises par mer ou par la route, etc. En outre, les engagements du gouvernement britannique vis-à-vis des organisations internationales comme l'OECD et des

142. R on the application of Miller & another v Secretary of State for Exiting the European Union [2017] UKSC 5.

Nations unies sont importantes ; ainsi, des législations britanniques complètent un dispositif de principes directeurs adoptés par ces organisations. L'on peut citer, par exemple, l'*UN Guiding Principles on Business and Human Rights* et *OECD 2012 Guiding Approaches & Guidelines for Multinational Enterprises* ; puis ceux du GAFI (*Financial Action Tqsk Force*).

Le *Modern Slavery Act 2015* met en œuvre des actions prévues au plan international dans le cadre des Nations unies par exemple pour interdire et sanctionner les trafics internationaux d'êtres humains et de l'esclavage, la sécurité et santé au travail, l'emploi des enfants, le *Bribery Act 2010* en matière de prévention de la corruption internationale ou le contrôle des ventes d'armements. Il s'agit d'obligations légales très concrètes pour les entreprises telles que la gestion internationale de leurs approvisionnements (*supply chain management*) et les conditions contractuelles dans les contrats internationaux de distribution et d'agents commerciaux et autres représentants et intermédiaires pour éviter la corruption.

À la suite du Brexit, le Parlement britannique a ratifié en septembre 2020 la Convention de la Haye sur les accords d'élection de for de 2005 ; puis début 2024 la Convention de La Haye sur la reconnaissance des jugements en matière civile ou commerciale du 9 juillet 2019 dans le but de remplacer certaines dispositions du règlement (UE) Bruxelles I bis. Cette convention devrait entrer en vigueur au Royaume-Uni le 1er juillet 2025. Le Royaume-Uni et les 27 membres de l'UE ayant ratifié la Convention de La Haye du 15 novembre 1965 sur la signification à l'étranger de documents extra-judiciaires en matière civile et commerciale, ce qui remplace en fait le règlement européen nº 1393/2007 sur ce sujet pour les significations transmanche.

Par ailleurs, la Haute Cour a récemment fait référence à la convention bilatérale entre la France et le Royaume-Uni datant de 1933, au sujet d'un accident de ski à Courchevel où la demanderesse de nationalité française et résidant en France avait décidé de poursuivre le défendeur britannique devant les tribunaux anglais[143].

Le gouvernement britannique a également mis en place un plan d'action pour améliorer les impacts des activités des entreprises au titre des droits de l'homme[144]. Certaines de ces principes génèrent des codes de bonnes pratiques et de bonne gouvernance adoptés par certaines entreprises.

C. LA COMPÉTENCE DES TRIBUNAUX ANGLAIS EN MATIÈRE DES DROITS DES ENTREPRISES

136 **Pouvoirs des tribunaux anglais.** Les tribunaux sont compétents pour interpréter les traités ainsi incorporés dans le droit national, comme pour la législation nationale[145]. Il en serait de même lorsque les parties ont incorporé les dispositions

143. Klifa v Slater 2022 EWHC 427 QB.

144. HM Government Good Business Implementing the UN Guiding Principles on Business and Human Rights, mai 2016.

145. Fothergill v Monarch Airlines [1981] AC 251.

d'un traité dans leur contrat commercial[146]. Ces questions peuvent intéresser les entreprises notamment dans le domaine des licences ou concessions octroyées par la puissance publique (ou ses émanations) à des organisations commerciales telles qu'un prestataire d'un service de radio par satellite (retrait par le régulateur du droit d'utiliser une fréquence dans le cadre d'*International Telecommunications Union*)[147] ; de même, cette problématique concerne aussi les droits d'une société pétrolière au titre d'un traité bilatéral d'investissement entre l'Équateur et les États-Unis où les parties avaient choisi, comme le permettait le traité, d'avoir recours à l'arbitrage international devant un tribunal arbitral siégeant à Londres[148]. Dans cette affaire, la *Court of Appeal* considérait qu'elle avait la possibilité de prendre en compte les dispositions du traité pour décider la question de savoir si le tribunal arbitral avait dépassé les limites de sa compétence.

§ 2. LA COUTUME INTERNATIONALE

137 **Présentation.** La doctrine traditionnelle (Blackstone, Lauterpacht...) considérait que la coutume du droit international était incorporée dans le droit commun en vertu d'une règle ancienne de la *Common law*. Différentes jurisprudences datant du XVIIIe siècle, pour les plus anciennes, sont citées au soutien de cet argument. La plupart des décisions concernaient la question de l'immunité d'États étrangers.

Le développement du droit international, et notamment les droits de l'homme, a généré de nouveaux défis juridiques dans ce domaine tant au plan de la compétence des tribunaux anglais, que de l'existence de règles coutumières internationales en droit anglais au fond.

In fine, il s'agit de savoir si ces règles créent des droits justiciables entre le citoyen et l'État ou entre citoyens, les relations entre États (*J.H. Rayner v. Department of Trade and Industry ["Tin Council" case]*)[149] ; et la politique extérieure de la Couronne étant exclues de la compétence des tribunaux. Comme le disait Lord Hoffmann : « il n'incombe pas au tribunal national de développer le droit international » (*Jones v. Saudi Arabia*[150]). Toutefois, il convient de rappeler que les tribunaux peuvent être saisis, et décideront, de la question de savoir si une émanation d'un État étranger peut bénéficier de l'immunité ou non selon la nature des activités en question (*Trendtex Trading Corporation v. Central Bank of Nigeria*[151]). Si traditionnellement le Royaume-Uni a toujours été actif dans la rédaction de traités internationaux, le pays a été moins diligent dans certains cas pour leur mise en vigueur au plan national. Ainsi, en 2025 la Convention internationale sur la vente des marchandises (CIVM) n'a toujours pas été mise en vigueur au

146. Philippson v Imperial Airways Ltd [1939] AC 332.
147. R (ICO Satellite) v The Office of Communications Ofcom [2010] EWHC 2010 Admin.
148. Republic of Ecuador v Occidental Exploration and Production Company (nº 1) [2005] EWCA Civ 1116.
149. J.H. Rayner v Department of Trade and Industry ("Tin Council" case) 1990 2 AC 418.
150. Jones v Saudi Arabia 2006 UKHL 26.
151. Trendtex Trading Corporation v Central Bank of Nigeria [1977] 1 All ER 881, [1977].

Royaume-Uni, ce dernier étant un des seuls pays au monde restant en dehors des dispositions de cette convention. C'est un point important pour les entreprises traitant avec leurs homologues britanniques, d'autant plus que dans la pratique beaucoup de contrats anglais (et américains) prévoient l'exclusion de l'application de cette convention du contrat.

138 **L'*International business custom*.** La coutume internationale ne peut être évoquée que brièvement dans le cadre de ce livre, mais s'agissant d'entreprises commerçant à l'international ou avec le Royaume-Uni, l'existence de coutumes ou de normes internationales se pose en mêmes termes que pour la coutume locale ou les usages des affaires au plan national. Il convient d'envisager la notion de *Soft law* (A), les normes de certains organismes internationaux et la Chambre de commerce internationale (B) et la *lex mercatoria* (C).

A. LA *SOFT LAW* DEVANT LA *HARD LAW* (OU LE DEVENANT)

139 ***Soft law*.** La *Soft law* au niveau européen, avec son intégration sur le plan national par les guides et pratiques des autorités, a déjà été évoqué. Les tribunaux peuvent en tenir compte dans leurs interprétations des textes législatifs et règlementaires en les intégrant dans des jugements faisant office de précédent, leur donnant ainsi une force de *Hard law* pour des situations similaires. Dans un autre registre, les codes de bonnes pratiques sectoriels, et les normes acceptées dans la pratique par différents secteurs industriels ou commerciaux, ou les normes des organisations internationales évoquées plus haut ont un impact croissant sur les activités des entreprises tant sur le territoire britannique qu'au plan international. Certaines normes internationales des Nations unies[152] ou de l'OCDE évoquées plus haut ont déjà été transcrites dans la législation britannique ou se retrouvent dans la pratique des entreprises.

Ainsi, certaines entreprises multinationales ou britanniques actives à l'international imposent à leurs cocontractants fournisseurs le respect de normes internationales concernant l'esclavage, le travail des enfants, ou la discrimination. Il en est de même pour les normes anti-corruption. La norme qui peut consister au départ de *Soft law* peut devenir par le biais de la pratique, les contrats et leur interprétation par les tribunaux, du droit ou *Hard law*.

B. LES NORMES DE LA CHAMBRE DE COMMERCE INTERNATIONALE ET AUTRES ORGANISMES INTERNATIONAUX

140 **CCI.** Une des fonctions de la Chambre de commerce internationale, ONG représentant les chambres de commerce au plan mondial, est la production de normes internationales représentatives de la pratique des entreprises opérant au niveau international.

152. Voir par exemple UN Guiding Principles on Business and Human Rights.

Les exemples les plus connus sont les Incoterms régulant les risques lors du transport de marchandises et les obligations du vendeur et de l'acheteur à chaque stade de l'acheminement des marchandises ; ou encore les UCP régulant les pratiques des banques pour les instruments de paiement.

Autres organismes. Peuvent être également cités comme exemple, les avis (recommandations) du Financial Action Task Force (groupe d'action financière), organisation intergouvernementale créée par le G7 en 1989, qui, intégrés dans les règles et pratiques des autorités de contrôle des marchés financiers et le secteur bancaire, deviennent de la *Hard law*.

C. LA *LEX MERCATORIA*

141 ***Lex mercatoria***. La traduction littérale de ce terme nous conduirait à la loi des marchands ou *law merchant ;* mais la *lex mercatoria* serait plutôt une source d'obligations existant seulement au plan du commerce international.

Le débat sur la place et la force de la *lex mercatoria* dans les contrats internationaux existe depuis longtemps et n'est pas définitivement tranché. Il s'agit principalement de normes et bonnes pratiques du commerce international qu'un arbitre international serait prêt à reconnaître dans le cadre d'une relation contractuelle internationale, où les parties se soumettent à l'arbitrage pour le règlement de leurs litiges. Par exemple, la notion de « bonne foi » y jouerait un rôle important, alors que certains systèmes de droit comme le droit anglais, ne reconnaissent pas un principe général de bonne foi dans l'exécution des contrats, mais seulement au cas par cas (voir le chapitre sur les contrats).

SECTION 6 LA COUTUME ET LES NORMES D'AFFAIRES ANGLAISES

142 **Présentation.** La coutume (*custom*) concerne principalement les coutumes locales (section 1), qui ont une force supérieure dans les domaines très particuliers qu'elles traitent, tel le droit de ramasser des coquillages sur la plage entre marée basse et marée haute ou les droits de commun dans un village ou les droits de passage, ou plus généralement dans le domaine du droit immobilier. De même en est-il de la coutume du monde des affaires (section 2).

§ 1. LA COUTUME LOCALE, *LOCAL CUSTOM*

143 La coutume locale (*local custom*) ne doit pas être confondue avec les sources coutumières originelles du droit commun. Elle concerne principalement, mais pas exclusivement, le droit immobilier. On peut citer de nombreux exemples tels que les droits de pâturage, *levancy* et *couchancy* (directement

inspirés du langage juridique féodal normand !), le droit de pêcheurs de sécher leurs filets sur une partie de la plage, le droit de ramasser des coquillages entre marée haute et marée basse, les droits de commun (*right of commons*, par exemple les « profits à prendre » également inspiré du droit normand) ou encore les coutumes de chaque port maritime.

144 **Critères.** La coutume locale doit satisfaire certains critères pour être reconnue en tant que coutume ayant une force juridique : la reconnaissance par la communauté, l'usage ancien ou de longue date sans contestation (*from time immemorial*), ne pas être tombé en désuétude et avoir un caractère raisonnable.

Ces coutumes ont une force égale aux autres sources de droit. Ainsi ils ne peuvent être abolis que par une loi du Parlement. Bien que leur effet dans la pratique soit relativement limité, une entreprise qui a un projet de construction d'un *pipeline*, d'une usine, ou dans le domaine agricole, ou qui organise un commerce maritime, peut être amenée à s'interroger sur l'existence de coutumes pouvant empêcher l'aboutissement de son projet, ou l'obligeant à rechercher le soutien d'un député pour déposer un projet de loi lui permettant de faire modifier ou abolir la coutume locale.

§2. LA *BUSINESS CUSTOMS AND NORMS*

145 **Exemples.** Dans le domaine du droit des affaires au Royaume-Uni, les entreprises doivent également tenir compte des normes et usages du commerce, dont certaines ne relèvent pas de la définition classique de sources de droit, mais qui peuvent avoir un effet contraignant. Ainsi en est-il des usages et coutumes des marchés ou de leur secteur d'activité, des normes mise en œuvre par les opérateurs sur la base des principes adoptés par des régulateurs (*regulatory authorities*), des normes de gouvernance et de *corporate social responsibility* et de la *Soft law*, qui naît dans les interstices de la vie des affaires, relevant souvent de l'autorégulation, telle les normes dans le domaine de la publicité, dont les effets contraignants ont été reconnus dans certains cas par les tribunaux.

Ainsi, les coutumes commerciales ont leur importance dans le domaine des contrats commerciaux ou du droit des affaires car tout contrat peut receler des obligations implicites issues de la coutume d'un marché ou d'un secteur du commerce ; en outre, un tribunal ou un arbitre serait prêt à reconnaître sa force implicite en termes d'obligation contractuelle dans tel ou tel contrat commercial.

146 **Contenu.** S'agissant d'obligations attachées le plus souvent à un secteur d'activité commerciale donné, les normes d'affaires ressemblent à la coutume locale. Sans être exhaustif, plusieurs illustrations peuvent en être données.

Tout d'abord, il s'agit notamment des coutumes de marché. En effet, dans certains cas le fait d'être admis à un marché implique une acceptation des règles du marché qui peut inclure l'acceptation de compétence d'un arbitre spécialisé et des procédures de sanction en cas d'infraction aux règles. C'est le cas, par exemple, des marchés de matières premières à Londres tel le *London Metal Exchange* (LME) dont le règlement prévoit que tout contrat en relation avec une opération sur le marché, y compris avec un tiers qui n'est pas membre admis au marché, est soumis aux règlements du LME.

Ensuite, il peut s'agir de coutumes ou d'usages sectoriels. Dans le domaine bancaire, par exemple, les tribunaux reconnaissent les coutumes comme faisant partie des conditions implicites des contrats entre opérateurs d'un marché et leurs clients. Ainsi, dans l'affaire *National Bank of Greece SA*[153], les juges ont reconnu à la banque nationale grecque le droit de facturer des intérêts composés selon un usage reconnu par différentes jurisprudences, datant du début du XIXe siècle, comme reflétant la pratique des banques dans leurs relations avec leurs clients. Les contrats et conditions types utilisés par les entreprises, dans un secteur d'industrie ou de commerce donné, intègrent souvent les codes de bonne conduite. Ainsi la norme fait la loi des parties. Sa récurrence fait que le tribunal peut l'imposer en tant que condition implicite d'un contrat. Dans le secteur automobile aux États-Unis, les fabricants ont l'habitude de travailler avec leurs fournisseurs et sous-traitants selon des conditions types qui répartissent les risques et responsabilités de manière récurrente dans l'industrie. Certains de ces contrats types ont une durée de vie pérenne créant ainsi des normes et limites de responsabilité connues et dont tous les acteurs, y compris les assureurs, tiennent compte.

Enfin, la coutume se rapproche aussi de la régulation et de l'autorégulation des acteurs de différents secteurs d'industrie et du commerce qui génèrent différentes normes et usages tels que les normes de gouvernance, le *Code of Practice* de ACAS, le service de conciliation en matière du droit du travail, les normes mise en œuvre par les opérateurs sur la base des principes adoptés par des régulateurs (*regulatory authorities*), les normes et règles de marchés ainsi que la *Soft law*, qui naît dans les interstices de la vie des affaires, relevant souvent de l'autorégulation, mais qui peut avoir un effet juridique dans la mesure où le non-respect des règles conduit à une sanction. La question de savoir si la régulation peut être assimilée à la coutume est délicate, mais, compte tenu de l'importance actuelle du rôle de la régulation, de l'autorégulation et des règles de *corporate social responsibility* (bonne gouvernance des entreprises), sa place sous le titre de "*custom*" ne paraît pas hors de propos.

Cela tient compte aussi d'une réalité de règles pérennes, plus ou moins formelles, plus ou moins contraignantes, que sont les codes de bonne conduite, pratiques d'un secteur, ou normes de gouvernance affectant tout opérateur sur un marché donné, ou selon son mode d'organisation telle qu'une société cotée.

Il convient de rappeler que la loi des sociétés de 2006 (*Companies Act*) oblige les conseils d'administration à tenir compte dans leurs délibérations et décisions, notamment du maintien d'un niveau élevé de comportement dans les affaires (*business standards*) et de réputation.

Des normes de gouvernance des sociétés détaillées, issues de ces principes, sont fréquemment transposées dans les statuts ou pactes d'associés ou actionnaires.

L'évolution récente de la régulation dans le domaine financier, a amené les régulateurs à imposer des principes laissant les opérateurs mettre en œuvre ces principes dans le détail dans ce secteur ("*principles based regulation*" telle qu'édictée

153. National Bank of Greece SA v Pinios Shipping Co nº 1 UKHL 1989.

par le *Financial Conduct Authority* ou le OFGEM régulateur des marchés du gaz et de l'éléctricité au Royaume-Uni).

Cette méthode impose aux opérateurs une obligation d'anticipation par rapport à la mise en œuvre des principes et de décisions à venir des régulateurs qui tiennent compte du fonctionnement du marché. Ainsi une forme d'autorégulation est instaurée qui encourage les opérateurs à élaborer eux-mêmes les bonnes pratiques, quitte à être sanctionnés si celles-ci n'atteignent pas le niveau de qualité que peuvent requérir les principes. L'objectif est de permettre la régulation d'évoluer avec les meilleures pratiques du marché, tout en tenant compte des mauvaises pratiques mises à jour de différentes manières soit par les opérateurs eux-mêmes, soit par les régulateurs ou les autorités.

Leurs décisions acquièrent, dans certains cas, une force juridique reconnue par les tribunaux, telles les décisions de l'*Advertising Standards Authority* (« ASA »). Ainsi, une publicité récente d'Yves Saint Laurent publiée par le magazine *Elle* dans sa version anglaise montrant une femme lisse habillée en tailleur YSL, a été jugée trop malsaine (*unhealthy*) en l'apparence, en raison de la physique frêle du mannequin. La plainte déposée devant l'ASA indiquait que ceci risquait d'inciter des femmes à se nourrir de manière insuffisante. La plainte a été acceptée par l'autorité ASA et la publicité a été retirée.

Ces usages sont souvent à la lisière entre *Hard law* et *Soft law*, dans la mesure où leur application n'est pas nécessairement automatique (de droit). Ceci étant, une entreprise souhaitant développer une activité au Royaume-Uni a intérêt à prendre connaissance des normes et usages dans son secteur.

L'influence doctrinale des écrits de célèbres juristes sur les tribunaux

S'il n'est pas usuel de classifier les écrits d'éminents juges, de juristes académiques ou de praticiens en tant que source de droit, les juges y font référence en tant que de besoin notamment dans les affaires soulevant des points de droit difficiles ou nouveaux. La récente affaire concernant les frais de procès imposés par le gouvernement aux demandeurs devant les juridictions du travail a soulevé la question de la constitutionnalité de l'ordonnance du Lord Chancellor les instituant du point de vue de l'accès du citoyen à la justice. Dans sa décision jugeant cette ordonnance illégale (*R (on the application of Unison) v Lord Chancellor 2017 UKSC 51*), la *Supreme Court* a cité les écrits de Sir Edward Coke, juge du XVIIe siècle, connu pour ses *Institutes of the Laws of England* en 1642, et de Sir William Blackstone, professeur de droit à l'Université d'Oxford et juge, célèbre pour ses *Commentaries on the Laws of England*, entre 1765-1769. Pour ne donner que quelques exemples des ouvrages les plus connus, l'on peut citer *The Treatise on the Laws and Customs of England* de Ranulf de Glanvill, juge de la Cour Royale, écrit au XIIe siècle, puis l'ouvrage de Henry de Bracton, juge du XIIIe siècle *On the Laws and Customs of England*, parmi les plus anciennes sources sur les coutumes et la naissance de la *Common law*. D'autres auteurs comme Frederick Pollock et Frederic Maitland qui ont publié une histoire du droit anglais au XIXe siècle, font également l'objet de citations. Dans son discours sur les origines du système de précédent, Lord Leggatt, juge de la *UK Supreme Court*, cite l'ouvrage de Sir Rupert Cross and Jim Harris deux professeurs de droit sur le système de précédent (*Cross & Harris on Precedent in English Law*), régulièrement cité devant les tribunaux (*Precedent in English Law-Lord Leggatt-Harris Society Annual Lecture, 26 April 2024*).

147 **Le droit anglais des affaires.** Le droit anglais des affaires recouvre des domaines nombreux et complexes. Les aspects techniques du monde des affaires supposent préalablement une compréhension générale du droit anglais (première partie), afin d'en connaître les juridictions et les acteurs, les juridictions et la célèbre méthode de raisonnement des juges, le *Precedent*. Il est utile d'envisager des matières spécifiques du droit des affaires, mais aussi des matières de droit commun dont l'utilisation est importante au monde des affaires, sans atteindre l'exhaustivité. Ainsi, il convient d'envisager les contrats (deuxième partie), la responsabilité (troisième partie), les biens et *trusts* (quatrième partie), l'organisation du business à travers l'activité commerciale, les sociétés et les relations de travail (cinquième partie), les difficultés de paiement, qu'il s'agisse du droit des garanties et des problèmes d'insolvabilité (sixième partie). En outre, en cas de litiges, les parties peuvent saisir une juridiction britannique, en suivant des règles de procédure civile particulière ou recourir aux modes alternatifs des contentieux (septième partie). Enfin, le droit des affaires s'accompagne d'un volet sur la régulation des marchés et un volet sur la répression de certains comportements dans le domaine des affaires (huitième partie).

PREMIÈRE PARTIE
PRÉSENTATION DU DROIT ANGLAIS

148 **Annonce.** Les juridictions britanniques (titre 1) sont nombreuses. Outre ces juridictions, le droit anglais est vivifié par les nombreux acteurs du monde juridique et judiciaire (titre 2). Enfin, l'un des traits caractéristiques du droit anglais tient à la méthode de raisonnement, le *Precedent* (titre 3), auquel se soumettent tant les juridictions que les acteurs du droit.

TITRE 1
LES JURIDICTIONS

149 Les juridictions anglaises diffèrent des juridictions étrangères, notamment celles en place sur le continent européen. Avant d'aborder l'analyse détaillée des *Courts* (chapitre 2) et des *Tribunals* (chapitre 3), une présentation générale des juridictions (chapitre 1) est nécessaire.

CHAPITRE 1
PRÉSENTATION GÉNÉRALE DES JURIDICTIONS

150 Les juridictions britanniques sont organisées d'une façon originale et complexe (section 1). Leurs sources sont classiques (section 2), car elles sont fondées sur le droit commun et la législation.

SECTION 1 UNE ORGANISATION ORIGINALE ET COMPLEXE

151 **Une organisation des compétences des juridictions « complexe et désordonnée ».** Le site web du gouvernement britannique[1] indique que l'organisation des cours et tribunaux anglais est "*complicated and, in places, confusing*", c'est donc une organisation complexe et désordonnée... ! En effet, l'organisation ne suit pas un schéma d'ensemble, mais elle est le résultat de développements pragmatiques. La division de fonctions des principales juridictions historiques, connues sous le nom *Courts*, est le fruit d'une longue évolution historique datant du Moyen Âge. Depuis le début du xxe siècle, le Parlement a ajouté des *tribunals* spécialisés en certaines matières, concernant initialement les pensions de retraite et la sécurité sociale.

152 **Une nette distinction entre les compétences et activités des *Courts* et *Tribunals*.** Une première distinction doit être faite, d'une part, entre les *Courts* traitant les affaires traditionnelles issues de la *Common law* et de l'*Equity*, relevant du droit civil et commercial, du droit constitutionnel et administratif, et du droit pénal et leurs compléments législatifs ; et, d'autre part, les *tribunals* chargés de juger des affaires relevant de matières considérées comme non traditionnelles telles le droit

1. www.judiciary.gov.uk.

du travail, la sécurité sociale, l'immigration, la régulation de certains secteurs économiques ou des marchés, dont la source est une législation spécifique.

153 **Un volume d'affaires contrasté selon le niveau et la compétence.** Quelques statistiques récentes seront données à titre indicatif des volumes d'affaires traitées, ces chiffres évoluant d'année en année. Il est remarquable que les juridictions supérieures (la *Supreme Court* et les *Senior Courts*) traitent d'un volume beaucoup moins important que leurs homologues de même degré en France. À titre d'exemple, la *Supreme Court* émet un nombre variable de jugements chaque année (51 en 2025). Néanmoins, les cours locales ou *County Court* (civil), les *magistrates* (pénal), et les *tribunals* sont très chargés. En raison de la discipline des règles de procédure et le coût de mener une affaire jusqu'au procès une majorité d'affaires civiles ne vont pas jusqu'à une audience de jugement. L'analyse des statistiques officiels est délicate compte tenu de l'évolution des méthodes utilisées[2].

154 **Une organisation des compétences qui se distingue du reste de l'Europe.** Une deuxième remarque d'importance est le fait qu'il n'existe pas de système de tribunaux de commerce, de tribunaux administratifs, de Conseil d'État ou de Cour constitutionnelle, comparable à ce qui se trouve en France ou en Allemagne. Les cours de droit commun ont toujours été compétentes pour les questions touchant à l'exercice de pouvoir par toute autorité. Il en est de même aujourd'hui en ce qui concerne les litiges touchant au droit commercial.

Les *Courts* se décomposent en *Supreme*, *Senior*, *Subordinate* et *Special Courts*. Au niveau des *Tribunals* il existe the *Upper Tribunal* et différents *First Tier tribunals*, ainsi que des tribunaux spécialisés, dont certains dans les domaines de la régulation économique.

Dans le domaine des litiges du droit des affaires, les entreprises auront affaire tout particulièrement à la Haute cour de justice et ses cours spécialisées, la *County Court*, *Employment Tribunal* ou les instances de régulation sectorielle ou de concurrence, et des tribunaux spécialisés dans ces domaines.

155 **Des compétences territoriales différentes.** Si les *Courts* ont compétence territoriale pour l'Angleterre et le Pays de Galles, les *Tribunals* siègent dans les différents pays du Royaume-Uni. Le processus de dévolution concernant le Pays de Galles, l'Écosse et l'Irlande du Nord a modifié la répartition des compétences dans ces régions. Ce point ne sera pas traité plus en détail.

156 **Les juges sont des professionnels du droit ou des citoyens.** Il est utile de savoir d'emblée qu'en l'absence d'une magistrature de carrière, la plupart des juges siégeant dans les cours et tribunaux anglais sont d'anciens *barristers* ou *solicitors*[3]. En 2024 ils étaient environ 3.667. En revanche, les juges du principal tribunal pénal (*Magistrates Court*) sont majoritairement des juges de paix, non juristes et non rémunérés, issus de la société civile (14.576 en 2024). La formation

2. Voir *Civil Courts Structure Review* : Lord Justice Briggs Judiciary of England & Wales July 2016 & *Senior President of Tribunals Annual Report 2016* ; www.judiciary.gov (Les rapports annuels de Lord Chief Justice et des Présidents de divisions et cours de la Haute Cour de Justice et le rapport annuel du président des *Tribunals* donnent des informations statistiques récentes).

3. Pour de plus amples développements sur les juges et avocats, v. *infra*, n° 234 et 261.

continue des juges et *magistrates* est assurée par un *Judicial College* fondé en 2012 avec un programme d'initiation puis la formation continue. Cet organisme a pris la suite du *Judicial Studies Board* créée en 1979 et qui, à l'époque, proposait une formation initiale de deux semaines environ pour les juges nouvellement nommés.

157 **La modernisation des systèmes et locaux des tribunaux et un système sous pression : une transformation du procès ?** Un important programme de modernisation des systèmes informatiques des *Courts and Tribunals* s'est achevé en mars 2025 après la fermeture de plus de la moitié des tribunaux, afin de mieux déployer les juges et introduire des systèmes informatiques et certaines audiences tenues à distance par visioconférence. Ces changements ont été rendus nécessaires par les coupes drastiques dans les budgets et personnels de l'administration de la justice depuis la crise financière de 2007-2008, qui ne permettaient plus de traiter efficacement les dossiers en papier[4]. En parallèle, des coupes très importantes dans le système d'aide judiciaire, ont obligé des milliers de parties à se représenter seules devant les tribunaux jusqu'à la Cour Suprême, pour éviter le coût d'un avocat. Le ministère d'un avocat n'est pas obligatoire en Angleterre.

Ces processus ont été accentués par la crise du Covid, qui a poussé les tribunaux à privilégier, si possible, les audiences en visioconférence[5] et les décisions sur dossier. La plupart des cours et tribunaux utilisent un système électronique pour le dépôt et la gestion des dossiers judiciaires[6].

Depuis décembre 2023, les juges ont reçu un guide préparé par un groupe de juges des Cours supérieures et le chef adjoint du Civil Service (fonctionnaires du gouvernement) concernant l'utilisation de l'intelligence artificielle dans les cours et tribunaux. Le guide est destiné à prévenir les difficultés de l'utilisation de l'IA par les juges, en même temps que ces outils peuvent aider le juge dans la recherche et la rédaction de texte.

En 2023 et 2024 des juges de la Cour Suprême ont participé à des discussions avec leurs homologues du Bundesgerichtshof allemand, de la Cour de cassation français et de la Hoge Raad der Nederlanden, notamment sur les questions de l'utilisation des nouvelles technologies et l'intelligence artificielle par les juges et tribunaux.

4. Lord Chief Justice's Report 2014 Courts and Tribunals Judiciary.

5. *Virtual Region* permettant d'organiser des audiences en vidéoconférence sans nécessairement tenir compte de la localisation des parties, afin de mieux utiliser les ressources judiciaires disponibles ; et le *Video Hearings Service* mis en place par HMCTS.

6. CE File-voir le rapport annuel de la Lady Chief Justice's Report 2024-Right Honourable the Baroness Carr.

SECTION 2 LES SOURCES DE L'ORGANISATION DES COURS ET TRIBUNAUX

158 **Le droit commun et la législation.** Les deux sources principales sont le droit commun et la législation. En droit commun, les cours disposent du pouvoir de réguler leurs propres procédures. Historiquement, ce pouvoir a permis le développement de nouvelles assignations et par conséquent de nouveaux droits. On peut citer, les *prerogative writs* permettant à la Cour de juger des excès de pouvoir ou des errements de procédure des tribunaux et autorités. Ceci explique pourquoi le droit constitutionnel et administratif était dès le Moyen Âge du ressort des *Royal Courts*. L'assignation spéciale *Habeas Corpus* est un autre exemple.

S'agissant de la législation, il existe les lois dites *Judicature Acts* de 1873 et 1875, puis une loi dite *Constitutional Reform Act 2005, County Courts Acts, Magistrates Courts Acts Crime and Courts Act 2013,* sont les principales sources de l'organisation des *courts*, mais les juges eux-mêmes participent activement à la mise au point des règles de procédure. La loi *Tribunals, Courts and Enforcement Act 2007* est le socle moderne de l'organisation des *tribunals*. Cette loi succède à différentes lois qui avaient créé les différents *tribunals*, et a notamment institué le *Upper Tribunal* qui reçoit des appels des *first tier tribunaux*. En 2005 la loi *Constitutional Reform Act* a créé la *UK Supreme Court* destinée à remplacer *House of Lords Appellate Committee*.

Des lois spécifiques ont également établi des tribunaux avec des compétences spécialisées tels le *Employment Appeals Tribunal* (*Employment Tribunals Act 1996*) et le *Competition Appeal Tribunal* (*Enterprise Act 2002*).

Il faut enfin indiquer que certains auteurs considèrent que le droit de l'UE européen a exercé une influence sur le développement de la procédure et les principes appliqués dans certains domaines, notamment en matière du droit de la concurrence et l'accès à la justice[7]. D'autres auteurs considèrent que l'influence du droit de l'UE a été très limitée dans le domaine de la procédure civile, notant que le droit de la Conv. EDH a été plus important[8].

7. Voir la thèse de Paul Hitchings *The Impact of EU Law on National Civil Procedure in Competition Damages Litigation* citant l'affaire Mastercard Inc v Merricks 2020 UKSC 50- Universidad Complutense de Madrid 2023.

8. An Examination of the Influence of European Union Law on English Civil Procedure by John Sorabji-Cambridge University Press March 2019.

CHAPITRE 2
LES JURIDICTIONS DE DROIT COMMUN

159 Ces juridictions se divisent entre celles qui sont au sommet de la pyramide, les juridictions de dernier degré (section 1) et celles qui relèvent historiquement du droit commun (section 2).

SECTION 1 LES JURIDICTIONS DE DERNIER DEGRÉ

160 Il existe deux juridictions dites de dernier degré, la Cour suprême du Royaume-Uni (§ 1) et le *Judicial Committee of the Privy Council* (§ 2).

§ 1. LA COUR SUPRÊME DU ROYAUME-UNI (*"UK SUPREME COURT"*)

161 La Cour suprême est une relative nouveauté (A) ; elle jouit de compétences précises (B) et une procédure particulière doit être observée (C).

A. UNE CRÉATION RÉCENTE

162 **Une nouveauté dans le paysage judiciaire.** Au sommet du système judiciaire siège la *Supreme Court* (UKSC), qui est omni-compétent, traitant tant les litiges « civils », commerciaux, constitutionnels, administratifs, et fiscaux, que les appels en matière pénale. La Cour reçoit des appels soulevant des questions de droit jugées importantes. En 2023/2024, environ un quart des affaires jugées concernaient le droit des affaires[1].

1. Supreme Court and Judicial Committee of the Privy Council Annual Report 2023-2024.

Elle reçoit également des appels en matière civile de l'Écosse et de l'Irlande du Nord.

Le rapport annuel de la *Supreme Court* fournit quelques statistiques par matière juridique. Ainsi sur les 51 appels jugés par la *Supreme Court* pour l'année 2023/2024, environ une douzaine seulement concernaient le droit des affaires. La Cour entretient des liens et échanges réguliers avec des Cours Suprêmes dans d'autres pays, y compris plusieurs pays européens, nonobstant le Brexit.

163 **Successeur de l'ancien *Appellate Committee of the House of Lords*.** La loi de 2005 avait pour objectif de séparer, sur un plan formel, la dernière instance d'appel de la *House of Lords du Parlement*, où la cour siégeait depuis le milieu du XIXe siècle. Siégeant dans un bâtiment spécialement aménagé sur la place Westminster Square en face du Parlement, la nouvelle *Supreme Court*, où siègent les douze *Supreme Court Justices*, a succédé à l'*Appellate Committee of the House of Lords* (*Lords Justices of Appeal*), qui siégeait depuis 1876 dans une chambre spéciale de la *House of Lords*.

En effet depuis le Moyen Âge, la Chambre des Lords était compétente pour recevoir les appels en dernier ressort des cours royales. Mais, depuis le XIXe siècle, seuls des juges sélectionnés pour leur compétence en matière juridique ont été nommés pour juger les appels.

Ces juges (appelés communément *Law Lords*) siégeaient en comité en dehors des séances plénières de la Chambre des Lords. Ils étaient membres de la Chambre des Lords, mais *de facto* indépendants du Parlement depuis cette époque. Le gouvernement du Premier ministre Tony Blair avait décidé qu'il était nécessaire de moderniser cette instance et le séparer définitivement du Parlement. La loi dite *Constitutional Reform Act 2005* a été votée à cet effet.

La *Supreme Court*, composée de 12 juges ("*Supreme Court Justices*"), a été créée spécialement en 2005 en vertu des dispositions de la loi dite *Constitutional Reform Act 2005*, dont l'objet était le renforcement de la séparation des pouvoirs. La Cour a un(e) président(e) et un(e) président(e) adjoint(e)-*Deputy President* puis un "*Chief Executive*" chargé de la gestion de la Cour. Les juges siègent à 5, 7, 9 ou 11 selon l'importance et la complexité de l'affaire. En règle générale il s'agit d'affaires soulevant des questions de haute importance constitutionnelle, d'importance générale majeure, la résolution d'un conflit de jurisprudence entre la Cour Suprême, l'ancien *Appellate Committee of the House of Lords* ou le *Judicial Committee of the Privy Council, ou une question importante au sujet des droits au titre de la Conv. EDH*. Elle a commencé ses activités en 2009 ; et les *Law Lords* de l'époque ont déménagé de l'autre côté de Parliament Square dans un nouveau bâtiment. Les nouveaux juges sont choisis par une commission indépendante de sélection spécifique, composée notamment de juges et de membres de la société civile. La Cour a son propre code de comportement des juges (*Guide to Judicial Conduct*) qui incorpore les principes de « Bangalore » de la Commission des droits de l'homme des Nations unies de 2003. L'objectif est d'assurer l'impartialité et l'indépendance de la Cour. Lord Sumption s'est retiré de ses fonctions en 2019 pour pouvoir exprimer ses opinions personnelles au sujet du gouvernement de l'époque.

B. COMPÉTENCE MATÉRIELLE ET TERRITORIALE

164 Cette Cour est compétente pour les domaines suivants :

— en toute matière pour l'Angleterre, le Pays de Galles et l'Irlande du Nord (*Northern Ireland Court of Appeal*) ; puis pour l'Écosse en matière civile seulement (*Court of Session*) ;

— pour juger la légalité des actes des autorités exécutifs et législatifs du Pays de Galles, de l'Irlande du Nord et de l'Écosse dans le cadre des pouvoirs qui leur sont dévolus suite à la dévolution des pouvoirs de Westminster ; en ce compris la compatibilité par rapport à la Convention européenne des droits de l'homme.

C. LA PROCÉDURE DEVANT LA COUR

165 **Les lignes directrices.** La section 45 (3) de la loi dite *Constitutional Reform Act 2005* établissant la *Supreme Court* confie au président de la Cour le pouvoir de réguler la procédure de la Cour dans le cadre de principes généraux, tels que l'accessibilité, la loyauté et l'efficacité en évitant des litiges procéduraux inutiles.

La Cour est dotée du pouvoir de réguler tout aspect de sa procédure conformément à l'objectif principal de l'organisation de la procédure (justice, procédures et coûts proportionnés – dit *overriding objective*). Aujourd'hui la *Supreme Court* ne juge que les affaires soulevant des points de droit importants. Lord Bingham a rappelé que le rôle de la Cour est de se concentrer sur un nombre relativement peu important d'affaires qui soulève des points de droit importants ; et non pas de corriger une erreur commise dans un cas où le droit est déjà bien établi[2]. Les appels sont reçus, soit de la Cour d'appel, soit sur appel direct dit *leapfrog* (saute-mouton) de juridictions inférieures. Il peut exister des cas urgents et exceptionnels soulevant des points d'une telle importance que la Cour sera prête à accepter l'appel directement du tribunal de première instance. Ce fût le cas pour l'affaire de la prorogation du Parlement dans le cadre du Brexit qui a été jugé dans le mois suivant le décret de la Reine prorogeant le Parlement sur avis du Premier ministre Boris Johnson[3].

L'appel devant la *Supreme Court* n'est pas automatique. Si la Cour d'appel n'a pas autorisé un appel, un *Appeals Panel* composé de trois juges de la *Supreme Court* statue sur la recevabilité de l'appel. Sur les 185 demandes en 2023/2024, 37 ont été acceptées.

La procédure devant *Supreme Court* est orale mais les plaidoiries sont limitées à l'essentiel, un dossier ayant déjà été soumis à la Cour, même si dans certaines affaires les plaidoiries peuvent durer plusieurs jours. La plupart des débats et les jugements sont filmés et accessibles sur le site de la Cour[4]. Les juges et les avocats ne portent pas la perruque aux audiences de la *Supreme Court*. La *Supreme Court* juge environ 80 affaires chaque année.

2. R (Eastaway) v Secretary of State for Trade and Industry 2000 UKHL 56-voir UK Parliament Research briefing 'The UK Supreme Court' October 2024.

3. R (Miller) v Prime Minister 2019 UKSC 41.

4. www.supremecourt.uk.

§ 2. LE *JUDICIAL COMMITTEE OF THE PRIVY COUNCIL*

166 **Haute juridiction particulière.** Au même degré que la *Supreme Court*, le *Judicial Committee of the Privy Council* (littéralement « le Comité Judiciaire du Conseil Privé de sa Majesté ») est une cour spécifique qui reçoit des appels d'une trentaine de territoires britanniques ou anciennes colonies, ainsi que certains appels des îles anglo-normandes (où le droit est en partie exprimé en français normand [*Norman French*] basé à l'origine sur la coutume de Normandie). Cette juridiction spécialisée, émane du Conseil privé du monarque. Les juges qui y siègent sont issus de la *Supreme Court*. Environ la moitié des appels sont de droit, les autres nécessitant une décision de recevabilité de la Privy Council. Cette Cour siège à 5 juges (issus de la Cour Suprême), et a émis 39 jugements dans l'année 2023/2024. Les matières traitées sont très diverses, recouvrant, par exemple, le droit des affaires et des trusts des Îles Vierges britanniques, les Îles Cayman et l'Île de Man ; mais aussi des questions du droit de l'eau à l'Île Maurice qui a un système de droit civil[5]. Les décisions de la Privy Council ne sont pas nécessairement liantes pour les tribunaux anglais en présence d'une décision contraire d'une juridiction anglaise supérieure ; mais il n'est pas exclu que la Privy Council décide qu'une décision de la Cour d'appel anglaise ou la Cour Suprême devrait être écartée. La Cour tient compte du fait que le Président de la Privy Council préside également la Cour Suprême (ou la House of Lords)[6].

SECTION 2 LES JURIDICTIONS HISTORIQUES DE DROIT COMMUN

167 **Les *Senior Courts*. Présentation.** Au-dessous de la *Supreme Court* se trouvent les *Senior Courts*, anciennement appelées la *Supreme Court of Judicature* avant la création d'un *Supreme Court* en 2009. Les *Senior Courts* sont compétentes pour l'Angleterre et le Pays de Galles. Ce degré regroupe la Cour d'appel, la *High Court of Justice* (affaires « civiles » et commerciales) et la *Crown Court* (affaires pénales graves). La Cour d'appel et la plupart des cours de la *High Court* siègent à Londres. Pour les affaires civiles ou commerciales ayant un lien local, la *High Court* dispose d'antennes, les *District Registries*, dans les grandes villes de province. La *Crown Court* siège dans les principales villes de province et dans les grandes métropoles. La *Court of Appeal* tient quelques audiences dans les grandes villes de province. Les affaires entrantes de la *High Court* et *Crown Court* peuvent être soit des affaires jugées en premier degré, ou en appel, ou pour contrôle de légalité selon les cas.

Les juridictions historiques de droit commun (*Senior Courts*) sont la *Court of Appeal* (§ 1), la *High Court of Justice* (§ 2) et la *Crown Court* (§ 3).

5. The Work of a Justice in the UK Supreme Court – Lord Burrows Oxford Union-November 5 2024.
6. Willers v Joyce 2016 UKSC 44.

§ 1. LA *COURT OF APPEAL*

168 **Organisation et compétence.** La *Court of Appeal* siège pour l'essentiel à Londres, mais à l'occasion dans certaines grandes villes de province. Une trentaine de juges siègent à la *Court of Appeal*. La cour est omni-compétente pour l'Angleterre et le Pays de Galles. Elle est divisée en deux chambres : l'une pour le civil et l'autre pour le pénal. Les juges sont sélectionnés parmi les juges de la Haute cour de justice, eux-mêmes d'anciens *barristers* ou *solicitors*. La cour siège habituellement à trois juges chacun livrant sa propre opinion. Les décisions sont prises à l'unanimité ou à la majorité simple.

169 **Définition des affaires « civiles ».** Le mot « civil » a ici un sens large, recouvrant toutes matières autres que le pénal, y compris les questions relevant du droit constitutionnel et administratif (droit public), droit des affaires, etc. Le président de la Chambre civile porte également le titre de *Master of the Rolls* (le rôle des *solicitors*). La chambre civile reçoit des appels de la *High Court* et *County Court*, ainsi que certains tribunaux spécialisés (*Employment Appeals Tribunal* et *Immigration Appeals Tribunal*). Il est généralement nécessaire d'obtenir l'autorisation de faire appel en faisant valoir une question sérieuse méritant examen par La Cour. Une récente affaire rappelle qu'en règle générale, c'est un des juges de la Cour d'appel qui décide si un appel peut être formulé, et en cas de refus, il est exceptionnel de pouvoir le contester[7]. Si la Cour accorde sa permission pour un appel, elle encourage les parties à déposer leurs conclusions par écrit, les audiences de plaidoirie orale étant de courte durée. Les affaires de la Cour en matière civile sont désormais organisées en trois branches : *Civil (Private), Public et Business* dans le cadre du nouveau système électronique CE-File.

170 **Définition des affaires pénales.** En matière pénale la Cour reçoit des appels de condamnation (*conviction*) et/ou des peines (*sentence*) de la *Crown Court* (équivalent de la cour d'assises). Le mot "*criminal*" recouvre toutes types d'infraction pénale. La Chambre pénale est présidée par le *Lord Chief Justice*.

§ 2. LA *HIGH COURT OF JUSTICE*

171 Il faut présenter la *High Court of Justice* (A) et ses diverses divisions (B).

A. PRÉSENTATION

172 **Une compétence générale en droit des affaires.** De manière générale, la *High Court* est compétente pour les affaires de droit civil et commercial, de droit des sociétés et de droit immobilier, impliquant des questions de fait ou de droit complexe, et, dans la plupart des cas, où l'enjeu est au-dessus de £100 000. La faillite personnelle et l'insolvabilité des entreprises sont également du ressort de la Haute

7. Ceredigian Recycling & Furniture Team v Pope 2022 EWCA Civ 22.

cour de justice. En juin 2017, une nouvelle appellation des Cours spécialisées en matière d'affaires et immobilier a été lancée, appelée « *Business and Property Courts* » notamment au sein de la *Chancery Division*, *Commercial Court* et *Technology and Construction Court* décrites ci-dessous. L'objectif est de mettre en exergue les spécialisations en matière du droit des affaires des Cours anglaises au plan international. Ceci permet d'organiser une transversalité des différentes cours et juges qui peuvent être saisis en fonction de la nature de l'affaire. L'intention déclarée est également de faire juger plus d'affaires en région afin de mieux utiliser les ressources et développer des spécialisations en dehors de Londres. Enfin, il est indiqué dans le communiqué de presse que, le Brexit approchant, il est souhaitable de bien attirer les sociétés étrangères vers le système judiciaire anglais, notamment en modernisant l'organisation et les noms des juridictions[8].

173 **Les autres compétences de la *High Court*.** La *High Court* est également compétente en matière de droit constitutionnel et administratif, droit fiscal, droit maritime, et droit de la famille, qui ne seront que brièvement évoqués. La *Family Division* qui ne fera pas l'objet de développement particulier dans cet ouvrage, est consacrée aux affaires familiales, notamment le divorce et la protection des enfants, pour laquelle elle a une compétence nationale en cas d'urgence (kidnapping international par exemple).

174 **Une organisation basée sur les spécialisations.** La *High Court of Justice* est organisée en trois divisions : *King's Bench (KBD)*, *Chancery* et *Family*. Les activités de *Family Division* ne sont pas du ressort de cet ouvrage. Ces divisions ne délimitent pas de compétences juridictionnelles strictes, mais plutôt des répartitions de fonctions et expertises au sein de la *High Court*. Une affaire commencée dans une division peut éventuellement être transférée dans une autre, au cas où il s'avère que l'affaire y sera mieux traitée. Traditionnellement, la *King's Bench Division* (*KBD*) était la cour plutôt spécialisée dans les matières de *Common law* (contrats et droit de la responsabilité civile) ; tandis que la *Chancery* était plutôt spécialisée dans les matières relevant de l'*Equity* (immobilier, *trusts*...). Avant les réformes des cours entreprises par les *Judicature Acts* de 1873 et 1875, il existait deux juridictions complémentaires mais distinctes de la *Common law* (*Royal Courts of Justice*), et l'*Equity* (*Courts of Chancery*). Ces deux juridictions ont été fusionnées en 1873 permettant ainsi aux juges de décider les affaires en droit commun et *Equity* en même temps, ce qui a permis de désengorger les tribunaux paralysés par un système devenu trop complexe et inefficace. Aujourd'hui, et depuis les *Judicature Acts* de 1873-1875, les cours étant compétentes pour juger en droit et en équité, la seule question est de pouvoir attribuer les affaires au tribunal ayant la plus d'expérience en la matière. Au départ, le choix relève des conseils du demandeur, et ultérieurement, du juge de la mise en état. Parfois, des choix délicats, notamment en matière d'urgence, doivent être exercés, par exemple, la demande urgente de rectification d'un instrument écrit actant l'existence d'un contrat. On peut citer l'exemple d'un acte constatant l'octroi d'une cession de droits de reproduction

8. *The Business and Property Courts of England & Wales An Explanatory Statement* Judiciary of England & Wales 18th May 2017.

cinématographiques relatifs à une pièce de théâtre en cours sur Broadway, rédigé sur une serviette de table en papier lors d'une négociation dans un restaurant à Londres entre l'auteur de la pièce et des producteurs de cinéma. Le document était mal écrit ou incomplet, visiblement en raison d'une erreur commune d'écriture par l'auteur de la pièce de théâtre et les producteurs. Ce genre d'affaire peut relever à la fois du juge de la *KBD* et du *Chancery*. Au fond le droit commun des contrats régule la cession, et relève plutôt de la compétence d'un juge de *KBD*, mais l'opportunité de rectifier un instrument mal rédigé ou incomplet relèverait plutôt du juge de *Chancery*, en équité. L'affaire était urgente dans la mesure où le meilleur moment pour négocier les droits cinématographiques d'une pièce de théâtre (tant pour l'auteur que pour les producteurs) est lorsque celle-ci se joue avec succès sur Broadway à New York. Cette difficulté a été réglée assez simplement en fonction des dates de disponibilité du juge dans le *Chancery division* qui avait envie de juger l'affaire !

B. LES DIVERSES DIVISIONS DE LA *HIGH COURT OF JUSTICE*

175 Au sein de la *High Court of Justice*, il importe de distinguer, d'une part, le *King's Bench Division* (1) et, d'autre part, le *Chancery Division* (2).

1. Le *King's Bench Division*

176 Il existe au sein de cette division des Cours traitant des affaires de droit civil (a), telles que le droit de contrats et le droit de la responsabilité, notamment, et des Cours spécialisées (b).

a) *Les affaires de droit civil*

177 **Les Cours traitant des affaires civiles qui ne relèvent pas de cours spécialisées.** La compétence matérielle (non exclusive) de ces cours concerne des affaires telles que les litiges contractuels, le recouvrement de créances (*debt*), les dommages corporels suite à des accidents de circulation ou des négligences médicales, la négligence, la diffamation écrite (*libel*) ou orale (*slander*), ou encore la possession d'immeubles ou biens meubles.

178 **Une compétence matérielle exclusive dans certaines matières.** Il s'agit des audiences d'interrogatoire de témoins pour établir la preuve demandée par des tribunaux étrangers, de l'exécution des jugements des tribunaux de pays ayant signé des traités de coopération judiciaire avec le Royaume-Uni, ou signataires de la Convention de La Haye de 2019 sur la reconnaissance et l'exécution de jugements étrangers (ratifié par le Royaume-Uni en 2024 et entrant en vigueur en juillet 2025)[9], ou de l'exécution de jugements d'autres pays étrangers, des demandes de remise en liberté provisoire en attente du procès pénal (*bail applications*),

9. Rappelant que le Royaume-Uni n'a pas conservé le règlement Bruxelles sur ce sujet dans son droit interne.

de certaines affaires spécialisées en matière d'actes de vente de biens meubles (*Bills of Sale*) ou encore de certaines autres affaires spécialisées (*Sheriffs Interpleader proceedings* ou litiges liés à la procédure d'exécution, enregistrement de certains actes, etc.).

b) Des cours spécialisées

179 ***Commercial Court* et *Circuit Commercial Court* (anciennement *Mercantile Court*).** Cette cour est spécialisée dans les litiges commerciaux. Elle se compose de deux tribunaux distincts : le *Commercial Court* qui traite des affaires commerciales et financières, dont l'enjeu dépasse souvent le million de livres sterling ; et *Mercantile Court* traitant des affaires dont l'enjeu est moins important ou moins complexe.

180 **La *Commercial Court*.** Cette cour très spécialisée dans tous les litiges de la vie des affaires et des marchés de la *City* (environ 14 juges), a une activité majoritairement internationale (63 % en 2022-23). En effet, plus de la moitié des parties aux litiges devant cette cour sont des sociétés étrangères. La Cour divise ses activités en deux « rôles », l'un commercial (*commercial list*) ; et l'autre financier (*financial list*) créé en 2015. Une quinzaine de juges sont affectés à la *Commercial Court* qui reçoit presque 900 nouvelles affaires annuellement. La cour a émis 263 décisions – certaines prises en urgence ou après échanges écrits, et une cinquantaine suivant un procès[10], dont 19 % concerne des litiges contractuels et 21 % des affaires d'assurance ou de réassurance. Environ 68 % des affaires sont transigées avant procès. La Cour encourage les parties dans la recherche de solutions transactionnelles.

Il est évident que le mot « commercial » n'a pas la même connotation qu'en droit français. En effet, la chambre commerciale (ou *Commercial list*) traite notamment des affaires suivantes dont l'enjeu excède habituellement £5m., ou pose des questions de fait ou de droit difficiles, telles que les contrats commerciaux à enjeu important ou particulièrement complexe, les contrats relatifs au commerce international, les contrats d'affrètement de navires (*ship charterparties*), les contrats de transport de cargaison, les marchés de matières premières ou des assurances, les contrats du secteur aérien et les effets de commerce et sûretés mobilières. Environ 25 % de l'activité de la Cour concerne les arbitrages internationaux, tel les mesures provisoires, l'exécution de sentences arbitrales, les demandes d'annulation de sentences arbitrales pour irrégularité ou absence de compétence des arbitres, ou des appels sur un point de droit.

La chambre financière (*Financial list*) (avec une douzaine de juges spécialisés), créée en 2015, traite des affaires issues des marchés financiers nationaux et internationaux ou bancaires, dont l'enjeu dépasse £50 millions GBP.

Le gouvernement britannique soutient activement les activités des cours de Londres en raison des exportations, que l'on pourrait qualifier d'invisibles, des cabinets de *solicitors* de la *City*, et de la concurrence qui existe entre les grandes places du droit des pays de *Common law* : Londres, *Southern District Court of Manhattan* à New York, Singapour et Hong Kong et les places de l'arbitrage

10. Voir the Commercial Court Report 2022-2023-février 2024.

international dont Paris, New York, Dubaï, Singapour, Stockholm, notamment, et bientôt le nouveau tribunal néerlandais *Netherlands Commercial Court* (ou le pôle international de la cour d'appel de Paris), spécialisés en commerce international, dont les audiences se tiendront en langue anglaise[11].

En matière financière, la *Commercial Court* est particulièrement en concurrence avec les services d'arbitrage de PRIME Finance aux Pays-Bas, et les tribunaux d'arbitrage de *Dubaï International Financial Centre*, et Singapour. Un forum international (Standing International Forum of Commercial Courts-SIFoCC) réunit annuellement les juges de tribunaux traitant les affaires commerciales d'une cinquantaine de pays, pour échanger au sujet de leurs pratiques. Le secrétariat du SIFoCC est basé à Londres.

En parallèle, le gouvernement a augmenté progressivement les frais de justice depuis quelques années afin de financer le système des tribunaux. Pour saisir la Cour, le demandeur doit verser un montant de frais (*Court fees*) relativement important de £10 000 à la Cour pour les demandes au-delà de £200 000. Pour les demandes entre £10 000 et £200 000, le montant des frais est de 5 % du montant de la demande. La *Commercial Court* dispose d'un nouveau bâtiment (*Rolls Building*) ouvert en 2014 et équipé des dernières technologies.

181 **La *Circuit Commercial Court (ancien Mercantile Court)*.** La *Mercantile Court* traite habituellement des litiges commerciaux où l'enjeu excède £500 000 (ou l'équivalent en devises étrangères). Elle siège à Londres et dans les principales villes de province (Cardiff, Bristol, Birmingham, Manchester, Leeds, Wrexham...). La compétence matérielle inclut les matières suivantes : les litiges contractuels du commerce, l'assurance et réassurance, la vente de marchandises, import, export et transport de biens, la négligence professionnelle dans un contexte commercial (*solicitors* et *accountants*), les points de droit relatifs à des sentences arbitrales, les actes anti-concurrentiels (*Restraint of trade*), les affaires bancaires et services financiers, les contrats d'agents commerciaux et contrats de gestion, la vente d'actions ou de parts de sociétés, les affaires relatives à la divulgation d'informations confidentielles ou encore les ordonnances sur requête ou en référé (*Injunctions*).

Bien que la compétence de la *Circuit Commercial Court* ne soit pas limitée en termes financiers, elle traite des affaires qui sont moins complexes ou dont l'enjeu est moins important que celles traitées par *Commercial Court*. La *London Circuit Commercial Court* traite régulièrement des affaires avec un enjeu de l'ordre de £8m. en moyenne. La majorité des affaires concernent des contrats commerciaux de tous types. Les affaires impliquant un enjeu de moins de £500 000 sont transférées au *County Court* sauf complexité particulière ou point de droit important[12].

182 **La *Technology and Construction Court*.** La *Technology and Construction Court (TCC)* est spécialisé en matière de projets et de contrats de construction et tout litige impliquant des questions techniques complexes ou des dossiers générant

11. Il n'est pas possible de faire un rapprochement direct avec la chambre internationale de la cour d'appel de Paris, puisque les *Commercial Court* et *Technology & Construction Courts* sont de première instance.

12. Voir Civil Procedure Rule 30.3 (3.).

des quantités de documents importants. Les affaires internationales et les litiges au sujet de logiciels occupent une part significative de l'activité du TCC.

Un projet de construction de bâtiment ou d'un avion peut générer des centaines de milliers de documents. La Cour était un des premiers à s'équiper de logiciels de traitement de documents pour minimiser le volume de papier soumis au tribunal. Environ 5 juges spécialisés siègent dans cette chambre. La compétence matérielle inclut :

— les litiges concernant les prestations d'ingénieurs, architectes, *surveyors* (géomètres experts et experts de la construction) ;

— les questions touchant aux responsabilités des collectivités locales en relation avec des bâtiments ;

— la pollution de l'environnement ;

— les demandes relatives à des dommages causés par incendie ;

— les contestations relatives à des décisions d'arbitres en matière de contrats de construction et ingénierie.

Cette cour ne traite pas habituellement des affaires impliquant un enjeu de moins de £250 000. Elle siège également en province (Cardiff, Birmingham, Bristol, Liverpool, Exeter, Nottingham, Leeds, Manchester, Newcastle). Certains juges sont délégués au *County Court* pour les mêmes types d'affaires de moindre importance.

183 **L'*Administrative Court*. L'activité de « *judicial review* ».** Cette chambre est spécialisée dans le contrôle de légalité (*Judicial review*) de décisions de ministres, autorités réglementaires, collectivités locales. À noter que c'est le *Upper Tribunal* qui traite la plupart des affaires concernant la légalité des décisions des autorités en matière du droit d'asile et d'immigration (v. *infra*, nº 203 et 206). La *Judicial Review and Courts Act* 2022 a limité la possibilité d'appel ou de revue (notamment en matière d'immigration et droit d'asile). La loi a également modifié certains remèdes. Elle est un exemple rare d'une loi qui était destinée à renverser un jugement de la *UK Supreme Court* – affaire *Cart*[13]. Dans le domaine des affaires, c'est vers l'*Administrative Court*, spécialisée dans le domaine du droit constitutionnel et administratif, que seront dirigées les revues de légalité de certaines décisions des autorités réglementaires. Par exemple, en 2001, la Cour a été saisie d'une demande de contrôle de légalité d'une décision de la *Competition Commission* dans l'affaire *Interbrew* et son acquisition proposée avec le brasseur Bass. La Cour a eu également à traiter des procédures de *Judicial review* dans le domaine des médicaments et des télécommunications.

Dans certains cas, la loi prévoit la possibilité d'un appel d'une décision d'un ministre ou autre autorité vers l'*Administrative Court*. La Cour a publié en 2016 un guide de sa procédure particulière « *the Administrative Court Judicial Review Guide* ». Une chambre de cette cour tient des audiences également dans certaines des grandes villes de province (*Regional Administrative Courts* : Birmingham, Cardiff, Manchester, Leeds & Bristol).

13. R (Cart) v Upper Tribunal 2011 UKSC 28.

184 **L'*Administrative court*. *Divisional Court*.** L'*Administrative Court* siège également en tant que *Divisional Court* en formation d'appel (parfois même avec un juge de la Cour d'appel) et juge notamment les questions de droit posées par *Crown Court* ou les *Subordinate Courts* ou *Tribunals* (ce sont des "*cases stated on point of law*"). La chambre traite également des affaires concernant *Habeas Corpus* (assez rares), ou d'outrage au tribunal.

En tant que *Divisional Court*, la Cour est généralement constituée de deux juges. Leurs décisions ont valeur de précédent liant les autres cours de la Haute cour de justice (et la *Divisional Court* elle-même), la *Crown Court* et toutes les juridictions et tribunaux inférieurs.

185 **L'*Administrative court*. La *Planning Court*.** Une chambre spécialisée en matière de droit de l'urbanisme (*Town and Country Planning*), et la revue de décisions administratives dans ce domaine a été créée pour alléger la charge de travail des *Divisional* et *Administrative Courts*.

2. Les cours de la *Chancery Division*

186 **Les compétences générales.** Héritier des anciennes *Chancery Courts* spécialisées en *trusts* et *land law* avant 1893, la *Chancery Division* a aujourd'hui une compétence qui dépasse les anciennes frontières entre *Common law* et *Equity*. Les différents cours de la *Chancery Division* traitent notamment :

— des affaires de droit immobilier soulevant des questions de droit ou de fait complexes, ou de valeur significative (au-dessus de £250 000) ;

— de l'exécution de sûretés immobilières de valeur importante (au-dessus de £250 000) ;

— des successions litigieuses d'une valeur excédant £350 000 ;

— des litiges entre sociétés ou entreprises relatifs au droit de la concurrence anglais ou européen ;

— des litiges concernant les testaments (*Probate disputes*) ;

— des litiges concernant les *trusts*.

187 **Les cours spécialisées de la *Chancery Division*.** Plusieurs cours spécialisées traitent des différentes matières. C'est le cas de la *Insolvency and Companies Court* (*ICC*) qui est spécialisée en droit des sociétés, litiges entre associés ou actionnaires de sociétés et les difficultés des entreprises (*insolvency*) ; la *Bankruptcy Court* qui traite des difficultés financières des personnes physiques (*bankruptcy*) ; la *Patents Court* gérant des questions de brevets et propriété intellectuelle, habituellement impliquant des enjeux dépassant £500 000 ou soulevant des questions de fait ou de droit complexes ; ainsi que des dessins et modèles déposées et les affaires impliquant des végétaux (*plant varieties*) ; la *Intellectual Property Enterprise Court* (IPEC) traite des affaires de propriété intellectuelle et industrielle ou l'enjeu est moins important que pour la *Patent Court*. Cette Cour juge des affaires de droit d'auteur (« copyright »), les brevets, dessins et modèles, et les marques. Elle est particulièrement compétente pour les litiges impliquant la propriété intellectuelle des PME (*Small and Medium-sized Enterprises*). Un guide des usagers

(*Chancery Guide 2024*) rappelle que les cours de *Chancery* alignent leurs procédures sur les autres cours des *Business and Property Courts*.

C. LA CROWN COURT

188 **Compétence et organisation.** La *Crown Court* est compétente pour juger les affaires pénales graves telles que meutre, kidnapping, vol à main armée, terrorisme, délits financiers graves...

La *Crown Court* est également compétente :

— pour juger de la peine pour les délits jugés sommairement au *Magistrates Court* ou les Justices renvoient l'affaire pour détermination d'une peine plus lourde dépassant leurs propres pouvoirs, où ils l'estiment nécessaire. Dans ce cas le juge de la *Crown Court* siège avec deux *Justices of the Peace* sans jury ;

— appel des condamnations prononcées par les *Magistrates Courts ;*

— mandats d'examen de comptes bancaires ;

— appels des décisions de *Magistrates Courts* en matière de détention provisoire.

La *Crown Court* est présidée par un juge (*High Court Judge*, *Circuit Judge* ou *Recorder* selon le degré de gravité de l'affaire) en présence d'un jury populaire de douze personnes inscrites sur la liste électorale et choisies au hasard. En effet, depuis le XIIIe siècle, les crimes les plus graves sont jugés par le jury en la présence d'un juge de la Cour qui fait sa tournée à partir de Londres dans les villes de province, sur un circuit prédéterminé. Depuis le Moyen Âge, les juges des *Royal Courts* avaient des fonctions péripatétiques tournant autour d'un système de circuits régionaux (aujourd'hui, il existe sept *Regional circuits*) pour entendre et juger les affaires courantes notamment aux assises mais dans certains cas dans des dossiers civils. Les juges les plus expérimentés portent le titre de *High Court Judges*, secondés pour les affaires moins complexes par les *Circuit Judges*, ces derniers jugeant également les affaires plus complexes au sein des tribunaux d'instance (*County Courts*). En décembre 2024, le Lord Chancellor a initié une revue de la justice pénale[14] en raison de retards importants dans le traitement des affaires criminelles devant les *Crown Courts* avec un record historique d'affaires en attente de jugement.

189 **Le jury.** Si l'accusé plaide non coupable, un jury populaire de 12 citoyens choisis au hasard sur les listes électorales est convoqué pour décider de sa culpabilité à l'issue du procès. Le jury décide la question seul sans la présence du juge, qui est chargé d'assurer le respect de la procédure durant le procès, de résumer l'affaire pour les jurés à la fin du procès et leur donner les indications en droit nécessaires pour éclairer leurs délibérations. Le jury ne peut se séparer avant de prendre une décision.

Aujourd'hui, le jury doit être unanime si possible, mais le juge peut autoriser le jury après un délai raisonnable de délibéré de décider l'affaire par une majorité de

14. The Leveson Review of Criminal Courts (Sir Brian Leveson). Le rapport est attendu pour l'été 2025.

dix. Si le jury décide que l'accusé est coupable, le juge décide de la peine (sans l'intervention du jury, qui est présent à l'audience).

§ 3. LES *SUBORDINATE COURTS*

190 Les juridictions inférieures regroupent essentiellement les *County courts* (A) et les *Magistrates Courts* et *Justices of the Peace* (B).

A. LA *COUNTY COURT*

191 **Compétences.** Ce tribunal civil à compétence nationale siège localement depuis le Moyen Âge et juge les affaires civiles, y compris les litiges relevant des contrats commerciaux et du droit de la famille, en dessous d'un plafond juridictionnel variant selon les matières jusqu'à £100 000 pour les litiges contractuels et délictuels et jusqu'à £350 000 en matière de successions litigieuses. Les affaires plus complexes sont jugées par un *Circuit Judge*, à défaut par un *District Judge* ayant la qualification de *solicitor* ou *barrister*, et rémunéré.

La loi *Crime and Courts Act 2013* a regroupé tous les *County Courts* existants en une seule instance nationale, pour faciliter la saisine sans limitations géographiques locales. Le *County Court* siège dans 172 lieux actuellement[15]. Chaque *County Court* a un "*Small Claims Court*" traitant des litiges de moins de £10 000 – "*small money claims*" –, où la médiation est automatique. Dans les autres cas la médiation est encouragée. Une procédure en ligne permet de faciliter l'avancement de la procédure. Il existe une section spécialisée de la *County Court* pour les recouvrements de créances. Ce centre dispose de procédures électroniques en ligne et peut traiter des recouvrements en masse (*bulk centre*).

Family Court

Une nouvelle *Family Court* a vu le jour en 2014 (*Children and Families Act 2014*) en regroupant les activités en cette matière précédemment traitées par les *County Courts* et *Magistrates Courts*. Les affaires plus complexes ou à enjeu financier important sont traitées par la *Family Division of the High Court of Justice*.

B. LES *MAGISTRATES COURT* ET LES *JUSTICES OF THE PEACE*

192 **Une juridiction datant du Moyen Âge.** Une juridiction locale qui a ses origines au Moyen Âge (1195), lorsque le roi Richard I délivrait des commissions à des notables locaux dénommés *Keepers of the Peace*, qui étaient chargés de maintenir l'ordre. Par la suite leur rôle était élargi pour leur permettre de juger les délits

15. Il y avait 220 avant les coupes liées à l'austérité.

moins graves qui ne relevaient pas des assises. En 1361, leur titre devenait celui de *Justice of the Peace*, qui est le titre que les *magistrates* portent encore aujourd'hui. La principale activité des quelque 150 *Magistrates Courts* actuellement (comparé à 330 il y a quinze ans) est le jugement de toutes les affaires pénales qui ne relèvent pas de la compétence de la *Crown Court*. Si les *Justices of the Peace* assuraient jusqu'au XIXe siècle un rôle de police locale en créant des forces de police, le législateur a préféré créer des autorités et services de police distincts.

Ainsi, le rôle du *Justice of the Peace* s'est progressivement limité à celui de jugement, sachant que les *Justices of the Peace* conservent le pouvoir de délivrer les mandats d'arrestation et de perquisition, et de décider les questions de détention provisoire ou de libération sous caution (*Bail*).

193 **Les juges.** 95 % des infractions pénales (environ 1,5 million d'affaires) sont jugées au *Magistrates Courts*, le plus souvent par des juges de paix (*Justices of the Peace*) non rémunérés, et qui n'ont pas de formation juridique. Un nombre important d'accusés plaident coupable ce qui implique que le nombre des audiences de jugement est beaucoup moins important (de l'ordre de 600 000).

Les *Magistrates* sont nommés par une commission nationale en raison de leur probité et volonté de servir la communauté. Il y a environ 14.576 *Justices of the Peace* en 2024 (marquant un déclin significatif depuis 2011 -29.270). Ils perçoivent seulement une indemnité de frais. Depuis le XIXe siècle des magistrats professionnels (*stipendiary magistrates*), aujourd'hui dénommés *District Judge* ou *Deputy District Judge* (*solicitors* ou *barristers* ayant exercé pendant au moins 7 ans) siègent pour les affaires plus complexes ou graves. Ils sont au nombre de 310 en 2016. Les *Justice of the Peace* et les *District Judges* sont assistés dans leurs fonctions par un greffier (*clerk to the justices*, aujourd'hui appelé *legal adviser*) qui est *barrister* ou *solicitor*, ou une personne qui a reçu une formation juridique, et qui les conseillent notamment sur le droit et la procédure. À Londres, le *Chief Magistrate* (*Senior District Judge*) siège en matière d'extradition et supervise le travail des *District Judges* au sein des *Magistrates Courts*.

194 **Compétences.** La principale activité des *Magistrates Courts* est le jugement des infractions pénales ne relevant pas exclusivement de la *Crown Court*. Les entreprises auront affaire aux *Magistrates Courts* notamment en ce qui concerne les éventuelles infractions aux différentes législations applicables à leurs activités : sécurité au travail, environnement, consommation, publicité, par exemple. Les *Magistrates Court* sont également compétents en matière :

— des infractions de moyenne gravité dites "*Either way*" où l'accusé a le choix entre un jugement avec jury à la *Crown Court* ou un jugement sans jury à la *Magistrates Court ;*

— de décisions concernant le prolongement de garde à vue ;

— de décisions quant à la détention préventive ou libération sous caution (*bail*) (notamment au titre de la loi dite *Bail Act 1976*) ;

— de délivrance de mandats d'arrestation et de perquisition ;

— de certaines affaires relevant la délinquance juvénile (traitées par le *Youth Court*) ;

— des appels de certaines décisions des collectivités locales (licences de marchés ou de pubs) ;

— le recouvrement des arriérés d'impôts, cotisations sociales, sans que cela soit exhaustif.

195 **Procédure et pouvoirs.** La procédure est dite *Summary trial*, l'affaire étant jugée par le/la *District Juge* seul(e) ou par plusieurs *Magistrates* siégeant sans jury. Les affaires sont jugées rapidement. Selon les dernières statistiques publiées par le gouvernement, le délai moyen étant de l'ordre de deux ou trois semaines entre l'initiation de la procédure au tribunal et l'audience de jugement. Aujourd'hui les *Justices of the Peace* peuvent imposer des peines de prison allant jusqu'à douze mois pour un seul délit[16] (12 mois maximum pour les délits multiples) (avec ou sans sursis – *suspended sentence*), et des amendes (soit d'un montant plafonné et dans certains cas illimité, mais calculé selon les revenus du condamné et la gravité du délit, tenant compte de circonstances aggravantes ou atténuantes). Depuis 1991, des peines de substitution telles que travail pour la collectivité, mise à l'épreuve, supervision par un éducateur, couvre-feu avec surveillance électronique, des traitements appropriés pour les toxicomanes sont possibles. L'affaire peut être remise à la *Crown Court* si les *magistrates* estiment que l'affaire mérite une peine plus lourde. Ils peuvent également condamner au paiement d'une contribution aux coûts administratifs du tribunal. Les sommes recouvrées font l'objet d'une ligne dans les comptes du service des cours et tribunaux (HMCTS).

Special Courts

Il existe certaines juridictions spécialisées telles le *Coroners Court*, qui détermine les causes de morts suspectes ou inexpliquées, où un juge siège avec un jury depuis le Moyen Âge, *Military and Election courts*.

16. Six mois avant le décret d'octobre 2024 du *Lord Chancellor*. L'objectif est de réduire la pression sur la *Crown Court* qui souffre de retards importants dans le traitement des affaires.

CHAPITRE 3
LES *TRIBUNALS*

196 **Présentation.** Depuis le début du xxe siècle le Parlement a progressivement instauré des juridictions spécialisées nommées "*tribunals*" pour traiter des litiges nouveaux qui ne rentraient pas dans les compétences historiques des Cours de droit commun ou de l'*Equity*.

La loi *Tribunals, Courts and Enforcement Act 2007* a créé pour la première fois une structure unique regroupant les différents tribunaux aux compétences disparates et a institué une instance d'appel spécifique "*Upper Tribunal*" qui reçoit des appels, et certains recours, du niveau de première instance appelé "*First Tier Tribunals*". Ces tribunaux, présidés par environ 4 746 juges, traitent environ 305 000 affaires par an[1].

Il existe aujourd'hui plusieurs types de tribunaux :

— les *First Tier tribunals* qui regroupent la plupart des tribunals sous la houlette d'une instance d'appel direct dénommé *Upper Tribunal*. Ces deux degrés de juridiction ont été créés en 2007 ;

— les tribunaux d'appel spécialisés dans la régulation économique ;

— certains autres tribunaux spécialisés, traités sous la section 2.

La procédure devant les « *tribunals* » est moins formelle que celle devant les cours de droit commun ; et les tribunaux ne disposent pas des pouvoirs d'exécution de leurs décisions. Cette fonction incombait à la *High Court* jusqu'à la loi *Tribunals, Courts and Enforcement Act* de 2007 qui accordait ce pouvoir à « *Upper Tribunal* », la nouvelle instance d'appel des tribunaux ainsi créée. Certaines audiences se tiennent désormais en ligne ("*Video Hearings service*").

Il convient ainsi d'envisager les différents tribunaux créés par *Tribunals, Courts and Enforcement Act 2007* (section 1) et autres juridictions spécialisées (section 2).

1. House of Commons Library – Court statistics for England & Wales-September 2024.

SECTION 1 LES DIFFÉRENTS TRIBUNAUX CRÉÉS PAR LE *TRIBUNALS, COURTS AND ENFORCEMENT ACT 2007*

197 Ces juridictions sont, en premier lieu, les *First Tier Tribunals* (§ 1) et, en second lieu, le *Upper Tribunal* (§ 2).

§ 1. LES *FIRST TIER TRIBUNALS*

198 **Introduction.** Un réseau de « *Statutory Tribunals* », répartis sur le Royaume-Uni, traite d'un volume très important de litiges concernant des matières telles que la sécurité sociale, l'immigration et droit d'asile, le contrôle des loyers, etc. Les *First Tier Tribunals* sont organisés en *chambers* spécialisées ainsi :

— *Social Entitlement* ;
— *Health, Education and Social Care* ;
— *General regulatory* ;
— *Tax* ;
— *Immigration and Asylum* ;
— *Property* ;
— *War Pensions and Armed Forces Compensation Chamber.*

Les entreprises auront plutôt affaire au *General Regulatory, Tax, Property et Immigration and Asylum chambers* selon leurs activités.

199 ***General Regulatory Chamber.*** Cette chambre est compétente en matière de réglementation des agents immobiliers, droits à l'information, services de gestion de réclamations (*claims management services* des sociétés spécialisées pour la gestion de demandes d'indemnisation en matière de préjudice corporel), de réglementation des jeux et paris, de services à l'immigration, d'environnement. Elle a également une compétence en matière de fondations charitables et du niveau de service des collectivités locales ; et est compétent en matière de litiges concernant le *Windsor Framework* qui a établi de nouvelles règles pour le transit de marchandises entre la Grande Bretagne et l'Irlande du Nord dans les accords entre le Royaume-Uni et l'Union européenne. Un tribunal spécifique de la General Regulatory Chamber traite des questions de licences de crédit à la consommation, Elle est une des premières juridictions à tester le "*Large Language Model*", une forme d'IA destinée à traiter plus aisément des quantités importantes de texte[2]. Un litige notable en 2024 concernait la conformité de logiciels de reconnaissance faciale élaborés par une société américaine et le droit du *Information Commissioner* d'imposer une amende au titre de la *Data Protection Act* 2018[3].

2. Senior President of Tribunals Annual Report 2024.
3. Clearview AI Inc v The Information Commissiober EA/2022/0165/FP.

200 ***Tax Chamber.*** La compétence de cette chambre concerne les litiges entre les contribuables et les administrations des impôts directs et indirects.

201 ***Property Chamber.*** Les litiges au sujet des baux résidentiels, terrains agricoles et drainage, l'enregistrement des titres immobiliers sont de la compétence de cette chambre. Depuis 1925, un système d'enregistrement de titres immobiliers a été instauré. Aujourd'hui la plupart des titres des terres et baux à longue durée en Angleterre font l'objet d'un titre enregistré au *Land Registry*.

202 ***Immigration and Asylum Chamber.*** Cette chambre traite un nombre très important de recours en matière de décisions prises notamment par les *immigration officers* (*Home Office*) en matière de visas, immigration et droit d'asile.

§ 2. L'*UPPER TRIBUNAL*

203 Le *Upper Tribunal* reçoit les appels ou, dans certains cas, les demandes de *review* (contrôle de légalité) des décisions des *First Tier Tribunals*. Il est constitué de quatre chambres spécialisées. Dans certains cas c'est le tribunal de dernier recours (*Judicial Review and Courts Act* 2022 dont l'objectif était de limiter le nombre important d'appels en matière d'immigration et droit d'asile).

204 ***Administrative Appeal Chamber.*** Cette chambre est compétente pour « *judicial review* » de décisions d'autorités et les *First Tier Tribunals*, et les appels en matière de prestations sociales, crédit à la consommation, agents immobiliers, transport, environnement, etc. Cette chambre traite également des dossiers de sauvegarde de personnes vulnérables en première instance. En 2024, la majorité de son travail concerne des appels en matière de sécurité sociale. Il a traité également des appels en matière de droits à l'information, le principe de transparence et protection des données[4].

205 ***Tax and Chancery Chamber.*** Cette chambre traite des appels en matière fiscale y compris des appels de certains régulateurs (marchés et services financiers et retraites). Elle a également une compétence en première instance en ce qui concerne des appels de certaines autorités de régulation des marchés. Une chambre spécialisée du *Upper Tribunal* (*Tax and Chancery Chamber*) reçoit les appels des décisions, notamment du *Financial Conduct Authority*. Cette chambre décide également des appels dans les matières suivantes :

— mesures disciplinaires concernant les sociétés et personnes agréées sur les marchés ;

— décisions concernant des abus de marchés ;

— retrait d'un agrément ou des modifications d'agrément ;

— décisions d'interdiction de travailler sur des marchés réglementés.

206 ***Immigration and Asylum Chamber.*** Cette chambre reçoit les appels en matière de droit d'entrée et de rester sur le territoire britannique.

4. Senior President of Tribunals' Annual Report 2024.

207 ***Lands Chamber.*** Cette chambre traite des appels en matière de baux résidentiels, terrains agricoles. Elle traite également des litiges au titre de la loi Electronic Communications Code et la sécurité des constructions.

SECTION 2 LES AUTRES TRIBUNAUX SPÉCIALISÉS

208 Ces juridictions spécialisées concernent surtout le droit du travail (§ 1) et le domaine des régulations économiques (§ 2).

§ 1. LE DROIT DU TRAVAIL

209 ***Employment Tribunals.*** En matière du droit du travail un réseau national de *Employment Tribunals* (anciennement appelé *Industrial Tribunals*) traite les questions relevant du droit du travail en première instance.

210 ***Employment Appeal Tribunal* (EAT).** L'EAT, qui siège à Londres, Edinburgh et Cardiff, reçoit les appels formés contre les décisions des *Employment Tribunals*.

Il s'agit de décisions sur point de droit, l'EAT ne revient pas sur les faits.

§ 2. LES TRIBUNAUX SPÉCIALISÉS DANS LA RÉGULATION ÉCONOMIQUE

211 **Présentation.** Depuis les privatisations et déréglementations des dernières trente années, de nouvelles instances spécialisées ont été créées pour traiter des questions de régulation sectorielle des affaires. Ces régulateurs disposent le plus souvent d'une instance décisionnelle compétente pour réguler les marchés, ou juger des infractions à la réglementation et décider du sort des licences administratives spécifiques. On peut citer comme exemples : *Competition and Markets Authority*, *Financial Conduct Authority*, Ofcom, etc.

Ces décisions sont susceptibles d'appel dans certains cas, de revue par la Cour pour contrôle de légalité dans d'autres.

Les différents tribunaux de régulation économique sont le *Competition Appeal Tribunal* et le *Copyright Tribunal*.

212 ***Competition Appeal Tribunal (CAT).*** Ce tribunal est compétent pour tout le Royaume-Uni, notamment pour juger des appels dans le domaine de la concurrence (*Competition Act* 1998, *Consumer Rights Act* 2015, *Subsidy Control Act* 2022, *Digital Markets, Competition and Consumers Act* 2024 et certains secteurs économiques spécifiques) :

— appels de décisions du Secrétaire d'État en matière de fusions ;

— demandes de dommages-intérêts en raison de préjudices subis en raison d'infractions dans le domaine de la concurrence ;

— appels des décisions du *Competition and Markets Authority* (en matière de concurrence), et celles des autorités de régulation dans les domaines de télécommunications (OFCOM), gaz et électricité (GEMA), eau, chemins de fer, transport et contrôle aérien, systèmes de paiement (PSR), services du secteur de la santé, et le secteur des services financiers.

Les membres du tribunal sont des juges de la Haute cour de justice. En 2023-2024, le CAT a jugé 76 affaires. Ils sont aidés par des spécialistes de l'économie et le Competition Service. Un appel peut être formé devant la *Court of Appeal*, puis la *Supreme Court*. Ce fut le cas par exemple dans la récente affaire concernant les services de ferries opérés par le groupe Eurotunnel[5]. Le tribunal a été amené apporter un jugement sur le fonctionnement de la législation du retrait du Royaume-Uni de l'Union européenne, qui a été validé par la Cour d'appel en 2024[6]. Le CAT avait jugé que les décisions de la CJUE post-Brexit (concernant dans ce cas le point de départ de la période de prescription en matière de concurrence – affaire dite « Mastercard ») ne liaient pas les cours et tribunaux britanniques. La Cour Suprême a refusé de recevoir un appel de cette décision.

213 ***Copyright Tribunal.*** Successeur du *Performing Rights Tribunal*, ce tribunal est spécialisé dans les contentieux liés notamment à la collecte des droits pour le compte des auteurs regroupés par le biais d'organisations de surveillance et de collecte des royalties (*collecting societies*) pour la diffusion d'œuvres protégées par le droit d'auteur (Copyright). Il s'agit notamment des droits de diffusion d'œuvres musicales par les différents médias, discothèques et autres lieux ouverts au public.

5. Société Coopérative de Production Sea France v Competition & Markets Authority 2015 UKSC 75.

6. Umbrella Interchange Fee Claimants v Umbrella Interchange Fee Defendants 2024 EWCA Civ 1559-voir aussi CAT Annual Report 2023-2024.

TITRE 2
LES ACTEURS DU MONDE JUDICIAIRE ET JURIDIQUE

214 Les acteurs du monde judiciaire et juridique sont le fruit d'une longue tradition, confrontée à une nécessaire modernisation. Ils incarnent l'équilibre entre tradition et réforme (chapitre 1). Les fonctions du ministre de la Justice et du *Lord Chancellor* en sont une illustration importante (chapitre 2), de même que l'organisation autorités judiciaire (chapitre 3) et des professions du droit (chapitre 4).

CHAPITRE 1
TRADITION ET RÉFORME

215 **Introduction.** L'organisation de la justice en Angleterre se distingue par ses origines médiévales, dont certains traits sont toujours en place ; puis par une série de réformes importantes depuis 2005 : réformes constitutionnelles et réformes dans l'organisation des tribunaux et des professions juridiques.

Le système de justice est aujourd'hui chapeauté par un triptyque impliquant un ministère de la Justice, créé seulement en 2005, avec de très larges compétences, mais qui coexiste avec le *Lord Chancellor*, acteur historique de la justice, et le *Lord Chief Justice*, un des plus puissants juges du pays. La mise en œuvre de la justice implique également un nombre significatif d'acteurs et d'autorités indépendantes.

Plusieurs autres traits saillants se détachent. D'une part une forte participation des professions juridiques (essentiellement les *solicitors* et *barristers*), à l'administration de la justice, que ce soit au niveau du *Lord Chancellor* et ministère de la Justice, les deux pierres angulaires du système de justice, les juges, ou les services de procureur. Ce trait caractéristique du système anglais existe depuis le Moyen Âge et notamment *Magna Carta*. D'autre part, les dix dernières années ont vu une profonde réorganisation de l'administration de la justice par les réformes instituées par la loi *Constitutional Reform Act 2005*, notamment la création d'un *Ministry of Justice* après quelques premiers tâtonnements (création d'un *Department of Constitutional Affairs* qui reprenait certaines fonctions du *Lord Chancellor*) ; et des réformes dans l'organisation des cours et tribunaux, et des professions juridiques.

En outre, la participation du citoyen dans la justice criminelle (*Crown Court*) est un élément clé de la constitution depuis *Magna Carta 1215*. Elle se manifeste également dans la participation des citoyens à la justice pénale de première instance dans les *Magistrates Courts* où la plupart des affaires pénales sont jugées par des citoyens ordinaires depuis le Moyen Âge. Enfin, l'indépendance des juges des juridictions supérieures qui, depuis 1701, ne peuvent être démis que sur motion des deux chambres du Parlement.

Aujourd'hui, les acteurs du monde juridique et judiciaire oscillent entre tradition et modernité, à travers l'implication traditionnelle des professions juridiques dans l'administration du droit (section 1) et la modernisation de la justice, des cours et tribunaux et des professions juridiques (section 2).

SECTION 1 L'IMPLICATION TRADITIONNELLE DES PROFESSIONS JURIDIQUES DANS L'ADMINISTRATION DU DROIT

216 **Une tradition.** Le degré très important d'implication des deux principales professions juridiques, *barristers* et *solicitors*, se manifeste dans leur participation aux différentes autorités judiciaires, cours et tribunaux, ainsi que dans les services juridiques des entreprises.

Traditionnellement, les *barristers* plaidaient et les *solicitors* conseillaient ; mais aujourd'hui les lignes de partage d'activité sont moins nettes pour des raisons qui seront exposées plus loin. Les origines historiques de l'implication des professions juridiques remontent à 1215, quand le roi John s'était engagé par la Grande Charte (*Magna Carta*) de nommer des juges « connaissant le droit ». À l'époque, les universités étaient spécialisées en droit romain et droit canonique (et ne connaissaient pas le droit commun) ; alors que les praticiens du droit étaient formés à Londres au sein des *Inns of Court*, institutions formant les professionnels du droit et de la médecine gravitant autour des cours royales.

Les *barristers* reçoivent encore aujourd'hui la plupart de leur formation au sein des *Inns*. En effet, au XXIe siècle, tous les juges (à l'exception des juges de paix des *magistrates courts*) ont exercé en tant que professionnels du droit pour au moins sept ans, souvent plus, avant d'accéder à la fonction.

Toutes les autorités de poursuite du royaume sont également membres des professions juridiques et restent soumises à leur déontologie. Il s'agit du procureur de la Reine (*the Attorney-General*, qui est également le conseil du gouvernement et, à ce titre, gère le plus grand cabinet juridique du pays d'environ 3 000 professionnels) ; et le *Director of Public Prosecutions*, chargé de la gestion quotidienne du service national des poursuites pénales, *Crown Prosecution Service* (et d'autres autorités), et leurs équipes de procureurs plaidants (tous *solicitors* ou *barristers* en exercice).

SECTION 2 LA MODERNISATION DE LA JUSTICE, DES COURS ET TRIBUNAUX ET DES PROFESSIONS JURIDIQUES

217 La justice britannique s'est modernisée depuis quelques années, ce qui a entraîné une modification profonde des fonctions de ministre de la Justice et de *Lord Chancellor* (§ 1), une réforme des tribunaux, à travers l'utilisation des nouvelles technologies et le recrutement et la discipline des juges (§ 2), ainsi qu'une évolution des professions juridiques (§ 3).

§ 1. LE NOUVEAU *MINISTRY OF JUSTICE* ET LA DILUTION DU RÔLE DU *LORD CHANCELLOR*

218 ***Ministry of Justice* et *Lord Chancellor*.** Avant la réforme de 2005, le *Lord Chancellor* combinait des fonctions judiciaires (en tant que membre de l'*Appellate Committee of the House of Lords*), des fonctions ministérielles en tant que membre de l'exécutif en charge de l'administration de la justice ; puis politiques en tant que membre et président (*speaker*) de la Chambre des Lords. En instaurant un principe de séparation des pouvoirs, la loi de 2005 a aboli la fonction judiciaire du *Lord Chancellor* et son rôle en tant que premier juge du pays.

Avant 2006, le *Lord Chancellor* était également responsable de la nomination des juges après une procédure informelle de cooptation des juges qui suivait des discussions avec le monde judiciaire et les professions. Ses fonctions en matière de recrutement ont été transférées à de nouveaux organismes indépendants : *Judicial Appointments Commission, Selection Committee UK Supreme Court* et les comités locaux de sélection des *justices of the peace*.

Il était également responsable de la discipline des juges et avait le pouvoir de démettre tous les juges pour faute, sauf ceux de la *Supreme Court of Judicature* (aujourd'hui *Senior Courts*) et *Appellate Committee of the House of Lords* (aujourd'hui *Supreme Court*), qui, depuis 1701 (*Act of Settlement*), ne peuvent être démis que par les deux chambres du Parlement.

La création du nouveau *Ministry of Justice* en 2007 marquait un terme aux tentatives du gouvernement travailliste sous Tony Blair d'instituer formellement une séparation des pouvoirs dans le système de la justice anglaise depuis 2003 puis la *Constitutional Reform Act* de 2005. Ce nouveau ministère reprenait certaines fonctions au *Lord Chancellor*, qui historiquement était au sommet du système de la justice combinant des fonctions exécutives, législatives et judiciaires. Par tradition, le *Lord Chancellor* était habituellement un éminent juriste, qui de fait assumait un rôle relativement indépendant du gouvernement, même s'il était membre du cabinet. Le *Lord Chancellor* est notamment chargé par la loi *Constitutional Reform Act 2005* de la protection de la règle de droit et d'une co-surveillance de l'organisation des cours et tribunaux avec le *Lord Chief Justice*.

Mais, depuis 2012, pour la première fois depuis le XVIIe siècle, les fonctions de *Lord Chancellor* et ministre de la Justice sont exercées par la même personne. Certains des derniers nommés à ce poste n'ont pas été issus des professions juridiques.

§ 2. LA RÉFORME DES TRIBUNAUX, LES NOUVELLES TECHNOLOGIES DANS LES COURS ET LA RÉFORME DU RECRUTEMENT ET DE DISCIPLINE DES JUGES

219 **La réorganisation des *tribunals*.** L'organisation des tribunaux (*tribunals*) a été profondément réformée dans les dix dernières années, notamment avec la création de chambres d'appel (« *Upper Tribunal* » et « *First Tier tribunals* »). Le président actuel des *tribunals* note une évolution vers une procédure plus inquisitoriale, recherchant des solutions (*probleme solving*) dans le cadre plus informel des tribunals.

220 **Les nouvelles technologies prennent pied au plus haut niveau de la justice.** Au niveau supérieur les cours ont recours de manière significative aux nouvelles technologies dans l'objet de faciliter la procédure et éviter les montagnes de papier que peuvent générer certaines affaires. *Rolls Building*, le nouvel immeuble des cours de la *High Court* permet des procès sans papier. Par ailleurs le HMCTS (*His Majetsy's Courts and Tribunals Service*) mène depuis quelques années un processus de réforme des cours et tribunaux, tant au niveau civil que pénal, notamment en introduisant l'utilisation de nouvelles technologies et le recours à des procédures dématérialisées (conclusions déposées en ligne), l'enregistrement de témoignages et des audiences à distance en visio. Pour financer et rationaliser le système, plus de la moitié des cours et tribunaux ont été fermés dans la période de 2010 et 2019. Un service d'audiences en ligne (*Video Hearings Service*) a été développé. La *Law Society* représentant la profession des *Solicitors* a émis des critiques détaillées quant à l'efficacité de ces changements en demandant plus de consultation et de collaboration dans la mise en œuvre des réformes. HMTCS a achevé son programme de réforme en mars 2025. *The Administrative Justice Council* est un organisme indépendant composé de juges, *ombudsmen*, professionnels de droit, fonctionnaires des tribunaux, professeurs d'université, et associations a appelé début 2025 à des témoignages concernant les impacts de la digitalisation des tribunaux.

221 **Réforme du recrutement de la discipline des juges.** Par ailleurs les procédures de recrutement et de discipline des juges ont été mises entre les mains d'autorités ou de commissions indépendantes qui rendent compte aux plus hautes instances judiciaires. Les principes de diversité et égalité des chances caractérisent aussi les professions et la sélection des juges.

§ 3. L'ÉVOLUTION DES PROFESSIONS JURIDIQUES VERS DE NOUVEAUX MODÈLES ET STRUCTURES

222 **Les professions existantes. Les monopoles limités.** En ce qui concerne les professions juridiques, on peut noter, dans le cadre de monopoles d'exercice limités, une évolution rapide des professions des *solicitors* et *barristers*. Pour les *solicitors*, une profession moderne et commerciale est caractérisée par des cabinets importants qui peuvent être cotés en Bourse et mener des activités complémentaires dans des structures liées. Par ailleurs, le juriste français remarquera d'emblée l'absence de profession de notaires ou de monopole extensif d'actes immobiliers, l'acte notarié étant limité à certains actes destinés à l'étranger relevant d'une profession de quelques centaines de *Notaries Public*. Le monopole du droit est limité au Royaume-Uni : les seuls monopoles concernent l'utilisation des titres professionnels réglementés (*Solicitor*, *Barrister*, *Notary Public*, *Licensed Conveyancer*, *Legal Executive*, etc.), et certaines activités juridiques exercées en contrepartie d'une rémunération : actes immobiliers, contentieux, notamment.

223 **Illustrations. Vente immobilière et représentation devant le tribunal.** En 1987 le gouvernement de Mme Thatcher (elle-même *barrister*) a mis fin au monopole des *solicitors* pours les actes translatifs de propriété immobilière ("*conveyancing*"). À l'époque cette activité comptait pour environ 40 % du chiffre d'affaires de la profession. La profession de "*licensed conveyancers*" a été créée avec qui le monopole des actes rémunérés est désormais partagé. Les services juridiques des grandes chaînes de supermarché (employant des *solicitors* ou *licensed conveyancers*) peuvent aussi assister leurs clients pour les actes immobiliers et testaments. Le tarif des actes est libre, créant ainsi la concurrence que voulait Mme Thatcher. Généralement un forfait peu onéreux est proposé. Aujourd'hui, les ventes immobilières peuvent être également être diligentées par le propriétaire lui-même se référant au numéro du titre immobilier sur justificatif d'identité, et utilisant le système électronique du *Land Registry,* dont le registre des titres est informatisé. Ce système permet des transferts par le biais d'une procédure administrative sur formulaire en ligne. En outre, le citoyen n'est pas obligé d'avoir recours à un professionnel du droit pour les procédures devant les cours et tribunaux. En matière contentieuse, le coût des professionnels du droit pousse un nombre croissant de citoyens à diligenter seuls leurs procédures, et à comparaître en personne, sans le recours à un *solicitor* ou *barrister*. Ces évolutions ont eu un impact très important sur les structures de la profession (v. *infra*, n° 277).

224 **Des réformes.** Les professions juridiques ont fait l'objet de réformes importantes depuis quelques années au Royaume-Uni, destinées à, d'une part, ouvrir le secteur à la concurrence et améliorer les prestations destinées aux consommateurs de services juridiques, et d'autre part, à renforcer la régulation du secteur par la création d'autorités de régulation indépendantes des professions juridiques (Solicitors Regulation Authority, v. *infra*, n° 275).

Ainsi la loi dite *Legal Services Act 2007* a créé *Solicitors Regulation Authority*, une autorité de régulation indépendante de la profession des *solicitors*. Cette même loi permet également la création de structures « alternatives » (*alternative business structures*, ABS) offrant des services juridiques au public. La première ABS autorisée par *Solicitors Regulation Authority* en 2012 était *Cooperative Legal Services*, qui fait partie de « *The Coop* », une société coopérative créée au XIXe siècle, et aujourd'hui une des plus grandes chaînes de supermarchés en Grande-Bretagne. Les *solicitors* étaient autorisés par la même loi de s'associer avec des personnes issues d'autres professions au sein de structures alternatives et de créer des sociétés faisant appel à l'épargne publique.

CHAPITRE 2
LE *LORD CHANCELLOR* ET LE MINISTÈRE DE LA JUSTICE (*SECRETARY OF STATE FOR JUSTICE*)

225 **Une cohabitation entre le *Lord Chancellor* et le nouveau ministre de la Justice : la confusion des rôles ?** Il n'est que très récemment qu'un ministère de la Justice a été créé en Angleterre, à la suite de la loi *Constitutional Reform Act 2005*. Avant le passage de cette loi, c'était le *Lord Chancellor* (garde des Sceaux) qui était à la tête du système judiciaire du pays. Aujourd'hui, ces fonctions sont éclatées et partiellement coordonnées entre le *Lord Chancellor* (section 1), qui gère son propre département d'État (*Lord Chancellor's Department*), *Lord Chief Justice*, et le *Ministry of Justice* (section 2). Depuis la réforme, la majorité des titulaires n'étaient pas des juristes. En 2025 les deux postes étaient attribués à Mme Shabana Mahmood député pour une circonscription de Birmingham. Elle a exercé en tant que *Barrister* pendant la première partie de sa carrière. La question de l'opportunité de confier les deux rôles à la même personne qui exerce une fonction politique reste entière et fait l'objet de débats récurrents.

SECTION 1 LE *LORD CHANCELLOR*

226 **Maintien du rôle constitutionnel de *Lord Chancellor* pour la conservation de l'indépendance des juges et de la règle de droit avec un conflit d'intérêts inhérent.** Le *Lord Chancellor* est chargé par la loi de 2005 de veiller à la conservation de l'indépendance des juges et de la « règle de droit » (*rule of law*). Cette fonction clé met en exergue la nécessité d'indépendance du *Lord Chancellor* par rapport au gouvernement. Le rapport de la *House of Lords Select Committee on the Constitution* sur le sujet confirme les difficultés pour l'accomplissement de cette fonction lorsque le *Lord Chancellor* exerce également la fonction politique de Secrétaire d'État à la Justice.

Actuellement, la fonction de *Lord Chancellor* est exercée par le Secrétaire d'État à la Justice, qui combine donc les deux fonctions de *Lord Chancellor* et ministre. Il est député et répond au Parlement directement en ce qui concerne l'exercice de ses deux fonctions. La tendance semble être de ne pas nommer un juriste dans ces fonctions, ce qui suscite également la double question du niveau de connaissance et d'indépendance du titulaire.

227 **De multiples fonctions réduites.** Depuis la loi *Constitutional Reform Act 2005*, le *Lord Chancellor* exerce des fonctions limitées (certaines en coordination avec le *Ministry of Justice*) :

— la surveillance et protection de l'indépendance des juges et de la règle de droit (*rule of law*) ;

— la participation avec *Lord Chief Justice*, et *Judicial Appointments Commission* aux procédures de sélection et de discipline des juges ;

— une coresponsabilité dans l'organisation et l'efficacité des cours et tribunaux : détermination du cadre général de l'organisation du système des cours et tribunaux, dont le nombre de juges, et les objectifs du *HM Courts and Tribunals Service*, après consultation avec *Lord Chief Justice ;*

— assurer que le financement des cours et tribunaux est adéquat ;

— la détermination des rémunérations des juges, leurs retraites et conditions ;

— la responsabilité pour le *Legal Aid Agency* vis-à-vis du Parlement. Le fonctionnement quotidien du *Legal Aid Agency* établi en 2013 est assuré sous l'égide du *Ministry of Justice*.

228 **L'abandon ou partage de certaines fonctions de *Lord Chancellor*.** Sa responsabilité en matière de discipline des juges est maintenant partagée avec *Lord Chief Justice* aidés d'un *Judicial Conduct Investigations Office*. Ses fonctions exécutives en matière de gestion des cours et tribunaux ont été transférées à un nouveau ministère de la Justice. Ce dernier partage la fonction d'administration des cours et tribunaux avec le *Lord Chief Justice*. Aujourd'hui les anciennes fonctions du *Lord Chancellor* sont éclatées entre :

— le ministre (prisons, financement du système de justice, etc.) ;

— les *HM Courts and Tribunals Service* pour la gestion quotidienne des cours et tribunaux ;

— le *Lord Chief Justice of England & Wales* (discipline) qui est également chargé de l'administration des cours et tribunaux au quotidien, sauf la *Supreme Court ;*

— le *Selection Committee* pour la sélection des juges de la *Supreme Court*. Le *Lord Chancellor* préside un comité de juges expérimentés qui consulte les juges de la Cour d'appel et les *Senior Courts* en vue de sélectionner les candidats pour être Justices of the *Supreme Court ;*

— la *Judicial Appointments Commission* pour la sélection des autres juges (compétente sauf pour la *Supreme Court* et les *Magistrates Courts*). Cette commission propose les candidats sélectionnés pour nomination au *Lord Chancellor* qui les propose à sa Majesté la Reine pour nomination officielle.

Depuis 2013, le *Lord Chancellor* n'est plus responsable de la sélection des « juges de paix » non juristes pour les *Magistrates Courts ;* qui est aujourd'hui assurée par un réseau de 47 comités locaux composés de *magistrates* et des notables de la région. La nomination officielle est effectuée par *Senior Presiding Judge for England & Wales* sous délégation du *Lord Chief Justice*. La discipline des *Circuit and District judges* est assurée depuis 2006 conjointement par le *Lord Chancellor* et *Lord Chief Justice* qui reçoivent les rapports préparés par un juge nommé pour l'occasion avec le soutien administratif du *Judicial Conduct Investigations Office* du *Ministry of Justice* qui traitent des plaintes émanant du public concernant les activités des juges. En 2014-2015, cet organisme a reçu 2 432 plaintes, 32 juges ont été démis de leurs fonctions, 16 ont été réprimandés, 26 ont reçu un blâme, et 15 ont démissionné en cours d'enquête.

SECTION 2 LES FONCTIONS DU MINISTÈRE DE LA JUSTICE

229 **Attributions générales.** Le ministère de la Justice est l'un des plus importants ministères en termes de taille et de budget. Le ministre dont le titre officiel est *Secretary of State for Justice* (secrétaire d'État pour la Justice), est responsable (dans certains cas avec *Lord Chancellor*) envers le Parlement notamment pour la magistrature (*judiciary*), les cours et tribunaux, les prisons et le service d'exécution des peines (*probation service*). Il est l'autorité de tutelle d'un certain nombre d'organismes non ministériels indépendants (*Non-Departmental Public Body*), qui assurent la gestion de certaines fonctions, telle la réforme du droit par *Law Commission*.

Bien que le ministère soit responsable en matière de justice pour le Royaume-Uni, certaines de ses fonctions sont dévolues aux administrations régionales d'Écosse et de l'Irlande du Nord. L'activité du ministère concerne donc l'Angleterre et le Pays de Galles, pour la plupart.

230 **Un portefeuille important.** Le ministère a un très large éventail de fonctions, étant notamment responsable :

— du traitement des personnes accusées de crimes, délits et contraventions (*criminal offences*) depuis leur arrestation jusqu'à l'exécution complète de leur peine ;

— de l'administration des cours et tribunaux. Cette fonction est assurée au quotidien et sous la tutelle du ministère de la Justice par *HM Courts & Tribunals Service* ;

— de l'administration du service des prisons ;

— de l'administration des services de suivi des personnes condamnés notamment celles en sursis, et de l'exécution des peines autres que la prison ;

— du droit pénal, dont la politique de justice pénale et sa réforme ;

— de la réforme du droit (*Law Commission*) ;

— du service d'immatriculation des titres immobiliers (*land registration*) géré par le *Land Registry* ;

— de la gestion du système de l'aide juridictionnelle et l'aide juridique à travers le *Legal Aid Agency* établi en 2013 (responsabilité partagée avec le *Lord Chancellor*) ;
— de la régulation des professions juridiques ;
— du système de droit civil ;
— de l'administration des personnes incapables ;
— du service des juges spécialisés en matière de causes de mort (*Coroners*).

231 **Des priorités déclarées.** Les priorités déclarées du ministère sont la protection du public, la réduction de la récidive, assurer l'accès à la justice (cours et tribunaux), le maintien de la confiance du public en la justice, et le maintien de la règle de droit (*rule of law*). Cette dernière fonction est celle du *Lord Chancellor*.

CHAPITRE 3
LES AUTORITÉS JUDICIAIRES

232 Les autorités judiciaires regroupent les juges (section 1) ou *Judiciary*, les *magistrates* (section 2) et les procureurs (section 3).

SECTION 1 LES JUGES

233 Les juges en Grande-Bretagne (environ 3667 juges, 4746 juges des *tribunals*, 14576 magistrates en 2024) occupent des fonctions variées (§ 1) et font l'objet d'une précise sélection (§ 2).

§ 1. LA VARIÉTÉ DES JUGES

234 Parmi les juges (ou *Judiciary)*, il faut envisager le président de la Cour Suprême (A), le *Lord Chief Justice* (B), les présidents d'autres hautes juridictions (C) et les juges de la *High Court*, ainsi que les *Recorders* et les *District Judges* (D).

A. LE *PRESIDENT OF THE SUPREME COURT*

235 **Qualités.** Le juge sélectionné pour être président de la *Supreme Court* doit satisfaire un nombre impressionnant de critères à un niveau exceptionnel. Il doit être ressortissant du Royaume-Uni, ou de la République d'Irlande ou d'un pays du Commonwealth.

Hormis une expérience d'au moins deux années en tant que juge au niveau le plus élevé (*Justice of Supreme Court* ou juge de la *Court of Appeal*), on trouve parmi les critères de sélection : une quinzaine d'années d'exercice d'une des professions juridiques, des capacités intellectuelles hors pair dans le domaine du droit, un intérêt pour la matière juridique élevé et la capacité d'analyse créative et flexible, la capacité de travailler sous pression et de produire le travail rapidement, une clarté d'expression, une connaissance du monde économique et de la société, des qualités de *leader* et d'orateur, une vision permettant de contribuer à une évolution du droit, etc.

236 **Missions.** Le président surveille la gestion de la Cour ; mais doit aussi représenter la Cour vis-à-vis du gouvernement et du Parlement. Il négocie les finances de la Cour auprès du *Lord Chancellor*. Il a non seulement la responsabilité de gérer la sélection des juges, l'organisation du rôle des affaires de la Cour et le choix des « justices » pour chaque panel décidant les affaires présentées à la Cour, puis présider les débats devant la Cour Suprême. Il est conférencier régulier devant de nombreuses instances juridiques au Royaume-Uni, dans le Commonwealth et ailleurs. Il assure enfin les liens avec les cours européennes et les autres cours suprêmes notamment des pays européens.

B. LE *LORD CHIEF JUSTICE*

237 **Les principales fonctions.** La fonction de *Lord Chief Justice* existe depuis le XIIIe siècle. Il ou elle préside la chambre criminelle de la Cour d'appel, mais siège également dans la chambre civile selon la nature et l'importance de l'affaire.

Depuis la loi *Constitutional Reform Act 2005*, le *Lord Chief Justice* assure les fonctions précédemment dévolues au *Lord Chancellor* pour la gestion des affaires des cours et tribunaux. Aujourd'hui, *Lord Chief Justice* assure environ 400 fonctions légales dont notamment :

— la représentation des juges devant le Parlement et le gouvernement ;

— la discussion budgétaire de la justice avec le *Lord Chancellor* (ministère de la Justice) ;

— le déploiement des juges et la répartition des affaires ;

— la gestion des cours et tribunaux, avec le soutien d'un *Judicial Executive Board* composé des principaux juges du pays et de son secrétariat de fonctionnaires du *Judicial Office for England & Wales*.

238 **Les fonctions judiciaires du *Lord Chief Justice*.** Il siège en tant que juge dans les affaires importantes en matière de droit pénal, droit civil et droit de la famille ; et participe activement à la coordination de la politique en matière de condamnations (*President Sentencing Council*). En tant que membre de la Cour d'appel, il édicte les ordonnances en matière de procédure civile et pénale.

239 **Le rôle du "*Judges Council*".** *Lord Chief Justice* est assisté par un conseil représentatif du monde judiciaire "*Judges Council*". Ce conseil existe depuis 1873 en différentes formes. Il est destiné à représenter les juges et *magistrates* de toutes les cours et tribunaux du royaume auprès du *Lord Chief Justice* afin de l'informer et de l'assister dans l'exercice de ses différentes fonctions. Le conseil se réunit trois fois par an. Il est membre du réseau des conseils de juges d'autres pays européens.

C. LES PRÉSIDENTS D'AUTRES HAUTES JURIDICTIONS

240 ***President of the Civil Division of the Court of Appeal/Master of the Rolls.*** Le président de la *Civil Division* porte également le titre de *Master of the Rolls* (MR), fonction qui existe depuis le XIIIe siècle. Les *Rolls* concernaient les registres et jugements de la Cour et plus tard le rôle des *solicitors*. Le *Master of the Rolls* était traditionnellement responsable en dernier recours de la discipline des *solicitors*, mais cette fonction est aujourd'hui dévolue à la *High Court*. Il ou elle est responsable du fonctionnement de la chambre civile de la Cour d'appel.

241 ***Chancellor of the High Court.*** Ce juge, qui siège également à la *Court of Appeal*, préside la *Chancery Division*. Il ou elle est également le vice-Président de la *Court of Protection* (cour compétente en matière de tutelles). En 2025, Lord Justice Birss a été nommé *Chancellor of the High Court*. Il est également le juge chargé des questions d'intelligence artificielle. Spécialiste de la propriété intellectuelle ayant obtenu une licence en sciences naturelles de l'Université de Cambridge, il a été un des premiers juges à avoir eu recours à l'intelligence artificielle pour comparer ce qu'il anticipait d'écrire dans un de ses jugements.

242 ***Senior Presiding Judge.*** Ce juge, membre de la *Court of Appeal*, est responsable de la coordination des juges siégeant dans les « circuits » régionaux. Depuis, il ou elle est également responsable de la nomination des *magistrates* qui siègent dans les *Magistrates Courts*.

243 ***Senior President Tribunals.*** Ce juge est responsable de la représentation des 4 746 juges (en 2024) des *tribunals* auprès du *Lord Chancellor*. Il est légalement responsable de l'accessibilité, du traitement équitable, rapide et efficace des affaires par les *tribunals*. Il doit également, dans l'exercice de ses fonctions, prendre en compte le besoin de développer des méthodes innovatrices pour la résolution des litiges des affaires relevant des *tribunals*. Le rapport publié par l'actuel *Senior President* indique que la mise en œuvre de cette obligation passe par le développement des systèmes de résolution de litige en ligne. Ce rapport annuel détaille l'activité des *tribunals* y compris *Upper Tribunal* et *Employment Appeal Tribunal*, auquel contribuent les présidents des différentes chambres. Le rapport de 2025 rappelle le projet d'unifier les postes de Senior Président Tribuals avec celui de Lord ou Lady Chief Justice (projet "*One Judiciary*").

244 **Juges des *Tribunals*.** Depuis *Constitutional Reform Act 2005*, les juges des *tribunals* bénéficient du même statut que les juges des cours supérieures et de la garantie de leur indépendance. Ils doivent prêter serment lors de leur prise de fonctions. À la différence des cours, les juges des *tribunals* et *Upper Chamber* sont composés à la fois de juristes (1 631 en 2024) et de *non-legal members* (3 115 en 2024) nommés pour leur expérience et expertises professionnelles en rapport avec l'activité du tribunal concerné, tels experts de la santé, experts immobiliers, experts-comptables, spécialistes de la sécurité sociale etc.

D. LES *HIGH COURT JUDGES, RECORDERS* ET *DISTRICT JUDGES*

245 ***High Court Judges.*** La centaine des juges de la *High Court* sont nommés après une période minimale de 7 ans d'expérience professionnelle (le plus souvent en tant que *solicitor* ou *barrister*), ou de 2 ans en tant que *Circuit Judge*. Ils sont chargés de juger les affaires les plus difficiles ou complexes, et siègent à Londres et en province dans les cours des trois divisions de *High Court : King's Bench*, *Chancery* et *Family*. Ils siègent également à la *Crown Court* pour les affaires pénales graves et siègent dans les 6 régions judiciaires connues sous le nom de « *Circuits* » de l'Angleterre et du Pays de Galles de la *High Court* et de la *Crown Court*. Au besoin, ils siègent également avec les juges de la *Court of Appeal*. Chaque division de la *High Court* a un président (*Head*). Le *Head de la Chancery Division* porte le titre de « *Chancellor* » (qui est distinct de *Lord Chancellor*) ; et les *Heads* des deux autres divisions portent le titre de *President*.

246 ***Circuit Judges.*** Les *Circuit Judges* sont les héritiers des juges que le roi avait enjoints en 1166 à l'*Assize of Clarendon* de tourner à travers le royaume pour juger les affaires. Ils ont participé ainsi au développement de la *Common law*. Ils sont nommés pour siéger dans les affaires civiles et pénales moins graves ou complexes. Selon le site judiciary.gov il y a actuellement environ 600 *Circuit Judges*. Ils tournent autour de l'Angleterre et le Pays de Galles en siégeant dans les différentes cours des six circuits régionaux de la *High Court* et *Crown Court ;* et sont invités de temps en temps à siéger avec les juges de la *Court of Appeal* en tant que de besoin.

247 ***High Court Masters and Registrars.*** Véritables chevilles ouvrières des procédures au sein de la *High Court*, ils président les audiences de procédure. Ils sont également compétents pour décider les affaires en jugement rapide (*summary judgment*) lorsque le défendeur n'est pas en mesure de démontrer l'existence de moyens crédibles en défense (référés). Les *Masters* sont aussi en charge des procédures d'exécution et supervisent les officiers de la Cour chargés de l'exécution des jugements. Le *Senior Master* préside les 9 *Masters* actuels qui sont répartis dans les différentes divisions de la *High Court*.

248 **Les *District Judges*.** Actuellement environ 400, les *District Judges* siègent majoritairement en tant que juge unique au *County Court* en matière civile. Ils exercent également au sein de la *High Court* notamment à la *Family Division*. Environ 300 *District Judges* siègent dans les *Magistrates Court* pour les affaires pénales plus complexes. Les *District Judges* sont des *solicitors* ou *barristers*. The *Chief Magistrate* ou *Senior District Judge* supervise ceux des 300 *District Judges* qui siègent dans les *Magistrates Courts*. Il ou elle siège également dans les affaires les plus complexes notamment en matière d'extradition, dont les audiences ont lieu à Londres.

249 ***Recorders.*** Les *recorders* sont des juges qui siègent au *County Court,* et au *Crown Court* pour les affaires moins complexes. C'est souvent le premier pas d'une carrière de juge après une carrière d'au moins 7 ans en tant que *solicitor* ou

barrister. Ils siègent souvent à temps partiel en poursuivant par ailleurs leurs carrières de *solicitor* ou de *barrister*, en évitant tout conflit d'intérêts pour les affaires qu'ils jugent.

Les juges et l'IA

une récente étude menée par des chercheurs d'universités étrangères auprès de juges à Londres révèle les attitudes de ces derniers (anonymement) concernant l'utilisation de l'IA. La première constatation est que l'IA est basée sur des décisions logiques, alors que les décisions des juges permettent d'identifier des raisonnements qui mèneraient à des injustices. Par ailleurs, l'IA peut difficilement répliquer les effets cathartiques d'une décision prise par un juge. Une des fonctions du juge est de décider qui dit vrai lors des témoignages à l'audience, fonction difficilement répliquée par l'IA. Il en est de même lorsque le juge doit décider la peine en matière pénale où les impressions d'audience comptent pour beaucoup. Les juges indiquaient aussi leur inquiétude quant à la perte des expertises des juristes qui doivent être capables de lire et analyser des documents complexes et ne peuvent se contenter de résumés fournis par l'IA (article de Joshua Rozenberg in *Law Society Gazette* du 20 juin 2025).

§ 2. LA SÉLECTION ET LA FORMATION DES JUGES

250 Les juges anglais sont sélectionnés (A) et formés (B) selon un processus complexe.

A. LA SÉLECTION DES *SUPREME COURT JUSTICES*

251 **Présentation.** La sélection des *Supreme Court Justices* fait l'objet de règles législatives établies par le *Constitutional Reform Act 2005* et *The Supreme Court (Judicial Appointments) Regulations 2013*. Une commission de sélection indépendante est nommée. La commission a cinq membres, dont le President de la Cour Suprême, un juge de haut rang, un membre de la Judicial Appointments Commission et des représentants des commissions de sélection des juges de l'Angleterre, de l'Écosse et de l'Irlande du Nord. Deux membres de la commission ne sont pas juristes. Des consultations sont également engagées avec le *Lord Chancellor*, les premiers ministres du Pays de Galles et de l'Écosse et la *Judicial Appointments Commission* de l'Irlande du Nord et des juges de haut rang à travers le Royaume-Uni.

252 ***Judicial Appointments Commission*. Un nouvel organisme impliquant la société civile.** Contrairement à la France, les juges anglais sont nommés avant d'être officiellement formés ! En réalité, ils ont été formés sur le tas pendant au moins dix ans en tant que professionnels du droit, ou, s'agissant des membres non juristes des *tribunals*, dans leurs secteurs professionnels.

Depuis 2006, un organisme indépendant *Judicial Appointments Commission* est chargé de la sélection des juges sauf pour le *Supreme Court* et les *Magistrates Courts*. Cette commission a remplacé l'ancien système de cooptation informelle après discussions entre le *Lord Chancellor* et les plus éminents juges et représentants des professions. La Commission de 15 *commissioners* issus du monde judiciaire, des professions juridiques et de la société civile, est présidée par un non-juriste. Les critères de sélection sont basés sur le mérite, en tenant compte du besoin d'assurer une représentation parmi les juges des femmes et personnes d'origines ethniques différentes.

253 **Diversité, femmes et origines ethniques.** Les statistiques de 2024 indiquent que 38 % de juges des cours et tribunaux sont des femmes et 11 % sont originaires d'une minorité ethnique (la collecte et la conservation de statistiques sur les origines ethniques ne sont pas interdites au Royaume-Uni). Le rapport a noté que 57 % des *magistrates* sont des femmes, et 13 % sont originaires d'une minorité ethnique. Pour devenir juge d'une cour ou d'un tribunal, il est nécessaire d'avoir une expérience professionnelle d'au moins 7 ans en tant que *solicitor* ou *barrister*. Certaines fonctions judiciaires sont également ouvertes ou membres de *Chartered Institute of Legal Executives* et des *Patent Attorneys* (professionnels spécialistes de la propriété industrielle et intellectuelle qui postulent pour devenir juge au *Copyright Tribunal*).

B. LA FORMATION ET LA RÉALITÉ DU TRAVAIL DES JUGES

254 **Le *Judicial College*.** Un *Judicial College* a été créé en 2011 pour prendre la suite du *Judicial Studies Board* créé initialement en 1979 pour former les juges nouvellement nommés aux cours supérieures. Aujourd'hui, le *Judicial College* propose des formations aux juges des cours supérieures et tribunaux (*tribunals*). Les formateurs en matière de jugement et de comportement dans l'enceinte du tribunal sont d'autres juges, même si des professeurs d'université et des praticiens y dispensent d'autres formations. Un exemple des formations organisées par le collège a été celle sur l'introduction de la Convention européenne des droits de l'homme dans le droit anglais, à laquelle tous les juges de la plus haute instance du pays aux juridictions de première instance ont participé.

Le *Judicial College* propose également des formations aux juges d'autres pays. Lord Carnwarth, *Justice of the Supreme Court*, a souligné l'importance de la formation des juges lorsqu'il a décrit le travail d'un *District Judge* dans son discours *Being a Judge in the Modern World* citant un juge anonyme publié sur le site web judiciary.gov.uk : « La plupart des personnes comparaissant devant moi ne bénéficient pas de l'assistance d'un avocat... Je vois toute la gamme de la société : des gens les plus lucides aux incapables, des gens polis aux gens carrément déplaisants, des gens intelligents aux plus simples d'esprit. Sans aucun soutien et avec une protection minimale, je dois faire preuve non seulement de connaissances juridiques, mais également des métiers de travailleur social, psychologue et thérapeute... ».

SECTION 2 LES *MAGISTRATES* (*JUSTICES OF THE PEACE*)

255 **Introduction.** La présence du citoyen au système judiciaire anglais en tant que juge des affaires pénales en première instance au *Magistrates Court*, va de pair avec la participation du citoyen en tant que juge de la culpabilité dans les affaires criminelles graves aux assises (*Crown Court*). Cette participation du citoyen, dont l'aptitude à juger a été souvent questionnée, a été affirmée à de maintes reprises, que ce soit au niveau du Parlement qu'au niveau des rapports sur le sujet. Les *Magistrates*, qui, pour la plupart, ne sont pas des juristes, assurent le jugement de la majorité des affaires pénales (environ 95 %).

256 **Les *Magistrates* en chiffres.** Les 14 576 *magistrates* (en 2024) siégeant dans la majorité des affaires pénales du pays, concernant les adultes et les mineurs, n'ont aucune formation juridique. La plupart des observateurs du système de justice dans les *Magistrates courts* considèrent que la participation de non-juristes à la justice pénale est bénéfique, mais a besoin de se diversifier en termes d'âge, d'origines sociales et ethniques[1]. Selon les dernières statistiques, seulement 13 % sont d'origines ethniques « diverses », avec des différences régionales marquées. À Londres, les *magistrates* sont plus jeunes et sont plus représentatifs d'origines ethniques diverses. Depuis une dizaine d'années, le nombre de *magistrates* au plan national a été réduit d'un tiers, notamment en raison du déclin du nombre d'affaires pénales, des mesures d'austérité, mais également du transfert de certaines de leurs compétences vers d'autres juridictions. En 2023 environ 832.865 affaires ont été traitées par les *Magistrates Courts*.

257 **Sélection.** Leur sélection est assurée par des comités régionaux de sélection composés de *Magistrates* en fonction et des membres de la société civile. La sélection après entretien des candidats, est effectuée en liaison avec le *Lord Chancellor*. Les candidats doivent faire preuve des six qualités exigées : bon caractère, engagement et fiabilité, une connaissance de la société, une capacité de juger, compréhension et communication, être mûrs et équilibrés. Les *Magistrates* sont représentés sur le plan national par leur association professionnelle, la *Magistrates Association*.

SECTION 3 LES PROCUREURS (*LAW OFFICERS*)

258 **Présentation.** Il n'existe pas d'autorité de poursuites unique en Angleterre. *The Attorney General*, la plus haute autorité n'intervient en tant

1. Voir le rapport de Lord Justice Auld, *Review of Criminal Courts in England & Wales et Criminal Justice the Way Ahead Home Office 2001*.

que procureur que dans les affaires gravissimes ; mais, depuis 1986, il est le responsable ultime d'un service national de procureur (*Crown Prosecution Service*).

Ceci étant, le droit d'initier des poursuites relève de tout citoyen ou entité juridique au titre de la *Common law*. Ce droit est reconnu et maintenu par la loi *Prosecution of Offences Act 1985*. Par exemple, certaines autorités telles les collectivités locales, the *Driver & Vehicle Licensing Authority* (service des permis de conduire et d'immatriculation des véhicules), ou encore des organisations charitables telle la *Royal Society for the Prevention of Cruelty to Animals*, peuvent initier des poursuites.

Des poursuites pénales peuvent être initiées également, par différentes autorités dans le cadre de leurs activités légales ou réglementaires. Sans être exhaustif on peut citer : *Civil Aviation Authority, Maritime and Coastguard Agency, Competition and Markets Authority, Financial Conduct Authority*... En 2023, environ 40 % des poursuites devant les *Magistrates Courts* avaient été initiées par des *private prosecutors*. Le Crown Prosecution Service peut intervenir pour faire arrêter des poursuites privées (29 en 2021).

Toutefois, les affaires pénales les plus graves sont diligentées par l'*Attorney General*, l'autorité de poursuite la plus élevée.

259 **L'*Attorney-General*.** L'*Attorney-General* (qui est habituellement un *barrister*), représente la Reine devant tous ses tribunaux, et cumule plusieurs fonctions, notamment :

— la décision de poursuivre dans les cas les plus sensibles ou les plus graves ;

— la supervision des services de procureur (notamment le *Crown Prosecution Service*) sur le plan national.

— une fonction politique en tant que conseil juridique du gouvernement. En cette qualité l'*Attorney General* répond au Parlement.

En qualité de conseil au gouvernement, l'*Attorney General* participe au respect de la règle du droit en s'assurant que les ministres et les fonctionnaires respectent la loi, les règles coutumières des fonctions ministérielles (*ministerial code*) et la Constitution. Il assure également la conformité des projets de lois aux règles de la Convention européenne des droits de l'homme et leur conformité avec les traditions juridiques :

— une fonction professionnelle : *Attorney General* est membre du *Bar Council*, l'instance professionnelle des *barristers* ;

— il est aussi à la tête du *Serious Fraud Office* un organisme spécifiquement chargé de l'enquête et de poursuite en matière de délinquance financière, notamment dans la *City* de Londres, composé de juristes (*solicitors* et de *barristers*) et d'experts-comptables et experts financiers ;

— l'*Attorney General* peut aussi intervenir à tout moment pour prendre le contrôle ou faire cesser une poursuite diligentée par un particulier, une ONG ou une société privée en cas de nécessité. Jusqu'en 1986, la plupart des poursuites pénales étaient diligentées par la police, qui faisait appel en tant que de besoin aux professionnels du droit pour les représenter. Depuis cette date la plupart des poursuites en matière pénale sont diligentées par le *Crown Prosecution Service*, un service national de procureur indépendant de la police. L'*Attorney-General* est secondé par un *solicitor general* qui est fréquemment un *barrister*. Le budget annuel du département de l'*Attorney General* est de l'ordre de £0,35 milliard.

260 **Les procureurs du *Crown Prosecution Service*.** Les poursuites sont diligentées par un service de procureur national *Crown Prosecution Service* qui a été créé en 1986 (dont les membres sont tous des *barristers* ou *solicitors*), organisé sur la base de 14 équipes régionales. Le *Crown Prosecution Service* est dirigé au plan national par un *Director of Public Prosecutions* (DPP) qui rend compte à l'*Attorney General. Crown Prosecution Service (CPS)* emploie environ 7 000 personnes dont environ la moitié sont des juristes. Le CPS a créé deux groupes spécialisés dans certains domaines de criminalité : *Serious Organised Crime and International Directorate* et *Special Crime and Counter Terrorism*. En janvier 2010, les services des poursuites de l'administration fiscale et des douanes (*the Revenue and Customs Prosecutions Office* [RCPO]) ont fusionné avec le *Crown Prosecution Service*. Le CPS s'occupe également des affaires pénales relevant des infractions en matière d'immigration (dont l'autorité administrative est le *UK Borders Agency*). Les poursuites des affaires relevant du DEFRA (*Department for Environment, Food and Rural Affairs*), ont également été transférées à *Crown Prosecution Service* depuis 2011.

The Law Commission

Cette commission a été créée en 1965. Il s'agit d'une commission indépendante créée par la loi. Son premier président était l'éminent juge Lord Scarman. La Commission est composée de 5 membres présidés par un juge de la Haute cour de justice ou de la Cour d'appel. Les membres sont d'éminents juristes (praticiens et professeurs de droit) nommés par le *Lord Chancellor/Secretary of State for Justice*. La fonction de la commission est notamment :

– d'assurer que le droit est juste, moderne, effectif en termes de coût, et aussi simple que possible ;
– de mener des activités de recherche et de faire des propositions au Parlement pour la réforme du droit ;
– de proposer la « codification » de la loi, éliminer des anomalies ; et
– de proposer l'abrogation de lois devenues obsolètes en la forme d'un rapport au gouvernement (*Statute Law Repeals Reports*).

Pour ce faire, elle propose des sujets de recherche au *Lord Chancellor/Secretary of State for Justice* après une large consultation des ministères, des juges et des professions juridiques, l'industrie et commerce, les ONG et le public. La *Law Commission* publie un rapport annuel qui est disponible sur le site web de la commission : www.lawcom.gov.uk.

CHAPITRE 4
LES PROFESSIONNELS DU DROIT

261 Les professionnels du droit au Royaume-Uni occupent une place importante dans l'organisation des services juridiques et l'organisation judiciaire (section 1). Il s'agit principalement des *Solicitors*, les *Barristers* et les *chartered legal executives* et *licensed conveyancers* (section 2). Il faut également envisager les rédacteurs de projets de lois ou *Parliamentary Counsel* (section 3).

SECTION 1 PRÉSENTATION

262 **Les différentes professions juridiques.** Le mot « *lawyer* » désigne habituellement et de manière générique, les professionnels du droit qui exercent en Angleterre et le Pays de Galles sous les deux principaux titres professionnels, dont les juristes remplissant les qualifications professionnelles ont le monopole : les 197.378 *Solicitors of the Senior Courts* (dont environ 53 % de femmes) (en 2023)[1] et les 18.141 *Barristers at Law* (dont environ 39 % de femmes) (en 2024)[2]. Les *Solicitors* qui constituent la principale profession juridique en nombre et en activités, sont épaulés pour de nombreuses activités par des « clercs » qualifiés (*legal executives*), membres de *Chartered Institute of Legal Executives ;* ainsi que les *para-legals*. Les *legal executives* et *para-legals* occupent à différents niveaux des cabinets, une fonction similaire aux clercs/assistants de notaire ou d'avocats en France. Depuis 2012, les *legal executives* peuvent agir indépendamment dans un certain nombre de domaines du droit. Les *Barristers* regroupent traditionnellement le Barreau plaidant mais exercent également des activités de conseil. Les juristes salariés d'entreprise (*in-house Counsel/in-house lawyers*) sont le plus souvent des *Solicitors* ou *Barristers* en exercice qui conservent leurs titres et leurs obligations

1. The Law Society Annual Statistics Report 2023-January 2025.
2. The Bar Standards Board April 2025.

professionnelles. En l'absence de notaires (au sens français), il existe environ 800 *notaries public*, la plupart étant des *solicitors* agréés par le *Faculty Office of the Archbishop of Canterbury* pour authentifier des signatures sur des actes destinés à l'étranger. Cette profession existe depuis 1533. Par ailleurs, en 2024 environ 200 cabinets d'avocats étrangers (7 000 professionnels) venant d'une quarantaine de pays, ont des bureaux à Londres. Plus de 6500 *Solicitors* ou *Barristers* exercent à l'étranger.

263 **Des monopoles limités.** En plus du monopole du titre professionnel, les deux professions jouissent de monopoles d'exercice limités, notamment aux actes rémunérés en matière de représentation de clients devant les cours et tribunaux, et aux actes immobiliers rémunérés. Ce dernier monopole est partagé avec des sociétés spécialisées (v. *supra*, n° 223).

264 ***Alternative Business Structures* modifient le paysage des professions juridiques.** Depuis 2007[3], un nouvel acteur connu sous le nom d'« ABS » (*Alternative Business Structure*) permet à des non-juristes de créer des structures pour la prestation des services juridiques. En 2024 il y avait 1.200 ABS soit environ 12 % des cabinets.

L'objectif de la loi est d'améliorer le choix des consommateurs et la valeur ajoutée, de permettre à des sociétés commerciales et autres professionnels de devenir propriétaires de cabinets de *solicitors*, d'attirer des investissements pour l'innovation et permettre une plus grande flexibilité en termes des services proposés. Les grands cabinets d'expertise-comptable comme KPMG, Ernst & Young, PwC ont créé des ABS en vue de revenir sur le marché du droit. Environ 375 ABS sont autorisés par le *Solicitors Regulation Authority*.

L'arrivée de nouveaux prestataires de droit : chaînes de supermarchés, banques, sociétés d'assurance et des sites web proposant des conseils et modèles d'actes gratuits ou payants, contribuent à une évolution sans cesse de la profession. Le secteur *law tech* de sociétés proposant des produits digitaux spécialisés pour les services juridiques est en pleine croissance[4].

265 **Les difficultés d'accès au droit et à la justice.** Il existe de plus en plus de *litigants in person* tant particuliers qu'entreprises, devant les tribunaux et les instances d'appel (en augmentation depuis la crise économique de 2008).

La difficulté d'accès au droit pour les particuliers et les entreprises est une question de plus en plus aiguë. Il existe de véritables « déserts juridiques » où les centres d'aide juridique ou juridictionnelle et les cliniques de droit (*law centres*) ont fermé, du fait de la période d'austérité.

266 **Une évolution des relations entre les entreprises et les professionnels du droit.** Pour les entreprises, l'emphase est sur le contrôle du budget juridique. L'époque de l'heure facturable est révolue ; la prestation à prix fixe ou sur budget

3. *Legal Services Act* 2007.

4. Voir notamment UK Law Tech Delivery Panel – LawTech UK Report 2021 et City UK UK Legal Services 2024.

estimatif est de plus en plus d'actualité. Ceci explique, en partie, des évolutions significatives des structures de la profession des *solicitors* depuis les années 1970.

267 **La discipline des professionnels du droit.** La surveillance des professions du droit est exercée par *Legal Services Board* qui supervise les instances de contrôle spécifique à chaque profession :

— *Solicitors Regulation Authority* pour les *solicitors* (qui succède à la *Law Society*, organisme représentatif des *solicitors*, qui a perdu son rôle disciplinaire) ;

— *Bar Standards Board* (*Bar Council/Inns of Court*) pour les *barristers* ;

— *Chartered Institute of Legal Executives* pour les legal *executives*.

SECTION 2 LES *SOLICITORS*, LES *BARRISTERS* ET LES *CHARTERED LEGAL EXECUTIVES*

268 Parmi les professionnels du droit, il existe les *solicitors* (§ 1), les *barristers* (§ 2) et les *chartered legal executives*.

§ 1. LES *SOLICITORS OF THE SENIOR COURTS OF ENGLAND & WALES*

269 Ces *solicitors* exercent diverses fonctions et activités (A), et supposent des qualifications (B). Ils sont organisés (C).

A. FONCTIONS ET ACTIVITÉS

270 **Conseil et représentation.** Le rôle des *solicitors* est à la fois le conseil dans toutes matières juridiques, mais aussi la représentation du client devant tous les cours et tribunaux. Le *solicitor* est autorisé à représenter ses clients devant les cours et tribunaux inférieurs sans qualification complémentaire. Devant les *Senior Courts*, *Court of Appeal* et *Supreme Court*, il ou elle doit avoir obtenu un *advocacy qualification* (*higher rights of audience*). Ils sont environ 6 426 à pouvoir le faire depuis le *Courts and Legal Services Act 1991*. À l'audience, le *solicitor* porte une robe noire simple ; mais, même devant les juridictions supérieures, ne porte pas la perruque en raison de l'opposition des *barristers* qui sont seuls à être autorisés à la porter.

271 **L'*Officer of the court*.** Le *solicitor* est un *Officer of the Senior court*. En cette qualité il ou elle est soumis(e) à des devoirs vis-à-vis des cours et tribunaux (notamment celui de s'assurer que toutes les informations pertinentes sont produites) ; et participe au bon déroulement de la procédure. Le *solicitor* peut organiser la signification des actes de procédure aux parties opposées, puis certifier son accomplissement au tribunal, à toutes fins utiles.

272 ***Oaths, statutory declarations* et *affidavits*.** Les *solicitors* peuvent recevoir les serments lors de déclarations assermentées établies par exemple pour un changement de nom ou certaines demandes de passeports, ou pour fournir la preuve lors des procédures conservatoires ou provisoires, ou concernant la signification d'actes de procédure par un *solicitor*...

273 ***In house Counsel* (juristes d'entreprise).** Depuis le XIXe siècle, un nombre important de *solicitors* et *barristers* sont employés en tant que conseils salariés des services du gouvernement, du service de procureur, des collectivités, entreprises publics et privés ainsi que des syndicats, fondations charitables... Les dernières statistiques publiées (par la *Law Society* et *Bar Standards Board*) indiquent qu'en 2025 35 738 *Solicitors*, et en 2024 3 121 *barristers*, exerçaient en entreprise. En 2023 le *Solicitors Regulation Authority* indiquait la répartition des *solicitors* travaillant *in house* :

— 66 % dans le secteur privé (commerce et industrie, dont services juridiques des grandes chaînes de supermarchés, sociétés d'assurances et cabinets d'expertise comptable offrant des services juridiques) ;

— 27 % dans le secteur public (sur ces 27 %, 51 % sont dans les collectivités locales, 21 % dans les services du procureur [*Crown Prosecution Service*], 2 % aux tribunaux, 9 % dans des écoles ou régulateurs). À noter que le *Government Legal Service*, avec 2 000 *solicitors* ou *barristers* est un des plus importants employeurs de juristes du pays, dépassant même les cabinets de la *City* ! ;

Les *solicitors* exerçant au sein de services juridiques conservent pleinement leur statut et obligations professionnelles et la supervision de leurs régulateurs (SRA et *Bar Council*) ainsi que les instances disciplinaires. Leur indépendance est une obligation professionnelle. Elle est également protégée par le droit du travail au plan contractuel vis-à-vis de leurs employeurs.

La plupart des services juridiques des entreprises sont organisés comme un cabinet au sein de l'entreprise. Certains sont même constitués en société de conseil afin de pouvoir conseiller les abonnés ou clients des entreprises actives dans le secteur des services : banque, assurance (tel DAS), grande distribution. Certaines chaînes de magasins connus comme Tesco ou The Coop ont leurs propres services juridiques. Parfois les services sont gratuits pour les abonnés qui ont à disposition un centre d'appels 24h/24 et 7j/7. Dans une récente étude de KPMG, 40 % des employeurs du secteur privé britannique indiquaient qu'une partie de leurs services juridiques se trouvait à l'étranger.

B. QUALIFICATIONS

274 **Conditions.** Les conditions d'accès au titre de *solicitor*, ont été modifiées en 2021 pour ouvrir une nouvelle voie d'accès par le biais d'apprentissage. Ainsi, il n'est plus nécessaire d'avoir une licence d'université (ou équivalent), bien que la plupart des candidats aient obtenu un diplôme d'Université ou équivalent. Après avoir réussi l'examen *Solicitors Qualifying Exam*, un stage professionnel (*training contract*) au sein d'un cabinet de *Solicitors ou une expérience professionnelle jugée équivalente complète le parcours*.

Les juristes des pays européens seront surpris de savoir qu'un nombre significatif des professionnels du droit en Angleterre et le Pays de Galles n'ont pas étudié le droit à l'Université, mais seulement au sein de collèges professionnels puis lors de stages de formation professionnelle. Lord Neuberger, ancien président de la *Supreme Court* a indiqué dans son discours à la *Royal Society* en 2015, au sujet des liens entre la science et le droit, qu'il avait surpris les très éminents juristes allemands du Max Planck Institut de droit international privé à Hambourg, lorsqu'il leur a révélé avoir étudié la science à l'université, avant de décider de devenir juriste après seulement une année d'études de droit et le stage de *barrister !*

C. ORGANISATION PROFESSIONNELLE

275 **Organisation.** L'autorité de régulation est le *Solicitors Regulation Authority* qui est indépendant de la profession et chargé de l'élaboration des règles professionnelles et la discipline. La *Law Society*, qui jusqu'à 2007 combinait le rôle de régulateur et d'organisme représentatif de la profession, ne conserve aujourd'hui que la fonction de représentation des intérêts de la profession auprès des pouvoirs publics.

276 **Monopoles limités.** Les monopoles des *solicitors* sont aujourd'hui limités. La loi dite *Courts and Legal Services Act 1990* a ouvert la profession à la concurrence. Aujourd'hui, les *solicitors* jouissent de monopoles légaux :

— l'usage du titre de *solicitor* ;

— la représentation rémunérée de clients devant les tribunaux – sachant que le ministère du *solicitor* n'est pas obligatoire et que beaucoup de personnes comparaissent sans conseil (*litigants in person*), phénomène en augmentation depuis la crise financière et la réduction de l'aide juridictionnelle *Legal Aid* (aujourd'hui seulement environ 500 000 personnes ont droit au *Legal Aid*). Ce monopole est partagé avec les *legal executives*.

— les actes immobiliers rémunérés. Mais le monopole est partagé, notamment avec les 3.539 *Licensed Conveyancers* (début 2025) ;

— la gestion rémunérée de successions auprès du tribunal (*probate*), monopole partagé notamment avec certaines banques et sociétés d'assurance et les experts-comptables ;

— l'administration de serments.

Le conseil en matière juridique n'est pas réglementé.

277 **Structures actuelles de la profession.** Sur les 216.000 *Solicitors* exerçant en Angleterre et le Pays de Galles, environ 53 % sont des femmes et environ 18 % sont originaires de groupes ethniques minoritaires. Selon les dernières statistiques produites par la *Law Society* qui représente la profession, les *solicitors* emploient environ 348 000 personnes (dont un tiers à Londres) et génèrent £47 milliards en chiffre d'affaires, dont environ £3 milliards en exportations de services juridiques[5]. Environ 72 % des *solicitors* exercent au sein de cabinets de *solicitors* (*private*

5. The City UK -UK Legal Services 2024.

practice). Il est estimé qu'environ un quart des 9 000 cabinets sont des *solicitors* exerçant seul ou avec un ou deux associés (les *High Street Solicitors*). Ces cabinets ont de plus en plus de mal à survivre. La tendance est au regroupement afin d'obtenir des économies d'échelle face aux besoins croissants d'investissement dans les nouvelles technologies.

Mais environ 52 % du chiffre d'affaires global de la profession des *solicitors* est généré par les cabinets londoniens (soit environ 150 cabinets). Les cinq plus importants cabinets de la *City* emploient chacun plus d'un millier de *solicitors* à travers des bureaux établis dans les principales capitales d'affaires du monde. Il s'agit des *Magic Circle firms* ! Trois d'entre eux sont parmi les plus gros cabinets au plan mondial. Sous l'impulsion de l'abandon des monopoles, de la spécialisation et des investissements nécessaires, notamment en matière de nouvelles technologies, et le coût de l'immobilier, les cabinets ont progressivement grandi pour obtenir des économies d'échelle. Certains cabinets de province emploient plus de 500 *solicitors* avec des bureaux dans les principales villes.

278 **Déontologie et devoirs professionnels des *solicitors* : une exemplarité draconienne.** Un des premiers devoirs des *solicitors*, qui sont officiers de la Cour, est celui de loyauté et de transparence vis-à-vis du tribunal. Cela fait partie d'une obligation générale et prépondérante de concourir au maintien de la règle de droit et de l'administration de la justice. Ainsi les *solicitors* ne peuvent laisser le tribunal dans l'ignorance d'un fait pertinent ou document important. Cette obligation prime généralement sur le devoir vis-à-vis du client. Dans l'exercice de leurs activités, les *solicitors* doivent faire preuve d'intégrité et d'indépendance.

Ces obligations priment leur devoir d'agir aux meilleurs intérêts du client ou de fournir un niveau de service adéquat. Ils doivent également concourir au maintien de la bonne réputation de la profession. Par ailleurs, les Solicitors sont soumis à des obligations vis-à-vis de leurs clients à plusieurs niveaux qui ont été rappelés par la Cour d'appel dans un récent jugement. Tout d'abord, il existe un devoir au titre du droit commun de prendre un soin (*duty of care in tort*) dans les conseils proférés à leurs clients. Deuxièmement, ils sont soumis à une obligation fiduciaire (*fiduciary obligation*) en *Equity* qui impose une obligation de bonne foi et de loyauté, notamment de mettre les intérêts du client au-dessus de leurs propres intérêts et de ne pas profiter de la confiance qui lui est accordé par le client, puis communiquer aux clients toutes informations pertinentes. Enfin, en ce qui concerne leurs honoraires ils doivent veiller à donner au client les meilleures informations possibles en ce qui concerne leurs honoraires et les frais dès le début d'un dossier et tout au long de la relation[6].

La profession des *solicitors* est surveillée de manière étroite par son autorité de tutelle, *Solicitors Regulation Authority*, qui sanctionne rigoureusement tout écart et peut mener des perquisitions ou ordonner la fermeture d'un cabinet d'office, dans l'intérêt de la protection du public. Les décisions en matière disciplinaire sont publiées avec les noms des *solicitors* concernés, qui peuvent faire appel à un tribunal spécialisé *Solicitors Disciplinary Tribunal*, puis à la *High Court Administrative*

6. Belsner v Cam Legal Services Ltd (The Law Society intervening) 2022 EWCA Civ 1387.

Court. L'assurance responsabilité est obligatoire. Dans la pratique ces assurances sont prises par chaque cabinet auprès d'assureurs spécialisés.

Il n'existe aucune mutualisation comme en France. Les primes sont devenues élevées depuis quelques années. Certains cabinets se couvrent pour des montants très importants en fonction des affaires traitées ; mais il n'est pas possible de couvrir tout le risque. C'est pour cette raison que la plupart des cabinets sont aujourd'hui organisés sous forme de sociétés professionnelles à responsabilité limitée (*limited liability partnership*). Enfin, les *solicitors* sont soumis à des obligations de formation continue dispensée par des organismes agréés.

§ 2. LES *BARRISTERS AT LAW ENGLAND & WALES*

279 **Présentation.** Le Barreau anglais est constitué d'environ 18 100 *barristers* dont 14 500 exerçant au sein de cabinets et 3 100 en tant que *barristers* salariés au sein de différents services du gouvernement, le service des procureurs, dans les services juridiques des entreprises ou dans des cabinets de *solicitors*.

Ainsi, 80 % des *barristers* exercent en tant que praticiens individuels indépendants.

Ils exercent au sein de *Chambers* (cabinets de moyens) souvent situés dans les *Inns of Court* à Londres, ou proches des cours siégeant dans les grandes villes de province.

Les *chambers* regroupent fréquemment des *barristers* exerçant dans le même domaine de spécialisation (*i.e. Commercial*, *Criminal*, *Common law* [plus généraliste], *Tax*, etc.).

Ces *chambers* sont gérés par un *Head of Chambers* choisi par les *barristers* membres du *set* (*of chambers*) et un *clerk* qui répartit les dossiers entre les différents membres du *Chambers*.

Les *barristers* sont hiérarchisés entre les *Juniors* et les *Queen's Counsel*. Ces derniers acquièrent ce titre en raison de leurs qualités reconnues de juristes et de plaideur. Leur surnom est *silk* en raison du fait qu'ils portent un *waistcoat* en soie et une perruque plus ample à l'audience qui sont leurs signes distinctifs. La nomination en tant que *Queen's Counsel* est honorifique et ne comporte aucun de devoir de service à sa Majesté la Reine. Les candidats sont sélectionnés par un panel indépendant de juges, juristes des professions et membres de la société civile. Ce panel, qui est présidé par un membre de la société civile, a été établi en accord avec le *Lord Chancellor*. Les *Juniors* ont souvent de très longues années d'expérience ! Le plus souvent le *Queen's Counsel* représente le client à l'audience assisté d'un *Junior*, le travail étant réparti entre eux en fonction des besoins de l'affaire.

280 **Activités.** Si traditionnellement le *barrister*, qui porte une perruque à l'audience, est vu comme l'avocat plaidant par excellence, son monopole de la plaidoirie devant les juridictions supérieures est partagé depuis 1991 avec les *solicitors* qui ont réussi une qualification d'avocat (*Advocacy Test*). En réalité, les activités des *barristers* se décomposent en plusieurs domaines :

— la consultation sur des points de droit et de procédure ;

— la préparation et la stratégie du procès civil ou pénal ;

— l'interrogatoire et contre-interrogatoire des témoins (au cœur de la procédure adversariale et de l'établissement de la preuve, tant en matière civile et commerciale que pénale et criminelle) ;

— la plaidoirie orale au procès.

Le plus souvent le *barrister* est consulté par le *solicitor* qui gère le quotidien du dossier avec le client. Ainsi le plus petit cabinet de province peut obtenir une opinion du meilleur spécialiste national dans un domaine du droit. Certains *barristers* ne plaident jamais, notamment ceux qui sont des spécialistes de la matière fiscale, leur travail essentiel étant de préparer des consultations ou d'imaginer des structures d'optimisation.

281 **Qualifications.** Le/a futur(e) *barrister* assiste à une formation professionnelle et pratique dispensée par la profession au sein d'un *Inns of Court law school*, soit après une licence de droit, ou après une année de formation dans les matières fondamentales du droit au sein de l'École. Il ou elle devient membre d'un des quatre *Inns of Court*, institutions existantes depuis le Moyen Âge chargées de la formation des professions et situées autour du *Royal Courts of Justice* près de Fleet Street et Holborn à Londres. Il est toujours nécessaire de participer au nombre requis de *diners* au réfectoire de *son Inn of Court*.

282 **Organisme représentatif : *Bar Council* et les *Inns of Court*.** *Bar Council* représente les intérêts des *barristers*. Son conseil est élu par la profession. Le *Bar Council* a créé le *Bar Standards Board*, un organisme indépendant dans le cadre de la loi de 2007 sur les professions juridiques, afin d'assurer une organisation indépendante de certaines fonctions de la profession.

283 **Organisme de tutelle : *Bar Standards Board*.** *Bar Standards Board*, composé de 15 membres issus en majorité de la société civile puis de la profession, est responsable de l'élaboration des règles touchant à la formation et à la déontologie des *barristers* ; puis leur discipline.

Comme les *solicitors*, les *barristers* ont des obligations de transparence et de loyauté vis-à-vis des tribunaux. Les règles sont mises en vigueur avec une rigueur particulière.

Le rôle historique des *Inns of Court*

Chaque *barrister* est membre d'un des quatre *Inns of Court : Gray's Inn, Lincoln's Inn, Inner Temple* et *Middle Temple*. Ce sont des institutions datant de l'époque médiévale, qui aujourd'hui proposent des locaux, des réfectoires, des bibliothèques, organisent la formation et participent à la discipline des *barristers*. Les futurs *barristers* doivent suivre une formation juridique dispensée par une école agréée par les *Inns*, et qui inclut la possibilité de participer à des dîners aux réfectoires magnifiques de leur *Inn of Court*, qui permettent au jeune professionnel de rencontrer ses futurs pairs ainsi que les juges également membres des *Inns of Court*. Ces institutions contribuent à un fort esprit de corps des juristes et juges, facette historique, qui a permis à différents moments de l'histoire britannique de contester le pouvoir, par moments excessif des monarques ou des gouvernements. Les échanges sont à la fois utiles dans le développement de leur carrière mais contribuent à la création d'un esprit de corps qui a une certaine importance dans le cadre professionnel (partage de l'éthique) mais aussi constitutionnel (indépendance du pouvoir). Le *Bill of Rights 1688* qui est une des lois constitutionnelles des plus importantes, était issu du conflit entre le Parlement et les juristes de la *Common law* d'un côté et les rois Stuart de l'autre.

284 **Déontologie.** Dans le temps, les *barristers* devaient exercer au sein d'un "*Chambers*" (groupement de moyens) des *Inns of Court*, et utiliser les services d'un "*clerk*" du *Chambers* pour la négociation de ses honoraires. Ils ne pouvaient représenter un client sans l'intermédiaire d'un *solicitor*.

Aujourd'hui ces règles ont disparu et les *barristers* sont libres d'exercer en dehors des *Inns* (même de chez eux), de traiter directement avec leurs clients, et de négocier leurs honoraires. Il n'en reste pas moins qu'un nombre significatif préfère participer à la vie d'un *Chambers*, qui regroupe le plus souvent des spécialistes dans un domaine du droit, ce qui permet l'acquisition de connaissances et d'expérience dans le domaine choisi. Ils doivent faire preuve d'une honnêteté absolue vis-à-vis de la Cour ou du tribunal et l'informer pleinement en ce qui concerne les questions de fait et de droit objet de la procédure, que ce soit favorable ou défavorable aux intérêts du client ; et éviter tout conflit d'intérêts, assurer une confidentialité absolue, ne pas accepter un dossier en l'absence des compétences nécessaires. Ils ne doivent ni « coacher » un témoin, même s'ils ont la possibilité de le rencontrer avant l'audience ; ni assumer les fonctions exercées par les *solicitors* ; ni s'occuper plus généralement des affaires du client.

§ 3. LES *CHARTERED LEGAL EXECUTIVES*

285 **Organisation professionnelle et diplôme.** La profession de *legal executive* existe depuis le XIXe siècle et était anciennement appelée *Solicitors Managing Clerks*. L'organisme de tutelle est le *Chartered Institute of Legal Executives* qui régit la formation et les règles de discipline des *legal executive*, qui, compte tenu de leurs fonctions et la possibilité de représenter leurs clients devant les tribunaux dans certains cas, sont soumis à des règles déontologiques similaires aux *solicitors* et *barristers*. Le *legal executive* peut utiliser ce titre s'il ou elle a passé des diplômes spécifiques du *Chartered Institute of Legal Executives*. Il y a environ 21 000 *legal executive* en exercice en 2025, salariés pour la plupart de cabinets de *solicitors*. Les cabinets de *solicitors* et de *barristers* ont également recours à des juristes en stage ou sous contrat de travail connus sous les noms de *paralegals* ou *interns* qui n'ont pas les qualifications des *legal executive*.

286 **Activités.** En général, les *legal executive* sont salariés de *solicitors* employés pour préparer toutes sortes d'actes (immobiliers ou autres), et de procédures contentieuses. Ils peuvent soit s'associer dans les cabinets de *solicitors* ; soit,

mener des activités indépendantes : *probate, conveyancing, immigration services, litigation in crime, family and civil matters* avec droits de plaider.

> **Présence d'avocats étrangers au Royaume-Uni**
> Selon The City UK, plus de 200 cabinets étrangers, venant d'une quarantaine de pays, ont des bureaux à Londres. Les dernières statistiques publiées par *Solicitors Regulation Authority* (2025) font état de la présence d'environ 7 000 avocats étrangers (dont 125 avocats européens comparé à 2 700 en 2015) en Angleterre. Par ailleurs, il y aurait une centaine de bureaux de cabinets américains établis à Londres dont environ 16 cabinets anglo-américains issus de fusions entre cabinets des deux pays.

SECTION 3 LES PROFESSIONNELS DU DROIT ET LA RÉDACTION DE LÉGISLATION *"PARLIAMENTARY COUNSEL"*

287 La rédaction des projets de lois occupe aussi les rédacteurs (§ 1) et des *Parliamentary Agents* (§ 2).

§ 1. LES RÉDACTEURS DE PROJETS DE LOI

288 **L'*Office of Parliamentary Counsel*.** L'*Office of Parliamentary Counsel* fait partie du cabinet du Premier ministre et emploie presque cinquante juristes. Ce bureau a la responsabilité de finaliser la rédaction de projets de loi proposés par les différents ministères. Composé de juristes de premier ordre, ce bureau a notamment publié un guide de rédaction de législation (*drafting guidance*) visible sur le site du *Cabinet Office*, non sans une dose d'humour tout britannique. Par exemple, le guide conseille d'éviter les double-négatifs dans les termes suivants : *"Avoid double negatives wherever it is not impossible to do so" (!)*.

Ce guide peut également aider les lecteurs de législation britannique dans leur compréhension des textes, et serait par ailleurs utile pour rédiger des contrats et améliorer son style d'écriture en anglais suivant les préceptes du mouvement "*clear English*". À noter que les projets de lois proposés par les députés ou les membres de la Chambre de Lords (*members private bills*) souvent pour le compte d'intérêts privés ou commerciaux sont rédigés par des *solicitors* spécialement qualifiés connus sous le nom de *Parliamentary Agents*.

§ 2. LES *PARLIAMENTARY AGENTS*

289 **Les dix cabinets.** En 2025, il y a 19 *solicitors* exerçant au sein de 10 cabinets de *solicitors* autorisés par le Parlement à rédiger les projets de lois proposés par les députés ou membres de la Chambre des Lords, intervenant souvent à la demande d'intérêts privés. Ces agents existent depuis le XIXe siècle lorsqu'ils ont connu un essor important avec le développement des compagnies de chemins de fer privés.

290 **Une histoire d'huîtres !** Un exemple récent est le projet de loi devant le Parlement en 2016 concernant le *Faversham Oyster Fishery* (ostréiculture de la baie de Faversham dans le Kent) qui existe depuis les temps immémoriaux ("*time out of mind*") ; et a bénéficié d'une concession octroyée par le roi Stephen. La *fishery* a été constitué en société en vertu d'une loi en 1930. Après avoir été gravement affectée par la pollution des eaux usées de la ville de Faversham au début du XXe siècle, la *fishery* a gagné son procès contre la municipalité de Faversham qui a été obligé d'installer une station de traitement des eaux usées, ce qui a permis une renaissance de l'ostréiculture, et de la société. Aujourd'hui la *fishery* est en train de redévelopper ses activités et a souhaité modifier ses statuts, tout en clarifiant le titre d'un certain nombre de ses actionnaires disparus.

Un projet de loi rédigé par un cabinet de *Parliamentary Agents* a été adopté par le Parlement en 2017.

Divers acteurs relevant du secteur juridique destinés aux particuliers et les plus démunis : *citizens advice, Ombudsmen, Law centres, Justice*

Les consommateurs peuvent trouver les premiers conseils auprès d'associations et publications dédiées aux consommateurs telles *Consumer Association* ou *Which*. Ils peuvent également trouver les premiers conseils et orientation auprès du *Citizens Advice* (www.citizensadvice.org.uk) anciennement appelé *Citizens Advice Bureau*, un réseau d'organisme charitables reliés à une fondation charitable nationale, partiellement financée par des fonds publics, implanté dans la plupart des villes (2 700 bureaux).

Un premier *Ombudsman* (*Parliamentary Commissioner for Administration*) a été établi par les pouvoirs publics en 1967 pour recevoir des plaintes des citoyens au sujet des services publics et informer les députés et le Parlement au sujet des enquêtes et le suivi des recommandations.

Il existe aujourd'hui plus d'une vingtaine d'*Ombudsmen* publics et privés membres d'une association nationale *Ombudsman Association*. Les différents *Ombudsmen* traitent des plaintes du public et des consommateurs dans une très large gamme de litiges, notamment avec les administrations, les services publics ou privatisés tels électricité, gaz, eau, chemins de fer, télécommunications etc., les prestataires de services de tous ordres, y compris professionnels et financiers, et les fabricants de produits. Dans la plupart des cas leurs enquêtes et conclusions ne lient pas les parties, mais facilitent la recherche de solutions.

Law centres : ceux-ci sont soutenus par des fonds publics, des donations et dans certains cas des cabinets de *solicitors* ou de *barristers*, et les professionnels du droit qui donnent de leur temps en consultation gratuite. Le niveau de soutien sur fonds publics au secteur des services juridiques gratuits a considérablement baissé dans les dernières années, dans le cadre de l'austérité suivant la crise financière de 2008 mais des évolutions sont à prévoir dans le cadre des possibilités ouvertes par *Legal Services Act 2007* (*Access to Justice*, Palmer, Cornford, Guinchard & Marique. Éd. Hart Publishing, 2016). En 2025 il y avait une quarantaine de Law Centres répartis sur le Royaume-Uni. Ils sont financés pour 20 % par l'aide judiciaire, le reste venant de donations par des organisations charitables, et dotations des collectivités locales. Il y a des déserts en matière de conseil juridique. Les financements vont en diminuant. Law Works indique qu'environ 11.400 juristes volontaires donnaient de leur temps pour soutenir les services des Law Centres. Les Universités ont établi des *law clinics* dont notamment celui de l'Université de Kent qui était précurseur dans les années 1970.

Il y a également un Bar Pro Bono Unit qui représente des justiciables sur demande d'un Citizens Advice Bureau, Law Centre ou d'un membre du Parlement. Certains cabinets de *solicitors* proposent des services pro bono publico.

Justice est une fondation indépendante menant des recherches notamment pour la promotion de la règle de droit (*rule of law*) www.justice.org.uk.

TITRE 3
LE RAISONNEMENT JURIDIQUE : LE SYSTÈME DU *PRECEDENT*

291 **Présentation du *Precedent*.** Le mécanisme du *Precedent* (la règle de droit déterminée par le juge dans une situation factuelle spécifique) occupe une place importante dans l'application et la création des règles de droit dans les pays de *Common law*. En effet, nombre de règles sont d'origine jurisprudentielle, notamment dans le droit des contrats et de la responsabilité civile (*torts*). Les décisions de justice peuvent donc revêtir une importance considérable dont la force et la cohérence reposent sur le mécanisme du *Precedent*. Mais toute décision judiciaire ne constitue pas un *Precedent* et, inversement, la plupart d'entre elles sont soumises à ce *Precedent*. Afin de le comprendre, il convient d'envisager le mécanisme du précédent (chapitre 1), puis, la hiérarchie des décisions des juridictions anglaises (chapitre 2) et enfin les différentes sources de la jurisprudence et du rôle de la doctrine (chapitre 3).

CHAPITRE 1
LE MÉCANISME DU *PRECEDENT*

292 Le mécanisme du *Precedent*, est l'un des traits emblématiques du raisonnement juridique anglais et, plus généralement, des systèmes de *Common law*. Il repose sur une méthode, des objectifs malgré des difficultés (section 1), expliquant la structure et les effets d'un jugement (section 2). C'est à l'issue de ces deux composantes que l'on peut comprendre le fonctionnement du *Precedent* (section 3). Ce chapitre concerne le système de précédent en droit interne anglais ; et ne traite pas de la question de la force supérieure des décisions de la Cour européenne de Justice qui existait jusqu'à fin 2020, date de sortie du Royaume-Uni de l'Union européenne. Il n'en reste pas moins que les décisions de cette cour prédatant le Brexit conserveront leur force supérieure tant que les cours supérieures du Royaume-Uni ne décident de diverger comme l'autorise la loi *European Union (Withdrawal) Act* 2018. Il n'en reste pas moins que les Cours supérieures vont utiliser leur pouvoir de ne pas suivre des précédents de la CJUE de manière limitative, comme pour leur propre jurisprudence. Il convient de rappeler que les tribunaux anglais cherchaient le plus souvent à donner effet au droit européen, en donnant une interprétation extensive à la législation mettant en œuvre des directives européennes[1].

SECTION 1 LA MÉTHODE, LES OBJECTIFS ET DIFFICULTÉS DU SYSTÈME DE *PRECEDENT*

293 Le raisonnement juridique de *Common law* suppose de suivre une méthode (§ 1) dont l'objectif est d'assurer la certitude du droit (§ 2). La

1. Voir par exemple une affaire jugée au titre de la directive sur le temps de travail : Lock v British Gas Trading Ltd 2016 EWCA Civ 983 citée par Christian Franklin-The Effectiveness and Application of EU and EEA Law in National Courts October 2018-Intersentia.

distinction entre *ratio decidendi* (les raisons essentielles données par le ou les juges tenant compte des faits qu'ils auront établis lors du procès), et *obiter dicta* (la discussion pour arriver à leur décision) ; explique les difficultés d'analyse des jugements (§ 3). Le juge recourt à diverses techniques pour mener son raisonnement (§ 4). En l'absence de précédent ou de législation, le juge a le devoir constitutionnel de combler le vide (§ 5).

§ 1. LA MÉTHODE

294 **Similarités de fait.** En premier lieu, la méthode essentielle de *Common law* consiste à rechercher les jurisprudences (*authorities* ou *precedents*), qui ont traité des situations factuelles identiques ou similaires, de portée spécifique ou plus générale ; et qui ont dégagé un principe juridique qui aura autorité (*binding*) pour l'avenir dans les mêmes situations, du moins celles porteuses d'une grande similarité. Le système de précédent n'est pas nécessairement basé sur la logique mais plutôt sur l'expérience des juges accumulée depuis des siècles, revue et adaptée aux circonstances contemporaines, ce qui peut être ainsi résumé par "*The life of the Common law is, famously, experience not logic*"[2]. La méthode s'applique aussi bien aux questions relevant de la *Common law* et de l'*Equity*, que de l'interprétation de la législation interne, voire des traités internationaux et du droit européen. Dans ce dernier cas, les décisions de la Cour de justice de l'Union européenne lient les tribunaux anglais. Il convient de rappeler, en ce qui concerne l'*Equity*, que le juge dispose d'une large mesure de discrétion, tenant compte des circonstances spécifiques de l'espèce, dans le cadre des principes généraux de l'*Equity*.

295 **L'obligation de trancher.** Mais en deuxième lieu, il est important de noter qu'en l'absence d'un précédent (ou de législation pertinente, ou encore de Code civil), les tribunaux ont une obligation constitutionnelle de trouver une solution au problème posé par le contentieux. Comme l'a exprimé récemment avec force, Lady Hale, présidente de la *Supreme Court*, le juge ne dispose pas d'une option de ne rien faire ("*the judge does not have a 'do-nothing option'*")[3]. Ainsi il est parfois nécessaire pour le juge de faire œuvre de création de droit. Par exemple, en 1972, Lord Reid, juge de l'*Appellate Committee of the House of Lords*, rappelait déjà que : « Nous ne croyons plus aux contes de fées, nous devons ainsi accepter que, pour le meilleur ou le pire, les juges créent du droit » ("*We do not believe in fairy tales any more, so we must accept the fact that for better or for worse judges do make law*")[4].

2. O. Wendell Homes, *in* "The *Common law*", cité par Lord Neuberger alors président de la *UK Supreme Court* : "*Some thoughts on Principles Governing the Law of Torts. Singapore Conference on protecting business and economic interests: contemporary issues in tort law*", August 2016.

3. Lady Hale SCJ, "*Legislation or judicial law reform: where should judges fear to tread*?" Society of Legal Scholars Conference 2016.

4. Lord Reid, "*The judge as lawmaker*" 1972 The Journal of Public Teachers of Law p. 22 (cité par Lord Neuberger note 1).

§ 2. L'OBJECTIF : LA CERTITUDE DU DROIT

296 Le raisonnement des juges anglais est toujours orienté vers un principe, celui de la certitude de la règle de droit (A), ce qui n'empêche pas certaines limites (B).

A. LE PRINCIPE

297 **L'impératif de certitude.** L'objectif fondamental du système du précédent est de garantir un degré élevé de certitude du droit, en imposant la solution (ou *ratio decidendi*[5]) pour les cas similaires susceptibles d'apparaître à l'avenir, et ce afin de permettre à la société d'organiser ses affaires. Comme l'a rappelé Lord Mance, juge de la Cour Suprême, dans son discours à une conférence à l'Université d'Oxford en 2011[6], citant notamment Lord Bingham[7], la règle de droit doit être certaine et prévisible. Il a également cité Lord Mansfield, célèbre juge du XVIIIe siècle, dans l'arrêt *Vallejo v. Wheeler* datant de 1774[8] : « dans toutes les opérations mercantiles l'objectif principal devrait être la certitude [...] une règle devrait être certaine [...] car les spéculateurs dans le commerce sauront alors sur quelle base s'organiser ».

298 **Certitude contre justice ?** Mais Lord Mance a rappelé qu'il existe une tension entre la certitude et la justice, tension que le juge est amené à trancher. Il cite l'affaire du navire *The Golden Victory* où l'affréteur d'un navire avait notifié la résiliation d'un contrat d'affrètement de navire d'une durée restant à courir de quatre années, en l'absence de circonstances comme la guerre qui l'aurait justifié. Le propriétaire a assigné en dommages-intérêts pour le montant des loyers restant à courir au titre du contrat. En réalité, l'intervention de la deuxième guerre du Golfe peu de temps après aurait justifié la résiliation par l'affréteur du navire. La Cour[9] s'est divisée 3 à 2 sur la question de savoir si le propriétaire devait recevoir l'équivalent de quatre années de loyers (certitude du droit contractuel) ou une somme diminuée pour tenir compte de l'existence de la guerre (résultat plus juste)[10].

B. LES LIMITES

299 **Droit pénal.** Il est constant que les tribunaux anglais s'efforcent de tenir compte dans leurs décisions du besoin de la société et du monde des affaires, d'un degré élevé de certitude du droit. Ceci étant la *Common law* connaît des limitations à ce principe, notamment celle des verdicts du jury à la *Crown Court* en matière d'infractions pénales graves. En effet, le jury peut faire fi des recommandations du juge sur le droit et refuser de condamner. Il s'agit de cas exceptionnels,

5. V. *infra*, n° 303.
6. "*Should the Law be Certain*" Lord Mance. The Oxford Shrieval Lecture 11th October 2011.
7. "*The Rule of Law*" Lord BINGHAM. Allen lane 2010.
8. Vallejo v Wheeler 1774 1 Cowp 143.
9. Golden Strait Corporation v Nippon Yusen Kubishka Kaisha « the Golden Victory » 2007 AC 353.
10. "*Should the law be certain?*" Lord MANCE The Oxford Shrieval lecture October 2011.

par exemple de protéger un fonctionnaire du ministère de la Défense, lanceur d'alerte, comme dans l'affaire *Ponting*.

300 **Adaptation sociétale.** En outre, les tribunaux font évoluer la *Common law* pour intégrer des évolutions de la société, la science et l'économie ; et, dans certains cas, la « politique judiciaire » (*judicial policy*) permet une certaine flexibilité dans l'interprétation de la jurisprudence pour pouvoir rendre la justice au cas par cas. Si les décisions concernant l'interprétation des lois sont plus difficilement ouvertes à contradiction ou extension pour l'avenir, la situation est plus complexe en matière de *Common law* et d'*Equity*, qui peuvent évoluer en fonction des avancées de la science, de l'économie, de l'organisation du commerce et des affaires, de la vie sociale, du droit et de la pratique du droit. Lord Atkin, juge à la *House of Lords*, parlait en 1932 de « l'adaptabilité inhérente du droit anglais... », dans la fameuse affaire *Donoghue v. Stevenson*. Plus récemment, Lord Nicholls of Birkenhead, juge de la *House of Lords*, a indiqué dans l'affaire *National Westminster Bank v. Spectrum Plus Ltd*[11], que « Depuis des siècles les juges ont été chargés de la responsabilité de maintenir ce droit (le droit commun) à jour des conditions et attentes sociales. Cela est toujours le cas. La poursuite d'un développement suivi mais limité est une partie intégrante de la fonction constitutionnelle des juges. » Lord Nicholls a poursuivi en citant Lord Goff dans une autre affaire qui affirmait, dans l'affaire *Kleinwort Benson v. Lincoln City Council*, que « le droit commun est un système de droit vivant, qui réagit à de nouveaux événements et idées, et est ainsi capable de fournir aux citoyens de ce pays un système de justice pratique pertinent aux temps présents »[12]. Ces deux affaires concernaient respectivement la priorité entre différents créanciers détenant des sûretés de type différent, et les effets juridiques des *interest rate swaps* pris par des collectivités locales. Dans les deux cas, la Cour devait analyser les effets rétroactifs et futurs de leurs décisions, sachant que, normalement, toute décision de la Cour a un effet rétroactif.

301 **Comblage législatif.** Par ailleurs, les tribunaux anglais peuvent s'écarter, en cas de nécessité, de la stricte interprétation des lois en cas de rédaction défaillante pour combler une lacune. Dans l'affaire *Inco Europe Ltd v First Choice Distribution*[13] la *House of Lords*, en rappelant les principes de « casus omissus », a décidé de donner une interprétation extensive à un article de la loi *Supreme Court Act 1981* concernant la possibilité de faire appel en matière d'arbitrage, afin de combler un oubli du législateur, et rendre l'article cohérent avec les principes établis.

302 **Des revirements possibles mais limités.** Dans un système fondé sur le *Precedent*, est-il alors concevable d'admettre des revirements de jurisprudence ? Dans le *Practice Statement de la House of Lords* de 1966 (1966 3 All ER 77)[14] (qui ouvrait la possibilité pour la Cour de faire des revirements de sa jurisprudence), il est indiqué que le système de « précédent est un fondement indispensable pour déterminer le droit et son application dans les affaires individuelles. Il fournit au moins

11. National Westminster Bank v. Spectrum Plus Ltd 2005 UKHL 41.
12. Kleinwort Benson v Lincoln *City* Council 1999 2 AC 349.
13. Inco Europe Ltd v First Choice Distribution Ltd 2000 1 WLR 586.
14. Practice Statement (Judicial Precedent) Appellate Committee House of Lords (1966 3 All ER 77).

un degré de certitude sur lequel les personnes puissent s'appuyer pour organiser leurs affaires, également pour le développement ordonné des règles de droit. » La *Supreme Court*, qui a remplacé la *House of Lords*, a repris le même principe dans l'affaire *Austin v. Mayor & Burgesses of the London Borough of Southwark*[15] en affirmant que « *The Supreme Court* ne pense pas nécessaire de revalider le "*Practice Statement*" (de la *House of Lords Appellate Committee* de 1966) au nom de la *Supreme Court* car il est autant en vigueur devant la *Supreme Court.* » Cette phrase a été incorporée depuis dans la section 3.1.3 des règles de procédure de la *Supreme Court*.

§ 3. LES DIFFICULTÉS D'ANALYSE DES DÉCISIONS DE JUSTICE

303 ***Ratio decidendi* et *obiter dicta.*** L'analyse des décisions de justice anglaise nécessite d'une part de prendre connaissance attentivement des faits essentiels de l'espèce soumise au tribunal, puis la règle de droit appliquée par les juges aux faits. Ensuite, il est nécessaire de faire un tri, délicat, entre la discussion, souvent détaillée, parfois philosophique, de la loi, de la jurisprudence, de l'histoire du contexte juridique, sociétal, économique ou technique (*obiter dicta*), exposés par le, ou les, juge(s). Il s'agit d'identifier les raisons essentielles dégagées par les juges pour leur décision dans l'espèce qui leur est soumise (*ratio decidendi*) (la règle ou principe de droit utilisé pour trancher l'affaire)[16]. Le « *ratio* » combine l'analyse du juge des faits essentiels et la décision en droit. La tâche s'avère un peu plus facile depuis que la *Supreme Court* a institué la pratique de jugements uniques de la majorité des juges lorsque cela s'avère possible, tout en réservant la place pour les opinions différentes (*dissent*). Lord Neuberger, le président jusqu'en 2017, a également proposé de structurer les décisions d'une manière plus claire. Il a estimé récemment qu'environ la moitié des décisions de la *Supreme Court* étaient désormais constituées d'un jugement unique de la majorité des juges[17].

304 **Les opinions de la majorité et leur cohérence**. En réalité il est plus souvent nécessaire de prendre en compte non seulement les faits, mais la manière dont se sont exprimés les juges, et la portée qu'ils voulaient donner à leur décision. Il convient de rappeler que chacun des 3 juges de la *Court of Appeal Civil Division* et des 5, 7, 9 ou 11 juges la *Supreme Court* (selon la difficulté ou l'importance de l'affaire) ont la possibilité de donner leur propre opinion[18]. Pour l'année 2023-2024 il y avait 8 opinions dissidentes de juges de la Cour Suprême, et 4 affaires ont été jugées par 7 juges[19]. Ainsi, il est fréquent que les opinions de chacun des juges

15. Austin v Mayor & Burgesses of the London Borough of Southwark 2010 UKSC 28.
16. Lord Burrows citant Cross & Harris-Precedent in English Law.
17. "*Some thoughts on judicial reasoning across jurisdictions*" Lord Neuberger President UK Supreme Court 2016 Mitchell Lecture Edinburgh.
18. En revanche, la pratique devant la *Court of Appeal (Criminal Division)* est que les juges rendent une opinion unique de la *Court*.
19. Supreme Court and Judicial Committee of the Privy Council Annual Report 2023-2024.

doivent être analysées, en vérifiant également que les faits matériels retenus par chacun coïncident, ce qui n'est pas toujours le cas ! En cas de différences, les seuls éléments pertinents retenus par la majorité doivent être pris en considération. Pour ce faire il faut rechercher le rapport le plus complet de la décision, notamment en consultant le *Law Reports Appeal Cases*. Poussée plus loin, l'analyse recherchera aussi le degré d'unanimité et de cohérence des opinions et les *obiter dicta* des juges de la *Supreme Court* et la *Court of Appeal* dans les jurisprudences antérieures et la confirmation ou l'infirmation de précédents similaires à différents niveaux de la hiérarchie judiciaire par le passé.

§ 4. LES TECHNIQUES EMPLOYÉES

305 **Raisonnement logique ou par analogie ?** Un débat existe depuis le XIXe siècle entre éminents juges et professeurs de droit pour savoir à quel niveau les faits doivent être pris en compte[20], et si le droit commun se développe par la logique ou par l'analogie. Lord Wilberforce, alors président de la *House of Lords*, l'a résumé à l'occasion de l'affaire *McLoughlin v. O'Brien* en 1982[21] : la demande de Madame McLoughlin « est à la limite de ce qu'une progression logique [de la jurisprudence] permettrait. Mais lorsque les faits sont forts et exceptionnels, et comme je le pense, suffisamment analogues, sa demande devrait être assimilée à celles qui ont réussi le test. Présenter des arguments à partir d'une situation factuelle vers une autre puis décider la question par analogie est une tendance naturelle du cerveau humain et juridique. Mais le juriste doit se poser la question de savoir si, à un moment donné, il n'a pas traversé la ligne critique derrière laquelle il devrait s'arrêter... ». Ainsi, un principe peut être étendu à une nouvelle situation par analogie en prenant en compte des décisions similaires dans des situations différentes mais analogues.

L'affaire *McLoughlin* concernait un accident de circulation où les victimes étaient les enfants et le mari de Mme McLoughlin qui n'était pas présent sur les lieux de l'accident. Elle a subi un choc psychologique créant un préjudice physique seulement après avoir vu sa famille à l'hôpital quelques heures après l'accident. Les précédents similaires basés sur *Donoghue v. Stevenson* étaient limités à des cas de témoins oculaires ou venant sur les lieux immédiatement après un accident. La *House of Lords* a décidé de développer la jurisprudence prolongeant ces jurisprudences par analogie et tenant compte de l'évolution de la science médicale et psychiatrique et les effets nouvellement connus de la puissance du cerveau sur le corps.

Mc Loughlin v. O'Brian a été ensuite appliqué par analogie dans l'affaire *Alcock v. Chief Constable for West Yorkshire*[22]. Ici il s'agissait de chocs psychologiques subis par des proches (famille, fiancés, etc.) à la suite de décès de membres de leur famille ou proche entourage lors d'un match de football où la gestion de la foule par

20. Voir notamment les positions des célèbres auteurs A. GOODHART et F. SCHAUER.
21. McLoughlin v O'Brian1983 1 AC 410.
22. Alcock v Chief Constable for West Yorkshire 1992 AC 310.

la police a été jugée négligente[23]. Certains ont vu leurs proches à la morgue ou lors de la transmission télévisée du match.

306 **Le recours au standard juridique. Illustrations.** Dans certains domaines (tel le droit de la responsabilité pour *Negligence*), le standard (*fiction*) juridique est utilisé pour développer et faire évoluer la jurisprudence (le concept du *reasonable man*, équivalent de l'ancien « bon père de famille » en droit français, devenu également « l'homme raisonnable » depuis la loi n° 2014-873 du 4 août 2014, art. 26[24]). Il fut utilisé par le *House of Lords* dans l'affaire *Donoghue v Stevenson*. En droit des contrats, le concept de *reasonable business person* ou *business common sense* d'une personne au fait des particularités du secteur commercial concerné, fait appel à un principe similaire, mais plus spécifique au droit des affaires[25].

307 **L'adaptabilité de la *Common law* et les facteurs limitant la flexibilité des solutions.** Dans l'analyse d'un cas d'espèce, et tout particulièrement celui qui soulève une nouveauté factuelle ou met en exergue l'ancienneté d'un précédent ou l'évolution de la société, la science ou l'économie, il peut également être tenu compte de *judicial policy* ou des considérations d'ordre public judiciaire (*wider policy considerations*) et de la *practicability*.

308 ***Judicial policy.*** S'agissant tout d'abord du *Judicial policy*, plusieurs considérations pertinentes doivent être prises en compte, notamment :

— la bonne administration de la justice : le risque d'un foisonnement de contentieux nouveaux (*floodgates*). Cet aspect de la politique judiciaire permet notamment de définir les limites de la responsabilité pour les préjudices causés par un acte délictuel, tel que, par exemple, dans l'affaire *Spartan Alloys*[26], où les préjudices financiers découlant de la rupture de câble d'alimentation électrique d'une fonderie d'aluminium par un entrepreneur de bâtiment ont été limités aux seuls préjudices physiques directs consistant en la perte de l'aluminium en cours de fonte (les autres préjudices financiers indirects étaient exclus). Mais, dans d'autres cas, tel le préjudice financier causé par une déclaration inexacte, n'est pas ainsi limité[27] ;

— le risque de complexité en termes de preuve ;

— la nécessité de faire évoluer le droit commun pour tenir compte des évolutions de la société, de l'économie, de la science, etc. Les cas tenant compte de l'évolution de la société peuvent également concerner l'interprétation de la législation par la Cour, qui doit procéder d'une interprétation stricte des formulations et de l'intention du Parlement. Dans l'affaire *Fitzpatrick v. Sterling Housing Association*[28], la *House of Lords* avait donné une interprétation plus large à une disposition légale concernant le droit de « membres d'une famille » de poursuivre

23. V. *infra* la partie relative aux *Torts*.
24. J. Julien, *Droit des obligations*, Larcier, 3e éd., 2017, n° 325.
25. Voir par exemple, Arnold v Britton 2015 UKSC 36.
26. Spartan Steel & Alloys Ltd v Martin & Co (Contractors) Ltd 1973 QB 27.
27. Hedley Byrne v Heller, précité.
28. Fitzpatrick v Sterling Housing Association 2001 1 AC 27.

un bail, pour permettre au survivant d'un couple homosexuel de rester dans les lieux. Lord Nichols a indiqué dans l'affaire *Spectrum v. National Westminster Bank* en 2005 que ces cas d'interprétation évolutive des lois tenant compte de l'évolution des mœurs étaient néanmoins « exceptionnels » ;

— la nécessité dans certains cas pour les tribunaux de clarifier, adapter ou faire évoluer leurs règles pour combattre des pratiques menaçant la société (telles la corruption[29]) ;

— le besoin de rendre les règles de jurisprudence plus cohérentes et simples[30].

Lord Edmund Davies a insisté sur ces considérations, dans l'affaire *McLoughlin*, où il cite un juge canadien, MacDonald J., dans l'affaire *Nova Mink v. Trans Canada Airlines*[31], déclarant qu'il « existe toujours un élément important de politique judiciaire et d'impératifs de la société, lorsqu'il devient nécessaire de déterminer un problème d'obligation délictuelle, qui peut être obscurci par l'utilisation des formules traditionnelles » ;

— les besoins de faire justice : dans certains cas le tribunal justifie sa décision de faire évoluer le droit par la nécessité de satisfaire aux besoins spécifiques de justice en imposant une responsabilité. Cet élément a fait l'objet de discussion de la Cour au sujet de la responsabilité des commissaires aux comptes vis-à-vis des actionnaires ou des tiers envisageant l'acquisition d'une entreprise ou d'une société[32].

Selon Lord Neuberger, ancien président de la *Supreme Court*, le droit de la responsabilité est en large partie basée sur des considérations de politique judiciaire[33]. Il considère aussi que les principes de ce domaine du droit souffrent d'exceptions par nécessité d'adapter le droit aux multiples situations qui se présentent aux tribunaux.

309 ***Practicality.*** Les aspects pratiques de la mise en œuvre des décisions de la Cour doivent également être pris en compte. Ainsi, si cela est pertinent, les juges tiendront compte des difficultés éventuelles de cette mise en œuvre, en tenant compte de considérations de justice. Ainsi, dans l'affaire *FHR v. Cedar* déjà cité, il s'agissait du droit d'un mandant de récupérer le montant d'une commission occulte obtenue par son mandataire dans le cadre d'une opération immobilière à Monaco. La Cour devait choisir entre un droit de propriété fiduciaire (*beneficial interest en Equity: trust*) ou un droit d'indemnisation. Dans le premier cas le droit de propriété du mandant primait les droits des créanciers éventuels du mandataire. La Cour a tenu compte du fait que si la commission (qui s'élevait tout de même à 10m€) n'avait pas été versée, le prix payé par le mandant pour acquérir l'hôtel à Monaco aurait pu être minoré d'un montant correspondant à la commission occulte. Ayant probablement payé son acquisition trop chère, la Cour a décidé que le mandant devait récupérer le montant de la commission, en priorité aux créanciers du

29. FHR European Ventures LLP v Cedar Capital Partners LLC 2014 UKSC 45 déjà cité, para 42.
30. FHR European Ventures LLP précité.
31. Nova Mink v Trans Canada Airlines 1951 DLR 241.
32. Caparo Industries Plc v Dickman 1990 2 AC 605.
33. Some thoughts on Principles Governing the law of Torts Lord Neuberger-Singapore Conference on Protecting Business and Economic Interests: Contempary Issues in Tort Law, August 2016.

mandataire indélicat. La Cour a été sensible également au besoin de clarté et simplicité dans l'application des principes fiduciaires ; et de l'avantage d'aligner la jurisprudence de différents pays de *Common law* (notamment Australie, Nouvelle-Zélande dans ce cas).

Dans la récente affaire *Parking Eye v. Beavis*[34], la *Supreme Court* a jugé que le principe selon lequel des pénalités doivent être proportionnées aux enjeux, tient compte des aspects pratiques. Une forte amende de stationnement sur le parking d'un hôpital était jugée licite en raison du besoin pour l'hôpital d'éviter des stationnements de trop longue durée.

§ 5. L'ABSENCE DE PRÉCÉDENT OU DE LÉGISLATION : LE DEVOIR CONSTITUTIONNEL DE COMBLER LE VIDE

310 **Obligation de donner une solution.** Selon le droit commun, le tribunal a le droit et le devoir de combler les vides du droit lorsque cela est possible. La question de savoir si le juge crée du nouveau droit (légifère en quelque sorte), ou le déclare simplement, a fait l'objet de débats incessants, non encore résolus. La *Common law* était à l'origine basée sur les coutumes et pratiques communément admises de la société de longue date ; mais en cas de faits exceptionnels appropriés, le tribunal est autorisé à « découvrir » ou déclarer le droit existant en l'absence de toute solution antérieure. Ainsi établie, la *Common law* « représente le droit du pays tel qu'il est et a toujours été, même si les juges ne l'avaient pas réalisé par le passé »[35]. En principe, la *Common law* avait une solution pour toute question, même si les juges dressent eux-mêmes une limite lorsque les enjeux techniques ou sociétaux nécessitent des arbitrages que seule une législature peut opérer. Mais, comme le rappellent les juges à certains moments, ils sont liés par leur serment judiciaire de faire droit selon les règles juridiques et les usages du royaume et ne peuvent laisser de question ou de demande sans réponse.

311 **Constance des juges suprêmes.** Lord Scarman dans l'affaire *McLoughlin v. O'Brian* devant le *House of Lords* qui concernait une extension en droit de responsabilité du domaine de la *negligence* pour le choc psychologique, déclarait que :

« Cet appel soulève directement la question de l'équilibre dans notre droit entre les fonctions du juge et du Parlement. Le droit commun, qui dans le contexte constitutionnel englobe l'*Equity* développé par les juges, recouvre tout ce qui n'est pas régi par la loi. Il ne connaît aucune lacune : il ne peut y avoir aucun *casus omissus*. La fonction de la cour est de décider l'affaire qui lui est soumise, même si cela peut nécessiter l'extension ou l'adaptation d'un principe ou, dans certains cas, la création de nouveau droit, afin de satisfaire aux exigences de justice dans l'affaire concernée. Quelle que soit la décision de la cour, elle commence par les bases des principes existants et cherche une solution consistante ou analogue au principe ou aux principes déjà reconnus ».

34. Parking Eye v Beavis 2015 UKSC 67.
35. Lord Denning dans l'affaire *Choice Investments v Jeromnimon CA 1981*.

Dans l'affaire *Parker v. British Airways*, Lord Donaldson, le président de la *Court of Appeal* de l'époque, disait aussi que :

« ... Les juristes universitaires débattent de ce sujet depuis des années. La Law Commission a recommandé que le Parlement légifère, mais comme il est de coutume, rien n'a été fait... La théorie du droit veut que le droit commun dispose d'une solution toute faite pour chaque problème ; et qu'il incombe seulement aux juges, en tant que techniciens du droit, de le trouver. La réalité est un peu différente ! Prenez l'affaire qui nous préoccupe. Les droits opposés de la personne qui trouve un objet et l'occupant d'un immeuble ont fait l'objet d'analyses par différentes cours par le passé. Mais nos règles de jurisprudence anglaise indiquent qu'aucune de ces décisions ne lie cette Cour (d'Appel). Nous avons ainsi le droit et le devoir de développer et d'adapter le droit commun à la lumière des principes établis et les besoins de la société. Cela ne veut pas dire que nous démarrons avec une page blanche. En le faisant, nous devons nous appuyer sur l'expérience du passé telle que révélée par les décisions antérieures de nos cours ».

La difficulté est de pouvoir distinguer entre le raisonnement essentiel à la décision du juge et la discussion détaillée qui est appelée *obiter dicta* qui mène le juge vers le tri de ce qui permet de décider l'affaire qui lui est soumise[36].

SECTION 2 LA STRUCTURE ET LES EFFETS D'UN JUGEMENT

312 Pour analyser les décisions des juges il est utile, en premier lieu, de connaître la structure des décisions de justice anglaises (§ 1), puis de voir comment la méthode du précédent se déploie dans la pratique (§ 2).

§ 1. LA STRUCTURE D'UN JUGEMENT

313 **Éléments contenus dans un jugement.** Chaque décision de justice anglaise contient plusieurs éléments qui ne suivent pas nécessairement un plan préétabli :

— un exposé de la demande et les faits qui appuient cette demande, ainsi que les arguments détaillés des parties, notamment au sujet des faits, de la jurisprudence et de la législation citée, la question de droit soulevée ;

— une partie de discussion générale (*obiter dicta*) du juge ou des juges qui expose l'acheminement de leur raisonnement, notamment une analyse des précédents et/ou la législation, et une discussion sur des situations hypothétiques ou analogues. Bien que ne faisant pas partie du précédent stricto sensu, les *obiter dicta* permettent d'obtenir des éclaircissements utiles sur le raisonnement qui aboutit au

36. V. *infra*, n° 335.

ratio decidendi, et des indications concernant les difficultés juridiques et l'évolution prévisible du droit dans le domaine concerné ;

— la décision de la Cour ou le tribunal concernant les faits avérés et considérés comme pertinents (*proven material facts*), parfois avec des considérants quant à leur niveau de spécificité ou généralité. Cette partie du jugement peut être plus ou moins détaillée, mais elle est essentielle pour déterminer dans des affaires ultérieures si le raisonnement s'appliquera à des cas similaires à l'avenir, de manière étroite ou plus large ;

— les questions litigieuses soumises à la Cour pour décision (*issues*) ;

— les principes juridiques applicables aux faits de l'espèce et le raisonnement sur lesquels le tribunal fonde sa décision *(ratio decidendi)*. Il s'agit du *Precedent* au sens strict du terme. Il est possible qu'il puisse exister un raisonnement principal et subsidiaire, ce qui mène à une discussion plus fine concernant la force de la décision en qualité de précédent pour le futur[37].

— la décision ou ordonnance du tribunal ou la Cour en réponse aux différents chefs de la demande en conséquence du *ratio*, et notamment le ou les remèdes octroyés (sauf exception, cette partie ne fait pas nécessairement partie du *ratio* ou *Precedent*).

314 **Évolution récente. Proposition de structure.** Si la lecture des jugements anglais est un exercice difficile en l'absence d'un plan spécifique imposé, les juges s'efforcent désormais de mieux ordonner leurs décisions. Lord Neuberger[38], président de la Cour Suprême en a donné l'impulsion récemment, en proposant une structure telle que :

— la brève introduction (dont éventuellement un historique de la procédure) ;

— le résumé des faits (*facts*) ;

— les questions en litige entre les parties (*the issues between the parties*) ;

— les preuves et les témoignages (*the evidence*) ;

— les questions de droit (*legal issues*) que la Cour doit trancher, par exemple les règles applicables à l'interprétation des contrats ;

— la discussion de chaque point en litige (*discussion of each issue*) ;

— la décision de la Cour (*conclusion*) ;

— le jugement et remèdes octroyés (*remedies* ou *relief*).

Cet ordonnancement n'est pas rigide et la Cour s'adapte selon la nature de l'affaire[39].

37. Lord Burrows-Lord Toulson memorial lecture 2024 : "Precedent and Overruling in the UK Supreme Court".

38. Arnold v. Britton & others 2015 UKSC 36 ; Manchester *City* Council v Pinnock 2010 UKSC 45.

39. FHR European Ventures LLP v Cedar Capital Partners LLC 2014 UKSC 45 qui concernait une décision de modifier la jurisprudence de la Cour dans une affaire soulevant des questions techniques du droit d'*Equity* et des considérations de politique judiciaire ; *Reveille Independent LLC v Anotech International (UK) Ltd 2015 EWHC Comm 726*, affaire en première instance devant le *Commercial Court of the High Court of Justice* qui concernait un litige sur l'existence d'un contrat relatif aux droits de diffusion de la série télévisée.

§ 2. LES EFFETS D'UN JUGEMENT

315 **Application par les juridictions inférieures.** Dans l'affaire *National Westminster Bank v. Spectrum*, Lord Nicholls, juge de la *House of Lords*, a rappelé qu'un jugement peut avoir plusieurs effets selon la situation. Ainsi, la cour décide les questions en litige entre les parties et octroie les remèdes appropriés. La décision aura ensuite un effet pour l'avenir puisque le système de *Precedent* veut que la décision, notamment si elle émane de la *Court of Appeal* ou *Supreme Court*, soit suivie dans toute affaire similaire à l'avenir. De temps en temps, une décision vient renverser le droit tel qu'il avait été perçu par le passé par les tribunaux et les praticiens du droit. Cela intervient notamment en appel lorsque la *Court of Appeal* ou *Supreme Court* décide un point de droit qui ne leur avait pas été soumis auparavant ou casse la décision d'un tribunal inférieur (*overruling*). Cela peut concerner aussi bien les précédents en matière de *Common law* et *Equity*, que de l'interprétation d'une loi. Il est important de noter que les décisions en matière d'Equity sont discrétionnaires, tenant compte de toutes les circonstances, souvent exceptionnelles et nécessitant un remède urgent. Le juge s'appuie sur les principes de l'Equity (maxims) et la jurisprudence en cette matière en tant que de besoin. Les décisions de la Cour d'appel et la Cour Suprême dans cette matière sont hautement persuasives, et peuvent établir de nouvelles règles de droit.

316 **Effet rétroactif. Exception.** La décision a un effet rétroactif (*retrospective*) entre les parties mais aussi en règle générale. « Chaque décision de la *House of Lords* en sa capacité judiciaire est rétroactive. Elle déclare le droit tel qu'il est et a toujours existé. » per Lord Denning M.R.[40]. Mais, la décision n'affectera pas les décisions de justice antérieures (*res judicata*)[41]. La fonction des tribunaux est de déclarer le droit tel qu'il est et a toujours été, rappelant que les précédents peuvent évoluer avec l'évolution de la société, la science et l'économie afin d'adapter les principes à des situations nouvelles. En raison des effets parfois indésirables de l'effet rétroactif d'une décision, il est exceptionnellement possible pour la Cour (en principe seulement la *Supreme Court*) de décider que l'effet d'une décision sera limité au litige entre les parties et pour l'avenir seulement (*prospective overruling*). Cette possibilité a fait l'objet de sérieuses controverses judiciaires (comparer le jugement de Lord Goff dans l'affaire *Kleinwort Benson v. Lincoln City Council* où Lord Goff indiquait que *prospective overruling "has no place in our legal system"* ; alors que, dans *l'affaire National Westminster Bank v. Spectrum* déjà citée, la *House of Lords* acceptait (*obiter*) que cela pouvait être possible dans des situations limitées). Dans cette dernière affaire, la Cour a noté que *prospective overruling* était prévu expressément par la législation concernant la dévolution de pouvoirs législatifs aux assemblées de l'Écosse, de l'Irlande du Nord et du Pays de Galles, notamment pour leur donner le temps nécessaire pour corriger un défaut d'une législation.

40. Choice Investments v Jeromnimon 1981 QB 149 CA.

41. Voir exposition du droit sur ce sujet de Lord Sumption : *Virgin Atlantic Airways Ltd v Zodiac Seats (UK) Ltd 2013 UKSC 46.*

La *House of Lords* avait également noté que la Cour de justice de l'Union européenne avait développé, en se basant sur le principe du besoin de sécurité juridique (*legal certainty*), la possibilité de limiter l'effet temporel de certains de ses jugements (à partir de la décision *Defrenne v. Sabena*[42]), en raison des risques de répercussions économiques graves affectant des entreprises et personnes qui auraient organisé leurs affaires de bonne foi sur la base de règles considérées comme étant valables.

Que cela reste néanmoins exceptionnel pour la *House of Lords* dans le droit anglais est illustré par le fait qu'elle a très clairement indiqué (dans l'affaire *National Westminster Bank v. Spectrum*) que les banques, qui avaient organisé leurs affaires sur la base d'une décision de première instance, devaient savoir, en tant qu'opérateurs économiques sophistiqués, qu'il pouvait exister un risque que la jurisprudence de la Haute cour de justice soit désavouée à l'avenir par la *Court of Appeal* ou *House of Lords* (*Supreme Court*), et « qu'il leur sied mal de demander d'être relevé de l'effet retroactif ».

La Cour a noté, néanmoins, qu'il n'était pas rare qu'une décision de la *Court of Appeal* ou de la *High Court* ne fasse pas l'objet d'un revirement pendant de très longues années au cours desquelles la pratique s'est organisée en conséquence. D'où l'importance pour les entreprises opérant au Royaume-Uni de faire valider leurs activités et contrats par un cabinet spécialisé, qui serait négligent (selon la *House of Lords*) s'il n'avait pas averti son client d'un risque de revirement ! Comme le rappelait Lord Scott (para. 122), « les décisions sur des points de droit en première instance ne déterminent jamais le droit de manière définitive » et il poursuivait en indiquant l'activité bancaire est une « affaire hautement compétitive » ; enfin, le fait pour les premiers juges de dire que la banque n'aurait jamais pris les dispositions litigieuses si elle avait pensé que le droit tel que décidé par la Haute cour de justice n'était pas définitif sur ce point, « n'a aucune résonance que ce soit avec la vérité ». Pour la situation particulière concernant un brevet, objet d'un jugement anglais, puis une décision de l'Office européen des brevets annulant le brevet, voir *Virgin Atlantic Airways Ltd v. Zodiac Seats UK Ltd* précité.

SECTION 3 **LE « *PRECEDENT* »**

317 Le mécanisme de *Precedent* suppose de distinguer, dans un jugement, deux parties, le *ratio décidendi* (§ 1) et l'*obiter dicta* (§ 2). Il est hautement casuistique car les principes de droit sont établis à partir des faits de chaque espèce.

42. 1976 ECR 455.

§ 1. LE *RATIO DECIDENDI* ET LA FORCE OBLIGATOIRE DE LA JURISPRUDENCE

318 **Les difficultés du jugement anglais.** La tâche d'analyser les précédents est rendue complexe par deux éléments. Tout d'abord, chaque jugement contient, d'une part, une décision énonçant un principe juridique applicable aux faits pertinents de l'espèce (*ratio decidendi*), et d'autre part, une discussion judiciaire souvent très détaillée (*obiter dicta*) qui ne fait pas partie de la décision (*ratio decidendi*). Ensuite, pour l'appel civil, chaque juge rend son opinion (sauf exception), qui peut différer de ses collègues dans son acheminement et raisonnement, même s'il aboutit à la même décision. La décision est prise à la majorité simple. Parfois, l'analyse de l'opinion dissidente révèle les faiblesses de la décision de la majorité, ou dégage des pistes de discussion pour l'avenir. La *Supreme Court* essaie de manière plus fréquente aujourd'hui, et quand cela est possible, de rendre une décision unanime de la cour (l'affaire *FHR v. Cedar* précitée, où la Cour a voulu harmoniser la jurisprudence dans le cadre d'un problème complexe de droit fiduciaire, en est un exemple).

En résumé, la recherche d'une solution juridique à un problème donné nécessite l'analyse de la jurisprudence, et notamment les *ratio decidendi*. Cette analyse se décompose essentiellement en deux étapes : la recherche de la *ratio decidendi* d'une décision (A) et la mise en œuvre des différentes techniques (B) utilisées pour analyser l'applicabilité d'un précédent à une situation donnée, ou pour permettre l'évolution de la jurisprudence et sa mise en œuvre lors de nouvelles situations.

A. FAITS ET PRINCIPES JURIDIQUES : LE *RATIO DECIDENDI*

319 L'analyse du *ratio decidendi* repose sur l'identification des faits (1), l'application des principes juridiques (2) et la distinction entre plusieurs affirmations du juge n'ayant pas la même valeur (3).

1. Les faits

320 **Les faits pertinents.** Au cours du jugement, chaque juge aura décidé quels ont été les faits matériels sur lesquels sa décision est basée. Il effectue un tri parmi les faits énoncés par les parties au litige, et notamment les témoignages des témoins interrogés à la barre du tribunal par les avocats des parties dans la procédure d'*examination* et de *cross-examination*. L'analyse classique veut que le juge doive notamment décider quels sont les faits dont la preuve aura été effectivement apportée, puis lesquels d'entre eux sont pertinents (*material*).

321 **Comparaison des faits.** La première étape de recherche dans une nouvelle situation consiste en la recherche dans la jurisprudence d'une situation factuelle similaire qui aurait déjà fait l'objet d'une décision des tribunaux. Il s'agit donc de vérifier le degré de correspondance des faits, entre les décisions de jurisprudence antérieures et une nouvelle situation factuelle. Il est également nécessaire de tenir

compte du niveau de spécificité ou de généralité des faits dans chaque cas. Il n'est pas toujours exigé que les faits soient identiques, mais il doit exister une certaine correspondance entre les situations et la question juridique (par exemple, l'existence d'un contrat). La technique des *distinctions* consiste à écarter les jurisprudences de l'analyse lorsque les faits ne sont pas suffisamment rapprochant.

322 **Choix des faits pertinents.** Néanmoins, dans certaines décisions, il peut y avoir des détails très spécifiques ; par exemple, l'espèce concerne un type d'instrument juridique particulier, tel qu'un effet de commerce et le statut d'une des parties, comme un banquier. Dans ce type d'espèce, le choix par les différents juges appelés à trancher l'affaire des faits considérés comme pertinents, notamment en appel, détermine le niveau de généralité ou de spécificité de la solution (*ratio*) et son application à l'avenir.

2. Les principes juridiques et le *ratio decidendi*

323 **Notion.** Le *ratio decidendi* est l'énoncé du, ou des, principes juridiques adoptés par le tribunal ou la Cour pour trancher une demande dans une situation donnée ; (par ex. *neighbour principle* (proximité et prévisibilité de risque et de dommage), dans le droit des *torts* ou *offer and acceptance* (échange de volontés) dans le droit des contrats). Il est à chercher tout particulièrement dans les conclusions du juge basées sur ces faits pertinents (*material facts*)[43]. Il s'agit de la décision du juge sur un point de droit qu'il indique expressément ou implicitement comme étant essentiel et déterminant du jugement[44].

3. Opinion, *judgement* (ou *disposal*) et *remedies*

324 Il convient également, et en tant que de besoin selon le sujet de l'arrêt, de distinguer, d'une part, l'opinion du juge sur les effets juridiques qui peuvent être tirés des faits qui serait au cœur du dispositif du ratio (*opinion*) ; et, d'autre part, le jugement (*judgment* ou *disposal*) proprement dit, où le juge décide, dans un court paragraphe, que pour les raisons déjà indiquées, il est donné droit à la demande (et, le cas échéant, il octroie des dommages-intérêts ou autre remède) ou que celle-ci n'est pas acceptée.

B. LES TECHNIQUES OFFERTES AUX JUGES

325 Les juges disposent de différentes techniques utilisées pour analyser l'applicabilité d'un précédent ou pour permettre l'évolution de la jurisprudence et sa mise en œuvre lors de nouvelles situations. Le juge peut ainsi opérer des distinctions (1) afin d'adapter le droit à la société et étendre des jurisprudences (2).

43. Voir notamment l'article "*Determining the Ratio Decidendi of a Case*" : Professor Arthur GOODHART, Yale Law Journal, Vol. 40 n° 2, Dec 1930.

44. Voir la citation de Cross & Harris on Precedent in English Law 4th edition page 72 dans le discours de Lord Leggatt "Precedent in English Law-Harris Society Annual Lecture", 26 April 2024.

1. De la possibilité de faire des distinctions

326 **Similarités, généralité et spécificité.** Comme il a été dit précédemment, une étape essentielle à l'analyse de chaque décision est de savoir si une distinction factuelle pertinente peut être opérée entre les « précédents » et le cas d'espèce pour pouvoir éventuellement échapper à leur autorité, et de demander au tribunal de trancher le litige d'une manière différente.

Le niveau de spécificité ou de généralité des faits détermine la nature limitée ou large de l'application du « précédent ». Confronté à des jurisprudences issues de situations similaires lorsque les précédents concernent des faits avec un niveau de généralité élevé (comme le consommateur et le fabricant dans le cas de *Donoghue v. Stevenson* cité ci-dessous), il sera plus difficile de convaincre la Cour qu'elle peut opérer une distinction basée seulement sur les faits.

Ainsi, en cas de disparités des faits dans des situations spécifiques, il sera plus facile de faire une distinction par rapport aux précédents relevant d'un niveau de spécificité élevé et de demander au tribunal de ne pas appliquer les précédents au cas d'espèce. Plusieurs jurisprudences illustrent tantôt un niveau élevé de généralité (a), tantôt de spécificité (b).

a) Illustrations d'un niveau élevé de généralité

327 ***Donoghue v. Stevenson*.** L'affaire *Donoghue v. Stevenson*[45] jugée par la *House of Lords* en 1932 concernait le droit de la responsabilité (*Negligence*). Une consommatrice était tombée malade après avoir ingurgité une bière de gingembre polluée par un escargot mort qui avait été laissé dans la bouteille par erreur lors de l'embouteillage à l'usine. Dans cette affaire, la *House of Lords*, allant au-delà des faits spécifiques de l'espèce (et après une revue très détaillée des précédents et des situations factuelles sur lesquelles ceux-ci étaient basés), a dégagé à partir de ces précédents et pour la première fois, un principe général de responsabilité du droit commun établissant des critères d'analyse de l'acte délictuel de « négligence ». Ce principe a permis des extensions à de multiples nouvelles situations par la suite.

Mais à l'époque, l'affaire relevait, au niveau plus général, de la responsabilité délictuelle d'un fabricant pour un produit rendu défectueux lors de sa fabrication.

Le président de la *House of Lords* de l'époque Lord Atkin avait noté que le germe du principe avait été évoqué dans l'affaire *Heaven v. Pender*[46] qui a été citée lors des débats devant la Cour.

Dans l'affaire *Donoghue v. Stevenson*, il y avait bien des faits spécifiques : il s'agissait d'une consommatrice, d'un fabricant industriel de boissons, d'une boisson dans un contenant, d'une bouteille en verre opaque, de la présence d'un escargot mort dans la bouteille, d'une erreur lors de la fabrication et de la maladie de la consommatrice provoquée par l'ingurgitation de la boisson polluée.

Mais, au lieu de limiter l'application aux faits spécifiques de l'espèce, la *House of Lords Appellate Committee* a néanmoins dégagé, à partir des précédents cités,

45. Donoghue v Stevenson House of Lords 1932 All ER Rep 1.
46. Heaven v Pender 11 QBD 503 [1883].

l'existence d'un principe d'application générale, en élaborant *"the neighbour principle"* et en ouvrant la voie à un *"tort"* de *"negligence"* d'application plus générale. Le précédent a ainsi permis d'analyser chaque espèce par rapport au principe général dégagé. Selon Lord Atkin :

« La seule question que la Cour doit décider est juridique : est-ce que les faits mis en avant par la consommatrice dans ses conclusions en demande, s'ils s'avèrent être exacts, peuvent autoriser une action en justice. Il n'est pas besoin de répéter les faits spécifiques. La question est de savoir si un fabricant d'une boisson vendu par lui à un distributeur lorsque les circonstances empêchent le distributeur ou le consommateur de découvrir un défaut, a le devoir en droit, vis-à-vis du consommateur, de prendre un soin raisonnable afin d'éviter un défaut qui pourrait causer une atteinte à la santé du consommateur ».

Après avoir constaté que la jurisprudence démontrait un certain nombre d'éléments juridiques communs, Lord Atkin indiqua que : « en droit anglais il doit exister un principe général des relations qui donnent lieu à un devoir de prendre soin [...] mais que [...] les règles de droit existent pour limiter le nombre de demandeurs et l'étendue de leurs droits » et il ajoute que « La question "qui est mon voisin ?" reçoit une réponse restrictive en droit : on doit prendre soin d'éviter des actes ou des omissions dont on pourrait raisonnablement prévoir être la cause d'un préjudice pour le voisin... Qui en droit est mon voisin ? La réponse semble être : les personnes qui pourraient être étroitement et directement touchées par mon acte, à tel point que je dois les avoir à l'esprit en relation avec les actes ou omissions en question ». En résumé, la Cour a décidé dans son *ratio decidendi* de tenir compte de faits d'un niveau de généralité élevé pour énoncer un principe d'application générale, notamment aux responsabilités des fabricants de produits de consommation courante, quitte à laisser les tribunaux déterminer les limites dans les espèces à venir.

b) Illustration d'un niveau élevé de spécificité

328 Lorsque les faits sont très proches ou pratiquement identiques *"on all fours"*, « *ad idem* », le précédent établi sera très probablement difficile à distinguer ou à écarter. Si la décision émane d'une Cour supérieure, elle devra être suivie dans la plupart des cas. Deux célèbres exemples illustrent ce principe.

329 **La négociation de bonne foi et le droit des contrats.** Il s'agit en premier lieu de la bonne foi dans la négociation des contrats. Dans une espèce *Walford v. Miles*, une clause d'exclusivité dans le cadre de pourparlers précontractuels qui obligeait les parties à négocier de bonne foi pour achever leurs discussions a été jugée trop incertaine par la *House of Lords* pour acquérir un caractère obligatoire au titre d'un contrat[47]. Dans cette affaire, la *House of Lords* a approuvé des précédentes jurisprudences dans des affaires similaires de négociations précontractuelles.

En revanche, dans l'affaire *Petromec Inc v. Petroleo Brasiliero SA, Petrobras & Anor*[48] il a été jugé qu'une disposition contractuelle détaillée prévoyant une négociation de bonne foi entre les parties au contrat chaque année pendant la durée du contrat

47. Walford v Miles 1992 2 AC 128.

48. Petromec Inc v Petroleo Brasiliero SA, Petrobras & Anor 2004 EWHC 127.

au sujet des prix de maintenance d'une plateforme *offshore* contenue dans un contrat commercial à long terme relatif à la construction puis la maintenance de la plateforme n'est pas identique ou similaire à une clause de négociation de bonne foi insérée dans un document précontractuel. Dans cette affaire, la Cour, pour déterminer la question de la validité de la clause, a jugé que les faits étaient spécifiques à des situations contractuelles. Elle a également noté que dans l'affaire *Petromec*, les parties avaient engagé des négociations contractuelles très détaillées et étaient conseillées par des cabinets de *solicitors* internationaux pour aboutir à un contrat de construction à long terme structuré avec de multiples annexes techniques et éléments de prix permettant à la Cour de fixer un prix au cas où les parties n'étaient pas en mesure de se mettre d'accord de bonne foi. Le seul élément factuel identique liant les deux affaires était l'existence d'une obligation de négocier de bonne foi. Mais la situation des parties était radicalement différente en raison de l'existence d'un contrat signé dans un cas, et l'absence de contrat ayant force obligatoire dans l'autre.

330 **Taxation de bénéfices.** Ici, la *Supreme Court*[49] a pris position contre la politique de l'administration fiscale au sujet de l'imposition au Royaume-Uni des associés sur les bénéfices de sociétés « opaques » établies dans le Delaware aux États-Unis, et la possibilité de créditer l'impôt payé aux États-Unis contre l'impôt dû au Royaume-Uni. Puisque la décision de la Cour dépendait d'une analyse très détaillée des statuts de la société américaine en forme d'une LLC, les commentateurs estiment que l'administration fiscale britannique pourra soutenir à l'avenir que la décision est limitée au cas très spécifique de la LLC américaine de l'État du Delaware.

2. Extensions jurisprudentielles et adaptations sociétales

331 Les juges anglais cherchant à adapter les règles de droit aux évolutions de la société, du monde de l'économie et des sciences acceptent d'étendre leurs jurisprudences à ces fins. Trois exemples illustrent principalement ce phénomène : les coutumes du commerce, l'évolution des mœurs dans le droit pénal et dans le droit civil.

332 **L'évolution des coutumes commerciales** Comme l'a relevé l'ouvrage de référence *Goode on Commercial Law*[50], les coutumes du commerce sont en évolution constante (voir pour un exemple l'affaire *Miliangos v. George Frank Textiles*, citée ci-après où la *House of Lords* a admis la possibilité de rendre un jugement en devises étrangères). Les juges doivent donc s'adapter, ce qui peut les amener à modifier les règles de droit dans la limite où les précédents leur permettent. Ce serait un des meilleurs exemples de l'approche *inductive* de la *Common law* où le juge cherche ce qui serait une solution qui s'accorde avec la pratique au lieu de partir d'un principe abstrait. C'est la raison pour laquelle il est important de tenir compte de la pratique du secteur en rédigeant des contrats commerciaux. Au XVIIIe siècle, Lord Mansfield convoquait des jurys de spécialistes des marchés de la *City* (notamment dans le domaine des assurances) afin que la Cour puisse prendre ses décisions à la

49. Anson v HMRC 2015 UKSC 44.
50. R. Goode et E. McKendrick, Goode on Commercial Law, ed. Penguin, 4e éd., p. 21.

lumière des nouveaux produits financiers et les dernières pratiques du marché. Aujourd'hui la *Bank of England* a établi un comité spécialisé, *Financial Markets Law Committee*, qui informe les juges de manière régulière sur les changements et l'état des dernières pratiques des marchés financiers de la *City*. Les cours siégeant en matière commerciale et financière ont également établi des comités d'utilisateurs *Commercial Court Users Committee* et *Financial List Users Committee* pour informer les juges de la pratique. Dans la même optique, la *Commercial Court Financial List* propose de juger des questions nouvelles afin d'établir un précédent tranchant les questions juridiques posées par le marché (*Market Test Case Scheme*)[51].

333 **L'évolution des mœurs et le droit pénal.** La Chambre des Lords a tenu compte des évolutions de la société anglaise dans l'affaire *R v. R 1992*[52] en abandonnant la règle de droit commun selon laquelle le consentement d'une femme mariée à des relations sexuelles avec son mari était toujours implicite : jugée obsolète par l'*Appellate Committee* de la *House of Lords*, il est depuis possible de condamner un mari pour le viol de son épouse.

334 **L'évolution des mœurs en droit de la famille.** De même, le droit civil de la famille s'est assoupli au regard de l'évolution des mœurs familiales dans la célèbre affaire *Gillick v. West Norfolk*[53]. En effet, cette décision a fortement atténué une ancienne jurisprudence de la *House of Lords* (*Re Agar-Ellis*[54]) datant du XIXe siècle qui semblait accorder une autorité absolue aux parents sur leurs enfants. Mais, en 1986, une mère de trois filles, catholique pratiquante, s'opposait à la politique de l'autorité régionale de santé qui permettait aux médecins de prodiguer des conseils en matière de contraception à des mineurs lorsque leur intérêt l'exigeait. La mère plaidait que l'autorité parentale avait toujours été absolue à cet égard et nécessitait son consentement pour tout conseil ou traitement de ses filles mineures en matière de contraception. La *House of Lords* a rappelé que le droit commun avait établi le principe de l'autorité des parents dans l'intérêt de l'enfant, et que cet intérêt pouvait évoluer au regard des mœurs de la société et les avancées de la science médicale, telles que les techniques de la contraception moderne. En somme les précédents sont censés représenter la pratique et la sagesse collective des juges adaptées aux conditions de la société dans lesquelles ils vivent[55].

(Pour un exemple des difficultés pour les juges créées par l'évolution de la science médicale et l'évaluation du préjudice corporel d'enfants, voir *Croke v. Wiseman* où Lord Denning a évoqué les progrès de la médecine permettant de maintenir en vie un corps dont le cerveau avait été très gravement endommagé, « nécessitant une expertise sociale, financière, économique et administrative de la question (de savoir si l'indemnisation des préjudices futurs (pertes de revenus) des

51. Voir Lord Chief Justice of England & Wales Rt.Hon Lord Thomas of Cwmgiedd : Commercial Justice n the Global Village: the role of the Commercial Courts DIFC Academy of Law Dubai 1 February 2016.

52. R v R 1992 1 AC 599.

53. Gillick v West Norfolk and Wisbech Area Health Authority 1986 1 AC 112.

54. (1883) LR 24 ChD 317, CA.

55. Voir les citations de Sir Matthew Hale juge du XVIIe siècle dans le discours de Lord Leggatt-Harris Society Annual Lecture *op. cit.*

jeunes enfants était appropriée), que seul le Parlement peut faire »[56]). Il a rappelé, comme d'autres juges depuis, que la Parlement manque souvent du temps nécessaire pour légiférer, ce qui impose aux juges de faire évoluer le droit avec le temps. La Cour d'appel avait refusé une indemnisation des préjudices futurs dans ce cas. Depuis le Parlement n'a pas légiféré ; et plus de quarante ans plus tard, la *UK Supreme Court* est saisie en 2025 d'un *leapfrog appeal* sur cette question[57].

§ 2. LE RÔLE DES *OBITER DICTA*

335 **Principe.** Tandis que chaque décision contient une discussion des juges souvent très détaillée autour des questions posées par les demandes formulées sur la base des faits de l'espèce, les considérations commerciales, sociétales, scientifiques ou médicales selon les cases, ainsi que les différentes jurisprudences citées par les parties lors des plaidoiries, cette discussion est considérée comme *obiter dicta* et donc ne fait pas partie la décision.

336 **L'intérêt.** Néanmoins, les *obiter dicta* remplissent des fonctions essentielles : ils permettent notamment de comprendre les difficultés juridiques et l'acheminement des juges vers le *ratio*, d'analyser les différences d'approche entre les juges (et incidemment la force ou la faiblesse du *ratio*), de tenir des indications quant à la « politique judiciaire » dans le domaine concerné, et de donner des indications sur des évolutions potentielles à venir ou dans des cas hypothétiques. Lors des opinions *obiter* des juges, il est souvent fait référence à des faits hypothétiques afin de donner une indication de ce que déciderait le juge dans d'autres circonstances proches. Mais, l'opinion ainsi exprimée n'établit pas de principe liant les tribunaux pour l'avenir.

337 ***Obiter dicta*. Revirement pour le futur et le passé ?** Ces fonctions des *obiter dicta*[58] peuvent être illustrées à propos de la problématique dite du *Prospective Overruling* : en cas de revirement de jurisprudence, la question s'est posée de savoir si la nouvelle solution ne s'appliquait que pour l'espèce tranchée et les affaires à venir ou s'étendait également rétroactivement aux opérations commerciales ou financières déjà engagées (affaires déjà jugées) dans le passé. Sur cette question, l'approche de la *House of Lords* a évolué d'une position traditionnelle où cette possibilité avait été exclue[59] vers une position où la Cour a accepté, *obiter dicta*,

56. Croke v Wiseman CA 1981 3 All ER 854.

57. CCC (by her mother and litigation friend MMM) (AP) v Sheffield Teaching Hospitals NHS Foundation Trust 2025 (jugement attendu).

58. Pour une analyse originale des *obiter dictas* en droit français, voir S. Hortala, *Les* obiter dicta *de la Cour de cassation : étude de la jurisprudence civile*, sous la dir. J. Julien, thèse Toulouse 1, 2017.

59. Kleinwort Benson v Lincoln [1998] UKHL 38 : "*The present rule, under which in general money is not recoverable in restitution on the ground that it has been paid under a mistake of law, should no longer be maintained as part of English law, from which it follows that the facts pleaded by the bank in each action disclose a cause of action in mistake. There is no principle of English law that payments made under a settled understanding of the law which is subsequently departed from by judicial decision shall not be recoverable in restitution on the ground of mistake of law*".

qu'à l'avenir, dans des cas appropriés et limités, elle pourrait prendre cette possibilité en considération[60].

338 ***Obiter dicta*. Indices pour le futur.** Dans d'autres cas, les opinions des juges exprimées dans les *obiter dicta* peuvent être très influentes pour les espèces futures. C'est le cas de l'affaire *Hedley Byne v. Heller*[61] où les juges ont prévu la possibilité d'accepter, à l'avenir, les demandes basées sur des déclarations négligentes (*negligent misstatement*) en présence de relations spéciales entre les parties. Dans cette affaire, la demande n'avait pas prospéré en raison de la présence d'une clause limitative de responsabilité dans le contrat liant les parties, mais les juges ont saisi l'occasion pour s'exprimer sur la possibilité juridique de ce type de demande. Les cinq opinions convergentes des *Law Lords*, sans établir un précédent, permettaient l'éclosion subséquente de ce type de demande. Dans d'autres cas, la *Court of Appeal* ou la *Supreme Court* peuvent indiquer dans la discussion *obiter* que telle ou telle décision antérieure est *disapproved*, sans nécessairement avoir besoin de trancher la question pour l'affaire en cours. Cela donne une indication forte, pour l'avenir, de l'attitude de la Cour et permet au juge en première instance d'en tenir compte.

339 ***Obiter dicta* et mise en garde.** Les *obiter dicta* peuvent aussi servir de mise en garde, notamment en forme de rappel au gouvernement de certains principes du droit. Ainsi, dans l'affaire *Jackson v. Attorney-General*[62], la *House of Lords* a donné des indications *obiter* quant à l'éventualité future d'un refus de la Cour d'appliquer une législation du Parlement contraire aux préceptes fondamentaux de la *Common law*[63].

60. National Westminster Bank v Spectrum Plus [2005] UKHL 4 : "*Power to make rulings having only prospective effect, it is said, is not inherent in the judicial role (...) If, altogether exceptionally, the House as the country's supreme court were to follow this course I would not regard it as trespassing outside the functions properly to be discharged by the judiciary under this country's constitution*". *Obiter* mais indication éventuelle pour l'avenir (par ex. dans un cas où une décision future mettrait en péril des opérations et établissements bancaires ou leurs clients – aspect « pratique »).

61. Hedley Byrne & Co Ltd v Heller & Partners Ltd 1964 AC 465.

62. Jackson v Attorney-General, 2005 UKHL 56.

63. Voir notamment l'opinion de Lord Steyn *obiter* au para 103.

CHAPITRE 2
LA HIÉRARCHIE JUDICIAIRE ET LA FORCE DU *PRECEDENT*

340 ***Stare decisis.*** Comme il vient d'être évoqué, le *Precedent* est un mécanisme important sur lequel la jurisprudence de *Common law* puise sa source. Mais il convient maintenant d'analyser la force et l'étendue de ce *Precedent*. En effet, il doit être articulé avec la hiérarchie des juridictions. Précisément, la troisième étape de l'analyse d'un précédent amène à vérifier le niveau de la cour ou du tribunal dans la hiérarchie judiciaire afin de déterminer si la décision s'imposerait au tribunal (*hierarchy of Precedent/stare decisis*). Une distinction est faite entre les décisions de cours supérieures liant (*binding*) les cours et tribunaux inférieurs (*vertical stare decisis*), et les décisions qui lient la Cour ou tribunal de même niveau qui rend une décision pour l'avenir (*horizontal stare decisis*). D'autres décisions sont seulement influentes *persuasive* mais pas *binding*. C'est le cas de la plupart des décisions des juges de la Haute cour de justice, qui ne lient pas les juges de même rang de la Haute cour pour l'avenir.

La force du *Precedent* suppose donc de connaître les divers types d'autorité des décisions de justice (section 1) et leur valeur selon la juridiction qui la prononce (section 2).

SECTION 1 LES DIFFÉRENTS TYPES D'AUTORITÉ DES DÉCISIONS

341 ***Vertical* et *horizontal stare decisis.*** Les précédents liant les tribunaux de rang inférieur verticalement émanent de la *Supreme Court*, de la *Court of Appeal*, de la *Divisional Court of the Kings Bench Division*, et de l'*Upper Tribunal*. Ainsi, les décisions de la *Supreme Court* ou de la *Court of Appeal* s'imposent aux cours de la Haute cour de justice et la *Crown Court* (ainsi que les *County Courts, Magistrates Courts et tribunals*) ; elles sont dites *binding*, car

elles doivent être respectées. Les décisions de l'*Upper Tribunal* lient les tribunaux inférieurs. Si la *Supreme Court* peut se permettre des revirements, en revanche, la *Court of Appeal* et l'*Upper Tribunal* sont liés par leurs propres décisions, sauf exceptions[1]. Les décisions des cours de la Haute cour de justice lient les *County courts*[2].

342 ***Persuasive decisions.*** Les décisions de la *Judicial Committee of the Privy Council* ne sont pas liantes mais influentes en raison de la participation des juges de la Cour suprême aux décisions de cette instance d'appel de certains pays membres du Commonwealth. La décision de *Judicial Committee of the Privy Council* dans une affaire d'assurance venant des îles Caïman[3] ayant innové en acceptant une demande basée sur un tort de "*malicious civil proceedings*" (procédure civile abusive motivée par malveillance) a incité la *Supreme Court* du Royaume-Uni à reconnaître l'existence de ce *tort* en *Common law* en dépit de précédents soutenant le contraire[4]. Les décisions de la Haute cour de justice (*High Court of Justice*) sont *persuasive*[5], à l'exception des décisions de la *Divisional Court* qui sont liantes pour les juridictions de même degré ou inférieures. Enfin, des décisions des cours des autres pays de la *Common law* tels l'Australie ou le Canada, peuvent également exercer une influence sur les cours britanniques.

SECTION 2 L'AUTORITÉ DES DÉCISIONS SELON LES JURIDICTIONS

343 L'autorité des décisions de justice suppose de distinguer les juridictions de droit commun (§ 1) des juridictions spécialisées (§ 2).

§ 1. LES JURIDICTIONS DE DROIT COMMUN

344 Au sein des juridictions de droit commun, il faut distinguer classiquement la Cour suprême (A), la *Court of Appeal* (B) et la *High Court of Justice* (C).

1. V. *infra*.
2. Howard de Walden Estates Ltd v Les Aggio and others and Earl Cadogan and Cadogan Estates Ltd v 26 Cadogan Square Ltd [2007] EWCA Civ 499.
3. Crawford Adjusters (Cayman) Ltd v Sagicor General Insurance (Cayman) Ltd 2014 AC 366.
4. Willers v Joyce 2016 UKSC 43.
5. Voir *infra*, n° 349 pour plus de précisions.

A. LA *SUPREME COURT*

345 **Principe général**. Les décisions antérieures de la *House of Lords* et la *Supreme Court* lient *la Supreme Court* actuellement. Et, en principe, la Cour suit ses propres décisions antérieures dans les situations factuelles similaires afin de préserver la stabilité du droit. C'est le principe jurisprudentiel établi dans l'affaire *The London Tramways Company Ltd v. The London County Council*[6] et qui lui-même confirmait la décision *Mirehouse v. Rennel* datant de 1833.

346 **Possibilité de revirement dans des cas exceptionnels.** Mais, dans une règle de procédure émise par la *House of Lords* en 1966 (*Practice Statement* de 1966), adoptée par la *Supreme Court* après sa création[7], la Cour peut, si elle le considère comme approprié, décider de ne pas suivre un de ses précédents antérieurs, dans un cas d'espèce, ou qu'une injustice pourrait se produire dans un contexte individuel par l'application trop rigide de la règle du *Precedent*. Depuis 1966, plus d'une vingtaine d'affaires ont fait l'objet d'un revirement. La plupart des commentateurs considèrent que tant la *House of Lords* que la nouvelle *Supreme Court* ont fait preuve pour la plupart d'une certaine retenue dans leur approche à la question de revirement, bien que dans certaines d'autres affaires une minorité de juges aient exprimé des opinions différentes.

Plusieurs critères ont été mis en avant par la Cour dans les différentes occasions où elle a procédé à des revirements : les évolutions de la société et du droit, les risques d'injustice grave et la nécessité de mettre le droit anglais au diapason de la jurisprudence de la Cour européenne des droits de l'homme[8].

Les exemples sont nombreux. L'on peut ainsi citer la règle donnant une immunité de poursuite à un *barrister* pour toute négligence commise dans le cadre de son activité plaidante en raison de l'évolution du rôle et de la responsabilité des professionnels du droit y compris par une analyse de la situation dans d'autres juridictions de droit commun (*Rondel v Worsley 1969*[9] *overruled by Arthur J. S Hall v. Simons 2002*[10]). Un autre exemple intéressant est celui de l'affaire *Miliangos v. George Frank Textiles 1976*[11] qui a modifié la règle par laquelle les assignations devaient être formulées en livres sterling, en autorisant la délivrance d'assignations en devises étrangères, en raison des évolutions du rôle de la livre sterling et du commerce international. Un récent discours de Lord Burrows juge de la Cour Suprême rappelle les différents critères pris en compte pour décider d'un revirement[12]. Le fait que les juges aujourd'hui auraient jugé une affaire passée différemment ne suffit pas. Il faut que la Cour soit convaincue que la décision était erronée en droit. Il peut, par exemple, s'agir d'une interprétation erronée d'une législation. En général, la Cour prendra en compte : les effets d'un revirement dans les cas où les citoyens

6. The London Tramways Company Ltd v The London County Council 1898 UKHL 1.
7. Le 1er décembre 2010.
8. R v DPP ex p Purdy 2009 UKHL 45.
9. Rondel v Worsley 1969 1 AC 191.
10. Arthur J.S Hall v Simons 2002 1 AC 615.
11. Miliangos v George Frank Textiles 1976 AC 443.
12. Lord Burrows-Lord Toulson memorial lecture 2024 : "Precedent and Overruling in the UK Supreme Court".

ou entreprises aura tenu compte d'un précédent dans l'organisation de leurs affaires ; si une éventuelle réforme du droit nécessiterait un code législatif détaillé ; si la question est hautement sensible dans la société ; si le Parlement est déjà saisi de la question ; si la question est très éloignée de l'expérience judiciaire habituelle ; et le besoin d'assurer une cohérence du droit. Lord Reed and un récent discours rappelle aussi la possibilité de revirement lorsqu'une décision peut empêcher le développement approprié du droit, ou qui est à l'origine d'incertitude, de difficultés administratives ou d'injustice individuelle ; ou encore pour mettre à jour la jurisprudence par rapport à des décisions récentes de la Cour européenne des droits de l'homme[13].

347 **Effets du revirement de la Cour suprême. *Overruled* ou *reversed*.** Dans le cas d'une modification de la jurisprudence (horizontalement ou verticalement) par la *Supreme Court*, la précédente décision est *overruled*. L'effet est normalement rétroactif sauf décision contraire. La décision peut donc affecter toute personne qui avait organisé ses affaires sur la base de la jurisprudence précédente, invalidant ainsi les dispositions prises ; et en les obligeant à modifier leurs contrats ou relations juridiques pour tenir compte de la décision (voir l'affaire *National Westminster Bank v. Spectrum* précité). Par ailleurs, la décision est également prospective, c'est-à-dire qu'elle s'applique normalement aux affaires à venir.

Une décision de la *Court of Appeal* ou autre Cour ou tribunal inférieur est *reversed* lorsque la *Supreme Court* décide l'affaire en question de manière différente en appel. Puis, en application du mécanisme du *Precedent*, les juridictions inférieures devront suivre la jurisprudence de la *Supreme Court* dans des situations identiques ou similaires[14].

B. LA COURT OF APPEAL

348 **Principe. Exceptions.** La *Court of Appeal* doit suivre les décisions de la *Supreme Court* (*vertical stare decisis*) mais elle est également liée par ses propres décisions (*horizontal stare decisis*) sauf exceptions au nombre de quatre. Trois sont énoncées dans l'affaire *Young v. Bristol Airplane Co*[15] soit lorsque deux décisions de la *Court of Appeal* se contredisent, soit lorsqu'une décision de la *Court of Appeal* a été *overruled* par la *Supreme Court* (ou *Appellate Committee of the House of Lords* depuis), soit enfin lorsque la décision de la *Court of Appeal* a été prise *per incuriam*, c'est-à-dire dans l'ignorance de l'existence d'un précédent qui la liait. Cette hypothèse est plus rare aujourd'hui avec les progrès des nouvelles technologies. Enfin, une quatrième exception concerne les décisions de la Chambre

13. Departing from Precedent: the experience of the UK Supreme Court-Lord Reed of Allermuir. International Conference on the Implementation of the Rule of Law-Ukraine-20 January 2023.

14. J. Lee, "*Fides et Ratio: Precedent in the Early Jurisprudence of the United Kingdom Supreme Court*", European Journal of Current Legal Issues Vol 21 N°1 (2015) et The Doctrine of Precedent and the Supreme Court, Inner Temple Academic Fellow's Lecture 2012 ; B. Dickson, Activism and Restraint within the UK Supreme Court,- European Journal of Current Legal Issues Vol 21 2015.

15. Young v Bristol Airplane Co 1944 KB 718 CA.

de recours de l'Office européen des brevets qui priment d'éventuels arrêts contraires de la Cour d'appel anglaise *Actavis UK*[16].

En revanche, la *House of Lords* a jugé, dans l'affaire *R v. DPP exp. Purdy*, qu'en présence d'un conflit entre une décision de la Cour Suprême (ou *House of Lords*) et une décision de la Cour européenne des droits de l'homme, elle doit normalement suivre la décision de la Cour Suprême (ou *House of Lords*) qui sera le seul juge de la question d'un éventuel revirement[17].

Enfin, il est à noter que la *Criminal Division of the Court of Appeal* peut, dans des cas limités, revenir sur ses propres décisions antérieures, tenant compte du fait que la liberté d'un condamné peut en dépendre.

C. LA *HIGH COURT OF JUSTICE*

349 ***Principe.*** Les juges de la *High Court* doivent suivre les décisions de la *Supreme Court* et la *Court of Appeal* (*vertical*) ; mais les propres décisions des tribunaux de la *High Court of Justice* (*Queen's Bench Division*, *Chancery Division* et *Family Division*) ne sont qu'influentes sur ces tribunaux sans être liantes. Une récente affaire souligne le principe général que les juges doivent assurer une certaine cohérence et prévisibilité de la jurisprudence, tout en laissant les justiciables leurs chances de faire valoir leur position lors du procès[18]. La juge Lady Gloster a rappelé dans une autre affaire que la courtoisie entre juges ne les oblige pas à une adhérence aveugle aux décisions de leurs pairs[19].

Observons que le juge de la *High Court* en première instance n'a aucune possibilité de se démarquer d'un précédent qui s'impose à lui dans un cas d'espèce identique ou similaire, sauf si les faits sont suffisamment différents[20]. Il pourra éventuellement s'inspirer de l'*obiter dicta* pour déterminer si le cas d'espèce se situe bien aux confins d'un précédent liant.

§ 2. LES JURIDICTIONS SPÉCIALES

350 **Le rôle spécifique des *Divisional Courts* de la *High Court of Justice.*** La *Divisional Court* est une cour qui siège sous l'égide de chaque *Division* de la *High Court Queen's Bench Division*. Elle réunit deux juges pour statuer sur des appels en matière de points de droit soulevés devant d'autres juridictions ("*appeal by*

16. Actavis UK v Merck and Co Inc 2008 EWCA Civ 444.

17. R v DPP exp Purdy EWCA Civ 2009 92 confirmant la décision de la *House of Lords* dans l'affaire *R (RJM) v Secretary of State for Work & Pensions R (RJM) v Secretary of State for Work & Pensions 2008 UKHL 63*.

18. Various Claimants v Standard Chartered Bank Plc 2025 EWHC 698 Ch où le juge n'avait pas voulu radier une demande fondée sur le principe de "*Common reliance*" (investisseurs qui s'étaient fiés au prix d'action et certaines informations publiées avant d'acheter des actions en bourse) ; alors que dans une affaire similaire, mais pas identique en tous points (Allianz Funds v Barclays Plc 2024 EWHC 2710 Ch), le juge avait refusé une telle demande après procès.

19. Lornameed Acquisitions Ltd v Kaupthing Bank HF 20 EWHC 2611 Comm.

20. Voir la technique des distinctions, *supra*, n° 326.

way of case stated"), notamment de la *Crown Court*. Les décisions de la *Divisional Court* sont liantes au regard des juridictions relevant de sa compétence.

351 **L'*Upper Tribunal*.** Les chambres d'appel spécialisées de ce tribunal, qui reçoivent des appels des tribunaux spécialisés (*tribunals*), peuvent établir des précédents qui les lient pour l'avenir et qui s'imposent aux tribunaux inférieurs spécialisés du *Lower Tier* (les tribunaux spécialisés de première instance). Mais l'*Upper Tribunal* doit suivre les précédents établis par la *High Court of Justice* (*Divisional Court*), la *Court of Appeal* et la *Supreme Court*. Il en est de même pour *Employment Appeal Tribunal*, également "*Superior Court of Record*", dont les décisions s'imposent aux *Employment Tribunals*. Les appels sur points de droit de *Upper Tribunal* et *Employment Appeal Tribunal* sont formés devant la *Court of Appeal*.

Remarque
Il convient de rappeler qu'au niveau de la *Supreme Court* et *Court of Appeal* (et *Upper tribunal* pour des affaires complexes où peuvent siéger plusieurs juges), chaque juge rend une décision. La décision est donc prise à la majorité du nombre (presque toujours impair des juges). L'analyse des précédents doit prendre en compte le raisonnement de chaque juge qui peut être différent de ses pairs.

CHAPITRE 3
LES SOURCES DOCUMENTAIRES DE LA *COMMON LAW*

352 La *Common law* est riche de règles jurisprudentielles auxquelles il peut être donné accès grâce aux recueils de compilation ou *Law Reports* (section 1), mais elle n'exclut pas toute influence de la doctrine et de la pratique dans sa construction (section 2).

SECTION 1 L'ACCÈS AUX JURISPRUDENCES : LES *"LAW REPORTS"*

353 **Les *Law Reports*.** La recherche des précédents est effectuée dans les *law reports* qui sont des publications privées éditées par les *law reporters* agréés par la Cour. Pour la plupart, des publications rapportant les principales décisions existent depuis le XIXe siècle, bien qu'il existe des publications plus anciennes.

Il existe des *law reports* à vocation générale qui publient la plupart des décisions importantes des cours et tribunaux. L'une des revues les plus influentes est certainement *The Law Reports* (regroupant les décisions des *Appeal Cases*, *Queens Bench*, *Chancery*, *Family*), puisque le projet de la décision judiciaire est préparé par le *law reporter* et est relu et approuvé par le juge concerné. D'autres séries largement diffusées sont le *All England Law Reports*, le *Weekly Law Reports*, etc. Il existe également des séries spécialisées selon les domaines, telles que, entre autres, les *Lloyds Law Reports* (droit des affaires, assurances, commerce international, et Admiralty), les *Patent Reports*, les *Industrial Cases Reports* (droit du travail).

Certains journaux quotidiens publient également des *law reports* succincts : *Times Law Reports* (les plus détaillés), *Independent*, *Guardian*, *Financial Times*, etc. S'ils offrent une source d'information intéressante, ils ne sont pas cités devant les tribunaux. Aujourd'hui, la plupart des décisions sont consultables gratuitement en ligne sur le site *World Legal Information Institute*[1].

SECTION 2 LA PLACE DE LA DOCTRINE ET DE LA PRATIQUE

354 **La doctrine.** Traditionnellement, la doctrine n'est pas systématiquement citée devant les tribunaux. Toutefois, les ouvrages ou articles de professeurs ou praticiens du droit sont cités si nécessaire, et tout particulièrement dans des affaires soulevant des questions difficiles ou nouvelles.

La doctrine consiste non seulement en des thèses, livres et ouvrages universitaires, mais également les publications des revues spécialisées où sont publiés des articles de praticiens et d'universitaires[2]. Les juges, notamment au niveau de la *Court of Appeal* et la *Supreme Court*, se réfèrent aisément aux ouvrages et articles d'éminents professeurs de droit. Lord Goff a indiqué que de nos jours les juges obtiennent « beaucoup d'assistance des ouvrages académiques (...) »[3].

355 **La pratique.** Aujourd'hui, la plupart des cabinets de *solicitors* et *barristers chambers* publient sur leur site web des articles commentant les décisions de justice. Dans certains cas, ces articles reflètent la pratique des cabinets qui peut également être influente[4]. Par ailleurs, Lady Hale l'actuelle présidente de la *Supreme Court* accueille positivement la pratique de certains cabinets de *solicitors* d'intégrer des professeurs de droit en tant que consultants dans leur équipe traitant une affaire difficile où la jurisprudence manque[5].

Enfin, les rapports de la *Law Commission* et des comités du Parlement sont également cités pour permettre au tribunal de faire un tour complet des connaissances sur une question donnée.

En somme, les sources citées devant les tribunaux, en plus de la jurisprudence, peuvent inclure les ouvrages et articles d'universitaires, mais également les rapports de la Law Commission, rapports parlementaires, et la pratique. Ces documents ne lient pas le tribunal qui peut éventuellement en tenir compte dans son raisonnement.

1. www.worldlii.org (Icône bailii-British and Irish Legal Information Institute).

2. L'on peut citer certaines des plus anciennes revues académiques ou plus connues telles que la *Modern Law Review* ou *Law Quarterly Review*. Certaines universités publient leur propre journal tel *Cambridge Law Review*. Il en est de même dans d'autres pays de *Common law* telles *Harvard Law Review*, *Yale Law Review*, *Otago Law Review* de la Nouvelle-Zélande, etc.

3. Kleinwort Benson v Lincoln *City* Council, précité.

4. Voir l'affaire *Petromec v Brasiliero*, précité.

5. Lady HALE SCJ, "*Legislation or judicial law reform: where should judges fear to tread?*" Society of Legal Scholars Conference 2016.

Juge ou académique... ? Il faut choisir !

Néanmoins, ce n'est pas toujours le cas, comme le montre l'affaire *Cordell v. Second Clanfield Properties Ltd (1969 2 Ch 9)* : celle-ci était présentée au juge Megarry, un des meilleurs spécialistes du droit immobilier, et qui avait écrit un des ouvrages de référence en la matière. Un des avocats a cité un extrait de son livre au soutien de ses arguments. Mais le juge Megarry lui a répondu que l'auteur d'un ouvrage, bien qu'étant d'une certaine influence persuasive et un fertilisant utile, « doit formuler ses idées sans l'assistance de l'ordalie purifiante des arguments incisifs autour de faits spécifiques d'une affaire contestée. Le droit argumenté est du droit rugueux... aujourd'hui comme par le passé, le droit sera bien connu à la suite d'une bonne dispute » (cité dans le *Goode on Commercial Law*, par E. McKendrick, 4e éd., p. 21).

SECTION 3 LA JURISPRUDENCE ET LA DOCTRINE D'AUTRES PAYS

356 Les sources du droit anglais ne sont pas imperméables à l'influence des sources des autres pays de *Common law* (§ 1), des pays civilistes (§ 2) et de la méthodologie et des décisions de la CEDH, ou encore de la CJUE dans les limites fixées par la législation suivant le Brexit (§ 3).

§ 1. L'INFLUENCE DES AUTRES PAYS DE *COMMON LAW*

357 **L'influence des autres pays de *Common law*.** Les décisions des tribunaux d'autres pays de droit commun, ont une place importante dans le développement de la jurisprudence du droit commun anglais, même si les « précédents » des autres pays de droit commun ne lient pas les tribunaux anglais. Mais, ces précédents étrangers ont souvent une influence (*persuasive*) dans les affaires soulevant des points de droit nouveaux ou difficiles. Par exemple, la jurisprudence américaine, notamment les opinions du célèbre juge américain Cardozo (*Thomas v. Winchester*[6] et *Macpherson v. Buick Motor Co*[7]), a été citée dans les opinions des juges de la *House of Lords* dans la célèbre affaire *Donoghue v. Stevenson* en 1932 où Lord Atkin disait qu'il « est toujours satisfaisant pour un juriste anglais de tester l'application de principes fondamentaux du droit commun au regard du développement des mêmes principes des juges des Cours des États-Unis... ». Dans l'affaire *McLoughlin v. O'Brien* devant la *House of Lords*, la jurisprudence du Canada (*Nova Mink v. Trans Canada Airlines* déjà cité) ; de même, des développements jurisprudentiels et législatifs en Australie, ont été cités dans les opinions des juges (Lord Wilberforce). Plus récemment la *Supreme Court*, saisie d'une demande de réviser la jurisprudence en matière des délais de prescription relatifs aux abus

6. Thomas v Winchester 1852 6 NY 397.
7. Macpherson v Buick Motor Co 1916 217 NY 382.

sexuels sur mineur (*A and others v. Hoare and others*[8]), a cité, dans ses *obiter dicta*, des jurisprudences des États-Unis et d'Australie, notamment pour mieux cerner les contours juridiques de la difficulté, et s'inspirer le cas échéant pour de nouvelles solutions[9].

358 **Illustration. La bonne foi.** Dans le domaine du droit des affaires, les décisions de tribunaux d'autres pays de droit commun ont été évoquées pour faire évoluer la notion de bonne foi dans le droit des contrats d'affaires. Par exemple, la *High Court*, dans l'affaire Yam Seng[10], cite la notion américaine de *relational contracts* pour développer l'idée qu'il peut exister des obligations implicites de bonne foi dans certains types de contrats ou de clauses ; en l'espèce, il s'agissait d'un contrat de distribution internationale, soumis au droit anglais, entre une entreprise britannique et son distributeur à l'aéroport de Singapour.

359 **Évolution.** En raison d'une diminution du nombre d'affaires traitées par la justice anglaise à la suite des réformes de la procédure depuis une vingtaine d'années et le coût vertigineux des procès, la jurisprudence des autres pays de *Common law* ainsi que la doctrine et la pratique semblent connaître une influence accrue, notamment en raison de la mondialisation du commerce. La fertilisation de la discussion et la jurisprudence anglaise par des décisions tribunaux des autres pays de *Common law* s'inscrivent dans le même mouvement.

Inversement la jurisprudence anglaise devient moins influente dans les autres pays de la *Common law*, dans certaines matières notamment en raison de l'influence du droit européen, c'est le cas notamment de la Nouvelle-Zélande et de l'Australie[11]. Il n'en reste pas moins que la *Commercial Court* de la *High Court* à Londres continue de jouir d'une réputation et d'une influence mondiale dans le domaine du droit des affaires ; ce tribunal étant souvent choisi par des parties étrangères au Royaume-Uni pour des affaires ne concernant aucunement le commerce britannique.

§ 2. L'INFLUENCE DES PAYS CIVILISTES

360 **L'influence française.** Les pays de culture juridique civiliste ne sont pas en reste dans les influences exercées sur la pensée des juges anglais. Par exemple, un précédent important dans le domaine de la force majeure (*frustration*) en droit des contrats (*Taylor v. Caldwell*[12]) a été inspiré par les écrits du juriste français Pothier (jugement de Lord Blackburn). Le Code civil français a été évoqué par Lord Diplock alors juge de la *Court of Appeal* dans les affaires *Hongkong Fir*

8. A and others v Hoare and others 2008 UKHL 6.

9. Les ouvrages étrangers d'autorité (pour un auteur américain, voir *Prosser on Torts*) ou les *Restatements* sont parfois cités.

10. Yam Seng Pte Ltd v International Trade Corporation Ltd 2013 EWHC 111.

11. *"The Impact of Foreign Law on Domestic Judgments" : New Zealand Law Library of Congress Kelly Buchanan March 2010. "Precedent Report on Australia" – Hon Justice Michael Kirby International Academy of Comparative Law Utrecht July 2006.*

12. Taylor v Caldwell [1863] 3 B & S 826.

Shipping v. Kawasaki Kisen Kaisha Ltd[13] et *United Dominions Trust (Commercial) Ltd v. Eagle Aircraft Services Ltd*[14]. Dans l'un de ses discours[15], Lord Toulson, juge de la *Supreme Court*, a rappelé que la source de la distinction en droit anglais des contrats entre les contrats synallagmatiques et les contrats unilatéraux était le Code civil français ; Lord Denning (président de la *Court of Appeal* à l'époque) était également inspiré par la procédure civile française en matière d'ordonnances sur requête permettant la saisie conservatoire de fonds dans un compte bancaire pouvant servir de garantie de paiement en cas de jugement ultérieur contre le détenteur du compte[16].

Dans une affaire concernant la responsabilité d'un employeur à ses salariés victimes d'une maladie liée à l'amiante, la *House of Lords* s'est référée à la jurisprudence de nombreux pays dont les Codes civils de l'Allemagne, de la Grèce, des Pays-Bas, etc., la jurisprudence des Cours de cassation française, néerlandaise et les Cours suprêmes de différents pays de droit commun[17].

Le juge écossais qui siège à la Cour Suprême est particulièrement sensible à l'influence du droit romain dont s'inspire le droit écossais, et peut à l'occasion informer ses collègues anglais, comme il l'a fait dans l'affaire de l'amiante qui vient d'être citée.

§ 3. L'INFLUENCE DE LA MÉTHODOLOGIE ET DES DÉCISIONS DE LA CEDH ET DE LA CJUE

361 **La méthode d'interprétation téléologique.** La méthode téléologique d'interprétation, inconnue en Angleterre avant son accession à la Communauté européenne en 1972, a également pris pied dans les jugements des tribunaux anglais amenés à interpréter les règlements et directives européens et les instruments législatifs britanniques les mettant en vigueur, et a permis dans certains cas des interprétations plus larges de la législation, comparé à l'approche traditionnelle d'interprétation stricte et littérale des textes législatifs britanniques. Comme déjà indiqué (*supra*, nº 93), les Cours supérieures des pays du Royaume-Uni ne sont plus obligées de suivre les mêmes principes depuis le Brexit.

362 **L'autorité des décisions de la CJUE sur les tribunaux anglais.** Il convient de rappeler qu'avant le Brexit début 2021 les décisions de la Cour de justice de l'Union européenne (CJUE) constituaient des précédents qui s'imposaient aux tribunaux anglais par le biais de section 3 (1) de *European Communities Act 1972* prévoyant que toute question relative aux Traités sera jugée suivant les décisions éventuelles de la CJUE. Ainsi ces décisions constituaient une source de droit direct dans le système de droit anglais. Si celles prises par la CJUE avant le Brexit ont été

13. Hongkong Fir Shipping v Kawasaki Kisen Kaisha Ltd [1962] 2 QB 26 (CA).
14. United Dominions *Trust* (Commercial) Ltd v Eagle Aircraft Services Ltd 1968 1 WLR 74 (CA).
15. « International Influence on the *Common law* » *London Common Law and Commercial Bar Association*, 11 nov. 2014.
16. Nippon Yusen Kaisha v Karageorgis 1975 1 WLR 1093.
17. Fairchild v Glenhaven Funeral Services Ltd 2002 UKHL 22.

intégrées au droit britannique, les Cours supérieures ne sont plus tenues de les suivre et peuvent opérer des revirements de ces jurisprudences selon les mêmes critères que pour leurs propres décisions[18]. Elles tiennent compte aussi de l'existence d'éventuelles divergences ou contradictions avec le droit national.

363 **L'autorité des décisions de la CEDH.** L'autorité, des décisions de la Cour européenne des droits de l'homme (CEDH) est plus nuancée. Dans l'affaire *R v. DPP ex parte Purdy*[19], en 2009, où la *Court of Appeal* a rappelé que la section 2 de *Human Rights Act 1998* enjoint les tribunaux anglais à prendre en considération (*take into account*) les décisions de la Cour de Strasbourg, mais cela n'impose pas de les suivre de la même manière qu'un *Precedent*. *In fine*, la *Court of Appeal* a rappelé dans cette affaire que les décisions de la *House of Lords* les liaient, à la différence des décisions de la Cour de Strasbourg.

En revanche, la section 6 de la même loi impose que les autorités et tribunaux du Royaume-Uni agissent d'une manière compatible avec les droits prévus par la Convention européenne des droits de l'homme (Conv. EDH), sauf contrainte de la législation nationale. Une marge d'appréciation tenant compte de la législation, jurisprudence, pratique et conditions sociales et autres, est également prévue par la Convention en faveur des tribunaux nationaux.

Il convient de noter aussi que les différences entre les décisions des différentes chambres de la Cour de Strasbourg ont diminué, du point de vue anglais, l'autorité de certaines décisions, bien que les décisions de la Grande chambre soient considérées comme ayant plus d'autorité (*highly persuasive*)[20]. Si des divergences d'opinions ont vu le jour entre la jurisprudence de la *House of Lords/Supreme Court* et la Cour de Strasbourg, une coopération et des échanges existent entre elles afin d'atténuer des difficultés d'appréciation. D'ailleurs, Monsieur Nicolas Bratza, juge britannique et ancien président de la CEDH a mis lumière l'importance de cette coopération[21].

364 **Les décisions des tribunaux d'autres pays européens en matière de droit européen.** Dans les affaires concernant le droit européen, les tribunaux anglais peuvent toujours prendre en compte les interprétations des autres tribunaux de pays membres de l'Union européenne au sujet des questions de droit européen, sans être liés par ces décisions. Une affaire *R (HS2 Action Alliance Ltd) v. Secretary of State for Transport*[22], jugée avant le Brexit, soulevait des points de droit constitutionnel nouveaux touchant à la question sensible de la primauté du droit européen, et notamment l'effet de la directive 2011/92/UE du 13 décembre 2011 concernant « l'évaluation des incidences de certains projets publics et privés sur l'environnement ». Précisément, il s'agissait de vérifier la conformité de la procédure utilisée par le gouvernement, puis le Parlement britannique, pour préparer l'introduction d'un projet de loi autorisant la construction d'une ligne haute vitesse entre Londres et le Nord de l'Angleterre.

18. S.6 *European Union (Withdrawal) Act* 2018.
19. R v DPP ex parte Purdy [2009] EWCA Civ 92.
20. Voir pour plus de détails le rapport n° 83 de *Equality and Human Rights Commission: UK and the European Court of Human Rights 2012*.
21. N. Bratza, "The Relationship between the UK Courts and Strasbourg", *European Human Rights Law Review 2011, 5, 505-512 ed Sweet & Maxwell*.
22. R (HS2 Action Alliance Ltd) v Secretary of State for Transport [2014] UKSC 3.

La *Supreme Court* a cité, en les approuvant l'approche de la Cour constitutionnelle allemande concernant une base de données anti-terroriste[23] et la plaidoirie de l'avocat général Kokott[24] devant la CJUE dans l'affaire *Inter-Environnement Bruxelles e.a*[25] qu'elle a considéré comme « une opinion logique et impeccable »[26].

23. Cour constit. allemande, 24 févr. 2013, 1 BvR 1215/07, para 91.
24. R (HS2 Action Alliance Ltd), précité, para. 24, 34, 41, 112, 132, 145 et s., 160, 175 s. et 199 s ; spéc.
25. CJUE, 22 mars 2012, aff. C-567/10, *Inter-Environnement Bruxelles e.a.*
26. R (HS2 Action Alliance Ltd), précité, para. 177 : "*the Advocate General's logical and impeccable analysis*".

DEUXIÈME PARTIE
LES CONTRATS

365 **Présentation.** Le droit anglais des contrats regroupe tant des règles de droit commun, applicables à toute opération, que des règles spéciales justifiées par la particularité des transactions, telles que la présence d'un consommateur parmi les parties ou l'objet du contrat portant sur un immeuble ou ayant pour effet un transfert de propriété. À l'instar des droits de tradition civiliste, le droit anglais distingue le droit commun du contrat (titre 1) du droit spécial (titre 2).

TITRE 1
LE DROIT COMMUN DU CONTRAT

366 **Typologie des contrats.** Le droit anglais des contrats connaît la même variété que le droit français et les classifications opérées sont très similaires. Ainsi, diverses catégories de contrats y sont distinguées : par exemple, les contrats à durée déterminée (*fixed-term contracts*) s'opposent aux contrats à durée indéterminée (*undefinite duration contracts*), les contrats d'adhésion (*standard-form contracts*) ou encore les contrats négociés (*negotiated contracts*). L'on peut également opposer le contrat à exécution instantanée (*immediate contract*) au contrat à exécution successive (*continuing contract*). Enfin, il faut également dire un mot des *Commercial contracts :* contrairement au droit français qui distingue les contrats soumis au droit commercial de ceux soumis au droit civil, le droit anglais ne connaît pas une telle classification ; ainsi, les *Commercial contracts* rassemblent tous les contrats conclus entre professionnels, dans le cadre de leur activité, par opposition aux contrats conclus avec des consommateurs. Face à un *Commercial contract*, il faut appliquer les coutumes et usages de la profession et il est possible d'ajouter au contenu contractuel des stipulations implicites issues de la relation commerciale établie entre les contractants, le cas échéant.

367 **Les principes directeurs du contrat. Les diverses conceptions du contrat anglais.** Le contrat, en droit anglais, se définit comme un accord destiné à produire des effets de droit : parce qu'une convention est un contrat, alors elle produit des effets juridiques résumés par les deux principes que sont la force obligatoire des conventions et l'effet relatif des conventions. Inversement, en droit anglais, c'est parce qu'une convention est destinée à être obligatoire entre les parties qu'elle doit être qualifiée de contrat. Par exemple, dans de nombreuses hypothèses, une convention passée entre membres d'une même famille ne constitue pas juridiquement un contrat, car son caractère obligatoire fait défaut[1]. Trois principes directeurs essentiels irriguent le droit anglais du contrat : la liberté contractuelle (*Will theory*)

1. *Infra*, n° 381.

associée à la liberté d'entreprendre et au libéralisme (*Laissez faire philosophy*[2]), d'une part, la commutativité, d'autre part, et la certitude juridique, enfin. Sur le premier point, il est désormais unanimement admis que la liberté des parties ne peut pas être sans limite, et le droit intervient alors pour empêcher ce que la Société considère comme inadmissible, justifiant ainsi des règles d'ordre public auxquelles les parties ne peuvent pas déroger[3]. Sur le deuxième point, il est important d'observer que le contrat anglais est avant tout un instrument juridique au service d'échanges économiques ; en effet, il repose sur une double promesse croisée que chaque partie consent à l'autre[4] ; et cette réciprocité permet de comprendre pourquoi seuls les contrats synallagmatiques à titre onéreux sont concevables[5], sauf exceptions. Outre cette bilatéralité des promesses, un autre élément important cimente cette relation, celle de la confiance (ici, *Reliance*) associée aux attentes des parties (*Expectations*) desquelles découlent l'exigence de force obligatoire. C'est parce que les parties espèrent quelque chose qu'elles se sont engagées à fournir que l'échange peut se concevoir. Il s'agit ici d'une différence importante avec d'autres situations d'échange, mais qui ne reposent pas sur des promesses et qui nécessitent donc l'intervention du droit, ce sont les hypothèses de responsabilité et de quasi-contrats (*Restitutions* et *Unjust enrichment*)[6]. Par conséquent, dans la conception britannique, il peut y avoir échange économique sans contrat, la question du contrat ne se posant que si les parties souhaitent renforcer leur confiance et/ou ont besoin de faire intervenir le juge dans leur relation[7]. Et, dans le prolongement de ce raisonnement, les parties non seulement choisissent d'échanger, mais surtout elles choisissent de recourir au contrat pour renforcer la force obligatoire de leur accord et donc contrôler les risques[8]. Dans son approche économique, le contrat est donc davantage un instrument de gestion des risques qu'un instrument d'échange. Pour toutes ces raisons, de nombreux auteurs s'accordent également pour observer qu'en réalité, il n'existe pas de notion uniforme de contrat[9] et que l'approche empirique[10] du droit du contrat est riche d'enseignements, dès lors que ce sont les parties et l'écosystème des accords qui façonnent finalement l'encadrement juridique. Enfin, la certitude juridique est une troisième boussole qui guide le juriste de *Common law*, particulièrement lorsqu'il s'agit de contrats. En effet, tant l'existence du contrat que son contenu doivent être établis avec certitude, car cela renforce la confiance des parties et cela écarte d'autant plus l'éventualité d'un contentieux et donc l'immixtion du juge. Les risques et les attentes des parties sont ainsi sous leur

2. G.-H. TREITEL, *The law of contrat*, Oxford, 2004, p. 3 ; P.-S. ATIYAH, *Essays on contract*, Clarendon, 1986, p. 16 ; Lord TOULSON in Prime Sight Ltd v Lavarello [2013] UKPC 22 : « parties are ordinarily free to contract on whatever terms they choose and the court's role is to enforce them » ; Lord LEGGATT, *Negotiation in Good Faith: Adapting to Changing Circumstances in Contracts and English Contract Law*, in Jill Poole Memorial Lecture, Aston University, 19 October 2018.

3. Rappr. C. civ., art. 1103 : Les contrats légalement formés tiennent lieu de loi à ceux qui les ont faits.

4. P.-S. ATIYAH, *op. cit.*, p. 12.

5. *Infra*, n° 392 ; le droit du contrat est ainsi largement influencé par le droit des contrats d'affaires et par l'économie ; adde, R. STONE and J. DEVENNEY, *The Modern Law of Contract*, Routledge, 2025, p. 12.

6. P.-S. ATIYAH, *op. cit.*, p. 21.

7. P.-S. ATIYAH, *op. cit.*, p. 11.

8. R. STONE and J. DEVENNEY, *op. cit.*, p. 12.

9. P.-S. ATIYAH, *op. cit.*, p. 18.

10. R. STONE and J. DEVENNEY, *op. cit.*, p. 23.

contrôle. C'est également pour privilégier cet impératif de certitude que le droit anglais est souvent réticent à des évolutions trop fréquentes ou trop brutales du droit[11].

368 **Les contrats spéciaux *versus* le contrat de droit commun.** La première question qui se pose est celle de savoir si le droit anglais des affaires connaît des contrats spéciaux et la réponse doit être nuancée. Certes, spécial ou non, tout contrat doit respecter certaines règles applicables à tout contrat[12], comme l'exigence de consentement non vicié, par exemple ; ce sont des règles que le droit anglais considère comme étant impératives. En ce sens, il y aurait donc un droit commun du contrat *a minima*. Toutefois, il existe aussi des règles spéciales régissant de nombreux contrats en particulier, tels que le contrat de travail (*employment contract*), la location avec faculté d'achat (*hiring-purchase*), le bail (*leasehold*) ou encore l'hypothèque (*mortgage*)[13]. En ce sens, parce que de nombreux contrats font l'objet de corpus juridiques dédiés, une partie de la doctrine britannique rejette l'existence même d'un droit du contrat : en d'autres termes, la vente, par exemple, est avant tout un contrat de vente, avant d'être un contrat[14]. Et ce raisonnement aboutit à restreindre le droit commun du contrat aux dispositions supplétives et, ainsi, à le confiner à des applications par défaut : les règles générales, par définition, ne trouvent donc à s'appliquer qu'à défaut de dispositions spéciales contraires (*on default provisions*). Il n'existerait donc pas « un contrat » mais « des contrats ». Cette conception reviendrait ainsi à nier la pertinence d'un droit du contrat : chaque contrat, étant, par nature, spécial, devrait être appréhendé, non pas comme un contrat spécial, mais dans le cadre de chaque domaine : pour le bail dans le droit des rapports locatifs ; pour la vente, dans le droit de la consommation ou le droit des affaires ; pour les sûretés réelles dans le financement de projet ou le droit des biens, etc. Le droit commun du contrat serait donc théorique[15].

Si ce courant doctrinal n'emporte pas, à ce jour, l'adhésion de la majorité de la doctrine et n'est pas consacré par la jurisprudence, il n'en demeure pas point qu'il a bousculé les certitudes et que, désormais, il est unanimement admis que le droit commun du contrat décline au profit de dispositions spéciales en perpétuelle croissance et modifications[16]. Le droit du contrat conserve tout son intérêt parce que les règles de formation ou d'exécution s'appliquent à défaut de dispositions contraires[17] et comme contenant des objectifs, plus que des dispositions, à respecter, tels que l'intégrité du consentement, les attentes légitimes des parties, l'efficacité du contrat, etc.

11. V. *infra*, n° 514.
12. V. *supra*, n° 368.
13. R. Stone et J. Devenney, *op. cit.*, n° 1.8.
14. G.-H. Treitel, *op. cit.*, p. 6 ; P.-S. Atiyah, *op. cit.*, p. 4.
15. G.-H. Treitel, *op. cit.*, p. 2 : « (...) it is necessary to warn the reader that the general "law of contract" is something of an abstraction, since most contracts obviously concern some particular class of transaction ».
16. E. McKendrick, *Contract Law*, Palgrave-Macmillan, 2017, n° 1.2 ; P. Richards, *Law of contract*, Pearson, 2017, p. 8.
17. R. Goode et E. McKendrick, *Goode on Commercial law*, Penguin, 2020, n° 1.2.

369 **Vers le concept de structuration contractuelle ?** Mais, particulièrement en droit des affaires, ce qui doit surtout être observé, c'est la façon dont les contrats sont articulés au service d'un montage ou d'une stratégie commerciale, ce que l'on appelle les types de contrats et leur structuration[18]. Ainsi, un achat à crédit peut être réalisé soit par une vente et un contrat de crédit, soit par des successions d'achat/vente ou d'achat/location, agrémentées de cessions de contrat et/ou de novation, entre les parties, ou entre les parties et un tiers-financeur. En droit anglais, ce ne sont pas tant les qualifications spéciales qui importent que la structuration des relations contractuelles.

370 **Contrat civil *versus* contrat commercial.** La question qui se pose ensuite est celle de savoir si le droit anglais des affaires connaît et applique la distinction entre contrats civils et contrats commerciaux. Là encore, la réponse doit être nuancée. D'une part, la réponse est négative, si l'on considère que le droit anglais ne connaît pas la qualification de contrat civil ou de contrat commercial, contrairement au droit français, pas plus qu'il ne connaît de droit commercial codifié ; par conséquent, la qualification de contrat commercial n'existe pas. D'autre part, en revanche, la réponse est positive si, malgré l'absence de qualification spécifique, l'on observe le régime applicable : des contrats entre professionnels (B2B) peuvent être régis par des règles spéciales spécifiques aux professionnels, parmi lesquelles des obligations implicites, la présomption de contrat, les usages ou encore l'importance des pratiques commerciales raisonnables. En ce sens, la catégorie de contrats entre professionnels revêt une importance juridique pratique.

371 **Contrat, *Torts* et *Unjust Enrichment*.** Enfin, en droit anglais, comme dans beaucoup d'États, contrat, responsabilité et quasi-contrats (*Restitutions* et *Unjust Enrichment*)[19] constituent des notions distinctes les unes des autres, chacune étant caractérisée par une finalité propre : le contrat est le support juridique de l'échange consenti conformément à ce que les contractants attendent pour l'avenir[20] ; la responsabilité impose un rééquilibrage, exigé par une perte provoquée par un événement subi, injuste et dont la charge d'indemnisation repose sur le défendeur (fautif ou non, selon les cas), la référence n'étant pas le futur, mais le passé (*statu quo ante*) ; et les quasi-contrats, dont la finalité emprunte aux deux précédentes, oscillant tantôt vers un partage ou octroi de richesse à l'une des parties, tantôt l'indemnisation d'un appauvrissement[21]. Une partie de la doctrine anglaise[22] propose pourtant d'estomper la distinction entre contrat et responsabilité, voire d'opérer une

18. R. Goode et E. McKendrick, *op. cit*, n° 4.04.
19. V. *infra*, n° 856.
20. R. Stone et J. Devenney, *op. cit.*, n° 1.7.
21. C. Le Gallou, Les fonctions comparées des quasi-contrats – Approche de droit anglais et de droit chinois, in La notion légale de quasi-contrats, sous la dir. M. MIGNOT et L. ANDREU, « Thèmes & commentaires », Dalloz, 2025, à paraître.
22. P.-S. Atiyah, *op. cit.*, p. 7 : « (...) this idea of the merger of contract and tort has become pretty trite (...). There seem to be two reasons why today it is evident that contract and tort are merging. First, because of the use of collective values to impose solutions on the parties in cases of contract has become less illegitimate than it used to seem under the influence of classical contract theory, and secondly, at a more technical and octrinal level, because modern juges are happier with the fluidity of tort techniques than they are with the perceived rigidities and inadequacies of contract law ».

véritable fusion (*merger*) au profit du droit des obligations et au détriment du droit du contrat. Cette conception peut particulièrement surprendre, car le droit anglais ne se conçoit pas à travers la théorie de l'obligation, propre aux systèmes de droit de civil.

372 Le droit anglais du contrat impose des règles, qu'il s'agisse de la formation (chapitre 1) ou des effets du contrat (chapitre 2).

CHAPITRE 1

LA FORMATION

373 **Une qualification. Formation et validité.** Le contrat de *Common law* répond à une notion précise (section 1) qui le distingue d'autres qualifications juridiques. Son existence résulte d'un processus de formation (section 2) et plusieurs conditions sont requises pour sa validité (section 3).

SECTION 1 LES ÉLÉMENTS CARACTÉRISTIQUES DU CONTRAT

374 **Notion de contrat. Formation mais aussi effets juridiques.** Le contrat suppose, comme dans la plupart des pays, un accord des parties. Mais une particularité, typique de la *Common law*, s'y ajoute, la création d'une situation de droit. Précisément, la convention doit pouvoir faire l'objet d'une exécution juridique et ainsi elle doit potentiellement produire des effets de droit à l'égard des parties. Contrairement au droit français qui distingue la formation et l'exécution du contrat, le droit anglais analyse les effets possibles sur les parties de l'accord pour conclure à la qualification de contrat. C'est pourquoi la création d'effets de droit constitue le second élément nécessaire à l'existence du contrat. Afin de pouvoir être qualifiée de contrat, la convention doit être susceptible d'exécution selon les règles juridiques, c'est l'*Enforceability*. Ainsi, un contrat doit être un accord que les parties acceptent de voir régi par des règles de droit et donc acceptent de devenir aussi la chose du juge. Cette exigence est remplie si chaque partie supporte ou profite d'une contrepartie à son engagement. En somme, en droit anglais, le contrat est un accord de volontés, objectivement constaté (§ 1) qui doit avoir force obligatoire (§ 2).

§ 1. LA CONCEPTION OBJECTIVE DE L'ACCORD

375 **L'interprétation objective de la volonté des parties.** Puisque le contrat naît de la rencontre des volontés des parties, son existence est certaine si la volonté des parties est tout aussi certaine. Or, il n'est pas rare que cette volonté soit ambiguë ou peu claire, laissant place au doute. Dans une telle situation, le droit anglais confère au juge le pouvoir de déterminer si la volonté des parties a créé ou non un contrat. Il aurait pu tout aussi être envisageable de constater que les faits étant obscurs, aucun lien contractuel n'aurait pu apparaître. Bien au contraire, le juge anglais doit interpréter la situation pour en déduire l'existence ou l'absence de contrat. Afin d'éviter tout aléa judiciaire et toute insécurité juridique, le juge doit déterminer l'existence du contrat à l'issue d'une analyse objective des faits (*objective test*). Concrètement, il doit rechercher comment une personne raisonnable, qui aurait assisté à la discussion entre les parties, aurait analysé la situation : s'il avait compris qu'il y avait eu échange des consentements, il y a contrat ; s'il avait plutôt compris à un simple exposé de propositions, il n'y a pas contrat. Le juge anglais s'attache donc aux apparences pour en déduire l'existence du contrat. *A contrario*, il ne peut aucunement sonder la volonté des parties[1]. En somme, cette approche objective repose ainsi sur la volonté exprimée des parties et non sur leur volonté interne, de sorte que l'on peut affirmer que, en droit anglais, ce ne sont pas les parties qui déterminent si leur accord est un contrat, mais le juge[2].

376 **Explications.** Le refus d'une interprétation subjective de la volonté des parties s'explique essentiellement par quatre raisons. Tout d'abord, il faut remarquer que, statistiquement, l'interprétation objective de la volonté correspond en tout point à l'interprétation subjective ; en d'autres termes, le comportement apparent des parties traduit parfaitement leurs intentions les plus enfouies. Ensuite, il semble difficile pour les juges anglais de saisir l'intention de chaque partie, vraisemblablement cachée au tréfonds du cerveau et des sentiments. De plus, l'approche subjective risque certainement de faciliter les montages frauduleux : pour éviter de telles situations que le droit ne saurait consacrer, il est plus réaliste, et donc plus sage, de se référer au comportement que les parties ont adopté aux yeux de tous. Enfin, la sécurité juridique commande également de privilégier l'interprétation objective de la volonté des parties ; à défaut, les interprétations judiciaires seraient sujettes à la versatilité des parties.

377 **Les conceptions du test objectif.** Le juge ne peut ainsi déduire la volonté des parties que du comportement et de leurs affirmations tels qu'ils ont été exprimés ou exposés. Mais la compréhension de ces faits peut s'effectuer de plusieurs manières, ce qui soulève une autre difficulté, celle de la référence du test objectif. Par exemple, le juge doit-il interpréter le comportement de l'offrant à travers ce qu'une personne raisonnable, dans la position de l'acceptant potentiel, aurait pu comprendre ? Au contraire, ne faudrait-il pas plutôt déduire la conclusion d'un contrat en se plaçant dans la position d'un pollicitant raisonnable ? Enfin, ne serait-il pas plus

1. Smith v Hughes [1871], QB ; Ove Arup v Mirant Asia-Pacific Construction Ltd [2005] EWCA 1585 ; RTS Flexible v Muller [2010] UKSC 14.

2. E. McKendrick, *Contract Law*, Hart Law Masters, 2023, p. 17.

équilibré d'analyser les faits sans égard pour la situation d'aucune des parties mais en se positionnant comme un témoin neutre de l'échange des volontés ? La neutralité et l'objectivité de ce témoin sont si importantes à la bonne application de l'interprétation qu'il a été parfois présenté comme une mouche sur le mur. Malgré la pertinence de ces trois conceptions, c'est la première qui a été adoptée par la jurisprudence[3]. Concrètement, le juge doit se demander ce qu'un acceptant raisonnable, dans la même situation, aurait pu, tout aussi raisonnablement, déduire des paroles entendues, des gestes effectués, afin d'en déduire, ou non, qu'un échange de volonté contractuelle avait eu lieu. Dans l'affirmative, le juge conclut à l'existence d'un contrat. C'est ce qui a été affirmé en 1848 : ainsi, quelle que soit l'intention véritable de l'une des parties, c'est son comportement ou les paroles exprimées qui doivent servir de fondement à l'interprétation du juge[4].

378 **Applications.** L'un des arrêts emblématiques de l'interprétation objective est *Smith v. Hughes*[5]. En l'espèce, une discussion s'amorce entre un vendeur d'avoine et un client : après que le vendeur lui a montré un échantillon de son avoine, l'acheteur en achète une certaine quantité, pensant qu'il s'agit d'une certaine variété d'avoine qu'il recherche pour ses chevaux (*old oat*). Mais à la livraison, il se rend compte qu'il ne s'agissait pas de la variété nécessaire à l'alimentation de ses animaux : la variété livrée correspond à de l'avoine verte (*new oat*), céréale totalement immangeable pour les chevaux. Comprenant qu'il a commis une erreur, facilitée par le vendeur qui s'était rendu compte du malentendu mais n'avait rien dit, l'acheteur soutient alors qu'il n'y avait pas contrat. Mais il est débouté par le juge qui considère qu'objectivement, il y avait bien eu échange des consentements une fois l'échantillon d'avoine (verte) montré à l'acheteur. Certes, l'acheteur voulait, en son for intérieur, de l'avoine mûr pour nourrir ses chevaux, ce que le vendeur avait parfaitement compris. Toutefois, il a pu voir l'avoine que le vendeur lui proposait et c'est bien sur ce type d'avoine que l'accord a été passé. L'application du test objectif n'est pas sans lien avec l'erreur sur la chose. Dès lors que l'une des parties a commis une erreur dans son analyse ou son appréciation de la chose à vendre, il doit en supporter les conséquences, puisque la situation a son siège dans son cerveau, inaccessible au juge. Bien au contraire, l'acheteur a touché l'avoine proposée à la vente et a consenti à acheter ce type de céréale sans prendre la précaution de demander le type d'avoine dont il s'agissait. Une personne raisonnable, assistant à la scène, n'a pu qu'en déduire qu'il y avait bien eu accord entre les parties quant à la vente d'avoine sans comprendre que la nature de l'avoine était importante pour l'acheteur. *A contrario*, si l'acheteur n'avait pas pu voir un échantillon de la marchandise ou s'il avait demandé des informations au vendeur, la solution aurait pu être inverse. L'interprétation objective peut se révéler très sévère pour l'une des parties comme l'illustre l'affaire *Upton*[6]. En l'espèce, un homme possède une ferme située entre deux districts, ce qui va se révéler crucial : elle relève de la compétence de la police du district X mais ce ne sont pas les pompiers de ce district qui sont, le

3. Freeman v Cooke [1848] 2 Exch 554.
4. Novus Aviation Limited v. Alubaf Arab International Bank BSC(c) [2016] EWHC 1575.
5. Smith v Hughes [1871] LR 6 QB 597.
6. Upton on Severn RDC v Powell [1942] 1 All E.R. 220.

cas échéant, compétents mais ceux du district Y. Mais le fermier n'a pas saisi cette distinction loin d'être évidente (d'ailleurs, il semble que les pompiers eux-mêmes ne sauront pas trop, au moment de l'intervention, qui de leurs collègues ou eux étaient compétents...). Et lorsqu'un incendie se déclare dans sa ferme, il contacte naturellement les pompiers du district X, convaincu que la compétence des soldats du feu correspond à celle des policiers. Les pompiers du district X se rendent sur les lieux. Une fois le feu maîtrisé, ils lui réclament le paiement de leur intervention en soutenant qu'ils n'étaient pas compétents pour intervenir dans ce secteur ; seuls les pompiers du district Y auraient pu intervenir gratuitement. Le fermier, en défense, objecte qu'il n'a jamais été question de rémunération et encore moins de contrat. Mais la Cour d'appel anglaise se révèle implacable : le fermier a clairement contacté les pompiers de X pour qu'ils viennent éteindre l'incendie, ce qu'ils ont accepté de faire, de sorte qu'il y a bien eu accord de volonté. Le fait que chacune des parties n'ait pas vraiment su si l'intervention était gratuite (en cas de compétence territoriale) ou non (en cas d'incompétence), ne peut pas entrer en ligne de compte pour constater l'existence du contrat. Cette solution, illustrant le test objectif, a souvent été critiquée par sa sévérité mais il est vraisemblable qu'elle s'explique davantage par l'identité du cocontractant – les pompiers – dont on ne peut accepter qu'ils interviennent à la demande de particuliers, en dérogation des compétences territoriales, sans être rémunérés. Les interventions des pompiers ont d'ailleurs ultérieurement été régies par des statuts particuliers. Il faut enfin citer l'affaire *Centrovincial*[7] : un contrat de bail stipule que le loyer sera de 68 320 livres par an et sera revalorisé annuellement afin de tenir compte de la valeur locative par rapport au marché, étant précisé que la réévaluation ne pourra pas mener à une diminution du loyer. La date de réévaluation approchant, les avocats du bailleur informe le locataire, par écrit, que le prochain loyer sera de 65 000 livres. Le locataire répond favorablement en rappelant le montant du loyer, se révélant inférieur au loyer en cours. Recevant le courrier du locataire, les avocats comprennent qu'ils se sont trompés dans l'indication du nouveau loyer et qu'ils auraient dû mentionner dans la lettre 126 000 livres et non 65 000... Ils adressent alors une lettre de rectification indiquant qu'il ne doit pas être tenu compte du premier courrier comportant une erreur. Mais le locataire soutient que seul le premier courrier est valable et que le loyer doit donc être de 65 000 livres. Le bailleur conteste alors qu'il y ait eu formation d'un nouveau contrat de bail et prétend au contraire que c'est l'ancien contrat qui prévaut avec un loyer doublé[8]. C'est à la Cour d'appel anglaise qu'il revient de trancher : un nouveau contrat a-t-il bien été conclu malgré l'erreur matérielle commise par le bailleur quant au montant du loyer revalorisé ? Une fois encore, les juges anglais sont implacables, puisqu'ils considèrent qu'il y avait bien eu accord de volontés entre locataire et bailleur pour un loyer de 65 000 livres. La solution ne peut se comprendre que si l'on remarque que l'ancien loyer et le loyer revalorisé étaient d'un montant similaire. Par conséquent, le nouveau loyer était, pour une personne raisonnable dans la position du locataire, tout à fait crédible. L'erreur matérielle était loin d'être envisageable.

7. CentrovincialEstates plc v Merchant Investors Assurance Co Ltd [1983] Com LR 158 (CA).

8. Voir aussi Moran v University College Salford n° 2 [1994] ELR 187 ; OT Africa Line Ltd v Vickers plc [1996] 1 Lloyd's Rep 700.

À défaut, l'accord de volontés n'aurait objectivement pas été admis, puisqu'une personne raisonnable aurait pu soupçonner une erreur de la part du cocontractant[9].

379 **Application *in concreto*.** L'interprétation objective de la volonté de chaque partie doit se faire *in concreto*. En effet, plusieurs arrêts considèrent que le juge doit se placer du côté de l'acceptant considéré comme une personne raisonnable placée dans les mêmes conditions. L'affaire *Plate* illustre parfaitement l'articulation entre l'appréciation objective et *in concreto*[10]. En l'espèce, un homme qui emploie une jeune fille à son service pour s'occuper des tâches ménagères lui propose une grosse somme d'argent ainsi qu'une bague en diamant si elle accepte de continuer à travailler pour lui pour les dix années à venir, ce que la jeune fille consent à faire. Mais constatant qu'elle n'avait toujours pas reçu l'argent et la bague promis, l'employée assigne son employeur qui, en défense, se contente d'affirmer qu'il n'y avait jamais eu de contrat, car tout cela n'était qu'une blague. Le juge anglais a rejeté un tel argument en appliquant, une fois encore, l'interprétation objective : la promesse faite par l'employeur l'engage et le droit ne saurait tolérer des affirmations gratuites. D'ailleurs, l'employée avait parfaitement rempli ses obligations en travaillant beaucoup pendant les dix ans, preuve objective qu'il ne s'agissait pas, pour elle, d'une mauvaise blague. Et surtout, dans cette affaire, le juge prend soin d'indiquer que l'employée était jeune et peut-être crédule, de sorte que son employeur n'aurait jamais dû lancer de quelconques promesses en l'air. Il fut donc pris au mot[11].

380 **Atténuations.** Si le rejet de l'interprétation subjective est nettement affirmé par la jurisprudence, l'application de l'interprétation purement objective peut se révéler, en pratique, subtile. Deux situations permettent d'écarter les apparences créées par les parties : le respect des usages et coutumes et l'erreur évidente de l'une des parties. En premier lieu, les usages et les coutumes priment la volonté exprimée des parties. C'est l'enseignement de l'affaire *Hartog*[12] : un client souhaite acheter des peaux de lapin ; le prix que le vendeur a affiché est un certain prix au poids. Une fois l'accord conclu, le vendeur comprend qu'il s'est trompé dans l'affichage du prix car il s'agissait en réalité d'un prix à l'unité et non au poids, le montant du prix dû par le client aurait dû être trois fois plus élevé que celui calculé au poids. Mais le client ayant réalisé une bonne affaire, soutient qu'il y a eu accord de volontés. Dans cette affaire, le juge considère que le comportement des parties ou les paroles échangées importent peu, puisque ce sont les usages qui déterminent le prix à la pièce et non au poids. Ainsi, dès lors que des coutumes trouvent à s'appliquer et que le client ne pouvait pas honnêtement avoir cru à un tel mode de calcul du prix, le juge écarte l'appréciation objective des volontés. En second lieu, le contractant ne doit pas se fonder sur le test objectif afin de tirer parti d'une situation favorable mais à laquelle il ne pouvait raisonnablement pas croire. En effet, dans l'affaire *Chwee*, prononcée par la Cour d'appel de Singapour mais qui a été adoptée par la

9. V. *infra* Chwee Kin Keong and others v Digilandmall.com Pte Ltd [2005] 1 SLR(R) 502 ; [2005] SGCA 22005.

10. Plate v Durst [1896], 42w.va.63, 24 S. E. 580, 32 LRA 404.

11. Pour le même traitement sévère du blagueur en droit américain, voir encadré *infra*.

12. Hartog v Colin [1939].

doctrine anglaise[13], l'une des parties ne peut pas consciemment tirer parti d'une erreur commise par l'autre. En l'espèce, une société commercialisant des imprimantes se trompe dans ses publicités, en indiquant que le prix est de 66 dollars alors que la valeur est, en réalité, de 3 000 $. Un client, comprenant l'erreur, saisit l'occasion d'en commander 1 600 afin de les revendre à un prix plus élevé et de réaliser un important bénéfice. Les juges refusent l'existence du contrat en affirmant que le client connaissait pertinemment l'erreur commise sur le prix et ne pouvait donc raisonnablement pas avoir pensé qu'il s'agissait de la vraie volonté du vendeur. L'apparence et la volonté exprimée sont donc écartées car elles ne sont pas crédibles. C'est une façon d'imposer au contractant un comportement honnête : puisque seule l'interprétation objective, faite à travers les yeux de l'acceptant raisonnable sera retenue, toute tentative de présentation d'argument fallacieux par l'acceptant *in concreto* étant inopérante. Il faut également signaler que, bien que l'existence du contrat résulte de la seule volonté extériorisée par les parties, la volonté interne étant sans effet, il n'en demeure pas moins que les parties peuvent arguer d'un vice de consentement ayant altéré la manifestation de leur volonté. Mais il ne s'agit pas pour autant d'en déduire que la volonté interne est alors prise en compte en tant que tel ; il s'agit de constater que la volonté externe est viciée et qu'elle ne peut donc produire d'effet de droit. Dans toutes ces hypothèses, le contractant qui s'est trompé sollicite l'annulation pour erreur, l'erreur étant ici qualifiée d'unilatérale, puisqu'une seule partie l'a commise[14].

Interprétation objective et droit américain : les contractants doivent s'abstenir de plaisanter !

À l'instar du droit anglais, le droit américain applique également une conception objective de la rencontre des volontés, au risque de mener à des solutions sévères pour les contractants. L'arrêt américain emblématique du test objectif est l'affaire *Hotchkiss v. National City Bank ((1911), 200 F. 287, 293, S.D.N.Y. 191 ; 201 F. 664 (2d Cir. 1912), 231 U.S. 50 (1913))*. Voici ce qu'y affirme, en substance, le juge qui a rédigé la décision : l'intention des parties est inopérante dans la formation du contrat. Le contrat résulte du comportement des parties, souvent des paroles, auxquels la loi confère des effets et qui traduisent le plus souvent une intention connue. La décision ajoute que, même si vingt évêques attestaient que l'une des parties, en utilisant tel mot, avait en réalité, une autre intention, cela ne changerait rien, à moins qu'il n'y ait eu une erreur commune des parties.

Face à une telle théorie, les parties doivent se garder de tout comportement à la légère. Par exemple, la Cour suprême de Virginie a appliqué, avec rigueur, le test objectif malgré l'absence d'intention réelle de l'une des parties de conclure le contrat. En l'espèce, un homme (M. L) projette d'acheter la ferme d'un autre

13. Chwee Kin Keong and others v Digilandmall.com Pte Ltd [2005] 1 SLR(R) 502 ; [2005] SGCA 22005.

14. *Infra*, n° 472 ; l'annulation sera prononcée si le cocontractant avait connaissance de l'erreur (*Actual knowledge*) ; mais, il ne suffit pas de pouvoir lui reprocher qu'une personne raisonnable aurait compris l'erreur (Longley v PPB Entertainement [2022] EWHC 977).

(M. Z) mais, en raison de la réticence de l'épouse du vendeur, l'affaire ne se fait pas. Quelque temps plus tard, M. L retourne voir M. Z avec une bouteille de whisky. Dans une ambiance joviale, ils passent la soirée à boire de l'alcool. Alors qu'ils sont saouls et échangent moult blagues depuis plusieurs minutes, M. L propose à nouveau à M. Z de racheter sa ferme pour 50 000 $; cette fois, l'ambiance étant à la franche camaraderie et placée sous le signe des blagues, M. Z dit à son ami qu'il est d'accord et M. L s'empresse de remplir un chèque qu'il lui remet. Au petit matin, après avoir dessaoulé, le vendeur retourne voir son camarade d'un soir pour restituer le chèque et s'assurer que la vente n'était qu'une mauvaise blague. Impossible ! Comme la Cour suprême le confirme, sa réelle intention est inopérante : peut-être n'était-ce qu'une stupide blague dans son esprit (et dans l'esprit de son ami), mais un acceptant raisonnable aurait logiquement déduit de la proposition d'achat faite et de l'acceptation d'un chèque qu'il y avait eu accord (*Virg. SC, Lucy v. Zehmer, 196 Va. 493 ; 84 S.E.2d 516, 1954*). Malgré les critiques doctrinales qui s'élèvent contre cette décision (notamment car elle a fait fi de la personnalité ambitieuse de l'acquéreur), ce n'est là qu'une application du *First Restatement on Contracts* (art. 20).

§ 2. UN ACCORD AVEC FORCE OBLIGATOIRE

381 Seul l'accord qui a force obligatoire est un contrat. Tel est le cas si les parties avaient l'intention de créer un lien de droit (A) et s'il prévoit une contrepartie (B).

A. L'INTENTION DE CRÉER UN LIEN DE DROIT

382 **Des présomptions. Les litiges inutiles. La volonté des parties.** Le contrat repose sur l'échange des consentements. Encore faut-il que chaque partie ait eu l'intention de créer un lien de droit. C'est ce qui distingue classiquement, en droit français comme en droit anglais, les conventions produisant des effets de droit et les conventions purement sociales, comme l'acceptation d'une invitation à dîner. Toutefois, en droit anglais, l'intention d'être lié juridiquement est une exigence de formation du contrat qui va bien plus loin, puisque la volonté des parties est présumée dans certaines circonstances. La jurisprudence anglaise considère traditionnellement que les conventions conclues au sein d'une famille ou qui n'ont qu'une fonction sociale (comme une invitation à dîner, la promesse d'une récompense en cas de réussite au jeu d'une kermesse) n'ont pas d'effet obligatoire et ne sont donc pas des contrats, car les contrariétés qu'ils peuvent susciter ne sauraient constituer des litiges méritant d'encombrer les tribunaux. C'est pour cette raison, consistant à éviter l'engorgement des tribunaux, que des présomptions ont été posées excluant de la sphère contractuelle divers accords. Mais afin de coller à la logique contractuelle, les présomptions sont liées à la volonté des parties : elles sont présumées ne pas avoir souhaité s'engager juridiquement.

Il existe, en effet, des présomptions de volonté, soit de ne pas être lié juridiquement (1), soit, au contraire, de l'être (2).

1. La présomption de ne pas être engagé juridiquement

383 Cette présomption s'applique à des domaines précis (a) et a la force d'une présomption simple (b).

a) Les domaines d'application

384 **Contrats en famille.** La seconde catégorie regroupe, au contraire, des présomptions d'absence de contrat, par absence de volonté de s'engager juridiquement. Tout d'abord, ce sont les accords passés entre les membres d'une famille. Par exemple, dans l'affaire *Balfour v. Balfour*, prononcée en 1919, un homme, doit partir travailler dans une colonie britannique, et préfère laisser son épouse en Angleterre. Les époux conviennent que le mari verserait à sa femme une pension alimentaire régulièrement. Mais un peu plus tard, la relation conjugale s'étant détériorée, le mari arrête ses paiements. Son épouse l'assigne alors en justice aux fins de voir leur accord respecté. La Cour la débouta au motif qu'une convention entre époux est une convention purement sociale et n'a pas de valeur juridique, puisque les parties sont présumées ne pas avoir souhaité en donner d'effet obligatoire. La présomption s'applique à un contrat passé entre des époux qui ne sont pas encore séparés de fait. C'est l'enseignement à tirer d'une autre affaire, *Merritt v. Merritt*. En l'espèce, un homme quitte son épouse pour aller vivre avec sa maîtresse. Il convient avec son épouse qu'elle continuera à assumer seule le remboursement du prêt ayant financé l'achat de leur maison, qu'il lui donnera un peu d'argent tous les mois et, surtout, une fois le prêt remboursé, la maison lui appartiendra entièrement à elle seule. Quelques années plus tard, une fois le prêt remboursé, l'épouse demande à ce que la propriété exclusive de la maison lui soit reconnue. Le mari conteste le caractère obligatoire de l'accord en arguant de la présomption dégagée dans Balfour. Mais la Cour rejette cet argument : la présomption ne s'applique pas car l'accord a été passé alors que les époux étaient déjà séparés et qu'il portait sur l'organisation post-séparation de leurs biens. L'accord était donc bien un contrat. La présomption ne concerne pas que les relations entre époux mais trouve aussi à s'appliquer aux relations parents-enfants[15]. Ainsi, une mère et sa fille concluent un accord : la mère promet de payer mensuellement à sa fille une somme de 200 euros si elle démissionne de son emploi aux États-Unis et vient s'installer à Londres pour y entamer des études d'avocat. La fille, dans un premier temps réticente à cette idée en raison du très bon salaire américain qu'elle perçoit, finit par se laisser convaincre. La mère achète même une maison afin que sa fille et son petit-fils puissent s'y installer confortablement. En outre, la maison compte de nombreuses chambres que la fille pourra louer afin d'en tirer des revenus. Alors que la fille a entamé ses études de droit à Londres, elle se marie et abandonne vite son cursus universitaire. Dans ce contexte, la mère réclame alors la maison. En défense, la fille soutient qu'un accord avec sa mère lui donnait la jouissance de la

15. Jones v Padavatton [1969] 1, WLR 328.

maison. La Cour considère que cet accord n'avait aucune valeur juridique, puisqu'il avait été conclu entre membres d'une même famille et qu'aucune preuve contraire n'avait pu la renverser.

385 **Domaine sportif.** Enfin, le domaine sportif contient également des présomptions simples prévoyant que les accords n'ont pas de valeur juridique. Ainsi, lorsqu'un club sportif organise un tournoi et annonce que le meilleur participant se verra offrir une belle coupe, ce n'est pas un accord dont peut se prévaloir le vainqueur pour réclamer son prix[16].

b) La force de la présomption

386 **Présomptions simples.** Ces présomptions sont simples (*rebuttable*) et tombent donc face à la preuve contraire. Dans l'affaire *Errington*, un père achète une maison puis propose à son fils et à sa belle-fille d'y habiter tant qu'ils paient les mensualités du prêt. Mais lorsqu'il décède, son fils retourne vivre chez sa mère tandis que la belle-fille continue à rembourser le prêt et à jouir de la maison. La veuve, invoquant le caractère non juridique de l'accord, l'assigne alors afin de récupérer la maison. Mais les juges la déboutent : certes, il s'agissait d'un accord entre membres d'une même famille ; toutefois, des faits révèlent l'intention du défunt de s'être engagé juridiquement. De même, tandis que le vainqueur d'une compétition de golf ne saurait réclamer sa coupe devant un juge, il est de nombreuses hypothèses de compétitions pour lesquelles les participants peuvent attraire les organisateurs en justice, car la présomption peut être renversée. Ainsi en est-il des jeux-concours organisés par des journaux[17].

387 **Les preuves contraires.** Trois éléments de preuve permettent de renverser la présomption d'absence de contrat. Tout d'abord, le contexte dans lequel l'accord est conclu. Si une convention est conclue entre membres d'une même famille mais dans un contexte plutôt professionnel, le juge sera enclin à écarter la présomption. Tel est le cas lorsque trois frères, travaillant dans l'entreprise familiale, concluent un accord relatif à la gouvernance[18] ou encore lorsqu'un couple se répartit sa fortune composée de parts sociales, d'une maison, de comptes bancaires, etc.[19]. De même en est-il d'un accord conclu entre une grand-mère, sa petite-fille et leur bailleur aux termes duquel la grand-mère participe à un concours pour son compte et celui des deux autres et si elle gagne, partagera le lot[20] ; la présence, parmi les parties, du bailleur fait sortir l'accord du domaine de la présomption. Ensuite, le deuxième critère consiste à examiner si l'une des parties pouvait légitimement espérer que l'accord ait une valeur juridique et a, en conséquence, agi à son détriment. La décision emblématique qui illustre ce critère est l'affaire *Parker v. Clark*[21]. En l'espèce, un couple de retraités propose à des amis de venir habiter

16. Lens v Devonshire Club [1914].
17. O'Brien v MGN Ltd [2002] CLC 33.
18. Snelling v John G Snelling Ltd [1973]1, QB 87.
19. Granatino v Radmacher [2010] UKSC.
20. Simpkins v Pays [1955] 1 WLR 975 QB.
21. Parker v Clark [1960] 1 WLR 286.

chez eux. Si les amis ne sont pas opposés à cette idée, ils leur font toutefois part d'une inquiétude : ils devront vendre leur maison et en cas de prédécès des retraités, ils n'auront alors plus de maison. Les retraités leur proposent alors de les coucher sur leur testament et ainsi de leur léguer une partie de leur nouvelle maison. Sur ces bases, les amis sont rassurés et l'accord est conclu. Mais bien vite, la cohabitation devient insupportable et les retraités n'ont d'autre choix que de demander à leurs amis de repartir. Mais les amis décident de rester et invoquent l'existence d'un contrat. En défense, les retraités se prévalent de la présomption et concluent à l'absence de valeur juridique de l'accord. La Cour tranche en faveur des amis après avoir déduit du contexte la volonté des parties de s'engager juridiquement : c'est parce que les amis ont cru à l'existence d'un vrai contrat qu'ils ont vendu leur maison et leurs meubles pour s'installer définitivement chez les retraités. Un raisonnement similaire s'applique au covoiturage : si le conducteur propose à un collègue de l'emmener au bureau en échange d'une contribution au paiement du carburant, il y a contrat. Mais une distinction doit être mise en lumière : il y a bien contrat une fois les trajets effectués, de sorte que le conducteur peut réclamer au passager le paiement du carburant[22]. En revanche, il n'y a pas contrat pour l'avenir : le passager ne peut se prévaloir de l'accord pour exiger du conducteur qu'il l'emmène au travail à l'avenir[23]. Enfin, un troisième facteur aide le juge à accepter ou non le renversement de la présomption : la certitude de l'accord. En d'autres termes, si l'accord est très large et très vague, le juge sera enclin à considérer que les parties savaient (et souhaitaient) que l'accord n'aurait pas de valeur juridique. Tel est le cas dans une affaire où le mari autorise son épouse qui s'en était allée, à revenir et demeurer au domicile conjugal mais sans aucune indication quant à la durée de cette permission ni à quelles conditions[24].

2. La présomption d'être engagé juridiquement

388 Une fois encore, cette présomption s'applique à des domaines limités (a) et est une présomption simple (b).

a) Le domaine d'application

389 **Contrats entre professionnels.** Les accords conclus entre professionnels sont présumés être des contrats[25]. La présomption ne trouve à s'appliquer que si l'accord est sérieux[26]. Dans l'affaire *Weeks*, la présomption ne s'est pas appliquée car l'objet du contrat n'était pas sérieux. En effet, un homme avait publié une petite annonce indiquant qu'il donnerait de l'argent à celui qui épouserait sa fille !

22. Albert v Motor Insurers' Bureau [1972] AC 301, 340.
23. Coward v Motor Insurers' Bureau [1963] 2, QB 259, 271.
24. Vaughan v Vaughan [1953] 1, QB 762 ; adde, Jones v Padavatton [1969] 1, WLR 328.
25. Rose & Frank v Crompton Bros [1925] AC 445 ; Esso Petroleum v Customs & Excise [1976] 1 WLR 1 H.
26. Weeks v Tybald [1605].

b) La force de la présomption

390 **Présomption simple renforcée.** La présomption peut être combattue par la preuve contraire. Il pourrait donc s'agir d'une présomption simple selon les termes du droit français. Toutefois, la jurisprudence est particulièrement exigeante et elle ne contente pas de la preuve d'un seul fait rendant vraisemblable l'absence d'intention d'être lié. Bien au contraire, elle considère que cette présomption est lourde (*heavy*) et suppose d'être combattue par des éléments ne laissant place à aucun doute, ce qui pourrait en faire une présomption simple renforcée. Ainsi, un accord entre professionnels est présumé être juridiquement obligatoire, sauf insertion dans l'accord d'une clause le stipulant. Tel est le cas d'une *honour clause*, clause de l'accord stipulant que les parties ne s'engagent que sur l'honneur et non en droit[27]. Encore faut-il que les termes employés dans la clause véhiculent l'intention claire des parties de ne pas être liées juridiquement et ne constituent pas une simple déclaration d'intention[28]. Il est également fréquent que, pendant des négociations, les parties concluent des accords permettant, par exemple, de réaliser des points d'étapes. De tels documents peuvent être appelés *Memorandum of Understanding* (MoU), *Letters of Intent* (LoI) ou encore *Heads of Terms* (HoTs). Mais peu importe le nom donné par les parties à ces documents ; ce qui doit être noté est leur volonté exprimée de leur conférer ou non une valeur contraignante. Ainsi, si les parties ne souhaitent pas qu'ils aient force obligatoire, elles prendront soin d'indiquer une mention claire en ce sens, par exemple, « the present document shall not be legally binding ». À défaut de stipulation explicite, le juge peut se fonder sur les habitudes passées des parties pour en déduire leur intention[29].

> **Pas trop de décontraction dans les négociations !**
> Deux affaires récentes illustrent combien les présomptions sont fragiles et peuvent être facilement renversées, comme en l'espèce, en raison du lieu où l'accord avait été passé, tantôt un pub pour la première affaire (*Blue v Ashley* [2017] EWHC 1928), tantôt un restaurant (*MacInnes v Gross* [2017] EWHC 127 (QB)) ; ces lieux ont été considérés par les juges comme inadaptés pour la conclusion d'un véritable contrat au regard des enjeux. Il ne s'agit pas d'en déduire qu'un contrat ne peut pas être conclu dans un restaurant, mais ce choix du lieu est un indice de l'état d'esprit des parties, et donc de leur commune intention.

391 **Cas particuliers. Accords collectifs salariés/employeurs.** En principe, les accords conclus entre des syndicats et les employeurs ne bénéficient pas de la présomption selon laquelle ils ont force obligatoire.

---

27. Rose & Frank v Crompton Bros [1925] AC 445 ; il peut aussi s'agir d'une lettre d'intention n'ayant pas force obligatoire, Kleinwort Benson (KB) v Malaysia Mining Corporation BHD (MMC BHD) [1989] 1 WLR 379 Court of Appeal.

28. Ferrera v Littlewoods Pools [1998] EWCA Civ 618 Court of Appeal.

29. Volumatic Ltd v Ideas for Life Ltd [2019] EWHC 2273.

B. L'EXIGENCE D'UNE CONTREPARTIE

392 Le contrat de *Common law* présente la particularité d'être qualifié comme tel si chaque partie apporte à l'autre une contrepartie ou *Consideration*. À ce principe (1), il existe quelques exceptions (2).

1. Le principe

393 **Principe : un contrat synallagmatique.** Le contrat anglais suppose que chaque partie reçoive une contrepartie ou supporte une obligation, car le contrat est analysé avant tout comme un instrument d'échange par lequel chacun promet de faire ou de donner quelque chose à l'autre. C'est la *consideration*. Elle a été définie, à la fin du XIXe siècle, comme un droit, un intérêt, un profit ou un bénéfice reconnu à l'une des parties, ou quelque sujétion, inconvénient, perte ou responsabilité, donnée, subie ou assumée par l'autre[30].

À défaut de contrepartie dans le contrat, celui-ci ne bénéficiera pas de la force exécutoire (*the contrat is not enforceable*). C'est pourquoi, une promesse unilatérale (de faire une donation, par exemple) ne revêt pas de caractère obligatoire en droit anglais.

Toutefois, à titre exceptionnel, il est possible de conclure juridiquement un contrat gratuit, par nature, un contrat privé. La force obligatoire de cet accord est procurée par le formalisme observé par les parties, notamment le *deed*[31]. La doctrine de la *promissory estoppel* permet également de conférer une valeur obligatoire à une promesse unilatérale (v. *infra*).

394 **Caractères de la *Consideration*.** Toute contrepartie ne constitue pas une Consideration. Encore faut-il qu'elle réponde à quatre caractères : réciproque (a), simultanée et interdépendante (b), avoir une valeur patrimoniale (c) et ne pas être dictée par une autre cause que la volonté des parties (d).

a) Une contrepartie réciproque

395 **D'un patrimoine à l'autre.** En premier lieu, le contrat doit instaurer un mouvement de contreparties entre les parties. En d'autres termes, chaque contrepartie doit passer du patrimoine d'un contractant à l'autre (*it must move from a party to the other*). Ainsi, chaque *consideration* doit être réciproque. La jurisprudence est stricte, puisque l'obligation pour chaque contractant de payer une somme d'argent à un tiers ne constitue pas une *consideration*[32].

30. Currie v Misa [1875] LR 1à Ex 153 : « (...) *some right, interest, profit or benefit accruing to the one party, or some forebearance, detriment, loss or responsability, given, suffered or undertaken by the other* » ; *adde* Dunlop v Selfridge [1915] AC 847.

31. V. *infra*, n° 442 ; v. plus généralement, *infra*, n° 435.

32. Tweddle v Atkinson [1861] 121 ER 762 : un jeune homme va se marier et son père et son futur beau-père conviennent de, chacun, lui verser une somme d'argent ; mais le beau-père meurt et le fiancé ne peut pas réclamer le paiement des sommes aux héritiers ; de même, voir Price v Easton [1833] ; toutefois, cette solution, de *Common law*, serait désormais différente selon le *Contracts (Rights of Third Parties) Act 1999*, v. *infra*.

b) Une contrepartie interdépendante et simultanée

396 **Interdépendante et simultanée.** En deuxième lieu, chaque contrepartie doit être interdépendante et simultanée. Précisément, le contrat doit stipuler, lors de la formation du contrat, l'existence d'une contrepartie pour chacun. C'est pourquoi le droit anglais considère que si un accord impose à un contractant une obligation, et qu'une fois cette obligation exécutée, le créancier promet d'exécuter, à son tour, une obligation, il ne s'agit pas d'un contrat : malgré l'existence d'obligations supportées par chaque partie, le décalage dans le temps de leur stipulation fait obstacle à leur caractère interdépendant et simultané. En revanche, il est tout à fait possible de prévoir que l'exécution de chaque obligation sera décalée dans le temps. Par exemple, les parties peuvent convenir que le paiement du prix sera effectué quelques semaines après la livraison des marchandises, dès lors que les deux obligations ont été stipulées dès la formation du contrat. Ainsi, lorsqu'une dépense a été exposée au profit d'une personne, et bien que celle-ci accepte, *a posteriori*, de rembourser la somme, le *solvens* ne peut pas réclamer ce remboursement sur le fondement contractuel : l'exécution d'une prestation ou le versement d'une somme d'argent par une partie avant que l'autre partie n'ait promis de la rémunérer ou de la rembourser ne constitue pas une *consideration*, et, par conséquent, n'aboutit à aucun contrat. Deux jurisprudences emblématiques illustrent cette règle. D'une part, dans l'affaire *Eastwood*[33], le tuteur d'une petite fille contracte un prêt afin de financer l'éducation de l'enfant et de préparer son futur mariage ; plusieurs années plus tard, une fois mariée, l'époux promet au tuteur de lui rembourser les frais exposés pour l'éducation et l'entretien de l'enfant devenue son épouse. Cette promesse, uniquement morale, n'avait aucune valeur juridique. D'autre part, dans l'affaire *McArdle*[34], un fils et son épouse habitent la maison de la mère et belle-mère – maison qui est censée échoir, à son décès, au fils et à ses frères. Durant l'occupation de la maison, la belle-fille en profite pour faire effectuer divers travaux d'aménagement ; peu après, la belle-mère fait signer un papier à ses enfants afin que la belle-fille soit un jour indemnisée de ces dépenses ; mais à son décès, ses héritiers refusent ultérieurement de respecter leur promesse ; la belle-fille les assigne pour inexécution du contrat, mais elle est déboutée puisqu'il n'y a aucun contrat, ses dépenses ayant été effectuées avant d'avoir reçu la promesse de la belle-mère et/ou des héritiers. Le droit anglais traduit cette exigence en affirmant que la *consideration* ne doit pas être passée ("*the consideration must not be past*")[35]. C'est cette exigence de simultanéité des promesses qui expliquent qu'en droit anglais, la nouvelle promesse de l'une des parties à un contrat de payer une somme plus importante que celle initialement prévue n'a pas de valeur juridique, puisqu'elle ne reçoit rien de plus en échange[36]. Toutefois, cette proposition d'ajouter un avantage au contrat promis revêt force obligatoire si cette promesse supplémentaire peut se rattacher à la même opération[37] ou, bien entendu, si elle correspond à un avantage reçu en échange[38].

33. Eastwood v Kenyon [1840] EngR 80, (1840) 11 Ad & E 438.
34. Re MacArdle [1951] Ch 669 Court of Appeal.
35. R. Stone et J. Devenney, The Modern Law of Contract, Routledge, 2025, p. 108.
36. Roscorla v Thomas [1842] 3 QB.
37. Classic Maritime Inc v Lion Diversified Holdings bhd [2009] EWHC 1142 (Comm).
38. Williams v Roffey Bros [1990] 2 WLR 1153 ; (1991) 1 QB 1.

À titre exceptionnel, le droit anglais admet la qualification de *consideration* alors que les deux contreparties ont été promises à des moments différents et cela dans deux hypothèses. La première hypothèse repose sur l'existence d'une promesse implicite (*implied promise*). Dans la vieille affaire *Lampleigh*[39], les juges anglais ont posé les bases de cette promesse implicite. En l'espèce, un homme est coupable d'avoir tué un homme ; souhaitant échapper à la peine capitale, il contacte un homme d'influence auprès du Roi afin de plaider sa cause. Efficace, l'homme contacté obtient la commutation de la peine capitale en emprisonnement. Ravi d'avoir sauvé sa tête, le criminel lui promet, en remerciement, une récompense de 100 livres, mais cette somme ne sera finalement jamais payée. L'homme d'influence l'assigne alors pour inexécution de leur contrat, ce que les juges admettent. Voici ce que le demandeur doit démontrer : l'exécution de la première prestation a été effectuée à la demande préalable du défendeur (en l'espèce, c'est bien le criminel qui a demandé d'obtenir la grâce royale), les parties ont bien compris que la contrepartie de la prestation serait versée ultérieurement et que l'obligation de payer constituerait bien une obligation juridique[40]. Dans la seconde hypothèse, il s'agit de ce que le droit anglais appelle un contrat unilatéral (*unilateral contract*). C'est un faux ami qui ne correspond aucunement à ce que le droit français considère comme un contrat unilatéral. Au contraire, cette hypothèse vise l'exécution d'une prestation en échange d'une promesse de récompense. Lorsqu'une personne promet de verser une récompense à toute personne qui retrouvera son chien perdu, il est juridiquement tenu de payer la somme convenue une fois la prestation effectuée (le chien est trouvé). Par conséquent, malgré l'absence de rencontre des volontés et le seul engagement unilatéral de récompense, l'exécution de l'acte prévu par cet engagement suffit à conférer force obligatoire à la promesse. Le promettant ne peut donc pas invoquer le décalage dans le temps des considérations afin d'échapper au paiement de la récompense une fois le chien ramené.

c) *Une contrepartie patrimoniale*

397 **Un grain de poivre.** En troisième lieu, la contrepartie procurée à chaque contractant doit constituer une valeur patrimoniale ; elle doit revêtir une dimension économique ou financière. Par exemple, le paiement d'un loyer d'un montant extrêmement faible constitue une *consideration* valable aux yeux du droit anglais[41].

Mais son montant n'a pas d'importance. En effet, le droit anglais n'exige pas que les contreparties soient équivalentes. Ainsi, il est traditionnel d'accepter qu'un grain de poivre (*a peppercorn*, expression utilisée par Lord Somervell dans l'affaire *Chappel v. Nestlé*[42]) constitue une *consideration* tout à fait valable. Une affaire illustre à quel point le montant de cette valeur économique est indifférent, l'affaire *Chappel*. En l'espèce, Nestlé lance une campagne promotionnelle dans laquelle elle propose à ses clients de recevoir en cadeau un disque en échange de l'envoi de trois

39. Lampleigh v Braithwait [1615] EWHC KB J17.
40. *Adde* Casey's patents 1892 ; Pao On v Lau Yiu Long (1980) AC 614.
41. Thomas v Thomas [1842] 2 QB 851.
42. Chappel v Nestlé [1960] AC 87 HL.

emballages de barres chocolatées et d'un timbre. Or, le détenteur du copyright sur les disques, qui n'a pas été associé à l'opération, refuse que ces disques soient ainsi proposés aux clients de Nestlé. La législation relative aux copyrights (*Copyright Act 1956*, sec. 8) était protectrice des commerçants qui vendaient aux consommateurs des produits soumis à copyrights, puisqu'il leur suffisait d'informer le détenteur de ces droits de l'opération et de lui payer un faible pourcentage du prix de vente. Encore fallait-il que le commerçant puisse bien se prévaloir de cette législation : celle-ci supposait que le prix ne soit composé que d'argent. Or, en l'espèce, le débat se positionna justement sur les éléments constitutifs du prix de vente de ces disques : pour le détenteur des droits, Nestlé ne pouvait bénéficier de cette législation, car le prix était, au moins, partiellement, composé d'un élément en nature, à savoir les trois emballages vides ! Sans surprise, Nestlé rétorqua alors que ces emballages n'avaient aucune valeur financière et qu'ils étaient d'ailleurs immédiatement jetés dès réception ; ils ne servaient qu'à prouver que les barres chocolatées avaient bien été achetées par le client. C'est précisément cet argument que la Chambre des Lords a retenu et a retourné contre Nestlé : ces emballages vides étaient la preuve que les consommateurs avaient acheté du chocolat, et donc, que le chiffre d'affaires de Nestlé avait augmenté. Ces emballages constituaient donc une contrepartie à l'opération promotionnelle comportant, certes la vente de disques mais surtout la vente de chocolat. Par cette décision, la Chambre des Lords considère clairement que la *consideration* ne peut avoir objectivement aucune valeur, mais elle demeure telle dès lors que les parties se sont mises d'accord sur le fait qu'il s'agit d'une contrepartie.

d) Une contrepartie véritable

398 **Principe. Pas de contrepartie en dehors du contrat.** La *consideration* doit constituer la contrepartie d'un avantage conféré ou d'une obligation imposée par le contrat et non par une autre source de droit, que ce soit un jugement, une loi ou un autre contrat. C'est ce que les juristes français traduisent par l'idée de cause : la cause de chaque obligation doit se trouver dans l'obligation du cocontractant. Par exemple, un pompier qui sauve une victime ne peut réclamer de rémunération puisque son devoir, fondé sur la loi, l'oblige à venir en aide aux personnes en péril. De même en est-il de l'obligation d'un policier de témoigner ou de fournir à l'audience des preuves[43]. L'obligation peut être également fondée sur un contrat préalable : ainsi, dans une célèbre affaire, les juges anglais ont débouté des personnes à qui l'on avait promis de l'argent en échange de leur travail[44] : alors qu'un bateau est au milieu de la mer, plusieurs marins refusent de travailler ; le capitaine, s'adressant alors aux autres marins restés fidèles, leur promet une prime s'ils acceptent de rester à bord. Une fois revenu à terre, le capitaine refuse de payer la prime promise ; les marins sont déboutés car cette prime n'avait aucune *consideration*, puisque le travail accompli faisait déjà partie de leur travail conformément au contrat initial. En d'autres termes, l'obligation en contrepartie de laquelle la *consideration* est convenue doit être stipulée dans le même contrat et ne pas avoir été

43. Collins v Godefrey [1831] 1 B & Ad 950 King's Bench Division.
44. Stilk v. Myrick [1809] EWHC KB J58.

prévue dans une loi ou un précédent contrat. Cette règle connaît une application sévère en cas de paiement partiel d'une dette. Précisément, lorsqu'une dette est due par le débiteur, le créancier peut consentir une réduction de la dette à condition qu'il reçoive une contrepartie pour cette remise de dette[45]. Même si le créancier ne conteste pas la validité de la remise de dette qu'il a accordée au débiteur, il peut toujours obtenir les intérêts sur le principal dans son montant initial[46].

399 **Exceptions. Dépassement du devoir.** Toutefois, la jurisprudence a admis quelques exceptions principales. D'une part, si l'une des parties promet une récompense pour inciter son cocontractant à dépasser son devoir contractuel, alors cette récompense répond bien à une vraie contrepartie et doit donc être payée. Tel est le cas du propriétaire d'une mine qui promet une récompense aux services de police s'ils protègent, avec zèle, sa propriété contre les assauts de grévistes[47]. De même, la promesse faite par un capitaine de payer une récompense à certains de ses marins ayant excédé leurs obligations contractuelles en menant le bateau à bon port malgré les mauvaises conditions météo ; en outre, dans cette affaire, les juges ont observé que les circonstances nouvelles avaient fait disparaître le contrat et les parties avaient été à même de renégocier les conditions financières[48]. Une autre décision montre qu'une *consideration* peut être une bonne contrepartie si l'un des contractants confère à son partenaire un avantage qui n'est pas prévu par le contrat initial[49] : dans cette affaire, un constructeur est chargé de rénover plusieurs appartements ; le contrat stipule une clause pénale en cas de retard ; afin de respecter les délais, il conclut un contrat de sous-traitance pour réaliser le toit ; mais le sous-traitant considère que le prix est trop faible ; le constructeur lui promet alors un supplément de prix. Une fois les travaux achevés, le constructeur refuse d'exécuter sa promesse en soutenant que cette augmentation du prix n'a pas de contrepartie ; or, les juges anglais considèrent, bien au contraire, que la promesse a une contrepartie, un avantage procuré par le créancier : grâce à lui, le constructeur a respecté les délais imposés par le maître d'ouvrage et il a donc échappé au paiement de la clause pénale. Plus surprenante est la décision de la Cour d'appel considérant qu'une mère excède ses obligations maternelles en s'engageant à rendre son enfant heureux[50].

400 **Exceptions. Paiement à un tiers.** En deuxième lieu, si l'une des parties paie une somme à un tiers, ce paiement peut constituer une *consideration* valable faisant obstacle à tout remboursement de la part du cocontractant[51] : en l'espèce, un contrat de fourniture de charbon est conclu entre un vendeur et un fournisseur ; le transport et le déchargement du charbon n'étant pas prévus dans le contrat, l'acheteur contacte un transporteur et le paie pour ses services ; mais, parallèlement, le fournisseur a également contacté ce transporteur et l'a également payé. Le fournisseur

45. Pinnel's Case [1602] 5 Co Rep, 117 a.
46. Foakes v. Beer (1883-1884) LR 9 App Cas 605 HL.
47. Glassbrook Bros v Glamorgan County Council [1925] AC 270 HL.
48. Hartley v Ponsonby [1857] 7 EB 872.
49. Williams v Roffey Bros [1990] 2 WLR 1153.
50. Ward v Byham [1956] 1 WLR 496 CA.
51. Scotson v Pegg [1861] EWHC Exch J2 158 ER 121.

réclamant au transporteur la restitution du prix versé est débouté car ce paiement avait une *consideration*, l'existence d'un contrat conclu avec l'acheteur ; le transporteur pouvait donc être payé deux fois pour la même prestation[52].

401 **Exceptions. Paiement partiel d'une dette. Remise de dette. *Part payment of a debt.*** En troisième lieu, la remise de dette gratuite n'a pas force obligatoire, en droit anglais, en raison de l'exigence de *consideration :* tout avantage procuré par un contractant doit être contrebalancé par un autre avantage ; c'est pourquoi, la remise de dette accordée par le créancier ne libère pas pour autant le débiteur[53]. Néanmoins, les juges anglais ont introduit quelques exceptions. Cette remise de dette gratuite produit ses effets, dès lors que le paiement partiel, fait à la demande du créancier, est effectué avant la date prévue[54]. Dans ce cas, l'avantage procuré au créancier et contrebalançant la remise de dette est constitué par le paiement fait en avancé. La remise de dette peut être également contrebalancée par une subrogation de l'objet du paiement : à la place de l'argent attendu, le débiteur peut donner un bien dont la valeur pourra être inférieure ou supérieure (encore faut-il que le créancier accepte cette substitution). De même, la remise de dette a force obligatoire si le paiement partiel a été effectué par un tiers[55], car elle a pour contrepartie le fait que le paiement effectué par un tiers est spontané, sans aucune obligation initiale : deux sujétions se compensent, celle du tiers et celle du créancier. Néanmoins, il convient de rappeler que la remise de dette en droit anglais ne porte que sur le principal, le créancier peut toujours réclamer les intérêts[56].

2. Les exceptions

402 **Vraies et fausses exceptions. Mandat et dépôt gratuits.** Le droit anglais reconnaît la qualité de contrat à un accord pourtant dénué de véritable contrepartie, au terme d'une analyse particulière. Ainsi, le contrat unilatéral et gratuit qu'est le mandat ou le dépôt gratuit est considéré par les juges anglais comme un contrat synallagmatique. Par un raisonnement déductif, ils partent du postulat qu'ils doivent être synallagmatiques afin de leur conférer force obligatoire. Il faut donc découvrir à tout prix dans ces conventions l'existence de *considerations* croisées, qu'il s'agisse de prestation ou argent, ou de sujétions (*forebearances*).

403 **Formalisme. Contrat gratuit. *Deed.*** Un accord de volonté dépourvu de contrepartie peut, exceptionnellement, être un contrat si les parties l'ont passé sous le formalisme du *Deed*[57].

52. Voir aussi, New Zealand Shipping v Satterthwaite [1975] AC 154.

53. C. Le Gallou, *La remise de dettes en droit anglais ou les désillusions d'un monarque et de son vassal*, in Mélanges en l'honneur du professeur Deen Gibirila, Presses univ. de Toulouse, 2022 p. 535 ; R. Stone et J. Devenney, The Modern Law of Contract, Routledge, 2025, p. 134.

54. Pinnel's Case 1602 5 Co Rep, 117 a ; *adde* Collier v P & MJ Wright (Holdings) Ltd [2007] EWCA Civ 1329.

55. Hirachand Punamchand v Temple [1911] 2 KB 330.

56. Foakes v Beer (1883-84) LR 9 App Cas 605 House of Lords.

57. V. *infra*, n° 442.

404 ***Promissory estoppel.*** À titre exceptionnel, une promesse unilatérale peut revêtir force obligatoire alors qu'elle n'est contrebalancée par aucune *consideration*. C'est sur le fondement de l'*Equity* (et non pas de la *Common law*) que cette situation est admise. En effet, le paiement partiel d'une dette peut avoir force obligatoire grâce à la notion de *promissory estoppel*. C'est une notion fondée sur l'*Equity*[58]. Les faits étaient les suivants : en 1937, à Londres, une société sous-loue plusieurs appartements appartenant à une autre société. Mais, la guerre faisant bientôt fuir les habitants, le nombre de locataires chute sévèrement et le preneur n'est plus à même de payer les loyers. Preneur et bailleur s'accordent alors pour diminuer temporairement le loyer de moitié, mais ils ne prennent pas soin de préciser la durée de cette modification. En 1945, la guerre étant terminée, le bailleur réclame désormais le paiement normal du loyer. La Cour estime que le bailleur est en droit de réclamer le paiement du loyer intégral pour les locations postérieures à 1945, mais pas pour la période antérieure. En effet, en vertu des promesses faites par chaque partie, chacune pouvait légitimement avoir compris que la réduction du loyer ne vaudrait que tant que les circonstances particulières dureraient. Par conséquent, le preneur ne pouvait légitimement pas espérer profiter d'un loyer réduit pour l'avenir ; le bailleur ne pouvait légitimement pas espérer réclamer la partie impayée des loyers pendant la guerre. Elle permet ainsi de suspendre les droits contractuels mais non de les éteindre[59]. La doctrine de la *Promissory estoppel* ne peut servir qu'en défense et non comme moyen d'action, car elle est fondée sur l'*Equity*[60]. Plus récemment, ce fondement a été utilisé pour limiter l'action d'un créancier contre un débiteur, condamné *in solidum* avec deux autres[61] : le créancier accepte un paiement partiel de chaque débiteur qui ne lui devra plus qu'un tiers de la dette chacun. L'un des débiteurs paie sa part, tandis que les deux autres se montrent insolvables ; le créancier se retourne alors contre le premier débiteur et lui réclame la part de ceux-ci ; les juges rappellent que le paiement partiel ne décharge pas le débiteur en raison de l'absence de *consideration*[62], toutefois, sur le terrain de la *Promissory estoppel*, le débiteur, pouvant légitimement croire en sa décharge, ne peut pas être tenu par la solidarité. En somme, la *Promissory estoppel*, technique d'*Equity*, permet de conférer force contraignante à une remise de dette[63].

SECTION 2 LE PROCESSUS DE FORMATION

405 **Rencontre des volontés.** Comme en droit français, la rencontre des volontés s'effectue classiquement par le mécanisme de l'offre et de

58. Central London Property *Trust* v High Trees House [1947] KB 130 High Court.
59. Tool Metal Manufacturing v Tungsten [1955] 1 WLR 761 House of Lords.
60. Combe v Combe [1951] 2 KB 215.
61. Collier v P & MJ Wright (Holdings) Ltd [2007] EWCA Civ 1329.
62. Voir Foakes v Beer (1883-84) LR 9 App Cas 605 House of Lords.
63. *Supra*, n° 401.

l'acception (§ 1). Cette étape de formation du contrat peut être, le cas échéant, précédée d'une autre étape, celle de la négociation (§ 2). La rencontre des volontés suffit, en principe, à former un contrat en application du principe du consensualisme ; toutefois, la conclusion de certains contrats peut exiger qu'un formalisme soit observé tant pour la protection des parties que des tiers (§ 3).

§ 1. L'OFFRE ET L'ACCEPTATION

406 Classiquement, le contrat de droit anglais se forme par la rencontre d'une offre (B) et d'une acceptation (A).

A. LA NOTION D'OFFRE

407 Afin de cerner la notion d'offre, il convient d'en donner une définition (1), de la distinguer des pourparlers (2) et d'envisager ses rapports au temps (3).

1. La définition de l'offre

408 **Offre. Définition.** L'offre (*offer*) est une manifestation unilatérale de volonté émanant du pollicitant ou offrant (*offeror*) de conclure un contrat et donc d'être juridiquement lié. Ce n'est que si le destinataire de l'offre (*offeree*) accepte l'offre présentée, dans les mêmes termes, que le contrat sera formé[64]. La rencontre de l'offre et de l'acceptation, à l'instar du droit français, constitue le mécanisme classique de formation du contrat. Aucun formalisme n'est exigé pour formuler une offre : elle peut être faite par écrit, par oral ou résulter du comportement du pollicitant.

409 **Les deux types d'offres. Offre bilatérale v offre unilatérale.** Le droit anglais connaît deux types d'offre. La première, classique pour le juriste de *Civil law*, est appelée offre bilatérale : l'une des parties manifeste sa volonté de vouloir contracter avec le destinataire de l'offre. Le contrat sera formé lorsque cette offre aura été acceptée dans les mêmes termes. La seconde, en revanche, est plus originale, voire désarçonnante pour le juriste de *Civil law* : l'offre mentionne que l'offrant s'engage à exécuter sa prestation (souvent payer une somme d'argent) dès que le destinataire aura lui-même exécuté une prestation[65]. Ainsi, cette offre est parfois appelée « *if, contract-offer* »[66], ce qui pourrait se traduire, pour le juriste de *Civil law*, d'une certaine manière, comme une offre soumise à condition suspensive ou une offre avec réserves selon les cas. Ainsi, l'offre est acceptée (et donc le contrat formé) par l'exécution de la prestation proposée au destinataire si elle a lieu ; exécution et acceptation ne constituent donc plus qu'une étape ; mais le destinataire, recevant l'offre, reste libre d'exécuter ou pas la prestation proposée. Cette distinction est résumée ainsi par des auteurs[67] : l'offre unilatérale repose sur une seule

64. Harvey v. Facey [1893] AC 552 Privy Council.
65. Carlill v. Carbolic Smoke Ball Company, 1893, 1 QB 256.
66. E. Finch et S. Fafinski, Contract law, Parson, 2023, p. 7.
67. E. Finch et S. Fafinski, *op. cit.*, p. 7.

promesse, celle de l'offrant, ce qui est classique, mais le destinataire, quant à lui, face à une telle offre, n'a pas besoin de l'accepter pour que le contrat se forme, il lui suffit de remplir les conditions présentées dans l'offre. En somme, tandis qu'une offre bilatérale correspond au schéma de promesses croisées (A fait une offre et promet ; le destinataire accepte l'offre et fait une promesse, et le contrat est formé), en revanche, s'agissant d'une offre unilatérale, le processus est plus direct et automatique : A fait une offre contenant une promesse et attend du destinataire, non pas une promesse, mais un comportement, le fait qu'il remplisse les conditions, etc. Les conséquences sont importantes : l'offre bilatérale aboutit à la conclusion d'un contrat bilatéral et l'offre unilatérale à un contrat unilatéral, mais au sens anglais du terme, bien loin du sens du Code civil (C. civ., art. 1106) !

Cette distinction est d'autant plus importante qu'une proposition présentée à un public indéterminé est rarement une offre en droit anglais, mais une invitation à négocier[68]. Or, si la demande peut être qualifiée de *Unilateral offer*, il s'agira alors exceptionnellement d'une véritable offre qui pourra être acceptée par le seul fait que l'un des destinataires inconnus remplisse les conditions. Bien souvent, ce type d'offre unilatérale s'applique aux promesses de récompenses. Par exemple, une personne ayant perdu son chien offre une récompense à toute personne qui le lui ramènera ; le destinataire est libre de chercher ou pas l'animal ; dès qu'il le trouve et le rapporte, il peut exiger la récompense. Le propriétaire du chien, quant à lui, n'est tenu par sa promesse de récompense que si les conditions sont remplies (ici, retrouver l'animal).

Trois illustrations permettent de saisir les distinctions :

– scénario 1 : « vend voiture rouge Ford 4 500 £ », à personne indéterminée, il ne s'agit pas d'une offre en droit anglais, mais d'une invitation à négocier ;

– scénario 2 : je propose de vendre ma voiture Ford à William, mon voisin, pour 4 500 £, cela peut constituer une offre en droit anglais (*infra*, n° 412) et il s'agira ici d'une offre bilatérale ;

– scénario 3 : j'informe tout le quartier que « je vendrai ma Ford rouge au premier voisin qui m'apportera 4 500 £ », la qualification sera davantage une offre unilatérale.

2. La distinction avec l'invitation à entrer en pourparlers

410 La qualification d'offre et celle de pourparlers ne sont pas toujours aisées à établir face à la pratique. C'est pourquoi les juges ont posé des présomptions de pourparlers (a) dont il existe de nombreuses illustrations (b).

68. *Infra*, n° 412.

a) Présomptions d'entrées en pourparlers

411 **Offre et entrée en pourparlers. Présomption d'entrée en pourparlers ?** La notion d'offre se distingue de celle de pourparlers (*invitation to treat*), la première contenant l'intention du pollicitant d'être lié juridiquement au destinataire par un contrat, tandis que la seconde ne véhicule que l'intention d'amorcer ou de poursuivre un processus de négociation. L'intention d'être juridiquement liée ou non représente donc le critère de distinction retenue par la jurisprudence[69]. Mais, en pratique, s'il y a un doute sur l'intention, c'est la qualification d'invitation à entrer en pourparlers qui l'emporte. Afin de balayer ce doute, la jurisprudence considère que certaines situations quotidiennes fréquentes constituent, sauf preuve d'une intention contraire, des pourparlers et non une offre. C'est le cas des petites annonces et publicités, de la simple demande de prix ou, inversement, de l'indication d'un prix, de la présence de marchandises dans une vitrine ou dans les rayons d'un magasin, de la mise à prix d'un bien dans le cadre d'une vente aux enchères ou encore d'un appel d'offres. Par le prisme français, l'on peut soutenir que la jurisprudence pose ici une présomption simple de pourparlers. Mais, pour un auteur qui fait autorité[70], il ne s'agit pas de présomption, car les juges ont, avant tout, à cœur de fournir des solutions pratiques et juridiquement certaines, et non de les justifier par une prétendue intention présumée d'une partie. Ainsi, la notion d'offre en droit anglais revêt des réalités bien différentes, voire opposées, du droit français.

b) Exemples d'invitation à entrer en pourparlers

412 **Petites annonces et publicités. Catalogue et liste de prix. Exceptions. Offre unilatérale.** Les publicités sont, en principe, des invitations à entrer en pourparlers[71]. De même en est-il pour les catalogues et les listes de prix[72]. Ils ne constituent donc pas une offre dont l'acceptation aboutirait à la formation d'un contrat.

Néanmoins, la jurisprudence a introduit la notion d'offre unilatérale qui s'applique à certaines publicités ou petites annonces, et qui, en cas d'acceptation, forment un contrat. Précisément, lorsqu'une publicité prévoit que le publicitaire s'engage à payer une certaine somme d'argent dès lors que le destinataire effectuera une certaine prestation, le premier est juridiquement lié à l'égard du second une fois que la prestation aura été accomplie ; le second reste, toutefois, libre d'assumer ou pas la prestation. En pratique, il s'agit essentiellement des promesses de récompenses. Ainsi, si une personne promet, dans une petite annonce, de donner 100 £ à toute personne qui retrouvera son chien, elle est juridiquement obligée de verser cette somme quand une personne lui ramènera l'animal, car cette petite annonce, constituant une offre unilatérale et non une simple invitation à entrer en pourparlers, aboutit à la formation d'un contrat dès que la prestation recherchée est accomplie par le destinataire, à savoir, retrouver le chien. Mais le destinataire peut ne pas vouloir ou pouvoir rechercher le chien ; dans ce cas, l'offre unilatérale ne débouchera pas sur un contrat, puisqu'aucune prestation, donc aucune acceptation, n'aura été faite[73].

69. Gibson v Manchester *City* Council [1979] 1 WLR. 294, HL.
70. G.-H. Treitel, précité, 2011, § 2-007.
71. Partrigde v Crittenden [1968] 1 WLR 1204.
72. Grainger and sons v Gough [1896] AC 325.
73. Carlill v Carbolic Smoke Ball Company [1893] 1 QB 256 ; v. *supra*.

413 **Marchandises dans une vitrine. Rayons d'un magasin. Principe. Exceptions.** Afin de préserver la liberté du vendeur de refuser de vendre à son pire ennemi[74] et au client de changer d'avis et de reposer la marchandise qu'il aurait mise dans son panier, la jurisprudence retient que l'exposition dans des rayons de magasins de biens à vendre constitue des pourparlers émanant du vendeur ; lorsque le client passe à la caisse avec ses produits, il adresse une offre d'achat à la caissière qui alors est en position d'acceptant[75]. De même en est-il pour les biens exposés dans une vitrine : il s'agit de pourparlers du vendeur[76]. En revanche, une décision déroge à cette solution[77] : en l'espèce, des chaises longues empilées sur une plage étaient proposées à la location pour les touristes ; l'un d'eux en a pris une pour s'y allonger et contempler la mer mais il s'est alors blessé. Le juge anglais a considéré que le touriste pouvait engager la responsabilité du loueur, propriétaire des chaises, sur le fondement contractuel, un contrat ayant été conclu. Précisément, la présence de chaises longues en libre-service ne constituait pas des pourparlers, comme le préconise pourtant le principe, mais une offre implicite du loueur ; et le touriste, en saisissant l'une des chaises, l'a acceptée implicitement ; ainsi, au moment de l'accident, un contrat de louage avait été formé. Cette décision doit-elle remettre en cause les solutions précédentes ? Les auteurs répondent fermement par la négative. Cette décision doit être interprétée comme une pure solution pragmatique destinée à protéger la victime blessée.

414 **Mise à prix d'un bien dans une vente aux enchères.** La présentation d'un bien, objet d'une vente aux enchères, ainsi que l'annonce de la mise à prix par la personne organisant la vente constituent des invitations à entrer en pourparlers et non des offres[78]. En revanche, chaque enchère portée par le public représente une offre qui est susceptible d'être acceptée par la personne organisant la vente : celle-ci exprime son acceptation en frappant avec son marteau. Mais cette qualification ne vaut qu'en présence d'enchères dites « avec réserves », c'est-à-dire supposant une mise à prix. En revanche, si la vente s'effectue sans réserve, c'est-à-dire sans mise à prix minimum, le processus est inversé : la présentation du bien constitue une offre de vendre à celui qui fera la proposition du plus haut prix[79].

415 **Appel d'offres.** La présentation de l'appel d'offres constitue traditionnellement des pourparlers, et c'est alors aux entreprises répondant à cet appel de formuler des offres[80]. Toutefois, si l'appel d'offres se contente d'indiquer que le marché sera conclu avec le moins offrant ou le plus offrant, il est alors qualifié d'offre unilatérale et le contrat est conclu dès que le destinataire se plie à cette condition, en offrant le moins ou le plus selon le cas[81].

74. E. McKendrick, *op. cit.*, p. 28.
75. Pharmaceutical Society of Great Britain v Boots Cash Chemists (Southern) Ltd [1953] 1 QB 401.
76. Fisher v Bell [1961] 1 QB 394.
77. Chapleton v Barry [1940] 1 KB 532.
78. British Car Auctions v Wright [1972] 1 W.L.R. 1519 ; *Sale of Goods Act* 1979, sec. 57, 2.
79. Harris v Nickerson [1873] LR 8 QB 286 ; Heathcote Ball v Barry [2000] EWCA Civ 235.
80. Spencer v. Harding [1870] Law Rep. 5 C. P. 561.
81. Harvela Investments Ltd v Royal Trust of Canada (CI) Ltd [1986] AC 207.

416 **Machines automatiques.** En revanche, s'agissant des machines automatiques (tels que les distributeurs de boissons), c'est la machine qui présente une offre qui est acceptée lorsque le client introduit des pièces[82].

3. Le temps de l'offre

417 **Retrait**. L'offre doit être communiquée au destinataire afin qu'elle devienne effective[83]. Le pollicitant peut retirer son offre à tout moment, tant que l'acceptation n'a pas été acceptée[84]. Encore faut-il qu'il communique la révocation aux destinataires[85] ou qu'un tiers sur lequel les parties peuvent compter s'en charge[86]. En revanche, si l'offre est unilatérale (*unilateral offer*) et que le destinataire a commencé à exécuter la prestation demandée, même partiellement, le contrat est formé[87] et elle ne peut plus être révoquée[88].

418 **Écoulement du temps.** Si l'offre précise qu'elle ne vaudra que pour une certaine durée ou qu'elle prendra fin à l'arrivée de tel ou tel événement, elle devient caduque. Toutefois, il convient de remarquer, qu'en droit anglais, le pollicitant n'a pas l'obligation de maintenir son offre en dépit de la mention d'un délai. Cette solution est justifiée par la *consideration* : le maintien de l'offre n'est envisageable que si le pollicitant reçoit une contrepartie à cette sujétion qu'il s'impose ; à défaut, l'indication d'une date limite pour l'acceptation n'a pas de valeur juridique[89].

Si rien n'est précisé, l'offre n'est pas pour autant destinée à être maintenue éternellement. Elle devient également caduque lorsqu'une durée raisonnable s'est écoulée[90] ; l'appréciation du caractère raisonnable dépend des circonstances, telles que l'objet et la nature du contrat ou encore les modalités d'envoi de l'offre (par fax, mail, etc.).

419 **Conditions.** Si l'offre indique qu'une condition doit être remplie au jour de l'acceptation et si elle fait finalement défaut, elle devient caduque[91].

420 **Décès de l'une des parties.** Lorsque le pollicitant décède, l'offre est en principe frappée de caducité[92]. Toutefois, elle peut rester valide et alors être transmise aux héritiers qui seront liés par un contrat en cas d'acceptation par le destinataire. Encore faut-il que l'offre concerne un contrat qui ne présente aucun caractère *intuitu personae* et que le destinataire n'était pas au courant du décès. *A contrario*, l'offre est caduque si elle porte sur une prestation ayant un caractère *intuitu*

82. Thornton v Shoe Lane Parking [1971] 2 WLR 585.
83. Inland Revenue v Fry [2011].
84. Routledge v Grant [1828] 4 Bing 653.
85. Bryne v Van Tienhoven [1880] 5 CPD 344.
86. Dickinson v Dodds [1876] 2 Ch D 463.
87. Carlill v Carbolic Smoke Ball Compan [1893] 1 QB 256.
88. Errington v Errington [1952] 1 KB 290 ; Dahlia Ltd v Four Millbank Nominees [1978] Ch 231 Court of Appeal.
89. Dickinson v Dodds [1876] 2 Ch D 463.
90. Ramsgate Victoria Hotel v Montefiore [1866] LR 1 Ex 109.
91. Financings Ltd v Stimson [1962] 3 All ER 386 ; Bradbury v Morgan [1862] : absence de garantie.
92. Coulthard [1879].

personae ou si le destinataire a été informé, avant l'acceptation, du décès du pollicitant[93]. Inversement, si c'est le destinataire qui décède, les héritiers du destinataire ne peuvent plus l'accepter[94].

B. L'ACCEPTATION

421 L'acceptation doit obéir à certaines règles afin d'aboutir à la formation immédiate du contrat, d'où l'importance de son contenu (1), les moyens employés par l'acceptant (2) et le moment de l'acceptation (3).

1. Le contenu

422 ***Mirror image rule*. Contre-offre. Demande d'information.** S'il entend accepter l'offre faite, le destinataire doit l'accepter purement et simplement (*mirror image rule*) ; il ne peut donc pas modifier les éléments contenus dans l'offre au risque de faire une contre-offre et de se retrouver alors dans la position d'un nouveau pollicitant[95]. En revanche, le destinataire peut parfaitement demander un complément d'information sans que cette demande ne constitue une contre-offre[96].

423 **Contrats standards. Conditions générales du contrat. *Standard forms. Battle of the forms.*** Dans la pratique des affaires, il peut arriver que les parties entendent déterminer le contenu de leur contrat en comptant sur leurs propres conditions générales. S'il y a plusieurs destinataires identifiés, seul celui qui a accepté est lié par le contrat, par conséquent, si l'offre est adressée à deux concubins et propose un contrat stipulant une clause de solidarité, mais que l'un d'eux seulement a accepté, seul l'acceptant sera lié par le contrat[97]. Par exemple, l'offrant présente une offre faisant référence à son propre contrat-type, tandis que le destinataire l'accepte en faisant, quant à lui, référence à son contrat-type. Si les deux références sont incompatibles, il n'y a pas conclusion d'un contrat, puisque offre et acceptation ne contiennent pas les mêmes termes, l'acceptation valant contre-offre. De même, lorsque les parties conviennent, par exemple dans un contrat-cadre que, si le contrat d'application est conclu, il contiendra les conditions générales de l'une d'elles, l'acceptation ne saurait contenir de différences[98]. Il faut ainsi que les parties soient vigilantes lorsque l'offre prévoit que l'acceptant devra signer le projet de contrat à titre d'acceptation : une telle préconisation pourrait être interprétée comme subordonnant l'acceptation au respect de la signature, de sorte que s'il n'y a pas de signature, il n'y a pas d'acceptation valable donc pas de contrat. Et pourtant, les juges anglais ont pu retenir malgré le défaut de signature, que l'offre

93. Bradbury v Morgan [1862] 1 H & C 249.
94. Reynolds v Atherton [1921] 125 LT 690 at 695.
95. Hyde v Wrench [1840] 49 ER 132.
96. Stevenson v McLean [1880] 5 QBD 346.
97. Malbray Ltd v Laditi [2016] EWCA Civ 476.
98. TRW v Panasonic [2021] EWCA Civ 1558.

avait été acceptée par le comportement des parties, notamment dans l'hypothèse d'une offre unilatérale[99].

Mais cette logique connaît une certaine adaptation des juges anglais qui résolvent les éventuelles contradictions entre les conditions générales de chaque partie (*battle of the forms*) en appliquant une série de règles. Par exemple, si l'une des parties a commencé à exécuter son obligation (livraison de marchandises, par exemple), les juges tentent de sauver la relation en admettant qu'un contrat a bien été formé[100]. Il faut alors en déterminer le contenu : soit ils déduisent du comportement des parties que le contrat a été conclu aux conditions de l'une ou de l'autre ; par exemple, une partie livre des marchandises avec mention de ses propres conditions et le destinataire fait de même en faisant référence à ses propres conditions ; le fait que l'acheteur ne conteste pas ces conditions et qu'il laisse néanmoins les marchandises a été jugé comme une acceptation des conditions du destinataire[101], cette règle étant appelée le *last shot rule* (le dernier qui a présenté ses conditions sans contestation l'emporte ; dans ce cas, les juges semblent en revenir à une analyse classique du mécanisme offre/acceptation plus qu'au comportement des parties[102]) ; soit ils recherchent les dispositions compatibles (*knock-out rule*) ; à défaut, ils proposent une interprétation raisonnable du contenu contractuel[103] ou se fondent, le cas échéant, sur des dispositions légales supplétives comme le droit de la vente[104]. Toutefois, il convient d'observer que l'une ou l'autre de ces règles est appliquée avec flexibilité et pragmatisme par les juges anglais, il n'est donc pas possible d'affirmer que l'une prime l'autre ni que le *last shot* aura gain de cause. C'est certes souvent le cas, mais les faits et leur signification sont décisifs en cas de contentieux ; par exemple, les juges anglais sont souvent convaincus de l'acception du *Standard Form* lorsqu'il a été signé par le cocontractant[105].

2. Les moyens

424 **Expresse ou tacite. Silence.** L'acceptation peut être faite expressément ou tacitement. Cette dernière hypothèse correspond à l'acceptation exprimée par le comportement du destinataire[106]. Si l'offre exigeait que des formalités particulières soient observées pour l'acceptation, celles-ci doivent être accomplies afin que l'acceptation soit valable. Ainsi en est-il si l'offre requiert une acceptation par écrit ou par acte d'avocat. En tout état de cause, l'acceptation ne saurait ajouter ou modifier les éléments essentiels de l'offre au risque d'être qualifiée de contre-offre[107].

---

99. Réveille Independent LLC v Anotech Intl (UK) [2026] EWCA Civ 443.

100. British Steel Corp. v Cleveland Bridge [1984] 1 All ER 504.

101. Butler Machine Tool co Ltd v ex-Cell-O Corporation (England) Ltd [1979] 1 WLR 401 ; British Steel Corp. v Cleveland Bridge [1984] 1 All ER 504 ; British Road Serv. v Arthur Crutchley [1968] 1 WLR 811.

102. Tekdata Interconnections Ltd v Amphenol Ltd [2009] EWCA Civ 1209.

103. Butler Machine Tool co Ltd v ex-Cell-O Corporation (England) Ltd [1979] 1 WLR 401.

104. GHSP v AB Electronic Limited [2010] EWHC 1828 (Comm).

105. BP Oil International ltd v Glencore Energy UK Ltd [2022] EWHC 499 ; E. McKendrick, *op. cit.*, n° 2.4.1.

106. Brodgen v Metropolitan Railways Co [1877] App Case 666.

107. Brodgen v Metropolitan [1877], précité.

De même, l'offre peut exiger que l'acceptation s'effectue par un commencement d'exécution du contrat formé. Dans cette hypothèse où le comportement de l'acceptant est exigé, le début de l'exécution rend l'offre irrévocable, mais tant que l'exécution n'a pas été achevée, l'acceptant peut encore révoquer son acceptation. En revanche, si l'offre n'exige pas que l'acceptation prenne la forme d'un début d'exécution, mais le seul consentement de l'acceptant, le début d'exécution vaut acceptation tacite, donc acceptation à part entière et le contrat est alors formé dès le début de l'exécution.

Qu'en est-il du silence gardé par le destinataire de l'offre ? Le silence ne peut pas constituer une acceptation tacite[108].

Conclusion du contrat : attention aux emails, emojis et messages *WhatsApp* !

Les négociations et les conclusions de contrats s'opèrent de plus en plus souvent grâce à de nouveaux outils de communication, rapides et moins formels que les rencontres entre équipes de négociateurs, sur de longues périodes, avec, à la clé, la rédaction de longs contrats. Ainsi, il devient fréquent que les parties se contactent par emails, ou messages postés sur des plateformes ou encore par textos. Les messages peuvent se succéder alors très vite, permettant des négociations et des contrepropositions réactives, et, *in fine*, aboutissant à un accord des parties sur les points essentiels de leur projet (prix, mission, identité des parties, délais). Mais, cette succession de messages peut aussi se révéler catastrophique pour le contractant qui pensait que seul un écrit signé pouvait l'engager, de sorte que ces échanges informels demeuraient du domaine de la discussion commerciale. Les juges anglais ont, récemment, admis qu'un contrat peut être négocié et valablement conclu par messages WhatsApp, dès lors qu'ils contenaient les éléments essentiels, peu important que le cocontractant se soit contenté de répondre laconiquement « Ok » aux propositions faites (*Jaevee Homes Ltd v Fincham (t/a Fincham Demolition)* [2025] EWHC 942 (TCC)) ou par un emoji « pousse en l'air » (pour un exemple canadien : *Achter Land & Cattle Ltd. v South West Terminal Ltd.*, 2024 SKCA 115). Mais cela ne remet pas en cause les règles en matière de contrats solennels, comme la vente immobilière, où un emoji ne peut remplacer un contrat écrit et signé (pour la Cour suprême de Colombie-Britannique, *Ross v Garvey* (2025) BCSC 705). Il devient urgent pour les négociateurs, soit de refuser de discuter ainsi de manière informelle, soit d'ajouter systématiquement à leurs SMS des mises en garde du style « ce message ne constitue qu'une discussion informelle ne pouvant pas être analysée comme une offre ou une acceptation en vue de la conclusion d'un contrat ».

3. Le moment

425 **Ni trop tôt ni trop tard.** L'acceptation ne peut pas être ni trop tôt ni trop tard. Tout d'abord, l'acceptation ne peut pas être effectuée tant que l'offre n'est pas

108. Felthouse v Bindley [1862] 143 ER 1037.

portée à la connaissance du destinataire. Il ne saurait donc y avoir d'acceptation par anticipation d'une offre future[109].

D'autre part, l'acceptation doit être faite avant l'expiration du délai indiqué dans l'offre, le cas échéant. Si aucun délai n'a été indiqué, elle doit être faite dans un délai raisonnable, à défaut de quoi l'offre risque d'être frappée de caducité.

426 **Effectivité de l'acceptation. Théorie de la réception. *Postal rule*.** L'acceptation est effective, non pas quand elle est envoyée mais quand elle parvient au pollicitant en vertu de la théorie de la réception[110]. Toutefois, si l'acceptation a été envoyée par la poste, l'acceptation est effective quand elle a été expédiée par l'acceptant[111]. Cette exception suppose que plusieurs conditions soient réunies : c'est l'offrant qui doit avoir réclamé que l'acceptation soit expédiée par la poste ; est assimilé à cette première condition le fait que l'envoi par la poste soit un moyen raisonnable, normal d'acceptation ou que l'offrant ait pu le prévoir[112] et que le courrier portant acceptation ait été correctement timbré et porté à la bonne adresse[113]. Encore faut-il que l'expédition par voie postale n'ait pas été expressément exclue dans l'offre[114]. En outre, il faut que le courrier ait été posté conformément à la procédure des postes (et non confié à un facteur qui n'était pas habilité à prendre du courrier[115]).

427 **Révocation de l'acceptation.** L'acceptant peut encore changer d'avis bien qu'il ait envoyé son acceptation dès lors qu'elle n'est pas effective ; la plupart du temps, c'est la théorie de la réception qui s'applique, donc la révocation est possible tant qu'elle n'est pas parvenue au pollicitant (v. *infra*, « effectivité de l'acceptation »).

428 **Acceptation et nouvelles technologies.** En principe, la formation du contrat au moyen de communication technique (téléphone, emails, etc.) est analysée comme l'échange de consentement entre deux personnes présentes l'une en face de l'autre. Toutefois, il est important de tenir compte du fait qu'en pratique, l'acceptation peut être envoyée alors que l'offrant n'est plus à proximité de son téléphone pour l'entendre sonner ou a fermé son ordinateur professionnel. C'est pourquoi diverses jurisprudences sont venues peaufiner les règles de principe. Ainsi, lorsque l'acceptation a été adressée à l'offrant sur son répondeur ou sa boîte mails, pendant les heures de bureau, d'un jour ouvrable, elle est censée avoir été faite comme si les parties étaient présentes. Cette solution est empreinte de pragmatisme, puisqu'ainsi, l'acceptant semble avoir tout fait pour que l'offrant soit en mesure de prendre connaissance de son acceptation[116]. En revanche, si l'acceptation est envoyée en

109. Taylor v Laird [1856].
110. Entorres v Miles Far East Corp. [1995] 2 QB 327.
111. Adams v. Lindsell [1818] 1 B & Ald. 681.
112. Henthorn v Fraser [1892].
113. Re London v Northern Bank [1990].
114. Holwell Securities v Hughes [1974].
115. Par exemple, voir Re London, précité.
116. Tenax Steamship Co Ltd v The Brimmes [1975].

dehors des heures de bureau, le bon sens commande qu'elle ne soit lue que le jour ouvrable suivant[117].

§ 2. LA NÉGOCIATION PRÉCONTRACTUELLE

429 **Accords précontractuels.** Le mécanisme de formation du contrat se résumant à l'acceptation d'une offre ne traduit pas toujours la réalité des négociations précontractuelles. Il est vrai qu'aux invitations à entrer en pourparlers peut succéder une offre, voire une succession de contre-offres qui peuvent nécessiter d'appliquer les règles de *Battle of the forms* (v. *supra*). Mais la négociation peut également être jalonnée d'étapes, se matérialisant par la conclusion d'accords dont la valeur juridique n'est pas toujours certaine. Divers noms sont accordés à ces accords : il peut s'agir principalement de *Memorandum of Agreement* (MoA), de *Letter of intent*, de *Heads of Terms* (HoT), *Heads of Agreement* ou *Term Sheet*.

430 **Valeur juridique ?** Sauf intention contraire des parties, ces accords n'ont pas de valeur juridique. Afin d'éviter toute ambiguïté, il demeure prudent d'exclure clairement tout effet juridique. En effet, entre professionnels, il existe une présomption selon laquelle les parties ont l'intention d'être liées juridiquement. Une clause contraire est tout à fait admissible et permet d'écarter la présomption simple. En pratique, une clause stipulant que l'accord est *subject to contract* signifie que les parties n'excluent pas de conclure un contrat plus tard, laissant ainsi sous-entendre que l'accord actuel n'est pas un contrat. Ce raisonnement peut toutefois être écarté par les juges qui peuvent s'appuyer sur le comportement des parties ou d'autres stipulations. Il est donc prudent de rédiger une clause balayant sans ambiguïté toute valeur juridique si telle est le souhait des parties.

En pratique, les parties prennent soin d'articuler le juridique et le non-juridique. Concrètement, elles stipuleront que certaines parties de l'accord ont force obligatoire (confidentialité, exclusivité, loi applicable, juridiction compétente, ADRs, les conséquences indemnitaires en cas d'échec des négociations, de non-rédaction du contrat final[118], etc.) mais que les autres dispositions ne le seront pas, parce que *subject to contract*.

De même, les accords ayant pour objet de se mettre d'accord (*agreement to agree*) n'ont pas davantage de valeur juridique, car les parties ne se sont pas mises d'accord sur les points essentiels. Trop vagues et incomplets, ces accords ne sont pas des contrats. Par exemple, un accord par lequel une partie s'engage à faire son possible pour conclure un contrat de réparation automobile avec un tiers est beaucoup trop vague, par exemple, le prix manque[119]. Toutefois, comme souvent en *Common law*, il arrive que les juges accordent force juridique à un tel

117. Mondial Shipping v Starte Shipping Ltd [1995] ; pour une application aux emails, voir Thomas v BPE Solicitors [2010].
118. Diamond Build Ltd v Clapham Park Homes Ltd [2008] EWCA 1439 (TCC).
119. Dany Lions Ltd v Bristol Cars Ltd [2014] EWHC 817.

accord, certes exceptionnellement, au regard de l'exacte interprétation du contrat[120].

Faut-il donc que les parties aient consenti chaque point de l'accord pour que celui-ci soit qualifié de contrat ? Non, pas forcément, dès lors qu'elles se sont accordées sur les points essentiels[121] ou qu'en l'absence d'accord sur un point essentiel le juge peut combler cet oubli[122].

Il faut observer que, comme en droit français, un contrat conditionnel (par exemple soumis à la condition suspensive d'approbation par les associés) est un contrat qui existe bel et bien et qu'en tant que tel, ils obligent les parties à des obligations contractuelles, le cas échéant.

431 ***Subject to contract.*** Il arrive fréquemment en pratique que les parties négocient un contrat et acceptent un certain nombre d'éléments à l'issue d'échanges de courriers ou de mails, tout en indiquant qu'il faudra procéder à la rédaction d'un véritable contrat résumant tous les points d'accord. Si une proposition est adressée à un partenaire, présentant des points précis, contenant un délai d'acceptation, et ne mentionnant pas l'expression "*subject to contract*", il y a une offre ferme et la volonté d'être lié juridiquement par l'acceptation. Le fait qu'il fût mentionné que l'offre indiquait que si elle était acceptée, il faudrait rédiger un contrat résumant tous les points d'accord ne prive pas l'offre de sa force juridique contraignante[123].

432 ***Non disclosure Agreement* (*NDA*).** Un tel accord correspond à un accord de confidentialité. Très utile lors des négociations (ou au cours de l'exécution) du contrat, il permet de protéger des informations que l'une des parties doit transmettre à l'autre. Il est très important de bien définir les informations protégées, ainsi que de délimiter les personnes autorisées à en avoir connaissance et le but pour lequel elles pourront dévoiler ces informations. Il peut être également conseillé, surtout si l'accord est signé au stade des négociations de déterminer la loi et le juge compétents en cas de litige. Il existe deux sortes de *NDA*, un *one-way NDA*, qui impose une obligation de confidentialité à une seule des parties (qui suppose une *consideration* pour recevoir force obligatoire), tandis que le *mutual NDA* concerne chaque partie. À l'inverse, il est également possible que l'une des parties soumette à son partenaire un accord le libérant de toute obligation de confidentialité. Un tel accord est possible mais se révèle dangereux.

Modèle de *one-way NDA*

1. The Discloser intends to disclose information (the Confidential Information) to the Recipient for the purpose of [insert details e.g. discussing the possibility of the Recipient and the Discloser entering into a joint venture] (the Purpose).

120. Pour un exemple relatif à un accord sur le prix, voir KSY Juice Blends UK Limited v Citrosuco GMBH [2025] EWCA Civ 760.

121. Proton Energy Group SA v Orlen Lietuva [2013] EWHC 2872.

122. MRI Trading AG v Erdenet Mining Corporain LLC [2013] EWCA Civ 156.

123. Newbury v Sun Microsystems [2013] EWHC 2180 (QB).

2. The Recipient undertakes not to use the Confidential Information for any purpose except the Purpose, without first obtaining the written agreement of the Discloser.

3. The Recipient undertakes to keep the Confidential Information secure and not to disclose it to any third party [except to its employees [and professional advisers] who need to know the same for the Purpose, who know they owe a duty of confidence to the Discloser and who are bound by obligations equivalent to those in clause 2 above and this clause 3.

4. The undertakings in clauses 2 and 3 above apply to all of the information disclosed by the Discloser to the Recipient, regardless of the way or form in which it is disclosed or recorded but they do not apply to:

a) any information which is or in future comes into the public domain (unless as a result of the breach of this Agreement); or

b) any information which is already known to the Recipient and which was not subject to any obligation of confidence before it was disclosed to the Recipient by the Discloser.

5. Nothing in this Agreement will prevent the Recipient from making any disclosure of the Confidential Information required by law or by any competent authority.

(source : www.gov.uk/non-disclosure agreement)

433 **Les accords sur de futures stipulations.** En entamant les négociations, les parties peuvent déjà conclure un contrat qui prévoirait qu'elles concluront un contrat ultérieurement (par exemple, à l'issue de la période de négociations) ; certaines pratiques choisissent également de conclure un accord prévoyant que plusieurs clauses resteront vides, que l'exécution du contrat commencera néanmoins, le remplissage des clauses restées vides n'étant envisagé qu'au cours de l'exécution. Les juges sont très dubitatifs à l'égard de la validité de ces clauses qui brillent par leur incertitude. Ils sont donc enclins à les annuler. Toute la difficulté consiste à déterminer si le contenu est incertain ou non, et les faits de chaque espèce sont importants. Par exemple, face à une clause qui stipulait que si les parties ne se mettaient pas d'accord sur le prix, elles auraient recours à un arbitrage pour le déterminer, les juges ont considéré que le contenu était certain[124].

434 ***Lock-out agreement.*** Toujours pendant la négociation du contrat, les parties peuvent être amenées à conclure des accords de négociations exclusives. Il en existe de deux sortes. En premier lieu, il peut s'agir d'un *lock-out agreement* par lequel l'une des parties accorde à l'autre une exclusivité des négociations. Cet accord est très utile en pratique lorsque la partie bénéficiaire de l'exclusivité a besoin de temps pour examiner l'opportunité même d'entamer ces négociations. Par exemple, elle peut mener des études de marché tranquillement tout en étant rassurée par l'exclusivité qui empêche le partenaire de démarcher parallèlement

124. Foley v Classique Coaches Ltd. [1934] 2 KB 1 : en l'espèce, les parties avaient exécuté le contrat pendant trois ans, puis *Classique Coaches* avait décidé de soulever la nullité du contrat pour incertitude.

d'autres personnes. Toutefois, le promettant ne promet pas pour autant de négocier. En revanche, s'il s'agit d'un *lock-in agreement*, non seulement le promettant promet l'exclusivité, mais en outre, il promet de négocier. La valeur juridique de ces deux accords reste encore floue : certes, ce type de promesse doit être contrebalancé par une *consideration* par le bénéficiaire (telle qu'une somme d'argent ou une sujétion ou un avantage en retour) ou doit être conclu sous forme de *deed ;* en outre, les juges peuvent douter de leur valeur si leur contenu est trop vague ou incertain. C'est l'inconvénient majeur de ces accords[125]. L'accord doit préserver le droit pour chaque partie de rompre librement les négociations ; tout au plus peut-il leur être imposé une obligation de moyens (*Best endeveaours*). C'est pourquoi le *lock-out agreement* peut être plus facilement accepté que le *lock-in* si l'exclusivité reconnue est précise[126].

§ 3. FORMALISME ET CONSENSUALISME

435 **Principe. Consensualisme.** À l'instar du droit français, le droit anglais ne requiert pas, par principe, la rédaction d'un écrit lors de la conclusion d'un contrat. En outre, l'absence de signature d'une partie ne signifie pas qu'il n'y a pas contrat, dès lors qu'elle a accepté les termes du contrat[127] ; il faut, dans ce cas, que l'autre partie puisse démontrer qu'il a bien attiré l'attention de son partenaire sur le contenu du contrat[128]. En revanche, dès lors que le contrat a été signé, il importe peu que l'une des parties ne l'ait pas lu[129]. De même, un échange de courriers entre avocats peut aboutir à la formation d'un contrat, bien qu'il n'y ait jamais eu de rédaction d'un contrat en bonne et due forme[130] : une fois encore, l'intention des parties était d'aboutir à un contrat (de règlement d'un litige en l'espèce), et les avocats n'avaient pas indiqué que les négociations portaient sur un accord *subject to contract* ; en outre, il ressortait des faits que les parties avaient tout intérêt à aboutir à un contrat pour des raisons financières.

436 Il est des hypothèses de formalisme imposé (A) et de formalisme choisi par les parties (B).

A. LE FORMALISME IMPOSÉ

437 Toutefois, il y a des hypothèses dégagées par la jurisprudence ou édictées par la loi, qui imposent le recours à un écrit. Quand l'écrit est exigé, il peut être imposé *ad*

125. Pour un accord de négocier de bonne foi, considéré comme d'un contenu trop incertain, Walford v Miles [1992] 1 All ER 453, HL.
126. Voir Lord Ackner, Walford v Miles [1992] 1 All ER 453, HL.
127. Maple Leaf Macro Volatility Master Fund v Rouvroy [2009] EWCA Civ 1334.
128. Voir par exemple, O'Brien v MGN Ltd [2002] CLC 33.
129. L'Estrange v Graucob Ltd [1934] 2 KB 394 ; Toll (FGCT) Pty Ltd v Alphapharm Pty Ltd [2004] 219 CLR 165.
130. Bieber v Teathers Limited [2014] EWHC 4205 (Ch).

validitatem (1) ou *ad probationem* (2). Enfin, il est parfois nécessaire que le contrat soit passé en une forme particulière du droit anglais, le *deed* (3).

1. L'écrit *ad validitatem*

438 **Contrats immobiliers.** En vertu de la section 2 (1) du *Law of Property (Miscellaneous Provisions) Act 1989* (modifiant la section 40 du *Law Property Act 1925*), les contrats immobiliers doivent être faits par écrit qui rassemble le contenu entier et exprès de la volonté des parties. Ces contrats concernent la vente d'un immeuble ou toute autre opération portant sur un intérêt immobilier. L'écrit est classiquement un document commun aux deux parties, mais il peut aussi s'agir d'un écrit faisant référence à un autre écrit, des annexes étant alors possibles. L'exigence de la section 2 est stricte : le contenu contractuel doit être entièrement exposé dans l'écrit et aucune modification orale n'est possible ; de même, les juges ne peuvent pas ajouter aux stipulations des termes implicites. Enfin, il doit être signé des parties et pas seulement par le débiteur.

439 **Contrats spéciaux.** Pour le bail, un contrat est en principe écrit. Toutefois, s'il est d'une durée inférieure à trois ans, il peut valablement être fait par oral (sec. 54 (2) *Law of Property Act 1925*). Afin d'éviter la force juridique, les parties peuvent expressément qualifier l'accord de *subject to contract*. S'agissant de contrats régis par le *Consumer Credit Act* de 1974 et de 2006, ils doivent être passés par écrit (location-vente, vente à crédit, crédit à la consommation). Il faut aussi citer la promesse unilatérale de vente (*option*) par laquelle le vendeur s'engage à maintenir son offre de vente au profit d'un bénéficiaire. Cet acte doit être passé par écrit et signé des deux parties, mais la levée de l'option n'a pas à être signée des deux, ce qui serait, à défaut, peu efficace[131].

2. L'écrit *ad probationem*

440 **Contrat de *guarantee*.** L'exemple principal de contrat devant être rédigé afin d'être prouvé est le contrat de *guarantee*, se rapprochant du contrat de cautionnement du droit français, en ce qu'il consiste pour le garant à payer au créancier les dettes d'un tiers en cas de défaillance de ce dernier. Il doit être signé par le garant et doit contenir diverses précisions, telles que l'identification des parties, l'objet du contrat, la *consideration* et tout autre élément important pour les parties. À défaut, aucune action ne peut être intentée contre le garant (sec. 4, *Statute of Frauds 1677*). En revanche, l'écrit n'est pas requis si la garantie est conclue avec le débiteur[132]. De même en est-il s'il s'agit d'une garantie constituant une garantie autonome (avec une obligation primaire et non secondaire ou accessoire)[133] ou *a fortiori* s'il ne s'agit pas d'une garantie ayant valeur juridique mais seulement morale[134].

131. Spiro v Glencrown Properties Ltd [1991] 1 All ER 600.
132. Eastwood v Kenyon [1840] 11 A & E 438.
133. Birkmyr v Darnell [1704] 1 Salk 27 ; Mountstephen v Lakeman [1871] LR 7 QB 196.
134. Toute la difficulté réside dans l'interprétation de l'accord. Voir Moschi v Lep Air Services Ltd [1973] AC 331 ; Kleinwortt Benson Ltd v Malaysia Mining Corp. Bhd [1989] 1 WLR 379.

441 **Exceptions.** Tandis que le contrat de cautionnement doit être prouvé par écrit en vertu du *Statute of Frauds*, tel n'est pas le cas si cette garantie fait partie d'une plus vaste opération. C'est ce que les juges ont décidé lorsqu'il y a substitution de garantie. Ainsi en est-il lorsqu'une personne est titulaire de droits sur un bien (par exemple l'acquéreur du bien) détenu par un tiers en garantie d'une dette qui lie ce dernier au vendeur. L'acquéreur a donc tout intérêt à convenir avec le tiers détenant le bien qu'il paiera la dette en échange de sa restitution. Une telle opération ne suppose pas d'être faite par écrit, car elle échappe au domaine du *Statute of Frauds*[135]. L'on peut aussi citer l'exemple de l'intermédiaire qui présente des clients à un tiers (clients et tiers étant destinés à conclure des contrats d'approvisionnement, de vente, etc.) et qui s'engage à payer leurs dettes auprès du tiers, le tout moyennant contrepartie. Puisque la garantie fournit par l'intermédiaire est englobée dans un contrat à l'objet plus large, elle n'a pas à être faite par écrit pour être prouvée[136].

3. *Le deed*

442 **Notion.** Certains contrats doivent enfin faire l'objet d'un écrit très formel, le *deed.* Autrefois, sa solennité résultait de l'apposition d'un sceau de cire, mais ce n'est plus le cas. Le *deed* est défini par la section 1 (2) du *Law of Property (Miscellaneous Provisions) Act 1989* et requiert deux conditions : l'acte doit mentionner le fait que les parties entendent lui conférer la valeur d'un *deed* et est finalisé comme un *deed* ; pour cette dernière condition, il doit être signé par le débiteur (donc par les deux parties pour un contrat synallagmatique), en présence d'un témoin qui atteste de la régularité de sa signature ; s'il ne signe pas lui-même, deux témoins doivent être présents ; enfin, l'acte doit être délivré conformément à tout *deed* au bénéficiaire (le plus souvent le créancier ou le cessionnaire d'un immeuble).

443 **Applications.** Le *deed* est employé pour les cessions de droits immobiliers ou un bail de plus de trois ans. Il est aussi nécessaire pour donner force obligatoire à un contrat unilatéral ou à titre gratuit, donc dépourvu de *consideration*.

B. LE FORMALISME CHOISI

444 **L'exigence voulue de formalisme.** Les parties qui ne souhaitent pas encore être liées juridiquement peuvent indiquer dans leurs courriers une *counterparts clause* ; il s'agit d'une clause stipulant qu'il n'y aura aucun contrat tant que les parties n'auront pas rédigé et échangé leurs exemplaires signés. Toutefois, une telle clause n'est pas une protection toujours efficace et elle peut être remise en cause par le comportement des parties. Ainsi, lorsque l'une des parties commence à exécuter le contrat avant la signature du contrat et l'échange des exemplaires et

135. Fitzgerald v Dressler [1859] 7 CBNS 374.
136. P. Richards, Law of Contract, Pearson, 2017, p. 134.

que l'autre le sait sans contester la situation, il ne faut pas s'étonner que les juges en déduisent qu'elles ont, par ce comportement, renoncé à la *counterparts clause*[137].

En revanche, mentionner que l'existence du contrat supposera une formalisation de l'accord par la rédaction d'un écrit résumant tous les points essentiels ne suffit pas forcément pour subordonner l'existence du contrat à la rédaction d'un écrit ; en d'autres termes, le contrat existe dès l'échange des consentements et l'absence de rédaction ultérieure ne remet pas forcément en cause le contrat. Récemment, la Cour d'appel d'Angleterre et du Pays de Galles a été invitée à déterminer si un contrat existait, en l'absence de signatures pourtant requises expressément par les parties pour conférer valeur juridique à leur accord. Elle a affirmé que l'exigence de formalisme par les parties peut être balayée par le comportement de l'une des parties, par exemple, qui aurait exécuté l'obligation décrite dans le document préparatoire[138]. En somme, le comportement de l'une des parties peut s'analyser comme une renonciation à un formalisme ; et dès lors que l'autre partie n'en subit aucun préjudice, la renonciation est valable, si bien que la *counterparts clause* peut ainsi être privée d'effet : l'accord auquel les parties avaient pris soin d'exclure toute force juridique redevient contraignant. C'est pourquoi, si l'une des parties commence à exécuter sa prestation alors qu'il n'y a pas encore eu formation d'un véritable contrat (parce que les parties n'ont pas encore tout négocié par exemple), il faut prévoir la rédaction d'un contrat préparatoire (*interim contract* ou *binding Heads of Terms*) : il pourra stipuler les prestations attendues et leur rémunération, les hypothèses de ruptures et leurs conséquences, etc.

SECTION 3 LA VALIDITÉ DU CONTRAT

445 La validité du contrat suppose des parties (§ 1), l'absence de vices de consentement (§ 2), le fait qu'il ne soit pas illégal (§ 3), en tout ou partie, en raison de sa contrariété à l'ordre public.

137. RTS Flexible Systems v Müller [2010] UKSC 14.

138. Reveille Independent LLC v Anotech International (UK) Ltd [2016] EWCA Civ 443 : en l'espèce, l'une des parties envoie à l'autre un document pré-contractuel indiquant que l'éventuel accord n'aurait valeur juridique qu'une fois signé par les deux parties. Ce document, assimilé à une offre, fut modifié et renvoyé au pollicitant, de sorte qu'il s'agissait d'une contre-offre et non plus d'une acceptation. Il appartenait alors au premier d'accepter ou non. Or, il n'adressa aucune acceptation signée, mais se contenta de fournir la prestation attendue. Y avait-il contrat ? Oui, car l'acceptation avait eu lieu par son comportement (exécution de la prestation), acceptation dont la forme était valable, puisqu'il fallait considérer que l'acceptant avait renoncé à l'exigence de signature et que cela ne portait nullement atteinte aux droits de l'offrant qui avait bénéficié de l'exécution de la prestation.

§ 1. LA CAPACITÉ DES PARTIES

446 La capacité des personnes à conclure un contrat suppose de distinguer classiquement les personnes physiques (A) des personnes morales (B).

A. LA CAPACITÉ DES PERSONNES PHYSIQUES

447 Toute personne est présumée être capable de conclure un contrat (sec. 1 (2) du *Mental Capacity Act 2005*). Toutefois, il existe des exceptions relatives au manque de discernement que le droit anglais répartit en deux catégories : les personnes atteintes d'un trouble mental et les mineurs, leur point commun étant l'absence de discernement.

1. Les personnes frappées d'un trouble mental

448 **Notion de trouble mental.** La personne atteinte d'un trouble mental est celle qui n'est pas en mesure de prendre une décision relative au contrat, au moment de le conclure (sec. 2 (1) du *Mental Capacity Act 2005*). Il importe peu que le trouble mental soit temporaire soit permanent (sec. 2 (2)). La preuve du trouble mental n'est pas chose aisée et elle ne saurait se déduire du seul âge, comportement ou apparence de la personne, ou encore du caractère déraisonnable de la décision prise (sec. 1 (4)) ; il faut établir que la personne ne pouvait pas comprendre les informations pertinentes à la prise de décision, les conserver en tête, ni les utiliser ou les évaluer, ni davantage de comprendre les conséquences de son engagement. De même, la personne est considérée comme incapable si elle n'est pas en mesure de communiquer et notamment de transmettre sa décision, quels qu'en soient les moyens (sec. 3 (1)). Tous ces éléments sont appréciés au regard de la « balance des probabilités » (sec. 2 (4)).

449 **Effets.** Lorsqu'une personne était atteinte d'un trouble mental lors de la conclusion du contrat, elle peut demander l'annulation du contrat si l'autre partie avait conscience de son incapacité. L'annulation ne peut être demandée par cette dernière. Toutefois, la loi protégeant les personnes frappées de troubles mentaux prévoit une exception originale : si le contrat conclu porte sur la fourniture de biens ou de services nécessaires au vulnérable, celui-ci devra en payer le prix raisonnable (sec. 7 (1) du *Mental Capacity Act 2005*). La notion de bien ou service nécessaire est définie par la section 7 (2) : il s'agit de bien ou service adapté aux conditions de vie du vulnérable, au moment de leur fourniture. En revanche, si le cocontractant n'était pas conscient du trouble mental, le contrat reste valable et peut alors réclamer le prix contractuellement fixé et non le prix raisonnable.

Boire ou contracter, il faut choisir !

Les personnes saoules constituent aussi une catégorie de personnes dont le consentement est altéré par la boisson. Ainsi, si une personne est si saoule qu'elle ne comprend pas qu'elle est en train de conclure un contrat et si l'autre partie est parfaitement consciente de cet état, le contrat peut être annulé. Toutefois, à l'instar du régime des personnes souffrant d'un trouble mental, la personne saoule doit payer le prix raisonnable des objets qui lui étaient nécessaires. Il est aussi possible pour cette personne de ratifier *a posteriori* (par essence, une fois qu'elle a dessaoulé) le contrat.

2. Les mineurs

450 **Présentation.** Les mineurs se définissent classiquement comme les personnes physiques de moins de 18 ans. Une loi, consacrée à divers aspects de la famille, protège ces personnes vulnérables contre les tentatives abusives des adultes de conclure des contrats avec eux, tout en cherchant à protéger les adultes honnêtes qui auraient passé diverses opérations avec eux (*Family Law Reform Act 1969*). Outre ce texte, il existe aussi des dispositions particulières, telles que celles qui sont contenues dans le droit de la vente, ou les règles jurisprudentielles dégagées par les juges. En somme, le droit anglais apporte deux séries de réponses face aux contrats conclus par un mineur : il y a des contrats valides (a) et des contrats annulables (b).

a) Les contrats valables

451 **Présentation.** La jurisprudence anglaise considère que les contrats procurant des biens ou services utiles au mineur demeurent valables, sauf exceptions.

452 **Les contrats à objet nécessaire.** À l'instar du régime des majeurs souffrant d'un trouble mental, le contrat conclu par un mineur est valable s'il a pour objet des choses ou services qui lui sont nécessaires. Trois conditions sont requises afin d'établir la validité du contrat : l'opération doit porter sur ces biens nécessaires au premier sens évoqué plus haut, le mineur n'en possède pas encore de tels et, enfin, le cocontractant doit démontrer qu'il les a déjà vendus et livrés au mineur.

453 ***Necessaries* ou biens utiles.** Ces *necessary goods* (ou *necessaries*) doivent être distingués des *necessities* : les premiers correspondent à ce qui est adapté au niveau de vie du mineur lors de la délivrance de ces biens et utile, voire futile ; en revanche, les seconds correspondraient à ce qui représente le minimum nécessaire à une vie de base ou des biens de première nécessité. Par exemple, l'achat d'une paire de chaussures en cuir peut constituer un contrat ayant pour objet un bien nécessaire sans pour autant constituer un bien de première nécessité, une paire de chaussures en toile pouvant être moins onéreuse. La catégorie des biens nécessaires ou utiles est donc bien plus large que celle des biens de première nécessité et la qualification dépend de chaque espèce et du niveau de vie du mineur. Ainsi, des boutons de manchette valant 25 pounds et une vieille coupe valant 15 pounds peuvent être valablement achetés par un mineur dont les revenus mensuels se montaient à 500 pounds annuelles, car ces objets constituent des *necessaries*[139]. Cette affaire

139. Ryder v Wombwell [1868] LR 4 Exch 32 : en l'espèce, un manque de preuve fit échec à la validité du contrat.

démontre bien que ce n'est pas le caractère indispensable des biens qui doit être pris en compte, mais leur utilité au regard des capacités financières du mineur.

En deuxième lieu, le contrat n'est valable que si le mineur ne jouit pas déjà, de manière satisfaisante, de biens similaires à ceux faisant l'objet de l'opération. Cette deuxième condition fait écho à la première en ce que les biens ou services doivent présenter une utilité pour le mineur, ce qui n'est vraisemblablement pas le cas s'il dispose déjà de biens poursuivant utilement la même fonction[140].

Enfin, le cocontractant alléguant de la validité du contrat doit démontrer qu'il a déjà exécuté son obligation ; il a, par exemple, vendu et livré les biens. En effet, la section 3 (3) du *Sale of Goods Act 1979* l'exige expressément[141].

Mais, dans le but de protéger le mineur vulnérable, la jurisprudence a ajouté une dernière condition à celles de la loi : le cocontractant qui souhaiterait voir valider le contrat, doit aussi démontrer qu'il ne contient pas de stipulations trop dures ou onéreuses à la charge du mineur[142]. À défaut, le contrat est annulé (et ses clauses ne sont donc pas opposables au mineur) ; toutefois, le mineur ayant reçu les biens devra en payer un prix raisonnable si toutes les conditions sont réunies.

454 **Les contrats de service à son profit.** Il est une seconde catégorie de contrats conclu par un mineur qui peuvent également être invalidés à des conditions particulières, les contrats de prestation de service conclus dans son seul intérêt. Le plus souvent, il s'agit de contrats d'apprentissage ou de contrats de travail impliquant des mineurs artistes ou sportifs, ou encore des contrats conclus avec des établissements d'enseignement. Le contrat est valable s'il est profitable au mineur, l'appréciation du caractère profitable ne devant pas se limiter à la constatation d'une clause défavorable, mais supposant au contraire une appréciation globale des stipulations[143].

Cette seconde catégorie de contrats suppose qu'il s'agisse de contrats ayant pour objet l'apprentissage de l'enfant, son éducation, sa formation sportive ou artistique. Certaines décisions ont admis une conception extensive ; par exemple, le contrat par lequel un mineur accepte de raconter sa vie dans un livre, en contrepartie de droits d'auteur, fut assimilé à un contrat de service favorable au mineur[144]. En

140. Nash v Inman [1908] 2 KB 1 : un tailleur londonien conclut un contrat avec un mineur portant sur la fourniture d'une dizaine de vestes, mais l'acte fut annulé au motif, notamment, que ce mineur était déjà suffisamment bien pourvu en matière de vestes et autres vêtements.

141. En revanche, il en a été décidé autrement pour un contrat portant sur une prestation d'éducation dans Roberts v Gray [1913] 1 KB 520.

142. Fawcett v Smethurst [1914] 84 LJ KB 473 : un mineur loue un véhicule afin de transporter des bagages ; le contrat fut annulé car il contenait une clause le rendant responsable pour tout dommage subi par le véhicule, qu'il ait été causé ou non par sa négligence.

143. Clements v LNWR [1894] 2 QB 482 : un mineur est employé par les chemins de fer comme porteur mais il doit renoncer à agir, en cas d'accident du travail, sur la loi et se contenter de l'assurance de l'employeur ; le contrat fut déclaré valable. Inversement, un contrat fut déclaré non valable en raison des nombreux inconvénients supportés par le mineur : une adolescente entre en apprentissage auprès d'un artiste pour devenir danseuse ; aucun salaire n'est prévu, elle doit être à l'entière disposition de l'artiste, il n'y a aucun engagement d'embauche à la fin de l'apprentissage, le contrat peut être rompu à tout moment par l'artiste, elle est liée par une clause de non-concurrence et ne peut se marier sans le consentement de l'artiste (De Francesco v Barnum [1890] 45 Ch D 430).

144. Chaplin v Leslie Frewin (Publishers) Ltd [1966] Ch 71.

revanche, tel ne fut pas le cas d'un contrat conclu entre un adolescent et ses managers, censés le représenter ; en effet, un tel contrat ne relève pas de sa formation[145].

b) *Les contrats susceptibles d'être nuls*

455 ***Voidable contracts.*** À l'inverse des deux types précédents de contrats, certains contrats sont considérés comme susceptibles d'être nuls (*voidable contracts*). Le mineur peut contester la validité de l'acte soit pendant sa minorité, soit une fois majeur dans un délai raisonnable[146]. Ces hypothèses concernent principalement des contrats par lesquels le mineur acquiert des droits « d'une nature permanente ». Ainsi en est-il d'un bail, d'un contrat de société ou de la cession de parts sociales, ou encore les contrats relatifs à l'activité professionnelle du mineur[147] (ce qui devient une hypothèse rare). Tous ces contrats sont considérés comme valables, à moins que le mineur ne les conteste. Mais la nature juridique de la contestation fait débat : emporte-t-elle effet rétroactif ou non ? La question n'a pas été tranchée clairement à ce jour, bien qu'il soit vraisemblable, d'après plusieurs auteurs, qu'il n'y ait pas rétroactivité.

Au-delà de la validité du contrat, si le mineur entend réclamer une indemnité, il doit établir qu'aucune contrepartie ne correspondait à son engagement. Ainsi, dans l'affaire *Steinberg*[148], le mineur avait acquis des parts sociales dont il avait versé le prix à la société ; invoquant la nullité du contrat, il se plaignit de ne pas avoir reçu de dividendes versés et de l'absence de plus-value ; en conséquence, il réclama la restitution de tout ce qu'il avait payé. Mais sa demande fut rejetée au motif que la société avait bien exécuté son obligation en contrepartie du prix, c'est-à-dire l'attribution de parts.

Nullité du contrat et responsabilité délictuelle

Certains plaideurs adultes, confrontés à l'immunité d'un contractant mineur, ont envisagé de récupérer leur mise en se fondant sur la responsabilité délictuelle : en reprochant une faute de *negligence* au mineur, ils espéraient ainsi contourner la protection offerte au mineur. Mais les juges anglais veillent et refusent, par principe, cette manœuvre : le contractant ne peut pas soulever la responsabilité délictuelle du mineur pour tout dommage relevant de la sphère du contrat invalide. Les jurisprudences sont nombreuses et varient selon les faits (*Jennings v. Rundall [1799] 8 Term Rep 335* : un enfant loue un cheval pour faire une balade, mais l'ayant trop fait galoper, le cheval est abîmé et son propriétaire, ne pouvant agir sur le terrain contractuel, invoque la *Neligence ;* il est débouté car le dommage s'est produit dans le cadre du contrat, ultérieurement déclaré nul. *Burnard v. Haggis (1863) 143 ER 360 ; Ballet v. Mingay [1943]*

145. Proform Sports Management Ltd v Proactive Sports Management Ltd [2006] EWHC 2903 (Ch).

146. Edwards v Carter [1893] AC 360 : la contestation menée quatre ans après la majorité fut jugée tardive.

147. Pour ces contrats relatifs à l'activité professionnelle, le mineur doit ratifier le contrat, une fois majeur.

148. Steinberg v Scala [1923] 2 Ch 452.

KB 281 75). La solution est identique même si le mineur a trompé le cocontractant en mentant délibérément sur son âge (*Leslie Ltd v. Sheill [1914] 3 KB 607*).

456 **Restitutions, fraude et équité.** La situation de l'adulte ayant contracté avec un mineur peut se révéler très délicate dans la mesure où il n'a pas facilement la possibilité d'obtenir des dommages-intérêts sur le terrain délictuel et que la validité du contrat est subordonnée à de nombreuses conditions, souvent en faveur du mineur. En outre, l'adulte n'est pas forcément un contractant malhonnête ayant profité de la vulnérabilité du mineur. En bref, le cocontractant peut se retrouver dépourvu face à la nullité du contrat. C'est pourquoi les juges anglais, se fondant sur l'*Equity*, ont décidé de redresser certaines situations en instaurant un mécanisme de restitutions. En effet, si le mineur s'est enrichi grâce au contrat annulé et si le contrat a été conclu grâce à la fraude commise par le mineur, le cocontractant doit obtenir restitution de ce qu'il a transféré. Concrètement, si le mineur fraudeur a obtenu un bien et en est toujours en possession, il doit le rendre[149]. Si le contrat frauduleusement conclu était un prêt, le mineur doit restituer l'argent encore en sa possession ; mais la solution est incertaine si l'argent a servi à acheter un bien.

457 **Restitution hors fraude.** La possibilité pour le cocontractant d'obtenir la restitution d'un bien peut aussi s'appliquer indépendamment de ces hypothèses de fraude. En effet, en vertu de la section 3 (1) du *Minors' Contracts Act 1987*, les juges peuvent, s'ils estiment que ce serait juste et équitable, ordonner la restitution du bien conservé par le mineur ou réemployé par lui. En revanche, si le mineur a consommé le bien, en a disposé ou a dilapidé le prix qu'il a en obtenu par la revente, il ne peut être obligé de restituer. La restitution n'est pas ici fondée sur l'*Equity*.

458 **Garanties.** Qu'advient-il d'une garantie prise par un adulte au soutien d'un contrat conclu par un mineur, et invalide ? En principe, la garantie demeure valable alors même que l'obligation du mineur n'est pas valable (sec. 2 *Minors' Contracts Act 1987*). Toutefois, le garant peut échapper à son engagement s'il peut invoquer une autre cause de nullité que la minorité du débiteur. Rappelons que si le contrat garanti porte sur des biens utiles au mineur (*necessaries*), le mineur devant payer un prix raisonnable, la garantie demeure aussi naturellement.

B. LA CAPACITÉ DES PERSONNES MORALES

459 **Avant 2006. Évolution.** Il faut distinguer ici deux périodes, avant et après la loi relative aux sociétés de 2006. Avant cette loi, c'est la jurisprudence qui régissait la capacité des sociétés à conclure un contrat. Ainsi, à l'instar des sociétés à responsabilité limitée en droit français, les contrats n'engageaient la société que s'ils

149. S'il l'a vendu ou échangé, la solution n'est pas tranchée : pour la restitution du prix de revente, voir Stocks v Wilson [1913] 2 KB 235 ; *contra* Leslie, précité.

correspondaient à son objet social[150]. C'est la doctrine dite *ultra vires*. Il appartenait donc aux partenaires de la société de se renseigner sur cet objet au moyen des registres des sociétés. Aucune ratification, avant la loi sur les sociétés de 1989, n'était possible ni par les associés ni par les tiers[151]. La question s'était posée de savoir si un emprunt, destiné à financer une opération étrangère à l'objet social était un contrat valable : dans un premier temps, il fut répondu par la négative[152], le prêt n'étant qu'un moyen au service de la réalisation de l'objet social ; puis, quinze ans après, cette solution fut abandonnée au profit d'une réponse en deux temps : d'une part, l'emprunt est valable, comme tout emprunt, au regard de l'objet social, en revanche (et d'autre part), le gérant n'a pas le pouvoir de le contracter pour un but extérieur à l'objet social ; en somme, l'emprunt par la société auprès de la banque restait valable, mais la société pouvait ensuite engager la responsabilité du gérant[153].

En 1985, une loi relative aux sociétés, reprenant le *European Communities Act* de 1972[154], prévoyait que le contrat conclu par une société avec un cocontractant de bonne foi[155] était présumé conforme à l'objet social. Quatre ans plus tard, la loi fut modifiée. Mais il faut attendre 2006 pour que les principes soient définitivement posés.

460 **Depuis 2006.** En 2006, la loi sur les sociétés (*Companies Act 2006*) traite de trois domaines. Tout d'abord, elle se focalise sur les règles applicables à la capacité d'une société : un acte passé par la société ne peut pas être invalidé au motif que la société a été mal constituée (sec. 39 *Companies Act 2006*). Ensuite, le rôle du gérant est clarifié : les contrats conclus demeurent opposables au cocontractant de bonne foi, en dépit du dépassement de ses pouvoirs (sec. 40). Le cocontractant n'a donc plus à s'informer sur les pouvoirs dont dispose le gérant[156].

§ 2. LA VALIDITÉ DU CONSENTEMENT

461 Plusieurs événements peuvent affecter le consentement de l'une des parties : la *Misrepresentation* (A), la *Mistake* (B) et l'*Undue influence* et la *Duress* (C).

150. Ashbury Railway Carriage and Iron Co Ltd v Riche (1875) LR 7 HL 653.

151. Re Jon Beauforte (London) Ltd. [1953] 1 Ch 131.

152. Introduction Ltd v National provincial bank Ltd (1970) Ch 199.

153. Rolled Steel Products (Holdings) Ltd v British Steel Corp [1985] 3 All ER 1016.

154. Cette loi fut prise dans le cadre de l'adhésion du Royaume-Uni à la Communauté économique européenne.

155. International Sales and Agencies Ltd v Marcus [1982] 3 All ER 551.

156. Il faut noter que ces règles abandonnant la théorie *Ultra vires* ne concernent pas les *Charitable companies* (sec. 42). Voir le *Charities Act 2011* et *infra*, partie sur les biens et *trusts* (*charitable Trusts*).

A. LA *MISREPRESENTATION*

462 La *misrepresentation* est un vice de consentement répondant à une notion précise (1) ; le cas échéant, elle emporte des sanctions (2).

1. Notion

463 **Éléments constitutifs.** La *Misrepresentation* est l'affirmation ou la présentation d'un fait par l'une des parties à l'autre et qui a eu pour effet de l'induire en erreur, voire de la tromper ; sans cette mauvaise représentation de la réalité, le contrat n'aurait pas été conclu.

Plusieurs éléments doivent être réunis pour constituer une *Misrepresentation*.

En premier lieu, toute fausse affirmation de la part de l'un des contractants n'aboutit pas à l'annulation du contrat : en effet, certaines déclarations ne sont pas censées engager les parties. Ainsi en est-il des opinions personnelles[157], des paroles de bonimenteur uniquement faites pour glorifier son produit car elles ne peuvent recevoir valeur contractuelle (*mere puff* ou *sales talk*)[158]. De même en est-il de l'affirmation d'un fait futur, qui, parce qu'il est futur, ne peut pas être affirmé avec certitude[159]. Pareillement, l'affirmation faite par l'un des contractants d'une règle juridique, finalement fausse, ne peut pas constituer une *misrepresentation*, puisque nul n'est censé ignorer la loi. Toutefois, il semble qu'une fausse affirmation relative à un aspect juridique d'un bien puisse fonder une action en nullité pour *misrepresentation*, lorsqu'elle n'est pas seulement l'énoncé d'une règle de droit mais qu'elle porte sur une mauvaise qualification juridique du bien[160].

Une demi-vérité ?

La jurisprudence a pu considérer qu'un fait, partiellement vrai, étant par nature, partiellement faux, pouvait constituer une *misrepresentation*. Ainsi en fut-il d'un avocat qui répondit à l'acquéreur quant à l'existence de servitudes qu'il ne savait pas ce qu'il en était : s'il avait consulté les documents en sa possession, il aurait pu répondre avec précision à l'acquéreur qu'il y en avait pourtant (*Notts Patent Brick v. Butler 1886*).

464 **Affirmation précontractuelle et déterminante.** L'affirmation doit être formulée avant la conclusion du contrat[161]. En outre, elle doit avoir été déterminante du consentement du cocontractant ; il dit donc établir que, sans cet élément, il n'aurait pas contracté. Par conséquent, si l'affirmation a été pour lui tout à fait indifférente,

157. Bissett v Wilkinson [1927] AC 177.
158. Dimmock v Hallett [1866] LR 2 Ch App 21.
159. Edgington v. Fitzmaurice [1885] : en l'espèce, les gérants d'une société sollicitent un associé pour qu'il consente un prêt à la société afin de la développer ; or, cet argent était, en réalité, destiné à éponger les dettes. L'associé qui avait prêté l'argent n'a pas pu obtenir l'annulation du prêt pour *Misrepresentation* car le projet de développement était futur !
160. Solle v Butcher [1950] 1 KB 671 ; Pankhania v London Borough of Hackney [2002] EWHC 2441.
161. Roscorla v Thomas [1842] 3 QB 234.

il n'y a pas *misrepresentation*. Par exemple, l'acheteur d'un pistolet ne l'a pas examiné avant de l'acheter et le vendeur ne lui a pas révélé qu'il ne marchait pas correctement ; il n'y a pas *misrepresentation*, puisque le fait que l'état de marche de l'arme semblait indifférent[162]. Remarquons que le cocontractant n'a pas l'obligation de vérifier les affirmations du contractant[163]. Toutefois, parmi plusieurs éléments déterminants du consentement, il n'est pas fait de hiérarchie : le juge ne recherche pas le plus déterminant ; dès lors qu'une affirmation du contractant a été déterminante, il y a *misrepresentation*[164]. Enfin, – et de manière surprenante en droit anglais du contrat –, le caractère déterminant s'apprécie *in concreto* et non au regard de son caractère raisonnable. Ainsi, la croyance et l'impulsion que le cocontractant lui a accordées dans la conclusion du contrat peuvent être déraisonnables, mais si ça a été déterminant, il y aura *misrepresentation*[165]. En revanche, si le contractant a de toute façon conclut le contrat malgré les fausses déclarations de son cocontractant, il n'y a pas vice de consentement[166].

465 **Affirmations expresses ou tacites.** Les déclarations faites peuvent justifier l'annulation du contrat, qu'elles soient expresses ou tacites. Dans ce dernier cas, elles peuvent s'induire du comportement du contractant. Par exemple, une entreprise souhaitant promouvoir ses produits engage un groupe de cinq chanteuses aux personnalités bien distinctes. Le fait que l'une de chanteuses quitte le groupe (et ne participe donc pas à l'opération promotionnelle) constituait une *misrepresentation* tacite (*misrepresentation by conduct*[167]).

466 **Silence gardé.** En principe, un contractant n'a aucune obligation de révéler à l'autre partie des faits dont il aurait connaissance et qui sont inconnus de l'autre[168].

Toutefois, la jurisprudence atténue cette règle qui pourrait sembler injuste. C'est pourquoi elle impose au contractant une obligation de révéler certains faits (*duty of disclosure*). Plusieurs hypothèses ont été admises : une telle obligation s'impose lorsque le contrat est un accord dans lequel la bonne foi des parties occupe une place importante (*uberrimae fidei ;* par exemple, un contrat d'assurance, un partage de biens entre époux, la vente d'un immeuble ou de parts sociales), ou s'il y a eu un changement dans les circonstances[169], ou si les parties sont liées par une relation fiduciaire (*fiduciary relationship ;* entre associés, entre médecin et patient, avocat et client, mandataire et mandant).

467 **Les acteurs de la *misrepresentation*.** Les déclarations erronées doivent avoir été connues du cocontractant trompé ou à lui transmises indirectement (le contractant a affirmé un fait à un tiers en sachant qu'il serait répété au cocontractant). Le

162. Attwood v Small [1838] UKHL J60.
163. Redgrave v Hurd [1881] 20 Ch D 1.
164. Edgington v Fitzmaurice [1885] 29 Ch D 459.
165. Museprime Properties Ltd v Adhill Properties Ltd [1990].
166. JEB Fasteners Ltd v Marks Bloom & Co [1981] 3 All ER 289.
167. Spice Girls v Aprilia [2000] EWHC Ch 140.
168. Keates v Cadogan [1851] : le bailleur n'a pas l'obligation de révéler au locataire que l'immeuble est en ruine !
169. La valeur d'un bien a décliné entre la négociation et la signature du contrat, voir With v O'Flanagan [1936].

plus souvent, elles émanent de l'autre partie, mais elles peuvent aussi avoir été formulées par un tiers qui sera alors responsable. En revanche, si le fait déterminant a été affirmé par un tiers n'ayant aucun lien avec le contractant, il ne peut y avoir *misrepresentation*, bien que ce fait fût également (et préalablement) affirmé par ce cocontractant. Précisément, dans une espèce, le vendeur d'une mine vantait ses rendements dithyrambiques. Craignant à une supercherie ou, à tout le moins, à une exagération, l'acquéreur sollicita de l'un de ses conseillers une expertise qui confirma les hauts rendements ; mais, tant l'affirmation du vendeur que l'expertise faite par le conseiller de l'acquéreur se révélèrent erronées. Pourtant, seul le conseiller fut tenu pour responsable, car le consentement de l'acquéreur avait été déterminé par l'expertise et non par l'affirmation du vendeur[170].

468 **Variété de *misrepresentation*.** Les conséquences de la *misrepresentation* dépendent du type de *misrepresentation* commise. Trois types de *misrepresentation* sont admis mais chacun présente un degré de gravité différent. La moins grave est la *misrepresentation* « innocente » : l'auteur de la déclaration fausse pensait qu'elle était vraie et il y avait de raisonnables raisons de le croire[171]. C'est un remède non pas fondé sur la *Common law* mais sur l'*Equity*. Dans ce cas de figure, soit le contrat est frappé de nullité, soit l'auteur des déclarations doit des dommages-intérêts en substitution (*Misrepresentation Act 1967*, sec. 2(2)).

La deuxième est la *misrepresentation* commise par *negligence*. Deux fondements sont offerts à la victime d'une *misrepresentation* par *negligence*. Tout d'abord, il s'agit d'une solution de *Common law* exigeant trois conditions : l'auteur des fausses déclarations les a faites par négligence, les circonstances étaient telles que l'on pouvait s'y fier et il y a une relation spéciale entre les parties. Sur ce dernier point, précisons que celui qui fait les déclarations et celui qui s'y fie ne sont pas forcément des contractants ; mais cette relation spéciale fonde l'existence d'un devoir de diligence (*duty of care*)[172] ; encore faut-il que le déclarant soit une personne avertie[173] et qu'il puisse raisonnablement prévoir que l'autre partie s'y fie[174].

Ensuite, l'on peut se fonder aussi sur une loi, le *Misrepresentation Act 1967*, section 2 (1), qui permet un renversement de la charge de la preuve au détriment du déclarant. Les conditions sont strictes, puisque cet article dispose que le déclarant engage sa responsabilité à la condition qu'il ait pu s'exposer à des dommages-intérêts si la déclaration avait été frauduleuse (peu importe qu'elle l'ait été ou pas en l'espèce), à moins qu'il ne prouve qu'il croyait vraiment que ces déclarations aient été vraies jusqu'à la conclusion du contrat. Cette disposition est intéressante pour le cocontractant victime car le poids probatoire repose sur le déclarant ; mais l'*Act* exige non pas qu'il y ait une relation spéciale mais un contrat entre les parties.

170. Attwood v Small [1889], précité.

171. Hedley Byrne & Co Ltd v Heller & Parnters Ltd [1963] 2 All ER 575 ; *Misrepresentation Act* 1967, sec. 2.

172. Voir pour la notion de Duty of Care, *infra*, n° 673.

173. Il a des connaissances spéciales ou des compétences relatives à l'objet du contrat, voir Harris v Wyre Forest District Council [1988] AC 1931.

174. Chaudry v Prabhakar [1988] 3 All ER 718 ; Smith v Eric S. Bush ; Esso Petroleum & Co Ltd v Marden [1976] QB 801.

Enfin, la *misrepresentation* peut être frauduleuse. Elle suppose que le déclarant ait su que sa déclaration était fausse, ou qu'il l'ait faite sans croire qu'elle fût vraie ou qu'il ait affirmé quelque chose en se fichant ouvertement du caractère vrai ou faux de sa déclaration, adoptant ainsi une attitude négligente[175]. Dans ce dernier cas, la fausse déclaration faite par simple négligence ne suffit pas[176], il faut une vraie désinvolture du déclarant révélant une véritable malhonnêteté[177]. En revanche, les motifs d'une déclaration frauduleuse sont indifférents[178].

2. Sanctions

469 **Sanctions. Nullité. Dommages-intérêts.** La sanction dépend de la nature de *misrepresentation*. S'il s'agit d'une déclaration innocente, la sanction est soit l'annulation du contrat (*rescision*) soit l'allocation de dommages-intérêts. Pour les deux autres types de *misrepresentation*, annulation et dommages-intérêts peuvent être cumulés ou non. Comme en droit français, la *rescision* entraîne l'anéantissement rétroactif du contrat. Le prononcé de l'annulation et/ou l'octroi d'une indemnité ne dépendent pas que de la nature de la *misrepresentation* mais aussi des circonstances.

470 **Obstacles à l'annulation.** Dans diverses situations, l'annulation du contrat n'est pas possible. Tout d'abord, l'annulation est un remède fondé sur l'*Equity*, de sorte que si les dommages-intérêts suffisent à parfaitement résoudre la situation, elle ne pourra pas être prononcée. Ensuite, diverses circonstances constituent de vrais empêchements à l'annulation. Ainsi en est-il, très logiquement, si la restitution du bien, objet du contrat, est impossible[179]. Mais la baisse de valeur ne suffit pas à empêcher la restitution[180]. Tout au plus faut-il que la chose demeure en substance et non dans ses détails[181]. De même pour la ratification (*affirmation*) : la victime de la fausse déclaration a ratifié, expressément ou implicitement, le contrat[182]. D'ailleurs, l'écoulement d'un temps long avant la demande d'annulation peut s'analyser comme une ratification implicite et faire obstacle à l'annulation. S'il s'agit d'une *misrepresentation* non frauduleuse, le point de départ est fixé au jour de conclusion du contrat[183] ; s'il s'agit d'une *misrepresentation* frauduleuse, ce jour est fixé à la découverte de la fraude. Par ailleurs, si un tiers de bonne foi a acquis des droits de propriété par le contrat, seuls des dommages-intérêts seront alloués au contractant abusé par la fausse déclaration, le tiers conservant alors la propriété du bien[184]. Mais le contrat sera

175. Derry v Peek (1889) 14 AC 337 at 374.
176. Derry v Peek (1889) 14 AC 337 at 374.
177. Thomas Witter Ltd v TBP Industries Ltd [1996] 2 All ER 573.
178. Akerhielm v De Mare [1959] AC 789.
179. Carke v Dickson [1858] 120 ER 4563 : l'objet a changé de nature ; Vigers v Pike (1842) 8 Cl&F 562 : une mine, ayant fait l'objet d'intenses extractations, ne peut pas faire l'objet de restitution.
180. Armstrong v Jackson [1917] 2 KB 822.
181. Head v Tattersall [1871] LR 7 Exch 7.
182. Long v Long [1958]1 WLR 753.
183. Leaf v Intl Galleries [1950] 2 KB 86.
184. Oakes v Turquand [1867] LR 2 HL 32 ; White v Garden [1851] 10 CB 919.

annulé si la victime de la misrepresentation frauduleuse a tout fait pour annuler le contrat avant qu'il ne soit revendu à divers sous-acquéreurs[185].

471 **Dommages-intérêts.** Ils sont alloués sur le fondement de la responsabilité délictuelle. Si la *misrepresentation* était frauduleuse, les dommages-intérêts doivent remettre la victime dans la situation dans laquelle elle serait si la fausse déclaration n'avait pas été faite[186]. Le préjudice sera compensé même s'il n'était pas prévisible dès lors qu'il demeure causal avec la *misrepresentation*. Si la *misrepresentation* est innocente ou négligente, ils doivent prendre en compte les éléments suivants : la nature de la *misrepresentation*, le préjudice que subirait la victime si le contrat était maintenu et, inversement, la perte subie par le cocontractant si le contrat était annulé (*Misrepresentation Act 1967*, sec. 2(2)). Il est aussi possible de les calculer différemment si le contrat est maintenu : leur calcul résulte alors de la différence entre la valeur de la chose que la victime pensait obtenir et la valeur de ce qu'il a finalement reçu[187]

Les dommages-intérêts doivent compenser le préjudice prévisible : par exemple[188], une ferme avait été louée pour y exploiter des poules, mais cette affectation n'avait pas été mentionnée dans le contrat de location ; les dommages subis par les preneurs en raison de la mauvaise qualité de l'eau sont limités à ceux qu'aurait subis tout locataire, de sorte que la perte de ses poules mortes en raison de l'eau polluée ne peut être indemnisée[189].

***Misrepresentation* innocente : des dommages-intérêts *in fine* !**

Une telle *misrepresentation* n'ouvre droit à dommages-intérêts que de manière indirecte. En effet, en principe, la victime ne dispose d'aucun recours sur le fondement de la *Common law* ; mais, sur le fondement de l'*Equity*, l'annulation peut être prononcée. La victime peut alors invoquer le *Misrepresentation Act 1967* (sec. 2(2)) pour demander la substitution en dommages-intérêts.

B. *LA MISTAKE*

472 Il convient d'identifier la notion de *mistake* (1) et ses sanctions (2).

1. Notion

473 **La variété. *Common mistake*.** Elle peut être de trois ordres. Soit il s'agit d'une erreur commune, par laquelle les deux parties commettent la même erreur (*common mistake*). L'erreur porte alors sur trois points possibles : tout d'abord, il peut s'agir de l'erreur portant sur l'existence même de l'objet ; ainsi, si les deux parties

185. Car & Universal Finance v Caldwell [1965] 1 QB 525.
186. Préjudice financier (McConnel v Wright [1903] 1 Ch 546) ; et perte de chance, East v Maurer [1991] 2 All ER 733.
187. William Sindall plc v Cambridgeshire County Council [1994] 1 WLR 1016.
188. Whittington v Seale-Hayne (1900) 82 LT 49.
189. Royscott *Trust* Ltd v Rogerson [1991] 3 WLR 57.

pensaient que l'objet alors qu'il a disparu avant la formation du contrat, celui-ci n'existe pas ; c'est ce qui s'appelle la *res extincta*. Cette jurisprudence a été consacrée par le *Sale of Goods Act 1979* (sec. 6). En revanche, si l'une des parties accepte de supporter le risque de non-existence, alors le contrat n'est pas annulé ; c'est ce qui se passe lorsqu'une clause de *warranty* est stipulée. Ensuite, il peut s'agir aussi d'une erreur des parties sur la propriété du bien : ainsi, si une partie achète le bien d'un autre, alors que le bien appartient déjà à l'acquéreur, le contrat est nul sur le fondement dit *res sua*. Enfin, l'erreur commune peut aussi porter sur la qualité fondamentale du bien (*fundamental quality*) ; celle-ci se définit comme étant la qualité sans laquelle le contractant n'aura pas consenti ; elle doit ainsi être déterminante du consentement.

474 ***Mutual mistake*****.** Il peut aussi s'agir d'une erreur mutuelle signifiant que chaque partie se trompe, mais dans un sens opposé, l'un pensant acheter et l'autre pensant louer (*Mutual mistake*) ; il y a donc un malentendu sincère entre les parties à propos des stipulations du contrat ou de l'objet. Les juges procèdent, face à une telle difficulté, à l'interprétation de la commune intention conformément à ce qu'un tiers aurait pu comprendre : si un tiers a compris l'existence d'une commune intention, alors le contrat sera valable et le juge lui donnera ce sens ; à défaut, le contrat est nul.

475 **Erreur unilatérale.** Enfin, il peut s'agir d'une erreur unilatérale (*unilateral mistake*) par laquelle une personne se trompe et l'autre en profite. L'erreur peut porter sur l'identité du cocontractant : l'identité du cocontractant doit constituer une qualité essentielle qui doit être clairement exprimée par celui qui s'en prévaut avant ou au moment de la formation du contrat. Des mesures raisonnables doivent être prises afin de vérifier l'identité du cocontractant. Si le contrat est conclu par les parties en présence, il est censé être conclu par celles-ci peu importe l'identité qu'elles ont prétendu avoir.

L'erreur commise par l'une des parties sur les termes du contrat peut aussi entraîner l'annulation du contrat si elle ne résulte pas d'une faute et si l'autre savait ou aurait dû savoir qu'il commettait une erreur.

De même en est-il en cas d'erreur sur la nature du contrat. La partie ayant commis l'erreur doit prouver que le document signé ne correspond fondamentalement pas à ce qui a été convenu[190] ; encore faut-il que le document n'ait pas été signé sans précaution.

2. Effets

476 **Nullité et autres.** Si ces conditions posées par la *Common law* sont réunies, le contrat affecté par une erreur est nul. À défaut, la victime de l'erreur ne reste pas sans solution puisque le juge peut, sur le fondement de l'*Equity*[191], recourir à d'autres mesures telles que la rectification ou la rescision. La rectification permet tout

190. Great Peace Shipping v Tsavliris International [2003] QB 679 Court of Appeal.

191. Si l'erreur de *Common law* n'est pas établie, le juge ne peut pas forcément prononcer la nullité pour erreur sur le fondement de l'*Equity*, voir *Great Peace Shipping*, précité.

d'abord de corriger les erreurs matérielles affectant un contrat lors de sa rédaction qui ne reflète pas la commune intention initiale des parties. Mais elle ne saurait permettre la modification d'une clause que les parties ont mal comprise. La seconde sanction est la rescision, consistant à priver une partie de tirer avantage de l'erreur commise. Mais elle ne peut logiquement pas être prononcée si l'erreur a été commune.

Enfin, le juge peut indirectement sanctionner l'erreur commise en refusant d'ordonner l'exécution forcée du contrat. Encore faut-il que le refus soit fondé sur l'une des circonstances suivantes : soit il serait inéquitable d'obliger l'une des parties à exécuter son obligation, soit le cocontractant de la victime de l'erreur la connaissait et en a tiré avantage ; soit l'erreur résulte de tromperies commises par le cocontractant. Mais le contractant qui aurait fait une mauvaise affaire ne peut se prévaloir d'une éventuelle erreur pour échapper à l'exécution de son obligation.

C. L'*UNDUE INFLUENCE* ET LA *DURESS*

477 La violence peut constituer un vice du consentement que le droit anglais sanctionne par la nullité du contrat. Elle prend deux formes, la *Duress* (1) et l'*Undue influence* (2).

1. La *Duress*

478 **Notion. Évolution.** ***Economic duress.*** La *duress* correspond à la violence physique ou à la menace du recours à la violence physique[192] si la personne ne conclut pas le contrat. Le fait que la violence soit exercée ou la menace proférée suffit à justifier l'annulation du contrat, bien que le contractant victime ait été convaincu, par ailleurs, de conclure l'accord. En outre, après l'avoir longtemps refusé, la Chambre des Lords a fini par admettre qu'il puisse aussi s'agir d'une violence exercée sur les biens du contractant[193]. La jurisprudence a poursuivi l'extension de la notion de *duress* en y incluant la violence économique (*economic duress*) en admettant qu'un contractant puisse faire pression sur la santé financière de l'autre partie[194]. La victime doit prouver que son consentement a été vicié par une forme de pression économique. Plusieurs critères ont été dégagés afin de caractériser la violence économique subie par une partie lors de la formation du contrat : la victime, prétendant avoir subi la pression, est censée avoir protesté au moment de l'exercice de la violence, elle n'avait pas d'autre solution que d'accepter les contraintes imposées[195], elle n'avait pas de possibilité de s'entourer de conseils indépendants et elle n'a été en mesure de prendre des mesures pour échapper à l'exécution de ce contrat[196]. Il peut s'agir d'une pression économique résultant de

192. Barton v Armstrong [1976] AC 104.
193. Occidental Worldwide Investment v Skibs (The Sibeon & The Sibotre) [1976] 1 Lloyds Rep 293.
194. North Ocean Shipping v Hyundai Construction (The Atlantic Baron) [1979] QB 705.
195. Universe Tankships Inc. of Monrovia v International Transport Workers' Federation [1982] 2 All ER 67.
196. Pao On v Lau Yiu Long [1980] AC 614.

la mise en œuvre de moyens illégaux[197] ou de moyens légaux dès lors qu'ils sont utilisés afin de produire une pression illégitime[198].

Le fait que la violence économique puisse être retenue contre le cocontractant a soulevé des critiques, car, dans le monde des affaires, il peut être parfois subtil de distinguer parmi les moyens légaux, qui constituent une pression efficace et licite, et les moyens illégaux qui représentent une pression illicite. En 2021, la Cour suprême, tout en confirmant que la violence économique pouvait résulter de la menace d'employer des moyens légaux, a toutefois posé deux limites : d'une part, ce type de pression économique ne doit être admise que dans de rares occasions ; d'autre part, elle ne peut s'entendre que dans deux situations, le contractant exerçant la pression menace la victime de la dénoncer d'avoir commis des faits pénalement répréhensibles et lorsque la victime est placée par le cocontractant dans une situation de vulnérabilité telle qu'elle renonce à ses demandes sur le plan civil[199].

2. L'*Undue influence*

479 **Moyen d'*Equity*.** Il s'agit d'une autre forme de pression exercée par une partie sur son contractant afin de l'inciter à conclure le contrat. Mais, à la différence de la *duress*, il ne s'agit pas d'un vice de consentement fondé sur la *Common law*, mais sur l'*Equity*. Les critères sont donc vagues parce que devant permettre le libre exercice de la discrétion des juges. Il existe deux types d'*undue influence*, celle qui doit être prouvée et celle qui est présumée.

480 **Présomptions.** En premier lieu, il appartient, en principe, à celui qui s'en prévaut, de prouver l'*undue influence* (*actual undue influence*), c'est-à-dire qu'il n'a conclu librement le contrat. En revanche, il ne lui est pas demandé d'établir qu'il a souffert d'un désavantage manifeste.

En second lieu, la pression indue peut être présumée dans deux situations. D'une part, la présomption de pression indue résulte de la relation spéciale existant entre les parties. La victime, bénéficiant de la présomption, peut juste se contenter de prouver l'existence de cette relation spéciale, sans avoir à rapporter la preuve de la pression. Ainsi en est-il de la relation parents/enfant[200], *trustee*/bénéficiaire[201], client/avocat[202]. De manière inattendue, la présomption ne s'applique pas entre conjoints. La présomption opérant un renversement de la charge de la preuve, c'est donc au cocontractant d'établir qu'il n'a exercé aucune pression indue. La preuve est satisfaite s'il prouve que la victime supposée a eu une parfaite connaissance de la nature et des effets du contrat, notamment parce qu'elle a reçu, avant de conclure, des conseils indépendants et impartiaux. D'autre part, la pression indue

197. Atlas Express v Kafco [1989] Importers and Distributors Ltd (1989) 3 WLR 389.

198. Pour un exemple de pression légitime par la menace à des recours légaux, voir CTN Cash and Carry Ltd v Gallaher Ltd [1993] EWCA Civ 19 : menace de retirer des facilités de crédits ; The Flying Music Company Ltd v Theater Entertainment SA & Ors [2017] EWHC 3192 (QB) : un contractant obtient une garantie de paiement en menaçant, à défaut, de mettre fin à un contrat de représentation de concerts.

199. Pakistan International Airline Corporation v Times Travel UK v [2021] UKSC 40.

200. Lancashire Loans co v Bank [1933] 1 KB 380.

201. Benningfield v Baker [1886] 12 App Cas 167.

202. Wright v Carter [1903] 1 Ch 27.

peut aussi être présumée alors même qu'il n'y a pas de telles relations entre les parties. Encore faut-il que la relation soit fondée sur la confiance (*trust and confidence*). Ainsi en est-il dans un couple formé par un partenaire souffrant de troubles mentaux et de sa concubine ayant en main la gestion des finances : les juges ont considéré que cette dernière était présumée avoir commis une *undue influence* en convainquant son ami de lui transférer la moitié de sa propriété et alors qu'il n'avait reçu aucun conseil indépendant puisque l'avocat s'étant chargé du contrat était commun aux deux concubins. De même en est-il d'un contrat conclu entre un client et sa banque[203]. Outre une relation au cœur de laquelle se trouve la confiance, il faut aussi établir que le contrat impose à la victime un désavantage suffisamment sérieux pour créer une présomption d'*undue influence* ; cette présomption ainsi établie, le renversement de la charge de la preuve s'opère et oblige le contractant, suspecté de pression, à s'expliquer.

481 ***Undue influence* et le tiers.** L'*undue influence* peut-elle constituer un vice de consentement si elle a été commise par un tiers non contractant ? L'hypothèse classique est celle du tiers influent qui parvient à convaincre une personne de conclure un contrat. Par exemple, l'épouse, efficacement convaincue par son mari d'hypothéquer le logement pour couvrir ses dettes auprès de la banque peut-elle demander l'annulation pour *undue influence* ? C'est possible si elle prouve que le contrat lui impose un désavantage financier et qu'il y a une forte probabilité que son consentement ait été obtenu par pression, alors la victime informe ce tiers. Le cocontractant doit alors renverser la présomption d'*undue influence* en prouvant qu'il a pris toutes les mesures raisonnables pour informer la prétendue victime qui a ainsi librement contracté.

§ 3. L'ABSENCE D'ILLÉGALITÉ

482 **Ordre public.** À l'instar du droit français, le contrat qui contredit l'ordre public (selon une loi précise ou la *Common law*) peut être frappé de nullité. Ainsi en est-il d'un contrat ayant pour objet de rémunérer la commission d'un crime, ou organisant une fraude fiscale ou encore supposant la corruption d'un fonctionnaire. De même en est-il du contrat (ou de la clause) portant atteinte à la liberté du commerce. La clause incriminée peut aussi être simplement réputée non écrite si cela suffit à conserver le contrat intact et à l'expurger de toute illégalité. Il a été récemment décidé que ce qui avait été reçu en vertu d'un contrat finalement nul pour illégalité devait être restitué[204], sauf si cela va à l'encontre de l'ordre public.

203. Smith v Cooper [2010] EWCA Civ 722.
204. Patel v Mirza [2016] UKSC 42 ; comp. Tinsley v Milligan [1993] 3 WLR 126 HL.

CHAPITRE 2
LES EFFETS

483 Une fois que l'accord entre les parties reçoit bien la qualification de contrat et qu'il est valable, il emporte des effets juridiques : les parties, tenues par sa force obligatoire, doivent l'exécuter (section 1) en respectant son contenu (section 2). En cas d'inexécution, divers remèdes sont à la disposition tant du créancier que du débiteur (section 3).

SECTION 1 L'EXÉCUTION DU CONTRAT

484 ***Consideration* et effet relatif.** Pour rappel, l'effet relatif (*privity*) des conventions en droit anglais s'explique par la *consideration*, élément essentiel de la qualification de contrat : parce que les parties échangent des contreparties, elles sont liées l'une à l'autre par le *synallagma*, excluant *de facto* les tiers. Ceux-ci ne peuvent logiquement ni être tenus d'une obligation contractuelle ni en exiger l'exécution.

Ainsi, seules les personnes qualifiées de parties sont tenues de respecter le contrat et non les tiers (§ 1), mais il existe de nombreuses exceptions jurisprudentielles et légales permettant une implication des tiers dans la sphère contractuelle (§ 2).

§ 1. FORCE OBLIGATOIRE ET EFFET RELATIF DU CONTRAT

485 **Énoncé de la règle.** La force obligatoire des conventions ne concerne, en principe, que les parties en raison, pas tant de la volonté des parties, que de la contrepartie apportée à chaque obligation. Par conséquent, un tiers ne

peut pas se prévaloir d'un contrat auquel il n'est pas parti. Précisément, en 1861, dans *Tweddle v. Atkinson*, un tiers n'a aucun droit de réclamer l'exécution d'un contrat pourtant conclu dans son seul bénéfice. En l'espèce, deux pères concluent un contrat par lequel chacun s'engage à verser de l'argent à un jeune homme (fils de l'un et futur gendre de l'autre). Mais le beau-père ne verse pas d'argent et le gendre, bien que bénéficiaire de la promesse ne s'est vu reconnaître aucune action, parce que tiers. C'est justifié par le fait qu'il n'a procuré aucune contrepartie à l'obligation du beau-père de lui payer une somme d'argent : le père ayant apporté la contrepartie, il n'y a que lui à pouvoir demander l'exécution du contrat.

Cette solution fut confirmée dans *Dunlop Pneumatic Tyre v. Slefridge 1915* à propos de chaînes translatives de propriété. En l'espèce, Dunlop vend des pneus à Dew qui les revend à Selfridge qui les revend à X. Le premier contrat stipulait que Dew ne pouvait pas les revendre moins cher à un tiers et Dew s'engage à obtenir du tiers que celui-ci, à son tour, ne vendra pas en dessous d'un prix-plancher. Mais Selfridge (sous-acquéreur) les revend à un prix inférieur à X, alors Dunlop (vendeur initial) le poursuit pour non-respect du contrat entre acquéreur et sous-acquéreur. Mais il est débouté car il n'a donné aucune *consideration* à la promesse de l'acquéreur à l'égard du sous-acquéreur[1].

486 **Hypothèse d'une partie sans contrepartie.** Toutefois, il est possible qu'une personne, bien que partie au contrat, n'ait pas de possibilité d'action sur le terrain contractuel car elle n'a pas transmis de *consideration*. Par exemple, un accord est conclu entre X, Y et Z ; X promet de verser 10 £ à Z si Y lui livre quelque chose. Bien qu'il soit parti au contrat, Z ne peut rien réclamer à X car il ne lui a pas donné de *consideration*. Sur le terrain de la stricte *Common law*, le bénéficiaire gratuit-contractant n'a, en général, pas de droit contractuel[2].

487 **Tiers et clause limitative de responsabilité.** Pareillement, le tiers ne peut pas invoquer une clause du contrat ; par exemple, il ne peut pas opposer, en défense dans une affaire de responsabilité, une clause limitative ou exonératoire de responsabilité stipulée dans le contrat auquel il n'est pas parti, comme c'est parfois le cas dans les contrats de transport avec un autre contrat de déchargement des marchandises. C'était tout l'enjeu de l'affaire *Scruttons Ltd*[3] : les propriétaires de containers de produits chimiques concluent un contrat de transport avec des transporteurs. Une clause limitative de responsabilité est stipulée au profit des transporteurs. Puis les transporteurs embauchent des dockers, par un contrat, pour décharger les containers pour le nom et le compte du principal. Ceux-ci, par négligence, font tomber les containers. Les propriétaires soulèvent alors leur responsabilité délictuelle. Les dockers cherchent à limiter leur responsabilité en se prévalant de la clause limitative de responsabilité conclue dans le contrat de transport (mais non dans le contrat

1. Confirmation aussi par Beswick v Beswick [1966] et [1968], précité *:* un charbonnier transfère son commerce à son neveu en contrepartie du paiement d'une rente viagère pour lui et, à son décès, à sa veuve. Une fois l'oncle décédé, le neveu cesse les paiements. La veuve, en qualité de tiers au contrat, n'a aucun droit à réclamer l'exécution du contrat. Heureusement, elle a pu agir contre le neveu, parce que, en tant que veuve, elle était représentante du contractant défunt.

2. Keepong Prospecting Ltd. v Schmidt [1968] A.C. 810.

3. Scruttons Ltd v Midland Silicones [1962] AC 446.

de déchargement). Mais la Chambre des Lords refuse ce raisonnement car les dockers ne sont pas partis au contrat et car la clause limitative de responsabilité ne s'applique pas en cas de responsabilité indirecte d'autrui (*no vicarious immunity*). Par conséquent, lorsque le demandeur soulève la responsabilité délictuelle d'un salarié, employé ou mandataire ou sous-contractant, ces derniers ne peuvent se prévaloir de la clause limitative de responsabilité protégeant pourtant l'employeur ou le mandant ou l'entrepreneur principal.

Néanmoins, il faut rappeler que les solutions du droit anglais reposent toujours sur les spécificités des faits d'espèce. C'est ce qui explique la légère atténuation rencontrée dans l'affaire *The Eurymedon*[4] : ici la conclusion est exactement inverse malgré des faits de base similaires, car il y avait un contrat de transport de marchandises et un incident lors du déchargement par les dockers. Mais, en l'espèce, le contrat de transport était très complexe et étendait le bénéfice de la clause exonératoire de responsabilité du transporteur aux salariés, aux mandataires, aux sous-traitants et à tout agent indépendant embauché par le transporteur pour décharger. En l'espèce, le transporteur avait agi comme un mandataire protégeant les intérêts des dockers et ceux-ci avaient consenti à ce qu'il agisse ainsi. Toutefois, en dépit de la clause au domaine d'application large, deux problèmes se posaient. D'une part, quelle *consideration* les dockers avaient-ils donnée au propriétaire des marchandises pour pouvoir invoquer le bénéfice de la clause exonératoire (le fait qu'elle ait été stipulée étant insuffisant en droit anglais) ? L'exécution du contrat de déchargement au profit du transporteur constituait une bonne contrepartie car l'exécution d'une obligation contractuelle pour un tiers est une *consideration* valable D'autre part, il fallait que cela entre dans un schéma d'offre/acceptation entre le propriétaire et les dockers. Ici, les faits sont interprétés de façon à en déduire que l'expéditeur, lorsqu'il a rempli le connaissement a fait une offre au public, à toute personne qui déchargerait les marchandises et qui pourrait alors se prévaloir d'une clause exonératoire de responsabilité. Les déchargeurs ont accepté l'offre lorsqu'ils ont commencé à décharger. Par cette interprétation, l'on parvient à contourner l'effet négatif de la *privity*. Mais ce raisonnement est tributaire des faits : la clause ne trouve ainsi pas à s'appliquer si les marchandises ont été endommagées par les dockers avant le début du déchargement[5].

488 **Critiques de la solution.** Mais les critiques s'élevèrent peu à peu à l'encontre de la théorie rigoureuse de la *Common law*. Non seulement les règles aboutissaient à des situations injustes et contraires à la volonté des contractants, mais elles tendaient à rendre certains mécanismes inefficaces[6].

§ 2. LES EXCEPTIONS

489 **Jurisprudences et législations.** C'est dans ce contexte que la *Common law* et l'*Equity* ont organisé elles-mêmes des exceptions à la rigueur de

4. New Zealand Shipping Co. Ltd. v A.M. Satterthwaite & Co. Ltd. [1975] AC 154 (The Eurymedon).
5. Raymond Burke Motors v Mersey Docks [1986] 1 Lloyd's Rep. 155.
6. E. McKendricks, *op. cit.*, n° 7.4.

la règle (A). Mais les dérogations jurisprudentielles restant inefficaces dans certains domaines, le législateur est intervenu afin de créer de véritables exceptions légales au principe d'effet relatif des conventions, dans des domaines divers. Par exemple, en cas d'accident de la route, le *Road Traffic Act 1888* permet à la victime, pourtant tiers au contrat d'assurance, d'en bénéficier. De même en est-il de la veuve qui peut assigner la compagnie d'assurances afin d'obtenir le bénéfice du contrat d'assurance-vie conclu par le défunt (*Married Women's Property Act 1882*). Un tiers peut également s'opposer à tout accord relatif à la fixation de prix (*Competition Act 1998*). Mais il faut attendre le *Contracts (Rights of Third Parties) Act 1999 (B)* pour que de véritables règles générales viennent déroger à l'effet relatif des conventions.

A. LES EXCEPTIONS JURISPRUDENTIELLES

490 **Situations diverses.** Les juges anglais ont, au cas par cas, apporté des exceptions au principe rigoureux de l'effet relatif des conventions. Il s'agit des contrats collatéraux (1), du contrat d'agence (2), du mécanisme du *trust* (3), des restrictions en matière immobilière (4) et encore du droit de réclamer des dommages-intérêts (5).

1. Les contrats collatéraux

491 **Notion.** La jurisprudence a développé la notion de contrats collatéraux. Ainsi en est-il lorsqu'un tiers et l'un des contractants sont liés par le même objet que celui du contrat. Concrètement, l'affaire *Shanklin Pier* a jeté les bases de ce mécanisme[7]. Les faits de l'espèce permettent de le comprendre : les propriétaires d'une digue souhaitent la faire repeindre et contactent, à cette fin, un peintre en bâtiment. Ceux-ci ont été convaincus par le fabricant d'une peinture, promettant qu'elle durerait sept ans sans problème, de l'acheter. Or, la peinture s'est dégradée au bout de quelques mois. Les propriétaires ont été admis à poursuivre le fabricant, sur le terrain contractuel, car un contrat collatéral avait surgi de l'existence de deux autres contrats (le premier entre les propriétaires et le peintre, le second entre le peintre et le fabricant) constituant une même opération. La promesse faite par le fabricant au peintre pouvait donc être invoquée par les propriétaires en vertu d'un troisième contrat !

2. Le contrat d'agence

492 ***Agency.*** Le contrat d'*agency* est un contrat à multiples facettes : il peut s'agir d'un contrat proche du mandat du droit français ou d'un contrat d'intermédiaire ou de courtage. La jurisprudence considère qu'il doit entraîner une exception à l'effet relatif du contrat. L'*agent* agit au nom et/ou pour le compte du *principal* en concluant un contrat avec un tiers[8].

7. Shanklin Pier v Detel Porducts LTD [1951] AC 847.
8. Pour de plus amples développements sur le contrat d'*agency*, v. *infra*, n° 592 et s.

3. Les obligations en matière immobilière

493 **Mécanisme.** En matière immobilière, des parties peuvent conclure un contrat aux termes duquel l'une d'elles s'engage à quelque chose au profit de l'autre. Ainsi, en cas de vente d'un immeuble, le vendeur peut imposer à l'acquéreur de ne pas faire quelque chose. Par exemple, elle promet de ne pas construire afin de ne pas obstruer la vue de son cocontractant voisin, ou de ne pas bloquer le passage ou encore de ne pas boucher les canalisations du voisinage. Proche du mécanisme des servitudes conventionnelles en droit français, ce contrat, appelé *Covenant in land law*, peut être unilatéral (la *consideration* n'étant pas exigée), car il suppose le respect de formalités (rédaction d'un *deed*) et l'inscription de l'acte sur un registre particulier (v. *infra*, titre sur la propriété). Mais si le caractère obligatoire de cet engagement ne soulève guère de doute entre les parties, *quid juris* d'un tiers acquéreur ?

Lorsqu'un *covenant* est conclu, l'obligation de ne pas faire suit le bien immobilier appartenant au débiteur. Ainsi en cas de vente de celui-ci, le nouvel acquéreur doit respecter l'obligation de ne pas faire alors même qu'il n'a pas été partie au *covenant* initial. Deux conditions sont requises : le nouvel acquéreur doit en avoir été informé et le bénéficiaire de l'obligation doit demeurer le vendeur originaire[9]. C'est une solution fondée sur l'*Equity*, contrecarrant les effets stricts de l'effet relatif des conventions exigé par la *Common law*.

Pareillement, lorsqu'un bien immobilier est loué, diverses obligations peuvent être imposées par le bailleur au preneur ou inversement au bailleur au profit du preneur. Si le bail est transféré à un tiers, celui-ci doit respecter l'obligation imposée dans le bail initial. De même, si le bien loué est vendu, le nouvel acquéreur devient débiteur, ou créancier le cas échéant, de l'obligation (*Law of Property Act 1925*, section 141 et 142). Mais si le bien fait l'objet d'une sous-location, le bailleur ne peut pas exiger du sous-locataire le respect de l'obligation imposée au locataire. De même le sous-locataire ne peut l'exiger du bailleur.

4. Le concept de *trust*

494 **Présentation.** Le mécanisme du *trust* permet de faire échec à l'effet relatif des conventions. Envisageons un contrat entre deux parties pouvant conférer des droits à une tierce personne. Un *trust* peut, si les conditions sont réunies (v. *infra*, partie sur le *trust*), se superposer à cette relation triangulaire : l'un des contractants devient le *trustee* qui détiendra les droits contractuels pour le compte du tiers. Si le contractant du *trustee* n'exécute pas sa prestation au profit du tiers, celui-ci demande au contractant-*trustee* d'agir contre le cocontractant défaillant. Si le *trustee* n'agit pas, le tiers bénéficiaire peut former une action à l'encontre de deux contractants.

9. Tulk v. Moxhay [1884] 41 ER 1143.

5. Le droit de réclamer des dommages-intérêts

495 **Mécanisme.** Lorsqu'un contrat confère des droits à un tiers, l'inexécution du contrat ne portera vraisemblablement préjudice qu'au tiers et non au cocontractant. Si ce dernier agit contre le débiteur, il ne peut espérer recevoir qu'une somme d'argent modeste (*nominal damages*) en raison de l'absence de préjudice. C'est pourquoi la *Common law* a inventé un principe : si une personne ayant subi un préjudice causé par une autre ne peut agir contre celle-ci en raison de l'effet relatif des conventions, et ne peut donc se prévaloir d'aucun remède, alors l'une des parties doit être admise à former une action contre la personne qui lui a causé le préjudice. Encore faut-il, selon la jurisprudence, que, « dans tout système juridique rationnel », ce type de préjudice devrait donner lieu à compensation[10].

496 **Pas un principe général.** Peut-on en déduire qu'il existe un principe général permettant à un contractant de réclamer à son cocontractant l'indemnisation pour la perte subie par le tiers ? La Chambre des Lords a pris soin de répondre par la négative[11], préférant vraisemblablement limiter la possibilité pour une partie de réclamer des dommages-intérêts compensant la perte du tiers à certains domaines : les vacances (le client ayant acheté un voyage pour lui et sa famille peut, si les vacances se sont mal passées, des dommages-intérêts pour lui et ses proches déçus[12]), la propriété et le transport de marchandises[13].

B. LE *CONTRACTS (RIGHTS OF THIRD PARTIES) ACT 1999*

497 **Présentation.** Outre certaines lois spéciales (*Competition Act 1998*, *Bills of exchange act 1882*, *Land of Property Act 1925*), un texte non sectoriel (le *Contracts (Rights of Third Parties) Act 1999*) étend les droits d'un tiers à l'égard d'un contrat. Ce texte de 1999, ayant modifié certaines solutions dégagées par la jurisprudence, occupe désormais une place importante quant à la reconnaissance des droits du tiers sur un contrat. Précisément, la section 1 (1) à (3) dispose qu'un tiers peut demander l'exécution d'une clause du contrat si le contrat le prévoit expressément (section 1.1.a)[14] ou s'il est fait au bénéfice de ce tiers (section 1.1.b). En revanche, il ne bénéficiera pas du contrat si les parties ont expressément exclu que le tiers puisse en bénéficier ou s'il ressort de

10. Dunlop v Lambert (1839) 7 ER 824.
11. Woodar Invest. Dev. Ltd v Wimpey Construciton (UK) Ltd [1980] 1 WLR 277.
12. Jackson v Horizon Holiday Ltd [1975] 1 WLR 1468.
13. Linden Gardens *Trust* Ltd v Lanesta Sludge Disposals Ltd (1994) AC 85 ; *adde* Alfred McAlpine Consrtuction Ltd v Panatown Ltd [2001] 1 AC 518.
14. Pour un prêt et un agent des sûretés, HNW Lending Ltd v Lawrence [2025] EWHC : en l'espèce, une clause stipulait que le prêteur et l'emprunteur convenaient que, bien que l'agent des sûretés ne fût pas une partie au contrat de prêt, il pouvait bénéficier de toute clause ou en demander l'exécution en application de la loi de 1999.

l'interprétation du contrat que les parties n'avaient pas eu l'intention de permettre au tiers d'exiger l'exécution du contrat[15].

Qu'en est-il si les parties n'ont pas expressément stipulé de clause en faveur du tiers ? La jurisprudence a considéré qu'il fallait en déduire, non pas que les parties avaient souhaité exclure, mais au contraire, qu'elles avaient pu reconnaître un droit au tiers si les circonstances le justifient[16] ; en somme, le silence des contractants ne doit pas interpréter comme empêchant un tiers de profiter du contrat. Ainsi, puisque le juge peut conclure que l'intention des parties était de reconnaître au tiers des droits contractuels, la situation peut devenir dangereuse pour les contractants : en effet, l'interprétation de la volonté des parties par le juge peut surprendre les contractants qui n'auraient pas pensé qu'un tiers (ou tel tiers) puisse se prévaloir de leur contrat, et c'est pourquoi, les rédacteurs de contrats doivent être particulièrement vigilants et envisager d'exclure expressément les tiers, le cas échéant. La rédaction de clauses d'exclusion des tiers doit être vivement encouragée si les parties souhaitent contrôler les bénéficiaires de leur accord[17].

En tout état de cause, le tiers doit être soit expressément désigné dans le contrat par son nom, soit être identifiable comme membre d'un groupe ou par des éléments permettant de l'identifier. Mais il arrive que le bénéficiaire ne soit pas encore connu lors de la conclusion du contrat ; il peut donc parfaitement être futur, dès lors que, par des critères d'identification, il est identifiable ultérieurement ; tel est le cas d'une société en formation.

En outre, la notion de contrat conférant un bénéfice au tiers a fait l'objet d'une distinction portée par le juge Christopher Clark : un contrat procurant un bénéfice à un tiers, au sens du texte de 1999, doit s'entendre comme un accord dont l'un des buts ou l'un des éléments de l'économie du contrat est le bénéfice du contrat.

498 **Volonté ultérieure des parties et exclusion du tiers.** Les parties peuvent-elles remettre en cause la clause bénéficiant au tiers ? Le texte (section 2) instaure une certaine protection du tiers. En effet, elles ne peuvent pas le priver du bénéfice du contrat s'il a fait connaître son acceptation au promettant, ou si ce dernier était conscient qu'il comptait sur la clause bénéficiaire ou, enfin, si l'on pouvait raisonnablement attendre du promettant qu'il ait prévu que ce tiers compterait sur ce bénéfice et que, en l'espèce, il a bien compté dessus (section 2 (1)). Une fois que les conditions évoquées ci-dessus sont réunies, le tiers peut intenter les mêmes actions que les parties (dommages-intérêts, injonctions, exécution forcée, etc.). Il faut, toutefois, remarquer qu'il y a un risque de concurrence entre les droits du tiers et les droits du créancier en cas d'inexécution. C'est pourquoi, afin d'éviter que le débiteur ne soit amené à payer deux fois, une fois pour le créancier-cocontractant et une seconde fois pour le tiers, ce qui a été payé au créancier viendra en

15. Secretary of State for the Home Department (Respondent) v Public and Commercial Services Union (Appellant) [2024] UKSC 41.

16. Nisshin Shipping Co Ltd v Cleanes & Co [2004] 1 All ER (Comm) 481.

17. Pour une affaire de transport de marchandises, dans laquelle le tiers n'avait pas été expressément exclu d'un contrat stipulant une clause compromissoire en faveur d'un siège anglais et dont il avait pu se prévaloir pour réclamer une *anti-suit injunction*, voir Manta Penyez Shipping and Uraz Shipping v Zuhoor Alsaeed Foodstuff Company [2025] EWHC 353 (Comm).

déduction de ce que le tiers pourra exiger du débiteur. Ainsi la dette du débiteur n'est-elle pas doublée (section 5).

499 **Domaines exclus.** Toutefois, le texte de 1999 ne s'applique pas à tout contrat. Ainsi, en sont exclus les contrats de travail, les contrats de transport des marchandises par mer, les billets à ordre, lettres de change et instruments négociables notamment.

SECTION 2 LE CONTENU DU CONTRAT

500 **Que faut-il exécuter ?** Maintenant que le domaine de la force obligatoire du contrat a été délimité, l'exécution suppose de respecter le contenu de l'engagement. À cette fin, il convient de préciser la notion de stipulation, toutes les clauses n'ayant pas la même force juridique (§ 1), puis de déterminer le contenu, intégrant tant les termes exprès qu'implicites (§ 2). Il existe aussi des clauses prohibées ou susceptibles de l'être si elles heurtent des dispositions impératives (§ 3). Enfin, la bonne foi (§ 4) occupe une place particulière, à géométrie variable dans le contenu du contrat en droit anglais, tantôt sans valeur juridique, tantôt avec – place bien éloignée de celle qui lui est réservée dans les contrats soumis aux traditions civilistes.

§ 1. LA NOTION DE STIPULATION

501 **Distinction.** Le contenu du contrat est, en principe, déterminé lors de sa conclusion, à l'issue d'un processus plus ou moins et élaboré de négociations. Afin d'emporter l'acceptation du destinataire de l'offre, le pollicitant peut être amené à lui présenter divers arguments qui ne feront pas tous partis du contenu du contrat : tout ce qui est affirmé n'est pas pour autant promis ! Ainsi, le droit anglais distingue classiquement trois sortes d'affirmations : l'argument publicitaire (*mere advertising puff* ou *mere puff*), les représentations (*representations*) et les termes (*terms*). La distinction est importante en droit anglais au regard de la valeur de chaque notion et des effets. En effet, le *mere puff* n'a absolument aucune valeur juridique : il correspond aux affirmations qu'un bateleur de foire peut prononcer pour convaincre le client qui n'y croit pas lui-même (une crème qui fait rajeunir ou une eau minérale qui ferait maigrir).

N'ayant aucune valeur, le non-respect de cette affirmation n'entraînera aucune conséquence juridique.

502 ***Representations* et *Terms*.** En revanche, les *representations* et les *terms* constituent des affirmations qui revêtent une valeur juridique. Toutefois, seuls les *terms* constitueront l'objet des obligations de chaque partie ; les *representations* n'intégreront pas le corps du contrat. En effet, une *representation* est l'affirmation d'un

fait faite par l'une des parties au futur cocontractant qui incite ce dernier à consentir. Si l'affirmation était inexacte, le consentement est alors vicié (v. *supra misrepresentation*). La sanction est soit l'annulation du contrat (*rescision*) et/ou des dommages-intérêts.

S'agissant des termes du contrat (*terms*), seules ces stipulations constituent l'objet des promesses. Ainsi, lorsque l'un des termes n'a pas été respecté ou exécuté, le cocontractant peut se prévaloir de ses droits relatifs à l'inexécution, soit en réclamant des dommages-intérêts, soit en procédant à la rupture du contrat. La distinction entre *terms* et *representations* étant importante, il est préférable que les parties indiquent clairement ce qui relève de l'une des catégories puis de l'autre. À défaut, les juges utilisent divers indices, tels que l'importance que l'affirmation occupe dans le contrat, les compétences et connaissances de la partie ayant fait l'affirmation.

Cette distinction peut être balayée par les parties qui souhaitent intégrer au contrat tout ce qui a été affirmé pendant les négociations. En d'autres termes, elles peuvent, par une clause, transformer les *representations* en *terms*. Une telle clause s'appelle *warranty clause* par laquelle l'une des parties assure que son affirmation est vraie.

Parmi les *Terms*, le droit anglais distingue les *Conditions*, les *Warranties* et les *Innominate Terms*, selon l'importance des engagements. En effet, les *Conditions* sont des engagements qui constituent le cœur du contrat car il ne pourrait pas être maintenu en cas de violation[18], ce qui justifie la résolution et l'octroi de dommages-intérêts, tandis que les *Warranties*, parce que considérées comme secondaires, ne peuvent pas fonder la résolution du contrat en cas d'inexécution, mais seulement des dommages-intérêts[19]. Entre les deux, les *Innominate terms* n'ont pas de qualification ab initio, tout dépend des conséquences en cas d'inexécution : si leur violation prive le créancier de tout bénéfice contractuel, il s'agira de *Conditions* in fine[20].

§ 2. LA DÉTERMINATION DU CONTENU

503 Le contenu du contrat doit être conforme à la lettre du contrat (A), mais les stipulations peuvent être sujettes à interprétation judiciaire (B). Enfin, le contenu du contrat n'est pas toujours figé à la formation du contrat, mais est susceptible de modification (C).

A. LA LETTRE DU CONTRAT

504 ***Prevail clause.*** Dans un contrat complexe, fait de multiples clauses, éventuellement réparties en plusieurs chapitres, voire en plusieurs accords, les parties ont intérêt à stipuler une telle clause. Elle peut être utile pour écarter le *Battle of*

18. Poussard v Spiers [1876] 1 QBD 410.
19. Bettini v Gye [1876] 1 QBD 183.
20. Hong Kong Fir Shipping Co Ltd v Kawasaki Kisen Kaisha Ltd [1962] 2 QB 26.

Forms en stipulant que les conditions du vendeur primeront sur celles de l'acheteur. Toutefois, la valeur juridique d'une telle clause est fortement mise en doute[21].

B. L'INTERPRÉTATION DU CONTRAT

505 Il est possible que le contrat soit soumis à interprétation, notamment du juge (1), mais les parties peuvent stipuler des clauses encadrant ce pouvoir (2).

1. Les pouvoirs du juge

506 **Termes implicites. Interprétation. Autonomie ?** Le juge doit respecter la volonté des parties telle qu'elle ressort du contrat. Mais il dispose d'un pouvoir d'interprétation stricte en présence d'une clause ambiguë (b). Il faut aussi observer qu'aux stipulations expresses du contrat le juge peut ajouter des termes implicites (a) qui, bien que ce ne soit plus le cas, furent longtemps associés au pouvoir d'interprétation judiciaire, mais relèvent maintenant de ce qui a été voulu par les parties ou découle du contrat lui-même.

a) Les termes implicites

507 **Un terme manquant essentiel.** En premier lieu, la question s'est posée de savoir si, en l'absence d'un élément essentiel à la formation du contrat, le juge pouvait l'y ajouter en considérant qu'il y était implicitement contenu. Par exemple, le juge peut-il déduire que les parties ont échangé leur consentement en l'absence de certitude expresse sur ce point. La jurisprudence a évolué. Dans un premier temps, les juges ont admis qu'ils pouvaient combler le contrat afin de le faire exister, car cela relevait de leur pouvoir d'interprétation[22]. Mais, plus récemment, il a été décidé que le juge ne peut pas ajouter des éléments au contrat au motif qu'ils seraient implicites pour former un contrat. En somme, le juge ne peut pas créer un contrat sous couvert de son pouvoir d'interprétation[23].

508 **Un terme manquant. *Implied terms.*** Si l'élément manquant n'affecte pas l'existence du contrat, mais son contenu, le juge dispose d'une marge de manœuvre serrée pour ajouter des stipulations implicites (*implied terms*)[24]. Le domaine des *Implied terms* est riche, en droit anglais des affaires par leur fondement et leur finalité. S'agissant de leur fondement, il faut distinguer les termes implicites selon qu'ils relèvent du seul pouvoir du juge de les ajouter, ou selon qu'ils sont le fruit d'usages ou coutumes, ou selon qu'ils sont prévus par des lois. S'agissant de leur finalité, ils permettent, tout d'abord, de donner sa pleine efficacité au contrat, en exprimant ce que les parties ont nécessairement souhaité mais n'ont pas dit.

21. J. Embley, K. Bamford et N. Hancock, Commercial and Intellectual Property Law and Practice, 2016, CLP, p. 28.
22. Attorney General of Belize v Belize Telecom Ltd [2009] UKPC 10.
23. Wells v Devani [2016] EWCA Civ 1106.
24. KSY Juice Blends UK Limited v Citrosuco GMBH [2025] EWCA Civ 760.

Ainsi, dans une affaire importante, la Cour suprême a considéré que l'ajout de stipulations implicites devait être nécessaire à l'efficacité du contrat (a contrario, sans ce terme implicite, le contrat perdrait en cohérence pratique ou commerciale[25]) ou être évident pour une personne raisonnable[26] (« *It goes without saying* »). Par exemple, le juge peut considérer que le prix, qui n'a pas pu être fixé par les parties, faute d'accord sur ce point, sera déterminé selon un prix raisonnable. Ensuite, les *Implied terms* permettent également de protéger une partie[27], voire d'imposer à l'une des parties une forme de bonne foi qui ne dirait pas son nom[28].

Mais cet exercice judiciaire, consistant à ajouter des clauses non expressément prévues par les parties, se heurte à deux limites. D'une part, il ne confère pas au juge le pouvoir de refaire le contrat comme une personne raisonnable le concevrait[29]. D'autre part, les *implied terms* ne sauraient contredire ce que les parties auraient expressément exclu[30]. À ce titre, il est intéressant de stipuler des clauses exprimant clairement que tel ou tel *implied term* est expressément écarté par les parties. Mais il faut observer que les *Implied terms* que le juge ajoute au contenu contractuel ne relèvent pas de l'interprétation de la volonté des parties, mais est une suite pragmatique de ce qu'une personne raisonnable, dans la position des parties lors de la conclusion du contrat, aurait compris du contrat[31].

b) L'interprétation stricto sensu

509 **Ambiguïté.** À l'instar du droit français, le juge n'a pas le pouvoir d'interpréter une clause claire et non ambiguë. Par conséquent, les rédacteurs de contrat doivent, autant qu'il soit possible juridiquement et matériellement, être rigoureux et précis dans la rédaction des clauses. Par exemple, s'il s'agit d'une clause de rupture du contrat, il faut prendre soin d'énumérer les hypothèses permettant l'exercice de ce droit, voire la limiter dans le temps (avec indication du point de départ s'il s'agit d'une durée). Il est aussi fréquent que les parties définissent moult notions dans le contrat. En somme, plus le contrat sera précis et moins le juge pourra y interférer.

510 **Clause avec ou sans valeur juridique. Exemple des *recitals*.** Il faut également garder à l'esprit que certaines clauses, débutant souvent le contrat, telles que les *recitals*, sont censées ne pas avoir de valeur juridique et être parfaitement

25. Re Force India Formula One Team [2022] EWHC 933 (Ch).

26. Tesco Stores Ltd v Union of Shop, Distributive and Allied Workers [2024] UKSC 28 : un supermarché conclut des contrats de travail avec des salariés qualifiés aux termes desquels il est convenu qu'ils bénéficieraient du maintien de leurs salaires précédents, sans limite de temps, avantages négociés par un syndicat. Puis, l'employeur souhaitant mettre fin à cette politique salariale coûteuse, propose aux salariés, individuellement, une compensation en échange de l'abandon du salaire promis, et, à défaut d'acceptation, ils seront licenciés. Les juges imposent un terme implicite selon lequel la promesse initiale de l'employeur de maintenir les salaires devait être entendue comme ne permettant pas à l'employeur de licencier les salariés bénéficiaires dans le seul but de mettre un terme à cet avantage financier.

27. Liverpool City Council v Irwin [1977].

28. Tesco Stores Ltd v USDAW, précité ; Liverpool City Council v Irwin, précité.

29. Marks and Spencer plc v BNP Paribas Securities Services *Trust* Co (Jersey) Ltd [2016] UKSC 72.

30. Les Affreteurs Reunis v Walford [1919] AC 801 ; Attorney-General of Belize v Belize Telecom Ltd [2009] UKPC 10 ; certaines dispositions légales peuvent être d'ordre public, v. *infra*, n° 650.

31. Re Force India Formula One Team [2022], précité.

optionnelles ; toutefois, c'est l'endroit du contrat où les parties peuvent clairement exprimer leurs intentions, leur but et le contexte de naissance du contrat. Mais, en dépit de l'absence de force contraignante de ce type de clause qui ne sert qu'à exprimer des vœux pieux, le juge peut y prendre appui pour interpréter la volonté des parties à propos d'une autre clause[32]. Ainsi, lorsque des clauses techniques sont ambiguës, le juge se servirait des *recitals* clairs pour comprendre l'intention des parties ; si les clauses techniques ne sont pas ambiguës, il n'y a pas de raison, ni d'utilité à se fonder sur les *recitals*. Si les deux sortes de clauses sont claires mais contradictoires, ce sont les clauses techniques qui primeront.

511 **Règles d'interprétation. *Business common sense*.** Si une clause est susceptible de plusieurs interprétations, sans qu'il soit question ici d'ajouter des termes implicites, la signification retenue par les juges doit être celle qui correspond au *Business common sense* ; en d'autres termes, non seulement l'interprétation retenue doit permettre de donner une efficacité au contrat, mais aussi elle doit correspondre à ce qui est communément attendu dans les affaires par un *businessman* raisonnable[33]. Pour y parvenir, les juges doivent se fonder sur le contrat dans son ensemble, et s'attacher notamment à la nature du contrat et surtout à la qualité et la précision de la rédaction[34]. Toutefois, cette interprétation doit être limitée à ce qui est nécessaire et ne pas être dévoyée pour empêcher le contrat de produire tous les effets voulus initialement par les parties, fussent-ils désormais lourds à supporter pour l'une d'elles : précisément, la Cour suprême a considéré qu'une clause claire ne peut pas être interprétée au motif qu'elle entraîne une charge financière importante pour l'un des contractants. Le juge ne peut pas adoucir les effets d'un contrat par son pouvoir d'interprétation[35].

S'agissant de l'interprétation de termes techniques, le juge doit s'en tenir à la signification communément retenue dans le domaine scientifique et il est possible pour une partie d'apporter des preuves extrinsèques de cette signification[36].

2. Les clauses relatives à l'interprétation

512 ***Entire clause* ou *Whole Agreement Clause. Parol Evidence Rule*.** Lors de négociations, les négociateurs de chaque partie peuvent être tentés d'affirmer ou de promettre des choses qui ne devront pourtant pas se retrouver dans le contrat final. C'est pourquoi les parties peuvent convenir que seul ce qui est écrit dans le contrat aura force obligatoire, et, inversement, tout ce qui aura dit en dehors du contrat ne pourra pas intégrer le contenu contractuel ni le modifier. Il s'agit d'une *Entire clause* ou *Whole Agreement Clause*. En l'absence d'une telle clause, les parties sont soumises à la règle probatoire de la *Parol Evidence Rule :* selon cette

32. Blackpool Football Club (Properties) Limited v JSC Baltic International Bank & Anor [2018] EWCA Civ 732 : bien que les *Recitals* n'aient pas de valeur juridique, en principe, le juge peut toutefois y puiser des éléments de fait, notamment pour comprendre le contexte dans lequel le contrat a été conclu.

33. Rainy Sky S.A. & Ors v Kookmin Bank [2011] UKSC 50.

34. Wood v Capita Insurance Services Ltd [2017] UKSC 24.

35. Arnold v Britton & Ors [2015] UKSC 36.

36. Shore v Wilson [1842] 9 C1 & &Fin 355 ; Smith v Wilson [1832] 3 B & Ad 728 ; R. Goode et E. McKendrick, Goode on Commercial law, Penguin, 2020, n° 3.47.

règle, lorsque le contrat est rédigé, aucune preuve extérieure (*a fortiori* orale) ne peut être produite afin de modifier le contenu écrit du contrat. C'est donc une clause qui permet d'éviter que des affirmations orales, faites par un négociateur, n'intègre le contrat. Il faut, toutefois, remarquer deux difficultés. En premier lieu, ce type de clause, lors de la négociation, peut être balayé par une contre-offre ; ainsi, tant que le processus offre/contre-offre n'est pas achevé, la proposition d'intégrer cette clause peut être chassée. En second lieu, les parties doivent prêter attention au fait que cette clause a pour effet d'exclure tout autre document, ce que les parties n'ont pas forcément souhaité. Par exemple, une liste tarifaire peut ainsi être exclue sans que les parties ne l'aient véritablement compris[37].

Les parties peuvent également se prémunir contre toute affirmation faite pendant les négociations en stipulant une clause excluant toute responsabilité en la matière (*Exclusion Clause for Misrepresentation*). Une telle stipulation constitue une clause exonératoire de responsabilité mais dont le domaine est restreint à la *misrepresentation*. En tant que telle, la clause doit être rédigée en termes clairs et doit être raisonnable conformément au *Misrepresentation Act 1967*. La jurisprudence se montre stricte quant à la validité d'une telle clause : ainsi, elle a frappé de nullité la clause excluant toute responsabilité pour *misrepresentation* frauduleuse[38] ; *a contrario*, une telle clause est valable si elle n'exclut pas la responsabilité pour *misrepresentation* frauduleuse. Il semble d'ailleurs inutile de le stipuler dans la clause, puisque les juges considèrent que les parties sont de toute façon censées agir avec honnêteté[39].

Entire agreement clause

This contract contains the whole agreement between the Seller and the Buyer.

It supersedes any prior written or oral agreements or representations between the parties.

C. LA MODIFICATION DU CONTRAT

513 **Variation du contenu. *No-authority clause.*** Le contenu du contrat n'est pas figé une fois la conclusion achevée. Les parties peuvent, en effet, souhaiter modifier le contenu au gré du temps. Dès lors que cette modification résulte de leur intention, cela ne soulève pas de difficulté particulière. En revanche, la pratique révèle que les parties doivent être prudentes lorsque, au cours de l'exécution du contrat, elles affirment quelque chose de différent ou se comportent différemment. Plus précisément, le danger peut venir d'un salarié ou d'un représentant de l'une des parties qui accepterait un changement ou en proposerait un qui serait finalement accepté par le cocontractant. Afin d'éviter cette situation d'une modification quasi fortuite, il est conseillé d'inclure dans le contrat trois types de clauses. La

37. Commercial and Intellectual, précité, p. 29.
38. Thomas Witter v TBP Industries Ltd [1996] 2 All ER 573.
39. HIH Casualty and General Insurance Ltd v Chase Manhattan Bank [2003] UKHL 6.

première, souvent appelée la *no-authority clause* (que l'on peut rencontrer aussi au stade de la conclusion du contrat) dénie toute autorité à l'un des salariés d'une partie pour modifier le contrat ; en d'autres termes, il est stipulé que toute modification devra être proposée ou acceptée par un responsable. La deuxième, la *no-waiver clause*, a pour but d'éviter que tout comportement ou affirmation d'un salarié de l'un des contractants ne constitue une renonciation de sa part (par exemple, "*No breach of any Term of this Contract will be waived except with the express written consent of the party who is not in breach*"). Enfin, la troisième est plus radicale puisqu'elle vise à éviter toute modification fortuite : elle ne pourra avoir lieu qu'en exigeant le respect d'un certain formalisme, par exemple, de recourir à l'écrit pour procéder aux modifications (par exemple, "*The Contract may not be varied except by a written document signed by both parties*").

Enfin, il faut rappeler que le droit anglais attache une grande importance à l'équilibre du contrat. Lors de la conclusion du contrat, les parties ont atteint un certain équilibre qui est mathématiquement rompu en cas de modification, la seule volonté des parties étant insuffisante à rétablir cet équilibre : une nouvelle *consideration* doit être envisagée[40]. Par exemple, si l'une des parties sollicite un délai pour s'exécuter, le créancier peut l'accorder sans autre nouvelle contrepartie si l'octroi de ce délai s'analyse comme une renonciation à se prévaloir de l'exécution dans les termes initiaux (d'où l'utilité d'une clause de *no-waiver* ; v. *supra*). Toutefois, l'octroi de délais par le créancier ne porte pas d'effet définitif ; en effet, s'il accorde des délais sans *consideration*, il peut changer d'avis et remettre en cause la nouvelle promesse faite, sous réserve d'en informer le débiteur dans un délai suffisant[41].

514 **Contrainte.** Une partie peut être tentée de se livrer à un chantage avec le cocontractant afin de lui imposer une modification du contrat. Par exemple, l'entrepreneur peut menacer le maître de l'ouvrage de ne pas achever la construction dans les délais, à moins qu'une somme d'argent supplémentaire ne lui soit payée. Une telle menace (*economic duress*) ne peut valablement aboutir à une modification du contrat. Si elle a déjà été acceptée par le cocontractant, elle sera annulée.

La certitude en droit anglais du contrat

Le droit anglais dénie toute valeur juridique à un accord qui serait trop vague. En effet, la force obligatoire suppose que les parties sachent avec certitude ce à quoi elles s'engagent. Certes, les jugent ont, parfois, le pouvoir de corriger une clause incomplète. Certains textes peuvent aussi pallier la carence rédactionnelle des parties (par exemple, le prix peut être déterminé sur le fondement de la Section 8 du *Sales of Goods Act (1979)*). Néanmoins, il peut y avoir certitude malgré le manque de détails : le juge considère alors que l'intention des parties doit être respectée, quitte à combler les détails manquants (*Openwork Limited v Forte [2018] EWCA Civ 783*) !

40. Hartley v Ponsonby [1857] 7 EB 872 ; Williams v Roffey Bros [1990] 2 WLR 1153.

41. J. Embley, K. Bamford et N. Hancock, *op. cit.*, p. 32.

515 **Clause de modification par écrit contre modification par oral. Clause *NOM*. Estoppel.** Très souvent, les contrats d'affaires stipulent une clause dite NOM signifiant « No Oral Modification » : concrètement, elle oblige les parties à passer par la formalité de l'écrit pour modifier le contenu d'un contrat. Une telle clause est particulièrement utile en pratique, car elle protège les parties contre des variations du contenu contractuel qui résulteraient de méthodes informelles, comme le comportement des parties ; le cas échéant, elle permet d'éviter toute incertitude quant au contenu des éventuelles modifications ; et, enfin, elle protège également chaque contractant, en interne, contre des habitudes ou des *process* non validés et qui pourraient être interprétés comme modifiant le contrat[42]. Après quelques errements jurisprudentiels, la Cour Suprême a considéré qu'une telle clause revêtait force obligatoire et que toute modification orale, fût-elle acceptée par les deux parties, ne pouvait pas produire d'effet[43]. Cette position britannique ne fait pas l'unanimité, puisque la cour d'appel de Singapour a adopté la solution inverse[44]. Toutefois, la prudence reste de mise pour les contractants, car, en dépit de la présence d'une NOM Clause qui devrait faire obstacle à une modification non écrite du contrat, il n'est pas impossible qu'une modification orale ou tacite produise pourtant ses effets lorsque l'une des parties se prévaut de l'Estoppel[45].

§ 3. LE RESPECT DES DISPOSITIONS IMPÉRATIVES

516 Le contenu du contrat doit respecter les dispositions impératives, le cas échéant. L'exemple le plus emblématique est donné par le droit de la consommation qui regroupe trois législations essentielles, le *Consumer Rights Act 2015 (CRA)* (A), les *Consumer Contracts, Information, Cancellation and Additional Charges Regulations 2013* (B) et, très récemment, le *Digital Markets, Competition and Consumers Act 2024 (DMCC Act)* (C).

A. LE *CONSUMER RIGHTS ACT 2015*

517 **Le *Consumer Rights Act 2015*. Contexte.** Le *Consumer Rights Act 2015 (CRA)*, entré en vigueur le 1er octobre 2015, illustre la nécessité pour les contractants de respecter les dispositions d'ordre public. Ce texte permet de mettre le

42. Lord Sumption, in Rock Advertising Ltd v MWB Business Exchange Centres Ltd [2018] UKSC 24 ; adde, Sheikhs S. et Singleton S., Commercial contracts : a practical guide to standard terms, Bloomsbury Professional, 2020, n° A1.25.

43. Rock Advertising Ltd v MWB Business Exchange Centres Ltd [2018] UKSC 24.

44. Charles v Lim Teng Siang v Hong Choon Hau [2021] SGCA 43.

45. Lord Sumption, précité ; adde, Kabab-Ji SAL (Lebanon) v Kout Food Group (Kuwait) [2021] UKSC 48 ; Beheshti R., Saintier S. et Thomas S., Bradgate's Commercial Law, Oxford, 2024, p. 101. Pour la notion de Promissory Estoppel, voir Central London Property Trust Ltd v High Trees House Ltd [1947] KB 130 ; adde, n° 401.

consommateur à l'abri des clauses abusives[46] et il les encadre, qu'elles stipulent des droits et obligations tant au professionnel qu'au consommateur.

518 **Notion de consommateur.** Le consommateur est une personne (vraisemblablement physique et moins une personne morale[47]) qui agit dans des buts totalement ou partiellement hors de son domaine d'activité, commercial, artisanal ou professionnel ; en cas de buts mixtes, et en cas de doute sur la qualification de consommateur, le contractant doit être présumé consommateur, sauf au professionnel à prouver le contraire[48].

Cette protection concerne bien entendu les clauses du contrat mais également les informations données au consommateur avant la conclusion du contrat (*notices*), telles que celles que l'on peut lire sur des documents publicitaires, des affiches ou brochures dans les magasins ou inscrites sur les murs d'un parking. Les droits ainsi que les responsabilités qui y sont affirmés doivent être justes. Ainsi, la rédaction doit être claire, informative et être comprise facilement par tout consommateur.

À défaut, ces éléments sont réputés non écrits pour le consommateur qui peut, néanmoins accepter de s'en prévaloir (sec. 62) ; le reste du contrat demeure (sec. 67). En outre, divers organismes de contrôles, tels que le *Competition and Markets Authority* (*CMA*[49]) *and Trading Standards*, peuvent réclamer leur suppression.

519 **La notion de clause abusive.** La section 62 définit la notion de clause abusive : il s'agit d'une clause qui, contrairement à l'exigence de bonne foi, entraîne un déséquilibre significatif entre les droits et obligations des parties au détriment du consommateur[50]. Afin de déterminer ce qui peut constituer un document ou une clause abusive, le juge anglais applique la méthode dite du *fairness test*. C'est abusif si les droits et responsabilités de chacun penchent excessivement en faveur du professionnel. Cette technique suppose d'analyser une multitude d'éléments : ce qui est dit, la façon dont cela est dit, la nature de l'objet vendu, l'articulation de la clause avec les autres clauses du contrat ainsi que les circonstances dans lesquelles la clause a été stipulée.

Les clauses pouvant être qualifiées d'abusives (*unfair terms*) ne sont pas seulement celles qui relèvent de la responsabilité du professionnel. Elles peuvent aussi concerner d'autres aspects du contrat, comme la tacite reconduction, la modification unilatérale du contrat, les sommes à payer par avance, les conditions d'annulation ou de résolution du contrat. Par exemple, une clause qui refuserait tout remboursement de la partie du prix payé par avance (*advance payment*) en cas de

46. Le CRA 2015 remplace, pour les renforcer, diverses lois, dont le *Unfair Terms in Consumer Contract Regulations 1999*, pris en application de la directive européenne n° 93/13/EC, et le UCTA 1977 (*Unfair Contract Terms Act*), pour les consommateurs.

47. Le CMA définit le consommateur comme "*a natural person rather than a legally incorporated organisation such as a company*", *in* UCTA Guidance, 2015, p. 7.

48. CMA, *in* UCTA Guidance, 2015, p. 8.

49. Le CMA (*Competition and Market Authority*) est l'autorité nationale britannique dans le domaine de la concurrence et de la consommation.

50. *Adde* CJUE, 14 mars 2013, aff. C-415/11, *Aziz v Caixa D'Estalvis de Catalunya, Tarragona i Manresa :* il faut déterminer si le contrat place le consommateur dans une situation juridique moins favorable par rapport à celle prévue par le droit national en vigueur.

rupture du contrat par le consommateur, quelles que soient les circonstances, est vraisemblablement abusive. De même, le professionnel ne peut pas stipuler qu'en cas de rupture par le consommateur, il conservera le prix payé par avance et réclamera l'indemnisation de son préjudice. L'on peut citer également l'exemple d'une clause prévoyant que le professionnel conservera l'intégralité du paiement fait par avance, peu important le délai dans lequel le consommateur a changé d'avis ; cette clause peut se rencontrer dans les ventes de billets de transports et le professionnel supportant une obligation de minimiser son dommage peut revendre les billets ; le montant des sommes conservées ne peut donc qu'être proportionnel au délai dans lequel le consommateur a changé d'avis. S'agissant de la rupture du contrat, la clause doit offrir aux parties un droit de rompre presque identique : en d'autres termes, le professionnel ne saurait se réserver un droit illimité de rompre le contrat (sans préavis, quelles que soient les circonstances et sans remboursement ni indemnisation) ; il ne saurait pas davantage refuser au consommateur le droit de rompre le contrat pendant une certaine période alors que, lui, le pourrait.

S'agissant des clauses permettant au professionnel de modifier des éléments importants du contrat (*variation clauses*[51]), elles sont strictement encadrées avant le contrat par l'information claire du consommateur et au cours de l'exécution du contrat par la possibilité offerte au consommateur de rompre le contrat sans frais si les modifications ne lui satisfont pas. Ainsi, seront considérées comme abusives les clauses suivantes : celle qui autorise le professionnel à augmenter le prix d'un bien ou d'un service sans recueillir le consentement du consommateur et dans n'importe quelle proportion[52] ; celle qui autoriserait le professionnel à changer le moment d'exécution de la prestation et son contenu sans avertissement préalable du consommateur[53] ; celle qui permet au professionnel de modifier les caractéristiques du bien commandé[54]. La limitation de responsabilité[55].

Il existe quelques exceptions qui ne sont pas susceptibles, par nature, d'être abusives : il s'agit tout d'abord de clauses relatives aux obligations essentielles (*core exemptions*), telles que la description du bien et le prix[56], sous réserve qu'elles soient claires et visibles[57] par un consommateur moyen[58]. Le point de savoir si elles sont abusives est inopérant. Ensuite, il s'agit des clauses dont le contenu est

51. Voir aussi *Consumer Contracts (Information, Cancellation and Additional Charges Regulations) 2013*, CCRs.

52. "*The price may be adjusted if costs relating to the order increase prior to delivery*" (exemple CMA).

53. "*The Company may make changes to the dates, times and content of its courses without prior warning*" (exemple CMA) ; ou encore "*Management reserves the right to suspend the service without liability*" (CMA).

54. "*All materials used may vary in colour and finish*" (exemple CMA).

55. "*If we [the business] are at fault, we accept liability up to the value of the goods only*" (CMA).

56. CRA, sec. 64 (1) ; cette disposition a pu être source de controverse mais la *Law Commission* a constaté que les clauses relatives au montant du prix sont rarement abusives (les clauses relatives à la modification peuvent l'être ; v. *supra*), car il est rarement déterminé par le seul cocontractant professionnel mais est souvent bien plus le fruit de négociations avec des fournisseurs et des partenaires internationaux, ce qui échappe à la seule relation avec le cocontractant et comme une atteinte à la liberté contractuelle.

57. "*transparent and prominent*" (sec. 64).

58. Un consommateur moyen (*average consumer*) : "*means a consumer who is reasonably well-informed, observant and circumspect*".

imposé par la loi. Là encore, il ne s'agit pas de savoir si elles sont abusives ou non, puisqu'elles sont réputées non écrites ; mais elles sont toutefois concernées par le CRA 2015 dans la mesure où elles y sont énumérées.

En pratique, les clauses abusives sont souvent des clauses relatives à l'exclusion ou la limitation de la responsabilité du professionnel, le transfert des risques au consommateur qui n'a pas le contrôle de la chose, des pénalités financières ou des modifications unilatérales du contrat, tacite reconduction ou paiement par avance.

520 ***Blacklists.*** Certaines clauses sont irréfragablement considérées comme abusives, parce qu'énumérées dans une liste noire. Le consommateur peut donc la contester sans avoir besoin de prouver qu'elle est abusive par le *fairness test.* Il en existe essentiellement trois : celles qui excluent ou limitent la responsabilité du professionnel qui, par sa négligence[59], a causé un dommage corporel ou un décès[60].

Le professionnel doit donc être transparent et livrer toute information pertinente au consommateur. Il ne doit pas chercher à le tromper. Il doit également se garder de toute stipulation écrite en petits caractères ou sur un recto ou tout autre endroit moins accessible[61]. Tout ce qui aurait un impact sur le consommateur doit être clairement porté à sa connaissance. Il est également conseillé d'utiliser un vocabulaire simple et se garder de toute expression technique. De même, le professionnel doit permettre au consommateur de lire, pour les contrats plus complexes, les stipulations et d'obtenir, le cas échéant, des réponses du professionnel à ses questions. Les clauses restreignant les droits du consommateur sur le plan probatoire[62] ou encore sur le droit de saisir un juge et ne pas se voir imposer une clause compromissoire[63] sont nulles. Celles par lesquelles le consommateur renonce à la protection de ses données personnelles[64], qui excluent du champ contractuel les affirmations orales faites par les vendeurs[65].

Plus généralement, toute clause qui diminue ou supprime les droits du consommateur est nulle. Le juge doit relever d'office le caractère abusif (sec. 71).

59. "*Any obligation to take reasonable care or exercise reasonable skill in the performance of a contract where the obligation arises from an express or implied term of the contract,*
(b) a Common law duty to take reasonable care or exercise reasonable skill (sec. 66)".

60. La clause ou l'affiche qui indique que "*the equipment is used entirely at customers' own risk*" sera blacklistée (CMA).

61. Les conditions générales de vente ne doivent pas être envoyées avec le bien (... *all orders are subject to our standard terms, which will be supplied with the goods* ; e. CMA).

62. "*Any dispute or difference which may arise in regard to the interprétation of the Rules shall be determined by the Management, whose decision shall be final* (CMA) ; ou encore la clause par laquelle le consommateur affirme qu'il a bien lu et compris ce qui est stipulé : "*I confirm that I have read and understood the conditions of sale overleaf*" (CMA).

63. "*Any dispute that cannot be resolved will be referred to arbitration*" (CMA).

64. "*I hereby waive my rights under the Data Protection Act (...)*" (CMA).

65. "*The company accepts no responsibility for any verbal claims or offers made by its distributors or agents in conjunction with this offer*" (CMA).

B. LES *CONSUMER CONTRACTS, INFORMATION, CANCELLATION AND ADDITIONAL CHARGES REGULATIONS 2013*

521 Les *Consumer Contracts, Information, Cancellation and Additional Charges Regulations 2013 (CCRs)* ont transposé la directive UE relative aux droits des consommateurs[66]. Entrées en application le 13 juin 2014, ses dispositions sont très proches du droit français de la consommation, s'agissant, par exemple, du droit de rétractation pour les contrats conclus à distance (en ligne ou sur bon de commande) ou après démarchage, l'interdiction de pré-cocher des cases relatives à des services complémentaires, tels qu'une assurance, des informations sur le prix et le produit, etc.

C. LE *DIGITAL MARKETS, COMPETITION AND CONSUMERS ACT 2024*

522 **Application. B2C. Notion de produit.** Le *Digital Markets, Competition and Consumers Act 2024* (*DMCC Act*), a récemment remplacé le *Consumer Protection from Unfair Trading Regulations 2008* (CPUTRs) qui avait transposé la directive relative aux pratiques trompeuses[67] ; le texte, qui s'applique aux pratiques postérieures à son entrée en vigueur, le 6 avril 2025, reprend, dans l'ensemble, le contenu des CPUTRs tout en le modernisant en y ajoutant, notamment, des dispositions encadrant les faux avis de clients (*Fake reviews*) et les prix additionnels (*Drip pricing*)[68]. Il s'applique aux contrats entre professionnels et consommateurs[69] et vise à interdire de nombreuses pratiques commerciales jugées trompeuses ou agressives. Parmi ces pratiques, le texte opère une distinction entre celles qui sont toujours prohibées et celles qui ne le sont que si elles ont conduit le consommateur à prendre une décision qu'il n'aurait pas prise autrement. En outre, ce texte régule les pratiques commerciales relatives à la fourniture ou la promotion d'un produit (Product) dont la définition est large : elle englobe les biens corporels ou incorporels, les meubles ou les immeubles, les services ou les biens digitaux. Le *Competition and Markets Authority* (CMA), par souci pédagogique, livre de nombreux exemples de biens ainsi concernés par le DMCC : un crayon, la location d'une caravane pour l'été, le téléchargement d'une musique, l'adhésion à un club, l'offre de remboursement partiel après l'achat d'un bien, etc.

523 **Pratiques prohibées.** Le DMCC énumère de nombreuses pratiques interdites, quel que soit le contexte ou l'effet produit sur le consentement du consommateur, et qui sont réparties en trois catégories. En premier lieu, 32 comportements sont particulièrement visés : par exemple, faussement se prévaloir d'une certification

66. Informations précontractuelles, la force juridique de certains documents précontractuels, notamment.

67. Luttant contre le manque d'information, les informations peu claires et renforçant l'exigence de transparence.

68. CMA, Guidance on Unfair commercial practices (UCP), 4 avril 2025, www.gov.uk.

69. Les relations B2B sont régies par le *Business Protection from Misleading Marketing Regulations* 2008 (BPRs).

professionnelle, proposer des biens à un prix attractif alors que le professionnel sait qu'il a peu de stock, attirer un client avec un produit qui ne pourra pas être vendu afin d'en vendre un autre à la place, mettre la pression sur le consommateur pour qu'il se décide vite en lui imposant une période brève pour se décider, prétendre à l'existence d'un SAV, opérer du démarchage non sollicité, ne pas répondre aux réclamations du client, inciter les enfants à solliciter leurs parents pour un achat, le chantage au licenciement par un démarcheur, la courte disponibilité du produit, etc. En deuxième lieu, le texte interdit également les pratiques consistant à omettre une information importante dans une annonce de vente (*Material information from an invitation to purchase*), par exemple, ne pas indiquer l'intégralité du prix dès le départ ; ou encore la mise en avant de pratiques trompeuses dans des codes de conduite professionnelle (en d'autres termes, former ses employés à adopter des techniques de vente interdites).

524 **Pratiques prohibées si déterminantes du consentement.** Le texte distingue, à nouveau, trois types de pratiques prohibées dès lors qu'elles ont été déterminantes du consentement de l'acheteur. En premier lieu, il s'agit des pratiques trompeuses, par action ou par abstention (*Misleading practices*), telles que des pratiques entraînant la confusion avec d'autres marques ou encore offrir à la location de vacances un bungalow censé avoir trois chambres alors qu'il n'y en a que deux et un recoin aménageable. En deuxième lieu, il s'agit de pratiques agressives (harcèlement, pression et contrainte). En troisième lieu, il s'agit de violation des exigences professionnelles (ne pas respecter le principe général de bonne foi dans le secteur d'activité concerné ou ne pas respecter les habitudes professionnelles).

§ 4. LA BONNE FOI ET LE CONTRAT ANGLAIS

525 **La bonne foi et le droit anglais du contrat. Une profonde réticence pour ce standard de *Civil law*.** La bonne foi est une notion qui soulève bien des interrogations chez les juristes anglais et les laisse souvent perplexes face à des contrats de tradition civiliste[70], comme ceux soumis au droit français, qui a proclamé le principe de bonne foi précontractuelle dans l'ordonnance portant réforme du droit du contrat en 2016 et rappelant le principe d'exécution contractuelle de bonne foi (C. civ., art. 1104), chacun étant d'ordre public.

Inversement, en droit anglais du contrat, il n'existe aucun principe général de bonne foi[71]. Cela se justifie par diverses raisons : la bonne foi est un concept au

70. Y.-M. Laithier, « L'obligation d'exécuter le contrat de bonne foi est-elle susceptible de clause contraire ? Réflexions comparatives », *D.* 2014, p. 33 ; S. Tisseyre, *Le rôle de la bonne foi en droit des contrats : essai d'analyse à la lumière du droit anglais et du droit européen*, PUAM, coll. de l'Institut de droit des affaires, 2012.

71. Interfoto Picture Library Ltd. v Stiletto Visual Programmes Ltd., [1989] QB 433 ; Yam Seng Pte Ltd v International Trade Corp Ltd [2013] EWHC 11 (QB). Toutefois, il faut remarquer que la bonne foi peut être exigée notamment dans certains aspects du contrat de vente (v. *infra*). Par ailleurs, l'influence du droit européen entraîne une infiltration ponctuelle de la bonne foi, voir par exemple, la directive européenne 93/13 sur les clauses abusives dans les contrats avec les consommateurs transposée par le Unfair Terms in Consumer Contracts Regulations 1999.

contenu incertain (il faut certainement y englober l'honnêteté, mais quelles autres notions ?) qui imposerait donc des devoirs tout aussi incertains aux contractants ; la conception du contrat en droit anglais relève avant tout de l'opération d'échanges, fondés sur des intérêts égoïstes où la prise en compte des intérêts de l'autre n'a pas sa place[72] ; d'ailleurs, le contrat anglais repose sur les attentes des parties (*Expectations*) et la consécration de la bonne foi viendrait troubler cet équilibre en introduisant de l'insécurité juridique et économique ; en outre, consacrer la bonne foi viendrait, pour le juge, à mener un raisonnement complexe, dit « Had it not happen », consistant à se demander ce qu'il se serait passé si le contractant avait été de bonne foi (en ce sens, il est plus simple d'observer un comportement de mauvaise foi et le sanctionner) ; d'ailleurs, à ce titre, elle est inutile, puisqu'il existe des mécanismes ponctuels permettant de lutter contre la fraude ou la malhonnêteté (par exemple, l'*undue influence*, la *mispresentation*, le *Pre-action protocol*[73] qui impose des comportements vertueux sur le plan procédural, etc.). Cette profonde réticence pour la bonne foi en droit du contrat est donc cohérente dans la logique de *Common law*. En revanche, le concept de *bona fides* existe en droit anglais des biens, car les intérêts en jeu sont différents[74].

Face à ce qui semble donc constituer un refus de la bonne foi, deux questions se sont néanmoins posées : d'une part, les parties peuvent-elles prévoir des clauses intégrant expressément des devoirs de bonne foi (A) ? D'autre part, le juge peut-il ajouter au contrat des termes implicites (*implied terms*) relatifs à la bonne foi (B) ?

A. LES CLAUSES RELATIVES À LA BONNE FOI

526 **Clause d'exécution de bonne foi.** Sur ce premier point, les choses sont devenues claires. En effet, une clause imposant aux parties d'exécuter le contrat de bonne foi est valable, sous réserve que les parties définissent précisément le contenu de ce devoir : coopération, échange d'informations, disponibilité du client, faisabilité des devoirs, etc. En effet, le principal ennemi d'une clause en droit anglais est d'être vague, floue, de sorte que le juge, en cas de contentieux, sera tenté de conclure à son inapplication. Si ce risque est écarté par une rédaction claire, précise, détaillant les devoirs de l'un et de l'autre, et les éventuelles sanctions, elle recevra force obligatoire[75]. Cette position est régulièrement rappelée depuis peu[76]. Mais il ne semble pas qu'il y ait une conception unique des devoirs de bonne foi et tout dépend également du contexte, de la nature du contrat, de son domaine, etc.[77].

En outre, alors qu'il fut longtemps affirmé qu'une clause en général, et une clause de bonne foi en particulier, doit être particulièrement claire et précise, une jurisprudence récente a admis que la bonne foi contractuelle, voulue par les parties,

72. Gold Group v BDW Trading Limited [2010] EWHC 323.
73. www.justice.gouv.uk.
74. *Infra*, n° 857 et suivants.
75. CPC Group Ltd v Qatari Diar Real Estate Investment Co [2010] EWHC 1535 (Ch).
76. Faulkner v Vollin Holdings Ltd [2022] EWCA Civ 1371 ;
77. Re Compound Photonics Group Ltd et Faulkner v Vollin Holdings Ltd [2022], précité.

s'interprète en fonction de devoirs standards, de la façon suivante[78] : les parties doivent agir avec honnêteté, en étant fidèles au contrat, sans être guidées par des buts autres, inavoués, en étant justes et transparentes ; chaque partie peut parfaitement rechercher son propre intérêt, mais il faut aussi prendre en compte l'intérêt du cocontractant ; ces critères ne sont pas forcément clairement distincts les uns des autres, mais au contraire, constituent un tout.

527 **Clause de négociation de bonne foi.** Cette réticence à l'égard de la bonne foi explique qu'il n'y ait pas de devoir de mener des négociations de bonne foi[79]. Mais les parties peuvent-elles, par leur volonté commune, s'imposer un tel comportement ? Ici, la clause qui stipulerait l'obligation de négocier de bonne foi est plus sujette à caution. Précisément, les juges anglais ont admis la validité d'une clause de négociation de bonne foi dans le cadre d'un règlement amiable du litige ; il s'agissait, en l'espèce, d'une clause de règlement amiable du litige, préalable au recours à l'arbitrage, encadrée par un délai, stipulée dans le contrat lui-même, et dont l'objet était d'imposer aux parties des discussions amicales, menées de bonne foi, afin de résoudre le différend[80]. Tous ces détails illustrent combien une simple clause de négocier de bonne foi n'aurait, en l'état actuel, pas force obligatoire.

En tout état de cause, même si beaucoup s'accordent à admettre la validité de clauses imposant des devoirs de bonne foi, il ne faut pas oublier que si les clauses de bonne foi sont rédigées de manière large, il est vraisemblable qu'elles ne seront soit pas appliquées par les juges, soit que les juges les interprèteront comme signifiant que les parties souhaitaient respecter les standards professionnels, être honnêtes et fidèles à l'accord passé et à son but, ce qui constituerait un risque d'incertitude pour les parties. Il faut donc privilégier une rédaction détaillée de la clause de bonne foi.

B. LES OBLIGATIONS IMPLICITES DE BONNE FOI

528 **Obligation implicite d'exécution de bonne foi.** Quant au second point, celui de savoir si le juge peut imposer un devoir de bonne foi aux parties, en exhumant des termes implicites de bonne foi, les choses sont, une fois encore, très encadrées : tout en rappelant qu'il n'y a pas de principe général de bonne foi s'imposant au contrat, la fameuse affaire Yam Seng a marqué un tournant en la matière en admettant que les contrats d'affaires s'entendent nécessairement comme obligeant les parties à être

78. Unwin v Bond [2020] EWHC 1768 (Comm) : « once it is established that a prospective act of a defendant is subject to a duty of good faith, the defendant is bound to observe the following minimum standards: i) they must act honestly; ii) they must be faithful to the parties' agreed common purpose as derived from their agreement; iii) they must not use their powers for an ulterior purpose; iv) when acting they must deal fairly and openly with the claimant; v) they can consider and take into account their own interests but they must also have regard to the claimant's interest. These minimum standards are not entirely distinct from one another. Rather, they tend to overlap. » ; pour une application récente d'une clause d'exécution de bonne foi, Matière SAS v ABM Precast Solutions Ltd [2025] EWHC 1434 (TCC).

79. Walford v Miles [1992] 2 AC 128.

80. Emirates Trading Agency LLC v Prime Mineral Exports Private Ltd. [2014] EWHC.

honnêtes et fidèles au contenu contractuel[81]. En l'espèce, il s'agissait d'un contrat de distribution exclusive ayant pour objet des produits vendus en *duty-free ;* le juge dissèque le devoir de bonne foi en deux sous-obligations : les parties sont implicitement tenues de ne pas transmettre sciemment de fausses informations sur lesquelles le cocontractant pourrait se fonder et il ne faut pas vendre les biens à un prix inférieur au prix hors taxe sur le marché intérieur. Que peut-on retenir de ce fameux arrêt ? Désormais, un contrat peut contenir un devoir implicite de bonne foi si plusieurs conditions sont réunies[82]. Il faut précisément que ce soit nécessaire à l'activité et que cela ressorte avec évidence du contrat[83]. Tel est le cas des contrats dits « *cooperational* » et non « *adversial* », c'est-à-dire des contrats dans lesquels l'on attend des parties ou de l'une d'entre elles d'être particulièrement honnête et bienveillante, de ne pas se comporter de manière irrationnelle, arbitraire ou perverse[84]. Ce sont aussi les *fiduciary contracts*[85], qui regroupent les contrats liant une personne disposant de compétences professionnelles et un client moins compétent (voire pas du tout) et portant sur les finances ou le patrimoine de ce dernier (banque, gestion de patrimoine, assurance, etc.). Il peut aussi s'agir de contrats *intuitu personae* (contrat de travail). Récemment, la *High Court* a également soumis el contrat de franchise (et notamment les obligations du franchiseur) à un devoir implicite de bonne foi, en raisonnant par analogie avec le contrat de travail, lorsque le franchisé est dans une position de vulnérabilité et est inexpérimenté[86]. Il faut noter que l'exigence de bonne foi tend également à se développer dans les contrats de longue durée ou en présence de relations commerciales établies, car les parties sont naturellement censées être d'autant plus honnêtes et coopératives qu'elles entretiennent des liens d'affaires depuis longtemps ou pour longtemps. Il faut enfin observer un glissement sémantique opéré par l'affaire *Globe Motors* en 2016 : le juge Beatson se référant à l'affaire Yam Seng explique que le devoir de bonne foi qui y était analysé par le juge Leggatt était en réalité synonyme de « devoir de coopérer »[87]. Plus récemment, la *High Court* a renouvelé sa tentative d'imposer un devoir implicite de bonne foi exigeant des parties qu'elles agissent honnêtement et fidèlement à l'accord, et raisonnablement au regard des intérêts des parties, du contenu du contrat, de son but, objectivement apprécié et non selon des opportunités ; en outre, le juge a considéré que dans un contrat « relationnel », il fallait imposer un devoir de bonne foi aux parties afin de

81. Yam Seng Pte Ltd v International Trade Corporation Ltd [2013] EWHC 111 ; pour une critique, voir J. Carter et W. Courtney, "*Good faith in contracts: is there an implied promise to act honestly?*", The Cambridge Law Journal 2016, nº 75/3, p. 608.

82. Il faut toutefois relativiser la portée de Yam Seng, car le devoir de bonne foi était ici intrinsèquement lié, comme souvent en *Common law*, aux faits de l'espèce ; dans le même sens Monde Petroleum SA v Westernzagros Ltd [2016] EWHC 1472 (Comm).

83. Acer Investment Management Ltd & anr v Mansion Group Ltd [2014] EWHC 3011 : pas de devoir de bonne foi implicite dans un contrat d'intermédiaire ; Carewatch Care Services Ltd v Focus Caring Services [2014] EWHC 2313 (Ch) : franchise et distribution.

84. Mid Essex Hospital Services NHS. *Trust* v Compass Group UK & Ireland Ltd. (t/a Medirest) [2013] EWCA Civ 200.

85. Bristol Groundschool Ltd v Intelligent Data Capture Ltd & ors [2014] EWHC 2145 (Ch).

86. Ellis and ors v John Benson Ltd [2025] EWHC 2096 (KB).

87. Globe Motors v TRW [2016] WCA Civ 396.

donner effet aux attentes des parties[88]. Récemment, la reconnaissance de la bonne foi dans les contrats anglais a fait un pas de plus, grâce à l'arrêt Bates[89] dans lequel les juges ont admis que les parties étaient tenues d'un devoir de bonne foi dans les contrats dits relationnels (*Relational contracts*). Cette même décision détaille précisément ce qu'est un contrat relationnel en égrenant neuf caractéristiques[90] qui peuvent être réparties en deux catégories, la première qui concerne le contrat lui-même, la seconde ayant trait à l'état d'esprit des parties (tableau ci-dessous) :

Critères relatifs au contenu du contrat	Critères relatifs à l'état d'esprit des parties
Une relation d'affaires qui s'inscrit dans la durée	La confiance
Une nécessaire coopération des parties lors de l'exécution du contrat	L'honnêteté
L'impossibilité de transcrire de manière exhaustive et par écrit la volonté des parties	Le respect du contrat
Le rapport d'exclusivité entre les parties ou imposé à l'une d'elles	Ces valeurs vont au-delà de ce qui est exigé du professionnel dans un contrat fiduciaire[91]
Leur investissement particulièrement important	
Aucune clause ne s'oppose à ce que le juge impose un devoir de bonne foi	

529 **Le pouvoir contractuel discrétionnaire d'apprécier une situation. *Braganza Duties*.** Il arrive fréquemment qu'un contrat reconnaisse à l'une des parties un pouvoir discrétionnaire de rechercher des faits, de les admettre, de les qualifier, de prendre des décisions. Par exemple, l'une des parties peut, parce que le contrat le prévoit, être la seule en mesure de déterminer si, en l'espèce, tel risque d'exclusion de sa garantie s'est effectivement réalisé. Pour illustration, c'est ce qui s'était passé dans l'affaire *Braganza*[92] : un employé d'une compagnie pétrolière avait disparu,

88. Sheikh Tahnoon Bin Saeed Bin Shakhboot Al Nehayan v Ioannis Kent (AKA John Kent), [2018] EWHC 333 (Comm).

89. Bates v Post Office Ltd (No. 3) [2019] EWHC 606 (QB).

90. Bates v Post Office Ltd (No. 3), précité : « In 2019, Justice Fraser used this case to introduce criteria to qualify a contract as relational. 1. There must be no specific express terms in the contract that prevent a duty of good faith being implied into the contract. 2. The contract will be a long-term one, with the mutual intention of the parties being that there will be a long-term relationship. 3. The parties must intend that their respective roles be performed with integrity, and with fidelity to their bargain. 4. The parties will be committed to collaborating with one another in the performance of the contract. 5. The spirits and objectives of their venture may not be capable of being expressed exhaustively in a written contract. 6. They will each repose trust and confidence in one another, but of a different kind to that involved in fiduciary relationships. 7. The contract in question will involve a high degree of communication, co-operation and predictable performance based on mutual trust and confidence, and expectations of loyalty. 8. There may be a degree of significant investment by one party (or both) in the venture. This significant investment may be, in some cases, more accurately described as substantial financial commitment. 9. Exclusivity of the relationship may also be present. » www. nilq.qub.ac.uk (Queen's Uni. Bekfast – Northern Ireland Legal Quarterly).

91. Une partie qui est tenue d'un devoir fiduciaire est souvent un professionnel, qui dispose de compétences en matière financière et/ou juridique et qui procure une prestation à caractère financier (banque, avocat, gestionnaire de patrimoine, agent de sûretés, trustee, etc.).

92. Braganza v BP Shipping [2015] UKSC 17.

une nuit, alors qu'il se trouvait sur le navire de la compagnie, en pleine mer ; lorsque sa veuve réclama le bénéfice du contrat d'assurance-vie qui avait été souscrit dans le cadre professionnel, la compagnie pétrolière, usant de son pouvoir unilatéral d'apprécier les faits (c'était donc un *facts-finder*) déclara qu'il n'y avait pas d'autre explication à cette disparition que le suicide de l'employé, ; or, le suicide excluait toute application du contrat d'assurance-vie au profit de la veuve ; contestant cette conclusion qu'elle jugeait hâtive, la veuve forma un recours. La Cour suprême considéra alors que, lorsqu'un contractant dispose du pouvoir unilatéral de rechercher et de qualifier les faits, deux étapes doivent être respectées : d'une part, il faut s'assurer que le *process* décisionnel a été mené correctement (notamment en prenant en compte tous les faits) ; et, d'autre part, il faut regarder le résultat auquel cela aboutit : si ce résultat apparaît invraisemblable et scandaleux, si aucun contractant ne pouvait raisonnablement arriver à tel constat, il y a violation de sa prérogative unilatérale. La Haute juridiction affine ainsi ce qui fut longtemps appelé le *Wednesbury test*, qui consistait à observer si ce pouvoir menait à un résultat « irrationnel » ou illogique[93].

Ainsi, désormais, les clauses reconnaissant un pouvoir discrétionnaire à l'une des parties s'accompagnent nécessairement d'obligations appelées les *Braganza duties*. Concrètement, bien que les juges ne puissent pas réécrire le contrat, ils s'attachent à vérifier que ce pouvoir contractuel discrétionnaire soit exercé « avec honnêteté et bonne foi, et non arbitrairement, par caprice ou d'une façon illogique ». En pratique, ces *Braganza duties* ne concernent que les clauses reconnaissant un pouvoir unilatéral d'appréciation des faits, des circonstances, et non de simples pouvoirs unilatéraux de faire ou non quelque chose. Cette distinction a été rappelée récemment[94]. En l'espèce, un courtier en bourse conclut un contrat avec un vendeur au détail qui stipule que le premier pourra révoquer le contrat en cas de pratiques abusives. Dans cette hypothèse, la clause confère au courtier un pouvoir absolu de rompre le contrat sans qu'il n'ait pour autant le pouvoir unilatéral d'apprécier le caractère abusif ou non des pratiques. Par conséquent, n'ayant qu'un pouvoir discrétionnaire de rompre et non d'apprécier, il n'est pas tenu par les obligations d'honnêteté, de bonne foi, etc.[95]. En somme, si une partie jouit d'un pouvoir unilatéral contractuel d'apprécier une situation et de prendre une décision, elle doit prendre soin d'élaborer un *process* d'évaluation (en indiquant les éléments d'appréciation pris en compte) et de décision (les éléments qui ont justifié telle conclusion). Récemment, les juges anglais ont imposé les Braganza Duties à un contractant qui disposait contractuellement du pouvoir de qualifier des événements de force majeure[96] ou encore à une banque, prêteur de fonds, qui pouvait autoriser ou refuser l'emprunteur à constituer de nouvelles garanties de paiement pour un tiers[97] : en l'espèce, la banque, pouvant, en vertu d'une *Negative Pledge clause*, décider seule,

93. Lord Greene MR in Associated Provincial Picture Houses Ltd v Wednesbury Corp [1948] 1 KB 223.

94. Shurbanova v Forex Capital Markets Limited [2017] EWHC 2133 (QB).

95. Rapprocher *infra,* n° 526.

96. Dwyer (UK Franchising) Ltd et Bartlett [2021] EWHC 1218 (Ch) ; adde, infra, n° 544.

97. MacDonald Hotels v Bank of Scotland [2025] EWHC 32 (Comm) ; adde, Property Alliance Group v the Royal Bank of Scotland [2018] EWCA Civ 255 ; Murfet v Property Lending [2024] EWHC.

était tenue d'un *Braganza duty*, mais elle n'y avait pas manqué, car son *process* de décision était justifié par ses intérêts commerciaux[98].

Enfin, la question a été soulevée de savoir si ces *Braganza duties* ne s'appliquaient qu'entre non professionnels. La réponse semble négative d'après l'affaire *BHL v. Leumi*[99] : dans un contrat de financement de créances, l'une des parties a le pouvoir d'imposer des frais allant jusqu'à 15 % du montant des créances recouvertes. Mais les juges, en se fondant sur l'objectif de cette clause, interprétèrent cette clause comme comportant un volet « estimation » : ces frais, fixés unilatéralement, sont censés être d'un montant flexible afin de permettre à celui qui expose des dépenses lors de l'exécution de ce contrat de rentrer dans ses fonds ; toutefois, cette clause ne doit pas servir de prétexte pour en tirer un profit sans lien avec les véritables dépenses ; en l'espèce, les juges estimèrent qu'un maximum de 4 % était justifié ; au-delà de ce pourcentage, il y avait eu une estimation excessive, en violation des *Braganza duties*.

530 **Les limites aux devoirs de bonne foi.** Toutefois, de nombreuses décisions permettent de déterminer les critères face auxquels le juge s'empêchera d'imposer un devoir implicite de bonne foi[100]. Ainsi, plus le contrat est détaillé et rédigé avec acuité, moins il est vraisemblable que le juge imposera un tel devoir[101]. De même, il n'y aura pas reconnaissance d'un devoir implicite de bonne foi si cela a pour conséquence d'imposer une obligation financière indue[102] ou si elle a pour effet de paralyser une obligation contractuelle importante[103]. Enfin, poursuivant la même logique, les juges considèrent que si l'un des contractants bénéficie d'un droit exprès de rompre le contrat, il n'a pas à l'exercer de bonne foi[104]. Pareillement, l'acquéreur de marchandises n'a aucun devoir d'agir avec bonne foi lorsqu'il les refuse[105], pouvant ainsi prétexter un véritable problème relatif aux marchandises dans le but inavoué de réaliser une meilleure affaire ailleurs. Les juges ont également refusé un tel devoir implicite de bonne foi s'agissant du droit de mettre fin au contrat dans le cadre d'une inexécution par anticipation[106] (*anticipatory breach*) ou en présence d'un droit contractuel exprès de le rompre[107]. Ces hypothèses doivent être distinguées d'une autre qui, elle, requiert le respect d'une certaine bonne foi : lorsqu'une partie se voit reconnaître un pouvoir discrétionnaire de faire quelque

98. C. Le Gallou, La *Negative Pledge Clause* et le devoir de bonne foi du créancier hypothécaire en droit anglais, D. 2025, p. 1262.

99. BHL v Leumi ABL Limited [2017] EWHC 1871 (QB) ; Comparer Lehman Brothers International (Europe) (in administration) v Exxonmobil Financial Services BV [2016] EWHC 2699 (Comm).

100. Tandis que les termes implicites imposés par le juge relevèrent pendant longtemps de son pouvoir d'interprétation, il semble qu'ils en soient maintenant détachés, car ils constitueraient davantage une suite naturelle du contrat (Marks and Spencer v BNP Paribas [2015] UKSC 72).

101. Fujitsu Services Ltd v IBM United Kingdom Ltd [2014] EWHC 752 (TCC).

102. Hamsard 3147 Ltd v Boots UK Ltd [2013] EWCH 3251.

103. Greenclose Ltd v Nat West Bank plc [2014] EWHC 1156.

104. Le Monde Petroleum SA v WesternZagros Ltd [2016] EWHC 1472 (Comm).

105. Arcos v Ranaason [1933] AC 470 HL.

106. MSC Mediterranean Shipping Company S.A. v Cottonex Anstalt [2016] EWCA Civ 789.

107. Monde Petroleum SA v Westernzagros Ltd [2016] EWHC 1472 (Comm).

chose, elle doit l'exercer avec bonne foi, et sans caprice, irrationalité ou arbitraire[108].

531 **Obligation implicite de négocier de bonne foi.** Bien que le droit anglais des contrats n'impose pas un devoir de bonne foi dans les négociations[109], en revanche il est interdit d'entamer des pourparlers alors que l'on sait que l'on ne veut absolument pas aboutir à un accord ; mais ce n'est pas ici un problème fondé sur la bonne foi mais sur la *fraud* de l'une des parties.

En outre, les parties semblent pouvoir éviter le devoir implicite de bonne foi en stipulant des clauses contraires à condition que le support de cette volonté contraire ne soit pas un accord à lui seul[110].

532 **Une évolution inéluctable en marche. La consécration par de nombreux États de *Common Law*. L'influence de la covid.** Cette réticence des juges anglais face à la bonne foi tranche clairement par rapport à la conception des pays civilistes et de nombreux instruments internationaux. Mais elle est également, – de manière surprenante –, en totale opposition aux conceptions retenues dans la plupart des pays anglo-saxons. Par exemple, le Canada admet l'existence d'un principe général de bonne foi et d'un devoir implicite d'honnêteté contractuelle[111]. L'Australie reconnaît également plusieurs hypothèses de bonne foi contractuelle, notamment donnant valeur juridique à l'obligation de négocier de bonne foi la résolution des différends[112] ; plus récemment, elle a consacré l'existence d'un principe général de bonne foi gouvernant les contrats[113]. L'on peut aussi citer l'exemple de Singapour qui reconnaissait le devoir implicite de bonne foi[114] et la force obligatoire d'une clause de négocier de bonne foi[115]. Enfin, le droit américain y est tout aussi favorable ; ainsi, le UCC prévoit un devoir d'exécuter de bonne foi en ce qu'il prescrit d'être honnête et de respecter les standards raisonnables des affaires afin de faire des choses justes (sec. 1-304 et 1-201 UCC). Le *Second Restatement* indique également l'existence d'un devoir d'exécuter de bonne foi (§ 205 du *Second Restatement*).

Toutefois, la Covid a provoqué un bouleversement des relations entre contractants, de telle sorte que les pouvoirs publics anglais ont pris des mesures pour restaurer la confiance. C'est pourquoi, le Gouvernement a publié un guide relatif aux

108. British Telecommunications plc v Telefonica O2 UK Ltd [2014] UKSC 42 ; *adde*, A. Burrows, A Restatement of the English Law of Contract, 2016, Oxford, n° 15-3 ; v. *supra*, n° 529.

109. Walford v Miles [1992] 2 AC 128.

110. Mid Essex Hospital, précité.

111. Bhasin v Hrynew [2014] SCC 71.

112. United Group Rail Services Limited v Rail Corporation New South Wales [2009] NSWCA 177.

113. Paciocco v Australia and New Zealand Banking Group Ltd (2015) 321 ALR 584.

114. Ng Giap Hon v Westcomb Securities [2009] SGCA 19 ; mais les solutions ne sont pas clairement tranchées, notamment dans les contrats de travail, voir Andrew Vigar v XL Insurance Company Se, Singapore Branch [2025] SGHCR 12.

115. HSBC Institutional *Trust* Services (Singapore) v Toshin Development Singapore [2012] SGCA 48.

contrats et des mesures en matière de baux, ainsi que des codes de conduite pour les contrats qui ont été affectés par la pandémie[116].

SECTION 3 L'INEXÉCUTION DU CONTRAT

533 **Libération ou non des parties.** Le plus souvent, le contrat est exécuté par les parties conformément à ce qui a été stipulé. Mais il arrive également parfois que le contrat ne soit pas exécuté ; il faut alors distinguer deux types d'inexécution, d'une part celle qui libère les parties sans responsabilité (§ 1) et d'autre part, celle qui entraîne l'application de remèdes (§ 2) et, enfin, les clauses accompagnant les difficultés d'exécution (§ 3).

§ 1. LA LIBÉRATION DES PARTIES (*DISCHARGE*)

534 Outre l'exécution du contrat qui provoque *ipso facto* la fin du contrat, deux autres hypothèses doivent être envisagées, la fin conventionnelle (A) et la *frustration* (B).

A. LA FIN CONVENTIONNELLE

535 ***Accord and Satisfaction. Waiver.* Clause de *let-out. Cancellation clause.*** À l'instar du droit français, les parties peuvent mettre fin au contrat par accord. Toutefois, cet accord étant un contrat à l'envers, il doit contenir une *consideration* à la charge de chaque partie. Tel est le cas si le contrat originaire n'a pas encore été exécuté ; chacune des parties étant pareillement libérée, un avantage est reconnu aux deux. En revanche, si l'une des obligations a été exécutée, en tout ou partie, l'accord des parties ne suffit pas, puisque la libération de la partie n'ayant pas été exécutée le contrat s'assimile à un contrat unilatéral à l'envers. Conférer une valeur juridique à cet accord unilatéral suppose de lui appliquer les mécanismes habituels à un engagement unilatéral. Tout d'abord, la partie n'ayant pas encore exécuté sa prestation ne peut pas être libérée sans procurer un avantage ou subir un inconvénient. Une nouvelle *consideration* permet de conférer une valeur juridique à ce contrat à l'envers (mécanisme de l'*Accord and Satisfaction :* les parties forment un nouvel accord et celui qui n'a pas exécuté fournit une contre-prestation). D'autre part, si aucune contrepartie n'est stipulée, les parties doivent recourir à la formalité du *deed.* Enfin, il est aussi possible que la partie créancier renonce simplement à son droit à l'exécution de la prestation (*waiver*), aucune contrepartie n'étant alors exigée.

116. Guidance on responsible contractual behaviour in the performance and enforcement of contracts impacted by the Covid-19 emergency, 2020, www.gov.uk.

Les parties peuvent stipuler une clause de sortie permettant à l'une d'elles de ne pas exécuter le contrat et de le rompre le contrat sans encourir de responsabilité dans un certain nombre d'hypothèses précises. C'est une clause de *let-out* reconnaissant au débiteur le droit de ne pas exécuter telle ou telle obligation, ou une *cancellation clause* (clause de résiliation) lui permettant de mettre fin au contrat. Mais la clause ne doit pas être trop large afin de ne pas permettre au débiteur d'exécuter ou pas le contrat à sa guise, il y aurait alors un risque que la clause soit annulée, et que l'annulation impacte tout le contrat. Afin d'éviter cette difficulté, il est sage de stipuler diverses hypothèses limitées permettant la sortie du contrat, voire de prévoir le paiement d'une indemnité représentant, par exemple, un pourcentage du prix du chantier ou des marchandises[117]. Toutefois, cette indemnité doit être calculée de façon à ce qu'elle ne soit pas requalifiée en clause pénale.

B. LA FIN PAR *FRUSTRATION* ET PAR CLAUSE DE FORCE MAJEURE

536 La *frustration* est un mécanisme typique du droit anglais des contrats qui correspond, du moins à grands traits, à la force majeure, mais les différences sont nombreuses. Il convient d'en circonscrire la notion (1), puis d'envisager les conséquences (2).

1. La notion

537 **Définition de la *frustration*.** Longtemps, la jurisprudence anglaise appliqua une conception très sévère à l'encontre du débiteur confronté à un événement de force majeure, en lui refusant toute excuse, de sorte qu'il demeurait tenu de s'exécuter[118]. Mais, face à tant de sévérité, les juges anglais assouplirent progressivement leur jurisprudence, sans pour autant se montrer très accueillant à l'égard du débiteur, ce qui demeure toujours le cas en matière de force majeure. C'est donc la jurisprudence qui a élaboré la théorie de la force majeure, appelée *frustration* : d'abord fondée sur l'idée qu'elle découlerait d'un terme implicite du contrat, elle a ensuite été justifiée par l'interprétation du contrat lui-même, au regard de sa nature et des circonstances pertinentes entourant sa conclusion[119]. Désormais, la *frustration*, sans correspondre à une définition unique, se traduit davantage par l'énumération de situations qui justifient la décharge totale des parties : ainsi, le contrat peut être l'objet de *frustration*, lorsqu'un événement postérieur à la formation (mais antérieur à l'exécution) et n'étant pas prévisible impacte le contrat de la façon suivante : soit il rend son exécution impossible, l'objet ayant disparu[120] ; soit il n'est plus

117. J. Embley, K. Bamford et N. Hancock, *op. cit.*, p. 31.

118. Paradine v Jane [1647] Aleyn 26 : en raison de guerres locales, un fermier ne pouvait plus exploiter les terres et la ferme qu'il louait, les soldats l'occupant. Ayant fui face à l'ennemi et ne pouvant plus tirer profit du bail, il invoqua la force majeure afin d'être libéré du paiement des loyers et de rompre le contrat, mais le juge refusa toutes ses prétentions ; adde, R. Stone et J. Devenney, *op. cit.*, n° 13.2.

119. Taylor v Caldwell (1863) 3 B & S 826.

120. Taylor v Caldwell, précité.

disponible[121] ; soit le débiteur n'est plus en mesure d'exécuter le contrat pour une bonne raison[122] ; soit l'objet sera à nouveau disponible mais dans un délai incompressible d'une durée déraisonnable[123] ; soit le contrat est totalement vidé de son but ou de tout intérêt pour le débiteur[124], illégal[125], ou encore le contrat est fondamentalement modifié en raison de ces circonstances[126]. Observons que le terme *frustration* correspond à la force majeure, mécanisme de libération des parties, que le juge applique en l'absence de clause de force majeure (*Force Majeure Clause*)[127].

538 **Une conception très restreinte. Prévoir ou assumer l'imprévisible.** Les juges anglais ont conservé une profonde réticence à accueillir la force majeure en matière contractuelle, essentiellement pour trois raisons : d'une part, elle ne doit pas servir d'échappatoire pour l'un des contractants qui voudrait sortir d'une mauvaise affaire[128] ; d'autre part, il ne faut pas oublier que la *frustration* entraîne la rupture pure et simple du contrat (avec la reddition des comptes, le cas échéant[129]) et non sa suspension temporaire, si bien que même le débiteur doit réfléchir avant d'invoquer la *frustration*[130] car, concrètement, le locataire ne pouvant pas payer les loyers a bien davantage intérêt à trouver un arrangement avec le bailleur qu'à se prévaloir de la force majeure avec le risque de ne plus avoir de logement ; enfin, l'incertitude des événements futurs fait partie de la vie et des affaires, et elle doit être contrebalancée par les clauses du contrat et la gestion des risques : il faut prévoir l'imprévisible ou s'assurer ou assumer !

539 **Exclusion de la *frustration*. *Self-induced event*. Clause de force majeure.** Plusieurs hypothèses font obstacle à la théorie de la *frustration*. Tout d'abord, si

121. Jackson v The Union Marine Insurance Co Ltd (1874) LR 10 CP 125.

122. Condor v Baron Knights [1966] 1 WLR 87.

123. Pionner Shipping Ltd v BTP Tioxidev Ltd (The Nema) [1981] 2 All ER 1030.

124. Krell v Henry [1903] 2 KB 740 : un nouveau roi allant être couronné, une personne souhaite assister à la procession de couronnement au cours de laquelle le roi pourrait être aperçu ; à cette fin, il réserve une chambre d'hôtel qui offre une vue imprenable sur le passage du roi, et l'hôtelier connaît parfaitement l'atout de cette chambre ; or, le roi tombant malade, les réjouissances furent annulées. Le client n'ayant ainsi plus aucun intérêt à profiter de la chambre d'hôtel, refuse de la payer, ce que l'hôtelier conteste ; mais le juge statue en faveur du client, la maladie du roi et l'annulation des festivités ayant privé de tout intérêt économique le contrat. Comp. Herne Bay Steam Boat v Hutton [1903] 2 KB 683 : les circonstances étaient parfaitement identiques à celles de Krell (précité), mais la solution fut contraire à raison des faits : la différence résidait dans le fait que le client avait réservé une barque afin de voguer sur la Tamise et pouvoir apercevoir le roi qui était attendu sur un navire de la Marine royale ; mais il n'eut pas gain de cause, contrairement au client de l'hôtel, car la location d'une barque peut apporter de nombreux avantages (profiter d'une belle balade au fil de l'eau, faire du sport, etc.), et pas seulement apercevoir le roi. Rappr. Canary Wharf v European Medicines Agency (EMA) [2019] EWHC 335 (Ch), note C. Le Gallou, AJ Contrat avril 2019 ; adde, n° 526. Comparer avec le droit français, pour le refus de reconnaître la force majeure en cas d'impossibilité de jouir de la prestation (Cass. 1re civ., 25 nov. 2020, n° 19-21.060).

125. Fibrosa Spolka v Fairbairn [1943] AC 32.

126. Nicholl and Knight v Ashton, Eldridge & Co [1901] 2 KB 126.

127. V. *infra*, n° 545.

128. Lord Roskill, in The Nema [1982] AC 724, 752 ; E. McKendrick, Contract law, Hart Law Masters, 2025, n° 14.10.1.

129. V. *supra*, n° 544.

130. E. McKendrick, précité.

le débiteur (voire le créancier) a empêché par son comportement l'exécution du contrat, le contrat n'est pas « frustré »[131] ; c'est l'hypothèse du *self-induced event*[132]. Ensuite, si les parties ont convenu d'une clause de force majeure[133], la doctrine de *frustration* est écartée par le juge anglais, puisque les parties, par la clause ont entendu compter sur leur volonté contractuelle pour régir un événement de force majeure. Enfin, si l'événement « frustrant » était prévisible, les parties ne pourront pas non plus se prévaloir de la *frustration*[134] ou si l'événement existait déjà lors de la conclusion du contrat[135], l'événement ne pouvant donc pas être qualifié de force majeure.

540 **Comparaison avec la force majeure en droit français. Une réticence des juges**. La *frustration* est conceptuellement très proche de la notion de force majeure du droit français, car dans les deux systèmes de droit, il s'agit, dans un souci de justice transcendant le contrat, de permettre la libération des parties lorsqu'un fait s'abat sur elles comme une malchance inadmissible ; c'est pourquoi l'événement doit être, en France, comme au Royaume-Uni, un événement imprévisible lors de la conclusion du contrat, échappant au contrôle du débiteur ou ne pas lui être imputable (pas de *Self-inducement*[136]) et dont les effets ne peuvent être évités ou être *beyond control*[137]. Toutefois, il faut observer qu'en droit français, la force majeure ne permet pas d'exonérer le débiteur de son obligation de payer sa dette de somme d'argent[138], alors qu'en droit anglais, c'est possible dès lors que le contrat a perdu tout intérêt pour lui[139]. En revanche, le débiteur ne peut pas invoquer la force majeure pour échapper au paiement s'il a fait faillite ou encore si le contrat conserve un intérêt économique pour lui. En outre, les juges se montrent réticents à décharger les parties, de sorte que la *frustration* est d'application très restrictive.

541 **Distinction avec l'imprévision.** En revanche, la *frustration* et l'imprévision sont clairement distinctes. En effet, en droit français comme en droit anglais, imprévision ou *hardship* rendent l'exécution du contrat plus difficile, plus onéreuse, mais pas impossible, alors que la force majeure empêche l'exécution de l'obligation par

131. Walton Harvey Ltd v Walker & Homfrays Ltd [1931] 1 Ch 274 ; Maritime National Fish v Ocean Trawlers [1935] AC 524.

132. C. Le Gallou, *La clause de force majeure : leçons de droit anglais à l'égard des contrats français*, in Le contrat dans tous ses États, novembre 2018, n° 41, Lextenso-IFR, 2019.

133. Jackson v The Union Marine Insurance Co Ltd (1874) LR 10 CP 125.

134. Walton Harvey Ltd v Walker & Homfrays Ltd [1931] 1 Ch 274 ; Peter Cassidy Seed Co Ltd v Osuustukkuk-Auppa Ltd [1957] 1 WLR 273.

135. The Flying Music Company Ltd v Theater Entertainment SA & Ors [2017] EWHC 3192 (QB) : un contrat est conclu en mai 2010 pour organiser des concerts de Michael Jackson en Grèce, mais les événements sociaux particulièrement importants en mai et juin ont entraîné une chute importante de la vente des billets et le débiteur ne peut plus payer son cocontractant. Les juges ont considéré que les circonstances n'avaient pas radicalement changé entre la conclusion du contrat et son exécution.

136. *Supra*, n° 539.

137. Voir C. civ., art. 1218, al. 1er : « Il y a force majeure en matière contractuelle lorsqu'un événement échappant au contrôle du débiteur, qui ne pouvait être raisonnablement prévu lors de la conclusion du contrat et dont les effets ne peuvent être évités par des mesures appropriées, empêche l'exécution de son obligation par le débiteur ».

138. Krell v Henry, précité.

139. Krell v Henry, précité.

le débiteur. Tandis que le droit français a partiellement apporté aux contractants une solution de sortie en cas d'imprévision (C. civ., art. 1195), une telle évolution n'a pas eu lieu en *Common law* ; c'est pourquoi les parties à un contrat régi par la *Common law* rédigent des clauses dites de *hardship* afin de répondre aux changements imprévus de circonstances rendant l'exécution du contrat excessivement onéreuse[140].

Modèle de clause de *hardship*

Hardship clause: "If unforeseeable events alter the equilibrium of parties' obligations amounting to an unequal burden on any party, they shall renegociate the terms of the contract. If the renegociations fail, either party may terminate the contract facing no liability".

Modèle de clause de force majeure

Force majeure clause: "Neither party shall be liable for failing to perform any obligation of the contract if caused by circumstances beyond parties' reasonable control, including but not limited to, earthquakes, heavy storms, floods or other natural disaster, war, embargo, labour dispute".

Pour d'autres exemples, voir B. Mercadal, Modèle universel de contrat d'affaires, Dossier pratique, éd. Francis Lefebvre, 2019, n° 258.

542 **Force majeure. Brexit et Covid à travers les États de *Common law*. Des événements anciens, des jurisprudences récentes et inspirantes.** Le Brexit et la Covid sont deux événements, qui bien qu'anciens désormais, demeurent importants à la fois parce qu'ils ont eu un retentissement important sur le monde des affaires et du droit[141]. Les contentieux ont abouti à de récentes jurisprudences et le raisonnement demeurera instructif pour de prochains événements dont la qualification de force majeure sera soulevée par le débiteur.

En premier lieu, s'agissant du Brexit, une affaire emblématique illustre combien les juges anglais sont réticents à admettre la force majeure[142]. En l'espèce, l'agence européenne du médicament (EMA) avait pris à bail des locaux professionnels pour 25 ans, dans un quartier prestigieux de Londres et pour un montant important. Mais, en raison du Brexit, il fut décidé par les instances européennes que l'agence devrait finalement déménager vers un territoire de l'Union européenne ; ainsi, l'EMA invoqua le Brexit comme événement de force majeure justifiant la rupture du bail. Mais le juge anglais la débouta au terme d'un raisonnement nourri : le locataire pouvait en faire un autre usage des locaux que l'occuper comme bureau (par exemple, en les sous-louant) et ce n'était pas le Brexit qui l'empêchait de jouir des locaux, mais une décision européenne. Il était finalement surtout regrettable que le bail n'eût pas stipulé de clause de force majeure ou de clause de sortie...

140. Pour un exemple de clause de *Hardship*, v. infra, n° 545.

141. V. *supra*, n° 539.

142. Canary Wharf v European Medicines Agency (EMA) [2019] EWHC 335 (Ch), C. Le Gallou, précité, AJ Contrat avril 2019.

En second lieu, la pandémie de Covid a entraîné également de nombreux bouleversements dans le monde des affaires et notamment sur le sort des contrats. En effet, le confinement ainsi que les conséquences en cascade de ce phénomène mondial se sont répercutés de diverses manières sur les contrats. Les juges de common Law ont été saisis de diverses affaires afin de dire si la Covid avait pu constituer ou non un événement de force majeure justifiant l'inexécution des obligations contractuelles, voire la rupture du contrat. En Irlande, les juges ont classiquement estimé, s'agissant d'un bail professionnel que la Covid ne constituait pas un événement de force majeure lorsque le confinement avait provoqué l'impossibilité partielle ou l'impossibilité temporaire d'exercer dans les locaux loués[143]. Au Canada[144], les juges se sont montrés également très sévères pour un employeur dans l'affaire Aldergrove : un magasin familial était essentiellement fréquenté par des touristes américains transfrontaliers, mais à raison du confinement imposé côté américain, la baisse brutale de son chiffre d'affaires l'a obligé à licencier son unique salarié ; le salarié licencié contesta que le licenciement fût imposé par la force majeure, ce que les juges canadiens ont admis, car la fermeture de la frontière entre les États-Unis et le Canada avait certes provoqué une baisse du chiffre d'affaires, mais ce n'était là qu'une conséquence économique du confinement et non pas une conséquence juridique, puisque les parties n'avaient pas été affectées par l'événement (en d'autres termes, l'employeur était toujours à même de fournir le travail, tandis que le salarié était toujours à même de travailler). En Australie[145], les juges, à propos d'un locataire qui avait dû fermer son restaurant pendant le confinement, ont considéré que divers critères devaient être pris en compte afin de caractériser la force majeure : la durée de l'inconvénient, l'importance de l'événement sur l'usage du local, la possibilité pour le débiteur (ici, le preneur) de continuer à utiliser le local même d'une autre manière (vente à emporter au lieu d'une activité de restauration sur place), ou encore l'existence d'une clause faisant supporter le risque sur l'une des parties. En Grande-Bretagne, une affaire célèbre a concerné le secteur aérien et le confinement : en l'espèce, une compagnie aérienne, locataire d'appareils, ne transportait plus de passagers, de sorte qu'elle a demandé à être exonérée de l'obligation de payer les loyers ; mais cette prétention fut rejetée par les juges anglais aux motifs que l'obligation du preneur de payer les loyers est une obligation absolue en vertu des standards anglais des locations aériennes et que les faits dans leur ensemble ne permettaient pas de retenir la force majeure[146]. Une autre décision[147] confirma le peu d'efficacité de la force majeure face à la Covid : en l'espèce, l'exploitant d'un cinéma louait des locaux pour son activité à un bailleur, mais, là aussi, le confinement privait le contrat de toute utilité ; et, pourtant, les juges anglais refusèrent de le décharger des arriérés de loyers en se fondant sur les clauses du contrat (les parties n'avaient pas fait peser un tel risque sur le bailleur) et sa durée (35 ans

143. Oysters Shuckers Limited T/A Klaw v Architecture Manufacture Support (EU) Limited & Anor [2020] IEHC 527 ; Foot Locker [2024] IECA 65 ; *adde*, C.-M. Smyth, Law of Contract in Ireland, Clarus press, 2025, p. 245.

144. Aldergrove Duty Free shop v MacCallum [2024] BCCA 28.

145. Cao v ISPT Property Ltd[2024] NSWCA 188.

146. Salam Air SAOC v Latam Airlines Groups SA [2020] EWHC 2414 (Comm).

147. Bank of New York Mellon v Cine-UK Limited and Picture House Cinemas Limited v London Trocadero (2015) LLP [2022] EWCA Civ 1021 (*Trocadero*).

comparés à 2 mois de confinement)[148], et le fait que l'arrêt temporaire de l'activité ne pouvait être qualifié de perte ou destruction de la chose louée. Enfin, il faut souligner que les autorités britanniques ont invité les contractants, faisant face à des difficultés d'exécution contractuelle, à trouver des solutions amiables, avec loyauté et bon sens[149], et elles ont mis en place un dispositif permettant de trouver une solution pour les dettes de loyers que doivent encore certains professionnels et qui n'ont pas encore été réglées : grâce au *Commercial Rent (Coronavirus) Act 2022 ("CRAR")* et le *Commercial rent code of practice following the COVID-19 pandemic*, les parties sont invitées à privilégier des solutions de règlements amiables et, à défaut, à solliciter un arbitre[150].

2. Les effets

543 **Libération totale et définitive des parties. Résiliation. Pas de suspension.** S'il y a *frustration*, les parties sont libérées de leurs obligations et le contrat prend fin. En revanche, si l'exécution devient seulement plus difficile, voire plus onéreuse, il n'y a pas *frustration* et le débiteur n'est pas libéré[151]. En outre, ce mécanisme entraîne des effets lourds, non susceptibles de graduation, dans la mesure où la *frustration*, si elle est admise par le juge, provoque la rupture du contrat et la libération complète et définitive des parties, mais aucune suspension temporaire n'est envisageable, contrairement au droit français (C. civ., art. 1218, al. 2). Concrètement, cela signifie, par exemple, que si un bail est affecté par un événement de *Fustration*, le juge prononce la résiliation pure et simple ; mais il est inenvisageable de prononcer la suspension, pour un temps, du paiement des loyers. Cet effet du « tout ou rien », que l'on retrouve dans l'*Anticipatory breach*[152], est un inconvénient si majeur de la *frustration* que les parties doivent en avoir conscience avant d'invoquer devant le juge un tel mécanisme. Par exemple, un professionnel qui a pris à bail un local mais qui ne peut pas l'exploiter pleinement en raison d'une tempête n'a sûrement pas intérêt à arguer de la force majeure pour échapper au paiement des loyers, car il risque surtout de perdre sa qualité de locataire définitivement.

544 **Restitutions.** Les éventuelles restitutions financières nécessitées par la *frustration* sont régies par un texte, le *Law Reform (Frustrated Contracts) Act* de 1943. Ainsi, lorsque l'acheteur a payé par avance le prix de la chose, il peut réclamer la restitution de ce qu'il a versé et il ne sera pas tenu de payer les sommes dues pour l'avenir tant que l'événement frustrant perdure.

148. Comp. pour le droit français, Cass. 3e civ., 30 juin 2022, n° 21-20.190 : pas de force majeure si le confinement impose la fermeture de locaux commerciaux, d'où l'obligation de payer les loyers ; Cass. 1re civ., 8 mars 2023, n° 21-24.783 : contrat de réservation d'une salle pouvant accueillir 600 invités pour une réception de mariage qui n'a pas pu avoir lieu en raison du confinement.

149. Guidance on responsible contractual behaviour in the performance and enforcement of contracts impacted by the Covid-19 emergency, 7 mai 2020 (www.gov.uk).

150. www.gov.uk.

151. Davis Contractors v Fareham UDC [1956] AC 696 ; Tsakiroglou & Co Ltd v Noblee Thorl GmbH [1962] AC 93 ; *adde*, supra, n° 541.

152. V. *infra*, n° 549.

Il existe toutefois une limite à cette restitution. En effet, le débiteur a pu exposer certaines dépenses nécessaires à la préparation de l'exécution projetée. Il doit alors lui en être tenu compte, ce qui risque de diminuer d'autant la restitution demandée par le créancier (sec. 1, 2°). Les juges disposent d'une marge de manœuvre pour tenir compte de l'avantage procuré par le débiteur au créancier. Par exemple, l'exécution partielle d'une prestation de service, dont l'exécution totale est devenue impossible par la *frustration*, peut représenter un avantage pour le créancier (sec. 1, 3°) ; il est alors juste et équitable que le débiteur en reçoive une compensation adaptée, sans que la somme retenue ne puisse excéder ce que le créancier a déjà payé ou devra payer (sec. 1, 2° et 3°).

Il faut noter que si le contrat est une vente, la théorie de la *frustration* ne trouve pas à s'appliquer, car un texte spécifique organise les conséquences de la perte de la chose vendue. Précisément, le *Sales of Goods Act* de 1979, prévoit que, si la chose a péri avant que l'acheteur n'en prenne possession, le contrat est annulé.

545 **Clauses de force majeure en *Common law*. Enjeux et rédaction**. Comme il a été observé, la *frustration* suscitant une forte réticence de la part des juges anglais et ses effets étant radicaux quant à la libération des parties ou peu satisfaisants quant à l'indemnisation, les rédacteurs de contrats ont pris l'habitude de stipuler des clauses de force majeure dans lesquelles ils entendent pallier ces inconvénients pour le débiteur en contrôlant la qualification de l'événement et ses conséquences juridiques. En premier lieu, les parties à un contrat anglais ont souvent intérêt à préciser ce qu'est un événement de force majeure ; à cette fin, elles peuvent en proposer une définition et/ou procéder à une énumération d'événements qui l'illustrent[153] ; comme pour toute énumération, il est prudent de préciser s'il s'agit d'une liste exhaustive ou non. Il peut être également utile de préciser qui sera le maître de la qualification (un tiers désigné, un expert reconnu, une partie, etc.) ; d'ailleurs, lorsque le contrat stipule que l'une des parties dispose du pouvoir unilatéral de déterminer si l'événement est de force majeure ou non, une telle clause correspond aux *Braganza Duties*[154] et, en tant que tels, l'opération de qualification doit être menée avec honnêteté, bonne foi, et non de manière arbitraire, abusive ou irrationnelle[155]. Il peut être également judicieux de prévoir des hypothèses complexes dans lesquels l'événement de force majeure sera combiné à un comportement fautif de l'une des parties[156]. Par un arrêt important, la question s'est également posée de savoir comment il fallait interpréter la clause stipulant, dans un contrat entre professionnels, que chacune des parties devra, en cas de force

153. Jackson v The Union Marine Insurance Co Ltd (1874) LR 10 CP 125.

154. Supra, n° 529.

155. Dwyer (UK Franchising) Ltd et Bartlett [2021] EWHC 1218 (Ch).

156. Par exemple, une tempête a endommagé un navire qui devait transporter des marchandises, mais le transporteur n'a pas pris de mesures suffisamment rapides pour limiter les dégâts et donc pour protéger les marchandises et/ou pour larguer les amarres plus vite. En l'absence de clause, le juge pourrait se fonder sur l'inexécution du contrat, la *Negligence*, des aspects de causalité (causes concurrentes ou successives ; rupture de la chaîne causale), l'obligation de minimiser son dommage, etc., ce qui peut se révéler périlleux pour le débiteur. Ou encore, qu'en est-il s'il est prévu qu'une rébellion constituera un événement de force majeure, mais qu'il ressort des faits que le débiteur était impliqué, en partie, dans la rébellion ? Adde, R. Beheshti, S. Saintier et S. Thomas, Bradgate's Commercial law, Oxford, 2024, p. 109 ; Le Gallou, *La clause de force majeure : leçons de droit anglais à l'égard des contrats français*, précité.

majeure, faire preuve d'efforts raisonnables pour faire face à l'événement[157] : précisément, *quid juris* lorsqu'il était stipulé que le prix serait payé en roubles, mais que, au moment du paiement, cette devise n'est plus autorisée en raison du contexte international ? Proposer et accepter un paiement en euros doivent-ils être qualifiés d'efforts raisonnables permettant d'éviter la force majeure ? À cette question, la Cour suprême a répondu par la négative, car, sur le fondement de la liberté contractuelle, la notion d'efforts raisonnables ne se conçoit que dans le respect des termes du contrat et ne peut pas être interprétée comme obligeant l'une des parties à exécuter un contrat différemment de ce qui était initialement stipulé.

En second lieu, les parties peuvent également contrôler les effets de la qualification de force majeure en jouant sur toute la gamme des solutions disponibles : une clause de force majeure qui imposerait une totale garantie à l'une des parties pour certaines conséquences de l'événement de force majeure (par exemple, celles qui seraient par ailleurs couvertes par une assurance), ou la libération des parties mais sans indemnisation aucune de part et d'autre, excluant ou aménageant ainsi les *Restitutions* et le *Law Reform (Frustrated Contracts) Act* de 1943[158], ou encore (et peut-être surtout), la suspension du contrat et/ou la réduction *rationae temporis* de la contrepartie[159], etc.

§ 2. LES REMÈDES À L'INEXÉCUTION

546 L'inexécution du contrat peut aboutir à la rupture du contrat (A), la mise en œuvre de la responsabilité du débiteur (B) ou l'exécution forcée (C).

A. LA RUPTURE DU CONTRAT

547 Deux types d'inexécution. Le droit anglais des contrats distingue deux types d'inexécution, celle résultant de la violation d'une obligation exigible (1) et celle qui est anticipée, car portant sur une obligation non encore exigible (2).

1. La rupture pour inexécution constatée

548 ***Repudiatory breach.*** L'inexécution de l'obligation exigible du débiteur constitue une *repudiatory breach*. Seule l'inexécution d'une obligation substantielle (*condition*) justifie la rupture du contrat tandis que l'inexécution d'une simple *warranty* ne donne lieu qu'à dommages-intérêts. En outre, il doit s'agir d'une

157. RTI Ltd v MUR Shipping BV [2024] UKSC 18.

158. R. Beheshti, S. Saintier et S. Thomas, *op. cit.*, p. 109 : « Unfortunately, [the] drafting [of the 1943 Act] is far from clear (...). It seems that both businesses and lawyers prefer to deal with problems caused by frustration through negotiation ».

159. Pour un exemple de clause de force majeure avec effet temporaire, B. Mercadal, Modèle universel de contrat d'affaires, Dossier pratique, éd. Francis Lefebvre, 2019, nº 270.

obligation primaire et non secondaire, c'est-à-dire qu'il doit s'agir d'une obligation relevant du cours normal du contrat et non pas celle qui naît de l'inexécution.

Le créancier, face à l'inexécution de la *condition*, peut choisir le maintien du contrat. Tant que le contrat n'est pas rompu, il doit continuer à exécuter ses propres obligations et il n'a pas de devoir de minimiser son dommage à ce stade, car ce devoir n'apparaît que lorsque la responsabilité du débiteur est mise en jeu.

2. La rupture pour inexécution anticipée

549 ***Anticipatory breach.*** Le droit anglais connaît un dispositif intéressant permettant de prendre en compte, par anticipation, l'inexécution probable par le débiteur, alors même que la dette n'est pas encore exigible et que l'inexécution n'est pas encore acquise. C'est l'*anticipatory breach*, pouvant trouver un écho récent dans la réforme du droit français des contrats à travers l'article 1220, l'exception d'inexécution anticipée (ou *exception timoris*)[160]. Ainsi, par ce mécanisme, le débiteur peut informer le créancier qu'il n'exécutera pas son obligation le jour venu ; face à cette nouvelle, le créancier peut soit opter pour le maintien du contrat, soit décider de le rompre en arguant de la faute du débiteur. L'initiative peut aussi venir du créancier qui comprend que l'exécution n'aura pas lieu ; encore faut-il que l'initiative du créancier ne repose pas sur une mauvaise analyse de la situation de sa part, au risque d'engager sa propre responsabilité. Si le créancier décide de maintenir le contrat, il doit bien entendu exécuter ses obligations et justifier d'un intérêt légitime.

550 **Avantages.** Les avantages sont multiples : le créancier gagne du temps et peut ainsi trouver plus rapidement une solution de remplacement ; lui-même peut éviter de se trouver dans une situation d'inexécution qui lui serait imputable ultérieurement. Le débiteur, quant à lui, peut espérer voir sa dette indemnitaire diminuer, car le préjudice sera vraisemblablement moins étendu que s'il avait attendu le dernier moment pour reconnaître son incapacité matérielle à exécuter. Mais le mécanisme issu de la jurisprudence ne subordonne pas l'exercice de l'option à l'obtention de garanties par le débiteur : en d'autres termes, le créancier peut choisir de maintenir le contrat ou de le rompre, sans que l'une ou l'autre possibilité soit conditionnée par des garanties ; mais l'on comprendrait mal comment un créancier pourrait justifier la rupture alors que le débiteur lui a donné toutes les garanties de bonne exécution à la date convenue.

Enfin, il faut observer que ce mécanisme ne prévoit pas la suspension des obligations, contrairement à l'article 1220 du Code civil français[161].

160. Pour les points communs et les différences entre les deux mécanismes, voir C. Le Gallou, *L'inexécution anticipée du contrat : approche comparative Common law/droit français*, RRJ 2017/1, p. 323.
161. C. Le Gallou, précité.

B. LA RESPONSABILITÉ

551 En cas d'inexécution imputable à l'une des parties, le débiteur s'expose au paiement de dommages-intérêts (1), mais les clauses relatives à la responsabilité (2) sont fréquentes. Il faut également distinguer les clauses d'indemnisation des clauses pénales (3) et enfin rappeler le principe de la minimisation du dommage par le créancier (4).

1. Les dommages-intérêts

552 **La causalité. Préjudices proches. Préjudices généraux.** La compensation des dommages et donc le calcul des dommages-intérêts sont limités aux seuls dommages résultant de l'inexécution et ne peuvent s'étendre aux autres postes de préjudices qui apparaîtraient après la survenance d'un événement postérieur qui aurait brisé la chaîne de la causalité (*causation*)[162]. En outre, une fois que les préjudices liés à l'inexécution ont été identifiés, un dernier tri doit s'opérer parmi eux : seuls les préjudices qui ne sont pas trop éloignés de l'inexécution seront retenus (“*not to remote*”). Cette condition mène à l'application du *foreseeability test* (test de prévisibilité), dégagée par le fameux arrêt *Hardley v. Baxendale*[163] et qui a introduit un raisonnement en deux temps : les pertes susceptibles d'être compensées sont d'une part celles qui résultent naturellement de l'inexécution du contrat, du cours normal des choses, de telle sorte qu'il n'est pas nécessaire que les parties aient eu particulièrement conscience qu'elles pouvaient se produire ; d'autre part, celles qui relevaient raisonnablement de ce que les parties avaient envisagé, lors de la conclusion du contrat, ce qui vise les dommages qui ne résultent pas du cours normal des choses (ce sont des dommages dits anormaux), supposant, pour leur indemnisation, la preuve d'une connaissance particulière de leur survenance possible[164]. Lord Hodge a développé cette exigence de préjudice « *not too remote* » en quelques principes[165] : la perte doit avoir été raisonnablement prise en compte par les parties lors de la conclusion du contrat ; il faut déterminer ce que le défendeur avait, objectivement, pu admettre comme pouvant faire partie des conséquences de son inexécution et il s'agit d'une question de fait. En ce sens, cette condition de causalité, de proximité entre la perte et l'inexécution (« *not too remote* »), est proche de l'exigence du droit français s'agissant du préjudice prévisible. En revanche, dès lors que les dommages relèvent de la prévisibilité des parties, leur étendue importe peu[166].

162. County Ltd v Girozentrale Securities [1996] 3 All ER 384.
163. Hardley v Baxendale [1854] 9 Ex 341.
164. Victoria Laundry (Windsor) Ltd v Newman Ind. Ltd [1949] 2 KB 528.
165. AG of the Virgin Islands v Global Water [2020] UKSC 18 : en l'espèce, un contrat de construction et d'exploitation d'une usine de traitement des eaux est conclu entre une autorité locale et une société, la première devant fournir un lieu prêt à accueillir la construction et l'exploitation de l'usine par la seconde. Mais l'autorité locale n'ayant pas mis le terrain à disposition, l'usine ne fut pas construite et la société exploitante perdit tout espoir d'en réaliser des profits.
166. Parsons (Livestock) Ltd v Uttley Ingham & Co Ltd [1978] QB 791 ; Transfield Shippoing Inc v Mercator Shipping Inc (The Achilleas) [2008] UKHL 48.

Le fait qu'il soit difficile d'évaluer le préjudice ne constitue pas une cause d'exonération du débiteur[167].

La perte de profits escomptés peut-elle être indemnisée ?

Lorsque le contrat n'est pas exécuté, le contractant-victime peut-il réclamer des dommages-intérêts compensant les profits qui ne pourront pas être réalisés ? Cette question est résolue sur le fondement de *Hardley v Baxendale*, car il s'agit non pas d'un problème de nature du préjudice, mais de causalité : si la perte des profits est une conséquence naturelle de l'inexécution ou une conséquence particulière mais connue des parties, alors elle doit être indemnisée, en vertu de *AG of VI v Global Water*.

553 **Leur calcul. *Expectation interest. Reliance interest.*** Les dommages-intérêts en matière contractuelle sont d'une richesse inégalée par leurs fondements et, partant, par leurs méthodes d'évaluations. Ainsi, les droits du contrat, de la responsabilité délictuelle et des restitutions (proche de l'enrichissement injustifié) s'articulent afin de rééquilibrer les positions des parties en cas de problème. Ainsi, lorsque l'une des parties a été victime d'une *misrepresentation* et si le contrat est alors nul, elle peut réclamer des dommages-intérêts correspondant à ce qui est nécessaire pour la replacer dans la situation antérieure à la conclusion du contrat, mais elle ne peut pas réclamer l'indemnisation des profits non réalisés. Il s'agit de la compensation du *reliance interest*.

En revanche, lorsque le contrat, valable, n'est pas exécuté, l'intérêt protégé est différent, il s'agit de l'*expectation interest*, ce qui était attendu par le contractant. C'est le mode de calcul le plus fréquemment appliqué. Deux situations peuvent se rencontrer. Soit le contrat n'a pas du tout été exécuté, les dommages-intérêts correspondent alors à ce que le créancier doit débourser pour se procurer l'équivalent de la promesse faite (au prix du marché ou au prix contractuel[168]) ; soit le contrat a été mal exécuté, les dommages-intérêts représentent alors le coût de la réparation ou de la mise à niveau, ou la compensation entre la valeur de la prestation effectuée et le prix demandé. Les dommages-intérêts sont compensatoires en ce qu'ils ne traduisent pas l'équivalent monétaire de l'exécution forcée du contrat[169], bien que les deux sommes puissent souvent correspondre.

Néanmoins, si l'*expectation interest* ne peut pas être aisément calculé ou si le créancier le demande, les juges appliquent le calcul du *reliance interest*[170].

Enfin, le droit anglais applique aussi un autre mécanisme d'indemnisation, celles dites des *restitutions* ou *unjust enrichment* afin d'obliger le contractant

167. Chaplin v Hicks [1911] 2 KB 786 CA.

168. Si un acheteur ne veut plus acheter le bien commandé (et ne veut donc plus payer le prix au vendeur), ce dernier peut réclamer des dommages-intérêts correspondant soit à la diminution du montant du prix de vente à un autre client lorsque le marché se porte moins bien (WL Thompson Ltd v Robinson Gunmakers Ltd [1955] Ch 177), soit à une somme symbolique (*Nominal damages*) s'il peut sans problème revendre le bien à un tiers, sans perte de temps ni d'argent (Charter v Sullivan [1957] 1 QB 117).

169. Ruxley Electronics and Constructive Ltd v Forsyth [1995] 3 WLR 118.

170. Anglia TV v Reed [1971] 3 All ER 69.

enrichi à remettre à son cocontractant ce qu'il a perçu par le contrat. Concrètement, si une vente est annulée pour défaut de titre de propriété du vendeur, alors que l'acquéreur avait déjà versé le prix, le remède n'est pas à proprement parler des dommages-intérêts mais un remède de restitution (*restitutionary remedy*) ; de même en est-il si un artisan a produit un travail en vertu d'un contrat annulé[171] (Action *Quantum meruit*).

554 **Non-paiement d'un prix ou d'une rémunération.** Si un bien a été livré ou si un travail a été effectué et que le cocontractant refuse de payer le prix de la rémunération convenue, le créancier peut en réclamer paiement par une action en paiement d'une somme convenue (*action for an agreed sum*) qui ne constitue pas techniquement une action à fin indemnitaire. Mais si le montant n'a pas été préalablement convenu, l'évaluation de la somme due se fait sur la base du prix du marché ; c'est la doctrine du *quantum meruit*, c'est-à-dire autant que le créancier le mérite.

555 ***Gross Negligence.*** Le droit anglais[172] n'accorde aucun effet à la *Gross Negligence* que ce soit sur le fondement de la responsabilité délictuelle ou sur le fondement contractuel. En effet, seule la *negligence* est une notion connue du droit anglais. Néanmoins, sous l'influence de pratiques étrangères, notamment américaines, il est devenu fréquent que des contrats entre professionnels stipulent des clauses contenant des références à la *Gross Negligence*. Par exemple, une clause exclusive de responsabilité peut réserver l'hypothèse de *Gross Negligence* (il y aurait donc responsabilité dans ce cas) ; pareillement, une clause peut subordonner une indemnisation complète à la commission d'une telle faute. Ainsi, bien que cette notion ne soit pas retenue en droit anglais, elle ne peut pas être ignorée des juges anglais amenés à en faire application conformément à la volonté des parties. Il est donc fortement souhaitable que les parties en donnent elles-mêmes une définition. À défaut, la jurisprudence s'établit peu à peu. Il est certain que la *Gross Negligence* doit s'interpréter selon la volonté des parties, ce qui est exprimé dans le contrat et les faits de l'espèce (le fort degré de risque de perte, la prévisibilité de ce fort degré, la gravité de la perte qui aurait dû être prévue et la possibilité pour le défendeur d'avoir pris des mesures empêchant la réalisation du dommage)[173]. Il s'agit incontestablement d'une faute bien plus grave que la *negligence* en ce qu'elle constituerait une erreur très grave ; mais elle peut être moins grave que le *wilful neglect* (ou négligence délibérée) à laquelle les parties peuvent aussi faire référence dans le contrat. Tout est donc question d'interprétation du contrat[174].

En outre, le *Credit Rating Agencies (Civil Liability) Regulations 2013* (sec. 4), issue d'une disposition européenne et relative à l'encadrement des agences de

171. Craven-Ellis v Canons Ltd [1936] 2 KB 403 ; adde, G. VIRGO, The Principles of the Law of Restitution, Oxford, 2024 ; C. LE GALLOU, Les fonctions comparées des quasi-contrats – Approche de droit anglais et de droit chinois, in La notion légale de quasi-contrats, sous la dir. M. MIGNOT et L. ANDREU, « Thèmes & commentaires », Dalloz, 2025, à paraître ; *infra*, n° 856.

172. Hormis le droit pénal qui connaît la notion de *Gross Negligence Manslaughter*, voir par exemple Rose v R [2017] EWCA Crim.

173. Red Sea Tankers Ltd v Papachristidis (The Hellespont Ardent), [1997] 2 Lloyd's Rep. 547.

174. Winnetka Trading Corporation v Julius Baer International Ltd [2011] EWHC 2030 (Ch) ; Camarata Property Inc v Credit Suisse Securities (Europe) Ltd [2011] EWHC 479 (Comm).

notation (R (CE) nº 1060/2009), donne une définition de la *Gross Negligence* comme l'imprudence grave en ce que les responsables ne vérifient pas si une violation a été commise. Récemment, dans le cadre d'un litige opposant un cadre d'entreprise et son employeur, les juges ont considéré qu'une *Gross negligence* constituait une faute lourde (*Gross misconduct*)[175].

Par ailleurs, la question s'est posée de savoir si une clause pouvait exclure toute responsabilité, même en cas de *Gross Negligence*. C'est dans le cadre d'une telle stipulation dans un *trust* que la réponse positive a été affirmée par les juges[176]. Il faut certainement que la clause ne soit pas considérée comme abusive au sens du UCTA 1977.

Dommages-intérêts symboliques

Le droit anglais alloue des dommages-intérêts symboliques (*Nominal damages*) si le préjudice subi par le créancier et résultant de l'inexécution du contrat est inexistant voire minime.

Dommages-intérêts punitifs ou confiscatoires ?

En principe, le droit anglais refuse d'allouer des dommages-intérêts punitifs en cas d'inexécution contractuelle (*Addis v. Gramophone Co Ltd [1909] AC 488*). Toutefois, dans des circonstances limitées, les juges les ont prononcés afin de permettre la confiscation des profits résultant d'une faute lucrative, en violation d'un contrat (*AG v. Blake [2000] 1 AC 268* ; *Esso Petroleum Co Ltd v. Niad Ltd ChD [2001] EWHC 6 (Ch)*). Mais la dimension punitive est souvent écartée au profit d'une analyse confiscatoire des dommages-intérêts, alors qu'ils sont incontestablement justifiés par la faute lucrative.

556 **Nature des préjudices.** En principe, seul le préjudice matériel, résultant de l'inexécution contractuelle, peut être indemnisé. Néanmoins, une tendance amorcée dans les années 1970 admet l'indemnisation des préjudices extrapatrimoniaux mais dans la mesure où le contrat inexécuté avait pour objet la fourniture de prestations à caractère extrapatrimonial. Précisément, dans la fameuse affaire *Jarvis*, une personne réserve un séjour de vacances et le professionnel promet plusieurs animations qui finalement n'auront pas lieu ou se révéleront d'une piètre qualité ; le client a obtenu l'indemnisation de son préjudice moral[177]. Si l'inexécution contractuelle provoque une perte de chance, le créancier peut en demander compensation[178]. Si

175. Adesokan v. Sainsbury's Supermarkets Limited [2017] EWCA Civ 22.

176. Armitage v Nurse [1997] EWCA Civ 1279.

177. Jarvis v Swann Tours [1972] 3 WLR 954 ; Jackson v Horizon Holidays [1975] 1 WLR 1468 ; pour la déception et l'angoisse de ne voir arriver le photographe pour son mariage, Diesen v Sampson [1971] SLT 49 ; le préjudice psychologique subi par une victime, car son avocat négligent a omis de demander une mesure d'éloignement d'un agresseur : Heywood v Wellers [1976] QB 446.

178. Chaplin, précité ; Blackpool and Flyde Aero Club v Blackpol Borough Council [1990] 1 WLR 1195.

l'inexécution a entraîné un préjudice physique, l'indemnisation est également admise[179].

2. Les clauses limitatives de responsabilité

557 Il convient d'analyser la notion de clause limitative de responsabilité en droit anglais (a), puis ses conditions de validité (b).

a) La notion

558 **Définition.** À l'instar du droit français, ces clauses, appelées *exemption* ou *e clauses* peuvent avoir divers objets. Certaines clauses prévoient classiquement que les dommages-intérêts ne pourront pas excéder une certaine somme. De même, il est possible de stipuler que certains postes de préjudices ne seront pas indemnisés. Certaines peuvent exclure certaines obligations, notamment les obligations implicites. Enfin, une clause peut aussi purement et simplement exclure toute responsabilité.

559 **Conception large.** Le droit anglais adopte une conception large des clauses limitatives de responsabilité en y intégrant des clauses qui aboutissent indirectement à alléger ou, au contraire, à compliquer la mise en œuvre de la responsabilité. Ainsi, fait également partie de cette catégorie de clauses, une clause qui reconnaît à l'une des parties le pouvoir de modifier unilatéralement son obligation ; par exemple, elle peut permettre au vendeur de livrer une chose différente de celle initialement convenue. De même, il s'agit d'une clause limitative de responsabilité lorsque le créancier se voit interdire de réclamer tel remède au profit de tel autre (par exemple, allocation de dommages-intérêts sans pouvoir rompre le contrat) ou compliquer la mise en œuvre de la responsabilité, par le respect, par exemple, de formalités (envoi d'une notification dans un certain délai, par exemple).

b) Les conditions de validité

560 La validité d'une clause limitative ou exclusive de responsabilité est subordonnée à des conditions dégagées par la jurisprudence mais aussi imposées par diverses législations, essentiellement le UCTA 1977[180].

561 **L'encadrement jurisprudentiel.** La validité d'une clause limitative de responsabilité est subordonnée à trois conditions : la clause doit être incluse dans le contrat, elle doit concerner le dommage subi et elle doit être raisonnablement portée à la connaissance du cocontractant.

562 **Intégrée au contrat.** La clause limitative ou exclusive de responsabilité doit être intégrée au contrat (*incorporation*). Le plus souvent, elle est stipulée dans le contrat parmi d'autres clauses écrites[181]. Il est alors important de vérifier que le contrat a été

179. Bailey v Bullock [1950] 2 All ER 1167.

180. C. Le Gallou, *Les clauses limitatives et exclusives de responsabilité dans les contrats d'affaires anglais*, RLDC déc. 2019.

181. Curtis v Chemical cleaning [1951] 1 KB 805.

signé, car la signature établit que le contractant a eu connaissance de la clause. Il est également courant que la clause soit intégrée au champ contractuel par référence à un autre contrat qui la stipule expressément ou parce qu'elle a toujours[182] été stipulée dans les contrats passés entre les parties[183]. Elle peut aussi être mentionnée sur un panneau d'affichage[184] ou sur un ticket[185]. Enfin, la clause limitative peut classiquement résulter des usages ou des coutumes pratiqués dans un secteur précis, lorsque le contrat concerne deux professionnels de cette branche[186].

En revanche, il importe peu que le créancier ait effectivement lu ou non la clause ou même qu'il l'ait comprise. La seule façon d'échapper à la clause serait de pouvoir invoquer la nullité du contrat pour *misrepresentation* ou fraude[187].

Puisque la clause doit faire partie du contrat, elle n'est pas applicable si son existence est postérieure à la conclusion du contrat. Par exemple, une clause exclusive de responsabilité figurant sur un ticket de parking, délivré au conducteur, après qu'il a accepté l'offre présentée par la société gérant le parking, ne lui est pas opposable[188].

563 **Couverture du dommage.** La clause limitative de responsabilité doit clairement mentionner à quel(s) préjudice(s) elle s'appliquera. Si la clause limitative ou exclusive de responsabilité est ambiguë et exige donc d'être interprétée, l'adage *contra proferentem* s'applique : la clause sera interprétée contre celui qui cherche à s'en prévaloir[189].

564 **L'attention raisonnable portée au créancier.** Le droit anglais subordonne la validité de la clause exclusive de responsabilité au fait que le créancier ait été averti de son existence. Ainsi, plus la clause est sévère pour la victime, plus le débiteur doit prendre des mesures raisonnables afin de l'avertir de son existence[190]. Mais, une fois encore, seules des mesures de caractère raisonnable sont imposées ; ainsi, en présence de circonstances exceptionnelles, comme l'illettrisme de la victime, le

182. McCutcheon v MacBrayn [1964] 1 WLR 165.

183. Spurling v Bradshaw [1956] 1 WLR 461 ; Hollier v Rambler Motors [1972] 2 WLR 401 : afin de se fonder sur ce type d'*incorporation*, il faut établir l'existence d'un nombre suffisant de transactions, aux mêmes conditions, dans le passé, entre les parties.

184. Olley v Marlborough Court [1949] 1 KB 532.

185. Thornton v Shoe Lane Parking Ltd., [1971] 2 QB 163 ; Chapelton v Barry UDC [1940].

186. British Crane Hire v Ipswich Plant Hire [1975] QB 303.

187. L'Estrange v Graucob Ltd [1934] 2 KB 394.

188. Thornton, précité : en pénétrant dans le parking, le ticket délivré au conducteur mentionne l'existence de conditions du contrat ; or, le contrat est conclu lorsque le client insère les pièces de monnaie dans la machine automatique en partant. Et c'est à ce moment-là qu'il peut lire l'existence de la clause exclusive de responsabilité qui est placardée dans le local où se trouve la machine. En l'espèce, la clause a donc été connue du client après la formation du contrat et ne peut lui être opposée pour exclure son indemnisation. *Adde* Chapelton, précité : des chaises longues sont à la disposition de clients sur la plage ; un écriteau les invite à aller chercher un ticket au bureau de location. Un client prend un ticket et le met dans la poche sans le lire pensant que c'est un simple reçu alors qu'y figure la clause limitative de responsabilité. Le loueur aurait dû attirer son attention sur le fait que ce n'était pas un simple reçu ; en tout état de cause, la présence des chaises sur la plage à disposition des clients constitue, à titre exceptionnel, une offre tacite, acceptée lorsqu'un client s'y installe. Le fait d'attirer l'attention sur la clause mentionnée dans un ticket délivré ultérieurement aurait été inutile, l'Incorporation faisant défaut.

189. Tai Hing Cotton Mill Ltd v Kamsing Factory [1979] AC 95.

190. Interfoto Picture Library v Stilletto [1989] QB 433.

débiteur ne saurait se voir reprocher de ne pas l'avoir averti alors qu'il y avait de multiples panneaux affichés rappelant la clause écrite sur un ticket[191].

565 **Interprétation *contra proferentem*.** En vertu de l'adage *contra proferentem*, le juge peut interpréter une clause limitative de responsabilité en défaveur de celui qui l'invoque. Encore faut-il qu'elle soit ambiguë[192]. Si ce n'est pas le cas, il faut respecter la volonté des parties telle que stipulée dans le contrat. De même, cet adage doit être écarté s'il joue en défaveur des deux parties, de force égale[193]. En outre, quand l'interprétation d'une clause limitative de responsabilité est susceptible de deux sens différents d'après le sens naturel qui en est donné, sans qu'aucune des deux ne soit commercialement absurde, il faut appliquer l'adage *contra proferentem* et une interprétation restrictive[194].

566 **Trois textes fondamentaux. L'encadrement législatif.** S'agissant maintenant de l'encadrement législatif des clauses limitatives ou exclusives de responsabilité, trois textes encadrent la validité des clauses exclusives ou limitatives de responsabilité. Il s'agit de l'*Unfair Contract Terms Act 1977 (UCTA)*, du *Consummer Rights Act 2015* (*CRA*, remplaçant le *Unfair Terms in Consumer Contracts Regulations 1999*) et le *Misrepresentation Act 1967*. Selon les cas, les clauses sont tantôt frappées de nullité, tantôt valables si elles sont raisonnables.

567 ***UCTA 1977.* Présentation.** Les obligations de chaque contractant peuvent être librement aménagées par le contrat lui-même. Toutefois, bien que la *Common law* ait encadré cette liberté, une loi s'est révélée nécessaire pour imposer diverses restrictions afin d'empêcher l'une des parties de subir un déséquilibre injuste. Le *Unfair Contract Terms Act* de 1977 (UCTA) réalise cet objectif en se concentrant sur les clauses limitatives ou exclusives de responsabilité.

Ainsi, aux termes de l'*Unfair Contract Terms Act 1977* (UCTA), une clause limitative ou exclusive de responsabilité en cas de mort ou de préjudice corporel est nulle si ces préjudices résultent d'une négligence (UCTA, art. 2 (1)) ; de même, dans le contrat de vente, le vendeur ne peut pas exclure sa responsabilité s'il a vendu une chose qui ne lui appartenait pas. Par ailleurs, le débiteur ne peut pas exclure ou limiter sa responsabilité lorsque la clause a été stipulée dans ses propres conditions contractuelles, sauf si la clause satisfait le test du raisonnable (v. *supra*). Ce caractère raisonnable doit également être vérifié si la clause exclut ou limite la responsabilité en cas de dommages non corporels causés par négligence (art. 2 (2)). Enfin, l'on peut aussi citer la nullité de la clause qui exclurait ou limiterait toute responsabilité en cas de *misrepresentation*[195].

568 **Domaines d'application.** Ces clauses, par principe valables, sont encadrées par diverses dispositions législatives et par la jurisprudence.

191. Thompson v London, Midland and Scotland Railway Co [1930] 1 KB 41.
192. Nobahar-Cookson v The Hut Group Ltd [2016] EWCA Civ 128.
193. Nobahar-Cookson, précité.
194. Nobahar-Cookson, précité.
195. Sur cette notion, v. *supra*, n° 462 et s.

S'agissant du contrôle exercé par les juges, il est plus exigeant selon que la clause emporte exclusion totale ou juste partielle de responsabilité[196] et selon que le contrat lie deux professionnels ou un professionnel et un consommateur.

Une telle clause peut-elle valablement exclure la responsabilité du débiteur qui, pourtant n'aurait pas exécuté une obligation fondamentale du contrat ? La réponse de la jurisprudence est claire : c'est parfaitement possible, sous réserve que cette hypothèse ait été clairement envisagée dans la clause[197]. Pareillement, la clause peut exclure la responsabilité du débiteur malgré sa négligence dès lors que cela est stipulé clairement ou implicitement ; dans cette dernière hypothèse, il est parfaitement possible de déduire de la rédaction de la clause qu'elle visait aussi la négligence[198]. De même, le débiteur qui a délibérément refusé d'exécuter sa prestation peut bénéficier de la clause exclusive ou limitative de responsabilité ; cela s'explique notamment par le fait que le créancier a souvent souscrit une assurance qui le protège du risque d'inexécution[199]. Toutefois, la fraude commise par l'une des parties ne peut pas faire l'objet d'une clause exclusive de responsabilité ; par exemple, si par son comportement frauduleux, l'une des parties a trompé le cocontractant et l'a ainsi convaincu de conclure le contrat, la clause exclusive de responsabilité ne pourra pas s'appliquer à cette hypothèse[200].

En principe, l'UCTA ne s'applique qu'aux contrats entre professionnels (UCTA, sec. 1 (3))[201]. En effet, les contrats entre professionnels et consommateurs sont désormais régis par le *Consumer Rights Act 2015*. S'agissant des contrats entre non professionnels, diverses dispositions du UCTA s'appliquent, notamment celles des sections 6, 7 et 8 relatives à la vente de biens, au crédit-bail (*hire purchase*), d'autres contrats incluant un transfert de propriété (vente avec prestations de services) et celles relatives à la *misrepresentation*[202].

Plusieurs contrats sont également partiellement exclus. Par exemple, ne se voient pas appliquées les dispositions relatives aux clauses exclusives ou limitatives de responsabilité en cas de négligence ou en cas d'inexécution dans un contrat standard (UCTA, sec. 2 et 3) les contrats d'assurance, les contrats ayant pour objet un immeuble (transfert de propriété, via une fusion, etc.) ou un droit de propriété intellectuelle (brevet, marque, droit d'auteur, etc.), relatifs à une société (formation, dissolution d'une société, reconnaissance de la qualité d'associé, ses droits et obligations), relatifs aux garanties et le transport de passagers par bus ou cars (UCTA, Schedule 1, sec. 1). De même, les règles régissant les clauses exclusives ou limitatives de responsabilité en cas de dommage corporel ne s'appliquent pas au contrat de travail, sauf à ce qu'elles soient favorables au salarié (Schedule 1, sec. 4)[203].

196. Ailsa Craig Fishing [1983] ; EE Caldonia Ltd [1995] ; Frans Maas (UK) 2004.

197. Photo Production Ltd v Securicor Transport Ltd [1980] UKHL 2 ; Mott Macdonald Ltd v Trant. Engineering Ltd [2021] EWHC 754.

198. Notamment par une rédaction en termes larges, voir Gillespie Bros & Co Ltd v Roy Bowles Transport Ltd [1973] 1 QB 400.

199. Internet Broadcasting Corporation Ltd v Mar llc [2009] EWHC 844 (Ch).

200. HH Casualty and General Insurance Ltd v. Chase [2003] UKHL 6.

201. Voir UCTA, sec. 14 pour la définition du business.

202. V. *supra*, n° 462 et s.

203. Pour d'autres exemples, relatifs au transport, au remorquage et sauvetage en mer, etc. ; UCTA, voir Schedule 1, sec. 2 à 5.

Enfin, le UCTA ne permet pas le contrôle de n'importe quelle clause. Il s'applique aux clauses relatives aux obligations du contractant et à sa responsabilité.

Comment identifier les termes standards d'un contrat ?

Plusieurs indices, dégagés par la jurisprudence, permettent de déterminer les termes standards d'un contrat (*Overseas Medical Supplies Ltd v. Orient Transport Services Ltd [1999] 1 All ER (Comm) 981*) :

– l'avis de chaque partie sur la nature « standard » ou « négociable » des clauses en question lors des négociations ;
– la force respective des contractants ;
– la durée et l'étendue des négociations ;
– l'étendue et la nature des modifications négociées à ces prétendues conditions standard (*Yuanda (UK) Co Ltd v. VW Gear Construction Ltd [2010] EWHC 720 (TCC)* ; *African Export-Import Bank v Shebah Exploration & Production Company Ltd [2017] EWCA Civ 845* ; *Pinewood Technologies Asia Pacific Ltd v Pinewood Technologies Plc [2023] EWHC 2506 (TCC)*) ;
– le fait que les parties aient négocié certaines clauses du contrat n'exclut pas la qualification de clauses standard par ailleurs (*St Alban City and District Council v. Intl Computers Ltd [1996] 4 All ER 481, CA*).

569 **Les clauses nulles. Les clauses susceptibles d'être nulles.** L'UCTA énumère diverses clauses frappées de nullité, quelles que soient les circonstances. Il s'agit de la clause excluant ou limitant toute responsabilité :

— en cas de négligence[204] ayant provoqué la mort ou un dommage corporel (UCTA sec. 2 (1)) ;

— en cas de vente d'un bien alors que le vendeur n'en est pas le propriétaire, que le contrat soit une vente simple ou accompagnée d'une prestation de service (UCTA, sec. 6 (1) et 7 (3A) *Supply of Goods and Services Act 1982*, sec. 2)[205] ;

Il existe d'autres clauses qui sont susceptibles d'être nulles si elles sont jugées déraisonnables. Par exemple, peut être valable, si raisonnable, une clause élisive ou limitative de responsabilité :

— en cas de négligence ayant causé des dommages autres que corporels (UCTA, sec. 2 (2)) ;

— si le vendeur a livré une chose qui ne correspondait pas à l'échantillon, à la description, dont la qualité n'était pas satisfaisante ou qui n'était pas adapté à l'usage attendu (UCTA, sec. 6 (1A) et (1)). Cette dernière hypothèse s'étend aussi aux contrats de vente avec prestation de service (UCTA, sec. 7 (1A)) ;

204. La notion de *Negligence* est définie par la sec. 1, 1 du UCTA : il s'agit de la violation de toute obligation de diligence et compétence, résultant d'une disposition expresse ou implicite d'un contrat, de faire preuve d'une attention et de compétence raisonnables ; la négligence s'étend aussi à la violation de devoirs de diligence et compétence imposés par la *Common law* ou encore l'*Occupiers' Liability Act 1957* (sur la responsabilité des occupants d'un immeuble à l'égard des victimes les visitant ; v. *infra*, *Torts*).

205. Si le *Supply of Goods and Services Act 1982* ne s'applique pas, une telle clause est valable si elle passe le *Reasonable test* (UCTA sec. 7 (4) ; v. *infra*).

— en cas de défaut de droit de propriété du vendeur ou portant sur sa garantie d'éviction (UCTA, sec. 7 (4) a et b) ;

— en cas de *misrepresentation* (sec. 8) ;

— en cas d'inexécution du contrat (UCTA sec. 3 (2a)) si la clause élisive ou limitative de responsabilité est stipulée dans les conditions générales du débiteur (*Standard Terms & Conditions* ou *STC*) selon la section 3 (1) du UCTA. *A contrario*, si le débiteur n'a pas exécuté une obligation spécialement négociée (*express terms*) entre les parties (et qui ne relève pas des *implied terms*, donc imposés à tout contractant), le UCTA est inopérant ; par exemple, si les parties ont négocié une date de livraison et que le vendeur-livreur s'exonère en tout ou partie de sa responsabilité contractuellement, une telle clause ne peut pas être contestée par le *reasonable test* sur le fondement du UCTA. Elle peut être remise en cause, mais sur un autre fondement juridique ;

— si, stipulée là aussi, dans les conditions générales du débiteur, elle résulte en fait d'une clause lui reconnaissant le droit de ne pas exécuter le contrat ou de l'exécuter à des conditions substantiellement différentes (UCTA sec. 3 (2b)).

Il faut observer que le fait que la clause fasse partie des conditions générales standards de l'une des parties n'affecte pas, à lui seul, le caractère raisonnable de la clause, surtout si les parties sont d'égale force[206].

570 **Les exclusions ou limitations indirectes.** L'UCTA vise aussi des clauses qui auraient un effet indirect d'exclusion ou de limitation de responsabilité. Par exemple, doit être soumise au même contrôle du *reasonable test* une clause qui imposerait des conditions financières onéreuses comme préalable de la mise en cause de la responsabilité du cocontractant ou qui la soumettrait à des exigences procédurales ou probatoires particulières (sec. 13). De même en est-il d'une clause qui exclurait ou limitait certains remèdes que le cocontractant victime d'une *misrepresentation* pourrait réclamer. La clause qui exclurait toute responsabilité en cas de fraude est privée d'efficacité en intégralité[207], de sorte que c'est devenu une clause systématique.

571 **L'appréciation de ce qui est raisonnable.** Certaines clauses limitatives ou élisives de responsabilité peuvent être valables sous réserve qu'elles soient raisonnables. Cette appréciation se comprend par le fait que ces clauses font partie de l'équilibre général du contrat : plus une partie impose un prix élevé, plus le risque qu'elle accepte de supporter sera important[208]. Le *reasonable test* mérite quelques explications exposées dans le schéma n° 2 du UCTA. Précisément, divers critères doivent être pris en compte, ce sont les circonstances qui ont entouré la conclusion du contrat : le rapport de force des parties dans la négociation[209] ; est-ce que la partie faible a été incitée à accepter la clause[210] ; pouvait-elle raisonnablement savoir l'existence et l'étendue de la clause, au regard, notamment, des précédentes relations

206. Watford Elextronics Ltd v Sanderson CFL Ltd [2001] EWCA Civ 317.

207. Thomas Witter Ltd v TBP Industries [1996] 2 All ER 573.

208. Persimmon Homes v Ove Arup [2017] EWCA Civ 373.

209. Röhling (UK) Ltd v Rock Unique Ltd [2011] EWCA Civ 18 : un professionnel face à un autre professionnel peut être en position de faiblesse ; Raiffeisen Zentralbank Osterreich AG v Royal Bank of Scotland Plc [2010] EWHC 1392 (Comm).

210. R. W. Green Ltd v Cade Bros Farms [1978] Lloyd's Rep 602.

entre les parties ou des usages ; la clause était-elle raisonnable lorsqu'elle a été conclue ; est-ce que les biens promis et fournis étaient faits sur mesure à la demande de la partie faible ? En outre, si la clause consiste à limiter la responsabilité à une certaine somme, le *Reasonable test* doit tenir compte de deux éléments particuliers (sec. 11 (4)) : le responsable dispose-t-il de ressources suffisantes pour assumer sa responsabilité et pouvait-il envisager de s'assurer[211] ? En outre, le caractère raisonnable dépend aussi de la sévérité ou de la mansuétude de la clause ; en d'autres termes, plus la clause exclut la responsabilité du débiteur, plus elle apparaîtra déraisonnable[212]. Au-delà de ces critères, le juge anglais laisse, autant que possible, la liberté des parties de se répartir les risques dès lors qu'elles sont à égalité dans la négociation et qu'elles peuvent s'assurer contre les risques visés[213].

572 **Illustrations.** Plusieurs décisions ont retoqué des clauses exclusives de responsabilité pour non-respect de la qualité du produit et du défaut de conformité à l'usage attendu[214].

Dans une affaire de vente d'ordinateur et de logiciels, le vendeur avait négocié à son profit diverses clauses[215] : une clause limitant sa responsabilité au prix du matériel et excluant toute responsabilité pour les dommages qui découleraient du défaut du matériel. En outre, le contrat stipulait qu'aucune des parties ne pourrait se prévaloir de ce qui avait été affirmé (*representations*) lors de la conclusion du contrat et, enfin, un *addendum* avait été ajouté, prévoyant que le vendeur mettrait tout en œuvre pour réduire toutes les pertes pouvant découler de l'exécution du contrat. La Cour d'appel a jugé que la clause limitative et exclusive de responsabilité était raisonnable, car les parties étaient des professionnels dont la force de négociation était à peu près identique ; en outre, les juges indiquent qu'elles auraient dû prendre en compte les risques de mauvais fonctionnement des logiciels pour négocier le prix. Enfin, il est apparu que l'acheteur avait bénéficié de plusieurs avantages de la part du vendeur et, notamment, celui qui résultait de l'*addendum* qui établissait clairement que l'acheteur serait parfois en droit d'obtenir des dommages-intérêts. Les faits demeurent très importants dans l'appréciation du *reasonable test*. Ainsi, une clause d'exclusion dont la rédaction particulièrement large avait convaincu le juge de première instance de la déclarer non raisonnable a été validée en appel car, bien que large, elle n'excluait pas un poste de préjudice qui avait été omis dans la longue liste des exclusions[216].

573 **UCTA et contrat international.** Les parties à un contrat international doivent prêter attention à deux dispositions du UCTA, les sections 26 et 27.

211. Cover Version Limited v DHL Logistics (UK) Limited [2007] EWHC 562 (Comm) ; Goodlife Foods Ltd v Hall Fire Protection Ltd [2018] EWCA Civ 1371.

212. Ailsa Craig Fishing v Malvern Fishing [1983] 1 WLR 964 House of Lords.

213. Watford Electronics Ltd v Sanderson CFL Ltd [2001] EWCA Civ 317.

214. Britvic Soft Drinks Ltd v Messer UK Ltd [2002] EWCA Civ 548 ; Bacardi-Martini v Thomas Hardy Packaging [2002] EWCA Civ 549 : les fabricants de boissons avaient reçu des produits contaminés du vendeur (jurisprudences connues comme les "*soft drinks' cases*").

215. Watford Electronics Ltd v Sanderson CFL [2001] EWCA Civ 317.

216. Regus (UK) Ltd v Epcot Solutions Ltd [2008] EWCA Civ 361.

La section 26 prévoit que le *reasonable test*, en principe applicable aux clauses limitatives ou exclusives de responsabilité (sec. 3 et 4), ne concerne pas les contrats translatifs de propriété et dont les parties ont un siège social dans différents États. Encore faut-il que le bien, objet du contrat, soit transporté d'un pays à l'autre, ou que l'offre et l'acceptation aient été effectuées dans des pays différents ou, que le contrat prévoit que le bien sera livré dans un autre pays que celui où l'offre et l'acceptation ont eu lieu ou encore si l'offre et la réception ont eu lieu dans deux pays différents[217]. En revanche, les prestataires de services demeurent soumis au UCTA lorsque la loi anglaise est la loi applicable au contrat.

La section 27 dispose en substance que, si les parties désignent la loi du Royaume-Uni comme applicable à leur contrat (alors qu'en l'absence de cette clause une autre loi, étrangère, aurait été applicable), certaines règles du UCTA ne s'appliqueront pas. Précisément, ne seront pas applicables les règles des sections 2 à 7 du UCTA. Pour rappel, ce sont les règles qui régissent les clauses exclusives ou limitatives de responsabilité pour négligence ayant causé un dommage corporel ou un autre dommage, ou pour non-conformité du bien. Par ailleurs, ne sont pas davantage applicables les règles issues de la section 7 : pour les contrats dans lesquels il y a un transfert de propriété (mais non soumis aux dispositions de la vente ou de la location avec option d'achat), les clauses exclusives ou limitatives de responsabilité pour défaut de conformité doivent satisfaire le *reasonable test* (sec. 7 1 A) ; celles qui excluent ou limitent la responsabilité du vendeur n'étant pas propriétaire du bien si le contrat est soumis au *Supply of Goods and Services Act 1982* ; à défaut, les clauses limitatives ou exclusives de responsabilité du vendeur qui n'a pas le titre de propriété ou relative à la garantie d'éviction doivent passer le *reasonable test* (UCTA sec. 7 (3) et (4)).

574 **Charge de la preuve.** Afin de faciliter la charge probatoire du contractant qui se verrait imposer des clauses abusives, l'UCTA instaure un équilibre dans la charge probatoire de chacun. Dans un premier temps, celui qui invoque un défaut d'exécution (défaut de conformité par exemple) doit l'établir classiquement. Dans un second temps, l'autre partie, qui se prévaudrait d'une clause exclusive ou limitative de responsabilité, doit prouver que la clause était raisonnable (UCTA, sec. 11).

575 **Négligence. Clause exclusive ou limitative de responsabilité. Clause d'acceptation volontaire des risques.** Les clauses exclusives ou limitatives de responsabilité pour négligence peuvent-elles échapper à la nullité automatique (en cas de dommage corporel) ou au risque de nullité (pour tout autre dommage), si le cocontractant, potentielle victime, y a préalablement consenti ? La section 2 (3) de l'UCTA prévoit cette hypothèse et se montre particulièrement prudente : ainsi, le fait que le cocontractant ait consenti à la clause limitative ou qu'il ait été conscient de son existence ne prouve pas, en tant que tel, qu'il a accepté d'en supporter les risques (UCTA, sec. 2 (3)). En d'autres termes, cette disposition n'exclut pas la validité de telles clauses ; toutefois, elles doivent être entourées de précautions qui permettront, le cas échéant, de prouver que le cocontractant avait accepté les

217. Trident Turboprop (Dublin) Ltd v First Flight Couriers Ltd [2009] EWCA Civ 290.

risques (par exemple, un document à part, établissant qu'une information complète et compréhensible pour le cocontractant lui a été donnée). En revanche, si la négligence provoque mort ou dommages corporels, il faut considérer que la clause d'acceptation des risques est nulle.

> **Lorsque *l'Indemnification clause* devient une clause exclusive de responsabilité**
>
> Pour rappel, une telle clause est fréquemment stipulée dans les contrats d'affaires, car elle participe à la répartition du poids des risques entre les parties (v. *infra*, n° 1300 et s.). Concrètement, par une clause du contrat ou par contrat distinct, l'une des parties (A) accepte d'indemniser le cocontractant (B) pour les pertes que ce dernier subirait à la suite de l'engagement de sa responsabilité par un tiers (C) ; en d'autres termes, A s'engage à payer les dommages-intérêts que B devrait à C. Par exemple, imaginons un contrat de vente conclu entre B (vendeur) et C (acheteur) par lequel B a vendu des produits à C en violation des droits de propriété intellectuelle d'une autre personne, D. L'acheteur (C) sera vraisemblablement amené à poursuivre le vendeur (B) en responsabilité, qui devra lui verser des dommages-intérêts si l'action prospère. Et c'est ici que la clause d'*Indemnities* présente tout son intérêt : le paiement des dommages-intérêts par B à C constitue pour B une perte financière que A, en application d'une telle clause, compensera (M. Anderson et V. Warner, *A-Z Guide to boilerplate and Commercial clauses*, Bloomsbury Professional, p. 351). Ainsi, le paiement de dommages-intérêts par B à C sera indolore économiquement grâce à l'intervention de A et de la clause d'*Indemnity*. Comme toute clause, les parties prendront soin de rédiger avec détails son contenu (quels événements donneront lieu à indemnisation ? Des plafonds sont-ils envisagés ? La partie indemnisant le cocontractant exigera-t-elle de prendre les rênes de la procédure lancée par C contre B, etc. ?). Parfois, le mécanisme de cette clause peut aussi s'appliquer uniquement entre A et B, A prenant alors la place de C... Il devient ainsi créancier de dommages-intérêts pour son compte, et débiteur de l'obligation de rembourser en faveur de B. En d'autres termes, cela revient à une clause limitative, voire exonératoire de responsabilité, soumise en tant que telle aux conditions de validité en la matière (v. *supra*, n° 560).

3. Les dommages-intérêts conventionnels et la clause pénale

576 **Les dommages-intérêts conventionnels.** Comme en droit français, les juges anglais admettent la validité des clauses stipulant le montant de dommages-intérêts que le débiteur devra payer à la victime en cas d'inexécution lui causant un préjudice. Ces clauses s'appellent des *liquidated damages*. De telles clauses doivent correspondre à une véritable pré-estimation par les parties des dommages-intérêts compensatoires. Une fois encore, il est primordial pour les rédacteurs de clauses d'éviter d'instaurer toute ambiguïté dans la stipulation qui, à défaut, ouvrirait la

porte à interprétation par le juge[218].

577 **La clause pénale. Notion. Récentes évolutions.** La clause pénale (*penalty clause*), définie comme une clause destinée à punir l'inexécution du contrat par une somme d'argent, est en principe frappée de nullité en droit anglais[219]. En effet, la conception du contrat ne laisse aucune place à la sanction de l'inexécution, qui autorise seulement des dommages-intérêts compensatoires. De plus, il n'est pas concevable qu'une clause dissuade ou empêche un contractant de rompre le contrat et de reprendre sa liberté[220].

La clause pénale s'est longtemps caractérisée par une somme extravagante ou déraisonnable par comparaison à l'évaluation la plus haute du préjudice envisageable dans les faits, ce qui permettait de la distinguer facilement des dommages-intérêts conventionnels (*Liquidated damages*)[221]. Si le montant important de la somme stipulée était un indice favorable à la qualification de clause, il était loin d'être décisif : un montant généreux peut parfaitement se justifier au regard des circonstances sans constituer pour autant une punition ou une dissuasion à la rupture[222]. Mais ce critère a été abandonné en 2015 par deux arrêts importants prononcés par la Cour suprême[223]. Désormais, la Haute juridiction applique une conception restrictive de la clause pénale. Les critères sont les suivants : la clause pénale, parce qu'elle répond à une inexécution contractuelle, fait nécessairement partie des obligations secondaires (*secondary obligation*) qui sont déclenchées par l'inexécution du contrat, et se distingue donc d'autres obligations monétaires, dites premières (*primary obligation*) qui, elles, relèvent de l'exécution normale du contrat (par exemple, le paiement d'une rémunération ou un pourcentage de chiffres d'affaires)[224] ; toutefois, toute clause prenant effet à la rupture n'est pas *ipso facto* une clause pénale (clause de répartition des profits en fin de contrat, clause de non-concurrence, etc.)[225]. Le deuxième critère est celui de la finalité : la clause pénale vise à punir l'inexécution du contrat ; tel n'est pas le cas des clauses promouvant les intérêts légitimes du créancier[226]. Enfin, le dernier critère est celui de son montant : les clauses précédentes, promouvant les intérêts légitimes du créancier, ne constituent pas des clauses pénales à condition que leur montant ne soit pas déraisonnable ou exorbitant par rapport à cet intérêt légitime[227].

218. Ailsa Craig Fishing v Malvern [1983] 1 WLR 964.

219. Dunlop v New Garage [1915] AC 79.

220. Cine Bes Filmcilik Ve Yapimcilik and Another v United International Pictures and Others [2003] EWCA Civ 1669 : si une clause concerne la rupture du contrat, ne vise pas à dissuader le cocontractant de rompre le contrat et est justifiée au regard de la pratique des affaires, il ne s'agit pas d'une clause pénale.

221. Dunlop, précité.

222. Murray v Leisureplay plc [2005] EWCA Civ 963.

223. ParkingEye Ltd v Beavis et Cavendish Square Holding BV v Talal El Makdessi (Rev 3) [2015] UKSC 67.

224. Cavendish Square Holding BV, précité.

225. Euro London Appointments Ltd v Claessens [2006] EWCA Civ 385.

226. ParkingEye Ltd v Beavis, précité ; Cargill International Trading PTE Ltd v. Uttam Galva Steels Ltd [2019] EWHC 476 (Comm).

227. Pour des applications à des taux d'intérêts majorés par la banque en cas de défailalnce de l'emprunteur, Houssein & Others v. London Credit Limited & Another [2024] EWCA Civ 721 ; Cargill International Trading PTE Ltd v. Uttam Galva Steels Ltd [2019], précité.

578 **Nullité des clauses pénales. Validité des autres clauses.** En somme, par cette nouvelle conception restrictive de la clause pénale, la Cour suprême reconnaît, a contrario la validité de nombreuses clauses qui, jusqu'à 2015, auraient été qualifiées de clause pénale. Les rédacteurs de contrats doivent donc être vigilants à ne pas associer obligation et punition de l'inexécution contractuelle s'ils stipulent des obligations secondaires. La prudence invite à rédiger, autant que possible, des obligations primaires alternatives de la forme : le cocontractant doit exécuter une obligation alternative : soit il choisit la modalité A et les conséquences financières seront X, soit il choisit les modalités B et les conséquences financières seront Y ; si des obligations secondaires sont privilégiées par les rédacteurs, la finalité et le montant devront pouvoir être justifiés au regard de l'intérêt légitime du créancier[228].

4. La minimisation du dommage

579 **Notion.** Selon la conception anglaise du contrat, cet instrument juridique est avant tout le support à un échange entre les parties et doit donc procurer quelque chose à chacun. Mais, en cas d'inexécution, il ne saurait servir de prétexte pour le créancier à obtenir des dommages-intérêts compensant ses préjudices, alors que ceux-ci auraient pu être moindres s'il avait pris des mesures de bon sens. Ainsi, les dommages-intérêts ne correspondent pas forcément à la somme des préjudices subis et prouvés ; seuls les préjudices que le créancier n'a pas pu éviter ou réduire par des mesures raisonnables doivent être indemnisés par le débiteur[229]. À titre d'illustration, la doctrine résume ce mécanisme par les faits suivants : si une personne conclut un contrat de vente afin d'être livrée en pommes et si le vendeur manque à cette obligation, il peut très vraisemblablement se procurer des pommes similaires dans le quartier, sans grande difficulté ; si c'est le cas, il doit le faire.

Bien souvent, la *mitigation* ou minimisation du dommage est résumée comme étant un devoir de la victime. Or, techniquement, ce n'est pas un devoir au sens où la victime ne supporte aucune responsabilité corrélative ; en d'autres termes, ne pas minimiser son dommage n'est pas une faute que le débiteur (voire des tiers) pourrait lui reprocher, c'est un principe permettant de délimiter les préjudices indemnisables : seuls ceux qui n'ont pas pu être évités le seront.

Les mesures relevant de la *mitigation* dépendent des circonstances, mais le critère commun est qu'elles doivent être raisonnables pour le créancier. Il peut s'agir de mesures matérielles ou juridiques (conclusion d'un contrat avec un tiers, action en justice[230], etc.).

228. C. Le Gallou, Clause pénale en droit anglais : des réajustements d'ampleur, note sous Cavendish Square Holding BV v Talal El Makdessi et ParkingEye Limited v Beavis [2015] UKSC 67, 4 nov. 2015, D. 2016, p. 322 ; *Inexécution contractuelle, minimisation du dommage et clause pénale en droit anglais : récentes précisions*, note sous Fulton Shipping Inc of Panama v Globalia Business Travel S.A.U. [2014] et autres, Revue Lamy Droit Civil septembre 2015, n° 131.

229. Payzu v Saunders [1919] 2 KB 581.

230. Pilkington v Wood [1953] Ch 770 : en l'espèce, il n'y avait pas de devoir de poursuivre le vendeur pour réduire son dommage (vices cachés et responsabilité de l'avocat pour *Negligence*).

En outre, la minimisation des dommages se traduit par une autre règle de calcul des dommages-intérêts : si les mesures prises pour diminuer le dommage ont provoqué un bénéfice au profit du créancier, ce profit doit être déduit des dommages-intérêts. Toute la difficulté est alors de déterminer la part de profit qui est immédiatement liée à la minimisation et qui sera alors déduite, de celle qui n'est que la conséquence d'une bonne conjoncture ou des compétences du créancier, qui, elle, ne sera pas déduite[231].

Il faut noter que la minimisation du dommage ne se limite pas aux seuls dommages matériels, voire économiques, mais concerne aussi les préjudices physiques. Ainsi, la victime qui refuserait un traitement ou une opération chirurgicale considérés comme raisonnables peut voir son indemnisation réduite.

C. L'EXÉCUTION FORCÉE

580 L'exécution forcée (*specific performance*) demeure un remède d'application limitée en droit anglais car elle est subsidiaire à l'allocation de dommages-intérêts. En effet, elle ne peut être ordonnée que si les dommages-intérêts ne constituent pas une solution adéquate (1) et seuls certains contrats peuvent faire l'objet d'une exécution forcée (2). Et surtout, comme elle est fondée sur l'*Equity*, elle demeure à la discrétion du juge (3).

1. L'inadéquation des dommages-intérêts

581 Les dommages-intérêts constituent le remède classique en cas d'inexécution du contrat et doivent permettre au créancier d'obtenir auprès d'un tiers la même prestation que celle qui lui a été promise. Or, c'est précisément lorsqu'il ne peut pas s'approvisionner auprès d'un tiers (par exemple parce que l'objet promis est rare) que l'exécution forcée sera le seul remède adapté[232]. L'on peut observer que, lorsque le vendeur d'un immeuble refuse de transférer la propriété, les juges anglais considèrent que ce bien ne peut pas être substitué par un autre, de sorte que les dommages-intérêts sont présumés être la solution inadéquate à l'inexécution ; l'exécution forcée d'une vente immobilière ne soulève donc guère de difficultés.

2. La nature des contrats

582 L'exécution forcée ne peut être envisagée que si elle ne concerne pas un contrat exigeant du débiteur qu'il effectue une prestation personnellement, tel que le contrat de travail. D'ailleurs, le *Trade Union and Labour Relations (Consolidation) Act 1992* (sec. 236) dispose que le juge ne peut pas forcer l'employé à exécuter sa

231. C. Le Gallou, *Inexécution contractuelle, minimisation du dommage et clause pénale en droit anglais : récentes précisions*, note précitée.

232. Cohen v Roche [1927] 1 KB 169 ; Philipps v Lamdin [1949] 2 KB 33.

prestation de travail. Inversement, il ordonne très rarement la réintégration d'un salarié qui n'aurait pas dû être licencié[233].

3. Le pouvoir discrétionnaire du juge

583 Fondée sur l'*Equity*, l'exécution forcée doit répondre aux impératifs de justice et d'équité[234]. La jurisprudence énumère plusieurs critères permettant de les apprécier et qu'elle distingue selon qu'ils relèvent du comportement du créancier ou de celui du débiteur. En premier lieu, le juge peut refuser l'exécution forcée si le créancier n'a pas adopté le bon comportement : il a pris trop de temps pour former sa demande[235], il s'est comportement avec mauvaise foi[236], il n'est pas prêt à exécuter sa propre prestation.

§ 3. LES CLAUSES ACCOMPAGNANT LES PROBLÈMES D'EXÉCUTION

584 Il existe deux séries de clauses utiles en cas de difficultés d'exécution, celles qui portent sur l'exécution difficile (A) et celles qui concernent la résolution alternative des litiges (B).

A. L'EXÉCUTION DIFFICILE

585 **Les clauses en cas d'exécution difficile. Hardship clause. MAC clause.** Comme il vient d'être évoqué, la survenance d'un événement empêchant l'exécution du contrat, le transforme radicalement ou fait disparaître son objet, permet de libérer le débiteur, c'est la *frustration*, voire la force majeure. Mais si l'exécution est encore possible, mais est seulement rendue difficile, le contrat ne subit pas de *frustration* et le débiteur doit s'exécuter quoi qu'il lui en coûte[237]. C'est pourquoi les parties prennent soin de rédiger certaines clauses permettant de régler une exécution simplement plus compliquée ou onéreuse. Il peut tout d'abord s'agir d'une clause de *hardship*. Une telle clause protège les parties en cas de survenance d'un événement imprévu qui rendrait l'exécution du contrat plus onéreuse, mais pas impossible. Une telle clause stipule généralement que les parties devront alors renégocier les termes du contrat ; à défaut de parvenir à un nouvel accord, le contrat prendra fin.

Il peut aussi s'agir d'une clause dite *MAC* (*Material Adverse Change clause*). Cette clause permet de mettre fin au contrat lorsqu'un événement, le plus souvent

233. Chappell v Times Newspapers Ltd [1975] 1 WLR 482 (G. Lane LJ affirme que « si l'une des parties n'a aucune foi dans l'honnêteté, l'intégrité et la loyauté de l'autre, l'exécution forcée ne serait rien d'autre qu'une vraie formule pour un désastre »).

234. Stickney v Keeble [1915] AC 386.

235. Milward v Earl of Thanet [1801] 5 Ves 720.

236. Walters v Morgan [1861] 2 Cox 369.

237. C. Le Gallou, Brexit présent et avenir : des contractants dans la tempête, RLDC avril 2020.

d'ordre financier, survient et rend le contrat moins rentable qu'espéré. Elle peut aussi jouer comme une condition suspensive[238]. Elle est souvent stipulée dans des contrats d'acquisition ou de fusion-acquisition et permet de se prémunir contre la baisse de valeur de la société achetée, ou dans un emprunt afin de protéger l'emprunteur contre des événements qui pourraient affecter sa capacité à rembourser. Elle se distingue de la notion de force majeure par le fait que l'événement n'a pas à être ni imprévisible ni irrésistible. En outre, elle se distingue de la clause de *hardship* en ce qu'elle peut avoir pour conséquence de mettre un terme au contrat si l'événement survient et non la simple obligation de renégocier. Elle peut aussi prévoir une adaptation du contrat, offrant un étalement du paiement ou du remboursement. Comme souvent en droit anglo-saxon, la clause doit être rédigée avec un maximum de précisions afin de recevoir valeur juridique.

B. LES CLAUSES DE RÉSOLUTION ALTERNATIVE DES LITIGES

586 ***Alternative Dispute Resolutions Clauses.*** Diverses clauses peuvent accompagner la rupture du contrat, qu'elle résulte d'une inexécution ou qu'elle en soit détachée (*friendly end* ou par l'arrivée d'un terme). En effet, les parties peuvent envisager de régler leur litige au moyen de modes alternatifs de règlements des litiges, appelés *Alternative Dispute Resolutions* (ADRs) tels que, pour les principaux, la médiation ou l'arbitrage. Lorsqu'ils ont été anticipés par les parties, ces modes doivent être stipulés dans le contrat lui-même avec grande précision.

587 **Clause de médiation.** Une telle clause est régulièrement annulée par les juges anglais au motif qu'elle est trop incertaine, trop vague pour recevoir force obligatoire[239] ; ils la qualifient même d'accord pour se mettre d'accord (*Agreement to agree*). En revanche, si la clause est précise, elle peut avoir force obligatoire[240] : il faut que les parties aient eu une véritable intention de faire de la médiation un préalable nécessaire, que la procédure soit décrite (notamment les modalités de désignation du médiateur).

588 **Clause compromissoire.** Une telle clause est appelée *Arbitration clause* (ou *Submission agreement* s'il s'agit d'un accord ultérieur). À l'instar du droit français, la clause peut soit se référer à une institution arbitrale (ICC, LCIA, etc.) ou privilégier un tribunal *ad hoc*, dont la composition sera établie par les parties.

238. A.-C. Pelissier, *La MAC clause (ou l'art d'appréhender l'adversité pendant la période de réalisation des conditions suspensives)*, Revue Lamy Droit civil, 2006, n° 26, p. 5.

239. Balfour Beatty Construction Northern Ltd v Modus Corovest (Blackpool) Ltd [2008] EWHC 3029 (TCC) ; Sulamerica CIA Nacionel De Seguros SA & Others v Enesa Engenharia SA & Others [2012] EWHC 42 (Comm).

240. Holloway v *Chancery* Mead [2007] EWHC 2495 (TCC).

589 **Clause relative à la procédure.** Contrairement à la clause les obligeant seulement à suivre le processus de négociation ou de médiation[241], la clause de procédures, dès lors qu'elle définit les litiges visés ainsi que les procédures à mettre en œuvre, revêt une valeur juridique[242].

241. Voir C. Le Gallou, *La clause de médiation préalable et obligatoire – Approche de droit anglo-saxon*, in *Les règlements amiables des différends* (sous la direction de L. Casaux-Labrunee et J.-F. Roberge), LGDJ, 2018.

242. Cable & Wireless Plc v IBM United Kingdom Ltd. [2002] EWHC 2059 (Comm).

TITRE 2
QUELQUES CONTRATS SPÉCIAUX

590 **Économie circulaire. *Gig and Sharing economy*.** La vente et la location, la prestation de services et le crédit, sont de fréquents contrats utilisés dans le monde des affaires. Mais les pratiques et comportements changent, notamment grâce à la digitalisation et les impératifs environnementaux. C'est dans ce contexte que ces contrats classiques et leur encadrement juridique font l'objet de réflexions contemporaines nourries afin de tenir compte de nouveaux comportements économiques : l'économie circulaire (*Circular economy*) incluant des étapes de réparation, de collecte, de recyclage et de ré-injection dans le circuit en incluant la question des pièces détachées ainsi que celle de leur obsolescence ; la vente entre particuliers (*Gig economy*) et l'émergence des *Prosumers ;* l'économie fondée sur le partage (*Sharing economy*), comme le covoiturage ; ou encore les commutations ayant pour objet l'usage temporaire d'un bien et non plus son acquisition en pleine propriété[1].

591 **Influenceurs. Influences étrangères. Lobbying. Encadrements juridiques.** Le monde des affaires coexiste avec divers acteurs dont le rôle est d'exercer des influences ciblées dans des domaines spécifiques et/ou sur personnes afin de favoriser certaines activités. En raison des effets que ces activités peuvent produire, particulièrement lorsque ces influences ne sont pas révélées au grand jour, les autorités britanniques, à l'instar de la plupart des autorités dans le monde, ont encadré ces diverses pratiques, afin d'assurer transparence et loyauté. Par exemple, le *Lobbying Act 2014* impose aux consultants-lobbyistes de déclarer leur activité dans un registre. Un autre dispositif a pour objet de contrôler les influences exercées par un état étranger sur la politique britannique ; il s'agit du *Foreign Influence Registration Scheme* (FIRS) représente la partie 4 du *National Security Act 2023* (NSA) et entré en vigueur au 1er juillet 2025, imposant essentiellement des obligations de déclaration et d'enregistrement, lorsqu'elles concernent la sphère politique, et parfois, à certaines conditions limitées, lorsqu'elles relèvent d'activités autres, notamment d'opérations commerciales.

1. R. Beheshti, S. Saintier et S. Thomas, *op. cit.*, 30.2 à 30.4.

Le marketing est également encadré par des dispositifs spécifiques, particulièrement lorsqu'il s'agit de réguler l'activité d'influenceurs sur internet ; les influenceurs, les marques et les plateformes relèvent de diverses dispositions, notamment du *Digital Market, Consumer and Competition Act 2024 (DMCC)* et de divers guides de conduite produits par les autorités (le *UK Committee of Advertising Practice (CAP)* et le *Broadcast Committee of Advertising Practice (BCAP)* qui ont rédigé le *CAPcode* (*Code of Non-broadcast Advertisting and Direct & Promotional Marketing*) ; les préconisations du *Advertising Standards authority* (ASA) et du *Competition and Markets Authority* (*CMA*), ainsi que le *Financial Services and Markets Act 2000* (*FSMA*) et les *FSA rules* édictées par *le Financial ConductAuthority* pour les *Finfluencers*).

592 **Droit du contrat et droit des contrats spéciaux.** Parmi la variété des contrats des contrats, deux sont particulièrement fréquents, le contrat d'agence commerciale (chapitre 1) et la vente (chapitre 2).

CHAPITRE 1
L'AGENT COMMERCIAL

593 **Évolution.** Le droit anglais admet une conception large de l'agent commercial (*Agent*) : c'est un intermédiaire aux pouvoirs variés selon les hypothèses, de la simple entremise à la maîtrise de tout le processus contractuel. La pratique a ainsi pu exploiter cette large conception afin de répondre aux besoins des professionnels ; mais la flexibilité de ce mécanisme en rend aujourd'hui difficile une présentation rationalisée, car la pratique des affaires cohabite parfois difficilement avec la rigueur des juristes[1].

En outre, le droit anglais a longtemps ignoré tout statut spécifique à l'agent commercial. Il ne pouvait ainsi pas espérer d'indemnité de fin de contrat, les commissions versées en cours de contrat étant censées couvrir la précarité du contrat. Il faut attendre une loi de 1993 (*Commercial Agents (Council Directive) Regulations 1993* (CARs), SI 1993/3053 [modifiée en 1998]), transposant la directive européenne sur les agents commerciaux de 1986, afin que sa protection devienne meilleure[2].

594 Il faut distinguer l'agent commercial de droit commun (section 1) et l'agent commercial soumis à la loi de 1993 (section 2).

1. R. Goode et E. McKendrick, on Commercial law, 2020, Penguin, nº 5.04 : « (...) for lawyers and business people do not always speak the same language. The lawyer uses the term « agent » in a fairly precisely defined way, whereas in business the term is frequently used more loosely. To include, for example, distribution agreements under which the « agent » buys and sells for his own account ».

2. S. Singleton, Commercial Agency Agreements : Law and Practice, Bloomsbury Professional, Law, 2020, p. 1.

SECTION 1 L'AGENT COMMERCIAL DE DROIT COMMUN

595 Malgré une réalité variée, l'agent de droit commun répond à une notion précise (§ 1) ; le contrat d'agence se forme selon des conditions (§ 2) et il emporte des effets (§ 3).

§ 1. LA NOTION

596 L'agence commerciale traduit des mécanismes variés (A) qu'il faut distinguer de notions voisines (B).

A. LES MÉCANISMES

597 **Une réalité variée.** Proche du mandataire et de l'agent commercial du droit français, l'*Agent* de droit anglais recouvre, en pratique, des réalités variées. En effet, il existe une variété de mécanismes pouvant faire intervenir un agent commercial. Leur point commun est l'implication de trois acteurs et ainsi une relation triangulaire plus ou moins dévoilée : l'*Agent* conclut des contrats avec un tiers au nom et pour le compte du *principal*. En principe, une fois les contrats conclus, seuls les tiers et le *Principal* demeurent concernés par le lien juridique créé, l'*agent* ne jouant plus aucun rôle. Mais il est également possible que l'*agent* ne fasse que mettre en relation le tiers et le *principal*, de sorte qu'il n'intervient pas dans le processus contractuel ; à mi-chemin, il peut aussi rechercher des contractants potentiels, négocier avec eux, puis céder sa place au *principal* lors de la conclusion définitive du contrat. Inversement, il peut aussi conclure les contrats en son nom propre avec le cocontractant qui ne connaît donc que lui, alors que ces transactions sont censées concerner, *in fine*, le *principal* ; ce type de contrat d'agence est appelé *undisclosed agency* (« non dévoilé »). Ainsi, l'*agent* peut intervenir à des stades et à des degrés divers[3].

B. LES DISTINCTIONS

598 **Distinctions.** L'agent commercial du droit anglais peut faire l'objet de confusions avec d'autres acteurs intervenant dans les relations d'affaires, tels que l'agent de ducroire, le *factor*, le *broker* ou le *trustee*.

599 **Le commissionnaire de ducroire.** Ce commissionnaire, appelé en anglais, « *Del credere agent* », est un intermédiaire qui garantit l'exécution du contrat, solidairement avec le débiteur ; le plus souvent, il s'agit de garantir le paiement du prix par l'acheteur qu'il a mis en contact avec le vendeur. Ce mécanisme de solidarité

3. R. Beheshti, S. Saintier et S. Thomas, Bradgates's Commercial Law, 2024, Oxford, n° 4.

s'explique par le fait que ce ducroire est censé apprécier la solidité financière de l'acheteur qu'il apporte au vendeur. En contrepartie de ce double service (entremise et garantie), il reçoit une commission (« *del credere commission* ») que le mandant lui verse ; elle est cumulable avec la commission normale de l'agent pour chaque vente.

Puisque ce contrat de ducroire a pour but de garantir le vendeur contre les impayés de l'acheteur et ainsi, puisque l'agent l'indemnise de son préjudice (absence de paiement) en cas de défaillance de l'acheteur, le droit anglais le qualifie *d'indemnity contract* ; cela se rapproche d'un mécanisme de garantie indemnitaire selon le droit français. Le contrat de « *del credere* » n'étant donc pas un contrat de cautionnement, il échappe à tout formalisme et peut donc être valablement conclu par oral.

600 **Le *factor*. Le *broker*. Le *trustee*. Le *bailee*.** La fonction de *Factor* fut souvent employée au XIXe siècle : il détient des marchandises, provenant souvent de pays étrangers lointains, et il peut en être ou non propriétaire. Mais il n'est pas facile de déterminer s'il agit pour lui ou pour un autre, de sorte qu'il est possible de lui appliquer la théorie du contrat d'agence non dévoilé. Le *broker* est un intermédiaire qui ne fait qu'intervenir au stade de la négociation mais ne conclut pas les contrats ni ne possède les marchandises[4]. Quant au *trustee*, il détient le titre légal de propriété sur les marchandises qu'il tient séparées de ses propres biens. Il peut arriver qu'une personne cumule les fonctions de *trustee* et d'*agent* ; par exemple, l'*agent* peut détenir le prix d'une vente en tant que *trustee* au profit du *principal*, le bénéficiaire. Inversement, le *trustee* peut, ponctuellement agir comme un *agent*. Le *bailee*[5], quant à lui, possède les marchandises pour le compte d'un autre, mais les deux peuvent pareillement s'articuler : il peut ainsi agir comme un *agent* lorsqu'il prend des mesures de protection des marchandises[6] ; inversement, l'*agent* peut détenir les marchandises pour le *principal*.

Précautions rédactionnelles

En raison de l'hétérogénéité de la notion d'*agency*, les rédacteurs de contrats d'intermédiaires doivent prendre soin de bien indiquer les pouvoirs de l'agent. Ainsi, il est fortement conseillé de ne pas rédiger un contrat d'intermédiaire, s'il est régi par le droit anglais, contenant les formules "*to act in the name of another*" ou "*acts for*", car ces expressions n'ont pas de sens précis (A. Burrows, *op. cit.*, n° 1.21).

4. A. Burrows, *Principles of English commercial law*, Oxford, 2015, n° 1.24.
5. Pour le *Bailment*, v. *infra*, n° 626 ; C. Le Gallou, *Le Bailment ou l'originalité de la Common law au service des contrats spéciaux*, in Mélanges en l'honneur du professeur Tomasin, 2022, Dalloz, p. 539.
6. Tappenden v Artus [1964] 2 QB 185.

§ 2. LA FORMATION

601 **Formation. *Actual authority. Apparent. Usual. Necessity.*** Le lien entre l'agent et le principal peut résulter de trois hypothèses différentes. Tout d'abord, le *principal* peut donner pouvoir à l'agent, expressément ou implicitement[7], pour conclure des contrats ; ce mécanisme s'appelle l'*actual authority*. Ensuite, la relation agent/principal peut émerger de l'apparence créée par le *principal*. Ce mécanisme est fondé sur l'Estoppel et plusieurs conditions doivent être réunies : le *principal* a laissé penser que l'agent avait autorité pour conclure l'opération, cette situation ainsi créée était destinée à faire croire au tiers (le cocontractant) qu'il s'agissait bien d'un agent et, *in fine*, le tiers a effectivement conclu le contrat en se fondant sur l'apparence créée[8]. Ainsi, le *principal* ne peut pas se réfugier derrière l'absence de consentement de sa part pour refuser au tiers l'existence du contrat conclu. Son comportement a fait naître une apparence qu'il doit assumer. Mais l'existence de cette apparence, porteuse d'effets juridiques, n'est pas toujours aisée à établir : ainsi, lorsqu'une filiale conclut un contrat, ce statut de filiale ne suffit pas à faire naître l'apparence que le contrat engagera la société-mère, et, avec d'autant plus d'évidence que l'on peut prouver que le cocontractant voulait véritablement conclure avec la filiale et non la société-mère[9]. Toutefois, les faits peuvent être source de confusion quant à l'interprétation qui doit en être donnée : par exemple, il peut arriver qu'une relation agent/principal résulte de la position de l'agent, mais que le principal ait expressément posé des limites aux pouvoirs de l'agent ; le tiers n'étant pas censé connaître ces limites expresses peut logiquement déduire de la position de l'agent dans la société qu'il a, au contraire, tout pouvoir pour engager la société ; c'est alors cette interprétation, favorable au tiers, qu'il faut retenir[10]. Cette solution ne vaut pas si le tiers connaissait les limites au pouvoir de l'agent. Aussi subtile que puisse être l'appréciation des faits, l'apparence et l'Estoppel ne peuvent pas protéger le tiers qui aurait eu des soupçons quant au manque d'autorité de l'agent et qui n'aurait pas mené ses investigations plus loin, là où une personne raisonnable[11] se serait méfiée ; l'Equity, comme toujours, ne peut pas protéger cette forme de malhonnêteté. Il faut, enfin, observer que l'estoppel ne profite qu'au tiers souhaitant se prévaloir du contrat entre le principal et lui, tandis que ce principal ne peut l'invoquer contre le tiers. À mi-chemin entre l'Agence contractuelle (*Actual*) et l'agence apparente, la jurisprudence a dégagé une troisième

7. Hely-Hutchinson v Brayhead [1968] 1 QB 549 : une personne, à raison de sa position, est présumée agir pour le compte d'une autre, sauf volonté contraire expresse de celle-ci ; par exemple, c'est le cas du président d'une société peut valablement engager celle-ci en tant qu'agent pour elle, le *principal*.

8. Freeman and Lockyer v Buckhurst Park Poperties (Mangal) [1964] 2 QB 480 ; ING Re (UK) Ltd. V R and v Versicherung AG [2006] EWHC 1544 (Comm).

9. Rolls Royce Power Engineering plc v Ricardo Consutling Engineers Ltd [2004].

10. Panorama Developments v Fidelis Furnishing Fabrics [1971] 2 QB 711 : le *Secretary* d'une société appelle des taxis, au nom de la société, pour transporter ses amis ; la compagnie de taxis peut parfaitement demander à la société d'assumer les factures sur le fondement de l'estoppel.

11. Les juges apprécient comment une personne raisonnable aurait analysé la situation, il est donc inutile de rechercher si le tiers a fait preuve de malhonnêteté (East Asia Company Ltd v PT Satria Tirtatama Energindo [2019] UKPC 30).

catégorie autonome (*Usual authority*) qui permet à l'agent d'agir pour le compte du principal dès lors qu'il fait partie d'une catégorie (*Class*) de professionnels[12].

Enfin, l'autorité de l'agent peut résulter de la loi *lato sensu* (*"by operation of law"*), c'est-à-dire en l'absence d'accord entre l'*Agent* et le *Principal*. Deux situations différentes sont ici visées. En premier lieu, les juges admettent l'existence d'un contrat d'agence en cas de nécessité (*Agency of Necessity*). Trois conditions cumulatives doivent alors être réunies : il faut une nécessité commerciale à l'existence d'une telle relation d'agence ; l'agent doit être dans l'impossibilité de recevoir les instructions du principal ; et, enfin, l'agent a agi avec bonne foi dans l'intérêt de chaque partie. L'exemple classique est l'hypothèse d'un transporteur de marchandises par mer qui transporte des marchandises périssables appartenant à autrui ; au cours du transport, le bateau fait face à une tempête et doit faire halte dans un port quelques semaines pour le faire réparer ; face au risque de voir les marchandises dépérir, le transporteur décide de les vendre rapidement au mieux des intérêts du propriétaire ; il peut ainsi être qualifié d'*Agent of Necessity*. Cette hypothèse d'agence par opération de la loi est devenue désormais désuète par le développement des nouvelles technologies rendant la deuxième condition une pure hypothèse d'école. Elle fut néanmoins très utile dans le commerce, notamment lorsque des marchandises étaient transportées, par mer, d'un pays à un autre et que le transporteur devait réagir à une situation sans pouvoir en référer au principal. Cette forme particulière d'Agency pourrait se rapprocher de la *Negotiorum* Gestio[13] de *Common law* et de la gestion d'affaires du droit français. En second lieu, l'existence d'une relation d'agence peut clairement résulter d'une vraie loi, telle que le contrat de crédit, régi par le *Consumer Credit Act 1974 :* le vendeur est supposé être l'agent de l'organisme de financement qui est le principal pour la négociation.

602 **Ratification.** Si aucune de ces hypothèses n'est établie, la personne qui a agi pour le compte d'un autre ne peut pas juridiquement engager ce dernier. Toutefois, celui pour le compte duquel il a agi peut ratifier les actes passés. Une fois encore, diverses conditions sont nécessaires à une valable ratification. Le prétendu agent doit avoir agi en tant que tel, c'est-à-dire pour le compte d'autrui et non pour lui et cela doit être clair pour le tiers cocontractant ; le principal doit avoir déjà existé et avoir la capacité juridique au moment où le contrat avec le tiers a été conclu ; il doit avoir été identifié ou avoir été identifiable lors de la conclusion du contrat. Si ces conditions sont réunies, la ratification peut avoir lieu. Encore faut-il que la ratification ait lieu dans le délai prévu ou, à défaut, dans un délai raisonnable, et qu'il ait connaissance de tous les faits et éléments du contrat. Mais, en tout état de cause, le Principal ne peut pas subordonner son choix de ratifier ou non à la réalisation des effets positifs de l'opération ; en d'autres termes, il doit assumer le risque de ratifier ou non, sans pouvoir invoquer une période de « wait and see »[14].

12. Panorama Developments v Fidelis Furnishing Fabrics, précité ; Taylor v Rhino Overseas Inc. [2020] EWCA Civ 353.

13. V. *infra*, n° 819 ; C. Le Gallou, Les fonctions comparées des quasi-contrats – Approche de droit anglais et de droit chinois, in La notion légale de quasi-contrats, sous la dir. M. Mignot et L. Andreu, « Thèmes & commentaires », Dalloz, 2025, à paraître.

14. E. Baskind, Commercial law, Oxford, 2022, p. 204.

§ 3. LES EFFETS

603 Les effets concernent les rapports entre *agent* et *principal* (A), avec le tiers cocontractant (B) et la fin du contrat mérite quelques mots (C).

A. LES EFFETS ENTRE *AGENT* ET *PRINCIPAL*

604 **Les devoirs de l'*agent*. Devoirs contractuels et fiduciaires.** Il doit exercer sa mission avec prudence et diligence (*care and diligence*). Il doit aussi rendre compte de sa mission si cela a été convenu. Enfin, tenu aussi de devoirs fiduciaires (*Fiduciary duties*), car sa mission est profondément empreinte d'honnêteté, de confiance et est associée à la manipulation d'argent ou d'un intérêt financier[15] ; ainsi, il doit éviter toute situation pouvant faire naître un conflit d'intérêts : c'est pourquoi il doit dévoiler au *principal* tout profit qu'il pourrait faire à l'occasion de sa mission, refuser toute commission intermédiaire ou pot-de-vin, il doit gérer l'argent reçu du tiers dans l'intérêt du *principal*, est tenu d'un devoir de confidentialité, et ne doit pas se retrouver en position de *principal* contre son propre *principal*[16].

605 **Les devoirs du *principal*. Rémunération**. Le contrat d'agence est, sauf clause contraire, à titre gratuit. Mais, en pratique, il est fréquent de stipuler que l'agent sera rémunéré, de sorte que le *principal* doit verser la rémunération (*commissions*) convenues par eux. Si le contrat ne prévoit aucune rémunération, l'agent peut tenter de réclamer une indemnisation sur le fondement des quasi-contrats, une sorte d'enrichissement injuste (*action Quantum meruit*)[17]. Mais si rien n'est indiqué, la rémunération est censée être d'un montant raisonnable. Le plus souvent, les commissions sont dues lorsque l'agent s'est montré actif dans la présentation de clients, peu importe que les contrats aient été *in fine* conclus ; tout dépend des termes du contrat. En outre, l'agent peut être indemnisé de ses dépenses, sauf clause contraire et, plus généralement, une clause d'*Indemnity*[18] à son profit peut être stipulée afin que le *Principal* assume les éventuels dommages-intérêts qu'il serait tenu de payer au tiers. Par ailleurs, si l'agent rompt le contrat d'agence ou s'il n'a pas respecté ses obligations, notamment fiduciaires, il perd son droit à commissions[19] ; de même en est-il s'il a effectué des actes illégaux ou des opérations interdites.

15. Johnson v FirstRand Bank Limited, Wrench v FirstRand Bank Limited and Hopcraft v Close Brothers [2025] UKSC 33 : en l'espèce, dans une opération triangulaire entre l'acquéreur d'une voiture, le concessionnaire et l'établissement de financement, il n'y a pas de devoir fiduciaire de la part de ce dernier à l'égard du consommateur, de sorte que si le concessionnaire lui propose une commission, il ne peut s'agir de « pots-de-vin » au sens de Civil Bribe.

16. Armstrong v Jackson [1917] 2 KB 822.

17. Benedetti v Sawiris [2013] UKSC 50 ; voir, supra, n° 856 ; C. Le Gallou, Les fonctions comparées des quasi-contrats – Approche de droit anglais et de droit chinois, in La notion légale de quasi-contrats, sous la dir. M. Mignot et L. Andreu, « Thèmes & commentaires », Dalloz, 2025, à paraître.

18. Pour la clause d'*Indemnity*, v. *supra*, n° 575.

19. Imageview Management Ltd v Kelvin Jack [2009] 2 All ER 666.

B. LES EFFETS ENTRE *PRINCIPAL/AGENT* ET LE TIERS COCONTRACTANT

606 ***Disclosed agency. Actual*** **ou** ***Apparent authority***. Pendant la négociation ou au moment de conclure le contrat, si l'agent dévoile au cocontractant qu'il agit pour le compte d'un autre en vertu d'un accord (*Actual authority*), c'est qu'il s'agit d'un contrat d'agence dévoilé (*disclosed agency*). Par conséquent, cela signifie tout d'abord que, sauf clause contraire, l'agent se présentant comme le représentant d'un autre, il certifie qu'il a toute autorité pour agir en représentation ; ainsi, s'il s'avérait qu'il n'avait en réalité pas de pouvoir de représentation, le cocontractant pourrait faire une action indemnitaire contre lui (*warranty action*). Ensuite, s'il a effectivement un pouvoir de représentation, le contrat lie in fine le tiers avec le *principal*, l'agent n'étant tenu à rien, peu importe que le *principal* ait été identifié ou non. En revanche, si l'autorité de l'agent n'est fondée que sur l'apparence, la situation est légèrement différente, puisque seul le tiers peut se prévaloir du contrat contre le *Principal*, et non l'inverse, à moins que le contrat n'ait été ratifié[20].

607 ***Undisclosed agency.*** En revanche, si l'agent n'a pas indiqué au tiers qu'il agissait en représentation d'un *principal*, le tiers peut poursuivre le seul partenaire qu'il connaît, l'agent. Mais si l'existence et l'identité du *Principal* sont révélées après la conclusion du contrat, ce tiers a le choix de poursuivre soit l'agent soit le *principal* en respect du contrat, de sorte qu'il bénéficie d'une sorte d'option quant à l'identité du défendeur[21] ; mais le contrat d'agence peut également stipuler que *Principal* et *Agent* seront solidairement obligés[22]. Inversement, le *principal* peut parfaitement considérer que le contrat est conclu entre le tiers et lui, mais à condition que l'agent ait joui d'une *Actual authority* ; mais le tiers peut alors lui opposer toutes les exceptions inhérentes à la relation entre lui (le tiers) et l'agent. Néanmoins, le *principal* ne peut pas agir directement contre le tiers dans deux hypothèses : si c'est contraire aux termes du contrat conclu entre l'agent et le tiers, ou si l'identité de l'agent est un élément important pour le tiers[23].

C. LA FIN DU CONTRAT D'AGENCE

608 **Révocation. Autres causes.** Le *principal* peut révoquer l'agent à tout moment ; mais si le tiers n'a pas connaissance de cette révocation, le *principal* restera juridiquement tenu des contrats conclus. Inversement, l'agent peut aussi renoncer à sa mission[24]. D'autres causes entraînent la fin automatique du contrat d'agence ; le décès du *principal*, son incapacité, son insolvabilité (*bankruptcy*).

20. E. Baskind, *op. cit.*, p. 210.
21. Clarkson, Booker Ltd v Andjel [1964] 2 QB 775.
22. Tattersalls Ltd v McMahon | [2021] EWHC 1629 (QB).
23. Said v Butt [1920] 3 KB 497.
24. R. Beheshti, S. Saintier et S. Thomas, *op. cit.*, n° 7.4.1.1.

SECTION 2 L'AGENT COMMERCIAL SOUMIS À LA LOI DE 1993

609 Le contrat d'agence commercial soumis à la loi de 1993 bénéficie d'un champ d'application précis (§ 1) et produit des effets (§ 2).

§ 1. LE CHAMP D'APPLICATION

610 **Champ d'application. Marchandises.** Le droit européen des agents commerciaux (*Commercial agents*) établi par la directive sur les agents Commerciaux (1986) s'applique au Royaume-Uni depuis 1994 en vertu du *Commercial Agents (Council Directive) Regulations 1993* (CARs). Le champ d'application est limité à la négociation et l'achat de marchandises (*goods*), ce qui exclut les services ; afin de distinguer les deux, il est souhaitable de se fonder sur le *Sales of Goods Act 1979*. La jurisprudence a ainsi qualifié certains produits dont la nature était incertaine : ainsi, elle a décidé que le gaz naturel[25], les logiciels vendus avec du *hardware*[26] ou encore les logiciels vendus en série[27] étaient une marchandise.

611 **Négociations et/ou vente.** Les juges anglais ont considéré que l'agent doit être impliqué dans la négociation pour le compte du mandant et pas seulement un gestionnaire de contrats[28]. De même, dans une affaire célèbre[29], les juges anglais ont considéré que n'était pas un agent commercial la personne qui ne faisait que vendre des produits pétroliers au public, sans aucune intervention active dans la négociation ni activité d'intermédiaire. En revanche, une personne, désignée "*introductory agent*", bien que pas entièrement impliquée dans les négociations sur les conditions et prix, est néanmoins un agent commercial, adoptant ainsi une conception large de la notion de *Commercial agent*[30]. En somme, l'agent commercial, au sens de la loi de 1993, négocie et/ou conclut la vente, au nom et pour le compte du *principal*.

612 **Agent indépendant.** L'agent doit être indépendant s'il entend invoquer le statut protecteur de *Commercial agent*. Tel est le cas d'une société commerciale qualifiée par les parties de "*self-employed intermediary*"[31]. Sont ainsi exclus les intermédiaires salariés ou un associé représentant ses coassociés.

---

25. Tamarind International Ltd v Eastern Natural Gas (Retail) Ltd [2000] EuLR 708.
26. St Albans *City* & District Council v International Computers Ltd [1996] EWCA Civ 1296.
27. The Software Incubator Ltd v Computer Associates Ltd [2016] EWHC 1587 ; Fern Computer Consultancy Ltd v Intergraph Cadworx and Analysis Solutions [2014] EWHC 2908 (Ch).
28. Elf Oil UK Ltd v Pilkington [1994].
29. Parks v Esso Petroleum Co Ltd [1999] EWCA Civ 1942.
30. PJ Pipe and Valve Co Ltd v Audco India Ltd [2005] EWHC 1904 (QB).
31. Bell Electric Ltd v Aweco Appliance Systems Gmbh [2002] All ER (D) 99 ; AMB Imballaggi Plastici SRL v PLC Flex Ltd [1999] 2 All ER (Comm) 249.

Quelle survie des CARs après le Brexit ?

Puisque le *Commercial Agents (Council Directive) Regulations 1993* est directement fondé sur le droit de l'Union européenne, son maintien dans un Royaume-Uni post-Brexit s'est naturellement posé. Le *Department of Business and Trade* a lancé une vaste concertation en mai 2024 afin de déterminer si ce texte devait demeurer en l'état, être modifié, voire abrogé au profit d'un nouveau texte qui serait totalement expurgé de l'influence européenne. Après plusieurs mois de réflexions et d'échanges entre les acteurs du commerce, le Gouvernement a publié les résultats du processus et a conclu que les CARs demeurent utiles en l'état aux professionnels et qu'aucune modification n'était envisagée.

§ 2. LES EFFETS

613 **Les devoirs communs de l'*agent* et du *principal*.** Tous deux sont tenus d'un devoir de bonne foi l'un au profit de l'autre. L'agent doit également fournir toutes les informations relatives aux contrats conclus.

614 **Rémunération ou commission.** Les agents commerciaux sont habituellement rémunérés au titre d'une « commission ». Selon le *Commercial Agents Regulations* (sec. 2 (1)), le terme « commission » est défini comme toute partie de la rémunération d'un agent qui varie en fonction de la valeur des opérations. La rémunération est fixée par le contrat d'agence ; à défaut, le texte indique que l'agent doit recevoir une rémunération raisonnable[32]. Le *principal* doit fournir des informations permettant de calculer les commissions (sec. 12). Il faut observer que si le contrat exclut toute rémunération, la situation de l'agent n'est plus régie par la loi de 1993.

615 **Remboursement des frais.** Le dispositif anglais de 1993 ne prévoit pas de remboursement des frais exposés par l'agent, contrairement à ce que la *Common law* accepte pour le contrat d'agence de droit commun.

616 **Indemnité de fin de contrat.** Les termes employés peuvent être source de confusion, car le droit anglais distingue le mot "*indemnity*" (indemnité fixe de fin de contrat) et celui de "*compensation*" (dommages-intérêts). S'agissant de l'indemnité de fin de contrat, le droit anglais a hésité entre deux conceptions, celle du droit allemand (pour une indemnité fixe) et celle du droit français (préjudice de fin de contrat) et a donc laissé le choix aux parties d'opter pour une *indemnity* ou la *compensation*, étant observé que la *compensation* ne peut pas être exclue par une clause du contrat ; si aucune option n'a été faite par les parties, c'est la *compensation* qui s'applique (sec. 17 et 19)[33].

L'*indemnity* équivaut à un maximum d'un an de commissions sur une moyenne de cinq ans et le droit à indemnisation pour rupture du contrat par le *principal*. En

32. Sec. 6 à 11 ; Rappr. Way v Latilla [1937] 3 All ER 759.
33. Shearman v. Hunter Boot Limited [2014] EWHC 47.

revanche, si le choix se porte sur la *compensation*, l'agent a droit à une somme d'argent correspondant à ce que l'agent aurait perçu si le contrat avait perduré[34].

617 **Protection minimale et ordre public européen.** Le contrat ne peut pas exclure le principe d'indemnisation en fin de contrat[35], certes, mais le droit anglais n'apporte guère plus de protection, conformément à la directive[36].

34. Lonsdale (t/a Lonsdale Agencies) (Appellant) v Howard & Hallam. Limited (Respondents) [2007] UKHL 32 ; pour une hypothèse où le contrat d'agence n'aurait plus de valeur, voir Warren v Drukkerij Flach BV [2014] EWCA Civ 993.

35. CJUE, Ingmar GB Ltd v Eaton Leonard Technologies, aff. 381/98.

36. CJUE, 2013, United Antwerp Maritime Agencies (Unamar) NV c. Navigation Maritime Bulgare, aff. C-184/12.

CHAPITRE 2
LA VENTE

618 **Vente et droit des affaires. Droit commun. Droit de la consommation.** Le droit des affaires et le droit anglais des contrats nourrissent de profonds liens réciproques. La même observation est faite à propos du droit de la vente de marchandises, car une telle opération, si elle n'est pas le cœur du commerce, en est au moins un organe vital (« (...) *if sales of goods are, if not the heart of commerce, then at least a vital organ* »)[1]. La vente de marchandises en droit anglais fut longtemps soumise à la seule jurisprudence, puis une loi spéciale fut adoptée en 1893, et c'est surtout la *Sale of Goods Act 1979* (SGA 1979) qui vint, par la suite, codifier clairement la plupart des principes jurisprudentiels et des diverses lois éparses en la matière, sans pour autant rechercher l'exhaustivité[2]. Plus récemment, le droit de la consommation ayant pris de l'ampleur, les ventes faites à des consommateurs par des professionnels sont désormais soumises au *Consumer Rights Act 2015* (CRA 2015)[3] ; en outre, le *Consumer Contracts, Information, Cancellation and Additional Charges Regulations 2013* contient également des dispositions particulières relatives aux contrats à distance[4] et le *Digital Markets, Competition and Consumers Act 2024 (DMCC Act)* a récemment remplacé le *Consumer Protection from Unfair Trading Regulations 2008 (CPUTRs)*[5]. Pour toutes ces raisons, les ventes entre un professionnel et un consommateur relèvent du CRA 2015 (pour la grande majorité des dispositions, quelques fragments du SGA pouvant continuer à s'appliquer, de manière sporadique)[6]. En définitive désormais, seules les ventes entre

1. R. Beheshti, S. Saintier et S. Thomas, Bradgate's Commercial law, Oxford, 2024, n° 30.1.1.
2. R. Goode et E. McKendrick, *op. cit.*, n° 6.09.
3. Le domaine d'application du *Consumer Rights Act 2015 (CRA 2015)* ne se limite pas qu'à la vente mais concerne d'autres contrats fournissant un bien à un consommateur, tels que la location et la location avec option d'achat. En outre, le CRA contient des dispositions relatives aux prestations de service et des règles portant sur les clauses abusives (*Unfair Contractual Terms*) ; v. *supra*, n° 517 et *infra*, n° 651.
4. V. *supra*, n° 521.
5. V. *supra*, n° 521.
6. M. Bridge, The Sale of Goods, Oxford, 2019, n° 1.05 ; R. Behesthi, S. Saintier et S. Thomas*op. cit.*, n° 8 ; R. Goode and E. McKendrick, *op. cit.*, n° 7.06.

professionnels, ainsi que les ventes entre consommateurs, sont régies par le SGA[7]. Toutefois, d'autres dispositions gouvernent cumulativement ces ventes. En effet, il faut aussi tenir compte des règles édictées par le *Supply of Goods and Services Act 1982* (SGSA 1982) qui s'appliquent lorsqu'une vente est associée à un contrat d'entreprise (par exemple, la rénovation d'une salle de bains supposant l'achat d'équipements et leur installation) et des règles issues du *Unfair Contract Terms Act 1977* (UCTA 1977) régissant la validité des clauses exclusives de responsabilité. Le droit anglais de la vente distingue les dispositions de droit commun issu du SGA 1979 (section 1) et les règles spéciales du droit de la consommation (section 2).

SECTION 1 LE DROIT COMMUN DE LA VENTE SELON LE SGA 1979

619 **Sources. Le *SGA 1979*.** La vente de marchandises entre professionnels, voire deux non-professionnels, est régie par le *SGA 1979*. Qu'est-ce qu'une vente selon le SGA (§ 1), son contenu (§ 2) et les remèdes possibles face à l'inexécution (§ 3) ?

§ 1. LA NOTION

620 La vente est une qualification distincte de notions voisines (A) et il faut préciser les biens qu'elle est susceptible de transmettre (B).

A. LA DÉFINITION

621 **Définition. Contrat de vente et promesse de vendre.** Le contrat de vente est défini par le SGA comme le contrat par lequel le vendeur transfère ou accepte de transférer la propriété d'un bien en contrepartie d'une *Consideration* pécuniaire, le prix (sec. 2 (1)). Le SGA prend soin d'ajouter la définition de l'opération de vente se résumant au transfert de la propriété d'un bien du vendeur vers l'acheteur (sec. 2 (4)). Les parties peuvent aussi préférer conclure des *agreements to sell :* c'est le cas lorsque la vente est soumise à la réalisation d'une condition suspensive ou lorsqu'il est prévu que le transfert de propriété sera reporté à une certaine date ; la vente aura lieu une fois que la date arrivera ou que la condition se réalisera (sec. 2 (5) et (6) ; sec. 5 (3)). Promesse de vente (*Executory contract*) et vente (*Executed contract*) sont toutes deux

7. La stipulation d'une clause de réserve de propriété ne soit venue remettre en cause récemment le domaine d'application de la loi : PST Energy 7 Shipping LLC & Product Shipping and Trading S.A. v OW Bunker Malta Ltd & ING Bank N.V. [2016] UKSC 23 (the 'Res Cogitans') ; v. *infra* encadré.

régies par le SGA (SGA, art. 61 (1)). Aucun formalisme n'est exigé par le SGA : la vente peut être écrite, faite par oral ou déduite du comportement des parties (sec. 4).

622 **Distinction avec des contrats voisins. Échange.** Les transferts de propriété s'opérant à titre gratuit, comme les libéralités, sont naturellement exclus du SGA, puisqu'ils ne donnent pas lieu au versement d'un prix. D'autres mécanismes doivent également être exclus, tels que l'échange (*Barter* ou Exchange), car la contrepartie est en nature et non sous forme monétaire. Il faut aussi exclure le contrat de location n'emportant aucun transfert de propriété[8]. De même en est-il du contrat de location-vente puisque le locataire n'a pas l'obligation d'acheter le bien.

623 **Contrat d'entreprise et prestation de service.** Une série de contrats soulève davantage de difficultés, ceux qui impliquent une prestation. S'il s'agit d'un pur contrat de service (*services only*), par exemple, le contrat par lequel un expert-comptable prodigue des conseils, il est régi par le SGSA 1982 : il doit fournir une prestation en faisant preuve de compétence et de soin raisonnables (sec. 13) ; la prestation doit être accomplie dans le délai prévu ou, à défaut, dans un délai raisonnable (sec. 14) ; et, enfin, si la rémunération n'a pas été fixée, son montant doit être raisonnable (sec 15). S'il s'agit d'un contrat d'entreprise, incluant un transfert de propriété de matériaux, la qualification dépend de l'objet de l'obligation la plus importante ; dans un contrat d'entreprise avec fourniture de matériaux, il est vraisemblable que c'est la fourniture de la prestation qui est substantielle, il n'y aura donc pas vente au sens du SGA (le contrat sera régi par le *Supply of Goods and Services Act 1982*). À titre d'illustration, il peut s'agir d'un contrat d'entreprise par lequel l'entrepreneur construit des choses pour le client (*Contract for finished products*), comme la construction d'une bibliothèque adaptée à un bureau, ou par lequel il répare et fournit des matériaux (*Contract for works and materials*).

624 **Crédit-bail**. ***Hire purchase***. Comme en droit français, le crédit-bail (*hire purchase*) et la vente sont distincts : dans le premier cas, le locataire loue la chose en payant un loyer et à la fin du contrat il peut acheter ou non le bien. Il n'y aura donc forcément transfert de propriété. En pratique, le crédit-bailleur n'est pas le vendeur initial du bien mais un organisme financier. Ce crédit-bail doit également être rapproché d'un autre contrat, la vente conditionnelle (*conditional sale*) : contrairement au crédit-bail, il n'y a pas d'option d'achat, le transfert de propriété ayant lieu lors du paiement de la dernière échéance.

625 ***Factoring***. ***Mortgage.*** Le *Factoring* correspond à une cession de créances. Le vendeur qui n'a pas été payé par l'acquéreur cède sa créance à un tiers, le *factor*, pour une somme inférieure au montant du prix dû par l'acquéreur. Celui-ci sera ensuite en contact exclusif avec le cessionnaire. En raison de la nature de l'objet du *Factoring*, il ne s'agit pas d'une vente. Par ailleurs, les sûretés réelles ayant pour objet le transfert de propriété (voire les ventes déguisées à fins de garantie) ne constituent pas des ventes au sens du SGA[9].

8. PST Energy 7 Shipping LLC v. O W Bunker Malta Limited [2016] UKSC 23.
9. R. Goode and McKendrick, *op. cit.*, n° 7.18.

626 ***Bailment***. Le propriétaire d'un bien, appelé le *bailor* dans cette opération, en transfère l'usage ou la jouissance à un contractant, le *bailee*[10]. Celui-ci n'acquiert pas la propriété du bien, mais peut l'utiliser, éventuellement conformément à la finalité qui a été prévue dans le contrat. Il doit en prendre soin et il restituera le bien à la demande de son propriétaire. La même situation peut aussi, implicitement, apparaître lorsqu'une personne use du bien appartenant à un tiers.

B. LA NATURE DES BIENS

627 **Propriété des biens. Pas de charge.** Le vendeur doit être propriétaire des biens qu'il vend, ou du moins, il doit en devenir propriétaire au plus tard au moment où la propriété des biens sera transférée à l'acquéreur (SGA, sec. 12 (a)). Puisqu'il s'agit d'une exigence contenue par le SGA, il n'est donc pas nécessaire que les parties le stipulent dans le contrat de vente. Si le vendeur n'est finalement pas propriétaire des biens vendus, l'acquéreur peut mettre fin au contrat de vente et réclamer le remboursement du prix payé par avance, le cas échéant, mais il ne sera tenu d'aucune indemnité de jouissance[11]. Plus généralement, comme le vendeur ne peut céder que les droits dont il est titulaire, il ne peut vendre des biens si la vente contrevenait[12] à un brevet, un droit d'auteur, une marque, etc.

Ensuite, le SGA (sec. 12 2 (a)) exige que la vente porte sur des biens libres de toute charge ; si des charges grèvent les biens, le vendeur doit les révéler à l'acquéreur. C'est particulièrement le cas lorsque le vendeur n'a pas encore complètement fini de payer le prix du bien parce qu'il est lié par un contrat de location avec option d'achat (*Hire-Purchase contract* ou *HP contract*). Mais si le vendeur ne révèle pas à l'acquéreur cette charge grevant le bien vendu, ce dernier ne peut pas s'en prévaloir pour mettre un terme au contrat ; il ne pourra que réclamer des dommages-intérêts. En effet, l'obligation de transférer un bien libre de toute charge ou de les révéler s'il en existe, n'est pas une obligation fondamentale du vendeur (*Condition*) mais une simple *Warranty*[13].

628 **Les biens (*goods*). Logiciels.** Selon le SGA, le bien, objet de la vente, est un meuble corporel appartenant au vendeur. Sont donc exclus les biens incorporels (*things in action*) tels que les actions en justice, les droits sociaux, les brevets, les chèques, la monnaie, les cryptomonnaies et crypto-biens, et les immeubles (bâtis et non bâtis) soumis au *Land Law* ; toutefois, s'agissant des immeubles, les récoltes et les parties d'immeuble[14] qui seront séparées avant la vente constituent des meubles au sens du SGA.

10. C. Le Gallou, *Le Bailment ou l'originalité de la Common law au service des contrats spéciaux*, in Mélanges en l'honneur du professeur Tomasin, 2022, Dalloz, p. 539.

11. Rowland v Divall [1923] 2 KB 500.

12. Niblett v Confectioners' Material [1921] 3 KB 387 ; adde, Lifestyle Equities v Ahmed [2024] UKSC 17.

13. V. *supra*, n° 502.

14. V. *infra*, n° 862.

Un logiciel peut-il constituer un bien au sens du SGA ? La réponse fut donnée dans deux célèbres arrêts[15] : précisément, un logiciel peut faire l'objet d'un contrat de vente au sens du SGA, dès lors qu'il revêt la nature d'un meuble corporel à travers son support matériel, tel qu'un CD, qu'il soit vierge ou qu'il contienne de la musique ou des informations, qui ne constituent alors qu'un de ses attributs[16]. Mais il semble, qu'en l'espèce, la qualification ait reposé sur la volonté des parties, exprimée dans les stipulations du contrat : elles avaient convenu qu'il n'y aurait aucun transfert de propriété, le cocontractant ayant juste le droit d'utiliser le logiciel. Le CJUE a affirmé que la vente de marchandises peut recouvrir la fourniture d'un logiciel informatique par voie électronique moyennant le paiement d'un prix, lorsque cette fourniture est accompagnée d'une licence à titre perpétuelle pour l'utilisation du logiciel[17]. Plus récemment, la *High Court* a considéré que la licence de logiciel à durée déterminée devait s'analyser davantage comme une location de logiciel et non comme une vente, la question ayant été posée, là encore, dans le cadre du droit européen sur les agents commerciaux[18]. S'agissant de la vente à proprement parler, le SGA 1979 n'a pas prévu de disposition explicite sur ce point, alors que le CRA 2015, plus récent, a clairement inclus les biens digitaux.

629 **Biens présents ou futurs.** Les choses à vendre, selon le SGA, peuvent être des biens présents, car ils existent et sont déjà la propriété du vendeur. Il peut aussi s'agir de choses futures, parce que le vendeur n'en est pas encore propriétaire, mais le sera, ou parce qu'il va les fabriquer ou encore parce qu'elles existeront plus tard, telles que des produits de la récolte à venir (sec. 5 (1), 61 (1)). La vente de bien futur est valable et est régie par le SGA ; il ne s'agit techniquement pas d'une vente (*Sale*), mais d'une promesse de vente (*Agreement to sell* ; sec. 5 (3)). De même, si le vendeur n'est pas encore propriétaire des choses et que son droit de propriété futur est soumis à la réalisation d'un événement qui peut se réaliser ou pas (*Contingency*), il s'agit d'un *agreement to sell*, contrat régi par le SGA, mais à ce stade, à la différence d'une vente de chose présente, le transfert de propriété ne saurait être envisagé pour la promesse de vente de chose future, du moins tant que la chose n'existe pas[19].

630 **Choses fongibles. Choses certaines.** La chose vendue peut être déterminée et certaine. Il peut aussi s'agir de choses de genre, telles qu'une certaine quantité de charbon. Cette distinction est importante afin de déterminer le moment du transfert de propriété[20]. Dès que la chose est individualisée, le transfert de propriété s'opère au profit de l'acquéreur.

15. St Albans City Council v Intl Computer Ltd [1996] 4 All ER 481 (CA) ; The Mayor and Burgesses of the London Borough of Southwark v. IBM UK Ltd [2011] EWHC 549 (TCC).
16. Judge Akenhead, obiter ; Baskind E., Commercial Law, 5e éd., Oxford, 2022, p. 3.
17. CJUE, The Software Incubator Ltd, 16 sept. 2021, n° C 410/19.
18. Kompakwerk GmbH v LivePerson Netherlands B.V., [2024] EWHC 2278 (Comm).
19. R. Goode et K. McKendrick, *op. cit.*, n° 9.14.1.
20. V. *infra*, n° 635.

§ 2. LE CONTENU

631 Le contenu du contrat de vente détermine classiquement les obligations du vendeur (A) et celles de l'acheteur (B).

A. LES OBLIGATIONS DU VENDEUR

632 Le SGA prévoit que le vendeur doit fournir le bien qui a été convenu par le contrat (1), en transférer la propriété (2) et en assurer la délivrance (3).

1. La chose convenue

633 **La chose convenue. Description. Échantillon.** Le vendeur doit fournir la chose (sec. 29) conformément à ce qui a été contractuellement prévu. À défaut de précisions, le SGA prévoit qu'il doit fournir les marchandises en quantité correcte, d'une qualité satisfaisante et adaptée au but souhaité par l'acquéreur (sec. 14) ou qui correspond à l'échantillon présenté (sec. 15). Pareillement, s'il s'agit d'une vente pour laquelle le bien a été décrit, le bien livré doit correspondre à la description (sec. 13 (1)) ; il s'agit d'un *Implied term* qui est, sauf intention contraire[21], qualifiée de *Condition*, de sorte que l'acquéreur est en droit de rompre le contrat si le bien ne correspond pas (sec. 13 (1) A)[22]. Mais la description est une exigence distincte de la qualité du produit[23]. Par ailleurs, lorsque la description du bien s'accompagne d'un échantillon, le bien vendu doit correspondre à la description et à l'échantillon (sec. 13 (2)) et doit être sans défaut qui ne serait pas apparu après un examen raisonnable de l'échantillon (SGA, sec. 15 (2) c). Lorsque le bien est exposé et donc à portée de main de l'acheteur, le fait que celui-ci l'ait choisi ne le prive pas de la protection de la vente à la description (sec. 13 (2)). De même en est-il si le bien a été décrit dans une publicité malgré l'inspection personnelle faite ultérieurement par l'acheteur[24]. En revanche, si l'acquéreur fait examiner le bien par des experts, ce n'est plus une vente à la description et la section 13 ne s'applique plus[25].

634 **Qualité du bien. Usage du bien. Usage précis. Usage commun.** Le vendeur doit-il vendre un bien d'un certain niveau de qualité ou adapté à un certain usage ? En principe, non, selon la section 14 (1) du SGA, sauf à ce que les parties le prévoient. Néanmoins, si le vendeur est un professionnel, il doit vendre un bien de

21. Les parties sont libres de donner une autre qualification que *Condition*, mais en gardant la notion de *Term*, ou peuvent aussi écarter la notion de *Term*.

22. Outre le droit de la vente contenu dans le SGA, la description peut aussi s'analyser, selon le droit commun du contrat, comme une affirmation faite par le vendeur, de sorte que l'acheteur peut aussi se prévaloir de la notion de *Misrepresentation*, fondement qui permet à l'acheteur déçu de réclamer des dommages-intérêts. Le vendeur ne peut pas se prévaloir de sa propre bonne foi pour y échapper, car une innocente *Misrepresentation* suffit ; il ne peut pas davantage prétendre qu'un acheteur raisonnable n'aurait jamais cru ce qu'il a dit ; Ronastone Ltd v Indigo Intl Holdins Ltd [2003] All ER D 332.

23. Arcos v Ranaason [1933] AC 470.

24. Beale v Taylor [1967] 1 WLR 1193.

25. Harlington v Leinster v Christopher Hull Fine Art [1991] 1 QB 564.

qualité satisfaisante (*Satisfactory quality*), telle qu'une personne raisonnable l'estimerait (SGA, sec. 14 (2)), en tenant compte d'éléments pertinents, tels que le prix et la description du bien notamment (sec. 14 (2A)). La qualité est une notion large, car elle englobe l'usage communément[26] recherché pour ce type de bien, l'apparence et les finitions, l'absence de petits défauts, la sécurité et la résistance au temps (sec. 14 (2B)). L'appréciation du défaut de qualité dépend des circonstances : par exemple, si un appareil ne marche pas du tout ou se révèle dangereux, il peut en être déduit que la qualité n'est pas satisfaisante. En revanche, *quid* du bien dont le défaut n'est ni évident ni substantiel ? La jurisprudence fournit diverses illustrations : ainsi, une voiture de six ans vendue pour un prix modeste a une qualité satisfaisante bien que la boîte de vitesses tombe en panne deux semaines après l'achat[27] ; inversement, la fourniture d'un produit contaminé nécessaire à la production de sodas est de mauvaise qualité, bien que la contamination n'ait pas été dangereuse pour la santé[28]. Lorsque la vente est un contrat d'affaires, l'acquéreur peut acheter un bien dont il entend faire un usage précis. S'il veut se prévaloir d'une protection légale, il doit informer le vendeur, implicitement ou expressément, de l'usage qu'il attend du bien (sec. 14 (3))[29].

Si le bien ne correspond pas à l'usage particulier que l'acheteur souhaitait en faire, celui-ci peut-il se prévaloir de la qualité communément attendue ? En d'autres termes, peut-il invoquer à la fois la section 14 (2) et la section 14 (3) ? Ce n'est pas certain en pratique : un bien peut être conforme à l'usage communément admis et ne peut pas être conforme à l'usage spécial attendu ; et l'inverse est également vrai[30]. Ce qui est certain en revanche, c'est que l'acheteur ne reçoit aucune protection s'il est prouvé qu'il ne se fiait en réalité pas à la compétence du vendeur[31] (ou du moins que c'était déraisonnable de s'y fier). En tout état de cause, qu'il s'agisse d'un but précis ou communément attendu, il s'agit d'une obligation importante à la charge du vendeur (une *Condition*) selon la section 14 (6). La jurisprudence a ajouté, avec bon sens, que si un client souhaite un bien d'une qualité bien meilleure que la qualité standard, peu important le prix, cette attente doit être mentionnée dans le contrat[32].

En revanche, l'acquéreur ne peut pas se plaindre d'un manque de qualité du bien lorsqu'il se trouve dans certaines hypothèses. Par exemple, si le vendeur attire l'attention de l'acquéreur sur une qualité inférieure du bien[33] ou si l'acheteur a eu la possibilité d'examiner le bien avant de l'acheter et que cet examen permettait de révéler le défaut de qualité ou encore, en cas de vente à l'échantillon, si le défaut de qualité pouvait résulter d'un examen raisonnable de l'échantillon (sec. 24 (2C)).

26. Aswan Engineering v Lupdine [1987] 1 All ER 135 : cette affaire fait application de l'*Usability Test :* il faut rechercher si le bien permet l'usage que l'on en attend habituellement. Il faut distinguer l'*Usability Test* de l'*Acceptibility Test*, appliqué au consommateur.

27. Thain v Anniesland Trade Centre [1997] SCLR 991.

28. Soft Drinks Ltd v Messer UK Ltd [2002] EWCA Civ 548.

29. Micron Computer Systems Ltd v Wand (UK) Ltd [1990], (HC).

30. Jewsn v Kelly [2003] EWCA Civ 1030.

31. Jewsn v Kelly [2003] EWCA Civ 1030.

32. Phoenix Interior Design Ltd v Henley Homes plc and another [2021] EWHC 1573 (QB).

33. Bartlett v Sidney Marcus Ltd [1965] 1 WLR 1013.

Condition versus Warranty et Innominate term.

En droit commun du contrat anglais, la *Condition* constitue une obligation essentielle dont l'inexécution justifie la rupture du contrat, alors que la *Warranty* est une obligation contractuelle moins essentielle, dont l'inexécution ne peut logiquement pas fonder la résolution du contrat mais une simple demande de dommages-intérêts. Le SGA admet que les parties puissent donner la qualification de *Warranty* ou de *Condition* à leurs obligations ; si l'interprétation est nécessaire, elle dépendra des faits et non de l'appellation donnée par les parties. À défaut de stipulations par les parties, l'acheteur peut aussi, unilatéralement, qualifier une *Warranty* (sec. 11). Mais pour certains points, la qualification s'impose aux parties : ainsi, le fait que le vendeur doive être le propriétaire des biens en vente est une *Condition* (sec. 12 (1)), mais le fait que les biens soient libres de toute charge et le fait que l'acheteur jouira de la paisible possession sont des *Warranties* (sec. 121 (2) (a) (b)). S'agissant du moment de la *Delivery*, c'est un *Innominate Term* pour la jurisprudence récente (*Pharmapac (UK) Ltd v HBS Healthcare Ltd [2022] EWHC 23 (Comm)*).

2. Transfert de propriété

635 **Transfert de propriété. Moment. Chose certaine. Chose de genre.** Le vendeur doit transférer le droit de propriété (sec. 12). Le transfert de propriété n'est pas qu'un effet de la vente, il s'agit d'un élément de qualification au sens du SGA. Le moment du transfert de propriété dépend de la nature du bien, objet de la vente. S'il s'agit d'un corps certain (la voiture verte du vendeur) ou d'une chose de genre déterminée et individualisée (le sac de blé mis à part par le vendeur) lors de la vente (*specific goods* et *ascertained goods*), le transfert de propriété a lieu à la discrétion des parties : elles sont donc libres de déterminer le transfert au moment qui leur semble le plus opportun, le plus souvent, une fois que la livraison et/ou le paiement complet du prix ont été accomplis[34]. Si les parties n'ont rien prévu, le SGA contient des dispositions supplétives comblant ce manque et plusieurs hypothèses sont présentées. Lorsque la vente n'est pas affectée par une condition, la propriété passe à l'acquéreur dès la vente formée, peu importe le paiement du prix ou la livraison du bien (SGA, sec. 20). Mais si le bien suppose d'être conditionné, emballé, pour la vente, le transfert de propriété s'opère une fois que les opérations de conditionnement ont été achevées et que l'acquéreur en a été informé (SGA, sec. 20). Pareillement, si le vendeur doit mesurer ou peser la chose, le transfert de propriété est retardé à la fin des opérations de mesurage et de pesage. Enfin, si la vente est soumise à une condition, telle que l'approbation par l'acquéreur, le transfert s'opère quand cette approbation est faite.

En revanche, s'il s'agit de choses de genre non individualisées (un paquet de sucre parmi la centaine de paquets que possède le vendeur), le transfert de propriété ne peut pas avoir lieu tant que les choses n'ont pas été individualisées (SGA,

34. J. Embley, K. Bamford et N. Hancock, Commercial and Intellectual Property Law and Practice : Legal Practice Course Guides (LPC), 2022, The University of Law Publishing Limited, p. 67.

sec. 16). Cette règle d'ordre public ne peut pas être contournée par une clause contraire ; d'ailleurs, à ce stade, il n'y a pas encore de vente, mais seulement une promesse de vente (*agreement to sell*) dont la force juridique est faible. Le transfert de propriété s'opère une fois que les choses ont été individualisées (*appropriation*). Cette individualisation peut s'opérer soit en séparant les choses à vendre du reste des biens du vendeur, soit en emballant ces choses dans des containers ou des sacs par exemple, soit en confiant les choses à un transporteur pour l'acquéreur. Il faut que le vendeur en informe l'acquéreur.

Plat commandé : le transfert de propriété sur le plateau ou dans la bouche ?

Lorsqu'un client a acheté un séjour de vacances (repas et boissons comprises) et qu'il est victime d'une intoxication alimentaire, peut-il engager la responsabilité du voyagiste sur le fondement du SGA ? C'est l'affaire Wood qui a apporté la solution : sauf clause contraire, lorsqu'un client a commandé un repas, le transfert de propriété s'opère lorsqu'il est mis à sa disposition (apporté dans une assiette ou placé dans un buffet). Pour échapper au SGA et à sa responsabilité le voyagiste avait invoqué le raisonnement de *Res Cogitans* : il ne s'agissait pas d'une vente au sens du SGA, puisque le transfert de propriété s'opérait lorsque le client avale la nourriture, ce qui la faisait disparaître simultanément. Droit de consommer sans être propriétaire devait exclure le SGA. Mais les juges le déboutèrent (*Wood v TUI Travel plc [2017]*). Pareillement, une autre affaire a soulevé suscité l'hésitation à propos d'une Ferrari d'occasion : acheteur et vendeur s'accordent sur la vente de la voiture, mais la boîte de vitesses état de trop mauvaise qualité, le vendeur s'engage à faire son possible pour trouver une boîte d'occasion ; s'il y parvient, il percevra 500 000 $. Mais était-ce le prix de vente de la boîte de vitesses ou la rémunération du service consistant à la trouver ? Les juges estimèrent qu'il s'agissait bien d'une vente de l'ensemble de la voiture, car le vendeur, propriétaire de l'ancienne boîte, s'engageait à en substituer une autre (*Gregor Fisken Limited v Bernard Carl [2021] EWCA Civ 792*).

636 **Transfert des risques.** En principe, les risques sont transmis à l'acquéreur en même temps que la propriété peu importe que la délivrance ait eu lieu (SGA, sec. 20 (1)). Toutefois, si la délivrance a été retardée, soit par la faute du vendeur, soit par celle de l'acquéreur, c'est le fautif qui doit supporter les risques de la chose (SGA, sec. 20 (2)). Mais les parties peuvent déroger à ces règles supplétives en insérant une clause contraire. Rappelons que cela ne vaut que pour les ventes entre professionnels ou entre non-professionnels, puisque le *Consumer Rights Act 2015* régit les risques entre professionnel et consommateur : le vendeur les supporte tant que l'acquéreur n'a pas la possession matérielle des biens (CRA, sec. 29).

637 **Perte de la chose.** Si la chose certaine a péri, au moment où la vente venait de se faire et que le vendeur ne le savait pas, le contrat est nul, au sens de la résolution par *frustration* (sec. 6). De même en est-il si la chose certaine périt avant la

conclusion de la vente, mais après l'*agreement to sell*, et alors que les risques n'ont pas encore été transférés à l'acheteur (sec. 7).

La mort annoncée du SGA face à certaines ventes avec réserve de propriété ?

Par une récente et révolutionnaire décision, la Cour suprême du Royaume-Uni a considéré qu'une vente entre professionnels stipulant une clause de réserve de propriété n'est pas régie par le SGA 1979, puisque ce texte gouverne les ventes par lesquelles il y a transfert de propriété (the 'Res Cogitans' [2016], précité). Toutefois, les faits de l'espèce, bien que fréquents dans la pratique, étaient bien particuliers, de sorte que la solution prononcée par la Cour suprême doit pareillement être comprise comme d'application restreinte : le contrat avait pour objet la fourniture de carburant pour alimenter un bateau, contrat au terme duquel l'acheteur (propriétaire du bateau) disposait d'un délai pour en payer le prix, tout en ayant le droit de consommer ce carburant dès la livraison ; et pendant ce délai, le vendeur quant à lui bénéficiait d'une clause de réserve de propriété sur ce carburant qui serait éventuellement consommé et avait le droit de racheter les biens non consommés ; ainsi, l'acquéreur avait le droit de consommer les biens alors que le vendeur en était toujours propriétaire et pouvait racheter une partie de la livraison. Le contenu de ce contrat a été interprété par la Cour suprême comme ne correspondant pas à la philosophie du SGA 1979, définissant la vente comme un transfert de propriété de marchandises en échange du paiement d'un prix (sec. 2). Selon certains auteurs, il y aurait désormais trois types de vente : la vente entre B2C régie (essentiellement) par le droit de la consommation, la vente entre B2B sans clause de réserve de propriété qui continuerait d'être régie par le SGA, et la vente entre B2B avec clause de réserve de propriété (vente de type « Res Cogitans »), régie par la *Common law*. Cette décision fut vertement accueillie par les professionnels et la doctrine, puisqu'il lui fut reproché d'être déconnectée des exigences des praticiens ; la mort de la SGA est même annoncée par certains (pour une excellente analyse, voir M. Bridge, The UK Supreme Court decision in the Res Cogitans and the cardinal role of property in sales law, *Singapore Journal of Legal Studies* [2017], p. 345 ; L. Gullifer, *The Vanishing Scope of the Sale of Goods Act 1979 in the Twenty-first Century*, *in* C. Mitchell and S. Watterson ed., *The world of maritime and commercial law : essays in honour of Francis Rose*, Hart Publishing, 2020, p. 165 ; comp. R. Goode et E. McKendrick, *op. cit.*, n° 7.33 ; comp., *Wood and Wood v TUI Travel Plc [2017] EWCA Civ 11* ; *Cockett Marine Oil DMCC v Ing Bank NV & Anor [2019] EWHC 1533 (Comm)*). D'autres pays de *Common law*, comme Singapour, ont privilégié une approche prudente (*Mitsubishi Corp RTM Intl Pte Ltd v Kyen Ressources Pte Ltd [2019] SGHCR 6*). Il faut raisonnablement penser que les contrats complexes, comme celui de l'espèce, ne correspondent tout simplement pas aux hypothèses de ventes « simples » du SGA, ce qui ne signifie pas l'incompatibilité définitive entre clause de réserve de propriété et SGA ; en revanche, dès lors qu'un contrat prévoit un transfert de propriété en contrepartie d'un prix (pouvant laisser penser que le SGA doit s'appliquer), mais qu'il porte sur des choses consomptibles (matières premières, carburant, etc.) que l'acheteur a le droit d'utiliser avant d'en être propriétaire en raison d'une clause de réserve de propriété, avec paiement du prix à terme il faut prendre garde à *Res Cogitans* !

3. La délivrance

638 ***Delivery*.** Selon le SGA, la *Delivery* signifie « transmettre la possession des marchandises à l'acheteur » (sec. 61 (1))[35] ; il s'agit bien plus ici du terme français de délivrance (C. civ., art. 1604)[36]. L'acquéreur obtient du vendeur le droit d'avoir possession des biens vendus, et corrélativement c'est un devoir du vendeur que de permettre la mise en possession des marchandises à l'acquéreur (sec. 27)[37], voire à un tiers agissant pour le compte de celui-ci. Il résulte de l'article 61 (1) que la *Delivery* n'est pas forcément physique ou matérielle, mais elle peut aussi être juridique au sens où la mise en possession peut résulter d'un transfert de document[38]. En somme, la livraison, selon le SGA, ne se résume pas à la remise des marchandises entre les mains de l'acquéreur.

639 **Modalités et lieu.** La livraison des marchandises peut être le fait du vendeur ou de l'acheteur, cela dépend de ce qui a été prévu, implicitement ou expressément, dans le contrat (sec. 29 (1)) : les parties peuvent prévoir que le vendeur livrera les biens dans les entrepôts de l'acheteur ou que l'acheteur viendra les prendre dans les entrepôts du vendeur ou encore qu'ils seront confiés à un transporteur (sec. 32 (1)). Si rien n'a été convenu entre les parties, le lieu de livraison est le lieu du principal établissement du vendeur (ou, à défaut, son domicile). Toutefois, si la vente porte sur des corps certains situés dans un endroit connu des parties au moment de la formation du contrat, c'est à ce lieu qu'ils seront livrés (sec. 29 (2)). Lorsque le contrat stipule que c'est le vendeur qui devra expédier les biens, mais qu'aucun délai de livraison n'a été fixé, il doit s'exécuter dans un délai raisonnable (sec. 29 (3)) ; cette règle ne concerne pas les contrats B2C en vertu du *Consumer Rights Act 2015*. Il existe une autre règle supplétive : lorsque les biens sont entre les mains d'un tiers, la livraison par le vendeur ne peut avoir lieu tant que ce tiers n'informe pas l'acquéreur qu'il les détient pour son compte (*Attornment*) ; mais cela ne remet pas en cause le droit de propriété de l'acquéreur (sec. 29 (4)). Enfin, à l'instar du droit français, bien que la délivrance s'entende souvent de la livraison physique, il est également possible que la délivrance se matérialise par la remise à l'acquéreur d'un objet permettant d'exercer un contrôle sur le bien vendu (C. civ., art. 1606), tel que des clés de voiture[39] ou la remise d'un document tel qu'un *bill of lading*.

35. SGA, sec. 61 : « "delivery" means voluntary transfer of possession from one person to another » ; E. Baskind, *op. cit.*, p. 118 : le terme *Delivery* signifie, en anglais, soit la délivrance selon le Code civil, soit la livraison.

36. C. civ. art. 1604 : « La délivrance est le transport de la chose vendue en la puissance et possession de l'acheteur ».

37. R. Goode and E. McKendrick, *op. cit.*, n° 7.17.

38. R. Goode and E. McKendrick, *op. cit.*, n° 10.07.

39. J. Embley, K. Bamford et N. Hancock, *op. cit.*, p. 58.

640 **Moment. Vente "*Time is of the essence of the contract*".** Les parties peuvent convenir librement du moment de la délivrance. Si elles n'ont rien stipulé, le SGA prévoit des solutions supplétives. Aussi aura-t-elle lieu dans un délai raisonnable et à une heure raisonnable (sec. 29 (3) et (5)). L'appréciation du caractère raisonnable dépend des éléments de fait propres à chaque contrat. Il est vrai que le mode de livraison peut avoir un impact sur la détermination de son moment. Par exemple, si les contractants ont prévu que c'est le vendeur qui procédera à la livraison, il est vraisemblable que le moment de la livraison correspondra au moment où il transférera physiquement les biens à l'acquéreur. De même, si c'est l'acheteur qui doit se charger de prendre livraison, il est logique de penser que la livraison s'opérera lorsqu'il prendra physiquement possession des biens placés dans l'entrepôt du vendeur. Lorsque les marchandises doivent être transportées, il est tout aussi cohérent de considérer que la livraison par le vendeur a lieu dès leur remise au transporteur[40]. Mais les parties peuvent stipuler d'autres temps de livraison : ainsi, il est possible de stipuler que le vendeur pourra procéder à la livraison avant la date pourtant convenue en en informant l'acheteur. Il est aussi envisageable de considérer que la livraison effectuée par l'acquéreur sera subordonnée à une autorisation préalable du vendeur[41].

Que se passe-t-il si la date de livraison n'est pas respectée ? C'est la jurisprudence qui répond à cette question. Dans l'affaire *Hartley v. Hymans*[42], la date de livraison dans les contrats d'affaires ordinaires, tels que la vente, la date stipulée par les parties doit être respectée, car elle est présumée être "*of the essence*". Par conséquent, la date de livraison devait être considérée comme une *Condition* (et non une simple *Warranty*), c'est-à-dire une obligation essentielle du contrat, qui, en cas d'inexécution, justifierait la résolution de la vente et la demande de dommages-intérêts. Toutefois, une jurisprudence récente, par interprétation (sec. 10 (2)), en a fait une *Innominate term*[43], et non plus une *Condition*. Comme il ne s'agit que d'une présomption simple, elle est peut-être combattue par des faits contraires ou les parties peuvent également stipuler une clause contraire, sous réserve qu'elle ne porte pas atteinte au *UCTA 1977*, et au regard de *Pharma* Case, c'est encore plus prudent. Inversement, les parties peuvent aussi préférer renforcer le caractère essentiel de l'obligation de livrer à une date précise, en stipulant que la date de livraison sera "*of the essence of the contract*". Par ailleurs, l'acheteur peut accorder au vendeur un peu plus de temps que prévu pour livrer les marchandises. Il procède alors par renonciation (*waiver*) à la date initialement convenue. Toutefois, le vendeur doit rester vigilant, car l'acheteur demeure en droit de réclamer la livraison ; il informe le vendeur qu'au-delà d'une date limite, il n'acceptera plus le bien et doit lui laisser un temps raisonnable pour s'exécuter[44] ; mais la situation reste dangereuse pour l'acheteur aussi, car le temps n'est, en Equity, jamais quelque chose d'important[45]... Il demeure prudent, pour le vendeur notamment, de convenir d'une clause de force majeure si un événement irrésistible l'empêche de

40. J. Embley, K. Bamford et N. Hancock, *op. cit.*, p. 60.
41. J. Embley, K. Bamford et N. Hancock, *op. cit.*, p. 59.
42. Hartley v Hymans [1920] 3 KB 475.
43. Pharmapac (UK) Ltd v HBS Healthcare Ltd [2022] EWHC 23 (Comm).
44. Charles Rickards Ltd v Oppenheim [1950] 1 KB 616.
45. Alegrow S.A. v Yayla Agro Gida San Ve Nak A. S [2020] EWHC 1845.

livrer les marchandises. Une telle clause constituant une exclusion de responsabilité, elle doit respecter les prescriptions du UCTA 1977.

641 **Coûts de livraison.** Les parties décident librement qui supportera les frais de livraison. Le SGA prévoit une règle en la matière dont le domaine d'application est très spécifique : si les marchandises ne sont pas en état d'être livrées, leur mise en état de livraison est financée par le vendeur (SGA, sec. (29)).

B. LES OBLIGATIONS DE L'ACHETEUR

642 Les obligations de l'acheteur se résument à l'obligation de verser le prix, dont il faut déterminer le montant (1) et les modalités de paiement (2).

1. Le montant

643 **Montant.** Selon le SGA (sec. 8-1), le prix est fixé par le contrat, ou est déterminé par tout autre mécanisme prévu au contrat. Il est aussi possible qu'il soit déterminé selon leurs pratiques habituelles. Lorsque les parties s'accordent sur le prix, plusieurs techniques sont généralement employées : elles peuvent, à l'issue de la négociation, s'être mises d'accord sur un chiffre ; elles peuvent aussi se référer à une liste de prix, de devis ou de leurs relations d'affaires passées ; enfin, elles peuvent aussi s'en remettre à la fixation du prix par un tiers – dans ce dernier cas, la fixation devra intervenir, à défaut de quoi, le contrat sera nul. Si l'expert a été empêché par la faute de l'une des parties, l'autre partie peut l'assigner en dommages-intérêts. Toutefois, si les marchandises ont été délivrées, en tout ou partie et que l'acquéreur les a entre ses mains, ce dernier doit en payer le prix raisonnable (sec. 9). Enfin, si les modalités du prix n'ont pas été intégrées dans le contrat, l'acheteur devra payer un prix raisonnable ou prix du marché[46], qui est déterminé selon les circonstances propres à chaque contrat (sec. 8 (2) et (3)). Enfin, selon le SGA, le prix s'entend de la TVA incluse (VAT) conformément au *Value Added Tax Act 1994*. Mais les parties peuvent convenir de l'inverse et exclure expressément que le prix comprenne la TVA.

Toutefois, certains auteurs mettent en lumière le problème de l'indétermination du prix. Précisément, le SGA ne semble pas exiger que le prix soit déterminé ou déterminable, puisque, en cas d'indétermination, il suffit de se référer à un montant raisonnable. Or, le prix est un élément important de la vente et l'on peut douter de l'existence même de ce contrat si les parties ne se sont pas mises d'accord sur le prix. Certes, elles peuvent conclure un accord sur le fait qu'elles se mettront d'accord ultérieurement sur le prix, mais il s'agit alors d'un *agreement to agree* qui n'a pas force obligatoire, sauf à ce qu'elles aient pris soin de bien décrire la façon dont le prix sera effectivement fixé dans le futur[47].

46. KSY Juice Blends UK Ltd v Citrosuco GmbH [2024] EWCA (une demande d'appel a été présentée devant la UKSC en juillet 2025).

47. J. Embley, K. Bamford et N. Hancock, *op. cit.*, p. 52 ; rappr. pour une décision retenant un terme implicite de prix raisonnable lorsque les parties n'ont pas pu se mettre d'accord pour un prix qui aurait dû être fixé par elles en vertu d'un *Agreement to agree*, voir KSY Juice Blends UK Limited v Citrosuco GMBH [2025] EWCA Civ 760.

644 **Variation.** Le prix peut-il varier ? Lorsqu'il y a un délai entre la formation de la vente et la livraison des marchandises, il peut arriver que le prix initialement prévu par les parties se révèle insuffisant pour le vendeur faisant face à une augmentation du prix d'approvisionnement de matières premières par exemple. C'est pour cette raison que les parties stipulent souvent une clause d'adaptation du prix (*price escalation clause*), permettant une augmentation unilatérale du prix par le vendeur. Cette clause est parfaitement valable mais les modalités d'exercice de ce pouvoir doivent être raisonnables au regard du UCTA 1977.

2. Le paiement

645 **Le temps du paiement.** L'acheteur a l'obligation de payer le prix (SGA, sec. 27). Le paiement complet du prix a lieu à la livraison des marchandises (sec. 28), à défaut de quoi l'acquéreur ne peut pas en prendre possession. Il est également possible que les parties stipulent un délai de paiement (*credit period*) ou inversement prévoient un paiement en avance, notamment si le vendeur nourrit quelque incertitude sur les capacités de paiement de l'acquéreur. Il doit accepter la livraison du bien (sec. 27). Il a le droit d'inspecter le bien (sec. 34), il peut le refuser et ne pas en payer le prix en invoquant la mauvaise exécution du contrat par le vendeur (sec. 51). Si le bien n'a pas été livré, il peut réclamer des dommages-intérêts (sec. 51).

646 **La valeur juridique de la date du paiement.** La section 10 du SGA dispose que le respect du moment du paiement n'est pas une obligation essentielle de la vente ("*stipulations as to time of payment are not of the essence of a contract of sale*"). Cette caractéristique ne signifie pas pour autant que le moment du paiement est totalement indifférent. Il signifie que le vendeur, en cas de non-respect de la date de paiement, ne pourra pas réclamer la résolution du contrat, mais seulement le paiement du prix et des dommages-intérêts. En effet, le respect de la date de paiement n'est pas une *condition*. Le vendeur peut réclamer des dommages-intérêts compensant son éventuel préjudice et des dommages-intérêts moratoires sur divers fondements (*Law Reform, Miscellaneous Provisions Act 1934*, *Late Payment of Commercial Debts (Interest) Act 1998*, *Late Payment of Commercial Debts Regulations 2013*, transposant la directive européenne 2011/7/EU). Les parties peuvent préférer anticiper toute évaluation des dommages-intérêts par une clause, à condition que celle-ci ne constitue pas une clause pénale[48]. Elles peuvent aussi négocier une incitation financière au respect de la date de paiement, par exemple, en prévoyant une réduction du montant en cas de paiement anticipé[49]. Toutefois, les parties peuvent convenir de l'inverse et en faire un élément important (sec. 10 (1)). Il faut donc concrètement que le vendeur, notamment, indique dans le contrat que la date de paiement est importante.

48. V. *supra*, n° 579 et s.
49. J. Embley, K. Bamford et N. Hancock, *op. cit.*, p. 54.

Comment stipuler la clause relative à la date de paiement ?

Il est important pour les parties d'indiquer, le cas échéant, que la date de paiement est importante en ce que son non-respect peut justifier la rupture du contrat et non la seule allocation de dommages-intérêts. Il faut rédiger une clause ainsi : "*Time of payment of the price is of essence of the contract*".

§ 3. LES REMÈDES À L'INEXÉCUTION

647 En cas d'inexécution de la vente, l'acquéreur dispose de droits et obligations (A) et le vendeur impayé également (B).

A. DROITS ET OBLIGATIONS DE L'ACQUÉREUR

648 **Refus de la marchandise.** L'acquéreur a le droit de rejeter les marchandises ou le bien livrés. S'il le fait pour de bonnes raisons (par exemple, ce n'était pas le bien convenu ou la qualité est mauvaise ou ce n'était pas la bonne quantité[50]), il n'est pas tenu de les renvoyer au vendeur (sec. 36) ; c'est à ce dernier de s'organiser pour les récupérer. Le vendeur peut avoir pris la précaution de faire stipuler dans le contrat de vente une clause de non-rejet (*non-rejection clause*) interdisant à l'acquéreur de refuser les marchandises ; comme cette clause a pour effet d'exclure ou de limiter la responsabilité du vendeur, elle doit satisfaire aux impératifs du UCTA 1977. Afin de faire le choix d'accepter ou non le bien, l'acheteur peut solliciter une demande d'examen (sec. 34). En revanche, si l'acheteur a refusé la marchandise de manière fautive, il engage sa responsabilité et doit supporter les coûts exposés par le vendeur notamment. Toute clause aménageant cette responsabilité doit satisfaire aux exigences du UCTA 1977, dès lors qu'elle s'interprète comme une clause limitative de l'obligation de l'acheteur d'accepter la livraison des biens.

Rappelons que le refus de la marchandise et la rupture du contrat ne se justifient que si l'obligation non respectée est une *condition*, c'est-à-dire une obligation fondamentale. À défaut, il s'agit d'une *warranty* (sec. 61), dont la violation n'ouvre droit qu'à des dommages-intérêts. Le SGA dispose clairement que tous les *implied terms* sont des conditions (sauf sec. 12). Toutefois, bien qu'une condition n'ait pas été respectée, l'acquéreur peut aussi choisir de garder les biens achetés en réclamant des dommages-intérêts comme s'il s'agissait d'une *warranty*. Plus généralement, l'acheteur ne peut pas refuser la marchandise s'il est un non-consommateur et que l'inexécution (des sections 13 à 15, *i.e.* conformité à la description, l'échantillon, au but communément admis, au but spécial) est si peu grave qu'il serait déraisonnable pour lui de rejeter la marchandise (sec. 15 A).

50. Pour la quantité, l'acheteur ne peut refuser la marchandise que si l'excès ou le manque est important (sec. 30). En outre, l'acquéreur peut se contenter de la marchandise malgré le manque, mais il devra tout de même payer le prix convenu. Inversement, il peut aussi recevoir une plus grande quantité : soit il refuse toute la marchandise, soit il ne prend que la quantité convenue (pour des aménagements à l'Écosse, voire sec. 30 (2D) et (2E)).

649 **Perte du droit de rejeter les marchandises.** Dans diverses hypothèses, l'acheteur n'a plus le droit de rejeter les marchandises. Par exemple, il en est logiquement ainsi lorsqu'il a dit au vendeur qu'il les acceptait. De même en est-il s'il a gardé le bien pendant une longue période (au-delà d'une période raisonnable ; sec. 34 (4))[51].

650 **Résolution de la vente.** L'acheteur peut résoudre la vente si une obligation essentielle n'a pas été exécutée (absence de livraison, livraison tardive si la date était essentielle ou encore livraison de la mauvaise quantité selon l'article 30 (1) et (2) du SGA).

Implied terms, supplétifs ou impératifs ? Les deux !

Le SGA énumère plusieurs dispositions, les *Implied terms*, qui s'imposent au contrat (pour les *Implied terms* en général, v. *supra*, n° 508), mais leur valeur est tantôt impérative, tantôt supplétive, selon les règles visées. Pour rappel, la section 12 est d'ordre public. Le bien doit être :

– propriété du vendeur (sec. 12 ; pas de clause contraire) ;

– conforme à la description (sec. 13) ou à l'échantillon (sec. 15) ;

– de qualité satisfaisante (sec. 14 (2)) ou conforme au but spécial recherché (sec. 14 (3)).

651 **Dommages-intérêts.** L'acheteur peut réclamer des dommages-intérêts (sec. 51 et 53 SGA). Si les marchandises n'ont pas été livrées, l'acheteur peut obtenir des dommages-intérêts compensant la perte résultant « directement et naturellement » du défaut de livraison (SGA 51 (2)). Si le type de biens à livrer se trouve disponible dans un marché, les dommages-intérêts représentent la différence entre le prix convenu et le prix du marché (SGA 51 (3)). Observons que ces règles édictées par la section 51 ne s'appliquent pas aux ventes B2C en vertu du *Consumer Rights Act 2015* (CRA).

652 **Exécution forcée.** Si la vente a pour objet un corps certain (*specific or asecertained goods*) et que ce dernier n'a pas été livré, le juge peut aussi prononcer l'exécution forcée (*specific performance*) ; le juge peut la subordonner au paiement du prix par l'acquéreur ou toute autre obligation jugée adaptée. L'exécution forcée est un moyen en équité prononcé discrétionnairement par les juges. Elle ne peut s'appliquer que lorsque les dommages-intérêts se révèlent peu satisfaisants (par exemple, parce que la chose à livrer est très particulière). Rappelons que si la vente implique un consommateur et un professionnel, l'exécution forcée est possible sur le fondement de l'article 19 (11) du CRA, conformément au droit commun.

653 **Garantie d'éviction.** L'acquéreur doit pouvoir jouir tranquillement du bien vendu (sec. 12 2 (b)). À cette fin, le vendeur doit s'assurer que ni lui ni un tiers ne viendront troubler cette paisible jouissance. À défaut, l'acquéreur ne peut pas

51. Mais si la période d'examen du bien en possession de l'acquéreur s'éternise parce que le vendeur ne répond pas à ses questions, il ne perd pas son droit de rejeter le bien (*Clegg v Olle Anderson [2003] EWCA Civ 320*).

mettre un terme au contrat mais seulement réclamer des dommages-intérêts car cette obligation n'est pas une *condition* mais une *warranty*[52].

B. DROITS DU VENDEUR IMPAYÉ

654 Le vendeur impayé dispose de droits sur les marchandises (1) et de créances contre l'acheteur (2).

1. Les droits sur les marchandises

655 **Droit sur les marchandises. Clause de réserve de propriété.** Le vendeur impayé jouit de droits sur les marchandises, soit en vertu d'une clause de réserve de propriété, soit en vertu du SGA. Si l'acquéreur est insolvable, les chances du vendeur d'être payées sont réduites, car ce dernier est un créancier chirographaire (*unsecured creditor*). Son seul espoir est d'être encore propriétaire des biens vendus, notamment au moyen d'une clause de réserve de propriété (*retention of title* ou *ROT clause*).

Si le contrat contient une telle clause, le transfert de propriété au profit de l'acquéreur n'a pas lieu tant que le paiement du prix n'est pas complet. Mais elle fait obstacle à l'action du vendeur en paiement du prix, surtout en cas de revente[53]. Cette difficulté de l'action en paiement du prix suppose que le contrat en jeu soit bien une vente et non un bail[54]. Néanmoins, la pertinence d'une clause de réserve de propriété se heurte à la disqualification de vente au sens du SGA, depuis l'arrêt *Res Cogitans*[55].

Que se passe-t-il si la chose faisant l'objet d'une clause de réserve de propriété est mélangée à des biens appartenant à l'acquéreur ? Plusieurs hypothèses doivent être distinguées. Tout d'abord, le bien vendu peut avoir été rattaché à un bien appartenant à l'acquéreur ; dans ce cas, le vendeur peut revendiquer le bien et demander à ce qu'il soit détaché si cela est matériellement possible[56]. Le bien a pu également être utilisé par l'acquéreur et transformé : dans ce cas, le vendeur ne conserve son droit de propriété que sur la partie de la chose qui, éventuellement, n'a pas été transformée, mais pas sur la partie transformée[57]. Il n'a pas davantage de droit de propriété sur la chose finale englobant son bien et celle de l'acquéreur ni sur le prix de la vente[58]. Encore faut-il déterminer si le bien du vendeur a effectivement été incorporé à celui de l'acquéreur ou a été transformé ; dans l'affirmative, le vendeur perd son droit de propriété[59]. Si le bien vendu ne peut plus être identifié parmi les biens de l'acquéreur, le vendeur perd également son droit de propriété et il n'a aucun droit de

52. Microbeads v Vinehurst Road Markings [1975] 1 WLR.
53. Caterpillar (NI) Ltd v John Holt & Company (liverpool) Ltd [2013] EWCA civ 1232.
54. Caterpillar (NI) Ltd, précité.
55. V. *supra*, n° 635.
56. Hendy Lennox (Industrial Engines) Ltd v Grahame Puttick Ltd [1984] 1 WLR 485.
57. Clough Mill Ltd v Martin [1985] 1 WLR 111.
58. Borden (UK) Ltd v Scottish Timber Products Ltd [1981] Ch 25.
59. Voir pour des animaux vendus vivants, puis abattus, Chaigkey v Crawford [1996].

suite sur les ventes de ces biens[60]. Enfin, si le bien se retrouve stocké chez l'acquéreur parmi d'autres biens de même nature, le vendeur peut alors exercer son droit de propriété sur une partie de ceux-ci, car, dans ce cas, il est considéré que le transfert de propriété n'a pas eu lieu au profit de l'acquéreur et que les propriétaires de ces biens sont tous propriétaires en commun de tous les biens, chacun récupérant une partie en proportion de son apport. Les biens, bien que mélangés, n'ont pas perdu leur identité ! C'est la solution adoptée dans l'affaire *Glencore Intl*[61].

Il faut prendre soin de stipuler une clause relative aux risques. En effet, à défaut, comme les risques sont présumés transférés avec la propriété, le vendeur se réservant la propriété supporte toujours les risques, du moins pour les choses certaines, ce qui ne lui est pas forcément favorable en pratique. Il faut alors conseiller d'ajouter une clause stipulant que les risques seront supportés par l'acquéreur à la livraison. Logiquement, l'acquéreur prendra soin alors de s'assurer. Il est même possible d'ajouter à la clause de risques une stipulation obligeant l'acquéreur à s'assurer et à permettre au vendeur de récupérer l'indemnité d'assurance en cas de perte de la chose qui lui appartient toujours. Une telle clause ne crée pas de charge et ne nécessite donc pas d'être enregistrée pour être opposable[62]. Inversement, il dispose de droits à l'encontre de l'acquéreur : il peut rompre le contrat, réclamer le paiement du prix (sec. 49), ou des dommages-intérêts en cas de refus de l'acquéreur d'accepter la livraison (art. 50). En cas de non-paiement du prix par l'acquéreur, le vendeur peut interrompre la livraison (sec. 44 et 45), conserver la propriété du bien (sec. 17 et 19).

656 **Droit de rétention.** Le vendeur qui n'a pas été payé bénéficie d'un droit de rétention (*lien* ou *Right of Retention* ; sec. 39 et 41 SGA), à condition qu'il soit en possession des biens. Il peut ainsi retenir les biens jusqu'à complet paiement du prix comptant, ou, si un délai de paiement a été convenu, dès que le terme arrive, ou enfin, si l'acquéreur devient insolvable. Ce droit de rétention disparaît lorsque le prix est payé ou que l'acquéreur prend possession de la marchandise directement ou indirectement (par la remise à un mandataire, par exemple, agissant pour le compte de l'acquéreur) ou si le vendeur renonce à ce droit (SGA, sec. 43).

657 **Interception au cours du transport.** ***Stoppage in transit.*** Lorsque le vendeur a confié les biens vendus à un transporteur, et que l'acquéreur devient insolvable, il peut reprendre possession des biens ou informer le transporteur et réclamer les biens. Mais ce droit, appelé *Stoppage in transit*, ne peut pas être exercé si le transporteur est un mandataire de l'acheteur ou si ce dernier parvient à prendre possession des biens avant le vendeur (SGA, sec. 44 à 46).

Que se passe-t-il si l'acheteur a, entre-temps, déjà revendu les biens ?

La revente des biens par l'acquéreur qui n'a pourtant pas payé le vendeur ne constitue pas un obstacle au droit de rétention du vendeur ou à l'interception des marchandises (sec. 47 (1)).

60. Re Andrabell [1984] 3 All ER 407.
61. Glencore Intl v Metro Trading 2001.
62. J. Embley, K. Bamford et N. Hancock, *op. cit.*, p. 73.

658 **Revente**. Une autre solution, originale, est offerte au vendeur impayé. Il peut revendre la marchandise (*re-sale*), soit parce qu'elle est périssable, soit (pour des biens non périssables) après en avoir informé l'acquéreur. Dans ce dernier cas, il doit attendre la réaction de l'acquéreur qui peut alors, dans un délai raisonnable, lui proposer le paiement du prix. Le tiers acquéreur devient alors le véritable propriétaire ; encore faut-il que le vendeur ait été en possession des biens (et exercé son droit de rétention) ou qu'il ait intercepté les marchandises en cours de transit.

2. Les créances contre l'acquéreur

659 **Les créances. Action en paiement du prix. Dommages-intérêts.** Le vendeur qui n'a pas été payé peut réclamer le paiement du prix à l'acquéreur[63], que le bien ait été livré ou pas (sec. 49 (1)). Ainsi, même si la propriété n'a pas été transférée à l'acquéreur, le vendeur conserve une action en paiement du prix lorsque le prix devait être payé à une date précise, peu important la livraison (sec. 49 (2))[64]. En outre, le vendeur impayé peut réclamer des dommages-intérêts si l'acquéreur refuse la marchandise sans raison valable (sec. 50).

SECTION 2 VENTE ET DROIT DE LA CONSOMMATION

660 **Vente à un consommateur.** La vente entre un consommateur et un professionnel est soumise au *Consumer Rights Act* de 2015 (CRA), entré en vigueur le 1er octobre 2015. Cette loi déroge sur divers points au SGA 1979 ainsi qu'au SGSA de 1982 (*Supply of Goods and Services Act*).

Dans l'ensemble, le CRA 2015 reprend les dispositions du SGA 1979 relatives au droit de propriété (le vendeur doit être propriétaire du bien, sec. 17 ; à défaut, l'acquéreur peut mettre un terme au contrat, sec. 19 ; le bien doit être libre de toute charge et l'acquéreur doit jouir du bien contre toute atteinte du vendeur ou d'un tiers, sec. 19), la description des biens vendus[65], leur qualité ainsi que leur conformité au but attendu (CRA, sec. 9 à 12). De même, les règles relatives à la vente avec échantillon s'appliquent aussi au consommateur (CRA, sec. 13). Le CRA 2015 ajoute d'autres dispositions relatives à l'obligation précontractuelle d'information (CRA, sec. 12). En outre, lorsque le consommateur a pu voir ou examiner le bien à vendre[66], celui qui lui est délivré doit correspondre à ce qu'il a vu à partir

63. Pour rappel, FG Wilson (engineering) Ltd v John Holt Ltd [2014], mais décision abandonnée, bien qu'obiter, par Res Cogitans.

64. Trans Trade RK SA v State Food and Grain Corporation of Ukraine [2025] EWHC 1803 (Comm) : distinction entre le paiement à date certaine (peu important le jour de la livraison) et le paiement sous la condition suspensive que le vendeur présente des documents de transport.

65. Si le bien est décrit, le bien vendu doit correspondre à cette description (sec. 11 (1) CRA), même si le bien était exposé ou même si l'acquéreur a choisi le bien.

66. Si le bien a été décrit et qu'un échantillon vient compléter cette description, le bien vendu doit être conforme à la description et à l'échantillon (sec. 11 (2) CRA).

d'un modèle (CRA, sec. 14). Enfin, il est aussi prévu que si le contrat prévoit que le bien vendu doit être installé par le vendeur, il sera déclaré non conforme au contrat s'il n'est pas installé correctement (CRA, sec. 15).

Le vendeur doit livrer un bien de qualité satisfaisante, appréciée objectivement (CRA 2015, sec. 9 et 10). Comme pour les relations entre professionnels, la notion de qualité englobe aussi l'usage que l'on attend communément du bien, son apparence et les finitions, l'absence de petits défauts, la sécurité et la résistance au temps, ainsi que des caractéristiques promises par le vendeur ou le fabricant (ou leurs représentants) dans des déclarations publiques ou des documents délivrés au public (sec. 9 (5)). Contrairement à l'*usability test*, appliqué entre professionnels, la qualité dans un contrat B2C fait l'objet de l'*acceptibilty Test*[67] : est-ce que l'acheteur consommateur aurait payé le même prix pour un bien de cette qualité ou s'il avait connu le défaut ?

Par ailleurs, le consommateur peut aussi attendre du bien acheté un usage particulier. S'il a attiré l'attention du vendeur sur l'usage spécial qu'il souhaitait faire du bien et que le vendeur lui a affirmé que le bien était adapté à cet usage spécial, il peut se prévaloir de cette affirmation ; encore faut-il prouver qu'il avait tenu compte de cette affirmation et qu'il était raisonnable de la prendre pour argent comptant (SGA, sec. 10). S'agissant du délai de livraison, il peut être fixé par les parties. À défaut, le bien doit être livré rapidement et, en tout état de cause, dans le délai de trente jours à compter de la formation du contrat (CRA, sec. 28). S'agissant des risques, ils sont supportés par le vendeur tant que l'acquéreur (ou un tiers désigné par lui) n'a pas la possession matérielle des biens ou tant que le bien n'a pas été confié à un transporteur désigné par l'acquéreur (CRA, sec. 29). Cette disposition n'affecte pas l'éventuelle responsabilité du transporteur.

Si le bien n'est pas conforme à ce qui avait été demandé par l'acquéreur, celui-ci dispose de trente jours minimums pour le refuser. L'acquéreur peut ensuite exiger du vendeur que le bien soit remplacé ou réparé à ses frais, du moins si le coût n'est pas disproportionné. Si le remplacement ou la réparation n'est pas possible ou si le vendeur le refuse, l'acquéreur jouit d'une option : soit il refuse le bien finalement et doit obtenir entière restitution du prix ; soit il garde le bien et demande une réduction du prix (CRA, sec. 19 à 24). Le consommateur ne peut logiquement pas se prévaloir à la fois la réduction du bien et du rejet du bien (sec. 24 (5)). Ces solutions ne sont envisageables que si le bien, après avoir été réparé ou remplacé, ne convient toujours pas, ou parce que la réparation ou le remplacement n'ont pas été envisagés parce que trop onéreux ou impossible (sec. 23), ou enfin, parce que le vendeur ne s'y est pas employé dans un délai raisonnable sans être préjudiciable au consommateur.

661 **Variété des solutions.** Le consommateur (sec. 19 (3)) en cas d'inexécution des sections 9 à 11, 13, 14 et 16 du CRA 2015 (les biens doivent avoir une qualité satisfaisante, être adaptés à l'usage attendu, conformes à la description, à l'échantillon et/ou au modèle exposé, et, le cas échéant, même si le contenu est numérique) dispose de plusieurs solutions. Il peut refuser les biens non conformes ; il peut aussi réclamer que les biens soient réparés ou remplacés (sec. 23) ou une réduction du

67. Shine v General Guarantee Corp. [1988] 1 All ER 911.

prix (sec. 20 et 24). Le consommateur peut aussi présenter d'autres demandes, pourvu qu'elles n'aient pas pour conséquence de réparer deux fois le même préjudice : dommages-intérêts, exécution forcée, exception de non-exécution, résolution pour inexécution d'une obligation expresse (sec. 19 (11)). Il faut observer que si le bien n'est pas conforme car devant être installé par le vendeur (ou sous sa responsabilité), il ne l'a pas été correctement (sec. 19 (4)), le consommateur ne peut se prévaloir que des deux dernières solutions (rejet définitif du bien ou remplacement/réparation). De même, ces solutions s'appliquent si les biens ne sont pas conformes à ce qui a été promis par des stipulations du contrat (sec. 19 (4)).

662 **Refus rapide des biens.** Premièrement, il peut refuser les biens (sec. 20 à 22)[68]. S'il décide de refuser les biens et de rompre le contrat, il doit en informer le vendeur et permettre à celui-ci de les reprendre (sec. 20)[69]. C'est au vendeur de se charger de reprendre les biens en supportant les frais (sauf si le contrat stipule que le consommateur devra restituer le bien à l'endroit où il l'a pris, tel qu'un magasin ; en outre, le vendeur n'a pas à supporter les frais autres qui résulteraient de la restitution des biens par le consommateur en personne, qui, par exemple, prendrait l'avion pour rendre l'objet !). Il doit aussi rembourser le prix payé par le consommateur (en cas de location ou vente avec option d'achat, voir sec. 20 (13) et (14)). Le remboursement s'effectue selon le même mode de paiement que celui du prix (sec. 20 (16)). Le remboursement doit s'effectuer dans les 14 jours à compter de l'acceptation du principe du remboursement par le vendeur (sec. 20 (15)). Aucun frais ne doit être retenu sur le remboursement du prix (sec. 20 (17)). Le consommateur dispose de 30 jours pour exercer ce refus des biens. Ce délai commence à courir dès que le droit de propriété (ou la possession matérielle) lui a été transféré, que les biens lui ont été livrés et qu'il a été en mesure d'user des biens (avec l'installation par le vendeur le cas échéant). Ce délai étant court, il s'agit d'un droit de refus de la marchandise à bref délai (*short-term right to reject* ; sec. 22). Lorsque les biens concernés sont périssables, le délai peut être plus court et d'une durée correspondant à ces biens (sec. 22 (4)). Le consommateur peut également exercer son droit de refus de manière anticipée ; en d'autres termes, il peut les refuser avant le transfert de propriété, la livraison ou la mise en jouissance (sec. 22 (5)). Par ailleurs, si le consommateur, a, dans un premier temps, opté pour la réparation ou le remplacement du bien, ce délai est suspendu (sec. 22 (6)). Le temps pour rejeter le bien remplacé ou réparé est soit de 7 jours à compter de sa réception, soit le délai initial de trente jours qui a été suspendu et qui est donc allongé de la période d'attente de réparation ou remplacement (sec. 22 (7)).

663 **Réparation ou remplacement.** Le consommateur peut aussi préférer demander au vendeur de réparer ou remplacer le bien acheté : il dispose d'un délai de six mois pour le demander (sec. 23 (2)). Le vendeur doit alors s'exécuter dans un délai raisonnable et sans que cela ne crée de gêne majeure au consommateur ; il doit

68. Ce remède ne trouve pas à s'appliquer lorsque le défaut de conformité résulte d'une mauvaise installation de l'objet par le vendeur.

69. Le consommateur peut ne procéder qu'à une restitution partielle des biens si certains d'entre eux sont conformes (sec. 21). Encore faut-il que la restitution partielle n'entraîne pas une perte de valeur de ces biens (parce qu'ils constitueraient une *commercial unit*).

supporter tous les coûts qui en découlent, notamment le coût des réparations, le prix éventuel des matériaux ou les frais d'expédition (sec. 23 (2) b). En revanche, le consommateur ne peut pas exiger du vendeur qu'il répare ou remplace le bien acheté si c'est impossible ou si le coût en est disproportionné par rapport à d'autres solutions (sec. 23 (3)). Pareillement, ce n'est pas au consommateur de choisir entre la réparation ou le remplacement : le moins onéreux des moyens doit être privilégié.

664 **Réduction du prix. Rejet du bien *in fine*.** Le consommateur peut aussi bénéficier d'une réduction du prix ou refuser finalement le bien (sec. 24). Il dispose d'une option entre ces deux solutions dans trois hypothèses : si après la réparation ou le remplacement du bien, celui-ci n'est toujours pas conforme ; ou parce que la réparation ou le remplacement n'est pas possible ; ou encore parce que le vendeur n'a pas réparé ou remplacé le bien dans un délai raisonnable, sans créer de gêne importante au consommateur (sec. 24 (5)). La réduction du prix correspond à la réduction d'un montant approprié du prix et le consommateur peut être remboursé de tout ce qu'il aura déjà payé et qui serait supérieur à ce montant (sec. 24 (1)). Cette réduction ne peut logiquement pas être envisagée si le consommateur doit transmettre au vendeur quelque chose qui n'est pas divisible ou ne peut pas être restitué en l'état (sec. 24 (1)).

665 **Rejet du bien. Indemnité d'usage ?** Si le consommateur refuse finalement le bien, après la tentative de remplacement ou de réparation, le remboursement du prix peut être affecté par l'usage du bien qui en a été fait par lui pendant toute cette période de recherche de solutions. Toutefois, il ne saurait y avoir d'impact dans deux situations : soit le consommateur a continué à jouir de la chose parce que le vendeur n'est pas venu le récupérer dans les temps ; soit lorsque le consommateur a finalement refusé définitivement le bien dans les six mois du transfert de propriété, de la livraison et de la mise en jouissance du bien (sauf exceptions, telles que le bien est un véhicule à moteur[70] ; sec. 24 (9 à 11)).

666 **Un bien à contenu numérique.** Le CRA prévoit des règles spéciales pour la vente de biens à contenu numérique (sec. 33 à 47). Le texte englobe largement les diverses présentations de biens à contenu numérique : soit sur support corporel[71] ou incorporel (téléchargement par exemple), payé en monnaie classique ou virtuelle. Le professionnel doit être titulaire des droits nécessaires pour être transmis au consommateur. À défaut, le consommateur doit être entièrement remboursé.

667 **Non-conformité.** Le consommateur se voit reconnaître les mêmes solutions en cas de non-conformité du bien (réparation, remplacement gratuitement, remboursement du prix, réduction du prix). Il peut aussi exercer, alternativement ou cumulativement si cela est logique, d'autres solutions (exécution forcée, dommages-intérêts, exception d'inexécution, etc. ; sec. 42 (7)). Ces dispositions ne concernent pas la fourniture de biens à contenu numérique gratuitement proposés au consommateur. Tout au plus le professionnel engage-t-il sa responsabilité si les biens ont causé un dommage au consommateur.

70. La section 24 (13) exclut des véhicules à moteur les fauteuils roulants électriques notamment.

71. Si le contenu digital est fourni sur support matériel (*tangible form*) et si le professionnel ne respecte pas les exigences des règles spéciales, le consommateur peut se prévaloir de ce non-respect pour invoquer les règles de droit commun applicable à tout bien corporel.

Le vendeur doit lutter contre l'esclavage et le travail forcé

À l'instar de ce que la loi du 17 mars 2014 a instauré dans le Code de la consommation français, le *Modern Slavery Act*, adopté en 2015, est un dispositif destiné à lutter contre l'esclavage et le travail forcé au Royaume-Uni. Ainsi, lorsque le chiffre d'affaires d'un vendeur britannique dépasse 36 millions £ annuels, il doit faire connaître, dans un rapport annuel les mesures qu'il a prises pour s'assurer que les marchandises qu'il vend n'ont pas été fabriquées ou que les matières premières n'ont pas été extraites par des personnes mises en esclavage ou forcées de travailler. Cela concerne aussi les vendeurs qui travaillent avec des fournisseurs étrangers et pour lesquels ces méthodes de travail ne seraient pas contraires à leurs droits nationaux. Si le vendeur ne rédige ni ne publie son rapport annuel, il n'y a pas de sanction juridique ; en revanche, cela aura un impact négatif sur les consommateurs et les groupes de pression. En 2016, le *Modern Slavery Act (Supply Chain)* prévoit l'exclusion des marchés publics les entreprises qui ne rédigent pas ce rapport annuel.

668 **E-commerce.** Le e-commerce représente les transactions (portant sur des biens et/ou des services) entre des contractants se trouvant à distance, parfois par-delà les frontières, et utilisant des moyens électroniques pour conclure les contrats. Il concerne aussi les publicités présentes sur Internet. La loi *Electronic Commerce (EC Directive) Regulations 2002* (SI 2002, n° 2013), transposant la directive 2000/31 EC, a été abrogée à raison du Brexit. La digitalisation est assurée par d'autres textes, notamment le DMCC 2024[72].

Le prêt : encadrement, consommateur, professionnel

Si un professionnel souhaite prêter de l'argent à un consommateur, il doit respecter plusieurs conditions. Il doit notamment être autorisé par le *Financial Conduct Authority* (FCA), et cela, que le professionnel soit un organisme de crédit ou un autre organise faisant par ailleurs du crédit. À cette fin, le professionnel doit notamment apporter des garanties de sérieux, de professionnalisme. Le contrat de prêt est encadré par le *Consumer Credit Act 1974* (CCA), modifié en 2006. Diverses protections sont d'influence européenne : contenu du contrat, droit de rétractation pour un contrat conclu à distance ; encadrement des indemnités de remboursement anticipé, notamment. En revanche, l'autorisation du FCA n'est pas requise si le prêt concerne deux professionnels, sauf si l'emprunteur est un entrepreneur individuel, un partenariat réunissant moins de quatre personnes, ou une société en participation ou toute société sans personnalité morale (*unincorporated association*).

72. V. *supra*, n° 522.

TROISIÈME PARTIE
LA RESPONSABILITÉ DÉLICTUELLE

669 **Généralités.** Le droit anglais, comme beaucoup de systèmes de droit, distingue et articule le droit civil de la responsabilité et la responsabilité pénale. En outre, une personne publique peut voir sa responsabilité engagée sur le fondement de règles spécifiques, mais il n'y a pas de juridiction dédiée, contrairement au droit français[1].

Le droit anglais de la responsabilité délictuelle (*torts*) est le fruit de règles de *Common law* créées par la jurisprudence et, plus récemment, de textes d'inspiration purement interne ou européenne. La *Common law* comme l'*Equity* proposent des remèdes à la victime : traditionnellement, la *Common law* lui permet de recevoir des dommages-intérêts, tandis que l'*Equity* offre d'autres solutions, telles que la confiscation des profits réalisés par une faute lucrative.

670 **Absence de principe général.** Contrairement au droit français qui connaît un principe général de responsabilité personnelle (C. civ., anc. art. 1382 ; C. civ., art. 1240 nouv.), le droit anglais, par souci de sécurité juridique, procède par catégories, à l'instar du droit romain. Le droit de la responsabilité est donc un véritable chapelet de situations de fait ouvrant droit à la victime d'agir contre le responsable. Tout fait fautif ne justifie pas l'indemnisation de la victime[2]. En effet, le droit des *torts* est le fruit d'une compilation de situations ouvrant droit à la victime à la réparation de certains dommages. Ces hypothèses sont pour l'essentiel d'origine jurisprudentielle, quelques lois régissant tout de même des hypothèses particulières[3]. Le mécanisme du *Precedent* restreint *de facto* la reconnaissance de

1. Voir, par ex, Lord Burrows, speech about Omissions in Tort Law by Sandy Steel, 7 févr. 2025, www.supremecourt.uk ; M.J. Bowman et S.H. Bailey "Negligence in the Realm of Public Law: a positive obligation to rescue ?", 1984 PL 277.

2. Lord Denning affirmait dans Lamb v Camden, 1981, reprenant sa propre déclaration dans Compania Financiers v Hamoor Tanker Corporatio [1981] 1 WLR 274 : "*It's not every consequence of a wrongful act which is the subject of compensation. The law has to draw the line somewhere.*" (Ce n'est pas n'importe quelle conséquence d'une faute qui donne lieu à compensation. Le droit doit établir des limites quelque part).

3. Par exemple, le *Consumer Protection Act 1987* régissant la responsabilité du fait des produits défectueux.

nouveaux *torts*. Il n'est pas certain que le droit anglais s'oriente jamais vers la reconnaissance d'un principe général de responsabilité, comme le déplorait le célèbre juriste Sir Pollock[4]. Il est d'autant plus délicat de théoriser le droit anglais de la responsabilité que de nombreux facteurs, autres que les classiques faits générateurs, dommages et lien de causalité, doivent être pris en compte ; en d'autres termes, les *torts* sont tout autant irrigués par l'impératif d'indemnisation de la victime que la gestion des relations entre individus dans une société donnée[5]. Par exemple, l'erreur de diagnostic du médecin ne doit pas se résumer à un raisonnement fondé sur la faute médicale, le préjudice du patient et le lien de causalité, mais doit inclure plus généralement le coût de l'assurance médicale et celle du patient, l'appréhension des internes de devenir médecins, etc. Ces facteurs socio-économiques, que l'on appelle les *policies*, peuvent alors parfois donner l'impression d'un manque de cohérence du droit des *torts*[6]. Mais la casuistique, associée au *Precedent*, pallie l'éventuelle peur du manque de sécurité juridique des plaideurs.

Afin de déterminer si une victime de dommages peut réclamer une indemnisation (ou d'autres mesures, telles que la cessation de l'illicite notamment), elle doit être en mesure de se prévaloir de l'un des nombreux *torts* admis, la seule preuve d'une perte ou d'une souffrance et celle du mauvais comportement du défendeur étant totalement insuffisants.

Il existe principalement une dizaine de situations ouvrant droit à action pour la victime. Une fois ces situations analysées (titre 1), il convient d'en étudier les conséquences au travers des modalités de réparation et des causes d'exonération (titre 2).

4. Sir Frederick POLLOCK, *The Law of Torts: A Treatise on the Principles of Obligations arising from Civil Wrongs in the Common Law*, 4th éd., 1895, chapitre 1, cité par Sir NEUBERGER, président de la Cour Suprême britannique, *in Address to Northern Ireland Personal Injury Bar's Inaugural Conference, County Down, Implications on Tort Law decisions*, 13 mai 2017 : "*Nothing seems easier than to [give] examples of torts, (...) [b]ut we shall have no such easy task if we are required to answer the question, What is a tort?*".

5. Sir NEUBERGER, précité : "*almost all legal principles can be said to be ultimately based on policy, but, given the very broad area which tort (in particular negligence) covers, and given the infinite variety of human life, any attempt to identify or distil clear principles in such an area is fraught with problems*" (l'on peut dire que presque tous les principes juridiques sont fondés finalement sur des considérations socio-économiques, sachant que ce dommage très large que couvre la responsabilité délictuelle (et notamment la *Negligence*) et vu l'infinie variété de la vie humaine, toute tentative d'identifier ou d'extraire des principes clairs dans ce domaine se heurte à des problèmes).

6. J. STAPLETON, *Cause in fact and the scope of liability for consequences*, L.Q.R. 2003, 119 (Jul), 388 : "(...) *the legal reasoning in judgments in tort cases is often obscure, so that it is difficult to distil a coherent body of principles*" (le raisonnement juridique dans les jugements relatifs à la responsabilité délictuelle est souvent obscure, de telle sorte qu'il est difficile d'extraire un ensemble cohérent de principes).

TITRE 1
LES DIVERS *TORTS*

671 Il existe principalement sept cas de responsabilité délictuelle pouvant concerner les entreprises. Il existe des *torts* qui les concernent, en tant que victime, demandeur, ou responsable, défendeur, à l'instar de toute personne. Ainsi en est-il de la *Negligence* (chapitre 1), la *Trespass* (chapitre 2), *Nuisance* (chapitre 3), la responsabilité du fait des produits défectueux (chapitre 4), la responsabilité du fait d'autrui (chapitre 5), la responsabilité des occupants d'immeubles (chapitre 6). Mais il existe aussi une série de *torts* qui concernent les acteurs du monde des affaires spécifiquement, ce sont les délits économiques ou *Economic torts* (chapitre 7). Ces délits peuvent constituer des atteintes à l'intégrité physique d'une personne ou à son droit de propriété et provoquer des dommages physiques ou matériels. La logique des *torts* anglais s'oppose à toute classification ordonnée de ces délits qui se présentent avant tout comme des hypothèses ouvrant droit à action pour la victime.

CHAPITRE 1
LA NEGLIGENCE

672 **Présentation.** La *negligence*, en tant que tort distinct, est issue des anciennes "*actions on the special case of trespass*" ; elle constitue la violation d'un devoir juridique de prendre soin d'autrui et qui entraîne un dommage corporel ou une atteinte aux biens de la victime. Celle-ci peut alors assigner le responsable en réparation de son dommage, mais diverses causes exonératoires peuvent le faire échapper à sa responsabilité.

La première étape pour la victime qui entend soulever la *negligence* du défendeur est de prouver que ce dernier était tenu à son égard d'un devoir de prendre soin d'elle et d'un devoir de vigilance, ce qui est appelé en anglais un d*uty of care* (section 1). La principale difficulté réside dans le fait qu'il n'y a pas de principe général de *duty of care :* une personne est débitrice d'un tel devoir à l'égard de telle personne précisément, parce qu'elles entretiennent toutes deux une relation particulière. Ensuite, la victime doit établir que le défendeur a violé ce devoir ou *breach* (section 2) et, enfin, elle doit établir le lien de causalité entre cette violation et son dommage (section 3).

SECTION 1 L'EXIGENCE D'UN DEVOIR DE VIGILANCE (*DUTY OF CARE*)

673 **Présentation.** Selon le droit anglais, il n'y a pas de devoir général de vigilance et de prudence à l'égard d'autrui. Seules certaines circonstances peuvent justifier qu'un tel devoir soit imposé à une personne au profit d'une autre. C'est la jurisprudence qui a construit, peu à peu, ce devoir et ses conditions pour l'exiger d'une personne. Mais contrairement au droit français, le devoir de vigilance ne se résume pas à des conditions. En effet, d'autres éléments doivent être pris en compte afin d'affiner l'obligation de vigilance. Ainsi, la détermination

du devoir de vigilance inclut le type de dommage : le défendeur avait-il le devoir de ne pas causer un dommage psychologique à la victime ou provoquer une perte de profits ? En outre, comme il a été dit plus haut, le droit anglais de la responsabilité délictuelle repose tout autant sur une relation individuelle responsable/victime que – si ce n'est plus – sur un équilibre entre les intérêts de l'un et l'autre au regard de considérations socio-économiques[1].

Tandis que la notion de devoir de précaution suppose la réunion de conditions (§ 1), divers facteurs, extérieurs à la notion, doivent être néanmoins pris en compte afin de déterminer si une personne est effectivement débitrice d'un devoir de vigilance (§ 2).

§ 1. LA NOTION

674 **Conditions. Proximité et prévisibilité.** La première condition nécessaire afin d'imposer un devoir de vigilance à quelqu'un fut affirmée par l'affaire *Donoghue v. Stevenson*[2] en 1932 : chacun doit agir avec un soin raisonnable afin d'éviter de commettre des actes ou omissions que l'on peut prévoir comme causes de dommages potentiels pour son voisin. C'est ainsi que cette règle fut décrite comme le « principe du voisin » (*the Neighbour Principle*) : le *duty of care* s'impose à l'issue de l'application de ce principe supposant que la victime prouve deux éléments. D'une part, il doit exister entre la victime et le défendeur une relation de proximité ; d'autre part, le demandeur doit être une victime prévisible.

Le premier élément consiste en une relation de proximité plus juridique que factuelle[3], dans la mesure où le défendeur est censé savoir que son manque de précaution ou de prudence causera un dommage à une personne avec laquelle il est lié par un lien direct et proche. Par exemple, le conducteur sur une route est censé conduire avec prudence au risque de provoquer un dommage affectant les autres usagers de la route (conducteurs, piétons, etc.) ; de même, le médecin doit agir avec précaution à l'égard de ses patients, l'employeur à l'égard de ses salariés, le fabricant à l'égard des utilisateurs des choses fabriquées, etc. Afin de déterminer si une telle relation existe, la jurisprudence opère avec bon sens : il y a d'une part des situations évidentes faisant apparaître ce type de relations (médecin/patient ; conducteur/piéton par exemple) et, d'autre part, des situations qui nécessitent de l'établir[4].

Quant au second élément, la prévisibilité de la victime, la jurisprudence considère que le défendeur doit avoir pu identifier, à l'avance, les victimes potentielles de son comportement fautif ; en commettant sa faute, il est nécessaire qu'il ait pu comprendre que ce qu'il faisait pouvait affecter telle ou telle personne. Ainsi,

1. Lord Neuberger, précité.

2. Donoghue v Stevenson [1932] AC 562 : des amis boivent une bière dans un pub ; l'un d'eux découvre qu'un escargot mort se trouve dans l'une des bouteilles de bière et tombe malade. Il engage la responsabilité du fabricant de bière qui est finalement condamné pour *Negligence*, car il était débiteur d'un devoir de précaution et de vigilance à l'égard des buveurs de bière lors de l'embouteillage.

3. Yuen Kun Yen v AG of Hong-Kong [1988] AC 175.

4. E. Finch et S. Fafinski, Torts, Pearson, 2023, p. 6.

l'existence du dommage ne suffit pas à faire du demandeur une victime prévisible pour le défendeur, encore faut-il que le défendeur ait pu le savoir. En résumé, le raisonnement est ici le suivant : une personne est tenue d'un devoir de vigilance et de précaution uniquement à l'égard de certaines personnes, celles qui se trouvent dans son entourage (familial, professionnel, géographique, juridique, etc.) – premier critère –, sous réserve que le défendeur ait vu en elles des victimes potentielles – second critère. C'est la solution apportée par l'affaire *Bourhill v. Young*[5] : un accident de la route se produit et un voisin qui a entendu le bruit terrible produit par la collision, puis qui a vu la scène, subit un traumatisme psychologique dont il demande la compensation ; il fut débouté au motif que, malgré son dommage psychologique, il n'était pas une victime prévisible pour le conducteur fautif. En effet, un conducteur conduisant dangereusement sait qu'il peut blesser d'autres conducteurs et des piétons, mais il ne peut pas imaginer qu'il peut traumatiser un habitant du quartier, témoin de l'accident qu'il aurait provoqué !

En droit anglais, la prévisibilité sert ici à établir l'existence d'un devoir préalable de prudence, qui, en cas de violation, constituera une faute de négligence. En revanche, en droit français, elle sert davantage au stade de la causalité et de la caractérisation du préjudice, et non pour la qualification de faute.

675 **Domaine d'application. Évolutions du *Neighbour Principle*.** Le « principe du voisin » (relation de proximité et victime prévisible) fut peu à peu élargi à des hypothèses de dommages jusque-là exclus de la *negligence*. En effet, s'il ne fait aucun doute qu'il s'applique au dommage corporel subi par la victime (ainsi qu'aux dommages matériels, consécutifs au dommage corporel) ou un dommage aux biens (appelés *economic loss*), il est impossible à la victime de réclamer des dommages-intérêts en compensation d'un dommage purement économique (*pure economic loss* parfois appelé également *financial loss*) qui n'était pas la conséquence d'un dommage corporel ou aux biens. Afin de favoriser l'indemnisation de la victime, la jurisprudence a abandonné cette conception stricte et a admis la compensation de préjudices purement matériels lorsque la victime établit une relation « spéciale » entre le défendeur et elle[6]. Que fallait-il entendre par « relation spéciale » ? La jurisprudence a considéré qu'une telle relation existait lorsque la victime avait subi un dommage causé par une personne dont le responsable devait s'occuper (en l'espèce, un groupe de jeunes délinquants, placés dans un foyer, s'en est échappé pour saccager un bateau ; le propriétaire du bateau a été indemnisé par le foyer en raison de la relation particulière de celui-ci avec les auteurs des faits[7]). En somme, la Cour a considéré que la relation particulière ressortait des circonstances et surtout, elle a apporté une précision inédite : il fallait désormais considérer que toute personne supportait un devoir de vigilance et de prudence dès que la victime avait été une victime prévisible, la preuve contraire étant toujours possible. Puis, toujours dans le louable but d'indemniser la victime, la jurisprudence, dans

5. Bourhill v Young [1943] AC 92 ; Lamb v Camden [1981] EWCA.

6. Hedley Byrne v Heller [1964] : Heller était la banque d'un client de Hedley Byrne. Heller a fourni à Hedley Byrne une référence concernant sa fiabilité financière de son client qui s'est révélée inexacte.

7. Home Office v Dorset Yacht [1970] AC 1004.

les années 80, a continué à étendre le « principe du voisin »[8]. La Cour confirme, si besoin est, un principe et une exception : si le préjudice causé à telle personne était prévisible par le défendeur, alors celui-ci est tenu d'un devoir de vigilance ; mais, il peut y échapper s'il prouve qu'il existe de valables raisons d'exclure ce devoir. En pratique, les juges ont très peu admis ces raisons valables[9], de sorte que l'indemnisation des victimes fut énormément facilitée dans les années 1980. En réaction, la Chambre des Lords a amorcé un retour à une position plus nuancée[10]. C'est en 1990, par l'affaire *Caparo*[11], qu'un net coup d'arrêt fut porté à la conception extensive du principe du voisin. Les faits étaient les suivants : plusieurs personnes projettent d'acheter des actions et, afin d'évaluer correctement leur prix, elles se fondent sur l'évaluation réalisée par un expert, évaluation destinée aux actionnaires de l'époque. Considérant que l'évaluation avait été faite par négligence, les acheteurs soulèvent la responsabilité de l'expert ; mais leur demande est rejetée pour deux raisons : d'une part, il n'y avait pas de relation de suffisante proximité entre l'expert et les acheteurs et, d'autre part, il ne serait pas équitable, juste et raisonnable (*fair, just and reasonable*) d'imposer un tel devoir à l'expert au profit des acheteurs ; en d'autres termes, l'expert, lors de son évaluation des actions, menait sa mission à destination des actionnaires et non des acheteurs potentiels ; son évaluation était donc une sorte de document à usage interne qui n'avait pas été établi à d'autres fins. Il ne s'agit désormais plus de raisonner en principe large et exception restreinte, mais au contraire de revenir à une articulation équilibrée des deux : concrètement, l'existence d'un devoir de prudence et d'attention (*duty of care*) suppose l'application du principe du voisin (relation de proximité entre les parties et victime prévisible) ; l'exception consistant à l'écarter pour des raisons d'ordre public (jusqu'à l'arrêt *Caparo* assez systématiquement refuser) doit désormais prendre en compte ce qui est juste et raisonnable : est-il équitable, juste et raisonnable (*fair, just and reasonable*) d'imposer un tel devoir au défendeur ? Par exemple, les juges ont considéré que, face à un soldat saoul, l'armée n'était pas débitrice d'un *duty of care* à son profit pour éviter qu'il ne boive de manière excessive[12] ; en revanche, elle était débitrice d'un tel devoir dès lors que ce marin s'était effondré dans un état comateux et qu'il avait été ramené à sa chambre par d'autres soldats. Cette distinction entre les deux étapes s'explique par le troisième critère (*fair, just and reasonable*) ; plus précisément, l'armée n'a guère de contrôle sur l'ébriété d'un marin ; en revanche, elle peut parfaitement contrôler les conséquences de cet état en prenant les mesures adéquates (placer un surveillant à ses côtés, appeler un médecin, etc.). Une autre affaire montre combien cette idée du contrôle que le débiteur peut exercer, en prévention, sur la situation dommageable est un critère de ce qui *fair, just and reasonable :* une entreprise est chargée de contrôler la qualité de l'eau potable[13] dans une région d'Inde, mais de nombreuses personnes, ayant bu l'eau

8. Anns v Merton [1978] AC 728 HL.
9. Junior Books v Veitchi Co Ltd [1982] UKHL 4.
10. Governors of the Peabody Donation Funds v Sir Lindsay Parkinson and Co [1985] AC 210 ; Murphy v Brentwood [1990] HL.
11. Caparo v Dickman [1990] UKHL 2.
12. Barrett v Ministry of Defense [1995] 3 All ER 87.
13. Sutradhan v Nerc [2006].

certifiée potable, furent contaminées. Ces victimes soulèvent la responsabilité de l'entreprise mais elles sont déboutées car le laboratoire n'avait aucun contrôle sur une autre étape, la distribution de l'eau et la qualité des tuyaux. L'on peut observer qu'au lieu de raisonner en termes de faute et de causalité comme le droit français le ferait, c'est en phase liminaire d'identification du *duty of care* que se positionnent les juges : il ne serait pas juste, équitable et raisonnable d'imposer un tel devoir à une personne qui ne peut pas contrôler toute la chaîne de distribution d'eau potable.

Diverses jurisprudences démontrent combien la notion de *duty of care* peut être subtile. Les affaires *Marc Rich* et *Perrett* l'illustrent bien. Dans l'affaire *Marc Rich*[14], un bateau est inspecté par un certificateur qui atteste du bon état du navire et de son aptitude à naviguer. Mais, une fois en mer, le bateau subit une avarie et sa cargaison plonge. Le propriétaire des marchandises soulève la responsabilité du certificateur pour *negligence*. La Chambre des Lords rejette la demande au motif que ce ne serait ni juste, ni équitable, ni raisonnable. En revanche, deux ans plus tard, dans une affaire similaire, la solution fut exactement inverse. Il ne s'agissait plus d'un bateau mais d'un avion ; censé être fiable pour transporter des passagers, il s'écrasa et l'un des passagers fut blessé. Celui-ci assigna alors l'expert pour *negligence* et sa responsabilité fut reconnue. Comment expliquer que dans la première hypothèse l'expert n'était pas débiteur d'un *duty of care* alors qu'il l'était dans la seconde hypothèse ? Deux éléments permettent de conserver la cohérence du raisonnement : d'une part, dans l'affaire *Marc Rich*, le préjudice était matériel alors qu'il était physique dans *Perrett*[15] ; d'autre part, la première affaire reposait sur des considérations de droit du transport de marchandises par mer, domaine dans lequel les assurances capables sont capables d'indemniser le propriétaire pour la perte de marchandises, le recours aux *torts* étant alors inutile.

En somme, l'existence du *Duty of Care* suppose trois critères : une relation de proximité entre demandeur et défendeur, une victime prévisible et que la reconnaissance du devoir soir juste, équitable et raisonnable. Il faut garder à l'esprit que les juges anglais devant, en parallèle de l'analyse d'une demande, respecter la logique de *Common law* et du *Precedent*, ces trois éléments constitutifs ne sont indispensables que pour des hypothèses n'ayant pas encore tranchées par la jurisprudence[16].

§ 2. LES FACTEURS D'INFLUENCE

676 **Facteurs d'influence sur les conditions de la *negligence*.** À ces conditions doivent être ajoutés divers facteurs qui influencent la qualification de *duty of care*. Ainsi, la nature du dommage doit être prise en compte afin de déterminer plus précisément si le défendeur était tenu d'un tel devoir : en d'autres termes, le défendeur était-il tenu d'un devoir de ne pas causer un dommage économique ? Est-il obligé de ne pas provoquer de dommage psychologique ? Le dommage est ainsi, contrairement au droit français, un élément d'appréciation du fait

14. Marc Rich v Bishop Rock Marine [1996].

15. Perrett v Collins [1998].

16. Lord REED, in Robinson v Chief Constable of West Yorkshire Police [2018] UKSC 4 ; E. FINCH and S. FAFASKI, *op. cit.*, p. 9.

générateur. Ensuite, en droit anglais, l'abstention n'est pas automatiquement source de faute, bien au contraire : si le dommage a été provoqué par la passivité du défendeur, cela ne suffit pas à prouver la *negligence*. Enfin, si le fait dommageable a été causé par un tiers, le défendeur peut être tenu responsable pour son manque de vigilance.

En somme, ces facteurs d'influence se résument ainsi : il s'agit du type de dommage (A), de l'action ou abstention du défendeur (B) et du fait tiers (C).

A. LE TYPE DE DOMMAGE

677 **Présentation.** Contrairement au droit français, le droit anglais intègre la nature du dommage comme élément à prendre en compte pour déterminer l'existence de la faute, car élément du *duty of care*. S'agissant des dommages corporels, il ne fait aucun doute qu'une personne ne doit pas blesser ou tuer une personne qui entretient une relation de proximité avec le responsable et qui est une victime prévisible. La personne est responsable, parce qu'elle devait respecter le devoir de *duty of care*. En revanche, si la victime subit des dommages matériels (1) ou un dommage psychologique (2), l'existence d'un *duty of care* est plus complexe à envisager.

1. Dommage matériel

678 **Dommage matériel. Dommage purement économique.** De manière surprenante, le droit anglais n'indemnise pas *ipso facto* tout dommage matériel, car il n'est pas systématique de devoir éviter la réalisation d'un tel dommage. En d'autres termes, le dommage matériel n'est indemnisé par le défendeur que si celui-ci supporte un *duty of care* de ne pas causer ces dommages matériels. Tel est le cas dans trois hypothèses : si les dommages matériels sont une conséquence du dommage corporel, s'ils constituent une atteinte au droit de propriété (ou une conséquence matérielle de celle-ci) ou si le dommage consiste en une perte financière résultant d'une mauvaise information prodiguée par un professionnel. Les deux premières hypothèses visent ainsi les conséquences matérielles d'une atteinte à l'intégrité physique ou au droit de propriété et sont appelées *Consequential economic loss*.

La jurisprudence est abondante en matière de *consequential economic loss*. Par exemple, un laboratoire[17] a, par inadvertance, libéré un virus affectant potentiellement les bovins, ce qui a contraint les autorités à imposer une fermeture provisoire des ventes d'animaux. Un maquignon, ainsi obligé de suspendre ses ventes, soulève la responsabilité du laboratoire afin d'obtenir la compensation de son manque à gagner ; il fut débouté car ce dommage ne constituait pas une *consequential economic loss*. En revanche, une telle qualification fut reconnue à la perte subie par un fabricant de métal[18]. Précisément, le défendeur coupe un câble électrique par maladresse. La victime, fabricant d'acier, ne pouvait alors plus fabriquer correctement un métal de qualité et, malgré la coupure, il a continué à produire de l'acier, mais de piètre qualité. Elle obtint une double indemnisation, pour la perte de profits résultant des premières

17. Weller v Mouth Disease Institute [1966].
18. Spartan Steel & Alloys Ltd v Martin & Co (Contractors) Ltd [1973] CA.

fournées d'acier qu'il avait dû jeter et pour les fournées ultérieures, de moindre qualité. Ces deux types de pertes constituaient des *consequential economic losses*.

679 **Fourniture d'information ou de service de conseils.** La troisième hypothèse (perte financière résultant d'une mauvaise information prodiguée par un professionnel) a été créée par l'affaire importante *Hedley Byrne v. Heller*[19] (*Negligent Misstatement*). Quatre conditions sont exigées afin de soulever la responsabilité du dispensateur de l'information erronée : il faut tout d'abord une relation spéciale de confiance entre les parties, qui ressort du fait que celui qui dispense l'information soit doté de compétences et dispose de ces connaissances[20] ; la partie ayant dévoilé des informations a assumé le risque de ce qu'il affirmait, l'autre partie s'est appuyée sur ces informations pour prendre des décisions, et, enfin, le fait qu'elle ait cru et compté sur elles était raisonnable au regard des circonstances. Il faut noter que la responsabilité concerne le dispensateur d'information, parce qu'il a donné de mauvais renseignements, et non par son comportement ; en d'autres termes, le cœur de la *negligence* doit être ce qu'il a dit et non ce qu'il a fait. Cette jurisprudence a été appliquée à un expert médical payé par le client pour apporter des éléments de preuve devant le juge[21]. De même, l'employé d'une compagnie pétrolière avait conseillé l'acheteur d'une station-service en lui indiquant le chiffre d'affaires réalisable, mais les quantités de carburants vendues se sont révélées deux fois moins importantes. Il fut jugé responsable et dut indemniser le dommage économique du propriétaire de la station-service[22]. En matière médicale, le médecin peut être tenu d'indemniser le préjudice purement économique causé par une mauvaise information. Par exemple, dans l'affaire *Goodwill v. British Pregnancy Advisory Service*, prononcée en 1996, un médecin informe son patient que la vasectomie qu'il a subie s'est parfaitement bien réalisée[23]. Quelque temps plus tard, le patient rencontre une femme qui tombe enceinte. Celle-ci réclame des dommages-intérêts au médecin afin de compenser les dépenses purement financières liées à la naissance et l'éducation de l'enfant, en se fondant sur la jurisprudence Hedley : elle avait cru à la stérilisation de son compagnon et avait arrêté toute contraception. Sa demande aurait pu aboutir, mais les juges ont estimé que le médecin avait accepté le risque de responsabilité découlant de son affirmation à l'égard de son patient et non à l'égard du partenaire de son patient, rencontré plus tard. Toutefois, s'agissant du dommage financier lié à la naissance d'un enfant non désiré mais en bonne santé, les juges anglais ont affirmé qu'il ne pouvait s'agir d'un poste de préjudice indemnisable[24]. Toutefois, le souci d'accorder un soutien financier à la mère explique quelques hésitations jurisprudentielles : par exemple, les juges anglais ont accordé des dommages-intérêts à une mère handicapée à la suite d'une chute, et ayant donné naissance à un enfant en bonne santé, officiellement pour compenser sa perte d'autonomie, ce qui

19. Hedley Byrne v Heller [1964] AC 465 (HL).
20. Esso Petroleum Co Ltd v Mardon [1976] CA.
21. Jones v Kaney [2011] SC.
22. Esso Petroleum Co Ltd, précité.
23. Goodwill v British Pregnancy Advisory Service [1996] 1 WLR 1397.
24. McFarlane v Tayside Health Board [2000].

lui ouvrit droit à une indemnité, appelée « récompense conventionnelle » de 15 000 £[25].

La responsabilité pour information donnée par *negligence* suppose aussi qu'elle soit assumée, en amont, par le défendeur dispensateur de l'information et que la victime ait agi en se fondant sur cette information. Ainsi en est-il d'un policier qui demande à un collègue quelles seraient les conséquences sur son contrat de travail de sa mutation dans un autre commissariat ; l'information, finalement erronée, causa un préjudice financier à la victime qui en obtint l'indemnisation[26]. En revanche, si le défendeur n'a pas assumé, en donnant des informations, être responsable des conséquences financières, la victime ne peut pas en obtenir la compensation. Tel fut le cas d'une banque qui avait été avertie par les douanes de l'existence de créances sur le compte d'un redevable et de la nécessité qu'elle avait de ne pas autoriser de paiements sur ce compte ; mais la banque permit au titulaire du compte de faire des retraits, ce que les douanes lui reprochèrent sur le terrain de la *negligence ;* mais la Chambre des Lords rejeta la responsabilité de la banque qui n'avait jamais assumé volontairement auprès des douanes qu'elle interdirait tout mouvement sur le compte ; en effet, l'interdiction des paiements émanait d'un ordre, par essence, imposé à la banque et non choisi par elle[27].

Plus récemment, la *High Court* a appliqué ce raisonnement au registre des sociétés. En l'espèce, un agent du registre des sociétés modifie, par erreur, les statuts d'une société, laissant apparaître qu'elle fait face à une procédure de liquidation[28]. Face à cette information, nombreux créanciers lui retirent leur concours financier notamment, ce qui provoqua une perte de 9 millions de livres et la mise en redressement de l'entreprise. La *High Court* considéra que le registre des sociétés assumait à l'égard des sociétés le devoir de tenir correctement les comptes et devait donc en régler les conséquences financières. Mais elle ajouta que ce devoir ne s'étendait pas aux créanciers de la société ou à ses investisseurs. Cette responsabilité a été reconnue dans le cadre d'affirmations pré-contractuelles, lors de la négociation de l'achat d'un terrain destiné à être utilisé pour chasser du gibier ; le vendeur fut reconnu responsable pour les informations erronées qu'il avait fournies, alors même que la victime n'était plus l'interlocuteur initial, mais la société que celui-ci avait constituée entretemps[29].

Tandis que le domaine originel de ce cas de responsabilité était la fourniture d'information ou de conseils, la jurisprudence l'a étendu à la fourniture d'une prestation de service. La première décision en ce sens concerna un avocat ayant rédigé un testament pour un client avec *negligence*. Bien que sa mission ne se soit pas limitée à la seule fourniture de conseils, les juges admirent qu'il avait le devoir, en rédigeant le testament, de ne pas provoquer de pertes financières à son client[30].

25. Rees v Darlington Memorial Hosp. NHS *Trust* [2003].

26. Lennon v Commissioner of Police of the Metropolis [2004].

27. Customs and Excise v Barclays Bank Plc [2006] UKHL 28.

28. Sebry v (1) Companies House and (2) The Registrar of Companies. Reference [2015] EWHC 115 (QB).

29. Cramaso LLP v Ogilvie-Grant [2014] UKSC 9.

30. Ross v Caunters [1980] : l'héritière obtint l'indemnisation de ce qu'elle n'avait pu obtenir en raison de la *Negligence* de l'avocat, l'ayant privé d'un testament valide ; *adde*, case Caparo, précité ; case Murphy, précité ; White v Jones [1995] HL ; Carr-Glynn v Frearsons [1999].

Les juges anglais ont ultérieurement étendu ces solutions à d'autres services que la rédaction de testaments. Ainsi, l'ex-employeur qui s'était trompé lors de la rédaction d'une recommandation de son ex-salarié (il l'avait, par erreur, qualifié d'incompétent et malhonnête, dans les références), fut tenu d'un devoir d'indemniser le préjudice économique du salarié consistant en la privation de salaires résultant de l'absence de nouvel emploi[31].

En dehors de ces situations, la *negligence* ne permet pas à la victime d'obtenir la compensation des dommages purement économiques (*pure economic loss*), car le débiteur ne supporte pas un *duty of care* de ne pas causer de dommages purement économiques. Contrairement au droit français, le droit anglais intègre la nature du dommage pour déterminer l'existence du devoir de prudence et de vigilance et, partant, la qualification de faute de *negligence*. Pourquoi un tel raisonnement. C'est une question de prévisibilité : le défendeur, potentiel responsable, doit connaître par avance les limites de son devoir.

2. Dommage psychologique

680 **Qualité de la victime.** Là encore, le manquement à la prudence et à la vigilance ne suffit pas à ouvrir droit à la victime à une indemnisation de son préjudice psychologique. Encore faut-il déterminer si le défendeur avait le devoir de ne pas causer un tel dommage à la victime. Il n'y a pas de doute si le dommage psychologique constitue une véritable maladie psychiatriquement reconnue[32]. À défaut, tout dépend de la qualité de la victime, primaire ou secondaire.

681 **Victime primaire. Victime secondaire.** Le droit anglais ne tient pas pour acquis qu'une personne, victime d'un dommage moral, soit en droit de réclamer des dommages-intérêts à l'auteur d'une *negligence*[33]. En effet, la question à laquelle il doit d'abord être répondu est la suivante : le défendeur supportait-il le devoir de prudence et de vigilance afin de ne pas provoquer de dommage psychologique à des personnes de son entourage ? Il est des situations dans lesquelles les juges anglais ont répondu par l'affirmative au regard des circonstances. Ainsi, un médecin qui établit un diagnostic erroné et annonce à son patient qu'il est atteint de syphilis doit l'indemniser de la profonde détresse psychologique dans laquelle il a été plongé depuis la rupture de son mariage qui a suivi[34]. Cette solution est pleinement justifiée au regard du « principe du voisin » et du caractère prévisible du statut de victime du patient.

En présence d'une situation de danger pour l'intégrité physique (tel qu'un accident de la circulation, une catastrophe dans un lieu public, etc.), la jurisprudence répond à cette question en opérant une distinction entre deux catégories de

31. Spring v Guardian Assurance [1995] HL.
32. Rothwell v Chemical and Insultating Co Ltd [2008] 1 AC 281 ; Johnston v NEI Intl Combustion Ltd [2007] UKHL 39.
33. Hicks v Chief Constable of South Yorkshire Police [1992] ; Brock v Northampton General Hospital NHS *Trust* [2014].
34. Pour un exemple américain, Molien v Kaiser Foundation Hospitals, 27 Cal. 3d 916 [1980].

victimes[35], les victimes primaires (*primary victims*) et les victimes secondaires (*secondary victims*).

682 **Victimes primaires.** Les premières victimes se définissent comme celles qui se situaient dans une zone de danger physique et qui ont fait face à un risque prévisible de dommage physique ; leur dommage psychologique doit être indemnisé si elles étaient au cœur du drame et pas seulement à proximité[36]. Par exemple, les juges ont refusé la qualité de victime primaire à un policier, en service dans un stade où il devait assurer la sécurité d'un match de football : un drame se produisit, causant de nombreuses victimes ; choqué de vivre en direct cette tragédie, il réclama au ministère de l'Intérieur, son employeur, des dommages-intérêts pour trouble psychologique. Il fut débouté, car n'étant pas en service au cœur du drame, il n'avait couru aucun risque d'être lui-même blessé, il n'était donc pas une victime primaire[37]. Récemment, les juges anglais ont admis l'indemnisation du préjudice psychologique pour une femme en train d'accoucher et qui comprend que son bébé ne peut pas être expulsé de son utérus en raison d'une négligence du personnel médical et qu'il s'étouffe ; la justification de la qualification de *primary victim* est intéressante : d'une part, l'enfant n'étant pas complètement expulsé, elle fait toujours corps avec lui ; d'autre part, elle subit un choc brutal et traumatisant et est au cœur de l'événement[38].

683 **Victimes secondaires.** En revanche, les victimes secondaires ne reçoivent aucune indemnisation, sauf exception explicitée par la jurisprudence Alcock[39]. Trois conditions sont nécessaires à la qualification de victime secondaire, susceptible d'être indemnisée. En premier lieu, la victime secondaire et la victime primaire doivent être des proches, au sens où il est prévisible que la connaissance par la victime secondaire du dommage subi par la victime primaire lui cause un trouble psychologique[40]. En deuxième lieu, la victime secondaire doit avoir été dans une proximité de temps et de lieu avec l'accident[41] ; en 2024, la Cour suprême a précisé que cette proximité devait être appréciée par rapport à l'accident et non par rapport à la faute du défendeur, les deux événements pouvant être distincts[42]. Enfin, le trouble psychologique doit revêtir un caractère d'une particulière horreur, par exemple, résulter du bruit impressionnant provoqué par l'accident ou de la vue traumatisante de la scène tragique.

Reprenons chacune des trois conditions pour les illustrer. S'agissant de la relation proche entretenue entre les deux victimes, de nombreuses relations s'imposent

35. Alcock v Chief Constable of South Yorkshire Police [1991] UKHL 5 ; Taylor v Novo [2013] QB 150.
36. Page v Smith [1996] 1 AC 155 House of Lords ; Attia v British Gas Plc [1988] QB 304.
37. White v Chief Constable of the South Yorkshire Police [1998] 3 WLR 1509.
38. RE v Calderdale & Huddersfield NHS Foundation *Trust* [2017] EWHC 824 (QB).
39. Alcock v Chief Constable of South Yorkshire [1992] 1 AC 310.
40. McLoughlin v O'Brien 1983 1 AC 410 (HL) ; Taylor v A Novo (UK) Ltd [2013] EWCA Civ 194 ; Paul v The Royal Wolverhampton NHS Trust 2020 EWHC 1415 (QB) ; Purchase v Ahmed 2022 EWCA Civ 12.
41. Taylor v Novo, précité.
42. Paul v Royal Wolvenhampton NHS Trust, Polmear v Royal Cornwall NHS and Purchase v Ahmed [2024] UKSC 1.

d'elles-mêmes en raison des liens d'affectation entre les primaires et les secondaires, telles que la relation parent/enfant[43], époux/épouse, etc. ; en revanche, les liens d'affection entre d'autres membres d'une même famille sont moins évidents et supposent d'être prouvés. Ainsi en est-il de la relation entre beaux-frères : le beau-frère d'une victime d'accident devra prouver sa proximité affective s'il souhaite obtenir des dommages-intérêts pour trouble psychologique. Le lien de proximité peut également apparaître en dehors de toute relation affective : par exemple, le témoin visuel d'un terrible accident est une victime secondaire, car il est vraisemblable que, assistant au drame, il comprend que des personnes seront blessées, ce qui le plonge dans l'effroi. Récemment, une grand-mère comprenant que sa fille qui accouche risque de perdre son bébé qui est, à la suite d'une négligence médicale, en train d'étouffer, a été qualifiée de victime secondaire, car le traumatisme était incontestablement d'une très forte intensité et a été brutal[44]. *Quid juris* pour un dommage causé à l'enfant avant sa naissance ? Un texte spécial (*Congenital Disabilities (Civil Liability) Act 1976*) reconnaît à l'enfant né vivant le droit d'agir en indemnisation pour les handicapés subis s'ils résultent de dommages causés à la mère pendant la grossesse, l'accouchement ou avant la conception.

Vers une distinction entre les victimes secondaires en cas de responsabilité médicale ?

Récemment, la Cour suprême du Royaume-Uni semble avoir posé une limite importante à l'indemnisation d'une victime secondaire, témoin des souffrances d'un proche causées par le corps médical ayant fait une erreur de diagnostic (*Paul v Royal Wolvenhampton NHS Trust, Polmear v Royal Cornwall NHS and Purchase v Ahmed [2024] UKSC 1*). En effet, la Haute juridiction a considéré que, lorsqu'un médecin a fait une erreur de diagnostic qui a contribué au décès d'une personne (victime primaire), il n'est pas tenu d'un *Duty of Care* à l'égard de ses proches, les victimes secondaires, qui auraient souffert psychologiquement de la voir mourir et qui ne peuvent donc pas obtenir indemnisation de ce chagrin, car une telle faute ne constitue pas un accident, condition nécessaire pour que le demandeur soit qualifié de victime secondaire ; ces trois affaires importantes ont permis à la Haute juridiction de rappeler que le *Duty of care* dû à ces victimes doit être autonome de celui dû à la victime première.

Les deux dernières conditions font l'objet d'un traitement particulièrement sévère de la part des tribunaux anglais. Ainsi, la présence physique et le bruit ou la vue de l'accident sont requis et analysés avec pragmatisme. Par exemple, si une personne est avertie par un tiers qu'un accident terrible a eu lieu, le trouble psychologique causé ne peut pas être indemnisé. La question s'est posée de savoir si la vision d'un drame, à travers la télévision, pouvait satisfaire aux dernières conditions et la réponse fut affirmative si les victimes filmées, en train de subir le drame, étaient identifiables ; à défaut, le spectateur, même s'il savait que l'un des siens assistait à l'événement se

43. Pour un exemple américain, voir Dillon, SC of California [1968].
44. RE v Calderdale & Huddersfield NHS Foundation *Trust* [2017] EWHC 824 (QB).

transformant en direct en drame ne peut rien réclamer. Récemment, les juges anglais ont débouté le mari d'une femme qui avait été admise en urgence à l'hôpital et qui réclamait des dommages-intérêts pour avoir assisté à la prise en charge par les équipes médicales et qu'il avait trouvé cela impressionnant. Les juges le déboutent au motif qu'il était ambulancier et qu'une prise en charge médicale aux urgences est peut-être impressionnante, mais pas pour autant traumatisante[45]. De même en fut-il de l'homme qui assista à l'accouchement de sa compagne et qui donna naissance à un enfant mort-né, la mère ayant été victime d'une *negligence* ; bien qu'il vît son enfant sans vie, la scène ne fut pas considérée comme suffisamment traumatisante pour justifier l'octroi de dommages-intérêts[46]. Toutefois, il faut observer que les juges anglais ont adopté une position plus clémente à l'égard des victimes secondaires, en 2024, en abandonnant des critères d'appréciation désormais inopérants : il n'est plus nécessaire de prouver qu'elles ont subi un choc soudain et d'une particulière horreur, ni d'analyser si le traumatisme psychologique a eu lieu dans un laps de temps rapproché de l'accident ou non[47]. Ainsi, de plus nombreuses victimes secondaires pourront désormais espérer obtenir l'indemnisation de leur préjudice psychologique, du moins s'il ne s'agit pas d'erreur de diagnostic[48].

Une fausse information peut-elle justifier des dommages-intérêts pour choc émotionnel ?

Si une fausse information traumatisante a été adressée à une personne, celle-ci peut obtenir des dommages-intérêts, si la diffusion ait été faite dans le but intentionnel de lui provoquer un choc (*Wilkinson v. Donwtown* [1897] ; *Wainwright v. Home Office* [2003]). De même en est-il si la diffusion a été faite par négligence. Par exemple, un homme qui, arrivant à l'hôpital où sa femme venait d'accoucher, apprend que l'enfant est mort ; alors qu'il berce le corps du petit défunt pendant 20 minutes dans le couloir, une infirmière lui annonce qu'une confusion a été faite et que ce n'est pas son enfant qui, lui, est bien vivant (*Farrell v. Avon Health Authorithy* [2001]) ; de même pour l'annonce erronée du décès d'un bébé à son père alors qu'il était vivant et que le soulagement ne lui fut annoncé que six heures plus tard (*Allin v. City & Hackney Health Authority* [1996]).

684 **Propriété et dommage psychologique.** Enfin, une dernière question s'est posée toujours à propos du dommage psychologique : l'atteinte matérielle portée à l'un de ses biens provoque une détresse psychologique chez le propriétaire, celui-ci peut-il réclamer la compensation de ce choc ? Les juges l'ont admis à

45. Liverpool Women's Hospital NHS Foundation *Trust* v Ronayne [2015] EWCA Civ 588.
46. Wild v Southend Hospital NHS *Trust* [2014].
47. Paul v Royal Wolvengampton NHS Trust, Polmear v Royal Cornwall NHS and Purchase v Ahmed, précité.
48. Voir encadré *supra*.

propos d'un propriétaire, profondément affecté à la vue de sa maison en train de brûler[49].

685 **Notion de trouble psychologique.** La jurisprudence a été invitée, de nombreuses fois, à préciser la notion de trouble psychologique. La simple crainte d'un événement n'est pas suffisante[50], de même que la tristesse[51]. Il faut avoir ressenti une intense émotion d'être soi-même en danger ou qu'une personne proche (physiquement ou affectivement) le soit[52]. Il est aussi possible d'invoquer un véritable stress post-traumatique[53] ou des troubles de la personnalité[54].

Les sauveteurs et le stress post-traumatique

La jurisprudence a longtemps reconnu un sort favorable aux sauveteurs (pompiers, médecins, policiers) qui assistaient à des situations dramatiques causant des troubles psychologiques en leur accordant la compensation de ces dommages (*Chadwick v. British Railways Board 1967* ; *Alcock 1991*). Cette solution était parfaitement admise pour des raisons socio-politiques : il fallait encourager l'action des sauveteurs et les protéger. Ils étaient donc considérés comme des victimes primaires. Néanmoins, cette solution a été modifiée et désormais ils sont soumis aux conditions classiques, de telle sorte qu'ils ne sont plus présumés être des victimes primaires (*White v. Chief Constable of South Yorkshire 1998*). Ainsi, une volontaire, aidant la police dans le cadre d'une enquête sur un tueur en série, a obtenu des dommages-intérêts de la police en raison de l'absence d'accompagnement psychologique de la part du service (*Leach v. Gloucester Constabulary [1999] 1 WLR 1421*).

B. LA NÉGLIGENCE PAR ABSTENTION

686 Une personne qui s'abstient d'agir ne commet aucune faute, car le *duty of care* n'inclut pas les comportements passifs. À ce principe général (1) s'ajoutent quelques exceptions (2).

1. L'indifférence de l'abstention

687 **Absence de devoir par abstention.** Le droit anglais ne reconnaît aucun principe selon lequel la passivité d'une personne pourrait constituer une *negligence*[55]. Techniquement, cela signifie que le *duty of care* n'inclut pas un devoir d'agir pour empêcher un dommage. L'abstention ne peut pas être constitutive d'une faute de

49. Attia v British Gas Plc [1988] QB 304.
50. Hicks v Chief Constable of South Yorkshire [1992] All ER 65 HL.
51. Hinz v Berry 1970 ; Sion 1994 ; Vernon v Bosley n° 1 [1997] RTR (CA).
52. Dulien v White [1901] 2 KB 669.
53. Laech v Chief Constale of Gloucestershire Constabulary [1999] 1 WLR 1421 (CA).
54. Vernon v Bosley n° 1 [1997] RTR (CA).
55. Lord GOFF, in Smith v Littlewoods Organisation Ltd [1987] UKHL 18 ; Lord Hoffman in Stovin v Wise [1996] UKHL 15.

negligence, sauf circonstances particulières. Cette règle s'exprime à travers deux adages : le premier "*Don't burden on me*" traduit l'idée qu'il ne faut pas accabler une personne pour son omission ; le second "*Why pick on me?*" traduit l'idée qu'une abstention ne peut constituer qu'un événement dans une chaîne d'autres événements et qu'il n'y a pas de véritable raison d'accabler plus une personne qu'une autre pour sa passivité. C'est pourquoi une personne qui en voit une autre sauter d'une falaise et qui ne fait rien ne peut pas voir sa responsabilité soulevée[56]. Une autre affaire confirme que le *duty of care* n'inclut pas le devoir d'agir : un accident de la circulation se produit à un carrefour, car un monticule de terre altère la visibilité de l'un des conducteurs. Les victimes engagent la responsabilité de la commune pour ne pas avoir rasé ce monticule, source de danger, mais elles sont déboutées au motif qu'elle n'avait pas le devoir d'agir[57]. Le mot *Omission* suscite des critiques récentes, de sorte que certains proposent de distinguer deux réalités derrière ce terme, d'une part l'abstention qui a aggravé la situation de la victime (*Worsening*) et, d'autre part, celle qui consiste à ne pas avoir procuré un avantage à la victime (*Failing to confer a benefit*)[58].

2. Les exceptions

688 **Acceptation de responsabilité.** La première exception dégagée par la jurisprudence s'applique aux hypothèses dans lesquelles le défendeur a accepté, expressément ou implicitement, d'assumer sa responsabilité en cas d'omission ou d'abstention qui aurait été dommageable[59]. D'ailleurs, cette acceptation est souvent en lien avec le fait d'un tiers[60]. En d'autres termes, une personne, qui par sa passivité, a facilité la commission par un tiers d'une faute dommageable, se verra déclarer responsable. Par exemple, un architecte d'intérieur, chargé par le propriétaire d'une maison de refaire la décoration, avait reçu les clés afin d'aller et venir à sa guise dans la propriété ; mais, un jour, ayant oublié de verrouiller la porte, un cambrioleur s'y est introduit pour dérober des objets. L'omission de l'architecte fut retenue comme violation du *duty of care*[61]. Plus récemment, plusieurs arrêts se sont prononcés sur la passivité des services sociaux face à des enfants maltraités par leurs familles : ces services auraient-ils dû les protéger ? Les juges anglais répondent par la négative, car ces enfants n'avaient pas fait, au moment des faits, l'objet d'une mesure de placement ; leur abstention n'était donc pas fautive[62].

56. Yuen Kun v Attorney-General of Hong Kong [1987] PC.
57. Stovin v Wise [1996] 3 WLR 389.
58. Lord Reed in Robinson case, précité ; Lord BURROWS, Speech about Omissions in Tort Law by Sandy Steel, 7 févr. 2025 ; Omissions in the Tort of Negligence : HXA, YXA and Tindall, 3 juin 2025 ; www.supremecourt.uk.
59. S. Steel, Omissions in Tort law, Oxford Univ. Press, 2024 ; adde, Lord Burrows, précité.
60. V. *infra*, n° 692.
61. Stansbie v Troman [1948] 2 KB 48 ; *adde* Costello v The Chief Constable of Northumbria Police [1999] 1 All ER 550 ; Watson v British Boxing Board of Control [2001] QB 1134.
62. HXA/YXA v Surrey County Council ; YXA v Wolverhampton CC ; [2023] UKSC 52 ; comp. CN & GN v Poole BC [2019] UKSC 25 : famille prise en charge par les services sociaux.

689 **Relation entre défendeur et fautif. Contrôle.** La deuxième exception repose sur la relation spéciale entre la personne s'étant abstenue et le fautif. Précisément, si la première exerce un contrôle sur la seconde, sa passivité peut être source de responsabilité lorsque la faute du second a causé un dommage. Ainsi, la police est responsable lorsqu'une personne placée en garde à vue tue un voisin de cellule. En revanche, si la police suspecte une personne d'être tueur et ne l'arrête pas, faute de preuve en l'état, elle ne sera pas tenue responsable pour le meurtre éventuellement commis ultérieurement. Toutefois, les juges anglais ont récemment tenu à rappeler qu'il ne faut pas déduire du seul préjudice de la victime une quelconque responsabilité du fait du tiers, car, aussi pénible que soit la situation de la victime, cela ne doit pas pour autant faire peser sur la communauté le poids de l'indemnisation[63]. En outre, le fait que le défendeur soit une personne privée ou une autorité publique ne semble pas faire de différence[64].

690 **Risque créé.** La troisième exception s'explique par le danger créé par sa passivité. Un livreur, livrant diverses marchandises à l'aide d'une charrette, le laisse sans surveillance ; un bruit effraie les chevaux qui s'emballent et blessent des victimes. Le livreur fut déclaré responsable pour sa passivité, source de danger[65]. En revanche, une voiture laissée ouverte et moteur en marche, ne constitue pas un danger, de sorte que si elle est volée et qu'elle est impliquée dans un accident, seul le voleur sera responsable et non le propriétaire pourtant imprudent[66]. Cette différence de traitement entre le conducteur d'une charrette et celui d'une voiture peut s'expliquer par le fait que les chevaux peuvent s'emballer à tout moment, tandis qu'une voiture n'est pas censée bouger sans l'intervention d'un tiers. Plus récemment, la Cour suprême a introduit le principe d'interférence, reprochant au défendeur d'avoir aggravé la situation de la victime en empêchant le sauvetage par un tiers[67].

691 **Autorisation du fautif par le défendeur.** Enfin, le propriétaire d'un immeuble peut également être tenu responsable pour sa passivité si une personne qu'il avait autorisée à entrer a causé des dommages à un tiers. Par exemple, les propriétaires d'un stade seront tenus responsables pour les dégâts causés par des hooligans[68].

C. LA NÉGLIGENCE ET LE FAIT D'UN TIERS

692 ***Negligence* et responsabilité du fait fautif d'autrui.** Comme il vient d'être vu, la passivité peut constituer, à titre exceptionnel, une *negligence* alors même que la faute a été commise par un tiers. Or, cette solution est loin d'être une évidence en droit anglais. En effet, une personne peut-elle être tenue pour responsable de la faute commise par un tiers, alors même qu'elle n'aurait elle-même rien fait ? En

63. Michael v Chief Constable of South Wales Police [2015] UKSC : un policier ne réagit pas à l'appel au secours d'une victime qui sera finalement tuée par un criminel.
64. Lord Burrows, précité ; HXA/YXA v Surrey County Council, précité.
65. Haynes v Harwood [1935] 1 KB 146.
66. *Adde* P Perl (Exporters) Ltd v Borough of Camden [1984] QB 342.
67. Tindall v Chief Constable of Thames Valley Police [2024] UKSC 33.
68. Cunningham [1991] 4 All ER 310.

principe, la réponse est clairement non : il n'existe pas de devoir général d'assumer les fautes d'autrui, le droit anglais préférant toujours privilégier la seule responsabilité pour fait personnel[69].

Toutefois, il est des situations dans lesquelles la responsabilité pour faute d'autrui est admise, dès lors que le défendeur supportait un devoir de prudence et de vigilance d'assumer les fautes d'un tiers. Par exemple, une entreprise perce un tuyau d'eau par maladresse, ce qui inonde une maison devenant alors inhabitable ; elle est alors squattée par des clochards qui la détériorent davantage encore ; le propriétaire procède à des réparations supplémentaires dont il demande indemnisation à l'entreprise. Celle-ci doit-elle supporter les dommages causés par les squatters dont la présence a incontestablement été facilitée par l'endommagement initial du tuyau d'eau ? Loin d'être un problème de causalité, c'est une question de *duty of care* qui est posée aux juges anglais : ils doivent déterminer si une personne a le devoir non seulement de pas causer, activement, un dommage, mais encore ne pas se comporter de façon à faciliter la réalisation d'un autre dommage (ou l'aggravation de celui-ci) par un tiers. À cette question complexe, les juges anglais répondent par l'affirmative[70].

Ainsi, si l'on raisonne à la lumière du droit français, cela signifie que la *negligence* personnelle peut s'étendre aux faits dommageables causés par un tiers. Il s'agit d'une responsabilité du fait d'autrui justifiée par la faute initiale du défendeur[71]. Par analogie, il s'agit d'un mécanisme proche de la responsabilité des instituteurs du fait des élèves ou de la responsabilité des parents avant l'arrêt Bertrand.

693 **Conditions.** Le droit anglais pose cinq conditions nécessaires afin de poursuivre le défendeur pour *negligence* à raison du fait fautif d'autrui :

— il doit exister une relation spéciale entre le responsable et le tiers fautif (parents/enfants, un propriétaire/les occupants de l'immeuble, un gardien de prison/le prisonnier, etc.) ;

— le responsable doit avoir, par sa négligence, créé une source de danger ;

— il connaissait l'existence de ce danger ;

— l'immixtion du tiers était prévisible ;

— le responsable n'a pas pris les mesures nécessaires pour empêcher cette immixtion.

Encore une fois, la casuistique anglaise oblige à scruter avec acuité les faits de chaque espèce afin de déterminer si ces conditions sont bien réunies en l'espèce. Ainsi, des jeunes délinquants, placés dans un foyer sous la responsabilité de gardiens, se sont échappés et ont endommagé un bateau. L'employeur des gardiens fut déclaré responsables, car les gardiens s'étaient endormis au lieu de surveiller les

69. Michael v Chief Constable of South Wales Police, précité.

70. Blyth v Birmingham Waterworks Co [1856] 11 Ex Ch 781.

71. Mais il ne s'agit pas d'une responsabilité de plein droit du fait d'un tiers ; *adde*, Chandler v Cape Plc [2012] EWCA Civ 525 : une société-mère fut déclarée responsable à l'égard du salarié d'une filiale, car elle avait accepté d'assumer sa santé et sa sécurité ; c'est le cas même si elle n'intervient pas directement dans la mise en œuvre de la protection du salarié, mais de manière indirecte, par exemple, en imposant des règles de bonne conduite aux filiales, finance la sécurité, contrôle les mesures prises, etc. ; rappr. pour une infraction pénale, R v NPS London Ltd [2019] EWCA Crim 228.

jeunes[72]. En revanche, le propriétaire d'un cinéma en cours de rénovation n'est pas responsable de l'incendie allumé par des squatters et qui s'est communiqué à l'immeuble voisin, car, n'étant pas informé de la présence de délinquants dans le quartier, une telle intervention de squatters était imprévisible[73]. Récemment, les juges anglais ont consacré la responsabilité des hôteliers lorsqu'un client a été victime de l'acte criminel d'un tiers[74].

SECTION 2 LA VIOLATION DU DEVOIR DE PRUDENCE

694 **Généralités.** Une fois établi que le défendeur supporte un devoir de prudence et de vigilance (*duty of care*), il faut encore déterminer s'il a violé ce devoir. La notion de violation (§ 1) doit être étudiée avant d'envisager sa preuve (§ 2).

§ 1. LA NOTION DE VIOLATION

695 Les juges anglais apprécient la violation du *duty of care* en se référant à des standards de comportement (A). Mais divers facteurs (B) sont également pris en compte par la jurisprudence et viennent atténuer l'appréciation du standard afin de rejeter la violation de devoir de prudence.

A. L'APPLICATION DE STANDARDS

696 Afin de conclure à l'éventuelle *negligence* du défendeur, il faut déterminer si son comportement constitue une violation de son *duty of care*. Les juges anglais parviennent à un résultat par l'application d'un standard général (1) qu'ils remplacent par un standard spécial selon la qualité du défendeur (2).

1. Un standard général

697 **Standard raisonnable. La personne raisonnable.** L'application du standard général consiste à déterminer si une personne raisonnable, placée dans les mêmes conditions, aurait agi de la même façon que le défendeur[75]. Dans l'affirmative, il n'y a pas violation du devoir de prudence. C'est l'arrêt *Blyth*, de 1856, qui a, pour la première fois, consacré cette référence à la personne raisonnable afin de

72. Dorset Home Office v Yacht [1976] UKHL 2.
73. Smith v Littlewoods Organisation Ltd [1987] UKHL 18.
74. Al-Najar and ors v the Cumberland Hotel (Lobdon) Ltd (2020 EWCA Civ 1716).
75. Blyth v Birmingham Waterworks Company (1856) 11 Ex Ch 781 : une entreprise, fournisseur d'eau pour une ville, installe des tuyaux à proximité d'une maison. L'hiver venu, le gel a fait exploser les tuyaux, ce qui a provoqué l'inondation de la maison du demandeur.

déterminer si le devoir de prudence a été violé. En l'espèce, une entreprise fournissait de l'eau à la ville de Birmingham ; elle a installé une bouche à incendie non loin d'une maison, celle de M. Blyth, mais, pendant l'hiver, particulièrement rigoureux, la canalisation gela, ce qui inonda la maison de M. Blyth. Celui-ci réclama donc à l'entreprise l'indemnisation de son préjudice. Afin de déterminer si l'entreprise avait enfreint son devoir de prudence, les juges appliquèrent le standard de la personne raisonnable : qu'est-ce qu'une personne raisonnable aurait fait dans ces circonstances ? La même chose ! Les circonstances météorologiques étaient exceptionnelles et une personne raisonnable dans les mêmes circonstances n'aurait pas pris davantage de mesures de précaution. Plusieurs années plus tard, la jurisprudence précise, si besoin était, que la personne raisonnable ne correspond pas à l'homme parfait, mais représente l'anglais moyen « qui prend l'omnibus pour Clapham »[76]. Le standard se rapproche ainsi de feu le bon père de famille ou, plus récemment, la personne raisonnable du droit français.

2. Des standards spéciaux

698 **Standards spéciaux.** Toutefois, ce standard général s'applique mal à certains défendeurs. Tout d'abord, la jurisprudence substitue un standard spécial au standard général lorsque le défendeur est un professionnel. Ainsi, la référence de comparaison n'est plus la personne raisonnable, mais le professionnel raisonnable : un professionnel raisonnable de la même activité aurait-il agi de cette façon ? C'est cette question qui a été posée dans l'affaire *Bolam*[77] : un médecin traitait un patient souffrant de dépression à l'aide d'électrodes, mais il ne lui prescrivit pas de relaxants musculaires, si bien que les hanches du patient se cassèrent. Afin de déterminer si le médecin avait manqué à son devoir de prudence, les juges lui appliquèrent, non pas le standard général, mais le standard spécial : qu'est-ce médecin raisonnable aurait fait dans les mêmes circonstances ? Ce raisonnement fut alors appliqué sous l'expression de « *Bolam Test* »[78]. Plus généralement, tout professionnel à qui un manquement de prudence est reproché doit voir son comportement apprécié par rapport aux professionnels de la même branche ; par exemple, il en a été ainsi pour le concepteur de fenêtres à double vitrage[79]. Comparer le défendeur professionnel à un professionnel raisonnable permet ainsi de tenir compte des spécificités d'une profession, ses difficultés et ce qui est raisonnablement attendu par les victimes.

Le standard général a également été abandonné au profit d'un standard spécial pour les concurrents et les spectateurs de compétitions sportives. Les compétitions sportives offrant, par nature, des risques accrus de dommages, il ne serait pas juste de comparer le comportement d'un sportif à celui d'une personne raisonnable. Le

76. Hall v Brooklands [1933] CA.

77. Bolam v Friern Hospital Management Committee [1957] 1 WLR 583, QBD 19 ; rappr. pour un exemple écossais, Hunter v Hanley [1955] Scott. Court 200.

78. Les règles de l'art peuvent être écartées par le juge s'il estime qu'elles n'étaient pas raisonnables (Bolitho v City and Hackney Health Authority [1988] C 232HL) ; par ailleurs, une erreur de diagnostic n'est fautive que si elle constitue une *negligence* ; ainsi, en l'absence de *negligence,* le corps médical a le droit à l'erreur (Brady v Southend University Hospital NHS Foundation Trust [2020] EWHC 158 ; Collyer v Mid Essex Hospitals NHS Trust [2019] EWHC 3577 (QB)).

79. Adams v Rhymney Valley [2001].

sportif n'engage donc sa responsabilité pour *negligence* que s'il a agi en violation flagrante des règles sportives ("*with reckless disregard*")[80]. Les sportifs ne sont pas les seuls à se voir appliquer un standard spécial, les arbitres également[81].

> **Responsabilité des médecins et obligation d'information**
> Les médecins doivent informer les patients des risques qu'ils encourent lors d'une opération ou d'un traitement médical, avant de recueillir leur consentement (*Montgomery v. Lanarkshire Health Board (Scotland) Hilary Term [2015] UKSC 11*) : ils doivent les informer de tous les risques auxquels un patient raisonnable attacherait de l'importance et des traitements alternatifs. L'information que le médecin doit donner est celle que tout médecin raisonnable donnerait dans la même situation. Le médecin a également le devoir d'informer le patient sur l'existence de traitements alternatifs, sauf s'il estime qu'ils ne sont pas efficaces et si son appréciation est fondée sur des données médciales (*McCulloch v Forth Valley Health Board [2023] UKSC 26*).

699 **Les apprentis.** Les personnes qui apprennent une activité ou un métier subissent un traitement sévère, puisque leur comportement n'est pas comparé à celui d'un apprenti raisonnable, mais à celui d'un véritable professionnel ou d'une personne expérimentée. Par exemple, la faute de celui qui apprend à conduire et qui cause un accident est appréciée conformément à un conducteur raisonnable, mais déjà expérimenté ; aucune atténuation n'est retenue pour celui qui est en phase d'apprentissage[82]. De même en est-il d'un sportif amateur[83] ou d'un stagiaire[84] ou encore du bricoleur du dimanche qui se lance dans des réparations ou des installations ; il pourra même lui être reproché d'avoir surestimé ses compétences et de ne pas avoir fait appel à un professionnel.

En revanche, s'agissant des enfants, leur comportement est apprécié en fonction des camarades raisonnables de leur âge. Par exemple, dans une affaire, deux enfants chahutent en se battant avec des règles en plastique ; l'une des règles casse et vient se planter dans l'œil de l'un des enfants. La cour a retenu qu'il n'y avait pas de négligence car n'importe quel enfant raisonnable aurait pu jouer ainsi avec des règles en plastiques[85].

B. LES FACTEURS D'ADAPTATION

700 **Justifications.** Que le standard soit général ou spécial, les juges anglais doivent également trouver un juste équilibre entre protéger la victime et ne pas dissuader les personnes d'agir par crainte de voir leur responsabilité engagée (*Compensation Act*

80. Woolridge v Sumner [1963] 2 QB 43 ; Blake v Galloway 2004.
81. Smoldon v Whitworth & Nolan [1997] PIQR P133, CA.
82. Nettleship v Weston [1971] 2 QB 691.
83. Condon v Basi [1985] 1 WLR 866.
84. Wilsher v Essex [1988] AC 1074.
85. Mullin v Richards [1998] 1 All ER 920.

2006, section 1)[86]. C'est pourquoi le raisonnement des juges intègre également des facteurs extérieurs au comportement du défendeur lorsqu'il s'agit de déterminer l'existence d'une faute de *negligence*.

701 **Risque créé.** Il faut tout d'abord prendre en compte le risque créé par le comportement analysé. Précisément, cette question se dédouble : le risque était-il prévisible et est-il particulièrement grave ? Dans l'affirmative, le défendeur sera responsable, car son comportement n'était à l'évidence pas celui d'une personne raisonnable. Mais dans la négative, il n'y a pas de responsabilité, le dommage provoqué étant alors davantage imputable à une succession d'événements inédits, il ne serait pas juste de le faire supporter par le défendeur. De même, si le risque créé n'est pas si grave, la liberté d'initiative du défendeur prime, de sorte que les juges doivent rejeter la responsabilité du défendeur. Plusieurs espèces illustrent la prise en compte de ce double risque. Tout d'abord, s'agissant du risque de dommage, les juges se fondent sur des statistiques : dans l'affaire *Bolton*, une femme qui est sur le pas de sa porte est frappée par une balle de cricket lancée par un joueur lors d'un match qui se tient dans le quartier[87] ; il apparaît que la balle a sauté une haute clôture et a volé assez loin avant de frapper la victime et qu'un tel événement ne s'est produit que six fois en trente ans. Les juges en ont conclu que le risque de dommage n'était finalement pas si élevé et que les mesures prises en l'espèce (haute clôture) étaient adaptées. Il ne s'agit pas de retenir n'importe quel risque : il doit s'agir de risques raisonnablement prévisibles et non des risques peu probables[88]. Dans l'affaire *Haley*[89], des ouvriers creusent un trou sur un trottoir et le signalent en posant un marteau devant le trou afin d'avertir les passants que des travaux sont en cours ; or, un passant aveugle arrive et tombe dans le trou ; la Chambre des Lords était invitée à déterminer si le marteau était une mesure adaptée : avec bon sens, elle considéra qu'il constituait un bon avertissement pour les personnes voyantes mais qu'il était inadapté pour des personnes malvoyantes et le passage de personnes malvoyantes n'était pas un risque impossible. Leur *negligence* fut donc retenue.

À travers la prise en compte du risque de dommage, les juges poursuivent clairement deux buts : d'une part, éviter d'effrayer les personnes qui préféreraient ne

86. Lorsqu'ils doivent déterminer si une *Negligence* a été commise, les juges doivent éviter de décourager l'initiative des personnes qui craindront d'être responsables pour leurs actions. C'est qu'indique clairement la section 1 du *Compensation Act 2006*, intitulée « Les effets dissuasifs d'une responsabilité potentielles » : "*Deterrent effect of potential liability – A court considering a claim in negligence or breach of statutory duty may, in determining whether the defendant should have taken particular steps to meet a standard of care (whether by taking precautions against a risk or otherwise), have regard to whether a requirement to take those steps might – (a)prevent a desirable activity from being undertaken at all, to a particular extent or in a particular way, or (b)discourage persons from undertaking functions in connection with a desirable activity.*"

87. Bolton v Stone [1951] AC 850 (HL).

88. Fardon v Harcourt [1932] All ER Rep 81 ; Harris v Perry [2008] EWCA Civ 907 : des enfants jouent dans un château gonflable et l'un d'eux est blessé ; des parents qui organisaient l'activité sont poursuivis pour Negligence. Mais ils ne sont pas tenus responsables car il était totalement improbable qu'un enfant puisse être blessé par cette activité sans danger qui ne nécessitait pas de surveillance particulière d'un adulte. *Adde*, Lewis v Wandsworth London Borough Council [2020] EWHC3205 (QB).

89. Haley v London Electricity Board [1965] AC 778.

plus avoir d'activité que d'engager leur responsabilité et, d'autre part, apprécier si le défendeur pouvait anticiper les conséquences dommageables de son comportement risqué en agissant autrement ou en prenant des mesures adaptées de prévention du dommage.

Ensuite, le risque de dommage s'évalue aussi au regard du degré de gravité : le défendeur pouvait-il savoir que si le risque de dommage se réalisait, il serait très grave ? S'il pensait que le risque pouvait en effet se réaliser mais n'aurait pas été si grave, il ne sera pas responsable. Dans l'hypothèse inverse (s'il ne pouvait que se douter que le dommage serait grave), il engagera sa responsabilité. Plusieurs affaires illustrent ce raisonnement.

Le risque prévisible créé par le défendeur doit également tenir compte de la gravité du dommage si ce risque se réalise. C'est ce critère qui fut appliqué dans l'affaire *Paris ;* lorsqu'un employeur embauche un ouvrier borgne et lui affecte un poste de travail dangereux, il doit comprendre que s'il est blessé à l'autre œil, il deviendra aveugle : c'est un risque de dommage particulièrement grave. C'est pourquoi, si le salarié perd son second œil, il peut engager la responsabilité de l'employeur pour *negligence*, car l'employeur n'a pas pris les mesures de prévention envisageable, à savoir lui proposer des lunettes protectrices pour éviter ce risque grave de dommage[90].

702 **Coûts des mesures de prévention.** Un autre critère est également souvent articulé avec l'application des standards, celui du coût des mesures que le défendeur aurait pu prendre pour éviter le dommage. Si elles étaient trop onéreuses, il ne sera pas reconnu *negligent*. Par exemple, dans une célèbre affaire *Latimer*, un incendie se déclare dans une usine et l'intervention des pompiers provoque l'inondation de plusieurs parties des locaux. L'eau se mélange à l'huile utilisée pour graisser les machines ; le directeur de l'usine décide alors de faire répandre de la sciure de bois sur le sol. Mais la surface à couvrir est très grande et la quantité de sciure nécessaire serait très importante et coûterait très cher au directeur de l'entreprise. Certaines parties du sol ne sont donc pas recouvertes de sciure ; or, l'un des salariés glisse sur un sol non recouvert. Le directeur est poursuivi pour *negligence* mais les juges rejettent la demande indemnitaire car, à l'issue d'un bilan coût/avantage, ils observent que des mesures de prévention minimale ont été décidées et prendre davantage de mesures aurait été bien trop coûteux pour l'entreprise au regard du faible risque de glissade d'un salarié. L'entreprise a donc raisonnablement fait ce qu'elle pouvait pour éviter tout dommage[91]. C'est un rapport de proportionnalité qui est recherché : par exemple, il a été jugé qu'affecter un seul surveillant pour s'occuper de 300 enfants répartis sur une surface d'un terrain de foot était une mesure inadaptée au regard des risques de dommages[92]. Plus récemment, un opéra fut jugé responsable pour ne pas avoir pris de mesures raisonnables afin de protéger les oreilles des musiciens[93].

90. Paris v Stepney [1951] AC 367 ; The Wagon Mound n° 2 [1967] 1 AC 617.
91. Latimer v AEC [1953] AC 643 ; The Wagon Mound n° 2, précité.
92. Palmer v Cornwall County Council [2009] EWCA Civ 456.
93. Goldscheider v Royal Opera House [2019] EWCA Civ 711.

703 **L'utilité sociale.** Afin de déterminer si le défendeur a agi conformément à une personne raisonnable placée dans les mêmes conditions, les juges appliquent aussi en autre critère, celui de l'utilité sociale de l'activité du défendeur à l'occasion de laquelle le dommage s'est produit. Par exemple, pendant la Seconde guerre mondiale, une personne blessée est transportée dans une ambulance spéciale, car son volant est à gauche et non à droite ; lorsque l'ambulancier souhaite changer de file, il agite son bras, ce qu'un autre conducteur arrivant en face ne comprend pas : la collision est alors inévitable. L'ambulancier a-t-il enfreint son devoir de prudence ? En d'autres circonstances, vraisemblablement ; mais, le fait que cette ambulance de fortune ait servi, pendant la guerre, à transporter un blessé ne doit pas être une source de responsabilité pour le conducteur qui entendait rendre service ; l'intérêt public justifie donc que l'ambulancier soit traité avec indulgence ; il échappe ainsi à sa responsabilité pour *negligence*[94]. Une autre espèce est tout aussi parlante : un pompier est blessé alors qu'il se rend sur un sinistre au moyen d'un camion bricolé[95] ; le véritable camion équipé de la grande échelle n'étant pas disponible, les pompiers de l'espèce utilisent un camion de fortune sur lequel est mal fixée une échelle, cause des blessures de l'un des pompiers. La victime ne peut pas reprocher de *negligence* aux services de secours, car le but qui était ici poursuivi était une intervention de sauvetage, ce qui justifie la prise de risque. Il faut observer que le raisonnement ne consiste pas à trouver une cause exonératoire ou un fait justificatif permettant au défendeur d'échapper à sa responsabilité mais, en amont, de constater que la faute n'est pas établie. Mais, tout est question d'équilibre entre les intérêts en présence, car les secours doivent aussi prendre des mesures raisonnables pour éviter les inconvénients[96].

704 **Intelligence artificielle, LLM et professionnels du droit, véhicules autonomes, protection des données personnelles.** Comme beaucoup de législations dans le monde, le droit anglais accompagne la protection des personnes susceptibles d'être impactées par les nouvelles technologies, tout en refusant qu'elle constitue un frein à l'innovation. L'on peut ainsi observer que :

— des réflexions sont en cours pour réguler les activités d'intelligence artificielle, lorsqu'elle est à haut risque ;

— s'agissant des LLM (*Large language Models*), tels que ChatGPT, Gemini, Mistral, etc., plusieurs enseignements peuvent être retirés, notamment à propos de leur utilisation par les professionnels du droit. Ainsi, la *High Court* a été saisie d'une affaire dans laquelle un avocat avait cité, dans ses conclusions, une jurisprudence suggérée par un LLM, qui s'est révélée être une hallucination, c'est-à-dire une information inventée de toutes pièces par ce LLM[97]. Les juges anglais, citant

94. Daborn v Bath Tramways Motor Co Ltd and Trevor Smithey [1946] 2 All ER 333.

95. Watt v Hertfordshire [1954] 1 WLR 835.

96. *Social Actions, Resonsability and Heroism Act* 2015 ; *Compensation Act* 2006.

97. Ayinde v The London Borough of Haringey ; Al-Haroun v Qatar National Bank QPSC (1) and QNB Capital LLC (2) [2025] EWHC 1383 (Admin) : « 15. All lawyers have duties to the court, to their clients, and to the administration of justice. 16. It is the lawyer's duty to faithfully represent the law to the court. 17. It is the lawyer's duty not to fabricate case precedents and not to mis-cite cases for propositions that they do not support. 18. It is the lawyer's duty to use technology, conduct legal research, and prepare court documents competently. 19. It is the lawyer's duty to supervise staff and review material prepared for

une jurisprudence canadienne (Cour Suprême de l'Ontario)[98], ont détaillé tous les devoirs auxquels un avocat est soumis lorsqu'il utilise un LLM dans le cadre d'un procès. Cette décision fait également écho à un guide de bonnes pratiques proposé par les autorités néo-zélandaises en 2023 et à destination de la magistrature, des avocats et des autres personnes intervenant dans le processus judiciaire[99] ;

— l'encadrement juridique de l'utilisation des véhicules autonomes est déjà prêt, en attendant sa prochaine mise en œuvre pratique[100] ;

— le *Data (Use and Access) Act 2025 (DUAA)*, promulgué en 19 juin 2025, modifiant les règles en matière de protection des données personnelles devrait permettre de moderniser et simplifier les dispositifs applicables, de favoriser l'innovation et de renforcer la confiance. Ce texte modifie, sans les remplacer, les textes suivants : le RGPD du Royaume-Uni, le *Data Protection Act 2018 (DPA)* et le *Privacy and Electronic Communications Regulations* (PECR)[101]. Parmi les modifications importantes, il faut noter le renforcement de la protection des données personnelles des enfants, la pénalisation des *deepfakes* à caractère intime, l'assouplissement de la protection des données personnelles utilisées par les associations à but non lucratif qui peuvent adresser des mails aux personnes qui soutiennent leurs actions ou qui montrent un intérêt en la matière, à moins qu'elles ne s'y opposent. Lorsqu'une personne demande à accéder à ses données personnelles (*Subject access requests (SARs)*), le professionnel peut se limiter à des recherches raisonnables et proportionnées. En outre, le texte permet de clarifier les situations dans lesquelles des données personnelles peuvent être utilisées dans des buts scientifiques ou commerciaux, les personnes pouvant donner un consentement large. Il est possible d'imposer des cookies à but statistique ou pour améliorer le fonctionnement du site web sans demander le consentement.

§ 2. LA PREUVE DE LA VIOLATION

705 **Principe.** En principe, la victime qui est demande réparation de son préjudice supporte la charge de la preuve de la *negligence*. Elle doit donc prouver l'existence d'un devoir de précaution que le défendeur lui devait et sa violation au regard des standards.

706 **Faciliter la preuve : *res ipsa loquitur*.** Mais il arrive souvent que la victime ne soit pas en mesure d'apporter la preuve de la violation du devoir de précaution. Afin de lui faciliter la charge probatoire, la jurisprudence anglaise lui offre un mécanisme facilitant la preuve en appliquant la maxime *res ipsa loquitur* (*"The thing speaks for*

her signature. 20. It is the lawyer's duty to ensure human review of materials prepared by non-human technology such as generative artificial intelligence 21. It should go without saying that it is the lawyer's duty to read cases before submitting them to a court as precedential authorities. At its barest minimum, it is the lawyer's duty not to submit case authorities that do not exist or that stand for the opposite of the lawyer's submission. 22. It is the litigation lawyer's most fundamental duty not to mislead the court ».

98. Ko v Li [2025] ONSC 2766.

99. justice.govt.nz.

100. V. *infra*, n° 785.

101. Voir ico.org.uk.

itself'). En vertu de cet adage, les faits parlent d'eux-mêmes : les circonstances entourant la réalisation du dommage sont telles qu'il n'y a pas d'autre explication que la commission d'une *negligence ;* les faits permettent de déduire qu'un acte de *negligence* a été commis et a provoqué un dommage. Face à cette présomption simple, le défendeur peut apporter la preuve contraire et démontrer qu'il n'a pas commis de *negligence*. Techniquement, la jurisprudence a estimé qu'il ne s'agissait pas d'un renversement de charge de la preuve, mais d'une règle facilitant la preuve par la victime[102]. L'affaire qui illustre ce rôle de l'adage *res ipsa loquitur* est Byrne[103] : un homme marchant sur un trottoir, le long d'un pub, s'effondre brutalement inconscient. Lorsqu'il se réveille, il souffre d'un terrible mal de tête et, à côté de lui, un tonneau cassé, appartenant au pub, gît. Cette victime est dans l'impossibilité de prouver ce qui s'est passé ; toutefois, l'application de l'adage permet de déduire que, selon toutes probabilités, le tonneau a été lâché par le propriétaire du pub, à partir de son grenier, et est venu malencontreusement heurter la tête du passant. Le propriétaire du tonneau, le défendeur, fait face à cette explication et peut la combattre en apportant des éléments de preuve contraires ; à défaut, sa *negligence* est présumée.

Afin de bénéficier de cette présomption, la victime doit, préalablement, établir trois points. En premier lieu, il faut qu'elle prouve que la cause de son dommage reste inconnue[104] (ni les expertises, ni les témoins ne peuvent établir ce qui s'est passé). En deuxième lieu, elle doit prouver que le défendeur exerçait un contrôle matériel sur la chose cause du dommage ; par exemple, un passager d'un train en tombe parce qu'une porte était restée ouverte ; la responsabilité de la compagnie des trains est rejetée, car elle n'avait pas de contrôle matériel sur la fermeture des portes qui pouvaient être ouvertes manuellement par tout passager[105]. Enfin, elle doit démontrer que le dommage ne peut avoir été le résultat que d'une *negligence* (un client, dans un supermarché, glisse sur du yaourt répandu sur le sol ; il n'y a pas d'autre explication qu'une *negligence* du supermarché à la glissade)[106].

707 **Faciliter la preuve : le criminel aide le civil**. En vertu du *Civil Evidence Act 1968*, si le défendeur a été condamné sur le plan pénal, cette condamnation constitue une présomption de preuve de *negligence*, délit ou quasi-délit civil. Par exemple, il est condamné pour une infraction routière, la victime de l'accident peut arguer de cette condamnation pour le voir condamner, sur le plan civil, pour *negligence*. De même en est-il souvent en cas de condamnation pénale pour coups et blessures, etc. Mais ce défendeur peut renverser la présomption simple en prouvant qu'il n'a pas commis de *negligence*.

102. Ng Chun Pui v Lee Chuen Tat [1988] RTR 298.

103. Byrne v Broadle [1863] 159 ER 299.

104. Barkway v South Wales Transport [1950] 1 All ER 392 : dans cette espèce, le pneu d'un bus éclate, ce qui cause un accident ; la cause de l'accident étant connue (le pneu qui éclate), la présomption ne peut pas s'appliquer.

105. Easson v London North Eastern Railway [1944] 2 KB 421 ; pour un exemple américain : une jeune fille conduit le véhicule de sa mère, puis elle traverse la route et heurte un arbre ; la présomption s'applique car elle avait un contrôle matériel de la voiture.

106. Ward v Tesco Ltd. [1976] 1 WLR 810 ; autre exemple : un patient, souffrant déjà de raideur au niveau de deux doigts ressort de l'hôpital avec une raideur de quatre doigts ; cette situation est vraisemblablement le résultat d'une *Negligence* de l'hôpital qui peut contester cette présomption, voir Cassidy 1951 ; Scott 1865 : un sac de sucre est tombé d'une grue.

La responsabilité d'un incapable : deux situations différentes

Un enfant ou une personne atteinte de troubles mentaux peut-il voir sa responsabilité engagée ? En principe, la réponse est affirmative, car il n'y a pas à distinguer la personne dont la capacité est altérée et la personne aux capacités normales. Outre cet argument, cette solution est également justifiée par le fait que la personne souffrant d'une capacité diminuée est très certainement entourée par des proches (professionnels ou non) dont la vigilance doit permettre d'éviter la commission de dommages contre des tiers. L'incapable peut donc être tenu responsable pour sa *negligence* ou tout fait intentionnel. Toutefois, la jurisprudence subordonne cette responsabilité à la capacité du fautif de comprendre qu'il commettait une faute, peu importe qu'il ait pu saisir que son comportement aurait des conséquences dommageables pour autrui (*adde* Mullin, précité ; solution en droit américain, *McGuire v Almy [1937] 297 Mass. 323. March 2, 1937*). En résumé, la personne atteinte d'un trouble mental est très fréquemment considérée comme responsable, la seule exception tenant à la preuve d'une altération totale de son discernement. Son comportement doit être apprécié au regard du standard d'une personne raisonnable (douée de discernement !). Ainsi, le droit anglais opère une distinction entre le discernement de l'enfant qui doit être apprécié au regard de l'enfant raisonnable alors que l'adulte atteint de troubles mentaux sera comparé à un adulte aux capacités normales (pour une application récente, voir *Dunnage v. Randall [2015] EWCA Civ. 673 :* une personne atteinte de troubles mentaux s'immole par le feu et un ami, assistant à la scène, est brûlé en tentant de le sauver ; la responsabilité de la personne souffrant de troubles mentaux est retenue, en appliquant le test du standard, c'est-à-dire en comparant son comportement à celui d'une personne raisonnable ne souffrant pas de trouble mental). En somme, sauf si la personne fait quelque chose indépendamment de sa volonté, fût-elle atteinte de troubles (dommage causé par un somnambule ou lors d'une crise cardiaque par exemple), elle est responsable de sa *negligence*.

SECTION 3 LES CAUSALITÉS

708 **Les deux types de causalité.** À l'instar du droit français, le droit anglais exige qu'il y ait un lien de causalité entre la violation du devoir de prudence (le *duty of care*) et le dommage subi par la victime. En revanche, la conception de ce lien de causalité est légèrement différente, car deux types de causalité sont distingués : la causalité dans les faits, appelée *factual causation* ou *causation* (§ 1) et la causalité en droit, appelée *remoteness* ou *legal causation* (§ 2).

§ 1. LA *CAUSATION* OU CAUSALITÉ DE FAIT

709 **Présentation.** La causalité dans les faits doit être définie (A) avant d'envisager plusieurs hypothèses complexes (B).

A. LA NOTION DE *CAUSATION*

710 **La notion de *causation*.** La victime doit prouver l'existence d'un lien de causalité entre la *negligence* et son dommage. Précisément, il faut établir que les deux éléments en jeu, la *negligence* et le dommage, sont liés par une chaîne de cause à effet (*chain of causation*). D'ailleurs, il faut rappeler que, à ce troisième stade du raisonnement (la causalité), la *negligence* a déjà été établie, de sorte que ce lien de causalité doit bien être recherché entre la faute identifiée et le dommage. Ainsi, si le défendeur n'a pas manqué à son devoir, il est inutile de rechercher une quelconque causalité[107].

711 **La preuve.** La difficulté principale pour la victime est de rapporter la preuve de ce lien de cause à effet. Afin de faciliter sa charge probatoire, la jurisprudence a créé un raisonnement, appelé le "*But for Test*" ou la "*Material Contribution*" : le tribunal doit déterminer si le dommage ne peut avoir été provoqué que par la *negligence* du défendeur ; *a contrario*, si le dommage s'était tout de même réalisé, même en l'absence de *negligence*, le défendeur ne doit pas être tenu responsable en raison du manque de causalité. Par exemple, dans une affaire célèbre[108], un artisan peintre épileptique tombe d'un échafaudage qui n'avait été correctement sécurisé par l'employeur. Afin de déterminer si le défaut de sécurité imputable à l'employeur a causé son dommage, il faut prouver qu'il ne serait pas tombé sans ce problème de sécurité ; s'il était tombé même avec des mesures de sécurité (harnais, barrières, etc.), l'employeur ne sera pas responsable. Un autre cas[109] illustre ce raisonnement : un homme, empoisonné à l'arsenic, se rend à l'hôpital où il est accueilli par une infirmière ; celle-ci appelle le médecin de garde et décision est prise de le renvoyer chez lui. Mais il meurt. Les juges ont estimé qu'il n'y avait pas de lien de causalité entre la faute du personnel médical et le décès de la victime, car ce dommage a été causé par l'empoisonnement à l'arsenic et non par la faute médicale. En d'autres termes, avec ou sans *negligence*, le pauvre homme serait décédé.

712 **Cause exclusive (non).** Une autre question s'est posée à propos de cette causalité des faits : faut-il que la *negligence* ait été la cause exclusive du dommage de la victime ? La Chambre des Lords a répondu par la négative ; ainsi, il y a responsabilité du défendeur dès lors que la *negligence* a causé, même en partie, le dommage de la victime. C'est ce qui ressort de l'affaire *Bonnington*[110]. En l'espèce, un salarié tombe malade en raison de la poussière dégagée par son travail. Son employeur a manqué à ses obligations à son égard, car, en vertu de la réglementation, il aurait dû lui fournir un masque de protection. Mais, même s'il avait procuré ce masque, le salarié n'aurait pas pu être protégé contre l'inhalation de petites particules flottant dans l'air ambiant ou se collant dans ses vêtements. Ainsi, la *negligence* de l'employeur a participé à la contamination du salarié, mais n'a pas été la cause exclusive du dommage. Néanmoins, l'employeur a été tenu responsable, car il n'est pas

107. Banque Bruxelles Lambert SA v Eagle Star Insurance Co Ltd [1997] AC 1991 ; BPE Solicitors v Hughes Holland [2017] UKSC 2.

108. Cork v Kirby McLean [1952] 1 All E.R. 1064.

109. Barnet v Chelsea & Kensington Hospital [1969] 1 QB 428.

110. Bonnington Castings Ltd v Wardlaw [1956] AC 613 House of Lords.

nécessaire que sa *negligence* ait été la cause exclusive du dommage. Plus récemment, c'est la même solution qui a été appliquée lors de la mise en cause de la responsabilité d'un hôpital qui avait tardé à réaliser un scanner sur un patient souffrant de douleurs abdominales et dont l'appendice a fini par se rompre, provoquant une affection cardiaque. Certes, l'état initial du patient a également participé au problème cardiaque, mais cela n'exclut pas la contribution de l'hôpital[111].

713 **La causalité probable.** Afin de prouver cette causalité de fait, non seulement la victime doit établir que sans la *negligence* du responsable, elle n'aurait pas subi ce préjudice, et ensuite, elle doit prouver son degré de lien probable (*balance of probabilities*) : précisément, il faut établir que la *negligence* a joué un rôle causal supérieur à 50 % dans la réalisation du dommage. À défaut d'un tel degré de probabilité[112], il n'y a pas de causalité. Une affaire illustre cette exigence de probabilité, l'affaire *Nyang*[113]. Dans cette espèce, un détenu, en détresse psychologique, se heurte volontairement et violemment la tête contre un mur de béton, se brisant alors la moelle épinière, et il reste définitivement tétraplégique. Certes, l'enquête a mis en évidence des carences du service médical pénitentiaire à réagir correctement et, en amont, à détecter ses troubles psychologiques. Néanmoins, les juges, bien qu'admettant ces fautes, dénient toute causalité de fait, car, avec ou sans ses fautes, son traumatisme spinal aurait été le même. Cette règle peut se révéler cruelle pour la victime si elle ne peut pas établir que la faute a joué un rôle causal supérieur à 50 % : en l'absence d'une forte probabilité, il n'y a pas de causalité de fait, donc pas de responsabilité. En revanche, l'aspect positif pour la victime de ce mécanisme (articulant le "*But for test*" et la forte probabilité), c'est qu'il n'est pas nécessaire de prouver que la faute a été la cause exclusive du dommage.

714 **Atténuation du test en matière médicale.** Par ailleurs, la Chambre des Lords a également atténué la portée du "*But for test*" en matière médicale, lorsqu'un médecin a manqué à son obligation d'information sur les risques d'une opération : si le risque finalement se réalise, le manquement au devoir d'information est bien la cause du dommage ; le fait que la victime aurait, une fois informée, sûrement accepté l'opération est indifférent[114].

B. QUELQUES SITUATIONS COMPLEXES

715 Cette analyse de la causalité factuelle doit prendre en compte certaines situations complexes, notamment en présence de causes de dommage concurrentes (1), de chaînes de causes (2) et de perte de chance (3).

---

111. Williams v The Bermuda Hospitals Board (Bermuda) [2016] PC.

112. Par exemple, si la *Negligence* d'un médecin a eu un rôle causal de 30 % dans la réalisation du dommage, il n'est pas responsable.

113. Nyang v G4S Care & Justice Services Ltd [2013] EWHC 3946 (QB).

114. Chester v Afshar [2005] HL.

1. Causes concurrentes

716 **Plusieurs causes concurrentes.** Que se passe-t-il si plusieurs faits ont pu provoquer le dommage ? Tout d'abord, il faut distinguer parmi tous les faits concernés, ceux qui relèvent de la *negligence* du ou des défendeurs, l'éventuelle faute de la victime[115] et les événements extérieurs ayant aussi contribué au dommage (appelé *natural causes*).

Ensuite, il faut rappeler que, lorsque deux causes, l'une naturelle (non négligente, mais résultat de la nature des choses) et l'autre, résultant d'une *negligence*, ont contribué à causer le dommage, les juges peuvent considérer, qu'en l'absence de preuve suffisante, la *negligence* n'a pas eu de rôle causal. C'est ce qui ressort de l'affaire *Whilsher*[116]. Mais il est aussi possible de retenir, le cas échéant, la responsabilité de la personne négligente si elle a simplement augmenté le risque de dommage[117] ou si elle a matériellement contribué au dommage[118].

Enfin, si plusieurs causes de *negligence* sont impliquées, il faut distinguer, parmi ces *negligences*, selon que la conséquence de chacune d'elles peut être, ou non, identifiée. En d'autres termes, si la *negligence* de plusieurs personnes peut être identifiée et leur rôle causal isolé, chacun sera tenu pour sa part, en proportion du degré de rôle causal de sa *negligence*[119].

717 **Atténuation du test. Cause pertinente indéterminée. Amiante.** En revanche, en présence de multiples causes, et s'il n'est pas possible de déterminer quelle *negligence* a causé telle partie du dommage, chacun est responsable pour les autres. C'est ce qui a été affirmé dans la fameuse affaire *Bonington*[120] citée plus haut : un salarié a travaillé pour divers employeurs et a respiré diverses poussières qui

115. Fitzgerald v Lane [1989] 1 AC 328 : réduction de l'indemnisation à hauteur de la faute de la victime.

116. Whilsher v Essex Area Health Authority [1988] HL : un bébé, né prématurément, reçoit trop d'oxygène dans son sang, ce qui provoque la perte de vision d'un œil et la profonde altération de l'autre. La demande d'indemnisation fut rejetée aux motifs que cette situation pouvait résulter de la grande prématurité de l'enfant et non de la *Negligence* du médecin.

117. McGhee v National Coal Board [1973] 1 WLR 1 : un ouvrier employé dans une briqueterie est couvert de poussière qui provoquera une dermatose ; son employeur avait commis une faute en ne lui fournissant pas de possibilité de se doucher à la fin du travail ; et le salarié était d'autant plus exposé à la poussière qu'il rentrait chez lui à vélo ; toutefois, il n'était scientifiquement pas possible de déterminer si sa dermatose avait été causée par la poussière lors du travail ou celle lors de son retour chez lui. Face à cette interrogation, l'employeur fut reconnu responsable, car le lien de causalité entre sa faute et le dommage résultait de l'augmentation du risque.

118. Bonnington Castings Ltd v Wardlaw, précité : la victime souffrit d'une pathologie pulmonaire en raison de poussières accumulées dans ses poumons ; une partie de cette poussière résultait incontestablement de la faute de l'employeur qui n'avait pas installé de ventilation, mais une autre partie résultait, inexorablement, de la tâche pénible de l'ouvrier. Quelle part de poussière avait eu un rôle causal ? Celle « de l'employeur » ou celle qui était inexorable ? Face à cette question, les juges ont estimé que la faute de l'employeur avait eu un rôle causal, car il avait contribué au dommage.

119. Barker v Corus UK Ltd [2006] HL : en l'espèce, en proportion de la contribution de chacun au risque de dommage (période d'exposition à l'amiante), et non responsabilité solidaire (à noter que s'agissant de l'amiante, réintroduction de la responsabilité solidaire par le *Compensation Act 2006*, sec. 3). Mais si le *Compensation* act ne s'applique pas, la règle de *Common law* demeure celle dégagée par Barker, donc la responsabilité proportionnelle (Zurich Insurance plc UK Branch v International Energy Group Ltd [2015] UKSC 33).

120. Bonnington Castings Ltd v Wardlaw [1956], précité.

avaient fini par attaquer ses poumons, mais il n'était pas possible de déterminer lequel des employeurs avait commis la faute la plus causale, ils sont tous responsables, car ils ont tous contribué à l'augmentation du risque de dommage qui s'est finalement réalisé[121]. Les employeurs furent tenus responsables « solidairement et conjointement » (*"jointly and severally"*)[122].

Ce même raisonnement a été appliqué lorsque le dommage a été causé par l'amiante à laquelle un salarié a été exposé durant des années à cause de plusieurs employeurs négligents[123] : il n'était pas possible de déterminer quelle fibre d'amiante avait provoqué en particulier le cancer du poumon (les experts estimant qu'une fibre suffisait à provoquer le cancer). Si le principe du *"But for test"* était appliqué, il aboutirait à exclure toute responsabilité, car il est impossible d'affirmer que la *negligence* de tel employeur avait été une cause incontournable. C'est pourquoi, face à un risque d'injustice, la Chambre des Lords[124] a considéré, qu'à titre exceptionnel, il fallait admettre la responsabilité de tous ces employeurs négligents parce qu'ils avaient participé à l'aggravation matérielle du risque de dommage[125].

Le *Compensation Act 2006* qui fut ultérieurement promulgué concerne l'indemnisation des victimes de l'amiante ; ce texte, prenant le contre-pied de *Barker*[126], dispose que, lorsque la victime a été exposée à l'amiante en raison de la *negligence* de plusieurs employeurs sans qu'il soit possible de déterminer lequel d'entre eux est véritablement à l'origine du dommage, ils sont tous tenus solidairement responsables, peu importe qu'il puisse y avoir aussi des causes naturelles d'amiante, voire que la victime se soit elle-même exposée à l'amiante en travaillant pour son compte ; toutefois, lors de l'évaluation des dommages-intérêts, la faute de la victime ayant contribué à son dommage justifie la réduction des indemnités (sec. 3 (3b)). Toujours à propos des dommages causés par l'amiante, une question s'est posée : comment appliquer cette solution s'il n'y a qu'un seul employeur en cause et alors que d'autres événements (exposition dite « ordinaire » à l'amiante) ont pu aussi participer à la réalisation du dommage ? La Cour Suprême maintient la position développée dans *Fairchild*, bien qu'il n'y ait qu'un seul employeur négligent impliqué[127] : si sa *negligence* a exposé la victime à l'amiante, il n'est pas nécessaire de prouver que le dommage ne se serait pas produit sans cette *negligence* ; en d'autres termes, une fois encore, le "*But for test*" doit être délaissé. Sa *negligence* a contribué au risque de cancer, cela suffit à engager sa responsabilité, malgré l'existence d'autres causes « ordinaires » d'exposition à l'amiante[128]. Enfin, en l'absence

121. Fairchild v Glenhaven Funeral Services [2002] HL ; Barker v Saint Gobain Pipelines [2004] EWCA Civ 545 : responsabilité de tous les employeurs, mais déduction de l'exposition personnelle à l'amiante par la victime lorsqu'il était travailleur indépendant.

122. Chaque défendeur est, selon les termes du droit français, tenu solidairement responsable, avec la possibilité, une fois qu'il aura indemnisé la victime, de réclamer la contribution des co-responsables.

123. Holtby v Brigham&Cowan (Hull) Ltd [2000] : en outre, les juges ont admis une responsabilité proportionnelle à la faute (liée à la durée d'exposition à l'amiante, différente pour chaque employeur).

124. Fairchild v Glenhaven Funeral Services [2002] HL.

125. Cette solution ne peut s'appliquer qu'aux hypothèses d'amiante, voir BAI (Run Off) Ltd and ors v Durham and ors [2012] ; Insurance plc UK Branch v Intl energy Group Ltd [2015].

126. Barker v Saint Gobain Pipelines [2004], précité.

127. Sienkiewicz v Grief [2011] UKSC 10.

128. Heneghan v Manchester Dry Docks Ltd and ors [2016].

de responsable, les malades de l'amiante peuvent obtenir une indemnisation d'un fonds financé par l'industrie (*Mesothelioma Act 2014*).

Quid des causes multiples en matière médicale ?

La causalité en matière médicale peut se révéler délicate. En effet, le "*But for test*" n'est pas aisé à appliquer : le dommage se serait-il réalisé en l'absence de faute médicale ? Si oui, le médecin n'est pas responsable en raison de l'absence de causalité. Or, il arrive bien souvent que le patient soit débouté parce qu'il ne parvient pas à prouver que son dommage ne se serait pas réalisé sans la *negligence* médicale, les origines d'un problème médical pouvant être fréquemment multifactorielles. Dans une affaire importante (*Williams v. The Bermuda Hospitals Board (Bermuda) [2016] PC*) fut appliqué le mécanisme dit de « la contribution matérielle » au dommage, dégagée dans *Bonnington :* le retard à effectuer un scanner sur un patient souffrant d'une appendicite a contribué à l'accident cardiaque qui s'ensuivit ; en effet, bien qu'il ne soit pas sûr que ce fût la seule raison, cela y avait contribué et le dommage était indivisible. Cette solution fut à nouveau appliquée dans une autre affaire de responsabilité médicale : une personne chute et se blesse à la tête, mais ce dommage a été aggravé par un retard de diagnostic et de traitement médical (*John v. Central Manchester and Manchester Children's University Hospitals NHS Foundation Trust [2016] EWHC 407 (QB)*). De même, existe-t-il un lien de causalité entre un traitement médical aux effets nocifs et le dommage causé au patient ? Le médecin peut-il être tenu pour responsable dans la mesure où il n'a pas fabriqué le médicament ? La réponse repose sur sa propre négligence : s'il a clairement expliqué au patient les risques, il n'a pas commis de *negligence* ; inversement s'il ne l'a pas fait ou l'a mal fait, il peut être tenu responsable si la victime prouve qu'elle n'aurait pas consenti au traitement si elle avait été pleinement informée (*Montgomery v Lanarkshire Health Board [2015] UKSC 11* ; *Chester v Afshar 2004 UKHL 41*).

2. Chaîne de causes successives

718 **Chaîne de causalité. Nouveau fait.** Lorsqu'un dommage est causé par la *negligence* de plusieurs personnes étant intervenues successivement, comment se répartit leur responsabilité ? Les juges anglais recherchent la chaîne de causalité ; *a contrario*, dès qu'un événement ou une *negligence* nouvelle brise la chaîne de causalité, le premier *negligent* est libéré de sa responsabilité pour les dommages ultérieurs. Mais s'il n'y a pas de nouveau fait brisant la chaîne, le défendeur initial demeure tenu d'indemniser tous les dommages. Tout repose donc sur l'identification d'un nouveau fait qui rompt la chaîne causale, ce qui est résumé par l'expression latine, employée par les juristes anglais « *Novus actus interveniens* ».

Par ce raisonnement, les juges se montrent sévères et font bien souvent peser sur le premier acteur la réparation de l'entier dommage[129]. Une affaire illustre cette

129. Performance Cars v Abraham [1962] 1 QB 33 Court of Appeal.

règle, *Baker v. Willoughby*[130] : une personne est renversée par une voiture, et il en gardera des séquelles à la jambe ; en raison de son handicap, il doit changer de travail et accepte un emploi moins bien payé ; au cours de cette seconde activité, il est à nouveau blessé à la même jambe ; enfin, il est agressé par des voyous qui lui abîment davantage la jambe, de sorte qu'il faut l'amputer. Le conducteur initial doit-il assumer l'amputation ? Les juges anglais répondent par l'affirmative. Un autre exemple le confirme : des ouvriers effectuent des travaux dans la rue et malencontreusement percent une canalisation ; une maison avoisinante est alors inondée, abîmée, et des squatters en profitent pour s'y installer et l'abîmer davantage. Sur qui pèse l'indemnisation du dommage final ? L'entreprise qui a effectué les travaux devra entièrement indemniser le propriétaire de la maison[131]. De même, dans l'affaire *Knightley*[132], les juges ont été invités à qualifier un événement de nouveau fait brisant la chaîne de causalité : en l'espèce, un conducteur négligent cause un accident dans un tunnel ; dépêché sur les lieux, un premier policier ne prend pas soin de bloquer la circulation ; deux autres policiers reçoivent alors l'ordre de venir et de bloquer la circulation à l'un des bouts du tunnel. Ils entrent dans le tunnel et roulent en direction de l'entrée indiquée en remontant la circulation en sens opposé ; là, l'un des policiers est heurté par une voiture qui arrive en face. La victime poursuit le premier chauffeur négligent, le premier policier qui n'avait pas sécurisé le tunnel et le second chauffeur. Les juges estimèrent que le premier chauffeur n'était pas responsable, car le manque de sécurisation de son collègue constituait un nouveau fait ayant interrompu la chaîne de causalité[133]. Mais la qualification de fait nouveau est délicate à déterminer avec certitude et la solution est souvent affaire de casuistique. Par exemple, un ouvrier glisse sur le sol de son usine et se blesse ; trois ans plus tard, il développe une maladie de la moelle épinière ; les juges ont estimé que la survenance de la maladie était un nouvel événement qui n'était pas lié à sa blessure précédente[134]. Plus récemment, la question s'est même posée de savoir si la solution dégagée dans *Baker* ne devait pas être remise en cause. En effet, dans l'affaire *Murrell*[135], un homme s'étant fait renverser, conclut une transaction avec le conducteur ; mais, quelques mois plus tard, il est à nouveau renversé, par un autre conducteur ; celui-ci, poursuivi en justice pour l'indemnisation des blessures causées, soutient que l'indemnisation devrait être réduite afin de tenir compte des blessures provoquées par le précédent accident et dont l'indemnisation est en cours ; les juges admettent cette argumentation et prononcent une indemnisation réduite[136].

130. Baker v Willoughby [1970] AC 467.

131. Lamb v Camden LBC [1981] 2 All ER 408 Court of Appeal.

132. Knightley v Johns & Ors [1982] 1 WLR 349 Court of Appeal.

133. Pour d'autres exemples, voir par exemple, Bailey v MoD [2008] EWCA Civ 883 : les juges rappellent que, en présence de multiples causes d'un dommage, fautives et/ou non fautives, le premier fautif est responsable de tout le dommage s'il ne peut pas prouver que le dommage se serait réalisé sans sa faute.

134. Jobling v Association Dairies Ltd [1982] HL.

135. Murrell v Healy [2001] All ER (D) 40.

136. Dans le même sens, Reany v University Hospital of North Staffordshire NHS Trust [2015] EWCA Civ 1119.

719 **Nouveau fait. Faute de la victime.** La faute de la victime peut également s'analyser comme un nouveau fait, cassant la chaîne de causalité. Par exemple, une personne est blessée à la jambe par le défendeur ; quelque temps après, malgré sa blessure, elle décide de grimper sur la rampe d'un escalier et de s'y laisser glisser ; à peine arrivée au bas des marches, elle tombe, ce qui aggrave sa blessure initiale ; lors du procès l'opposant au défendeur, elle lui réclame non seulement l'indemnisation de sa blessure initiale mais aussi celle de l'aggravation. Les juges, très logiquement, considèrent que le comportement de la victime n'était pas raisonnable et constituait un fait nouveau rompant la chaîne causale ; le défendeur n'est donc tenu responsable que de la première blessure[137].

720 **Nouveau fait. Fait de la nature**. Une tempête ou un orage, s'ils aggravent un dommage initial, peuvent constituer, ou pas, un fait nouveau. Tout est question de circonstances : si l'événement naturel était imprévisible et aurait pu frapper indépendamment du dommage antérieur, c'est un fait nouveau. Par exemple, un bateau est endommagé dans une collision ; puis, il est remorqué jusque dans un port où il sera encore plus abîmé après le passage de la tempête. Les juges ont décidé que le responsable de la collision n'était tenu responsable que du dommage résultant de la collision et non de la tempête, car cet événement naturel aurait pareillement endommagé le bateau même s'il n'avait pas été préalablement accidenté[138].

3. Perte de chance

721 **Conditions. Responsabilité médicale.** La perte de chance peut être indemnisée selon la jurisprudence anglaise, mais les conditions sont assez restrictives. Par exemple, s'agissant de responsabilité médicale, un petit garçon tombe d'un arbre et se casse une hanche ; il est emmené à l'hôpital qui se trompe de diagnostic. L'enfant retourne voir le médecin cinq jours plus tard, qui effectue enfin un diagnostic correct. Mais le problème a eu le temps de s'aggraver entre-temps (il développa une nécrose de la hanche) et le médecin n'a pas pu le soigner correctement en raison du retard dans le diagnostic. Pouvait-il réclamer une indemnisation pour perte de chance d'être entièrement soigné ? Les juges anglais procèdent par probabilités : la chute de l'enfant a provoqué la nécrose à 75 % ; il avait donc 25 % de chance de ne pas avoir de nécrose qui aurait donc pu être traitée avec un diagnostic approprié[139] ; ainsi, avec ou sans bon diagnostic, il avait de grand risque d'être handicapé. Une autre espèce illustre la perte de chance : un médecin ne diagnostique pas un cancer dont un patient est pourtant atteint. Quand le bon diagnostic est enfin posé, le cancer s'est énormément propagé. Si le diagnostic avait été initialement bien posé, le patient aurait eu 42 % de chance de guérison ; lors du second

137. McKew v Holland [1969] 3 All ER 1621 ; comp. : le suicide d'un salarié après un accident du travail n'est pas forcément un fait nouveau (Corr v IBC Vehicles Ltd [2008] UKHL 13 : la veuve d'un salarié qui s'est suicidé à la suite d'un accident du travail, dû à la *Negligence* de l'employeur, et ayant entraîné des dommages matériels et psychologiques, fut indemnisée pour préjudice financier, car ce suicide n'était pas sans lien avec la faute de l'employeur).

138. Carslogie Steamship Co Ltd v Royal Norwegian Government [1951] UKHL 4.

139. Hoston v East Berkshire Health Authority [1987] HL.

diagnostic, il n'avait plus que 25 %. Toutefois, la demande d'indemnisation fut rejetée, car, initialement, il avait, là encore, moins de 50 % de chance de survie[140].

722 **Hors responsabilité médicale.** Tandis que la perte de chance en matière médicale est subordonnée à des conditions de probabilité stricte, il semble que la jurisprudence soit plus souple en dehors de ce domaine. Par exemple, l'indemnisation de la perte de chance fut admise dans le cadre du rachat d'une société[141] ; en l'espèce, le cessionnaire n'est pas informé par ses avocats des risques de responsabilité auxquels il pourrait faire face dans le cadre de cette opération ; il finit par être tenu de payer des dommages-intérêts importants ; il engage alors la responsabilité de ses avocats pour défaut de conseil ayant provoqué une perte de chance, celle d'avoir pu exclure, lors de la négociation du rachat, sa possible responsabilité. Les juges lui accordent une indemnisation pour cette perte de chance. De même, la perte de chance invoquée par le client d'un avocat à qui il reproche la perte de chance de ne pas avoir entamé un procès en raison d'un manque de conseil, la Cour suprême a considéré qu'il fallait appliquer les critères classiques[142].

§ 2. CAUSALITÉ JURIDIQUE OU *REMOTENESS*

723 **Présentation.** La seconde composante de la causalité en droit anglais s'appelle la causalité juridique ou causalité en droit (*Legal Causation* ou *Causation at Law* ou *Remoteness*). La *negligence* du défendeur provoque rarement un seul dommage, mais bien souvent, une cascade de conséquences négatives qui pourront se révéler sur une longue période, voire sur des générations ; or, le défendeur ne peut pas être tenu de compenser toutes ces conséquences. À l'instar du droit français qui n'indemnise que les seuls dommages directs, le droit anglais fait le tri selon les dommages. Dans la célèbre affaire *Wagon Mound n° 1*[143], les juges ont affirmé que les dommages réparables se limitaient aux dommages raisonnablement prévisibles. Ce principe s'explique au regard du standard appliqué au défendeur négligent : il y a *negligence* lorsqu'une personne n'a pas respecté son devoir de vigilance et de prudence provoquant ainsi des dommages qu'il aurait pu éviter. Par conséquent, il n'est pas possible de lui imposer l'indemnisation de dommages qu'il n'aurait pas pu prévoir. Par exemple, de l'amiante tombe accidentellement dans un chaudron et se mélange à des produits chimiques, ce qui provoque une explosion. Aucune indemnisation n'est reconnue à la victime, car le défendeur ne pouvait pas savoir que l'amiante, mélangée à des produits chimiques, provoquerait une explosion[144].

140. Gregg v Scott [2005] HL 2.
141. Allied Maples v Simmons & Simmons [1995] 4 All ER 907 EWCA.
142. Perry v Raleys Solicitors [2019] UKSC 5 ; Watkins v Hugh James Ford Simey Solicitors [2019] UKSC 54.
143. The Wagon Mound (No 1) [1961] AC 388.
144. Doughty V Turner Manufacturing Co. LTD [1964] 1 All ER 98.

La jurisprudence est très précise : c'est le dommage qui doit être prévisible, peu importe que son étendue soit plus importante que prévu[145]. Par exemple, une victime, à la suite d'un accident, ne peut plus utiliser son véhicule abîmé et doit en acheter un autre à crédit ; le responsable de l'accident doit également assumer le crédit, malgré l'importance de cette dépense[146].

724 **Les prédispositions de la victime.** Le dommage provoqué par la *negligence* peut être d'autant plus grave que la victime souffrait de prédispositions. Celles-ci doivent-elles être prises en compte pour réduire l'indemnisation ? La théorie du « crâne de coquille d'œuf » (*Egg-Shell Skull*) permet de répondre à la question. Dans la décision *Smith*[147], les juges anglais imposent au défendeur négligent de compenser toutes les conséquences dommageables, même celles qui sont liées à la prédisposition de la victime. En l'espèce, une victime est atteinte de cellules précancéreuses, puis elle est brûlée au cours de son travail en raison de la négligence de l'un de ses collègues ; elle a reçu indemnisation de son entier préjudice, bien que ses brûlures aient été plus importantes en raison de son état préalable[148].

145. Corr [2008], précité : un homme se suicide à la suite d'un accident du travail qui l'avait déprimé ; l'employeur dut indemniser la famille, car la détresse psychologique était une conséquence prévisible de l'accident du travail ; Hughes [1963], précité : des employés devant laisser un trou béant sur un trottoir, ils indiquent le danger en posant des lampes et une sorte autour du trou ; malgré ces précautions, un jeune garçon tombe dans le trou et fut grièvement brûlé. Les brûlures sont un dommage prévisible, donc elles doivent être indemnisées.

146. Ladgen v O'Connor [2003] UKHL 64.

147. Smith v Leech Brain [1962] 2 QB 405.

148. Page v Smith [1996] 1 AC 155 House of Lords : une personne est blessée dans un accident de la circulation ; le traumatisme a révélé une maladie jusque-là en sommeil ; le responsable doit indemniser les conséquences liées à la maladie.

CHAPITRE 2
LE *TRESPASS*

725 Le *trespass* est un très ancien *tort* qui peut se résumer comme une atteinte portée soit à la personne (section 1) ou à ses biens (section 2).

SECTION 1 LE *TRESPASS* CONTRE LA PERSONNE

726 Il existe trois types de *trespass* contre la personne, l'*assault and battery* (§ 1), le harcèlement (§ 2) et l'emprisonnement illicite (§ 3).

§ 1. *ASSAULT AND BATTERY*

727 **Distinction.** Les fautes d'*assault and battery* coexistent souvent dans une même affaire : par exemple, une personne menace tout d'abord sa victime, puis la frappe. La menace est une illustration fréquente de l'*assault* tandis que les coups représentent la *battery*. Néanmoins, chaque notion doit être identifiée isolément. L'*assault* est proche de la *battery*, le contact physique en moins. C'est pourquoi, il est plus facile de présenter en premier lieu la *battery* (A), puis l'*assault* (B).

A. LA *BATTERY*

728 ***Battery*. Définition.** Il s'agit de l'usage intentionnel, direct et illégal de la force à l'encontre d'un tiers[1]. Il est important qu'il y ait un contact volontaire entre le fautif et le corps ou le vêtement de la victime. Par exemple, il y a *battery* si une personne saisit le bras de la victime ou tire sur son manteau.

1. Wainrigh & Anor v. Home Office [2003] UKHL 53.

729 **Contact intentionnel.** Si le comportement n'est pas intentionnel, il n'y a pas *battery*[2] (mais il peut alors s'agir de *negligence*). Le caractère intentionnel ne porte pas sur le résultat dommageable du comportement : il importe peu que le fautif ait souhaité faire tomber la victime lorsqu'il l'a agrippée. C'est le comportement initial qui doit être intentionnel : a-t-il voulu l'agripper ? Si la réponse est positive, il y a *battery*. Par exemple, dans une affaire *Williams*, une personne, pour s'amuser, en pousse une seconde qui tombe dans une piscine et se casse la cheville, sans aucune intention de lui faire du mal. Il s'agit pourtant d'une *battery*[3].

Que se passe-t-il si une personne en touche une autre en se trompant de cible ? Une fois encore, ce n'est pas le résultat qui est analysé mais ce que voulait le fautif : souhaitant porter atteinte à une personne, il en blesse une autre ; il y a ici effectivement Trespass à la personne[4].

730 **Contact direct.** La *battery* suppose aussi un contact direct entre le fautif et la victime. Les juges anglais ont une conception large du caractère direct. Deux exemples l'illustrent parfaitement. Dans une première affaire, ils ont considéré qu'une personne éclaboussant une autre en lui jetant de l'eau commet une *battery*, bien qu'il ne l'ait pas touché avec les mains. Une seconde hypothèse illustre le caractère direct malgré l'intervention d'un tiers : en l'espèce, une personne jette une bombe dans une foule ; un témoin s'en saisit alors pour l'éloigner, mais elle explose et blesse quelqu'un ; la personne qui a jeté initialement la bombe a été retenue responsable[5].

731 **Contact illicite.** Enfin, ce comportement doit être illicite. Cela signifie tout d'abord que si le contact avec un tiers est autorisé par la loi, il n'y a pas faute ; ainsi en est-il du policier qui attrape le voleur. Ensuite, il est des contacts physiques qui sont qualifiés d'illicites, car ils ne sont pas acceptés en tant que tels par la société. Par exemple, interpeller un ami dans la foule bruyante en lui tapotant sur l'épaule est considéré comme un contact licite accepté par la société[6] et ne constitue donc pas une *battery*.

B. *L'ASSAULT*

732 ***Assault.* Contact (non).** S'il n'y a pas de contact physique entre le fautif et la victime, le délit civil est qualifié d'*assault*, c'est ce qui le distingue de la *battery*. Ainsi en est-il par exemple d'une peur intense provoquée par le défendeur. Mais les autres conditions de la *battery* demeurent requises : comportement direct, intentionnel et illicite. Et surtout, les juges exigent un degré de gravité de la peur d'une attaque physique immédiate, éprouvée par la victime[7]. Par exemple, il en est ainsi

2. Letang v Cooper [1965] QB 232.
3. Williams v Humphrey [1975] AC 939.
4. Livingstone v Ministry of Defense [1984] NILR 356.
5. Scott v Shepherd [1773] 96 ER 525 (KB).
6. Wilson v Pringle [1987] QB 237.
7. Collins v Wilcock [1984] 3 All ER 374.

de menaces proférées[8], l'envoi excessif de lettres[9] ou de coups de téléphone malveillants[10].

733 **Obstacles.** Classiquement, il n'y a pas *assault and battery* si le défendeur avait le droit d'utiliser la force contre la victime. De même en est-il si la victime a consenti à la situation. C'est le cas lors d'activités sportives où le contact entre joueurs ou quelques blessures sont légion. En revanche, le consentement de la victime ne peut pas exonérer le demandeur qui a agi au-delà de ce qui était raisonnablement attendu[11] ou qui inflige des blessures proportionnées[12], ou parce que l'organisateur d'un match de boxe n'a pas pris les mesures de protection suffisante[13]. De même en est-il du consentement du patient à un acte pratiqué par le médecin, sous réserve de la capacité du patient à consentir.

§ 2. LE HARCÈLEMENT

734 **Harcèlement.** Le harcèlement (*harassment*), qui peut entrer dans la catégorie de l'*assault*, a fait l'objet de dispositions légales particulières. Ainsi, le *Protection from Harassment Act*, en date de 1997, définit le harcèlement, *tort*, comme une atteinte à la personne consistant à la poursuivre de telle sorte que son auteur n'est pas sans savoir que son comportement constitue un harcèlement. Les juges anglais ont également appliqué le *tort* de harcèlement à une personne qui avait révélé sur Facebook l'identité d'un ancien condamné pour infractions sexuelles[14]. Par ailleurs, le professionnel qui adresse moult relances à un client en prétendant, faussement, qu'il n'a pas payé certaines factures, commet un harcèlement[15] ; pour que le *tort* soit constitué, il faut que l'envoi de courriers soit menaçant et répété[16].

8. Les menaces doivent aussi provoquer la peur chez la victime d'une agression imminente (R v George [1840]). C'est pourquoi, il y a *Assault* lorsqu'un agresseur se rue sur sa victime, sans la toucher, vociférant et armé. En revanche, si l'agresseur prononce la phrase suivante « Si j'étais plus grand, je vous tuerais ! », il n'y a pas *Assault*, car la victime ne peut raisonnablement pas penser qu'il va mourir (Tuberville v Savage [1669]).

9. R v Costanza [1997] EWCA Crim 633 : un homme haïssant une ancienne collègue lui envoie plus de 800 lettres, inscrit des injures sur sa porte d'entrée et lui vole du linge sur le fil dans le jardin.

10. R v Ireland [1998] HL *:* le silence au bout du fil peut être vécu comme une menace.

11. R v Billinghurst [1978] Crim LR 553 *:* un joueur de rugby assène un coup de poing à un autre joueur et prétendait que c'était une pratique normale du jeu ; les juges considèrent que ce n'est pas le cas, de sorte que le joueur victime ne peut avoir consenti à ce geste.

12. Lane v Holloway [1967] 3 WLR 1003 EWCA.

13. Watson v British Board of control [2001].

14. CG v Facebook Ireland Ltd & Anor [2015] NIQB 11.

15. Ferguson v British Gas Trading Ltd [2009] EWCA Civ 46.

16. Calland v Financial Conduct Authority [2015] EWCA Civ 192.

§ 3. L'EMPRISONNEMENT ILLICITE

735 **Notion.** Un troisième *trespass* à la personne est l'emprisonnement illégal (*false imprisonment*). Il est défini comme une restriction totale[17] et volontaire[18] à la liberté de mouvement sans aucune justification légale. Diverses décisions des juges anglais ont permis de cerner les conditions de ce *tort*. Ainsi, il n'y a pas emprisonnement illégal si la victime, enfermée, avait la possibilité de s'enfuir[19] ! De même, la victime ne peut réclamer aucuns dommages-intérêts s'il lui a seulement été interdit d'emprunter tel chemin, mais pas de déambuler ailleurs[20]. Par ailleurs, c'est la liberté de mouvement qui est au cœur de la protection, bien plus que la victime elle-même ; c'est pourquoi, lorsque la victime n'était pas consciente du caractère illégal de son emprisonnement, mais qu'elle s'en est ultérieurement rendu compte, elle peut prétendre à une indemnisation[21].

Toutefois, contrairement au délit civil d'*assault and battery*, l'élément moral ne suppose qu'un comportement volontaire et non pas intentionnel. En d'autres termes, il est nécessaire que le défendeur ait volontairement fait quelque chose qui a provoqué l'enfermement de la victime, mais il n'est pas exigé qu'il ait eu la conscience et l'intention d'enfermer la victime. Par exemple, si une personne enferme par inadvertance quelqu'un, il peut s'agir d'un *false imprisonment ;* elle ne pourra pas arguer de son absence d'intention d'enfermer la victime pour échapper à sa responsabilité[22].

736 **Obstacles.** Outre les causes d'exonération classiques, le défendeur peut espérer échapper à sa responsabilité pour *false imprisonment* s'il disposait d'une autorisation de porter atteinte à la liberté de la victime (police, internement d'office, mise en quarantaine, voire les parents ayant le droit d'interdire à leur enfant de sortir, etc.) ou si la victime était consentante (le prisonnier libéré refuse de sortir de sa cellule). Enfin, le défendeur peut ne pas voir sa responsabilité engagée, s'il a

17. Bird v Jones (1845) 7 QB 742.

18. Sunbolf v Alford [1838] ; Iqbal v Prison Officers' Association [2009] EWCA Civ *131 :* la grève d'une majorité de gardiens de prison a obligé les autorités à suspendre toutes promenades dans les prisons le jour de la grève et à confiner les prisonniers dans leurs cellules ; il a été jugé que l'un des prisonniers, privé de promenade, ne pouvait alléguer un emprisonnement illégal en étant confiné dans sa cellule, car les autorités n'étaient pas responsables de son emprisonnement à la base ; R v Governor of Brockhill Prison [2000] 3 WLR 843 : un acte d'enfermement délibéré suffit, même si le défendeur n'avait pas trop choix.

19. Bird v Jones [1845] 7 QB 742.

20. Robinson v Balmain New Ferry [1910] AC 295 ; Hicks v Young [2015] EWHC 1144 (QB) : un chauffeur de taxi craignant que son jeune client ne le paie pas une fois arrivé à destination, le verrouille dans son véhicule et poursuit sa route ; le verrouillage étant défectueux, le jeune homme saute du taxi en marche et se blesse gravement.

21. Murray v Ministry of Defense [1988] ; l'indemnisation peut se résumer à des *Nominal damages* (dommages-intérêts symboliques) si le préjudice est quasi inexistant. En outre, peu importe la durée de la rétention (*Walker* 2014).

22. Sayers v Harlow Urban District Council [1958] CA : une femme se retrouve enfermée dans des toilettes en raison d'un défaut de la poignée de la porte, l'agent d'entretien ayant été négligent sur ce point. Elle a escaladé la porte en prenant appui sur le dérouleur de papier toilette, mais s'est blessée en tombant. Elle a été enfermée illégalement, certes, mais l'enfermement résulte d'une négligence et non d'un acte délibéré de l'agent d'entretien. Il y avait plutôt *Negligence.* Toutefois, elle fut tenue responsable pour une partie de son dommage, car elle n'aurait pas dû avoir confiance dans la solidité du dérouleur.

enfermé totalement et volontairement une tierce personne dans le but de la sauver d'une foule haineuse[23].

SECTION 2 LE *TRESPASS* CONTRE LES BIENS

737 Le *trespass* étant une atteinte aux biens, il est possible de distinguer l'atteinte portée aux immeubles (§ 1) et celle faite aux meubles (§2).

§ 1. LES ATTEINTES AUX IMMEUBLES

738 **La notion de *trespass*.** Il s'agit d'un délit consistant à porter atteinte à la possession immobilière dont une personne jouit, ce qui est résumé par l'exigence d'*interference*. Deux conditions sont nécessaires à la qualification, un élément matériel et un élément intentionnel. L'élément matériel, tout d'abord, suppose que le fautif commette une atteinte matérielle et illégale à un immeuble. Les illustrations jurisprudentielles sont nombreuses[24]. Par exemple, est un *trespasser* la personne qui jette quelque chose dans le jardin de son voisin sans y avoir été autorisée par le titulaire de la possession ou tond la pelouse du voisin en débordant de son propre champ[25]. Le *trespass* peut être une action statique, telle que la pose d'un panneau sur la maison d'un voisin[26]. Il y a également *trespass* lorsqu'une personne qui avait été autorisée à séjourner sur un terrain y demeure après la durée fixée. L'intensité de la gêne provoquée est totalement inopérante, car ce délit donne lieu à une action *per se*, de sorte que le seul fait de poser une échelle contre la barrière ou le mur appartenant à un tiers peut être qualifié de *trespass*[27].

Ensuite, l'élément intentionnel est requis : le délit suppose que le fautif ait eu la volonté de porter atteinte à l'immeuble ou, à tout le moins, a agi avec négligence[28]. En revanche, il importe peu qu'il n'ait pas compris qu'il était en train de commettre une faute[29]. Les juges anglais sont rigoureux, car le fait de savoir que l'on pénètre sur un terrain, fut-ce par erreur, demeure une faute[30]. En revanche, lorsqu'une

23. Austin v Commissioner of Police of the Metropolitan [2009] UKHL 5.

24. Hickman v Maisey [1900] 1 QB 752 *:* usage d'une route au-delà de l'usage normal lorsque des personnes assistent à l'entraînement de chevaux sur un terrain de la victime ; Director of Public Prosecutions v Jones and Lloyd HL [1999] 2 AC 240 : manifestants à proximité du site de Stonehenge.

25. Basely v Clarkson [1681] 3 Lev 37.

26. Kelsen v. Imperial Tobacco Co [1957].

27. Westrip v Baldock [1938] 2 All ER 799.

28. League against Cruel Sports [1985] : lors d'une chasse à courre, des chiens poursuivant des cerfs pénètrent dans des champs où la chasse n'est pas autorisée ; l'absence de contrôle des chiens par les chasseurs justifie leur responsabilité pour *Trespass*.

29. Conway v George Wimpey & Co [1951] 2 KB 266, 273.

30. Basely v Clarkson [1681] 3 Lev 37 *:* alors qu'il est en train de tondre l'herbe de son champ, un homme déborde son activité dans le champ voisin. Le fait qu'il ne soit pas aperçu de son erreur est une cause d'exonération inopérante. Il y a *Trespass* dès lors qu'il a volontairement pénétré sur le champ de son

personne, poussée par une autre, tombe dans le jardin du propriétaire, il n'y a pas *trespass*[31].

739 **Champ d'application. Possession immobilière.** Le *trespass* est une atteinte à la possession d'un immeuble. La qualification d'immeuble ne soulève guère de difficulté : il s'agit aussi bien d'une construction, de plantations que de champs ou de jardin. Le champ d'application s'étend au sous-sol[32] et au-dessus du sol[33] (sous certaines réserves de profondeur ou d'une certaine hauteur[34]). En revanche, il est important de s'arrêter sur l'exigence de possession : le demandeur, victime de *trespass*, doit avoir la qualité de possesseur du bien. Cela renvoie à la notion de *possession* du droit anglais : est possesseur celui qui a un contrôle sur la chose. Appliquée au *trespass*, elle est souvent synonyme de propriété ; en effet, la victime est, en pratique, fréquemment le propriétaire de l'immeuble. Mais il peut aussi s'agir du possesseur (non-propriétaire) au sens anglais, tel que le locataire (le *tenant* mais pas le *lodger*)[35]. Inversement, les visiteurs ou invités dans un immeuble ne peuvent pas invoquer de *trespass* au soutien d'une demande de dommages-intérêts.

740 **Défenses possibles.** Plusieurs événements peuvent faire obstacle à la demande indemnitaire pour *trespass*. Il s'agit tout d'abord logiquement de l'autorité de la loi : la police, par exemple, peut entrer dans le jardin de quelqu'un en cas de flagrance ou dans d'autres conditions organisées par la procédure pénale. De même, si l'atteinte au bien d'autrui est nécessaire, il n'y a pas *trespass ;* c'est le cas lorsqu'il s'agit de sauver des personnes, telles que l'équipage d'un bateau[36]. De même, si le possesseur a expressément ou implicitement autorisé une personne à entrer chez lui, il n'y a pas *trespass*. Enfin, il est aussi possible que le défendeur ne soit pas tenu responsable s'il a lui-même mis un terme au *trespass* avec des moyens raisonnables et appropriés, en jetant dehors un intrus[37].

741 **Réparation. Action *per se*.** Le *trespass* donne lieu pour la victime à une action particulière : il s'agit d'une action dite *per se*, c'est-à-dire que la preuve d'un préjudice n'est pas requise. Le possesseur, victime de *trespass*, peut tout de même réclamer des dommages-intérêts. Il s'agira de *nominal damages* (dommages-intérêts symboliques) s'il n'y a pas de réel préjudice. Mais le juge peut allouer des dommages-intérêts plus important en cas de préjudice, d'agrément[38] notamment ; la victime ne doit pas pour autant obtenir un profit de la situation[39] ; toutefois, le

---

voisin, même sans savoir que cette partie de terrain appartenait à ce dernier ; Convay v George Wimpey [1951].

31. Stone v Smith [1647] 82 ER 533.

32. Bulli Coal Mining Co v Osborne [1899] AC 351 ; Bocardo SA v Star Energy UK Onshore Ltd and another [2010] 3 All ER 975.

33. Woolerton v Costain [1970] : une grue surplombe la propriété voisine ; Kelsen v Imperial Tobacco Co [1957] 2 QB 334 *:* des publicités lumineuses.

34. Bernstein v Skyviews [1978] QB 479 *: Trespass* commis par une personne photographiant une propriété du haut d'un arbre, mais ce n'est pas le cas si la photo est prise d'un avion.

35. AG Securities v Vaughan [1990].

36. EssoPetroleum v Southport Corp [1956].

37. Stanley v Powel [1891] ; Cockroft v Smith [1705].

38. EssoPetroleum v Southport Corp, précité.

39. EssoPetroleum v Southport Corp, précité.

possesseur peut obtenir le profit que le *trespasser* a réalisé en utilisant le bien ou ce qu'il a économisé ; par exemple, les loyers que le squatter n'a pas payés. Il est aussi possible de demander au juge la cessation de la situation illicite[40], voire pour le possesseur d'y procéder lui-même, en coupant les branches d'un arbre qui dépasse par exemple (*self-abatement*). Enfin, il est parfois nécessaire que le possesseur soit restauré dans ses droits si le *trespasser* occupe complètement l'immeuble. Cette action peut donc être plus efficace pour la victime que la *negligence* qui suppose la preuve d'un préjudice.

§ 2. LES ATTEINTES AUX MEUBLES

742 ***Trespass* et *conversion*.** Le *trespass* peut également traduire un comportement illicite portant atteinte aux meubles. Mais les solutions apportées ne sont pas vraiment issues de la jurisprudence mais d'un texte de loi, le *Torts (Interference with Goods) Act 1977*. Il s'agit d'une atteinte directe et non autorisée qui peut consister en diverses formes : prendre, toucher, transporter, abîmer une chose etc. Le droit anglais distingue le *trespass* d'une autre notion, la *conversion*. Celle-ci suppose que l'atteinte portée au meuble soit incompatible avec la possession de la victime. Elle sanctionne celui qui avait la volonté de contrôler et de s'approprier le bien comme un possesseur. En somme, le *trespass* d'un meuble consiste davantage en l'atteinte physique portée au bien, tandis que la *conversion* représente l'atteinte au contrôle juridique. Par exemple, casser un vase est un *trespass*, mais saisir un bien sans autorisation est une *conversion*. Le demandeur peut être le propriétaire, mais, toujours conformément au droit anglais de la possession, il doit surtout être possesseur du meuble ; il peut donc s'agir d'un créancier, bénéficiant de la possession du bien (le rétenteur par exemple, jouissant d'un *lien*).

L'exigence du caractère intentionnel doit être nuancée ici. Il est des hypothèses dans lesquelles l'intention de porter atteinte au meuble est écartée ; c'est le cas lorsqu'une chose, confiée à un dépositaire, a été abîmée par la négligence de ce dépositaire[41] ou du transporteur qui livre le bien à la mauvaise personne. De même, la destruction totale du bien d'autrui intentionnellement traduisant la volonté de s'approprier la chose est davantage une *conversion* qu'un *trespass* qui s'applique plutôt à une atteinte plus limitée à la chose.

743 **Préjudice prévisible.** La victime n'obtiendra des dommages-intérêts compensant son préjudice que si celui-ci était prévisible pour le responsable[42].

40. Dans l'hypothèse où des ouvriers ont besoin de suspendre une grue au-dessus d'un terrain voisin, l'injonction de faire cesser l'illicite peut être suspendue jusqu'à ce qu'ils finissent le chantier (Woolerton and Wilson Ltd v Richard Costain Ltd [1970]).

41. Sec. 2, Act 1977 ; Sutcliffe v CC of West Yorkshire [1996] RTR 86.

42. Kuwait Airways Corp. v Iraqi Airways Co (n° 5) [2002] UKHL 19.

Applications américaines du *Trespass to goods*

Le droit américain offre quelques applications intéressantes du *trespass* aux biens en matière informatique. Précisément, des entreprises ont été tenues responsables pour avoir envoyé des quantités de mails promotionnels en utilisant le nom de domaine d'un fournisseur internet afin que les clients destinataires les lisent nécessairement (*AOLD v. LCGM [1998], East District Virginia*). De même en est-il de l'entreprise qui envoie massivement des emails à ses clients (*CompuServ v. Cyber Promo, [1997] US Distric.*). Mais encore faut-il que les victimes prouvent l'atteinte portée à la fonctionnalité physique de l'ordinateur ou sa probable occurrence, telle qu'une boîte mail saturée ou ralentie (*Intel v. Hamidi [2013] Calif. SC*).

CHAPITRE 3
LA NUISANCE

744 ***Nuisance. Trespass.* Trouble anormal de voisinage.** La *nuisance* constitue un cas de responsabilité qui résulte de l'atteinte portée au droit de jouir paisiblement du bien que l'on possède. Par exemple, un voisin fait trop de bruit ou son activité provoque des fumées à l'odeur pestilentielle. En pratique, ces situations sont proches de celles que le droit français qualifie de troubles anormaux de voisinage. Ce *tort* se distingue du *trespass* causé à un bien immobilier en ce que la *nuisance* suppose, selon les juges anglais, une atteinte dite indirecte : seule la jouissance paisible doit en être affectée. En outre, elle repose sur l'usage non raisonnable de son bien, ce qui rappelle le caractère anormal du trouble de voisinage dans le droit français. Son domaine d'application est ainsi plus restreint. Enfin, la *nuisance* n'est pas une action *per se*, de sorte que le trouble ne suffit pas à ouvrir droit à dommages-intérêts pour le demandeur ; encore faut-il qu'il prouve un préjudice.

745 **Deux types de *nuisance*.** Le droit anglais distingue deux types de *nuisance*, la nuisance privée ou *private nuisance* (section 1) qui constitue un *tort* à part entière, et la nuisance publique ou *public nuisance* (section 2), qui associe en une même qualification droit de la responsabilité délictuelle et droit pénal.

SECTION 1 LA *PRIVATE NUISANCE*

746 Une fois la notion de *nuisance* présentée (§ 1), il faut évoquer sa mise en œuvre (§ 2).

§ 1. LA NOTION DE *PRIVATE NUISANCE*

747 **Définition.** La *private nuisance* résulte de l'usage déraisonnable du possesseur d'un immeuble au détriment du fonds de son voisin[1]. Ce cas de *tort* est apparu au XIXe siècle avec l'essor de la Révolution industrielle et tous les désagréments qui s'y sont greffés[2]. Il faut tout d'abord déterminer quels biens. Il faut aussi caractériser le trouble porté à la jouissance d'autrui.

748 **Diversité des immeubles.** Les immeubles dont la jouissance paisible peut être troublée sont des plus variés : il peut s'agir de terrains non bâtis, d'immeubles construits, à usage d'habitation (maison, appartement, etc.) ou professionnels (usines, cabinet médical, etc.) ; il peut s'agir aussi d'atteinte portée à la jouissance des immeubles naturels (plantations[3], par exemple). En revanche, il a été jugé que le fait de troubler la réception de la télévision pour ses voisins ne constituait pas une atteinte à la jouissance de l'immeuble[4].

En principe, le trouble doit résulter d'un usage déraisonnable d'un immeuble (A), sauf en cas d'intention malveillante (B), qui ne requiert pas ce caractère déraisonnable.

A. LE PRINCIPE : L'USAGE DÉRAISONNABLE

749 **Caractérisation de l'usage déraisonnable.** Le trouble porté à la jouissance d'autrui doit résulter d'un usage déraisonnable de l'immeuble. C'est ainsi qu'il s'agit d'une atteinte indirecte à la possession d'autrui, contrairement au *trespass* qui suppose une atteinte directe[5].

Plusieurs critères sont appliqués par les juges afin de déterminer si l'usage est déraisonnable ou non. Ainsi, la nature du quartier peut être un premier indice : par exemple, installer une activité industrielle, bruyante, au milieu de maisons d'habitation paraîtra davantage être déraisonnable que si elle était faite dans un secteur regroupant diverses usines. Il faut préciser que l'appréciation du caractère déraisonnable se fait par référence au critère de la *locality*, c'est-à-dire par rapport à la zone dans laquelle le trouble se révèle et non par rapport à la zone dans laquelle l'activité nuisible est menée[6]. Par exemple, une entreprise peut relâcher des fumées nauséabondes qui se feront sentir dans un quartier résidentiel[7]. L'appréciation du trouble doit se faire *in abstracto*, tant au regard de ce qu'une victime raisonnable pourrait éprouver, que de ce qu'un voisin raisonnable ferait comme nuisance acceptable[8].

1. Bamford v Turnley (1860) 3 B & S 6 ; Miller v Jackson [1977].
2. Saint Helen's Smelting Co v Tipping [1895].
3. Lemmon v Webb [1894] 3 Ch 1.
4. Hunter v Canary Wharf [1998] 1 WLR 434 House of Lords.
5. Pour rappel, la *nuisance* ne s'applique qu'à l'atteinte de la jouissance du possesseur d'un immeuble. Si le dommage consiste à porter une atteinte directe à l'intégrité du bien, il s'agit d'un Trespass.
6. Saint Helen's Smelting Co v Tipping [1895] ; Thompson-Schwab v Costaki [1956] 1 WLR 335 : une maison de prostitution installée dans un quartier résidentiel est une *Nuisance*.
7. Hirose Electrical v Peak Ingredients [2011] EWCA Civ 987.
8. Robinson v Kilvert [1889] 41 Ch D 88 ; rappr. Fearne v Tate Gallery Board of Trustees 2019 EWHC 246 (ch) : selon les juges de la *High Court* (qui seront désavoués par la Cour suprême), les demandeurs avaient créé leur propre sensibilité en achetant des appartements presque entièrement transparents à raison

Il faut également prendre en compte la durée de la nuisance : elle doit être d'une durée telle que la jouissance paisible est altérée et elle doit être continue ; si elle n'est que ponctuelle, la *nuisance* n'est pas constituée. Toutefois, elle peut toujours être continue en dépit de moments d'arrêt. Par exemple, le fait que des travaux, bruyants de jour, s'arrêtent la nuit n'est pas un obstacle à la *nuisance*. Il est aussi intéressant d'apprécier le caractère déraisonnable selon l'heure à laquelle l'activité et menée : il a ainsi été jugé que remplir des cuves de pétrole le matin ne constituait pas une *nuisance*, contrairement à la même activité menée à 22 heures[9].

Enfin, si l'activité du défendeur présente une certaine utilité pour la communauté, les juges seront plus conciliants avec les désagréments qui pourraient en résulter. Concrètement, les petits désagréments résultant d'un chantier de construction d'une autoroute seront excusés par les juges. Encore faut-il que l'activité soit utile à la communauté[10]. Récemment, la Cour suprême censurant les décisions des juridictions inférieures a considéré que la Tate Gallery, célèbre musée londonien, avait certes une utilité en tant que musée, mais pas son immense terrasse qui invitait les visiteurs à profiter d'une vue panoramique, et qui plongeait aussi chez les voisins, ce qui constituait une *Nuisance*[11]. Bien souvent, le fait que l'activité, cause de nuisance, soit autorisée laisse à penser qu'il y a une utilité pour la communauté, critère pris en compte dans l'appréciation du caractère déraisonnable, mais cela ne suffit pas à écarter toute *nuisance*.

750 **Exemples.** Les illustrations de *private nuisance* sont multiples : il peut s'agir de l'inondation d'un voisin par un autre[12], de branches qui surplombent le jardin d'un voisin[13], des odeurs[14], des bruits[15]. Les juges anglais reconnaissent également à une personne dont la maison est adossée contre une autre, que si le propriétaire de cette dernière décide de la détruire, il devra supporter l'indemnisation des éventuels dommages provoqués à la maison adossée[16].

B. L'INTENTION MALVEILLANTE

751 **La *malice*.** La *nuisance* ne suppose pas d'établir l'usage déraisonnable de l'immeuble si le défendeur a agi avec intention malveillante (*malice*). Cette solution se justifie par le fait que rien ne justifie qu'une personne ennuie son voisin intentionnellement en se prévalant de sa possession sur son immeuble. Plusieurs arrêts

de larges baies vitrées, ce qui facilitait les regards des voisins et excluait ainsi le reproche de *Nuisance* fait au musée voisin et à ses visiteurs ; ce raisonnement a été invalidé par la Cour suprême en 2023 (note 838, *infra*).

9. Halsey v Esso Petroleum [1961] 2 All ER 145.

10. Miller v Jackson [1977] 3 WLR 20.

11. Fearn v Board of Trustees of the Tate Gallery [2023] UKSC 4.

12. Sedleigh-Denfield v O' Callaghan [1940] AC 880.

13. Lemmon v Webb [1894] 3 Ch 1.

14. Wheeler v JJ Saunders [1996] Ch 19 : exploitation porcine ; Bone v Seale [1975] 1 WLR 797.

15. Kennaway v Thompson [1981] QB 88 : une femme fait construire une maison sur un terrain dont elle vient d'hériter ; mais son voisin accueille depuis une dizaine d'années des courses de bateaux à moteurs, ce qui est très bruyant. Les juges accueillent la demande fondée sur la *Nuisance*.

16. Holbeck Hall Hotel v Scarborough Borough Council [2000] QB 836.

célèbrent l'illustrent. Ainsi dans une première affaire, un voisin avait pris l'habitude de frapper, à coups de marteau, la cloison le séparant d'une professeur de piano pendant les cours, perturbant le bon déroulé de ceux-ci[17]. De même en est-il pour une personne qui constamment tirait au fusil afin d'effrayer son voisin qui était éleveur de renards, afin d'effrayer les femelles en passe de mettre bas[18].

§ 2. LA MISE EN ŒUVRE

752 Si les conditions de la *nuisance* sont réunies, l'action peut être mise en œuvre. Une fois les parties identifiées (A), divers remèdes sont possibles (B).

A. LES PARTIES À L'ACTION

753 Les parties sont classiquement le fauteur de troubles, le défendeur (1), et la victime est le demandeur à l'action (2).

1. Le défendeur

754 **Le défendeur. Quel occupant ?** La victime d'une *nuisance* doit diriger son action contre la personne qui a causé son dommage ; comme il s'agit d'un conflit de voisinage, le défendeur doit être propriétaire ou occupant de l'immeuble situé dans le voisinage. Contrairement à ce qui est exigé de la victime-demandeur, le défendeur peut être un occupant ponctuel et sans titre ; ainsi en fut-il décidé s'agissant de mineurs qui bloquaient l'accès à la mine, empêchant les mineurs non grévistes d'accéder[19]. Le critère retenu est ici celui du contrôle exercé sur les lieux : les grévistes, bloquant l'accès à la mine, exerçaient un contrôle matériel dessus. En outre, il peut s'agir d'un contrôle juridique. Ainsi en est-il si le propriétaire d'arbres aux racines vigoureuses confie leur entretien à une tierce personne qui les néglige de sorte que les racines soulèvent le sol du fonds voisin[20].

Mais l'existence d'un contrat entre le propriétaire ou occupant et le tiers à l'origine des nuisances n'est pas le critère déterminant, en l'absence de contrôle ou d'acceptation des nuisances. En effet, il est des hypothèses dans lesquelles le propriétaire ou occupant demeure responsable alors que les faits de nuisance sont causés par un tiers. Ainsi en est-il si la *nuisance* est provoquée par un entrepreneur qui réalise des travaux dans un immeuble ou sur un terrain : encore faut-il que l'occupant (propriétaire ou locataire) ait autorisé une tierce personne[21] (telle qu'un locataire ou un entrepreneur) et son activité ayant causé les nuisances[22] ; il ne serait *a contrario* pas responsable s'il avait juste autorisé l'entrepreneur à occuper

17. Christie v Davey [1893].
18. Hollywood Silver Fox Farm Ltd v Emmett [1936] 2 KB 468.
19. Thomas v National Union of Mineworkers [1986] Ch 20.
20. Jones Ltd v Portsmouth *City* Council [2002] EWHC 1568.
21. Tetley v Chitty [1986] 1 All ER 663 ; Matania v National Provincial Bank [1936] 2 All ER 633.
22. Smith v Scott [1973] Ch 314 ; Hussain v Lancaster *City* Council [1999] 2 WLR 1142.

l'immeuble, sans autorisation ou connaissance de l'activité. De même, le bailleur demeure responsable de la *nuisance*, malgré l'occupation de l'immeuble par le locataire, si la *nuisance* résulte de l'un des manquements du bailleur à procéder à l'entretien et à la réparation de l'immeuble[23].

Les juges anglais ont également admis que l'occupant était responsable du trouble s'il a poursuivi l'activité bruyante ou dérangeante amorcée par un le tiers autorisé : dans une espèce, une commune laissait un terrain, adjacent à un concessionnaire automobile, à disposition de gens du voyage ; certains s'y étaient installés et avaient causé diverses dégradations chez le vendeur de voiture[24]. Celui-ci assigne la commune qui a été tenue pour responsable au motif qu'elle avait permis la continuation de la *nuisance* en ne faisant pas respecter une ordonnance d'expulsion à l'encontre des gens du voyage.

De même, l'occupant ou le propriétaire est responsable si la *nuisance* a été causée par une personne qui a réussi à entrer dans sa propriété ; cette dernière situation est justifiée si l'occupant n'a pas pris les mesures raisonnables afin d'empêcher un tiers (ici un *trespasser*) de pénétrer chez lui et de causer un préjudice au voisin.

755 **Prescription.** Afin d'échapper à sa responsabilité, le défendeur peut se prévaloir du temps qui passe. Si le défendeur a adopté le comportement qu'on lui reproche pendant une certaine durée (20 ans), de manière continue, il est exonéré. La difficulté ne repose pas tant dans le calcul de cette durée, mais davantage dans la détermination du point de départ de ce délai. Les juges ont eu l'occasion de préciser que le point de départ devait correspondre aux premières apparitions de *nuisance* et non lors du début de l'activité susceptible de provoquer la *nuisance*[25]. La prescription ne peut jouer comme cause d'exonération que s'il s'agit d'une *private nuisance* et non d'une *public nuisance*.

756 **Force majeure.** Si les troubles subis sont causés non par l'activité du voisin mais par des éléments constituant des événements de force majeure, il ne peut y avoir *nuisance*. Ainsi, dans un arrêt célèbre, un propriétaire avait détourné le cours d'une rivière afin de créer des lacs artificiels dans son jardin ; peu après des pluies importantes étaient tombées et le terrain du voisin avait été inondé. Celui-ci a assigné, sur le fondement de la *nuisance*, le propriétaire qui avait détourné la rivière. Mais les juges l'ont débouté aux motifs que l'inondation avait été causée par les pluies torrentielles, événement de force majeure, et non par le détournement de la rivière[26].

23. Wringe v Cohen [1940] 1 KB 229.

24. Page Motors v Epsom Borough Council [1982] LGR 337 ; *adde* Sedleigh-Denfield v O'Callaghan [1940] AC 880.

25. Sturges v Bridgman [1879] LR 11 Ch D 852 : une personne installe son activité de fabrication de bonbons, ce qui s'accompagne de bruit et de vibrations en raison de l'utilisation de machines. Il mène cette activité pendant des années, plus de vingt ans. Entretemps, son voisin ouvre un cabinet de consultation sur la mitoyenneté du terrain ; il se plaint de bruit et de vibrations. En défense, le fabricant de bonbons se prévaut de la prescription de vingt ans : cela plus de vingt ans qu'il exerce cette activité bruyante. Or, ce n'est pas ainsi que la durée de la prescription doit être calculée : c'est à partir de l'apparition des troubles, donc à partir de l'installation du cabinet par le voisin-victime.

26. Nichols v Marsland (1876) 2 ExD 1 ; *adde*, v. *infra* Rylands v Fletcher, précité.

Néanmoins, si le propriétaire connaissait les risques quant à la réalisation d'un événement de force majeure et s'il n'a pas pris les mesures adaptées, il engage sa responsabilité[27].

757 **Autorité de la loi.** Un certain nombre d'activités ou d'occupants peuvent causer des troubles au voisinage, mais les victimes ne peuvent former d'action pour *nuisance* s'ils ont été autorisés par la loi. Par exemple, le passage d'avions peut être bruyant, mais les compagnies aériennes n'encourent aucune responsabilité en raison du *Civil Aviation Act 1982*. De même en est-il d'activités relevant d'autres transports, d'énergie ou relatives à l'exploitation d'eau. Un exemple illustre combien l'autorisation donnée peut être source de conflits quant à son domaine : en l'espèce, une raffinerie a été autorisée à ouvrir par un texte de loi ; lorsque les voisins se plaignirent de l'odeur et du bruit causés, ils invoquèrent le fait que la loi avait autorisé l'ouverture de la raffinerie, mais pas son fonctionnement, source de troubles ; mais la Chambre des Lords rejeta cet argument en considérant que l'autorisation d'ouvrir une raffinerie impliquait nécessairement l'autorisation de l'exploiter, ce qui ne pouvait se faire sans quelques inconvénients[28]. Mais il faut préciser ce que l'on entend par autorisation : un véritable texte de loi doit exonérer le responsable d'une activité causant des troubles ; tel n'est pas le cas d'un simple document d'urbanisme, tel qu'un plan local d'urbanisme[29]. En revanche, le fait que la commune autorise les activités industrielles dans un quartier peut être pris en compte dans l'appréciation du caractère raisonnable ou non de l'activité[30], mais elle ne constitue pas une cause d'exonération. Le défendeur ne peut donc pas échapper à sa responsabilité en se prévalant d'une autorisation pour exercer son activité bruyante[31]. Pareillement, la Cour suprême a considéré qu'une autorité locale en charge de l'assainissement des eaux usées, bien que son activité soit régie par une loi, commet néanmoins une *Nuisance* lorsqu'une partie des eaux à traiter se déverse dans des ruisseaux privés en cas de trop-plein ; le fait que son activité soit régie par une loi ne l'exonère pas de sa responsabilité[32].

2. Le demandeur

758 **Le possesseur.** Le seul demandeur qui peut invoquer la *private nuisance* doit être titulaire du droit à l'exclusive possession du bien, au sens du droit anglais[33]. Concrètement, il peut s'agir du propriétaire de l'immeuble, mais aussi du locataire. En revanche, de simples invités ou occupants temporaires d'un immeuble, les

27. Leaky & ors v National Trust [1980] QB 485 CA ; Holbeck Hall Hotel Limited v Scarborough Borough Council [2000] 2 ALL ER 705 : les mesures raisonnables s'apprécient au regard des ressources du défendeur.
28. Allen v Gulf Oil Refining Ltd [1981] AC 1001.
29. Gillingham Borough Council v Medway Dock [1993] QB 343 ; Coventry v Lawrence [2012] EWCA Civ 26.
30. Coventry v Lawrence, précité.
31. Oldcorn v Southern Water Services Limited [2017] EWHC 62 (TCC).
32. Manchester Ship Canal Company Ltd v United Utilities Water Ltd (No. 2) [2024] UKSC 22.
33. Bury v Pope (1587) Cro Eliz 118.

clients d'un hôtel ou les membres d'une famille[34] qui ne justifient pas de la qualité de *possessor* n'ont aucun intérêt à agir sur le fondement de la *nuisance.*

759 **Le préjudice.** Contrairement au *trespass* qui est une action *per se*, la *nuisance* suppose pour le demandeur d'établir son préjudice. Il peut s'agir d'un trouble porté à la jouissance paisible de son bien (du bruit, des branches surplombent son terrain, etc.), mais il peut aussi s'agir d'une atteinte physique à son bien.

En outre, la victime peut aussi obtenir l'indemnisation de préjudices personnels, conséquences prévisibles de l'atteinte à la jouissance du bien[35], tels que des troubles de sommeil, un manque de lumière, etc. Quelques cas ont admis l'indemnisation du trouble psychologique, consécutif au trouble de jouissance du bien, mais avec parcimonie[36]. En effet, la *nuisance* est principalement une atteinte indirecte à un bien et non une atteinte à une personne. Si le voisin est blessé par une branche qui dépasse, il faut agir sur le terrain de la *negligence* et non sur le terrain de la *nuisance*.

Enfin, la victime peut aussi obtenir des dommages-intérêts compensant son préjudice économique à condition qu'il soit la conséquence de l'atteinte portée à la jouissance de son bien (*consequential economic loss*) ; par exemple, la baisse de fréquentation d'un hôtel en raison des nuisances provoquées par un chantier peut être indemnisée[37]. En revanche, aucune indemnité ne sera allouée s'il s'agit d'un pur préjudice économique (*pure economic loss*) conformément au droit commun de la responsabilité civile anglaise. La protection du droit réel, but poursuivi par la *Nuisance*, a été rappelée par les juges anglais lorsqu'ils ont affirmé que ce *Tort* vise précisément à protéger ce droit et non la valeur de la propriété. Par conséquent, aucune indemnisation ne peut être allouée si le seul préjudice subi est la diminution de la valeur d'une maison ou d'un terrain sur le marché de l'immobilier à cause du trouble anormal de voisinage[38].

B. LES REMÈDES

760 **Injonction de cesser la *nuisance versus* dommages-intérêts.** Des dommages-intérêts peuvent compenser les préjudices subis par la victime. Ce remède, qui est fondé sur l'*Equity* et laissé à la discrétion des juges, doit être le fruit d'un équilibre entre la protection de la jouissance de la victime et la liberté du défendeur de mener une activité professionnelle ou de loisir sur son terrain, surtout si la communauté en tire un bénéfice[39]. Dans ce cas, les juges anglais sont réticents à prononcer des injonctions de cesser l'activité incriminée si des dommages-intérêts peuvent être

34. Malone v Laskey [1907] 2 KB 141 : le gérant d'une société loue un local et son épouse fut blessée par la chute d'une équerre tombant d'un mur ; mais sa demande fondée sur la *Nuisance* fut rejetée car elle ne pouvait pas invoquer la possession exclusive, en son nom propre. *Adde*, Hunter v Canary Wharf 1997. Selon Lord Hoffman et Lord Goff, l'épouse pouvait agir sur le terrain de la *Negligence*. Elle peut aussi se prévaloir de ses droits sur la propriété en vertu des arrangements matrimoniaux.

35. Cambridge Water Co Ltd v Eastern Counties Leather plc [1994] 1 All ER 53.

36. Thompson-Schwab v Costaki [1956] 1 All ER 652.

37. Andreae v Selfridge & Co Ltd [1938] ; Hasley v Esso Petroleum Co Ltd [1961].

38. Network Rail Infrastructure Ltd v Wiliams [2018] EWCA Civ 1514.

39. Shelfer v *City* of London Electric Lighting Co [1894] ; Miller v Jackson 1977 ; Kennaway v Thompson [1981] QB 88.

suffisants[40]. Concrètement, le juge peut prononcer une injonction, à moins que le défendeur ne lui prouve que des dommages-intérêts seraient plus adaptés[41]. Dans l'affaire *Shelfer*[42], le juge Smith fait ressortir quatre critères permettant de déterminer si l'injonction doit être ordonnée ou non : l'octroi de dommages-intérêts est alors préféré si le préjudice subi par la victime est relativement limité, peut être évalué monétairement et compensé par une petite somme d'argent et si l'injonction de cesser l'activité serait trop excessive pour le défendeur. Ce raisonnement est cohérent tant il est vrai que la nature même de la *nuisance* laisse douter que le préjudice soit faible ; *de facto*, les dommages-intérêts se révèlent moins adaptés que l'injonction[43]. Toutefois, les juges dans l'espèce *Coventry* nuancèrent ces critères ultérieurement en affirmant que le choix d'une injonction ou de dommages-intérêts devait avant tout dépendre des faits plus que de ces quatre critères.

761 **Intervention personnelle de la victime.** Il est aussi possible que la victime dont la jouissance paisible est troublée intervienne elle-même afin de faire cesser le trouble directement selon le mécanisme dit de l'*abatement*. Il est nécessaire que l'intervention soit proportionnée et qu'elle soit précédée d'une notification à l'adresse du défendeur si elle doit pénétrer sur son terrain ; à défaut, la victime risque de se voir reprochée d'être un *trespasser*[44]. Le domaine d'application est, en pratique, restreint et se limite essentiellement aux hypothèses dans lesquelles elle coupe des branches ou des racines qui dépassent sur son terrain.

Le fait d'une chose dangereuse qui s'est échappée lors de l'usage non naturel d'un immeuble

Dans une décision qui fit date (*Rylands v. Fletcher [1868] UKHL 1*), la Chambre des Lords a affirmé que celui qui occupe un immeuble est responsable de plein droit si une chose, pouvant provoquer potentiellement des dégâts, s'en échappe. En l'espèce, l'exploitant d'un moulin à eau demande à un entrepreneur de réaliser une réserve d'eau afin de permettre le fonctionnement de son moulin. Mais l'entrepreneur se révèle négligent, car, découvrant que le sous-sol est parsemé de galeries d'une ancienne mine de charbon, il les colmate insuffisamment. Lorsque la réserve est finalement remplie d'eau, celle-ci s'échappe et inonde la mine du voisin. Le propriétaire du moulin fut tenu responsable de plein droit. Il faut aussi que la chose cause un dommage prévisible (*Cambridge Water v. Eastern Counties Leather plc [1994] HL*). Et la Haute juridiction a poursuivi son application restrictive de cette responsabilité de plein droit : ainsi, elle a considéré que l'approvisionnement d'appartements en eau était une occupation naturelle d'un immeuble, excluant la responsabilité du fournisseur (*Transco v. Stockport MBC [2003]*).

40. Kennaway v Thompson [1981] QB 88, précité ; Dennis v Ministry of Defence [2003] HC ; Anslow v Norton Aluminium [2012].
41. Coventry v Lawrence [2012] EWCA Civ 26.
42. Shelfer v *City* of London Electric Lighting Co [1894].
43. K. Horsey et E. Rackley, *Torts*, Oxford, 2023, p. 548 : l'exigence du caractère déraisonnable laisse penser que le préjudice subi par le voisin victime n'est pas insignifiant.
44. Miller v Jackson [1977].

SECTION 2 LA PUBLIC NUISANCE

762 **Distinction *private* et *public nuisance*. Un groupe de victimes.** La *nuisance* publique présente la particularité de protéger un intérêt collectif, et non individuel, dans la vie quotidienne de plusieurs citoyens. Au regard du caractère collectif du préjudice, la public *nuisance* peut, en parallèle de l'action civile, justifier des poursuites pénales par le procureur. En outre, la *Public Nuisance* et la *Private Nuisance* sont compatibles[45].

763 **La notion de classe de victimes.** Il ne s'agit pas de constater l'existence d'une multitude de victimes qui regrouperaient leur action contre un même défendeur ; il s'agit de rechercher si le dommage est causé à un groupe de personnes (*a class*) parmi les sujets de Sa Majesté[46]. Par exemple, une manifestation se déroulant sur une autoroute et bloquant la circulation porte atteinte aux droits d'un groupe identifiable, celui qui rassemble tous les usagers de la route[47]. Les exemples retenus par la jurisprudence sont nombreux : il s'agit, par exemple, des enfants d'une région qui sont nés porteurs d'un handicap en raison de l'autorisation donnée par une collectivité locale à une entreprise de répandre des produits toxiques sur le sol[48]. De même en est-il lorsqu'une société, souhaitant faciliter la navigabilité de ses bateaux sur une rivière, réalise des travaux qui provoquent l'envasement de l'eau, rendant difficile la navigation de tous[49].

L'existence d'une classe, condition requise pour une *public nuisance*, est déterminée par les juges, de sorte qu'il n'est pas toujours aisé de savoir si tel est le cas en présence de certains préjudices : la jurisprudence révèle qu'il est parfois préférable de s'orienter vers d'autres *torts*, comme la *negligence* ou la *private nuisance*, lorsque les dommages causés concernent davantage plusieurs victimes distinctes qu'une classe[50].

764 **Victime particulière.** Si l'une des victimes entend obtenir des dommages-intérêts, elle ne peut pas se contenter d'établir qu'elle fait partie de la classe ; encore doit-elle prouver qu'elle a souffert davantage que les autres membres de la classe en établissant qu'elle a subi un préjudice physique, une atteinte à son droit de propriété ou une perte économique (baisse de clientèle, perte de profits, etc.) d'une intensité supérieure aux autres[51] ; c'est le *special* ou *particular damage*. Par exemple, dans une affaire célèbre, un golf était situé à proximité immédiate d'une route, de sorte qu'il était fréquent que les balles s'envolent et traversent la route,

45. Colour Quest Ltd v Total Downstream UK Plc [2009] EWHC 823 (Comm).
46. K. Horsey et E. Rackley, précité, p. 556.
47. K. Horsey et E. Rackley, précité, p. 556.
48. Corby Group Litigation v Corby District Council [2008] EWCA Civ 463.
49. Tate & Lyle v Greater London Council [1983] 2 AC 509.
50. Par exemple, il a été jugé que l'envoi de 538 lettres à caractère raciste ne concernait pas une classe de personnes, mais davantage des victimes considérées individuellement (R v Rimmington [2005] UKHL 63). De même pour l'envoi d'une lettre comportant du sel par une personne à l'un de ses amis et censé être une farce, qui a pourtant provoqué l'angoisse de tout le personnel de la poste pensant avoir en main une lettre pleine d'Anthrax (R v Goldstein [2005] UKHL 63).
51. Par exemple, pour une voiture ou des vêtements abimés, Hasley v Esso Petroleum [1961].

perturbant ainsi les usagers de la route ; il s'agissait donc d'une *public nuisance*. En outre, l'une de ces balles a fini sa course sur la carrosserie d'une voiture en particulier, de sorte que son propriétaire put réclamer des dommages-intérêts pour lui seul[52]. Pareillement, dans l'affaire *Tate*, dans laquelle une société avait provoqué l'envasement d'une rivière, une autre société, raffinant du sucre, avait dû procéder à des aménagements sur la rivière afin de permettre à ses bateaux d'accoster pour le déchargement et le chargement de sucre, car l'envasement les empêchant de progresser ; les juges retinrent qu'elle avait éprouvé un préjudice particulier, au sein de la classe des usagers de la rivière[53].

Responsabilité et changement climatique : vers une analyse contemporaine des *Torts* ?

Depuis quelques années, le changement climatique représente un enjeu qui n'est pas ignoré des juristes et, dans ce contexte, Lord Sales a adressé un discours éclairant sur le rôle du droit de la responsabilité en la matière (*Climate change and the future of tort law: responding to systemic risk and expanding liability*, in Planning and Environment Bar Association Annual Conference 2025, 9 May 2025). L'une des premières réalisations notables du droit dans l'environnement fut certainement la loi obligeant le gouvernement à atteindre le zéro émission en 2050 (*Climate Change Act 2008*). Sur ce fondement, les juges anglais ont alors pu imposer de nouvelles obligations aux autorités publiques, telles que le renforcement des mesures de réduction des émissions (*R ((1) Friends of the Earth Limited (2) ClientEarth (3) Good Law Project and Joanna Wheatley) v Secretary ofState for Business, Energy and Industrial Strategy [2022] EWHC 1841 (Admin) ; R ((1) Friends of the Earth Limited (2) Client Earth (3) Good Law Project) v Secretary of State for Energy Security and Net Zero [2024] EWHC 995 (Admin)*) ou encore l'obligation d'évaluer les conséquences environnementales de certaines opérations de développement *R (Finch on behalf of the Weald Action Group) v Surrey County Council [2024] UKSC 20*). D'autres pays de *Common law* sont également saisis de ces questions par les justiciables et y apportent des réponses (pour la Nouvelle-Zélande, voir *Smith v Fonterra [2024] NZSC 5 (Supreme Court), [2021] NZCA 552 (Court of Appeal), [2020] NZHC 419 (High Court)*). Au-delà de ces nouvelles obligations, Lord Sales soulève des questions cruciales pour les activités économiques, notamment la détermination des responsables qui devraient juridiquement et économiquement assumer les dommages corporels, les atteintes aux biens et les pertes financières causés par le changement climatique, et comment les assureurs devraient y répondre dès maintenant. À ces questions, il propose de conférer à la *Nuisance*, à la *Negligence* et au *Trespass* de nouvelles applications.

52. Castle v Augustine's Links [1922].
53. Tate & Lyle v Greater London Council [1983] 2 AC 509.

CHAPITRE 4
LA RESPONSABILITÉ DU FAIT DES PRODUITS DÉFECTUEUX

765 **Présentation.** Lorsqu'un produit présente un défaut, de nombreux acteurs en lien avec lui peuvent voir leur responsabilité civile engagée : elle concerne les fabricants, les distributeurs et les vendeurs de produits, mais aussi les concepteurs, les différents fournisseurs de pièces ou encore l'entreprise qui en fait l'assemblage, dès lors qu'un produit, en raison d'un défaut (*defect*), cause un préjudice corporel, le décès d'une personne ou un dommage aux biens. En droit anglais, cette responsabilité peut être de nature diverse : contractuelle (de droit commun ou selon le droit spécial du droit de la vente et du droit de la consommation), délictuelle sous le régime des *torts* (notamment de la *negligence*) ou enfin légale au titre d'une loi[1] (*statutory liability*), et notamment le *Consumer Protection Act 1987*, directement issu de dispositions communautaires relatives à la sécurité des produits[2].

Selon les cas, la victime peut mettre en œuvre l'un ou l'autre de ces régimes ou tous de manière concurrente. Mais, la nature du préjudice qui peut être indemnisée au titre de ces différents régimes est différente. En somme, dans le cadre des *Torts*, la responsabilité du fait des produits défectueux est encadrée soit par le dispositif de *Common law* (section 1), soit par des dispositifs légaux (section 2).

SECTION 1 LE DISPOSITIF DE COMMON LAW

766 Pour rappel, la *Common law*, et bien qu'il ne s'agisse naturellement pas d'une responsabilité délictuelle, propose classiquement à la victime de soulever la responsabilité contractuelle (§ 1) ; mais elle peut aussi se fonder sur la responsabilité délictuelle (§ 2) du défendeur.

1. *Consumer Protection Act 1987 ; Sale and Supply of Goods to Consumers Regulations SI 2002/3045* mettant en œuvre la directive CE 1999/44, modifié par la *Consumer Rights Act 2015*.
2. V. *infra*, n° 775 et s.

§ 1. LE FONDEMENT CONTRACTUEL

767 **Conditions.** Il est important de rappeler que la victime n'est pas limitée dans son action que par le texte spécial des produits défectueux ; en effet, en droit anglais, la victime peut choisir d'engager la responsabilité contractuelle de son cocontractant si les conditions sont réunies. Il faut notamment qu'il y ait un contrat entre la victime et le défendeur et que l'obligation de fournir un produit sans défaut soit incluse dans le contrat, expressément ou au titre des conditions implicites. Les plus importantes conditions implicites sont prévues par la loi de la vente (notamment le *Sale of Goods Act*, exigeant du vendeur que le bien soit de qualité satisfaisante[3]). Ces garanties sont plutôt orientées vers la description, la conformité et les qualités marchandes du produit ; cette responsabilité est stricte dans la mesure où le cocontractant n'a pas à prouver la faute.

Toutefois, au-delà du contrat de vente, dans la plupart des cas, la relation contractuelle fait défaut entre la victime et le fabricant, tout particulièrement lorsque la victime est un consommateur ayant acheté le produit défectueux auprès d'un revendeur. Néanmoins, il n'est pas rare, en droit anglais, qu'une garantie spécifique soit proposée à l'acheteur par le fabricant au moment de l'achat chez le détaillant, ou par l'intermédiaire d'un revendeur en ligne, établissant ainsi un lien contractuel direct entre le fabricant et l'acheteur.

768 **Clauses limitatives de responsabilité.** Le contrat peut stipuler des clauses limitatives de responsabilité, sous réserve des dispositions du *Unfair Contract Terms Act 1977*, du *Consumer Protection Act 1987* et du *Consumer Regulation Act 2015*, qui excluent notamment la possibilité de limiter la responsabilité d'un fabricant pour le décès ou le préjudice corporel subi par la victime. Dans la pratique des affaires, les parties aux contrats de vente de produits prévoient souvent des répartitions ou aménagements de responsabilité, et le recours à l'assurance des autres risques contractuels.

769 **Préjudices.** L'indemnisation en droit des contrats est essentiellement limitée au préjudice économique subi en raison de la privation du cocontractant du bénéfice attendu du contrat et éventuellement des préjudices raisonnablement prévisibles au moment où les parties ont contracté, telles les pertes de production, les frais accessoires, etc.[4].

3. *Sale of Goods Act (SGA) 1979, sec. 14 (2)* : le produit vendu doit la qualité attendue, c'est-à-dire correspondre à l'usage communément attendu, finitions et apparence incluses, être exempt de défauts mineurs, être sûr et avoir une certaine durée. Face à un produit non satisfaisant, si l'acheteur est un consommateur, il peut le renvoyer et être remboursé, ou le renvoyer et demander un remplacement, ou demander la réparation. Si c'est un professionnel, il peut refuser la marchandise, sauf si le défaut est mineur et qu'il serait déraisonnable de refuser ; le défaut léger n'est donc pas une raison suffisante permettant de rompre le contrat (sec. 15 A, SGA 1979). Le non-consommateur est celui qui contracte dans le cadre de son activité professionnelle (Stevenson v Rogers [1999] EWCA). Ce dispositif concerne le vendeur professionnel et non le vendeur occasionnel ; dans ce dernier cas, le risque est pour l'acheteur en vertu de l'adage « *Caveat emptor* ».

4. V. *supra*, n° 547 et s. et 621 et s.

§ 2. LA RESPONSABILITÉ AU TITRE DU *"TORT OF NEGLIGENCE"*

770 **Domaine.** Fondée sur le célèbre arrêt *Donoghue v. Stevenson*, de 1932, la *negligence* est très utile à la victime d'un produit défectueux, car ce *tort* peut être appliqué à tous types de produits et à une large gamme de victimes potentiellement prévisibles par un concepteur ou fabricant. Les conditions sont celles de la *negligence* (A). Une fois ces conditions réunies, la victime obtient une indemnisation (B).

A. LES CONDITIONS

771 Conformément au droit commun de la *negligence*[5], la victime doit prouver la violation d'un devoir de vigilance (*duty of care*) et un lien causal entre la faute et le dommage.

772 ***Duty of care.*** **Responsable. Victime.** La responsabilité délictuelle peut s'appliquer à tous les stades, de la conception d'un produit jusqu'à son utilisation finale : design, fabrication, emballage, mise sur le marché, distribution, usage[6], etc. ; le fabricant a même un devoir de rappel d'un produit devenu à risque (*post-marketing duties*). Ainsi, la *Negligence* de *Common law* ne se limite pas au seul fabricant initial, mais vise toute personne de la chaîne qui est la source du danger, telle que le monteur, l'installateur, le distributeur, le réparateur, etc.[7]. De même, la victime peut être non seulement l'acheteur du produit ou l'utilisateur (comme dans *Donoghue*) mais aussi un parfait tiers comme dans l'affaire *Stennett*[8].

La violation du *duty of care* est évaluée de manière objective par rapport au "*reasonably competent person*" à tous les stades de la mise en œuvre d'un produit. Dans certains cas, la victime est obligée d'apporter des preuves scientifiques difficiles à établir, notamment dans le cas de produits pharmaceutiques. Mais, bien souvent, la victime bénéficie de présomptions qui facilitent son fardeau probatoire. En effet, si l'existence du défaut ne peut s'expliquer que par une *negligence* (comme dans l'affaire *Donoghue*, dans laquelle un escargot avait moisi dans une bouteille de bière...), c'est au fabricant de se libérer de cette présomption de responsabilité en établissant qu'il n'a commis aucune faute[9]. Par exemple, le fabricant de verre de sécurité pour pare-brise a échappé à cette présomption en convaincant les juges que le dommage était plus vraisemblablement imputable au monteur[10].

5. V. *supra*, n° 672.
6. Watson v Buckley [1940].
7. E. Finch and S. Fafinski, *op. cit.*, p. 198.
8. Stennett v Hancock [1939] : un passant est blessé par la roue d'un camion qui s'en était déboitée.
9. Grant v Australian Knitting Mills Ltd [1936] PC.
10. Evans v Triplex Glass Co Ltd [1936].

Produits défectueux et conception

Le design et la conception du produit peuvent être source de dommage. Mais, en pratique, tandis que la victime n'aura pas de difficultés à prouver que le concepteur a un devoir de créer un produit qui ne causera pas dommage, il lui sera bien plus délicat de prouver que ce problème constituait une faute, un manquement au devoir standard de tout concepteur de ce type de produit, et la causalité au regard des diverses causes problèmes de dommage. C'est exactement les difficultés en matière de responsabilité du fait des produits pharmaceutiques, notamment dans la fameuse affaire du *Thalidomide*, dans les années 1950-1960, qui provoqua des malformations de fœtus. Le fabricant n'avait pas commis de faute, mais c'était la conception du médicament elle-même qui était au cœur des reproches. Et la causalité pour les malformations soulevait aussi des incertitudes, d'où l'introduction très rapide par le droit anglais d'une loi dédiée, le *Consumer Protection Act 1987*, d'inspiration directement communautaire.

773 **Causalité.** Conformément au droit commun de la *negligence*, la victime doit également prouver la causalité des faits et du droit (*causality and remoteness*) entre la faute et le dommage. Si un événement, tel que la faute d'un acteur dans la chaîne entre la fabrication et l'usage du produit, intervient dans la réalisation du dommage, il y a rupture de la causalité et le fabricant est dégagé de sa responsabilité[11].

Devoir d'inspection du produit par l'intermédiaire ?

La question s'est posée de savoir si un intermédiaire dans la chaîne de distribution d'un produit, tel qu'un revendeur, avait le devoir d'inspecter les produits qu'il devait vendre afin de détecter d'éventuels problèmes de fabrication. Le principe demeure que c'est au fabricant de produire des biens exempts de défauts ; sauf exception, les acteurs intermédiaires n'ont pas de devoir de les inspecter. En revanche, s'il a des raisons de penser que ses produits feront l'objet d'une inspection par un autre acteur de la chaîne de distribution, le fabricant peut échapper à sa responsabilité (*Andrews v. Hopkinson [1957]*).

B. L'INDEMNISATION

774 **Indemnisation.** Le préjudice inclut notamment les préjudices résultant du décès ou du dommage corporel, psychiatrique, les frais médicaux, et les dommages aux biens. Ce tort prévoit une indemnisation qui doit restaurer la victime dans la situation où elle était avant le préjudice subi par le défaut, mais dans la mesure où ce préjudice était raisonnablement prévisible. Dans certains cas, la victime elle-même peut être jugée responsable d'avoir contribué à son propre préjudice, limitant ainsi

11. Grant v Australian Knitting Mills Ltd, précité ; Evans v Triplex Glass Co Ltd, précité.

ses possibilités d'indemnisation[12]. Mais si le dommage a affecté le seul produit en cause, la victime ne peut pas en espérer d'indemnisation sur le fondement de la *negligence*, car il s'agirait sinon de dommage purement économique pour lequel aucun *duty of care* n'existe[13]. C'est pourquoi la responsabilité contractuelle peut se révéler plus intéressante dans ce cas pour la victime que la responsabilité délictuelle. Toutefois, il est possible d'obtenir une indemnisation pour la perte du produit si l'on applique la théorie de la structure complexe (*complex structure theory*) ; en effet, certains produits peuvent être composés de parties distinctes, de sorte que les juges les analysent non pas comme des produits composés d'une seule partie, mais au contraire de plusieurs sous-produits ; ainsi, si l'un des sous-produits est à l'origine du dommage sur une autre partie, la victime peut obtenir une indemnisation au titre du dommage causé par un produit et non comme au titre du préjudice matériel économique[14].

SECTION 2 **LES DISPOSITIFS LÉGAUX**

775 **Contexte.** Une personne subissant un préjudice corporel, un décès ou un dommage à ses biens en raison d'un défaut d'un produit peut engager la responsabilité du fabricant/producteur (*manufacturer/producer*) ou de l'importateur du produit. En effet, le Parlement britannique a été l'un des premiers à avoir mis en œuvre la directive CE 85/374 en la forme de la loi *Consumer Protection Act 1987* (CPA) entrée en vigueur en 1989[15]. Cette loi faisait notamment suite au scandale du médicament, le *Thalilomide* qui a causé de nombreux cas de malformations graves de fœtus en Grande-Bretagne. Elle a facilité le recours des victimes de produits défectueux qui ne sont pas obligées de prouver une faute contractuelle ou délictuelle, mais doivent seulement prouver l'existence d'un défaut et un dommage, et le lien causal entre les deux. Il s'agissait d'une première dans la législation britannique dans ce domaine et ce texte atténuait les difficultés de preuve des victimes de produits défectueux que les règles de *Common law* lui imposaient.

Le *Consumer Protection Act* établit un certain nombre de définitions clés, qui permettent d'identifier les circonstances dans lesquelles une victime d'un produit défectueux peut envisager une action. Elle a une application territoriale limitée aux dommages survenant à l'intérieur de l'Espace économique européen. Les

12. Ainsi en est-il, par exemple, s'il était prévu que la victime devait inspecter le produit avant de l'utiliser. *Hurley v Dyke [1979]* : l'acheteur accepta d'acheter le véhicule tel qu'il le voyait, en l'état. De même, si l'utilisateur continue à utiliser le produit malgré les avertissements du fabricant, il ne sera pas indemnisé pour les dommages causés parce que ceux-ci ne seront pas considérés comme le résultat d'une quelconque faute du fabricant (Howmet Ltd v Economy Devices Ltd [2016] EWCA Civ 847).

13. Murphy v Brentwood District Council [1991].

14. Finesse Group Ltd v Bryson Products [2013] EWHC 3273 (TCC).

15. Il existe d'autres dispositifs légaux dédiés à l'indemnisation de certains dommages spécifiques, tels que celui qui concerne l'amiante ou encore les vaccins.

conditions de la responsabilité (§ 1) et sa mise en œuvre (§ 2) sont exposées par le CPA.

§ 1. LES CONDITIONS

776 **Nature de la responsabilité.** La responsabilité établie au titre de cette loi est souvent appelée une loi de responsabilité stricte (*strict liability*), dans la mesure où la victime n'est pas obligée d'établir une faute de la part du fabricant ou distributeur du produit. Mais d'autres auteurs qualifient la responsabilité établie par cette loi de qualifiée (*qualified liability*), dans la mesure où le fabricant peut mettre en avant un certain nombre de moyens de défense prévus par la loi.

777 **La définition de produit.** La loi concerne les produits vendus à la consommation. La définition de produit vise toutes marchandises, l'électricité, les composants de produits, les matières premières, les aliments, et le sang humain et les produits qui en sont dérivés pour les transfusions[16]. Les produits agricoles sont également mentionnés dans le CPA, ainsi que les avions, les voitures et autres véhicules et les bateaux (sec. 45). Il est probable que les logiciels vendus en magasin ou intégrés à d'autres produits constituent des produits au sens du CPA.

778 **Les responsables.** Le CPA (sec. 2) vise les fabricants de produits et de composants, les importateurs et les distributeurs de produits portant leurs marques propres (*own brand products*) ; les autres distributeurs peuvent également être poursuivis s'ils n'ont pas indiqué à la victime l'identité des précédentes personnes (sec. 2 (3) du CPA). Pareillement, le revendeur n'est responsable que s'il a manqué à l'identification du producteur. Ainsi, l'affaire *O'Byrne v. Aventis Pasteur SA*[17] (qui a suivi deux décisions de la Cour de justice de l'Union européenne) a démontré que le plaignant doit normalement, sauf exception, assigner le fabricant et non pas la filiale nationale de distribution : si la victime assigne le vendeur, celui-ci doit spontanément et immédiatement lui indiquer le nom du fabricant. Les responsables ne peuvent pas limiter leurs responsabilités (sec. 7).

Si la victime assigne plusieurs de ces personnes, la responsabilité est conjointe et solidaire ("*joint and several*" ; sec. 2(5) du CPA) : ainsi, elle assigne toutes les personnes concernées, celles-ci pouvant, après avoir indemnisé la victime, se répartir le poids final de l'indemnisation.

779 **Le défaut, le manque de sécurité attendue.** Un produit est qualifié de défectueux lorsqu'il ne présente pas les caractéristiques de sécurité pour la santé et les biens que le public est objectivement en droit d'attendre (sec. 3 du CPA), sachant que l'on ne peut exiger le risque zéro[18]. Remarquons que l'appréciation se fait au regard de ce que le public attend et non au regard de ce que le fabricant peut faire

16. A v National Blood Authority [2001] EWHC QB 446.
17. O'Byrne v Aventis Pasteur SA [2010] UKSC 23 ; CJUE, 2 déc. 2009, aff. C-358/08, O'Byrne v Aventis Pasteur SA.
18. Hastings v Finsbury Orthopaedics [2022] UKSC 19.

ou au regard de ce que la victime attendait[19]. L'attente peut être plus ou moins absolue selon les circonstances. Précisément, l'attente du public dépend de la nature du produit et son usage habituel, et de la connaissance de sécurité connue du public. Ainsi, dans l'affaire *Richardson v. LRC Products*[20] il a été jugé que les usagers de préservatifs étaient parfaitement au courant qu'aucune méthode de contraception n'avait un taux de réussite de 100 % et que le fabricant ne pouvait être responsable d'une grossesse non souhaitée. *A fortiori*, si le public sait qu'un produit est dangereux en lui-même, il ne peut s'attendre à ce qu'il soit inoffensif[21]. Une distinction s'est alors faite jour, celle qui oppose produit standard et produit non standard ; en effet, un produit standard étant facilement à la portée du public, ses défauts finissent par être connus et l'attente du public en diminue corrélativement, tandis que cette connaissance est bien plus vague s'agissant d'un produit non standard[22].

La sécurité des immeubles depuis la catastrophe de Grenfell Tower

Lorsqu'un immeuble a été mal conçu par un architecte et/ou avec de mauvais matériaux, le droit anglais appliquait un cadre spécial, le *Defective Premises Act (DPA) 1972*. La catastrophe de Grenfell Tower, en 2017, a mis en lumière des constructions de mauvaise qualité et le besoin de procurer aux victimes un dispositif plus efficace, ce qui a pris la forme d'une nouvelle loi, le *Building Safety Act 2022*. Ce texte étend, notamment, la durée de la prescription des victimes pour agir, impose des obligations nouvelles pour les professionnels du bâtiment et pour toute personne propriétaire de parties communes d'un immeuble ou tenue de les réparer, crée une nouvelle catégorie d'immeubles dite à hauts risques, et instaure des autorités de contrôle.

Mais le défaut ne peut pas se déduire de la réalisation du dommage. Ainsi en ont décidé les juges anglais à propos d'un bouchon de produit vaisselle ; la conception de celui-ci était censée éviter qu'un enfant puisse ouvrir le flacon et le boire ; or, tel fut le cas dans l'affaire *Polland* et pourtant la victime fut déboutée car le bouchon fut bien conçu de façon à présenter une résistance à l'ouverture d'un enfant ; le fait que la victime parvint à l'ouvrir ne démontre pas qu'il n'y avait de résistance normale du bouchon[23]. En l'espèce, le bouchon n'était pas conforme aux préconisations du *British Design Standard*, mais cet aspect était inopérant au regard des attentes du consommateur : ses attentes sont que le bouchon soit résistant à l'ouverture par des mains frêles, et non pas qu'elles correspondent aux standards professionnels !

19. Hastings v Finsbury Orthopaedics, précité.
20. Richardson v LRC Products [2000] PIQR P95.
21. Abouzaid v Mothercare (UK) Ltd [2000].
22. Judge Burton in A v National Blood Authority [2001] 3 All ER 289 ; K. Horsey et E. Rackley, *op. cit.*, p. 364.
23. Polland v Tesco Stores Ltd [2006].

De même, le défaut ne se déduit pas du risque que présente le produit. Ainsi, un client de restauration rapide à qui l'on servit un café très chaud le renverse et se brûle ; il fut débouté de sa demande d'indemnisation au motif qu'un café chaud est certes un produit à risque, mais comme les consommateurs l'apprécient ainsi, l'attente du public n'est pas que le café soit tiède...[24].

La défectuosité dépend aussi des risques que l'utilisateur est prêt à considérer comme normale à l'heure actuelle. C'est ce critère qui a prévalu dans l'affaire dite des transfusions sanguines : l'attente du public est l'absence de toute infection dans le sang transfusé, peu importe que cette exigence soit difficile à atteindre à cent pour cent en pratique[25].

Le CPA (sec. 3 (2)) énumère plusieurs critères dont les tribunaux pourront tenir compte : la destination de l'objet, la façon dont il est fabriqué, commercialisé, sa présentation, les marques utilisées, les notices d'utilisation et la possibilité d'éviter ou de diminuer les risques[26] (y compris les difficultés et les coûts associés), les instructions et les avertissements donnés lors de la vente du produit, et le moment où le produit a été vendu. La section 3 de la loi précise que le fait que des produits similaires reçoivent ultérieurement une meilleure sécurité ne permet pas d'en déduire le défaut du produit. Dans certains cas, comme les médicaments, une évaluation entre le risque et le bénéfice thérapeutique, et la conformité réglementaire du secteur, est prise en compte par les tribunaux.

Vaccinations et allocations

En vertu du *Vaccine Damage Payments Act 1979*, les personnes vaccinées contre certaines maladies et qui développeraient des pathologies peuvent demander une allocation de 120 000 £. Cette somme n'a pas la nature de dommages-intérêts, puisque les victimes peuvent également soulever la responsabilité du fabricant du vaccin. Les maladies concernées sont énumérées par les pouvoirs publics, ainsi que d'autres conditions, d'âge par exemple. Récemment, le COVID 19 a été ajouté à la liste (www.gov.uk).

780 **Avertissement. Notice.** Apporter une information claire à l'utilisateur, consommateur ou professionnel, permet de pallier le possible caractère défectueux du produit. En d'autres termes, avertir le consommateur, c'est prévenir la responsabilité. Ainsi, dans l'affaire *Worsley v. Tambrands Ltd*[27], la notice accompagnant une boîte de tampons prévenant d'un risque de choc toxicologique suffisait à écarter

24. Bogle v McDonald's Restaurants Ltd [2002] ; *contra*, pour un célèbre exemple américain, Liebeck McDonald's Restaurants Ltd [1994] accordant à une cliente brûlée sérieusement par un café très chaud servi au drive une énorme somme à titre de dommages-intérêts.

25. A v National Blood Authority [2001] 3 All ER 289.

26. Abouzaid v Mothercare (UK) Ltd [2000] : un enfant de douze ans est grièvement blessé à l'œil alors qu'il attache une couverture spéciale sur une poussette de bébé, lorsqu'il lâcha l'une des sangles en plastique qui retenait la couverture et qui fit ressort. Il a été jugé que le fabricant aurait facilement pu éviter le risque de blessure en prenant des mesures adaptées.

27. Worsley v Tambrands Ltd [2000] Lloyds Rep Med 280 ; *adde* Richardson, précité.

l'existence d'un défaut. L'affaire récente de *Wilkes v. Depuy International Ltd*[28] a permis à la *High Court* de préciser la notion d'avertissement pour l'étendre aux avertissements donnés aux spécialistes du secteur, par exemple des avertissements communiqués dans les instructions détaillées d'utilisation destinées aux chirurgiens opérant pour remplacer un composant métallique d'une hanche artificielle, qui ne serait pas normalement de nature à être communiquées au patient. Dans ce cas précis de dispositif médical, le tribunal a tenu compte des dispositions de la directive européenne en matière de dispositifs médicaux (93/42 CE) qui prévoit justement une analyse du ratio bénéfice/risque et que le produit doit avoir un niveau de sécurité raisonnable, tel que défini par le régulateur du secteur. Le fait que celui-ci avait approuvé le produit en question était un point pertinent pour le tribunal. Cette affaire illustre d'ailleurs la délicate question de savoir si une action doit être intentée contre le chirurgien, basée sur le "*tort of negligence*" ou contre le fabricant sur la base d'un défaut d'avertissement. Le développement de produits de plus en plus complexes combinant différents produits et technologies posera des questions délicates à l'avenir dans ce domaine.

781 **Lien de causalité.** La victime doit prouver « plus que probablement » ("*More than probably*") l'existence d'un défaut, c'est-à-dire que le défaut était la plus probable des causes comparées à d'autres causes possibles. En effet, dans l'affaire *Ide v. ATB Sales Ltd*[29], la *Court of Appeal* a considéré que la victime ne doit pas prouver les raisons précises pour lesquelles le produit a été défectueux, mais seulement que le défaut allégué était le plus probable parmi plusieurs possibilités. En l'espèce, le guidon d'un vélo avait cédé provoquant la chute du plaignant. En raison de l'expérience du cycliste, il a été jugé beaucoup plus improbable que ce fut une perte de contrôle qui aurait provoqué la rupture du guidon lors de la chute. Dans le cas récent de *Baker v. KTM Sportmotorcycle UK Ltd*, le système de freinage d'une moto fabriquée par le défendeur est abîmé par la corrosion, alors qu'elle a moins de deux ans. L'acheteur, en raison de la défectuosité des freins, est blessé. La Cour a jugé que la victime n'avait pas à prouver la raison du défaut. Le fait que le système souffrait d'évidence d'une susceptibilité anormale à la corrosion suffisait[30]. Celle-ci était probablement due à un défaut de conception, mais la preuve de celui-ci n'était pas nécessaire. Le demandeur avait la légitime attente que cette corrosion ne se produise pas aussi vite. En somme, afin de faciliter la charge de la preuve de la victime, les juges anglais se contentent de la preuve du défaut sans exiger de détails particuliers quant à l'origine du défaut[31].

Tandis que la causalité constitue classiquement la troisième étape du raisonnement mené par la victime (après la preuve du défaut du produit et son dommage), elle peut être avancée par les juges anglais, en amont, avant même d'envisager l'applicabilité du CPA. Ainsi, dans une affaire impliquant un contraceptif soupçonné d'avoir provoqué des problèmes cardio-vasculaires chez plusieurs femmes,

28. Wilkes v Depuy International Ltd [2016] EWHC 3096.

29. Ide v ATB Sales Ltd [2008] EWCA Civ 424.

30. Baker v KTM Sportmotorcycle UK Ltd [2017] EWCA Civ 378.

31. Hufford v Samsung Electronics (UK) Ltd [2014] : un réfrigérateur prend feu ; la victime peut se contenter de prouver qu'il y a eu un défaut dans le système électrique sans avoir à fournir davantage de détails.

les juges ont considéré qu'il était inutile de rechercher si le CPA s'appliquait ou non à ce médicament puisqu'aucune preuve scientifique n'établissait de lien de causalité entre sa prise et ces effets néfastes sur le cœur[32].

Vers une modification inéluctable du CPA prochainement ?

Tandis que le CPA fut d'inspiration européenne, le Brexit empêche désormais l'évolution systématique du droit anglais au gré des réformes européennes. Ainsi, alors que le droit européen s'étoffe de nouvelles dispositions (PE et Cons. UE, dir. (UE) 2024/2853, 23 oct. 2024), notamment relatives aux biens digitaux, le droit anglais doit penser, voire s'inspirer, de ces nouvelles pistes européennes. Deux événements annoncent déjà le mouvement : d'une part, l'affaire *Hastings v Finsbury* concluant que le demandeur n'apportait pas la preuve du défaut au sens du CPA suscite des réactions ; et, d'autre part, le *Product Safety and Metrology Bill* annonce des changements à venir en la matière, dès que les mesures seront adoptées et qu'elles recevront la promulgation royale.

§ 2. LA MISE EN ŒUVRE

782 **Les moyens de défense.** La loi prévoit un certain nombre de moyens de défense ouverts au producteur d'un produit (sec. 4 (1) CPA) :

— le produit n'a pas été vendu dans le but de bénéfice et dans le cadre d'une activité commerciale ;

— le défaut est la conséquence d'une conformité avec la réglementation ;

— le défaut n'existait pas lors de la vente (par exemple, dans *Terence Piper v. JRI (Manufacturing) Ltd*[33], le fabricant d'une prothèse de hanche a pu démontrer à partir de son système de contrôle de qualité, d'inspection et de tests, que la prothèse n'était pas défectueuse à la sortie de son usine) ;

— l'état des connaissances scientifiques et techniques (*development risks defence*) : le fabricant doit démontrer que le défaut n'était pas décelable objectivement en l'état des connaissances générales au moment de sa conception, de sa production, de sa mise sur le marché ou de sa circulation sur le marché[34]. Dans ce dernier cas, le fabricant doit retirer ou adapter le produit, ou prévenir les usagers le cas échéant ;

— le fabricant de composants n'est pas responsable s'il peut démontrer que l'origine du défaut est ailleurs, par exemple, la conception du produit fini ou les spécifications qui lui avaient été fournies par le fabricant ou concepteur du produit final ;

— enfin le consommateur ou utilisateur peut être jugé responsable d'une éventuelle contribution à son préjudice en raison d'une utilisation négligente du produit.

32. XYZ & others v Schering Health Care Ltd & others [2002] EWHC 1420 ; Al-Iqra and ors v DSG Retail Ltd 2019 EWHC 429 (QB) : à propos d'un chauffage électrique défectueux a mis le feu à un appartement, il importe peu que la victime ne puisse pas expliquer par quel phénomène physique le feu a pris.

33. Terence Piper v JRI (Manufacturing) Ltd [2006] 92 BMLR 141.

34. CJCE, EC v UK [1997], aff. C-300/95 ; A v National Blood Authority [2001] 3 All ER 289.

Dans l'affaire *Love v. Halfords*[35], la demande de l'acheteur d'un vélo souffrant d'un défaut dans le guidon n'a pas été acceptée en raison du fait qu'il avait tenté lui-même de redresser le guidon qui a été la cause immédiate de la fracture qui a provoqué l'accident.

En revanche, la responsabilité ne peut être limitée ou exclue contractuellement.

783 **La prescription.** La période de prescription est de trois ans à compter du dommage ou préjudice, sinon de trois ans à compter de la date à laquelle la victime devait avoir connaissance de son préjudice. Il y a un délai limite de dix années à compter de la mise en circulation du produit défectueux. L'affaire *O'Byrne v. Aventis Pasteur SA* a démontré que, pour les juges anglais, le fait de ne pas avoir assigné le fabricant international, mais seulement la filiale nationale de distribution, dans le délai de dix ans, était fatal à la demande formulée par un patient qui avait reçu une injection de produit qu'il alléguait avoir été à l'origine d'un dommage du cerveau[36]. En revanche, si la victime a poursuivi une personne qu'elle croyait être le fabricant du produit qui s'est révélé ne pas l'être, elle peut y substituer le vrai producteur, alors même que cette substitution interviendrait après l'expiration des dix ans[37].

784 **Les dommages.** La victime peut obtenir l'indemnisation de son dommage corporel, *a fortiori* du décès et du dommage causé à un bien autre que le produit lui-même, si sa valeur dépasse 275 £. Mais, comme dans la *negligence*, la victime ne peut pas obtenir l'indemnisation de la perte de son produit défectueux afin de ne pas permettre la compensation de la seule perte économique (sec. 5 (2) CPA).

785 **Articulation avec la *Common law*. Utilité réduite.** Néanmoins, le CPA n'a pas exclu les recours aux actions civiles, fondées sur la *Common law* (responsabilité contractuelle et responsabilité délictuelle) qui conservent leur pertinence dans l'analyse de toute situation impliquant un préjudice causé par un produit défectueux.

En conclusion, il apparaît que le *Consumer Protection Act* est peu utilisé par les plaideurs anglais qui trouvent le dispositif flou et peu efficace. Le débat reste vif en Grande-Bretagne sur l'intérêt d'une telle régulation et surtout sur l'identité de ceux qui doivent en assumer le coût : les fabricants soutiennent que le coût de cette sécurité se reporte, *in fine*, sur le consommateur à travers l'augmentation du prix des produits[38].

35. Love v Halfords [2014] EWHC 1057 QB ; *adde* Abouzaid v Mothercare (UK) Ltd [2000] ; Polland v Tesco Stores [2006] EWCA Civ 1393.

36. O'Byrne v Aventis Pasteur SA [2010] UKSC 23 : la Cour Suprême anglais considère que le fabricant ne peut pas se substituer à sa filiale qui avait été assignée seule.

37. Horne-Roberts v SmithKline Beecham [2001].

38. K. Horsey et E. Rackley, *Tort Law*, Oxford, 2025, p. 369.

Coup d'accélérateur sur les véhicules autonomes

Une loi nouvelle (*Automated Vehicles (AV) Act 2024*) prévoit le corpus juridique qui s'appliquera aux véhicules autonomes d'ici mi-2027. Des expériences de mise à disposition de véhicules autonomes seront déjà proposées en 2026 comme alternative aux bus et taxis conventionnels (www.gov.uk).

CHAPITRE 5
LA RESPONSABILITÉ DU FAIT D'AUTRUI

786 **Justifications du mécanisme.** Les règles de *Common law* admettent avec beaucoup de réticence la responsabilité du fait d'autrui, car les cas de responsabilité délictuelle reposent avant tout sur un objectif de justice corrective : le fautif doit, seul, réparer le dommage provoqué. Néanmoins, la jurisprudence a consenti à reconnaître la responsabilité du fait d'autrui, par exemple, celle du mandant du fait du mandataire. Le plus souvent, il s'agit de la responsabilité de l'employeur du fait dommageable de son salarié pour des raisons de protection de la victime, l'employeur étant censé être plus à même de payer des dommages-intérêts que le salarié. L'assurabilité de ces potentiels dommages peut également être assumée par l'employeur. En outre, la responsabilité de l'employeur s'explique aussi par le fait que le dommage causé par son employé l'a été dans l'exercice de ses fonctions ou à l'occasion d'une délégation de tâches[1] qui lui ont été confiées et dont l'employeur tire avantage ; cet argument rejoint la responsabilité-profit qui a justifié, en droit français, la responsabilité du commettant du fait du préposé. Pareillement, le droit anglais considère que l'employeur accepte le risque créé par son salarié lors de l'exercice du travail et qu'il doit logiquement assumer. D'ailleurs, outre le fait que la relation de travail peut faciliter la commission du dommage (en mettant en relation le salarié et le client victime), il n'est pas exclu que l'employeur laisse le salarié fautif constituer un risque afin qu'il poursuive son travail[2]. Enfin, une dernière justification explique cette responsabilité spéciale : l'employeur dispose d'un certain contrôle sur les salariés, tant au stade de leur embauche que lors de leur formation ou encore de l'exécution de ses missions ; il lui appartient donc de recruter avec soin ceux qui rejoindront son entreprise et ensuite de se montrer exigeant à leur endroit afin qu'ils mettent en œuvre des pratiques de bonne conduite, dépassant le simple standard de la personne raisonnable ; ainsi, la responsabilité de

1. J. Bell, *The basis of vicarious liability*, (2013) CLJ, p. 17.
2. Sur cette vision, voir Lord Philipps, dans les affaires The Catholic Child Welfare Society v Various Claimants and The Institute of the Brothers of the Christian Schools [2012] UKSC 56, appelées *Christian brothers*.

l'employeur confine à la prévention des comportements dommageables. Bien formé et bien encadré, le salarié n'est pas dangereux !

Un employeur est responsable du fait du salarié si deux conditions sont réunies : il doit exister entre le responsable et le fautif une relation de type employeur/employé (section 1) ; et l'employé fautif doit avoir commis un acte dommageable en lien avec ses fonctions (section 2).

SECTION 1 LA CARACTÉRISATION DE LA RELATION RESPONSABLE/FAUTIF

787 **Présentation.** Afin qu'une responsabilité du fait d'autrui s'applique, les juges anglais cherchent à caractériser une relation employeur/employé entre le responsable et le fautif. Elle est héritée de la tradition de la responsabilité des maîtres du fait de leurs serviteurs (*masters/servants*). Elle est proche de la relation commettant/préposé du Code civil français. Mais les juges anglais ne réduisent pas cette relation au contrat de travail ; cette responsabilité dépasse la stricte relation employeur/salarié.

788 **Relation employeur/employé et assimilé. Contrôle et autres critères.** Au sens du droit des *torts*, l'employeur se caractérise par le contrôle[3] qu'il peut exercer sur l'employé. Mais ce n'est pas l'unique critère retenu par les juges, tant il est vrai, que les employés disposent de plus en plus d'une marge d'autonomie dans la façon de réaliser le travail et sont d'ailleurs incités à prendre des initiatives. Ainsi, les juges doivent également analyser le degré d'intégration des activités du fautif dans l'activité de l'entreprise ; ce critère fut développé à l'occasion de la fameuse affaire *Christian Brothers*[4]. Dans cette affaire, la question était de savoir si un institut regroupant des écoles pouvait être reconnu responsable pour le fait de certains de ses enseignants, accusés d'avoir abusé de 170 enfants pendant quarante ans. La Cour d'appel d'Angleterre et du Pays de Galles (EWCA) considéra que seules les écoles (et leurs directions) étaient responsables et non l'institut qui les fédérait, mais la Cour suprême retint au contraire que ce dernier devait également être déclaré responsable aux motifs que la relation entre les enseignants fautifs et l'institut était très similaire à celle qui existe entre un employé et un employeur. En effet, la Cour s'est fondée sur un élément important : comme les enseignants étaient des religieux ayant prononcé leurs vœux devant l'institut, ils exerçaient leurs missions d'enseignant comme partie de leurs devoirs à l'égard de cet institut dont ils suivaient d'ailleurs les règles. Lord Phillips a également ajouté que c'était l'institut qui avait créé le risque de dommage pour les victimes, car son mode de

3. Stephenson Jordan & Harrison Ltd v McDonall & Evans [1952] 1 TLR 101 (CA) ; pour une illustration australienne où le contrôle était exercé par des salariés d'une société sur les salariés d'une autre société, voir De Martin & Gasparini Pty Ltd v Bartlett [2025] NSWCA 56.

4. Christian Brothers, précité ; adde, Ready Mixed Concrete Ltd v Ministry of Pensions [1968] 2 QB 497 (DC).

fonctionnement a abouti à leur vulnérabilité : les enfants et les enseignants vivaient ensemble, à l'école et dans un environnement fermé (les enfants étaient en pension) et au regard de leur passé d'enfants vulnérables, il est vraisemblable que personne ne les aurait crus s'ils avaient tenté de révéler les faits. Ces éléments renforcent le lien entre les fautifs (et leurs fautes) et l'institut. En somme, la relation était proche de celle d'une relation employé/employeur en raison de cette communauté de but liant l'institut et les religieux impliqués. Ces critères ont été plus récemment appliqués dans une affaire impliquant une autorité locale et une enfant placée dans deux familles d'accueil[5] : cette enfant avait été la victime de violences commises par ces deux familles auxquelles elle avait été confiée successivement ; devenue adulte, elle a soulevé la responsabilité du fait d'autrui de l'autorité locale qui avait choisi ces familles. La Cour suprême a en effet retenu sa responsabilité aux motifs que cette autorité était bien celle qui recrutait les familles, les payait, contrôlait le bon déroulement des placements ; en outre, ces familles exerçaient la mission relevant de l'autorité locale et que celle-ci leur avait confié ; pour toutes ces raisons, les familles d'accueil ne pouvaient pas être considérées comme des « travailleurs indépendants » ; il y avait bien une relation proche de celle entre un employeur et un employé, justifiant la responsabilité du fait d'autrui. Toutefois, dans cette affaire, la Cour suprême a refusé de reconnaître la responsabilité de l'autorité locale sur le fondement d'un devoir de vigilance non délégable. Il faut encore citer une autre affaire, illustrant la responsabilité d'une institution sur le fondement d'une relation proche de celle entre un employeur et un employé : dans l'affaire *Cox*, un détenu est chargé par l'administration de la prison de participer à la préparation des repas dans les cuisines et, à cette occasion, il agresse un surveillant ; les juges retiennent la responsabilité de l'administration pénitentiaire pour son fait[6].

D'autres critères peuvent également être pris en compte, tels que le paiement régulier, prélèvement à la source, régularité des heures de travail, indépendance restreinte dans l'exécution de la tâche, fourniture d'équipement, etc.[7].

789 **Relation employeur/employé et assimilé. Devoir ne pouvant être délégué.** Mais certaines situations peuvent se révéler complexes à qualifier. Ainsi, alors qu'il est, en principe, évident qu'il ne devrait pas y avoir lieu à responsabilité du fait d'autrui lorsqu'une personne travaille à titre indépendant à la demande d'une autre, les juges anglais retiennent toutefois la responsabilité de cette dernière en exigeant d'elle le respect d'un devoir de vigilance « non délégable ». Précisément, il est des situations dans lesquelles une personne doit demeurer vigilante et prudente bien qu'une tâche soit exercée, en toute indépendance, par un professionnel. C'est ce raisonnement qui a été mené dans une affaire bien connue, *Woodland*[8] :

5. Armes v Nottinghamshire County Council [2017] UKSC 60.

6. Cox v Ministry of Justice [2016] UKSC 10 ; Barclays Band plc v Various Claimants [2020] UKSC 13 ; Blackpool Football Club VDSN [2021] EWCA Civ 1352 : scout non rémunéré, pas de responsabilité ; Trustees of the Barry Congregation of Jehovah's Witnessses v BxB [2023] UKSC 15 : pas de responsabilité de la communauté à raison du viol commis par un membre sur un autre membre de la communauté, à son domicile, après une activité de démarchage.

7. E. Finch and S. Fafinski, *op. cit.*, p. 83.

8. Woodland v Essex County Council [2013] ; Woodland v Maxwell and Essex County Council (nº 2) [2015].

une fillette de dix ans est sérieusement blessée alors qu'elle prend des cours de natation, donnés par un instructeur indépendant, mais dans le cadre de son école. Le statut d'indépendant du moniteur devrait conduire à exclure la responsabilité du fait d'autrui de l'école. Toutefois, les juges de la Cour suprême la reconnaissent responsable aux motifs que c'est elle qui avait décidé de mettre en place un cycle d'apprentissage de la natation pour ses écoliers et le fait qu'elle ait désigné un moniteur compétent, fût-il indépendant, ne l'avait pas déchargé de son devoir d'assurer la sécurité des enfants, ce devoir ne pouvant pas être délégué au moniteur.

SECTION 2 LE LIEN ENTRE LES FONCTIONS ET LE FAIT DOMMAGEABLE

790 **Le lien entre les fonctions et le fait dommageable.** Cette seconde condition ("*connection between the employment relationship et le tortious act*") suppose de prouver que la faute a un lien avec les fonctions pour lesquelles l'employé a été embauché. Les juges anglais ont affiné ce critère en exigeant dans l'affaire *Lister* que la faute dommageable et les fonctions aient un lien serré ("*close connection*")[9]. Dans cette espèce, un homme était en charge d'une maison accueillant des écoliers en difficultés et, pendant plusieurs années, il avait maltraité certains de ces enfants. Il était évident que l'institution, soucieuse du bien-être de ces écoliers, n'avait jamais ni donné d'autorisation pour les agresser ni encouragé de tels comportements et encore moins embauché le délinquant à ces fins. Toutefois, les juges observèrent qu'il était juste que l'employeur soit déclaré responsable vu la « proche connexité » du travail exercé par le fautif et les faits.

Ainsi, l'employeur engage sa responsabilité du fait d'autrui même si la faute de l'employé constitue une infraction, commise personnellement[10]. Dans une espèce plus récente, la Cour suprême applique cette même solution[11] : en l'espèce, l'employé d'une station-service, chargé d'accueillir les clients, poursuit un client et le blesse en lui assénant un coup de poing en l'injuriant, alors que celui-ci lui avait simplement posé une question anodine. La Cour suprême a admis que la violence de l'employé avait bien un lien avec sa fonction, car c'était à l'occasion d'une question posée par le client à cet employé chargé de l'accueil que l'altercation avait débuté. Elle rappelle que la responsabilité de l'employeur suppose que la faute de l'employé ait été commise dans le cadre de sa mission et qu'il y ait un lien suffisant avec ses fonctions. Or, l'employeur, en l'espèce, soutenait que

9. Lister v Hesley Hall Ltd [2002] HL : dans cette affaire, les juges abandonnèrent un raisonnement appelé "*Salmond Test*" aux termes duquel la responsabilité de l'employeur du fait de l'employé supposait de prouver que le fait de l'employé résultait de l'exercice fautif et non autorisé de la mission par l'employeur ; *adde*, Various Claimants v Barclays Bank plc [2017] EWHC 1929 (QB).

10. Mattis v Pollock [2003] ; Lister v Hesley Hall Ltd [2002] ; Morris v CW Martin [1966] ; Majorwski v Guy's and St Thomas' NHS Trust [2006] : pour des faits de harcèlement commis par un chef sur un subordonné ; Cox v Ministry of Justice [2016] UKSC.

11. AM Mohamud v WM Morrison Supermarkets plc [2016] UKSC 11.

lorsque le coup de poing avait été donné, l'employé n'était plus derrière son comptoir, mais à l'extérieur du magasin, puisqu'il avait poursuivi le client ; mais la Cour suprême rejeta cet argument en estimant qu'il ne fallait pas découper le scénario entre autant d'étapes, mais considérer, au contraire, que le coup de poing n'avait été qu'une conséquence d'une altercation commencée entre le client et l'employé. Enfin, la Cour admet, certes, que l'employé avait abusé de ses fonctions et que sa faute n'avait pas été motivée par la volonté de remplir sa mission, mais cela ne suffit pas à briser le lien entre la faute et les fonctions.

Une autre affaire récente a permis à la Cour Suprême de rappeler les critères nécessaires à la mise en œuvre de la responsabilité de l'employeur[12] : l'employeur s'est vraisemblablement assuré contre les conséquences du comportement fautif de ses salariés, la faute a été commise dans le cadre de l'activité accomplie au nom de l'employeur, les fonctions du salarié font partie des activités de l'employeur, l'employeur assume les risques que représente le salarié qui travaille pour lui et, enfin, le salarié est sous le contrôle de l'employeur.

En somme, comme il a été récemment rappelé, ce lien de *close connection* suppose soit que le fait illégal ait été autorisé par l'employeur, soit qu'il ne l'ait pas été mais qu'il se soit déroulé dans le cadre du travail[13].

791 **Absence de lien. Cas de refus de responsabilité.** Bien que les critères semblent parfois vagues (le "*close connection test*" fait l'objet d'interrogations quant au degré de proximité exigé en pratique[14]), ce qui laisse augurer des hypothèses de plus en plus fréquentes de responsabilité du fait d'autrui (du moins dans la relation employeur/employé et assimilés), il est des faits dans lesquels la responsabilité de l'employeur fut écartée. Par exemple, dans l'affaire *Bellman*[15], un employeur convie ses salariés à une fête pour Noël ; plusieurs d'entre eux poursuivent la soirée dans un *after* et certains boivent plus que de raison, à tel point que l'un en agressera un autre et le blessera. Certes, l'employeur avait organisé une fête, mais pour la *High Court*, ce qui se passa ensuite était déconnecté du travail et il ne fut donc pas reconnu responsable ; toutefois, preuve que l'appréciation des faits est subtile, la Cour d'appel, saisie des mêmes faits sur recours quelques mois plus tard, prononça la décision exactement contraire, reconnaissant la responsabilité de l'employeur[16]. Pareillement, la responsabilité de l'employeur fut écartée, pour absence de lien entre les faits dommageables et les fonctions dans l'espèce suivante : un employeur demande à deux salariés d'utiliser un diluant à peinture pour effectuer leur travail, mais l'un d'eux, avec totale désinvolture, en répand sur la salopette de son collègue, puis allume une cigarette ; le collègue est alors sérieusement blessé. Les juges ont considéré que, certes c'est l'employeur qui leur avait demandé d'utiliser un produit inflammable et que le dommage était

12. Various Claimants v Barclays Bank plc, EWHC [2017] EWHC 1929 (QB) ; 2020 UKSC 19.

13. LJ Davies, in Chell v Tarmac Cement and Lime [2022] EWCA Civ 7.

14. K. Horsey et E. Rackley, *Tort law*, 2025, Oxford, p. 603 ; P. Giliker, *Rough Justice in an Unjust World*, 2002 65 MLR 269.

15. Bellman v Northampton Recruitment Ltd [2016].

16. Bellman v Northampton Recruitment Ltd [2018] EWCA : un chef de service ayant frappé un employé lors d'une soirée de Noël, la société est responsable, car il a agi, bien que fautivement, en tant que manager (cette décision doit être comprise comme un cas d'espèce selon Lord Justice Irwin).

survenu dans le cadre du travail, il n'y a pas pour autant une connexion proche entre le dommage et le travail, car le dommage n'était en réalité le produit que de la négligence grave du salarié[17]. De même, lorsqu'un employé a blessé un collègue en faisant une blague qui a mal tourné, les juges anglais ont considéré qu'il avait recherché son propre intérêt en faisant cette bêtise, de sorte que l'employeur n'en était pas responsable[18].

17. Graham v Commercial Bodyworks Ltd [2015] EWCA Civ 47.

18. Chell v Tarmac Cement and Lime [2022] EWCA Civ 7 : pour une agression par un employé sur un collègue ; Ali v Luton Borough Council [2022] EWHC 132 (QB) ; Mxx v A Secondary School [2022] EWHC : agression d'un élève par un ancien camarade, pas de responsabilité de l'école ; Shelbourne v Cancer Research UK Ltd [2019] EWHC : pas de responsabilité du centre de recherches qui a organisé une fête de Noël au cours de laquelle un employé, saoûl, a dansé avec une collègue et qu'il a fait tomber violemment sur le sol, car danser ne faisait pas partie de l'activité professionnelle du centre de recherches.

CHAPITRE 6
LA RESPONSABILITÉ DU FAIT DES OCCUPANTS D'IMMEUBLES

792 Le *tort* d'*occupiers' liability* concerne le possesseur ou l'occupant d'un immeuble qui a l'obligation de s'assurer que son bien n'est pas source de dommage pour autrui. Contrairement au *trespass to Land*, le possesseur ou occupant immobilier n'est pas la victime mais le défendeur potentiel. Ce *tort* fait l'objet de deux textes : le premier, datant de 1957, régit les victimes licites, celles qui ont le droit d'être dans l'immeuble où elles sont blessées (section 1) et le second, datant de 1984, protégeant au contraire celles qui n'avaient pas le droit d'y être (section 2).

SECTION 1 LA PROTECTION DES VICTIMES LÉGITIMES (*OCCUPIERS'S LIABILITY ACT 1957*)

793 Ce *tort* obéit à des conditions (§ 1) qui, une fois réunies, entraînent des effets (§ 2).

§ 1. LES CONDITIONS

794 En vertu de la section 1, § 1, de l'*Occupiers's Liability Act 1957* (OLA 1957), une personne occupant un local doit faire en sorte que ce local et tout ce qui s'y trouve ne causent pas de dommage aux personnes qui y pénètrent légalement.

795 **Qui est tenu d'un tel devoir ?** En vertu de la loi de 1957, le débiteur de cette obligation n'est pas techniquement le *possessor*, mais l'*occupier*. La loi ne le définissant pas, ce sont les juges qui ont énuméré les hypothèses dans lesquelles une personne est qualifiée d'*occupier*. Précisément, il s'agit d'une personne qui exerce

un contrôle sur son local[1]. Il peut s'agir d'un contrôle physique ou d'un contrôle juridique[2]. C'est pourquoi l'*occupier* peut être le propriétaire du bâtiment mais peut aussi ne pas l'être et il peut y avoir concurremment plusieurs *occupiers*.

En revanche, cette loi ne concerne pas les bailleurs de locaux loués, car ils n'exercent pas de contrôle sur ces lieux, seul le locataire pouvant le faire. En revanche, ils peuvent voir leur responsabilité engagée sur le fondement d'une autre loi, le *Defective Premises Act 1972*. En effet, en vertu de la section 4, si le bail prévoit que le bailleur doit procéder à des réparations dans les lieux loués, il est alors tenu d'un *duty of care* à l'égard du locataire et de toute personne qui pourrait être raisonnablement affectée par l'absence de réparation ; encore faut-il qu'il ait eu (ou aurait dû avoir) connaissance du défaut et que le dommage résulte bien d'un manquement aux réparations qui lui incombaient selon le bail. Dans une espèce récente[3], la Cour d'appel a clairement rappelé que la responsabilité du bailleur supposait un manquement au devoir de réparer et entretenir : en l'espèce, un homme, venu rendre visite à un ami, locataire, tombe dans les escaliers en raison de l'absence de main courante et se tue. Sa veuve assigne le bailleur en responsabilité en arguant du défaut de sécurité de l'escalier. Mais elle est déboutée aux motifs que l'installation d'un escalier sans main courante ne constitue pas un manquement à l'obligation de réparer. Un escalier dangereux n'est donc pas un escalier manquant de réparation...

796 **Qui est la victime protégée ?** La loi désigne la victime protégée comme un visiteur, c'est-à-dire une personne ayant été autorisée par l'*occupier* ou par la loi à entrer dans l'immeuble où elle a été blessée. Par exemple, l'*occupier* peut l'avoir expressément (un ami, un ouvrier, etc.) ou implicitement invitée à entrer (une personne qui frappe à la porte, un livreur, etc.). Il a même été retenu qu'une personne pouvait être qualifiée de visiteur licite, alors même qu'elle était entrée chez l'*occupier* en totale violation du droit de propriété : en effet, dès lors que l'*occupier* savait que des gens avaient pris l'habitude de traverser son jardin sans autorisation de sa part, il aurait dû prendre des précautions particulières pour éviter tout dommage (et notamment, éviter que ces étrangers tombent dans les trous présents dans son champ !) ; ainsi, un *trespasser* peut entrer dans la catégorie des victimes protégées par la loi de 1957[4]. En revanche, si l'occupant a pris des mesures afin d'éviter le passage de personnes non autorisées, il n'engage pas sa responsabilité[5]. Enfin, la catégorie des victimes protégées s'étend aux visiteurs autorisés à entrer dans une maison, peu importe l'autorisation de celui qui y habite : tel est le cas des policiers, des secours, etc.

1. Wheat v E Lacon & Co Ltd [1966] AC 552.
2. Harris v Birkenhead Corp. [1976] 1 WLR 279 : une collectivité locale disposait d'un contrôle légal sur un bâtiment depuis qu'elle avait émis un avis d'expropriation.
3. Dodd v Raebarn Estates Ltd and others [2017] EWCA Civ 439 *:* l'on peut noter que, dans la décision, LJ. Lewison exprime toute sa sympathie à la veuve, mais doit la débouter ("*Although I have profound sympathy for Mrs Dodd for her tragic loss, in my judgment Raebarn is not the culprit*" / « Bien que j'aie une profonde compassion pour Mme Dodd pour sa perte tragique, dans mon jugement le défendeur n'est pas le fautif »).
4. Lowery v Walker [1911] AC 10 : l'occupant doit savoir que des personnes non autorisées traversent son terrain et qu'il s'y trouve un danger.
5. Edwards v Railways Executive [1952] AC 737.

797 **Quels locaux ?** La section 1 (3a) énumère les locaux visés : il s'agit des terrains bâtis ou non, ainsi que des biens mobiliers fixes ou non situés sur le terrain ou dans un local (y compris un bateau, une voiture ou un avion !).

§ 2. LES EFFETS

798 **Devoir de vigilance.** L'occupant est tenu d'un devoir de vigilance (*duty of care*) afin d'assurer la sécurité raisonnable de ses visiteurs présents dans le local qu'il occupe et dans les limites de ce pour quoi ils ont été autorisés à entrer (OLA 1957, sec. 2). Il doit prendre toutes les mesures raisonnables permettant d'éviter au visiteur d'être blessé ; par conséquent, il ne s'agit pas pour lui de tout mettre en œuvre pour transformer son local en zone de total non-danger. En d'autres termes, son immeuble peut être dangereux, mais il lui appartient soit de protéger certaines parties, soit d'informer le visiteur des dangers.

799 **Appréciation.** Son obligation doit être appréciée exactement comme le *duty of care* dans le *tort* de *negligence*. Est-elle alourdie si le visiteur autorisé est un enfant ? La loi le prévoit, en effet, car un enfant est censé être moins prudent qu'un adulte (OLA, sec. 2, (3a)). Le *duty of care* de l'occupant doit prendre en compte l'âge de l'enfant ainsi que sa conscience du danger[6]. Les parents peuvent voir leur responsabilité engagée s'ils ont laissé leur enfant dans un local présentant un danger apparent[7] ; mais ne l'est pas si le danger est caché[8]. À l'instar de la *negligence*, l'appréciation du *duty of care* doit aussi prendre en compte le fait que la victime était une personne avisée ou un professionnel[9] qui aurait dû connaître les dangers du local (sec. 2 (3b)). En outre, son devoir est d'autant plus certain que son terrain ou son local est attractif pour la victime ; par exemple, tel fut le cas d'un parc ouvert au public, notamment aux enfants, et dans lequel poussaient des baies empoisonnées, sans aucune mise en garde, et qu'un enfant de sept ans mangea[10].

800 **Une *negligence* spéciale.** Comme il s'agit d'une *negligence*, fût-elle spéciale et légale, appliquée à l'occupant d'un immeuble, la victime doit établir le double lien de causalité (légale et factuelle) entre la faute et son préjudice. En outre, l'occupant peut voir sa faute d'omission reprocher, car il lui appartient de prendre toutes les mesures raisonnables pour empêcher la réalisation du dommage.

801 **Mesures de prévention**. Si l'occupant est conscient du danger, il doit prendre des mesures raisonnables adaptées, telles que le signalement du danger[11] ou l'obstruction de l'accès libre au terrain. Mais il n'a aucune obligation de signaler le

6. Titchener v British Railways Board [1983] 1 WLR 1427 HL : des adolescents de quinze ans, qui traversent des voies ferrées à travers le trou d'un grillage, sont conscients qu'ils risquent d'être gravement blessés par les trains, de sorte que l'occupant n'est pas tenu d'un devoir de vigilance à leur égard.

7. Phipps v Rochester Corp. [1955] 1 QB 450.

8. Glasgow Corp. v Taylor [1922] 1 AC 44.

9. Roles v Nathan [1963] 1 WLR 1117 ; Salmon v Seafarer Restaurant [1983] 1WLR 1264 ; Ogwo v Taylor [1987] 3 WLR 1145.

10. Taylor v Glasgow Corporation [1922] 1 AC 448.

11. Taylor v Glasgow Corporation [1922], précité ; Roles v Nathan [1963] 1 WLR 1117.

danger évident[12]. La difficulté consiste, bien entendu, à déterminer si le risque est évident ou non[13].

802 **Causes d'exonération.** Pour échapper à sa responsabilité, l'occupant peut prouver qu'il avait averti ses visiteurs du danger[14]. Encore faut-il que la mise en garde vise effectivement le danger qui est à l'origine du dommage subi par la victime[15] ; en effet, l'occupant est tenu d'un devoir de rendre le visiteur « indemne » et non simplement de l'avoir averti ; en pratique, il s'agit certainement d'une question de degrés. En d'autres termes, l'avertissement doit cibler le danger qui se réalisera finalement.

En outre, l'occupant peut aussi invoquer la faute de la victime ; par exemple, l'occupant n'est pas responsable de la noyade d'un adulte qui a plongé dans un lac, malgré des panneaux interdisant la baignade : c'est le principe d'acceptation des risques par la victime[16]. Pareillement, la faute de la victime peut, selon le droit commun, réduire son indemnisation si elle a contribué à la réalisation du dommage (*Law Reform (Contributory Negligence) Act 1945*).

SECTION 2 LA PROTECTION DES VICTIMES ILLÉGITIMES (*OCCUPIERS'S LIABILITY ACT 1984*)

803 **Présentation.** Lorsqu'une personne est blessée par un objet placé dans un local ou par le local lui-même, le *Occupier's Liability Act* 1957 la protège si elle a été autorisée à y pénétrer. En revanche, jusqu'en 1984, aucun dispositif particulier ne permettait l'indemnisation de la victime qui n'avait pas été autorisée à y entrer. C'est pourquoi cette lacune fut comblée par une loi, le *Occupiers's Liability Act* 1984. Cette loi est directement la conséquence d'une affaire célèbre, *Herrington*[17], dans laquelle un enfant fut gravement brûlé en jouant sur des voies ferrées électrifiées, la Chambre des Lords introduisit « un devoir d'agir avec humanité » ; en effet, les chemins de fer savaient qu'il y avait un trou dans le grillage permettant aux enfants de passer et de jouer sur les rails et, pourtant, ils ne prirent aucune mesure pour empêcher ce passage, fût-il interdit.

804 **Conditions restrictives.** Le texte de 1984 vise à protéger la victime qui n'avait pas le droit d'être dans le local ou sur le terrain où elle a été blessée. Il s'agit donc

12. Darby v National *Trust* [2001] 3 LGLR 29 ; Cotton v Derbyshire Dales District Council [1994] EWCA Civ 17 ; Staples v West Dorset District Council [1995] PIQR 439.
13. English Heritage v Taylor [2016].
14. English Heritage v Taylor, précité : si le lieu est un monument historique, l'occupant demeure tenu d'afficher des panneaux de mise en garde, ce qui ne signifie qu'il doit en implanter d'affreusement laids et dans chaque recoin.
15. White v Blackmore [1972] 3 WLR 296.
16. Geary v Wetherspoon plc Rappr. Tomlinson v Congleton Borough Council [2003] 3 WLR 705.
17. British Railways Board v Herrington [1972] AC 877.

essentiellement des *trespassers*, mais il peut aussi s'agir de promeneurs qui traversent des fonds privés ou encore des habitants de maisons mitoyennes qui ont besoin de traverser des jardins pour accéder à la porte arrière de leur habitation (*public* ou *private right of way*).

En outre, comme pour l'application de la loi de 1957, la victime doit avoir été blessée par l'état du local ou du terrain en lui-même, ou en raison d'un bien qui y est situé, et non par l'activité de l'occupant de cet immeuble[18].

Enfin, et surtout, la loi de 1984 pose trois conditions différentes de la loi de 1957 afin d'établir que l'occupant est tenu d'un devoir de vigilance à l'égard de la victime non autorisée. Précisément, il doit être conscient du danger ou avoir de raisonnables raisons de croire qu'il y en a[19] ; ensuite, il doit savoir ou avoir des raisons raisonnables de croire que quelqu'un est ou peut être aux alentours du danger[20] ; enfin, il faut prouver que l'occupant pouvait raisonnablement[21] s'attendre à ce que l'on attende de lui qu'il prenne quelque précaution[22] (OLA 1984, sec. 1 (3)).

805 **Devoir de vigilance limité.** L'occupant, ainsi tenu d'un devoir de vigilance, doit indemniser la victime, mais pour son seul préjudice physique et non pour

18. Cette distinction est illustrée par Revill v Newberry [1996] *:* l'occupant tire sur un cambrioleur qui est alors blessé ; la loi de 1984 ne s'applique pas, car c'est le fait d'avoir tiré au fusil qui est la cause du préjudice et non l'immeuble ou ce qui s'y trouve ; *adde* Keown v Coventry National Health NHS Trust [2006].

19. Rhind v Astbury Water Park Ltd [2004] CA : l'accès à un parc est autorisé, mais pas la baignade dans le lac qui s'y trouve, comme l'indiquent de nombreux panneaux ; un jeune homme y plonge et se cogne la tête contre un containeur situé au fond et rendu invisible par la vase. Les juges anglais retiennent que le propriétaire du parc n'est pas responsable, car il ne savait pas ou n'avait aucune raison de savoir qu'il y avait un container au fond.

20. Il s'agit ici d'une condition qui se dédouble : d'une part, l'occupant doit avoir connaissance de la présence d'une personne proximité (la récurrence d'une présence permet de déduire qu'il aurait dû le savoir ; voir Swain v Puri [1996]) ; d'autre part, il faut que cette récurrence statistique corresponde bien au critère temporel : en d'autres termes, l'occupant savait-il que des personnes entraient chez lui à cette même époque de l'année (Donoghue v Folkstone Properties Ltd [2003] : le propriétaire savait que des personnes entraient dans sa propriété pour se baigner dans son lac en été, mais il était loin de le soupçonner pour l'hiver ; il n'est donc tenu d'aucun devoir de vigilance pour les victimes en période hivernale).

21. Pour l'appréciation du caractère raisonnable, les juges doivent mener un raisonnement selon un bilan coût/avantage : n'est-ce pas trop cher pour l'occupant de prendre des mesures de prévention (voir Simonds v Isle of Wight Council [2004] : un enfant de cinq ans tombe d'une balançoire située à proximité immédiate d'une aire de jeux où l'école a l'habitude d'emmener les écoliers faire du sport ; les parents soutiennent que l'école aurait dû mettre un cordon empêchant les enfants de monter sur la balançoire ; mais les juges réfutent cet argument au motif qu'obliger l'école à prendre de telles mesures (et ainsi à reconnaître sa responsabilité) risque de provoquer une augmentation des primes d'assurance, voire un refus complet des assureurs d'assurer ce type de risques, ce qui provoquera, au pire, l'annulation des activités sportives, au mieux un poids financier insupportable pour les écoles).

22. Pour une illustration de cette dernière condition, voir Tomlinson v Congleton Borough Council [2003] HL : un jeune homme plonge dans un lac peu profond situé dans un parc et se brise la nuque, ce qui le rend paralysé ; l'accès au parc était autorisé mais la baignade ne l'était pas et de nombreux panneaux l'indiquaient, de même que les rappels à l'ordre du personnel ; certes, le propriétaire du parc avait prévu de faire planter des haies afin de rendre l'accès au lac impossible mais des difficultés financières l'en avaient empêché. Les juges anglais (notamment Lord Hoffmann) déboutèrent la victime aux motifs qu'il était lui-même responsable de son préjudice et que l'on ne pouvait pas attendre du propriétaire du parc qu'il prît d'autres mesures que celles déjà prises.

l'éventuelle atteinte à ses biens, ce qui serait un poste d'indemnisation possible si la victime était autorisée (OLA 1984, sec. 1 (18)). En effet, le OLA 1984 ne peut pas être invoqué au soutien d'une demande de dommages-intérêts pour préjudice matériel, car ce dispositif repose sur l'humanité de la victime pourtant en situation illégale. Toutefois, celle-ci peut toujours invoquer le droit commun pour obtenir l'indemnisation de son préjudice matériel[23], ce qui risque d'être néanmoins difficile en pratique.

806 **Exonérations.** En premier lieu, l'occupant peut s'exonérer en avertissant les personnes pénétrant sur son terrain ou dans son local des risques de danger, par exemple, en plantant des pancartes. Toutefois, l'exigence de mise en garde est ici moins rigoureuse que si la victime a été autorisée à y pénétrer. En effet, dans le cas du OLA 1957, l'occupant ne peut s'exonérer que s'il a pris des mesures raisonnables afin d'assurer la sécurité de la victime ; en revanche, selon le OLA 1984, les mesures raisonnables qu'il doit prendre n'ont pour but que d'avertir les potentielles victimes[24].

En deuxième lieu, il peut aussi échapper à sa responsabilité en invoquant la faute de la victime qui a accepté le risque de blessure grave[25]. Il est également possible d'opposer la faute de la victime afin de réduire partiellement l'indemnisation sur le fondement du *Law Reform (Contributory Negligence) Act 1945*.

23. British Railways Board v Herrington [1972] AC 877.
24. K. Horsey et E. Rackley, précité, p. 332.
25. Ratcliff v McConnell and Harper Adams College [1997] EWCA Civ 2679.

CHAPITRE 7
LES ECONOMIC TORTS

807 **Présentation.** Les *economic torts* regroupent habituellement des *torts* spéciaux, condamnant les ingérences illicites intentionnelles ou des conspirations menées par une entreprise afin de nuire aux activités commerciales d'une autre entreprise. Les moyens utilisés sont variés : il s'agit de l'intimidation de la clientèle par divers moyens, de pressions pour rompre des relations contractuelles, de la sollicitation de salariés pour quitter une entreprise, de l'usurpation de nom ou de logo commercial, etc. Ces *torts* concernent également les cas où un intermédiaire est utilisé par le fautif dans le but de causer un préjudice économique à un tiers.

Cette catégorie de *torts* est très attrayante pour les professionnels subissant des préjudices économiques de la part d'autres professionnels, car elle permet l'indemnisation là où les *torts* classiques (*negligence*, par exemple) seraient inefficaces ou là où il n'y a pas d'action fondée sur le contrat.

808 **Absence de principe général.** Comme pour les *torts* de droit commun, la doctrine observe, en matière de délits civils économiques, une absence de principe général[1] : la jurisprudence reconnaît, au contraire, une série d'*economic torts* spécifiques et une approche au cas par cas. Des tentatives jurisprudentielles de trouver un principe unifiant ont été rejetées par la Chambre des Lords par une série d'arrêts[2]. Ainsi, l'on peut constater la reconnaissance de différents *economic torts* que sont, notamment, la provocation à la rupture d'un contrat (*inducing breach of contract*), le préjudice économique causé par des moyens illicites (*causing loss by unlawful means*), la conspiration dans le but de causer un préjudice économique par des moyens illicites (*unlawful means conspiracy*), la violation de la confiance (*breach of confidence*) et l'usurpation de nom commercial (*passing off*). L'on pourrait également ajouter à cette énumération d'autres Torts qui provoquent un préjudice économique, tels que le détournement de biens mobiliers ou *Conversion*,

1. Mais beaucoup ont déploré l'émiettement de cette catégorie de *Torts*, voire son incohérence : Lord Wedderburn a affirmé qu'il s'agissait d'un domaine dont les éléments étaient « branlants » (Clerk & Lindsell, Ch 25.01).

2. Douglas v Hello, Mainstream Properties Ltd v Young and OBG Ltd v Allan [2007] UKHL 21.

limité aux meubles corporels[3], ou encore les Torts résultant de fausses déclarations (*injurious falsehood*[4] et *Deceit*).

809 **Évolution.** Jusqu'aux années 1980, les *torts* économiques étaient plutôt utilisés pour limiter les activités des syndicats affectant les entreprises, dans une période d'activisme judiciaire[5], puis les tribunaux anglais ont ultérieurement montré une certaine prudence. Cette récente politique, dite abstentionniste, s'explique par le principe de libre concurrence dans le commerce clairement exprimée dans l'affaire *Ware and De Freville*[6] et la nécessité de ne pas excessivement limiter le jeu de l'économie si l'on reproche trop facilement une faute à un acteur économique qui entend simplement se montrer offensif dans les affaires. En somme, entre la liberté du commerce et de la libre concurrence, d'un côté, et les préjudices qui pourraient en résulter pour une victime de l'autre, il a fallu trouver un équilibre. C'est pourquoi Lord Atkin a affirmé qu'un comportement affectant un concurrent n'était condamnable que si la *Common law* le jugeait fautif ; le comportement fautif doit donc être condamné, fût-il dicté par le principe de libre concurrence[7]. Cette règle remonte au xve siècle (*Gloucester School*, 1410 !), affaire dans laquelle la Cour avait jugé que le fait d'ouvrir une école concurrente obligeant une école préexistante à réduire ses droits d'inscription n'était pas condamnable.

Ce qui est certain, c'est que les *economic torts* sont devenus peu à peu troubles dans leurs définitions, en raison de jurisprudences tendant à rendre les qualifications floues. C'est pourquoi une série d'arrêts en 2007 et 2009 ont reprécisé les contours des divers *economic torts*.

810 **Coexistence *economic torts* et droit des affaires.** À l'heure actuelle, l'utilisation la plus fréquente des *economic torts* par les entreprises relève d'actes anticoncurrentiels. Ainsi, la protection des intérêts économiques ou financiers contre les agissements de concurrents par le droit des *torts* n'est possible qu'en présence d'un acte jugé répréhensible par les tribunaux, qui se sont montrés traditionnellement réticents à définir de manière large des principes de concurrence loyale. Le domaine de la concurrence est ainsi partagé entre les différents *economic torts*, et les législations britanniques et européennes (du moins jusqu'au Brexit) en matière de concurrence et de la propriété intellectuelle et industrielle. Le délai est en général de six ans à compter du préjudice et les remèdes sont classiquement les dommages-intérêts, l'injonction de faire cesser la situation illicite, ou de ne pas recommencer, voire la confiscation/attribution des profits illicites.

3. OBG Ltd v Allan, précité : le *Tort* de *Conversion* ne peut pas s'appliquer à des biens incorporels, tels que des droits contractuels.

4. La victime de fausses informations peut obtenir des dommages-intérêts compensant son préjudice moral à condition qu'il soit la conséquence de dommages financiers, car le *Malicious Falsehood* est un *economic tort* (George v Cannell [2024] UKSC 19) ; adde, J. Hariharan, *Economic Torts and Injured Feelings*, The Cambridge Law Journal, 83 (2024), p. 413.

5. Voir par exemple, Thomson v Deakin [1952] Ch 646 ; Merkur Island Corp v Laughton [1983] 2 AC 570.

6. Ware and De Freville v Motor Trade Association [1921] 3 KB 40.

7. Rappr. Crofter Hand Woven Harris Tweed Co v Veitch 1942 AC 435.

811 Il convient d'évoquer les principaux *economic torts* que sont la provocation à la rupture d'un contrat (section 1), le préjudice économique causé par des moyens illicites (section 2), la conspiration dans le but de causer un préjudice économique par des moyens illicites (section 3) et, enfin, le *passing off* (section 4).

SECTION 1 L'INCITATION À LA RUPTURE CONTRACTUELLE

812 **Conditions.** L'incitation à la rupture, ou *inducing breach of contract*, se définit comme le fait pour une personne d'en inciter une autre (par des propositions alléchantes ou des pressions), intentionnellement, à rompre ses relations contractuelles avec un tiers[8]. Ce *tort* est intéressant, car le contractant ayant rompu le contrat n'est pas forcément solvable, ou du moins peut-être pas suffisamment, pour indemniser son cocontractant, alors que le tiers fautif peut l'être bien plus. Cette responsabilité est dite accessoire (*accessory* ou *secondary*), car elle suppose une première responsabilité, celle du contractant venant de rompre le contrat.

Quatre conditions sont exigées afin d'établir l'existence de ce *tort*. Il faut tout d'abord qu'un contrat ait bien été rompu à la suite d'incitations du responsable (et donc qu'un contrat existât antérieurement !)[9] ; le fait d'empêcher simplement l'exécution du contrat n'est pas un comportement relevant de ce délit[10] ; toutefois, si le tiers menace le contractant de représailles s'il ne rompt pas le contrat (et ce faisant, il empêche l'exécution du contrat), il semble que ce comportement relève effectivement de cette première catégorie d'*economic torts*. Ensuite, il faut que « l'incitateur » ait su que ses actes (incitation, persuasion, meilleure offre, encouragement, pression, etc.) pousseraient le contractant à rompre ; s'il ne fait que faciliter la rupture (par exemple, en fournissant l'argent nécessaire à payer une indemnité de fin de contrat), il n'y a pas de faute[11]. En outre, il faut que « l'incitateur » ait

8. Lumley v Gye, 1853 : le directeur d'un théâtre incite un chanteur d'opéra à rompre son contrat avec un autre théâtre ; pour un exemple de Singapour, voir DBS Bank v Tam Chee Chong [2011] SGCA 47 : un emprunteur est contractuellement lié à un prêteur par un contrat de prêt et des garanties de paiement, notamment une *Negative pledge clause*. Si un tiers, souhaitant potentiellement devenir un second prêteur, exige de l'emprunteur qu'il constitue une sûreté réelle en violation de cette clause, il commet un *Inducing Breach* ; rappr. C. Le Gallou, La *Negative Pledge Clause* et le devoir de bonne foi du créancier hypothécaire en droit anglais, note sous Macdonald Hotels v Bank of Scotland [2025] EWHC 32 (Comm), 24 janv. 2025, D. 2025, p 1262 ; adde, C. Morrison, *Knowing is half the battle: the economic torts and lender liability*, (2024) 11 JIBFL 722.

9. OBG Ltd v Allan, précité.

10. Meretz Investments NV v ACP Ltd [2007] EWCA Civ 1303 : mais il est possible que ce comportement relève d'une autre qualification, telle que l'usage de moyens illicites, v. *infra* ; Palmer Birch v Lloyd [2018] EWHC 2316 TCC.

11. CBS Songs Ltd v Amstrad Consumer Electronics plc [1988] AC 1013 : Amstrad n'est pas responsable d'avoir permis la violation du contrat entre des clients et une maison de disques pour avoir vendu un système permettant de copier rapidement des cassettes enregistrées sur des cassettes vierges.

intentionnellement agi ainsi. Il ne suffit donc pas pour la victime de se contenter d'établir qu'une personne est intervenue dans le processus de rupture du contrat. De même, elle doit prouver que le tiers intrusif a agi consciemment dans le but de faire rompre le contrat : si elle prouve qu'il aurait dû raisonnablement savoir que son comportement provoquerait la rupture, le tiers ne sera pas responsable ou même s'il savait juste que la rupture suivrait. En revanche, si, sciemment ou par une imprudence flagrante (*recklessly*), il n'a pas cherché à savoir si son comportement aboutirait à la rupture, sa responsabilité et engagée. L'élément intentionnel est donc essentiel pour prouver ce *tort*[12]. Le responsable, quant à lui, ne peut pas s'exonérer en invoquant le fait que son but était de réaliser des profits et que l'incitation à la rupture n'était que le moyen d'y parvenir[13]. Enfin, il faut qu'un préjudice ait été causé au cocontractant.

SECTION 2 LE DOMMAGE PROVOQUÉ PAR DES MOYENS ILLICITES

813 **Présentation.** Ce *tort*, appelé « *causing loss by unlawful means* », consiste à utiliser un moyen illicite pour causer un préjudice à un tiers en interférant avec la liberté du commerce. Contrairement au *tort* étudié précédemment (un tiers incite un contractant à rompre le contrat), la responsabilité de la personne fautive est ici une responsabilité de premier rang ou « *primary liability* ». Au début du XXe siècle, le tort avait été classé comme une forme d'intimidation, mais la jurisprudence récente considère que cet aspect de menaces n'est pas essentiel.

814 **Conditions.** En règle générale, ce *tort* implique l'utilisation de moyens illicites pour causer un préjudice économique à un tiers via un fait touchant une personne intermédiaire, mais la jurisprudence semble envisager que le *tort* puisse exister sans la présence d'une personne intermédiaire. En somme, il suffit que le responsable ait commis un acte intentionnel, illicite et économiquement préjudiciable.

815 **Évolutions.** Un des plus anciens exemples de ce *tort* date du XVIIIe siècle, dans l'affaire *Tarleton v. McGawley*[14] *:* le responsable, capitaine d'un navire, fait tirer les canons vers le client potentiel d'un concurrent pour le décourager d'aborder le navire de son concurrent à l'ancre devant le même port au moment où ce client se dirigeait vers le navire concurrent. L'utilisation de canons afin d'empêcher la libre concurrence correspond effectivement à la définition de ce *tort*, c'est-à-dire l'utilisation de moyens illégaux dans le but de causer un préjudice économique. Dans les années 1920, une célèbre affaire *GWK*[15], illustre ce *tort :* des préposés de Dunlop

12. OBG Ltd v Allan [2007] UKHL 21 ; Mainstream Properties Ltd v Young, précité (ici, une croyance, certes erronée mais sincère, que l'un des contractants était libéré) ; C. Morrison, précité.
13. OBG Ltd v Allan, précité.
14. Tarleton v. McGawley [1793] 170 ER 153.
15. GWK v Dunlop Rubber Co Ltd [1926] 42 TLR 376.

avaient enlevé, de manière illicite les pneus d'un concurrent, la société ARM, qui étaient exposés sur un véhicule à une foire automobile, pour y substituer leurs propres pneus. En l'espèce, l'usage de moyens illicites était caractérisé : les employés de Dunlop avaient commis un *trespass to goods* en enlevant des pneus qui ne leur appartenaient pas et ce *trespass* avait permis de causer un préjudice économique à la société ARM.

816 **Conditions.** Lord Hoffmann, dans l'affaire OBG Ltd, énumère les deux éléments essentiels de ce *tort*. Il faut une interférence illicite dans les activités d'un tiers dans le but avéré de favoriser les intérêts économiques de la personne qui utilise ces moyens illicites et l'intention de causer un préjudice économique au tiers. Il faut observer le lien qui doit exister entre l'avantage recherché par le défendeur et le préjudice subi par le demandeur : le défendeur fautif sait que son profit passe par le préjudice causé à la victime[16]. Enfin, ce *tort* s'applique même en l'absence d'effet sur un quelconque contrat.

Une récente décision a confirmé que ce *tort* supposait que le responsable ait eu l'intention de causer un dommage à un tiers ; la preuve de l'intention n'est pas rapportée si la victime se contente de prouver que le responsable, en usant de moyens illicites, ne pouvait que prévoir la réalisation du dommage, la preuve de l'intention préjudiciable faisant défaut[17]. En l'espèce, un fleuriste avait assigné plusieurs compagnies aériennes pour entente illégale en matière de fret, sur le fondement des *economic torts* de *Common law* et non pour violation du droit européen de la concurrence, certaines compagnies n'étant pas soumises à ce droit.

SECTION 3 LE *TORT* DE "*CONSPIRACY*"

817 **La notion de "*conspiracy*".** Ce *tort* consiste à causer intentionnellement un préjudice économique à un tiers au moyen d'une "*conspiracy*", d'un comportement organisé, adopté et mené de concert entre plusieurs personnes[18]. Elle est fréquemment appliquée en cas d'ententes illicites entre plusieurs sociétés, destinées à contourner la libre concurrence. Il faut observer que l'action concertée n'emprunte pas systématiquement les traits d'un montage illégal ou frauduleux ; par exemple, une joint-venture peut être qualifiée d'action concertée.

16. Selon Lord Nicholls dans OBG Ltd v Allan, "*the defendant's gain and the claimant's loss are to the defendant's knowledge inseperably linked*".

17. British Airways v Emerald Supplies Limited & Others [2015] EWCA Civ 1024.

18. Lakatamia Shipping Company Ltd v Su and others [2024] EWHC 1749 (Comm) : la qualification de *conspiracy* supposant au moins deux personnes, la question se posait de savoir si une personne dont les biens avaient été gelés par jugement et ses avocats qui avaient permis de les mettre à l'abri avaient commis une *Conspiracy* : la réponse de la cour fut négative, car, en l'espèce (s'agissant donc d'un gel international des avoirs avec une application territoriale limitée), ses avocats n'étaient pas concernés par l'ordonnance de gel, de sorte que, faute de conspirateurs, il n'y avait pas *Conspiracy*...

Tandis que les points communs aux diverses *conspiracies* sont un comportement intentionnel[19], concerté, ayant provoqué un dommage économique, il existe deux types de *conspiracy* qu'il est parfois délicat de distinguer en pratique[20] : celle qui consiste à commettre un acte intentionnellement préjudiciable, peu importe les moyens mis en œuvre[21], appelée "*lawful means conspiracy tort*" (§ 1) et celle qui consiste à adopter un comportement peut-être licite mais utilisant, à dessein, des moyens illicites, appelée "*conspiracy by use of unlawful means tort*" (§ 2).

§ 1. LA *CONSPIRACY* PAR LE BUT DOMMAGEABLE

818 **Conspiration avec moyens non frauduleux.** S'agissant de la première catégorie de *conspiracy*, ce qui est répréhensible est à la fois l'action concertée et l'intention de causer le dommage. Il faut donc observer que, analysé isolément, en l'absence de concertation des conspirateurs, l'acte ne serait probablement pas fautif[22]. En pratique, les affaires sont rares. Par exemple, l'on peut citer l'exemple de syndicalistes qui ont organisé, en représailles, la faillite d'un boucher qui n'avait pas cédé son échoppe[23], ou encore un groupe d'individus qui avait hué un chanteur par pure méchanceté[24]. L'on pourrait rapprocher cette faute de l'exercice abusif d'un droit en droit français.

§ 2. LA *CONSPIRACY* PAR LES MOYENS ILLICITES

819 **Conspiration avec moyens frauduleux.** S'agissant de la seconde catégorie, l'accent est mis sur l'usage intentionnel de moyens illicites, peu important que le but premier des fautifs n'ait pas été uniquement de vouloir causer un dommage au tiers, le dommage causé n'étant qu'un passage obligé, nécessaire pour atteindre un autre but, celui de l'enrichissement personnel des conspirateurs.

820 **Moyens illicites.** Plus fréquente de nos jours, surtout dans des affaires de concurrence, cette faute est illustrée par l'affaire *Total Network*[25], où les deux éléments nécessaires, conspiration et moyen illicite, étaient réunis. En effet, cette décision est intéressante en ce qu'elle détermine ce que l'on entend par moyens illicites : il ne s'agit pas de limiter cette catégorie aux seuls *torts*, mais il est possible de l'étendre aux infractions pénales. En l'espèce, l'administration fiscale britannique prétendait que Total Network avait été engagée, avec plusieurs conspirateurs, dans

19. British Airways, précité.
20. Mulcahy v R (1868] LR 3 HL 306.
21. Quinn v Leatham [1901] UKHL 2.
22. Lord Diplock in Lonrho plc v Fayed [1992] 1 AC 448.
23. Quinn v Leathem [1901] AC 495.
24. Clifford v Brandon 2 Camp 358, [1803-13].
25. Total Network Sl v Revenue and Customs [2008] UKHL 19 ; Racing Partnership Ltd v Sports Information Services Ltd [2020] EWCA Civ 1300 ; Belmont Finance Corporation v Williams Furniture Ltd (No 2) [1980] 1 All ER 393.

une fraude à la TVA – dite *carousel fraud* – qui avait privé l'administration fiscale britannique de TVA dans le cadre des règles de TVA européenne. Elle ne pouvait pas poursuivre Total Network SL, qui était une société établie dans un autre pays de l'UE au titre de la loi établissant la TVA au Royaume-Uni, mais elle a choisi la voie civile pour obtenir l'indemnisation de son préjudice. Le délit pénal commis par Total Network SL était une infraction de fraude fiscale (appelée *cheating the revenue*) privant la Couronne de recettes, reconnue depuis longtemps par la *Common law*.

821 **Un lien entre le dommage et le profit.** En outre, il doit exister un lien entre l'usage de moyens illicites, l'enrichissement des conspirateurs et le dommage de la victime ; c'était bien le cas dans l'affaire *Total*. En revanche, comme l'observent les juges Nicholls et Walker, il n'y aurait pas *conspiracy* dans la situation suivante : un livreur de pizza s'accorde avec son employeur d'enfreindre le Code de la route afin de livrer davantage de pizzas, dans les temps ; la satisfaction de leurs clients provoquera la baisse du chiffre d'affaires des concurrents ; toutefois, il n'y a aucun lien entre l'augmentation de leur chiffre d'affaires, la baisse de celui du concurrent et les infractions au Code de la route[26].

822 ***Quid* de l'intention de causer un dommage ?** Faut-il alors que l'usage de moyens illicite soit apprécié subjectivement (est-ce que les conspirateurs avaient conscience et l'intention de causer un dommage au tiers et avaient-ils compris que ce qu'ils allaient faire serait illégal) ou objectivement (peu importe leur état d'esprit, il y a un lien de cause à effet entre l'usage de moyens illicites et la réalisation du préjudice) ? Au regard des *obiter dicta* de OBG, les commentateurs privilégiaient une solution nuancée : si des personnes, ensemble, enfreignent délibérément la loi dans le cadre de leurs affaires et qu'il y a un lien entre ces faits répréhensibles et le préjudice causé, il est hautement probable que les juges anglais retiendront leur responsabilité. Plus récemment, la Cour d'appel d'Angleterre et du Pays de Galles (EWCA) est venue préciser ce point, dans le but assumé de restreindre l'application de la *conspiracy* à des affaires de concurrence, là où le droit européen ne pourrait pas s'appliquer ; reprenant les leçons dégagées dans OBG – à savoir que le conspirateur doit adopter un comportement dont il ne peut pas ignorer les conséquences dommageables pour le tiers – la Cour a considéré que la conspiration à l'aide de moyens frauduleux supposait la conscience de causer un préjudice à la victime[27] ; s'il n'est pas certain qu'une entente anticoncurrentielle provoquera nécessairement un dommage, les conspirateurs ne seront pas responsables[28]. Le recours à des moyens illicites pourrait laisser penser que l'auteur de ces actes agit avec mauvaise foi ou avec conscience d'utiliser des moyens illicites, et donc qu'il s'agirait d'une approche subjective, mais ce n'est pas le cas, car, bien au contraire, la qualification de moyens illicites est objective, par exemple, le constat de

26. Voir les commentaires des Lords Nicholls et Walker dans OBG, précité.

27. Lakatamia Shipping Company Ltd v Su and others [2024] EWHC 1749 (Comm) ; British Airways v Emerald Supplies Limited & Others [2015] EWCA Civ 1024 ; Kuwait Oil Tanker Corporation v Al Bader [2000] AER (Comm.) 271.

28. Newson Holding Ltd v IMI Plc [2013] EWCA Civ 1377.

l'inexécution d'un contrat ou de la violation d'obligations légales[29]. En outre, l'exigence de l'élément intentionnel a été atténuée en 2020, car il suffit de prouver que le responsable recherchait un profit qui passait nécessairement par le préjudice de la victime[30]. Les exonérations sont peu nombreuses : le défendeur ne peut échapper à sa responsabilité en arguant de sa volonté première de protéger ses intérêts[31]. En somme, la *conspiracy*, avec moyens licites ou avec moyens illicites, suppose l'intention de causer un dommage ; mais dans le premier cas de figure, il doit s'agir du but ultime recherché par les conspirateurs, alors que dans le second cas, ce n'est pas le but ultime (car ils cherchent avant tout le profit personnel), mais le moyen d'y parvenir. L'intention préjudiciable doit donc être établie dans les deux cas, c'est pourquoi, la seule malhonnêteté des conspirateurs ne suffit pas à caractériser la *Conspiracy*[32].

823 ***Tort* spécifique. Explication.** La doctrine s'est demandé pourquoi le dommage causé en groupe devait faire l'objet d'un *tort* à part : certes, la *conspiracy* permet d'engager la responsabilité de tous les conspirateurs, même celle de ceux qui n'ont pas commis l'acte ayant directement causé le dommage ; mais surtout, les juges anglais considèrent que le fait de s'accorder pour causer un acte dommageable, par l'usage intentionnel de moyens illicites, était une sorte de circonstance aggravante, à l'instar du droit pénal, et qui rendait ces personnes plus dangereuses encore.

SECTION 4 LE *PASSING OFF*

824 **Notion.** Ce *tort* consiste pour le fautif à présenter à des clients ou futurs partenaires des marchandises ou des services d'un tiers en leur laissant penser qu'il entretient des liens commerciaux avec ce tiers ; en d'autres termes, soit il fait croire que les biens ou services du tiers sont les siens[33] (*inverse passing off*), soit, inversement, que les siens sont ceux du tiers (*conventional misrepresentation*), ou encore que ses biens font partie d'une catégorie spécifique de biens comme ceux du tiers, alors que ce n'est pas vrai[34]. Le mécanisme repose sur l'idée que le fautif tire profit injustement de la bonne image ou de la bonne

29. C. Morrison, précité.

30. Racing Partnership Ltd v Sports Information Services Ltd, précité.

31. Palmer Birch v Lloyd [2018] EWHC 2316 (TCC) ; [2018] 4 WLR 164 ; Seneschall v Trisant Foods Ltd [2023] EWHC 1029 (Ch) ; JSC BTA Bank v Khrapunov [2018] UKSC 19 ; Benjamin Luke Crushcov v Sky UK Ltd [2025] EWHC 1117 (Ch) ; ED&F Man Capital Markets Ltd v Come Harvest Holdings Ltd [2022] EWCA Civ 1704.

32. Bryan J in Lakatamia Shipping Co Ltd v Su, précité : « Dishonesty is not itself an element of the tort » ; Arcelormittal USA LLC v Ruia [2020] EWHC 3349 (Comm).

33. Bristol Conservatories Ltd v Conservatories Custom Built Ltd [1989] RPC 455.

34. Fage v Chobani [2014] EWCA Civ 5 : un fabricant de yaourt aux États-Unis distribuait au Royaume-Uni des yaourts qu'il qualifiait de « grecs », ce qui laissait à penser qu'ils étaient fabriqués selon la méthode spécifique dez yaourts à la grecque, ce qui n'était pas le cas.

réputation d'une autre entreprise pour réaliser des affaires[35]. Les personnes victimes de ces agissements sont nombreuses : il peut s'agir des clients abusés (ils pensent acheter des produits de telle marque, alors que ce n'est pas le cas) ou de l'entreprise dont la marque est illégalement utilisée. Les dommages pour l'entreprise sont également variés : perte de profits, puisque c'est le concurrent qui détourne les clients ; perte de profits également dans la mesure le concurrent réalise des affaires sans avoir fait d'investissements préalables (Recherche et Développement, marketing, etc.) ; atteinte à son image et à sa réputation, lorsque les biens et services réalisés par le concurrent s'avèrent être de moins bonne qualité.

825 **Éléments constitutifs. *Goodwill* et *Misrepresentation*.** Le *Passing off* suppose deux éléments. D'une part, il faut que le défendeur ait utilisé le *Goodwill* de l'entreprise victime. Ce terme revêt diverses significations qui présentent des points communs. Il peut signifier le profit, la plus-value, ou encore la capacité d'achalandage, donc la capacité à attirer une clientèle, ou encore l'image, le nom et la réputation d'une activité professionnelle. Mais toutes ces notions renvoient à l'idée de confiance des clients dans le commerce : c'est parce qu'un professionnel fournit de bons produits qu'il a bonne réputation et que son nom rassure, qu'il attire des clients et qu'il réalise des profits. C'est bien dans cette richesse aux multiples facettes que puise le fautif pour réaliser son gain illicite. Une fois que le demandeur a établi qu'il jouissait d'un *Goodwill* préalable dans lequel le défendeur a puisé, il doit également établir que le comportement fautif a porté atteinte à ce *Goodwill* (perte de profits, car les clients ont contracté avec le fautif ; atteinte à la réputation, car les produits étaient de mauvaise qualité). Enfin, ce *Goodwill* doit normalement exister sur le territoire britannique[36]. D'autre part, cette utilisation de la bonne réputation d'un tiers doit s'accompagner de manœuvres dolosives, de tromperie par le fautif, de sorte que le client doit avoir été convaincu que le produit était celui du tiers ; il ne doit pas simplement avoir eu un doute ou une impression que c'était un produit du tiers. La présentation des produits ou services est le plus souvent implicite. Par exemple, dans la célèbre affaire de Jif Lemon[37], l'utilisation de conteneurs en forme de citron ressemblant à ceux du demandeur a été jugée constitutive de *passing off*. Par ailleurs, la manœuvre peut être également explicite. Si le *passing off* passe par l'utilisation d'un nom, le demandeur doit établir que le nom concerné n'est pas purement descriptif, et que le consommateur ou l'entreprise a été induit en erreur. Les caractéristiques mises en avant lors d'un « *passing off* » peuvent concerner chaque caractéristique d'un produit, dont, par exemple, une méthode de fabrication[38] son lieu d'origine. C'était le cas d'un vin blanc pétillant espagnol vendu avec l'appellation « *Spanish Champagne* » qui a été jugé comme constitutif de *passing off* de l'appellation du champagne français[39]. De même, le fait de vendre un produit usagé d'un tiers comme étant neuf est également constitutif de *passing*

35. Erven Warnink Besloten Vennootschap v J Townend and Sons (Hull) Limited (Advocaat) [1979] HL FSR 39.
36. Starbucks (Hong Kong) Ltd v British Sky Broadcasting Group Plc [2015] UKSC 31.
37. Reckitt & Colman Ltd v Borden Inc [1990] 1 All ER 873.
38. Fage v Chobani [2014], précité.
39. J. Bollinger v Costa Brava Wine Co Ltd [1960] Ch 262.

off[40]. Il s'agit le plus souvent de l'usurpation du nom de l'entreprise, du nom commercial, d'un logo ou de la marque ou d'une caractéristique d'une catégorie de produits (comme l'exemple des yaourts) d'un tiers. Il peut s'agir également de copies des marchandises ou des services d'un tiers. Par exemple, dans l'affaire Rey, celui-ci avait présenté faussement des liqueurs comme étant celles de « Chartreuse »[41].

826 **Importance du *Passing off*. Sanctions.** En somme, le *passing off* constitue une forme de concurrence déloyale ou de pratique commerciale illicite, similaire à du parasitisme, dans le but de détourner le *goodwill* d'une autre entreprise. Ce *Tort* est particulièrement utile au Royaume-Uni, lorsque le *Goodwill* de la victime n'est pas protégé par le droit de la propriété intellectuelle, comme cela peut être le cas si cette richesse ne repose pas sur une marque ou un logo, ou si elle n'a pas fait l'objet de formalité de protection (enregistrement de la marque, par exemple). C'est également efficace pour pallier l'absence de protection du nom. La victime peut obtenir l'indemnisation de son préjudice, l'attribution des profits illicites, la destruction des produits ou encore une ordonnance interdisant toute réitération du comportement déloyal.

40. Gillette Safety Razor Co v Franks [1924] 40 TLR 606.
41. Rey v Lecouturier [1908] 2 Ch 715.

TITRE 2
EXONÉRATIONS ET RÉPARATION

827 Une fois que le *tort* a été établi ainsi que le lien de causalité avec le dommage, le défendeur peut y faire obstacle en se prévalant de diverses causes d'exonération (chapitre 1). Si les causes d'exonération sont écartées, en tout ou partie, la victime peut espérer obtenir réparation (chapitre 2).

CHAPITRE 1
LES CAUSES DE PARTAGE OU D'EXONÉRATION DE RESPONSABILITÉ

828 **Force majeure.** La force majeure, soulevée en défense par le défendeur, constitue un élément relevant de la causalité et non comme un élément d'exonération, bien qu'elle ait effectivement pour effet de rejeter sa responsabilité. Ainsi, non seulement elle ne doit pas être appréhendée de manière générale, mais en outre elle n'entraîne pas automatiquement l'exonération du défendeur. S'agissant de la *negligence*, la force majeure peut recouvrir soit un événement naturel (tempête, tremblement de terre, etc.), soit le fait d'un tiers, et entraîner l'exonération du défendeur si l'événement, qualifié de fait nouveau, a rompu la chaîne de causalité[1]. Il peut donc ne pas y avoir responsabilité si le dommage a été causé par une tempête. Mais si celle-ci était prévisible et que le défendeur pouvait, non pas l'éviter, mais prendre des mesures raisonnables afin qu'elle ne provoque pas de dommage (par exemple, il aurait pu ranger du bois qui traînait dehors), il sera tenu pour responsable.

829 **Causes d'exonération**. De même qu'il n'y a pas de principe général de responsabilité délictuelle, il n'existe pas de cause d'exonération générale. À chaque Tort sa cause d'exonération (section 1). Certes, certaines causes peuvent être communes, mais ce n'est que la loi des statistiques. Elles sont similaires à ce que le droit français nomme les faits justificatifs, excuses et immunités[2]. Outre ces causes spéciales d'exonérations, le droit anglais réserve une place particulière au rôle de la victime et ses effets exonératoires sur la responsabilité du défendeur (section 2).

1. Voir *Negligence*, p. 297.
2. Voir not. Ph. Le Tourneau et *alii*, *Droit de la responsabilité et des contrats, Régimes d'indemnisation*, Dalloz Action, 2023-20124, n° 2411.11 et suiv.

SECTION 1 LES CAS SPÉCIAUX D'EXONÉRATION

830 **Présentation.** Comme il a été évoqué plus haut, le défendeur peut échapper à sa responsabilité s'il oppose des causes exonératoires ou *defences*. Il est important d'adapter chaque cause à son *tort*. Ainsi, la personne qui est assignée par la victime pour dommage causé par l'immeuble qu'il occupe peut échapper à sa responsabilité en invoquant l'existence de mises en garde, notamment par le biais d'affiches ou de panneaux. Si le *tort* en jeu est la *nuisance*, le défendeur peut avancer l'argument de l'autorisation de la loi ou le jeu de la prescription. Pour les *torts* de *assault* et *battery*, la victime peut également se voir opposer l'autorisation de la loi[3], ainsi que la légitime défense ou l'état de nécessité. Pour l'emprisonnement illégal, les hypothèses de *defense* sont similaires[4]. L'autorisation de la loi et l'état de nécessité se retrouvent également pour le *trespass* à un bien. S'agissant de la responsabilité du fait de l'immeuble, l'occupant peut échapper à sa responsabilité en prouvant qu'il avait averti les visiteurs, autorisés ou non.

SECTION 2 LE RÔLE DE LA VICTIME

831 Le droit anglais s'est régulièrement interrogé sur le rôle de la victime comme cause d'exonération ou de partage de responsabilité du défendeur, qu'il s'agisse de sa faute (§ 1), de son consentement au dommage (§ 2) ou de sa situation illégale (§ 3).

§ 1. LA FAUTE DE LA VICTIME

832 **Faute de la victime.** Plusieurs causes d'exonération peuvent être invoquées par le défendeur pour échapper à sa responsabilité. La faute[5] de la victime peut être une cause d'exonération partielle si elle a contribué à la réalisation du dommage (*contributory negligence*). Précisément, il ne s'agit pas, pour le défendeur, de prouver que la victime a elle-même enfreint son devoir de prudence et de vigilance, qui, par compensation, diminuerait sa créance indemnitaire ; il s'agit simplement d'établir que la victime n'a pas pris raisonnablement soin d'elle-même et

3. Par exemple, c'est le cas pour les forces de l'ordre procédant à une interpellation musclée. C'est aussi le cas des parents punissant les enfants.

4. L'on peut y associer les raisons médicales impérieuses justifiant qu'une personne soit retenue contre son gré dans un établissement spécialisé. Pour les forces de police, c'est la même défense pour justifier la rétention d'une personne en garde-à-vue par exemple.

5. La faute est définie par la section 4 du *Law Reform (Contributory Act) 1945* : il peut s'agir d'une négligence, de la violation d'un devoir légal ou de tout autre acte ou omission qui engage sa responsabilité délictuelle ou qui entraîne une exonération partielle de responsabilité.

qu'elle a ainsi contribué à son propre dommage[6]. La faute de la victime doit avoir joué un rôle causal dans la réalisation de son dommage ; sa faute non causale est inopérante[7]. En revanche, elle n'emporte effet exonératoire que si les conséquences de sa faute étaient prévisibles par la victime ; l'espèce *Westwood* illustre cette règle : malgré une interdiction d'entrée, un ouvrier pénètre dans une pièce où sont entreposées des machines mais dont le plancher est pourri et passe au travers ; sa faute (être entré malgré l'interdiction) constitue-t-elle une faute ayant eu un rôle causal ? Non, car la victime ne pouvait pas prévoir qu'en entrant malgré tout, il tomberait à travers le plancher[8]. Elle reçut donc entière indemnisation. Inversement, la victime qui pouvait prévoir les conséquences de sa faute ne reçoit qu'une indemnisation partielle ; par exemple, un ouvrier est frappé par un cancer des poumons, provoqué par l'amiante, mais le fait qu'il ait continué à fumer malgré les avertissements du corps médical constitue effectivement une faute ayant contribué en partie à son dommage, faute dont les risques étaient connus de la victime[9]. Cette solution s'explique par la causalité : il doit y avoir un lien de causalité entre la faute de la victime et son dommage. L'appréciation de la faute de la victime par les juges est identique à celle qui est menée pour le responsable : ainsi, la faute de l'enfant victime doit être appréciée au regard du comportement d'un enfant du même âge ; la casuistique est riche[10]. Il existe aussi des exigences particulières s'agissant de la faute de passagers : le fait pour les passagers d'un car de ne pas avoir bouclé leur ceinture peut réduire leur indemnisation en cas de blessures et si cette faute a un rôle causal[11] ; cette solution a été étendue au motard[12] ou au cycliste[13] qui n'a pas porté de casque. Pareillement, le passager d'une voiture peut se voir reprocher sa faute si elle a accepté de monter à bord alors que le conducteur était saoul ou sous l'emprise de drogue, même s'il était lui-même dans un état d'imprégnation alcoolique[14]. C'est au défendeur de rapporter la preuve de ces conditions[15].

Mais, dès lors que le défendeur a commis une faute de *negligence*, le comportement de la victime ne permet pas au responsable d'échapper entièrement à sa responsabilité : les juges peuvent seulement réduire le montant des dommages-intérêts dans la mesure où c'est juste et raisonnable au regard de la part de responsabilité de la victime dans la réalisation du dommage (sec. 1 (1) *Law Reform (Contributory Negligence Act) 1945*). Par exemple, lorsqu'un passager est blessé alors qu'il n'avait pas attaché sa ceinture, son indemnisation est réduite, très souvent, de 15 % pour des blessures qui auraient pu être moins graves et de 25 % pour des blessures qui

6. Nance v British Columbia Electric Ry [1951] PC.
7. Jones v Livox Quarries Ltd CA [1932].
8. Westwood v Post Office [1974].
9. Badger v MoD [2006].
10. Morales v Eccleston [1991] CA : un enfant joue au ballon au milieu d'une rue passante et se fait renverser, son indemnisation sera réduite ; Yachuk v Oliver Blais Co Ltd [1949] PC : un enfant met le feu à de l'essence qu'il était venu chercher auprès du défendeur ; sa faute ne fut pas retenue, car il n'était pas en mesure, à neuf ans, de prévoir les conséquences de son geste.
11. Froom v Butcher [1976] QB 286 CA.
12. O'Connell v Jackson [1972] CA.
13. Smith v Finch [2009] EWHC 53 (QB).
14. Owens v Brimmell [1977] HC.
15. Fookes v Slaytor [1978] CA.

auraient pu être évitées[16]. Si le dommage a été causé par plus d'un responsable, la proportion de la faute de la victime doit être appréciée en tenant compte de la *negligence* totale commise par les deux défendeurs. Ensuite, chaque responsable sera, *in fine*, tenu à contribuer entre eux à hauteur de sa faute[17].

§ 2. LE CONSENTEMENT DE LA VICTIME

833 **Consentement de la victime.** Si la victime a consenti à la réalisation de son dommage, elle ne recevra aucune indemnisation en vertu de l'adage *volenti non fit injuria*. Le responsable peut s'exonérer entièrement de sa responsabilité s'il prouve que la victime a consenti, expressément ou implicitement[18], au risque de dommage (et à son étendue)[19] et qu'elle a renoncé, par avance, à tout droit à la compensation de son dommage. Il peut s'agir d'une clause exclusive de responsabilité, qui, dès lors, doit satisfaire les conditions de l'UCTA 1977 ou du CRA 2015. Elle est réputée non écrite si le dommage est le décès de la victime ou est un dommage corporel.

Le consentement de la victime se pose souvent en matière sportive, que la victime soit un autre sportif ou un spectateur. Chacun est censé accepter les risques fréquents de tel ou tel sport (être frappé par une balle de cricket), mais ils ne consentent pas pour autant à subir des dommages causés par une violation flagrante des règles du jeu[20].

§ 3. LA SITUATION ILLÉGALE DE LA VICTIME

834 **Situation illégale de la victime.** Le responsable peut-il échapper à sa responsabilité en invoquant la situation illégale dans laquelle la victime s'est placée ? C'est un argument qui peut se révéler efficace en effet, en vertu de l'adage « *Ex turpi causa non oritur actio* ». À l'instar du droit français, seule la situation illégale ayant joué un rôle causal dans la réalisation du dommage peut exclure ou réduire l'indemnisation. De nombreux arrêts anglais illustrent cette règle. Par exemple, un homme est sévèrement blessé alors qu'il est en train de mettre le feu à la maison d'un rival, il ne peut pas réclamer d'indemnisation à ce dernier[21]. Pareillement, le cambrioleur qui se fait mordre par le chien de garde du propriétaire ne sera pas indemnisé[22]. De même, si un prévenu est blessé par les policiers dans le commissariat alors qu'ils l'empêchaient de sauter par la fenêtre,

16. C'est un barème indicatif mais qu'il est fortement conseillé d'appliquer : Froom v Butcher [1976] CA ; Capps v Miller [1989] CA.
17. Fitzgerald v Lane [1988] HL.
18. Bowater v Rowley Regis Corp [1944] CA.
19. Osborne v L. & N. W. Ry. [1888] HC.
20. Woolridge v Sunner [1963] CA ; pour des sports « mouvementés », tels que le sport automobile, les juges sont assez sévères avec les sportifs négligents, Wilks v Cheltenham Home Guard Motcr Cycle & Light Car Club [1971] CA.
21. Murphy v Culhane [1977] QB 74 CA.
22. Cummings v Granger [1977] QB 397 CA.

il ne recevra aucune indemnisation, les juges anglais se sont montrés sévères avec la victime en exonérant les policiers[23]. Pareillement, ils ont refusé toute indemnisation à la victime qui endurait une perte de revenus ; précisément, cette victime souffrait d'un stress post-traumatique causé par la négligence du défendeur ; en raison de ce trouble, la victime avait par la suite agressé une tierce personne et avait été internée dans un établissement spécialisé ; ne pouvant plus travailler et donc percevoir des revenus, elle avait demandé compensation du défendeur, ce qui lui fut refusé[24].

En revanche, encore faut-il que la situation illégale dans laquelle s'est placée la victime ne soit pas aussi grave que le dommage commis par le responsable : par exemple, un cambrioleur qui s'était introduit dans une maison a été gravement blessé par le propriétaire qui était à l'affût et a tiré sur lui dans la panique. Il a reçu l'indemnisation de son dommage, car les juges ont estimé que le priver de toute indemnisation serait une solution trop rude alors qu'il serait indemnisé sans discussion dans d'autres circonstances[25].

23. Vellino v Chief Constable of Greater Manchester Police [2002] 1 WLR 218 CA.
24. Gray v Thames Trains Ltd [2009] 1 AC 1339 HL.
25. Revill v Newberry [1996] QB 567 CA.

CHAPITRE 2
LA RÉPARATION

835 La victime d'un *tort* peut obtenir réparation selon des diverses modalités de réparation (section 1), les dommages-intérêts dont la variété est particulièrement riche, et les injonctions étant les principales solutions proposées par les juges. En amont, la victime doit respecter le délai de prescription et ne peut pas se tromper de défendeurs en cas de multiplicité des acteurs étant intervenus dans la réalisation du dommage. C'est ainsi qu'elle met en œuvre l'action en réparation (section 2).

SECTION 1 LES MODALITÉS DE RÉPARATION

836 Le droit anglais propose deux types de réponses à la victime d'un *tort*, les dommages-intérêts (§ 1) ou les injonctions (§ 2).

§ 1. LES DOMMAGES-INTÉRÊTS

837 **Dommages-intérêts compensatoires et autres.** La victime reçoit, en principe, des dommages-intérêts en compensation de son dommage. Ce sont les dommages-intérêts compensatoires (*compensatory damages*) dont le montant correspond classiquement à la valeur du dommage. Au sein de ces dommages-intérêts, l'on distingue les *special damages* des *general damages :* les premiers peuvent être évalués par les juges avant ou au cours du procès, tandis que les seconds ne résultent pas d'une quantification du préjudice, soit parce qu'il ne s'est pas encore réalisé (préjudice futur), soit parce qu'il est, par essence, inévaluable (*pretium doloris* par exemple). Ces dommages-intérêts « généraux » sont évalués par le tribunal, indépendamment de ce que demande ou prouve la victime.

Lorsque le dommage est purement matériel (une chose est abîmée), le calcul des dommages-intérêts est peu compliqué à effectuer. En revanche, s'il est corporel, il faut y ajouter divers postes de préjudices qui s'y ajoutent et dépendent de chaque victime : la perte d'une chose, la perte de revenus, la perte (ou la diminution) de capacité de travail, le pretium doloris (*pain and suffering*), le préjudice d'agrément (*loss of amenity*), les frais médicaux, les frais occasionnés par la nécessité de recourir à une tierce personne, l'adaptation de la maison, etc.

838 **Dommages-intérêts symboliques ou réduits.** Il existe d'autres dommages-intérêts dont le calcul ne tient pas compte du préjudice (ou pas seulement) car la finalité de la somme d'argent allouée à la victime est différente de la compensation du préjudice. Ce sont des dommages-intérêts symboliques, d'un montant très bas. Il existe deux types de tels dommages-intérêts : tout d'abord, les *nominal damages* qui permettent au tribunal de proclamer que, certes, un tort a été commis, mais que le dommage provoqué était quasi inexistant (peu fréquents en matière de *negligence*). Ensuite, il peut s'agir aussi de *contemptuous damages*, qui permettent également d'admettre la commission d'un *tort*, mais d'indiquer aussi que la victime aurait pu ne pas former l'action contre le responsable. Afin de réduire l'indemnisation, le tribunal peut imposer au demandeur de supporter les coûts de l'affaire[1].

839 **Dommages-intérêts aggravatoires.** Il peut aussi s'agir d'une troisième catégorie de dommages-intérêts, dont le montant dépasse les préjudices réparables afin de tenir compte des circonstances terribles dans lesquelles le *tort* a été commis ; les préjudices classiquement réparables ont été affectés par des « circonstances aggravantes ». Les juges anglais utilisent ce type de dommages-intérêts pour indemniser des dommages en principe exclus, tels que la peur et l'angoisse provoquées par les conditions dans lesquelles le *tort* a été commis. Le plus souvent, ils sont plutôt alloués en cas de diffamation ou de violences volontaires commises à la victime, et sont plus rares en cas de *negligence*.

840 **Dommages-intérêts exemplaires (punitifs).** Enfin, le tribunal peut aussi accorder des dommages-intérêts exemplaires ou punitifs (*exemplary* ou *punitive damages*[2]) : ce sont des dommages-intérêts[3] dont le montant doit dépasser largement le dommage subi par la victime afin de poursuivre deux finalités différentes : soit il s'agit de punir la violation grave d'une liberté fondamentale, commise par un représentant public[4] (policier, par exemple), soit il s'agit de la confiscation de profits illégalement obtenus[5] (par corruption). Enfin, il est aussi possible de condamner le responsable à ces dommages-intérêts si une loi le prévoit expressément.

1. Grobbelaar v News Group Newspapers Ltd [2002].

2. L'expression « dommages-intérêts punitifs » est peu employée en droit anglais, mais relève plutôt du droit américain.

3. Rookes v Barnard [1964] AC 1129 HL.

4. Kuddus v Chief Constable of Leicestershire Constabulary [2001] 2 WLR 1789 (HL) ; R v Secretary of State for the Home Department [2011].

5. Pour rappel, en matière contractuelle, pour une violation grave du contrat, AG v Blake [2000] UKHL 45 ; Esso Petroleum Co Ltd v Niad Ltd ChD [2001] EWHC 6 (Ch) : la violation grave du contrat (commission d'une faute lucrative intentionnelle) prive le fautif de la protection du droit du contrat pour le soumettre aux *Torts*.

§ 2. LES INJONCTIONS

841 **Injonctions.** Sur le fondement de l'*Equity*, le tribunal peut également prononcer des injonctions (*injunctions*) de faire (*mandatory injunction*) ou de ne pas faire ou de cesser la situation illicite (*prohibiting injunction*). Ce second type d'injonctions, parce qu'elles imposent au défendeur d'adopter un comportement actif, leur prononcé est subordonné à des conditions strictes. Ainsi, en 1970, la Chambre des Lords a imposé quatre conditions cumulatives[6] : il faut établir une forte probabilité d'un dommage futur significatif ; puis, que toute solution pécuniaire serait inadaptée ; ensuite, que le défendeur a agi de manière déraisonnable ; et, enfin, l'injonction doit refléter exactement ce que ce que le défendeur était tenu de faire[7]. En pratique, les injonctions peuvent être prononcées à l'encontre de la personne négligente mais elles le sont plus rarement que pour d'autres hypothèses de *torts*.

842 **Diversité des injonctions.** Il existe trois sortes d'injonctions. Tout d'abord, il peut s'agir d'injonctions préalables (*Quia timet injunction*), accordées avant même qu'un *tort* ne soit commis afin de l'en empêcher. Elles peuvent être adaptées en cas de *nuisance*, entre voisins. Elles supposent la réunion de trois conditions : la forte probabilité de commission d'un *tort*, qui causerait un dommage significatif au demandeur et le défendeur ne semble pas changer de comportement sans injonction. Il peut ensuite s'agir d'une injonction provisoire (*interim injunction* ou *interlocutory injunction*) par laquelle la victime-demandeur sollicite la cessation du trouble (très utile pour la *nuisance*) ; trois conditions sont classiquement requises[8] : la cause que le tribunal va entendre est sérieuse, le bilan coût-avantage entre le bénéfice de l'injonction et les désagréments qu'elle pourrait causer au défendeur est positif[9] ; et le cas échéant, le statu quo doit être conservé. Enfin, il peut s'agir d'une injonction définitive (*final injunction*) qui constitue une véritable sanction finale, telle une réparation en nature ; encore faut-il que la victime puisse prouver que des dommages-intérêts ne constitueraient pas une réparation adéquate.

843 **Injonctions. Équité.** Puisque les injonctions sont fondées sur l'*Equity*, les principes qui la gouvernent doivent être également réunis. Pour rappel, il s'agit notamment de s'assurer que la victime est irréprochable dans la mesure où elle n'a pas encouragé le défendeur à commettre le *tort*, qu'elle a agi rapidement et que l'injonction serait utile (l'*Equity* ne pouvant rien faire en vain[10]).

6. Redland Bricks Ltd v Morris [1970] AC 652 (HL).

7. Dans cette espèce, le fait générateur était une *Nuisance* et non une *Negligence*. Les juges, après avoir édicté ces quatre conditions, les appliquent en refusant de prononcer une injonction de réparer en nature. Précisément, la personne, déclarée responsable de glissements de terrains causés chez son voisin, avait été condamnée par les premiers juges à remettre en ordre la parcelle. Or, les juges suprêmes ont censuré le prononcé de cette injonction au motif que les frais de remise en ordre dépasseraient largement la valeur du terrain de la victime.

8. American Cyanamid v Ethicon [1975] AC 396 HL ; Astrazeneca AB v Glenmark Pharmaceuticals Europe Ltd [2025] EWCA Civ 480.

9. Le requérant réclamant le prononcé d'une injonction court alors le risque de devoir indemniser le défendeur si, in fine, il n'est pas tenu responsable.

10. "*Equity does nothing in vain*".

SECTION 2 LA MISE EN ŒUVRE DE L'ACTION EN RÉPARATION

844 La victime de l'un des nombreux *torts* du droit anglais peut mettre en œuvre l'action en respectant le délai de prescription (§ 1). Mais il est fréquent qu'elle hésite entre plusieurs défendeurs si diverses personnes sont intervenues, à un titre ou à un autre, dans la réalisation du dommage. Face à la multiplicité des défendeurs (§ 2), diverses règles s'appliquent alors.

§ 1. LA PRESCRIPTION

845 **Durée et point de départ. Principe. Exceptions.** En principe, la durée du délai d'action est de six ans. Mais il existe de nombreuses exceptions. Ainsi, la prescription est réduite à trois ans si le *tort* est un acte de *negligence*, de *nuisance* ou la rupture d'un devoir (*breach of duty*, qu'il soit fondé sur un contrat ou une loi) et qu'il a provoqué un préjudice corporel. Le point de départ est fixé au jour de constatation du préjudice (sec. 14, *Limitation Act 1998*) ou au jour où la victime a eu connaissance ou aurait dû avoir connaissance du préjudice. Cette possibilité est intéressante pour la victime qui ne subit pas le temps qui passe tant qu'elle ne souffre pas encore du préjudice. Si la victime est un mineur, le point de départ est décalé à l'âge de sa majorité.

La différence de délai d'action, trois ans ou six ans, s'explique par le fait que la prescription de trois ans concerne des préjudices qui ne se révèlent souvent qu'*a posteriori*, parfois bien après la commission de l'acte de négligence. Or, une affaire[11] a révélé que cette distinction pouvait être inadaptée, voire erronée, lorsque la faute était intentionnelle et que ses conséquences dommageables n'apparaissaient que bien plus tard. Précisément, il s'agissait d'une action en dommages-intérêts formée par la victime de viols familiaux. Techniquement, elle avait été victime d'un *trepass* à la personne et réclamait des dommages-intérêts pour préjudice psychologique. Le problème de l'espèce était la prescription : elle aurait dû agir dans les six ans, ce qu'elle ne fit pas, car il lui fallut bien plus de temps pour comprendre ce qui lui était arrivé. Son avocat tenta alors de démontrer qu'elle bénéficiait d'un délai de trois ans (pour la faute de *negligence* et non de *trespass*) dont le point de départ était, en vertu de l'exception de la section 11, l'apparition du dommage (*i.e.* sa prise de conscience). Mais son argumentation fut rejetée aux motifs que le viol constitue, sur le plan civil, un *trespass*, faute intentionnelle, et non une faute de *negligence ;* la prescription était donc de six ans à compter du fait et non trois ans à compter de l'apparition du préjudice. Mais cette solution fut sévèrement accueillie par l'opinion publique et la Chambre des Lords saisie d'une question similaire, quinze ans plus tard, adopta une position différente[12]. Opérant un rare revirement de jurisprudence, la Suprême juridiction admit que la prescription puisse être

11. Stubbings v Webb [1993] HL.
12. A v Hoare [2008] UKHL 6.

appréciée avec des nuances s'il est équitable de le faire ainsi, comme le permet la section 33 du *Limitations Act 1980* pour le préjudice corporel et le décès.

846 **Décès de la victime.** Si la victime décède, ses héritiers peuvent continuer l'action et le point de départ est alors décalé à la date du décès ou du jour où ils ont eu connaissance du préjudice. Mais si la victime est décédée alors qu'elle n'a pas été en mesure d'agir en responsabilité contre le responsable, c'est un autre texte qui trouve à s'appliquer, le *Fatal Accidents Act 1976* et qui permet à certains de ses proches de recevoir des dommages-intérêts pour le décès de la victime : il s'agit du conjoint marié ou partenaire (ou ex-conjoint), le compagnon, un parent ou ascendant, un enfant ou descendant, l'enfant du conjoint, les sœur, frère, neveu, nièce, oncle et tante. Le juge, lors de l'évaluation des dommages-intérêts prend en compte le fait que le demandeur ne peut pas invoquer de revenus consécutifs au décès de la victime. Si le demandeur est le veuf, il ne faut pas tenir compte du fait qu'il se remarie ou à de bonnes chances de se remarier pour réduire les dommages-intérêts. L'action est formée par l'exécuteur testamentaire ou le représentant du défunt. Une indemnité au titre du deuil (*bereavement*) est allouée à l'époux ou partenaire veuf ; et si la victime décédée était un mineur, elle profite à ses parents s'il était légitime ou à sa mère s'il était illégitime. Le texte prévoit que l'évaluation des dommages-intérêts ne doit pas prendre en compte les avantages résultant du décès pour les proches ; en d'autres termes, des pensions au titre du veuvage, des assurances décès ou l'ouverture d'une succession dotée d'un actif net positif ne doit pas influer l'évaluation des dommages-intérêts.

§ 2. LA MULTIPLICITÉ DE DÉFENDEURS

847 En présence d'une multiplicité de défendeurs, le droit anglais des *torts* anglais distingue d'une part les défendeurs selon leurs qualités (A) et, d'autre part, la responsabilité qui leur est appliquée (B).

A. LA VARIÉTÉ DES DÉFENDEURS

848 Les défendeurs se répartissent traditionnellement en trois catégories, les défendeurs indépendants, les défendeurs joints et les défendeurs concurrents et séparés.

849 **Les défendeurs indépendants.** S'agissant de la première catégorie, elle concerne les défendeurs dont les fautes ont provoqué des dommages clairement distincts ; par exemple, une victime est agressée successivement par deux individus, le premier causant un préjudice matériel, le second un préjudice corporel. Ce sont des fautifs indépendants (*independant tortfeasors*).

850 ***Joint tortfeasors.*** Le deuxième type de responsables concerne des personnes qui, cette fois-ci, ont agi dans le même but et ont causé le même dommage (*indivisible injury*) ; l'illustration classique de cette situation est la commune intention d'un

employeur aidé de son employé dans la réalisation d'un même dommage[13]. Pareillement, l'employé, seul fautif, et son employeur, responsable au titre de la responsabilité du fait d'autrui, sont également des *joint torteafors*[14]. De même en est-il d'une personne qui incite une autre à causer un dommage[15] ou l'y a aidé, ou plus généralement ceux qui ont agi dans un même but[16]. L'on peut aussi citer l'exemple d'un gérant de société qui, par sa faute, cause un dommage ; encore faut-il que le gérant ait agi en dehors des fonctions assignées[17]. De même en est-il d'une société, bénéficiaire d'une promesse de vente par laquelle elle doit rémunérer l'agent immobilier qui lui a trouvé une propriété à acheter et qui transfère la promesse à une autre société afin d'échapper au paiement des frais. L'agent immobilier assigne les deux sociétés comme *joint tortfeasors*.

L'exigence de vouloir agir dans le même but n'implique pas que le codéfendeur ait eu comme dessein commun de violer la loi ; en d'autres termes, si le premier codéfendeur entend violer la loi (par exemple, celle qui régit un brevet) et que le second lui procure les moyens de cette violation, ils sont tous deux *joint tortfeasors*, même si le second n'avait pas pour but la violation de la loi en tant que telle[18].

Organisation pour la préservation de la mer...

Plus récemment, une affaire a illustré le fait que la fédération nationale d'une association internationale pouvait être qualifiée de *joint tortfeasors* pour le dommage causé par l'association internationale. En l'espèce, une association internationale, basée aux États-Unis, a pour objet de protéger l'écosystème marin et, dans ce cadre, elle affrète un bateau en Méditerranée et attaque des pêcheurs de thon. Or, sa fédération anglaise avait collecté des fonds et participé au recrutement de deux volontaires ayant participé à l'abordage du bateau de pêche. Les pêcheurs avaient donc assigné l'association anglaise (pour des raisons de compétence juridictionnelle) en la qualifiant de *joint tortfeasor*. La Cour suprême rappelle que deux défendeurs peuvent être ainsi qualifiés si l'un encourage la commission d'un dommage par l'autre, notamment en en permettant la réalisation. Mais, en l'espèce, ces conditions n'étaient pas réunies, car l'association anglaise, certes, avait encouragé l'action de l'association américaine, mais elle avait joué un rôle minimal dans la réalisation du dommage, puisqu'elle n'avait essentiellement recueilli « que » 1 700 £ remises à l'association américaine ; son

13. Bungay v Saini (Rev 1) [2011] UKEAT : employeur et employé, reconnus coupables de discrimination envers un autre employé.

14. The Koursk [1924] CA P 140.

15. Phaestos Ltd v Ho [2012] EWHC 668 (TCC).

16. Brooke v Bool [1928] 2 KB 578 : une fuite de gaz apparaît dans un immeuble loué. La bailleresse, très âgée, se rend sur place et son locataire, désireux de l'aider à identifier le problème l'accompagne à la recherche de la fuite ; à la demande de la vieille dame, il craque une allumette et l'immeuble explose causant des dommages à un tiers. Bailleur et locataire ont été déclarés *Joint Torfeasors*.

17. Ultraframe (UK) Ltd v Fielding [2005] EWHC 1638 ; MCA Records Inc v Charly Records Ltd (nº 5) [2002] FSR 26 : dans ce cas, le directeur d'une société a eu l'intention de violer la législation relative au copyright, a poursuivi ce même but avec la société et l'a facilité.

18. Unilever plc V Gillette (UK) Ltd [1989] EWCA RPC 583 : à propos de la vente et l'importation de produits brevetés, la société-mère, américaine, et sa filiale, anglaise, sont des *Joint Tortfeasors* (effet sur la juridiction compétente).

rôle minimal excluait donc sa qualité de *joint tortfeasor* (*Sea Shepherd UK v Fish & Fish Limited [2015] UKSC 10*).

851 La victime peut assigner l'un d'eux ou les deux, et le poursuivi solvable assumera la charge entière de l'indemnisation. Puis, celui qui aura payé peut se retourner contre le coresponsable en contribution ; chacun assumera *in fine* la part déterminée proportionnellement au rôle de sa faute dans la responsabilité du dommage. C'est la responsabilité appelée *joint liability*.

852 ***Several concurrent tortfeasors.*** Lorsque plusieurs défendeurs ont commis des fautes indépendantes ayant contribué au même dommage, ils sont qualifiés de *concurrent tortfeasors*. Comme il n'y a pas d'action concertée entre eux, ils ne sont pas des *joint tortfeasors*. L'illustration classique de cette qualification est celle évoquée par l'affaire *Rahman*[19] : l'employé d'un fast-food est blessé par un client, puis, à l'hôpital où il a été emmené pour être soigné, il est victime d'une *negligence* médicale. Il en ressort aveugle et, face à tant d'épreuves, il présente vite des troubles psychologiques. L'employeur et l'hôpital sont déclarés *several concurrent tortfeasors* pour les troubles psychologiques.

B. LA VARIÉTÉ DES RESPONSABILITÉS

853 ***Independent liability.*** Lorsque plusieurs personnes, par des fautes distinctes, causent des préjudices eux-mêmes distincts (*divisible*), chacun engage sa responsabilité pour la seule part du dommage causé. Leur responsabilité est alors déterminée proportionnellement : chaque défendeur est tenu à l'égard de la victime en proportion de sa seule faute dans la réalisation du dommage et ne peut obtenir de contribution de la part des autres. La victime ne peut pas davantage réclamer à l'un des défendeurs l'entière indemnisation.

854 ***Joint liability. Several liability.*** S'il y a plusieurs fautifs, la victime peut assigner l'un d'eux qui peut alors faire intervenir le codéfendeur à l'instance ; chacun sera alors responsable proportionnellement à l'égard de la victime ; le défendeur assigné peut donc obtenir la répartition du poids de l'indemnisation directement dans la relation victime/défendeurs, en une seule fois ; il ne s'agit donc pas d'un mécanisme à double détente où il serait d'abord tenu de la totale indemnisation, puis chercherait le remboursement partiel par la contribution à la dette des codéfendeurs. C'est la *several liability*. En revanche, il y a *joint liability* si, en présence de multiples fautifs, la victime peut assigner l'un d'eux qui devra l'indemniser entièrement, sans qu'il puisse lui opposer la participation des autres. De même, elle peut tous les assigner, et seul (le plus solvable par exemple) devra l'indemniser pour le tout.

855 ***Joint and several.*** La responsabilité dite *joint and several* se rapproche de l'obligation *in solidum* connue du droit français. L'un des responsables est tenu

19. Rahman v Arearose Ltd [2001] QB 351 CA.

de l'indemnisation totale à l'égard de la victime mais peut ensuite se retourner contre les autres[20]. Ce type de responsabilité s'applique aux *joint tortfeasors* ou aux *several concurrent tortfeaseors*. Dans chacune de ces deux hypothèses, le défendeur assigné supporte, le cas échéant, le poids de l'insolvabilité de l'autre. La justification est donnée par Lord Hoffmann dans *Barker* ainsi « si vous causez un préjudice, il n'y a pas de raison pour laquelle votre responsabilité devrait être réduite parce que quelqu'un d'autre a aussi causé le même dommage »[21].

856 **L'exception de *Barker v. Corus*.** Mais il existe une exception importante, celle qui a été créée par l'affaire *Barker v. Corus (UK) Ltd*[22]. Si une personne est victime d'un dommage en raison de l'intervention de plusieurs défendeurs ayant tous contribué à l'aggraver (hypothèse *Fairchild*), la responsabilité de chacun est proportionnelle à l'aggravation du dommage et non *jointly* et *severally*.

Mais cette exception a été exclue par la section 3 du *Compensation Act 2006 :* si plusieurs employeurs ont exposé un salarié à l'amiante, ils sont tous *jointly and severally liable*. Mais cette exception est limitée à la seule amiante. Ainsi, dans une récente affaire de harcèlement, notamment sexuel, son employeur principal tentait d'échapper à l'indemnisation totale des troubles mentaux sévères qui s'en étaient suivis en demandant à ne supporter que sa part. Mais la *Court of Appeal* le déboute en observant que, certes, plusieurs employeurs étaient impliqués, mais il était impossible de considérer que certains troubles avaient été causés par l'un et le reste par l'autre[23].

Les quasi-contrats en droit anglais et dans les pays de *Common law*

Le droit anglais a abandonné la notion de quasi-contrats, du moins la notion telle qu'elle est connue dans les pays civilistes. En revanche, il recourt utilement au principe d'enrichissement injuste depuis les années quatre-vingt-dix, fondant ainsi le droit à restitution de l'appauvri-demandeur. L'enrichissement injuste embrasse largement, puisqu'il englobe le paiement indu et la gestion d'affaires, celle-ci demeurant toutefois très restreinte. L'enrichissement injuste constitue le fondement d'actions en restitutions, donc les objectifs, et partant, les modalités d'évaluation, sont variés : tantôt indemnisation d'un appauvrissement, tantôt quasi-rémunération d'un service (action *Quantum meruit, Negotiorum gestio*), confiscation/attribution d'un gain illicite, partage d'enrichissement créé. Tous ces objectifs répondent finalement à trois finalités : corriger une situation injustifiée ; attribuer à l'appauvri et à l'enrichi ce qui lui est dû ; et, surtout, consacrer une troisième catégorie de restitutions, distincte du contrat et de la responsabilité délictuelle, et répondant à des critères identifiés, afin d'éviter toute incertitude juridique, préoccupation essentielle du raisonnement de *Common law*. De nombreux pays de *Common law* adoptent une position similaire, en ce sens qu'ils se sont également départis de la conception civiliste des quasi-contrats et qu'ils ont

20. *Civil Liability (Contribution) Act* 1978.
21. Barker v Corus (UK) plc [2006] UKHL 2 AC 572.
22. Barker v Corus, précité.
23. BAE Systems (Operations) Limited v Konczak [2017] EWCA Civ 1188.

privilégié l'enrichissement injuste. Toutefois, l'on observe des différences s'agissant de la gestion d'affaires ou encore des critères de l'enrichissement injuste selon les pays de *Common law*, notamment les États-Unis (*Third Restatement on Restitutions and Unjust Enrichment 2011*), le Canada et l'Australie (C. Le Gallou, Les fonctions comparées des quasi-contrats – Approche de droit anglais et de droit chinois, in La notion légale de quasi-contrats, sous la dir. M. Mignot et L. Andreu, « Thèmes & commentaires », Dalloz, 2025, à paraître).

QUATRIÈME PARTIE

LES BIENS ET LES *TRUSTS*

857 **Présentation du droit des biens. Les biens, indispensables aux affaires. Biens, contrats et responsabilité. Droit romain et droit normand coutumier. Droit de propriété.** Il est inutile de rappeler combien le droit des biens, notamment le droit anglais des biens, est indispensable au monde des affaires. Qu'il s'agisse de ventes, de locations, de licences, de trusts ou encore de garanties de paiement, il est indispensable de déterminer ce qui peut faire l'objet de ces opérations, ce qui en est automatiquement inclus, ou encore comment les opérateurs économiques peuvent les voir évoluer, lorsqu'ils les utilisent pendant un certain temps en dehors de tout contrat, ou ne les utilisent plus, lorsqu'ils les perdent ou les trouvent, les conservent pour autrui, etc. Aussi indispensable soit-il, le droit anglais des biens est souvent complexe pour un juriste de *Civil law*, car il emprunte ses traits caractéristiques et ses règles de fonctionnement à la fois au droit romain et au droit normand coutumier (importées par Guillaume le Conquérant à la fin du XIe siècle et des pratiques du Moyen Âge entre vassaux et seigneurs), puis aux évolutions commandées par la *Common law* et l'*Equity* ; c'est ce qui explique, entre autres exemples, les spécificités du droit anglais à l'égard des immeubles notamment, particulièrement du sol, dont la véritable propriété n'appartient qu'à la Couronne. C'est alors la *Possession* qui se rapproche le plus du droit de propriété sur un immeuble connu des pays civilistes.

En outre, le droit des biens est loin d'être autonome par rapport à d'autres domaines du droit, car le droit des contrats spéciaux et le droit de la responsabilité interfèrent constamment ; par exemple, le transfert de propriété par une vente est régi tout autant par le droit des biens que le droit de la vente ; la protection du droit de propriété ou d'un droit réel (surtout sur un immeuble) et les éventuels conflits entre deux prétendants sont à la fois régis par le droit des biens et les *Torts*, tels que le *Trespass*[1].

858 **Sources du droit des biens. Lien avec les *Trusts*.** La distinction entre meubles et immeubles est classiquement observée en droit anglais, puisqu'il s'agit

1. V. *supra*, n° 737 et s., Trespass.

respectivement de *Real property* et de *Personal property*. Mais ce sont les sources qui les nourrissent qui sont originales : ainsi, ils sont régis par des lois (telles que le *Law of Property Act 1925* qui a réformé le droit immobilier[2]) ou par des règles de *Common law* ; à celles-ci s'ajoutent aussi des principes fondés sur l'*Equity*. C'est pourquoi le droit des biens regroupe un vaste ensemble de principes issus de ces trois sources ; corrélativement, il existe donc des droits sur une chose résultant de la *Common law* et des droits sur une chose résultant de l'*Equity* et qui peuvent venir en concurrence. Le *trust* est une illustration importante de l'influence de l'*Equity* sur la propriété, la gestion et la transmission de ces biens, de sorte qu'il est classique d'étudier les biens et les trusts dans une même perspective.

859 **Première approche du *trust* anglais.** Le *trust* est une autre notion qui peut déstabiliser le juriste français, et plus généralement de pays de tradition civiliste, en raison de la conception qui est faite du droit de propriété par la *Common law*. Le *trust* repose en effet sur une distinction du droit de propriété entre le *trustee*, qui se voit reconnaître le droit légal de propriété (*legal title*) et le bénéficiaire, qui jouit du droit de propriété en équité (*equitable title*). Certes, le droit français connaît les démembrements de propriété, répartis classiquement entre *usus*, *fructus* et *abusus ;* mais, dans le *trust*, le découpage ne se fait pas du tout dans le même sens : d'une répartition verticale pour les démembrements de propriété en droit français, il s'agit dans le *trust* d'une répartition horizontale, la propriété restant pleine et entière pour le *trustee* et le bénéficiaire[3]. À ce propos, il faut distinguer deux types de droits du bénéficiaire : les droits qu'il détient sur les biens contenus dans le *trust* sont des droits de nature réelle (le droit par exemple au versement d'une somme d'argent) auxquels s'ajoutent des droits de nature personnelle, notamment ses actions contre le *trustee* qui aurait commis des fautes. En outre, le *trust* ne relève pas que du droit des biens, mais aussi du droit des obligations : ainsi, lorsque le constituant entend créer un *trust* portant sur des biens et désignant le *trustee* et le bénéficiaire, il procède par une manifestation de volonté. Les effets du *trust* comptent des devoirs, notamment du *trustee* à l'égard du bénéficiaire qui sont traités non comme relevant du droit des biens, mais du droit personnel du second contre le premier ; cela vaut que le *trust* soit le fruit d'une volonté expresse ou qu'il soit imposé par les faits.

860 **Aperçu historique.** Le mécanisme du *trust* fut inventé sur le fondement de l'*Equity* au Moyen Âge, notamment pour gérer les contentieux patrimoniaux indirectement engendrés par les croisades ; en effet, les seigneurs qui partaient faire la guerre confiaient leurs biens à un proche, digne de confiance, afin de les gérer et de les protéger mais, parfois plusieurs années plus tard, de retour, l'ami gérant s'étant comporté comme un vrai propriétaire, refusait de restituer les biens. Face à des

2. Afin de lutter contre le blanchiment d'argent, le Gouvernement britannique a annoncé, en janvier 2018, le projet d'instaurer une obligation de transparence aux entreprises étrangères qui acquièrent des biens en Grande-Bretagne : elles devront indiquer quels sont les véritables propriétaires *in fine*, sous peine de ne plus pouvoir revendre le bien ni le mettre en location. Il ne s'agit pour l'instant que d'un projet qui sera complexe à mettre en œuvre, en raison, notamment, de la nécessaire implication de la *Companies' House* (*Economic Crime (Transparency and Enforcement) Act 2022* et *Companies Act 2006* modifié).

3. J.-E. Penner, *The Law of Trust*, Oxford, 2022, nº 2.59 ; P. Matthews, *From obligation to property, and back again, in Extending the Boundaries of Trusts and Similar Ring-Fenced Funds*, London Kluwer, 2002, P. 203.

situations ainsi injustes, la notion de *trust* fut créée et, précisément, la dissociation du droit de propriété entre le droit légal (du *trustee*) et le droit en équité (du bénéficiaire). Le *trust* s'inspirait de certaines règles grecques et latines, telles que la *fideicommissio*. Il fut principalement utilisé pour la gestion et la transmission du patrimoine familial. De nos jours, il sert également comme outil de gestion et de cession de droits sociaux, il permet de garantir assez efficacement le créancier contre l'insolvabilité du débiteur – du moins à certaines conditions – et il constitue aussi un instrument efficace d'investissement et de constitution de fonds de pension.

Ces *trusts* sont régis par la jurisprudence, sur le fondement de l'*Equity*, mais aussi par divers textes généraux (le *Trustee Act 1925* relatif à la désignation des *trustees* et les pouvoirs du juge ; et le *Trustee Act 2000* sur les pouvoirs et devoirs du *trustee*) et spéciaux (*Pension Schemes Act 2017*, *Recognition of Trusts Act 1987*, *Financial Services and Markets Act 2000*, *Charities Act 2011*, etc.).

861 ***Trusts* exprès. *Trusts* implicites.** Tandis que la volonté du constituant est au cœur de la création de *trust* exprès (chapitre 2), il est des situations, nombreuses et variées, dans lesquelles les juges exhument des faits la reconnaissance d'un *trust*. Les applications sont alors variées : donner effet juridique à une opération qui, pourtant, manquait de validité pour non-respect d'un formalisme, défaut d'une condition importante (tel que le prédécès de l'unique bénéficiaire), achat en commun d'un immeuble dont un seul des financeurs est l'acheteur officiel, partage entre joueurs de gains encaissés par un seul, confiscation des fruits d'une corruption, etc. Tous ces exemples sont autant d'exemples des *trusts* inventés par les juges au gré des situations (chapitre 3). Qu'ils soient exprès ou non, ils portent sur des biens qu'il importe d'évoquer préalablement (chapitre 1).

CHAPITRE 1
LES BIENS

862 **Meubles et immeubles. Première approche. Notion de *Property*.** Malgré les nombreuses évolutions du droit anglais des biens, la distinction romaine entre meubles et immeubles a été conservée pour des raisons historiques, pragmatiques et économiques, puisque les meubles, contrairement aux immeubles, pouvaient être déplacés et surtout, ils étaient destinés à être vendus ou échangés, contrairement aux immeubles qui, eux, n'étaient censés qu'être utilisés pour l'habitation ou les récoltes[1]. En outre, la propriété du sol ne pouvait pas appartenir à celui qui l'utilisait, puisqu'elle relevait de la Couronne (ce qui est encore le cas à l'heure actuelle[2]). D'ailleurs, la qualification de meuble, encore aujourd'hui, est davantage une qualification a contrario de la qualification d'immeuble, dans la mesure où un meuble est avant tout qualifié comme tel lorsqu'il ne s'agit pas d'un immeuble[3] ; il faut y voir une survivance des temps anciens où la richesse était essentiellement constituée d'immeubles et qu'il fallait donc les protéger. Par ailleurs, la notion de *Property* peut être source de confusion pour le juriste de *Civil law*, dans la mesure où l'on pourrait penser qu'elle est tantôt synonyme de droit de propriété, tantôt de bien, alors qu'il ne s'agit véritablement d'aucune de ces conceptions. En effet, tandis qu'elle ne peut pas être définie comme le bien sur lequel s'exerce des droits[4], elle ne se résume pas davantage au droit de propriété, mais correspond à une catégorie plus large de droits réels : en effet, la *Property* a été définie, notamment, dans le jugement porté par Lord Wilberforce, comme étant susceptible d'être définie, identifiée par les tiers et dotée d'un degré de permanence ou de stabilité[5]. La House of Lords, via Lady Hale, a rappelé que les caractéristiques essentielles de

1. R. Goode et E. McKendrick, *Goode on commercial law*, 2020, p. 28.

2. Rappelons que la propriété d'un immeuble est plus restreinte en droit anglais, il s'agit du terme *Tenure*.

3. M. Bridge, Personal Property Law, Clarendon Law Series, Oxford University Press, 2015, P. 10 ; R. J. Smith, Property law, Longman Law Series, Pearson, 2014, p. 8.

4. Voir, par exemple, pour une affirmation importante en droit australien, Yanner v Eaton [1999] HCA 53 ; 201 CLR 351.

5. National Westminster Bank v Ainsworth [1965] AC 1175.

tout bien pouvant faire l'objet de droits, sont l'existence indépendante d'une personne et le fait de pouvoir être vendu ou acheté, donné et reçu, légué et hérité, objet de sûreté ou saisi, etc.[6]. Cette notion a été mise en exergue plus récemment en matière de biens digitaux par le *Law Tech Delivery Panel* qui a mis en avant l'idée que « *stricto sensu la notion de* Property *décrit non pas le bien lui-même mais la relation juridique avec le bien, un pouvoir exercé sur le bien reconnu par le droit* »[7]. Les immeubles sont appelés des *Real properties* (section 1) tandis que les meubles sont appelés *Personal properties* (section 2).

SECTION 1 **LES *REAL PROPERTIES***

863 Les *Reals properties* correspondent à une notion riche, proche de celle d'immeuble dans les systèmes de *Civil law* (§ 1) et peuvent faire l'objet d'usucapion ou *Adverse possession* (§ 2).

§ 1. LA NOTION D'IMMEUBLE

864 **Notion de *Real property*. *Notion d'immeuble. Corporeal et incorporeal hereditament.*** Le *Peal property* est susceptible de deux sens. D'une part, il s'agit des choses corporelles immobilières ou attachées à l'immeuble, dénommées « land » par l'alinéa 205 (1)(ix) de *Law of Property Act* 1925 ; ainsi en est-il d'un terrain, d'un bâtiment et des arbres qui y sont plantés ou d'un équipement solidement ancré au sol[8]. Ces choses sont appelées *corporeal hereditament*. D'autre part, les *Real properties* peuvent également recouvrir tous les droits sur ces immeubles corporels. Il s'agit de *incorporeal hereditament* ou droits immobiliers incorporels, tels que les servitudes (*Easements*).

865 **Immeubles par destination. *Fixtures*.** Le droit anglais connaît la notion d'immeuble par destination dont la définition rappelle celle de l'article 524 du Code civil, dans la mesure où il s'agit de biens meubles qui sont fixés définitivement à un immeuble et/ou et qui relèvent de l'utilité de l'immeuble (*Degree and Object of annexation*)[9], devenant à leur tour des immeubles. Ils sont appelés *Fixtures* et doivent donc être clairement distingués des *Fittings* ou *Chattels* qui, eux, demeurent des meubles parce qu'ils peuvent être séparés facilement (*Physical attachment*). La classification bipartite fut critiquée, car elle ne traduisait pas la subtilité de certaines situations, c'est pourquoi une troisième catégorie a été introduite, celle de *Part and*

6. OBG Ltd v Allan [2007] UKHL 21.

7. *Law Tech delivery Panel Legal statement on cryptoassets and smart contracts (UK Jurisdiction Taskforce)*, nov. 2019.

8. Hulme v Bingham [1943] KB 152.

9. Chelsea Yacht and Boat Co Ltd v Pope [2001] 2 All ER 409 ; Tristmire Ltd v Mew [2011] EWCA Civ 912 : pour des péniches attachées à la rive avec des cordes qui peuvent être enlevées facilement.

Parcel of the Land (le meuble fait véritablement corps avec l'immeuble) qui constitue, aux côtés des *Fixtures*, des biens immobiliers[10]. La qualification d'immeuble par destination est importante, car les conséquences ne sont pas les mêmes selon qu'il s'agit de *Fixtures* et *Part and Parcel of the Land*, d'une part, ou de *Fittings*, d'autre part, puisque les premiers font définitivement corps avec l'immeuble et deviennent donc propriété automatique du propriétaire de l'immeuble, tandis que les seconds demeurent propriété du propriétaire initial de ces meubles. L'enjeu est particulièrement déterminant lorsque ces biens font l'objet d'une vente, d'un bail ou sont soumis au droit fiscal. Toutefois, il faut observer que les subtilités de qualification demeurent et, comme souvent, en *Common law*, les faits de l'espèce sont décisifs afin d'appliquer la bonne qualification[11]. En revanche, les fruits, tels que des céréales qui y poussent, en sont exclus, rappelant en cela la notion française de meubles par anticipation[12].

866 **Sources des droits immobiliers. *Common law*, lois, *Equity*.** Ces droits immobiliers sont répartis en deux catégories selon leurs sources, la *Common law* et les lois, d'une part, et l'*Equity*, d'autre part. Les droits sur des immeubles fondés sur la *Common law* ou les lois sont appelés les "*legal estate*" et "*legal interests*", tandis que ceux qui résultent de l'*Equity* sont naturellement appelés "*beneficial interests*" ou "*equitable interest*".

867 ***Legal estates* et *legal interests*. *Freehold*. *Leasehold*. *Mortgage*. *Easement*. *Profits à prendre*.** D'une part, u sein de cette première catégorie de droits immobiliers fondés sur la *Common law* ou les lois, le droit anglais distingue les *legal estates* des *legal interests*[13]. Les premiers (*legal estates*) regroupent les droits de contrôle et d'usage qu'une personne peut exercer sur une chose. Ils recouvrent essentiellement deux notions[14] : il s'agit tout d'abord de ce qui est appelé "*Fee simple absolute in possession*", souvent appelé *freehold* et qui constitue le droit pour une personne de détenir un immeuble de façon permanente, sans limite de temps ; c'est le droit qui se rapproche le plus du droit de propriété d'un immeuble. Ensuite, le *legal estate* peut aussi faire référence à ce qui est appelé "*Term of years absolute*", fréquemment appelé "*leasehold*", en vertu duquel une personne peut détenir un immeuble pour une durée déterminée et limitée. Ils doivent être passés par la formalité du *deed*, sauf s'il s'agit d'un bail de moins de trois ans. La seconde catégorie, dite des *legal interests*, regroupe des droits limitativement énumérés, qu'une personne détient sur l'immeuble d'un autre ; les principaux sont les sûretés réelles immobilières (*mortgage*) et les servitudes (*Easements*) ou encore les *Profits à prendre*[15] (par exemple, le droit de pénétrer sur la propriété d'autrui et le droit d'y cueillir des fruits ou d'y ramasser du bois).

10. Elitestone Ltd v Morris [1997] 2 All ER 513 HL ; A. WALDER, Halsbury's Laws of England, Landlord and Tenant, Volume 62 (2022), n° 184.

11. Voir par exemple, Climie v Wood [1869] LR 4 Exch 328 ; Marlborough Knightsbridge Management Ltd v Fivaz [2021] EWCA Civ 989.

12. Art. 520 C. civ.

13. Voir notamment section 1 *Law of Property Act* 1925.

14. Il faut y ajouter une troisième notion, devenue rare, les *Flying freeholds* (*Common law and Leasehold Reform Act* 2002).

15. Expression anglaise avec mots français.

868 **Enregistrement.** Un système d'enregistrement de titres a été instauré par le *Land Registration Act 1925* (remplacé depuis par le *Land Registration Act 2002* ou *LRA 2002*). Aujourd'hui, les titres et *legal interests* sont généralement notés sur un registre dédié afin de les rendre opposables aux tiers. Il est très important de noter que la *Law of Property Act 1925* prévoit expressément dans son alinéa 1 (3) que tout autre droit en relation avec un « land » prend effet en équité. L'objectif est de limiter les effets des droits créés en relation avec un bien immobilier, tels que dans un trust, et de les rendre inopposables aux tiers.

869 **Droits en équité. *Equitable* ou *beneficial interests in land. Trust. Estoppel. Restrictive Covenant.*** D'autre aprt, les juges anglais peuvent reconnaître d'autres droits immobiliers, distincts de ces droits légaux limitativement énumérés, mais ils sont alors fondés sur l'*Equity*. L'on peut citer, par exemple, les droits reconnus à un bénéficiaire en vertu d'un *trust*, ou fondés sur le mécanisme de l'estoppel, ou encore des actions permettant d'obtenir la rectification d'un écrit, une injonction de faire ou de ne pas faire, etc. Le *Restrictive Covenant* en est également un exemple et consiste pour le titulaire d'un droit immobilier d'accepter de faire ou de ne pas faire quelque chose (par exemple, ne pas construire un mur qui dépasserait une certaine hauteur). Ils sont appelés *equitable* (ou *beneficial*) *interests in land*.

870 ***Proprietary estoppel.*** Le *Proprietary estoppel* est, comme le *Promissory estoppel*[16], fondée sur l'Equity et a pour finalité d'éviter une situation injuste lorsqu'une promesse a été faite. Plus précisément, A fait une promesse à B qui y croit et avait des raisons d'y croire, et il a alors agi à son détriment. L'exemple fréquent est celui d'un agriculteur, propriétaire d'une exploitation agricole, qui promet à son fils, qui y travaille et s'y investit sans véritable contrepartie, que la ferme lui sera léguée à sa mort, ce qui semble logique à tout le monde ; d'ailleurs, sûr de devenir propriétaire de la ferme au décès de son père, le fils décline des propositions d'acheter une ferme ou de constituer des partenariats avec d'autres agriculteurs ; mais, il s'avère que le père rédigera finalement un testament au profit d'un voisin, dans lequel il lègue la ferme ; l'on comprend que le fils qui s'était investi corps et âme dans la ferme familiale se trouve dans une situation injuste face au légataire qui peut l'expulser. C'est dans ce contexte de promesse et d'injustice que l'estoppel joue un rôle décisif, précisément ici, le *Proprietary estoppel* ; cette technique consiste à conférer des droits réels, fondés sur l'*Equity*[17], malgré le droit de propriété du légataire ; le remède accordé au demandeur doit, autant que possible, correspondre à ce qui avait été promis et à ce qu'il réclame[18].

§ 2. L'USUCAPION OU *ADVERSE POSSESSION*

871 **Prescription acquisitive. *Adverse Possession*.** Le droit anglais des biens connaît le mécanisme de l'usucapion ou *adverse Possession*,

16. Sur la notion de *Promissory Estoppel*, v. *supra*, n° 404.
17. Gillet v Holt [2000] 2 all er 289.
18. Guest v Guest [2023] 1 All ER 695.

permettant au possesseur d'un immeuble d'en devenir propriétaire à l'issue de l'écoulement d'un certain temps et si sa possession revêt diverses conditions. Toutefois, à titre préliminaire, il faut d'ores et déjà comprendre que l'usucapion anglaise est davantage un outil permettant de trancher un conflit entre deux personnes prétendant avoir un droit de propriété sur un immeuble qu'un véritable mode d'acquisition de propriété[19]. Tout d'abord, il doit s'agir d'une possession de fait, un contrôle sur le bien (*factual possession*)[20] ; ensuite, le possesseur doit avoir l'intention de posséder (*animus possidendi*), peu importe qu'il sache ou non qui était le vrai propriétaire ; et encore faut-il que celui qui se prétend possesseur n'ait pas été autorisé par le véritable propriétaire à occuper le terrain[21]. Enfin, une certaine durée de *possession* est exigée. En l'occurrence, la durée est de 10 ans, depuis le *Land Registration Act 2002 (LRA 2002)*, pour un bien enregistré[22]. Outre la durée de la *possession*, il faut que l'*adverse Possessor* se fasse connaître auprès des autorités d'enregistrement, car l'usucapion anglaise suppose une *possession* enregistrée. En effet, à l'issue d'une *adverse possession* de 10 ans, le *adverse Possessor* fait enregistrer son droit, et cet enregistrement est une étape importante[23], car le LRA 2002 a pour objet de créer et d'accorder un titre grâce à l'enregistrement et non d'enregistrer un titre ; en effet, la *possession* n'est plus la base première du titre de propriété. À ce stade, les autorités peuvent immédiatement reconnaître l'*adverse Possessor* comme le propriétaire enregistré dans quelques hypothèses limitées (en raison de l'estoppel par exemple) ; à défaut d'être dans l'une de ces hypothèses, le registre informe le propriétaire initial (ou tout titulaire d'un droit réel supérieur) de l'existence d'une potentielle *adverse possession* et des moyens qu'il peut mettre en œuvre pour la faire échouer dans un délai de deux ans. À défaut, le possesseur devient le véritable propriétaire. Toutefois, si le propriétaire initial a réussi à empêcher l'usucapion, le possesseur n'est pas pour autant dépourvu de protection, puisqu'il peut se prévaloir, notamment, de l'estoppel contre le propriétaire.

Interests in land versus personal rights

Les *interests in land* (*legal* et *equitable*) sont des droits réels (*proprietary rights*) qu'une personne détient sur l'immeuble d'un autre, ce qui les distingue de droits personnels contre une personne possédant un immeuble, tels que les *licences*, permettant de l'occuper. En ce sens, cette distinction rappelle celle connue du droit français entre droit réel et droit personnel.

19. R. J. Smith, Property law, Pearson, p. 71.

20. Pye (J. A.) Oxford Ltd v Graham [2002] 3 All ER 865 HL ; Thorp v Frank [2019] : paver un terrain afin de permettre à des voitures de continuer à s'y garer.

21. Concrètement, le locataire, autorisé en vertu du contrat de location, à occuper d'un immeuble, ne peut pas se prévaloir de l'*Adverse Possession* (J. Duddington, Land law, Pearson, 2023, P. 207). Il faut rappeler que la situation des locataires est complexe, en droit anglais, car certains locataires peuvent être titulaires de droit réels et non de droits personnels, de sorte que l'usucapion peut profiter au possesseur du droit réel de location contre le locataire réel initial...

22. Avant le *Land Registration Act 2002*, la durée était de 12 ans.

23. J. Duddongton, *op. cit.*

SECTION 2 LES MEUBLES

872 Les meubles sont régis par des règles complexes et riches, lorsqu'il s'agit de les définir (§ 1), de connaître les droits réels dont ils peuvent être l'objet (§ 2) et des opérations qui les affectent (§ 3).

§ 1. LA NOTION DE MEUBLE

873 **Classification des droits mobiliers. *Choses in possession. Choses in action*.** Les meubles regroupent les meubles corporels (*choses in possession*) et les meubles incorporels (*choses in action*). Les *Choses in possession* correspondent à des biens corporels, susceptibles de possession et de transfert physique, telles qu'une voiture, les pièces de monnaie, les billets de banque, les marchandises, etc. C'est la possession de la chose qui, en règle générale, permet de faire valoir les droits sur l'objet en question ou d'organiser les opérations juridiques à son sujet : vente, remise pour dépôt, sûreté, etc.[24]. Les *Choses in action*, quant à elles, ne sont pas susceptibles de faire l'objet d'une appropriation physique, mais supposent au contraire l'exercice d'une action en justice, par celui qui prétend en être le titulaire. Cette appellation recouvre une large variété de droits : droits contractuels, effets de commerce[25], actions et parts de société, droits d'auteur[26] et autres droits de propriété intellectuelle ou industrielle, tels que les brevets ou marques déposés, les noms commerciaux (marques de commerce non déposées au registre des marques[27]), les dessins et modèles, les *Semi-conductor topography rights*.

Biens digitaux, crypto-biens, *Bitcoins*, NFTs : rencontre du 3e type ?

La question de savoir si les biens digitaux pouvaient constituer un bien incorporel a été le sujet de contentieux dans plusieurs pays de *Common law* depuis quelques années. Une série d'affaires récentes jugées sur la question de savoir si les cryptomonnaies pouvaient constituer des biens incorporels a donné lieu à un

24. Rappr. art. 2276 C. civ. et « en fait de meuble, la possession vaut titre ».

25. La notion des effets de commerce (*Negotiable instruments*) concerne les documents écrits comportant promesse de payer une somme d'argent. Elle recouvre différents instruments tels les lettres de change (*Bills of exchange*) réglementées par les *Bills of Exchange Act 1882*, les chèques, les billets à ordre (*Promissory notes*), les lettres de crédit (*Letters of credit*), les connaissements (*Bill of lading*).

26. Les droits de propriété intellectuelle tels le droit d'auteur, dessins et modèles et brevets sont protégés par le *Copyright Designs and Patents Act 1988*, et les marques par le *Trade Marks Act 1994* (modifiée en 2018 pour tenir compte de la directive UE de 2015).

27. Les marques commerciales non déposées (*Common law trade marks*) peuvent être protégées par une action en justice spécifique, le *Passing off* si l'entreprise peut établir l'existence d'un *Goodwill* rattaché aux biens ou services et la manière dont ils sont présentés au public (*Get up*), et reconnus comme étant distinctive. Une des affaires célèbres dans ce domaine concerne le citron en plastique contenant le jus de citron élaboré par la société Rechitt & Colman. Borden Inc. (Jif Lemon). Un concurrent l'avait copié et vendu en son nom et il a été jugé comme enfreignant les droits de Reckitt & Colman ; adde, supra, n° 824 et s.

débat de fond au sujet de la possibilité de classer les biens digitaux dans la catégorie de *Choses in action* et si cette classification des biens était susceptible d'extension. Les tribunaux ont répondu qu'il était possible de les considérer comme tels, ce qui a permis la saisie de cryptomonnaies présentes sur un *Blockchain exchange* (*AA v Persons Unknown [2020] 4 WLR 35 (HC)*; pour un exemple néo-zélandais, *Ruscoe v Cryptopia Ltd (in liquidation) [2020] NZHC 728*; pour un exemple de Singapour, concernant des NFTs, *Janesh s/o Rajkumar [2022] SGHC 264*). Puis, la question a été posée de savoir si des cryptomonnaies pouvaient faire l'objet d'un trust. Le juge a décidé, cette fois-ci, et de manière révolutionnaire rompant avec la traditionnelle classification bipartite (*Lord Wilberforce in National Provincial Bank v. Ainsworth [1965] 2 All E.R. 472 ; Colonial Bank v Whinney (1885) 30 Ch D 261 (CA)*) qu'elles ne constituaient ni une *Chose in action* ni une *Chose in possession*, mais un bien d'un troisième type qui pouvait néanmoins faire l'objet d'un trust et d'une saisie après dépossession par un trustee (*Fabrizio D'Aloia v Persons Unknown and ors [2024] EWHC (Ch) 2342* ; *adde*, R. Beheshti, S. Saintier et S. Thomas, *Bradgate's Commercial law*, Oxford, 2024, n° 24.2). Ces décisions sont confortées par un rapport de la *Law Commission* (*Digital Assets : Final Report*, juin 2023; R. Goode, *What is property ?* [2023] 139 LQR 1, 4 ; comp., R. Steven, *Crypto is not property*, [2023] 139 LQR 615) et les dispositions du projet de loi en cours d'examen par le Parlement britannique depuis l'automne 2024 et qui prévoit la consécration légale de biens digitaux et électroniques. Le projet de loi laisse, pour l'instant, aux tribunaux l'opportunité de juger, au cas par cas, quels biens peuvent être reconnus comme satisfaisant la définition légale. Enfin, et dans la même logique, le *UK Jurisdiction Taskforce* (UKJT) a publié un rapport portant sur les biens digitaux, notamment les crypto-biens, et leur sort dans le cas d'entreprises en difficulté (*Legal Statement on Digital Assets and English insolvency law*), en avril 2024 : ce document, bien que ne revêtant aucune valeur juridique officielle, représente d'ores et déjà ce que pourrait être le droit sous peu : en résumé, ces crypto-biens doivent être considérés comme n'importe quel bien dans le cadre d'une procédure d'insolvabilité, mais, pour l'heure, ils ne doivent pas être assimilés à de l'argent, ce point étant vraisemblablement amené à évoluer (voir Cliffordchance.com). Enfin, et sur ce dernier point de l'argent, la qualification de meuble ou non concernant les crypto-biens n'est pas la seule question qui tracasse les juristes : les crypto-devises constituent-ils véritablement une monnaie ou une devise (R. Beheshti, S. Saintier et S. Thomas, *op. cit.*) ? La qualification est cruciale, notamment pour l'application ou non du droit de la vente lorsque la « monnaie » de paiement est une crypto-devise, car pour certains auteurs, il faudrait admettre que ce sont des ventes à part entière (M. Bridge, Benjamin's Sale of Goods, Sweet&Maxwell, 2024, n° 9-027), tandis que d'autres prônent la requalification en échange (*Barter* ; voir R. Goode and E. McKendrick, *op. cit.*).

§ 2. LES DROITS RÉELS SUR LES MEUBLES

874 **Droits réels sur les meubles.** Il existe essentiellement trois types de droits réels sur un meuble (*real rights*[28] ou *rights in rem*) : la propriété (*ownership*), la possession et le gage en équité. Ces droits présentent deux avantages : ils sont opposables *erga omnes* (sauf à l'égard des tiers qui disposent d'un titre qui prime) et ils survivent malgré la procédure d'insolvabilité de celui qui le détient sans droit ; ainsi, si le bien est détenu sans titre, son propriétaire peut le revendiquer malgré l'ouverture d'une procédure d'insolvabilité auprès du liquidateur. De même, le créancier gagiste peut faire vendre le bien gagé en dépit de l'ouverture d'une procédure d'insolvabilité et être payé en priorité sur les autres créanciers[29].

875 **La propriété mobilière. Droit légal et droit en équité.** Les meubles peuvent faire l'objet d'un véritable droit de propriété (*ownership*) ; ce droit est défini *a contrario* comme l'ensemble des droits légaux (et non en équité) sur un meuble qui demeure au profit d'une personne une fois que des droits spécifiques ont été accordés à des tiers, tel qu'un gage. Le propriétaire ainsi défini jouit donc d'un droit absolu (*absolute interest*). En ce sens, le droit d'*ownership* se rapproche du droit de propriété français. Le droit anglais opère une distinction entre deux termes, l'*interest* et le *title :* le premier traduit le nombre de droits dont le propriétaire dispose, tandis que le second renvoie à la force juridique de ces droits au regard des droits des tiers. En outre, le droit anglais accorde une prépondérance à la possession, de sorte que le possesseur qui a l'intention de se comporter comme un véritable propriétaire est considéré comme un propriétaire. Dans ce cadre, la jurisprudence admet que l'acheteur d'un bien volé puisse invoquer son droit de propriété pour en obtenir la restitution hors des mains d'un non-propriétaire : par exemple, une voiture volée a été vendue mais la police, lors de son enquête, la saisit ; l'acquéreur peut faire valoir son titre de propriété, peu importe qu'il fût ou non de bonne foi[30]. Même le voleur lui-même a le droit de la réclamer[31] !

La propriété sur les meubles peut se scinder en deux droits de propriété, le droit de propriété légal et le droit de propriété en équité, se rapprochant ainsi des droits réels pouvant s'exercer sur des immeubles[32]. Cette dissociation peut résulter essentiellement d'un accord entre les parties, par la création d'un *trust*, ou lorsqu'un acte translatif de propriété est imparfait par non-respect du formalisme, ou encore par cession par son titulaire du droit seulement équitable dont il jouit.

Droits contre une chose ou droits personnels contre son détenteur ?

Ces droits réels s'opposent aux droits contre la chose (*rights ad rem*) : il s'agit de droits personnels s'exerçant à l'encontre d'une personne détenant une chose ; ainsi, l'acheteur jouit tout d'abord d'un droit personnel contre le vendeur pour obtenir la livraison du bien commandé ; une fois que la propriété ou la

28. À ne pas confondre avec *Real property*.
29. R. Goode et E. McKendrick, *Goode on commercial law*, Penguin ed., 2020, n° 2.06.
30. Costello v Chief Constable of Derbyshire Constabulary [2001] EWCA civ 381.
31. Webb v Chief Constable of Merseyside Police [2000] QB 27 ; v. *infra*, n° 852.
32. V. *supra*, n° 867 et 869.

possession lui a été transférée, il a un droit sur la chose (E. McKendrick, *op. cit.*). Les juges anglais sont très attachés au respect de cette distinction lors de contentieux relatifs à la livraison de marchandises.

876 **La *possession*. *Bailment*. *Attornment*. *Quasi-attornment*.** La *possession* est un droit réel sur un meuble. Les auteurs admettent qu'il est difficile d'en donner une définition précise et qu'il n'est pas rare que les juges étendent ses contours au gré des problématiques soulevées : par exemple, lorsqu'il s'agit de reconnaître la possession parune personne d'un bien détenu par une seconde qui fait l'objet d'une procédure collective, la conception en sera plus large[33]. La définition communément admise est la suivante : il s'agit du contrôle[34] exercé sur une chose ou ce qui la contient, directement ou non, avec l'intention d'affirmer ce contrôle sur cette chose à l'attention des tiers, temporairement ou définitivement[35] ; en ce sens, la malhonnêteté n'est pas forcément incompatible avec la *Possession* de droit anglais, de sorte qu'un voleur peut être *Possessor*. La *Possession* est, en principe, indivisible ; toutefois, il est possible de rencontrer une sorte de division de la *Possession* qui n'est qu'un abus de langage : ainsi en est-il lorsqu'une personne exerce la possession pour une autre (c'est le mécanisme du *bailment*[36]), la *Possession* semblant alors divisée entre le *Possessor* en droit (*constructive Possession*) et celui qui détient physiquement la chose (*actual* ou *physical Possession*), mais il faut analyser cette situation comme une « co-possession », donc indivisible[37]. Il est fréquent, lors de ventes de marchandises, que celles-ci soient détenues par une tierce personne, propriétaire du hangar où elles sont stockées par exemple. Le vendeur demande à ce tiers de réserver une certaine quantité des marchandises à l'acquéreur ; celui-ci ne jouit de droits réels sur les biens que s'ils ont été clairement individualisés et affectés pour lui, c'est l'*attornment* ; à défaut, il ne dispose que d'un droit personnel contre le détenteur, car il s'agit alors d'un *quasi-attornment*.

§ 3. LES OPÉRATIONS SUR LES MEUBLES

877 Les meubles peuvent faire l'objet de diverses opérations, puisqu'ils peuvent être vendus, donnés, échangés, réparés, loués, prêtés, placés dans un trust, etc., toutes ces situations étant régies par des dispositions spécifiques. En revanche, il existe d'autres opérations qui peuvent s'exercer sur ces meubles et qui engendrent des conflits entre titulaires de droits réels et qui sont tranchés spécifiquement par le droit des biens. Il s'agit de la découverte d'une chose perdue (A), de l'accession (B) et de la possession acquisitive (C).

33. E. McKendrick, *op. cit.*, n° 2.40 ; voir par exemple, *Re Atlantic Computer Systems plc [1992] Ch 190*.

34. Tubatia 1924.

35. E. McKendrick, *op. cit.*, n° 2.40.

36. C. Le Gallou, Le *Bailment* ou l'originalité de la *Common law* au service des contrats spéciaux, in Mélanges en l'honneur du professeur Tomasin, 2022, Dalloz, P. 539.

37. E. McKendrick, *op. cit.*, n° 2.42.

A. LA DÉCOUVERTE DE LA CHOSE PERDUE

878 **Meuble égaré, meuble trouvé. Conflit entre l'inventeur et le propriétaire de la chose trouvée. *Finders keepers*.** Une question fréquemment tranchée par le droit des biens consiste à déterminer qui est le propriétaire d'un meuble perdu : le propriétaire initial (*True Owner*), celui qui l'a trouvé (*Finder*), voire le propriétaire du sol[38] (*Land owner*) ? En premier lieu, il convient d'examiner le conflit entre l'inventeur et le propriétaire de l'objet. Le droit anglais distingue deux situations : si le bien a été abandonné, l'inventeur en devient classiquement propriétaire ; en revanche, s'il a seulement été égaré, une maxime (« *Finders keepers, losers weepers* ! »[39]) résume la solution, du moins en partie : l'inventeur en trouvant la chose en devient possesseur (et non propriétaire), de sorte qu'il est titulaire d'un droit réel (la *Possession*), du moins le temps que le véritable propriétaire soit identifié. Corrélativement, il doit conserver le bien comme un *Bailee*[40] et il peut engager sa responsabilité sur le fondement du *Trespass* s'il l'abime[41]. Il est également tenu de prendre des mesures raisonnables afin de retrouver le véritable propriétaire ; à défaut, il est susceptible d'être considéré comme un voleur selon le *Theft Act 1968*. S'il retrouve le véritable propriétaire, c'est celui-ci qui prime[42]. Mais si, en dépit de ses recherches raisonnables, il ne retrouve pas le véritable propriétaire, il devient le nouveau propriétaire. Il faut observer que le simple fait d'avoir trouvé un objet ne constitue pas un *Tort* de *Conversion*, car l'inventeur ne prétend pas en être le propriétaire, mais il commet une telle faute dès lors qu'il l'utilise, le vend, ou refuse de le restituer au véritable propriétaire. Enfin, il faut observer qu'il existe une seule hypothèse qui échappe à tout conflit entre l'inventeur et le véritable propriétaire : si le bien trouvé est le fruit d'un crime (par exemple, l'attaque d'une banque), personne ne peut en devenir propriétaire, l'inventeur ayant l'obligation d'informer la police de sa découverte.

879 **Conflit entre l'inventeur et le propriétaire du terrain.** En deuxième lieu, comment se règle le conflit entre l'inventeur et le propriétaire de l'endroit où l'objet se trouvait ? Cette question doit être résolue conformément à tout conflit entre possesseurs, puisque l'inventeur est le possesseur de la chose trouvée et le propriétaire de la cachette et, quant à lui, potentiellement possesseur de la chose trouvée. Ainsi, la réponse est simple : celui qui prime est celui qui jouit de la possession la plus ancienne. Le débat se décale ainsi à la preuve de la date de la possession... Afin de prouver l'antériorité de sa possession, le propriétaire du sol (*Land owner*) doit classiquement établir qu'il exerce le contrôle physique de la chose trouvée et qu'il se comporte comme un possesseur de (*animus possidendi*). L'antériorité de la

38. Autant que l'on puisse être propriétaire d'un sol en droit anglais, v. *supra*, n° 863.
39. En substance, celui qui a trouvé garde, celui qui a égaré pleure.
40. Pour le *Bailment*, v. *supra*, n° 876.
41. Newman v Bourne [1915] 31 TLR 209 ; Hannah v Peel [1945] 1 KB 509 : une personne occupait une maison qui fut achetée ; l'occupant, qui habitait toujours la maison malgré la vente, trouva une broche dans l'encadrement d'une fenêtre, mais le nouveau propriétaire de la maison prit l'objet le vendit. L'occupant réclama le produit de cette vente, demande à laquelle le juge fit droit au motif que, en tant qu'inventeur, il avait un meilleur titre que le propriétaire de la maison.
42. Moffatt v Kazana [1969] 2 QB 152.

possession est présumée dans deux hypothèses : soit la chose trouvée était enterrée ou enchâssée dans le terrain (*affixed*)[43], ce qui s'explique par la règle classique selon laquelle la propriété du terrain s'étend à la propriété du dessous ; soit la chose découverte se trouvait sur le terrain (et non enfouie dans le terrain, comme dans la situation précédente) et alors le Land Owner doit prouver qu'il entendait exercer un contrôle sur elle. Cette exigence de contrôle sur la chose ultérieurement trouvée s'explique par l'idée d'exclusivité ou de volonté d'exclure les autres ; c'est une question de faits ; par exemple, le contrôle sera d'autant plus évident que le lieu n'était pas ouvert au public[44], que, dans un magasin, elle trouvait sur ou derrière le comptoir, facile d'accès pour les clients, ou qu'il y avait des barrières ou un service d'objets trouvés[45], etc. Enfin, il est certain que si le *Finder* a trouvé la chose à la suite d'un *Trespass* to Land ou d'un vol (*Dishonest intention*), le *land owner* prime l'inventeur sans avoir à apporter d'autres preuves[46]. En somme, si la possession du Land Owner est antérieure à celle de l'inventeur, il l'emporte sur lui. Inversement, si sa possession est postérieure, c'est l'inventeur qui prime sauf si c'est un *Trespasser*. Lorsque l'inventeur est un salarié qui a trouvé la chose dans le cadre de son travail (par exemple, le salarié d'une entreprise d'électricité creusant des tranchées pour y faire passer des fils électriques trouve une montre), il est censé posséder pour l'employeur, il n'est donc pas l'inventeur, étant entendu que l'employeur peut aussi posséder pour le Land owner ou tout autre occupant[47]. Mais, lorsqu'une chose a été trouvée, le conflit peut aussi opposer l'actuel propriétaire du terrain et l'ancien propriétaire du terrain ? Là encore, la réponse dépend de la date des possessions. Avec pragmatisme, date des possessions peut être établie selon l'ancienneté de la chose, de sorte que si le bien est très récent et que le transfert de propriété du terrain est ancien, le conflit est facilement tranché en faveur du récent propriétaire du sol, l'ancien propriétaire du terrain n'ayant pas vraisemblablement pas possédé l'objet[48]. En revanche, si le bien est ancien, la solution exige de déterminer s'il a été transmis avec le sol : s'il était enterré dans le sol, il sera sûrement qualifié de « affixed », et donc sera considéré comme ayant été transmis avec le sol ; s'il n'est pas « affixed », le transfert de la chose n'aura pas eu lieu, et c'est donc vraisemblablement l'ancien propriétaire qui pourra le réclamer[49].

880 **Conflit entre l'inventeur et le propriétaire du meuble qui le contenait.** Comment se règle le conflit lorsque l'inventeur a trouvé une chose dans un meuble qui appartient à autrui ? Par exemple, que se passe-t-il si une commode est confiée à un restaurateur d'art qui, en la nettoyant et la réparant, découvre un diamant ? L'inventeur n'a ici aucun droit et il doit restituer et le diamant et la commode[50]. Que se passe-t-il si la même commode a été vendue par son propriétaire et que

43. Elwes v. Brigg Gas Co., 33 Ch. D. 562 (1886) : bateau très ancien enfoui dans le sol.
44. Bridges v Hawkesworth [1851] 21 L.J.Q.B. 75.
45. Parker v British Airways Board [1982] Q.B. 1004.
46. Hibbert v McKiernan [1948] 2 KB 142.
47. City of London v Appleyard [1963] 2 All ER 834.
48. Par exemple, un smart phone a été trouvé dans le sol d'une propriété privée, qui avait été achetée en 1965. Il y a fort à parier que l'acheteur est le possesseur.
49. Elwes v Brigg Gas, précité.
50. Cartwright v Green [1803].

l'acquéreur découvre le diamant ? La situation devient complexe, car deux principes se contredisent : d'une part, la vente d'un meuble n'entraîne pas la vente de son contenu ; mais, d'autre part, la possession d'un meuble entraîne la possession de son contenu ; ces règles confuses amènent souvent les juges à appliquer le droit de la vente et la volonté des parties[51].

881 **Trésor archéologique.** Des règles spéciales s'appliquent lorsque la chose trouvée est un véritable trésor (*Treasure Act 1996*) : il doit s'agir soit d'un bien datant d'au moins 300 ans et contenant plus de 10 % d'or ou d'argent ; soit d'un bien datant d'au moins 200 ans et présentant un important intérêt. Dans l'un ou l'autre cas, l'inventeur ne peut pas en devenir propriétaire, ni le propriétaire du terrain, mais ils pourront percevoir une indemnisation ; précisément, si l'inventeur a trouvé le trésor par hasard, ils se partageront l'indemnisation ; si l'inventeur a été autorisé à fouiller le terrain, seulement lui percevra la compensation ; s'il n'était pas autorisé, il sera qualifié de Trespasser et ne pourra pas obtenir d'indemnisation qui ira au seul propriétaire du terrain.

B. L'ACCESSION MOBILIÈRE

882 **Accession de deux meubles**. Deux meubles, appartenant à deux propriétaires différents, sont assemblés par l'un d'eux et ne peuvent plus être détachés l'un de l'autre, l'ensemble ainsi constitué devient propriété du propriétaire du meuble principal. A contrario, s'ils peuvent être séparés sans dommage, alors il n'y a pas lieu d'application de la théorie de l'accession ; ainsi, concrètement, lorsqu'un créancier est le bénéficiaire d'une clause de réserve de propriété sur l'un des meubles, il peut le revendiquer, à condition que le détachement puisse s'opérer sans dommage. Inversement, si la réserve de propriété porte sur le bien accessoire et que l'accession est irréversible, la revendication ne peut pas s'opérer[52]. Enfin, si le propriétaire du meuble principal fait un usage illégal du bien de l'autre, alors il engage sa responsabilité sur le fondement du *Tort* de *Conversion*.

883 ***Specificatio.*** Par ailleurs, un meuble peut faire l'objet d'une *Specificatio* : l'opération consiste pour une personne A à transformer un meuble ou des matériaux appartenant à B[53]. Si A était autorisé par B à travailler le meuble, alors la propriété sur le meuble disparaît (B perd son droit de propriété) et c'est A qui devient le propriétaire du nouvel ensemble dès lors que le travail est le plus important[54], sauf convention contraire. En revanche si le travail de transformation a été illégalement fait, les solutions sont floues, mais la *Conversion* de la part de A est vraisemblable. La question s'est posée de savoir si le propriétaire des matériaux pouvait réclamer la propriété de l'ensemble comme sanction. Il n'apparaît que si les

51. Merry v Green [1843] : achat d'un bureau aux enchères ; l'acheteur est censé avoir acheté le bureau et ce que contenaient les tiroirs.
52. Comp. C. civ. art. 565 et s.
53. Comp. C. civ. art. 570 et s.
54. Borden (UK) Ltd v Scottish Timber Products Ltd [1981] Ch 25.

matériaux sont principaux, il devient propriétaire[55]. Il est également possible d'envisager un partage d'intérêts en qualité de *Tenants in common*, qu'il soit possible de distinguer les matériaux.

884 ***Commingling. Confusio* et *Commixtio*.** Dans cette hypothèse, deux matières se mélangent. Si aucune faute n'a été commise, l'on procède à un partage proportionnel du produit final entre chaque propriétaire ; a contrario, si l'un des propriétaires a commis une faute, l'autre devient propriétaire de l'ensemble, sauf trois hypothèses : le résultat est injuste[56], ou si on peut calculer la quantité apportée par chacun, alors le fautif récupère sa quantité, mais engage sa responsabilité, soit il est procédé au calcul de la valeur de la quantité et de qualité initiales, puis elles sont reportées sur la qualité et la quantité finales[57].

C. LA POSSESSION ACQUISITIVE

885 **Durée.** La durée de possession mobilière permettant d'obtenir le *Absolute title* est de six ans, puisque le véritable propriétaire ne peut plus agir après cette durée, de sorte que son droit sur la chose s'éteint. Le point de départ de ces six ans est fixé au jour du premier acte de *Conversion* (par exemple, le jour de la vente du meuble par le *Possessor*) ou à compter de la revendication du véritable propriétaire à l'acheteur ; s'il y a une chaîne d'actes, la durée court à compter du premier acte (acte initial) de *Conversion* ; ainsi, le point de départ ne part pas de zéro à chaque revente. Enfin, si le bien a été volé et revendu, le point de départ est fixé à la date d'achat par le premier acheteur de bonne foi (et donc contre lui) et non à compter du vol.

55. Jones v De Marchant (1916) 28 DLR 561 : à propos de peaux de castor et d'un manteau.
56. Indian Oil Corp v Greenstone Shipping Co SA [1988] QB 345.
57. Glencore International AG v Metro Trading International Inc & Ors [2001] EWHC.

CHAPITRE 2
LES *TRUSTS* EXPRÈS

886 **Nature juridique du *trust* exprès. Acte juridique unilatéral ou contrat ?** Comme il vient d'être dit, le *trust*, notamment le *trust* exprès, expression de l'*Equity* par excellence[1], relève tant du droit des biens que du droit des obligations, mais sa nature juridique précise soulève des questions plus théoriques que pratiques ; à ce titre, la création d'un *trust* ne constitue pas un contrat, car il ne résulte pas de l'échange des consentements entre deux personnes : en termes de temporalité, la création du trust peut précéder la désignation du *trustee* qui peut refuser sa mission ; d'ailleurs, les juges peuvent être saisis afin de désigner un *trustee* si celui qui a été désigné refuse sa mission. Néanmoins, une fois que le *trustee* a consenti, il est tenu par divers devoirs. Mais, une fois encore, il y a une particularité du *trust* qui est une opération en faveur du seul bénéficiaire désigné, tiers à l'acte. Seul ce dernier peut réclamer le respect des dispositions du *trust*. ; ainsi, le constituant n'a aucun droit si le trust n'est pas respecté, il n'y a donc pas de contrat entre le Trustee et le constituant. En outre, le contrat crée des obligations, alors que le trust est créateur de droits personnels et de droits réels au profit du bénéficiaire[2]. Par ailleurs, le trust est une opération triangulaire qui est mouvante et peut amalgamer diverses personnes ou, au contraire, se résumer à deux personnes : si le *trust* implique trois acteurs (le constituant, le *trustee* et le bénéficiaire), diverses combinaisons sont possibles : le constituant peut se déclarer *trustee* au bénéfice de ses enfants ; il peut aussi souhaiter être le bénéficiaire de la gestion assurée par le *trustee* ; en revanche, il ne peut pas être *trustee* unique tout en étant bénéficiaire unique, car il y aurait alors une division du droit de propriété que rien ne justifierait. Il convient d'envisager la constitution (section 1) et le fonctionnement (section 2) des *trusts* exprès, ainsi que leurs variations possibles (section 3). Enfin, afin d'illustrer ce mécanisme, plusieurs utilisations peuvent être évoquées (section 4).

1. J. E. Penner, *The law of Trust*, Oxford, 2012, p. 5.

2. G. Virgo, *The principles of Equity and Trusts*, Oxford, 2018, n° 3.7.1 ; J. Garton, R. Probert et G. Bean, *Moffat's Trusts law*, Cambridge, 2020, n° 7.

SECTION 1 LA CONSTITUTION

887 **Annonce.** La création d'un *trust* suppose que plusieurs règles soient articulées : il faut respecter la règle des trois certitudes (§ 1), effectuer les modalités du transfert des biens en *trust* (§ 2) et, le cas échéant, respecter le formalisme (§ 3).

§ 1. LES TROIS CERTITUDES

888 **Présentation.** La constitution d'un *trust* est soumise au respect de la règle des trois certitudes[3] (*Three certainties*) : la certitude de créer un véritable *trust* (A), la certitude quant aux biens concernés (B), et celle portant sur l'identité des bénéficiaires (C).

A. LA CERTITUDE DU *TRUST*

889 **Pas de doute.** La personne qui transfère ses biens à une autre personne afin que celle-ci les détienne à titre de *trust* doit exprimer son intention clairement, sans ambiguïté ni imprécision. La jurisprudence se montre très stricte à ce sujet en déniant la qualification de *trust* à un transfert de propriété dont le but n'est pas indiqué avec précision. Par exemple, l'acte stipulant que l'*accipiens* recevra une certaine somme d'argent et devra prendre soin des enfants du *solvens* ou encore que le *solvens* a toute confiance en ce que l'*accipiens* fera ce qui est bien pour ses enfants[4] ne peut pas être interprété comme valant un *trust*. Mais le terme *trust* n'est pas pour autant exigé dans l'acte, bien qu'il soit éclairant lorsqu'il y est présent[5] ; ainsi, le testateur stipulant, dans son testament, que « son épouse devra, à sa mort à lui, répartir ses biens à ses nièces, comme elle l'estimera adapté », a bien l'intention de créer un *trust*[6]. Le fait que la stipulation imposait à la veuve le devoir de répartir les biens (il n'y avait donc aucune ambiguïté que la veuve ne les garderait pour elle) est un indice solide de l'intention de créer un *trust*. Inversement, toute marge de manœuvre reconnue à l'accipiens de garder les biens pour son seul[7] avantage exclura la qualification de *trust;* il faut ainsi bannir les expressions conditionnelles[8] telles que « M. X souhaiterait » ou « désirerait que ».

3. Knight v Knight [1840].
4. Re Adams and Kensington Vestry [1884] 27 Ch D 394 (CA).
5. Re Harding [2007] EWHC 3 (Ch).
6. Comiskey v Bowring-Hanbury [1905] AC 84 (HL).
7. *Day v Harris [2013] EWCA Civ 191 :* l'*accipiens* pouvait « partager et garder ou vendre les biens s'il le veut », de sorte que la qualification de *trust* fut rejetée.
8. En revanche, si le conditionnel n'est qu'une formule de politesse imposant à l'*accipiens* un devoir ("*should*"), l'interprétation se fait en faveur de la qualification de *trust*, voir *Walbank and Walbank v Price [2008] All ER (D) 265, CA.*

B. LA CERTITUDE DES BIENS

890 **L'identification des biens.** La certitude du *trust* doit également s'étendre aux biens transférés ; s'il y a un doute sur les biens qui feront l'objet du *trust*, il ne peut logiquement pas y avoir *trust*. Une fois encore, les juges anglais se montrent exigeants ; par exemple, la qualification de *trust* a été refusée pour un acte contenant une stipulation trop large, bien que claire : en l'espèce, le testateur avait écrit que les exécuteurs testamentaires devraient laisser à sa veuve « la part minimale de ses biens à laquelle elle avait droit pour ses besoins et entretien »[9]. Dans le même sens, l'expression « l'essentiel de mes biens » fut jugée logiquement trop vague[10]. Une autre affaire a, de manière surprenante, illustré la subtilité de l'appréciation de ce qui est incertain ; dans l'espèce *Re Golay*, le testateur stipulait que les exécuteurs testamentaires devraient « transmettre au bénéficiaire la jouissance de l'un de ses appartements et un revenu raisonnable issu de ses autres biens » ; l'expression « revenu raisonnable » pouvait sembler imprécise, et pourtant, les juges ont estimé qu'il s'agissait de se référer au précédent niveau de vie du bénéficiaire pour lui donner du sens[11]. Une autre célèbre décision, prononcée au début du XIXe siècle, témoigne de l'importance de l'hésitation possible entre la qualification de donation ou de *trust* : une veuve reçoit les biens de son défunt mari dans le cadre d'une opération de *trust*, le testament stipulant qu'elle les utiliserait « pour son bien temporel et spirituel, ainsi que celui de ses enfants, de l'Église et de ses pauvres ». L'incertitude des parts et des bénéficiaires exclut la qualification de *trust*, le transfert de propriété s'analysant au moins comme une donation à la veuve[12].

Certitude, biens fongibles corporels et insolvabilité d'un débiteur

Des acheteurs de bouteilles de vin furent fort marris lorsqu'ils apprirent que le vendeur, à qui ils avaient payé la marchandise par avance, faisait face à une procédure d'insolvabilité. Ils soutinrent alors qu'un *trust* existait entre le vendeur et eux, le vendeur étant le *trustee* pour leur bénéfice. Mais ils furent déboutés au motif qu'il n'était pas possible de déterminer les bouteilles qui relevaient de ce *trust* et de les isoler de tout le reste du stock (*Re London Wine Co (Shippers) Ltd [1986] PCC 121 ;* même solution pour la vente d'or par une entreprise devenue insolvable). En revanche, cette obligation de distinguer les biens détenus dans le *trust* et les autres ne concernent pas les biens incorporels (pour des parts sociales, voir *Hunter v. Moss [1994] 1 WLR 452 ; Re Harvard Securities [1997] EWHC Comm 37*). Les choses de genre ne peuvent faire partie d'un *trust* que si elles sont identifiables parmi les autres choses de genre détenues par le *trustee*.

9. Anthony v Donges [1998] 2 FLR 775 (HC).
10. Palmer v Simmonds [1854] : "*the bulk of my estate*".
11. Re Golay [1965] 1 WLR 969.
12. Curtis v Rippon [1820] 5 Madd. 434 ; rappr. Sprange v Barnard [1789] 2 Bro CC 585.

C. LA CERTITUDE DES BÉNÉFICIAIRES

891 **Le principe du *no-purpose rule.*** Le *trust* est nécessairement constitué pour bénéficier à une ou plusieurs personnes et non pour mener telle action ou telle opération. C'est en cela une différence fondamentale avec un contrat de société qui doit se définir par son objet social. Sans bénéficiaire il ne saurait y avoir de *trust* valable. Tandis que c'est assez facilement concevable lorsque le *trust* s'inscrit dans le cadre du droit commun (1), c'est-à-dire lorsqu'il profite à des bénéficiaires dans un cadre purement privé, d'une société ou d'une famille, il peut être plus difficile à admettre lorsque le but est d'intérêt général, comme c'est le cas pour les *charitables trusts* (2) et pour les *non charitable trusts* (3).

1. Les bénéficiaires de droit commun

892 **Détermination des bénéficiaires. *Discretionary trust. Fixed trust.*** La détermination des bénéficiaires peut s'effectuer de deux façons : soit le constituant du *trust* détermine lui-même les bénéficiaires, il s'agit d'un *fixed trust* et il ne doit y avoir aucun doute sur l'identité des bénéficiaires[13] ; soit c'est le *trustee* qui est investi du pouvoir de les déterminer, c'est alors un *discretionary trust* et le constituant doit avoir préalablement donné des indications permettant de les identifier. En somme, le *fixed trust* concerne des bénéficiaires déterminés tandis que le *discretionary trust* vise des bénéficiaires identifiables. Dans ce dernier cas, le célèbre juge Wilbeforce de la Chambre des Lords a développé le concept de « déterminabilité individuelle » (*individual ascertainability test*)[14] : ainsi, il faut vérifier si le *trust* prévoit une catégorie de bénéficiaires ou *class*. Si les bénéficiaires sont identifiables, c'est au *trustee* de les prendre en compte tous. En revanche, il ne lui appartient pas de prouver que telle ou telle personne répond bien aux conditions de détermination. Par exemple, un père de famille, dans un *trust*, peut enjoindre au *trustee* de répartir ses biens entre ses enfants. Malgré l'absence de détails quant aux noms, prénoms, etc. des enfants, cela n'est pas un problème, le *trustee* devant s'obliger auprès desdits enfants qu'il recherchera ; en revanche, s'il oublie l'un d'eux, c'est à celui-ci de prouver le fait qu'il est un enfant du défunt, et donc qu'il est bénéficiaire. Il appartient néanmoins au *trustee* de déterminer tous les bénéficiaires avant de répartir les biens, quel que soit leur nombre[15], à ceci près que cette obligation doit être réalisable en pratique (ce qui n'est pas le cas si les bénéficiaires potentiels sont au nombre de 2,5 millions !)[16]. En pratique, un tiers peut être contacté afin d'aider le *trustee* à déterminer qui fait effectivement partie de la *class* des bénéficiaires, notamment si cette identification requiert des compétences particulières[17].

13. IRC v Broadway Cottages *trust* [1955].
14. McPhail v Doulton [1971] AC 424 (HL).
15. Re Hay's Settlement *Trusts* [1982].
16. R v District Auditor [1986].
17. Re Tuck's settlement *Trusts* [1978] Ch 49 (HC).

2. Les *charitable trusts*

893 **Les *charitable trust*. Quels bénéficiaires ?** Quel lien le droit des *trusts* entretient-il avec les opérations charitables ? Juridiquement, les *trusts* caritatifs soulèvent une question juridique importante, car, leurs bénéficiaires étant, par essence, le public, aucune personne en particulier n'a le droit de réclamer l'exécution du *trust* en question. La détermination des bénéficiaires, l'objet du *trust* et la charité sont ainsi liés à sa force obligatoire. Toutefois, des solutions ont été apportées. Ainsi, les opérations de charité peuvent être organisées soit en constituant une société, soit une *unincorporated association*, qui n'est pas une société et n'a pas d'existence légale, ou par un *trust*, qui a le mérite de recevoir une totale efficacité juridique grâce à l'*Equity*. Cette qualité explique le succès du *trust*. La jurisprudence, mais aussi un texte spécifique, le *Charitable Act 2011*, permettent de comprendre la notion de *charitable trusts*. Deux critères sont principalement posés par ce texte : il faut qu'il soit constitué au service de l'un des domaines énumérés par la section 3 du texte et il faut que le but poursuivi corresponde à l'intérêt public. En premier lieu, la loi de 2011 énumère, en sa section 3 (1) plus d'une douzaine de domaines de charité. L'on peut citer la prévention ou de la lutte contre la pauvreté[18], la promotion de l'éducation, des religions, de la santé et de la préservation de la vie, de la citoyenneté, des arts et de la culture, du passé et de la science, du sport, des droits de l'homme, de l'harmonie des communautés, de l'égalité et de la diversité, de l'environnement, le bien-être animal, l'efficacité des forces armées de la Couronne, les nécessiteux en raison de leur jeune âge, leur grand âge, leur mauvaise santé, handicap, difficultés financières ou autre source de difficultés. Cette liste n'est pas exhaustive. La section 5 évoque aussi les activités ludiques. En second lieu, il faut que le but poursuivi soit dans l'intérêt du public (sec. 2 (1) et 4). Cette seconde condition complète très utilement la première, car, bien qu'un but poursuivi par un *trust* puisse entrer dans l'une des catégories énumérées, la façon dont il est mis en œuvre doit profiter à l'intérêt public. Il est des domaines qui relèvent avec plus ou moins d'évidence de l'intérêt public ; par exemple, s'il s'agit de venir en aide à des victimes d'un tremblement de terre, il n'y a guère de doute ; ce n'est pas aussi évident s'il s'agit de protéger un vieux bâtiment au nom de la protection du patrimoine[19]. La condition est également remplie si seule une partie du public est susceptible d'être concernée par le but poursuivi (*public class*)[20]. La jurisprudence admet aussi qu'il y ait but dans l'intérêt public de manière indirecte : ainsi, l'existence d'un hôpital privé payant profite indirectement à l'intérêt public en soulageant l'activité de l'hôpital public de la région[21] ; de

18. AG v CHarity Commission for England and Wales [2012] UKUT 420 (TCC).
19. J. Duddington, *Equity* and *Trusts*, Pearson, 2014, p. 142.
20. Oppenheim v Tobacco Securities Trust Co. Ltd [1995] AC 297 (HL) : un *trust* fut constitué pour s'occuper de l'éducation des enfants des salariés d'une entreprise, mais la Chambre des Lords considéra qu'il ne répondait pas à l'exigence de *Public interest ;* comp. Re Koettgen's Will Trusts [1954] Ch 252 (HC) : le *trust* destiné à gérer la formation des salariés d'une entreprise fut reconnu comme répondant au public interest, car il prévoyait que « la préférence devrait être donnée aux salariés » jusqu'à un certain seuil, ce qui laisse donc une place de facto au public. Pour un exemple d'absence de bénéfice pour le public s'agissant d'une donation faite à un couvent, Gilmour v Coasts [1949] AC 426 (HL).
21. Re Resch [1969].

même pour une école privée[22]. En revanche, un *trust* qui serait créé dans un but politique ne peut pas répondre à cette seconde condition pour des raisons historiques : il n'est pas souhaitable que les juges décident si tel ou tel *trust* à visée politique est de l'ordre du caritatif ou non, car il y a un enjeu fiscal au-delà de cette question[23]. Le *trust* ne peut être qualifié de *charitable* que si l'ensemble de ses missions répond aux deux critères. *A contrario*, si l'un d'eux ne l'est pas, le *trust* ne peut pas être qualifié de *charitable*[24].

3. Les *non-charitable trusts*

894 ***Non-charitable trusts. Rule against inaliénability***. Enfin, il faut dire quelques mots d'une catégorie particulière, les *non-charitable trusts*. Ils soulèvent la même question de validité que les *charitable trusts* en raison de la difficulté à identifier un bénéficiaire susceptible de les faire respecter[25]. Le principe selon lequel ce type de *trust* n'est pas valable a été consacré par l'affaire *Astor :* un *trust* avait été constitué pour mener diverses missions, notamment le maintien des bonnes relations entre les nations et la préservation de l'indépendance de la presse[26]. Il fut déclaré nul car aucun bénéficiaire ne pouvait être déterminé[27]. Toutefois, il existe quelques exceptions de *non-charitable Trusts* dont la validité est admise. Il s'agit des trusts destinés à l'entretien de certains monuments[28], par exemple une tombe, à la protection d'animaux, notamment ceux que le *Settlor* laisse seuls à sa mort[29] ou encore, si audelà du but affiché du trust, il est possible de déterminer une class de bénéficiaires[30]. Quelle que soit l'hypothèse, le trust ne sera pas pour autant valide si, par sa durée, il viole la prohibition des engagements perpétuels (*Rule against inaliénability* ; *Perpetuities and Accumulation Act 2009*), de sorte qu'une donation

22. Independent Schools Council v Charity Commission of England and Wales [2011].

23. McGovern v AG [1981] 3 All ER 493 (HC) : en l'espèce, l'association Amnesty International créa un *trust* afin de répondre aux buts suivants : venir en aide aux prisonniers de conscience, essayer d'obtenir leur libération et l'abolition de la torture et des traitements inhumains, et mener des recherches en matière de droits de l'homme. Les juges considérèrent que les premières et dernières missions étaient bien de l'ordre du caritatif, mais pas la deuxième qui consistait à obtenir un changement de législation. Ainsi, le *trust* ne fut pas qualifié de « charitable ».

24. McGovern v AG, précité ; Chichester Diocesan Fund and Board of Finance Inc. v Simpson [1944] AC 3451 (HL).

25. Morice v Bishop of Durham [1805] EWHC Ch J80.

26. Re Astor's Settlement *Trusts* [1952] Ch 534 (HC).

27. Comparer Re Denley's Trust Deed [1969] 1 Ch 373 (HC) : un terrain fut transmis à un *trust* afin d'en faire un terrain de sport ou de divertissement, en priorité pour les employés d'une usine, et, ensuite, pour toute personne désignée par le *trustee*. Alors que ce *trust* aurait pu être annulé car il se présentait avant tout comme poursuivant un but (transformer une parcelle en terrain de sport), il fut possible de retenir sa validité en considérant qu'il visait avant tout à privilégier les salariés d'une société, donc des bénéficiaires identifiables.

28. Re Hooper [1932].

29. Re Dean (1889) 41 Ch D 552.

30. Re Denley's Trust Deed [1969] 1 Ch 373 : en l'espèce, le trust contenait un terrain destiné à accueillir un terrain de sport, dont les bénéficiaires seraient, d'abord, les employés d'une entreprise déterminée, et, ensuite, tout public. Il fut décidé que ce trust était valable, car, au-delà du but pour lequel il avait été constitué, il servait surtout à profiter à des bénéficiaires identifiables.

associée à la constitution d'un trust seront nulles si la durée du montage dépasse la vie humaine (éventuellement plus 21 ans !)[31].

§ 2. LE TRANSFERT DE BIENS OU LA DÉCLARATION

895 Deux techniques permettent de constituer un *trust :* le transfert de biens (A) ou la déclaration d'*auto-trust* (B).

A. LE TRANSFERT DE BIENS

896 ***Mécanisme.*** Le transfert de biens à un tiers en tant que *trustee* permet de matérialiser l'existence d'un *trust*. *A contrario*, en l'absence de transfert, la déclaration du constituant ne représente qu'une promesse de *trust* et les bénéficiaires ne peuvent s'en prévaloir que s'ils ont apporté une contrepartie (*consideration*) en vertu de l'adage selon lequel « l'Équité n'assiste pas le volontaire »[32]. Le constituant doit transférer les biens au *trustee* ou, le cas échéant, faire tout son possible pour les transférer. Cette question est importante lorsque des formalités doivent être effectuées en raison de la nature des biens transférés. Précisément, si les biens apportés au *trust*, il faut respecter les formalités spécifiques au transfert de droits sociaux. Or, les dirigeants peuvent refuser le changement d'associé en refusant l'enregistrement[33]. De même en est-il en cas de transfert de biens immobiliers[34].

897 **Droit du bénéficiaire de forcer la constitution.** Il arrive que le constituant annonce au bénéficiaire qu'il transférera des biens à un *trustee* à son profit, mais le transfert n'a pas lieu. Ce bénéficiaire peut-il demander le transfert des biens afin de permettre la constitution du *trust ?* En principe, la réponse est négative en vertu de l'adage selon lequel l'Équité n'assiste pas le volontaire ("*Equity will not assist a volunteer*"). Cela signifie que le bénéficiaire ne pouvant se prévaloir d'une *Consideration*, le transfert ne peut s'opérer. Néanmoins, il existe des exceptions. Ainsi, le mariage entre le constituant et le bénéficiaire peut constituer une *Consideration* permettant à ce dernier de donner effet au *trust ;* la *Consideration* n'est pas à entendre, au sens de la *Common law* du droit du contrat (contrepartie), mais au sens plus large de justification, ce qui est le cas lorsque les deux sont mariés lien. De même, le bénéficiaire peut se prévaloir du *Contracts (Rights of Third Parties) Act 1999*, à certaines conditions[35]. Enfin, il est aussi possible de procéder à une constitution

31. Cette règle se comprend ainsi : la durée de l'engagement est limitée à la vie du bénéficiaire, voire à la durée de la vie du dernier mourant né lors de la constitution du trust à laquelle on ajoute 21 ans.

32. Ellison v Ellison [1802], LJ Eldon.

33. Re Rose [1952] Ch 499 (HC) ; Pennington v Waine [2002] EWCA Civ 227 (CA) ; pour le transfert de droits équitables, voir Zeital v Kaye [2010] EWCA Civ 159 ; Curtis v Poolbrook [2011] EWHC 167 (Ch) ; Khan v Mahmood [2021] 597 EWHC (Ch).

34. Mascall v Mascall [1985] pour l'enregistrement sur le registre de la publicité foncière (*Land Registry*).

35. En effet, pour les contrats conclus à compter du 11 mai 2000, le bénéficiaire peut agir si le contrat de constitution du *trust*, entre le constituant et le *trustee*, stipule que le bénéficiaire pourra demander la constitution à son profit, mais la doctrine s'interroge sur le point de savoir si, sur le fondement de cette loi, il peut obtenir la constitution forcée ou se prévaloir de la violation de l'acte constitutif.

indirecte du *trust*, dérogeant ainsi à l'adage. Trois techniques sont communément admises : en premier lieu, c'est le cas lorsqu'une personne a l'intention de faire une donation ou une remise de dette à une autre personne ; si cette intention est constante jusqu'au décès du donateur et que le donataire est désigné exécuteur testamentaire, l'acte est parfait ; cette solution est appelée la règle de *Strong v. Bird*[36]. En deuxième lieu, une autre exception peut avoir lieu, celle dite de *Donatio Mortis Causa* (DMC) : une personne envisage de transférer ses biens en contemplation de son décès[37], des éléments essentiels du droit de propriété sont transmis au donataire et cette intention de transfert est subordonnée au décès ; ainsi en est-il si le donateur transmet les clés d'une maison au gratifié et qu'il lui indique où sont les titres de propriété[38]. Enfin, l'estoppel peut également venir au secours du bénéficiaire.

898 **Intervention du *trustee*.** Il est également possible que les circonstances ne permettent pas au constituant de transférer les biens. C'est le cas lorsque le constituant prévoit la constitution du *trust* après sa mort, au moyen d'un testament. Le *trustee* peut, s'il est aussi l'exécuteur testamentaire, parachever la constitution ; le fait d'être exécuteur testamentaire permet d'en conclure que le transfert des biens s'est opéré indirectement[39].

B. LA DÉCLARATION D'AUTO-*TRUST*

899 **Déclaration.** Un *trust* peut être constitué si le constituant se déclare le propre *trustee* de ses biens. Par exemple, une personne peut constituer un *trust* mettant en place une association à but lucratif afin que celle-ci bénéficie des biens[40]. La distinction entre le *trust* et la donation repose sur l'intention de gérer les biens pour autrui. Dans cette affaire *Choithram*, le fait que seul le constituant avait conservé les biens pour les gérer (et que les autres *trustees* ne les avaient pas) ne remet pas en cause la qualification de *trust*.

§ 3. LE FORMALISME ÉVENTUEL

900 Le *trust* n'est soumis en tant que tel à aucun formalisme. Toutefois, selon les biens sur lesquels il porte, certaines formes doivent être respectées. Certaines formalités[41] ont suscité de nombreux contentieux. Ainsi en est-il, par exemple, s'il contient des biens immobiliers (A) ou des droits équitables (B).

36. Strong v Bird (1874) LR 18 Eq 315 (CA).
37. Vallee v Birchwood [2013] ; King v Dubrey [2014].
38. Sen v Hedley [1991] Ch 425 (CA) ; Vallee v Birchwood [2013].
39. Re Ralli's Will *Trust* [1964] Ch 288 (HC) ; comp. Davey v Bailey [2021] EWHC 445 (Ch.).
40. Choithram Intl SA v Pagarani [2001] 2 All ER 492 (PC).
41. L'on peut citer aussi les *trusts* contenant des droits sociaux (formulaire de transfert et enregistrement du nom du nouveau propriétaire).

A. LA DÉCLARATION D'UN *TRUST* IMMOBILIER

901 **Écrit. Fraude.** En vertu de la section 53 (1) (b) du *Law of Property Act* de 1925 (LPA 1925), la déclaration d'un *trust* immobilier doit être exprimée et prouvée par écrit et signé par la personne compétente ou dans son testament. À défaut, le *trust* reste valable mais il ne peut pas être exécuté[42]. Néanmoins, les juges anglais n'admettent pas que le manque de formalisme soit instrumentalisé dans un but frauduleux[43]. Par exemple, dans l'affaire *Rochefoucauld*, le propriétaire d'un immeuble, qui l'avait hypothéqué, ne parvenait pas à rembourser son créancier ; il décide alors de le vendre et l'acquéreur lui promet, oralement, de le gérer comme un *trustee* au profit du vendeur. Celui-ci, en qualité de bénéficiaire du *trust*, avait donc droit à quelque profit. Lorsqu'il réclama son dû, l'acquéreur-*trustee* se prévalut alors du défaut de formalités pour prétendre qu'aucun *trust* n'existait. Afin d'échapper à ce stratagème, la Cour considéra qu'il y avait bien un *trust* immobilier, bien que par oral.

B. LA DÉCLARATION DE DROITS ÉQUITABLES

902 **Exigence d'un écrit.** Si le bénéficiaire d'un *trust* transfère ses droits (en équité) à un tiers, doit-il également rédiger un écrit ? En vertu de la section 53 (1) (c) du *Law of Property Act* de 1925, le transfert de droits en équité dans le cadre d'un *trust* doit également être fait par écrit et signé soit par le constituant, soit par son représentant autorisé, à peine de nullité. Cette exigence est associée au paiement de droits et a donc pour but d'éviter toute fraude.

Il faut qu'un acte écrit soit véritablement rédigé et l'on ne peut se contenter d'apporter de simples preuves par écrit de cette opération. Il n'est pas pour autant nécessaire que tous les détails soient déjà mentionnés[44]. D'ailleurs, aucune disposition n'impose que ce transfert de droits en équité soit communiqué au *trustee*.

903 **Domaines d'application.** Cette formalité concerne tant le transfert direct de droits équitables par le bénéficiaire d'un *trust* à un tiers que le transfert indirect lorsque le bénéficiaire invite le *trustee* à tenir les biens non plus à son bénéfice mais à celui d'un tiers[45]. En revanche, si le bénéficiaire demande au *trustee* de transférer non seulement ses droits en équité, mais aussi les droits légaux de ce *trustee* au profit d'un tiers, la jurisprudence considère que cette opération échappe à l'exigence d'un écrit[46] ; cette solution suppose que le *trustee* soit aux ordres du bénéficiaire, sans véritable pouvoir d'initiative[47]. Pareillement, si c'est le *trustee*, en

42. Gardner v Rowe [1828].

43. Rochefoucauld v Boustead [1897] 1 Ch 196 (CA). En l'espèce, il s'agissait bien de la reconnaissance d'un *trust* immobilier par oral. Mais il aurait été tout aussi possible de considérer qu'il ne s'agissait pas d'un *trust* exprès, mais d'un *trust* imposé par les faits, qu'il s'agisse d'un *Constructive* ou d'un *Resulting trust* (*Hodgson v Marks* [1971]).

44. Re Tyler's Fund *Trusts* [1967].

45. Grey v IRC [1960] AC 1 (HL).

46. Vandervell v IRC [1967] 2 AC (HL).

47. Vandervell, précité. Le *trustee* était un "*bare trustee*", c'est-à-dire qu'il n'avait pas de mission particulière et qu'il pouvait ainsi être tenu de transférer ses "*legal titles*" sur ordre du bénéficiaire.

accord avec le bénéficiaire, qui déclare qu'il existe un nouveau *trust* au profit d'un nouveau bénéficiaire, aucun écrit n'est exigé[48], puisque les juges ont estimé que cette opération n'était pas régie par le point c de la section 53 (1) du LPA 1925.

***Quid* d'une cession entre actuel et futur bénéficiaires ?**

L'on peut aussi concevoir que le bénéficiaire actuel du *trust* transfère ses droits en équité directement à un tiers, qui deviendra le nouveau bénéficiaire. Ce contrat doit-il être fait par écrit (et doit-il, par conséquent, faire l'objet du paiement d'un droit auprès de la *Inland Revenue Commissioners*) ? Deux solutions, qui semblent divergentes, sont données par la jurisprudence et qui reposent sur la dimension fiscale. D'une part, s'il y a un enjeu fiscal, il faut se référer aux affaires *Oughtred* (*Oughtred v. IRC [1960] AC 206 (HL)* ; dans cette affaire, deux actionnaires décident d'échanger les droits qu'ils détenaient sur des actions d'une société, oralement. Mais l'un d'eux n'ayant pas exécuté, l'autre demande l'exécution forcée qui suppose que la formalité du transfert (donc l'écrit de la section 53) ait été accomplie) et *Parinv* (*Parinv (Hatfield) Ltd v. IRC [1998] ; JSC VTB Bank v Skurikkin [2019] EWHC 69 (Comm)*), qui imposent l'écrit et le paiement d'un droit. À défaut, il faut se fonder sur Neville (*Neville v. Wilson [1997]*) qui ne requiert pas d'écrit.

904 ***Sous-trust.*** Il est une question qui reste en suspens, du moins pour un *trust* immobilier, celle de la constitution d'un sous-*trust*. Le sous-*trust* consiste pour le bénéficiaire à se déclarer *trustee* au profit d'un tiers, nouveau bénéficiaire. S'agissant de droits mobiliers, la jurisprudence a considéré que le bénéficiaire-*trustee* ne disparaît pas juridiquement au profit du *trustee* initial ; en revanche, pour des raisons pratiques, il est fort possible que le bénéficiaire-*trustee* passe la main au *trustee* initial pour gérer directement les biens au profit du nouveau bénéficiaire[49]. Mais cette solution ne vaut pas forcément pour les biens immobiliers, la question n'ayant pas été tranchée encore.

905 **Autres situations.** Si le bénéficiaire transfère son droit en équité au *trustee* ou refuse d'en bénéficier, ces opérations n'étant pas considérées comme de véritables transferts, il n'y a pas lieu d'effectuer ces formalités[50]. De même semble-t-il en être si un employé, créancier d'un fonds de pension, désigne son épouse comme bénéficiaire à son décès[51] ou en cas de désignation du bénéficiaire d'une assurance-vie[52].

906 ***Trusts* secrets ou à demi-secrets.** Le droit anglais admet l'efficacité de *trusts* revêtant un certain degré de discrétion afin de privilégier la volonté du constituant,

48. Re Vandervell's *Trusts* (nº 2) [1974] Ch 269 (CA).
49. Nelson v Greening and Sykes (Builders) Ltd [2007] EWCA Civ 1358, [2007] All ER (D) 270 ; comparer Grainge v Wilberforce, (1889) 5 TLR 436 : dans cette affaire, le *trustee* initial continuait à tout gérer, ce n'était pas vrai sous-*trust*.
50. Re Paradise Motor Co. Ltd [1968] 1 WLR 1125 (HC).
51. Re Danish Bacon Co Ltd Staff Pension Fund [1971] 1 All ER 486.
52. Gold v Hill [1999] 1 FLR 54.

notamment lorsqu'il entend gratifier sa maîtresse ou des enfants naturels sans éveiller la jalousie du conjoint ; cette position est également justifiée afin d'éviter les fraudes et ce, sur le fondement de l'*Equity*. Ces situations de secret se produisent le plus souvent dans le domaine des libéralités, notamment par testament. Si l'on s'en tient à un *trust* constitué par testament, trois conditions nécessaires à sa validité sont requises. Il faut que la règle des trois certitudes soit respectée, que la réalité du *trust* soit communiquée[53] au *trustee* du vivant du constituant et que ce dernier l'accepte expressément, tacitement ou même en gardant le silence[54]. La distinction entre le *trust* secret et le *trust* semi-secret est que le premier a l'apparence d'un acte totalement différent d'un *trust* (vente, libéralité, etc.) tandis que le second indique clairement que l'opération est un *trust* sans pour autant mentionner aucun détail[55]. Enfin, le premier n'a pas besoin d'être rédigé (ce qui est une exception au *Wills Act 1837*), même s'il porte sur un immeuble, alors que le second doit l'être.

SECTION 2 **LE FONCTIONNEMENT**

907 Une fois constitué par le constituant ou *settlor*, le fonctionnement du *trust* implique deux personnes, les bénéficiaires (§ 1), profitant du *trust*, et le *trustee* (§ 2) qui le gère. Mais il n'est pas rare qu'à ces deux acteurs, d'autres s'y ajoutent pour intervenir dans l'administration du *trust* (§ 3).

§ 1. LES BÉNÉFICIAIRES

908 Les bénéficiaires jouissent de deux droits principaux, un droit à communication (A) et un droit de suivi du bien mis en *trust* (B). En cas de violation du *trust*, ils peuvent également engager une action en responsabilité (C).

A. LE DROIT À COMMUNICATION

909 **Droit d'être informé de sa qualité.** Le bénéficiaire a le droit d'obtenir du constituant l'information selon laquelle il est bénéficiaire du *trust*[56] (ou fait partie du groupe susceptible de l'être dans le cadre d'un *trust* discrétionnaire), ainsi que les coordonnées du *trustee*. En effet, ces éléments sont importants pour le

53. Wallgrave v Tebbs [1855] 2 K&J 313 (HC).
54. Moss v Cooper [1861] J & H 252.
55. Sur un exemple de distinction, voir Rawstron v Freud [2014] EWHC 2577 ; *adde* Marley v Rawlings [2014] UKSC 2, [2014]2 WLR 213.
56. Hawkesley v May [1956] 1 QB 304.

bénéficiaire qui est le seul à avoir le pouvoir de faire respecter le *trustee* (ce n'est pas le cas du *settlor*)[57].

910 **L'accès aux documents.** Il est traditionnellement admis que le bénéficiaire jouit d'un droit d'accès aux documents, notamment les comptes et les réunions de *trustees*. Toutefois, le juge peut s'y opposer si les circonstances le justifient ; par exemple, le bénéficiaire n'est, au stade de la demande, qu'éventuel et les documents revêtent une certaine dose de confidentialité des affaires[58].

B. LE DROIT DE SUIVI

911 **Le *tracing*.** Ce droit de suivi ou droit de suite à l'anglaise (*tracing*) permet au bénéficiaire d'exercer ses droits sur de l'argent du *trustee* qui aurait été diverti par le *trustee* sur son compte bancaire personnel ou qui aurait mélangé sur un même compte les fonds provenant de plusieurs *trusts*. Il présente des points communs avec le droit de suite du droit français. Quatre conditions sont requises : il doit exister une relation fiduciaire entre les parties (ce qui peut se résumer comme une relation portant sur des sommes d'argent et dans laquelle la confiance est importante), le demandeur doit être titulaire d'un droit de propriété, accorder ce droit de suite ne serait pas contraire à l'équité et, enfin, le bien suivi doit être susceptible d'être individualisé et encore exister[59].

Une fois que ces conditions sont réunies, le bénéficiaire peut mettre en œuvre le *tracing*, ce qui peut s'accompagner de diverses difficultés, notamment lorsque les fonds du *trust* sont placés sur le même compte bancaire que celui qui abrite l'argent personnel du *trustee*. Tout d'abord, si le *trustee* ponctionne de l'argent sur ce compte, il est présumé en prendre sur son argent personnel ; s'il recrédite de l'argent, cet argent est également présumé être le sien[60], à moins qu'il ne montre une intention différente (donc celle de rembourser le *trust*)[61] ; il y a alors un risque pour le bénéficiaire d'être en concurrence avec d'autres créanciers. Ensuite, si le *trustee* emploie l'argent du *trust* pour financer, en tout ou partie, l'achat d'un bien, le bénéficiaire dispose d'une garantie (*equitable charge*) sur ce bien pour rendre efficace le remboursement des sommes prélevées, peu importe l'ordre chronologique des opérations[62] ; toutefois, cette hypothèse ne doit pas être confondue avec une autre : le *trustee* a personnellement contracté un emprunt afin d'acheter un bien, puis il rembourse cet emprunt à l'aide des fonds du *trust ;* ici, le bénéficiaire ne peut, en principe, pas jouir d'une charge sur le bien acheté, car, en réalité, les fonds ont disparu par le remboursement et non par l'achat, antérieur ; il n'y a donc

57. Armitage v Nurse [1997] EWCA Civ 1279.

58. Schmidt v Rosewood *Trust* Limited [2003] 2 AC 709 ; adde Breakspear v Ackland [2008] EWHC 220 (Ch).

59. Ce qui n'est pas le cas lorsque le compte où le *trustee* a déposé son argent et celui du *trust* est à découvert.

60. Re Hallett's Estate (1880) 13 Ch D 696.

61. Roscoe (Bolton) Ltd v Winder [1915] 1 Ch 62.

62. Re Oatway [1903] Ch 356. Pour les plus et moins-values, voir Foskett v McKeown [2000] UKHL 29.

pas de *backwards tracing*, un droit de suivi rétroactif, mais il y a une exception, si le *trustee* a organisé ce mécanisme frauduleusement, donc dans le but d'échapper à la revendication[63] ; les juges ont clairement souhaité punir et dissuader ces fraudes organisées. Enfin, que se passe-t-il si les fonds d'un *trust* sont mélangés à un autre compte bancaire ? La règle, est édictée par la fameuse affaire *Clayton*[64] : si le *trustee* dépose sur un même compte courant les fonds d'un premier *trust* et ceux d'un autre, puis qu'il prélève de l'argent pour lui, la fongibilité empêche de savoir si le prélèvement a été effectué au détriment du premier du second *trust ;* c'est pourquoi, les juges ont considéré que le prélèvement avait été effectué sur les fonds crédités en premier sur le compte ; cette solution fut résumée par l'adage *"first in, first out"*[65]. Cette règle ne s'applique que si elle ne se heurte pas à des difficultés pratiques ou si elle n'est pas injuste, au regard notamment d'autres créanciers[66]. Toutefois, s'il dépose les fonds sur son compte, la victime a le choix de se prévaloir de cette présomption ou au contraire de soutenir que le *trustee* a d'abord dépensé son argent à lui, ou le sien à elle. Deux limites importantes à ces présomptions sont toutefois posées. La première s'appelle le *lowest intermediate balance :* comme le nom l'indique, la victime du *trustee* dont l'argent a approvisionné le compte bancaire ne peut réclamer que le solde intermédiaire et non l'intégralité de sa créance même si le solde, après un crédit d'argent frais permettait de le rembourser[67]. La seconde règle est le *backwards tracing* empêchant la victime de poursuivre son argent dans le remploi qui en a été fait (par exemple, les 300 £ confiés au *trustee* ont permis à celui-ci de rembourser un prêt qu'il avait contracté pour financer une villa personnelle ; le *tracing* ne peut pas s'exercer sur celle-ci). Toutefois, une décision importante a posé une limite à ces deux règles lorsque les faits révèlent un montage sophistiqué de corruption[68] : lorsque le débiteur a élaboré une mécanique volontairement complexe à des fins de fraude, ses victimes sont en mesure de réclamer le remboursement de leurs créances sans se voir opposer les deux limites ci-dessus[69]. Il faut rappeler que ce droit de suivi ne confère pas, à proprement parler, un droit privilégié au bénéficiaire qui le ferait primer sur d'autres créanciers, mais il faut davantage l'analyser davantage comme une revendication de ses droits sur des biens identifiés, ce qui *de facto* donne une primauté au bénéficiaire sur les

63. Brazil v Durant, précité.

64. Re Clayton [1816].

65. En présence de deux victimes du *trustee*, il arrive que les juges écartent cette règle pour appliquer celle de la proportionnalité.

66. Barlow Clowes International Ltd (in liqn) v Vaughan [1992] 4 All ER 22.

67. La victime confie 100 £ au *trustee* qui en dépense 70 £, le solde étant alors de 30 £ ; puis, de l'argent frais fait remonter le solde à 200 £ ; la règle ne permet à la victime que d'obtenir le solde intermédiaire (ici 30 £), malgré l'existence des 200 £ en fin de parcours.

68. The Federal Republic of Brazil v Durant International Corp [2015] UKPC 35.

69. Il faut citer les propos de Lord Toulson dans cette affaire : *"The development of increasingly sophisticated and elaborate methods of money laundering, often involving a web of credits and debits between intermediaries, makes it particularly important that a court should not allow a camouflage of interconnected transactions to obscure its vision of their true overall purpose and effect"* (« Le développement sans cesse plus sophistiqué et élaboré de méthodes de blanchiment d'argent, impliquant souvent un réseau de crédits et de débits entre des intermédiaires rend particulièrement important le fait que la cour ne permette pas qu'un camouflage de transactions liées entre elles rende obscure sa vision de ce qui en est le véritable but principal et ses conséquences »).

créanciers d'une personne insolvable. Si le bien diverti se retrouve entre les mains d'un tiers, celui-ci est appelé un "*constructive trustee*", c'est-à-dire que les circonstances le placent dans une situation analogue à celle d'un véritable *trustee* et il doit donc s'occuper du bien.

C. LES ACTIONS EN RESPONSABILITÉ

912 **Les actions contre le *trustee*.** Le bénéficiaire peut obtenir diverses réponses en cas de responsabilité du *trustee*. Tout d'abord, si le *trustee* a effectué un acte non autorisé (par exemple, en investissant 90 % du contenu du *trust* à l'étranger malgré l'interdiction édictée par le *trust* de le faire), il est alors censé avoir agi en son nom et pour son compte, de sorte qu'il n'y a pas substitution ni remploi, le *trustee* devant restituer le montant des sommes investies ; ce mécanisme relève de ce qui s'appelle la *falsification of account*. Ensuite, s'il a réalisé un acte autorisé mais de manière négligente (par exemple, il a fait un investissement hasardeux qui se révélera catastrophique), il doit rééquilibrer la balance en versant la différence entre ce qui apparaît à l'actif maintenant et ce qui apparaîtrait s'il n'y avait pas eu cette négligence ; cela s'appelle le *surcharge of account*. Précisément, le *trustee* n'est responsable que des pertes résultant de sa négligence et non de celles qui se seraient néanmoins révélées[70]. Enfin, si le *trustee* a utilisé fonds du *trust* pour réaliser un profit personnel, le bénéficiaire peut aussi en réclamer le transfert sur le fondement d'un *trust* implicite, un *constructive trust*[71].

913 **Actions contre le tiers.** En cas de mauvaise exécution du *trust* par le *trustee*, le bénéficiaire peut également agir contre les tiers de deux façons. En premier lieu, il est possible que le *trustee* ait transmis le bien à un tiers de mauvaise foi et non au bénéficiaire ; celui-ci peut alors réclamer sa restitution si le tiers connaissait l'origine du bien et il devient alors automatiquement *trustee ;* il doit le restituer, quelles que soient les circonstances s'il lui a été transmis à titre gratuit. En second lieu, le tiers peut également être assigné par le bénéficiaire s'il s'est rendu complice de l'inexécution du *trust* par le *trustee ;* cette complicité repose sur sa malhonnêteté qui suppose qu'il ait eu connaissance des éléments de l'opération qui rendait sa participation contraire aux standards ordinaires du comportement honnête[72] ; sa malhonnêteté doit être appréciée objectivement[73]. En outre, s'il en retire un profit, il les devra au bénéficiaire ; toutefois, à la différence du *trustee* qui est tenu de les restituer sans autre condition, le tiers, parce qu'il n'est pas tenu d'un devoir préexistant de prudence et d'honnêteté à l'égard du bénéficiaire, ne doit les restituer que dans la limite du préjudice subi par le bénéficiaire[74]. Rien n'empêche également le bénéficiaire,

70. Target Holdings Ltd v Redferns [1996] AC 421 ; AIB Group (UK) plc v Mark Redler & Co Solicitors [2014] UKSC 58.

71. V. *infra*, n° 962.

72. Barlow Clowes International Ltd v Eurotrust International Ltd [2005] UKPC 37 ; Starglade Properties Ltd v Roland Nash [2010] EWCA Civ 1314.

73. Ivey v Genting Casinos (UK) Ltd t/a Crockfords [2017] UKSC 67 ; Group Seven Ltd & Anor v Notable Services LLP & Anor (Rev 2) [2019] EWCA Civ 614.

74. Novoship (UK) Ltd v Nikitin [2014] EWCA Civ 908. Plus généralement sur le principe selon lequel la condition de *Remoteness* ne s'applique qu'aux contrats et *Torts* en *Common law* et non pour un devoir en

dans des hypothèses vraisemblablement peu courantes, de demander au tribunal le prononcé d'une injonction imposant au tiers de ne pas prendre part à la violation du *trust*, mais cela suppose que le bénéficiaire soit, préalablement informé de la volonté de ce tiers d'être complice de la violation.

§ 2. LE *TRUSTEE*

914 Il faut envisager la désignation du ou des *trustees* (A), ses droits et pouvoirs (B) et, enfin, ses devoirs (C).

A. LA DÉSIGNATION

915 **Désignation initiale.** En principe, le *trustee* est désigné par le constituant du *trust* dans l'acte de constitution. Comme le *trustee* désigné peut refuser sa mission, il est important de s'assurer, en amont, que la personne désignée l'acceptera. Le *trustee* potentiel doit prendre garde à son comportement, car s'il n'a pas expressément accepté ses fonctions, mais qu'il s'immisce néanmoins dans les affaires du *settlor*, l'on peut considérer qu'il a accepté tacitement la mission. Selon les cas, il peut y avoir un *trustee* ou plusieurs. Si le *trust* ne comporte que des biens meubles, le nombre de *trustee* n'est pas limité ; en revanche, s'il concerne des immeubles, le nombre est encadré, entre deux et quatre, sauf exceptions en matière de *charitable trusts* et *public trusts* (sec. 34, *Trustee Act 1925*). Ils sont soit bénévoles (par exemple, la mère d'un enfant handicapé qui a reçu par testament divers biens) ou des professionnels (gestionnaire de patrimoine, avocat, agent de change, banque) dont les obligations seront plus lourdes que celles d'un non-professionnel.

916 **Événements ultérieurs.** Que se passe-t-il si le *trustee* désigné est empêché ultérieurement, parce qu'il est décédé, malade, est incapable de demeurer *trustee* parce qu'il fait l'objet d'une insolvabilité ou a démissionné ? La solution est donnée par le *Trustee Act 1925* et il n'est pas impossible que le juge intervienne également. S'agissant du *Trustee Act 1925*, il régit les démissions, les renvois, les décès, etc. Le juge peut également être saisi si le *trustee* devient incapable de gérer ou s'il se comporte mal dans la gestion (*Trustee Act 1925*, sec. 41).

917 **Les *trustees* ponctuels.** Certaines personnes peuvent être désignées pour exercer un pouvoir, ponctuellement, comme si elles étaient alors un *trustee*. Contrairement au *trustee* désigné par le *trust* en cette qualité et qui dispose de ce fait de pouvoirs et devoirs « *Virtute officii* », elles disposent de quelques pouvoirs ciblés (*powers nominatum*) ; corrélativement, elles sont tenues de devoirs fiduciaires (pas de conflit d'intérêts, etc.) si le pouvoir consiste à distribuer un bien ; si ce n'est pas un tel pouvoir, l'acte constitutif peut lui imposer toutefois ce *fiduciary duty ;* enfin, à défaut encore, elles ne sont pas débitrices d'un tel devoir (*pure personal powers*).

Equity, voir K. Barnett, "Equitable compensation and remoteness : not so remote from the *Common law* after all", *in* University of Western Australia Law Review 2014, p. 48.

B. LES DROITS ET POUVOIRS

918 **Les pouvoirs.** Pouvoirs et obligations sont régis par le *Trustee Act 2000*. Ainsi, le *trustee* peut désigner des tiers qui l'aideront dans ses missions, sauf s'il s'agit de la décision de distribuer des biens, de payer des frais, ou tout autre paiement à partir du capital géré ou des revenus, la décision de nouveaux *trustees* ou encore la décision de sous-déléguer sa tâche. Il peut également investir les biens et même faire acquérir des immeubles (sec. 8). Plus généralement, il peut vendre, acheter, donner à bail, constituer des servitudes sur un bien immobilier, donner en gage ou hypothéquer, etc. En outre, les pouvoirs du *trustee* peuvent être étendus ou limités par les stipulations de l'acte constitutif du *trust*, que le bénéficiaire peut voir respecter en imposant au *trustee* de s'y plier. Il peut aussi désigner de nouveaux *trustees*, c'est un pouvoir fiduciaire.

***Quid juris* du transfert d'un bien à un tiers ?**

Le tiers qui a acheté un bien du *trustee* alors qu'il ne savait pas qu'il faisait partie d'un *trust* le reçoit libre de tout *trust* s'il était de bonne foi. Cette bonne foi suppose que deux conditions soient réunies : le *trustee* a transféré le bien au tiers qui en a une contrepartie et ce dernier ne savait pas que le bien faisait l'objet d'un *trust*. Si tel est le cas, le bénéficiaire perd ses droits de propriété en équité, le tiers devenant un propriétaire à part entière (de même en est-il si l'opération est une hypothèque ou un gage). En revanche, si le tiers a reçu le bien sans payer de contrepartie (par exemple, par donation du *trustee*), il est alors qualifié de *volunteer* et il doit alors restituer le bien, peu importe qu'il ait été de bonne ou de mauvaise foi. De même, si le tiers est le cessionnaire d'un droit équitable, le conflit entre le droit équitable du bénéficiaire et celui du cessionnaire se fait selon la règle faisant prévaloir le premier.

919 **Pouvoirs particuliers.** Le *trustee* peut aussi payer des sommes d'argent aux personnes qui s'occupent d'un bénéficiaire mineur (section 31 *Trustee Act 1925*[75]) : c'est le pouvoir de *maintenance*. Il peut aussi verser l'entier capital avant que le bénéficiaire ne soit en droit de l'exiger : c'est le pouvoir d'*advancement*. En outre, le *trustee* peut aussi, s'il en a reçu le pouvoir par le *settlor*, donner purement et simplement, en pleine propriété un bien à un bénéficiaire. Ce pouvoir s'appelle le *power of appointment* et le *trustee* est alors paradoxalement[76] nommé le *donee* (terme qui signifie, en principe, donataire !).

920 **Rémunération. Profits.** Il doit être remboursé de ses frais et dépenses (sec. 31). En outre, le *trustee* professionnel a droit à une rémunération, évaluée dans l'acte constitutif ou, à défaut, il reçoit une rémunération raisonnable (sec. 28 à 32). Il peut aussi garder tous les profits réalisés au cours de sa mission, à condition que l'acte constitutif l'y autorise. À défaut, il doit les restituer au *trust* qui s'en trouve

75. Modifié par la section 8 du *Inheritance and Trustees' Powers Act 2014*.
76. J. Penner, *op. cit.*, n° 3.8.

enrichi[77]. Cette règle s'explique par la position du *trustee* qui suppose qu'il ne soit jamais susceptible de confondre l'intérêt des bénéficiaires et le sien[78]. Néanmoins, une remarque doit être faite : certes, les profits non autorisés ne peuvent pas être gardés par le *trustee*, car il en est redevable au *trust ;* mais surtout, sur le plan juridique, cela ne signifie pas que le *trust* en ait propriétaire simplement ; en effet, la jurisprudence a affirmé que ces profits étaient tenus par le *trustee* non pas en sa qualité de *trustee* du *trust* exprès, mais en sa qualité de *contructive trustee*[79]. Par conséquent, les sommes sont détenues en vertu d'un *trust* implicite dans lequel les bénéficiaires ont des droits de propriétaires en équité (la solution est désormais la même pour un fiduciaire non *trustee*[80]).

C. LES DEVOIRS

921 ***Duty of care.* Loyauté, impartialité, reddition des comptes.** Le *trustee* supporte un *duty of care* en vertu de la section 1 du *Trustee Act 2000*. Précisément, il doit apporter un soin raisonnable à sa mission eu égard aux connaissances et expérience qu'il a ; en outre, si c'est un *trustee* professionnel, il doit être tenu compte de ce qui est raisonnablement attendu d'un *trustee* professionnel. Ce soin particulier concerne ses missions les plus diverses (investissement[81], achat immobilier, désignation de tiers, assurance, etc.). Il doit aussi accomplir sa mission avec impartialité, notamment à l'égard de entre tous les bénéficiaires, du moins si le Trust ne prévoit pas de règles différentes entre eux. Il doit également faire preuve de loyauté à l'égard des intérêts du Trust et c'est pourquoi il ne doit pas être en conflit d'intérêts. Ces devoirs sont caractéristiques des obligations fiduciaires, qui s'imposent ici au trustee (mais qui s'imposent aussi aux banques, avocats, assureurs, etc.). L'acte instituant le *trust* peut limiter la responsabilité du *trust*, sauf si le dommage a été causé par son comportement frauduleux[82]. Il a aussi une obligation de rendre compte de sa mission.

922 **Les aménagements par l'acte constitutif.** Le constituant peut aménager très librement les pouvoirs du *trustee*, soit en les augmentant, soit en les réduisant, de manière générale ou de manière spéciale. Il peut, par exemple, décharger le *trustee* de conduire les affaires d'une société dans laquelle le *trust* détient un nombre significatif de parts. Le constituant peut même décharger le *trustee* de telle ou telle obligation fiduciaire[83]. Mais cette possibilité d'aménager les pouvoirs du *trustee* doit être employée avec précision, car, en cas d'ambiguïté, l'acte sera interprété par les juges. En 2002, la *Law Commission* a donné plusieurs directives quant à l'interprétation qui peut être donnée : ainsi, lorsque l'acte constitutif décharge le *trustee*

77. Re Macadam [1946].
78. Bray v Ford [1896].
79. Williams v Barton, [1927] 2 Ch 9 ; pour la notion de *Constructive trust*, v. *infra*, n° 962.
80. AG for Hong-Kong v Reid [1994] ; Comp. avant Lister & Co v Stubbs [1890] CA : simple créance contre le *trustee* (à l'inverse de ce qui s'applique pour un fiduciaire non *trustee*).
81. Voir section 3 à 5 *Trustee Act* 2000.
82. Armitage v Nurse [1998] Ch 221 (HC).
83. Sergeant v National Westminster Bank [1990].

d'un pouvoir particulier, cela ne peut interpréter comme excluant le devoir général de *care*. Il faut surtout que le rédacteur n'exclut pas de la mission du *trustee* tous les devoirs fondamentaux ensemble, au risque que le juge considère qu'il ne s'agit plus d'un *trust*[84]. Puisque le *trustee* qui a accepté sa mission doit se conformer aux directives du constituant, il doit vérifier, dans l'acte constitutif, ce qui lui est permis, voire imposer. Par exemple, si le *trust* est destiné à protéger l'enfant mineur en cas de décès des parents, ceux-ci peuvent constituer un *bare trust* selon lequel l'enfant devenu majeur aura droit aux biens de la succession en capital et intérêts. Un autre type de *trust* se rencontre souvent, celui de l'*interest in possession trust :* le bénéficiaire n'a de droit que sur les revenus des biens tenus en *trust*, tels que les dividendes de droits sociaux. Sans être exhaustif, l'on peut aussi citer l'exemple de l'*accumulation trust* autorisant le *trustee* à ne pas distribuer les revenus des biens du *trust*, mais, comme son nom l'indique, à les accumuler, puis à les intégrer au capital.

923 **La variété des fautes. Violation d'une obligation contractuelle et violation d'une obligation fiduciaire.** Le *trustee* est responsable de ses propres fautes ainsi que de celles commises par les tiers qu'il aurait désignés pour l'aider dans ses fonctions. S'agissant de ses propres fautes, il faut distinguer deux hypothèses, la commission négligente d'un acte autorisé (par exemple, un investissement hasardeux) et la réalisation d'un acte non autorisé (par exemple, le paiement du capital à un tiers non bénéficiaire). En outre, il faut aussi distinguer deux types de fautes commises par le *trustee*, selon la nature de l'obligation inexécutée : celle qui résulte du non-respect du *trust* (*breach of trust*) et celle qui résulte très spécifiquement d'une violation de ses obligations de fiduciaire (*breach of fiduciary duties*). Par exemple, le devoir de tenir les comptes du *trust* est une obligation du *trust*, tandis que le choix du meilleur investissement est une obligation fiduciaire dans la mesure où il doit ne tenir compte que de ce qui est approprié pour le bénéficiaire, sans tenir compte de ses propres intérêts. Lorsque c'est l'acte constitutif qui ajoute des pouvoirs et des devoirs au *trustee*, voire à d'autres acteurs, la nature des obligations (fiduciaires ou non) peut ressortir de l'acte lui-même ; par exemple, lorsque le constituant (*settlor*) est membre du conseil d'administration, il peut interdire aux *trustees*-actionnaires de voter en faveur de son renvoi[85] ; une telle obligation ne relevant pas de l'intérêt des bénéficiaires, il ne s'agit pas d'une obligation fiduciaire. Une question s'est récemment posée à propos du montant de l'indemnisation en cas de violation de l'obligation fiduciaire : si le fiduciaire a commis une faute lucrative, doit-il restituer les profits illicites ou faut-il appliquer le « But for test » et dès lors, lui permettre de garder les profits qu'il aurait réalisés sans cette faute ? La Cour suprême a adopté une position exigeante écartant le « But for test », imposant ainsi la restitution de tous les profits sans exception. Toutefois, elle a prévu la possibilité de modérer, en Equity, l'étendue des restitutions selon son investissement personnel (compétences, travail, risques, etc.)[86].

84. Voir LJ. Millett, *in* Armitage v Nurse, précité.
85. J. Penner, *op. cit.*, n° 3.21.
86. Rukhadze and others v Recovery Partners GP Ltd and another [2025] UKSC 10.

924 **Clause exonératoire de responsabilité.** Comme il a été vu, le *trustee*, tenus de diverses obligations, peut voir sa responsabilité engagée. Mais ce risque peut être fortement encadré, voire exclu, par une clause exonératoire de responsabilité stipulée dans l'acte constitutif du *trust*. Une telle clause est valable mais est inefficace si le *trustee* commet une fraude[87]. Par conséquent, le *trustee* peut échapper à sa responsabilité, en présence d'une clause exonératoire, même en cas de *negligence*, voire de *gross negligence*. Toutefois, le domaine d'application d'une telle clause ne peut pas s'étendre à la responsabilité du *trustee* au titre de ses obligations fiduciaires. Par exemple, s'il agit alors qu'il se trouve dans une situation de conflit d'intérêts, la clause exonératoire ne sera pas efficace. De même, il a été jugé que le *trustee* ne peut pas invoquer le bénéfice de la clause si « sa perception des intérêts des bénéficiaires était si déraisonnable qu'aucun *trustee* professionnel raisonnable aurait pu avoir une telle appréciation »[88]. Mais si sa faute résulte du fait qu'il s'est fondé, raisonnablement, sur une opinion juridique, il peut se prévaloir de la clause[89].

925 **Distinction entre *agent* et *trustee*.** Certaines opérations professionnelles peuvent être effectuées par un *agent* ou un *trustee*. Néanmoins, les deux fonctions sont totalement différentes : l'*agent* agit pour un *principal* qui demeure propriétaire de biens et titulaires de ses droits, alors que le *trustee* agit pour un tiers bénéficiaire et est titulaire du *legal title* sur les biens ; de même, lorsque *l'agent* conclut un contrat pour le compte du *principal*, il n'y est pas parti, contrairement au *trustee ;* en outre, le contrat d'*agency* prend fin au décès de l'une des parties, alors que, sauf disposition contraire, le *trust* ne prend pas fin au décès du *trustee* qui est remplacé par un autre.

§ 3. LES AUTRES ADMINISTRATEURS DU *TRUST*

926 **Administrateurs et *protectors*.** Les pouvoirs ne se répartissent pas exclusivement entre bénéficiaire et *trustee*. Ainsi, le *settlor* peut se réserver des pouvoirs, en se réservant le droit de changer de *trustee* par exemple. Ce pouvoir est soit purement personnel, soit fiduciaire (exercé dans l'intérêt des bénéficiaires). Une personne peut également être désignée pour jouer le rôle de « contre-*trustee* » ou de « subrogé-*trustee* » : cette personne, appelée *protector*, est souvent désignée afin de contrôler la pertinence de tel ou tel investissement envisagé par le *trustee* et y mettre son véto le cas échéant ; c'est une pratique courante pour les investissements faits par des sociétés à l'étranger[90]. Toutefois, la question se pose de savoir si ce protecteur supporte des obligations fiduciaires[91] : certainement s'il agit comme un *trustee*, pas évident s'il doit agir dans l'intérêt exclusif du *settlor* et non des bénéficiaires...

87. Armitage v Nurse [1998] EWCA.
88. Walker v Stones [2001].
89. Bonham v Fishwick [2008].
90. J. Penner, *op. cit.*, n° 3.20.
91. J. Penner, *op. cit.*, n° 3.23.

927 ***Trustee* de fait.** Il faut rappeler que si un tiers s'immisce dans la gestion du *trust* en se comportant comme un *trustee*, il risque d'être qualifié de *trustee* de fait que le droit anglais nomme, d'une ancienne expression française, « *Trustee* de son tort »[92]. C'est souvent le risque pour un *agent* du *trust*.

SECTION 3 LES VARIATIONS DU *TRUST*

928 Le *trust* est rarement immobile : il est amené à être modifié (§ 1), voire à prendre fin (§ 2).

§ 1. LES MODIFICATIONS DU *TRUST*

929 **Les éléments de variations.** Que se passe-t-il si une personne entend transférer ses biens à une institution, mais que le transfert se révèle impossible, car cette institution n'existe pas ou plus ? Les biens sont censés être détenus au profit de la personne initiale ou ses ayants droit dans le cadre d'un *trust* légal. Mais, si le transfert de biens répondait à une intention charitable, les juges essaient d'en profiter une autre institution, aux missions similaires, en vertu de la doctrine du *Cy-près*. Ainsi, si l'intention était de gratifier un domaine à travers une institution, les juges désigneront une institution aux intérêts similaires[93] ; à défaut, si l'intention était de gratifier davantage une institution en particulier que des missions, la doctrine du *Cy-près* ne peut pas s'appliquer[94]. En revanche, si les missions ne sont pas caritatives, les fonds sont distribués aux membres de l'institution[95] ; à défaut, à la Couronne[96].

930 ***Trustee* et bénéficiaires.** De même, *trustee* et bénéficiaire peuvent-ils modifier les termes du *trust ?* Le *trustee* le peut si l'acte constituant le *trust* le permet, notamment en permettant un paiement anticipé au profit du bénéficiaire. Les bénéficiaires peuvent également obtenir un paiement anticipé de la part du *trustee* s'ils sont tous adultes, ayant la pleine capacité et sont unanimes ; le *trust* prend alors fin[97].

931 **Le juge.** Le juge a également le pouvoir de modifier le *trust* dans certaines circonstances en vertu du *Variation of Trusts Act 1958* (VTA)[98]. Par ailleurs, le juge peut aussi accroître les pouvoirs du *trustee* (sec. 57, *Trustee Act 1925*).

92. Mara v Brown [1896] ; Dubai Aluminium v Salaam [2003].
93. Re Rymer [1895] 1 Ch 19 ; Re Harwood [1936] Ch. 285.
94. Kings v Bultitude [2010] EWHC 1795 (Ch).
95. Re Bucks Constabulary Fund (nº 2) [1979] ; Hanschett-Staford v AG [2008] EWHC 330 (Ch).
96. Re West Sussex Constabulauy Fund [1970].
97. Saunders v Vautier (1841) 49 ER 282.
98. Voir par exemple, Re Berstein [2008] EWHC 3454 (Ch) ; Wright v Gater [2011] EWHC 2881 ; Edward, Duke of Sommerset v Fitzgerald [2019] EWHC 726 (Ch).

§ 2. LA FIN DU *TRUST*

932 **Prohibition de la perpétuité. Durée.** Un texte de 2009 permet de fixer la durée d'un *trust* à 125 ans (sec. 5, *Perpetuities and Accumulations Act 2009*).

933 **Disparition fortuite des biens.** En outre, le *trust* prend fin automatiquement si les biens composant l'assiette du *trust* disparaissent sans être remplacés ou réemployés. Tel est le cas si le *trust* porte sur deux immeubles qui finissent engloutis dans un raz-de-marée, sans qu'aucune indemnité d'assurance ne soit allouée (de même si ce sont des meubles volés) ; en qualité de bénéficiaire du *trust*, il dispose de droits équitables réels sur les biens, mais encore faut-il que les biens existent toujours[99]. En revanche, si les biens disparaissent par la faute du *trustee* (par exemple, il a confié tout l'argent à un escroc qui s'est envolé avec), il est tenu d'un devoir de restaurer les fonds perdus, fût-ce avec ses propres fonds. Techniquement, l'obligation du *trustee* de reconstituer la valeur du *trust* au profit du bénéficiaire n'est pas de nature réelle mais de nature personnelle ; par conséquent, selon le droit anglais, le bénéficiaire n'a aucun droit sur les biens personnels du *trustee*[100].

934 **Le pouvoir exceptionnel du *settlor*.** En principe, le constituant peut révoquer le *trust* tant qu'il n'en est qu'au stade précédant l'achèvement de sa constitution ; en revanche, sa qualité ne lui reconnaît aucun pouvoir de révocation du *trust* une fois que celui-ci est constitué (transfert des biens, déclaration). Toutefois, rien n'interdit au constituant de se réserver, dans l'acte constitutif, un pouvoir unilatéral de révocation du *trust*. À défaut, il ne peut y mettre fin.

SECTION 4 LES UTILISATIONS FRÉQUENTES DES *TRUSTS*

935 **Variétés des utilisations.** Malgré un contrôle sans cesse croissant, le *trust* a rencontré un vif succès pour des raisons d'optimisation fiscale (§ 1). Il est également très utile pour gérer et transmettre des biens (§ 2) ainsi qu'outil de garantie de paiement (§ 3).

§ 1. OPTIMISATION FISCALE

936 **Avantages fiscaux.** Les avantages fiscaux qu'offre un *trust* ne sont pas négligeables, quel que soit le domaine (famille, associés, etc.). Par exemple, un *trust* créé par testament par des parents afin de protéger leurs enfants mineurs ouvre droit à une fiscalité particulière minorée. Plus spécifiquement, il

99. Morley v Morley (1678) 22 ER 817 ; Ontario Hydro-Electric Power Commission v Brown [1960].
100. J. Penner, *op. cit.*, n° 2.54.

convient de rappeler que les *trusts* doivent respecter les obligations imposées par la législation anti-blanchiment d'argent, notamment l'enregistrement auprès du HMRC (*Her Majesty Revenue and Customs*). Cette disposition concerne les *trustees* professionnels de *trusts* exprès, les *trustees* de droit sociaux (*nominee shareholders*)[101] ou les personnes qui permettent à un tiers d'agir comme *trustee*. Cette optimisation fiscale est d'autant plus intéressante si le régime fiscal relève d'un droit étranger particulièrement favorable. Le *Recognition of Trusts act 1987* admet que la loi applicable soit choisie par les parties et soit autre que le droit anglais (sous réserve de dispositions d'ordre public). De plus, le choix d'une loi étrangère peut aussi se révéler utile aux acteurs du *trust* qui souhaitent rendre les contentieux plus compliqués pour le tiers (procédure dans un pays lointain, coûteuse, etc.). Enfin, des lois étrangères peuvent se montrer encore plus flexibles dans le fonctionnement du *trust*, et donc plus séduisantes, que le droit anglais[102]. Il faut toutefois relativiser l'intérêt fiscal du *trust* car les lois et les jurisprudences tendent, de manière constante, à en limiter les effets.

§ 2. INSTRUMENT DE GESTION ET TRANSMISSION PATRIMONIALE

937 La gestion et la transmission des biens sont facilitées par le recours au *trust*, tant en matière familiale (A) qu'en droit des affaires (B).

A. EN MATIÈRE FAMILIALE

938 **Libéralités.** Le *trust* peut être un instrument utile de gestion du patrimoine familial soit du vivant du constituant (*Inter vivos trust*), soit après sa mort, par testament (*Testamentary trust*)[103]. Le principal avantage est d'organiser de manière complète les pouvoirs des uns et des autres, en permettant au constituant de voir sa volonté respecter. Par exemple, il peut, par testament, désigner un *trustee* qui, comme un exécuteur testamentaire, répartira les biens entre les légataires/bénéficiaires indiqués, mais gérera aussi les biens si ceux-ci sont mineurs et, jusqu'à la fin de leurs études. Le *trust* peut également permettre de financer la vie d'un enfant handicapé en le désignant bénéficiaire, ce qui lui permettra de recevoir des revenus réguliers, sans avoir le fardeau de la gestion, assumée par le *trustee ;* ainsi, le *trust* pourra déclarer que tous les biens du défunt seront tenus *on trust* par sa veuve, qui pourra disposer librement de la moitié d'entre eux pour aider leurs enfants à s'établir dans la vie (les enfants bénéficiaires, dans cet exemple, recevant alors une partie du patrimoine en

101. Sauf si le bénéficiaire est une liste de sociétés soumises à des obligations de révéler un certain nombre d'informations.

102. Sur l'importance du choix de la loi applicable dans un *trust* exprès, voir D. HAYTON, *Thoughts on future trust law developments*, *in Trusts & Trustees*, Vol. 22, n° 9, novembre 2016, p. 1002 et s. : l'auteur, qui est juge à la Cour de justice de Trinidad et Tobago qualifie la loi étrangère attractive pour les *trusts* de l'adjectif "*trustopian*"...

103. Si le testament ou la donation s'accompagne d'un *trust*, il faut que les formalités propres à chaque libéralité soit respectée (par exemple, pour le testament, un écrit signé du testateur et deux témoins).

pleine propriété), puis, au décès de celle-ci, les biens restant seront répartis entre les enfants à parts égales.

939 ***Private trust company.*** Une société peut être constituée dans le but de gérer des biens par le biais d'un *trust*, voire de plusieurs. C'est particulièrement intéressant pour gérer le patrimoine important d'une famille, notamment dans une perspective d'optimisation fiscale. En effet, la *Private trust company* (PTC) offre aux membres de la famille (en qualité de *settlor* et bénéficiaires) une grande flexibilité de fonctionnement et une place importante dans la prise des décisions. En outre, si elle est constituée à l'étranger (et dans des pays à la fiscalité attractive), elle sera soumise à la fiscalité locale si la majorité des administrateurs y réside.

B. DANS LE DOMAINE DES AFFAIRES

940 Le monde des affaires recourt au *trust* afin de gérer les biens d'une société (1) et financer des fonds de pensions (2).

1. La gestion d'une société

941 ***Shareholding.*** Le *trust* est couramment utilisé pour détenir des droits sociaux dans une société ou plus spécifiquement afin d'effectuer des opérations d'investissement[104]. Le mécanisme repose sur la distinction entre le *trustee*, qui est le propriétaire légal des actions (et dont le nom figure sur le registre de la société), et les bénéficiaires, qui sont titulaires des droits équitables, tels que les dividendes. Outre cet aspect financier, le *trust* permet aussi d'aménager l'interdiction de créer des sociétés unipersonnelles : par exemple, plusieurs actionnaires se contentent de détenir une action chacun qu'ils confieront tous à un *trustee* qui se trouve être, par ailleurs, l'actionnaire majoritaire. Il est également intéressant de créer un *trust* pour abriter des droits sociaux afin d'optimiser la fiscalité afférente. Un autre effet attractif du *trust* tient aussi au fait que si des actions sont détenues en *trust*, le *trustee* est connu, mais le ou les bénéficiaires peuvent demeurer secrets, ce qui est, sauf exception, tout à fait possible et utile. Il faut observer que la société, n'étant pas obligée d'être tenue informée de l'existence de *trust* sur ses parts sociales, elle n'a corrélativement pas d'obligation d'informer les bénéficiaires en cas d'opérations sur celles-ci ; par exemple, si les parts détenues en *trust* sont cédées par le *trustee* en violation des termes du *trust*, les bénéficiaires se retrouvent dans une situation fragile, car ni le cessionnaire ni la société ne sont censés avoir l'information de l'existence du *trust ;* par conséquent, les bénéficiaires risquent de perdre leurs droits en équité, car la cession s'opérera "*free from interests*", c'est-à-dire en pleine propriété.

942 ***Unit trusts.*** Le *trust* peut également être un pur instrument de fructification de fonds. Il permet ainsi à des bénéficiaires de voir leur argent fructifier de manière collective. Le *trust* fonctionne entre un *manager* du *trust* et le *trustee :* le premier

104. M. ELLAND-GOLDSMITH, *The trust and its use in commercial and financial transactions*, 1986, p. 945.

achète diverses valeurs mobilières et le second les gère. Le *manager* propose à toute personne intéressée d'acheter des unités (*units*) représentant une quote-part indivise de toutes les valeurs mobilières gérées par ce *trustee* dans le cadre du *trust*. Les pouvoirs entre le *trustee* et le *manager* sont répartis comme suit : le *trustee* tient un registre des *unit holders* (les acquéreurs d'unités) et leur verse les dividendes, et le *manager* gère le portefeuille des investissements, sous le contrôle du *trustee*, dans l'intérêt des bénéficiaires[105].

943 **La participation des salariés.** Le gouvernement anglais souhaitant favoriser la création d'entreprises, ainsi qu'un plus grand investissement des salariés dans leur entreprise, a instauré en 2014 une incitation efficace passant par la création d'un *trust*, l'*Employee ownership trust* (EOT). Ce dispositif fait suite à d'autres dispositifs poursuivant la même finalité (notamment le *Finance Act 1978*). Le EOT est un *trust* spécial au profit des employés dont l'efficacité repose sur un allègement fiscal pour les employeurs qui leur céderaient une partie des parts de l'entreprise. Le mécanisme est le suivant : les actionnaires de la société-employeur cèdent leurs actions à une autre société constituée pour être le *trustee* du EOT. Le prix de la cession est fixé sur la base d'une évaluation faite par un expert, mais le paiement reste en suspens, de sorte que le *trustee* en est débiteur auprès des actionnaires. Ensuite, les profits que la société-employeur réalisera viendront alimenter l'EOT qui utilisera alors ces fonds pour rembourser le prix de cession. Ce système présente des avantages pour les salariés qui seront plus motivés, efficaces et innovants ; ils peuvent aussi espérer le paiement de supplément de salaires non imposables. Les actionnaires, quant à eux, cèdent leurs actions à la valeur du marché et n'en sont pas du tout expropriés. Enfin, la société profite d'avantages fiscaux.

2. Les fonds de pensions

944 ***Pension funds.*** Le *trust* permet également de constituer des mécanismes de financement des retraites. L'employeur alimente le fonds de pension qui est géré par un *trustee* au profit des salariés. L'avantage pour les salariés est que le *trust* les met à l'abri en cas d'insolvabilité de l'employeur ; et la création de ce type de *trust* est totalement irrévocable par l'employeur, ce qui est rassurant pour eux. Pour l'employeur, divers avantages fiscaux l'y incitent. L'acte constitutif du *trust*, passé entre l'employeur et le *trustee*, fixe les pouvoirs de ce dernier, les bénéficiaires éligibles et les modalités du paiement des pensions.

§ 3. INSTRUMENT DE GARANTIE DE PAIEMENT

945 **Comme une garantie réelle.** Un *trust* exprès peut également être constitué dans le but de servir de garantie en cas de difficulté de paiement en s'articulant avec un contrat de prêt ; il fonctionne alors comme un *security interest*[106]. En bref, l'emprunteur constitue un *trust* par lequel il désigne la banque

105. Voir plus généralement, *Financial Services and Markets Act 2000*, sections 242 et suivantes.
106. J. PENNER, *op. cit.*, n° 2.63.

prêteuse comme le bénéficiaire et un autre organisme faisant partie du même groupe comme étant le *trustee*, l'assiette du *trust* étant constituée par un ou plusieurs biens de valeur. Ainsi, le bénéficiaire-prêteur a droit aux fruits de la gestion du *trust* et en cas d'insolvabilité de l'emprunteur, ses droits réels en équité le protègent des autres créanciers. Le *trust* prend fin une fois l'emprunt remboursé, le bénéficiaire étant alors désigné comme l'emprunteur-*settlor* ; à défaut de remboursement, le bénéficiaire reste le prêteur. L'on peut aussi constituer un *trust* qui apporte une garantie de remboursement au profit d'une banque ; concrètement, l'acheteur de marchandises ne peut pas les payer avant de les avoir revendues ; il contacte alors sa banque qui en paiera le prix au vendeur initial, puis, en vertu d'un *trust* unissant la banque et l'acheteur, celui-ci devient le *trustee* du produit de la revente au profit de la banque, la bénéficiaire ; en cas d'insolvabilité de ce revendeur-*trustee*, la banque est à l'abri du concours des autres créanciers.

946 ***Syndicated loans. Trust for bondholders. Parallel debts.*** Enfin, dans des opérations nécessitant un important financement (par exemple, un projet de construction international), l'initiateur du projet peut avoir besoin d'argent qu'il emprunte auprès de plusieurs banques. L'inconvénient d'emprunter à plusieurs banques isolément tient au fait que l'emprunteur doit multiplier les démarches et la conclusion de contrats distincts, et qu'il est difficile, dans ces conditions, d'aboutir à un financement, global cohérent et efficace. C'est pourquoi, en pratique, il est judicieux d'associer tous les financeurs d'un projet (ou d'une entreprise). Le mécanisme consiste à constituer un pool de prêteurs et de créer des interactions entre eux. Concrètement, une banque (*Lead* ou *Manager Bank*) permet au porteur du projet d'entrer en contact avec d'autres banques, chacune finançant une part du projet, de coordonner le financement et elle gérera tant les garanties de paiement que le remboursement pour elles, de sorte qu'elle agit comme un *trustee-agent*[107]. Ce mécanisme est particulièrement plus intéressant car il combine les avantages de la mise en commun et ceux d'une relation individuelle. En effet, grâce au syndicat, les banques répartissent les risques, contractent sur la base de documents communs et n'ont pas le souci de la gestion des garanties de paiement, tout en conservant leur droit de poursuivre individuellement l'emprunteur en cas de défaillance. De manière similaire, quoique distincte, le financement d'envergure (et sa gestion collective) peut aussi emprunter les traits d'un autre montage fondé sur le trust, le *Trust for bondholders*, la particularité ici tenant au fait que le trustees reçoivent une délégation collective d'autorité de ces détenteurs d'obligations[108]. Enfin, parce que les trusts sont rarement reconnus dans les pays de *Civil law*, ces montages sont souvent substitués par une autre technique, le *Parallel debt*. Comme son nom l'indique, il s'agit d'une seconde dette, contractée en parallèle de la première (entre les banques et l'emprunteur), entre le *Security agent* et l'emprunteur, et est garantie de la même manière ; afin d'éviter un double paiement par l'emprunteur, les « deux dettes en parallèle » sont liées par une clause, souvent une condition résolutoire ou une clause de caducité. En pratique, il est souvent judicieux de placer la seconde dette au premier plan (entre le Security agent et l'emprunteur), car, ainsi,

107. R. GOODE and E. MCKENDRICK, Commercial law, 2020, n° 4.22.
108. R. GOODE and E. MCKENDRICK, *op. cit.*, n° 4.22.

les créanciers de la première dette peuvent varier à loisir sans que cela n'affecte ni le montant de la dette, ni ses modalités, ni l'identité du créancier de la seconde dette ; en d'autres termes, financièrement, la dette qui est à payer est en priorité la seconde.

947 **Extension à l'insolvabilité du débiteur.** Lorsqu'un débiteur devient insolvable, les espoirs du créancier d'être payé s'amenuisent (en dehors de toute garantie). Mais le *trust* peut être une technique intéressante permettant de créer des droits privilégiés. Toutefois, ce sont les juges (et non les parties) qui ont étendu le mécanisme suivant[109]. Concrètement, le bénéficiaire dispose, par essence, de droits réels (en équité) sur les biens relevant du *trust*. Or, si le *trustee* fait faillite (qu'il soit une personne physique ou morale), un *trustee* pour la faillite est chargé de faire le point sur l'actif et le passif sur *trustee* endetté et de procéder à la liquidation en répartissant ce qu'il reste d'actif entre les créanciers. Or, le bénéficiaire du *trust*, titulaire de droits réels en équité, n'entre pas en concurrence avec les autres créanciers, du moins chirographaires, car ses droits valent autant que des droits légaux de propriétaire ; de même, si le bien est transmis à un tiers, en violation du *trust*, le bénéficiaire peut en espérer le retour dans le *trust*[110]. Si le bénéficiaire détient ses droits d'un *trust* exprès, il n'y a guère de difficulté ; en revanche, en l'absence de *trust* exprès, un créancier peut utiliser la technique du *trust* implicite pour convaincre le juge que sa relation entre le débiteur et lui a fait émerger un tel *trust*, lui permettant ainsi de se transformer sa créance personnelle en droits réels équitables sur une partie des biens de l'insolvable[111]. Il échappe ainsi à la concurrence des autres créanciers. Le bénéficiaire peut être payé sur les biens tenus par le *trustee* en cette qualité ; encore faut-il que les biens soient toujours identifiables.

109. V. *infra*, les *trusts* implicites.
110. J. Penner, *op. cit.*, n° 2.63.
111. J. Penner, *op. cit.*, n° 2.61 et s.

CHAPITRE 3
LES *TRUSTS* NON EXPRÈS

948 **Présentation.** Ces *trusts* ne résultent pas de la volonté expresse du constituant mais au contraire des circonstances et sont imposés par les juges afin de trouver des solutions justes à des situations injustes ne trouvant pas de réponses en droit des biens, des contrats, de la responsabilité ou des trusts exprès. Le point commun avec les trusts exprès est la création de droits en Equity au profit du demandeur-bénéficiaire. En revanche, les trusts non exprès s'en distinguent dans la mesure où le constituant n'a ni exprimé d'intention de créer de trust, ni observé les formalités requises, le cas échéant. En outre, ce sont des mécanismes qui visent à trancher des conflits entre demandeur et défendeur, à restaurer la Justice, lorsqu'un déséquilibre injuste est observé, tandis que les *trust* exprès sont de véritables outils d'organisation et de planification patrimoniale. Les trusts non exprès pourraient être qualifiés d'implicites, mais cela laisserait à penser qu'ils résultent de l'interprétation du comportement des parties, ce qui n'est pas exactement, ou pas forcément, le cas. La difficulté de cette catégorie est qu'elle est loin d'être homogène et facile à appréhender. En effet, ces trusts non exprès recouvrent des réalités d'une grande richesse : ils permettent tantôt de donner une valeur juridique à une opération économique, souvent un *trust* exprès qui, en raison du non-respect du formalisme, devrait être inefficace ; tantôt de reconnaître un droit réel à une personne ayant contribué à l'achat d'un bien ou à un jeu d'argent, ils opèrent aussi parfois comme un quasi-contrat, notamment dans des hypothèses où l'enrichissement injustifié trouverait à s'appliquer en droit français. Au sein de ces réalités, la jurisprudence anglaise distingue deux types de *trusts* non exprès, selon qu'ils résultent de l'interprétation du comportement, et donc, dans une certaine mesure, de la volonté des parties, ou selon qu'ils constituent une solution objective à un contentieux. Il s'agit d'une part, des *resulting trusts* (section 1) et, d'autre part, des *constructive trusts* (section 2).

SECTION 1 LES *RESULTING TRUSTS*

949 **Présentation.** Le *resulting trust*[1] se caractérise par le fait qu'il crée un intérêt en équité au profit du constituant : en d'autres termes, ce type de trust opère un aller-retour de biens, dans la mesure où le constituant (ici, le *Payer*) transfère des biens à un *Trustee* (*Recipient*), puis, à certaines conditions, les biens retourneront nécessairement dans le patrimoine du premier sur le fondement de l'équité. Il se distingue d'un *trust* exprès en ce qu'il n'emprunte pas le chemin classique de la constitution d'un *trust*, il agit comme une solution de la dernière chance (« solution of last resort »)[2], en ce sens qu'il ne trouve à s'appliquer pour trancher un conflit et parce que les parties n'ont rien prévu[3] ; et, pourtant, l'intention des parties n'est pas complètement absente puisque le constituant a bien l'intention de transmettre ses biens à un *trust* et celui qui les reçoit sait qu'il n'est que le *trustee* et non le bénéficiaire. Le *resulting trust* se subdivise en deux catégories[4] : la première est le *resulting trust* présumé (§ 1) et la seconde le *resulting trust* automatique (§ 2).

§ 1. LE *RESULTING TRUST* PRÉSUMÉ

950 **Définition.** Le *resulting trust* présumé (*Presumed Resulting trust* ou *PRT*) est un outil de qualification en présence d'un transfert de propriété entre deux personnes, transfert dont la qualification est inconnue, et il pourrait s'agir d'une donation, d'une vente ou d'une autre opération. En présence d'une telle incertitude, l'intention du solvens (celui qui transfère ses biens) est alors présumée : comme la générosité n'est pas un sentiment communément répandu, il ne peut y avoir d'autres explications que par le trust, de sorte que ce *Transferor* est présumé avoir eu l'intention de transférer ses biens à l'accipiens dans le cadre d'un *trust*, l'accipiens étant le *trustee* et lui étant le bénéficiaire. Ce mécanisme, qui suppose de comprendre la présomption d'avancement (A), est appliqué par les juges anglais essentiellement en cas de transfert de propriété d'un bien (B), et dans d'autres hypothèses ponctuelles (C).

A. LA PRÉSOMPTION D'AVANCEMENT ET PRÉSOMPTION DE *TRUST*

951 **Présomption simple de la libéralité. *PRT*.** Le point de départ du raisonnement du *Resulting trust* présumé est une présomption permettant de qualifier la nature

1. Cette expression est dérivée du verbe "*to result*" qui signifie « revenir en arrière », permettant de traduire l'idée que ce *trust* permet à celui qui a transféré des biens de les récupérer.
2. Lord Bridge in Whitlock v Moree [2017] UKPC 44 ; Gany Holdings v Khan [2018] UKC 21.
3. G. Virgo, The Principles of Equity and Trusts, Oxford, 2023, n° 8.8.1.
4. Re Vandervell's *Trusts* (No 2) 1974.

juridique d'un transfert de propriété entre deux personnes en cas d'incertitude[5]. Par exemple, lorsque X transfère la propriété d'un bien à Y, sans autre détail sur la qualification, il peut s'agir vraisemblablement soit d'une vente (ou d'un échange), soit d'une donation, voire d'un trust. Comment choisir ? C'est précisément pour combler cette absence de preuve que les juges anglais ont posé des présomptions : comme l'intention des parties n'est pas certaine, il faut qualifier juridiquement le transfert économique et le raisonnement mené par les juges est un raisonnement de type « fermer des portes vraisemblables ». Première piste : il peut s'agir d'une vente, et dès lors, il est indispensable d'identifier une *Consideration* ; si elle existe, il s'agit bien d'une vente, la qualification ne fait pas de doute. À défaut, la qualification de vente étant exclue, il faut privilégier une seconde piste, celle de la donation ; mais comment en être sûr en l'absence de preuve de l'*animus donandi* du *Transferor* ? Là encore, en se référant au plus vraisemblable : si les parties (*Payer* ou *Transferor* et *Recipient*) font partie de la même famille, il est logique qu'il s'agisse d'une donation ; c'est la présomption d'avancement (*Presumption of advancement*)[6]. Par exemple, lorsqu'un père transfère à son fils des biens sans que l'on puisse savoir s'il s'agit d'une donation ou d'une vente, le transfert, en l'absence de contrepartie, est présumé être une donation en raison des liens familiaux et affectifs qui lient les parties. D'ailleurs, les juges anglais ont appliqué la présomption de libéralité à diverses relations familiales : entre père et fils[7], entre mère et fils[8], fils et père[9], mari et femme[10]. La présomption a été étendue plus généralement à toutes les personnes qui ressentent un devoir de procurer à d'autres des biens comme des parents le feraient[11]. Il s'agit d'une présomption simple qui peut être renversée par la preuve d'une intention contraire des parties qui doit prendre la forme de déclarations exprimées concomitamment au transfert[12]. Inversement, en l'absence de liens familiaux, il est vraisemblable que le *Transferor* ait souhaité que le *Recipient* reçoive le bien, non pas en qualité de donataire, mais de manière précaire, en qualité de *Trustee* d'un *PRT*, celui-ci ayant vraisemblablement compris qu'il n'avait que la qualité de *Trustee*. En dehors de la famille, la qualification de donation est, en effet, exclue, car statistiquement, des étrangers ne sont pas mus, spontanément, par l'altruisme[13]. Ainsi, puisqu'il y a *PRT*, le *Trustee* devra restituer le bien au *Transferor*, bénéficiaire du *PRT*. En somme, à ce stade, soit il s'agit d'un

---

5. G. Virgo, *op. cit.*, n° 8.2.1.

6. La section 1999 de l'*Equality Act 2010* a abrogé cette présomption d'avancement, considéré comme discriminatoire car s'appliquant surtout lorsque le *Transferor* est le mari et le *Recipient* son épouse, et non l'inverse ; mais l'abrogation n'étant pas entrée en vigueur, la règle continue de s'appliquer.

7. Bennett v Bennett [1879].

8. Crown Prosecutor v Malik [2003] All ER (D) 33 ; Laskar v Laskar [2008] EWCA Civ 347.

9. Lord Grey v Lord Grey.

10. Gascoigne v Gascoigne [1918] ; Pecore v Pecore [2007] SCC.

11. Re Paradise Moror [1968] 1 WLR 1125 ; Lavelle v Lavelle [2004] ; pour rappel, pendant longtemps, la présomption ne pouvait pas jouer en femmes (entre sœurs ou entre mère et fille, Noack v Noack [1959] VR 137 ; entre compagnes, Tinsley v Milligan [1994]), mais cette solution a été modifiée par la jurisprudence et a été abrogée par la section 199 de l'*Equality act 2010*, bien que non entrée en vigueur.

12. Pettit v Pettit [1970] AC 777 ; McGrath v Wallis [1995] 2 FLR 114 ; Shephard v Cartwright [1955] AC 431 ; Warren v Gurney [1944] 2 All ER 472.

13. G. Virgo, *op. cit.*, n° 8.2.

transfert extra-familial de bien, et il doit être qualifié de *PRT* ; soit il s'agit d'un transfert intra-familial et il est présumé être une libéralité. Ces présomptions s'appliquent, que le transfert concerne un immeuble[14] ou un meuble[15] ; de même, il n'y a pas de distinction selon la nature des personnes, de sorte qu'une personne physique peut transférer des biens à une personne morale qui sera alors qualifiée de *Trustee*[16].

B. LE TRANSFERT D'UN BIEN

952 Le PRT trouve à s'appliquer différemment en présence du transfert volontaire d'un bien : soit, il s'agit d'un transfert pur et simple (1), soit il s'agit du financement total ou partiel d'une acquisition pour autrui (2).

1. Transfert pur et simple

953 **Présomption.** Si le transfert est volontaire et que la qualification est incertaine, il s'agit d'un PRT, présomption simple qui peut être renversée par la preuve contraire d'un *animus donandi* ou d'une présomption d'avancement[17]. Par exemple, une grand-mère transfère des parts sociales qu'elle détenait en pleine propriété à sa petite-fille dans une sorte d'indivision qu'elle formait avec elle. Mais elle décède sans que la nature de l'opération n'ait été claire, de sorte que la petite-fille est présumée *trustee* d'un *PRT* au bénéfice de la grand-mère, défunte, donc désormais, au profit de la succession. Par conséquent, les exécuteurs testamentaires ont pu obtenir la restitution des parts sociales en leur qualité de bénéficiaires[18]. De même pour un contrat annulé et dont la restitution des prestations est demandée : un contrat est conclu entre une banque et une collectivité locale, et, en exécution de ce contrat, la banque verse une certaine somme d'argent à la collectivité ; or, ce contrat ayant été ultérieurement annulé[19], la banque réclame la restitution des fonds. Afin de procéder à cette restitution, les juges anglais ont dû analyser la nature juridique du premier transfert d'argent : le paiement de la banque au profit de son cocontractant est présumé représenter un *PRT* dont la banque serait bénéficiaire et le cocontractant le *trustee* ; or, cette présomption peut être contestée en prouvant que la banque, en versant cet argent, n'avait aucune intention ni même espoir qu'elle pût en obtenir le retour, puisqu'il s'agissait d'un paiement en vertu d'un contrat. Par conséquent, ce versement ne pouvait pas s'analyser comme un *PRT*.

14. Prest v Petrodel Ressources Ltd [2013] UKSC 34 ; National CrimeAgency v Dong [2017] EWHC 3116 (CH).

15. Aroso v Coutts [2001] J WTLR 797 : pour de l'argent à disposition sur un compte bancaire ; Re Vinogradoff, précité : pour un transfert d'argent de compte à compte.

16. Prest v Petrodel Ressources Ltd, précité : un époux ayant transféré des propriétés immobilières à plusieurs de ses sociétés off-shore, celles-ci ont été qualifiées de trustees à son bénéfice ; mais, lors de son divorce, il dut partager les droits en équité dont il jouissait en vertu de ce PRT.

17. Aroso v Coutts [2001] précité ; Prest v Petrodel Ressources Ltd, précité.

18. Re Vinogradoff [1935] WN 68.

19. Westdeutche Landesbank Girozentrale v Islington LBC [1996] UKHL 12.

2. Le financement d'un achat pour autrui

954 **Financement total ou partiel.** Lorsqu'une personne achète un bien ou le finance partiellement, et le met au nom d'une autre personne et que la qualification de l'opération est indéterminée, l'*accipiens* est présumé les tenir en qualité de *trustee* pour le *solvens* en vertu d'un *PRT*. Mais cette présomption simple de *trust* peut être renversée par la preuve contraire, celle d'une libéralité s'il s'agit d'un transfert extrafamilial ou par la présomption d'avancement s'il s'agit d'un transfert familial. Par exemple, une vieille dame acquiert des parts sociales qu'elle met au nom d'un jeune homme dont elle apprécie la compagnie[20]. Quelle est la nature de cette opération ? Tout d'abord, il s'agit d'un *PRT*, mais ensuite, cette présomption peut être renversée par la preuve de l'intention libérale du *solvens*. Par conséquent, si la présomption de *PRT* est renversée par la preuve de l'*animus donandi*, l'*accipiens* est entièrement propriétaire, et le *solvens* ne se voit reconnaître aucun droit en équité[21]. La présomption de PRT a été appliquée à des loteries, lorsque plusieurs personnes souhaitant participer à un jeu de pari (tel que la loterie nationale) confient leur argent à un seul d'entre eux qui se rend au bureau de tabac pour jouer, quel est le sort du lot gagné le cas échéant ? Il s'agit d'un PRT, les parieurs étant les bénéficiaires et celui qui a misé étant le *trustee*. Encore faut-il être en mesure de prouver que le joueur a bien confié son argent pour le pari[22].

La solution est identique même si le transfert porte sur un immeuble : lorsque l'achat de l'immeuble a été financé par deux personnes, mais qu'une seule est mentionnée dans l'acte, l'autre n'a aucun droit de propriété en vertu du droit des biens stricto sensu ; toutefois, le recours au *PRT* peut lui permettre de bénéficier d'un droit en Équité : ainsi, celui dont le nom est indiqué dans l'acte de propriété est trustee au profit du financeur, en vertu d'un PRT. Mais, comme il ne s'agit que d'une présomption, celle-ci peut être renversée par la preuve d'une intention libérale ou par la présomption d'avancement. En cas de financement partiel, chacun est bénéficiaire d'un droit en équité sur l'immeuble, proportionnellement à sa part de financement. Le fait que le financement ait été rendu possible par un emprunt n'affecte pas le droit équitable du bénéficiaire : par exemple, si une personne emprunte de l'argent à une banque en gageant l'un de ses biens, puis achète un immeuble avec quelqu'un, le bénéficiaire jouit d'un droit en Équité proportionnel à sa part de financement et non pas correspondant au nominal de la somme apportée[23].

955 **Les limites.** Si un couple achète le logement familial en indiquant leurs deux noms sur l'acte d'achat, la présomption de *PRT* ne trouve pas à s'appliquer, quelle que soit la proportion du financement par chaque conjoint[24]. De même, la présomption *de* PRT en cas de contribution au financement de l'achat d'un immeuble ne s'applique logiquement pas au financement des frais de réparation et de

20. Fowkes v Pascoe [1875].

21. Abrahams Trustee in Bankruptcy of Abrahams [2000] WTLR 593 : pas d'application de la présomption d'avancement, car le financement était procuré par l'épouse et non par l'époux, donc le PRT fut maintenu.

22. Abraham v Abraham, précité.

23. Cowcher v Cowcher [1972] 1 WLR 425 ; Springette v Defoe 1992] 2 FLR 388.

24. Jones v Kernott [2011] UKSC 53 ; Stack v Dowden [2007] UKHL 17.

rénovation[25]. Pareillement, elle ne saurait concerner le financement des dépenses de la vie courante du ménage[26]. En outre, la contribution doit correspondre à une part substantielle du financement[27]. Enfin, classiquement, en cas de fraude, le *solvens* peut se prévaloir de sa qualité de bénéficiaire du *PRT* et obtenir la restitution du bien[28].

C. AUTRES HYPOTHÈSES

956 Les autres hypothèses concernent la lutte contre la fraude (1), bien que de manière plus limitée désormais, et les comptes bancaires (2).

1. La fraude face aux présomptions

957 **Fraude et *resulting trust* présumé.** Pour rappel, un transfert de bien intrafamilial est présumé être une libéralité, tandis qu'un transfert de bien extrafamilial est présumé être un *PRT*. Or, de tels transferts, particulièrement si leur qualification est incertaine, dissimulent souvent des montages frauduleux ou illicites. Par exemple, un conjoint transfert un bien de valeur à son époux afin d'échapper à la poursuite de ses créanciers et/ou organiser son insolvabilité. Mais la situation peut se retourner contre les parties malhonnêtes, lorsqu'elles finissent par se disputer, puisque l'Equity ne vient pas au secours de ceux qui n'ont pas les *Clean hands* (« *Equity does not assist a person with unclean hands* »). En effet, en présence d'un transfert intrafamilial, la présomption de libéralité (*Presumption of advancement*), la situation se révèle alors dangereuse pour le *Transferor* : par exemple, lorsqu'un époux transmet un bien à son épouse ou à un enfant afin d'échapper à ses créanciers ou afin de payer moins d'impôts, ce transfert est irréfragablement présumé être une libéralité, et, ainsi l'épouse ou l'enfant étant présumés donataires du bien[29], ils peuvent s'opposer à la restitution une fois le danger des créanciers écarté ; le mari se retrouve alors piégé dans son propre montage. L'illégalité du montage ne justifiant pas le renversement de la présomption de libéralité, il ne peut y avoir requalification en *PRT*. Ainsi, en cas de dispute entre les parties, le montage risque d'être catastrophique pour le *Transferor*, mais bénéfique pour le *Recipient*. Toutefois, les juges anglais admettent, exceptionnellement, que la *Presomption of advance* soit renversée, bien qu'il s'agisse d'un transfert intrafamilial, à condition que le demandeur (le *Transferor*) se soit retiré du montage avant que la fraude n'ait produit ses effets, selon le principe dit du « *Withdrawal principle* »[30]. Inversement, en présence d'un transfert extrafamilial, comme il y a *PRT*, celui qui a reçu le bien (et

25. Pettitt v Pettitt [1970] AC 777 HL.
26. Burns v Burns [1984] Ch 317.
27. Gissing v Gissing [1971] AC 886 HL : le mari finança plus de 90 % de l'achat de l'immeuble par un prêt et donna les 10 % à son épouse afin qu'elle y contribue, mais elle utilisa les fonds pour faire des emplettes... Les juges estimèrent que les conditions n'étaient pas remplies pour avoir un *PRT* à son profit.
28. Sekhon v Alissa [1989] 2 FLR 94.
29. Tinker v Tinker [1970] 1 All ER 540.
30. G. Virgo, *op. cit.* ; Tinker v Tinker, précité : parce qu'il se repent, le demandeur peut bénéficier du PRT, l'obstacle que constituait son comportement frauduleux ayant ainsi été levé.

était donc complice du montage frauduleux) doit restituer le bien, car il n'est que *Trustee*, l'opération ne lui profite donc pas[31] ; c'est donc une façon de priver le complice de tout bénéfice et, en amont, de le dissuader d'y prendre part. Et pourtant, la situation ne peut que surprendre, puisque le bénéficiaire (à l'initiative du montage) en sort gagnant, en contradiction avec le principe des *Clean hands*.

958 **Primauté de la restitution sur l'illégalité.** En effet, en vertu de la maxime des Clean hands, le demandeur, se prévalant de l'Equity, doit être irréprochable. Toutefois, les raisonnements menés par les juges anglais sont parfois bien subtils, de sorte qu'il est délicat d'anticiper certaines solutions. Dans un important arrêt, la Cour suprême a revu les positions jusque-là admises en considérant qu'il est possible d'ordonner la restitution des sommes versées dans un but illégal, dans la mesure où il serait injuste que la restitution n'ait pas lieu et en considération des illégalités commises[32]. En l'espèce, une personne avait remis une somme d'argent à une autre afin que celle-ci en fasse des placements fructueux grâce à un délit d'initié. Mais le stratagème ne marcha pas, les informations attendues n'ayant pas fuité ; le premier réclama alors la restitution de la somme, tandis que le second, invoquant l'illégalité de la situation initiale refusa. La Cour suprême considéra que la restitution devait avoir lieu, en dépit de la fraude, l'illégalité de la situation n'étant pas, à elle seule, un obstacle suffisant. Ainsi, la Cour suprême invite à mener un raisonnement complexe, confrontant les diverses illégalités et injustices en jeu : quelles règles ont été violées par le montage ? Quelles conséquences injustes observerait-on si la restitution n'était pas prononcée ? Quelle proportionnalité peut-on appliquer aux fautes respectives des parties[33] ? Dans cette espèce, proche de l'enrichissement injuste, rien ne justifie que le *Recipient* garde l'argent qu'il a reçu en vertu d'un montage frauduleux auquel il prenait une part active. À l'heure actuelle, ces deux présomptions (*Presomption of Advancement* et *PRT*) font l'objet de controverses en doctrine et dans les états de *Common law*, et il n'est pas certain qu'elles demeurent à l'avenir[34].

959 **Achat en commun.** Si un couple achète le logement familial en indiquant leurs deux noms sur l'acte d'achat, la présomption de PRT ne trouve pas à s'appliquer, quelle que soit la proportion du financement par chaque conjoint.

2. Comptes bancaires

960 **Compte bancaire et indivision.** Un PRT peut aussi s'appliquer à un compte bancaire joint sur lequel de l'argent est déposé. Lorsque l'un des deux titulaires

31. Tribe v Tribe [1996] Ch 107 ; Tinsley v Milligan [1994] 1 AC 340 : un couple finance, à parts égales, l'acquisition du logement familial, mais un seul des conjoints est le propriétaire officiel afin de permettre à l'autre de continuer à percevoir des allocations. Lorsque le couple se sépare, le conjoint non-propriétaire réclame la moitié de la maison et les juges y font droit sur le fondement d'un PRT, mais bien plus parce qu'il s'agissait d'un financement pour autrui qu'en raison de l'illégalité de la situation.

32. Patel v Mirza [2016] UKSC 42.

33. Lord Sumption, se départissant du raisonnement mené dans Patel, mis en exergue un grave risque d'incertitude juridique, ce à quoi Lord Toulson objecta que l'incertitude juridique est un risque que doivent assumer les parties, par essence, fautives. Adde, G. Virgo, *op. cit.*, n° 8.2.5.

34. G. Virgo, *op. cit.*, n° 8.2.6.

décède, toutes les sommes sont transférées au survivant en vertu d'une présomption de libéralité[35]. Mais cette présomption peut être contestée par la preuve contraire, notamment si le compte était utilisé exclusivement par l'un d'eux[36].

§ 2. LE *RESULTING TRUST* AUTOMATIQUE

961 **Définition.** Le *resulting trust* automatique (*automatic resulting trust* ou *ART*) s'applique dans une hypothèse précise : une personne transfère un bien à une autre en constituant un *trust* exprès, mais, ultérieurement, un élément important fait défaut[37]. Par exemple, le constituant désigne un *trustee* afin que celui-ci gère ses biens au profit de ses futurs enfants. Or, il s'avère que le constituant n'aura jamais d'enfant. Dans une telle situation, un ART surgit des circonstances entre le constituant et le *trustee :* le constituant devient le bénéficiaire du ART, le *trustee* reste *trustee*, mais cette fois-ci du ART, de sorte qu'il doit lui restituer les biens. Une autre illustration d'un ART a donné lieu à une affaire célèbre. Un fonds de pension, au profit des salariés d'une compagnie aérienne, reçut trop de fonds, car, une fois l'argent dû aux salariés versé en vertu des contrats de travail, il en restait encore[38]. Que faire de ce surplus ? La compagnie employeur le réclame tandis que le gouvernement jamaïcain le demande tout autant en prétendant que ces sommes étaient désormais sans *accipiens* (à l'instar d'une succession vacante). Mais les juges les déboutèrent tous les deux au motif que l'argent restant devait être partagé entre ceux qui avaient financé le fonds de pension, en l'espèce employeur et employés, chacun pour moitié. Ici, il ne s'agit pas d'un PRT mais d'un ART, car les deux personnes sont parfaitement conscientes que le transfert s'opère dans le cadre d'un vrai *trust*, la première connaissant sa qualité de constituant (voire de bénéficiaire) et la seconde admettant être *trustee*.

SECTION 2 ***LES CONSTRUCTIVE TRUSTS***

962 **Présentation générale.** Il n'y a pas de mécanisme général permettant de catégoriser les *constructive trusts*, seulement une longue casuistique rassemblant les situations les plus variées. Ainsi, ils sont employés par les juges anglais depuis très longtemps afin de corriger des situations juridiques considérées comme imparfaites, qu'il s'agisse d'obligations contractuelles, délictuelles ou même des situations proches des quasi-contrats notamment l'enrichissement injustifié[39]. Le droit anglais les qualifie de *trusts* issus de la loi *lato sensu* ou

35. Marshall v Cruttwell [1875].
36. Youg v Sealey [1949] 1 All ER 92.
37. G. Virgo, *op. cit.*, n° 8.3.1.
38. Air Jamaica Ltd v Charlton [1999] UKPC 20.
39. Gissing v Gissing [1971], précité.

TABOL (*Trusts arising By Operation of the Law*). Mais le point commun que l'on peut dégager à toutes les hypothèses de *constructive trusts* serait le fait qu'une personne qui a obtenu un bien ne peut pas, en conscience, le garder au regard des circonstances[40]. La reconnaissance d'un tel *trust* repose avant tout sur l'interprétation donnée aux circonstances par les juges[41], indépendamment de la volonté des parties[42]. La doctrine a, bon an mal an, dégagé plusieurs grandes catégories de *constructive trusts*, les *constructive trusts* anticipatoires (§ 1), ceux qui apparaissent en cas de transfert d'un bien à un tiers de mauvaise foi (§ 2), ceux qui jaillissent en raison de relations passées entre les parties (bien souvent en matière familiale, lorsqu'un couple est propriétaire de son logement) (§ 3) et, enfin, ceux qui permettent de confisquer des profits illicites en violation du devoir du fiduciaire (§ 4).

§ 1. LES *TRUSTS* ANTICIPATOIRES

963 **Définition.** Les *trusts* anticipatoires (*Anticipatory trusts*) reposent sur l'articulation entre la formation d'un contrat solennel, première étape, avec les formalités à effectuer, seconde étape. En effet, ils permettent de définir les droits et obligations dans cet intervalle qui existe entre la conclusion du contrat et l'accomplissement des formalités (*completion*). Les engagements solennels, tels que la vente et les libéralités, illustrent l'intérêt d'imposer un tel *trust* aux parties.

964 **Vente.** Par exemple, la vente d'un immeuble suppose, une fois l'acte signé par les parties, qu'une publicité soit faite auprès du registre foncier ; pareillement, la cession de parts sociales suppose qu'il en soit donné information à la société. Il s'avère que le cédant ou le vendeur se retrouve dans la qualité de *trustee* et le cessionnaire ou l'acquéreur dans celle de bénéficiaire pour cette période[43]. En outre, si ce *trustee*-vendeur a été payé par le bénéficiaire-acquéreur, ce dernier peut réclamer, en Équité, l'exécution forcée de la vente immobilière. De plus, jusqu'au paiement du prix, le vendeur peut jouir du bien et en garder les fruits[44]. Grâce au *constructive trust*, l'acquéreur est protégé contre toute cession du bien par le vendeur à un tiers de mauvaise foi. Mais une partie de la doctrine critique le recours à ce type de *trust* pour déterminer la position des parties pendant cette période de réalisation des formalités[45].

965 **Libéralités. *Trust* secret.** Loin d'être exhaustive, la liste des *contructive trusts* s'étend aussi à la libéralité faite sans formalité[46]. De même, le *constructive trust* est

40. Beatty v Guggenheim Exploration Co [1919] 225 NY 380 ; Lord Scott in Yeoman's Row Management Ltd v Cobbe [2008] ; P. MILLETT, *Restitution and Constructive Trusts*, (1998) 114 LQR 399 ; J. DUDDINGTON, Equity and Trusts, Pearson, 2023, p. 124.

41. Lord Scott in Yeoman's Row Management Ltd v Cobbe [2008] UKHL 55.

42. G. VIRGO, *op. cit.*, nº 9.1.1.

43. Re Rose [1952] EWCA Civ 4.

44. Kern Corp v Walter [1987] 163 CLR 164 ; Jerome v Kelly [2004] UKHL 25.

45. R. CHAMBERS, *The importance of specific performance*, in Degeling and Edelman, 2005, p. 463 ; W. SWADLING, *The vendor-purchaser constructive trust in the House of Lords : an opportunity missed*, 123 LQR 511 ; J. PENNER, *op. cit.*, nº 4.8.

46. Pennington v Waine [2002] EWCA Civ 227 ; T Choithram International SA v Pagarani [2000].

très utile en présence d'un *trust* secret alors qu'aucun testament n'a encore été rédigé ; dans cette hypothèse, tant que le testament n'a pas été établi, il y a un *constructive trust*.

§ 2. LE TIERS DE MAUVAISE FOI

966 **Acquéreur de mauvaise foi.** Comme il a été évoqué, si le *trustee* enfreint son devoir fiduciaire en transmettant un bien relevant du *trust* à un tiers de mauvaise foi (conscient qu'il se rend ainsi complice de la violation du *trust*), il devient un *non bona fides accipiens* et, dans ces circonstances, un *constructive trust* apparaît entre le bénéficiaire et lui ; ce tiers devient un *constructive trustee* et doit lui restituer le bien[47]. Si un tiers de mauvaise foi reçoit du *trustee* les biens, objet du *trust*, en violation de celui-ci, il est réputé être le *trustee* d'un *constructive trust* au profit du bénéficiaire initial du *trust* exprès[48].

§ 3. L'INTENTION COMMUNE D'INDIVISION EN CAS DE RELATIONS PRÉALABLES

967 **Relations antérieures entre les parties.** Il est une importante catégorie de *constructive trusts*, celle qui permet de reconnaître des droits de bénéficiaire en Équité à celui qui a cru qu'il serait partiellement propriétaire d'un bien, en raison des circonstances, notamment parce qu'il entretenait des relations particulières avec le véritable propriétaire. En pratique, cette hypothèse vise essentiellement les couples dont l'un des conjoints est le propriétaire officiel du logement mais dont l'intention implicite laisse comprendre que le partenaire sera un coïndivisaire. Deux conditions doivent être réunies pour aboutir à une telle solution.

En premier lieu, les parties ont eu la commune intention d'être coïndivisaires bien qu'un seul soit officiellement le propriétaire légal ; cette commune intention doit être appréciée objectivement[49]. En second lieu, il faut que le conjoint[50] (ou partenaire ou concubin, voire le frère ou la sœur) du propriétaire ait cru à cette réalité de sorte qu'il a pris des engagements à son détriment[51]. Ce *constructive trust* peut ainsi se révéler utile pour protéger l'un des membres du couple contre les changements d'avis intempestifs de l'autre ; précisément, lorsqu'un couple envisage d'acquérir le logement familial, il peut arriver que l'un des conjoints le finance et en soit le propriétaire officiel, tout en déclarant à l'autre qu'il en sera tout autant propriétaire. Mais à leur séparation, il n'est pas rare que telle affirmation soit niée ; les juges appliquent alors le *constructive trust* afin que le conjoint non propriétaire et pourtant ayant cru à l'affirmation d'indivision de son conjoint jouisse du droit en

47. Williams v Central Bank of Nigeria [2014] UKSC.
48. Dubai v Aluminium [2003] 2 All ER (Comm) 451.
49. Eves v Eves [1975] 1 WLR 1338 EWCA ; Grant v Edwards [1986] 2 All ER 426.
50. Le recours à un *Constructive trust* est désormais moins intéressant pour les couples mariés ou liés par un partenariat en raison de législations spéciales (*Matrimonial Act 1973 ; Civil Partnership Act 2004*).
51. Gissing v Gissing [1971], précité ; Pettitt v Pettitt [1970] AC 777.

équité sur la moitié de la maison[52]. Il s'agit d'une sorte de promesse implicite d'indivision sur le logement familial[53]. Depuis 2007, Lady Hale a clairement affirmé que c'est l'intention des parties qui doit être au cœur du raisonnement[54]. Le juge ne peut pas s'en départir[55]. D'ailleurs, si l'un des conjoints était déjà l'unique propriétaire avant d'être en couple avec le créancier, il faut s'assurer qu'il a bien eu l'intention de partager la propriété. Observons que, depuis 2011, et les affirmations de Lady Hale, l'acquisition du logement familial sur la base d'un *trust* implicite n'est plus un *resulting trust*, mais nécessairement un *constructive trust*[56]. En somme, la première condition reste la plus importante et la plus difficile des deux à prouver, la seconde étant toujours plus ou moins évidente si les parties sont en couple (comme l'observe un auteur[57], le conjoint ne renonce-t-il jamais à quelque chose lorsqu'il vient habiter chez l'autre ou le fait-il bien volontiers, par simple amour et affection ?).

Une fois le *constructive trust* établi, le conjoint non propriétaire est titulaire d'un droit de propriété en équité sur une partie du logement, dans la proportion de ce qui est juste, et non en proportion d'une éventuelle contribution financière à l'achat, qui est la règle en cas de *resulting trust* et qui ne saurait donc s'appliquer ici en présence d'un *constructive trust*[58]. Cette solution n'est valable que s'il s'agit d'un logement familial et non cas d'acquisition d'un immeuble pour investissement[59].

968 **Autres illustrations de promesses. Testaments réciproques.** Il faut aussi citer l'hypothèse particulière dans laquelle des acheteurs s'engagent à utiliser le bien acheté au profit d'un tiers. Il y a un *constructive trust* entre eux et le tiers[60]. Il trouve aussi à s'appliquer en présence de testaments réciproques (*mutual wills*) par lesquels deux testateurs transmettent réciproquement leurs biens au survivant (celui-ci détenant tous les biens du prédécédé en vertu d'un *constructive trust*)[61] ou d'un testament commun au profit d'un tiers légataire[62]. Il existe alors un *constructive trust*. Les juges anglais ont récemment rappelé que la notion de *constructive trust* ressortait des faits et du comportement des parties et qu'il n'était nullement exigé des parties qu'elles prouvent l'illégalité du but poursuivi par elles[63].

52. Banner Homes Group Plc v Luff Development Ltd [2000] Ch 372.
53. Midland Bank plc v Dobson [1986] 1 FLR 171.
54. Stack v Dowden [2007], précité.
55. James v Thomas [2007] EWCA Civ 1212 ; Morris v Morris [2008] EWCA Civ 257.
56. Jones v Kernott [2011] UKSC.
57. J. Penner, *op. cit.*, n° 4.25.
58. Stack v Dowden [2007], précité.
59. Laskar v Laskar [2008], précité.
60. Binions v Evans [1972] EWCA Civ 6.
61. Dufourt v Pereira [1769] 21 ER 332.
62. Olins v Walters [2008] EWCA Civ 782 ; Fry v Densham-Smith [2010] EWCA Civ 1410.
63. O'Kelly v Davies [2015] 2 FLR 1311.

§ 4. LA CONFISCATION DE GAINS ILLICITES

969 **Situations illégales. Violation de devoir fiduciaire.** Si un époux assassine sa femme, il devient le *trustee* d'un *constructive trust* de ses biens au bénéfice de ses enfants communs[64]. Tandis que cette hypothèse illégale fait surgir un *Constructive trust,* il est bien plus fréquent en pratique qu'il résulte de la violation de devoirs fiduciaires : lorsqu'un avocat, un banquier ou un *trustee* agit en violation de son devoir de *fiduciary*, les gains illégalement obtenus sont confisqués au profit du bénéficiaire du devoir fiduciaire[65]. Suivant la même logique, si un salarié est corrompu, les pots-de-vin échoient à son employeur, le salarié devenant *trustee* et l'employeur le bénéficiaire[66]. Il y a aussi *constructive trust* lorsqu'une personne s'est enrichie en enfreignant une obligation de confidentialité, notamment en matière de propriétés intellectuelles[67]. Certes, c'est une façon de confisquer un profit interdit, mais c'est surtout une façon de neutraliser la violation d'un devoir fiduciaire. Il s'agit ainsi de faire respecter la gestion des conflits d'intérêts[68]. D'ailleurs, à ce sujet, le directeur d'une société doit éviter de se placer dans des situations de conflits d'intérêts avec les intérêts de la société (*Companies Act 2006*, sec. 175) ; toutefois, en vertu de l'article 175(4)(b), il ne s'expose à aucun problème si les actes litigieux ont été autorisés par les organes de la société[69]. La jurisprudence récente semble adopter une conception large de ces trusts et ne plus se limiter au seul fiduciaire stricto sensu[70].

***Quitsclose trust* et les prêts affectés**

Lorsqu'une banque prête de l'argent afin qu'il soit utilisé à un but précis, que se passe-t-il si l'emprunteur a, en réalité, employé l'argent à autre chose ? La banque peut-elle réclamer la restitution de l'argent, surtout en cas d'insolvabilité de l'emprunteur ? La solution fut donnée par l'arrêt Quitsclose, ce qui donnera le nom à ce trust particulier. Les juges ont, en effet, décidé que dans cette

64. Re Crippen 1911.

65. Boardman v Phipps [1966] UKHL 2 ; ; la confiscation des profits réalisés sans autorisation suppose des profits « suffisamment en lien avec la relation fiduciaire » (« *sufficiently connected to the fiduciary relationship* »), que le Principal ou bénéficiaire ait pu recevoir ces profits avec ou sans violation du devoir fiduciaire (Rukhadze v Recovery Partners GP Ltd [2025] UKSC 10).

66. Reading v Attorney-General [1951] UKHL 1 ; FHR European Ventures LLP v Cedar Capital Partners LLC [2014] UKSC 4.

67. AG v Guardian Newspapers, n° 2 [1990] 1 AC 109.

68. Keech v Sanford [1726] : un trustee gérait les affaires d'un mineur, notamment la location d'un bien dont le locataire était ce mineur ; le bailleur ne souhaitant pas renouveler le bail parce que le locataire était mineur, le trustee en profita pour obtenir le renouvellement à son profit. Adde, pour le complice qui n'est comptable que des profits qu'il a réalisés lui-même (Novoship (UK) Ltd v Mikhaylyuk [2014] EWCA Civ 908) et du préjudice causé par la dissipation des profits réalisés par le Fiduciaire (Stevens v Hotel Portfolio II UK Ltd [2025] UKSC 28).

69. Comp. Queensland Mines Ltd v Hudson [1978] 18 ALR 1 (PC) : le gérant d'une société obtient pour celle-ci l'autorisation d'exploiter une mine ; mais comme elle s'est trouvée dans l'impossibilité de l'exploiter, le gérant a décidé de l'exploiter lui-même. Les juges ont estimé que le gérant n'avait pas à restituer les profits réalisés, car il n'avait pas privé la société d'une quelconque opportunité et car il a informé la société de cette exploitation.

70. Wood v Commercial First Business Ltd [2021].

hypothèse, le prêteur était le bénéficiaire de l'argent tenu en trust par l'emprunteur-trustee, de sorte qu'il n'entrait pas en concurrence avec les créanciers de l'emprunteur (*Barclays Bank Ltd v Quitsclose Investments Ltd [1970] AC 567 (HL)* : en l'espèce, une société emprunte de l'argent afin de financer des dividendes à verser à ses actionnaires et les fonds sont placés sur un compte séparé ; *Twinsectra v Yardley [2002] UKHL 12*). Encore faut-il, classiquement, que l'argent soit individualisé, par un compte séparé ou détenu par un tiers (voir J. Norris, in *Bieber v Teathers Ltd (in liquidation) [2012]* ; *Re Farepak Food and Gifts Ltd (in administration) [2006] EWHC 3272 (Ch) ; Twisectra v Yardley*, précité).

970 **Distinction entre *resulting trust* et *constructive trust*.** Les mécanismes de *resulting trust* et de *constructive trust* peuvent paraître confus lorsque l'on constate qu'ils peuvent être appliqués dans des espèces similaires, notamment lorsque des conjoints ont participé au financement du logement familial. Toutefois, la différence est importante lorsqu'il s'agit d'évaluer ce que peut obtenir le bénéficiaire : pour un *resulting trust*, sa part sera proportionnelle à son engagement financier, tandis que s'il s'agit d'un *constructive trust*, elle dépendra de bien d'autres facteurs qui lui permettent d'espérer davantage.

CINQUIÈME PARTIE

L'ORGANISATION DU *BUSINESS* : L'ACTIVITÉ COMMERCIALE ET LES STRUCTURES JURIDIQUES

971 Le *business*, au Royaume-Uni, suppose de distinguer l'exercice des activités commerciales (l'entrepreneuriat) et les diverses structures (titre 1) en premier lieu, et les relations de travail salarié (titre 2) en second lieu. Le Brexit a eu des conséquences sur ces deux domaines.

TITRE 1

LA DÉFINITION JURIDIQUE DES ACTIVITÉS COMMERCIALES ET LES DIFFÉRENTES STRUCTURES DU *BUSINESS*

972 La notion d'activité commerciale soulève bien des difficultés en droit anglais (chapitre 1). Les structures qui l'abritent sont d'une grande variété (chapitre 2). Les *partnership firms*, les *limited partnerships* et les *limited liability partnership* méritent également une analyse précise (chapitre 3), ainsi que les sociétés commerciales à responsabilité limitée ou *companies* (chapitre 4).

CHAPITRE 1
LA DÉFINITION JURIDIQUE DES ACTIVITÉS COMMERCIALES

973 Déterminer la notion d'activité commerciale est délicat car il n'y a pas de véritable définition uniforme (section 1) ; les illustrations de cette activité sont d'autant plus importantes (section 2). L'apport des marchés et de l'autorégulation est également non négligeable (section 3).

SECTION 1 NOTION D'ACTIVITÉ COMMERCIALE

974 **Absence de définitions légales de commerce et des actes de commerce ?** En l'absence d'une définition générale de commerce ou de commerçant comparable à celle existante en droit français, ou des compétences juridictionnelles découlant d'un statut commercial légalement défini, nous verrons que le droit anglais s'est développé de manière pragmatique par le biais de la pratique des marchands et des marchés, l'autorégulation et la jurisprudence. Il est rappelé ici que tout ce qui ne relève pas de la sphère privée est considéré comme commercial ou « business », y compris les professions libérales ou l'agriculture.

975 **La régulation ponctuelle des activités par la législation et l'héritage du droit européen « assimilé ».** Le législateur est intervenu à diverses reprises pour rassembler (« codifier ») la pratique et la jurisprudence dans certains domaines et réglementer différentes activités et professions. La fin du XIXe siècle a vu plusieurs lois venir réglementer notamment la vente et les sûretés mobilières, les prêts d'usage (*moneylenders*), et les effets de commerce ; puis réformer l'organisation des tribunaux.

Le droit européen est intervenu pour définir la notion d'entreprise pour les besoins de la protection des salariés en cas de cessions d'entreprise[1]. Certaines modifications sont intervenues depuis le Brexit, même si l'essentiel a été conservé[2].

976 **Absence de définition générale de commerçant ou activité commerciale.** Différentes législations traitent de la définition de commerce ou activité commerciale. Les mots « *trade* » ou « *business* » ou « *profession* » sont définis à différents titres, notamment administratifs ou fiscaux ; mais il n'existe pas de définition générale « codifiée » de commerçant ou activité commerciale. Traditionnellement, « *trade* et *business* » impliquaient la production et la vente ou négoce de marchandises ou la prestation de services. En revanche, le mot "*profession*" concernait une activité dite « intellectuelle » impliquant une formation spécifique et dans la plupart des cas une réglementation développée par un organisme regroupant les professionnels concernés. Un degré de monopole est souvent une autre caractéristique des *professions*, le plus souvent octroyé par la Couronne au visa d'une charte royale (*Royal Charter*).

Toute activité commerciale ou professionnelle (y compris les professions réglementées), relève juridiquement du droit commun et de législations ou réglementations spécifiques éventuelles ; mais aussi de la compétence des juridictions de droit commun ou des tribunaux spécialisés ; ou des autorités de régulation éventuellement compétentes.

977 **Une distinction essentielle entre activité professionnelle (*business*) et activité personnelle (*consumer*).** Dans tous les cas, la distinction essentielle au plan juridique concerne la différence de l'activité commerciale avec celle de la vie privée ou familiale, ou du consommateur, qui achète pour ses besoins personnels et non pas ceux d'une entreprise ou activité commerciale. Le droit distingue ainsi principalement entre ce qui est communément appelé : « B2B » ("*business to business*") et « B2C » ("*business to consumer*").

Le consommateur a été défini par sec. 12 de la loi *Supply of Goods (Implied Terms) Act 1973* comme étant une personne qui entre en relations contractuelles, en dehors de toute activité d'une entreprise et afin d'acquérir des biens destinés typiquement à l'usage ou de la consommation aux fins privés, avec une autre personne qui, elle, contracte dans le cadre des opérations d'une entreprise. La définition légale du consommateur met en exergue la différence par rapport à une activité commerciale.

Différentes lois et règlements (certains mettant en œuvre la législation européenne de l'époque, et modifiés à certains égards depuis le Brexit), sont consacrés à la protection du consommateur, tels que :

— la vente mobilière (*Sale of Goods Act* 1893 et 1979, *Supply of Goods (Implied Terms) Act* 1973, et *Sale and Supply of Goods to Consumers Regulations* 2002, *Consumer Rights Act* 2015) ;

1. Directive du Conseil 77/187 CE.

2. Employment Rights (Amendment, Revocation and Transitional Provision) Regulations 2023. Des consultations sont en cours.

— les indications de prix (*Price Marking Order 1999*) ;

— la publicité mensongère (*Trade Descriptions Act* 1968) et les publicités trompeuses et comparatives (*Control of Misleading Advertisements Regulations* 1988) ;

— les contrats (*Unfair Contract Terms Act* 1977) ;

— la sécurité des produits (*Consumer Protection Act* 1987 et *General Product Safety Regulations* 1994) ;

— la vente à distance (*Consumer Protection (Distance Selling) Regulations* 2000) ;

— le crédit à la consommation (*Consumer Credit Act 1974* et *2006* et différentes réglements).

— La majorité de la législation issue du droit européen a été conservé après le Brexit, mais il reste à voir dans quelle mesure le Royaume-Uni suivra les nouvelles réglementations européennes. Les points de divergence potentielle concernent notamment les ventes en ligne, le règlement de litiges internationaux, et la sécurité des produits. La coopération entre les autorités compétentes en matière de protection du consommateur n'a pas été poursuivie.

— En 2023 La Financial Conduct Authority a émis une nouvelle réglementation concernant la protection du consommateur en matière d'investissements financiers « *the Consumer Duty* » exigeant une obligation de résultat, ce qui marque une divergence avec la réglementation européenne (PRIIP).

— Des évolutions législatives récentes concernent notamment le domaine du commerce en ligne et des produits digitaux (national et international) ; les poids et les mesures, poinçonnage, puis la sécurité, la production, les composants installation utilisation, marquage, marketing des produits (y compris digitaux) (*Product Safety and Metrology Act* 2025). Les ministres sont dotés de pouvoirs pour réglementer dans ces domaines. Le risque de divergence avec la réglementation européenne ne peut encore être évalué.

Le détail de ces protections sort du cadre de ce livre.

Ces différentes législations permettent de vérifier plus en détail au cas par cas l'existence d'une activité commerciale par rapport à l'acte de consommation.

SECTION 2 QUELQUES DÉFINITIONS LÉGISLATIVES DU COMMERCE (*BUSINESS*)

978 **Fiscalité.** Si une définition générale du commerce et des activités relevant du commerce n'existe pas, il existe néanmoins quelques définitions légales de « business », dont notamment la définition de « *business* » pour la fiscalité. En effet, différentes législations fiscales définissent l'activité commerciale :

— pour l'impôt sur le revenu : la fourniture de biens ou de services à des clients dans des conditions commerciales

— pour la TVA : section 94 *VAT Act 1994* définit « *business* » comme étant tout commerce, profession ou métier (*trade, profession or vocation*). Pour l'administration fiscale britannique le mot « *business* » est synonyme de « l'activité économique » prévue par la directive européenne sur la TVA 2006/112 (N.B. : certaines règles ont été modifiées depuis le Brexit mais les règles de TVA définissant « business » comme une activité économique même en l'absence d'intention de faire des bénéfices suivant la décision de la CJUE dans l'affaire *Borsele* interprétant les directives TVA de l'UE, telle que reprise par la Cour d'appel anglaise dans l'affaire *Wakefield College* (2018 EWCA Civ 952), qui nécessite une fourniture de biens ou services avec contrepartie (*consideration*), et en vue d'en retirer une rémunération, restent pertinentes[3], même si la définition manquerait de précision).

979 **Baux commerciaux.** Pareillement, il existe une définition de « *business* » pour les baux commerciaux. La définition de la loi dite *Landlord and Tenant Act 1954* qui définit les baux commerciaux, soumet à ses dispositions tout bail donné à une entreprise qui exerce une activité commerciale définie comme incluant les activités commerciales, les professions, voire même tout type d'emploi, exercé par les entreprises sous toutes les formes.

980 **PME.** L'on peut également citer la définition du « *business* » pour les PME. Dans la description des activités économiques, la loi se réfère également à « undertaking » (voir par exemple section 33 *Small Business, Enterprise and Employment Act 2015* dans la définition de « *Small Business* » ou « *Micro Business* », qui est faite par rapport à des seuils économiques *: micro = moins de 10 salariés*). Ces *small* et micro-entreprises constituent la majorité des entreprises au Royaume-Uni (environ 99 % selon certaines statistiques).

981 **Droit des sociétés.** Dans la définition de "*undertaking*" pour les sociétés et autre entités juridiques (personnes morales et « *partnerships* » sans personnalité morale – *Companies Act*), l'activité commerciale peut exister, quelle que soit la forme d'entité juridique utilisée. La loi sur les sociétés de fait *Partnership Act 1890* définit « *business* » comme incluant tout métier, activité et profession (« *every trade occupation or profession* »). Une association est également considérée comme menant une activité commerciale, avec ou sans but lucratif. Une société « *limited* » peut également mener une activité commerciale sans but lucratif.

982 **Droit du travail.** Il existe aussi une définition pour le droit du travail et la protection des salariés. Dans les *Transfer of Undertakings (Protection of Employment) Regulations 2006* (qui mettait en œuvre la directive concernant la cession d'entreprises et la protection des salariés-sans modification substantielle depuis le Brexit) : « "*economic entity*" *means an organised grouping of resources which has the objective of pursuing an economic activity, whether or not that activity is central or ancillary* ». Ainsi l'activité commerciale est définie de manière large par rapport à des ressources mises en œuvre autour d'une activité économique organisée d'une entreprise. Il s'agit d'une entité stable, identifiable, structurée et autonome. Le

3. Revenue and Customs Brief 10 (2022).

règlement se réfère également à une « *economic entity* » jouissant d'une identité distincte[4].

SECTION 3 L'APPORT DES MARCHÉS ET DE L'AUTORÉGULATION

983 **Des marchés et de l'autorégulation.** La définition des activités, des acteurs et des contrats est pour la plupart issue de la pratique des marchés, de la jurisprudence ; ou, dans un certain nombre de cas plus limités, de la législation nationale (ou européenne) (dont l'agent commercial issu de la directive européenne de 1986 (concept jusqu'alors inconnu dans le droit anglais) – toujours en vigueur en 2025, le gouvernement travailliste ayant annoncé sa conservation en février 2025 après une consultation initiée par le précédent gouvernement). Si le droit anglais n'a pas « codifié » par voie législative ou réglementaire la plupart des activités commerciales, le droit commun reconnaît différentes activités à travers les définitions établies par les marchés ou les pratiques du secteur commercial concerné, tels les contrats de distribution de franchise. L'importance des marchés dans le domaine de la pratique contractuelle a été soulignée par l'affaire *Shearson Lehman Hutton Inc v. Maclaine Watson & Co Ltd 1989 Lloyds Rep 570* ; où la *High Court* considérait que les statuts du marché des métaux *London Metal Exchange*, et notamment les mesures prises par le marché après l'effondrement du marché de l'étain, s'imposaient aux acteurs du marché au moment des opérations concernées[5].

La jurisprudence de la *Common law* a également défini des activités commerciales interdites telles que les paris "*wagering and gaming contracts*", notamment par rapport à certaines activités liées à la spéculation financière. Dans certains cas l'activité relève d'une définition légale spécifique telle la banque ou l'agent commercial. Dans d'autres cas, l'activité est définie par rapport aux règles du marché réglementé concerné. Par exemple, il en est ainsi pour les règles d'admission d'une entreprise à l'activité d'un marché, la définition des produits admis à être vendus ou achetés sur le marché, tel les *securities* (titres et obligations) et *derivatives* (produits dérivés) définis par les règles du marché Euronext, la définition et la régulation de « nouveaux » marchés tels que Fintech et Regtech liés aux marchés financiers ou technologiques (voir section sur les nouveaux marchés). Enfin, dans d'autres cas, la définition des activités et pratiques relève des fédérations professionnelles ou industrielles. Dans de nombreux domaines, les professionnels ont créé des organismes d'autorégulation ; par exemple pour le secteur de la publicité "*the Advertising Standards Authority*" (ASA) ; ou le code de règles éthiques du *British Franchising Association*. Le rôle de l'ASA sera traité plus en détail dans la partie 9 sur les

4. Cheesman v R Brewer Contracts Ltd UK 2000 UKEAT 909.
5. Cité par Pr. Roy Goode dans son *Hamlyn Lecture "Commercial Law in the next Millennium". Sweet & Maxwell 1997.*

autorités de régulation. Ces codes, et leur application dans le secteur concerné, concourent à la définition non seulement des normes de comportement qui sont implicites dans les contrats relevant du secteur, mais aussi pour définir plus précisément les activités reconnues et les acteurs admis. Ils jouent également un rôle non négligeable dans la protection du consommateur protégé également par différentes lois et règlements.

CHAPITRE 2
LES DIFFÉRENTES STRUCTURES JURIDIQUES DES ACTIVITÉS LUCRATIVES ET NON LUCRATIVES

984 Un aperçu des diverses formes juridiques des entreprises en Angleterre et le Pays de Galles (section 1) illustre la variété des structures juridiques accueillant le business (section 2). Un régime particulier concerne les activités non lucratives et il existe encore d'autres structures (section 3)[1]. Le Brexit a apporté un certain nombre de modifications dans ce domaine ; dont notamment, la fin du groupement d'intérêt économique européen et la société européenne ; le code européen concernant les offres publiques d'acquisition ; la modification de règles concernant la comptabilité et l'audit, les obligations déclaratives des entreprises ; la définition de marché réglementé pour ne citer que certaines.

SECTION 1 L'ORGANISATION HABITUELLE DES ENTREPRISES COMMERCIALES

985 Schématiquement, quatre types d'organisation sont fréquemment utilisés au Royaume-Uni dans le domaine du commerce, de l'industrie et des professions.

986 **Le *self-employed persons*.** Ces commerçants ou entrepreneurs individuels (*self-employed persons :* « *sole traders* » ou « *sole proprietors* ») encourent la responsabilité illimitée pour les dettes de leur activité. La législation fiscale oblige les commerçants individuels à tenir une comptabilité et à conserver les justificatifs de l'activité. « *HMRC Her Majesty's Revenue and Customs* » s'occupe également de collecter les cotisations sociales (*National Insurance Contributions*). Une déclaration fiscale annuelle (*self assessment*) doit être déposée. Les statistiques du

1. À ne pas confondre avec les « *civil partnerships* » issus du « *Civil Partnership Act 2004* » qui a institué l'équivalent anglais du PACS, sujet non traité ici.

gouvernement pour 2024 indiquaient qu'environ 56 % des entreprises exerçaient sous la forme de l'entreprise individuelle.

987 **Le *partnership firms* (ou « *general partnerships* »).** Ces firmes (sociétés de fait) réunissent deux ou plusieurs associés dans le but de faire des affaires en commun en vue de bénéfice, sans personnalité morale. Il y avait environ 356 000 « general partnerships » selon les statistiques officiels en 2022. Les associés impliqués dans la gestion d'un « *partnership* » encourent la responsabilité illimitée pour les dettes de l'activité. C'est une loi dite *Partnership Act 1890* qui pose la définition de la "*partnership firm*" ; et régit ces firmes, assimilables à des sociétés de fait. Il existe plusieurs centaines de milliers de *partnerships*, dont certaines actives au niveau international, ne craignant pas les risques associés à la responsabilité illimitée des associés. En l'absence d'un registre de commerce centralisé, les entreprises individuelles et les partnership firms notifient leur existence à l'administration fiscale *Her Majesty's Revenue and Customs* « HMRC ». (À noter que la loi *Limited Partnership Act* 1907 permet la création de firmes où il existe un « *general partner* » avec responsabilité illimitée et un « *limited partner* » dont la responsabilité est limitée.)

988 ***Limited companies*.** Les sociétés commerciales à responsabilité limitée : Ces entreprises sont constituées en la forme de sociétés jouissant de la personnalité morale avec la responsabilité limitée des associés ou actionnaires : notamment la LTD ou "*private limited company*" (4,7 millions en 2022 – 93 % de tous types de société) ; et la PLC « *public limited company* » (5 951 en 2022).

Les associés ou actionnaires des "*private limited companies*" et "*public limited companies*" sont appelés "*shareholders*" ou "*members*" sans distinction. Le mot "*company*" désigne habituellement une société à responsabilité limitée jouissant de la personnalité morale (mais nous verrons que le mot « *company* » est également utilisé dans le contexte des *partnerships* et d'autres structures). La "*limited*" est de loin la forme la plus fréquente (si le mot "*corporation*" est générique, il n'est pas utilisé pour désigner une société "*limited*" ou une PLC). C'est la loi dite *Companies Act 2006* qui définit les règles concernant ces deux formes de société.

989 **Les *limited liability partnerships*.** Depuis la loi *dite Limited Liability Partnerships Act 2000*, la plupart des professionnels exerçant une profession libérale se sont constitués en sociétés professionnelles à responsabilité limitée "*limited liability partnerships*" ou "*LLP's*", qui sont immatriculées au *Register of Companies*. En 2022 il existait environ 52 000 *LLP's*.

Les personnes physiques et morales

Les personnes physiques sont appelées "*natural persons*" ou "individuals". Il faut noter que selon la loi dite *Interprétation Act 1978*, le mot "*person*" peut recouvrir à la fois une personne morale et une personne physique selon le contexte. Les sociétés commerciales à responsabilité limitée, ainsi que les *LLP's*, jouissent de la personnalité morale à partir du moment où elles ont été immatriculées auprès du registre national des sociétés intitulé "*Companies House*". Ainsi, elles sont traitées par la loi comme étant une entité juridique (*legal person*) distincte des associés.

SECTION 2 LES ENTITÉS JURIDIQUES DANS LE DOMAINE DES ACTIVITÉS NON LUCRATIVES

990 **Entités créées par décret royal (*Royal Charter*).** Jusqu'à la loi sur les *Joint Stock Companies Act* de 1844, qui a permis la création de sociétés commerciales par une procédure spéciale d'immatriculation, le décret royal était la seule façon de créer une personne morale. En 2024, il existait environ 900 entités juridiques spécialement constituées par décret royal (*Royal Charter*) telles les fondations charitables les plus importantes, les organismes représentatifs des arts, les sciences, les professions libérales ou les universités. La première à être fondée en 1231 était l'Université de Cambridge. Certaines engagent des activités commerciales afin de subvenir à leurs objets charitables ou non lucratifs.

991 **Les associations.** Les associations menant des activités non lucratives sont appelées "*unincorporated associations*". En l'absence d'activité commerciale elles ne rentrent pas dans la définition de la "*partnership*". Elles sont établies pour toutes sortes d'activités charitables, sociales ou sportives, où l'objet de l'association exclut la recherche de profit.

992 **Les *companies limited by guarantee*.** Un troisième type de société à responsabilité limitée (qui est rencontrée plus rarement dans la pratique du droit des affaires) est la *company limited by guarantee*. Dans ce dernier cas, l'associé s'engage à verser une somme garantie qui peut être minime. Cette somme est payable seulement en cas de liquidation (*winding-up*). Ce type de société ne dispose pas de capital social, n'a pas d'actionnaires, et ne peut distribuer aucun bénéfice. Il en existait 40 000 en 2022.

Ces sociétés sont utilisées pour des activités non lucratives où la société n'a pas besoin de constituer un capital mais seulement de disposer de cotisations ou de subventions pour ses activités. Le plus souvent ce type de société convient aux fédérations industrielles ou commerciales, clubs sportifs ou de loisirs, associations, la gestion d'immeubles d'appartements...

Certaines de ces sociétés sont également soumises aux dispositions légales concernant les organisations à but charitable (*charities*) et le contrôle de la *Charities Commission*. Ce sujet ne sera pas traité plus loin dans ce livre.

SECTION 3 LES AUTRES TYPES DE SOCIÉTÉS OU PERSONNES MORALES

993 Il existe d'autres types de sociétés ou personnes morales : ce sont les *statutory companies* et les *corporations sole* (§ 1), d'une part, et les *mutuals*, les *industrial and provident societies*, les *friendly societies*, les "*benevolent societies*" et les "*community interest companies*" (§ 2) d'autre part.

§ 1. LES *STATUTORY COMPANIES* ET LES *CORPORATIONS SOLE*

994 **Définition.** Ces sociétés sont constituées au titre d'une loi spécifique (*Act of Parliament*), telle que le *Historic Buildings and Monuments Commission* responsable de la gestion des bâtiments et monuments historiques. Ces dernières sociétés sont appelées des "*statutory companies*".

Exceptionnellement, la Couronne ou le Parlement créé des "*corporations sole*" avec objet spécifique, tel une charge publique ou religieuse. Toutefois, l'impôt sur les sociétés est appelé "*corporation tax*". La description "*Corp*" est utilisée seulement aux USA.

§ 2. LES *MUTUALS*, LES *INDUSTRIAL AND PROVIDENT SOCIETIES*, LES *FRIENDLY SOCIETIES*, "*BENEVOLENT SOCIETIES*", "*CREDIT UNIONS*" ET LES "*COMMUNITY INTEREST COMPANIES*"

995 **Les *mutuals*.** Il existe également un certain nombre de sociétés créées spécialement au titre de la législation sur les sociétés « mutualistes » composées de leurs membres partageant mutuellement un objet non lucratif commun destiné à bénéficier l'intégralité des membres. Les surplus de l'activité sont réinvestis dans la société. Dans ce secteur, se retrouve une des chaînes nationales de supermarchés, the *Coop*, des clubs de supporters d'équipes de football, des banques hypothécaires (*building societies*), *credit unions*... etc.

996 **Les *friendly* et *benevolent et industrial and provident societies*.** Ces *societies* sont une variété spécifique dont l'objet est l'assurance, l'épargne et la banque mutualistes. Ces *societies* sont réglementées depuis le XIXe siècle au titre d'une législation intitulée *Industrial and Provident Societies Acts*.

La législation a été réformée et renommée en 1965 : *Cooperative and Community Benefit Societies and Credit Unions Act 1965* puis *Cooperative and Community Benefit Societies Act* 2014. Lorsqu'il s'agit de crédit, le PRA est l'autorité de surveillance. La *Financial Conduct Authority* tient le registre de ces sociétés particulières, dont *co-operative societies*, *community benefit societies*, *credit unions*, *building societies*, *friendly societies*. La plupart de ces sociétés sont soumises à la législation contraignante sur les fondations charitables.

997 **La *Community Interest Company-une réussite*.** En 2004, le législateur a créé un nouveau type de société dit "*Community Interest Company*" au titre de la loi *Companies (Audit, Investigations and Community Enterprise) Act 2004* et *The Community Interest Company Regulations 2005*, dont l'objet est de bénéficier une communauté donnée, et non pas le public en général qui est le critère d'une fondation charitable. L'objectif était de créer un nouveau modèle plus souple de sociétés limitée par "*shares*" ou limitée par "*guarantee*" avec un objet social spécifiquement défini par rapport à la communauté visée.

L'objectif du législateur était de permettre l'essor des entreprises dont l'objet est de bénéficier la société ou une communauté spécifique sans objet lucratif, mais fonctionnant comme une société commerciale avec des activités plus orientées vers le commerce. Ces sociétés peuvent ainsi rémunérer leurs dirigeants de manière moins contraignante que les fondations charitables ; et inviter des investisseurs à participer au capital et les rémunérer dans certaines limites. Les biens de la société doivent être utilisés exclusivement pour les besoins de l'objet social. Il en existait 28 878 en 2022-2023 ce qui témoigne du succès de cette législation.

Les "*community interest companies*" ou "CIC" sont immatriculées auprès du *Companies House*. Le Community Interest Company Regulator est responsable de leur régulation et publie un rapport sur son activité.

CHAPITRE 3
LES *PARTNERSHIP FIRMS, LIMITED PARTNERSHIPS* ET *LIMITED LIABILITY PARTNERSHIPS*

998 Toute entreprise a la possibilité de prendre la forme de *partnership firms* (section 1), de *Limited partnerships* et de *limited liability partnerships* (section 2). Les associés d'un *partnership* sont responsables sans limite des dettes de l'entreprise, mais les *partnerships* sont plus flexibles en ce qui concerne leur création et leur fonctionnement que les sociétés à responsabilité limitée. Les *limited partnerships* et les *limited liability partnerships* (LLP) permettent sous certaines conditions, et dans certaines limites, de limiter la responsabilité des associés.

SECTION 1 LES *PARTNERSHIP FIRMS*

999 Il convient d'envisager la définition et les caractéristiques générales du *"partnership"* (§ 1), sa constitution (§ 2), sa désignation et sa représentation (§ 3) et son extinction (§ 4).

§ 1. DÉFINITION ET CARACTÉRISTIQUES GÉNÉRALES DE "*PARTNERSHIP*"

1000 **Notion.** La définition du *partnership* introduite par la loi sur les sociétés de fait (*Partnership Act 1890*) *"partnership firms"* est énoncée dans l'article 1 de cette loi : « la relation qui existe entre personnes engagées dans une entreprise en commun en vue de bénéfice » (*"The relation which subsists between persons carrying on a business in common with a view to profit"*, sec. 1 *Partnership Act 1890*). Cette définition n'est pas très éloignée de celle du droit français (la loi sur les sociétés de 1807 et l'article 1832 du Code civil) qui a probablement inspiré la rédaction de la loi anglaise en 1890. Ainsi la *"partnership firm"* est assimilable à une société de fait ou la forme la plus simple de société sans personnalité morale. Une des premières éditions de *Lindley on Partnership* un des ouvrages de référence en la matière, note que la définition de société du droit français figure parmi une des définitions possibles de la *partnership firm*. Les associés sont responsables indéfiniment, solidairement et individuellement ("*jointly and severally liable*") pour les dettes de la firme (sec. 9 *Partnership Act*) nonobstant toute disposition contraire de l'acte de *partnership*. Chaque associé représente le *partnership* légalement et leurs actes lient les autres associés (sec. 5 *Partnership Act*).

§ 2. CONSTITUTION DE LA *PARTNERSHIP FIRM*

1001 **Absence de registre ou d'immatriculation.** S'agissant d'une société de fait (*partnership company*), la firme est constituée par le contrat liant les associés. Ce contrat peut être oral ou écrit. Le plus souvent les associés signent un acte intitule "*partnership agreement*" ou "*deed of partnership*". Aucun registre des *partnership firms* n'existant en Angleterre, il n'y a pas de formalité d'immatriculation à accomplir. En revanche, une formalité administrative auprès du HMRC (*Her Majesty's Revenue & Customs*) est nécessaire pour signaler l'existence de la firme et nommer un représentant ("*nominated partner*") pour les déclarations aux impôts et sécurité sociale. Le *partnership* commence son existence dès le début de l'activité commerciale. Le nombre minimum d'associés est donc 2 ; la loi ne prévoyant aucune limite du nombre d'associés depuis 2002. Elles sont connues sous le nom de "*general partnerships*" ou "*partnership firms*".

§ 3. DÉSIGNATION ET REPRÉSENTATION DE LA *PARTNERSHIP FIRM* DANS LA PRATIQUE

1002 **Désignation et représentation.** Si l'appellation "*company*" est le plus souvent utilisée pour décrire les sociétés commerciales à responsabilité limitée (voir plus loin), il reste assez fréquent de voir les *partnerships* désignées sous les noms des associés tel : "*Smith, Jones & Co*" ou "*Jones Brothers and Company*". La désignation « & Co » ne confère pas la personnalité morale. Par ailleurs, il est fréquent de voir les *partnerships* qui utilisent un nom commercial déposé au registre des "*Business Names*" (*national business names registry*) ou une marque déposée au *Trade Mark Registry*.

Chaque associé représente la firme dans les relations avec les tiers. Cette représentation est basée sur les règles de droit commun du mandat apparent. La validité des actes accomplis au nom du *partnership* ne peut être remise en cause qu'en cas de fraude, ou circonstances suspectes en dehors du cours normal des affaires. En ce qui concerne le droit d'ester en justice, les règles de procédure civile prévoient que le *partnership* este en justice au nom (éventuellement le nom commercial) utilisé par lui et est représenté en justice par un de ses associés, à moins qu'il n'existe aucune éventuelle contre-indication (telle une confusion avec une autre entreprise). Le rapport conjoint sur les *partnerships* de la *Law Commission* de *England & Wales* et la *Scottish Law Commission* publié en 2003, a mis en exergue la nature hybride de la *partnership firm* et proposait de lui permettre de bénéficier de la personnalité morale. Dans le domaine du commerce international, il est fréquent que les entreprises de différents pays se regroupent pour traiter un marché ou un projet ensemble, en constituant par contrat un "*partnership*", appelée "*joint venture*". Toutefois, compte tenu des risques, il est tout aussi fréquent que les associés d'un "*joint venture*" contractuel décident que leur projet sera entrepris à travers une société limitée. Cette société est habituellement appelée par exemple « *X Y JV Co (Ltd)* ».

§ 4. L'EXTINCTION DE *PARTNERSHIP*

1003 **Cause et effets.** La fin de la "*partnership*" intervient soit à la suite d'une décision des associés d'arrêter leurs relations ; soit lors d'une procédure de liquidation en cas d'insolvabilité au titre de la loi *Insolvency Act 1986*. Les associés, restant individuellement, solidairement et indéfiniment responsables des dettes, peuvent être poursuivis et mis en faillite personnelle ou en liquidation dans le cas d'une société limitée qui est associée.

SECTION 2 LES *LIMITED PARTNERSHIPS* ET LES *LIMITED LIABILITY PARTNERSHIPS*

1004 Il faut distinguer les *limited partnerships* (§ 1) et les *limited liability partnerships* (§ 2).

§ 1. LES *LIMITED PARTNERSHIPS*

1005 ***Limited partnerships.*** La loi dite *Limited Partnerships Act 1907* a institué la possibilité légale de créer un "*limited partnership*" où un associé "*general partner*" assume la responsabilité pour les dettes, mais qui est associé à un ou plusieurs "*limited partners*" qui ne sont responsables que du montant qu'il ou elle a convenu de verser au capital du *partnership*. Le *limited partnership* doit être immatriculé auprès de la *Companies House* pour exister en tant que personne morale, et pour permettre aux "*limited partners*" de bénéficier de la responsabilité limitée. C'est le "*general partner*" seul qui représente la *limited partnership*.

Ces *partnerships* hybrides ne sont pas fréquents dans les affaires, sauf en tant qu'entités d'investissement, mais ne seront pas traités dans le détail dans ce chapitre.

§ 2. LES *LIMITED LIABILITY PARTNERSHIPS*

1006 **Les *limited liability partnerships*.** Les "*limited liability partnerships*" ou "*LLP's*" sont utilisées par les professions libérales depuis 2002 pour éviter la responsabilité illimitée. La *LLP* doit être immatriculée auprès du *Companies House*, et jouit de la personnalité morale. Les associés bénéficient de la responsabilité limitée au montant dû au titre de leur apport. Les associés dirigeants peuvent encourir de la responsabilité au titre de leur gestion. La LLP est fiscalement transparente. La loi impose à ces entités des obligations de publicité légale auprès de la *Companies House* modifiées depuis le Brexit suivant les *Companies, Limited liability Partnership and Partnership (Amendment) (EU Exit) Regulations 2019*.

CHAPITRE 4
LES SOCIÉTÉS COMMERCIALES À RESPONSABILITÉ LIMITÉE : *"LIMITED COMPANIES"*

1007 **Droit commercial et société commerciale.** Le droit anglais des sociétés qui se caractérise par ses sources et ses acteurs (section 1) est principalement focalisé sur les sociétés commerciales à responsabilité limitée dont la plupart sont des *private limited companies* qui ne peuvent faire appel à l'épargne publique. Ces sociétés reposent sur la personnalité morale de ces sociétés par rapport à ses actionnaires dont la responsabilité est limitée au montant impayé de leur apport (section 2). La constitution et l'immatriculation de ces sociétés (section 3), leur fonctionnement (section 4) et leur responsabilité (section 5) obéissent à des règles précises.

SECTION 1 LES SOURCES ET LES ACTEURS

1008 Ce chapitre sera principalement consacré aux deux types de sociétés habituellement rencontrées dans le commerce : la *"limited"* (*private limited company*), et la *"plc"* (*public limited company*). Dans la pratique le mot *"company"* est utilisé pour décrire toute forme de société, mais dans le cas des sociétés à responsabilité limitée la loi impose d'ajouter une indication *"limited"* ou *"plc"* selon le type de société.

Il faut présenter les sources (§ 1) et les acteurs (§ 2) du droit anglais des sociétés.

§ 1. LES SOURCES DU DROIT ANGLAIS DES SOCIÉTÉS

1009 **Présentation.** Si la première législation sur les sociétés à responsabilité limitée remonte à la loi *The Joint Stock Companies Act* de 1844, cette loi a suivi plusieurs tentatives de légiférer après des débâcles et escroqueries retentissantes concernant des sociétés constituées notamment pour le commerce dans les colonies (*South Sea Bubble...*). Les principales sources sont aujourd'hui législatives ; il s'agit du *Companies Act 2006*, le *Small Business Enterprise and Employment Act 2015, l'Insolvency Act 1986, le Company Directors Disqualification Act 1986*, le *Financial Services and Markets Acts* de 2002 et 2023, *Economic Crime (Transparency and Enforcement) Act 2022* et *Economic Crime and Corporate Transparency Act 2023*, les codes de bonnes pratiques, la jurisprudence. Depuis le Brexit, la législation a été modifiée en tant que de besoin, notamment pour exclure certains concepts du droit européen et pour imposer de nouvelles obligations d'immatriculation pour des sociétés étrangères, y compris européennes.

1010 ***Companies Act 2006.*** L'objectif déclaré de cette loi était de rassembler (« codifier ») sous une seule loi les principales dispositions de la loi antérieure et de la jurisprudence en matière de droit des sociétés. Cette loi est complétée par des décrets. La loi prévoit un modèle de statuts "*memorandum and articles of association*" (qui peuvent être limités maintenant aux seuls "*article of association*"), que les associés peuvent modifier à leur guise dans certaines limites. Cette loi est d'application partout dans le Royaume-Uni avec quelques modifications de circonstance pour les systèmes de droit écossais et de l'Irlande du Nord. Nous verrons que cette loi de 2006 a considérablement simplifié la vie des sociétés non cotées, notamment les "*private limited*" qui ne sont plus tenues par exemple de convoquer une assemblée annuelle et qui peuvent traiter la plupart des affaires par résolutions écrites. Les îles anglo-normandes ont leurs propres règles en matière de droit des sociétés qui ne seront pas traitées ici. Les lois *Economic Crime (Transparency and Enforcement) Act 2022* et *Economic Crime and Corporate Transparency Act 2023* ont considérablement renforcé les pouvoirs des autorités en matière de crime organisé (national et international), sanctions internationales, blanchiment et la détection de fonds d'origine douteuse et la transparence des détenteurs économiques réels de sociétés. Un nouveau délit de manquement d'empêcher une fraude ("*failure to prevent fraud*") a été institué qui est destiné à obliger des sociétés à mettre en place de procédures efficaces de prévention. Par ailleurs, la *National Security Act 2023* et un système intitulé "*Foreign Influence Registration Scheme*", est destinée à renforcer la transparence de sociétés ou autres firmes qui engagent des activités pour le compte d'États étrangers et leurs différentes émanations au Royaume-Uni dans le cadre d'opérations d'influence. Des obligations d'immatriculation sont prévues. Certains pays sont spécifiquement visés.

1011 ***Small Business Enterprise and Employment Act 2015.*** Cette loi a apporté quelques modifications et nouveautés qui entreront en vigueur progressivement (dont notamment l'interdiction d'administrateurs en forme de sociétés : "*corporate directors*") (les décrets d'application sont mis à jour périodiquement dont le dernier en date de 2024).

1012 ***The Insolvency Act 1986.*** Cette loi, qui traite des difficultés et de l'insolvabilité des sociétés, des entreprises et des personnes physiques, a été mise à jour par l'*Insolvency Act 2000* et par l'*European Union (Withdrawal) Act 2018, l'European (Withdrawal Agreement) Act 2020* et l'*Insolvency (Amendment) (EU Exit) Regulations 2019* et *2020.*

1013 ***Company Directors Disqualification Act 1986.*** Cette loi traite de la question de la disqualification des dirigeants de droit ou de fait des sociétés (mise à jour par l'*Insolvency Act 2000*).

1014 ***Financial Services and Markets Act de 2000.*** Cette loi a été modifiée en 2023 (*Financial Services and Markets Act 2023*) pour permettre le remplacement des règles européennes en la matière, et au gouvernement de réguler le secteur des services et marchés financiers à la suite du Brexit.

1015 **Les codes de bonnes pratiques : *Soft law* ou *Hard law* ?** Ces codes régissent notamment les opérations des sociétés cotées tels *City Code on Takeovers and Mergers, UK Corporate Governance Code* et *International Financial Reporting Standards*. En avril 2025 le gouvernement a finalisé (après consultation) un code sur la cyber-gouvernance (*Cyber Governance Code)*, applicable principalement à des sociétés de taille moyenne ou grande, imposant aux conseils d'administration et administrateurs l'obligation de mettre en place une gestion de risque, une stratégie, une culture, une prévention d'incident, et une surveillance dans les domaines de menaces cyber. En effet, selon le gouvernement 50 % des entreprises ont été victimes d'attaques cyber en 2023-2024. À noter dans ce contexte, les *Recommendations of the Task Force on Climate-Related Financial Disclosures* 2017, *World Economic Forum-How to Set up Effective Climate Governance on Corporate Boards, Guiding Principles* and questions 2019, et *Effects of climate related matters on financial statements IFRS* November 2020. Certains auteurs considèrent que ces codes de bonnes pratiques peuvent devenir la norme utilisée par les tribunaux pour juger l'adéquation de la gestion des administrateurs de société (voir l'article cité *infra*, n° 1070). La *Bank of England, Prudential Regulation Authority* et *Financial Conduct Authority* édictent également des principes et règles en matière de prise en compte de risques liés au changement climatique.

1016 **La jurisprudence.** Ces lois et codes sont complétés par les décisions des tribunaux. Nous verrons, notamment, que l'*Equity* a un rôle à jouer en matière de droit des sociétés, par exemple concernant la responsabilité des dirigeants.

1017 **Le droit européen.** Le Brexit a eu plusieurs effets sur le droit anglais des sociétés, mais sans impacter de manière importante les règles. Jusqu'à présent les autorités britanniques ont procédé à des modifications techniques de la réglementation nécessitées par le Brexit tout en veillant autant que possible à maintenir une équivalence de fait avec les règles de l'UE. Cependant, les sociétés anglaises sont désormais considérées comme originaires de pays tiers par rapport à l'Union européenne (et vice versa), et perdent la liberté d'établissement. En Allemagne et en Autriche, et plusieurs autres pays européens, les succursales de sociétés britanniques établies dans ces deux pays seraient considérées comme des sociétés sans personnalité morale, dont les associés seraient responsables des dettes. Le régime des fusions transfrontalières européennes ne s'applique plus, obligeant des sociétés britanniques de se conformer aux règlements dans les pays concernés. Des sociétés originaires des pays de l'UE doivent désormais fournir certaines informations complémentaires au Registre des Sociétés anglaises. Depuis le Brexit, les sociétés anglaises doivent préparer leurs comptes selon les normes britanniques UK IAS ;

et les sociétés anglaises cotées sur un marché financier européen doivent se conformer aux normes UE IAS et les règles de transparence européennes. Plus généralement, ce sont désormais les règles de comptabilité et de publicité nationales qui s'imposent. La question de divergence de ces normes à l'avenir se pose. Les directives européennes en matière de sociétés ont été mises en œuvre soit par législation du Parlement, soit par décrets. Ces législations concernaient plus particulièrement les obligations déclaratives de sociétés cotées, et ont été l'objet de modifications mineures dans le droit anglais depuis le Brexit. La société européenne publique à responsabilité limitée instituée par le règlement UE n° 2157/2001 : « Societas Europea » n'avait pas connu un franc succès au Royaume-Uni. Il n'y avait que 63 immatriculées en 2014. Depuis le Brexit, aucune société de ce type ne peut être immatriculée au Royaume-Uni. Celles existant à la date du Brexit sont transformées en sociétés de droit anglais. Il en de même pour les groupements d'intérêt économique européens. Le règlement européen en matière de fusions transfrontalières n'a pas été intégré dans le droit britannique après le Brexit et ne s'applique plus. En 2025 une consultation est en cours menée par HM *Treasury, Financial Conduct Authority* et *London Stock Exchange* au sujet de la réglementation de l'AIM (*Alternative Investment Market*) afin de réduire les obligations administratives pour les entreprises. Les risques de divergences avec les règles européennes dans ces domaines ne peuvent pas encore être évalués.

§ 2. LES ACTEURS

1018 **La *Companies House*.** Principale autorité administrative, *Companies House* est le greffe national décentralisé pour l'Angleterre et le Pays de Galles situé à Cardiff, avec des antennes à Londres et en Écosse. La *Companies House* est un « *Executive Agency* » constitué sous l'égide du *Department for Business Energy & Industrial Strategy* qui agit sous l'autorité d'un *secretary of state*. Ainsi c'est la *Companies House* qui tient le registre national des sociétés, mis à jour au fur et à mesure des formalités déposées par les sociétés sous leur responsabilité.

1019 **Le *Department for Business & Trade*.** Le *secretary of state* a également un « *Companies Investigation Branch* » disposant de pouvoirs d'enquête en matière d'infractions commises par les sociétés. Ces enquêtes sont souvent menées de pair avec d'autres autorités pénales et réglementaires. Parmi les pouvoirs du *secretary of state* est celui de demander la dissolution de la société par le tribunal.

1020 ***Companies Court Chancery Division High Court*.** En ce qui concerne les litiges concernant les actionnaires des sociétés, la responsabilité des dirigeants, la dissolution et les procédures d'insolvabilité des sociétés commerciales, c'est la *Companies Court* du *Chancery Division* de la *High Court of Justice* qui est compétente.

Pour mémoire, les litiges commerciaux impliquant les sociétés et les tiers sont du ressort du *Queen's Bench Division* de la *High Court* ou du *County Court*, selon l'enjeu.

1021 **Autres acteurs.** Différentes autorités sont compétentes en matière de la réglementation et de la gouvernance des sociétés notamment les sociétés cotées, telles *Financial Conduct Authority* ou *London Stock Exchange*.

La réforme de 2006

Le droit des sociétés anglaises a été entièrement réformé par la loi dite *Companies Act 2006* qui a « codifié » l'ancien droit des sociétés, mélange de jurisprudence et de législation.

Le législateur avait plusieurs objectifs :

– donner plus de pouvoirs aux actionnaires ;
– donner plus de protection aux créanciers ;
– mettre le droit anglais des sociétés au diapason d'une société moderne, en minimisant le formalisme, et notamment de permettre l'organisation et la tenue d'assemblées et de conseils d'administration au moyen les outils de communication électronique.

Ainsi, par exemple, des assemblées d'actionnaires de sociétés cotées peuvent être convoquées par le biais d'un site web. Une étude parue en 2018 considère, à la lumière de récentes difficultés et faillites, que la loi de 2006 n'avait pas suffisamment renforcé les obligations des administrateurs de société (*Unfinished Work in UK Company Law Reforms-Roger Barker and Iris H-Y Chiu (University College London)*).

SECTION 2 LES SOCIÉTÉS COMMERCIALES *"COMMERCIAL COMPANIES"*, LE PRINCIPE DE LA PERSONNALITÉ MORALE (*"SEPARATE LEGAL ENTITY"*) ET LE STATUT DES ASSOCIÉS/ACTIONNAIRES

1022 Les sociétés commerciales supposent de présenter la théorie de la société en lien avec la personnalité morale (§ 1), puis son capital et ses actionnaires (§ 2).

§ 1. LA THÉORIE DE LA SOCIÉTÉ ET LA PERSONNALITÉ MORALE

1023 **Personnalité morale.** Les sections 7 (1) et 16 (2) de *Companies Act 2006* et la section 74 de l'*Insolvency Act* 1986 reprennent le principe jurisprudentiel établi dans l'affaire *Salomon v. Salomon 1897* par lequel la société est une personne juridique distincte de ses actionnaires (*members*) et que par conséquent ces derniers ne sont pas propriétaires des biens de la société qui elle exerce l'activité commerciale. Ils ne sont pas responsables des dettes de la société en l'absence de fraude ou immixtion fautive dans la gestion, s'ils ont versé le montant du capital prévu. Néanmoins, depuis cette époque les tribunaux ont reconnu la possibilité de lever la personnalité morale "*piercing the corporate veil*" dans des circonstances très limitées appelées "*the evasion principle*" lorsque la société a été créée dans le seul but de permettre le contournement d'une obligation ; par exemple pour diminuer le montant de la prestation compensatoire lors d'un divorce (*Prest v. Petrodel Resources Ltd*[1]). Les tribunaux peuvent également exiger la communication d'informations permettant d'identifier les personnes qui se cachent derrière une personne morale "*the concealment principle*", par exemple pour établir que la société détient des biens en tant que *trustee* ou mandataire d'un tiers, afin de les restituer à une personne victime d'une escroquerie. Toutefois, dans ce cas la personnalité morale de la société n'est pas écartée (*Prest v. Petrodel Resources*). Le tribunal dispose du pouvoir d'ordonner la dissolution (*winding-up*) de la société lorsque la justice et l'équité l'exigent (*just and equitable*). Il s'agit de cas exceptionnels de sociétés assimilables à une *partnership* (société dite *quasi-partnership*) en raison de la nature très étroite et personnelle des relations entre les actionnaires et les dirigeants, afin d'empêcher qu'un actionnaire minoritaire ne soit privé de ses intérêts légitimes.

Dans l'affaire *Ebrahimi v. Westbourne Galleries Ltd*[2]. M. Ebrahimi était le directeur-général (*managing director*) à plein temps (et actionnaire) de la société. Les bénéfices de la société étaient toujours distribués aux administrateurs, dont M. Ebrahimi, en forme de salaires et non pas en la forme de dividendes aux actionnaires. La majorité des actionnaires ont décidé de démettre M. Ebrahimi de ses fonctions, le privant ainsi de tout revenu. Malgré le fait que les actionnaires disposaient de ce droit au titre des statuts, la Cour a jugé qu'il existait des ententes mutuelles entre les actionnaires, non exprimées dans les statuts, de telle sorte que le renvoi de M. Ebrahimi était contraire à ses attentes légitimes, constituait un abus de droit, et a ordonné la dissolution de la société. Dans ce cas particulier les actionnaires, dont M. Ebrahimi, avaient exercé la même activité en la forme de *partnership* avant la constitution de la société. Un autre exemple serait le cas où un dirigeant évincé aurait été dans l'impossibilité de vendre ses parts. Il s'agit de situations où *Equity* peut intervenir de manière discrétionnaire et exceptionnelle pour empêcher une injustice.

§ 2. LE CAPITAL ET LES ACTIONNAIRES, LA RESPONSABILITÉ LIMITÉE DES ACTIONNAIRES D'UNE LTD OU PLC

1024 Le capital (A) et les actionnaires (B) sont au cœur des sociétés commerciales.

1. Prest v Petrodel Resources Ltd 2013 UKSC 34.
2. Ebrahimi v Westbourne Galleries Ltd 1973 AC 360.

A. LE CAPITAL ET LES ACTIONS

1025 **La nature juridique d'une action.** L'action dans une société anglaise est considérée comme un bien meuble (« *personal property* » du type « *chose in action* »), quel que soit la nature des biens détenus par la société. C'est l'article 541 de *Companies Act 2006* qui confirme le principe établi par la jurisprudence. Chaque action doit avoir une valeur nominale qui est désignée dans les statuts. C'est le montant minimal qui doit être versé par une personne souhaitant acquérir une action.

1026 **Le capital minimum.** La loi ne prévoit aucun capital minimum pour une LTD ; mais chaque société LTD doit avoir au moins un actionnaire détenant une action (habituellement de £1). Il n'y a pas de limite du nombre d'actionnaires. Les actions peuvent être libellées en livres sterling ou en devises étrangères. En revanche, une société PLC doit avoir un capital émis d'au moins £50 000 ou son équivalent en devises étrangères.

1027 **Le paiement des actions.** Ce montant doit être versé en espèces ou en nature : *Re China Steamship and Labuan Coal Co, Drummond's case 1869 LR 4 Ch App 772*[3] où le juge a dit que le montant doit être versé "*in meal or in malt*" (en espèces ou en nature) ! Dans le cas de biens en nature, il incombe aux administrateurs d'une société LTD d'évaluer le montant à attribuer en contrepartie de biens en nature. Le tribunal peut intervenir en cas de fraude pour annuler l'émission. Dans le cas d'une PLC, une expertise indépendante de la valeur des biens doit être obtenue d'un commissaire aux comptes (*auditor*). Au cas où le nouvel actionnaire aura payé un montant plus élevé que le montant nominal de l'action, il existe une prime dite "*share premium*" qui sera créditée à un poste spécifique du bilan intitulé "*share premium account*".

1028 **Les différents types d'actions.** Il existe différents types d'actions :

— « *ordinary* » ou « *Equity shares* » donnant droit au versement proportionnel sans limite de tout boni de liquidation ;

— « *preference shares* » donne le droit à percevoir un dividende d'un certain montant en priorité aux actionnaires ordinaires ;

— « *deferred shares* » ne donne droit à perception de dividende qu'au cas où les actionnaires ordinaires reçoivent un montant de dividende déterminé par avance. Ces actions sont parfois appelées « *founders' shares* » ;

— « *non-voting ordinary shares* » sont des actions sans droit de vote aux assemblées, laissant ce droit à un nombre limité et contrôlé d'actionnaires ;

— « *redeemable shares* » sont des actions émises pour une période limitée dont la valeur nominale est remboursée à l'échéance.

Les actions peuvent être constituées de différentes « classes », chacune détenant différents droits de vote, droits à dividende, droit d'effectuer des contributions au capital, ou droit de retour en cas de dissolution. Enfin il est fréquent d'octroyer des droits d'acquérir des actions à des institutions financières ou personnes prêtant de l'argent à la société. Ces droits prennent la forme d'actions convertibles

3. Re China Steamship and Labuan Coal Co, Drummond's case 1869 LR 4 Ch App 772.

« *debenture loan stock* » au titre d'un acte formel (*debenture*) qui permet aux détenteurs de nommer un administrateur *ad hoc* en cas de difficulté.

Certaines sociétés cotées émettent des "*option warrants*" ou droits de souscription ayant avec une date limite. Ces *warrants* peuvent faire l'objet d'opérations sur les marchés financiers.

B. LES ACTIONNAIRES

1029 **L'attribution ("*allotment*") et l'émission des actions ("*issue of shares*").** Il n'existe aucune restriction quant à l'identité ou la nationalité d'un actionnaire d'une société anglaise. Ainsi, toute personne capable, britannique ou étrangère est autorisée à souscrire les statuts d'une société anglaise. Les premiers souscripteurs acquièrent leurs actions en vertu des statuts qu'ils ont signés pour constituer la société. Par la suite les administrateurs sont autorisés à attribuer (*allot*) des actions aux nouveaux actionnaires. Les statuts peuvent prévoir un "*authorised capital*" que les administrateurs sont autorisés à émettre au titre des statuts signés par les actionnaires. Lors de sa constitution, les premiers actionnaires doivent indiquer qui est le bénéficiaire effectif et qui détient le contrôle significatif.

Sinon, ce sont les actionnaires qui décident en assemblée d'autoriser les administrateurs à procéder à de nouvelles attributions d'actions. L'émission de l'action est formalisée par son inscription dans le registre des actionnaires, ce qui constitue juridiquement le moment où la personne devient actionnaire. Le capital émis "*issued share capital*" constitue la valeur nominale totale des actions émises par la société.

1030 **Responsabilité limitée des actionnaires.** La responsabilité des actionnaires est habituellement limitée au montant impayé sur l'apport (montant du capital) qu'ils ont convenu de verser à la société. Les actionnaires des sociétés "*limited*" (*private* ou *public*) s'engagent à verser un montant au capital de la société qui constitue la limite de leur obligation financière envers la société et ses créanciers. Cette somme n'est pas nécessairement intégralement versée dès la constitution de la société. Ainsi le montant et la valeur nominale du capital prévu aux statuts est appelé le "*nominal capital*". Il incombe à l'assemblée des actionnaires ou les dirigeants d'appeler les actionnaires à verser le capital, soit intégralement soit par tranches, selon les dispositions des statuts : "*called up capital*". Il s'agit donc des montants payés ou à payer par les actionnaires. Les montants effectivement versés en espèces ou en nature par les actionnaires constituent le "*paid-up capital*". Avant de traiter avec une société limitée anglaise, il convient donc de vérifier le montant du "*nominal*" et "*paid-up*" capital. Il s'agit de la seule garantie pour les tiers. Le plus souvent le montant est appelé, payé et utilisé pour les activités de la société. Ainsi l'actionnaire n'a plus aucune responsabilité envers les tiers. Dans le cas du LTD, la responsabilité est le plus souvent d'un montant symbolique, du moins sans rapport aux risques. Une fois le capital payé (*paid-up capital*), l'associé n'a plus aucune responsabilité financière pour les dettes de la société, sauf immixtion fautive dans sa gestion (*intermeddling*). Les tiers sont informés de l'état du capital par le registre public consultable en ligne.

1031 **La protection de l'actionnaire.** L'arrêt dans l'affaire *Foss v. Harbottle*[4] a établi le principe que lorsque la société est victime ou a subi un préjudice à la suite d'un acte ou d'un manquement, c'est seulement la société qui peut légitimement demander réparation. Pour réduire les difficultés, notamment des actionnaires minoritaires, pour mener une action destinée à empêcher la société de poursuivre une action en dehors de ses objets, ou à remédier à des agissements préjudiciables des dirigeants, ou d'une majorité des actionnaires, contraires aux intérêts de la société et ses autres actionnaires, les articles 260 et 994 et suivants de *Companies Act 2006* leur permettent de demander au tribunal d'intervenir. Deux types d'action peuvent être envisagés :

— "*derivative action*" (sec. 260 *Companies Act 2006*) : action portée par un actionnaire au nom de la société pour obtenir un remède au bénéfice de la société, lorsque la majorité des actionnaires et les dirigeants auront refusé de poursuivre l'action au nom de la société, alors qu'elle a subi un détriment ;

— "*unfairly prejudicial conduct*" lorsque la direction des affaires de la société cause un préjudice aux intérêts de tout ou partie des actionnaires de la société (sec. 994 et s. *Companies Act 2006*).

L'objet de la loi est de permettre, pour autant que cela soit possible, la société de poursuivre ses activités, bien que dans des cas extrêmes la dissolution (*winding-up*) peut être le seul issu possible. C'est le remède de dernier recours !

SECTION 3 CONSTITUTION ET IMMATRICULATION DES SOCIÉTÉS À RESPONSABILITÉ LIMITÉE LTD OU PLC

1032 La constitution (§ 1) et l'immatriculation (§ 2) des sociétés à responsabilité limitée LTD obéissent à des règles précises.

§ 1. LA CONSTITUTION D'UNE SOCIÉTÉ

1033 Il faut distinguer les documents constitutifs (A) et les statuts (B).

A. LES DOCUMENTS CONSTITUTIFS REQUIS PAR LA LOI

1034 **Les documents constitutifs.** L'article 17 de la loi *Companies Act 2006* prévoit les documents constitutifs de la société que tout actionnaire peut demander à voir les "*articles of association*" qui régissent la gestion interne de la société, les résolutions et conventions concernant la constitution de la société, une copie du certificat d'immatriculation de la société, une déclaration du capital social indiquant

4. Foss v Harbottle 1843 2 Hare 461.

le nombre d'actions, leur valeur nominale totale, les montants impayés relatifs aux actions, les droits attachés aux différentes classes d'actions, le cas échéant et des copies de tout jugement ou loi modifiant la constitution ou approuvant toute réorganisation de la société. Des informations concernant les personnes détenant un pouvoir de contrôle significatif doivent être notifiées au *Register of People with Significant Control.* Par ailleurs, toute société étrangère qui détient des biens immobiliers au Royaume-Uni doit notifier à la *Companies House* dans le *Register of Overseas Entities*, les détails des bénéficiaires effectifs, trustees, et leurs dirigeants, puis maintenir ces informations à jour. Les critères détaillés sont indiqués par la loi *Economic Crime (Transparency and Enforcement) Act 2022,* puis renforcés par *Economic Crime and Corporate Transparaency Act 2023.* En principe ces informations sont publiques. Un système d'immatriculation de trusts étrangers détenant des biens immobiliers au Royaume-Uni est organisé par l'administration fiscale HMRC. L'objectif est de renforcer l'arsenal préventif en matière de terrorisme, crime organisé et blanchiment.

B. LES STATUTS *"MEMORANDUM AND ARTICLES OF ASSOCIATION"*

1035 **Les statuts.** Jusqu'à la loi de 2006 les statuts étaient intitulés "*Memorandum and Articles of Association*" (prévus à l'origine par la loi sur les *Joint Stock Companies* de 1856), qui étaient les documents fondateurs de la société. Le *memorandum* contenait les éléments essentiels de la société et les *articles* traitaient de l'organisation interne.

Depuis 2006, le *Memorandum* est largement remplacé par un formulaire administratif. Ce sont les articles (éventuellement complété d'un pacte d'actionnaires "*universal shareholders agreement*" signé par tous les actionnaires), qui constituent le document le plus détaillé de la constitution de la société. Il reste néanmoins utile de connaître le contenu du "*memorandum of association*" pour les sociétés constituées sous l'égide des précédentes lois.

1036 **Le "*Memorandum of association*".** Le "*memorandum*" énonçait les noms des premiers souscripteurs ("*subscribers*"), le nom de la société, ses objets, son capital social nominal, son capital social émis et son capital social autorisé, et les montant versés au capital par les premiers souscripteurs, ainsi que la première adresse du siège social (ce document est appelé aujourd'hui "*old form memorandum*" car il n'est plus obligatoire). Les sociétés constituées avant l'entrée en vigueur de la loi de 2006 et depuis la loi *Companies Act 1989* étaient déjà autorisées à prévoir un objet très large "*general commercial company*". Celles constituées avant 1989 prévoyaient des objets allant des plus précis au plus larges possibles. L'objectif de la loi de 2006 était de laisser les sociétés mener leur activité sans limitations d'objet dans leurs statuts. En effet, depuis la loi de 2006 il est seulement nécessaire de souscrire un "*memorandum of association*" simplifié qui est disponible en forme électronique à la *Companies House* avec le formulaire d'immatriculation, qui indique la volonté des premiers actionnaires de former une société en prenant au moins une action chacun. Il n'est plus nécessaire d'indiquer un objet social mais la loi *Economic Crime and Corporate Transparaency Act* 2023 oblige les fondateurs de déclarer que la société a un objet/activité licite. La société peut engager toute activité décidée par les actionnaires ou les dirigeants selon les statuts. Ainsi, l'article 39 de la loi 2006 prévoit que la validité d'un acte de la société ne peut être remise en cause en raison d'un manque de capacité dû à une disposition contenue dans les statuts de la société. Les tiers ne sont pas tenus de vérifier si l'activité est conforme aux statuts. Le nom de la société, le ou les noms des premiers souscripteurs, le montant nominal du capital, et le montant du premier capital versé, et l'adresse du siège social sont indiqués dans un formulaire administratif déposé lors de la demande d'immatriculation.

1037 **Les *articles of association*.** La loi exige également la signature des "*articles of association*" prévoyant les règles détaillées de la gestion interne de la société qui feront l'objet d'une publicité légale. La loi de 2006 fournit un modèle des "*articles*". Les "*model articles*" contiennent notamment des dispositions sur les points suivants :

— la limitation de responsabilité des actionnaires ;

— les pouvoirs des administrateurs (*directors*) et les éventuelles limitations de pouvoirs. Il est à noter que les tiers de bonne foi traitant une opération avec la société peuvent considérer que les administrateurs disposent du pouvoir de lier la société (article 40 (1) *Companies Act 2006*) ;

— la nomination et révocation des administrateurs ;

— les procédures de prise de décision par les administrateurs ;

— les procédures de prise de décision par les actionnaires ;

— l'organisation des assemblées des actionnaires ;

— les allocations d'actions ;

— les certificats d'actions ;

— les cessions d'actions ;

— les dividendes et distribution de capital ;

— les communications de la société ;

— le droit des administrateurs d'être indemnisés pour leurs actes et l'assurance responsabilité de la société.

1038 ***Shareholders' agreement*.** Si les actionnaires le souhaitent, ils peuvent souscrire un pacte d'actionnaires qui ne fait pas l'objet de publicité légale, et qui détaille leurs droits et obligations dans plus de détails. Il s'agit souvent des aspects plus « confidentiels » des relations entre les actionnaires.

Typiquement le contenu du "*shareholders' agreement*" incluera les points suivants :

— le consentement des actionnaires à certains actes des administrateurs ;

— le droit d'être consulté sur différents aspects de la vie de la société tel le *business* plan ;

— des restrictions concernant les cessions d'actions "*share transfers*" ;

— les cas où une action peut faire l'objet de cession imposée ;

— les droits des différentes classes d'action (*class rights*) ;

— la politique de financement ;

— la politique de dividendes ;

— la sortie et droits des actionnaires sortants ;
— la résolution d'un blocage (*deadlock*) ;
— la confidentialité et des engagements de non-concurrence (*restrictive covenants*) ;
— le droit de premier refus (*rights of first refusal*) ;
— les droits de pré-emption (*rights of pre-emption*) ;
— le "*drag along*" (le droit de la majorité des actionnaires d'obliger les autres de vendre leurs actions à un tiers aux mêmes conditions) ;
— le "*tag along*", le droit de la minorité des actionnaires de vendre leurs actions aux mêmes conditions que la majorité (également intitulé "*co-sale rights*") ;
— le "*shotgun*" le droit de notifier les autres actionnaires et de les forcer à vendre ou d'acheter des actions à un prix déterminé ;
— le "*put option*" le droit de vendre à un prix convenu avant une date déterminée ;
— le "*call option*" le droit d'acquérir des actions à un prix convenu avant une date déterminée.

§ 2. L'IMMATRICULATION D'UNE SOCIÉTÉ

1039 **Processus.** Les "*private limited*" et "*public limited companies*" jouissent de la personnalité morale à la suite d'une procédure d'immatriculation "*incorporation*" par laquelle elles deviennent "*incorporated companies*", effectuée par l'immatriculation des sociétés commerciales à responsabilité limitée ("*limited*" ou "*PLC*"), auprès de la *Companies House*. La plupart des formalités peuvent être effectuées en ligne avec un système de vérification de signatures électroniques par le biais d'un fournisseur agréé de service d'authentification.

L'immatriculation suppose la vérification préalable de la disponibilité du nom de la société et du nom commercial ou marque, et sa protection (A), puis la signature des documents constitutifs et le passage à la *Companies House* (B).

A. LA VÉRIFICATION ET PROTECTION DU NOM DE LA SOCIÉTÉ ET DU NOM COMMERCIAL

1040 Le nom de la société et le nom commercial (1) font l'objet de vérifications et protections (2).

1. Le nom de société et nom commercial

1041 **Le nom de la société (*corporate name*) et le nom commercial (*business name*).** Si la société doit être immatriculée, la première démarche sera de choisir la dénomination sociale (*corporate name*), qui ne doit inclure les noms ou mots dits sensibles qui peuvent induire en erreur... ; ou prohibés ; où des noms rapprochant dites "*too like*" des noms de sociétés existantes. Certains noms prêtant à confusion tels "*Royal*", "*Authority*", ou un nom qui suggère un lien avec un gouvernement étranger ou organisation internationale, ou des noms contenant un code informatique, ou utilisant le nom d'une profession réglementée, sont interdits. D'autres mots sont considérés comme sensibles tels : *"Great Britain"*, *"United Kingdom"*, *"international"*, *"group"*, *"holding"* ; et ne peuvent figurer dans le nom de société ou nom commercial sans autorisation. Les règles sont indiquées dans *Companies and Business Names (Miscellaneous Provisions) Regulations 2009 SI 2009/1085*. La loi a été modifiée en 2024 pour prendre en compte la (*Economic Crime and Corporate Transparency Act* 2023). La *Companies House* a également le pouvoir d'interdire tout nom qui pourrait faciliter la commission d'un crime ou délit.

Avant de choisir le nom d'une société, un nom peut être, aisément vérifié sur le site de la *Companies House*, Business Names Registry et Intellectual Property Office, et sur le web.

Le nom choisi pour la société peut faire l'objet d'une réservation au greffe des sociétés (*Companies House*) ; en attendant le dépôt du dossier d'immatriculation. Un tribunal spécialisé *Company Names Tribunal* existe pour trancher les difficultés relatives au nom de société. Les juges de ce tribunal sont le plus souvent des officiels de la *UK Intellectual Property Office* (qui décide des dépôts de marques). Le tribunal cherchera notamment l'existence d'un *goodwill* d'un plaignant à la date de la demande[5].

Le nom commercial utilisé pour promouvoir et vendre les produits et/ou les services d'une société peut être différent du nom de la société, à condition de ne créer aucune confusion avec les produits ou services d'une autre entreprise (au risque de se voir assigner dans une action pour *passing off*).

Pour éviter toute difficulté, les dirigeants de la future société doivent vérifier l'existence éventuelle des entreprises utilisant un nom rapprochant. En l'absence de registre national d'entreprises, la recherche doit passer par le *Business Names registry* et les autres sources non officielles d'information sur les entreprises, ainsi que le registre des marques. Depuis le Brexit, des sociétés immatriculées dans l'Espace économique européen doivent vérifier que leur nom ne pose pas de difficulté au Royaume-Uni.

2. La protection des noms de société et des noms commerciaux

1042 **Le nom de société.** Les sociétés doivent vérifier la disponibilité du nom de société souhaitée par les actionnaires, auprès de la *Companies House* avant l'immatriculation de la société. Il est à noter que, si les sociétés doivent obligatoirement indiquer le nom de la société sur tous ses documents commerciaux, elles peuvent également déposer un nom commercial au *Business Names Registry* (ou une marque au *Trade Mark Registry*) pour désigner leurs produits ou services afin de les différencier et de les protéger de la concurrence.

1043 **Le nom commercial.** La protection du nom commercial et le nom de société, ou d'une entreprise quelle que soit sa forme, constitue une des premières

5. Voir par exemple Botanica Agriculture and Extraction Ltd. V Botanica Ltd 2022 EWHC 2957 Ch et AXA Wholesale Trading Ltd v AXA 2023 EWHC 1339 Ch.

démarches importantes dans la vie d'une entreprise. Les entreprises individuelles et les *partnerships* peuvent également exercer leur activité sous un nom commercial (*business name*), et le protéger en le déposant au *Business Names Registry* à condition que le nom ne soit pas déjà déposé, ou par le dépôt d'une marque (voir ci-dessous). Les sociétés commerciales utilisent très souvent des noms commerciaux pour les besoins de leurs activités en plus de leur nom de société.

Le registre *Business Names Registry* est intitulé également *Business Registry*. Il ne s'agit pas d'un registre d'entreprises ; mais seulement un registre de noms commerciaux dont le propriétaire a souhaité réserver à son seul usage.

1044 **Les marques (*trade marks*).** Le commerçant individuel ou un *partnership* et les sociétés peuvent également déposer une marque auprès du *Trade Marks Registry*, s'agissant d'un signe distinctif plus développé, disposant d'une originalité au regard des critères du droit des marques.

1045 **Les risques liés à l'utilisation d'un nom ou d'une marque d'autrui.** *In fine*, en l'absence de recherches suffisantes une nouvelle société n'est pas à l'abri d'une action en justice du droit commun "*passing off*" par un tiers qui considère que le nom de son entreprise aurait été usurpé et la clientèle anglaise détournée. La *Supreme Court* a jugé en 2015 que la clientèle doit être présente au Royaume-Uni[6] Cette action permet d'empêcher une entreprise d'utiliser un nom qui créerait une confusion avec une entreprise existante, et d'obtenir des dommages-intérêts pour indemniser tout préjudice subi. La pratique de prédateurs de noms qui consistait à immatriculer des noms de société intégrant des noms connus avant que les personnes ou sociétés concernées ne demandent leur immatriculation a été arrêtée depuis une décision des tribunaux en 1996[7].

B. LA PROCÉDURE DE CONSTITUTION ET D'IMMATRICULATION À LA *COMPANIES HOUSE*

1046 **La signature et le dépôt des premiers documents.** La plupart des formalités sont effectuées en ligne, les coûts de formalités non électroniques étant sensiblement plus élevé. La constitution juridique d'une société s'effectue par la signature des statuts (« articles ») ou l'accord entre associés. La loi *Economic Crime and Corporate Transparency Act 2023* impose la communication d'informations complémentaires, notamment une adresse courriel et l'adresse d'un siège effectif (pas de boîte postale) et renforce les vérifications effectuées par la *Companies House*, notamment d'identité des associés majoritaires ou ayant le contrôle réel de la société ("*persons with significant control*"), et administrateurs. La loi *National Security Act* 2023 a introduit une obligation d'immatriculation auprès du Home Office (ministère de l'Intérieur) de toute personne entreprenant des activités d'influence politique ou des activités (y compris commerciales) pour le compte d'un

6. Starbucks (HK) Ltd v British Sky Broadcasting Group N° 2 2015 UKSC 31.

7. Glaxo Plc v Glaxowellcome Ltd 1996 FSR 388 ; Direct Line Group Ltd v Direct Line Estate Agency Ltd 1997 FSR 374.

état étranger sur une liste établie par le ministère (notamment Russie et Iran), au Royaume-Uni.

La société existe en tant que personne morale dès son immatriculation. En droit commun, les contrats préalables à l'immatriculation de la société ne lient pas la société car elle n'était pas une personne juridique au moment où le prétendu contrat a été établi. La personne qui avait contracté pour le compte de la société en cours de formation ne pouvait être tenue personnellement responsable que dans certains cas. Conformément à la directive européenne 68/151 UE puis celle de 2009/101/UE sur le droit des sociétés, l'article 51(1) de la loi *Companies Act* (non modifiée depuis le Brexit), prévoit que les contrats préalables lient les personnes ayant agi pour le compte d'une société en cours de formation.

Une fois les documents constitutifs signés, les actionnaires ou leurs représentants déposent par voie électronique ou par courrier, tout d'abord, le formulaire de demande d'immatriculation indiquant le nom de la société (et toute autorisation administrative nécessaire au cas où le nom serait soumis à autorisation préalable), le type de société (*private company limited by shares LTD* ou *public limited company PLC*), l'adresse du siège, l'adoption des "*model articles*" ou de statuts spécialement rédigés (*bespoke articles*), la déclaration de capital ou "*statement of capital*" indiquant : nombre, classes, valeur nominale des actions attribuées lors de la constitution et les droits attachés (droits de vote, droit à dividende et distributions de capital...) ; les noms des premiers actionnaires et le nombre d'actions souscrites par eux ; une déclaration concernant les personnes détenant le pouvoir de contrôle relatif à la société (*statement of initial significant control*) ; les informations concernant les dirigeants et personnes éventuellement responsables des formalités légales ou "*officers*".

1047 **Les *officers*.** Les *officers* sont les administrateurs personnes physiques : nom, date de naissance, adresse pour toutes notifications, adresse de domicile, nationalité et activité professionnelle, les administrateurs personnes morales : nom, adresse, numéro d'immatriculation (à noter qu'il est prévu de bannir les administrateurs personnes morales une période de transition), et le *company secretary* (secrétaire général) responsable des formalités légales (obligatoire pour les *PLC*, mais optionnel pour les *LTD*) : nom, adresse etc. La société doit nommer au moins une personne physique en qualité d'administrateur (sec. 155 (1) *Companies Act* 2006). Les dispositions réglementaires prévues par *Small Business Entreprise and Employment Act* 2015 interdisant des administrateurs en forme de société (sous réserve d'exceptions) sont en vigueur depuis 2024 (sec. 156A et 156B *Companies Act* 2006).

1048 **Déclarations de conformité.** Les différentes législations mentionnées ci-dessus requièrent une première déclaration de conformité (*registration statement*) au dépôt du dossier. Les *articles* sur mesure ou les modifications éventuelles des *model articles* doivent également être déposés. Si les *model articles* sont utilisés il n'est pas nécessaire de les déposer. Ensuite, il faut procéder périodiquement à la déclaration de conformité (*confirmation statement*) afin de confirmer que les informations fournies lors de l'immatriculation continuent d'être vraies.

Trading Certificate requis pour les PLC

Dans le cas d'une *PLC*, celle-ci ne peut engager aucune activité commerciale sans avoir obtenu un "*trading certificate*" de la *Companies House*, après dépôt d'un certificat de conformité déposé par un des « *officers* » de la société.

SECTION 4 LE FONCTIONNEMENT DE LA SOCIÉTÉ

1049 la société fonctionne grâce à divers organes (§ 1). Les dirigeants engagent leur responsabilité, le cas échéant (§ 2). Enfin, les règles gouvernant la représentation de la société sont importantes (§ 3).

§ 1. LES ORGANES

1050 La loi sur les sociétés de 2006 prévoit deux organes de la société LTD : l'assemblée des actionnaires ou associés "*the general meeting of shareholders*" (A) ; et les *directors*, qui sont chargés de la gestion des activités et affaires courantes de la société, seuls ou en tant que membres d'un conseil d'administration (*Board of Directors*) (B).

A. LES ASSEMBLÉES GÉNÉRALES D'ACTIONNAIRES OU "*THE GENERAL MEETING*"

1051 Il existe différents types de délibération des associés.

L'organe auquel la gouvernance de la société est dévolue par la loi de 2006 est l'assemblée des actionnaires, mais les pouvoirs de l'assemblée des actionnaires peuvent faire l'objet de modifications au titre des statuts et l'accord entre les actionnaires. Les délibérations de l'assemblée sont définies par la loi de 2006 qui fait une distinction entre les différents types de questions à traiter.

1052 **L'*ordinary business*.** Il s'agit des résolutions ou assemblées ordinaires ("*ordinary business*") (majorité requise de 51 %) (tel l'approbation des comptes annuels).

1053 **Le *special business*.** Sont concernées les résolutions ou assemblées spéciales ("*special business*") (majorité requise de 75 % par exemple pour la révocation d'un administrateur "*removal of a director*"/nomination d'un nouveau commissaire aux comptes ("*appointment of new auditor*").

1054 **Les *extraordinary business*.** Les résolutions ou assemblées extraordinaires ("*extraordinary business*" *or* "*extraordinary meetings*") existaient avant la loi de 2006 (définis par la loi de 1985 comme étant toutes les assemblées/résolutions autres que l'assemblée annuelle). Ceci n'est plus d'actualité à moins que les statuts d'une société existante à cette époque le prévoient. Les délibérations se font soit par écrit soit lors d'une assemblée en présence des associés.

1055 **Les assemblées générales ordinaires annuelles (*annual general meetings*).** Les sociétés *private limited* (non côtées) ne sont pas obligées de tenir une assemblée annuelle, mais leurs statuts peuvent le prévoir. Habituellement une assemblée annuelle est tenue pour approuver le rapport des dirigeants et les comptes annuels, déclarer un dividende éventuel, nommer les dirigeants et fixer leur rémunération, ainsi que la nomination et la rémunération des commissaires aux comptes, le cas échéant. Toute autre décision sera considérée comme étant "*special business*". Les actionnaires ont le droit de faire circuler une déclaration à l'assemblée.

1056 **Les résolutions écrites (*written resolutions*).** Dans les sociétés *Private Limited*, la plupart des décisions des actionnaires (*members' business*) sont réglées par des résolutions écrites qui circulent entre les actionnaires les dispensant ainsi d'une présence physique à une assemblée. Ceci est autorisé par la loi *Companies Act 2006*. La signature électronique est possible sous réserve des dispositions des « *Articles* ».

1057 **Les formalités des assemblées en présence des associés. Les convocations aux assemblées "*notices*".** Pour être valables, les convocations aux assemblées doivent se conformer aux règles prévues par la loi de 2006 ; et notamment les indications quant à la date, le lieu et l'objet de l'assemblée. Toute décision requérant une majorité de 75 % nécessite au moins 21 jours de préavis, au lieu des 14 jours habituels. Le délai de préavis des assemblées ordinaires pour les sociétés cotées est de 21 jours.

1058 **Le président de séance.** Les statuts prévoient habituellement la nomination d'un président de séance pour l'assemblée générale ordinaire et les autres assemblées.

Les statuts modèles (article 39) indiquent que le président de séance (*Chairman of the meeting*) est nommé par les *directors* ; ou à défaut par un actionnaire.

Sa fonction principale est d'assurer l'efficacité, la légalité, la pertinence et la loyauté de l'assemblée, et notamment :

— la présence d'un *quorum ;*

— que les actionnaires présents puissent intervenir et être entendus ;

— que la procédure soit suivie ;

— que tout changement de l'ordre du jour soit approuvé par l'assemblée ;

— que le recours à un vote prépondérant intervienne dans des conditions appropriées ;

— que le décompte des votes se fassent avec l'aide du "*company secretary*" et des scrutateurs éventuels ;

— la déclaration des décisions ;

— la clôture de l'assemblée.

B. LES INSTANCES DIRIGEANTES : LA GESTION DES AFFAIRES COURANTES DE LA SOCIÉTÉ

1059 Les diverses instances dirigeantes sont les *company's officers* (1), les *directors* (2) et les *secretaries* (3).

1. "The company's officers"

1060 ***The company's officers.*** N'ayant pas d'équivalent direct dans les sociétés françaises, cette expression inclut les administrateurs (*directors*) ainsi que le secrétaire général (*company secretary*), chacun ayant des obligations légales spécifiques dans la gestion légale de la société.

1061 **Les *directors* (les administrateurs).** Les *limited* doivent avoir au moins un *director* (personne physique) ; et les *PLC* au moins deux *directors*. Les *directors* sont normalement nommés par l'assemblée des associés ou les premiers souscripteurs de la société. Ceci est prévu par le modèle des statuts (*model articles*).

Depuis l'entrée en vigueur, en 2015, de l'article 215A de la *Companies Act 2006* (loi SBEE 2015), une société ne peut plus avoir un *corporate director* (une société à responsabilité limitée en tant qu'administrateur). Des dispositions transitoires étaient prévues pour les sociétés existantes.

1062 **Les conseils d'administration (*Board of Directors*) ou un administrateur unique.** La gestion de la société est, en règle générale, dévolue au titre des statuts (*articles*) soit à un Conseil d'administration (*Board of Directors*) (voir par ex. l'article 3 2006 *Model Articles*), soit une seule personne physique (*managing director*).

La plupart des sociétés, notamment celles d'une certaine taille, nomment également un secrétaire général (*company secretary*), chargé des formalités juridiques des sociétés. En réalité, l'immense majorité des sociétés n'ayant qu'un seul actionnaire et un seul dirigeant, la gestion est dévolue à un seul *director* ou *managing director*, sans conseil d'administration. Depuis 2008, au moins une personne physique doit être administrateur.

1063 **Le rôle et organisation des conseils d'administration.** Dans le cas de sociétés plus importantes ayant un conseil d'administration, un président (*chairman of the board* ou *chair*) est habituellement nommé. C'est le conseil qui élit et révoque le président à tout moment (article 12 *Model Articles*).

Le président prépare l'ordre du jour des réunions du conseil et organise les convocations, communique les informations et s'assure de la présence du *quorum* et de la bonne tenue de la réunion, de la signature des procès-verbaux et de la communication adéquate vis-à-vis des actionnaires. Les décisions des *directors* lors des réunions du Conseil sont généralement à la majorité simple ou prises par une résolution écrite unanime (article 8 2006 *Model Articles*).

L'article 13 des *Model articles* accorde le vote prépondérant au président du Conseil. Celui-ci exerce ce pouvoir de bonne foi dans l'intérêt de la société.

Dans le cours normal les actionnaires ne peuvent contrecarrer les décisions des administrateurs ou le conseil. Dans le cas (fréquent dans les petites et moyennes sociétés) où il n'y a qu'un seul *director*, celui-ci doit consigner ses décisions par écrit dans un registre de procès-verbaux.

2. Les différents types d'administrateurs (*directors*)

1064 ***Executive* and *non-executive directors*.** Juridiquement, la société est représentée par ses administrateurs individuellement ou collectivement. Une distinction est faite dans la pratique entre "*executive*" and "*non-executive*" *directors*, les premiers ayant des fonctions opérationnelles et représentant habituellement la société.

1065 **"*De jure directors*".** La loi et la jurisprudence reconnaissent à la fois les "*de jure directors*" étant ceux nommés selon les dispositions statutaires et légales ; mais également les "*de facto directors*" et "*shadow directors*".

1066 **"*De facto directors*" et "*shadow directors*".** Il est possible qu'une personne, n'ayant pas été nommée formellement par les organes de la société et n'ayant pas fait l'objet d'une notification à la *Companies House*, soit tenue pour responsable de la gestion de la société. Il s'agit d'un "*De facto*" ou d'un "*shadow*" *director*.

Le "*de facto director*" est un dirigeant de fait qui occupe la fonction d'administrateur ou de dirigeant sans avoir été correctement nommé. Ainsi une personne à qui la société a confié la gestion de la société en lui attribuant ou non le titre d'administrateur, et qui en réalité contrôle la gestion courante de la société est considérée comme un "*de facto director*".

La société ne peut nier le mandat apparent et le "*de facto director*" sera personnellement responsable de ses actes de gestion.

"*Shadow directors*" sont ceux qui n'apparaissent ni sur les documents sociaux, ni vis-à-vis des tiers ou des autorités, mais qui, en réalité, dirigent la société à travers des hommes ou femmes de paille, que ce soit des administrateurs *de jure* ou *de facto*.

3. "*Secretary*" ou "*company secretary*" et les registres obligatoires

1067 Même s'il n'est plus obligatoire pour les sociétés *LTD*, beaucoup nomment un *secretary* (*company secretary*) qui est légalement responsable de la conformité des déclarations obligatoires et formalités que doit accomplir la société auprès de la *Companies House*. La nomination d'un *company Secretary* reste obligatoire pour les *PLC*.

Le *secretary* est un *officer* de la société et sa signature est requise pour les actes solennels que la société serait amenée à signer (limité généralement aux actes immobiliers, hypothèques et sûretés...). Il existe un organisme professionnel des *company secretaries* : ICSA (*Institute of Chartered Secretaries*) qui établit des normes éthiques et des examens professionnels. S'il n'est pas obligatoire d'en être membre, il est habituel pour des sociétés d'une certaine taille de nommer un *company secretary* qui a obtenu la qualification de cet institut.

Les sociétés cotées nomment souvent un *solicitor* (soit de leur cabinet de *solicitors* extérieur ou de leur service juridique, ou un *chartered secretary*) pour accomplir ces tâches, mais le commissaire aux comptes ne peut assumer ce rôle.

Dans tous les cas, avec ou sans *company secretary,* toutes les sociétés sont obligées de tenir des registres (*statutory books*) (papier ou dématérialisé) dont la liste et les contenus ont été renforcés: registres des administrateurs et un registre de leurs domiciles, registre des associés, registres des personnes ayant un pouvoir de contrôle significatif (*persons with significant control*), registre des *company secretaries*, registre de nantissements, une archive des assemblées et décisions, Il est aussi d'usage de tenir un registre des attributions et cessions d'actions. La nouvelle réglementation prévue par la loi *Economic Crime and Corporate Transparency Act* 2023 a été publiée en projet en juillet 2025 et prévoit la possibilité de dématérialiser certains registres des sociétés commerciales et LLP's, notamment ceux concernant les personnes ayant un pouvoir de contrôle significatif, et devrait entrer en vigueur courant 2025. La société devra néanmoins communiquer les informations à la *Companies House*.

§ 2. LA RESPONSABILITÉ DES DIRIGEANTS (*DIRECTORS*)

1068 Les dirigeants engagent leurs responsabilités (B) au profit de la société (A) avec des spécificités en cas d'insolvabilité de la société (C).

A. LES OBLIGATIONS SONT DUES À LA SOCIÉTÉ

1069 La responsabilité et les obligations des administrateurs sont dues à la société et non pas aux actionnaires (sauf cas exceptionnel) *Sharp v. Blank 2015*.

Ainsi, c'est la société qui doit demander réparation à l'encontre des administrateurs.

Ils doivent gérer la société dans le strict cadre de la constitution (« *intra vires* »), conformément aux objets de la société et dans le respect des pouvoirs donnés.

Ces pouvoirs doivent être exercés dans un but approprié et ne doivent pas être détournés.

B. LES OBLIGATIONS FIDUCIAIRES ET LÉGALES DES ADMINISTRATEURS

1070 **Contenu**. Les obligations fiduciaires (*fiduciary obligations*) issues de l'*Equity* sont aujourd'hui codifiées par *Companies Act 2006*. Il s'agit notamment :

— du devoir d'agir dans le strict cadre des pouvoirs donnés par les statuts ou les résolutions de l'assemblée générale (sec. 171 CA) ;

— du devoir de promouvoir de bonne foi la réussite de la société (sec. 172 CA). Il est remarquable que cet article a introduit une obligation de tenir compte notamment du long terme, des intérêts des salariés, le besoin de maintenir les bonnes relations avec les fournisseurs et clients, l'impact des activités de la société dans la communauté et l'environnement (un article récent souligne la responsabilité croissante des administrateurs vis-à-vis du changement climatique)[8], le maintien d'un niveau élevé d'éthique commerciale, puis d'agir de manière équitable vis-à-vis des actionnaires. Un projet de loi (déposé par un député-*Private Member's Bill*) propose de mettre la responsabilité des administrateurs de protéger

8. Climate Change in Law: Current Perspectives. May 2022-Edward Brown QC, John Robb, Daniel Fox-Essex Court Chambers. En juillet 2025 le gouvernement a lancé une consultation sur un projet de régime de déclaration de durabilité-*ISSB reporting standards*.

l'environnement au même niveau que leur responsabilité aux actionnaires ou associés. *The Company Directors (Duties) Bill* était en cours d'examen par le Parlement mi-2025, mais ne recueillait pas le soutien du gouvernement ;

— d'agir de manière indépendante (sec. 173 CA) ;

— devoir de diligence "reasonable care, skill and diligence" (sec. 174 CA) ;

— d'éviter tout conflit d'intérêts (sec. 175 CA) ;

— de ne pas recevoir ou obtenir un bénéfice personnel en raison de sa fonction d'administrateur s.176 CA) ;

— de déclarer tout intérêt personnel en relation avec une opération de la société (s.177 CA) ;

— de n'accepter aucun avantage d'un tiers.

Celles-ci sont basées sur les notions fiduciaires de l'*Equity*, c'est-à-dire les notions de confiance et de loyauté, comparables à celles de "*trustee*". La Cour Supreme a récemment confirmé le principe strict (*"no profit no conflict"*) s'appliquant aux administrateurs, qui ne peuvent en aucun cas profiter de leur mandat, même si la société l'avait accepté. L'administrateur doit rendre compte de tout bénéfice touché par elle ou lui dans le cadre de ses fonctions[9].

— Ce qui est dans l'intérêt de la société peut éventuellement diverger par rapport aux intérêts individuels des actionnaires, et les gains à court terme. Les statuts peuvent imposer d'autres obligations plus spécifiques. Les administrateurs doivent veiller à la conformité de la société vis-à-vis des lois, par exemple la protection de données. Les risques nouveaux, telles les cyberattaques, posent de nouvelles questions pour les administrateurs de société en termes de politiques de prévention, notamment en termes de protection de la valeur des actions cotées.

L'obligation de tenir compte des intérêts de tiers est inspirée de la loi américaine. La loi anglaise encadre cette obligation par rapport aux intérêts des actionnaires. Le contrôle par le tribunal de l'exercice des pouvoirs des administrateurs vis-à-vis de ces responsabilités énoncées par la loi, ne permet pas d'imposer l'avis d'un expert indépendant. Comme l'a rappelé le tribunal dans une affaire *Howard Smith v. Ampol Petroleum*[10], le tribunal n'est pas une Cour d'appel supervisant les décisions des administrateurs. La question est de savoir si l'administrateur en question pouvait honnêtement et raisonnablement croire que ses actions et décisions étaient dans l'intérêt de la société. La loi impose un standard, auquel le tribunal se réfèrera, qui est celui d'un administrateur connaissant correctement les activités de la société, exerçant assidûment ses fonctions, qui dispose de compétences et de connaissances raisonnablement attendues chez l'administrateur en question. Il s'agit d'un standard mixte dit « subjectif/objectif ».

C. LES OBLIGATIONS EN CAS D'INSOLVABILITÉ DE LA SOCIÉTÉ

1071 **Obligation.** Les administrateurs doivent également tenir compte des intérêts des créanciers de la société, mais cette obligation trouvait sa source dans le droit

9. Ruhkadze v Recovery Partners GP Ltd 2025 UKSC 10.
10. 1974 AC 821.

commun, notamment par rapport à leur responsabilité en cas d'insolvabilité de la société ; et elle a été consacrée par la législation dès 1986. Ainsi, *Insolvency Act 1986* impose aux administrateurs une obligation de tenir compte des intérêts des créanciers.

§ 3. LA REPRÉSENTATION DE LA SOCIÉTÉ VIS-À-VIS DES TIERS

1072 La société ne peut agir que grâce à l'intervention de personnes qui la représentent au moyen de mandats (A). Les contrats conclus entre la société et un tiers doivent respecter un certain degré de formalisme (B).

A. LE MANDAT DES DIRIGEANTS ET PERSONNES REPRÉSENTANT LA SOCIÉTÉ

1073 Le droit anglais fait une distinction entre le mandat réel (*actual authority*) et le mandat apparent (*ostensible authority*).

1074 **L'*actual authority*.** Le droit du mandat (*agency*) relative à des sociétés prévoit que les dirigeants disposent d'un mandat en vertu du contrat les liant à la société (*actual authority*). Il s'agit notamment du mandat pour représenter la société vis-à-vis des tiers selon les dispositions statutaires de la société, et notamment les personnes nommées en tant que dirigeants (*directors*) conformément aux statuts et agissant dans le cadre des objets sociaux décrits dans les statuts.

Nous avons vu cependant que les sociétés anglaises ne sont plus obligées de définir un objet social. Les actes doivent être analysés donc à l'aune des activités habituelles de la société.

L'article 40 de *Companies Act 2006* conforme à la directive UE 2009/101 dispose qu'une personne traitant de bonne foi avec une société n'est pas soumise à d'éventuelles limitations de pouvoirs du conseil d'administration de la société.

1075 **L'*ostensible authority*.** En réalité, les tiers sont protégés plus amplement par la notion du mandat apparent "*ostensible authority*" créé par le fait d'avoir été nommé par la société en tant que "*director*" ; ou lorsque la société aura laissé une personne diriger les activités de la société de fait. Il est fréquent que les sociétés octroient un titre aux membres de sa direction qui laisse penser que la personne dispose du pouvoir de lier la société. Ainsi, la société sera liée par les actes de ses *directors* ou de ses dirigeants de fait (par ex. une personne qui agit en tant que "*Managing Director*" au su du conseil d'administration mais sans avoir été légalement nommée)[11].

Tout dépend des circonstances et notamment des pratiques du secteur d'activité. Ainsi il a été jugé que le "*branch manager*" d'une société d'assurance n'avait pas un mandat apparent pour signer certaines opérations[12] ; alors dans une autre espèce

11. Freeman and Lockyer v Buckhurst Park Properties (Mangal) Limited 1964 2 QB 480.
12. British Bank of the Middle East v Sun Life Assurance of Canada (UK) Ltd 1982 BCLC 78.

il a été jugé que le "*documentary credit manager*" d'une banque internationale avait le mandat apparent de signer certaines opérations[13].

La jurisprudence a également accepté qu'un tiers ne puisse pas nécessairement savoir si tel ou tel contrat est en lien avec les objets sociaux de la société ; ou être obligé de mener une enquête pour le vérifier. Mais, le contrat doit avoir un lien possible avec l'activité de la société. Par exemple un financier qui accorde un prêt ne peut pas nécessairement savoir à quelle activité le prêt sera affecté[14].

Cette règle est applicable pour autant que le tiers n'avait pas connaissance d'une éventuelle limitation des pouvoirs de la personne représentant la société, ou d'un dépassement éventuel de son "*actual authority*". En revanche, au cas où l'opération dont il s'agit liant la société à un tiers sort du cours normal des affaires "*normal course of business*", ou lorsque le tiers n'est pas de bonne foi, il existe un risque que l'opération soit considérée comme invalide. Les opérations entre la société et ses dirigeants (ou des proches) à titre personnel sont *a priori* annulables (sec. 41 *Companies Act 2006*). Enfin, le *company secretary* dispose d'un "*ostensible authority*" pour signer des contrats liés à l'administration de la société dans le cours normal des affaires.

B. LES FORMALITÉS REQUISES POUR LES CONTRATS

1076 **Les actes formels (*deeds under seal*).** Les actes sont requis pour certains types d'opération, notamment immobilière. Si le sceau n'est plus exigé, un certain nombre de sociétés continuent d'utiliser un sceau qui est apposé sur un acte par le biais d'une presse sur laquelle est moulé le nom de la société qui est ensuite imprimé sur un sceau en papier rouge. L'acte portant le sceau doit être signé par deux administrateurs, ou un administrateur et le secrétaire général, ou toute autre personne autorisée par les administrateurs, en présence d'un témoin qui atteste la signature sur l'acte. En l'absence de secrétaire général, une société avec un seul administrateur peut autoriser une autre personne à contresigner.

1077 **Les actes sans le sceau.** Pour ce qui concerne les sociétés ne disposant pas de sceau, la signature de deux administrateurs, ou d'un seul administrateur en présence d'un témoin qui atteste la signature sur le document suffit à engager la société. Différentes méthodes permettent la signature d'actes par des moyens digitaux ou électroniques. Des décisions récentes rappellent qu'un contrat peut être formé par l'utilisation des moyens électroniques tels WhatsApp[15]. Dans le domaine international une récente décision canadienne confirme que l'utilisation d'un « *emojiis* » peut aussi aboutir à l'acceptation d'une offre[16]. Il est probable que la signature électronique par le nombre d'administrateurs (et témoin) requis pourrait suffire pour engager la société. En tout cas les échanges électroniques seraient admissibles comme preuves (*Electronic Communications Act* 2000). Un rapport de février 2023 de *Industry Working Group Final Report on Electronic Execution of Documents*

13. Ebeed v Soplex Wholesale Supplies Ltd 1985 BCLC 404.
14. Rolled Steel products (Holdings) Ltd v British Steel Corporation 1986 Ch 246.
15. Jaevee Homes Ltd v Fincham t/a Fincham Demolition 2025 EWHC 942.
16. Achter Land & Cattle Ltd v South West Terminal Ltd 2024 SKCA 115.

(établi par le *Ministry of Justice*) suivant un rapport de la Law Commission sur le sujet fournit des indications utiles sur la pratique et les orientations futures[17]. Par ailleurs, la loi *Electronic Trade Documents Act 2023* a également permis de dématérialiser certains effets de commerce en leur donnant un statut de bien cessible, permettant le financement du commerce par ce biais.

1078 **Les contrats dans le cours normal.** Les contrats auxquels fait partie une société peuvent faire être valablement signés de la même manière que celle indiquée ci-dessus ; ou par une personne disposant du pouvoir spécifique ou implicite de la société. La difficulté dans ce dernier cas est de savoir si la personne est dûment habilitée. Dans la pratique, le titre de fonction de la personne signant un contrat est l'élément le plus important pour déterminer si la personne disposait du pouvoir effectif de représenter la société aux fins de l'opération concernée. Dans le cadre du commerce international, il est prudent de vérifier les pouvoirs de la personne auprès des administrateurs ; et dans le cadre d'une opération significative, demander la copie d'un procès-verbal du conseil d'administration autorisant l'opération et déléguant tout pouvoir à la personne qui signe le contrat. Au cas où l'opération ne semble pas rentrer dans le cadre habituel des activités de la société, la prudence nécessite des vérifications complémentaires. Une personne signant expressément pour le compte d'une société est généralement exempte de responsabilité personnelle dans le cours normal et en l'absence de dol ou de négligence.

La ratification des actes des dirigeants

En cas de défaut dans le pouvoir d'un dirigeant, l'assemblée générale peut rétroactivement valider l'acte en question.

SECTION 5 LA RESPONSABILITÉ DE LA SOCIÉTÉ

1079 La responsabilité de la société est civile (§ 1) et pénale (§ 2).

§ 1. LA RESPONSABILITÉ CIVILE

1080 **Responsabilité civile.** La société est généralement responsable des actes et manquements de ses dirigeants, salariés et préposés en vertu du principe de "*vicarious liability*". En tant que mandataires de la société, les administrateurs ne sont pas personnellement responsables, dans le cours normal des affaires, des manquements de la société au titre des contrats ou d'autres obligations ou responsabilités de la société. Tant que l'administrateur ne sort pas de son rôle constitutionnel dans

17. Voir également The Electronic Identification and Trusts Services for Electronic Transactions Regulations 2016, The electronic Identification and Trust Services for Electronic Transactions (Amendment etc) (EU Exit) Regulations 2019, Uncitral Model Law on electronic signatures, et UK Digital Identity and Attributes Trust Framework.

le cours normal des affaires, et n'est pas coupable de déclarations inexactes dans un but en commun avec la société (*"misrepresentation with common design"*)[18], il ou elle ne peut être tenu pour responsable d'un manquement contractuel ou d'un acte délictuel de la société. Il est nécessaire de prouver que le dirigeant concerné a agi ou participé à l'acte délictuel ou le manquement au-delà de son rôle habituel, par exemple lorsque le dirigeant avait connaissance de la nature délictuelle de l'acte tel une contrefaçon de propriété intellectuelle, ou avait participé délibérément à des actes mensongers.

En ce qui concerne la responsabilité pour les fournisseurs et sous-traitants, la Cour Suprême a rappelé qu'il convient de vérifier le statut précis du sous-traitant et son indépendance. Lorsque celui-ci agit indépendamment dans le cadre de son activité professionnelle, il ne peut être assimilé à un salarié ou personne sous le contrôle effectif de la société[19].

§ 2. LA RESPONSABILITÉ PÉNALE

1081 **Responsabilité pénale.** En ce qui concerne la responsabilité pénale des sociétés, la loi ne fournit pas de définition. Il s'agit donc de déterminer la question pour chaque acte délictuel sanctionné pénalement.

La question la plus difficile concerne les infractions nécessitant un acte intentionnel (*mens rea*) et la question de savoir si le préposé acteur principal de l'infraction peut ou non être identifié comme représentant la société. Des questions de gouvernance et de gestion interne (*due diligence*) sont ainsi posées. Par exemple, la loi de la consommation rend plus difficile pour une société d'échapper à sa responsabilité, même en présence d'une multitude de magasins et de personnes responsables, et d'une direction centralisée qui ne peut vérifier chaque acte de ses préposés. La loi dite *Corporate Manslaughter and Corporate Homicide Act 2007* a rectifié la situation pour ce qui concerne les homicides involontaires commis lors des activités d'une société ; en la rendant responsable pénalement d'actes causant le décès d'autrui lors d'un manquement caractérisé aux devoirs de la société. La sanction est une amende et l'obligation de prendre les mesures nécessaires pour remédier aux risques concernés. La loi anti-corruption *Bribery Act 2010* a institué une infraction lors d'absence de mesures suffisantes prises par toute « organisation commerciale » pour empêcher la corruption, et notamment par toute personne associée à son organisation. La loi a un effet extraterritorial. Ainsi une société anglaise (ou toute entreprise établie au Royaume-Uni), peut être rendue coupable des actes de corruption d'un préposé ou d'un intermédiaire à l'étranger. La loi prévoit que l'infraction n'est pas constituée si l'entreprise en question peut prouver qu'elle avait mis en place des mesures suffisantes destinées à empêcher ses préposés etc. de commettre des actes de corruption. Ceci explique l'existence de clauses contractuelles détaillées, notamment dans les contrats d'intermédiaires ou de distribution,

18. Voir par exemple Lifestyle Equities CV v Ahmed 2024 UKSC 17.

19. Barclays Bank plc v Various Claimants 2020 UKSC 13 (médecin profession libérale accusé d'agressions sexuelles sur des personnes lors de leur examen médical pré-embauche dans son cabinet-banque non responsable).

exposant les politiques des entreprises britanniques en matière d'anti-corruption, et permettant à l'entreprise de résilier le contrat en cas d'infraction. Certaines infractions imposent à une société une responsabilité en l'absence de toute intention délictueuse (*strict liability*), par exemple en matière de pollution. La *Modern Slavery Act 2015* oblige les sociétés avec un chiffre d'affaires annuel de plus de £36m. (y compris des sociétés étrangères avec une « présence » au Royaume-Uni (définie de manière large), de publier une déclaration annuelle concernant leurs chaînes d'approvisionnement au plan mondial. Le Home Office a publié des recommandations (*Guidance*) dans ce domaine en mars 2025. La *Economic Crime and Corporate Transparency Act 2023* a étendu la responsabilité d'une société qui dépasse certains seuils (nombre de salariés, chiffre d'affaires, bilan net), pour les actes de ses administrateurs et préposés (sur le plan mondial) dans certains cas, lors d'un manquement à empêcher la commission d'un délit économique dans certains cas. Le *The Crime and Policing Bill* en cours de passage devant le Parlement début 2025 envisage d'étendre la responsabilité d'une société pour une plus large gamme de crimes et délits (voir cette question également sous le titre XV).

TITRE 2
LES RELATIONS DU TRAVAIL

1082 Les relations du travail font l'objet d'un encadrement juridique riche au Royaume-Uni. C'est pourquoi, il est utile de les aborder au travers d'une première approche historique et contextuelle, notant au passage les premiers effets du Brexit (limités en droit du travail) (chapitre 1), puis d'envisager un aperçu des acteurs et les sources du droit anglais du travail (chapitre 2), la formation, le contenu et les effets (chapitre 4) du contrat de travail, la protection du salarié en cas de licenciement, ainsi que les modalités de fin du contrat (chapitre 5) et, enfin, les dispositifs entourant l'information, la consultation des salariés, et leur représentation (chapitre 6). Lors de la rédaction de la 2e édition de ce livre d'importantes réformes du droit du travail britannique sont prévues par un projet de loi (*Employment Rights Bill*) introduit par le gouvernement travailliste en 2024 et en cours de passage au Parlement. Les réformes seront étalées par voie réglementaire sur plusieurs années. Ce projet envisage notamment de donner une protection contre le licenciement sans cause réelle (*unfair dismissal*) dès le premier jour, alors que la protection actuelle (en 2025) ne s'enclenche qu'après deux ans d'emploi continu. De ce fait ce titre se trouve abrégé par rapport à la première édition et est limité à un aperçu général de la situation actuelle et certains aspects des réformes prévues.

CHAPITRE 1
PREMIÈRE APPROCHE DES RELATIONS DU TRAVAIL

1083 Afin de comprendre les relations du travail telles qu'elles sont encadrées par le droit anglais, il faut retracer les grandes évolutions historiques en la matière (section 1), puis les traits caractéristiques actuels (section 2).

SECTION 1 L'ÉVOLUTION HISTORIQUE

1084 **Les premières réglementations.** Les premières réglementations du droit anglais du travail remontent au XIVe siècle. Les *Justices of the Peace* avaient alors le pouvoir de réglementer le niveau des salaires versés en espèces (*wages*). La relation du travail était caractérisée en droit commun par celle de *master and servant*, le premier exerçant un pouvoir de contrôle important sur son serviteur qui ne bénéficiait que de peu de protection.

1085 **Une évolution du monde agricole vers l'industrie.** Le droit anglais du travail a progressivement évolué du contrat annuel (calqué sur le cycle temporel de l'agriculture), résiliable sur un préavis correspondant à la périodicité du versement de la rémunération (souvent hebdomadaire) au droit du travail moderne issu des évolutions industrielles et des luttes syndicales du XIXe siècle et de la première moitié du XXe siècle.

1086 **Les luttes des associations de travailleurs et syndicats.** Les premières associations de travailleurs sectorielles datant du XVIe siècle, luttaient pour l'amélioration des conditions et la protection des travailleurs. Elles faisaient souvent l'objet de répression sévère en la forme de lois pénales et d'une jurisprudence de droit commun favorable au laisser-faire des employeurs, jusqu'à la fin du XIXe siècle. Le célèbre cas des "*Tolpuddle Martyrs*" envoyés en travaux forcés en Australie en 1834 pour avoir signé le serment d'allégeance à une association de travailleurs est un des plus connus de l'histoire syndical anglais. Certaines de ces associations (*friendly societies*) collectaient des cotisations de ses membres pour subvenir aux besoins de ceux tombés dans le besoin (par exemple, les périodes de maladie, les frais de déplacement pour rechercher du travail et les frais funéraires des travailleurs membres de l'association) ; jusqu'à l'instauration de la Sécurité sociale généralisée de l'État à la fin de la deuxième guerre mondiale (*welfare state*).

Les employeurs continuaient d'utiliser le droit commun comme instrument en faisant condamner les syndicats au titre du droit de la responsabilité ("*tort of inducing breach of contract*"), à des sommes importantes en dommages-intérêts et frais de procès, pour décourager les syndicats d'interférer dans leurs relations avec leurs employés (voir l'affaire célèbre de *Taff Vale Railway Co. v. Amalgamated Society of Railway Servants* en 1901 qui a menacé le syndicat de faillite). Ces actions ont eu pour effet de provoquer la fondation du parti travailliste (*Labour Party*). Puis la loi *Trade Disputes Act 1906* instaurait l'immunité financière des syndicats. Une loi de 1913 permettait, sous conditions, des activités politiques des syndicats. Ces luttes ont progressivement permis le développement de conditions négociées de travail dans des secteurs spécifiques de l'industrie manufacturière ou du commerce, réglementées par des accords collectifs entre employeurs et syndicats.

1087 **Vers la négociation collective dans l'industrie.** Dans la foulée de la première guerre mondiale, le gouvernement encourageait la négociation collective avec l'établissement de *whitley councils* (après le nom de l'homme politique qui les avait préconisées) pour permettre la négociation annuelle de conditions de travail entre syndicats et employeurs. Après leur abolition en 1993, un salaire minimum national (*national living wage*) a été instauré en 1998. La négociation collective explique partiellement pourquoi les principales protections législatives des salariés ne sont apparues qu'après les années 1960. Elle reste encore une source importante en matière du droit du travail anglais au XXIe siècle pour une minorité de salariés du secteur privé et une majorité du secteur public.

1088 **L'évolution difficile de la *Common law* dans le domaine du travail.** Le droit commun (contract et tort) a été utilisé par certains employeurs comme un autre moyen de limitation des droits des travailleurs, jusqu'au début du XXe siècle, puis s'est adapté progressivement, mais parfois avec difficulté, pour s'accommoder à l'existence d'une nouvelle branche du droit dont relève le contrat spécifique au travail salarié dont les litiges sont pour partie soumis à une juridiction spécialisée (*employment tribunal* héritier des premiers *industrial tribunals* des années 1960). Par exemple, dans l'affaire *Autoclenz* en 2011 la *Supreme Court* a assoupli les règles habituelles d'interprétation des contrats écrits pour tenir compte du pouvoir de négociation et les intentions réelles des parties.

1089 **Le développement de la législation, le maintien de l'essentiel du droit européen en matière de travail, et un projet de réforme important améliorant les droits des salariés et des syndicats introduit en 2024.** L'évolution du droit anglais du travail a vu le développement de législations protectrices pour les salariés, notamment dans les années 1960 (*Contracts of Employment Act 1963* instaurant un droit d'obtenir par écrit les principales conditions d'emploi, *Industrial Training Act 1964* instaurant un tribunal spécialisé en matière de travail, *Redundancy Payments Act 1965* instaurant une indemnité en cas de licenciement pour cause économique). Depuis cette époque, différentes législations britanniques et européennes ont progressivement instauré des droits de certaines catégories de salariés de bénéficier d'un préavis minimal et d'une indemnité de fin de contrat dans certaines situations, le congé maternité, un droit à rémunération égale entre hommes et femmes, protection en cas de cession d'entreprise, protections contre les discriminations et le développement des droits fondamentaux. L'essentiel du droit du travail issu des réglementations européennes a été conservé après le Brexit, et le Royaume-Uni s'est engagé dans le cadre des accords avec l'UE, à maintenir un haut niveau de protection des salariés au titre de l'accord commercial et de coopération avec l'UE (sous certaines conditions). Les protections contre la discrimination dérivées du droit UE ont été maintenues. Le salarié continue de bénéficier des dispositions favorables en matière de compétence judiciaire par le biais d'une exception à l'exclusion du droit britannique du règlement Bruxelles (modifié). Si certaines modifications avaient été proposées au droit du travail après le Brexit par les gouvernements conservateurs, notamment au sujet du temps de travail, congés et cessions d'entreprises, le gouvernement travailliste issu des élections de 2024 a introduit un projet de loi proposant des réformes importantes au droit du travail, qui font l'objet de mentions dans ce Titre. Une fois devenue loi les dispositions détaillées feront l'objet de consultation avant promulgation par *statutory instrument* (décret) avec une mise en vigueur progressive sur plusieurs années.

1090 **L'érosion des syndicats.** Le déclin industriel de la Grande-Bretagne depuis 1945 a vu le pouvoir des syndicats graduellement érodé. Ainsi, le pouvoir des syndicats, notamment d'imposer l'adhésion des salariés au syndicat pour pouvoir postuler à un emploi ("*closed shop*") et les droits de grève, a été progressivement diminué par l'effet des législations successives, notamment des années 1970, 1980 et 1990. Un retour s'amorce depuis quelques années face aux évolutions de la "*gig economy*" du travail temporaire et les « contrats à zéro heures ».

1091 **Un équilibre fragile et changeant.** Si dans la période qui a suivi, lors de gouvernements travaillistes successifs, les droits des travailleurs ont été améliorés, le pouvoir des syndicats n'a pas été rétabli à son niveau d'antan. Au contraire, les gouvernements conservateurs récents ont renforcé l'arsenal législatif visant à encadrer les actions des syndicats et salariés par une législation de plus en plus contraignante. Le projet de loi *Employment Rights Bill* propose le renforcement des protections des droits de grève et des représentants syndicaux.

Par ailleurs, la *UK Supreme Court* par une décision unanime a récemment interprété la définition de « femme » dans la loi *Equality Act* 2010 comme signifiant une personne qui a été qualifiée de sexe féminin à la naissance, excluant ainsi les femmes transgenres[1]. Les implications importantes pour les entreprises notamment concernant les lieux de travail ont été résumées dans un guide provisoire émis par *the Equality and Human Rights Commission qui faisait l'objet de consultation à l'été 2025 et qui est destiné à évoluer*[2].

1. For Women Scotland Ltd v The Scottish Ministers 2025 UKSC 16.

2. EHRC Guidance "An Interim Update on the Practical Implications of the UK Supreme Court Judgment 25th April 2025.

SECTION 2 LES RELATIONS DU TRAVAIL AUJOURD'HUI

1092 **Trois catégories juridiques pour les relations du travail.** La définition de l'emploi salarié est issue de différentes sources : le droit commun des contrats et différentes législations relatives au droit du travail (qui n'établit que des définitions très succinctes de travail salarié), ainsi que la législation fiscale et d'assurance sociale.

Il existe essentiellement trois types de relations entre employeur et les personnes fournissant une prestation de travail, avec différents degrés de protection juridique et social : salariés, travailleurs (*workers*) et personnes à leur compte (*self-employed*) ou "*independent contractors*" travaillant pour différents clients. La *"gig" economy,* liée au développement des nouvelles technologies, a vu naître de nombreux cas de pratiques douteuses où employeurs (dont certains noms connus), tentent d'imposer à leurs employés le statut de *self-employed*, qui font l'objet de procès fréquents. Cette situation fait l'objet d'attention particulière, le gouvernement ayant publié une revue des différents statuts au titre du travail fin 2015 et ayant lancé une enquête sur les pratiques du travail dans l'économie moderne : *Taylor Committee* dont les conclusions sont publiées en 2017. En ce qui concerne les protections légales contre le licenciement sans cause, et des indemnités de licenciement définies (et plafonnées) par la législation, le salarié n'en bénéficie qu'après deux années d'ancienneté, mais le projet de loi *Employment Rights Bill* 2024 propose d'abolir cette règle et de donner une protection dès le premier jour. Il convient de mentionner également les *agency workers* qui sont des personnes employées par les agences d'intérim qui fournissement une prestation à leurs clients (entreprises) et les *umbrella companies* qui agissent comme intermédiaire donnant lieu à certains abus.

1093 **Les nouvelles technologies et la définition du travail salarié.** Au XXIe siècle, la définition de travailleur salarié (*person employed under a contract of employment*), par rapport à d'autres catégories de travailleurs moins protégés, est devenue un enjeu économique et juridique important, notamment en conséquence des évolutions rapides de l'économie, les nouvelles technologies et de nouveaux systèmes de travail à géométrie variable (modes de travail à court terme et imprévisible) (*gig economy*). Cette nouvelle forme de travail fait l'objet de tentatives des employeurs d'imposer aux personnes travaillant pour eux, un statut précaire de travailleur indépendant à son compte, ne bénéficiant d'aucune protection du droit du travail, et privés de certaines allocations et aides sociales auxquelles les salariés ont droit. Le statut intermédiaire d'*employed worker* situé entre le salarié classique et le travailleur indépendant, et disposant de certains droits des salariés, prévu par la législation est réclamé par un certain nombre de personnes travaillant pour les entreprises de la *gig economy*, dans le cadre de contentieux notamment concernant Uber où les chauffeurs utilisant l'application Uber ont été requalifiés en salariés par la Cour Suprême[3].

3. Uber BV & others v Aslam & others 2021 UKSC 5. Voir *supra*, n° 1130.

1094 **Une tradition de conciliation.** Un autre acteur important dans le domaine du droit du travail est *Advisory, Conciliation and Arbitration Service* (ACAS) organisme gouvernemental indépendant ; dont l'intervention en conciliation est obligatoire dans la plupart des cas avant la saisine de l'*Employment Tribunal.*

ACAS prend part à la tradition de négociations des conflits du travail qui est une des caractéristiques marquantes du droit anglais dans ce domaine ; et qui explique que le droit du travail s'est développement plutôt depuis les années 1960, et le déclin de l'industrie et les grands syndicats des secteurs manufacturiers qui avaient négocié des conditions collectives dans ses différentes branches.

1095 **Brexit et l'avenir.** Compte tenu du changement de gouvernement en 2024 qui est plus favorablement disposé à une restauration des relations avec l'UE et le renforcement des droits des salariés, les risques de divergences entre le droit britannique et le droit européen dans le domaine du travail peuvent être qualifiés de manière prudente, comme étant limités. Cela étant, le Brexit a eu plusieurs effets importants, dont notamment : i) les salariés britanniques ont perdu le bénéfice des droits fondamentaux garantis par la Charte du Traité UE. ii) Pour les entreprises établies dans plusieurs pays européens, et la législation concernant les comités d'entreprise européennes, le Royaume-Uni est devenu un pays tiers ce qui aura pour effet la délocalisation de leurs conseils européens et leurs représentants vers des pays membres de l'UE. iii) l'application des règlements UE sur la sécurité sociale est devenue plus complexe et limitée à certains égards. iv) le Brexit a mis fin aux règles européennes de détachement vers les pays de l'UE des salariés pour les employeurs britanniques ; puis les oblige également à vérifier que les salariés provenant des pays de l'UE satisfassent aux nouvelles règles d'immigration britanniques. v) Par ailleurs, les décisions de la CJUE post-Brexit ne lient plus les tribunaux britanniques.

CHAPITRE 2
LES ACTEURS ET LES SOURCES

1096 Il convient d'envisager les acteurs (section 1) et les sources (section 2).

SECTION 1 LES ACTEURS

1097 Divers acteurs interviennent dans la relation de travail afin de protéger le salarié (§ 2) ou pour réguler les litiges avec l'employeur (§ 2).

§ 1. LA PROTECTION DES SALARIÉS

1098 ***Commission for Equality and Human Rights*** **(CEHR).** Établi par l'*Equality Act 2006,* cet organisme a repris les anciennes fonctions de différentes commissions chargées de traiter différentes typologies de discriminations : sexe, âge, race, et handicaps... qui sont prohibées par la loi. La fonction du CEHR est d'encourager la réduction des discriminations notamment sur le lieu du travail. Elle publie un Code de bonnes pratiques.

Cette commission jouit de pouvoirs d'enquête en cas d'infraction à la loi pénale sur le sujet et peut demander la mise en place de mesures remédiant aux difficultés constatées. Elle peut également engager des procédures de conciliation. Les litiges « civils » en matière de discrimination dans le travail entre employeur et salarié sont du ressort de l'*Employment Tribunal.*

1099 **Fédérations patronales (*Employers' Associations*).** La loi *Trade Union and Labour relations (Consolidation) Act 1992* (sec. 122) définit une association d'employeurs (en résumé), comme étant toute organisation consistant d'employeurs ou entrepreneurs individuels dont le principal objet est la régulation des relations entre employeurs et travailleurs ou syndicats. Les principales organisations d'employeurs sont *Confederation of British Industry* ou *Federation of Small Businesses*.

1100 **Les syndicats (*trade unions*).** La loi *Trade Union and Labour relations (Consolidation) Act 1992* (sec. 1) définit le syndicat comme étant une organisation (dont des fédérations et confédérations) consistant de travailleurs de différentes descriptions dont le principal objet est la régulation des relations entre travailleurs de la description concernée, et employeurs ou associations d'employeurs. Le syndicat doit être indépendant de l'employeur. Les syndicats sont des associations sans personnalité morale mais bénéficiant de certains attributs de ce statut. Ses biens sont détenus par des *trustees* et la comptabilité et l'usage des fonds sont réglementés.

Le lien contractuel entre le syndicat et ses membres est régi par un livret intitulé "*rule book*" qui contient la constitution du syndicat, les règles pour les élections des représentants, ainsi que les règles disciplinaires. Le droit commun considérait que l'objet des syndicats était la restriction de la liberté contractuelle entre employeur et travailleur et pouvait être un cas de responsabilité au titre des restrictions du commerce (*restraint of trade*). Le conflit entre les principes de « laisser-faire » du droit commun et l'intérêt des syndicats de pouvoir représenter les salariés a dû être résolu par le législateur à la fin du XIXe siècle. Les principaux syndicats sont : *Unison* dans le secteur public et les salariés d'entreprises privées prestant des services publics ; *Unite* dans le secteur public et privé ; *General Municipal and Boilermakers Union* (GMB) (dans les secteurs des services commerciaux, manufacture industrielle, service public) ; *USDAW Union of Shop, Distributive and Allied* dans les secteurs de distribution, détail, fabrication et services) ; *Public and Commercial Services Union* (PCS) (fonctionnaires et salariés des agences de gouvernement, et des secteurs privatisés) ; *National Union of Rail, Maritime and Transport Workers* (RMT) (dans le secteur des transports) ; *BALPA British Airline Pilots Association* (qui représente les pilotes et ingénieurs de vol).

La récente loi *Trade Union Act 2016* a renforcé les restrictions pesant sur l'activité syndicale, notamment concernant les systèmes de vote utilisés (*ballots*), le droit de picket de grève (*picketing*) et les préavis de grève. Le projet de loi *Employment Rights Bill* 2024 propose d'abroger en large partie la loi de 2016 et d'accorder aux syndicats des pouvoirs renforcés.

1101 **Agences de l'État : Diverses agences ont compétence dans le domaine de la protection des salariés : *Health & Safety Executive* (« HSE »).** Cet organisme de régulation indépendant du gouvernement (*non-departmental body*) a plusieurs rôles légaux. D'une part il est responsable du développement des législations en matière de santé et sécurité au travail. D'autre part en tant que régulateur, il a un rôle d'autorisation préalable de certaines activités et installations dangereuses ; puis d'inspection, d'enquête et de poursuite en cas d'infractions. HSE publie notamment des codes de bonnes pratiques pour les entreprises en matière de santé et sécurité au travail, ainsi que des fiches pratiques documentées. Son conseil d'administration est nommé par des représentants des employeurs, syndicats et collectivités locales. Le projet de loi *Employment Rights Bill* 2024 envisage la création d'un nouveau ***Fair Work Agency*** qui contrôlera le respect par les employeurs de la législation sur le travail, y compris les indemnités maladie, congés payés, exécution des décisions de l'*Employment Tribunal*. Cette nouvelle agence reprendra les fonctions de diverses agences chargées de respecter différentes législations, dont notamment *Employment Agency Standards Directorate (travail intérim), HMRC Minimum Wage Enforcement Team (salaire minimum), Gangmasters and Labour Abuse Authority* (*"modern slavery"*).

§ 2. LES LITIGES ENTRE EMPLOYEURS ET SALARIÉS

1102 ***Advisory Conciliation Arbitration Service* (ACAS).** ACAS, est un organisme non gouvernemental indépendant chargé par la loi de la conciliation et de la médiation en vue du règlement amiable des conflits issus de la relation employeur/salarié. ACAS a été créé légalement par *Employment Protection Act 1975* pour reprendre les activités de l'ancienne *Commission for Industrial Relations* qui avait été créé en 1969. L'objet statutaire d'ACAS est de promouvoir l'amélioration des relations de travail (*industrial relations*).

ACAS est géré par un conseil d'administration indépendant de membres proposés par les fédérations d'employeurs et des syndicats, ainsi que représentants issus de la société civile. La loi prévoit expressément qu'ACAS ne doit être sujet à des directives d'aucune sorte émanant de ministres. L'ACAS emploie les techniques de conciliation, de médiation ou d'arbitrage en tant que de besoin dans les cas où les employeurs et salariés, ou syndicats n'ont pas réussi à désamorcer un conflit par la négociation directe. Consacrant cette tradition de recherche de solutions négociées, ACAS emploie notamment des conciliateurs qui doivent obligatoirement être saisis dans la plupart des litiges du travail, avant toute demande au tribunal. ACAS peut être consulté pour ses conseils ; et rédige des codes de bonnes pratiques en matière de relations de travail destinées à faciliter les solutions négociées. Ces codes servent également de référence pour les tribunaux notamment pour vérifier si les employeurs ont mis en œuvre des procédures appropriées. Le projet de loi *Employment Rights Bill* 2024 envisage la création d'une nouvelle entité *"Adult Social Care Negotiating Body"* chargée d'intervenir en ce qui concerne la rémunération, conditions des contrats des travailleurs sociaux salariés.

1103 ***Central Arbitration Committee* (CAC).** Le CAC a été établi par la loi *Trade Union and Labour relations Act 1992* afin d'arbitrer des litiges entre employeurs et les syndicats, notamment en ce qui concerne la communication des informations nécessaires à toute discussion de conditions collectives de travail (*collective bargaining*), et les conditions qui devraient y être incorporées en raison de leur nature juste et équitable (*fair*). Aujourd'hui son rôle principal est de juger des litiges entre syndicats et employeurs au sujet de la reconnaissance d'un syndicat au sein d'une entreprise ; ainsi de certains litiges entre employeurs et syndicats qui lui sont transmis pour arbitrage par ACAS.

Le CAC est présidé par un *Chair* et des représentants d'organisations patronales (*Confederation of British Industry*) et syndicats (*Trades Union Council TUC*).

1104 **Juridiction spécialisées pour le travail. L'*Employment Tribunal, Employment Appeal Tribunal* et le rôle de la *High Court*.** Une juridiction spécialisée du droit du travail a fait son apparition en 1964 sous le nom d'*Industrial tribunal*, depuis rebaptisée *Employment tribunal*. Sa compétence a été récemment élargie pour couvrir non seulement les droits légaux des salariés, mais également les litiges de droit commun du contrat de travail. Une instance d'appel spécialisée *Employment Appeal Tribunal* reçoit les appels de l'*Employment tribunal* sur des points de droit.

Son accès était devenu plus compliqué pour les salariés en raison des frais importants de saisine et de procès introduits par le gouvernement en 2013 qui a généré une chute rapide (environ 50 %) du nombre de nouvelles affaires. La *Supreme Court* a jugé en 2017[1] que ces frais étaient contraires aux principes constitutionnels garantissant l'accès aux tribunaux. Le gouvernement devait rembourser les frais engagés avant la décision de la Cour. Le droit commun et la *County* ou *High Court*, restent compétents pour traiter les autres litiges issus du contrat de travail.

1105 **L'*Employment tribunal*.** L'*Employment tribunal* a été créé spécialement par la loi. À l'origine, ce tribunal s'intitulait *"Industrial Tribunal"*. Il est compétent pour les questions touchant au licenciement et les indemnités, le harcèlement et la discrimination et peut également trancher les questions relevant du droit commun. Cette juridiction ne peut être saisie qu'après une tentative de bonne foi par les parties de règlement alternatif de litige. ADR par le biais de l'ACAS.

L'objectif est de rechercher une transaction. ACAS nomme un conciliateur (*conciliation officer*) qui doit délivrer un certificat en cas d'échec de la négociation afin de permettre au demandeur de saisir l'*Employment Tribunal*, en remplissant le formulaire de demande (*claim form*) dans les 3 mois du certificat d'échec de pourparlers du conciliateur. C'est le tribunal compétent pour le lieu du travail qui doit être saisi.

Chaque partie supporte ses propres frais en règle générale, et la plupart des parties sont représentées par un *solicitor* ou *barrister*, bien que l'assistance d'un *solicitor* ou *barrister* ne soit pas obligatoire. Les audiences sont ouvertes ou public. Les litiges en matière de licenciement sans cause, licenciement économique et manquement contractuel, sont tranchés soit par un juge unique (*employment judge*) (ancien *solicitor* ou *barrister*) ; soit dans les cas plus complexes, par le juge et deux assesseurs (*wing members*) issus d'organisations représentant les employeurs et les salariés. C'est le juge qui décide si l'affaire nécessite d'être entendu par lui ou elle seul(e) ou siégeant avec deux assesseurs. Dans ce dernier cas, le jugement est pris à la majorité simple. Devant l'augmentation du nombre d'affaires les délais de traitement excèdent souvent 12 mois en 2025. L'exécution des décisions de l'*Employment tribunal* est du ressort des courts (*County Court* et *High Court*). Les règles de procédure sont d'origine légale *Employment tribunals* (*Constitution and Rules of Procedure Regulations 2013* SI n° 1237) modifiée par *The Employment Tribunal Procedure Rules* 2024 SI 1155.

1106 **L'*Employment Appeal Tribunal* (EAT).** Un juge unique (juge de la *High Court* ou *Circuit Judge*) siège sauf décision de s'adjoindre deux ou quatre

1. R (Unison) v The Lord Chancellor 2017 UKSC 51.

assesseurs issus des listes employeurs et salariés. EAT traite environ 1 300 affaires annuellement. L'assistance d'un *solicitor* ou *barrister* n'est pas obligatoire mais fréquent, compte tenu du fait que le tribunal juge les questions de droit seulement. Les règles de procédure sont régies par *Employment Appeal Tribunal Amendment Rules* 2023 et *Practice Direction* 2025. Les audiences sont ouvertes ou public. Un appel des décisions de EAT est effectué auprès de *Court of Appeal* et par la suite auprès de *Supreme Court.*

1107 **La *High Court* compétente dans certaines matières du droit du travail.** La *High Court* a une compétence directe pour les questions touchant aux questions telles que les obligations de non-concurrence ou la propriété intellectuelle ou industrielle qui ne sont pas du ressort du *Employment Tribunal.* Certaines entreprises opérant à l'international tentent d'ailleurs d'imposer à leurs salariés européens une clause de compétence exclusive en faveur de la *High Court* ou d'autres tribunaux tels New York, dans le cadre du contrat de travail. L'employeur peut également tenter d'obtenir une ordonnance du tribunal anglais empêchant le salarié de saisir une juridiction étrangère. Certaines entreprises multinationales tentent de contourner ces règles (notamment dans le cadre de clauses de non-concurrence draconiennes prévues dans les statuts ou de contrats de cession d'actions) en faisant participer le salarié au capital. Ces questions complexes font l'objet de contestations[2].

SECTION 2 LES SOURCES DU DROIT DU TRAVAIL

1108 **Variété.** Le droit anglais du travail est caractérisé par l'existence de plusieurs sources : droit commun (§ 1), les jurisprudences des différents cours de droit commun et les tribunaux spécialisés en droit du travail et la doctrine (§ 2), la législation (§ 3), le droit européen (§ 4), les conventions collectives (§ 5) et les bonnes pratiques et codes de négociation collective (§ 6).

§ 1. LE DROIT COMMUN

1109 **Droit commun.** Le droit commun des contrats s'applique aux relations contractuelles entre employeur et salarié, mais avec des aménagements législatifs importants, notamment en ce qui concerne le droit de réclamer des dommages-intérêts pour rupture du contrat de travail. Les tribunaux ont jugé que c'est l'indemnité légale qui remplace les dommages-intérêts de droit commun pour le licenciement sans cause. Ainsi la loi a pris une place importante par rapport au droit commun, notamment en ce qui concerne l'indemnisation du préjudice en cas de rupture du contrat par l'employeur sans cause (*unfair dismissal*), indemnité qui

2. Voir par exemple Gagliardi v Evolution Capital Management LLC 2023 EWHC 1608 (Comm).

est plafonnée par la loi. Le droit commun s'applique en revanche dans le cas des autres manquements contractuels éventuels : absence de préavis contractuel, discrimination (sur un fondement législatif), ou clauses de confidentialité et de non-concurrence.

§ 2. JURISPRUDENCE ET DOCTRINE

1110 **La jurisprudence des tribunaux du travail et des tribunaux fiscaux et de sécurité sociale.** La jurisprudence des tribunaux spécialisés (*Employment tribunal*, *Employment appeal tribunal*) est une source importante de droit dans cette matière. Un recueil spécifique (*Industrial Relations Law Reports IRLR*) est consacré à cette matière.

Les juridictions chargées des contentieux fiscaux et de sécurité sociale (*Upper Tribunal Tax and Chancery Chamber*) sont également concernées par les questions de droit du travail (notamment dans ce dernier cas la qualification de contrat de travail par rapport au statut fiscal des parties).

1111 **La doctrine.** La doctrine de l'administration fiscale et de sécurité sociale est également influente, notamment pour la définition du travail indépendant *self-employed*.

§ 3. LA LÉGISLATION SUR LE TRAVAIL

1112 **Les lois du travail.** La législation a pris une place importante dans le droit du travail, notamment pour permettre au droit d'évoluer en face des difficultés de la jurisprudence du droit commun traditionnellement orientée vers une vision purement contractuelle de la relation entre employeur et salarié. Les principales législations dans ce domaine sont issues d'une période de réformes des années 1960 suivies de différents développements en fonction de la coloration politique des gouvernements successifs, et des instruments européens largement conservés dans le droit britannique depuis le Brexit. Aujourd'hui les législations les plus importantes (mais sans exhaustivité) sont :

— *Redundancy Payments Act 1965* qui a prévu pour la première fois une indemnisation en cas de licenciement pour cause économique ;

— *Equal Pay Act 1970* et *Sex Discrimination Act 1970* qui ont introduit les principes d'égalité de traitement entre hommes et femmes et la prohibition de discrimination, lois renforcées par la suite par le droit européen ;

— Transfer of Undertakings (Protection of Employment) Regulations 1981 ;

— Equal Pay (Amendment) Regulations 1983 ;

— *Trade Union and Labour Relations Consolidation Act* 1992 ;

— *Employment Rights Act 1996* qui a consolidé le droit concernant les droits et protections des salariés en cas de licenciement ; (qui serait bientôt modifiée par *Employment Rights Bill 2024*) ;

— *Protection from Harassment Act* 1997 ;

— *Working Time Regulations* ;

— *National Minimum Wage Act 1998* qui a élargi les catégories de salariés bénéficiant d'un salaire national minimum qui est remis à jour par des décrets d'application ;

— *Equality Act 2010* renforçant la protection contre les discriminations ;

— *Trade Union Act 2016* qui est la culmination d'une succession de lois datant notamment de la loi *Industrial Relations Act 1971* qui ont progressivement bridé le pouvoir des syndicats, mais qui feront l'objet de réformes proposées par le projet de loi *Employment Rights Bill* 2024.

§ 4. LA PLACE DU DROIT EUROPÉEN

1113 **Le droit européen avant le Brexit.** Si la mise en œuvre des directives européennes en droit anglais a été faite au niveau minimum, la jurisprudence a permis au cas par cas d'augmenter les protections par le biais d'interprétations extensives de la loi, en se basant sur les notions téléologiques de la jurisprudence européenne, notamment en ce qui le temps de travail (heures supplémentaires), le calcul des congés payés...

Sans exhaustivité les plus importantes législations européennes concernaient : l'égalité de rémunération d'hommes et de femmes (directive EEC 57/117) ; l'égalité d'accès des hommes et des femmes au travail et la formation professionnelle (*vocational training*) (directive EEC 76/20) ; la sécurité sociale (directive EEC 86/378) ; la santé et sécurité des femmes enceintes ou en maternité (directive EEC 92/85) ; les congés payés ; le temps du travail (directive du Conseil 93/104 CE) ; les Comités d'entreprises européens (directive EC 2009/38) ; les droits des salariés en cas de cession d'entreprise (directive EC 2001/23) ; l'information et consultation (et représentation) des salariés (directive EC 2002/14) ; le temps du travail (directive EC 2003-1988)... Il convient de rappeler que la plupart des réglementations issues du droit européen ont été maintenues après le Brexit avec quelques exceptions notées brièvement *supra*, n° 1095.

La jurisprudence de la Cour européenne de justice, par exemple en matière d'accès des salariés aux congés payés, et de la Convention européenne des droits de l'homme (*Human Rights Act 1998*), ont permis aux tribunaux britanniques des interprétations moins littérales de la législation.

Les exemples d'application des principes de la convention sont par exemple en matière de droits syndicaux, mesures disciplinaires, codes vestimentaires ou pratiques religieuses sur le lieu de travail.

§ 5. LES CONVENTIONS COLLECTIVES

1114 ***Collective Agreements & workplace Agreements.*** Le droit anglais est marqué par l'absence généralisée de conventions collectives établissant des conditions de travail obligatoires. Dans certains cas seulement, les conditions des conventions font partie des conditions contractuelles entre employeur et salarié. Les conventions collectives (*collective agreements*) prévalent encore dans un certain nombre de secteurs d'industrie ou de commerce hérités des périodes de l'essor industriel et manufacturier et des syndicats depuis le XIXe siècle et la première moitié du XXe siècle. Les mutations industrielles et technologiques récentes ont fait diminuer la proportion des salariés du secteur privé bénéficiant de conventions collectives. En revanche plus de 50 % des salariés du secteur public bénéficient de conventions collectives. Ces conventions régissent les procédures de discussion et de règlement de différends ; mais aussi dans certains cas les conditions de travail intégrés dans les contrats de travail. Ainsi, la négociation collective recouvre, soit les accords substantifs (*substantive collective agreements*) sur des sujets tels que les horaires, conditions de travail ou les salaires ; soit les accords procéduraux (*procedural collective agreements*) obligeant employeurs et syndicats de négocier pour régler les questions d'actualité au fur et à mesure du besoin. Ces accords permettent une évolution et une adaptation des conditions de travail dynamique, aux plans nationaux et locaux, voire dans chaque entreprise.

Ce modèle est notamment utilisé dans les secteurs manufacturiers et d'ingénierie.

Les accords nationaux concernent généralement les conditions minimales ; mais sont complétés d'accords locaux (parfois au niveau du lieu du travail), de coutumes et de pratiques tacites reconnues par les partenaires sociaux. ACAS joue un rôle de médiation dans ce domaine. Les tendances actuelles de négociation concernent les niveaux de salaires minima et les bonifications au résultat au niveau local (voir par ex. *Honeyball & Bowers, op. cit*).

La négociation est menée pour le compte des salariés par un représentant (*shop steward*) élu par les salariés. Le statut juridique des *collective agreements* est aléatoire. Souvent une disposition de l'accord prévoit qu'il n'est pas liant. Les tribunaux considèrent que la rédaction même de ces documents laisse supposer que les parties n'entendaient pas donner force juridique à leurs accords (*Ford Motor Company Ltd v. AEU*). Dans certains cas de syndicats reconnus par une décision de *Central Arbitration Committee*, celle-ci peut reconnaître la force liante d'un accord collectif établissant une procédure de négociation au sein d'une entreprise (*Employment Relations Act 1999*).

1115 **Les *workplace agreements*.** Plus rarement on retrouve des *workplace agreements* et des conventions collectives (*collective bargaining agreements*) négociées au niveau de l'employeur. Ces accords sont négociés avec les salariés ou entre un syndicat et une fédération d'employeurs d'un secteur donné. Dans certains cas l'accord fait partie intégrante des conditions du contrat de travail.

§ 6. CODES DE BONNES PRATIQUES (*CODES OF PRACTICE*)

1116 **Codes de bonnes pratiques.** Les *Codes of Practice* sont soit établis par ACAS soit par le *Department of Business Innovation Skills*. Ceux-ci sont décrits comme "*quasi-law*" par certains auteurs. Les codes ACAS, traitant tout particulièrement des procédures disciplinaires et la présentation de griefs des salariés à l'employeur, sont considérés comme représentatifs de la pratique reconnue mais ne constituent pas la preuve que telle ou telle pratique lie les parties. Dans certains cas, les *employment tribunals* tiennent compte des codes de bonnes pratiques, par exemple pour contrôler la procédure préalable à un licenciement. En revanche les *Codes of Practice* établis par le ministère sont approuvés par le Parlement et peuvent être une référence dans le cadre de litiges devant les tribunaux. Dans certains cas le manquement à une disposition d'un code peut entraîner une sanction financière ou l'augmentation de dommages-intérêts.

1117 **La gouvernance des entreprises (*Corporate Governance*).** Les codes de bonnes pratiques pour la gouvernance des entreprises (*UK Corporate Governance Code*, dernière version 2024) prévoient différentes règles pour les contrats liant les sociétés cotées et leurs dirigeants. The *Institute of Directors* organisme promouvant les bonnes pratiques de gouvernance des entreprises publie un Code de gouvernance.

Les autorités de régulation du secteur bancaire et financier, FCA et PRA (voir le chapitre sur ce sujet), édictent également des règles de bonnes pratiques à ce sujet.

CHAPITRE 3
LA NOTION D'EMPLOI SALARIÉ EN DROIT ANGLAIS ET LES DIFFÉRENTS STATUTS EN RELATION AVEC LE TRAVAIL

1118 L'emploi salarié n'est pas aisé à saisir dans le droit anglais. Il existe une notion de l'emploi salarié (section 1), qu'il faut distinguer de notions voisines distinctes (section 2). La qualification de contrat de travail peut obéir à des critères qu'il faut rechercher (section 3).

SECTION 1 LES TROIS STATUTS DE TRAVAIL ET LA NOTION DE L'EMPLOI SALARIÉ

1119 Le travail peut être exercé selon trois statuts (§ 1), mais il existe une définition légale, bien que sommaire, de l'emploi salarié (§ 2).

§ 1. LES TROIS STATUTS EN RELATION AVEC LE TRAVAIL

1120 **Variété.** Il existe trois statuts différents des personnes en relation de travail :

— salaried person employed under a contract of employment : salarié ;

— *employed worker* qui est immatriculée en tant qu'entreprise individuelle mais qui preste ses services dans le cadre d'une activité d'une autre entreprise qui les emploie pour servir les clients de cette dernière ;

— *self-employed person* (également dénommé "*independent contractor*") immatriculée en tant qu'entreprise individuelle mais qui travaille pour son propre compte pour ses propres clients.

La jurisprudence dans ce domaine continue de démontrer qu'il est parfois difficile de déterminer le statut applicable malgré la jurisprudence de la *UK Supreme Court*. Les notions de contrôle et intégration restent les plus pertinentes (mais pas les seules), dans l'analyse complexe du droit du travail anglais pour déterminer si une relation employeur et salarié (*salaried employment*), *employed worker* ou *self-employed* existe dans une situation donnée. Une attention particulière doit être accordée à la terminologie utilisée par les tribunaux. Ainsi la législation, les tribunaux et la pratique mentionnent le *contract of employment* et le *contract **of** service* comme étant synonymes de l'emploi salarié ; alors que le *contract **for** services* dénote le contrat du travailleur indépendant, mais tout dépend du contenu et la réalité des relations.

On rencontre parfois le mot "*servant*" (moins usité maintenant !), qui est synonyme d'"*employee*". Le mot "*worker*" pris isolément doit normalement correspondre à la catégorie législative intermédiaire entre le salarié et le travailleur indépendant "*independent worker*" (dont les descriptions "*self-employed*" ou "*independent contractor*" sont synonymes).

Les tribunaux vérifient le statut réel au-delà des descriptions utilisées par les parties dans leur contrat, et tiennent compte des pratiques du secteur ou du statut particulier des activités ou des personnes concernées. La définition de ce que constitue un contrat de travail en droit anglais est devenue particulièrement pertinente en raison des évolutions de l'économie et du travail au Royaume-Uni dans le cadre notamment de ce qui est appelé la *gig economy* où les missions temporaires ou de courte durée, et les contrats entre entreprises et soi-disant « travailleurs indépendants » prolifèrent. Devant la multiplicité de situations reconnues par le droit anglais (y compris les contrats dits "*zero hours*"), la recherche de critères déterminant de la relation employeur et salarié s'avère être complexe.

§ 2. LA DÉFINITION LÉGALE DE L'EMPLOI SALARIÉ

1121 **Les définitions sommaires de la loi.** La loi ne fournit que des définitions sommaires de l'emploi salarié. La section 230 (1) de l'*Employment Rights Act 1996* indique que le salarié est une personne physique qui a contracté, ou qui travaille au titre d'un contrat de travail : "*an individual who has entered into or works under... a contract of employment*" ; (parfois appelé par les tribunaux "*contract of service*").

1122 **Les critères principaux de l'emploi salarié.** L'emploi salarié (*contract of employment*) est caractérisé notamment par une mutualité d'obligations de fournir et exécuter un travail régulier, avec une intégration réelle du salarié dans l'organisation de l'employeur.

1123 **Les droits des salariés.** Le salarié bénéficie de toute la panoplie du droit du travail et les prestations sociales attachées, dont notamment : le salaire minimum ; les congés annuels ; les périodes de repos ; le congé maternité, paternité et adoption ; le droit de traitement égal par rapport aux salariés à temps partiel ou en CDD ; le droit de demander les horaires flexibles ; la protection contre la discrimination au travail ; les périodes minimales de préavis ; la consultation collective en cas de projet de licenciement pour motif économique ; une indemnité légale en cas de licenciement pour motif économique ; a protection contre le licenciement sans motif réel et ; la reprise du contrat de travail en cas de cession d'entreprise ; les cotisations de sécurité sociale versées par l'employeur et le salarié.

SECTION 2 LES NOTIONS DISTINCTES DE TRAVAILLEUR SALARIÉ ("*EMPLOYED WORKER*") ET TRAVAILLEUR INDÉPENDANT ("*SELF-EMPLOYED*")

1124 **Un statut intermédiaire prévu par la loi.** Il est important de noter qu'il existe un statut intermédiaire entre le salarié et le travailleur indépendant qui travaille pour ses propres clients. Ce travailleur de statut intermédiaire connaît plusieurs appellations : "*worker*", "*employed worker*" ou "*limb b) worker*" (les différents noms sont synonymes et *limb b)*) se réfère à l'alinéa section 230 (3) (b) *Employment Rights Act 1996* qui prévoit ce statut). La définition légale d'*employed worker* se trouve dans la section 230 (3) (b) *Employment Rights Act 1996* qui dispose qu'un *worker* (travailleur) signifie « une personne physique qui a contracté ou qui travaille [...] au titre d'un contrat de travail ou tout autre contrat, explicite ou implicite, oral ou écrit, par lequel la personne s'engage à exécuter personnellement tout travail ou service pour le compte d'une autre partie dont le statut n'est pas... celui d'un client d'une entreprise ou activité exercée par la personne » ; (qui exécute le travail ou le service). Le gouvernement travailliste propose une consultation sur ce sujet courant 2025/26 afin d'envisager l'abolition de la distinction entre salariés et travailleur employé (*employed worker*).

Les tribunaux décrivent ces travailleurs habituellement comme des « "*limb*" ou *section (b) workers* ». Cette situation intermédiaire concerne une personne immatriculée en tant qu'entreprise individuelle ; mais qui est employé par une entreprise pour fournir des services aux clients de cette dernière. Cette relation de travail est caractérisée par un degré de mutualité et de régularité moins marquée que le salariat ; et le travailleur rentrant dans la définition bénéficie seulement de certains droits mais non pas du statut de salarié.

1125 **L'*employed worker* bénéficie seulement de certains droits des salariés.** Ce type de travailleur bénéficie d'un certain nombre de droits dont bénéficient les salariés. Il s'agit : du salaire minimum légal ; des congés annuels ; des périodes de repos ; du droit de traitement égal par rapport aux salariés à temps partiel ; de la protection contre la discrimination au travail ; des cotisations de sécurité sociale versées par l'employeur et le salarié.

1126 **Un contentieux important.** Devant de nombreuses situations où les employeurs tentent de contourner la législation du travail par la qualification de statut de soi-disant travailleurs indépendants (*self-employed*) dans les contrats les liants à différentes catégories de travailleurs, les tribunaux ont été obligés de rappeler les caractéristiques du travailleur employé ("*employed worker*") au titre de la section 230 (3) (b) de l'*Employment Rights Act 1996*. La jurisprudence de référence sur le statut des *workers* est l'affaire *Bates van Winkelhof v. Clyde Co* qui concernait un associé de ce cabinet de *solicitors* de la *City*. Un contentieux exemplaire plus récent a été tranché par la *Court of Appeal* en février 2017 entre M. Gary Smith, un plombier, et Pimlico Plumbers, une entreprise de plomberie pour laquelle M. Smith avait travaillé en tant que « travailleur indépendant » pendant environ cinq années, avant d'être congédié à la suite d'un problème grave de santé.

La *UK Supreme Court* a confirmé la décision de la Cour d'appel, saisi sur un point de droit soulevé devant *Employment Appeal Tribunal* pour savoir si M. Smith était un *employed worker*, après que le juge de *Employment Tribunal* avait jugé que M. Smith n'était pas salarié (*salaried employee*) mais un *worker*, car il travaillait effectivement pour les clients de Pimlico Plumbers[1].

Un certain nombre d'affaires similaires concernant les sociétés comme Uber (chauffeurs de taxi) ou *City*sprint (courses à vélo) ont été jugées. Dans le cas *Uber BV v. Aslam*[2], la *UK Supreme Court* a jugé que les chauffeurs Uber étaient engagés pour conduire les clients d'Uber ; et qu'à ce titre les chauffeurs étaient des *employed workers*. La Cour a rappelé qu'il convient d'analyser l'objectif de la législation qui est de protéger les individus qui n'ont peu de pouvoir de négociation au sujet de leurs conditions de travail, puis d'analyser la réalité et non la forme ou les formules contractuelles utilisées. L'administration fiscale se montre regardante sur le phénomène en raison de l'enjeu relatif aux cotisations sociales.

1127 **Le *self employed person*.** La prestation de services (*contract for services*) par un entrepreneur indépendant (*independent contractor*) travaillant pour son compte avec une clientèle propre, ne comporte pas les éléments nécessaires pour la relation salariée. Les seuls droits auxquels peut prétendre un *self-employed person* ou *independent contractor* sont le droit de ne pas faire l'objet de discriminations, et de bénéficier des obligations de sécurité et de santé au travail au lieu où la prestation doit être exécutée. Les cotisations sociales sont versées par le *self employed person* à un taux spécifique qui est moins élevé que les cotisations salariées. Il sera question plus loin des critères qui permettent de vérifier si une personne entre dans cette catégorie plutôt que celle de *worker* ou *salaried employee*. Afin de déterminer si une personne est *self-employed*, l'administration fiscale HMRC (qui collecte les impôts et les cotisations sociales), pose une série de questions destinées à identifier si la personne est réellement à son compte, notamment : l'existence d'une activité commerciale avec ses propres investissements et diversité de clients, avec prise de risques et négociation des contrats ; facturation ; bénéfices ou des pertes ; indépendance dans l'acceptation de missions sans contrôle direct d'un tiers ; l'emploi de salariés pour les besoins de l'activité.

1. 2018 UKSC 29.
2. Uber BV v Aslam 2021 UKSC 51.

SECTION 3 LA RECHERCHE DES CRITÈRES DU CONTRAT DE TRAVAIL

1128 Les tribunaux fournissent une multitude de critères permettant d'identifier le contrat de travail (§ 1), mais ils deviennent subtils face à la complexité des situations (§ 2).

§ 1. L'APPROCHE DES TRIBUNAUX

1129 **Divers critères.** En l'absence de critères détaillés établis par la législation anglaise du travail, les tribunaux prennent en compte plusieurs critères dans le cadre de la jurisprudence qui analyse le contrat de services : la description utilisée par les parties sans que cette qualification ne soit déterminante ; la mutualité des obligations et la notion de contrôle ; l'intégration de la personne dans l'organisation de l'employeur ; la réalité économique ; les définitions du droit fiscal et de sécurité sociale ; ainsi que l'ordre public.

1130 **La description utilisée dans le contrat n'est pas déterminante.** Une première remarque s'impose : les tribunaux anglais n'acceptent pas nécessairement les descriptions contractuelles choisies par les parties. Ainsi, la description que les parties elles-mêmes ont attribuée à leur contrat n'est pas déterminante. Le tribunal peut regarder la réalité afin de déterminer la nature juridique réelle de l'accord. La *Supreme Court* a décidé qu'en interprétant les contrats écrits dans ce domaine, le tribunal doit adopter une approche qui tient compte moins de la stricte interprétation littérale du contrat que des objectifs réels des parties, et leur pouvoir respectif de négociation (*Autoclenz v. Belcher*) (travailleurs spécialisés dans le nettoyage de véhicules).

1131 **La mutualité des obligations.** La mutualité concerne l'existence d'obligations réciproques : la prestation d'un travail en contrepartie de rémunération, et l'obligation de l'employeur de fournir du travail.

Puisque cette notion n'est pas le propre du seul contrat de travail, il doit nécessairement être accompagnée d'un degré de contrôle de la part de la personne demandant la prestation (*Ready Mixed Concrete (South East) Ltd v. Minister of Pensions and National Insurance 1968 2 QB 497*).

1132 **La notion de contrôle.** La notion de contrôle, qui concerne à la fois les fonctions du salarié, mais aussi la manière dont il ou elle accomplit ses tâches, a été utilisée pour caractériser l'existence d'une relation d'employeur et salarié. L'utilisation de cette notion est délicate pour les travailleurs à domicile (*home workers*), les professionnels qualifiés tels chirurgiens, pilotes d'avion, etc., les *distance workers*, notamment dans le cadre des évolutions du travail et de la technologie permettant un degré significatif d'autonomie. Dans ces cas le tribunal recherche l'existence d'éléments importants tels que la régularité des relations entre les parties ; le niveau d'obligation des parties à proposer et de fournir un travail régulier ; le degré de contrôle de l'employeur sur les horaires, l'ordonnancement des travaux, et les délais ou le lieu d'exécution du travail, même si l'employeur n'exerce pas un contrôle direct et détaillé sur la manière dont le salarié exécute son travail. Cette notion a été soulevée notamment dans le contexte épineux du recours systématique à des « sous-traitants indépendants » individuels dans certaines industries telles que la construction, la construction navale, les mines et carrières, les forges et fonderies.

Plus les liens sont espacés dans le temps, moins évident serait l'existence d'un contrat de travail. Les tribunaux recherchent l'existence éventuelle d'un contrat-cadre (*umbrella contract*) reliant les différentes phases d'intervention.

1133 **Les contrats "*zero hours*" en question.** Ainsi, certains contrats "*zero hours*" (où en principe l'employeur n'a aucune obligation de fournir du travail), ont été jugés comme relevant du contrat de travail, même en l'absence de l'obligation écrite de fournir du travail de part et d'autre, mais en tenant compte du fait que les personnes concernées étaient engagées dans un travail à responsabilité (soins des personnes), et n'étaient pas en mesure de refuser du travail qui était proposé très régulièrement. Le projet de loi *Employment Rights Bill* 2024 propose d'obliger l'employeur de fournir un contrat ; et impose un degré de régularité une fois franchi certains seuils.

1134 **Intégration.** La notion d'intégration touche à l'idée qu'un salarié est intégré pleinement dans l'organisation de l'employeur. Cela pose des questions similaires à la notion de contrôle. Les tribunaux faisaient une distinction entre, d'une part, les *contracts **of** service* où le salarié se met à la disposition de l'employeur et son organisation ; et d'autre part, les *contracts **for** services*.

Ainsi, sont considérés comme étant salariés le capitaine d'un navire appartenant à son employeur, un reporter employé sur le staff permanent d'un journal, un chauffeur au service de son maître. En revanche, le travailleur qui preste un service occasionnel n'est pas considéré comme étant salarié, tel un chauffeur de taxi, le pilote de port, les pigistes des journaux, etc.

1135 **La réalité économique.** Les tribunaux anglais ont adopté depuis les années 1960 des critères se rapprochant au droit américain (*United States of America v. Silk*), prenant en compte de multiples éléments économiques. *Ready Mixed Concrete (South East) Ltd v. Minister of Pensions & National Insurance 1968* concernait un litige sur le statut de personnes employées et la responsabilité de l'employeur de verser des cotisations sociales. Le tribunal a établi un triple test (qui englobe les notions déjà mentionnées) notamment : travail contre rémunération ; contrôle de l'employeur ; les conditions du contrat sont consistantes avec un salariat ; la personne n'est pas établie à son compte ; une continuité dans la relation.

La notion d'indépendance du travailleur est également un critère important, parfois déterminant pour prouver l'absence de travail salarié. Si le travailleur est propriétaire de ses outils de travail, ou emploie ses propres salariés, travaille pour d'autres clients, assume ses risques financiers et d'investissements, et est libre dans la gestion de son activité, il ou elle sera probablement indépendant(e) et non salarié(e) (*Market Investments v. Minister of Social Security 1969 2 QB 173*).

Cependant, si l'employeur avait l'habitude de verser une rémunération lors d'un arrêt maladie, la relation salariée serait établie, car un travailleur indépendant se charge de ses propres risques et cotisations, et perçoit une rémunération globale fixe de la personne qui l'a engagé pour un travail spécifique. L'existence d'un contrôle « résiduel » (périodique plutôt que journalier) peut être pertinente selon les cas. Le fait que le travailleur n'est pas réellement engagé dans une activité indépendante avec une clientèle propre est un critère important.

Il en est de même pour le choix d'une qualification fiscale et sociale lorsque celui-ci est destiné à priver les autorités d'impôts ou de cotisations. De manière générale, les tribunaux anglais ont préféré analyser les situations au cas par cas au lieu de tenter de dresser une définition globale.

En principe, l'*Employment Tribunal* en première instance est souverain en ce qui concerne la détermination des faits. EAT ne peut rouvrir les débats en ce qui concerne les déterminations de fait en première instance, il ne peut que juger la qualification des faits en droit.

1136 **Les définitions du droit fiscal et de Sécurité sociale.** Ces définitions ont également une forte influence dans ce domaine, notamment parce que, dans de nombreux cas, les entreprises et individus engagés pour un travail cherchent à éviter les conséquences fiscales et sociales de l'emploi salarié et obtenir les avantages fiscaux du travail indépendant (par exemple, les droits des salariés évités pour l'employeur et la déductibilité de frais au titre de l'impôt sur le revenu, cotisations sociales plus avantageuses pour le travailleur indépendant). L'administration fiscale a même établi un outil en ligne sur son site web pour aider les entreprises et les personnes travaillant pour eux de vérifier leur statut. Une deuxième *check-list* pose des questions différentes pour vérifier si la personne est un travailleur indépendant pour son compte[3].

1137 **L'ordre public.** Enfin, les tribunaux tiennent parfois compte de l'intérêt de l'ordre public notamment la santé et sécurité des travailleurs pour requalifier la relation en celle d'employeur salarié (*Lane v. The Shire Roofing Company 1995*). La Cour a indiqué notamment que : « lorsqu'il s'agit de la sécurité des personnes au travail, il relève de l'intérêt pour reconnaître la relation employeur/salarié lorsqu'elle existe en raison des responsabilités que le droit commun et la loi imposent à l'employeur ». Ainsi les tribunaux tiennent compte de facteurs multiples en donnant au cas par cas plus d'importance à certaines selon le contexte.

3. Voir www.gov.uk/guidance/check-employment-status-for-tax & www.gov.uk/employment/self-employed.

§ 2. LA DIVERSITÉ DES SITUATIONS : UNE ANALYSE COMPLIQUÉE PAR DE NOMBREUSES SITUATIONS DIFFÉRENTES

1138 **Salariés ou pas ?** L'analyse reste compliquée en raison de la diversité des situations, illustrée par les exemples suivants :

— a) travailleurs à domicile (*outworkers*) (compte tenu de la liberté du travailleur de refuser un travail proposé, de l'absence d'heures fixes ou de régularité, il est probable que le travailleur à domicile n'est pas salarié ; mais les tribunaux ont jugé qu'une relation salariée existait dans certains cas) ;

— b) travailleurs occasionnels (*casual workers*). La situation des travailleurs dits "*casual*" ou "*regular casuals*" concerne par exemple des personnels employés dans le secteur de l'hôtellerie, où certaines catégories sont employées à la demande, mais qui ont été jugés indépendants, même si le travail peut avoir un caractère de régularité) ;

— c) sous-traitants fournissant des services de travail notamment dans le secteur de la construction ("*lump workers*" ou le travailleur fournit un travail précis sur un projet de construction avant de passer à des contrats distincts pour des employeurs différents sur d'autres projets) ;

— d) "*zero hours contracts*" : ce type de contrat, qui a connu un essor significatif après la crise financière de 2008, prévoit que le salarié soit disponible (sous certaines conditions) de fournir du travail, lorsque l'employeur le lui demande, sans que ce dernier ne soit obligé de garantir la possibilité de travail. Il était estimé que plus d'un million de travailleurs étaient engagés au titre des contrats "*zero hours*" en 2024. Plus récemment, les clauses des "*zero-hours contracts*" cherchant à obtenir un engagement d'exclusivité pesant sur le salarié ont été bannies par un règlement pris sous la *Small Business, Enterprise and Employment Act 2015*. Les salaires versés au titre d'un contrat *zero-hours* doivent correspondre au moins au salaire minimum national. Ces contrats ultra-flexibles prévalent particulièrement dans les secteurs ou la demande est fluctuante tels que le détail, l'hôtellerie, aides à domicile, et la restauration (voir le rapport de la *House of Commons "Zero-hours contracts"* d'octobre 2016 (*Briefing Paper*)). La mutualité nécessaire pour l'existence d'un contrat de travail salarié (*employment*) est absente dans la plupart des cas, bien que les tribunaux requalifient le contrat en contrat de travail (*Pulse Healthcare v. Carewatch Car Services Ltd EAT 2012* déjà cité). La législation serait renforcée lorsque le projet de loi *Employment Rights Bill* 2024 deviendra loi.

— e) intérimaires (*agency workers*) : l'agence d'intérim est souvent un simple intermédiaire entre une entreprise qui cherche à pourvoir temporairement un poste de travail ; mais il peut s'agir d'un emploi (*employment*) selon les cas et selon le degré de contrôle de l'agence d'intérim ou du client de l'agence (*end-user*). La directive CE 2008/104 sur le travail temporaire a été mise en œuvre au Royaume-Uni en 2010. Dans certains cas les agences ont recours à des *umbrella companies* (portage en régie). Une réforme est en cours d'élaboration par l'administration fiscale HMRC pour mieux réglementer les obligations en matière de paie et cotisations. Par ailleurs leur définition en qualité de *employment businesses* au titre de la loi *Employment Agencies Act* sera actée par le gouvernement en 2026.

— f) des situations diverses telles qu'apprentis (*apprentices*) ; chercheurs universitaires ; et les stagiaires (*interns*) jugées au cas par cas ;

— g) administrateurs de sociétés (*company directors* qui sont employés au titre d'un *service agreement* n'est pas incompatible avec le statut d'administrateur selon les cas, mais un administrateur peut percevoir seulement des *fees*).

1139 **Des statuts particuliers : les salariés du secteur public (*public employees*) (ou *public servants*).** Les personnes travaillant en tant que fonctionnaires de la Couronne (*Crown civil servants*) avaient un statut particulier. En effet, la Couronne les employait en son bon plaisir et pouvait les congédier à tout moment sans raison. Ces fonctionnaires sont aujourd'hui considérés comme ayant les mêmes protections que les salariés ayant un contrat de droit privé, même si leur statut n'est pas celui d'un salarié.

Les tribunaux ont jugé que les *civil servants* ont le droit d'être consultés au sujet de toute modification de leurs conditions du travail sauf raison de sécurité nationale prouvée par le gouvernement.

Enfin, les personnes travaillant pour les collectivités locales sont considérées comme étant des salariés.

1140 **L'existence d'autres catégories de travail.** Certaines autres catégories ne rentrent pas dans la définition classique du travail. Il s'agit par exemple d'*office holders* étant des personnes détenant une fonction légale ou contractuelle tels que les huissiers (*bailiffs*), *trade union officers* (représentants syndicaux), policiers... ; ou des *trustees* dont les pouvoirs et obligations découlent de l'*Equity*.

CHAPITRE 4
LA FORMATION, LE CONTENU ET L'EXÉCUTION DU CONTRAT DE TRAVAIL

1141 Le contrat de travail obéit à quelques règles de formation (section 1), dont il faut ensuite déterminer le contenu (section 2), puis les obligations entre les parties (section 3).

SECTION 1 LA FORMATION DU CONTRAT DE TRAVAIL

1142 **Pas de formalisme.** Le contrat de travail est formé soit par oral soit par écrit. Aucun formalisme particulier n'est prescrit. Toute modification des conditions de travail doit être notifiée par l'employeur au salarié dans le mois.

1143 **Le principe d'un document écrit indiquant les conditions applicables.** Quel que soit le mode de formation, et au cas où toutes les informations utiles n'ont pas été déjà communiquées au salarié, le salarié ayant un mois d'ancienneté dispose d'un droit légal de demander, un document indiquant les éléments essentiels de son contrat intitulé : "*written statement of terms*" ou "*written statement of particulars*" au titre de la loi *Employment Rights Act 1996*, qui intégrait les dispositions de la directive CE 91/533 sur ce sujet.

1144 **Statut du document.** Le "*written statement*" n'est pas le contrat, et ne constitue qu'un début de preuve du contenu du contrat (*Turriff Construction v. Bryant 1967*). Dans beaucoup de cas, il s'agit du seul document relevant les conditions du contrat, et le plus souvent le salarié aura contresigné une copie du document constituant une première preuve importante du contenu du contrat (*strong prima facie evidence*) (*System Floors (UK) Ltd v. Daniel 1982*).

1145 **Moyens de preuve.** D'autres documents peuvent faire preuve des conditions du contrat tels que l'annonce d'emploi, les correspondances, les fiches de paie (*payslips*), les avis notifiés par l'employeur par affichage sur le lieu de travail (*notice board*).

1146 **Contenu du document.** Ce document doit indiquer : l'identité des parties, la date de commencement, la rémunération et l'échéance de son paiement, les congés maladies payés, le droit éventuel à une pension de retraite de l'entreprise, la période de préavis, une description sommaire des fonctions et le titre, les horaires et congés, la durée déterminée éventuelle, le lieu (ou les lieux) du travail, les conventions collectives éventuellement applicables, les éventuelles procédures disciplinaires (ou le document où elles sont indiquées), la devise de paiement de la rémunération en cas de travail en dehors du Royaume-Uni.

SECTION 2 LE CONTENU DU CONTRAT DE TRAVAIL

1147 Le contenu du contrat de travail est déterminé, classiquement, par la volonté des parties, mais aussi par d'autres sources (§ 1). Plusieurs éléments sont énumérés dans le contrat (§ 2).

§ 1. LES SOURCES DES OBLIGATIONS

1148 **Le rôle de la *Common law*.** Le contrat de travail est régi principalement par le droit commun en parallèle aux dispositions « substantives » des conventions collectives (éventuellement applicables selon le secteur d'activité), et les droits légaux établis par les lois sur le travail. Certaines dispositions du contrat de travail sont bannies par la législation, telles que celles touchant au salaire minimum légal, ou au principe d'égalité ou la période minimum de préavis.

Dans certains cas, les règlements établis par l'employeur peuvent faire partie du contrat de travail. Le droit commun a également établi un certain nombre de conditions implicites dans le cadre d'un contrat de travail, et a adopté une approche flexible par rapport à certains principes du droit commun tel l'interprétation des contrats de travail écrits ou la force majeure.

La jurisprudence a établi un certain nombre de conditions implicites tel le principe de loyauté et de confiance qui doit prévaloir entre les parties au contrat de travail (*trust and confidence*), lorsqu'elles correspondent à l'intention présumée des parties ou sont nécessaires pour le fonctionnement efficace du contrat ; et qu'elles ne soient pas contredites par les dispositions explicites du contrat (voir le titre sur le droit des contrats). Ce chapitre résume les conditions légales obligatoires, les conditions implicites et certaines clauses typiques des contrats de travail.

Sauf disposition législative spécifique, les tribunaux considèrent que les dispositions du contrat de travail relèvent de la liberté contractuelle et ne doivent pas nécessairement faire preuve d'un équilibre en faveur du salarié. Il a été jugé que les dispositions de *Unfair Contract Terms Act 1977* protégeant le consommateur ne s'appliquent pas au contrat de travail (*Commerzbank v. Keen 2007*).

1149 **La place des conventions collectives dans le contrat du travail.** Les conventions collectives n'ont pas généralement force contractuelle entre le syndicat et l'employeur, sauf le cas assez rare où cela a été prévu. En revanche, de nombreuses conventions collectives nationales (et leurs variations locales), contiennent des dispositions « substantives » qui régulent le détail des relations entre employeur et salarié sur les sujets tels que les salaires, horaires, congés... Les tribunaux considèrent, le plus souvent, que les dispositions de ces conventions collectives font partie du contrat de travail (y compris pour les salariés non syndiqués), en tant que coutume, sans qu'il ne soit nécessaire d'y faire référence explicite[1].

Les coutumes de l'entreprise ou du secteur peuvent également constituer des conditions implicites du contrat de travail du fait d'usages anciens connus. Le contrat ou le *written statement* indique habituellement l'existence d'une convention collective applicable.

1150 **Les *works rules*, *staff handbook*, politiques (*policies*) de l'employeur.** Dans le cadre du contrat de travail l'employeur peut également mettre en place des règlements, politiques et procédures (*rules, policies and procedures*, telles santé et sécurité, procédures disciplinaires, protection de données...) applicables à tous les salariés, mais appelés à évoluer dans le temps. Ces dispositions rentrent généralement dans le domaine des prérogatives de l'employeur pour l'organisation du travail, mais peuvent relever du contrat de travail, tels les horaires de travail, le paiement des congés maladie ou congés payés.

§ 2. LES ÉLÉMENTS DU CONTRAT DE TRAVAIL

1151 **Les Fonctions.** Il n'est pas rare de voir une description sommaire des fonctions par rapport à un titre de fonctions (*job title*) qui peut être modifiée en la discrétion de l'employeur (*flexibility clause*).

1152 **La durée du contrat de travail.** Sauf convention contraire, le contrat de travail a une durée indéterminée qui peut faire l'objet de résiliation au terme du préavis prévue librement dans le contrat sous réserve des périodes minimales de préavis légales (voir ci-dessus). Le contrat à durée déterminée "*fixed term contract*" se termine à l'échéance contractuelle, sans qu'il ne soit besoin de préavis.

Si la pension de retraite est versée à partir de 66 ans pour les salariés nés avant avril 1960, et 67 ans pour ceux nés après cette date (commençant en 2026), puis 68 ans en 2028, l'âge ne peut être un motif de fin de contrat de travail sans risque de discrimination en raison de l'âge (*Equality Act 2010*) ; à moins que l'employeur ne puisse démontrer que l'entreprise dispose d'un motif légitime par exemple pour renouveler ou diversifier son personnel, ou donner des opportunités à des plus

1. Voir notamment Tesco Stores Ltd v Union of Shop, Distributive and Allied Workers 2024 UKSC 28.

jeunes travailleurs. Le contrat ne peut, en règle générale, imposer un âge obligatoire de retraite. L'âge de retraite fait l'objet d'une revue régulière.

1153 **La période d'essai.** La durée de la période d'essai (*trial period/probationary period*) n'est pas réglementée. Elle est souvent de 3 à 6 mois et peut être prolongée si le contrat le prévoit. Dans le cas le plus fréquent, les parties définissent librement la durée et les conditions de préavis en période de préavis (une semaine après un mois). Pendant la période d'essai, le salarié a droit au salaire minimum légal, le droit à des périodes de repos et de congés payés, fiche de paie, l'indemnité légale en cas de maladie, et la protection contre la discrimination (par ex. grossesse ou incapacité). Le projet de loi *Employment Rights Bill* 2024 introduira une période d'essai légale avec une possibilité d'y mettre fin par une procédure allégée.

Le temps du travail (*working time*). Le cadre légal "*working time regulations*" 1998 prévoit : un maximum de 48 heures travaillées en moyenne par semaine ; des périodes de repos obligatoires et une journée de repos par semaine ; et une limite de travail nocturne.

Les heures supplémentaires (*overtime*) peuvent être volontaires ou obligatoires, selon le contrat. Le cadre légal d'un horaire hebdomadaire maximum de 48 heures travaillées, peut faire l'objet d'un *"opt out"* par le salarié qui accepte que ses fonctions puissent l'amener à travailler une semaine plus longue que la durée légale. C'est le cas fréquent dans les fonctions managériales ou professionnelles. Certains secteurs d'activité (comme les transports) sont exclus des dispositions des horaires légaux.

1154 **Congés payés** Quant aux congés payés, le salarié a le droit à un congé payé annuel d'au moins 5,6 semaines basé sur un travail hebdomadaire de 5 jours.

1155 **Les droits des représentants syndicaux et des comités d'hygiène et de sécurité.** Les représentants syndicaux ou membres du comité de santé et sécurité ont le droit légal de prendre un temps raisonnable sur leur temps de travail rémunéré pour vaquer à leurs fonctions. Le projet de loi *Employment Rights Bill* 2024 en cours de son passage au Parlement prévoit des droits renforcés des syndicats, notamment d'accès aux lieux de travail.

1156 **Chômage technique.** Certaines dispositions légales protègent les salariés contre les périodes de chômage technique (*lay off*) ou temps réduit (*short time*) en cas de récession ou d'autres difficultés affectant les activités de l'employeur.

1157 **Le travail le dimanche (*Sunday working*).** La loi traite spécifiquement du travail de dimanche des salariés employés dans les magasins (*shops*) et les sociétés de paris (*betting shops*). Ces salariés peuvent opter soit pour travailler, soit pour ne pas travailler le dimanche, à moins que leur contrat ne prévoie que leur embauche soit pour travailler seulement le dimanche. L'employeur doit informer les salariés de leurs droits à ce sujet par écrit dans le *written statement of particulars*.

SECTION 3 LES OBLIGATIONS DES PARTIES

1158 Une fois le contrat de travail établi, tant l'employeur (§ 1) que le salarié ont des obligations (§ 2).

§ 1. LES OBLIGATIONS DE L'EMPLOYEUR

1159 **Un cadre adéquat de travail, santé et sécurité.** En complément des obligations légales en matière de santé et sécurité au travail l'employeur doit implicitement fournir un cadre, outils et systèmes adéquats, sain et sans nuisances excessives pour l'exécution par les salariés de leurs obligations ; et éviter des pressions, menant par exemple au *burn-out*, y compris des équipes suffisamment formées, et une assurance responsabilité civile. De son côté, le salarié doit exécuter ses obligations de manière prudente et sans négligence.

1160 **Verser une rémunération.** La terminologie est importante : le terme "*pay*" est le terme générique, "*wages*", bien qu'utilisé également comme terme générique, signifiait traditionnellement le paiement hebdomadaire des salaires en espèces. "*Salary*" correspond à la situation moderne de paiement mensuel de salaires, le plus souvent par virement bancaire. "*Remuneration*" est le terme générique.

Le montant de la rémunération figure dans le "*written statement of particulars*", le contrat de travail sur la fiche de paie (*pay sheet*) identifiant le salaire brut et net après déductions de cotisations sociales (*National Insurance Contributions*), les acomptes sur l'impôt sur le revenu ("*PAYE*"), saisies sur salaires, et toutes autres déductions autorisées par la loi, et les conditions prévues par le contrat de travail : plan de pension, frais d'appels téléphoniques personnels... Dans les rares cas où le montant de la rémunération n'a pas été défini, le salarié a droit à une rémunération raisonnable évaluée par le tribunal « *quantum meruit* ».

La loi prévoit un salaire légal minimum (*national minimum wage*) ou un salaire de niveau suffisant (*national living wage*) selon l'âge du salarié. Les taux sont régulièrement fixés par le gouvernement.

En cas de maladie du salarié, l'employeur a une obligation légale (*Statutory Sick Pay Act 1994*) de verser une indemnité maladie pendant les 28 premières semaines de maladie. Le montant est défini notamment par la loi *Social Security Contributions and Benefits Act 1992*.

1161 **La protection contre le harcèlement et la discrimination.** C'est la loi *Protection from Harassment Act 1997* qui établit une protection contre le harcèlement (pas seulement sur le lieu du travail). La loi prévoit une infraction et des sanctions pénales. La jurisprudence a accepté que le harcèlement puisse intervenir sur le lieu du travail, et être le fait non seulement de l'employeur mais également d'autres salariés. Le projet de loi *Employment Rights Bill* 2024 prévoit une obligation pour l'employeur de prendre des mesures raisonnables pour empêcher le harcèlement sexuel.

Différentes règles protègent les salariés contre la discrimination contractuelle : l'*Equality Act 2010* a amélioré la protection d'égalité entre femmes et hommes pour la rémunération et autres conditions contractuelles. La clause "*sex equality*" pour tout travail équivalent est implicite dans tout contrat de travail du fait de cette loi.

Les travailleurs temporaires après 12 semaines doivent bénéficier des mêmes conditions de rémunération que les permanents. Un Code de bonnes pratiques a été publié par CEHR (*Commission for Equality and Human Rights*).

La Convention européenne des droits de l'homme et *Human Rights Act 1998* renforcent ces dispositions.

1162 ***Cooperation, mutual trust and confidence.*** Différentes espèces dans ce domaine indiquent que les parties doivent des obligations d'honnêteté, respect, de maintien des conditions nécessaires à l'exécution du contrat. Par exemple, l'employeur doit verser les salaires dans le délai prévu, éviter tout harcèlement ou abus, et consulter sur des questions importantes, par exemple une modification du lieu du travail.

§ 2. LES OBLIGATIONS DU SALARIÉ

1163 **Le devoir d'obéir à des instructions raisonnables de l'employeur.** Pour le droit commun le fait de ne pas obéir à une instruction de l'employeur constituait une cause de rupture du contrat par l'employeur. Les protections légales instituées pour empêcher les licenciements sans cause ont considérablement atténué le principe de droit commun. Les instructions de l'employeur doivent être raisonnables et licites. Mais le salarié a une obligation de s'adapter à des nouvelles méthodes de travail, tant que le contenu du travail n'est pas modifié.

1164 **La compétence du salarié et qualifications.** Le droit commun considérait que le contrat de travail contenait une obligation implicite de compétence de la part du salarié et qu'un manquement à l'obligation de compétence permettait la rupture immédiate du contrat par l'employeur. La loi a apporté un aménagement de cette position stricte du droit commun en instaurant une protection en obligeant l'employeur d'établir une cause suffisante, en l'absence de quoi le licenciement est considéré comme infondé (*unfair*). Dans certains métiers la détention par le salarié d'une qualification ou licence professionnelle est essentielle. Dans ce cas la poursuite du contrat est conditionnée sur le maintien de cette qualification.

1165 **L'honnêteté.** Les salariés (y compris les administrateurs salariés) doivent une obligation d'honnêteté (*fidelity*) vis-à-vis de son employeur et doivent rendre compte de sommes éventuellement perçues dans le cadre de leur emploi. Les salariés doivent également informer leur employeur en cas de méfaits commis par les salariés, ou le cas de corruption (souvent l'objet de dispositions spécifiques d'information dans le contrat de travail), ou l'abus d'informations confidentielles, ou de conflits d'intérêts.

1166 **La *cooperation, mutual trust and confidence*.** Concernant le salarié, différentes espèces dans ce domaine indiquent que les parties doivent des obligations d'honnêteté, respect, de maintien des conditions nécessaires à l'exécution du contrat, par exemple de ne pas porter atteinte à l'organisation de l'entreprise.

1167 **La confidentialité.** Les salariés doivent implicitement une obligation de conserver les secrets et informations confidentielles de l'employeur. Le tribunal peut intervenir pour ordonner une *injunction* pour arrêter une fuite d'informations confidentielles. Ce qui constitue une information confidentielle dépend de plusieurs critères, dont le risque de préjudice raisonnablement attendu par l'employeur en cas de divulgation (par exemple un avantage concurrentiel), les pratiques du secteur, la nature du travail et des informations, les dispositions du contrat de travail, etc.

Ces informations peuvent être de nature financière, commerciale, scientifique ou liées au savoir-faire et techniques de l'employeur. Les contrats de travail des salariés susceptibles d'être en contact avec des informations confidentielles contiennent le plus souvent une clause de confidentialité détaillée qui survit à la fin du contrat.

Les lanceurs d'alerte dans l'intérêt général sont protégés par la loi *Public Interest Disclosure Act 1998.*

1168 **Les inventions du salarié.** Le droit commun considère que les inventions du salarié durant son temps de travail appartiennent à l'employeur. La situation est réglementée par *Patents Act 1977* et *Copyright Designs and Patents Act 1988* qui définit et limite les situations où les inventions ou autres créations réalisées par un salarié dans le cadre de ses fonctions notamment lorsque celles-ci l'engagent à devenir la propriété de l'employeur. Ceci est reflété dans la pratique contractuelle qui vise une renonciation au droit moral éventuel du salarié. En revanche, la loi prévoit que le salarié dont l'invention génère un avantage significatif pour l'employeur peut demander une rémunération équitable sous certaines conditions.

1169 **Les assurances santé et retraites.** Les salariés sont couverts seulement par les assurances sociales d'état (*social security*) couvrant la santé, le chômage et la retraite. Certains employeurs proposent une cotisation à une assurance santé/prévoyance privé complémentaire, et/ou à une caisse de retraite privée ou un système d'épargne/assurance.

1170 **Les clauses restrictives.** Les clauses restrictives (*restrictive covenants*) visent à restreindre ou limiter les possibilités pour le salarié d'entrer en concurrence, solliciter ses anciens collègues après son départ vers un nouvel employeur ou une entreprise qu'il ou elle aura créé.

1171 **La période de préavis.** La période de préavis (*notice period*) est habituellement convenue expressément dans le contrat ou indiqué dans le *written statement.* En l'absence d'indication, le droit commun prévoit un préavis raisonnable qui correspond habituellement à la périodicité des paiements de rémunération : hebdomadaire, mensuel... Les parties sont libres de prévoir la durée de préavis ; mais le droit commun a été modifié par la législation notamment *Contracts of Employment Act 1963* modifié par sections 86 et 87 de *Employment Rights Act 1996* qui prévoit des périodes minimales de préavis à donner par l'employeur. En règle générale (avec exceptions et modulations), il s'agit d'une semaine pour les salariés d'une ancienneté jusqu'à deux ans ; puis deux semaines avec une semaine complémentaire par année d'ancienneté.

Le salarié doit notifier un préavis d'au moins une semaine en cas de démission. Dans la pratique le contrat prévoit une période plus longue. Pour les fonctions de cadre, il est souvent prévu que l'employeur peut donner un préavis de fin de contrat en exigeant que le salarié quitte l'entreprise immédiatement tout en continuant de percevoir son salaire pendant la période du préavis ("*garden leave*" ou "*pay in lieu of notice*") L'objectif est de limiter l'accès du salarié aux dernières informations stratégiques, commerciales et financières confidentielles pendant son préavis ; et de pouvoir installer son successeur sans heurt.

CHAPITRE 5
LA FIN DU CONTRAT DE TRAVAIL

1172 Plusieurs hypothèses aboutissent à la fin du contrat (section 1), ce qui emporte des effets (section 2).

SECTION 1 LA FIN DU CONTRAT DE TRAVAIL

1173 **Règles générales.** En règle générale, un salarié bénéficiant d'un an d'ancienneté a le droit de recevoir une explication écrite (*written reasons*) des raisons qui motivent son licenciement. Différentes situations se présentent : il peut s'agir de l'arrivée du terme d'un contrat à durée déterminée (§ 1), de l'exécution de la prestation demandée (§ 2), d'un accord mutuel (§ 3), d'une démission du salarié (§ 4), d'une rupture avec préavis (§ 5), d'un licenciement (§ 6), d'un cas de force majeure (§ 7) ou d'une cause de fin automatique (§ 8).

§ 1. ARRIVÉE DU TERME D'UN CDD

1174 **Le terme.** Le recours aux contrats à durée déterminée est fréquent. La fin du contrat de travail peut intervenir du fait de l'expiration de la durée déterminée du contrat, sans renouvellement (*end of limited (fixed) term contract*). En droit commun aucune formalité n'est nécessaire pour le constater. Exécution des services ou travaux prévus par le contrat

1175 **À la tâche.** Certains contrats de travail concernent un travail défini à la tâche, par exemple de couper un certain nombre d'arbres, ou nettoyer un local. À l'achèvement de la tâche le contrat se termine sans ouvrir droit à un préavis ou à une indemnité (*termination by performance*).

§ 2. CONSENTEMENT MUTUEL

1176 ***"Mutual separation".*** Dans le cas d'un accord effectif, et sans pression, entre l'employeur et le salarié de mettre fin à leurs relations ("*settlement agreement*"), aucun *dismissal* n'ouvrant droit à indemnité ne peut avoir lieu. Les tribunaux veillent à ce que le consentement du salarié pour recevoir une indemnité de départ et renoncer à ses droits soit réel et suffisamment informé. Des dispositions pour éviter des cas de "*fire and rehire*" (licenciement puis reprise du salarié) à des conditions modifiées seront introduites par le projet *Employment Rights Bill* 2024 pour éviter des abus qui ont fait l'objet de litiges importants. La *UK Supreme Court* a récemment jugé illicite le processus de "*fire and rehire*" utilisé par Tesco une grande chaine de supermarchés[1].

§ 3. DÉMISSION

1177 **Démission.** Pour être valable une démission (*resignation*) doit être exprimée de manière suffisamment certaine sans pression indue avec une indication précise de la date effective de la prise d'effet de la démission. Le préavis doit se conformer aux dispositions prévues par le contrat ou la période minimale prévue par la loi. La notification d'un préavis par l'employeur

1178 **Absence de motif.** Les parties peuvent à tout moment notifier un préavis (*notice*) pour mettre fin au contrat sans motif (*termination by notice*). Aucun formalisme n'est imposé. Il suffit que la notification soit clairement exprimée et sans ambiguïté. Dans ce cas le salarié aura droit aux indemnités légales s'il a une ancienneté de plus de deux ans (délai qui sera modifié par le *Employment Rights Bill* 2024). Si le contrat le prévoit, une indemnité contractuelle en cas de préavis de l'employeur pourrait être prévue. C'est le cas notamment des cadres qui acceptent de rejoindre un nouvel employeur, et cherchent à se prémunir contre une rupture par celui-ci avant la période des deux années d'ancienneté.

§ 4. LICENCIEMENT POUR CAUSE

1179 **Licenciement.** Le licenciement peut être explicite (*dismissal with notice*), ou implicite (*constructive dismissal*). La rupture du contrat de travail en raison d'une faute de l'une des parties nécessite, en règle générale, que la partie innocente notifie la fin au contrat en prenant acte de la faute. La date de la notification permet le calcul de l'ancienneté et différents droits, tels que congés payés, retraite, etc. La notification de rupture du contrat par l'employeur est traitée par la loi comme un *dismissal* déclenchant la possibilité pour le salarié de réclamer des droits au titre du préavis légal ou les indemnités en cas de rupture était sans cause. Plusieurs cas de figure se présentent, il peut s'agir d'un licenciement pour faute (A),

1. Tesco Stores Ltd v Union of Shop, Distributive and Allied Workers 2024 UKSC 28.

ou sans préavis en raison d'une faute grave (B), pour cause économique (C) ou en cas de licenciement implicite (D).

A. LICENCIEMENT POUR FAUTE

1180 **Mécanisme.** Le droit commun prévoit qu'en cas de rupture des obligations essentielles du contrat (*fundamental breach*), la partie innocente est en droit de notifier la résiliation du contrat. Selon la gravité de la faute le contrat peut être résilié (*termination by breach*) sans ou avec préavis.

Dans tous les cas, sauf urgence, les bonnes pratiques d'ACAS recommandent aux employeurs de suivre une procédure préalable d'information et d'échange avec le salarié dont le licenciement est prévu. Le salarié (ayant au moins deux années d'ancienneté – délai qui sera modifié par *Employment Rights Bill* 2024, avec modulations pendant la période d'essai, et dans certains autres cas) a le droit légal de recevoir une notification écrite des raisons et de ne pas être licencié sans cause justifiée. Il incombe à l'employeur d'apporter la preuve de la cause justifiée du licenciement (*Employment Rights Act 1996*). Cette loi prévoit que certains licenciements sont automatiquement *unfair* : par exemple en raison de grossesse ou de maternité ; affiliation à un syndicat ; participation à une grève protégée par la loi ; lancement d'une alerte, etc.

Les raisons fréquemment acceptées pour le licenciement pour cause incluent l'inaptitude du salarié à exécuter ses fonctions, l'incompétence ; des manquements répétés après avertissement, désobéissance aux ordres justifiés ou aux règlements de l'employeur (fiche temps, code vestimentaire par exemple), infraction pénale en cours de travail et « toute autre raison substantielle ».

Ce dernier motif permettrait éventuellement aux employeurs de licencier en raison, par exemple d'une réorganisation pour raisons techniques dont la raison d'être n'est pas purement économique, ou des modifications au contrat de travail jugées nécessaires pour la protection des intérêts de l'entreprise mais refusées dans certains cas par le salarié.

B. LICENCIEMENT SANS PRÉAVIS (*SUMMARY DISMISSAL*) POUR FAUTE GRAVE (*GROSS MISCONDUCT*)

1181 **Notion.** La faute grave implique des comportements (souvent intentionnels "*wilful*") créant une difficulté grave ou empêchement caractéristique de *gross misconduct* rompant la confiance rendant impossible la poursuite des fonctions, tels le vol, violences, consommation d'alcool ou drogues...

Le droit commun autorise l'employeur de mettre fin au contrat immédiatement sans préavis justifié par une situation d'urgence. Cela étant, le code de bonnes pratiques ACAS (*ACAS Code on Discipline and Grievance*) prévoit notamment une procédure contradictoire, pour autant que cela soit possible dans les circonstances.

C. LICENCIEMENT POUR CAUSE ÉCONOMIQUE

1182 **Principe.** Le principe d'une indemnisation légale des salariés licenciés pour motif économique (*redundancy*) a été établi par la loi *Redundancy Payments Act 1965* et repris par *Employment Rights Act 1996*. En principe, le salarié qui a au moins deux années d'ancienneté (délai qui sera modifié par *Employment Rights Bill* 2024), a droit à une indemnité d'un montant fixe déterminé par la loi. La définition de "*redundancy*" est limitée au cas où l'employeur a décidé de cesser l'activité pour laquelle le salarié était employé, ou lorsque le besoin de l'entreprise des fonctions exercées par le salarié a cessé ou a diminué. Si l'employeur est en mesure de le prouver la "*dismissal for redundancy*" sera considéré comme "*fair*". Ainsi, il n'est pas nécessaire que l'employeur soit contraint à réduire le nombre de salariés.

Trois situations se présentent en pratique : la cessation totale de l'activité de l'employeur qui emploie le salarié ; la cessation d'activité au lieu du travail (ou l'établissement) où travaille le salarié ou le ou les endroits où il ou elle devait exercer ses fonctions (salariés itinérants) ; ou la diminution des besoins de l'employeur ; par exemple d'une réduction de la demande ou la nécessité de rationaliser l'activité, ou encore l'introduction de nouvelles machines ou techniques requérant moins de salariés. En l'absence de motif établi, le ou la salarié(e) peut réclamer une indemnité de licenciement. La procédure doit être "*fair*" et nécessite que l'employeur procède à une sélection appropriée des personnes (sans discrimination ou motif personnel) ; à une consultation individuelle consistant de deux réunions ; et la recherche d'un emploi alternatif. Dans le cas de 20 licenciements ou plus dans la même période de 90 jours (*collective redundancy*) l'employeur doit organiser une consultation collective avec un syndicat ou représentants des salariés.

D. LICENCIEMENT IMPLICITE

1183 **Principe.** Au cas où le salarié considère que le comportement de l'employeur, ou de ses préposés dans le cadre de leurs fonctions, rend la poursuite du contrat impossible, il ou elle peut en prendre acte et mettre fin au contrat. Ce serait le cas du comportement abusif de l'employeur ou de ses préposés dans le cadre de leur travail. Devant cette situation, le salarié peut arguer d'un licenciement implicite (*constructive dismissal*) lui permettant de réclamer les indemnités de fin de contrat de travail (sous réserve d'ancienneté suffisante), ou des dommages-intérêts pour "*wrongful dismissal*".

§ 5. FORCE MAJEURE ET CAUSES ASSIMILÉES

1184 **Notion.** La fin du contrat de travail en raison de force majeure (ou "*frustration*") a pour conséquence normale en droit commun que le salarié n'a aucun droit à préavis ou indemnisation. Pour cette raison les *Employment tribunals* sont réticents à accepter le motif de force majeure en l'absence d'un événement rendant réellement impossible la poursuite du contrat dans le plus long terme. Même en période de covid, il a été considéré que l'employeur devait rechercher des solutions alternatives, et si possible mener une consultation avant de procéder à un licenciement.

1185 **Illustrations.** La force majeure peut intervenir en raison d'une longue maladie dont le salarié souffre. Plus les fonctions sont essentielles à l'entreprise plus rapidement celle-ci sera contrainte de mettre en œuvre la rupture pour cause de force majeure.

1186 **Causes automatiques.** Enfin, le décès d'un employeur personne physique, la fermeture définitive d'un établissement, ou la mise en liquidation d'une société mettent un terme définitif aux contrats de travail des salariés qui y étaient employés. Il s'agit d'*automatic termination*.

SECTION 2 LES CONSÉQUENCES DE LA FIN DU CONTRAT DE TRAVAIL

1187 Lorsque le contrat de travail prend fin, le salarié bénéficie d'une protection légale à certaines conditions (§ 1). Il peut espérer diverses indemnisations (§ 2) et il existe des remèdes alternatifs ou complémentaires (§ 3).

§ 1. LA PROTECTION LÉGALE DE CERTAINS SALARIÉS À LA FIN DU CONTRAT

1188 Le salarié bénéficie d'une protection en cas de fin de contrat s'il comptabilise deux années d'ancienneté continues, mais le projet de loi *Employment Rights Bill* 2024 prévoit d'instaurer la protection dès l'embauche (A). Mais il existe des exceptions (B).

A. CONDITION : DEUX ANNÉES D'ANCIENNETÉ CONTINUES

1189 **Deux ans.** Le salarié (personne physique) bénéficiant d'un contrat de travail (*contract of employment*) et ayant au moins deux années d'ancienneté (*continuous employment*), est protégé par la législation (notamment *Employment Rights Act 1996*) contre son licenciement en l'absence de procédure appropriée ou en l'absence de faute ou d'autre motif reconnu par la loi comme la cause économique (*redundancy*). Le gouvernement travailliste prévoit d'abolir cette période dès 2027 en instaurant un droit dès le premier jour d'emploi, sous réserve d'aménagements pendant la période d'essai.

1190 **Deux ans continus.** La loi définit la continuité de l'emploi (*continuous employment*), pour éviter l'application du droit commun concernant l'existence d'un nouveau contrat, à chaque fois que celui-ci faisait l'objet de modifications. La durée est comptée en mois et années et ne tient pas compte de la durée effective du travail pendant cette période afin de ne pas discriminer contre les salariés à temps partiel. Les périodes d'absence temporaires pour des motifs autres que maladie, accident, maternité ou interruption temporaire du fait par exemple, de grève, force majeure, ou des coutumes du secteur, ne sont pas pris en compte. Il n'est pas tenu compte des modifications de fonctions durant la période. La continuité est protégée malgré l'absence du salarié en cas de maladie, maternité, des fermetures temporaires du lieu de travail et certains autres cas.

Des règles spécifiques traitent de la question de continuité d'emploi en cas de grèves, ainsi que les cas de cessions de fonds de commerce (*asset transfer*). Dans le cas d'une cession d'entreprise ou de toute ou partie de ses actifs, les droits des salariés sont préservés en cas de cession d'une unité économique de ressources conservant son identité en relation avec une activité économique. Les tribunaux restent vigilants en ce qui concerne les montages au sein de groupes de sociétés destinés à éviter l'application de la législation dans ce domaine.

B. LES EXCEPTIONS

1191 Le principe de protection en cas de deux années d'ancienneté continues fait l'objet d'exceptions : certains salariés sont protégés malgré l'absence de cette condition (1), tandis que d'autres salariés, en dépit de cette ancienneté, ne le seront pas (2).

1. Protection précoce de certaines catégories

1192 **Exceptions aux deux ans.** Si la protection légale s'enclenche habituellement après un minimum de deux années d'ancienneté, dans certains cas, tels que certaines discriminations ou en cas d'appartenance à un syndicat, représentants des salariés, lanceurs d'alertes (*whistleblowers*), santé et sécurité au travail, notamment, la protection peut exister même en l'absence d'une ancienneté de deux années.

2. Les emplois et situations non protégés, nullités

1193 **Domaine territorial.** Un certain nombre de salariés ne sont pas protégés notamment lorsque l'exécution du travail a lieu en dehors du Royaume-Uni ; et où il n'existe aucune connexité du contrat de travail avec le Royaume-Uni.

1194 **Les salariés actionnaires.** Depuis la loi *Growth and Infrastructure Act 2013*, si l'employeur octroie au moins £2 000 d'actions à un salarié, il est possible de prévoir que celui-ci renonce à certains droits notamment relatifs au licenciement sans cause. Le salarié doit bénéficier de conseils d'un juriste indépendant.

1195 **Nullité ou validité de certaines transactions.** Toute disposition contractuelle destinée à exclure le bénéfice de la législation en faveur d'un salarié qui sans cette restriction contractuelle aurait pu en bénéficier, est frappée de nullité.

En revanche les transactions signées entre employeur et salarié mettant fin à tout droit du salarié de réclamer les indemnités contractuelles sont valables si ACAS est intervenu dans le cadre de la conciliation obligatoire avant la saisine de l'*Employment Tribunal*. Les transactions doivent satisfaire certaines exigences légales, notamment la présence d'un conseil professionnel indépendant du salarié (*solicitor* ou représentant d'un syndicat ou autre organisme de conseil tel un centre de conseil, "*advice centre*", assuré pour la responsabilité professionnelle, qui doit être nommé dans le corps de la transaction).

1196 **Certains fonctionnaires.** Si la plupart des fonctionnaires et salariés du service public bénéficient de la protection de la législation, certains fonctionnaires ne bénéficient pas de la protection, notamment les fonctionnaires de police et ceux travaillant pour les services de sécurité dont l'emploi a été rompu pour raison de sécurité nationale.

1197 **Les grèves et autres actions.** Des dispositions spécifiques s'appliquent en cas de grèves ou de *lock out* prolongé, ou en cas d'action industrielle non officielle. La jurisprudence dans ce domaine est pléthorique et chaque situation doit être examinée avec attention.

§ 2. L'INDEMNISATION DU SALARIÉ

1198 **Distinction.** Le salarié qui souhaite contester le bien-fondé de son licenciement doit établir l'existence d'une faute de la part de l'employeur dans le cadre du licenciement, c'est-à-dire que le licenciement était "*wrongful*" ; et/ou l'absence de faute ou de cause le concernant autrement dit que le licenciement était "*unfair*". Une distinction est faite entre ces deux types de faute de la part de l'employeur lors de la séparation (*dismissal*). En cas de *wrongful* ou *unfair dismissal*, le salarié doit minimiser son préjudice, par exemple en cherchant activement un nouveau travail de même niveau. Les indemnités de sécurité sociale ou de chômage, et tout montant versé au titre d'*unfair dismissal*, sont déduites du montant des dommages-intérêts.

Il faut donc distinguer l'indemnisation selon que le salarié subit un *wrongful dismissal* (A), l'*unfair dismissal* (B) et l'indemnité en cas de licenciement économique (C).

A. L'INDEMNISATION DU PRÉJUDICE DU *WRONGFUL DISMISSAL*

1199 **Notion.** Le *wrongful dismissal* concerne les cas de manquement de la part de l'employeur à une obligation contractuelle relevant du contrat de travail, tel un manquement à l'obligation de donner le préavis requis par le contrat ou la loi qui impose un minimum d'une semaine de préavis par année d'ancienneté.

1200 **Conditions.** Les conditions d'ancienneté requises pour qualifier pour l'indemnité en cas d'*unfair dismissal* ne sont pas applicables. En cas de *wrongful dismissal*, le salarié peut réclamer le montant des salaires dus pour la période durant laquelle l'emploi aurait normalement continué y compris la période normale du préavis, et éventuellement le montant d'un préjudice réel dans certains cas strictement limités par la jurisprudence, par exemple lorsque le salarié subit un dommage à sa réputation ou lorsqu'il y a une perte de chance. Les salariés qui bénéficient de rémunérations élevées ont souvent intérêt à poursuivre l'employeur au titre de *wrongful dismissal.* C'est parfois le cas des salariés engagés pour un contrat à durée déterminée auquel l'employeur a mis fin prématurément. Pour les cadres supérieurs (*executives*) le contrat prévoit souvent des périodes de préavis supérieurs (par exemple, 6 mois de préavis est une période typique). Certains cadres exigent un préavis encore plus long en quittant une fonction pour rejoindre un nouvel employeur. Certains employeurs disposent d'assurances couvrant leur responsabilité pour licenciement fautif.

B. L'INDEMNISATION LÉGALE DU LICENCIEMENT SANS CAUSE (*UNFAIR DISMISSAL*)

1201 **Conditions.** Si la procédure de licenciement a été suivie et un préavis approprié donné, mais la cause du licenciement n'est pas fondée, le salarié peut agir contre l'employeur sur la base d'un licenciement sans cause justifiée (*unfair dismissal*), à condition d'avoir l'ancienneté de deux ans actuellement requise par la loi. Le salarié doit prendre des mesures raisonnables pour réduire son préjudice (*mitigation*). Le montant peut également faire l'objet de réduction si cela apparaît juste et équitable. L'indemnisation consiste en deux éléments cumulables : un montant de base (*basic award*), et un montant indemnitaire (*compensatory award*). Le montant de l'indemnité (*compensatory award*) est limité par la loi, sauf en cas de discrimination, de licenciement en raison d'une divulgation autorisée (*protected disclosure*) par un lanceur d'alerte ou d'un représentant santé et sécurité parce que celui-ci tentait de faire exécuter une obligation légale de l'employeur.

1202 **La *basic award*.** Le calcul est effectué en tenant compte de l'âge et l'ancienneté (*continuous employment*) du salarié. Un coefficient d'un certain nombre de semaines de salaire de base est appliqué. Un montant maximum de rémunération hebdomadaire est pris en compte pour le calcul légal du plafond (régulièrement réévalué). Ce montant est susceptible d'être réduit par le montant qui aurait été alloué au titre de licenciement pour motif économique. Un minimum *basic award* est alloué pour certaines catégories d'*unfair dismissal* : licenciement en raison d'appartenance à un syndicat ou des activités du syndicat ou les activités liées à la santé et la sécurité au travail ou de représentant des salariés.

1203 **La *compensatory award*.** Le tribunal tient compte d'un montant qui lui apparaît juste et équitable en raison du licenciement sans motif justifié, sous réserve du plafond légal. Le montant tient compte des pertes de salaire présentes et futures (y compris les avantages associés – *fringe benefits*), la perte des droits liés à l'ancienneté, perte de droits à pension de retraite, frais de recherche d'emploi. Le salarié peut également demander sa réintégration mais cela est relativement rare (voir ci-dessus).

C. L'INDEMNITÉ EN CAS DE LICENCIEMENT ÉCONOMIQUE

1204 **Conditions.** Il est nécessaire d'avoir une ancienneté de deux ans au moins pour pouvoir bénéficier de l'indemnité de licenciement pour cause économique (*redundancy payments*). Le montant de l'indemnité est calculé en appliquant au salaire hebdomadaire, et un multipliant qui varie en fonction de différentes tranches d'âge, avec un plafond légal.

§ 3. LES REMÈDES ALTERNATIFS OU COMPLÉMENTAIRES

1205 **La déclaration.** Il est parfois nécessaire de savoir si les actes de l'employeur ont effectivement mis fin à la relation contractuelle. Le salarié peut demander au tribunal de dire si en droit une notification de licenciement était valable et si le contrat est toujours en cours ou non (*declaration*).

1206 **La réintégration ou reprise dans une autre fonction.** La réintégration (*reinstatement*) peut être ordonnée par le tribunal dans le cas d'un licenciement sans cause (*Employment Rights Act 1996* s. 114), sauf si cela est difficile à mettre en œuvre (*impracticable*) ou injuste (par exemple lorsque la réintégration pourrait susciter une mauvaise ambiance au sein de l'entreprise ou perpétuer une situation conflictuelle avec d'autres salariés, comme cela peut être le cas notamment dans les petites entreprises). Le tribunal peut également ordonner à l'employeur de reprendre le salarié dans une nouvelle fonction (*re-engagement*) qui constitue une solution alternative au *reinstatement*. Le non-respect par l'employeur des ordonnances de *reinstatement* ou *re-engagement* donne lieu à des dommages-intérêts complémentaires (*additional award*)[2].

1207 **Exécution forcée des clauses de confidentialité et de non-concurrence.** Il est à rappeler que les clauses de confidentialité et de non-concurrence peuvent faire l'objet d'ordonnances de *specific performance* ou *injunction* dans des cas appropriés.

1208 **Dommages-intérêts en cas de discrimination.** La discrimination en raison de l'âge, un handicap, sexe, orientation sexuelle, mariage civil ou contrat civil (*civil partnership*), grossesse ou maternité, race, religion ou caste, opinions politiques, tenue vestimentaire ou *appearance*, ou la situation génétique d'une personne peut ouvrir le droit à une demande en dommages-intérêts (*compensation*). L'*Employment tribunal* est compétent et le montant de *compensation* n'est pas plafonné.

2. Pour un exemple recent voir British Council v Sellers 2025 EAT 1.

CHAPITRE 6
L'INFORMATION, LA CONSULTATION ET LA REPRÉSENTATION DES SALARIÉS

1209 Les salariés peuvent être informés et consultés dans certaines hypothèses (section 1) ; ils peuvent aussi être représentés (section 2).

SECTION 1 INFORMATION ET CONSULTATION

1210 **Règles générales.** C'est la liberté contractuelle qui prédomine en ce qui concerne la manière dont un employeur peut engager les discussions avec ses salariés.

Toutefois, le règlement *The Information and Consultation of Employees Regulations 2004* (ICE Regulations) prévoit une obligation pour les entreprises d'au moins 50 salariés, d'informer et, dans certains cas, de consulter ses salariés selon des conditions et procédures détaillées.

Les manquements de l'employeur dans ce domaine sont sanctionnés après audience devant *Central Arbitration Committee* qui peut imposer des amendes, parfois importantes.

Dans certains cas, assez réduits en nombre dans la pratique, les communications entre l'employeur et ses salariés sont organisées autour d'un comité d'entreprise ou d'une négociation collective à travers les syndicats.

Dans certains cas spécifiques l'employeur est obligé d'informer et de consulter. Il s'agit notamment du cas de la cession d'entreprise (TUPE) ou de certains licenciements collectifs pour motif économique.

1211 **Consultation dans le cadre de la santé et la sécurité au travail (*health and safety at work*).** La loi prévoit une information des salariés en ce qui concerne la santé et la sécurité au travail. Dans les cas peu fréquents où un syndicat a été reconnu, l'employeur doit établir un comité de santé et de sécurité au travail, si au moins deux représentants des syndicats le demandent. Au cas où un syndicat n'est pas reconnu, l'employeur peut, néanmoins, choisir d'informer et consulter les salariés sur ces questions.

1212 **L'information des salariés en cas du licenciement collectif (*collective redundancy*).** Dans le cas où un employeur prévoit de licencier 20 salariés ou plus dans un établissement dans une même période de 90 jours, il est obligé d'informer et de consulter a minima les salariés concernés ou les représentants ou syndicat désigné, le cas échéant, en vue de recherche un accord.

La question de la notion d'établissement a fait l'objet de jurisprudence de la Cour Européenne de Justice à la suite des fermetures de nombreux points de vente de la chaîne de magasins Woolworths au Royaume-Uni (*USDAW c. Woolworths*).

L'employeur doit informer le ministère (*Department for Business, & Trade*) du projet de licenciement collectif impliquant 20 salariés ou plus. Toutefois, le ministre n'a aucun pouvoir d'intervention ou de sanction. L'absence d'accord n'empêche pas le licenciement, mais l'absence d'information et/ou de consultation suffisante est sanctionnée par une pénalité de 90 jours de rémunération pour chaque salarié concerné.

1213 **L'information des salariés en cas de cession d'entreprise (TUPE).** Les syndicats reconnus et les représentants de personnel élus (ou les salariés individuels en l'absence de syndicats ou de représentants) ont le droit notamment aux informations pertinentes en ce qui concerne les cessions d'entreprise ou d'actifs ou dans le cadre de modification d'un fournisseur de services (par ex. *outsourcing*) avec un transfert effectif de salariés à un nouvel employeur. Le projet de loi *Employment Rights Bill* 2024 apportera des changements en ce qui concerne les droits des salariés en cas de licenciement dans cette situation.

1214 **Comités d'entreprise (*works councils*).** La liberté de l'employeur a été réduite pour les entreprises employant 50 salariés ou plus, par les règlements introduits par la législation européenne (*Information and Consultation of Employees Regulations 2005*). Ces organes sont communément appelés *works councils*. L'employeur doit ensuite informer et consulter en ce qui concerne les questions économiques et relatives à l'emploi. Les groupes actifs au niveau européen sont obligés dans certains cas d'établir un *works council* européen ce qui sera impacté par le Brexit. Cette question ne sera pas traitée plus en détail dans cet ouvrage.

SECTION 2 LA RECONNAISSANCE DES SYNDICATS ET LES DROITS DE GRÈVE

1215 **Reconnaissance d'un syndicat et la négociation collective (*recognition and collective bargaining with a union*).** Avant 1971, la reconnaissance d'un syndicat dépendait de la coutume et la pratique des employeurs et syndicats. Depuis la question est réglementée, dernièrement par *Trade Union and*

Labour Relations (Consolidation) Act 1992. La *Trade Union Act* 2016 (plus restrictive des droits des syndicats) sera réformé par *Employment Rights Bill* 2024 une fois passée en loi, notamment pour améliorer les droits de reconnaissance, d'accès, et des droits des représentants et faciliter les droits de grève.

1216 **La protection des représentants syndicaux (*union representatives*) et de santé et sécurité.** La loi protège les représentants syndicaux contre le licenciement (ou d'autres pratiques pénalisantes) en raison de leur appartenance à un syndicat ou ses activités. Une jurisprudence significative a permis de définir les conditions et limites de la protection.

L'*Employment Relations Act 1996* protège ces représentants contre tout détriment en relation avec ces activités. En cas de difficulté, un recours peut être exercé par ces différents représentants auprès de l'*Employment Tribunal* qui peut allouer des dommages-intérêts ou ordonner la réintégration du salarié en cas de licenciement. Mais la *UK Supreme Court* a eu recours à la CEDH pour traiter certains aspects de la protection des représentants syndicaux en cas de grève, qui n'étaient pas prévus par la loi[1].

1217 **Le droit de grève et autres actions collectives (*industrial action*).** Le droit des salariés de participer à des actions de revendication contre leur employeur, une grève, grève du zèle (*work to rule* ou *go slow*) ou autres actions comme les pickets de grève (*industrial action*), est strictement encadré par la loi *Trade Union and Labour Relations (Consolidation) Act 1992*, récemment modifiée par *Trade Union Act 2016* qui a renforcé le dispositif pour instaurer une participation minimale de 50 % des salariés au vote sur une éventuelle grève ou autre action. Le projet de loi *Employment Rights Bill* 2024 va abroger la loi *Strikes (Minimum Service Levels) Act* 2023 qui avait introduit des obligations de service minimum en cas de grève dans six secteurs.

Les *pickets* de grève sont encadrés à la fois par la législation spécifique, le droit civil et pénal, et un *Code of Practice on Picketing* ; compte tenu de la présence de *pickets* à proximité de la voie publique.

Une immunité existe pour les *pickets* pacifiques dans le cadre d'une grève autorisée.

Les grèves doivent être organisées seulement dans le cadre d'un vrai litige au sujet des conditions d'emploi (*genuine trade dispute*).

La grève ne peut être mise en place qu'après le suivi d'une procédure de vote organisée par un syndicat et de notification à l'employeur. Ces procédures sont organisées dans le détail par la loi, dont les conditions seront assouplies dans le cadre du projet *Employment Rights Bill* 2024.

Certaines catégories de personnels ne sont pas autorisées à faire grève notamment dans les forces armées et la police.

Le droit commun des contrats et le droit commun des *torts* sont également pertinents dans ce domaine, et qui peuvent notamment permettre aux employeurs d'obtenir des *injunctions* ou dommages-intérêts en cas d'actions qui ont des effets sur des contrats de l'employeur avec des tiers ou constituent des menaces.

1. Secretary of State for Business and Trade v Mercer 2024 UKSC 12.

La responsabilité de l'employeur

La loi *Employer's Liability (Compulsory Insurance) Act 1969* (modifiée) impose une obligation légale à la majorité des employeurs de prendre une assurance couvrant leur responsabilité en cas de préjudice corporel ou maladie dans le cadre de leur emploi (ou de stages) sur le territoire britannique, pour un montant minimal défini par la loi (au moins £5 millions). Des amendes sont prévues en cas d'absence d'assurance. Les accidents de route sont généralement couverts par une police spécifique.

Les employeurs sont soumis à une législation détaillée sur la santé et la sécurité au travail. Les manquements et infractions peuvent être sanctionnés par des condamnations civiles et pénales. Le *Health and Safety Executive* (HSE) est chargé au plan national du contrôle de conformité des employeurs, et agit en tant qu'autorité de poursuite en cas d'infraction. Il mène des programmes d'information auprès des employeurs en vue d'assurer une meilleure prévention.

Les employeurs sont responsables civilement des actes de leurs salariés dans le cours normal de leurs fonctions (v. *supra*, n° 786 et s., 1579 et s.). Il peut engager sa responsabilité dans le cadre de ses relations avec ses salariés. Un exemple concerne les références pour un salarié partant. Si celle-ci est préparée de manière négligente par l'employeur, ceci peut ouvrir le droit à des dommages-intérêts en responsabilité contractuelle et délictuelle (*Spring v. Guardian Assurance Plc 1994*).

SIXIÈME PARTIE
LES DIFFICULTÉS DE PAIEMENT

1218 **Présentation. Garanties de paiement. Insolvabilité.** Le droit anglais des affaires protège le créancier faisant face à un débiteur récalcitrant qui ne peut pas ou ne veut pas le payer. Le créancier qui craint de ne pas être payé ou qui n'est effectivement pas payé est protégé par diverses garanties de paiement (titre 1). Mais si le débiteur est dans une situation financière lourdement obérée, des règles spécifiques à l'insolvabilité doivent être mises en œuvre (titre 2).

TITRE 1
LES GARANTIES DE PAIEMENT

1219 **Faciliter le paiement. Sûretés.** Le droit anglais recourt à de nombreuses techniques permettant aux créanciers d'éviter tout problème de paiement du débiteur. À l'instar du droit français, de nombreuses dispositions peuvent les aider lorsqu'ils font face à un mauvais payeur en se prévalant de règles issues du droit des contrats, des saisies, etc. Mais il est également possible d'organiser les difficultés de paiement par la pure construction de contrats protégeant avant tout la position du créancier. Ainsi en est-il, par exemple, du *hire-purchase agreement*, se rapprochant du contrat de location-vente, par lequel le débiteur ne sera propriétaire que s'il veut et s'il peut payer l'entier prix du bien. Il est aussi possible que le créancier exige du débiteur que le paiement du prix soit effectué au moyen d'une lettre de change. Outre ces techniques, les créanciers peuvent également se prémunir en se prévalant de véritables sûretés qui se divisent, à l'instar du droit français, entre les sûretés personnelles (chapitre 1) et les sûretés réelles (chapitre 2).

CHAPITRE 1
LES PRINCIPALES SÛRETÉS PERSONNELLES

1220 **Sûretés personnelles.** Le droit anglais connaît de multiples sûretés personnelles, modelées par la volonté des parties, et se distinguant entre elles essentiellement selon qu'elles créent un lien de droit accessoire ou autonome par rapport à la dette garantie. À ce titre, il faut évoquer la sûreté personnelle accessoire par excellence, le contrat de *guarantee* (section 1) et les sûretés autonomes que sont les *bonds* et *indemnities* (section 2).

SECTION 1 LE CONTRAT DE *GUARANTEE*

1221 La *guarantee* est une notion à part entière (§ 1) qui obéit à des règles de formation précises (§ 2) et qui produit des effets juridiques (§ 3). Son extinction (§ 4) et sa transmission (§ 5) sont également particulières.

§1. LA NOTION DE *GUARANTEE*

1222 La *guarantee* est une sûreté personnelle répondant à une définition relativement contenue (A). Sa nature juridique (B) permet de la distinguer de mécanismes voisins (C). Elle est très riche de sorte qu'elle abrite une typologie importante (D).

A. LA DÉFINITION D'UNE *GUARANTEE*

1223 **Définition.** Une *guarantee* est l'engagement d'une personne de faire quelque chose en faveur du créancier en cas de défaillance d'un tiers, débiteur. Le contrat est conclu entre le garant et le créancier ; en pratique, il est fort courant d'associer le débiteur à l'acte. La *guarantee* se caractérise par trois éléments : c'est un lien de droit qui s'ajoute à la dette principale, elle est subordonnée à la défaillance du débiteur et elle en est l'accessoire. En d'autres termes, la *guarantee* repose sur la dette principale et par conséquent, tant son existence que son étendue dépendent de cette obligation principale[1]. En ce sens, ce type de sûreté pourrait se rapprocher du cautionnement de droit français, mais ce serait inexact tant les différences sont importantes. La *Guarantee* est bien plus polymorphe et flexible que le cautionnement.

1224 **Objet.** Elle peut avoir pour objet soit un engagement personnel de la part du garant soit un engagement portant sur l'un de ses biens[2]. Dans ce dernier cas, par exemple, le garant peut s'engager à garantir la dette du débiteur principal sur sa maison, et dans ce cas, le créancier ne pourra se prévaloir que de cela et ne pourra pas exiger davantage ; en revanche, pour les autres aspects, ce sont les règles régissant l'engagement personnel qui s'appliqueront. En d'autres termes, une *guarantee* se rapproche de la notion française de cautionnement réel, mais, hormis l'assiette qui est un bien, la sûreté demeure une *guarantee*, c'est-à-dire un engagement personnel[3]. Le plus souvent, en pratique, le garant garantit la dette de responsabilité du débiteur principal qui n'exécute pas son obligation initiale et non pas sur la dette initiale. Il peut alors s'agir de garantir la dette de responsabilité du débiteur résultant du non-remboursement d'un prêt ou de la non-exécution d'une obligation de faire (fréquente dans le domaine de la construction immobilière). Mais l'engagement du garant peut aussi consister, par exemple, à s'engager à reprendre les travaux au lieu de payer des dommages-intérêts. En somme, la *guarantee* peut consister pour le garant à exécuter une obligation monétaire ou en nature.

B. LA NATURE JURIDIQUE

1225 **Contrat unilatéral. Contrat synallagmatique. *Consideration* ou *deed*.** Le plus souvent, le contrat de *guarantee* semble unilatéral, car seul le garant s'oblige à quelque chose (la garantie des dettes du débiteur). Mais en *Common law*, ce type de contrat unilatéral, à défaut de Deed, peut susciter des doutes quant à sa valeur juridique, car il faut trouver une contrepartie (*Consideration*) à l'engagement du garant[4]. Or, le créancier ne supporte, sauf stipulation particulière, aucune obligation. En revanche, lors de la formation du contrat, le créancier s'engage à quelque chose, par exemple pour une banque-prêteur à verser l'argent promis au débiteur ou à lui consentir une ouverture de crédit. Le mécanisme de formation est alors le suivant : le garant présente au créancier une offre de garantie et le créancier l'accepte en procurant de l'argent à un tiers, le débiteur. Selon le droit anglais, il y a ainsi bien deux contreparties, deux promesses, l'une correspond au versement d'argent au débiteur, l'autre consistant en la garantie (bien que ce ne soit pas un strict

1. G. Andrews et R. Millett, *Law of Guarantees*, Sweet&Maxwell, 2015, nº 1-004 ; E. McKendrick, *Goode on Commercial Law*, Penguin, 2020, p. 857.
2. Smith v Wood [1929] 1 Ch. 14, CA.
3. Smith v Wood, précité.
4. V. *supra*, nº 392 et s. ; *infra*, nº 1237.

synallagma...). Mais il est également possible que la *Consideration* résulte de la promesse du créancier en faveur du garant de ne pas faire quelque chose[5].

1226 **Obligation du garant doublement accessoire.** L'obligation du garant est accessoire à l'obligation du débiteur principal à deux titres : d'une part, elle suppose que le débiteur principal soit défaillant (elle est alors dite *secondary*) et d'autre part, sa force obligatoire repose sur celle de l'obligation de ce débiteur (elle est alors dite *accessory*)[6].

C. DISTINCTIONS ET RAPPROCHEMENTS

1227 Des mécanismes voisins de la *guarantee* peuvent lui être comparés, par des distinctions (1) et des rapprochements (2).

1. Les distinctions avec les notions voisines

1228 **Distinction entre *guarantee* et *indemnity*.** Il faut distinguer la *guarantee* d'une autre notion proche, l'*indemnity*. La première suppose une défaillance du débiteur principal (par exemple, le non-paiement par l'acheteur, débiteur principal, de marchandises déjà livrées) alors que la seconde n'y est pas subordonnée (le tiers s'engage à ce que le prix des marchandises soit payé, sans faire de la défaillance de l'acheteur un élément de son engagement). Les juges anglais sont amenés à interpréter le contrat le cas échéant afin de déterminer si les parties avaient l'intention de convenir d'une *guarantee* ou d'une *indemnity*. Ils utilisent un indice qui peut être utile : si le contrat de garantie est un contrat ponctuel, la qualification de *guarantee* est plus vraisemblable, alors que s'il fait partie d'un contrat dont l'objet est bien plus large et que le garant a un intérêt direct à l'exécution de ce contrat, la qualification pourrait être une *indemnity*[7]. La qualification peut se révéler subtile : ainsi, les juges privilégient la qualification de *guarantee* si telle est la volonté des parties dans la majorité des stipulations du contrat, bien que l'une des clauses prévoie que le garant sera le principal débiteur[8] !

La distinction entre une *guarantee* et une *indemnity* est importante dans ses effets : le caractère accessoire de la première explique qu'un changement affectant la dette principale produira des effets sur la *guarantee* ; en outre, les formalités relatives à la constitution d'une *guarantee* sont plus formelles que celles d'une *indemnity*. Toutefois, en pratique, la volonté des parties permet de combiner les deux techniques dans un même acte : ainsi, elles peuvent convenir que l'engagement du garant sera accessoire à la dette principale, mais que l'étendue de la dette pourra en être détachée, de même que le moment de l'exigibilité de sa propre dette[9].

5. Crears v Hunter [1887] 19 QBD 341, CA.
6. A. Burrows, précité, n° 8.161.
7. Pitts v Jones [2007] EWCA Civ 1301.
8. Heald v O'Connor [1971] 1 WLR 497.
9. Vossloh Aktiengesellschaft v Alpha Trains Ltd [2010] EWHC 2443 (Ch), [2011] 2 all er (comm) 307.

Le juge peut alors considérer que la sûreté accordée demeure une *guarantee*[10], malgré des éléments empruntés à l'*indemnity*.

1229 ***Independant guarantees.*** En droit anglais, la *guarantee* se distingue aussi des *independant guarantees* (garanties autonomes) par son caractère accessoire à la dette principale. Comme en droit français, les *Independent guarantees* sont autonomes par rapport à la dette du débiteur, à tel point que le garant autonome est amené à payer dès qu'il est appelé par le créancier et/ou sur présentation d'un document particulier (se rapprochant de la garantie à première demande documentaire), en l'absence de preuve d'une éventuelle défaillance du débiteur. Ces garanties autonomes regroupent les *standby credits*, les *demand guarantees*, *first demand guarantees* et les *unconditional Performance bonds*[11]. En somme, la distinction entre les garanties autonomes et la *guarantee* repose sur l'autonomie ou le lien entre d'accessoire : si l'obligation du garant est une obligation à part entière, indépendante dans son existence et sa mise en œuvre, de la dette d'un débiteur tiers, ce n'est pas une *guarantee*[12].

Enfin, les *guarantees* se distinguent aussi des lettres de confort (*Letter of comfort*), car les premières sont des actes juridiques qui engagent le garant, tandis que les secondes peuvent n'être que des engagements purement moraux, sans valeur juridique et, par essence, sans force juridique. Le confortant peut, en effet, refuser de se porter garant tout en acceptant de rassurer le créancier en lui promettant d'avoir un œil attentif sur le débiteur, sans que cela n'implique ni engagement financier, ni engagement juridique[13], mais la qualification donnée par les parties n'étant pas déterminante, le juge peut requalifier l'acte selon l'intention des parties d'être juridiquement liées ou non[14]. Il existe d'autres expressions qui laissent penser à une absence totale de valeur juridique, telles que la lettre de conscience (*Letter of awareness*) par laquelle son auteur reconnaît qu'il est pleinement conscient et informé qu'un tiers qu'il connaît (une filiale par exemple) est sur le point de recevoir des fonds d'un prêteur. Il est aussi possible de rencontrer des lettres d'intention (*Letter of Intent*) dont la rédaction offre des occasions de stipuler des engagements juridiques ou non juridiques.

Il faut toutefois être prudent face à de tels instruments, car le doute peut faire pencher le juge vers la reconnaissance du caractère juridique de l'engagement. En effet, en droit commun des contrats anglais, il existe une présomption selon laquelle les engagements conclus entre professionnels sont présumés avoir une valeur juridique[15] ; cette présomption étant simple (*rebuttable presumption*), il est possible d'apporter la preuve contraire. Mais si l'une des parties ne peut pas

10. Trafalgar House Construction (Regions) Ltd v General Surety and Guarantee Co Ltd [1995] HL [1996] AC 199.

11. V. *infra*, n° 1267 et s.

12. IIG Capital LLC v Van der Merwe [2008] EWCA Civ 542 : il y a présomption de garantie autonome dans le domaine bancaire ; Vossloh Aktiengesellschaft v Alpha Trains Ltd [2010] EWHC 2443 (Ch), [2011] 2 all er (comm) 307.

13. Kleinwort Benson Ltd v Malaysian Mining Corp [1989] 1 All ER 785.

14. Associated British Ports v Ferryways NV [2009] EWCA Civ 189.

15. V. *supra*, n° 388 et s.

prouver que leur intention était de ne pas être liées juridiquement, l'engagement sera considéré comme un contrat[16].

2. Les rapprochements avec des notions voisines

1230 **Lettre de change.** Certains mécanismes se rapprochent des *guarantees* tant dans les caractères que dans les effets. Ainsi, s'agissant de la lettre de change (*bill of exchange*), le tireur est dans la position d'un garant en faveur du bénéficiaire et sa responsabilité peut être engagée si le tiré (*acceptor*) n'a pas payé ; cette responsabilité est accessoire à la dette du tiré, car le tireur ne peut pas être tenu de payer tant que la dette principale n'est pas exigible et il n'est plus tenu si celle-ci disparaît.

1231 **Contrat d'assurance.** Le rapprochement avec le contrat d'assurance est également intéressant. En effet, dans les deux cas, un tiers (assureur ou garant) assume le paiement d'une dette en cas de défaillance d'un débiteur. En revanche, ce point commun reste le seul, les deux mécanismes divergents par ailleurs. Précisément, le garant, tenu d'une *guarantee*, doit faire ce que le débiteur principal n'a pas fait. L'assureur quant à lui, ne fait qu'indemniser les préjudices causés par la défaillance d'un débiteur, risque assuré qui s'est réalisé[17]. En outre, l'obligation de l'assureur est indépendante de la dette principale, contrairement à celle du garant ; elle relève d'un contrat à part entière (*primary obligation*). Enfin, chaque mécanisme répond à une logique différente en pratique : l'assurance intervient généralement à la demande du créancier afin de le protéger, alors que la *guarantee* est mise sur pied par le débiteur principal (certes en faveur du créancier), à sa demande et afin de couvrir son propre manquement.

D. TYPOLOGIE DES *GUARANTEES*

1232 Au sein des *guarantees*, l'on peut distinguer celles qui sont limitées ou indéfinies (1) et celles qui diffèrent selon la partie qui en est à l'initiative (2).

1. *Guarantees* limitées et *guarantees* indéfinies

1233 ***Guarantees* limitées et *guarantees* indéfinies. *All monies Guarantees.*** Il existe deux types de *guarantees*. Tout d'abord, il y a celles qui sont données par un garant pour une ou plusieurs dettes déterminées (*discrete* ou *fixed guarantees*). Ensuite, la *guarantee* peut, tout au contraire, couvrir des dettes qui sont indéterminées et futures, telles que celles qui sont engendrées par une ouverture de crédit (*continuing guarantees*). Il est fréquent que le garant s'engage à garantir toutes les dettes que le débiteur va accumuler à l'égard du créancier, à quelque titre que ce soit ; ce type de garanties s'appelle "*All monies Guarantees*". Toutefois, si le

16. Edwards v Skyways Ltd [1964] 1 All ER 494 ; HK and Shanghai Banking Corp Ltd v Jurong Engineering Ltd [2000] 2 SLR 54.

17. Arab Bank plc v John Wood Commercial Ltd [2000] 1 WLR 857, CA.

juge est amené à interpréter le contrat conclu et à le qualifier, il peut, face à des termes particulièrement larges, délimiter les obligations du garant conformément à ce que les parties pouvaient raisonnablement avoir envisagé. Par exemple, lorsque le garant est tenu par une "*All-monies Guarantees*", il n'est pas tenu de dettes qui s'ajoutent par cession de dettes ; précisément, dans l'affaire *Kova*, une personne s'engage à garantir toutes les dettes du débiteur principal au profit du créancier ; puis, celui-ci acquiert auprès d'un tiers créancier d'autres dettes pour lesquelles le même débiteur principal était tenu ; la question s'est posée de savoir si ces nouvelles créances acquises par le créancier entraient dans l'objet de la *guarantee*. Les juges ont répondu par la négative après avoir interprété le contrat[18]. Cette garantie indéfinie, rappelant le cautionnement omnibus du droit français, cesse lorsque le garant décide de l'interrompre pour l'avenir ou si le créancier ou le débiteur rompt le contrat principal. Quelle que soit l'hypothèse de fin de la garantie, le garant est tenu de payer ce que le débiteur n'a pas encore payé. En effet, si le débiteur a remboursé tout ou partie des dettes qu'il a engagées, le garant ne devra logiquement que ce qui reste encore dû. Toutefois, le fait que le débiteur fasse disparaître son débit à un moment donné ne met pas fin à l'engagement du garant qui, lui, demeure tant que l'ouverture de crédit est accordée à ce débiteur.

2. L'initiative de la demande de garantie

1234 **L'initiative de la demande de garantie.** Le contrat de garantie est conclu entre le garant et le créancier, mais l'initiative de trouver le garant peut reposer sur le débiteur et, le cas échéant, des contrats sont souvent conclus également entre le garant et le débiteur pour gérer leurs relations post-garantie[19]. Le plus souvent, c'est le débiteur qui sollicite le garant afin d'obtenir de lui qu'il garantisse ses dettes. Par exemple, dans un contrat de location-vente, le vendeur remet le bien à l'emprunteur une fois que ce dernier a trouvé un garant. Il se peut aussi que ce soit le financeur qui sollicite une personne afin qu'elle se porte garante en cas de défaillance de l'emprunteur ; c'est fréquemment ce rôle qui est tenu par l'intermédiaire qui a mis en contact ce financeur et l'emprunteur ; dans ce scénario, le débiteur n'est pas forcément informé de la conclusion de la garantie. Selon que le débiteur est ou non à l'initiative de la garantie et/ou selon qu'il existe un contrat avec le garant, ce dernier peut poursuivre le premier en remboursement en se prévalant d'un droit implicite d'être indemnisé (*implied right of indemnity*), alors que si seule la garantie lie le créancier au garant, celui-ci peut agir contre le débiteur en vertu de droits acquis par subrogation ou par *assignment*.

§ 2. LA FORMATION DU CONTRAT DE *GUARANTEE*

1235 Outre des exigences classiques (A), la *guarantee* obéit à certaines règles de formalités (B).

18. Kova Establishment v Sasco Invest. Ltd [1998] 2 BCLC 83.
19. E. McKendrick, *op. cit.*, n° 30.19.

A. EXIGENCES CLASSIQUES DE FORMATION

1236 Parmi les exigences classiques de formation, il faut envisager la *consideration*, ou à défaut un *deed* (1), le consentement (2), le contenu du contrat lui-même (3) et l'obligation d'information (4).

1. *Consideration ou deed*

1237 ***Consideration. Deed.*** Comme pour tout contrat en *Common law*, la *guarantee* n'a force obligatoire que si l'engagement du garant est contrebalancé par l'engagement actuel du créancier, une *consideration*[20] (le plus souvent, la mise à disposition d'argent pour le débiteur ou l'engagement du créancier de s'abstenir de saisir les biens du débiteur en cas de défaillance), ou être passé par forme solennelle, celle du *deed*[21].

2. Consentement

1238 **Vices de consentement.** Le garant peut subir des vices de consentement que l'on rencontre classiquement en droit des contrats. Il peut s'agir de l'erreur fondamentale (*fundamental mistake*) ; ainsi en est-il d'un garant qui n'avait pas compris à quoi il s'engageait[22]. Il peut subir la pression du créancier (*undue* influence), son dol (*misrepresentation*), voire ce qui s'apparente à sa violence économique[23] (*Unconscionable use of Bargaining power*).

1239 **Capacité et pouvoir.** Le consentement du garant ne peut produire d'effets que s'il est capable de s'engager ou s'il en a le pouvoir. Lorsque la garantie est conclue par une société, les dirigeants sont, en principe, investis de ce pouvoir. Il faut juste s'assurer que la garantie est conclue dans l'intérêt de la société, intérêts appréciés selon divers éléments[24]. Si la société entend se porter garant de l'emprunt contracté par l'un de ses dirigeants, elle doit obtenir l'autorisation des associés (sec. 197, *Companies Act 2006*), sauf exceptions[25].

3. Contenu du contrat

1240 **Identification de la dette et plafond.** La garantie doit indiquer tous les points essentiels de la garantie, notamment l'identité du débiteur principal ainsi que la

20. Pitts v Jones, précité ; n° 1197 et 389.

21. Moody v Condor Insurance Ltd [2006] EWHC 100 (Ch).

22. Associated Japanse Bank (Intl) Ltd v Crédit du Nord SA [1989] 1 WLR 255 ; Lloyds Bank plc v Waterhouse [1993] 2 FL 97 CA.

23. Alec Lobb (Garages) Ltd v Total Oil GB Ltd [1983] 1 WLR 87 ; Crédit Lyonnais ank Nederland NV v Burch [1997] 1 All ER 144.

24. *Companies Act 2006*, sec. 1 : les conséquences probables de la décision à long terme, l'intérêt des salariés, la nécessité de nourrir les relations avec les fournisseurs, les clients, etc., l'impact de la décision sur la communauté et l'environnement, le souhait de la société de maintenir sa réputation de hauts standards et de comportement des affaires et le besoin d'agir avec justesse entre les membres de la société.

25. Si la société n'est pas enregistrée au Royaume-Uni ou s'il s'agit d'une filiale propriété exclusive de la société (CA 2006, sec. 197 (5)).

limite[26] de l'engagement du garant, le cas échéant. Si le contrat de *guarantee* concerne deux professionnels, certaines clauses peuvent être réputées non écrites parce qu'abusives en vertu du *Unfair Contract Terms Act 1977*. De même en est-il en vertu d'une *guarantee* consentie par un consommateur qui peut retoquer certaines clauses en se fondant sur le CRA 2015.

1241 **Garant, personne physique.** Certains contrats de *guarantee* (et d'*indemnity* d'ailleurs) font l'objet d'un encadrement législatif obligeant au respect d'un certain formalisme protecteur et une obligation d'information par le créancier au profit du garant et du débiteur principal. Ce sont les contrats « régulés » (*regulated agreements*), dans lesquels le garant ou le débiteur est une personne physique, sous-entendu consommateur. Cet encadrement législatif est issu de multiples sources : le *Consumer Regulation Act 2015*, le *Consumer Credit Regulations 1983* et le *Consumer Credit Act 1974*[27]. Le manquement à certaines de ces dispositions aboutit à l'annulation du contrat de garantie. Par exemple, le crédit doit être rédigé conformément à l'article 60 du CCA[28] afin d'avoir force obligatoire et contenir le montant maximum du crédit, le taux d'intérêt et les modalités de remboursement. De même (bien que situation plus rare), il est possible que le créancier soit un consommateur face à un garant professionnel ; dans ce cas, le CRA 2015 s'applique pareillement[29].

4. Obligation d'information

1242 **Obligation précontractuelle d'information. Non.** Le créancier a-t-il une obligation d'information en faveur du garant qui l'obligerait à révéler les faits relatifs au débiteur ? En principe, la réponse est négative : le créancier n'a aucune obligation de dévoiler de quelconque renseignement sur le contrat qui le lie au débiteur. En revanche, il doit lui communiquer tous les éléments inhabituels de sa relation avec le débiteur et que le garant n'est pas censé connaître ou auxquels il n'est pas censé s'attendre, car le contrat de *guarantee* suppose que les parties soient particulièrement loyales[30]. Cette obligation précontractuelle d'information est importante, car, si le créancier ne le fait pas, le contrat de *guarantee* peut être annulé[31]. Mais la jurisprudence fait une application stricte de cette obligation ; par exemple, le créancier n'est pas censé informer le garant des risques d'insolvabilité du débiteur principal, car le contrat de *guarantee* est un contrat aléatoire risqué, par nature[32].

26. State Bank of India v Kaur [1996] 5 Banking LR 158, CA.
27. E. Baskind, *op. cit.*, p. 169.
28. *Financial Services and Markets Act* 2000 (Regulated Activities) (Amendment) n° 2 Order 2013 (FSMA RAO 2013).
29. A. Burrows, *op. cit.*, p. 347.
30. *Royal Bank of Scotland plc v Etridge (N° 2) [2001] UKHL 44*. Le contrat de *guarantee* est un contrat *uberrimae fidei*, c'est-à-dire un contrat dans lequel il y a asymétrie d'informations qui doit être rééquilibrée par un partage de ces informations ; c'est le cas également dans un contrat de cession de parts sociales ou un contrat d'assurance.
31. Royal Bank of Scotland plc, précité.
32. A. Burrows, *op. cit.*, p. 347.

B. FORMALITÉS

1243 **Exigence d'un écrit.** Outre cette exigence classique, la *guarantee* étant un contrat aux conséquences graves, il faut qu'elle soit passée par écrit dès lors que le garant est amené à payer la dette du débiteur sur ses propres fonds. *A contrario*, si le garant détient de l'argent appartenant au débiteur et que celui-ci accepte que ces fonds soient utilisés par le garant pour répondre, le cas échéant, de sa dette, il n'est pas nécessaire de faire un écrit[33].

Cet écrit est imposé à peine de nullité de l'acte, et pas simplement ad probationem. Il n'est pas impossible de retarder la rédaction d'un écrit lorsque la garantie est passée par oral[34]. Mais s'il n'y a aucun écrit, la garantie demeure valable mais ne reçoit aucune force obligatoire : elle existe, mais ne peut pas être exécutée ! C'est la différence entre le fait qu'elle soit *unforceable* et *void*[35]. En revanche, s'il y a un écrit, mais incomplet ou ambigu, des preuves extrinsèques pourront compléter l'acte[36].

1244 **Signature du garant.** Le garant (ou son représentant) doit signer la *guarantee* en vertu du *Statute of Frauds* (sec. 4), contrairement à une *indemnity*. À l'heure actuelle, il est possible de recourir à la signature électronique après un échange d'emails, dès lors qu'elle traduit, sans ambiguïté, la volonté du garant de s'engager. Par exemple, il a été jugé que la mention de l'adresse mail du garant en en-tête du mail ne vaut pas signature de l'engagement[37]. Mais s'il ressort de l'intention des parties dans l'échange de mails que cela vaudra consentement et signature, les juges, surtout si les parties sont des professionnelles, considèrent qu'une signature en bonne et due forme peut ne pas être exigée et que ce mail vaudra consentement.

Le garant peut conditionner sa signature à la signature d'autres garants évoqués dans l'acte. D'ailleurs, il n'est pas exigé que tous les garants signent dans le même acte ; le fait que l'engagement d'un garant soit conditionné à celui d'autres garants résulte de la volonté des parties, l'idéal étant que les choses soient clairement exprimées. Toutefois, si ce n'est pas le cas et que le juge doit interpréter les documents, il sera plus facilement enclin à conclure à l'existence d'une condition suspensive affectant l'engagement d'un garant si les engagements des autres sont censés faire partie du même acte ; *a contrario*, lorsque plusieurs garants s'engagent par des actes séparés, le juge peut considérer que leurs engagements sont indépendants de ceux d'autres garants[38]. Même en l'absence de co-garants, la garantie peut résulter de plusieurs actes différents[39].

---

33. Actionstrength Ltd v International Glass Engineering IN.GL.EN Spa [2001] EWCA Civ, 1477 ; adde Statute of Frauds 1677.
34. Elpis Maritime Co Ltd v Marti Chartering Co Inc (The Maria) [1992] 1 AC 21, HL.
35. Maddison v Alderson [1883] 8 App Cas 467 HL.
36. Perrylease Ltd v Imestar AG [1988] 1 WLR 463.
37. J Pereira Fernandes SA v Mehta [2006] EWHC 813 (Ch) ; comp. Golden Ocean Group Ltd v Salgacoar Mining Industries PVT Ltd [2011] EWHC 56.
38. Harvey v Dunbar Assets plc [2013] EWCA Civ 952.
39. Golden Ocean Group Ltd v Salgaocar Mining Industries PVT Ltd [2012] EWCA Civ 265.

§ 3. LES EFFETS DE LA *GUARANTEE*

1245 **Effets.** La *guarantee* entraîne des obligations supportées par le garant (A), mais celui-ci dispose de recours contre le débiteur (B), voire d'autres garants (C).

A. LES OBLIGATIONS DU GARANT

1246 **Paiement.** Les obligations du garant dépendent avant tout de la volonté des parties et de ce qu'elles ont stipulé. Le plus souvent, le garant s'engage à payer une certaine somme d'argent au créancier en cas de défaillance du débiteur principal. Toutefois, il est parfaitement possible de stipuler qu'il devra exécuter une obligation en nature, celle que le débiteur aurait dû exécuter (construction d'un immeuble, livraison de marchandises, etc.). Quelle que soit la nature de l'obligation du débiteur, l'étendue de celle du garant dépend donc de ce que le débiteur doit au créancier. L'obligation du garant, en raison de son caractère accessoire, varie logiquement selon le contrat principal. Par exemple, le débiteur peut décider de rompre le contrat qui le lie au créancier ; si celui-ci accepte la rupture moyennant paiement de dommages-intérêts, l'obligation initiale du débiteur se transforme en une obligation de dommages-intérêts et l'obligation du garant se transforme à son tour : le garant ne doit plus exécuter une obligation en nature ou payer un prix, il doit indemniser le créancier dans la même proportion que le débiteur le doit. Le consentement du garant n'est pas du tout requis dans cette hypothèse : loin de le décharger, la transformation de l'obligation du débiteur en dommages-intérêts est partie intégrante de l'exécution du contrat de *guarantee*[40].

Il faut donc retenir deux choses ici : d'une part, si le créancier rompt le contrat à la demande du débiteur, le garant n'est absolument pas libéré. Cette solution répond à l'objectif de la *guarantee :* c'est lorsque le contrat principal n'est plus exécuté que le créancier a besoin du garant[41] ; d'autre part, le garant ne s'engage en réalité jamais à ne payer qu'une somme d'argent (par hypothèse, celle que le débiteur doit au créancier, tel que le paiement d'un prix de marchandises livrées), il doit également assumer toutes les conséquences financières de l'inexécution du contrat principal. Son obligation de garantie est ainsi alternative : soit le paiement de la somme d'argent prévue par le contrat de garantie (ou en référence au contrat principal), soit, en cas d'inexécution du contrat, l'obligation d'indemniser le créancier. La nature accessoire de la *guarantee* explique donc que l'obligation du garant soit polymorphe : elle suit les évolutions de la dette garanties[42].

Mais la distinction entre le paiement de la dette initiale du débiteur et le paiement de dommages-intérêts est loin d'être aussi claire qu'il y paraît : tout d'abord, le montant de chaque obligation restera vraisemblablement le même, surtout lorsque le contrat principal porte sur une obligation monétaire ; ensuite, le garant n'est pas tenu d'une dette de responsabilité à l'égard du créancier, c'est pourquoi il

40. Moschi v Lep Air Services Ltd [1973] AC 331.
41. Hyundai Heavy Indusries Co Ltd v Papadopoulos [1980] 2 All ER 29.
42. Hampton v Minns [2002] 1 All ER (Comm) 481.

n'a pas de devoir de minimiser son dommage à son égard[43]. C'est là un énorme avantage de la *guarantee :* le créancier a un véritable droit à la somme promise par le garant, sans qu'il lui soit fait obligation de prouver qu'il a évité le dommage, minimisé son dommage, etc. Il peut automatiquement et immédiatement s'adresser au garant pour le paiement, évitant ainsi tous les obstacles qui seraient liés à une véritable demande indemnitaire.

En raison du caractère accessoire de la *guarantee*, l'obligation du garant se calque donc sur celle du débiteur principal : celle-ci représente le plafond de l'obligation du garant, son extinction entraîne celle du garant (hormis les conséquences indemnitaires en cas de rupture du contrat) et le garant n'est tenu de payer le créancier qu'en cas de défaillance du débiteur ; à l'instar du droit français du cautionnement, l'obligation du garant en vertu de la *Guarantee* est donc accessoire.

1247 **Pas de caractère subsidiaire.** Le créancier doit-il préalablement poursuivre vainement le débiteur avant de réclamer paiement au garant ? Non, il peut directement poursuivre le garant[44], sauf si le contrat de garantie stipule que le débiteur devra, en premier lieu, être poursuivi. De même, le créancier n'est tenu d'aucune obligation d'informer le garant de la défaillance du débiteur[45], sauf clause contraire[46].

B. LES RECOURS DU GARANT CONTRE LE DÉBITEUR

1248 **Dualité.** Il existe deux recours : un recours indemnitaire (1) et un recours subrogatoire (2).

1. Le recours indemnitaire (*indemnity*)

1249 **Recours en *indemnity*.** Lorsque le garant s'engage à l'initiative du débiteur, il dispose contre ce dernier d'un recours en remboursement particulier pour être indemnisé de tout ce qu'il a exposé pour lui[47]. C'est un recours appelé « *indemnity* ». Ce recours est fondé sur un principe général du droit des contrats, selon lequel la personne qui a payé la dette d'autrui ou exposé des frais, à sa demande, dispose d'un droit d'être remboursé, dès lors que la demande initiale du débiteur sous-entendait qu'il rembourserait le solvens[48]. Le garant ne peut agir qu'une fois le paiement au créancier effectué ; en effet, en principe, il ne peut pas réclamer son remboursement par avance[49]. En ce sens, ce recours se rapproche du recours personnel de la caution ans le droit français. Toutefois, sur le fondement de l'Equity, il peut assigner le débiteur dès la défaillance de celui-ci, voire s'il est fortement vraisemblable qu'il

43. E. McKendrick, *Goode on Commercial Law*, Penguin, 2020, p. 861 ; pour la minimisation du dommage, v. *supra*, n° 579.
44. Moschi v Lep Air Services Ltd, précité.
45. Hitchcock v Humfrey [1843] 5 Man & G 559.
46. Re Brown's Estate [1893] 2 Ch 300.
47. Toussaint v Martinnant [1787] 2 Term Rep 100.
48. Re a Debtor (n° 627) [1937] 1 All ER 1.
49. Re Mitchell [1913] 1 Ch 201.

sera défaillant[50], et ainsi avant même d'avoir effectivement payé le créancier. Ce recours rappelle l'ancien recours avant paiement de la caution contre le débiteur en droit français. Le garant doit demander un *order for indemnity* qui doit être distingué du *judgement in indemnity*. Précisément, le débiteur fait une déclaration dans laquelle il s'engage à rembourser le garant ou à constituer une garantie pour le remboursement[51]. À ce stade, le débiteur n'est pas obligé de payer au garant la somme qui sera due au créancier, pour la simple raison que ce paiement ne le libérerait pas de son engagement à l'égard de ce créancier et qu'il n'est pas certain que l'argent versé au garant serait reversé au garant[52]. Pareillement, le garant peut demander que le débiteur paie la dette ou constitue une garantie dès que la dette est exigible et certaine[53]. Dans une affaire célèbre, le débiteur tenta d'échapper au remboursement en opposant au garant le fait qu'il n'aurait pas dû payer le créancier car le contrat de garantie était nul parce que conclu par oral. Les juges rejettent cet argument : dès lors que le garant a payé au créancier la dette du débiteur, peu importe que la garantie ne soit pas valable, le débiteur demeure tenu de rembourser[54].

1250 **Conditions.** Ce recours est ouvert à celui qui s'est porté garant à la demande du débiteur, ou, à tout le moins, parce que la loi le lui impose ou encore parce qu'il était mandataire, voire a agi comme une sorte de gérant d'affaires (*agent of necessity*)[55]. En dehors de ces hypothèses, le garant ne peut pas exiger du débiteur le remboursement de ce qu'il a payé ; en effet, comme le débiteur doit être associé, d'une façon ou d'une autre, au fait qu'un garant a accepté de garantir sa dette, il ne saurait être tenu d'indemniser un garant non officiel[56].

Les trois acteurs peuvent organiser ce recours. D'une part, le débiteur et le garant peuvent expressément organiser ce recours. D'autre part, il est aussi possible que le garant consente auprès du créancier de laisser à ce dernier une priorité de paiement en cas d'insolvabilité du débiteur notamment lorsqu'une autre partie de la dette n'est pas garantie : ainsi, le garant s'engage à ne pas exercer de recours en indemnité auprès du débiteur insolvable tant que le créancier n'aura pas été entièrement désintéressé ; ce type de convention, qui relève du droit des contrats et non des garanties est un accord de subordination (*subordination agreement*).

2. Le recours subrogatoire (*subrogation*)

1251 **Principe.** En vertu du mécanisme de *subrogation* (proche du droit français), le garant qui a payé et éteint la dette du débiteur principal reçoit les droits, garanties et actions du créancier à l'encontre de ce dernier. Le garant peut notamment bénéficier de toutes les garanties dont le créancier pouvait se prévaloir contre le débiteur principal, qu'elles aient été convenues avant ou après sa propre garantie, qu'elles

50. Tate v Crewdon [1938] Ch 869.
51. Wolmershausen v Gullick [1893] 2 Ch 514.
52. Wolmershausen v Gullick [1893] 2 Ch 514.
53. Tate v Crewdon [1938] Ch 869.
54. Alexander v Vane (1836) 1 M&W 511.
55. V. *supra*, n° 601.
56. Owen v Tate [1976] QB 402.

aient été connues ou non de lui[57]. Les effets de la subrogation permettent au garant de bénéficier de tous les avantages dont le créancier pouvait se prévaloir : les effets d'un jugement, un privilège, un droit de préférence[58], etc.

1252 **Fondement.** Le mécanisme de la subrogation ne relève pas d'un quelconque droit implicite du garant. C'est, au contraire, une conséquence du principe selon lequel le débiteur ne peut pas s'enrichir injustement au détriment du garant[59]. Ce que ce dernier aurait déjà reçu doit venir en déduction de sa créance contre le débiteur[60]. Lorsqu'il l'assigne, il doit le faire en faisant référence au précédent créancier, car le garant agissant par subrogation, n'est pas cessionnaire de la créance[61].

1253 **Conditions.** La subrogation n'opère que si le garant a payé toute la dette[62] ; par conséquent, s'il n'a payé qu'une partie de la dette alors qu'il la garantissait entièrement, il ne peut prétendre à aucune subrogation partielle. Toutefois, il est une autre hypothèse qui doit être distinguée : si le garant ne s'est engagé qu'à garantir une partie de la dette et qu'il a payé cette partie, il jouit de droits proportionnels. Il peut même réclamer le remboursement de ce qu'il a payé alors que le débiteur fait l'objet d'une procédure d'insolvabilité[63]. Il est ici important de distinguer la garantie d'une partie de la dette et la garantie de la totalité de la dette mais avec un plafond : dans le premier cas, le garant qui a payé dispose de droits contre le débiteur et sa créance est une créance à part entière qui peut venir en concurrence avec celle du créancier pour le reste ; en revanche, dans le second cas, le garant (bien que son engagement soit plafonné), ne dispose pas de droits proportionnels à ce qui a été payé, puisqu'il s'est engagé à garantir toute la dette, de sorte qu'il n'y a pas de concurrence entre garant et créancier[64].

C. LES RECOURS ENTRE GARANTS

1254 **Principes.** Lorsque plusieurs garants garantissent la même dette à la même hauteur, ils peuvent organiser la contribution de chacun. À défaut, le poids final se répartit par têtes. Si l'un d'eux a payé plus que sa part, il jouit d'un recours contre les co-garants pour la partie excédant la sienne en formant une action fondée sur l'*Equity* (*Equitable action for contribution*). Si l'un d'eux est insolvable, le poids de sa dette sera réparti entre les co-garants solvables, soit à parts égales, soit proportionnellement à ce qui a été stipulé entre eux le cas échéant. Ce mécanisme de contribution rappelle beaucoup celui qui s'applique, en droit français, aux cofidéjusseurs solidaires. Ce mécanisme s'applique ainsi lorsque les co-garants se sont

57. Forbes v Jackson [1882] 19 Ch D 615.
58. Re Lamplugh Iron Ore Co Ltd [1927] 1 Ch 308.
59. Yonge v Reynell [1852] 9 Hare 809 ; Menelaou v Bank of Cyprus UK Ltd [2015] UKSC 66.
60. Reed v Norris [1837] 2 My & Cr 361.
61. Swire v Redman [1876] 1 QBD 536.
62. Re Howe [1871] 6 Ch App 838.
63. Goodwin v Gray [1874] 22 WR 312.
64. E. McKendrick, *op. cit.*, p. 865 ; adde Re Sass [1896] 2 QB 12.

engagés dans des actes séparés ou par un même acte[65]. Il faut seulement que la dette principale garantie soit la même[66] (même débiteur, même créancier, même objet et, le cas échéant, même partie de la dette garantie si la garantie est partielle). Comme le recours du solvens contre les co-garants repose sur l'*Equity* (et donc pas sur un accord entre eux), il importe peu que les co-garants se connaissent[67].

1255 **Engagements de diverses valeurs.** Que se passe-t-il si les garanties ne sont pas à la même hauteur ? Par exemple, un garant s'engage pour une garantie illimitée tandis qu'un second plafonne son engagement à une certaine somme d'argent ? La contribution se fait alors au prorata de la garantie ; en d'autres termes, il faut déterminer la fraction que représente le plafond du second garant ; cette fraction indiquera ce que celui-ci doit, ramené au montant total de la dette (sans dépasser le plafond, bien sûr). Le premier garant supportera le reste sans limite[68]. En revanche, si des associés sont garants des dettes de l'entreprise, la répartition s'opère par parts viriles, peu importe le nombre de parts détenues par l'un et l'autre[69]. En pratique, le garant formant des recours contre le débiteur principal et contre les co-garants a tout intérêt à les regrouper tous. D'ailleurs, si le solvens a exercé un recours subrogatoire contre le débiteur principal, il doit faire partager les éventuels droits et actions émanant du créancier (et notamment les sûretés) aux co-garants s'il souhaite que ceux-ci effectuent leur contribution[70].

Diversité des contributions

Le droit anglais emploie diverses expressions pour traduire l'existence et l'étendue des contributions entre débiteurs :

– *Jointly liable* signifie que si l'un des deux débiteurs est poursuivi en paiement par le créancier, il paie toute la créance ;

– *Severally liable* signifie que chaque débiteur est poursuivi individuellement et paie pour sa part ;

– *Jointly and severally liable :* l'un des co-débiteurs peut être seul poursuivi par le créancier pour le tout et il dispose ensuite d'un recours contre le co-débiteur.

§ 4. L'EXTINCTION DE LA *GUARANTEE*

1256 La *guarantee* peut prendre fin soit à titre principal (A), soit à titre accessoire (B).

65. Derring v Dearl of Winchelsea [1787] 2 Bos &P 270.
66. Pendlebury v Walker [1841] 4Y& C Ex 424.
67. Derring v Earl of Winchelsea, précité.
68. Ellesmere Brewery Co v Cooper [1896] 1 QB 75.
69. Hampton v Minns [2002].
70. Berridge v Berridge [1890] 44 Ch D 168 ; Steel v Dixon [1881] 17 Ch D 825 ; Smith v Wood, précité ; A. Burrows, *Principles of English Commercial Law*, Oxford, 2015, n° 8.49.

A. L'EXTINCTION À TITRE PRINCIPAL

1257 **Hypothèses classiques.** Tout d'abord, elle peut prendre fin à titre principal dans plusieurs hypothèses. En premier lieu, la garantie peut perdre toute efficacité si l'engagement du garant n'est pas supporté par une *consideration* et qu'aucun *deed* n'a été signé, ou si le créancier a rompu[71] le contrat de garantie ou encore si un élément important de la formation du contrat fait finalement défaut. De même, le garant peut se prévaloir des événements qui affectent le contrat de garantie : le terme, l'expiration du délai de préavis, le paiement de la dette par le garant, etc.

1258 **Non-renouvellement de la *guarantee*.** En deuxième lieu, la *guarantee* prend fin si le garant ne renouvelle pas son offre. En effet, si la garantie couvre des dettes futures et indéterminées, le droit anglais considère que le garant renouvelle son consentement à chaque fois que le créancier avance des fonds supplémentaires au débiteur ou lui consent une nouvelle ouverture de crédit. Par ce mécanisme, le garant peut donc, à chaque nouvelle avance de fonds, retirer son offre d'être garant pour l'avenir[72]. Ce retrait de l'offre de garantie peut résulter d'une volonté expresse du garant[73]. Concrètement, lors d'ouvertures de crédit consenties par une banque, le garant formule une offre de garantie à chaque fois que la banque envisage d'autoriser le solde débiteur du compte ; par conséquent, le garant peut mettre un terme juste avant en informant clairement la banque de son intention de ne plus se proposer d'être garant pour les dettes futures. Il peut ainsi mettre fin à sa garantie pour l'avenir alors même que la banque serait contractuellement obligée à l'égard du débiteur de lui accorder une ouverture de crédit[74].

1259 **Préavis.** La question se pose de savoir si le garant doit respecter un préavis avant de mettre ainsi fin à sa garantie. La réponse doit être nuancée : si la *guarantee* a été consentie par un *deed* ou si le garant est tenu de respecter un préavis en contrepartie de quelque chose, il doit le respecter ; à défaut, il est vraisemblable que ce délai n'a aucune force obligatoire ; en effet, comme le garant est dans la position du pollicitant (ou offrant), il peut retirer son offre permanente à tout moment[75]. Le respect du préavis permet au créancier de se préparer à la nouvelle situation et, le cas échéant, de mettre en place une nouvelle garantie ; mais le garant n'est pas libéré dès le premier jour où il a notifié au créancier son intention de ne plus garantir la dette principale ; il demeure tenu des dettes qui se sont accumulées depuis l'entrée en vigueur de la garantie jusqu'à l'expiration du délai de préavis[76].

1260 **Obstacles.** Toutefois, la banque peut empêcher, par avance, le garant de mettre fin à la garantie par deux techniques : soit en lui proposant une certaine durée

71. Ankar Pty Ltd v Westminster Finance (Australia) Ltd (1987) 1621 CLR 549.

72. Silverburn Finance (UK) Ltd v Salt [2001] EWCA Civ 279.

73. Elle peut aussi se déduire des faits. Dans ce dernier cas, les juges anglais considèrent que si le contrat principal a pris fin, la garantie prend aussi implicitement fin et il s'agit davantage d'une extinction de la garantie par voir accessoire ; E. McKendrick, *Goode on Commercial Law*, *op. cit.*, n° 30.42.

74. Offord v Davies [1862] 12 CBNS 748.

75. A. Burrows, *op. cit.*, p. 346.

76. National Westminster Bank plc v Hardman [1988] FLR 302 CA ; Bank of Credit and Commerc Intl SA v Sinjee [1996] CA ; A. Burrows, *op. cit.*, p. 346.

incompressible ; mais, dans ce cas, puisque le garant supporte une sujétion, il doit en recevoir contrepartie[77] ; soit en rendant toutes les ouvertures de crédit indivisibles les unes des autres de sorte que la première avance de fonds rend irrévocable l'engagement du garant[78].

1261 **Altération matérielle du contrat.** En troisième lieu, si le créancier altère, matériellement, l'*instrumentum* qu'est le contrat de garantie, et que cela provoque un préjudice au garant, celui-ci est libéré[79]. Il n'est pas nécessaire que le préjudice soit prouvé, mais si l'altération a profité au garant, il n'est pas libéré[80].

1262 **Décharge du garant. Bénéfice de subrogation.** En quatrième lieu, le droit anglais permet au garant de se libérer si le comportement ou les décisions du créancier ont alourdi son engagement au regard des risques qu'il avait acceptés initialement dans le contrat de garantie. En effet, lorsque le comportement du créancier a pour conséquence de diminuer ou d'éteindre le droit du garant d'agir contre le débiteur principal, par un recours en *indemnity* ou un recours subrogatoire, ou contre d'autres garants, le garant peut bénéficier d'une diminution, voire d'une extinction de son obligation de garantie. Tel sera le cas lorsque le créancier modifie le contrat principal ou lorsqu'il supprime ou diminue l'efficacité d'une sûreté prise en complément de l'engagement du garant. C'est le cas lorsque le créancier offre à un co-garant[81] une large remise de dette[82] ou encore allège, voire supprime, une sûreté[83] dont le garant aurait pu se prévaloir en cas de défaillance du débiteur (une mainlevée d'hypothèque par exemple). De même, lorsque le créancier accorde au débiteur davantage de temps pour payer sa dette[84]. Inversement, il peut modifier le contrat s'il est évident qu'il n'y a pas d'effet néfaste pour le garant[85]. En revanche, alors que le débiteur voit sa dette allégée dans le cadre d'une procédure collective, cela ne peut pas être opposé au garant dont l'engagement est utile surtout

77. V. *supra*, n° 392 et s.

78. Errington v Errington [1952] 1 KB 290.

79. Raiffeisen Zentralbank Osterreich AG v Crossseas Shipping Ltd [2000] 1 WLR 1135 CA.

80. Bank of Scotland v Henry Butcher & Co [2003] EWCA civ 67.

81. Mercantile Bank of Sydney v Taylor [1893] AC 317.

82. En revanche, si la remise de dette bénéficie au débiteur, le garant en profite pareillement, non pas comme une sanction du comportement du créancier, mais comme l'application du principe de l'accessoire. Voir Commercial bank of Tasmania v Jones [1893] AC 313. Toutefois, rappelons que la remise de dette ne profite pas au débiteur *in fine* si le créancier a réservé ses droits contre le garant (Voir *Cole v Lynn*, précité).

83. Pledge v Buss [1860] John 663.

84. Polak v Everett [1876] 1 QBD 669 CA. Toutefois, comme il s'agit de préserver les droits du garant lors de ses recours contre les co-garants, il ne peut y avoir décharge qu'autant que le garant avait un recours contre eux. Par conséquent, si les co-garants n'étaient que « conjointement » (*severally*) tenus (et non « solidairement », c'est-à-dire *jointly and severally*), seul le défaillant devant payer, il n'y a lieu à aucun recours, donc il n'y a pas lieu à décharge. Voir *Ward v National Bank of New Zealand Ltd (1883) 8 App Cas 755 PC*.

85. Holme v Brunskill [1878] 3 QBD 495 : dans le contrat principal, le créancier permet à un agriculteur de louer des champs et d'y faire paître des moutons à charge de payer un loyer et de rendre, à la fin du contrat, le bétail en bonnes conditions ; puis, ce contrat est modifié : le fermier restitue une partie des champs loués et reçoit, en contrepartie, une diminution du loyer ; le garant a été libéré, car il aurait dû être consulté ; Microelectronics NV v Condor Insurance Ltd [2006] EWHC 977 (Comm). *Adde*, G. Andrews et R. Millett, *Law of Guarantees*, Sweet&Maxwell, 2011, n° 9-023.

dans ce cas. De même si le débiteur disparaît à la suite d'une procédure de liquidation[86].

Toute décision du créancier ne peut pas justifier la décharge du garant au risque de le paralyser. C'est pourquoi les juges anglais contrôlent le comportement ou la décision prise. Il doit s'agir d'un comportement ou d'une décision déraisonnable et préjudiciable au garant ; si tel n'est pas le cas, le garant n'est pas libéré. Il ne s'agit pas véritablement de rechercher une faute de la part du créancier, car il n'est tenu d'aucune obligation de vigilance ou de protection à l'égard du garant. En d'autres termes, il n'est débiteur d'aucun *duty of Care*[87], mais la jurisprudence énumère plusieurs hypothèses donnant lieu à décharge. Par exemple, l'administrateur d'une société faisant l'objet d'une procédure d'insolvabilité doit prendre toutes les mesures raisonnables pour obtenir un prix satisfaisant s'il vend certains biens de l'entreprise et il ne doit pas inutilement les brader[88]. De même, le créancier peut se voir reprocher son comportement s'il a, par négligence, manqué à inscrire une sûreté réelle qui garantissait la dette principale[89] ou a renoncé à la sûreté réelle donnée par le débiteur[90]. En revanche, le créancier qui prend son temps à réaliser une sûreté réelle en ne vendant pas immédiatement le bien, de sorte que celui-ci a fini par perdre un peu de sa valeur, ne commet aucune faute[91].

Toutefois, cette règle relative à la décharge n'étant pas d'ordre public, les parties peuvent stipuler dans le contrat de garantie une clause contraire prévoyant que le garant ne sera pas déchargé ou seulement en partie, dans telles ou telles hypothèses. De telles stipulations sont fréquentes dans les contrats d'affaires, entre professionnels, sous réserve qu'elles ne violent pas le UCTA 1977 ; si elles sont stipulées dans un contrat avec un consommateur (vraisemblablement le garant), elles doivent être conformes au *Consumer Regulations Act 2015*. La décharge peut aussi être écartée par le consentement du garant. Enfin, il est également possible de dissocier les avantages procurés au débiteur tout en conservant les droits du garant ; ainsi, comme il a été dit, lorsque le créancier accorde, par exemple, un délai de paiement au débiteur, ce comportement peut altérer l'efficacité du recours du garant contre le débiteur, ce qui justifie une décharge à son profit ; toutefois, le créancier peut faire obstacle à la décharge s'il informe le débiteur que les droits du garant sont inchangés ; en d'autres termes, cela signifie que les délais de paiement accordés par le créancier au débiteur ne pourront pas être opposés par le débiteur au garant lorsque celui-ci exerce l'un de ses recours[92], car les droits du garant auront été réservés à l'initiative du créancier.

Deux explications sont souvent présentées pour justifier cette décharge. Tout d'abord, bien souvent, le garant est entièrement déchargé, bien qu'il (ou parce qu'il) ne soit pas aisé de déterminer l'étendue du préjudice. Ensuite (et surtout),

86. Re Fitzgeorge [1905] 1 KB 462.
87. Voir n° 659.
88. Downsview Nominees Ltd v First *City* Corp Ltd [1993] AC 295 ; Skipton Building Society v Stoot [2001] QB 261.
89. Wulff v jay [1872] LR 7 QB 756.
90. Pledge v Buss [1860] John 663.
91. China and South Sea Bank Ltd v Tann Soon Gin [1990] 1 AC 536.
92. A. Burrows, *op. cit.*, p. 349.

parce que les droits du garant d'obtenir le remboursement de la part du débiteur font partie de l'équilibre contractuel du contrat de *guarantee ;* si le comportement du créancier menace les recours du garant, il bouscule l'équilibre contractuel et doit en supporter les conséquences[93]. Le mécanisme est très protecteur du garant, car celui-ci n'a pas besoin de prouver son préjudice, puisque le comportement du créancier fait présumer l'existence du préjudice : s'agissant d'une présomption simple, tout au plus l'action en décharge du garant sera-t-elle vaine si le créancier prouve que son préjudice était négligeable[94] ou que son comportement a finalement tourné en sa faveur. Il suffit d'ailleurs qu'il y ait eu un risque de préjudice pour que la décharge (au moins partielle) soit accordée[95].

Quelle est l'étendue de la libération du garant ? En tout ou partie ? La réponse est simple (du moins dans son principe) et suppose de distinguer deux situations, selon que le comportement du créancier entraîne la disparition de toute possibilité de recours par le garant ou selon qu'il a seulement diminué l'efficacité des recours. Dans le premier cas, la décharge sera vraisemblablement totale, alors qu'elle ne sera que partielle dans la seconde, avec déduction de la valeur de la perte[96]. D'ailleurs, dans cette seconde hypothèse, le comportement du créancier est apprécié au regard de ce qui est raisonnable. Ainsi, en agissant de manière déraisonnable, le créancier aurait enfreint une obligation à l'égard du garant, ce qui déclencherait une dette indemnitaire, qui, par compensation, expliquerait la décharge partielle à hauteur de la perte subie.

B. L'EXTINCTION À TITRE ACCESSOIRE

1263 **Extinction de la dette principale.** Ensuite, classiquement à l'instar de toute garantie accessoire, l'extinction de la dette principale entraîne l'extinction de la garantie. Ainsi, lorsque la dette principale est payée par le débiteur ou si elle n'existe plus pour une cause de nullité ou de *frustration* (sorte de force majeure) ou en vertu d'une stipulation contractuelle[97] ou à la suite d'une remise contractuelle de la dette principale, la garantie disparaît pareillement[98], sauf si le créancier a réservé ses droits contre le garant[99]. Mais si le contrat principal est rompu, l'obligation du garant se transforme et a alors pour objet les conséquences de la rupture, notamment les dommages-intérêts[100].

93. Rees v Berrington [1795] 2 Ves 540.

94. *Samuell v Howart [1817] 3 Mer 272 ; Polak v Everett [1876] 1 QBD 669 :* outre la *guarantee*, le créancier jouit d'une sûreté réelle sur un bien appartenant au débiteur et il réalise le bien en le vendant ; ainsi, la dette principale est réduite du montant du prix du bien vendu, de sorte que le garant ne subit aucun préjudice du fait de la réalisation de la sûreté réelle, bien au contraire. Inversement, l'administrateur d'une société doit obtenir un prix suffisant s'il fait réaliser une sûreté réelle sur certains biens de la société (Re Charnley Davies Ltd (N° 2) [1990] BCLC 760).

95. Home v Brunskill [1878] 3 QBBD 669 CA.

96. Skipton Building Society v Stott [2001] QB 261 ; Barclays Bank plc v Kufner [2008] EWHC 2319 (Comm).

97. Western Credit Ltd v Alberry [1964] 1 WLR 945 CA.

98. Commercial Bank of Tasmania v Jones [1893] AC 313 PC.

99. Cole v Lynn [1942] 1 KB 142 CA.

100. V. *supra ;* Moschi, précité.

1264 **Opposabilité des exceptions.** En principe, si l'obligation principale garantie est nulle ou ne peut pas être exécutée pour de bonnes raisons[101], il en est pareillement de la garantie. Cela rappelle l'opposabilité des exceptions dans le cautionnement français. Toutefois, en droit anglais, les parties peuvent librement faire varier l'intensité du caractère accessoire de la garantie en stipulant que le garant devra garantir l'obligation principale pourtant nulle[102]. Mais la conception en est à la fois plus large et plus pragmatique. En effet, si le contrat principal est nul pour incapacité du débiteur (ou du créancier) qui était mineur par exemple, il est nul et sa nullité entraîne celle de la garantie ; de même en est-il s'il a été conclu au nom et pour le compte d'une société par une personne qui n'en avait pas le pouvoir. Toutefois, il a été jugé que le directeur général de la société qui s'était porté garant ne pouvait pas invoquer l'incapacité de sa société pour remettre en cause son engagement[103]. Il est aussi possible pour le juge, souhaitant sauver la garantie, de lui dénier tout caractère accessoire, en la qualifiant d'*indemnity* et non de *guarantee ;* ainsi, la nullité du contrat de base n'affecte pas la validité de la sûreté.

§ 5. LA TRANSMISSION DE LA *GUARANTEE*

1265 **La cession de dette et de créance.** Le débiteur peut céder sa dette à un tiers et le créancier peut pareillement céder sa créance. Mais certaines lois encadrent quelques hypothèses : par exemple, la législation sur les rapports entre bailleurs et preneurs prévoit que le preneur peut céder son bail avec l'autorisation du bailleur, celui-ci subordonnant souvent son consentement à ce que le cédant garantisse le paiement des loyers futurs du cessionnaire ; cela s'appelle l'*Authorised Guarantee Agreement* (AGA)[104]. Par ailleurs, si le preneur initial était garanti par un garant, cette garantie des loyers se transmet-elle automatiquement ou même contractuellement ? La question a été tranchée en 2010 : le garant du preneur ne peut pas se voir imposer par une clause du bail de garantir le paiement des loyers futurs en cas de cession du bail par le preneur ; en revanche, le bailleur peut soumettre son autorisation à la constitution d'une garantie des loyers. En somme, ici, la garantie n'est pas transmise ni automatiquement avec la cession du bail par le preneur, ni contractuellement ; mais elle peut être maintenue pour garantir les obligations du preneur initial à l'égard du bailleur en cas de défaillance du preneur cessionnaire[105].

1266 **Confusion garant/créancier.** Le garant peut acquérir la créance que le créancier tient contre le débiteur et ainsi il acquiert les droits et garanties associés à la créance ; ses droits ne sont plus guidés par ce qu'il a éventuellement payé en tant que garant ou ce à quoi il était tenu ; il devient le créancier à part entière en tant que

101. Coutts & CO v Browne-Lecky [1947] KB 104.
102. Garrard v James [1925] CH 616.
103. 1. Burrows, *op. cit.*, p. 348.
104. *Landlord and Tenant (Covenants) Act* 1995.
105. Good Harvest Partnership LLP v Centaur Services Ltd [2010] EWHC 330 ; K/S Victoria Street v House of Fraser (Stores Management) Ltd [2010] EWHC 1120 (Ch), EWHC 3344 (Ch).

cessionnaire. La garantie disparaît par confusion (*merger*) des qualités de garant et de créancier. Le débiteur lui doit ce qu'il devait initialement au créancier-cédant.

SECTION 2 LES SÛRETÉS NON ACCESSOIRES

1267 **Présentation.** Comme il a été évoqué plus haut, tandis que la *guarantee* est une sûreté personnelle qui se caractérise par un lien d'accessoire avec la dette principale, il existe d'autres sûretés qui sont totalement autonomes. Il s'agit de l'*indemnity*, fréquente dans la pratique anglaise des affaires (§ 1) et les *bonds* et *demands*, relevant davantage de pratique internationale (§ 2). Elles ne sont pas sans rappelées les garanties autonomes du droit français.

§ 1. L'*INDEMNITY*, GARANTIE INDEMNITAIRE ANGLAISE

1268 **Sûreté autonome et indemnitaire.** Comme évoqué plus haut, l'*indemnity* se distingue de la *guarantee*, car elle est une sûreté autonome, indépendante de l'obligation du débiteur principal. L'existence, la validité et l'étendue de cet engagement sont donc détachées de toute référence à la dette principale[106]. Ainsi, le créancier peut réclamer à l'*indemnifier* (le garant) d'honorer son engagement, peu important qu'il puisse agir contre le débiteur par ailleurs. Contrairement à la *guarantee*, l'obligation du garant est principale (*primary obligation*).

En outre, l'*indemnity* est une sûreté indemnitaire : le garant s'engage à assumer le poids financier si la responsabilité du débiteur est mise en œuvre[107]. Concrètement, il paiera les dommages-intérêts compensant les préjudices subis par le créancier-victime et causés par le débiteur. Elle est censée être une sûreté plus favorable au créancier que la *guarantee* qui est davantage protectrice du garant. En effet, elle résiste aux éléments pouvant affecter la validité ou l'existence de la dette du débiteur[108] ; et sur le plan formel, peu de choses sont exigées, puisque ni l'écrit ni la signature du garant ne conditionnent l'*indemnity*, contrairement à la *Guarantee* qui est soumise à la section 4 du Statute of Fraud 1677[109].

1269 **Articulation *indemnifier*/débiteur.** L'*indemnifier* peut occuper une place aussi importante que le débiteur s'il est un codébiteur initial du créancier ; il y a alors deux codébiteurs, l'un étant en outre garant autonome. L'idée est ici que ce débiteur peut subir le recours de l'*indemnifyer* se prévalant de leur accord ; le caractère

106. A. Burrows, *Principles of English Commercial law*, Oxford, 2015, p. 343.

107. V. aussi *supra*, n° 575, pour une *Indemnity clause* utilisée comme une clause exonératoire de responsabilité.

108. Yeoman Credit Ltd v Latter [1961] 2 All E 294 ; ABM AMO Commercial Finance plc v McGinn [2014] EWHC 1674 (Comm).

109. R. Beheshti, S. Saintier et S. Thomas, Bradgate's Commercial law, Oxford, 2024, n° 23.2 et 23.5.1.3.

autonome de l'*indemnity* n'empêche pas le recours de l'*indemnifier* contre le codébiteur. Dans ce cas, les débiteurs peuvent convenir qu'entre eux, l'un sera en réalité un garant et que le poids final de la dette sera supporté par l'autre. Le créancier est un parfait tiers à cet accord qui ne lui est pas opposable[110], du moins tant qu'il n'en est pas informé ; une fois qu'il en est informé, il doit respecter cet arrangement et considérer le premier débiteur (dans l'exemple) comme le garant[111].

§ 2. LES *BONDS* ET *DEMANDS* DANS LA PRATIQUE INTERNATIONALE ANGLAISE

1270 **Subtilité de vocabulaire.** Plusieurs garanties autonomes sont couramment utilisées dans la pratique anglaise internationale et dont le droit français s'est inspiré pour les garanties autonomes. Elles sont souvent soumises contractuellement au droit international, notamment aux règles publiées par la Chambre de commerce internationale, les *Uniform Rules on Demand Guarantees* (URDG 758). Il s'agit des *demand Guarantees*, des *performance bonds* et des *standby credits*. Toutefois, le vocabulaire est parfois source de confusion[112]. En effet, la pratique internationale considère les *bonds*, *performance bonds* et *bank guarantees* comme des synonymes, alors qu'en droit anglais, des différences importantes existent, d'où l'importance de déterminer si ces termes sont employés dans un contexte interne ou international. En droit anglais, le *bond* est classiquement présenté comme une *guarantee* passée en la forme d'un *deed*[113] et le *performance bond* est une sous-catégorie de *bond* dont l'objet est une obligation non monétaire (construction d'un immeuble). Synonymes de *guarantees*, ces *bonds* relèvent donc des sûretés accessoires.

1271 **Définition.** En revanche, dans la pratique internationale, les *guarantees* ou les *bonds* ne sont pas des sûretés accessoires, mais bien au contraire des sûretés autonomes. En outre, le *bank bond* n'est pas passé en la forme d'un *deed*. *Bonds* et *performance bonds* peuvent être mises en œuvre dès l'appel du bénéficiaire, sans autre formalité ou condition, à l'instar de la garantie autonome à première demande connue du droit français ; c'est une *on-demand surety bond*. Mais il est également possible que divers documents soient exigés avant sa mise en œuvre et, en cela, elles se rapprochent de la garantie autonome documentaire. Une fois les conditions de l'appel en garantie réunies (première demande, présentation de document, etc.), le garant doit payer au bénéficiaire (créancier ou non, sa banque par exemple) la somme stipulée selon les modalités convenues ; le plus souvent, le contrat stipule que le garant paie un pourcentage de la valeur du contrat de construction. La pratique prévoit parfois des *mutual bonds :* bénéficiaire et garant occupent réciproquement ces places, de sorte que ces acteurs à un contrat international sont protégés en cas d'inexécution.

110. Duncan, Fox & Co v North and South Wales Bank [1880] 6 App Cas 1, 11-12, HL.
111. Rouse v Bradford Banking Co [1894] AC 586.
112. Goode, précité, nº 30.03.
113. E. McKendrick, *op. cit.*, nº 31.155.

1272 **Caractère autonome.** Le caractère autonome de ces *bonds* se traduit en droit anglais par la nature de l'obligation du garant qui est qualifiée de primaire (*primary obligation*), signifiant que son obligation est principale et autonome. L'exécution de l'obligation du garant est déclenchée par divers événements (appel du bénéficiaire et/ou présentation de documents, par exemple), peu importe que le débiteur ait été défaillant ou non.

Le garant ne peut échapper à son obligation qu'en prouvant la fraude[114] sans pouvoir se prévaloir du sort de l'obligation du débiteur à l'égard du créancier. En pratique, comment identifier le caractère autonome de la sûreté le cas échéant ? Comme pour la distinction entre l'*indemnity* et la *guarantee*, tout est question de formulation dans la rédaction de l'engagement et donc d'interprétation du contrat conformément aux règles de droit commun des contrats[115]. La rédaction du contrat est donc très importante. D'ailleurs, la jurisprudence a délivré plusieurs critères permettant de présumer le caractère autonome de la garantie : le garant est une banque, le caractère international du contrat, l'engagement de payer sans référence à la défaillance du débiteur, les défenses non opposables par le garant. Mais il est loin d'être certain que ces critères emportent *ipso facto* la qualification de garanties autonomes[116]. Ce qui est davantage convaincant pour le juge est la volonté des parties, exprimée dans la garantie, de la soumettre aux règles URDG[117]. Enfin, bien qu'il s'agisse d'une sûreté autonome, le garant, une fois qu'il a payé ce qui était convenu au bénéficiaire, peut réclamer au débiteur originaire (et non principal, par essence) ce qui a été déboursé[118].

1273 **Sûreté autonome un peu accessoire...** Toutefois, ces sûretés autonomes ne sont pas dépourvues de toute présence de l'accessoire selon certains auteurs[119]. Certes, les *demand guarantees* sont autonomes en ce sens que le garant doit exécuter son obligation dès qu'il est appelé par le bénéficiaire, indépendamment de la défaillance du débiteur, cela les distingue de la *guarantee* classique de droit commun. Néanmoins, il semblerait que la *demand guarantee* soit imprégnée d'une dose d'accessoire : elle permet au bénéficiaire d'obtenir un paiement rapide et sécurisé afin de parer le non-paiement ou la lenteur de paiement du débiteur. C'est parce que le débiteur a une relation préalable avec le créancier/bénéficiaire qu'il y a un garant. En somme, la distinction entre garanties autonomes et véritables *guarantees* suppose d'analyser le caractère autonome ou non de l'obligation du garant dans le contrat de sûreté ; mais, même dans une garantie autonome, il y a une dose d'accessoire dans la relation garant/débiteur[120].

114. Edward Owen Engineerig Ltd v Barclays Bank intl Ltd [1978] QB 159, CA.

115. Marubeni HK and South China Ltd v Mongolian Gov. [2005] EWCA Civ 395 ; Wuhan Guoyu Logistics Group Co v Emporiki Bank of Greece SA [2012] EWCA 1629 ; Caterpillar Motoren GmbH & Co KG v Mutual Benefits Assurance Co [2015] EWHC 2304 (Comm.).

116. Caterpillar Motoren GmbH, précité.

117. Meritz Fire & Marine Insurance Co Ltd v Jan de Nul NV [2011] EWCA Civ 827 ; comp. WS Tankship II BV v Kwangju Bank Ltd [2011] EWHC 3103 (Comm).

118. Cargill Intl SA v Bangladesh Sugar and Food Indus. Corp [1998] 1 WLR 461, CA ; A. Burrows, *op. cit.*, p. 344.

119. E. McKendrick, *op. cit.*, n° 31.154.

120. E. McKendrick, *op. cit.*, n° 31.154.

CHAPITRE 2
LES SÛRETÉS RÉELLES

1274 **Les avantages des sûretés réelles.** À l'instar du droit français, les sûretés réelles anglaises (conventionnelles ou légales) confèrent au créancier un droit de suite et un droit de préférence. Ainsi, il peut très souvent suivre le bien (ou le produit de la vente) dans les mains de tout tiers, sauf si ce dernier jouit d'un titre le primant (exception à la règle selon laquelle on ne peut pas transférer davantage de droits que l'on a). En outre, si le bien est vendu, le créancier privilégié obtiendra tout ou partie du prix en priorité par rapport aux autres créanciers (ou du moins s'ils sont chirographaires ou s'ils ont une priorité inférieure). Il faut observer que le droit anglais des sûretés réelles est l'objet de critiques de la part des juristes en raison de leur complexité, leur manque de flexibilité et de leur manque d'efficacité. C'est pourquoi une commission, la *Secured Transactions Law Reform*[1] (ou STR), a été réunie afin de formuler des propositions, parmi lesquelles une uniformisation des sûretés réelles et des simplications lors de l'enregistrement. Mais il semble que le Gouvernement ne considère pas la réforme des sûretés réelles comme une priorité pour l'instant[2].

1275 Au sein des sûretés réelles, il convient de distinguer les sûretés réelles conventionnelles (section 1) des sûretés réelles légales (section 2). En outre, elles obéissent à des règles de réalisation et de transmission (section 3). Des règles permettent de trancher les conflits de priorité entre elles (section 4).

1. Pour plus de détails sur les propositions de réforme, voir www.lawcom.gov.uk.
2. Voir l'annonce du HM Treasury (HMT), le 14 mai 2018 : www.gov.uk.

SECTION 1 LES SÛRETÉS RÉELLES CONVENTIONNELLES (*CONSENSUAL SECURITY*)

1276 **La définition de *Security*. *Collateral*.** Le terme *Security* soulève moult difficultés en droit anglais du crédit et des garanties, car le terme est employé dans divers contextes, ce qui aboutit à des malentendus ou à des situations dangereuses[3]. En effet, le terme *Security* représente la technique dont le créancier privilégié bénéficie le cas échéant, mais aussi l'acte juridique (*instrumentum*) qui constitue l'enveloppe de cette technique. Il peut aussi désigner le bien qui constitue l'assiette de la garantie. Enfin, il peut également entraîner des confusions avec d'autres notions distinctes des garanties ; ainsi, lorsque le mot est employé au pluriel (*securities*), il peut faire référence à des parts sociales de société ou des obligations ou également aux droits découlant de contrats de vente avec rachat. Un auteur propose alors de remplacer ce terme ambigu par son équivalent américain, le "*collateral*"[4].

1277 ***Security interest.*** Le *Security* confère au créancier une garantie d'exécution d'une obligation et porte sur un bien appartenant au débiteur. Il lui procure un droit sur ce bien ainsi que, automatiquement, sur les fruits et l'éventuel prix de vente du bien (*products and proceeds*), sauf clause contraire. C'est aussi ce que l'on appelle le *security interest*.

1278 ***Cross-over security.*** Il est possible aux parties d'organiser une sûreté réelle très flexible, permettant de garantir toutes les dettes présentes et futures du débiteur sur tous ses biens présents et à venir. L'avantage de ce mécanisme réside dans le fait que les biens garantissent les dettes sans égard à la date d'apparition de la dette ni celle d'acquisition du bien : tout est garanti par tout. Par exemple, un vendeur professionnel emprunte régulièrement de l'argent à un établissement de crédit pour acheter des marchandises ; non seulement les fonds prêtés sont garantis par ces marchandises-là, mais aussi par d'autres marchandises qu'il aura ultérieurement acquises. En d'autres termes, les prêts ne sont pas garantis par les seules marchandises achetées avec cet argent : toutes les marchandises garantissent tous les emprunts, c'est la sûreté transverse, appelée *cross-over security*.

1279 **Évolution historique.** La première sûreté réelle conventionnelle connue du droit anglais est une forme de gage avec dépossession, appelé *pledge* : le créancier prend possession d'un bien appartenant au débiteur jusqu'au complet paiement de la dette. L'avantage de la possession était double : cela prouvait *de facto* que le débiteur était bien propriétaire du bien gagé et c'était aussi une façon d'éviter toute fraude, notamment à l'égard d'autres créanciers qui, en l'absence de dépossession, pourraient penser que le débiteur est toujours riche. Ce mécanisme de dépossession n'était pas limité aux seuls meubles mais concernait aussi les

3. E. McKendrick, *op. cit.*, n° 22.15.
4. E. McKendrick, *op. cit.*, n° 22.15.

immeubles et les hypothèques (*mortgage*), puisque le créancier hypothécaire (*mortgagee*) prenait possession du champ jusqu'à complet paiement de la dette ; cette pratique de l'hypothèque avec dépossession (l'équivalent du gage immobilier actuel en droit français) perdit toute vigueur au XVIe siècle. Puis, c'est au XVIIIe siècle que le gage de marchandises s'effectua sans dépossession. Avec le développement des droits incorporels, l'assiette du gage s'est modifiée : il est désormais possible de gager des droits de propriété sur des marchandises ou sur des documents représentant des obligations monétaires. La dépossession est devenue fictive ou purement juridique, par opposition à une dépossession matérielle : ainsi, le créancier n'a plus besoin de prendre possession physique des biens, puisqu'il peut charger un tiers de le faire, ou mieux, charger le débiteur de les garder pour lui. Par exemple, une banque finançant l'achat de marchandises peut obtenir le gage de documents de transport de marchandises importées et l'acheteur, recevant les marchandises, lui adresse un *trust receipt*, un document attestant que l'acheteur prend possession des marchandises au nom et pour le compte de la banque (ainsi, la possession de la banque continue).

Les sûretés réelles conventionnelles sont d'une richesse, voire d'une complexité, en droit anglais qui impose la présentation de la typologie (§ 1). Des formalités nécessaires à sa constitution sont requises (§ 2).

§ 1. LA TYPOLOGIE

1280 Le droit anglais connaît une liste limitative de sûretés conventionnelles (A) auxquelles il est possible d'ajouter des mécanismes alternatifs (B) tout aussi utiles et usités.

A. UNE CATÉGORIE LIMITATIVE

1281 **Liste limitative.** La catégorie des *consensual* securities est limitative : il s'agit du *pledge* (1), du *contractual lien* (2), du *mortgage* (3) et de la charge en équité ou *equitable charge* (4).

1. Le *pledge*

1282 **Notion.** Le *pledge*[5] consiste pour le garant à transférer au créancier la possession[6] de son bien. En cela, il est proche du gage avec dépossession. Il est très utilisé en droit anglais, car il procure au créancier (*pledgee*) un droit sur un bien, qu'il pourra faire vendre, en cas de défaillance du débiteur (appelé *pledgor*), et dont il pourra réclamer le prix ; la dépossession permet à la fois de prouver l'existence du gage sur tel bien au profit de tel créancier et opère aussi comme

5. Le terme "*Pawn*" est souvent utilisé en pratique lorsque le constituant est une personne physique.

6. La notion de "*Possession*" en droit anglais est différente de celle du droit français (GOODE, *op. cit.*, n° 2.40 et 22.30). Elle peut se résumer comme le pouvoir de contrôle de son titulaire sur le bien (v. *supra*, n° 886 et s.).

modalité d'opposabilité de cette sûreté à l'égard des tiers, sans qu'il soit nécessaire de procéder à des formalités d'enregistrement. En raison de la nécessité de la dépossession, le *pledge* est davantage adapté aux biens corporels ; mais il est possible de le voir grever, plus exceptionnellement, un titre qui porte transfert d'un droit (*documentary intangibles*). Ce mécanisme est alors très utile dans le domaine de l'import-export afin qu'une banque garantisse le paiement de marchandises livrées. Mais les inconvénients demeurent : le créancier se retrouve parfois encombré par le bien gagé qu'il doit conserver et le débiteur est privé de l'usage du bien qui peut pourtant lui être bien utile dans son activité.

1283 **Formation.** La création du *pledge* s'opère par le transfert de possession au créancier ou à un tiers (*attornment*), notamment par le transfert de documents, tels que le connaissement par exemple. Le débiteur peut lui-même posséder les choses grevées pour le compte du créancier[7]. D'ailleurs, si le créancier est en possession de ces choses, il peut retransférer la possession au débiteur sans que cela ne mette fin au *pledge ;* encore faut-il que le retransfert soit justifié par un but précis[8]. Cette technique est très utile pour permettre au débiteur de vendre ses marchandises gagées et ainsi de pouvoir payer le créancier grâce au prix. Le créancier retransfère le connaissement par exemple au débiteur qui le tient en qualité de *trustee* pour ce créancier.

1284 **Effets.** Une fois constitué, le *pledge* permet au créancier d'acquérir un droit réel sur le bien grevé. Il peut transmettre sa sûreté à un tiers ou même la grever ; le débiteur pourra, dans ce cas, récupérer son bien en payant au bénéficiaire de la seconde sûreté (*sub-pledgee*) le montant qu'il devait à son propre créancier (*pledgee*)[9]. Le créancier peut aussi faire vendre le bien si le débiteur ne paie pas[10]. Le créancier doit en informer le débiteur[11], notamment selon les modalités du contrat. Si le bien gagé a été utilisé par le créancier pour les besoins de son activité et qu'il en a retiré un profit, il doit le déduire du montant de la dette. Si le prix de vente dépasse le montant de la dette, le créancier doit détenir le surplus comme un *trust* dont le débiteur serait bénéficiaire. Inversement, si le prix est inférieur, il peut poursuivre le débiteur pour le reste[12].

Le débiteur, quant à lui, conserve la propriété légale du bien, mais perd le droit de possession jusqu'au complet paiement de la dette[13]. Il peut récupérer son bien avant l'expiration du délai de paiement de la dette. Il y a des particularités pour les prêteurs sur gage qui doivent laisser un délai de six mois au débiteur pour racheter le bien (CCA 1974, sec. 116).

7. Dublin City Distillery Co Ltd v Doherty [1914] AC 823, HL.
8. Reeves v Capper [1838] AC 287, PC.
9. Donald v Suckling [1866] LR 1 QB 585.
10. Pour une dette inférieure à 75 £, le *Consumer Credit Act 1974* prévoit que le créancier-gagiste ne peut pas en tant que tel vendre le bien, mais il en devient propriétaire.
11. Halliday v Holgate [1868] LR 3 Ex 299.
12. Jones v Marshall [1889] 24 QBD 269 DC.
13. Donald v Suckling [1866] LR 1 QB 585.

2. Le *lien* contractuel

1285 ***Lien.*** Ce *lien* est le droit du créancier, conféré par un contrat, de détenir les biens ou marchandises du débiteur afin de garantir le paiement ou toute autre obligation, les marchandises ayant été livrées au créancier dans un but autre que la garantie. Ainsi en est-il si les biens ont été apportés au créancier en dépôt ou pour les réparer. Le créancier titulaire d'un *lien* n'a pas le pouvoir (contrairement au *pledge*) de faire vendre les biens ; il n'a que le pouvoir de les garder. En principe, le *lien* ne concerne que les biens corporels, les biens incorporels faisant l'objet d'une *charge*. Ce *lien* se rapproche du droit de rétention du droit français.

3. Le *mortgage*

1286 ***Mortgage.*** Le *mortgage* est une sûreté réelle consistant à transférer la propriété légale d'un bien au créancier avec la condition, implicite ou expresse, que le bien sera restitué au débiteur une fois que la dette aura été payée. De nos jours, le transfert de possession ne s'opère plus et n'est d'ailleurs plus un élément essentiel du *mortgage ;* toutefois, cette sûreté demeure davantage associée à une sorte de transfert du titre de propriété du bien. Mais rien n'empêche les parties de convenir de transférer seulement la possession du bien au créancier si bien qu'il sera alors difficile de distinguer *mortgage* et *pledge*. S'agissant des biens immobiliers, il est désormais admis que le *mortgage* s'opère sans dépossession. S'agissant des biens meubles, il est également possible de les hypothéquer sans recourir à la dépossession, car, depuis 1854 (*Bills of Sale Act 1854*), il est possible d'inscrire sur un registre les *mortgages* mobiliers sans dépossession. Le principal avantage du *mortgage* réside dans son large champ d'application : il s'applique tant aux biens corporels qu'incorporels, meubles ou immeubles, et même à des biens[14] et créances futurs[15]. En outre, il peut s'appliquer non seulement pour garantir des dettes existantes, mais aussi des dettes futures.

1287 **Transfert du titre de propriété.** Le débiteur transmet la propriété[16] (*ownership*) du bien au créancier, sous la condition implicite ou expresse qu'il pourra le récupérer si et quand il aura payé sa dette[17] ; toutefois, il n'y a pas de transfert de possession. Mais cela ne signifie pas pour autant que le créancier soit entièrement propriétaire du bien et qu'il puisse en disposer librement. Plus précisément, lorsque le *mortgage* a pour objet un immeuble, le débiteur et le créancier ont des droits de propriété concurrents alors que s'il porte sur un meuble corporel, le débiteur perd ce droit absolu. Pour rappel, la notion d'*ownership* est proche de celle de propriété en droit français. Toutefois, les deux sont loin d'être synonymes. En effet, l'*ownership* rassemble tous les droits du propriétaire hormis les droits accordés à d'autres, le cas échéant ; c'est une sorte de propriété restreinte. Par exemple, elle peut être amputée par le droit de

14. Sous réserve du *Bills of Sale Act* pour garantir le paiement du prix dans la vente.
15. E. McKendrick, *Goode on Commercial law*, *op. cit.*, n° 22.23.
16. Les conditions et les effets du *Mortgage* supposent de les articuler avec le droit anglais des biens (v. *infra*).
17. E. McKendrick, *Goode on Commercial law*, *op. cit.*, n° 22.21.

possession reconnu à un tiers, en vertu duquel celui-ci jouit du pouvoir de contrôle de la chose.

Le transfert de propriété a lieu à la date décidée par les parties sans référence à la livraison. En cas de défaillance par le débiteur, de procédures d'insolvabilité ou d'enlèvement frauduleuse des biens grevés, le créancier peut saisir les biens conformément aux *Bills of Sale Acts 1878, 1882*. Les biens incorporels peuvent être vendus et cela vaut vraisemblablement pour les biens corporels[18]. Le mieux est de stipuler dans la garantie que le créancier pourra vendre le bien ; c'est encore plus simple si la garantie a été faite par *deed*. Les modalités régissant la vente sont les mêmes qu'en matière immobilière. S'agissant des biens futurs, le créancier ne bénéficie pas *ipso facto* du *legal mortgage*, mais il jouit d'un *equitable mortgage* qui sera enregistré. Il n'aura pas la même priorité qu'un *legal mortgage*[19].

1288 **Écrit solennel. Enregistrement.** Il faut rédiger un contrat respectant les lois relatives à la vente (*Bills of Sale Acts 1878 et 1882*) : établir un écrit, en présence de deux témoins, et faire clairement apparaître que les parties entendent faire de cet écrit un *deed*, un acte solennel. Afin de ne pas aboutir à une situation trompeuse pour les tiers, notamment les autres créanciers, il faut enregistrer sur un registre spécial ; les modalités d'enregistrement varient selon la qualité du débiteur ou du créancier et la nature du bien. En principe, l'acte doit être enregistré dans les sept jours de l'exécution de l'acte, sinon il n'a aucune force obligatoire. Le document doit détailler tous les biens grevés, même les biens futurs. Cela ne concerne que les biens meubles corporels, sauf exceptions.

Pour les *companies* et *limited liability partnerships* (LLP), ces formalités ne sont pas requises ; c'est un autre texte qui s'applique et qui organise la publicité, le *Companies Act 2006*, instituant un registre spécial, le *Registrar of Companies*. Sauf quelques exceptions, la plupart de ces *mortgages* doivent être enregistrés dans les 21 jours de l'acte, à défaut, il n'a aucun effet. Certains meubles particuliers doivent en outre faire l'objet d'un enregistrement spécial ; il s'agit des avions, des bateaux, des brevets, des marques et des dessins.

1289 ***Legal mortgage v. equitable mortgage. Quasi-mortgage.*** Le droit anglais distingue le *legal mortgage* du *equitable mortgage*. Comme il a été évoqué, le premier résulte d'un contrat entre le débiteur et le créancier et suppose la réunion de diverses conditions pour être efficace. En revanche, le second résulte d'une décision des juges en présence de circonstances laissant penser que l'on est en présence d'une sorte de *mortgage* sans que ce soit complètement le cas. En équité, les juges décident qu'il s'agit de ce qui pourrait être un *quasi-mortgage*, appelé *equitable mortgage*. Bien que cela permette d'améliorer la position du créancier, l'*equitable mortgage* reste fragile en cas de concurrence avec d'autres créanciers, puisque tant le *legal mortgage* que l'acheteur de bonne foi du bien grevé de l'*equitable mortgage* auront priorité.

18. La jurisprudence et la doctrine ne semblent pas avoir tranché avec certitude ce point : *Deverges v Sandeman, Clarck [1902] 1 Ch 579* ; A. Burrows, *op. cit.*, p. 313.

19. V. *infra*, n° 1286.

4. *L'equitable charge*

1290 L'*equitable charge* doit être présentée de manière générale (a) avant d'approfondir un aspect particulier, très utile en pratique, la *floating charge* (b).

a) Présentation de la charge

1291 **Caractéristiques.** Cette sûreté est certainement la plus utilisée à l'heure actuelle par le droit anglais. Elle consiste à affecter un bien (voire plusieurs) du débiteur au paiement de la dette[20], mais elle ne s'accompagne ni d'un transfert de propriété ni d'un transfert de possession. Concrètement, si la dette n'est pas payée par le débiteur, le bien sera vendu (soit amiablement par le débiteur, ou sur demande du créancier et autorisée judiciairement ou par un séquestre) et le créancier sera désintéressé par le prix de vente. Cette sûreté se rapproche du gage sans dépossession ou de l'hypothèque du droit français.

1292 **Enregistrement.** Les *charges* doivent être enregistrées sauf exception. Si le constituant est une personne physique ou un associé, l'enregistrement se fait conformément aux lois *Bills of Sale Acts 1878* et *1882*. Mais s'il s'agit d'un agriculteur, l'enregistrement se fait, à peine de nullité, sur un registre spécial. Si le constituant est une *company* ou un *LLP*, l'enregistrement doit obéir au *Companies Act 2006*, surtout si les *charges* ont été constituées depuis le 6 avril 2013. En outre, lorsqu'une *company* acquiert un bien grevé d'une charge qui doit faire l'objet d'un enregistrement, il faut que cet acte soit également enregistré. Concrètement, la société adresse au registre des sociétés un document contenant plusieurs détails : la date de constitution de la charge, le montant garanti, le bien grevé et l'identité du créancier ; il faut aussi y déposer l'original de la constitution de la charge. Cette formalité doit être faite dans les 21 jours de la constitution de la charge. À défaut, la *charge* peut être nulle à certaines conditions et la dette est immédiatement exigible (*Companies Act 2006*, art. 859 A et H). Le juge peut autoriser l'enregistrement malgré l'expiration de ce délai. Bien souvent, la société informe le registre que la dette a été payée ou que le bien grevé ne lui appartient plus, de sorte que l'information soit mentionnée sur le registre. Si une *charge* sur un immeuble n'est pas enregistrée, il y a des conséquences sur les priorités[21] : le créancier privilégié qui n'a pas enregistré son droit sur le bien grevé cède devant un autre créancier privilégié et l'acheteur, même si ceux-ci connaissaient l'existence de la *charge* non inscrite.

1293 **Réalisation.** La réalisation de la *charge* en cas de défaillance du débiteur passe par la vente du bien par le créancier. Ce pouvoir résulte soit du contrat de garantie, soit d'une autorisation judiciaire ; il existe également automatiquement si la *charge* a été passée en la forme d'un *deed*. Pareillement, il est possible de désigner un séquestre pour recevoir le prix de la vente ou pour réclamer la mise en possession du bien. Si le bien grevé de la *charge* est une créance, le débiteur accorde, fréquemment, une prérogative au créancier de réclamer directement au débiteur du débiteur le paiement de cette créance nantie.

20. Re Cosslett (Contractors) Ltd [1998] Ch 495.
21. V. *infra*, n° 1339.

b) Une charge particulière : la **floating charge**

1294 **Notion.** L'assiette de cette *charge* peut être soit fixe soit variable (*floating charge*). Si le contrat vise un bien en particulier, le débiteur ne peut pas en disposer librement, sans le consentement du créancier, sauf à ce qu'il paie d'abord ce dernier. Inversement, la *floating charge* couvre un ensemble de biens présents ou futurs ; le débiteur conserve le droit de disposer de ces biens qui sont remplacés par d'autres librement. Mais ce caractère flottant de l'assiette n'est pas éternel et, à la survenance de certains événements, la charge se cristallise : les biens existants dans l'enveloppe jusque-là flottante se figent et le créancier peut exercer ses droits sur eux. Il est fréquent que les biens du débiteur servent à la fois de charge flottante et de charge fixe, mais les dettes garanties (avec le même créancier) ne doivent pas être les mêmes.

1295 **Définition d'une *floating charge*.** Une *floating charge* s'oppose à une *fixed charge*. Traditionnellement, une *floating charge* est constituée sur des biens dont la valeur peut varier et qui peuvent eux-mêmes varier. Mais cette caractéristique n'est pas pleinement satisfaisante pour certains auteurs. En effet, il existe des *fixed charges* qui sont également compatibles avec une évolution de l'assiette de la sûreté ; tel est le cas lorsque les parties conviennent que les futurs biens achetés par le constituant seront automatiquement grevés et que cette sûreté demeure une *fixed charge*[22]. D'ailleurs, les juges anglais admettent désormais qu'une *charge* sur des créances comptables (*book debts*), amenées à varier, demeure une *fixed charge* (malgré la fluctuation de son assiette) dès lors que le débiteur n'a pas le droit d'utiliser librement le montant de ces créances, sans autorisation du créancier, et que le créancier peut, quant à lui, exercer un pouvoir sur ces fonds[23]. Inversement, si le débiteur est libre de puiser dans ces fonds comme du "*cash flow*", il s'agit d'une *floating charge*. C'est pourquoi, ce qui caractérise vraiment la *floating charge*, c'est que le créancier autorise le débiteur à utiliser et à disposer de ces biens pour son activité professionnelle et de reconstituer l'assiette.

1296 **Intérêts de la distinction entre *floating* et *fixed charges*.** Le titulaire d'une *floating charge* n'est pas prioritaire sur un créancier qui bénéficie d'une *fixed charge*, et certaines *fixed charges* n'ont pas besoin d'être enregistrées. En outre, une *floating charge* est intéressante si le débiteur fait l'objet d'une procédure d'insolvabilité : ainsi, lorsqu'elle a été donnée au seuil de la procédure, la *charge* peut être annulée (*Insolvency Act 1986*, sec. 245) ; en outre, le créancier qui bénéficie d'une *floating charge* sur tous les biens d'une société, voire sur l'ensemble des biens les plus importants, peut désigner un administrateur à la société faisant l'objet d'une procédure d'insolvabilité (*Insolvency Act* 1986, sec. 8).

1297 **Une garantie négative associée à la *floating charge*. *Negative pledge*.** Comme le débiteur d'une *floating charge* est autorisé par le contrat à jouir et disposer des biens gagés, il peut les utiliser à loisir, notamment dans le cadre de son activité professionnelle. Mais il peut pareillement en disposer, de sorte qu'il peut les gager au

22. A. Burrows, *op. cit.*, p. 318.
23. Agnew v Commissioner of Inland Revenue [2001] UKPC 28 ; Re Spectrum Plus Ltd [2005] UKHL 41.

profit d'un autre créancier, parallèlement à la *floating charge*. Et si ce second gage est une *fixed charge* (le débiteur n'est pas autorisé à utiliser et à disposer des biens composant l'assiette de la sûreté), c'est le second créancier qui primera le premier dans cette hypothèse, car le créancier d'une *fixed charge* est prioritaire sur celui d'une *floating charge*. C'est pourquoi le contrat de *floating charge* stipule souvent que le débiteur ne pourra pas grever ces biens d'une charge fixe. Ce qui est intéressant, c'est que ce type de stipulation peut aussi être convenue dans un simple contrat de prêt dans lequel le créancier-prêteur n'a exigé aucune sûreté réelle ou personnelle, mais il impose au débiteur de ne pas grever ses biens (professionnels par exemple) d'une véritable sûreté réelle qui donnerait priorité au second créancier, privilégié, par essence, au détriment du prêteur, créancier chirographaire. Il est également fréquent que le contrat de prêt stipule que si le débiteur accordait une sûreté réelle sur les mêmes biens, il devrait accorder au prêteur une sûreté supérieure ou équivalente. Ce type de stipulation, appelée improprement gage négatif (*Negative pledge*[24]), crée un droit personnel au profit du prêteur et non un droit réel sur les biens du débiteur. En revanche, si ce même type de clauses est prévu, non pas dans le contrat de prêt au profit d'un prêteur sans sûreté, mais dans le contrat de gage lui-même (donc au profit du créancier privilégié), la doctrine est divisée sur le point de savoir si ces clauses reconnaissent au créancier un droit personnel contre le débiteur ou un droit réel sur ses biens ; il semble que si la clause est notifiée à un tiers (le second créancier selon toute vraisemblance), elle devrait produire un effet réel[25]. Mais la jurisprudence ne va pas en ce sens[26].

1298 **Cristallisation de la *floating charge*.** Lorsque certains événements se produisent, la *floating charge* se transforme en *fixed charge*. C'est le cas, par exemple, lorsque la société débitrice n'est plus dirigée par ses dirigeants mais par un administrateur ou le liquidateur, ou encore lorsqu'elle cesse son activité[27] ou ne peut pas payer la dette devenue exigible. Le contrat de garantie peut aussi prévoir que la cristallisation prendra effet après notification de son choix par le créancier. Encore faut-il dans toutes ces situations que les parties l'aient stipulé[28]. Mais ce qui importe, *in fine*, surtout pour les tiers, c'est de déterminer si et quand la *floating charge* est devenue *fixed*, c'est-à-dire au moment de la disparition de l'autonomie d'action du débiteur sur les biens grevés.

B. LES MÉCANISMES ALTERNATIFS

1299 **Une multitude de mécanismes possibles.** Les mécanismes alternatifs aux sûretés réelles conventionnelles peuvent être mis en œuvre pour garantir le paiement. L'on peut ainsi citer les accords de futures sûretés nécessaires, les accords de subordination,

24. C. Le Gallou, La *Negative Pledge Clause* et le devoir de bonne foi du créancier hypothécaire en droit anglais, note sous Macdonald Hotels v Bank of Scotland [2025] EWHC 32 (Comm), 24 janv. 2025, D. 2025, p. 1262.
25. E. McKendrick, *Goode on Commercial Law*, Penguin, 2017, nº 22.45.
26. Griffiths v Yorkshire Bank Ltd [1994] 1 WLR 1427.
27. Re Woodroffe's Musical Instruments Ltd [1986] 1 Ch 366.
28. Re Brightlife Ltd [1987] 1 Ch 200.

la sous-participation à un prêt, les *charge-backs* ou encore les *pledge-backs*, mais l'on peut essentiellement se focaliser sur l'achat ou prêt avec garantie (1), la clause de réserve de propriété (2), le droit de compensation (3) et le *trust* (4).

1. Achat ou prêt avec garantie

1300 **Les risques d'ambiguïté.** Il faut tout d'abord distinguer un emprunt destiné à financer un achat, emprunt garanti par une sûreté, et une vente dont le paiement du prix est garanti. En effet, le régime juridique sera différent. Le juge peut ainsi requalifier en acte d'emprunt avec garantie, ce que les parties ont qualifié de vente. Si cette requalification traduit la volonté des parties, elle repose sur ce qui est appelé la route interne (*internal route*). Au contraire, si les parties ont sciemment conclu un acte apparent afin de dissimuler leur véritable but, le juge peut pareillement requalifier l'acte ; il emprunte alors la route externe (*external route*). C'est donc aux parties de rédiger clairement l'acte en indiquant, sans ambiguïté, si elles optent pour une vraie vente ou un prêt avec garantie, au risque de voir la qualification leur échapper et déterminer par le juge[29].

1301 **Vente et location-vente.** Certains mécanismes peuvent ainsi faire hésiter le juriste quant à la qualification. Ainsi en est-il du contrat de location-vendeur : le propriétaire de biens ayant besoin d'argent frais les vend à une société de financement, puis conclut avec elle un contrat de location-vente ayant pour objet ces mêmes biens ; le propriétaire initial loue les biens moyennant paiement d'un loyer à la société qui, à la fin, représente le montant du prix déboursé auquel sont ajoutés quelques frais opérants comme des intérêts dans un prêt. Ainsi, au lieu de conclure un emprunt et de garantir le remboursement par un *Pledge* ou un *Mortgage*, les parties concluent deux contrats, une vente puis une location-vente[30] (*Sale and Lease-Back*). Il est également possible d'envisager un autre mécanisme : la société de financement achète un bien que le client souhaite acquérir mais pour lequel il n'a pas les fonds ; elle achète ce bien directement auprès du fournisseur et le loue au client qui paie alors des loyers, à l'instar de mensualités de remboursement s'il s'était agi d'un prêt. La société de financement reste propriétaire et une clause de réserve de propriété peut même être stipulée et produire effet jusqu'au complet remboursement ou en cas d'achat du bien.

1302 **Intervention d'un tiers.** Il est également possible de faire intervenir un troisième acteur dans ce schéma, un intermédiaire agissant en secret pour le compte du propriétaire : cet intermédiaire se présente à la société de financement comme le vendeur et convient avec la société qu'elle louera le bien, par location-vente, au propriétaire initial, voire à un tiers désigné. Il est également possible pour le propriétaire d'un bien de le vendre à un intermédiaire avec pour instruction de le revendre à une société de financement qui conclura un contrat de location-vente avec le vendeur initial[31]. Si la société est de bonne foi en ce qu'elle pense avoir

29. Agnew v IRC [2001] 2 AC 710 ; Brighton and Hove *City* Council v Audus [2009] EWHC 340 (Ch).
30. Lavin v Johnson [2002] EWCA Civ 1138.
31. Stoneleigh Finance Ltd v Phillips [1965] 2 QB 537.

réalisé une véritable vente, l'acte sera valable[32]. En revanche, s'il y a collusion avec le vendeur, l'acte sera nul pour violation soit de la loi sur la vente[33] (*Bills of Sale Acts*), ou pour défaut d'enregistrement d'un acte en vertu de la loi sur les sociétés (les articles 859 A et suivants du *Companies Act 2006* imposent certaines formalités en cas de constitution d'une sûreté par une société) le cas échéant.

1303 **Vente avec faculté de rachat.** Qu'en est-il de la vente d'un bien avec faculté de rachat : l'acheteur achète le bien et le prix n'est pas versé comptant mais sous forme de paiements réguliers tels que des mensualités ; le contrat stipule qu'en cas de défaillance de l'acheteur dans le versement de parties de prix, le vendeur pourra racheter le bien, le prix de rachat correspondant au prix de vente déduit, par compensation, des mensualités déjà versées. Cette faculté de rachat se rapproche du droit du créancier gagiste ou hypothécaire de faire vendre le bien et d'obtenir l'attribution du prix de la vente. La distinction est donc ténue et les juges peuvent requalifier une vente avec faculté de rachat en emprunt avec gage ou hypothèque. La requalification dépend de l'intention des parties : si le but premier des parties est de réaliser un transfert de propriété tout en permettant au vendeur de se ménager une possibilité de rachat, indépendamment de la défaillance de l'acheteur, le juge acceptera l'idée que c'est une vente[34]. Sous l'impulsion du droit européen, le pouvoir de requalification, voire d'invalidation, a été restreint par la directive relative aux contrats de garanties financières du 6 juin 2002[35] exigeant des États membres qu'ils s'assurent que les contrats de garantie financière avec transfert de propriété reçoivent plein effet[36], mais ce texte a été abandonné par le *Financial Services and Markets Act 2023 (FSMA 2023)* en raison du Brexit.

1304 **Clause de consolidation.** De même, un contrat de location ou de location-vente peut stipuler une clause de consolidation. Une telle clause trouve à s'appliquer si le preneur est lié au propriétaire par au moins deux contrats portant sur deux biens différents. La clause prévoit alors que si le preneur manque de payer certains loyers au titre du contrat 1, le propriétaire pourra rompre le contrat, à moins que le preneur ne paie également le solde au titre du second contrat. Un tel mécanisme ne confère pas aux contrats la qualification de sûreté[37]. Les effets de cette clause rappellent l'indivisibilité de l'hypothèque en droit français et les droits du créancier hypothécaire, fondés sur l'*Equity*, en droit anglais[38].

---

32. Eastern Distribution Ltd v Goldring [1957] 2 QB 600.
33. North Central Wagon Finance CO Ltd v Brailsford [1962] 1 All ER 502.
34. Orion Finance Ltd v Crown Financial Management Ltd [1996] 2 BCLC 78 ; Re Curtain Dream plc [1990] BCC 341.
35. 2002/47/EC, JOCE n° L. 168 du 27 juin 2002 p. 43.
36. Financial Collateral Arrangements (N° 2) Regulations 2003 (SI 2003/3226).
37. Armour v Thyssen Edelstahlwerke AG [1991] 2 AC 339.
38. E. Megarry et W. Wade, *The Law of Real Property*, Sweet&Maxwell, 2012, n° 25-055 ; E. McKendrick, *op. cit.*, n° 22.33.

2. La clause de réserve de propriété

1305 **Mécanisme.** La clause de réserve de propriété (*Retention of ownership* ou *Retention of Title* ou *ROT*) est-elle une sûreté réelle conventionnelle au sens du droit anglais ? La réponse est négative. En effet, les juges anglais ne nient pas qu'elle puisse avoir le même effet qu'une garantie en sécurisant une vente et en protégeant la position du vendeur[39]. Toutefois, elle demeure avant tout une technique contractuelle[40], relevant soit de la vente avec conditions ou du contrat de location-vente. Par conséquent, la clause de réserve de propriété n'a pas à obéir aux formalités des sûretés classiques, sauf à ce qu'elle soit qualifiée de *Charge* on a *beneficial* ou *equitable interest*[41].

1306 **Pouvoirs du créancier.** Mais le juge peut procéder à une requalification et considérer que, face à une clause intitulée par les parties « Clause de réserve de propriété », il s'agit d'une sûreté. C'est le cas lorsque le propriétaire d'un bien le vend, puis le loue en qualité de locataire, l'acquéreur étant le loueur[42]. En dehors de ces hypothèses (lorsque la réserve de propriété ne constitue pas une sûreté à proprement parler), quels sont les droits du créancier ? Il peut prendre toutes les mesures que lui confère son droit légal de propriété : prendre possession du bien, le vendre. Toutefois, cela ne lui ouvre pas des droits sans contrôle ; par exemple, les juges lui imposent, en cas de vente, de ne conserver que la portion du prix qui sert à éponger la dette, s'il y a déjà eu remboursement partiel par le débiteur[43]. Bien souvent, celui-ci essaie de coller à la fonction économique d'une sûreté. Ainsi, il peut autoriser le débiteur, dans le contrat, à user des biens, à les vendre en l'état ou transformés. Il faut alors préciser que le créancier, propriétaire du bien, sera le propriétaire du prix de vente, sous réserve que la dette ne soit jamais payée. Dans cette situation, la réserve de propriété[44] joue comme une *equitable charge*[45]. Si le bien est transformé, entraînant une plus-value ou aboutissant à la création d'un nouveau produit, le créancier peut-il prétendre à en être propriétaire ? Il est certainement titulaire d'une *charge*[46], mais les juges sont en général réticents à l'idée qu'il en soit propriétaire afin de ne pas donner une trop grande efficacité à ce qui ne constituerait que des sûretés déguisées[47].

---

39. A. Burrows, *op. cit.*, p. 314.

40. De nombreux pays de *Common law* (Australie, Nouvelle-Zélande, USA et Canada) ont abandonné cette distinction entre sûreté et technique contractuelle s'agissant de la réserve de propriété.

41. Voir *Companies act* 2006 ; adde, S. Sheikh et S. Singleton, Commercial Contracts : A Practical Guide to Standard Terms, Bloomsbury, 2025, n° A2-43.

42. Re Watson [1890] 25 QBD 27 CA ; Re Curtain Dream plc [1990] BCLC 925.

43. Stoeckler v Johnson [1954] 1 QB 576 CA.

44. Pour l'effet d'une clause de réserve de propriété sur la qualification de vente selon le SGA, voir affaire Res Cogitans.

45. A. Burrows, *op. cit.*, p. 315.

46. Clough Mil Ltd v Martin [1985] 1 WLR 111 CA ; Modelboard Ltd v Outer Box Ltd [1992] BCC 945.

47. A. Burrows, *op. cit.*, p. 316.

3. Le droit de compensation

1307 **Droit de compensation.** Qu'en est-il du droit d'obtenir compensation entre les créances du débiteur et celles du créancier (*right of set-off*) ? Là encore, il ne s'agit pas d'une sûreté réelle, mais les effets demeurent incontestablement favorables au créancier. En effet, le débiteur qui serait aussi créancier de son propre créancier ne détient aucun droit sur cette créance. Ce n'est qu'un mécanisme comptable. C'est pourquoi ce droit de compensation n'a pas à obéir aux formalités d'enregistrement[48]. Mais ce droit de compensation n'étant pas une sûreté réelle, il n'est pas aussi efficace si l'une des parties fait l'objet d'une procédure d'insolvabilité[49].

4. Le *trust*

1308 ***Trust* et garantie.** Le *trust* est-il une sûreté ? Selon le droit anglais, la réponse est négative. Toutefois, le *trust* peut être constitué dans le seul objectif de servir de garantie de paiement selon deux mécanismes différents : dans le premier scénario, le débiteur transfère l'un de ses biens à un *trustee*, créancier ou agissant pour son compte, ou se constitue lui-même *trustee* au bénéfice du créancier. L'avantage de ce mécanisme est ainsi de garder le bien séparé du reste du patrimoine du débiteur et ce, en faveur du créancier ; en ce sens, le *trust* aboutit à renforcer la position du créancier ; toutefois, il ne s'agit pas d'une sûreté à part entière, car il s'ajoute généralement à une véritable sûreté conventionnelle (il complète par exemple un *Mortgage*). Dans le second scénario, le Trust est associé à une vente pour garantir le paiement du prix. Le bénéficiaire est alors le créancier et il n'est en principe pas nécessaire de faire enregistrer le trust. Toutefois, son efficacité pratique n'est pas certaine, car le droit du créancier est un droit fondé sur l'*Equity*. Comme le note un auteur, tandis qu'il est possible pour le vendeur de garantir le paiement du prix par une clause de réserve de propriété, il n'en est pas de même d'un droit équitable. En outre, il y a fort à parier que ce *trust* pourrait être requalifié en *charge* si le droit équitable du créancier disparaît au paiement complet de la dette ; or, une *charge* doit être enregistrée la plupart du temps[50]. Pareillement, il est difficile de concevoir que le prix de revente de marchandises ou les produits transformés puissent faire l'objet d'un *trust* garantissant le paiement du prix initial ; en effet, il faudrait que l'acte stipule que l'acheteur ne gardera pas le prix de revente pour lui, ce qui semble bien tortueux en pratique[51].

1309 **Le *Quistclose trust*. Prêt affecté.** Toutefois, les juges anglais admettent une forme de *trust* qui peut constituer une efficace sûreté. Il s'agit du *Quitsclose trust*[52]. En résumé, le créancier prête des fonds au débiteur dans un but précis, tel que l'achat de matériel ; le débiteur ne peut pas utiliser les fonds à un autre dessein. Une clause du prêt stipule que l'emprunteur est censé gérer l'argent dans l'intérêt

48. Re Charge Card Services Ltd [1987] Ch 150.

49. British Eagle Intl Airlines Ltd v Compagnie Nationale Air France [1975] 2 All ER 390 ; E. McKendrick, *op. cit.*, n° 22.40.

50. Re Bond Worth Ltd [1980] Ch 228.

51. A. Burrows, *op. cit.*, p. 325.

52. V. *supra*, n° 970.

du créancier ; en cas de défaillance du débiteur, le prêteur pourra récupérer les fonds[53]. Et surtout, si le débiteur-emprunteur fait l'objet d'une procédure d'insolvabilité, l'argent prêté étant censé avoir été tenu à part de son patrimoine, il ne sera pas distribué aux autres créanciers. En revanche, si l'utilisation des fonds a été conforme, le *trust* prend fin et il faut en constituer un autre pour garantir un autre prêt.

§ 2. LES FORMALITÉS

1310 Le fait de conclure un contrat afin de créer une sûreté ne suffit ni à rendre effective la sûreté à l'égard du débiteur ni à la rendre opposable aux tiers. Afin de forcer, le moment venu, le débiteur permettant au créancier d'avoir un droit sur la chose du débiteur, il faut que le contrat soit formalisé ; c'est l'étape de l'*Attachment*. À l'égard des tiers, l'opposabilité suppose de prendre certaines mesures, c'est l'étape de la *Perfection*. Il faut distinguer les formalités de constitution (A) de celles nécessaires à l'opposabilité (B).

A. LA CONSTITUTION (ATTACHMENT)

1311 ***Attachment.*** La *Common law* est inefficace à reconnaître des droits au créancier sur la chose du débiteur en dépit de l'existence d'un contrat instaurant une sûreté réelle. C'est pourquoi l'*Equity* a remédié à cette lacune en lui reconnaissant des droits réels équitables. Mais cette reconnaissance est subordonnée à des formalités particulières : si les parties se contentent de conclure le contrat, l'effectivité des droits du créancier sera lettre morte. En effet, l'exécution forcée d'un contrat est rarement accordée en droit anglais et, en outre, le contrat de sûreté suppose, pour avoir force obligatoire, de stipuler une contrepartie, la *consideration*. C'est pourquoi le créancier doit ajouter au contrat la phase d'*attachment* afin de créer des droits réels sur la chose du débiteur. Six conditions sont classiquement requises : il faut tout d'abord que le contrat respecte les formalités éventuelles imposées par des textes spéciaux, le cas échéant ; il faut identifier dans le contrat le bien grevé ; il faut vérifier que le débiteur a bien le droit de disposer de ce bien en le grevant d'une sûreté ; il faut indiquer la créance qui est garantie par la sûreté réelle, que le constituant soit le débiteur ou un tiers[54] ; les éléments essentiels du contrat doivent être remplis ; s'il s'agit d'un *pledge*, il faut que prévoir que la possession actuelle ou future du bien soit transférée au créancier.

Une fois ces six conditions remplies, le créancier se voit reconnaître tous ses droits sur le bien grevé. Mais la date d'effet n'est pas fixée au jour de la réalisation de la dernière condition, mais remonte, rétroactivement, à la date du contrat. Si l'une de ces conditions n'est pas encore remplie, puis vient à l'être ultérieurement, la sûreté est censée avoir été parfaite dès le début. Inversement, si une condition vient à disparaître, l'*attachment* (c'est-à-dire le lien entre le créancier et la chose) disparaît

53. Barclays Bank v Quistclose Investments Ltd [1970] AC 567.
54. In the Matter of Lehman Brothers Intl (Europe) [2012] EWHC 2997 Ch.

et la sûreté devient alors imparfaite, mais dès que la condition manquante est à nouveau remplie, l'*attachment* renaît *ab initio* et la sûreté est alors à nouveau parfaite.

La sûreté conventionnelle suppose, par essence, un accord entre le constituant (le plus souvent le débiteur) et le créancier. Si l'*attachment* (lien entre le créancier et la chose) ne résulte pas d'un transfert de propriété ou de possession, deux conditions doivent être réunies : le contrat doit avoir force juridique (*consideration* et formalités spécifiques, telles qu'en cas de sûreté immobilière) et il faut que les parties manifestent clairement leur intention de grever le bien d'une sûreté ; le créancier doit aussi avoir déjà exécuté son obligation (le plus souvent, si c'est un prêteur, il a déjà versé l'argent au débiteur-emprunteur) et le bien doit être suffisamment identifiable. Enfin, si les parties ont stipulé diverses exigences nécessaires à l'*attachment*, expressément ou implicitement, elles doivent bien entendu être respectées.

1312 ***Floating charge* et *attachment*.** En présence d'une *floating charge* (dont l'assiette porte sur un ensemble de biens qui vont et viennent), l'*attachment* ne sera réalisé qu'au stade de la *cristallisation* (v. *infra*, nº 1298). Enfin, si le contrat prévoit que la sûreté grèvera un bien dont le constituant n'est pas encore propriétaire mais qu'il acquerra en cas de survenance d'un événement incertain (se rapprochant de l'achat avec condition suspensive d'un bien à grever de la sûreté) est considéré comme un contrat dénué de tout effet créateur de sûreté réelle[55]. Toutefois, ce mécanisme peut se révéler utile si le bien est un immeuble et que le contrat est enregistré, car, une fois le bien finalement acquis, ce contrat conférera un droit de priorité au créancier. En dehors de cette hypothèse spécifique, si le créancier souhaite bénéficier d'une véritable sûreté ou si l'un des événements incertains se réalise, la sûreté n'apparaît pas *ex nihilo :* les parties doivent convenir d'une sûreté en bonne et due forme ou le créancier doit fournir au débiteur quelque chose de nouveau (un nouveau crédit par exemple), soit en vertu du contrat déjà conclu, soit en vertu d'un nouvel accord. Dans cette dernière hypothèse de fourniture d'un nouvel avantage, les droits du créancier seront limités à la valeur de cet avantage.

En revanche, si le bien est transféré, en pleine propriété ou en possession, au profit du créancier, les conditions précédemment exposées ne sont pas requises, car les droits réels du créancier reposent sur le transfert et non plus sur le contrat. Il faut toutefois, là encore, respecter certains formalismes imposés par des lois spéciales : si la sûreté est un *mortgage* de biens meubles corporels (*Goods*[56]) donné par écrit par une personne physique, il faut respecter les formalités requises par la loi sur la vente de meubles (SGA), alors que s'il s'agit d'un immeuble ou d'un droit immobilier, il doit être passé par acte solennel (*deed*[57]) ; il doit être fait par écrit et signé des parties. Là encore, il faut que le créancier avance l'argent au débiteur.

55. Re Jackson & Brassford Ltd [1906] 2 Ch 406.

56. Selon la loi relative à la vente de biens (*Sales of Goods Act*), les *goods* sont des meubles corporels, à l'exclusion des actions et de la monnaie, mais incluent des fruits agricoles résultant du travailleur d'un agriculteur, tels que les récoltes, à l'exclusion des fruits naturellement présents dans la Nature (constituant des immeubles par destination), les meubles par anticipation. *Adde* proposition de modification de *Bills of Sale Acts 1878 and 1882* par la *Law Commission*, *Reforming the Law*, sec. 4 (2) *in Goods Mortgages Bill draft clauses*, 2017.

57. *Law of Property Act* 1925, sec. 52 (1).

En principe, le droit anglais n'exige pas que l'assiette des biens grevés soit déterminée avec précision ; il est ainsi possible de grever un bien en particulier mais aussi un ensemble de biens, voire tous les biens présents et futurs du débiteur sans autre précision.

Il faut ensuite que le ou les biens grevés soient susceptibles de l'être. En principe, comme il vient d'être dit, n'importe quel bien peut être grevé, sous quelques réserves. Tout d'abord, il est des biens qui sont exclus de l'assiette de certaines sûretés ; par exemple, un bien incorporel ne peut faire l'objet d'un *pledge* qui requiert le transfert de possession au créancier. Ensuite, certains biens sont classiquement non grevables, parce qu'ils sont trop personnels ou parce que ce serait contraire à l'ordre public. Par ailleurs, il est tout aussi évident que le constituant ne peut grever l'un de ses biens que s'il dispose du pouvoir de le faire, soit parce qu'il dispose de droits en ce sens (le propriétaire) soit parce qu'il a le pouvoir de le faire. En outre, le pouvoir de grever le bien doit être actuel et non futur, sauf à ce que l'actuel titulaire du droit de constituer une sûreté sur ce bien l'autorise à le faire (un contrat l'autorisera à le faire). Enfin, le constituant ne peut en principe grever un bien dont il n'est pas encore propriétaire mais qu'il s'engage à acquérir pour l'avenir, sauf si le contrat stipule une clause en ce sens. Tant que l'acquisition n'est pas faite, la sûreté n'est pas parfaite. Mais une fois l'achat effectué, le lien entre sûreté et bien est établi avec effet rétroactif à la date du contrat[58], sauf intention contraire des parties[59].

En droit anglais, il n'est pas si évident de distinguer les biens présents et les biens futurs susceptibles d'être grevés. En effet, il est des biens qui n'existent pas encore et qui pourtant ne sont pas exclus de l'assiette d'une sûreté réelle. Cette possibilité d'inclure des biens à venir repose sur la notion de « Propriété de biens potentiels » (*potential property*). Par exemple, le propriétaire d'une vache est aussi potentiellement propriétaire du lait qu'elle produira. Il peut donc faire partie de l'assiette de la sûreté réelle dès lors que le constituant est propriétaire du bien principal (vache, champ cultivé, etc.) lors de la constitution de la sûreté. La sûreté s'étend alors aux fruits du bien principal, mais il ne s'agit pas d'une sûreté sur des biens futurs. De même, le raisonnement est identique si le bien est un droit : par exemple, dans un contrat de location-vente, le bailleur peut grever son droit à percevoir les loyers d'un immeuble à construire ; les loyers ne sont pas considérés comme des choses futures. En revanche, ce n'est pas le cas si le contrat n'a pas encore été conclu et que la perception des fruits n'est qu'une éventualité future[60]. Dans cette hypothèse, ils peuvent toutefois être grevés mais sur le fondement de l'*Equity* avec effet au fur et à mesure de leur perception.

Il faut aussi que cette sûreté réelle corresponde effectivement à la garantie d'une dette. Il peut s'agir d'une dette déjà passée ou d'une dette présente ; à ce propos, le créancier doit en effet avancer des fonds au débiteur afin que celui-ci soit débiteur d'une obligation de restitution et que le bien grevé soit ainsi *attached* au créancier. Sans dette, pas d'*attachment*. Deux situations peuvent alors se poser : d'une part, le créancier avance des fonds au débiteur qui rembourse, l'*attachment* disparaît ;

58. Tailby v Official Receiver [1888] 13 App Cas 523.

59. Par exemple, pour la sûreté flottante garantissant des baux successifs, voir *Property Discount Corp Ltd v Lyon [1980] 1 All ER 334*.

60. G.&T. Earle Ltd v Hemsworth R.D.C. [1928] 140 LT 69.

d'autre part, s'il apporte à nouveau des fonds au débiteur, sur le fondement du même contrat, l'*attachment* réapparaît avec effet rétroactif à la date de constitution de la sûreté. C'est une sûreté à exécution successive qui perdure aussi longtemps que des dettes apparaissent. C'est ce type de sûreté qui garantit une ouverture de crédit par une banque, et si le compte est créditeur, la sûreté est suspendue (son statut est dit imparfait), par absence d'*attachment* du créancier au bien grevé. Le débiteur peut alors grever le même bien auprès d'un second créancier qui aura alors, contrairement au premier, un vrai droit sur la chose s'il lui apporte des fonds ; dans cette hypothèse, seul le second créancier est privilégié, le premier n'étant que chirographaire par défaut d'*attachment* à la chose, en raison de l'absence de dette. En revanche, si le débiteur utilise l'ouverture de crédit ou reçoit des fonds du premier créancier, celui-ci revient dans la course et l'*attachment* prend effet rétroactivement au jour de constitution de la sûreté.

Il faut donc qu'il y ait une dette présente entre le créancier et le débiteur pour que le premier ait un droit sur le bien grevé du second, l'*attachment*. Suffit-il que la dette soit juste conditionnelle ? En principe, non, la dette doit exister. Cette solution est applicable en cas de sûreté constituée par un tiers garantissant la dette d'un tiers (proche du cautionnement réel français) : le créancier n'a de droit sur les biens grevés du constituant que si le tiers débiteur n'a pas payé sa dette. Entre-temps (entre la constitution et le manquement du débiteur), il n'y a pas *attachment*, mais le constituant doit tout de même laisser au créancier ses biens grevés d'une sûreté imparfaite (*inchoate security*), créancier qui pourra alors exercer ses droits sur eux en cas de défaillance du débiteur[61].

Enfin, l'*attachment* suppose que les conditions contractuelles particulières de la sûreté convenues par les parties aient été remplies. Mais la volonté des parties n'est pas sans limite : si le contrat de grever un bien est conditionnel, il n'y aura pas *attachment* à ce bien. Mais ce n'est pas le cas si la condition porte sur le titulaire du droit de propriété du bien. Par exemple, le créancier n'a pas de pouvoir sur un bien grevé si le contrat de sûreté stipule une constitution de sûreté soumise à condition suspensive (obtention d'un permis de construire permettant ensuite la construction d'un immeuble financée par l'argent prêté par le créancier, l'immeuble étant grevé en garantie). En revanche, si le contrat de sûreté est ferme et définitif (pas de constitution sous condition), mais que la condition suspensive porte sur l'acquisition de la propriété du bien à grever, il peut y avoir *attachment* qui ne prendra bien entendu effet qu'une fois la propriété acquise ; par exemple, le créancier prête de l'argent à un constructeur d'immeuble qui, en garantie, grève un terrain qu'il va acquérir ; l'acquisition éventuelle du terrain ne rend pas la constitution de la garantie elle-même conditionnelle, de sorte que le créancier se voit reconnaître un droit sur le terrain, mais qui ne sera effectif qu'après son acquisition par le constituant. Le bien futur, voire éventuel, n'exclut donc pas le mécanisme d'*attachment*. De même, les parties peuvent subordonner la constitution de la sûreté réelle à l'arrivée d'un événement certain (terme), à l'expiration d'une période ou au décès de l'une des parties, car ce sont des événements certains.

61. E. McKendrick, *op. cit.*, n° 23.17.

Temps et *attachment*. Un auteur fait une analogie entre l'enfant à naître et la constitution d'une sûreté réelle alors qu'il n'y a pas encore *attachment*[62]. Une fois réunies les conditions exigées pour l'*attachment*, sa rétroactivité au jour du contrat de constitution lui donne toute sa valeur. Ainsi, le créancier aura priorité sur un autre créancier si le même bien a été grevé après la conclusion du contrat de sûreté du premier créancier mais avant l'*attachment*. Il y a toutefois deux exceptions : le second créancier primera le premier si, ayant versé des fonds au débiteur, il informe le premier créancier de son droit sur le bien ; ou en cas de charge flottante.

De plus, si le débiteur grève un bien dont il n'est pas encore propriétaire et que le contrat de sûreté stipule qu'il va en acquérir la propriété (*after-acquired property clause*), son *trustee* est tenu de respecter cette clause malgré l'ouverture d'une procédure d'insolvabilité[63]. Si une entreprise insolvable acquiert un bien conformément au contrat de sûreté conclu antérieurement, cette acquisition ne sera pas considérée comme faite pendant la procédure d'insolvabilité (et donc échappera à la prohibition de ces actes), car elle est réputée avoir acquis la propriété à la date de constitution de la sûreté !

1313 **Valeur du bien. Valeur de la dette.** L'*attachment* (pouvoir du créancier sur le bien grevé) suppose aussi que le créancier fournisse quelque chose de valeur au débiteur (des fonds dans le cadre d'un prêt par exemple) concomitamment à la constitution de la sûreté ou juste avant. En effet, la valeur transférée au débiteur constitue la *consideration* nécessaire. Toutefois, il est possible que la constitution de la sûreté réponde à une avance de fonds faite bien avant ; en principe, une contrepartie donnée dans le passé ne peut pas constituer une *consideration* valable (v. *supra*, droit du contrat) ; néanmoins, l'avance de fonds faite dans le passé peut être valablement prise en compte pour jouer le rôle de contrepartie dans la constitution présente de la sûreté le contrat prévoit un transfert de propriété ou de possession du bien grevé ; ce mécanisme, malgré le caractère passé de la *consideration*, permet de contourner l'exigence d'une avance de fonds concomitante ou subséquente à la constitution de la sûreté. Cette possibilité correspond à un avantage pratique : la valeur de la sûreté réelle ne peut pas être supérieure à celle de la dette. En revanche, le créancier peut augmenter l'assiette de sa sûreté grâce à la clause autorisant le débiteur à grever des biens futurs ; ainsi, le prêt qu'il octroie au débiteur peut être garanti par une sûreté réelle dont l'assiette est amenée à augmenter par l'acquisition future de biens par le débiteur. L'avantage principal est aussi de permettre au créancier d'exercer ses droits sur des biens acquis pendant la procédure d'insolvabilité. Ainsi, grâce à cette clause, le créancier organise une sûreté élastique[64].

Lorsque le créancier est une banque qui offre au débiteur une ouverture de crédit sur un compte, sur lequel ce débiteur prend de l'argent à loisir régulièrement, ce qui est une dette passée devient une dette présente en vertu d'une règle dégagée par la décision *Clayton's Case*. La solution est la suivante : les sommes portées au crédit du compte courant du débiteur viennent éponger les dettes dans l'ordre de leur survenance : les dettes sont épongées dans leur « ordre d'arrivée ». Le fait que le

62. E. McKendrick, *op. cit.*, n° 23.21.
63. Re Lind [1915] 2 Ch 345.
64. E. McKendrick, *op. cit.*, n° 23.26.

débiteur ait bénéficié d'une ouverture de crédit avant la constitution de la sûreté perdure et ainsi, il profite d'argent « frais » après la constitution de la sûreté. La *consideration* passée se transforme en *consideration* actuelle. La sûreté garantissant les dettes antérieures est moins solide juridiquement que la partie garantissant les dettes postérieures en termes de droit de préférence du créancier.

B. L'OPPOSABILITÉ (*PERFECTION*)

1314 **La variété des modalités.** Il existe classiquement quatre procédures permettant de rendre la sûreté réelle opposable au tiers : la possession du bien par le créancier, l'enregistrement, la notification au débiteur pour un nantissement de créance et le contrôle de biens meubles incorporels. Ces mécanismes permettant de rendre la sûreté opposable relèvent de la phase de *perfection* de la sûreté.

1315 **Possession**. C'est une méthode simple et assez efficace de rendre la sûreté opposable. Le créancier prend possession du bien grevé, ce qui montre aux tiers que le bien a désormais un statut particulier et cela évite aussi de le laisser entre les mains du débiteur. Il est possible que cette possession soit exercée par un tiers, cela s'appelle l'*attornment*, proche de l'entiercement du droit français. Il peut même s'agir du débiteur. Dans cette hypothèse, le créancier peut restituer au débiteur les marchandises ou les biens, ainsi que le titre de propriété le cas échéant, en demandant au débiteur de garder les biens en qualité de *trustee*-agent pour lui. Le gage est ainsi maintenu[65].

1316 **L'enregistrement.** Il y a pléthore de registres (plus d'une dizaine) sur lesquels les sûretés doivent être enregistrées, selon la nature de l'assiette de la sûreté (avion, bateau, immeuble, etc.) et selon l'identité du débiteur (une société, un agriculteur). Il est souvent nécessaire que l'enregistrement se fasse auprès de plusieurs registres pour une même sûreté. En résumé, les meubles corporels gagés (*mortgaged*), passés par écrit, doivent être inscrits sur le registre des *Bills of Sale Register*. Les immeubles sont indiqués au *Land Register*, sauf exception, notamment pour les immeubles eux-mêmes non enregistrés, dont la sûreté doit être inscrite au *Land Charges registry*. Les bateaux et les avions grevés sont inscrits sur des registres dédiés, de même que les brevets, dessins et marques. Si le constituant est une société, l'enregistrement se fait sur le registre des sociétés (*Companies registry*) ; s'il s'agit d'une sûreté donnée par un agriculteur sur l'une de ses biens (souvent le bétail), l'enregistrement se fait sur un registre particulier du *Land registry*. L'enregistrement n'a pas qu'un intérêt en termes d'opposabilité aux tiers, mais aussi au regard des règles de priorité en cas de conflits entre créanciers privilégiés (v. *infra*).

1317 **Notification.** Ce mode d'opposabilité est particulièrement utile dans une situation précise, le nantissement successif de la même créance. Par exemple, le créancier (à qui un débiteur doit de l'argent), nantit cette créance à un prêteur afin de garantir un emprunt. Puis ce créancier, souhaitant encore emprunter davantage d'argent, nantit à nouveau la même créance à un second prêteur en toute

65. Dublin *City* Distillery Co Ltd v Doherty [1914] AC 823.

connaissance de cause. Lequel des deux prime ? Celui qui aura notifié son droit au débiteur nanti. Précisément, si le second créancier remet l'argent au créancier-emprunteur alors qu'il n'avait pas été informé du nantissement au profit du premier créancier et notifie son droit de créancier au débiteur dont la dette est nantie, il est prioritaire. C'est la solution dégagée par la décision *Dearle v. Hall*[66], qui n'est pas sans susciter la critique chez une partie de la doctrine pour son caractère compliqué et obsolète[67].

1318 **Contrôle**. Il existe enfin une dernière façon de rendre la sûreté opposable aux tiers lorsque le bien grevé est incorporel, c'est le transfert de contrôle. En d'autres termes, le débiteur, par essence titulaire de droits sur le bien incorporel grevé, transfère ses pouvoirs de prise de décisions et de contrôles au créancier. Cette technique est souvent utilisée lorsque les biens grevés sont des créances, voire des droits issus d'autres sûretés en matière bancaire. Concrètement, le débiteur demande à la banque de substituer le nom du créancier privilégié (ou celui d'un tiers exerçant ce contrôle pour le créancier) au sien. Cette technique s'appelle la *novation* ou l'*attornment* en présence d'un tiers.

SECTION 2 **LES SÛRETÉS RÉELLES LÉGALES**

1319 **Définition des sûretés légales.** Les sûretés légales au sens du droit anglais sont des sûretés qui ne résultent pas d'un accord de volonté des parties, mais des faits. Le juge, saisi d'une demande de reconnaissance de sûreté par le créancier, peut alors décider que les circonstances permettent de conclure au bénéfice d'une sûreté au profit du créancier. Il y a cinq types de sûretés résultant de la loi : le *lien* (§ 1), le *statutory charge* (§ 2), le droit équitable de compensation (§ 3), le droit équitable de suite (§ 4) et les sûretés procédurales (§ 5).

§ 1. LE *LIEN*

1320 ***Lien* de *Common law*.** Cinq catégories de *lien* sont admises. Tout d'abord, il y a le *lien* de *Common law* ou lien de possession (*Common law lien* ou *Possessory lien*). En vertu de cette sûreté, la personne qui a réalisé un travail pour un autre et qui n'en a pas été payé peut garder le bien appartenant au débiteur et qui est déjà en sa possession. En d'autres termes, le créancier (appelé *lienee*) peut, dans ces circonstances, conserver la possession du bien déjà entre ses mains. Ce *lien* rappelle fortement le droit de rétention connu du droit français.

1321 ***Possessory lien. Particular Lien* ou *General Lien*.** Il existe deux catégories de *possessory lien* : d'une part, il peut s'agir d'un *lien* particulier (*particular lien*)

66. Dearle v Hall [1828] 3 Russ 1.
67. E. McKendrick, *op. cit.*, n° 24.15.

lorsque le créancier retient le bien sur lequel un travail a été fait ; par exemple, le bailleur d'un entrepôt accueillant les marchandises du preneur peut les retenir jusqu'au complet paiement des loyers[68], le garagiste garde la voiture réparée, etc. D'autre part, dans certains cas limités, ce droit peut s'exercer sur tout autre bien appartenant au débiteur et en sa possession, même si ce n'est pas ce bien qui était l'objet de la prestation. Toutefois, il ne peut pas faire vendre le bien, sauf si une disposition légale le prévoit ou s'il est autorisé par le juge. Cette sûreté profite souvent à des prestataires de services, tels qu'un avocat[69], une banque[70], une société d'affacturage[71] ou un courtier[72]. Le *lien* est alors qualifié de *general*. En cela, il se rapproche des privilèges mobiliers généraux connus du droit français.

1322 ***Equitable lien.*** En deuxième lieu, il peut s'agir d'un autre type de *lien*, appelé *equitable lien*. Contrairement au précédent *lien* (la *Common law* ou *possessory lien*), le *lien* en équité ne suppose pas que le créancier soit en possession des biens du débiteur et en cela, il se rapproche des *equitable charges*[73]. Il bénéficie au vendeur d'immeuble afin de garantir le paiement de son prix[74] ; mais, comme il s'agit d'une sûreté fondée sur l'*Equity*, le vendeur ne peut pas s'en prévaloir s'il bénéficie par ailleurs d'autres sûretés[75]. Il peut aussi profiter à l'acheteur afin de sécuriser le remboursement d'un acompte si la vente ne se fait finalement pas[76], mais il semble que ce privilège ne profite pas à l'acheteur de marchandises[77]. En outre, si un *mortgage* ou une *charge* sont ultérieurement constitués sur le même bien faisant l'objet d'un *equitable lien*, celui-ci disparaît, et ce, même si le *mortgage* ou la *charge* viennent à être annulés[78].

1323 ***Equitable Liens* spéciaux. *Maritime lien. Statutory lien.*** Enfin, deux autres *equitable liens* sont admis : l'un portant sur un navire et la cargaison afin de payer les frais de sauvetage, les salaires des marins, les dommages-intérêts si le bateau a causé des dommages, etc. ; il s'appelle le *lien* maritime ; en revanche, celui qui répare le navire ne jouit pas de ce *lien* maritime, mais peut invoquer le *lien* fondé sur la possession. Le dernier type de *lien*, le *lien* fondé sur des lois spécifiques (*statutory lien*) ne profite qu'à des créanciers particuliers auxquels celles-ci reconnaissent un tel avantage : il en est ainsi du vendeur de marchandises. Il est difficile de trouver une homogénéité à cette catégorie, puisqu'ils sont établis, au cas par cas, par des lois. Le point commun réside dans l'avantage conféré au créancier : il peut retenir la chose, mais pas la faire vendre.

68. Chelleran & Sons (London) Ltd v Butlers Warehousing and Distribution Ltd [1977] 2 Lloyd's Rep 2.
69. Stevenson v Blakelock [1813] 1 M & S 535.
70. Brandao v Barnett [1846] 3 CB 519.
71. Baring v Corrie [1818] 2 B & Ald 137.
72. Re London and Globe Finance Corp [1902] 2 Ch 416.
73. A. Burrows, *op. cit.*, n° 8.87.
74. Re Birmingham [1959] Ch 523.
75. Capital Finance Co Ltd v Stokes [1969] 1 Ch 261.
76. Rose v Watson [1864] 10 HL Cas 762.
77. E. McKendrick, *op. cit.*, n° 22.67.
78. Orapko v Manson Inv. [1978] AC 95, (1977) 3 All ER 1 ; Capital Finance V Stokes [1969] 1 Ch 261.

§ 2. LE *STATUTORY CHARGE*

1324 **Définition.** Cette sûreté permet au créancier, faisant face à la défaillance du débiteur, de demander en justice à ce que le bien soit vendu. Toutefois, son domaine d'application est particulier : elle permet de garantir le remboursement des frais d'avocat exposés lors d'une procédure menée par un client soutenu financièrement par des fonds publics ; les sommes ou biens reçus pourront servir de garantie à certains frais judiciaires. Cette *charge* est régie par un texte particulier, le *Civil Legal Aid (Statutory Charge) Regulations 2013*. Le créancier est alors le *Legal Aid Agency*.

§ 3. LE DROIT LÉGAL DE COMPENSATION

1325 **Compensation.** Le créancier peut faciliter le paiement de tout ou partie de sa créance en se prévalant du mécanisme de la compensation : l'argent qu'il doit au débiteur vient en déduction de l'argent que le débiteur lui doit. Ce droit de compensation est fondé sur l'*Equity* et se distingue du droit conventionnel de compensation qui est prévu par les parties elles-mêmes. Il existe deux types de droit légal de compensation. En premier lieu, il s'agit d'un droit indépendant de compensation : il est qualifié d'indépendant, car les deux créances ne sont pas nécessairement connexes. En outre, la compensation ne peut être employée par le créancier qu'à titre de défense et non comme fondement à une action. En second lieu, il peut s'agir d'une compensation de transaction (*Transaction Compensation*) : les créances sont si proches qu'il serait manifestement injuste de reconnaître plein effet à la demande de paiement de l'une des créances sans prendre en compte l'autre créance pouvant en réduire le montant[79]. Cette compensation, contrairement à la précédente, n'est pas seulement une exception à la demande du créancier ; elle porte sur des créances de somme d'argent, lie les mêmes parties et a un lien si proche que la créance invoquée par le défendeur fait obstacle au paiement *in integrum* de la créance du demandeur.

§ 4. LE DROIT ÉQUITABLE DE SUITE

1326 ***Equitable right to trace.*** Le propriétaire d'un bien qui a été vendu sans son consentement peut réclamer au vendeur imprudent le prix de la vente, au lieu de suivre le bien dans les mains du tiers acquéreur. Sur le fondement de la *Common law stricto sensu*, il peut exiger du dépositaire le versement du prix obtenu et dispose de la même action contre celui à qui le prix aurait été reversé entre-temps. Ici, le propriétaire n'est titulaire que d'un droit personnel contre le dépositaire (ou plus généralement, le vendeur *a non domino*) et il ne jouit d'aucun droit réel sur le prix ou sur la chose vendue. Si l'acquéreur ou le vendeur *a non*

79. Geldof Metaalconstructie NV v Simon Carves Ltd [2010] EWCA Civ 997.

domino fait l'objet d'une procédure d'insolvabilité, le propriétaire n'est qu'un créancier chirographaire parmi d'autres.

C'est l'*Equity* qui a tenté de combler cette lacune à travers la technique du *trust*. Par exemple, imaginons que X confie des biens à Y pour en prendre soin en tant que dépositaire ; Y vend ces biens à Z. Sur le fondement de l'*Equity*, X est le bénéficiaire d'un *trust* dans lequel le dépositaire, Y, est le *trustee*. Le propriétaire se voit alors reconnaître un droit réel sur le prix de vente et dont il pourra se prévaloir en cas d'insolvabilité du *trustee* Y. Il peut même se prévaloir ce droit dans les mains d'un tiers à qui le prix de vente aurait reversé, sauf si celui-ci peut lui opposer un droit supérieur. Toutefois, comme il s'agit ici d'un raisonnement fondé sur l'*Equity*, si le tiers a, à son tour, transféré l'argent à une autre personne, il ne commet aucune faute s'il était de bonne foi ; ainsi en est-il s'il ne connaissait l'origine du prix et qu'il n'avait pas encore été informé par le propriétaire de son droit sur le prix[80]. Dans cette situation, le propriétaire originaire peut alors se prévaloir des solutions de *Common law* contre l'accipiens du prix s'il l'informe de son droit. Enfin, si l'action est fondée sur l'*Equity*, le fait que le prix ait été versé sur un compte en banque et « mélangé » avec d'autres fonds, n'est pas un obstacle à la restitution du prix, ce qui serait le cas si elle était fondée sur la *Common law*[81].

Il résulte de ces mécanismes une distinction importante relative au droit de suite : il y aurait un droit de suite portant sur la chose elle-même (*following the asset*) et un autre portant sur le prix de vente (*tracking the proceeds*)[82]. En outre, le droit du propriétaire initial de récupérer le prix n'est pas fondé sur l'enrichissement injuste mais sur la reconnaissance d'un droit réel[83] sur ce prix. Les conséquences de ce fondement sont loin d'être théoriques : le demandeur doit juste prouver qu'il était propriétaire du bien vendu, peu important que la situation ait créé un enrichissement injuste pour le vendeur. De même, l'action n'est pas laissée à la libre appréciation du juge qui n'a pas à appliquer le droit des restitutions, ni à accueillir les défenses existant en cette matière[84]. Toutefois, le demandeur, propriétaire originaire, ne peut pas exercer simultanément le droit de suite sur le bien et celui sur le prix ; il doit choisir l'un ou l'autre et, une fois le choix fait, l'autre possibilité lui est fermée. Enfin, la distinction entre ces deux types de droit de suite suppose que le prix soit entre les mains d'une personne et la chose entre les mains d'une autre. À défaut, il n'y a pas lieu à voir dans la situation un *trust* et donc il n'y a pas distinction entre le bénéficiaire et le *trustee*[85].

80. Re Diplock v Wintle [1948] Ch 465.
81. Banque Belge Pour l'Etranger v Hambrouck [1921] 1 KB 321 ; Agip (Africa) Ltd v Jackson [1991] Ch 547.
82. Foskett v McKeon [2001] 1 AC 102.
83. Foskett v McKeon [2001] 1 AC 102.
84. Menelaou v Bank of Cyprus UK Ltd [2015] UKSC 66.
85. E. McKendrick, *op. cit.*, p. 57.

§ 5. LES SÛRETÉS PROCÉDURALES

1327 **Notion.** Ces sûretés procédurales (*procedural securities*) se rapprochent de certaines sûretés réelles judiciaires connues du droit français, telles que l'hypothèque judiciaire. Il s'agit bien plus d'un mécanisme de saisie conservatoire en réalité. En effet, le demandeur, qui, à ce stade, n'a pas de droit réel sur une chose, peut demander en justice à ce que certains biens du défendeur fassent l'objet d'une sorte de saisie conservatoire (mais qui constitue techniquement une sûreté) afin de sécuriser, le cas échéant, le paiement de sa demande en cas de bien-fondé et ce, même si le défendeur fait l'objet entre-temps d'une procédure d'insolvabilité. Par exemple, il est possible que le défendeur doive payer une certaine somme d'argent dans le cadre de la procédure, soit parce que la demande a été jugée bien-fondé, soit parce qu'elle correspond au préalable du défendeur de se défendre ; cet argent sera attribué au demandeur, même si le défendeur fait l'objet d'une procédure d'insolvabilité ; mais si cette somme ne suffit pas, le demandeur complétera sa demande dans le cadre de la procédure d'insolvabilité. Il s'agit le plus souvent d'une somme d'argent, mais il peut aussi s'agir de tout autre bien appartenant au défendeur (*Civil Procedure Rules*). En revanche, si le juge enjoint seulement le défendeur de ne pas vendre son bien durant la procédure en justice amorcée par le demandeur, sans y associer une quelconque saisie-conservatoire, le demandeur ne dispose contre l'autre partie que d'un droit personnel et d'aucun droit préférentiel sur les autres créanciers[86].

SECTION 3 LA RÉALISATION ET LA TRANSMISSION DE LA SÛRETÉ RÉELLE

1328 Ces sûretés sont efficaces par leur réalisation (§ 1), et elles peuvent être transmises (§ 2).

§ 1. LA RÉALISATION DE LA SÛRETÉ

1329 **Réalisation de la sûreté.** Face à la défaillance du débiteur, le créancier privilégié dispose de plusieurs solutions. Outre le fait qu'il peut classiquement tenter de se faire bien sur n'importe quel bien du débiteur, comme le droit français le permet en vertu du droit de gage général, il a tout intérêt à se prévaloir des pouvoirs que lui confère sa sûreté réelle. Ainsi, il peut prendre possession du bien grevé (A), le faire vendre (B), désigner un séquestre (C), faire saisir le bien ou encore faire jouer le cautionnement réel d'un tiers le cas échéant. Il faut aussi évoquer le mécanisme de la *foreclosure* (D).

86. Cretanor Maritime Co Ltd v Irish Marine Management Ltd [1978] 3 All ER 16-4.

A. LA POSSESSION

1330 ***Possession.*** En dehors de l'hypothèse dans laquelle la dépossession est une condition de la sûreté (comme pour le *pledge* ou gage avec dépossession), le transfert de possession au profit du créancier est l'un des droits qu'il peut réclamer si le débiteur ne paie pas la dette devenue exigible. Si le bien grevé est occupé légalement par un tiers, en vertu d'un bail par exemple, la possession prendra la forme d'un versement par le preneur des loyers au créancier. Si ce droit est stipulé dans le contrat de sûreté, le créancier peut s'en prévaloir, quel que soit le type de sûreté réelle (*legal mortgage*, *equitable mortgage*, *charge*). Toutefois, si la sûreté est un *legal mortgage*, le créancier a droit à la possession du bien, même si le débiteur n'est pas défaillant, sauf clause contraire[87]. S'agissant de l'*equitable mortgage*, la jurisprudence n'a pas tranché. En revanche, il est certain qu'en l'absence d'une clause le prévoyant (voire une décision judiciaire[88]), le créancier, bénéficiaire d'une charge, ne peut pas réclamer la possession du bien, car il n'a aucun véritable droit de propriétaire sur la chose, tout au plus a-t-il un droit potentiel affectant le bien (c'est un *encumbrance*, et non un *proprietary interest*).

1331 **Modalités.** Si le créancier peut prendre possession lui-même des biens, il le fait. En revanche, s'il doit entrer chez le débiteur à cette fin, il risque de voir sa responsabilité engagée. Il doit alors désigner un séquestre pour procéder à l'appréhension des biens ou demander en justice l'autorisation de le faire. En outre, il est des hypothèses dans lesquelles la prise de possession doit obligatoirement être précédée d'une autorisation judiciaire ; tel est le cas en vertu des dispositions relatives au crédit à destination du consommateur[89] : par exemple, si le *mortgage* porte sur un immeuble garantissant un crédit alloué à un consommateur ; le juge peut même remettre à plus tard la délivrance de cette autorisation ou retarder la date de prise de possession s'il s'agit d'une maison d'habitation. En outre, il faut, en tout état de cause, que le créancier respecte un préavis de sept jours avant de procéder à la prise de possession.

B. LA VENTE

1332 **Mécanisme.** La prise de possession du bien grevé est également utile comme préalable à la vente du bien. Si le contrat le prévoit, le créancier peut faire vendre le bien et s'il en a préalablement pris possession, il peut transférer cette possession à l'acheteur. En agissant ainsi, le créancier n'a pas véritablement d'autres obligations que d'agir de bonne foi, notamment en essayant d'obtenir le meilleur prix. En principe, ce pouvoir du créancier de vendre le bien doit être expressément prévu par les parties dans le contrat. À défaut, il lui est toutefois reconnu si la sûreté (*mortgage* ou *charge*) a été passée par acte solennel (*deed*), car une loi spéciale, la *Law of*

87. Four-Maids Ltd v Dudley Marshall (Properties) Ltd [1957] Ch 317.
88. Garfitt v Allen [1887] 37 Ch D 48.
89. *Consumer Credit Act 1974*, art. 76, 87 et 126 : cette loi ne s'applique pas aux crédits immobiliers destinés à l'acquisition du logement principal. Les sûretés garantissant les crédits accordés à un consommateur sont régies par les sections 105 à 126.

Property Act de 1925 le prévoit (art. 101). S'agissant de meubles[90], la vente ne peut intervenir qu'une fois une courte période de possession respectée : le créancier doit les détenir au moins cinq jours (*Bills of Sale Act*). Si le débiteur est un consommateur dont la dette ressort de la loi relative au crédit (*Consumer Credit Act*), la vente ne peut pas intervenir avant l'expiration du préavis de sept jours et qu'il n'a pas payé sa dette entre-temps. De même, toujours grâce à la *Bills of Sale Act*, le créancier, en possession des biens, peut les vendre, même si le *mortgage* n'a pas été conclu par un acte solennel (*deed*), dès lors que le débiteur n'a pas payé sa dette à la date prévue[91]. Le créancier, bénéficiaire d'un *mortgage* en équité et en possession des biens, a-t-il le même pouvoir de vente ? Ce n'est pas certain ; il est vraisemblable qu'il devra saisir le juge pour être habilité à transmettre la propriété du bien à l'acquéreur. S'agissant d'un créancier gagiste, il jouit sans nul doute d'un pouvoir de vendre sur le fondement de la *Common law*. Mais s'il s'agit d'une *charge* fondée sur l'*Equity* et en l'absence d'acte solennel (*deed*), le créancier doit requérir une autorisation judiciaire de vendre.

1333 **Conflits.** Que se passe-t-il en présence de plusieurs créanciers privilégiés, titulaire de *mortgages* sur les mêmes biens ? Tout dépend de l'ordre de priorité de la sûreté : le plus ancien prime les plus récents. Concrètement, si le bien est vendu, le débiteur ne peut plus réclamer la possibilité de racheter son bien (*Equity of Redemption*) et surtout les créanciers privilégiés ultérieurs n'ont aucun droit à ce stade : le premier créancier perçoit tout ou partie du prix, à hauteur de sa créance ; s'il reste un surplus, il ne peut naturellement pas le prendre et sera, le cas échéant, pris par le second créancier privilégié. Inversement, si c'est un créancier privilégié qui n'est pas prioritaire sur d'autres, la vente qu'il effectue ne peut produire d'effet à son endroit qu'autant que ses rivaux prioritaires ont été désintéressés. Enfin, si le produit de la vente est insuffisant à éponger la dette, la portion de paiement manquante sera réglée conformément à ce que le créancier et le débiteur ont convenu[92].

C. DÉSIGNATION D'UN ADMINISTRATEUR

1334 **Missions.** Une autre possibilité s'offre au créancier : la désignation d'un administrateur-séquestre (*receiver*) dont la mission principale est de faire vendre le bien et de récupérer le prix. Cette possibilité est soit prévue par le contrat de sûreté soit par certaines lois spéciales, telles que le *Law of Property Act 1925*. Les pouvoirs de l'administrateur peuvent être encore plus étendus : le contrat peut ainsi lui permettre de gérer l'entreprise du débiteur, conclure des contrats en son nom et pour son compte, vendre les biens, voire disposer de l'entreprise[93].

90. Au sens de la loi *Bills of Sale Act 1878*, sec. 4.

91. En l'absence de date précise, le créancier doit lui attribuer un délai raisonnable pour s'exécuter avant de faire vendre le bien, *Deverges v Sandeman [1902] 1 Ch 579.*

92. Bristol and West plc v Bartlett [2003] 1 WLR 284.

93. Cette hypothèse a perdu de son utilité depuis l'*Entreprise Act 2002*.

D. LA *FORECLOSURE*

1335 *Foreclosure.* **Mécanisme.** Le débiteur a le droit de récupérer son bien grevé d'une sûreté en payant toute sa dette selon des modalités éventuellement prévues par le contrat. C'est un droit légal reconnu au débiteur (*legal right to redeem*) et le contrat ne peut contenir de clause contraire. Or, s'il est défaillant, il perd logiquement tout droit de récupération du bien grevé. Néanmoins, le droit anglais lui propose encore une dernière solution : tandis qu'il a perdu son droit légal, il se voit reconnaître un droit de récupération en équité (*Equitable right*). Afin d'empêcher ce droit de lui être reconnu sur le fondement de l'*Equity*, le créancier peut le bloquer en saisissant le juge et en réclamant la *foreclosure*. Si le juge y fait droit, le contrat de garantie prend fin, le débiteur n'a plus de possibilité de récupérer le bien et le créancier reçoit les droits et intérêts que le débiteur avait sur le bien grevé[94] (le plus souvent la propriété).

1336 **Modalités.** Avant d'aboutir au prononcé de la *foreclosure*, deux étapes sont importantes. D'une part, les autres créanciers privilégiés ayant un intérêt sur le même bien doivent être appelés à la procédure et ils ont alors le pouvoir de racheter le bien ; s'il n'y a pas rachat, ils se soumettront aux effets de la suite de la procédure. D'autre part, s'agissant du débiteur, le juge lui octroie un délai de six mois pour qu'il paie sa dette lui permettant de récupérer son bien et prononce une décision provisoire en ce sens (*order nisi*) ; puis, si le débiteur n'y parvient pas, une décision définitive sera prise par le juge (*order absolute*). À l'issue de cette procédure, le créancier peut faire vendre le bien[95]. Il semble que chaque partie soit gagnante : la *foreclosure* empêche le débiteur de racheter le bien mais le créancier qui vend le bien doit se contenter du prix qu'il va recevoir, de sorte que si le prix est inférieur à la dette, il ne peut plus rien réclamer au débiteur ; corrélativement, celui-ci est libéré de tout paiement complémentaire. Inversement, le créancier peut faire une bonne affaire si le prix obtenu dépasse le montant de la dette, contrairement à ce qui se passe dans une réalisation classique de sûreté réelle pour laquelle le surplus échoie au débiteur. En pratique, ce mécanisme est peu employé, parce qu'il entraîne des procédures longues, les juges cherchant à donner une dernière chance au débiteur de payer sa dette en rachetant le bien[96]. Enfin, il faut signaler que, indépendamment de toute demande judiciaire, le droit de rachat du débiteur est prescrit, en matière immobilière, si le créancier a joui d'une possession du bien pendant douze ans sans que le débiteur n'ait exercé son droit. S'il s'agit d'un meuble, il n'y a pas de possession à effet extinctif, sauf à ce que le créancier démontre, sur le fondement de l'*Equity*, que le débiteur a été négligent en mettant bien du temps à exercer son droit de rachat, lui causant ainsi un préjudice (notion de *laches*).

94. Marshall v Shrewbury [1875] 10 Ch App 250.

95. Il n'est pas impossible que le débiteur demande la réouverture de la procédure, mais cela est bien rare : Campbell v Holyland [1877] 7 Ch D 166.

96. Palk v Mortgage Services Funding plc [1993] Ch 330.

§ 2. LA TRANSMISSION

1337 **Volonté des parties.** La sûreté réelle peut circuler soit par une cession pure et simple, soit par une affectation à une nouvelle sûreté. Sauf exception, le consentement du débiteur initial n'est pas requis. En revanche, diverses formalités doivent être respectées et elles diffèrent selon la nature des biens grevés. Par exemple, si la cession de la sûreté porte sur des meubles corporels (*goods*), certaines formalités d'enregistrement sont nécessaires afin de permettre le transfert des biens grevés (*Bills of Sale Act 1878*, sec. 8 ; *Companies Act 2006*, sec. 859 A). Le transfert d'une sûreté immobilière ou d'un nantissement d'assurance-vie doit être fait par écrit et respecter les formalités imposées par des textes spéciaux (*Land Registration Act 2002 ; Law of Property Act 1925* ; *Policies of Assurance Act 1867*). De même en est-il s'il s'agit du transfert d'un nantissement de créances, le débiteur devant en être informé (*Law of Property Act 1925*, sec. 136).

Enfin, la sûreté peut également être cédée par le mécanisme de la subrogation conventionnelle ou légale. La subrogation conventionnelle peut résulter d'un contrat entre le débiteur, constituant de la sûreté et un nouveau créancier, celui-ci prêtant de l'argent au premier pour désintéresser le créancier privilégié originaire ; le contrat peut alors stipuler expressément que le second prêteur sera subrogé dans les droits du premier créancier sur la sûreté réelle ou, même implicitement, si une clause indique que les fonds prêtés par le second serviront à éponger la dette du débiteur à l'égard du premier créancier. Expresse ou implicite, la volonté des parties doit être exprimée en ce sens ; c'est pourquoi, le simple fait que le débiteur utilise spontanément les fonds du second créancier pour payer le premier ne suffit pas à instituer une subrogation conventionnelle[97]. Inversement, le fait que le second créancier n'ait pris la peine de convenir d'une quelconque sûreté à son profit pour l'avance de fonds ne signifie pas qu'il n'avait besoin d'aucune sûreté, notamment celle dont il obtiendra le bénéfice par subrogation[98]. En d'autres termes, le contrat entre le débiteur et le second créancier doit faire apparaître la volonté de subroger ce second créancier dans la sûreté accordée au premier créancier ; il n'est pas nécessaire de stipuler une autre sûreté spécifiquement dédiée.

1338 **Transfert légal.** Il existe aussi des hypothèses de transfert de la sûreté par effet de la loi. Par exemple, si le créancier privilégié fait l'objet d'une procédure d'insolvabilité, sa créance garantie et la sûreté dont il bénéficiait sont automatiquement transmises au *trustee* qui gère la procédure (*Insolvency Act 1986*, sec. 306). Pareillement, si le créancier décède, elles sont transmises aux héritiers. Enfin, la sûreté peut également faire l'objet d'une subrogation légale en cas de conflits entre deux créanciers privilégiés. Cette technique, qui reçoit des applications diverses en droit anglais, est très utile pour justifier certaines restitutions, dans le cadre d'un enrichissement sans cause. L'exemple du conflit entre créanciers pourrait être le suivant : un créancier prête de l'argent à un débiteur qui donne en garantie deux immeubles, par exemple, les bâtiments d'une ferme et un champ. Puis, un second créancier prête, lui aussi, de l'argent à ce même débiteur qui grève en garantie le même

97. Orapko v Manson Inv. Ltd [1978] AC 95.
98. Paul v Speirway [1976] Ch 220.

champ. Si le débiteur ne paie pas sa dette au premier créancier, celui-ci peut faire vendre, si besoin, tant la ferme que le champ, ce qui risque de priver le second créancier de l'effectivité de sa propre sûreté. C'est pourquoi l'*Equity* a institué le principe dit du *marshelling*[99] (rassemblement) afin de conférer au second créancier une certaine protection contre le débiteur qui pourrait ainsi se trouver allégé de la sûreté. Concrètement, le premier créancier peut faire vendre les deux biens et prélever sur le prix de vente la somme nécessaire à payer sa créance ; le second créancier est subrogé dans les droits du premier pour le surplus de prix, même si la partie du prix dont il se prévaut correspond au prix du bien sur lequel il n'avait pas de sûreté. Plusieurs conditions doivent être néanmoins réunies pour que cette règle soit admise par les juges : il doit y avoir conflit entre deux créanciers privilégiés quant à un même bien et un même débiteur ; la réalisation de la sûreté du premier créancier qui a ainsi épongé ce qui lui était dû[100] doit provoquer un préjudice au second et, enfin, cette situation doit profiter injustement au débiteur. Ainsi, le second créancier se voit attribuer, par effet de la loi, une sûreté sur un bien alors même qu'il n'y avait eu aucune constitution conventionnelle en ce sens.

SECTION 4 LES CONFLITS DE PRIORITÉ

1339 Plusieurs règles organisent les conflits de priorité entre créanciers privilégiés. Il est délicat de les exposer toutes tant elles sont complexes et nombreuses. Certaines de ces règles générales (§ 1) sont affectées en cas d'insolvabilité du débiteur (§ 2).

§ 1. LES RÈGLES GÉNÉRALES

1340 Les conflits en présence de créanciers titulaires de sûretés réelles se résolvent selon des règles qu'il convient de présenter (A) sans oublier des hypothèses particulières (B).

A. PRÉSENTATION

1341 **Dispositions supplétives.** Lorsque plusieurs créanciers sont titulaires de sûretés sur les mêmes biens, il convient d'organiser les priorités entre eux. Les créanciers ont la liberté de s'arranger entre eux quant à l'ordre de priorité, même sans le consentement du débiteur, car les règles en la matière ne sont pas d'ordre public[101]. À défaut de convention entre eux, de nombreuses règles viennent pallier

99. Craythorne v Swineburne [1807] 14 Ves 160.
100. Wallis v Woodyear [1855] 2 Jur NS 179.
101. Cheah Theam Swce v Equiticorp Finance Group Ltd [1992] 1 AC 472.

cette absence et indiquent lequel des créanciers peut être payé en premier. Ces règles doivent être articulées selon la nature de la sûreté (à enregistrer ou non), selon que le créancier avance ou pas de l'argent frais au débiteur, notamment.

1342 **Règles générales.** Il est une première règle au terme de laquelle la priorité est déterminée par l'ordre de constitution de la sûreté réelle : le premier prime les créanciers ultérieurs. Une deuxième règle énonce que les sûretés légales (*legal interest*) priment les sûretés fondées sur l'*Equity* (*equitable interest*). En cas de conflit entre créanciers jouissant de sûretés en *Equity*, le plus ancien prime les autres ; toutefois, cette règle peut être écartée au profit d'un créancier plus récent si ce créancier récent ne connaissait pas l'existence du précédent créancier et s'il a avancé des fonds au débiteur en échange d'un droit légal[102]. Ensuite, si le bien grevé est de l'argent, des instruments négociables ou des titres sociaux[103], le second créancier prime s'il n'a pas été informé[104]. Enfin, si des biens sont confiés par un tiers au créancier, celui-ci peut opposer son *lien* (droit de rétention) contre le propriétaire[105].

1343 **Règles spéciales. Sûretés et enregistrement.** Il existe aussi une série de règles lorsque les sûretés en conflit doivent faire l'objet d'un enregistrement. En premier lieu, s'il y a conflit entre sûretés à enregistrer, la première enregistrée prime sur l'autre[106]. Si la sûreté qui devait être enregistrée, ne l'a pas été, elle est nulle et n'est pas censée exister, c'est pourquoi elle est primée par tout droit qui sera ultérieurement enregistré. Si un créancier a manqué d'enregistrer sa sûreté, il peut encore primer des créanciers ultérieurs si et quand il leur notifie son droit.

1344 **Acheteur contre créancier.** Mais, s'il y a conflit entre le créancier et l'acheteur du bien grevé d'une *charge*, c'est celui-ci qui prime s'il était de bonne foi, s'il a transmis de la valeur au vendeur et s'il n'y a pas eu notification de la *charge* du créancier. En revanche, si cet acquéreur est opposé à un créancier bénéficiant d'un *mortgage* légal, il cède face au créancier qui l'emporte.

1345 **Vendeur et sûreté enregistrée.** *Quid* du conflit entre vendeur et créancier jouissant d'une sûreté enregistrée ? Le vendeur, en principe, prime[107]. De même, s'il est en conflit avec un créancier bénéficiant d'une charge ou d'un mortgage en *Equity*, il prime encore si les trois conditions classiques sont réunies : sa bonne foi, il a transmis de l'argent en échange d'un intérêt légal et il n'y a pas eu notification.

1346 **Avion, bateau, brevets, dessins et marques, produits agricoles.** Pour les avions, le créancier qui a enregistré prime sur celui qui n'a pas enregistré. De même en est-il pour un bateau grevé. Pour des brevets et dessins, là encore, l'enregistré postérieur qui n'avait pas connaissance d'un précédent créancier prime celui-ci. Entre créanciers non enregistrés, le premier prime. Pour les marques, le

102. GOODE, *op. cit.*, p. 724.
103. *Bills of Exhange Act* 1882.
104. Moss v Hancock [1899].
105. Marsh v Police Commissioner [1945] KB 43, CA.
106. Dearle v Hall.
107. Joseph v Lyons [1884].

créancier enregistré qui ne connaissait pas l'existence d'un précédent créancier prévaut sur le non enregistré ; en revanche, entre créanciers non enregistrés, il semble que le plus récent prime[108]. Enfin, entre créanciers enregistrés, c'est celui qui a été constitué en premier qui prime. S'il s'agit d'une *charge* portant sur un bien agricole, elle doit être enregistrée dans les sept jours. Le premier créancier à enregistrer prime les autres. En revanche, l'acheteur de biens agricoles grevés prime.

1347 **La perte de la priorité.** Dans quelques hypothèses, le créancier bénéficiant d'une sûreté légale risque de perdre son droit de priorité. Tout d'abord, si le créancier a commis une faute grave (*gross negligence*), il perd sa priorité[109]. C'est le cas s'il a commis ou participé à une manœuvre frauduleuse destinée à empêcher le créancier précédent à notifier son droit[110] ou s'il a, par grave négligence, manqué de renforcer sa sûreté, permettant ainsi au débiteur d'utiliser, *de facto*, le bien grevé comme s'il n'y avait pas de sûreté[111]. Ensuite, le droit anglais considère que le créancier ne peut plus se prévaloir de son droit de priorité sur le bien s'il a autorisé le débiteur, expressément ou tacitement, à utiliser le bien grevé comme s'il n'était pas grevé[112].

B. HYPOTHÈSES PARTICULIÈRES

1348 **Avance de fonds. Garantie des avances de fonds.** *Quid* si un créancier privilégié crée une nouvelle créance ? Concrètement, c'est l'hypothèse, importante en droit anglais, de nouveaux versements d'argent par le créancier au débiteur, postérieurement à la constitution d'une sûreté garantissant des avances de fonds précédentes ; par exemple, le créancier prête de l'argent au débiteur et une sûreté réelle est constituée sur un immeuble ou un meuble en garantie de ce prêt ; puis, le même débiteur consent à nouveau une sûreté légale avec un second créancier ; que se passe-t-il si le premier créancier a ultérieurement prêté de l'argent au débiteur ? Peut-il se prévaloir de sa sûreté et l'étendre à son second versement, en primant le second créancier qui est apparu entre-temps ?

Afin de trouver la solution, il faut distinguer deux périodes, avant et après l'entrée en vigueur de la loi sur la propriété de 1925 (*Law of Property Act* 1925). Jusqu'à cette loi, la réponse était clairement affirmative : le premier créancier d'une sûreté réelle légale (et non en *Equity*) primait, même pour des avances ultérieures, s'il ne connaissait pas l'existence du second. À défaut, il ne perdait pas sa sûreté, mais sa priorité sur le second créancier. Il pouvait encore sauver son droit de priorité si le second créancier y consentait[113]. C'est pourquoi, il était hautement conseiller au premier créancier titulaire d'une *Legal Security Interest* d'inclure dans le contrat avec le débiteur une sûreté négative, telle qu'une interdiction de constituer des sûretés ultérieurement ou sans son consentement, etc. Ainsi, le premier

108. A. Burrows, *op. cit.*, p. 340.
109. Waldron v Sloper [1852].
110. Peter v Russell [1716] 1 Eq Cas Abr 321.
111. Waker v Linom [1907] 2 Ch ; Oliver v Hinton [1899] 2 Ch 264.
112. Brocklesby v Temperance Building Society [1895] AC 173.
113. Hopkinson v Rolt [1861] 9 HL Cas 514.

créancier pouvait refuser de verser à nouveau de l'argent au débiteur s'il constate qu'une autre sûreté a été constituée[114]. En outre, il était également possible pour un créancier, bénéficiaire d'une sûreté réelle et procédant à des prêts ultérieurs de profiter de la primauté d'un précédent créancier. Par exemple, un débiteur emprunte de l'argent à trois personnes et constitue pour chacune une sûreté réelle sur le même bien ; le dernier créancier en date risque, en principe, d'être primé par les deux précédents ; toutefois, s'il consent à faire des avances de fonds pour le débiteur et s'il rachète la sûreté du primo-créancier, il peut bénéficier de sa place en première place, devançant ainsi le deuxième créancier. En résumé, ce mécanisme de rachat de sûreté auprès d'un créancier mieux placé permet à un autre créancier ayant fait des avances de fonds d'être garanti de manière préférentielle en priorité : c'est une sorte de saute-mouton dans l'ordre des créanciers, ce que les Anglais ont appelé la *Tabula naufragio*[115].

Mais avec la loi sur la propriété de 1925 (en sa section 94), ces deux techniques (celle issue de la jurisprudence *Hopkinson* et la *Tabula naufragio*) ont été abandonnées. Une première modification importante concerne le domaine d'application : tandis qu'il s'agit toujours de chercher à sécuriser les avances de fonds faites par le créancier ayant garanti des créances antérieures par une sûreté réelle, la protection ne se limite plus au seul créancier titulaire d'une sûreté légale, mais elle s'étend aussi aux sûretés en *Equity*. Ce sont désormais trois situations qui permettent au créancier d'invoquer sa sûreté réelle antérieure pour garantir, avec priorité, ses avances de fonds : en premier lieu, le créancier peut convenir avec le créancier postérieur (mais antérieur à l'avance de fonds) de conserver sa priorité sur lui pour l'avance postérieure ; en deuxième lieu, le créancier conserve aussi sa priorité s'il n'a pas été informé, au moment où il avance des fonds supplémentaires, qu'une seconde sûreté réelle a été ultérieurement constituée ; enfin, il demeure prioritaire si le contrat constituant la sûreté lui impose de faire ces avances ultérieures (peu importe dans cette dernière hypothèse qu'il ait été informé ou non de la constitution d'une seconde sûreté entre-temps).

1349 **Nuances.** À ces règles simples, il convient d'apporter des nuances. Tout d'abord, si la sûreté du premier créancier n'a pas expressément visé l'hypothèse d'avances futures de fonds, l'enregistrement d'une seconde sûreté ultérieure joue comme une information du premier créancier ; censé être informé de cette nouvelle situation, il ne peut plus prétendre conserver sa priorité pour les avances qu'il fait à partir de cet enregistrement. En revanche, si elle stipule expressément qu'elle garantira une dette présente mais aussi des dettes futures (avance de fonds ou compte courant), le créancier ne perd pas sa priorité par le seul fait que la sûreté ultérieure a été enregistrée ; en effet, l'enregistrement de la seconde sûreté ne vaut pas information du précédent créancier (*Law of Property Act 1925*, sec. 94). Cette solution est pleine de bon sens, car, à défaut, une banque serait obligée de vérifier chaque minute, si lorsque le débiteur bénéficie d'une ouverture de crédit, une autre sûreté n'a pas été enregistrée entre-temps...

114. Goode, *op. cit.*, p. 726.
115. Goode, *op. cit.*, p. 726.

Toutes ces règles édictées par la section 94 de la loi de 1925 ne s'appliquent pas aux sûretés prises sur des immeubles enregistrés. Toutefois, elles ne doivent pas pour autant être totalement exclues, car un autre texte les reprend presque intégralement ; c'est la loi sur l'enregistrement des immeubles de 2002 (*Land Registration Act 2002*, sec. 49(1)). Une nuance doit à nouveau être signalée : en vertu de cette loi de 2002, lorsque la sûreté garantit une dette pour un montant maximum déterminé, elle peut garantir, avec priorité, des avances de fonds ultérieures jusqu'à atteindre le montant stipulé[116] et cela, peu importe que le créancier premier ait été informé d'une sûreté ultérieure prise entre-temps ou n'était tenu d'aucune obligation de procéder à ces avances.

1350 **Règle de Hopkinson.** *Quid* des avances initiales faites après notification d'une sûreté ultérieure ? C'est la règle issue de l'affaire *Hopkinson* qui s'applique : le créancier, titulaire d'une sûreté réelle et qui avance des fonds, conformément au contrat, mais après notification de la seconde sûreté, perd sa priorité sur le créancier ultérieur. La situation de ce premier créancier est donc difficile : il est tenu de faire ces versements au débiteur mais il sait qu'il n'aura pas priorité sur le second créancier si celui-ci l'a informé de sa propre sûreté. Ce second créancier, en revanche, profite de la priorité pour tous les versements. Mais le premier créancier n'est pas démuni : suivant la jurisprudence *Hopkinson*, il a tout intérêt à constituer une nouvelle sûreté et à la notifier au second créancier ; ainsi, il lui prend la priorité, du moins pour les avances que le second fait à compter de cette notification ! Ce jeu de sûretés successives pouvant se prolonger à l'infini, les créanciers, en pratique, finiront par se mettre d'accord sur des règles de priorité entre eux[117]. À ce sujet, il faut rappeler le principe dégagé par l'arrêt *Clayton*[118] : lorsqu'un client emprunte de l'argent auprès d'une banque, les sommes portées au crédit du client servent à éponger les dettes les plus anciennes et donc potentiellement l'argent prêté par la banque, avant même la constitution de la sûreté. Cette règle est également résumée comme "*First-in, First-Out rule*" ou *FIFO Rule*. Il est alors tout à fait envisageable que de l'argent frais apure le passif accumulé avant même la constitution de la sûreté au profit de la banque ! Mais il faut prêter attention à une prohibition importante : si une société a constitué une charge flottante sur l'un de ses biens, dans les douze mois qui ont précédé l'ouverture de sa liquidation, risque d'être frappée de nullité (*Insolvency Act 1986*, sec. 245)[119].

1351 ***Floating charges.*** Les solutions diffèrent selon ce qui a été autorisé par le créancier : si le débiteur est autorisé à vendre les biens grevés, la vente aux clients est libre de toute charge ; par exemple, il peut constituer une *fixed charge* après une *floating charge* qui succombe, même s'il existe une clause contraire dans le

116. *Land Registration Act* 2002, sec. 49 (4).

117. Goode, *op. cit.*, p. 728.

118. Devaynes v Noble [1816] 1 Mer 572.

119. Comment s'organise l'effectivité de la sûreté sur l'avance des fonds face à des mouvements d'argent constatés depuis ? Un exemple très parlant est donné par Goode : A prête 20 000 £ à B, puis, un peu plus tard, il prend une sûreté sur l'entreprise de B. Sur le compte de celui-ci, l'on constate que B a reçu, à son crédit deux chèques de clients d'un montant de 5 000 £ chacun et, au passif, il a fait un chèque de 10 000 £. Les deux chèques au crédit (d'un montant total de 10 000 £) servent à éponger une partie de l'emprunt pourtant contracté avant la constitution de la sûreté.

contrat[120]. À défaut d'autorisation, l'apparence peut valider certains actes effectués par le débiteur[121]. En somme, une *fixed charge* constituée après une *floating charge* sur les mêmes biens prime[122], sauf si le second créancier a eu connaissance de l'éventuelle interdiction faite au débiteur par le premier créancier de grever les biens. Inversement, une *floating charge* postérieure à une autre ne peut pas être opposée au premier créancier, sauf si le débiteur a été autorisé à le faire implicitement[123] ou expressément[124].

1352 **Clause de réserve de propriété contre acheteur-revendeur.** Il peut arriver que le vendeur d'un bien exige de l'acheteur une clause de réserve de propriété sur le bien vendu jusqu'à complet paiement ; lorsque les parties sont des professionnelles et les biens concernés des marchandises, il peut autoriser l'acheteur à les revendre. Il faut alors stipuler dans le contrat que l'acheteur sera redevable du prix de la revente. Le vendeur jouit ainsi d'un droit sur ce prix qui est censé être tenu par le débiteur en dehors de son patrimoine[125].

1353 **Argent.** Si le bien grevé est de l'argent, des instruments négociables, des titres sociaux[126], le second créancier prime s'il n'a pas été informé[127].

1354 **Cessions de créance.** En cas de cessions de créance successives, le créancier-cessionnaire qui n'a pas été informé des cessions précédentes et qui notifie le premier la cession au débiteur prime les autres.

1355 **Les effets de l'enregistrement sur la priorité.** S'il s'agit de sûreté à enregistrer. Le premier créancier qui enregistre est celui qui prime. S'il n'y a pas d'enregistrement, le droit reconnu au créancier se transforme en droit équitable. Le créancier non enregistré cède face à celui qui s'est enregistré, sauf deux hypothèses : s'il a notifié son droit aux autres ou s'il ne l'a pas enregistré car il n'avait pas d'obligation de le faire[128].

§2. LES RÈGLES EN CAS D'INSOLVABILITÉ DU DÉBITEUR

1356 **Avantages des sûretés réelles.** Lorsque le débiteur fait l'objet d'une procédure d'insolvabilité, les créanciers, privilégiés ou non, se disputent l'actif subsistant. Tout l'intérêt des sûretés réelles est de conférer aux créanciers privilégiés une supériorité sur les créanciers chirographaires, en droit français comme en droit anglais. Précisément, en droit anglais, les biens du débiteur grevés de sûretés

120. Wheatley v Silkstone and Haigh Moor Coal Co (1885) 29 Ch D 715.
121. Ashborder BV v Green Gas Power Ltd [2004] EWHC 1517.
122. Wheatley v Silkstone and Haigh Moor Coal Co [1885] 29 Ch D 715.
123. Ashborder BV, précité.
124. Re Benjamin Cope & Sons Ltd [1914] 1 Ch 800 ; Goode, *op. cit.*, n° 25.25.
125. Aluminium Industries Vaasen B v Romalpa Alumnium Ltd [1976] 1 Lloyds's Rep 443 ; Goode, précité, n° 27.27.
126. *Bills of Exhange Act* 1882.
127. Moss v Hancock [1899].
128. Williams & Glyn's Bank v Boland [1981] AC 487.

réelles échappent à la masse des biens que les créanciers chirographaires entendent se partager. De même, un bien vendu au débiteur avec clause de réserve de propriété ne peut pas être saisi par un créancier chirographaire. En outre, le vendeur bénéficiant d'une clause de réserve de propriété prime, par essence, sur le créancier qui aurait pris une sûreté, antérieurement, sur plusieurs biens du débiteur et notamment ceux à venir : précisément, ce créancier peut grever les biens présents et futurs du débiteur et, parmi ceux-ci, il y aura le bien que le débiteur achètera ; mais s'il y a une clause de réserve de propriété, le vendeur prime ce créancier privilégié, malgré l'antériorité de la sûreté.

1357 **Biens futurs.** Il faut également observer qu'une sûreté portant sur des biens futurs demeure efficace contre les créanciers chirographaires venant à la distribution des biens du débiteur insolvable, même si ces biens tombent dans le patrimoine de ce débiteur en cours de procédure collective. Le fait qu'ils aient été prévus par la sûreté antérieure les place hors du patrimoine saisissable par les créanciers sans sûreté. Si le débiteur vend des biens faisant l'objet d'une *floating charge*, le produit de la vente échappe pareillement aux créanciers chirographaires ; en outre, il ne s'agit pas d'un acte prohibé par la section 127 du *Insolvency Act 1986*, puisque la *floating charge* a été constituée bien avant la procédure collective.

Enregistrement de certaines sûretés

Toutes les *charges* créées par une société (*companies* ou *limited liability partnerships*) doivent être enregistrées depuis avril 2013 ; il n'y a plus de liste énumérant celles qui devaient être enregistrées. Mais la notion de *charge* est au sens du *Companies Act 2006* plus large qu'au sens du droit des sûretés : ainsi, le texte indique que ces Charges incluent les *mortgages*. Il semble que les sûretés reposant sur la possession en soient exclues ; ainsi en est-il des *pledges* et des *liens*, ni des clauses de réserve de propriété (Goode, *op. cit.*, n° 24.31).

L'absence d'enregistrement d'une *charge* par la société la rend nulle à l'égard de certaines personnes (Goode, *op. cit.*, n° 24.51) : le liquidateur, l'administrateur ou tout créancier, mais pas à l'égard de la société elle-même (sauf insolvabilité), un acquéreur ou tout autre tiers (*Stroud Architectural Systems Ltd v John Laing Construction Ltd [1994] BCC 18*). Mais l'absence d'enregistrement de la *charge* à l'issue du délai de 21 jours rend l'argent emprunté immédiatement exigible.

1358 **Pouvoirs du créancier.** Enfin, le créancier privilégié, titulaire d'une sûreté réelle portant sur un bien de l'entreprise insolvable, ne dispose pas des mêmes pouvoirs pour voir exécuter sa garantie selon que l'entreprise fait l'objet d'une procédure d'*administration* ou non. En l'absence d'une telle procédure, le créancier peut en principe prendre toutes les mesures permettant de réaliser sa sûreté sans qu'il soit nécessaire de saisir le juge à cet effet, sauf si le créancier se heurte au liquidateur. En revanche, lorsque le débiteur fait l'objet d'une *administration*, le créancier est soumis à l'autorisation de l'administrateur ou des juges[129] s'il veut réaliser la sûreté réelle (*mortgage*, *charge*, *lien*, notamment) ou pour bénéficier des mécanismes de location-vente[130], de la clause de réserve de propriété, d'une vente sous condition, etc. Toutefois, si le créancier privilégié jouit, par sa sûreté, d'un droit continu à la possession actuelle du bien, l'administrateur ne peut pas ne pas y consentir, du moins s'il le fait abusivement[131]. Le créancier pourrait alors agir sur le terrain délictuel en se prévalant du délit de *conversion*[132]. Si le débiteur ne peut plus faire face à ses dettes, les créanciers peuvent convenir d'un arrangement relatif au paiement de ces dettes. Mais un créancier privilégié, titulaire d'une sûreté réelle, ne saurait se voir imposer une quelconque réduction de ses droits, sauf à ce qu'il y consente. Les juges peuvent également autoriser l'administrateur à disposer d'un grevé d'une sûreté s'il apparaît que ce serait plus intéressant pour l'entreprise, sauf exceptions (sec. 43 (1) et (2) *Insolvency Act 1986*). Le produit de la vente est affecté au paiement des créanciers privilégiés dans l'ordre de priorité habituel. Le créancier privilégié est toutefois primé par l'administrateur qu'il a lui-même désigné pour le paiement de sa rémunération et frais à la fin de sa mission ; il sera payé sur les biens grevés qui sont sous sa garde ou son contrôle (sec. 37 (4) et 45 (3) *Insolvency Act 1986*).

Quel avenir pour les sûretés réelles anglaises ?

L'actuel droit anglais des sûretés réelles est vivement critiqué, car il est considéré comme vieillot et complexe, donc source d'insécurité juridique et peu attractif pour le commerce mondialisé. Certes, des propositions de réforme ont été présentées, mais elles n'ont pas été traduites en droit tant par manque d'intérêt que par manque de temps, le Brexit et le Covid ayant imposé un calendrier différent. Les principaux axes de réforme seraient la simplification des types de sûretés réelles, une meilleure accessibilité pour les profanes et la nécessité d'intégrer les crypto-biens (*Response of the City of London Law Society UKJT Consultation Paper on the Issuance and Transfer of Digital, Securities under English Private Law*, oct. 2022 ; R. CALNAN, *The secured transactions code : a proposal for reform*, in Law and Financial Markets Review, 2025, vol. 18). Quelques pays de *Common law* ont d'ores et déjà opéré des réformes de modernisation, comme la Nouvelle-Zélande, l'Australie (*Personal Property Security Acts* 1999 et 2009) et l'Ecosse (*The Moveable Transactions (Scotland) Act 2023*), en choisissant la simplicité du *Security interest* du *Uniform Commercial Code (UCC)* américain. En outre, la City de Londres a publié un projet de code relatif à la sécurisation des transactions (*Secured Transactions Code and Commentary*) qui vise à maintenir la plupart des règles du droit anglais des sûretés, mais en les dépoussiérant et en les simplifiant (en gommant, par exemple, la

129. Sauf pour les *Financial Collateral Agreements ; Insolvency Act 1986*, schedule B1, § 43 (2).

130. *Insolvency Act 1986*, schedule B1, § 43 (3), The Companies (Trading Disclosures) (Insolvency) Regulations 2008 (S.I. 2008/1897), reg. 4(1) : le vendeur-créancier ne peut pas récupérer, de sa propre initiative, le bien loué si le locataire est insolvable et fait l'objet d'une procédure collective.

131. Barclays Mercantile Business Finance Ltd v Sibec Developments Ltd [1992] 1 WLR 1253.

132. V. *supra Torts*.

distinction entre *Fixed* et *Floating Charge*) et en créant une seule grande catégorie de *Charges*, etc. (R. Behashti, S. Saintier et S. Thomas, *op. cit.*, n° 22.8). Récemment, la Law Commission a envisagé des garanties sur des biens digitaux, comme des Crypto-tokens (Law Commission, 2023 ; *adde, Property (Digital assets) Bill*, sept. 2024 ; *Financial Services Act and Market Act* 2023).

TITRE 2

LES GRAVES DIFFICULTÉS FINANCIÈRES : *"BANKRUPTCY AND INSOLVENCY"*

1359 Quand le débiteur connaît de graves difficultés financières, le droit anglais propose une réponse structurée à ces problèmes dont il faut envisager une première approche générale (chapitre 1) avant d'envisager, plus en détail, l'insolvabilité des personnes physiques (chapitre 2) et celle des personnes morales (chapitre 3). Lors du Brexit, le Royaume-Uni a choisi de ne pas conserver le règlement UE 1346/2000 qui facilitait la compétence, la reconnaissance et la mise en œuvre des procédures d'insolvabilité entre les pays membres de l'Union européenne. Désormais, la situation dépend essentiellement des législations nationales qui imposent des procédures complémentaires en l'absence de la reconnaissance automatique prévue par le règlement UE. Le Royaume-Uni avait déjà intégré la loi type UNCITRAL (CNUDCI) sur les procédures d'insolvabilité internationale[1] ; mais cet instrument ne concerne que certains pays européens.

1. *Cross-Border Insolvency Regulations 2006.*

CHAPITRE 1
PREMIÈRE APPROCHE

1360 Le droit des procédures collectives répond à une terminologie précise et il résulte de sources diverses (section 1) et les acteurs sont variés (section 2).

SECTION 1 TERMINOLOGIE ET SOURCES

1361 Les termes employés doivent être utilisés avec précision (§ 1). Les règles régissant les insolvabilités sont issues de diverses sources (§ 2).

§ 1. LA TERMINOLOGIE

1362 ***Insolvency. Bankruptcy. "Corporate insolvency".*** Le terme "*Insolvency*" utilisé au sens large, décrit la situation où une entreprise (individuelle, en "*partnership*" ou en forme de société) se trouve incapable de régler toutes ses dettes, ou de régler ses dettes à échéance. Plus précisément, le mot "*bankruptcy*" décrit la procédure enclenchée à la suite de l'insolvabilité d'une personne physique (entreprise individuelle ou associés d'un *partnership*) (ou encore toute personne physique non commerçante). Le mot "*corporate insolvency*" concerne la situation d'insolvabilité affectant une société.

1363 **Procédures différentes pour "*insolvency*" et "*bankruptcy*".** Selon qu'il s'agit d'une entreprise individuelle (ou associé d'un partnership), ou d'une société, différentes procédures spécifiques peuvent être enclenchées pour traiter la situation d'insolvabilité.

1364 **Des principes communs à "*insolvency*" et "*bankruptcy*".** Les entreprises personnes physiques et les sociétés sont soumises à certains principes communs tels :

les règles applicables aux dettes préférentielles, la distribution proportionnelle « *pari passu* » entre créanciers chirographaires (“*ordinary unsecured creditors*”, et l’annulation d’opérations suspectes “*transactions as preferences or at an undervalue*”).

1365 **Des finalités différentes de la procédure pour les personnes physiques et les sociétés.** La finalité des procédures concernant les personnes physiques et les sociétés est différente. Pour la personne physique, l’objectif est de la décharger des dettes à l’issue de la procédure. Les difficultés sont souvent traitées par le biais de négociations entre le failli et les créanciers dans le cadre de “*Voluntary Arrangements*” (*individual voluntary arrangement*), pour éviter une *bankruptcy*. Pour des sociétés commerciales, la finalité de la procédure dans le cas des sociétés est la dissolution de la société (*dissolution*), bien que la loi institue un certain nombre de mesures destinées à éviter la dissolution des sociétés, soit par des procédures amiables ; soit par la négociation en amont. Dans le cas des sociétés, les objectifs de la loi sont multiples :

— permettre la nomination d’un administrateur indépendant qualifié pour prendre le contrôle de la gestion ;

— assurer, autant que possible, une organisation appropriée de réalisation des biens et le règlement des créanciers ;

— organiser les priorités entre créanciers ; et la suspension des poursuites dans certains cas ;

— faire annuler des opérations suspectes ;

— enquêter sur le comportement des dirigeants et tiers impliqués dans une gestion inappropriée des affaires de la société en vue d’éventuelles poursuites civiles ou pénales et d’interdictions de gestion de sociétés.

1366 **Les différentes procédures d’*insolvency* des sociétés.** Lorsque la situation de la société le permet, dans la majorité des cas, la dissolution judiciaire est évitée par l’intervention en amont des créanciers qui nomment un administrateur *ad hoc* “*receiver*” qui organise un sauvetage souvent impliquant la vente des biens et le désintéressement des créanciers par voie amiable (*corporate voluntary arrangement*) (dans le cas d’une firme sans personnalité morale [*partnership*] on parle de “*partnership voluntary arrangement*”). Sinon, la société est placée sous le contrôle d’un *receiver*, chargé de l’administration de la société en attendant la dissolution amiable ou judiciaire (*administration*). En résumé, les principales méthodes de traitement sont soit amiables, soit judiciaires. Il existe cinq procédures, décrites plus en détail ci-dessous, qui sont utilisées pour régler l’insolvabilité des sociétés.

1367 **Procédures amiables. Procédures judiciaires.** S’agissant des procédures amiables sans intervention nécessaire du tribunal, il s’agit de l’*administration*, de la *Corporate Voluntary Arrangement* (CVA) et de l’*administrative receivership*.

S’agissant des procédures judiciaires, il y a la *compulsory liquidation* et la *Creditors’ Voluntary Liquidation* (CVL).

Ces procédures sont menées dans la plupart des cas de concert avec les créanciers bénéficiant de sûretés (*secured creditors*) et les créanciers chirographaires (*unsecured* ou *“ordinary” creditors*) dans la mesure du possible. En amont, les créanciers impayés disposent également de différentes procédures leur permettant de protéger leurs intérêts et de recouvrir les sommes dues, sans pour autant être garantis de paiement total ou partiel. Ce chapitre sera principalement consacré au "*corporate insolvency*".

§ 2. LES SOURCES

1368 **Sources législatives.** Le droit anglais a considérablement évolué depuis le Moyen Âge quand le non-paiement des dettes était considéré comme un péché mortel justifiant des mesures de coercition physique parfois radicales ! Aujourd'hui, les principales sources sont législatives et destinées à faciliter la recherche de solutions dans le cadre de l'insolvabilité d'une personne physique ou d'une société.

Jusqu'en 1986, l'insolvabilité des sociétés a été traitée par le *Companies Acts ;* et celle des personnes physiques par la *Bankruptcy Act 1914*. La loi dite "*Insolvency Act*" de 1986 a réformé toute la législation existante à l'époque. Cette loi traite de l'insolvabilité tant des personnes physiques que des sociétés. Une loi de la même année *Company Directors Disqualification Act 1986* a renforcé l'arsenal législatif permettant l'interdiction de dirigeants de sociétés indélicats.

Par ailleurs, la loi a notamment institué un régime dit « administration » permettant la réhabilitation des sociétés en difficulté. *Insolvency Act 1986* a été modifiée notamment par *Insolvency Act 1994*, *Insolvency Nº 2 Act 1994*, *Insolvency Act 2000*, *Entreprise Act 2002*, *Companies Act 2006* et *Insolvency (England & Wales) Rules 2016*. L'objectif législatif est de faciliter, autant que possible, le sauvetage des entreprises en difficulté (*company rescue*). *Insolvent Partnerships Order 1994* traite notamment de la procédure de "*Partnership Voluntary arrangements*". *Law of Property Act 1925* est également applicable au sujet des sûretés sur les biens, notamment immobiliers. En 2020, le Parlement a voté une loi, *The Corporate Insolvency and Governance Act,* pour répondre aux difficultés des entreprises face au Covid et pour faciliter la sauvegarde et la restructuration d'entreprises en difficulté, mais certaines mesures restent en vigueur. Par ailleurs la *Insolvency Act 1986* (sec. 233) a été modifiée pour prohiber la notification de résiliation de contrats commerciaux par des fournisseurs d'une entreprise en difficulté, dans certains cas et avec certaines exceptions, notamment lorsque la poursuite du contrat pourrait mettre le fournisseur en difficulté ("*hardship*"). Ces mesures obligent les fournisseurs à entrer en négociation avec l'administrateur (*Insolvency Practitioner*).

Depuis 2021 et la sortie du Royaume-Uni de l'Union européenne, le règlement UE 1346/2000 ne s'applique plus. La réglementation a été mise à jour pour en tenir compte par *The Insolvency (Amendment) (EU Exit) Regulations 2019*, modifiée depuis par *The Insolvency (Amendment) (EU Exit) Regulations 2020.*

Désormais, les tribunaux britanniques seront compétents en matière de mesures préventives, redressement ou liquidation lorsque le centre des intérêts économiques du débiteur se trouve au Royaume-Uni, ou lorsqu'un établissement du débiteur s'y trouve (et que son centre d'intérêts principal se trouve dans un pays membre de l'Union européenne). Ces règles viennent en complément des règles du droit commun britannique, ce qui peut donner lieu à des conflits de compétence.

En matière de reconnaissance et exécution de décisions dans ce domaine au plan européen, il est nécessaire d'analyser la situation pays par pays. Dans certains cas, le *Model Law on Cross-Border Insolvency (Uncitral)* peut être utilisé. Il est également nécessaire de tenir compte des règles de *Common law* du droit international privé applicables à la compétence en matière de dettes[1]. Enfin, la Part 26A de la loi *Companies Act 2006* (modifiée par la *Corporate Insolvency and Governance Act 2020*) peut faciliter les restructurations de groupes étrangers ayant des filiales ou établissements au Royaume-Uni.

Une disposition législative spécifique concerne les agriculteurs ayant pris certains types de crédit (*Agricultural Credits Act 1928*).

1369 **Les règles applicables aux praticiens de l'insolvabilité (*insolvency practitioners*).** Les praticiens agréés en matière d'insolvabilité (*insolvency practitioners*) sont soumis à différentes règles émises par les autorités réglementaires *Insolvency Service*, une agence gouvernementale dépendant du *Department for Business and Trade*. Il s'agit des *Statements of Insolvency Practice* et *Insolvency Code of Ethics (2020)*. S'agissant, par exemple, des ventes des biens (activité) d'une entreprise en difficulté (*"pre-packaged sales in administrations"*), le *Statement of Insolvency Practice* (SIP 16) impose aux administrateurs d'informer les acheteurs potentiels et de réaliser le meilleur prix possible dans l'intérêt des créanciers.

SECTION 2 **LES ACTEURS**

1370 **Saisine et compétence du tribunal.** Le tribunal concerné par l'insolvabilité est soit *High Court Chancery Division* (*Companies Court*) soit *County Court*, selon les montants en jeu.

Même si la plupart des procédures implique que le tribunal soit notifié de l'existence d'une procédure d'insolvabilité, le traitement judiciaire d'insolvabilité des sociétés (*compulsory liquidation*) concerne les cas où la situation de la société ne permet aucune solution ou intervient en fin des procédures d'administration.

S'agissant de la compétence en matière d'insolvabilité des sociétés, l'origine historique des procédures anglaises d'insolvabilité était le remède spécial d'*Equity* "*receiver*" qui permettait à toute personne intéressée de demander au tribunal la nomination d'un administrateur *ad hoc* pour préserver tout bien en péril. C'est pourquoi il était naturel de donner compétence à la *Chancery Division* de la *High Court* dans cette matière pour les sociétés. Aujourd'hui, les tribunaux compétents en matière d'insolvabilité des sociétés sont *Companies Court Chancery Division High Court*, qui est une compétente pour *England & Wales* et certaines *County Courts* lorsque le capital de la société n'excède pas £120 000.

1. Anthony Gibbs & Sons Ltd v La Société Industrielle et Commerciale des Métaux 1890 LR 25 QBD 399.

S'agissant de la compétence en matière d'insolvabilité des personnes physiques, aujourd'hui, pour les personnes physiques c'est la *County Court* qui est généralement compétente pour traiter la procédure de *bankruptcy*, la *High Court* étant compétente dans un nombre de cas limité, notamment en relation avec l'insolvabilité d'un opérateur sur les marchés financiers.

1371 **L'*official receiver*.** L'*official receiver* est un fonctionnaire de l'*Insolvency Service* (*Department of Business and Trade* – anciennement *Department for Business, Energy & Industrial Strategy* – les gouvernements ont l'habitude de modifier le nom de ce ministère assez souvent !) et également officier du tribunal chargé de la surveillance des procédures de *bankruptcy* des personnes physiques, et *compulsory liquidations* de sociétés.

1372 **Le rôle des praticiens de l'insolvabilité (*insolvency practitioners*).** Dans la plupart des affaires d'insolvabilité, un praticien agréé "*insolvency practitioner*" est nommé par les créanciers ou le tribunal pour gérer les affaires du failli ou de la société.

Dans le cas des personnes physiques, et dans un nombre limité de cas pour les sociétés, c'est souvent l'administrateur judiciaire du tribunal (*official receiver*) qui est nommé, sauf pour les cas plus complexes où un *insolvency practitioner* est nommé.

1373 **Les *insolvency practitioners*.** Les professionnels chargés par la loi d'administrer les entreprises en difficulté sont appelés *insolvency practitioners*. La majorité des 1 750 *insolvency practitioners* sont des experts-comptables (*chartered accountants*). Un certain nombre de *solicitors* sont agréés. La réussite de l'examen du Joint Insolvency Examination Board est requise. Il n'existe pas de monopole local. Les membres des organisations professionnels suivants peuvent être admis en tant qu'*insolvency practioners :*

— *The Association of Chartered Certified Accountants* (ACCA) ;
— *The Insolvency Practitioners Association* (IPA) ;
— *The Institute of Chartered Accountants in England & Wales* (ICAEW) ;
— *Chartered Accountants Ireland* (CAI) ;
— *The Institute of Chartered Accountants of Scotland* (ICAS) ;
— *Solicitors Regulation Authority / The Law Society* (SRA) ;
— *The Law Society of Scotland* ;
— *The Law Society of Northern Ireland* ;
— *Secretary of State / Department for Business, Energy & Industrial Strategy (BEIS)* ;
— *The Bar.*

Les *Insolvency Practitioners Association* et R3 sont les principales organisations professionnelles des *insolvency practitioners*.

1374 **L'*Insolvency Service*.** *The Insolvency Service* est une agence exécutive du *Department for Business and Trade* responsable de la surveillance du système réglementaire établi par *Insolvency Act 1986* en relation avec les *insolvency practitioners*. Ce service intervient en cas de plainte au sujet des manquements professionnels des *insolvency practitioners*, et poursuit une politique de revue régulière des organismes professionnels et leur traitement des plaintes. Si nécessaire ce service saisit directement le tribunal en cas de difficulté majeure. Il y a plusieurs cas chaque année.

Informations concernant l'insolvabilité

Les décisions judiciaires et les informations concernant les procédures d'insolvabilité sont publiées dans la publication officielle *London Gazette* qui paraît tous les jours. Les décisions affectant les sociétés sont également publiées par la *Companies House*. Ainsi une recherche du dossier d'une société révélera l'existence d'une procédure d'insolvabilité.

CHAPITRE 2
L'INSOLVABILITÉ DES PERSONNES PHYSIQUES OU *BANKRUPTCY*

1375 **Des procédures possibles en cas de faillite personnelle.** À la différence de *corporate insolvency*, dans le cas d'une personne physique, associé ou non dans un *partnership*, l'une de deux procédures possibles est habituellement suivie selon les cas.

Il s'agit soit de la nomination d'un "*trustee in bankruptcy*" par le tribunal, soit la nomination d'un "*supervisor*" dans le cadre d'un "*individual voluntary arrangement*" destiné à obtenir une solution pérenne. Cette dernière procédure est la solution choisie dans environ un tiers des cas. Dans les deux cas, c'est un *insolvency practitioner* qui doit être nommé pour mener la procédure. La politique législative a également introduit le *debt relief order*. Il faut distinguer la procédure de *bankruptcy* (section 1), l'*individual voluntary arrangement* (section 2) et le *debt relief order* (section 3).

SECTION 1 LA PROCÉDURE DE *BANKRUPTCY* (LA FAILLITE PERSONNELLE)

1376 **Le cas des *partnerships* (sociétés de fait sans personnalité morale).** Les *partnerships*, dont les associés sont le plus souvent des personnes physiques, font l'objet d'une procédure de liquidation spécifique en cas d'insuffisance de biens (*compulsory liquidation*) ordonnée par le tribunal ; même si les associés en tant que personnes physiques, ou en tant que sociétés, peuvent faire parallèlement l'objet de procédures d'insolvabilité (respectivement *bankruptcy* ou *corporate insolvency*). Dans les cas où la société serait encore viable après restructuration, une procédure dite "*partnership voluntary arrangement*" peut être mise en œuvre sous le contrôle d'un "*insolvency practitioner*".

1377 **La décharge du failli (*bankrupt*) après un an.** Une caractéristique importante de la procédure de *bankruptcy* est que la plupart des *bankrupts* sont libérés de leurs dettes (*discharged*) à l'aboutissement de la procédure qui dure en moyenne environ un an. Entre-temps, le *trustee* aura réalisé les biens disponibles et payé autant que possible les dettes. Dans certains cas, les biens réalisés dans les trois ans de la faillite peuvent être attribués aux créanciers. L'*official receiver* surveille de manière résiduelle les procédures et intervient en cas de besoin à la place du *trustee*, ou en cas de vacance.

1378 **Procédure.** En cas de faillite (*bankruptcy*) d'une personne physique, celui-ci ou tout créancier (titulaire d'une dette de £5 000 ou plus) peut notifier une demande de remboursement ("*statutory demand*") ; puis, si nécessaire, demander au tribunal (en ligne) de nommer un "*trustee in bankruptcy*". Le tribunal délivre une ordonnance (*bankruptcy order*) et nomme un "*trustee in bankruptcy*". Celui-ci prend légalement contrôle des biens du failli (*bankrupt*) sous réserve de règles spéciales concernant le domicile du failli en présence d'un époux et/ou des enfants. Les biens peuvent être vendus pour régler les dettes dues aux créanciers. Pour les affaires n'impliquant pas des biens significatifs, le *trustee* est habituellement *official receiver* (l'administrateur du tribunal) qui enquête sur les affaires du failli et prépare un rapport pour les créanciers. Dans les cas plus complexes ou impliquant des enjeux importants, un *insolvency practitioner* est nommé.

Dans tous les cas, une réunion des créanciers est convoquée dans les trois mois de la faillite, pour évaluer la situation et déterminer les contributions en termes de capital et de revenus qui peuvent être obtenues des biens et droits du failli. Au cours de la faillite, le failli est soumis à des restrictions en ce qui concerne ses activités financières et commerciales et ne peut être dirigeant de société. La faillite est normalement clôturée après un an et le failli est normalement libéré de la faillite (sauf en ce qui concerne certaines dettes telles que des amendes ou dettes matrimoniales), mais ne peut reprendre aucun bien faisant partie de son patrimoine au moment de la faillite. Il peut aussi faire l'objet de restrictions quant à ses activités futures ordonnées par le tribunal. Pendant une période de 3 ans suivant la clôture, le failli peut faire l'objet d'une obligation de rembourser le solde des dettes à partir de biens nouvellement acquis, notamment à la suite d'une succession.

SECTION 2 *L'INDIVIDUAL VOLUNTARY ARRANGEMENT*

1379 **Notion.** Une personne physique en difficulté financière, ou éventuellement déjà l'objet d'une ordonnance de faillite, peut obtenir de ses créanciers la possibilité de réorganiser progressivement ses affaires en vue de régler ses dettes. Le tribunal doit autoriser cette procédure particulière et ordonner l'arrêt de toutes autres procédures concernant le failli ou personne en difficulté.

Il faut l'accord d'au moins 75 % des créanciers en valeur pour un accord individuel (*individual voluntary arrangement – IVA*) qui est géré par un *insolvency practitioner* qui est nommé "*supervisor*". Cet accord n'affecte pas les bénéficiaires des sûretés existantes. Le *supervisor* doit déposer un rapport pour les créanciers qui se réunissent dans le mois suivant le dépôt du rapport. Au cas où le failli ne respecte pas les conditions de l'IVA, le *supervisor* peut le mettre en faillite.

SECTION 3 LE *DEBT RELIEF ORDER*

1380 **Mécanisme.** Introduite en 2009, cette mesure peut permettre à une personne en difficulté financière de proposer des contributions à ses créanciers. Cette mesure n'est accessible qu'à des débiteurs ayant des dettes de moins de £50 000 et ne disposant pas de biens ou revenus au-dessus de certains plafonds. Cette procédure permet aux créanciers d'obtenir quelques paiements à court terme lorsqu'il apparaît qu'il n'y aurait guère d'espoir de recouvrir le solde à moyen ou à long terme. L'*official receiver* peut intervenir en cas d'abus de la part du débiteur.

CHAPITRE 3
L'INSOLVABILITÉ DES PERSONNES MORALES

1381 L'insolvabilité des personnes morales ou "*Corporate Recovery and Insolvency*" s'inscrit dans un cadre général (section 1) ; plusieurs procédures sont applicables (section 2).

SECTION 1 LE CADRE GÉNÉRAL

1382 **Les critères légaux d'insolvabilité d'une société.** En matière de sociétés, la situation d'insolvabilité est caractérisée par deux tests. Il s'agit tout d'abord du "*cash flow test*" : la société est-elle en mesure actuellement ou à l'avenir incapable de régler ses dettes à échéance ? Ensuite, c'est le "*balance sheet test*" : la valeur du bilan est-elle moins que le montant des dettes, y compris celles encore incertaines ou futures ?

Qui plus est, une société est considérée de fait et de droit comme n'étant pas en mesure de régler ses dettes dans deux cas : d'une part, un créancier a notifié au siège de la société une demande formelle (*statutory demand*) d'une somme certaine et non contestable d'au moins £750, et la dette n'a pas été payée depuis trois semaines ; d'autre part, un jugement ou ordonnance du tribunal n'a pas été satisfait ("*legal action test*").

1383 **L'intervention du tribunal en cas de difficultés des sociétés.** Le tribunal est informé des difficultés dans la plupart des cas des différentes procédures instaurées par *Insolvency Act 1986*, et destinées à régler les difficultés des sociétés. Il s'agit notamment des procédures permettant la nomination par les créanciers ou la société d'un *administrator* chargé de rechercher des solutions. Les procédures concernées sont *Administration* et *Corporate Voluntary Arrangements*. Le créancier n'ayant pas été satisfait et ayant accompli les formalités préalables, peut demander la mise en liquidation de la société en présentant une pétition au tribunal (*winding up* *petition*) qui peut aboutir à la mise en liquidation "*compulsory liquidation*" (*winding up order*) de la société.

L'intervention du tribunal peut également être sollicitée dans le cas de demande formulée par les personnes intéressées : *voluntary liquidation.* Il s'agit d'une demande émanant des créanciers en cas d'insolvabilité (*creditors voluntary liquidation*).

1384 **L'intervention du tribunal en dehors de difficulté.** Il s'agit d'une demande des associés ou actionnaires en l'absence d'insolvabilité (*members' voluntary liquidation*).

1385 **Opérations suspectes.** Les opérations dont la valeur est suspecte ou destinées à donner préférence à un créancier au cours des deux années précédant l'insolvabilité de la société peuvent être remises en cause. En cas de fraude, la période est illimitée. Toute disposition par la société relative à ses biens après la demande de mise en liquidation est nulle.

1386 **La responsabilité des dirigeants.** Pour éviter la mise en cause de leur responsabilité personnelle, les dirigeants d'une société qui prévoit des difficultés, doivent mettre l'intérêt des créanciers avant tout autre considération, en prenant toute mesure utile pour éviter que la société ne poursuive son activité alors qu'elle est insolvable. Une récente décision de la *High Court* rappelle que même les administrateurs de société inactifs peuvent voir leur responsabilité vis-à-vis des créanciers engagée (dans ce cas pour une dette due à la collectivité locale pour les impôts locaux)[1].

1387 **La situation des créanciers et les précautions préalables.** Au préalable de toute situation d'insolvabilité ou de procédure relative à une insolvabilité, les créanciers disposent de différents outils contractuels ou judiciaires pour protéger leurs droits :

— *fixed charge* (sûreté sur un bien spécifique). Les détenteurs de ces sûretés peuvent mettre en place des procédures spécifiques au titre de *Law of Property Act 1925* et *Insolvency Act 1986*. Selon les cas, il s'agit soit de la réalisation d'une sûreté prise sur un bien spécifique sans effets sur la poursuite de l'activité, soit d'une mesure réalisée dans un contexte d'insolvabilité ;

— notification de résiliation d'un contrat : en effet, en droit anglais, il est fréquent que les contrats commerciaux (notamment de fournisseurs ou de clients) prévoient la possibilité de résiliation immédiate du contrat en cas de situation analogue à l'insolvabilité y compris la négociation d'échelonnement de dettes. Ainsi la situation de la société peut rapidement devenir critique en l'absence de solutions négociées ;

— saisie conservatoire de biens, puis l'exécution forcée ;

— mise en œuvre des clauses de réserve de propriété ;

— demande au tribunal de mise en liquidation de la société (qui ne peut être utilisée abusivement ; mais seulement s'il apparaît que la société n'est plus en mesure de faire face au remboursement de sa dette. Il est parfois difficile pour le

1. Stacks Living Ltd v Balvinder Shergill and another 2025 EWHC 9 Ch (Insolvency and Companies Court).

créancier d'obtenir les informations lui permettant de prendre une décision en toute connaissance de cause).

Ces procédures sont enclenchées avant que l'état d'insolvabilité ne soit officiellement déclaré. Toutefois, un créancier important n'aurait pas toujours intérêt à procéder à une saisie puis l'exécution car celle-ci risque d'empêcher l'entreprise de poursuivre son activité et déclencherait la résiliation des plus importants contrats de l'entreprise au titre des clauses de résiliation permise dans la plupart des contrats commerciaux (*seizure of assets*).

1388 **La situation des créanciers bénéficiant de nantissements généraux (*floating charges*).** Les contrats de prêt, notamment bancaires, prévoient généralement que la saisie des biens du prêteur ou des procédures d'insolvabilité, déclenchent la mise en œuvre de la clause permettant à la banque de nommer un administrateur (*receiver or administrator*). Typiquement, il s'agit de situations ou la banque a demandé le paiement d'une somme faisant l'objet du nantissement, ou en cas de demande, notification ou procédure d'insolvabilité ou procédé analogue.

L'administrateur dispose de très larges pouvoirs au titre de l'acte de nantissement et de la loi, notamment la poursuite de l'activité ou la vente ou mise en location des biens de la société.

Depuis la loi de 1986, l'*administrator* est nommé de concert avec le tribunal et les autres créanciers dans le but de rechercher des solutions, plutôt que la réalisation en faveur seulement du bénéficiaire du *floating charge*. Après réalisation des biens de la société, et le désintéressement de la banque ou institution créancière du *floating charge*, les pouvoirs de l'administrateur cessent et un liquidateur doit être nommé par le tribunal pour traiter le cas des créanciers chirographaires.

1389 **Ordre de priorité des créanciers.** L'ordre de priorité est la suivante :

— 1. créanciers nantis au titre d'une hypothèque (*fixed charge*) ;

— 2. frais de la procédure d'administration ou liquidation ;

— 3. honoraires d'insolvency practitioner ;

— 4. créances préférentielles : salariés (l'administration fiscale n'est plus créancier préferentiel) ; mais une part de ces créances peut être réservée à un fonds légal (*prescribed part*) destiné à augmenter la possibilité pour les créanciers chirographaires de récupérer une partie de leurs créances ;

— 5. créanciers bénéficiant d'un nantissement général "*floating charge*" ;

— 6. créanciers chirographaires ;

— 7. actionnaires (dans le cas rare d'un boni restant après réalisation des biens et paiements de tous les créanciers).

SECTION 2 LES DIFFÉRENTES PROCÉDURES DE TRAITEMENT DES DIFFICULTÉS

1390 Il faut distinguer les procédures qui permettent de trouver une solution aux difficultés de la société (§ 1) de celles qui aboutissent à la liquidation de la société (§ 2).

§ 1. PROCÉDURES IMPLIQUANT UNE RECHERCHE DE SOLUTION AUX DIFFICULTÉS DE LA SOCIÉTÉ : *"RESCUE PROCEDURES"*

1391 Ces procédures sont menées soit dans le cadre des procédures prévues par *Insolvency Act 1986* en cas d'insolvabilité actuelle ou imminente de la société (A), soit dans un cadre amiable et préventif (B).

A. PROCÉDURES PRÉVUES PAR L'*INSOLVENCY ACT 1986*

1392 **Administration.** Nouveauté de la loi de 1986, la nomination d'un *administrator* est une procédure collective permettant à tous les créanciers et les dirigeants de la société de participer dans la recherche d'une solution. Dans les cas où il s'avère approprié de sauver une entreprise ou une société par la recherche d'une solution négociée, il est possible de demander au tribunal de nommer un administrateur (*administrator*) qui va entrer en négociation avec les créanciers à la recherche d'un *individual voluntary arrangement*, *partnership voluntary arrangement* ou *company voluntary arrangement* (qui consistent en un concordat entre les créanciers permettant de reporter ou annuler toute ou partie des créances et de permettre à l'entreprise ou à la société de poursuivre ses activités). Dans les cas où il s'avère nécessaire de protéger l'activité commerciale (*business*) de l'entreprise (individuelle, *partnership* ou société) par le biais d'une vente, l'*administrative receiver* ou le *receiver* va négocier la vente de l'activité. Dans certains cas, il peut s'agir d'une vente dans le cadre d'une administration "*pre-pack*" ou "*pre-packaged administration*", où l'administrateur est saisi par les créanciers ou les dirigeants pour préparer la vente et fera une proposition unique à toute personne intéressée. À la suite de la vente, l'administrateur procédera à la distribution du produit de la vente aux créanciers dans l'ordre de priorité ou fera nommer un liquidateur judiciaire (*liquidator*) par le tribunal, selon les cas. *The Corporate Insolvency and Governance Act 2020* permet à la société en difficulté de nommer un "*Monitor*" qui est un *licensed insolvency practitioner* qui peut déclarer un moratoire pendant une période limitée permettant à la société d'explorer les possibilités de sauvetage ou de restructuration, s'il le considère réellement possible. Par ailleurs, la législation ouvre la possibilité d'un plan de restructuration dans des conditions plus souples que le "*scheme of arrangement*" mentionné au B. ci-dessous. Par ailleurs, comme déjà indiqué, les dispositions contractuelles permettant aux fournisseurs de mettre fin au contrat en cas d'insolvabilité sont privées d'effet dans certains cas.

1393 ***Company voluntary arrangement* (CVA).** Dans ce cas, les dirigeants de la société en difficulté (éventuellement un *administrator* ou *liquidator* déjà nommé) proposent aux créanciers la nomination d'un *insolvency practitioner* en tant que *supervisor*, et proposent d'accepter soit une somme en satisfaction définitive de leurs créances (remise de leurs dettes ; "*composition*"), soit un rééchelonnement de leurs dettes, ou encore la réalisation ordonnée des biens (*scheme of arrangement*). 75 % en valeur des créanciers doivent accepter la nomination du *supervisor* et la proposition lors d'une réunion convoquée à cette fin. Une fois votée, la société et tous les créanciers, même la minorité ayant voté contre, sont liés par le concordat. Le tribunal est éventuellement informé par le *supervisor*.

1394 ***Administrative receivers*.** Avant la loi de 1986, il s'agissait le plus souvent d'*administrative receiverships*, où le prêt accordé par une banque ou financier leur permet de nommer un administrateur *ad hoc* (*administrative receiver*) pour gérer la situation à la suite d'un événement ("*event of default*" prévu par l'acte de prêt). Le prêt (prenant la forme d'un acte spécifique dit "*debenture*") prévoit usuellement un nantissement flottant (*floating charge*) sur tous les biens présents et à venir de l'entreprise concernée, qui est affecté aux biens existants (*crystallised*) en cas de certains événements prévus par l'acte de prêt. Ceci permet à l'*administrative receiver* de collecter les revenus et loyers en les affectant aux intérêts dus, puis de réaliser les biens ainsi figés et nantis en faveur du prêteur en priorité aux autres créanciers chirographaires (*ordinary creditors*), mais après satisfaction des créanciers bénéficiant éventuellement de sûretés prioritaires tels les bénéficiaires d'hypothèques, puis de mettre la société en liquidation en fin de procédure. Les cas où l'*administrative receivership* peut être utilisé ont été considérablement restreints par la loi de 1986, en raison du fait que cette procédure tendait à favoriser les créanciers nantis au détriment des intérêts des autres créanciers et la survie de la société ou de son activité.

The Corporate Insolvency and Governance Act 2020 permet dans certains cas au tribunal d'imposer aux créanciers d'accepter un plan de redressement s'il est équilibré et équitable.

B. PROCÉDURES AMIABLES EN DEHORS DES CAS D'INSOLVABILITÉ

1395 ***Scheme of arrangement*.** Il s'agit d'un concordat ou compromis entre toute ou parties des créanciers d'une société en vue de permettre la réorganisation (*restructuring*) de toute ou partie de la dette d'une société. La procédure est prévue par Part 26 de *Companies Act 2006* (sec. 895 et s.) ; il ne s'agit pas d'une procédure nécessairement liée à l'insolvabilité de la société. Un processus d'approbation des créanciers de la classe lors d'une réunion est notamment prévu. En règle générale, la majorité (3/4) d'une classe (*class*) des créanciers (ou actionnaires) et de la société est requise.

Une audience au tribunal doit être organisée qui permet d'assurer que les intérêts des créanciers concernés par le compromis ne sont pas lésés. L'administrateur ou le liquidateur nommé dans le cadre d'une procédure d'insolvabilité peut également proposer un *scheme of arrangement* aux créanciers selon la situation.

§ 2. PROCÉDURES DESTINÉES À LA LIQUIDATION DE LA SOCIÉTÉ

1396 **Dissolution.** Dans le cas où il apparaît que la société n'est pas en mesure de régler ses dettes et qu'il n'existe aucune solution possible, le tribunal sera saisi pour procéder à la dissolution de la société.

C'est la majorité des cas, notamment lorsque la société n'a aucun bien, que l'activité a cessé ou n'est plus viable. Il est fréquent que les dirigeants aient tardé à prendre la mesure de la situation et il est trop tard pour procéder à une procédure destinée à sauvegarder l'activité ou l'existence de la société. Enfin, il peut s'agir du dernier acte après la vente des biens de la société dans le cadre d'une administration en amont.

Par ailleurs, la dissolution est également possible lorsque les actionnaires décident qu'ils ne souhaitent plus poursuivre l'activité de la société dans le cas où elle est solvable.

1397 ***Members ou Creditors voluntary liquidation. Members Voluntary liquidation***. Dans ce premier cas, les actionnaires peuvent décider d'arrêter les activités de la société et procéder à sa dissolution lorsqu'elle est solvable. Cette procédure est souvent utilisée par des actionnaires souhaitant prendre leur retraite ou par des groupes lorsque l'activité d'une filiale n'est plus pertinente. Le tribunal a récemment rappelé que cette procédure ne peut être utilisée que dans le cas où la société est en mesure de payer toutes ses dettes dans un délai de 12 mois de la décision de liquider, sinon la procédure sera transformée en *Creditors Voluntary Liquidation*[2].

Creditors Voluntary Liquidation. Dans ce deuxième cas, il s'agit d'une procédure initiée par les actionnaires mais sous le contrôle des créanciers, destinée à permettre le règlement amiable de la situation et d'amener la société à une liquidation amiable. C'est une procédure fréquemment utilisée dès la survenance des difficultés, et avant que les dirigeants ne poursuivent l'exploitation en état d'insolvabilité. Une assemblée des actionnaires est convoquée par les dirigeants avec notification à la *Gazette* et deux journaux appropriés, en vue de la liquidation de la société et la nomination d'un liquidateur. Les créanciers sont ensuite convoqués dans les 14 jours, mais le plus souvent leur réunion se tient le même jour que l'assemblée des actionnaires. Un état des affaires de la société doit être présenté (*statement of affairs*) indiquant l'historique et les raisons des difficultés. Les créanciers doivent ensuite approuver le nom du liquidateur ou en cas de refus, nommer un autre liquidateur. Un comité de suivi est nommé en même temps. Le liquidateur procède ensuite à la réalisation et la distribution des biens, avant la mise en

2. Noal SCSp & ORS V Novalpina Capital LLP & Ors 2025 EWHC 1392 (Ch).

liquidation après une dernière réunion des créanciers et la remise des comptes et le rapport de liquidation.

1398 ***Compulsory winding up ("compulsory liquidation").*** Dans le cas où la société ne procède volontairement et en temps utile au règlement de ses dettes, le tribunal sera saisi par un créancier ou par l'administration fiscale en dernier recours, après épuisement des procédures de recouvrement habituel. Il s'agit d'une mise en demeure de payer (*statutory demand*) sans règlement dans les 21 jours calendaires ; ou d'une saisie pratiquée sur les biens de la société non satisfaite. Le créancier dépose ensuite une demande (*winding-up petition*). Le tribunal ordonne la mise en œuvre de la procédure (*winding-up order*). Dans ce cas, le tribunal nomme l'administrateur du tribunal *official receiver*, qui prend le contrôle de l'entreprise et procède à la liquidation (en cas d'insuffisance de biens, *insufficiency*). Dans le cas où il apparaît qu'il existe des biens réalisables suffisants pour payer les frais de la liquidation et laisser un solde distribuable, l'*official receiver* convoque les créanciers afin que ceux-ci statuent sur la nomination d'un *insolvency practitioner* en tant que *liquidator*, chargé de réaliser les biens et les distribuer aux créanciers après une dernière réunion statuant sur les montants dus aux créanciers et la distribution du boni de liquidation, avant de finaliser les opérations de liquidation, puis demander l'ordonnance définitive de dissolution par le tribunal.

SEPTIÈME PARTIE
LE RÈGLEMENT DES LITIGES

1399 **Des possibilités variées.** Les différends entre partie se règlent en droit anglais, à l'instar de nombreux systèmes dans le monde, soit de manière juridictionnelle, en recourant aux juridictions nationales (titre 1), soit en s'appuyant sur des modes alternatifs de règlements des litiges (titre 2).

TITRE 1
LE RÈGLEMENT JURIDICTIONNEL

1400 Le règlement juridictionnel des litiges obéit à des règles précises de procédure civile résultant de sources tant internes qu'européennes et au cours de laquelle le juge occupe une place importante. Au-delà de cette présentation générale (chapitre 1), il convient d'en examiner les principes directeurs et le déroulé de la procédure (chapitre 2).

CHAPITRE 1
LA PRÉSENTATION GÉNÉRALE

1401 Une première approche de la procédure civile anglaise fait apparaître qu'elle est régie par des principes directeurs soumis à récente évolution (section 1) et que ses sources sont riches (section 2). Le rôle des juges occupe une place déterminante dans l'élaboration et la mise en œuvre des règles de procédure civile (section 3).

SECTION 1 PRINCIPES GÉNÉRAUX DE LA PROCÉDURE CIVILE ANGLAISE ET RÉFORMES RÉCENTES

1402 Plusieurs traits saillants de la procédure civile doivent être évoqués : l'existence de principes fondamentaux (§ 1), le rôle important du juge tant dans l'élaboration des règles de procédure que dans sa mise en œuvre. À titre d'exemple, le juge dispose de pouvoirs inhérents importants, allant jusqu'à la condamnation à une peine de prison de toute personne qui menace la sérénité des audiences ou qui désobéit à des ordonnances sur requête (*infra,* nº 1424) (§ 2) et la réalisation de réformes récentes importantes (§ 3). Par ailleurs, le Covid et le Brexit, ont eu des impacts sur la procédure ; notamment dans le cas du Covid, l'accélération de la mise en œuvre des procédures électroniques et en ligne, qui ont désormais pris une place importante dans la procédure.

§ 1. LES PRINCIPES FONDAMENTAUX

1403 **L'oralité.** L'oralité des débats et la preuve des faits litigieux par des témoins crédibles soumis au feu de l'interrogatoire oral des avocats (*cross-examination*), des conclusions énonçant les faits et la base légale de l'action en justice, la communication de tous les éléments pertinents soulevés par les conclusions écrites, puis le contrôle du juge de la procédure, restent des principes fondamentaux de la procédure anglaise. Ces principes ont été élaborés depuis des siècles par les juges au titre d'une compétence inhérente du droit commun. Cela fait partie de la participation historique des juges au développement du droit et de leur autorité qui émane directement de la prérogative royale. Aujourd'hui, l'audience avec interrogatoire oral des témoins et plaidoiries orales des avocats devient plutôt l'exception depuis les réformes des années 1980. Par ailleurs, les tribunaux manquant de ressources, le nombre de témoins est strictement contrôlé par le juge de mise en état, et il est demandé aux avocats de limiter leurs plaidoiries et déposer des dossiers écrits complets. Toutefois, certaines procédures sont aujourd'hui diligentées seulement en ligne ("*on-line money claims*") pour le recouvrement de sommes liquides et exigibles. La mise en place des réformes du fonctionnement des cours et tribunaux par HMCTS était en cours d'achèvement et rodage en mars 2025. Cette réforme a introduit des systèmes digitaux pour connecter les tribunaux et les utilisateurs (parties et professionnels du droit).

§ 2. LE RÔLE PRÉÉMINENT DU JUGE DANS L'ÉLABORATION ET LA MISE EN ŒUVRE DE LA PROCÉDURE

1404 **Les pouvoirs du juge.** Le corps des juges est la force principale de proposition du développement du droit de la procédure civile souvent en collaboration, voire sous l'impulsion, des praticiens. Aussi, les juges peuvent radier d'office les procédures inutiles ou abusives, emprisonner des personnes troublant les audiences ou désobéissant aux ordonnances, et conservent, en règle générale, une totale discrétion concernant la condamnation aux frais et honoraires engagés par les parties. Le jury civil est généralement absent de la procédure civile, sauf dans certaines affaires de diffamation ou de fraude. Ainsi les affaires sont, le plus souvent, jugées en fait et en droit par un juge siégeant seul. Dans certaines affaires maritimes devant l'*Admiralty Court*, le juge peut siéger avec des assesseurs spécialisés.

§ 3. DES RÉFORMES SIGNIFICATIVES RÉCENTES

1405 **Réformes nécessaires.** Objet de sérieuses critiques quant à sa complexité, sa durée et son coût dans les années 1980 et 1990, la procédure civile anglaise a fait l'objet de réformes significatives dans les vingt-cinq dernières années. Ces réformes ont été proposées par les juges eux-mêmes : Lord Justice Woolf et Lord Justice Jackson juges de la Cour d'appel ont été les chevilles ouvrières de ces réformes détaillées plus loin. Ainsi le système de justice anglaise a muté d'une pratique adversariale complexe et coûteuse vers une pratique proportionnée à l'enjeu, et focalisée sur la recherche de solutions plutôt que de résultats. C'est dans ce cadre que la procédure civile anglaise a fait l'objet de réformes significatives ; d'abord la réforme dite "*Woolf*" de 1998, puis "*Jackson*" en 2013, réformes portant les noms des juges qui ont rendu les rapports menant à ces réformes législatives. Les rapports annuels du *Civil Justice Council* (organisme créé par la loi, composé notamment de juges, membres des professions juridiques et représentants de la société civile, présidé par le Président de la Cour d'appel) passent en revue le fonctionnement de la justice civile et proposent des réformes. Son rapport de 2024 traite notamment des impacts de l'IA sur la justice civile.

1406 **Le paysage de la procédure.** Ces réformes et la jurisprudence des Cours concernant l'attribution des frais de justice, mettent, sans ambiguïté, l'emphase sur la recherche précoce de solutions amiables pour la résolution des litiges, à l'aune d'un principe directeur (*overriding objective*) destiné à assurer une égalité d'armes et une proportionnalité des moyens engagés, tant en termes de moyens des parties que des ressources du tribunal mis en œuvre. Ainsi, sauf urgence ou nécessité de procédure judiciaire avérée, les nouvelles règles obligent les parties à mettre toutes les cartes sur la table, avant toute procédure, aux fins de rechercher un accord amiable, en ayant recours, si nécessaire, aux voies de résolution alternative[1] (*Alternative Dispute Resolution* ou ADR), étape préliminaire quasi obligatoire avant toute procédure dans la majorité des cas.

1407 **L'enjeu et le contrôle des frais de justice et les honoraires.** La procédure anglaise peut impliquer des montants de frais et honoraires très importants, même pour un litige commercial de complexité moyenne. Ainsi, la question des frais et honoraires de procédure est un enjeu important dans la stratégie, mais aussi pour la gestion de la procédure par le tribunal. Les nouvelles règles mettent également sur les épaules des parties et celles de leurs conseils, une responsabilité accentuée pour estimer par avance et maîtriser les coûts et démarches, au risque de subir des sanctions financières importantes en cas de dérapage. Les professionnels du droit anglais, *solicitors* et *barristers*, sont soumis à de lourdes responsabilités pour assurer le bon déroulement de la procédure sans retards inutiles, la communication de tous les éléments pertinents (même ceux qui sont contraires aux propres thèses de son client), et la maîtrise des coûts et moyens engagés. Les réformes récentes de 2013 (dites "*Jackson*"), ont accentué cette responsabilité.

Dans ce cadre, les parties et leurs conseils sont obligés à effectuer des estimations très fines du résultat potentiel du procès et de son coût potentiel, au risque de voir engager leur responsabilité pour le paiement des frais engagés par l'adversaire, en cas d'erreur ou de disproportion.

1408 **Le rôle des avocats.** La mise en œuvre de ces principes nécessite que les professionnels du droit anglais procèdent à un examen « forensique » détaillé du dossier avant de conseiller à leurs clients d'engager une procédure, y compris au stade des échanges préalables, eux aussi régulés par les règles de procédure (*pre-action protocols*). Nous verrons successivement les différents types de preuves utiles à un procès civil anglais : *affidavit evidence* (déclaration assermentée utilisée dans les procédures préliminaires et pour la signification), *documentary evidence* (pièces), *real evidence* (preuve réelle notamment technique), *witness evidence* (témoins).

1. V. *infra*, nº 1444.

SECTION 2 LES SOURCES DE LA PROCÉDURE CIVILE

1409 Les règles de procédure civile anglaise résultent classiquement de la *Common law*, de l'*Equity* et de la législation interne, ainsi que des règles issues du droit européen (Conv. EDH) (§ 1). À ces sources classiques s'ajoutent aussi des dispositions plus originales du droit anglais, celles élaborées par le *Civil Procedure Rules Committee* (§ 2) ainsi que celles qui dérivent du pouvoir inhérent des juridictions (§ 3) regroupant les *practice directions*, jurisprudence de la *Court of Appeal* et des *Court Guides*.

§ 1. LA *COMMON LAW*, L'*EQUITY*, LA LÉGISLATION ET LE DROIT EUROPÉEN

1410 Les sources du droit de la procédure civile anglaise sont à la fois législatives et jurisprudentielles (A). Le droit européen complète le dispositif (B).

A. LA *COMMON LAW*, LA LÉGISLATION ET L'*EQUITY*

1411 **Sources de *Common law*.** Ce sont les juges qui sont les principaux moteurs des raffinements apportés aux règles de procédure au fil du temps, soit par le biais des décisions de la Cour d'appel, de législation du Parlement (*statute*) (*Civil Procedure Act 1997*) (pour l'essentiel issue à l'origine d'un corpus de règles de droit commun), ou de décrets du Lord Chancellor (*delegated or secondary legislation/statutory instruments*) pris sur proposition du *Civil Procedure Rules Committee*, puis des *practice directions/statements* édictées par un comité de juges de la Haute cour de justice qui complètent les détails du dispositif[2].

1412 **Sources légales**. Certaines lois telles *Civil Evidence Acts 1968* et *1995* (questions concernant l'admissibilité de preuves et la règle de "*hearsay*"), *Senior Courts Act 1981* et la *Courts and Legal Services Act 1990*, sont également sources de règles de procédure en matière de preuve ou des pouvoirs des juges (le *hearsay* concerne l'inadmissibilité de déclarations d'un témoin qui relate les déclarations d'un tiers). Par ailleurs la possibilité de faire financer un contentieux par un tiers (généralement des sociétés d'assurance ou sociétés financières spécialisées) contre une rémunération calculée par rapport au montant du jugement ou de la transaction, a été autorisée dans certaines circonstances (voir notamment *Damages Based Agreement Regulations 2013* prises sous l'autorité de *Courts and Legal Services Act* 1990). Dans le passé, cette pratique était jugée illégale par le droit commun. La régulation de cette activité est complexe et a fait l'objet de contentieux,

2. Rapprocher la mise en œuvre des réformes de Lord Woolf et Lord Jackson.

notamment devant la Cour Suprême[3]. Un projet de loi (*Litigation Funding Agreements (Enforceability) Bill*) est en cours d'examen par la Parlement. Ce sujet ne sera pas traité plus en détail ici.

Le *Contempt of Court Act 1981* régit les règles concernant l'outrage au tribunal, notamment tout acte destiné à interférer au cours serein de la justice, qui dérangent les audiences ou qui menacent des témoins. La *High Court* dispose du pouvoir d'incarcérer sur-le-champ toute personne coupable de *contempt* pour une durée n'excédant pas deux ans (un mois pour un tribunal inférieur). Ces différentes sources font l'objet de décisions de jurisprudence, notamment de la Cour d'appel, interprétant la législation. Les règles de la procédure sont contenues dans ce que les professionnels du droit appellent communément le *White Book*, couleur de la principale publication en la matière. Longtemps la bible des praticiens de la Haute cour de justice, ce livre intègre également la procédure des *County Courts* depuis quelques années, et remplace l'ancien *Green Book* qui était la bible des praticiens des *County Courts* avant les réformes de 1997. Par ailleurs, certaines Cours et tribunaux appliquent des procédures spécifiques à leur matière dont la source est une législation spécialisée telle *Insolvency proceedings/Insolvency Act*[4].

1413 **Sources d'*Equity*.** Le rôle de l'*Equity* en ce qui concerne les remèdes, et notamment dans le cadre des procédures d'urgence, est important[5]. Le principe de l'estoppel et notamment "*issue estoppel*" a une place particulière dans la procédure qui empêche une partie de modifier sa position dans la procédure au détriment de son adversaire.

B. DROIT EUROPÉEN ET INTERNATIONAL

1414 **Variété de l'influence.** Le droit européen n'est pas sans influence sur la procédure anglaise. Il s'agissait notamment des décisions des Cours européennes (Luxembourg and Strasbourg). Mais, à la suite du Brexit, les tribunaux britanniques ne peuvent plus poser des questions préjudicielles à la CJUE (il y avait des dispositions spécifiques transitoires pour les affaires en cours avant le Brexit). Par ailleurs, certaines législations européennes, notamment les règlements européens concernant la compétence et l'exécution des jugements (Bruxelles I modifié), la signification de procédure et l'insolvabilité, et l'obtention de preuves en matière civile et commerciale ne sont plus applicables. En revanche, les règles et jurisprudences issues de la CEDH[6], notamment le droit à un procès équitable, restent pleinement applicables.

Le Royaume-Uni a ratifié les Conventions de La Haye en matière de clause contractuelles de choix de juridiction de 2005, ainsi que la Convention de 2019 sur la reconnaissance et exécution de jugements étrangers en matière civile et commerciale, et les Conventions de 1965 et de 1970, sur la signification à l'étranger de

3. R (on the application of PACCAR Inc and others) v Competition Appeal Tribunal & others 2023 UKSC 28.
4. Pour de plus amples développements sur l'insolvabilité, v. *supra*, n° 1359.
5. V. *supra*, n° 38.
6. *Human Rights Act* 1998.

documents en matière civile et commerciale et l'obtention de preuves à l'étranger. Ces conventions peuvent seulement dans une certaine mesure, remplacer les règlements européens concernés. Le Royaume-Uni avait demandé à rejoindre la Convention de Lugano qui contient des dispositions similaires au règlement Bruxelles I pour certains pays extérieurs à l'UE, mais l'UE n'a pas souhaité y consentir, Brexit oblige !

Il va de soi que toutes ces règles de procédure s'insèrent également dans le cadre des règles constitutionnelles de droit commun, la *rule of law*, destinées à assurer l'accès au procès équitable et un jugement impartial.

§ 2. LES RÈGLES DE PROCÉDURE ÉLABORÉES PAR LE *CIVIL PROCEDURE RULES COMMITTEE*

1415 **Un comité spécial.** La plupart des procédures devant les *County Courts*, *High Court* et la *Court of Appeal (Civil Division)* sont régies par des décrets pris sous l'égide de la loi *Civil Procedure Act 1997*. Ces règles doivent être émises en vue de rendre le système de justice civile accessible, *"fair"* et efficace, et sont affinées par le *Civil Procedure Rules Committee*, successeur direct du *Rules Committee*. Ce comité, dont la composition majoritaire consiste en juges de la *Court of Appeal*, *High Court*, *solicitors*, *barristers* et deux représentants de la société civile concernés par le secteur du conseil non professionnel (*lay advice sector*) et de la consommation, fait des propositions après consultation des personnes intéressées. Le Lord Chancellor doit donner des raisons s'il décide de ne pas suivre les avis du comité. Le comité peut intervenir très rapidement en cas de besoin, souvent à l'initiative de la *Court of Appeal*. Les règles sont mises à jour en fonction des dernières législations et jurisprudences. C'était le cas au sujet du pouvoir d'ordonner les parties de recourir à un mode alternatif de règlement de litiges (v. *infra*, n° 1430).

§ 3. LE POUVOIR INHÉRENT DES JUGES

1416 **L'*inherent jurisdiction*.** Le pouvoir inhérent des juges, émanant du droit commun, de régir la procédure de leurs cours comporte deux éléments principaux : le pouvoir d'édicter des règlements de procédure, les *practice directions* (A) complétant le dispositif législatif et réglementaire, et un pouvoir de réguler les procédures individuelles pour éviter tout abus et pour améliorer le déroulé de la procédure ; ainsi, la *Court of Appeal* complète les *pratices directions* (B) ; de même, les *divisions* de la *High Court* proposent des guides (C).

A. *PRACTICE DIRECTIONS*

1417 ***Practice directions*.** Afin de compléter la pratique de la procédure les juges édictent des règlements détaillés « *practice directions* » pour la mise en œuvre des règles de procédure ; et les compléter en tant que de besoin. Le statut légal de ces *practice directions* est partiellement régi par la loi *Constitutional Reform Act 2005*. Ainsi, le pouvoir d'édicter ces règles détaillées se trouve aujourd'hui entre les mains du *Lord Chief Justice* et le président de la *Court of Appeal Civil Division (Master of the Rolls)* par délégation du Lord Chancellor. Dans la plupart des cas, ces règles doivent être prises avec l'accord de ce dernier après avis favorable du *Civil Procedure Rules Committee*. Le site Justice.gov publie les mises à jour des règles de procédure civile *Civil Procedure Rules-CPR* et les *Practice Directions-PD* (instructions détaillées).

B. LA JURISPRUDENCE DE LA *COURT OF APPEAL* EN MATIÈRE DE PROCÉDURE

1418 **Pouvoir de comblage.** La *Court of Appeal* est compétente pour interpréter – et le cas échéant compléter – le dispositif législatif et les *civil procedure rules* (*gap filling*) afin de compléter les éventuelles lacunes de la procédure civile. C'est le sens de l'arrêt *Bovale* cité ci-dessous qui a suivi les législations récentes. La Cour a rappelé que la Cour n'est pas obligée d'obtenir l'aval du Lord Chancellor pour rendre ses arrêts en matière procédurale en raison du principe de séparation des pouvoirs[7].

La Cour a rappelé que la Cour, comme le juge en première instance, n'a aucun pouvoir de modifier les règles de procédure établies, même s'il considère que la justice de l'affaire exigerait une procédure différente. Les décisions de la *Court of Appeal* font autorité dans le domaine des procédures concernées. Ceci n'exclut pas la possibilité d'éventuel ajustement par *Civil Procedure Rules Committee* par la suite.

C. LE STATUT DES *COURT GUIDES*

1419 **Guides.** Les *divisions* de la *High Court of Justice* ont pris l'habitude d'élaborer des guides explicitant la procédure des cours et greffes, à l'adresse des praticiens et justiciables en donnant des indications pratiques pour la mise en œuvre de la procédure. Dans l'affaire *Bovale Ltd v. Secretary of State for Communities and Local Government*[8], la *Court of Appeal* a décidé que ces guides ne pouvaient constituer de règles mais simplement des explications sans force juridique.

7. Pour une discussion voir Rule Making and precedent under the Civil Procedure Rules 1998 – still an unsettled field – Adrian Zuckerman Professor Civil Procedure Oxford University.

8. Bovale Ltd v Secretary of State for Communities and Local Government 2009 EWCA Civ 171.

Évolutions futures : locaux et technologies de la justice civile

L'organisation historique de la justice civile risque encore d'être bouleversée par une récente enquête de Lord Justice Briggs concernant les moyens de la justice. En effet, depuis 2013, austérité oblige, le gouvernement a demandé à Lord Justice Briggs de mener une enquête approfondie sur la réforme des moyens disponibles pour la justice civile (les cours et tribunaux), notamment en termes d'utilisation du parc immobilier de HMCTS, et la modernisation des systèmes et technologies d'information. Cette enquête (dont la mission incluait la revue de la structure par laquelle les cours et tribunaux fournissent le service de résolution des litiges de l'État et des recommandations pour sa modification), a également soulevé la question de l'adéquation de la procédure aux attentes des justiciables et le service de la justice. L'utilité même d'un tribunal physique est questionnée pour certains types de litiges (consommation). Son rapport définitif a été rendu en juillet 2016. Ainsi, l'organisation de la procédure se trouve étroitement imbriquée avec les moyens de la justice civile. Le principe même de l'oralité des débats est remis en cause pour les affaires de moindre importance, leur traitement en ligne à travers des systèmes informatisés étant désormais proposé comme seule possibilité efficace et économiquement faisable. Ainsi, son rapport remet en cause la nécessité de l'audience et le procès oral pour les affaires de consommation, face aux exigences de coûts et moyens disponibles, et à la faveur des nouveaux moyens de la technologie de l'information. À titre d'exemple les règles ont été modifiées en février 2025 pour faciliter des procédures en ligne pour le recouvrement de sommes liquides et exigibles (mise à jour PD5R). Parallèlement, des systèmes de dépôt de documents de procédure ont été testés et vont être étendus et mis à jour. *Rolls Building* un des bâtiments de la *High Court* à Londres où siège notamment le *Commercial Court*, a été entièrement équipé de systèmes informatiques interactifs diminuant le volume de papier nécessaire au procès. De nouvelles procédures optionnelles destinées à raccourcir les délais et réduire les coûts, en mettant le même juge en charge du suivi de la procédure du début à la fin, ont été introduites depuis 2015 (*Shorter/Flexible Trial Schemes*).

SECTION 3 LES FONCTIONS ET LES POUVOIRS DE DROIT COMMUN DES JUGES ET L'ÉLABORATION DU DROIT DE LA PROCÉDURE CIVILE

1420 Les juges anglais jouissent traditionnellement de nombreux pouvoirs de procédure (§ 1) expliquant qu'ils y participent activement (§ 2). Plus précisément, ils sont compétents aux diverses étapes de la procédure (§ 3) et ils assurent la sérénité des débats et le respect des ordonnances (§ 4) ainsi que la présidence du procès (§ 5).

§ 1. LE POUVOIR DES JUGES DES COURS DE *COMMON LAW*

1421 **Une longue tradition.** Depuis le Moyen Âge, les juges anglais sont maîtres de leurs procédures au titre du pouvoir historique et inhérent de droit commun leur permettant de régir la procédure de leurs cours (*inherent jurisdiction*).

Le juge anglais dispose de pouvoirs considérables pour assurer la mise en état, le contrôle des coûts et des moyens mis en œuvre tant par les parties que le tribunal, la sérénité des débats, le bon déroulement de l'instance, et le respect de la procédure à chaque étape. Ainsi, le juge peut radier (*strike out*) une demande ou des moyens de défense au cas où il apparaît évident que les moyens avancés par l'une des parties n'ont aucune base juridique, ou constituent un abus de la procédure. Les réformes récentes accentuent les pouvoirs des juges dans la mise en état des dossiers (*active case management*), notamment en ce qui concerne la proportionnalité de la procédure et les coûts engagés, par rapport aux enjeux.

§ 2. LA PARTICIPATION ACTIVE DES JUGES À L'ÉLABORATION DU DROIT DE LA PROCÉDURE

1422 **Participation active.** Les juges participent étroitement à l'élaboration et à la réforme du droit de la procédure par le biais d'un affinement et la mise à jour régulière des règles de procédure, de la jurisprudence, notamment de la Cour d'appel, puis la participation des juges éminents à la rédaction de rapports et de propositions de réforme à l'invite du gouvernement. En effet, la justice civile anglaise a fait l'objet de réformes législatives importantes depuis la fin du XIXe siècle.

Les réformes fondatrices de la justice civile de 1893 et de 1895 par le biais des *Judicature Acts* avaient réformé le système des tribunaux supérieurs en mettant les cours de droit commun et les cours d'*Equity* sous le même toit (*Supreme Court of Judicature*), éliminant ainsi deux voies parallèles de procédure. Déjà l'objectif était de réduire la complexité, les délais et le coût de la justice civile, refrain régulier des réformes jusqu'à nos jours. Depuis, la procédure civile anglaise s'est développée principalement à travers des jurisprudences, notes de procédure (*practice statements*) et décrets émis par le Lord Chancellor (plus récemment le *Secretary of State for Justice*), pris avec la collaboration étroite des juges éminents. Ainsi, les juges de la *High Court* de justice et la *Court of Appeal* participent depuis le XIXe siècle au développement des règles de procédure par le biais d'un comité spécialisé (*Rules Committee*) en collaboration avec le Lord Chancellor qui édicte ensuite les modifications nécessaires.

§ 3. LA COMPÉTENCE DU JUGE POUR LES PROCÉDURES URGENTES, LES ÉTAPES PRÉLIMINAIRES ET LE SUIVI DE LA PROCÉDURE

1423 **Étapes préliminaires et suivi.** Le juge est compétent pour ordonner les mesures provisoires à tout moment y compris avant même la saisine du tribunal au fond, ou pour traiter une question préliminaire telle la compétence internationale ou l'absence de fondement juridique de la demande, avant le début de la procédure au fond.

Le respect des ordonnances de procédure est souvent la condition de sa poursuite par la partie objet de l'ordonnance. Par exemple, si, en cours de procédure, le juge ordonne à la partie demanderesse de communiquer des pièces, la procédure s'arrête tant que la communication n'est pas effectuée. Les ordonnances et jugements sont généralement immédiatement exécutoires, même s'ils sont susceptibles d'appel.

§ 4. LES POUVOIRS DU JUGE D'ASSURER LA SÉRÉNITÉ DES DÉBATS ET LE RESPECT DES ORDONNANCES

1424 La procédure de *contempt of Court* (outrage au tribunal) permet au juge dans des cas extrêmes d'ordonner la détention immédiate de toute personne troublant la paix de l'audience (*criminal contempt*), ou entravant le bon déroulement de l'audience (*civil contempt*)[9]. L'auteur peut être condamné à jusqu'à deux ans de prison et/ou une forte amende dans les deux cas. Ce risque est réel dans les affaires commerciales aussi bien que les autres ! Il en va de même en cas de désobéissance à une ordonnance du juge, notamment en cas de mesures ordonnées par le juge obligeant une partie de cesser un trouble ou réparer une faute. Les administrateurs de société peuvent être ainsi jugés responsables du manquement d'une société à exécuter une décision de justice[10].

§ 5. LA PRÉSIDENCE DU PROCÈS (*PRESIDING THE TRIAL*)

1425 **Discipline de procédure.** Le rôle du juge est tripartite : le juge des faits, du droit et le respect de la procédure. En ce qui concerne le respect de la procédure, le rôle du juge est de s'assurer que chaque partie a pu présenter ses arguments de manière qu'aucun déséquilibre ne s'instaure entre les parties.

Il rappelle les parties et leurs conseils à l'ordre en cas de comportements inappropriés, excès d'émotions ou d'agressivité. Il veille également à ce que les débats soient limités à l'essentiel ; à la gestion du temps, et que les coûts et ressources du tribunal soit respectée.

9. *Contempt of Court Act* 1981.

10. ADM International SARL v Grain House International SA 2024 EWCA Civ 33-litige entre une société suisse et une société marocaine. Cette dernière n'a pas fourni au tribunal des détails de ses biens tel qu'ordonné par le juge anglais dans le cadre d'une exécution d'une sentence arbitrale.

Le juge n'intervient que dans la mesure nécessaire pour clarifier certains points, ou pour éviter des interrogatoires de témoins trop oppressants. Son rôle est principalement d'écouter puis de former son jugement sur la crédibilité des témoins et la véracité des faits présentés, ensuite de trancher les questions de fait et de droit. Ainsi le procès est un événement discipliné et sans égarements inutiles.

§ 6. LA COMPÉTENCE JURIDICTIONNELLE

Pour rappel, la *High Court of Justice* est compétente, pour l'Angleterre et le Pays de Galles, pour les affaires dont l'enjeu financier est relativement important (au-delà de £100 000 pour les demandes en dommages-intérêts, sauf pour les demandes de *judicial review* ou les procédures relatives à un préjudice corporel où le montant est de £50 000 selon les cas) (*Civil Procedure Rules 7A 2016*). En dessous de ces limites c'est *County Court* qui est normalement compétent. Ces montants sont modifiés périodiquement. La *High Court* a une compétence pour l'intégralité du territoire d'*England & Wales*, mais les règles permettent d'attribuer compétence aux antennes provinciales de la Haute cour pour les affaires ayant une attache locale ou régionale, dans l'intérêt de coût et des ressources des Cours et des parties.

En ce qui concerne la compétence en matière internationale lorsqu'une des parties se trouve établie en dehors du ressort du tribunal anglais, les règles spécifiques des *Civil Procedure Rules* trouvent application lorsqu'un demandeur souhaite assigner une partie établie en dehors du ressort. Sans entrer dans le détail, le demandeur (ou le plus souvent son *solicitor*) doit attester par *affidavit* (et sous sa responsabilité), que l'affaire relève de la compétence du tribunal, en vertu d'un des chefs de compétence internationale du tribunal anglais, nommés "*gateways*" qui exigent un lien entre le litige et l'Angleterre ou le Pays de Galles. Depuis le Brexit les règles européennes de compétence ne s'appliquent plus. Par conséquent, les règles de procédures (CPR 6.37) ont été modifiées en octobre 2022 pour ouvrir de nouvelles situations où le tribunal anglais peut accepter sa compétence. Désormais (en l'absence d'une clause contractuelle attribuant compétence au tribunal anglais), le demandeur doit satisfaire le tribunal que sa demande a une chance raisonnable de succès et que le tribunal anglais est un for approprié (*forum conveniens*). En résumé les *gateways* ouvrant les portes du tribunal (ressort) anglais sont notamment les suivants :

— le contrat objet du litige a été conclu dans le ressort ; ou une offre en vue d'un contrat reçu dans le ressort a été acceptée ; (d'où l'importance de la maîtrise des lieux dans une négociation internationale) ; ou le défendeur y aurait incité ou assisté dans la commission d'un manquement contractuel ;

— un manquement contractuel a été commis, ou il existe un risque sérieux de manquement, dans le ressort du tribunal anglais ;

— le demandeur souhaite obtenir une déclaration de droit du tribunal l'exonérant de responsabilité lorsque le litige potentiel a un lien avec l'Angleterre ou le Pays de Galles ;

— le demandeur demande la condamnation du défendeur pour le non-respect d'une ordonnance du tribunal anglais ;

— le défendeur est responsable d'un délit civil (*tort*), par exemple d'avoir contribué à un préjudice économique[11] ou est responsable d'un manquement à une obligation fiduciaire ou au titre d'un trust, commis ou ayant des effets (directs ou indirects) dans le ressort ;

— un tiers ou une banque ou institution financière, qui est détenteur d'informations pertinentes à une saisie conservatoire, peut être attrait devant le tribunal anglais afin qu'il lui soit ordonné la communication de ces informations. Ce *gateway* est devenue plus importante dans le cadre des escroqueries en crypto-monnaies.

Par ailleurs, les clauses de compétence dites « asymétriques » permettant à l'une des parties de choisir le tribunal mais obligeant l'autre de porter sa demande devant le tribunal d'un seul pays, sont licites en droit anglais. Ils sont utilisés habituellement dans les contrats internationaux de financement où c'est le prêteur qui retient la liberté de saisir un tribunal de son choix[12]. Les difficultés potentielles de ces clauses ont été soulignées dans un récent litige devant la Cour d'appel anglaise opposant un compositeur et un investisseur dans un catalogue de musique, concernant le paiement de royalties, où le tribunal anglais, premier saisi, devait décider si la clause asymétrique donnant compétence au tribunal de Los Angeles pour certains types de litiges entre les parties, devait entraîner l'arrêt de la procédure anglaise[13].

11. Abu Dhabi Commercial Bank v Shetty & Others 2022 EWHC 529 Comm-affaire concernant un prêt syndiqué international.

12. Voir par exemple Etihad Airways PJSC v Flöther 2020 EWCA Civ 1707.

13. Hipgnosis SFH 1 Ltd v Barry Manilow and Hastings, Clayton Tucker Inc DBA Stiletto Entertainment 2025 EWCA Civ 486.

CHAPITRE 2
LES PRINCIPES DIRECTEURS ET LE DÉROULÉ DE LA PROCÉDURE

1426 Les règles de procédure civile anglaise ont été l'objet d'importantes réformes (section 1) qui expliquent les actuels principes directeurs du procès (section 2) et le déroulé de la procédure, qu'il s'agisse des procédures précédant la saisine du tribunal (section 3) ou le déroulement de la procédure elle-même, de l'assignation au procès (section 4).

SECTION 1 LES RÉFORMES WOOLF ET JACKSON

1427 **Le contenu des réformes.** À la suite du rapport de Lord Justice Woolf, la loi dite *Civil Procedure Act 1997*, qui a introduit les *civil procedure rules* a profondément réformé le droit de la procédure en Angleterre et le Pays de Galles. Les réformes Woolf ont introduit l'objectif prépondérant (*overriding objective*) destiné à assurer une adéquation entre les enjeux, la procédure mise en œuvre, le coût et les ressources du système judiciaire. L'égalité d'armes entre les parties et la rapidité de la procédure est également l'un des buts avérés de la réforme. Un des objectifs était d'encourager les parties à rechercher des solutions amiables avant même de saisir la justice, et de réduire les délais. Qui plus est, le tribunal est désormais obligé de mener une gestion *active* de la procédure (*active case management*) qui permet de trier les affaires selon leur complexité et leurs enjeux par une classification en voies "*tracks*". Le contrôle des coûts est devenu un enjeu majeur et chaque *track* est associé à une grille de coûts (frais, honoraires avec certains dépassements autorisés):

— *small claims track* (demandes de moins de £10 000 environ sans complexité particulière où le procès ne durerait que 2 ou 3 heures) ;

— *fast track* (demandes de moins de £10 000 à £25 000 environ, affaires moins complexes où le procès ne devrait durer plus d'un jour), ou ;

— *intermediate track* (introduit en 2023, pour les affaires d'un enjeu entre £25 000 et £100 000 où le procès ne durerait pas plus de 3 jours) ;

— *multi-track* (toutes les autres affaires, notamment celles plus complexes, ou impliquant de multiples parties, et dont l'enjeu dépasse £100 000).

Les affaires relevant du *small claims* et *fast track* sont habituellement jugées au *County Court* le plus proche devant un *district judge ;* alors que les affaires *multi-track* sont jugées à un *civil trial* centre régional où siège un *circuit judge*, juge qui siège également dans les affaires plus importantes devant la *High Court*. Partant du constat, une quinzaine d'années après Woolf, que le coût du procès restait toujours très élevé, le rapport de Lord Justice Jackson a abouti en 2013 à une modification importante des règles concernant les honoraires et frais récupérables.

1428 **Budgétiser les frais, estimer le temps, réduire les contentieux.** Ces nouvelles règles imposent aux conseils une obligation de proposer au tribunal, au plus tôt, un budget estimatif de frais et honoraires dont le dépassement ne serait autorisé qu'exceptionnellement. Les frais récupérables en cas de victoire doivent être proportionnés à l'enjeu et les questions soumises au tribunal. Les conseils des parties doivent également communiquer au juge de la mise en état leurs estimations quant au temps nécessaire pour le traitement du litige et s'y tenir autant que possible. Les réformes dites Woolf et Jackson ont pour principe général que le procès soit évité autant que peut se faire. Si le procès ne peut être évité, ses coûts (et le temps) doivent être maîtrisés et proportionnés. Dans certains cas, des frais et honoraires plafonnés doivent être appliqués. Les responsabilités des professionnels du droit en matière de gestion et du coût de la procédure ont été accentuées depuis les réformes récentes. Paradoxalement, la conséquence est d'alourdir le coût effectif des litiges pour les entreprises, notamment dans la phase préliminaire d'analyse et de recherche de solutions préalablement à toute procédure. Une responsabilité lourde est mise, par les *civil procedure rules* et les décisions récentes de la *Court of Appeal*, sur les épaules des professionnels du droit pour éviter les procédures inutiles ou disproportionnées, la perte de temps, et les coûts et frais inutiles.

Les professionnels du droit doivent proposer des budgets au tribunal qui sont débattus dans le cadre de la *case management*. Tout écart du budget risque de ne pas être récupéré même en cas de succès. Si une partie (et/ou ses avocats) est responsable d'un écart de coût ou une perte de temps pour l'autre partie, ils peuvent être ordonnés de l'indemniser. Il n'est pas inhabituel, par exemple, de voir le tribunal ordonner à un *solicitor* de payer personnellement le coût d'une audience renvoyée inutilement ou les frais engagés inutilement ou de manière disproportionnée[1]. Dans l'affaire *British Gas Trading*[2], la Cour a décidé de radier (*strike out*) les conclusions en défense en raison d'un retard de plus de trois mois des *solicitors* de la partie défenderesse ; avec les conséquences en termes de responsabilité professionnelle des *solicitors* que l'on peut imaginer. Certains commentateurs considèrent que ces réformes remettent en cause la possibilité de tenir un procès en raison des risques et coûts qui y sont inhérents, et l'absence de réels moyens de la justice de traiter

1. Mitchell v News Group Newspapers 2013 EWCA Civ 1537 ; Denton v TH White Ltd 2014 EWCA Civ 906.

2. British Gas Tading v Oak Cash & Carry Ltd 2016 EWCA Civ 153.

l'intégralité des demandes potentielles. Aujourd'hui, les moyens alternatifs de résolution des litiges et l'utilisation de nouvelles technologies sont mis en avant comme le moyen d'aboutir à la solution nécessaire de la plupart des litiges.

SECTION 2 LES PRINCIPES DIRECTEURS DU PROCÈS

1429 Ces principes (§ 1) obéissent à des règles de mise en œuvre (§ 2).

§ 1. LES PRINCIPES

1430 **Le procès, dernier recours.** Le *Civil Procedure Act 1997* établit un principe général que le procès vu comme le dernier recours (*litigation as a last resort*). Les objectifs prépondérants de la procédure (*overriding objective*) impliquent la recherche de la justice, que les parties soient à armes égales (*equal footing*), que les frais soient proportionnés et que le principe de proportionnalité exige la prise en compte de l'enjeu financier, la complexité des questions de fait et de droit, les moyens des parties, l'absence de retard inutile, et la prise en compte des ressources du tribunal (*money, complexity, means, expedition and resources*). Le fait que la Cour d'appel a récemment jugé qu'il était dans les pouvoirs du juge d'ordonner aux parties de participer à une médiation, souligne l'importance de ces principes. Les règles de procédure civile ont été modifiées en octobre 2024 pour consacrer le pouvoir du juge d'ordonner le recours par les parties à une méthode de résolution alternative du litige (ADR) à tout moment au cours de la procédure[3].

§ 2. LA MISE EN ŒUVRE DES PRINCIPES

1431 Trois méthodologies principales ont été établies par la loi pour atteindre ces objectifs, qui doivent être mise en œuvre avant même la saisine du tribunal : l'échange préliminaire d'informations (*pre-action protocols* qui sont des préconisations selon le type de demande et le secteur d'activité concerné) ; la recherche d'une solution amiable ; et le contrôle des coûts et la sanction des parties qui ne respectent pas les règles. Il existe deux exceptions, l'urgence et lorsque la demande soulève un point de droit, qui, par nature, ne peut qu'être traité par un juge.

1432 **Échanges préliminaires d'informations ou les *pre-action protocols*.** Les règles imposent des obligations précises d'échange précoce des informations entre

3. Churchill v Merthyr Tydfil County Borough Council 2023 EWCA Civ 1416 et CPR 1, CPR 3.1 (2)(o) et CPR 28.

les parties avant toute saisine du tribunal, dans la mesure du possible (établies par une procédure selon le type de contentieux *pre-action protocols*). Cette règle a plusieurs objectifs :

— de permettre un premier échange d'allégations et de preuves pour permettre une discussion éclairée en vue de rechercher d'éventuelles solutions ou de passer par une étape de mode alternatif de règlement de litige (ADR) ;

— de mieux gérer le litige, et ;

— de réduire les coûts de résolution du litige.

Le *Civil Justice Council* a publié un rapport sur ce sujet en novembre 2024 proposant différentes mesures pour la mise à jour de ces procédures. Un des objectifs est d'éviter un alourdissement excessif de cette étape préliminaire et d'éviter des coûts disproportionnés (*front end loading*).

1433 **La recherche d'une solution amiable.** La recherche de solutions transactionnelles par les méthodes alternatives de résolution de litiges (*alternative dispute resolution*), la gestion de la procédure "*Case management*", "*cost control*".

1434 **Le contrôle des coûts et la sanction des parties qui ne respectent pas les règles.** Les règles de procédure et la jurisprudence sanctionnent de manière drastique le manquement à cette étape préliminaire : il s'agit de ne pas pouvoir récupérer ses frais et honoraires même en cas de succès.

Lorsque l'on connaît les enjeux considérables des questions de frais et honoraires dans la procédure anglaise, il s'agit d'une véritable sanction qui peut enlever à une partie tout l'intérêt d'avoir gagné son procès, sans parler d'un risque pour ses conseils, s'ils ont manqué à gérer la situation, d'avoir à rembourser leur client.

1435 **Les deux exceptions : l'urgence et le point de droit.** S'agissant tout d'abord de l'urgence : saisi par un client d'un litige naissant, la première question que doit se poser son conseil est de savoir si les intérêts du client ont besoin de la protection immédiate d'une mesure provisoire du tribunal, par le biais d'une procédure d'urgence avant toute autre procédure préliminaire ou au fond. En effet, des situations peuvent exister où le degré d'urgence est telle que la partie en demande soit obligée de saisir sans tarder le tribunal pour protéger ses intérêts essentiels avant toute saisine au fond ; et ce, d'autant plus qu'il peut être prévu que, dès que la partie adverse est informée qu'un procès risque de lui être intenté, celui-ci va tout faire pour cacher les preuves ou ses propres biens. Il s'agit de mesures provisoires nécessaires, par exemple, lorsque la partie adverse est accusée de concurrence déloyale, de manquement à des obligations de confidentialité ou de non-concurrence, de non-sollicitation de salariés de l'entreprise, de détournement de clientèle, de copie illicite d'œuvres protégés, de destruction de preuves, ou lorsqu'il est suspecté que la partie adverse risque de mettre ses biens à l'abri dans un paradis fiscal ou une juridiction qui n'a pas de traité d'entraide judiciaire avec le Royaume-Uni, pour empêcher toute exécution ultérieure d'un jugement du tribunal. Différentes mesures provisoires existent en droit anglais pour protéger le statu quo : saisie et protection des preuves avant leur disparition, saisie conservatoire de biens, ordonnances interdisant la poursuite d'actes délictuels ou en exécution forcée d'un contrat, production de comptes, rectification d'instruments écrits. Cette exception, une fois mise en œuvre, n'excuse pas les parties d'échanger les informations nécessaires et de rechercher des solutions amiables afin d'éviter un procès.

S'agissant ensuite du point de droit : il se peut que la principale question en jeu concerne un point de droit non encore tranché par les tribunaux, dont l'issue détermine le sort du litige et la pratique d'un secteur du commerce ou d'industrie, par exemple un point de droit des assurances d'une importance vitale pour le secteur des assurances.

SECTION 3 LES PROCÉDURES AVANT LA SAISINE DU TRIBUNAL AU FOND

1436 **Enjeux des procédures préalables.** Avant de saisir le tribunal il peut être nécessaire de saisir le tribunal en urgence afin d'obtenir des mesures provisoires destinées à conserver les preuves, geler des avoirs, protéger des biens ou faire cesser un trouble. Dans certains cas, il est nécessaire d'agir sans en informer préalablement le défendeur qui risquerait de faire disparaître des preuves ou d'organiser son insolvabilité. Ces mesures provisoires peuvent être prises avant toute saisine du tribunal au fond (§ 1). Dans la plupart des cas, passée la phase d'éventuelles mesures provisoires, les règles de procédure imposent aux parties de rechercher des solutions amiables avant de saisir le tribunal au fond ; tout d'abord en échangeant les informations et preuves concernant leurs demandes et leurs moyens de défense au titre de protocoles procéduraux ou *pre-action protocols* (§ 2), puis en procédant de bonne foi à une médiation ou procédure similaire (§ 3), si la première phase n'a pas permis de dégager une solution définitive. Toutefois, certains litiges ne se prêtent pas à la recherche d'une solution car la demande nécessite une décision du tribunal quant à la situation juridique, par exemple l'interprétation d'une police d'assurance ou un point de droit concernant la propriété intellectuelle pour ne donner que deux exemples.

§ 1. LES PROCÉDURES D'URGENCE (*INTERIM RELIEF*)

1437 Diverses mesures d'urgence (B) permettent de créer la surprise, stratégie nécessaire chez le requérant (A).

A. LA NÉCESSITÉ DE LA SURPRISE

1438 **Stratégie procédurale.** Avant d'envoyer une mise en demeure ou de lancer une procédure à l'encontre du défendeur, il existe dans certains cas un risque que celui-ci dès connaissance de l'imminence d'une procédure, va chercher à détruire ou éloigner les preuves ou organiser son insolvabilité sur le territoire du Royaume-Uni en transférant des biens à l'étranger afin d'échapper à l'exécution d'un éventuel jugement. Dans ces cas, le demandeur peut envisager une saisine du tribunal *ex parte* (sur requête) sans prévenir son adversaire. Il s'agit souvent de cas nécessitant la saisie de marchandises contrefaisantes ou d'un compte bancaire d'un adversaire n'ayant aucun autre bien au Royaume-Uni. Ces situations sont propices à l'exercice par le tribunal anglais de son pouvoir discrétionnaire d'ordonner des mesures provisoires émanant à l'origine du droit de l'*Equity*.

1439 **La saisie de preuves (*Anton Piller injunction*) et ordonnance de communication d'informations (*Bankers Trust orders* et *Norwich Pharmacol orders*) et *imaging orders*.** Dans le premier cas, il s'agit de la saisie de biens (y compris des téléphones portables[4], documents électroniques ou autres preuves digitaux) allégués comme constituant la preuve, par exemple, de contrefaçon ou d'un manquement à une obligation de confidentialité, ou encore des agissements d'administrateurs de société au préjudice des intérêts des actionnaires ou associés[5]. Le demandeur doit satisfaire le juge, selon toute apparence (*prima facie case*), de l'existence d'une faute, d'un préjudice sérieux et de preuves qui risquent d'être détruits. Ce type de situation nécessite la mise en œuvre d'une *Anton Piller injunction* ("*search order*"). Il s'agit d'une ordonnance de perquisition et « saisie » de preuves préalables à toute action en justice. Anton Piller est le nom de la jurisprudence ayant autorisé cette procédure qui concernait le vol allégué de secrets commerciaux (*Anton Piller KG v. Manufacturing Processes Ltd & Ors*[6]). Par ailleurs, le tribunal peut éventuellement ordonner à un tiers de communiquer des éléments pertinents dans ce cadre (voir par exemple *Norwich Pharmacal Company & Ors v. Customs and Excise*[7]) et informations bancaires (*banker's trust order*)[8]. Le tribunal contrôle strictement la mise en œuvre de l'ordonnance. Dans une récente affaire concernant une ordonnance dite "*imaging order*" où le tribunal ordonne la prise d'une image digitale de documents électroniques, la Cour d'appel a affirmé le principe que l'objectif de l'ordonnance est limité à la saisie et la conservation de preuves. Le tribunal doit par la suite décider la suite à donner pour l'utilisation des preuves ainsi conservées[9].

1440 **La saisie de biens ou *Mareva injunction*.** En ce qui concerne la saisie de biens destinée à empêcher le défendeur de dissiper ou cacher ses biens avant un éventuel jugement, l'affaire *Mareva Compania Naviera SA v. International Bulkcarriers SA*[10] était à l'origine de ce type d'ordonnance. Ainsi celle-ci s'intitule *Mareva injunction* ou *freezing order*. Dans cette affaire l'affréteur d'un navire risquait de ne pas payer l'armateur. Le seul bien se trouvant au Royaume-Uni était une somme au crédit d'un compte en banque. La cargaison était déjà en route pour l'Inde et

4. Re Valorem Holdings 2023 EWHC 2625.
5. Re Valorem Holdings 2023 EWHC 2625.
6. Anton Piller KG v Manufacturing Processes Ltd & Ors 1975 EWCA Civ 12.
7. Norwich Pharmacal Company & Ors v Customs and Excise, [1974] AC 133.
8. Bankers Trust v Shapira 1980 1 WLR 1274.
9. TBD (Owen Holland) Ltd v Simons 2020 EWCA Civ 1182.
10. *Mareva Compania Naviera SA v International Bulkcarriers SA,* [1975] 2 Lloyd's Rep 509.

difficilement saisissable. Ce type de mesure urgente a été utilisé plus récemment pour saisir des cryptomonnaies détenues dans une plateforme de bitcoin[11].

Il est également possible de saisir des biens d'un tiers qui est soupçonné les détenir en réalité pour le compte du défendeur (*Chabra relief*)[12].

B. LA MISE EN ŒUVRE D'UNE PROCÉDURE D'URGENCE

1441 **Les preuves préliminaires.** La mise en œuvre d'une procédure d'urgence nécessite la rédaction et la déclaration solennelle d'un *affidavit* par le demandeur, et tout autre témoin pertinent, énonçant les faits. Au soutien de l'*affidavit* sont produites toutes preuves documentaires utiles, et nécessaires à établir l'urgence. Dans des cas exceptionnels, le juge peut ordonner la comparution et l'interrogatoire de témoins[13]. Habituellement c'est le *solicitor* qui rédige l'affidavit souvent avec les conseils d'un *barrister*. Un juge est disponible en permanence et en urgence pour ordonner les mesures nécessaires. Il ou elle sera contacté(e) par les *solicitors* ou le *barrister*. Dans des cas d'une extrême urgence, l'ordonnance peut être délivrée par téléphone. Pour éviter toute tentative par le défendeur de détruire les preuves ou organiser son, insolvabilité, la première audience est, le plus souvent, sans la présence du défendeur (*ex parte*) qui ne sera notifié qu'une fois la mesure urgente aura été mise en œuvre. Une audience est ensuite prévue en présence des parties (*inter partes hearing*).

1442 **Les conditions à satisfaire et le pouvoir discrétionnaire du juge.** Le demandeur doit également satisfaire le juge que toutes les conditions sont réunies pour lui permettre d'exercer sa discrétion en *Equity* d'octroyer un remède. Il s'agit notamment de l'urgence et de l'existence d'une faute ou d'un droit nécessitant le jugement d'une question sérieuse, sans nécessairement établir que sa demande est fondée. De même le demandeur doit convaincre le juge de l'absence de comportement coupable du demandeur (*clean hands*). En outre, il doit s'engager à assigner le défendeur en justice dès que la saisie est effectuée, et de fournir une garantie susceptible d'indemniser le défendeur au cas où il s'avère que l'action du demandeur n'était pas justifiée (*cross undertaking in damages*). Dans des cas appropriés, le demandeur doit fournir la preuve qu'il n'est pas en proie à des difficultés financières et peut être obligé à déposer une garantie financière.

Le juge se détermine de manière discrétionnaire, notamment par rapport au "*balance of convenience*", en tentant d'équilibrer les intérêts du demandeur en termes de conservation des preuves ou des biens, et celles du défendeur et les effets potentiels sur son activité[14].

11. Voir par exemple AA v persons unknown 2019 EWHC 3556 (Comm) et Fetch AI Ltd v Persons Unknown 2021 EWHC 2254 mettant en œuvre différents types de mesures provisoires.
12. *T.S.B. Private Bank International SK v Chabra,* [1991] 1 WLR 231.
13. Mold Investments Ltd v Holloway & others 2025 EWHC 962 (Ch).
14. American Cyanamid Co n° 1 v Ethicon Ltd (1975) AC 396.

§ 2. LES *PRE-ACTION PROTOCOLS* (PAP)

1443 **Mécanisme.** Ces protocoles (environ une quinzaine en 2025) établis par la Cour selon le type de litige, contiennent des indications à respecter lors des échanges préliminaires, de fait obligatoires, destinés à amener les parties à communiquer le maximum d'informations utiles permettant la recherche d'une solution. Typiquement, les parties doivent communiquer les détails et pièces essentiels puis engager une négociation de bonne foi en vue de la recherche d'une solution économique au litige pour éviter le procès. Dans la plupart des cas, cela implique la mise en œuvre d'une procédure alternative de recherche de résolution du conflit. Un manquement d'une partie concernant la mise en œuvre d'un protocole peut être sanctionné par le juge, notamment par une ordonnance en frais et honoraires au profit de l'autre partie. La Civil Justice Council a publié un rapport en 2023 puis en novembre 2024 passant en revue ces protocoles en faisant un certain nombre de recommandations pour établir un PAP pour les litiges en droit des affaires ne rentrant pas dans les autres catégories, puis pour renforcer leur mise en œuvre au stade précoce d'un litige.

§ 3. LA RECHERCHE D'UNE SOLUTION PAR LES MODES ALTERNATIFS "ADR" ET "NDR"

1444 **La recherche d'une médiation ou autre méthode "*alternative dispute resolution*" (*ADR*).** Dans le cas de la *Commercial Court,* il s'agit de "*NDR*" (*negotiated dispute resolution*) (v. *infra*, n° 1480 et s. pour plus de détail). En cas d'absence de solution amiable à la suite des premiers échanges entre les parties et leurs conseils au titre des *pre-action protocols*, la procédure civile et différentes jurisprudences de la *Court of Appeal*, depuis les réformes Woolf, imposent aux parties et leurs conseils une obligation procédurale et, pour les conseils, professionnelle, d'amener les parties à tenter de bonne foi une recherche de solution amiable par la voie d'un mode alternatif. La Cour d'appel a récemment jugé que le tribunal pourrait même ordonner aux parties de participer à une médiation[15]. Les règles de procédure civile ont été modifiées pour en tenir compte. La politique de la *Commercial Court* de la *High Court* est de considérer que la NDR est une étape quasi obligatoire et standard dans la plupart des litiges[16]. Dans un des premiers exemples de ce nouveau pouvoir, un litige de contrefaçon de marque opposait le propriétaire de la marque "Superdry" au club de football Manchester City. Superdry avait proposé une médiation, ce qui a été rejeté par Manchester City. Superdry a demandé au tribunal d'ordonner une médiation, ce qui a été accepté par le tribunal malgré l'opposition d'une des parties qui plaidait que la médiation avait aucune chance de succès[17] (mais, en fait les parties ont transigé quelque temps après la décision du tribunal d'ordonner une médiation). Par ailleurs, au cas où une partie aurait refusé sans justification raisonnable de tenter l'ADR en cours de procédure,

15. Churchill v Merthyr Tydfil County Borough Council 2023 EWCA Civ 1416.
16. Commercial Court Guide 11th Edition 2022.
17. DKH Retail Ltd v City Football Group Ltd 2024 EWHC 3231 (Ch).

elle peut être sanctionnée en frais et honoraires par le tribunal, même si elle sort victorieuse de son procès (Rule 4.4 (3) CPR). Une obligation professionnelle vis-à-vis du client pèse sur le *solicitor* de conseiller sur les risques de ne pas procéder à une médiation.

L'idée prédominante est que l'ADR s'inscrit en tant que voie parallèle dans le cadre de la procédure permettant une recherche de solutions, et que l'ADR n'est pas antinomique à l'administration de la justice. La jurisprudence dans ce domaine a eu pour effet globalement de pousser les parties et leurs conseils à prendre au sérieux la médiation, et de ne pas esquiver une tentative d'ADR, au risque de lourdes sanctions financières en frais et honoraires. Si la médiation est citée comme étant la forme la plus usuelle de cette étape, elle n'est pas la seule[18].

1445 **Jurisprudences abondantes.** Quelques exemples récents aident à comprendre l'importance de ces principes. En premier lieu, dans l'affaire *Shirayama Shokusan v. Danovo*[19], dès 2001, le tribunal avait décidé que même si une partie considérait qu'il n'y avait aucune contestation possible, cela ne justifiait pas toujours de refuser la médiation[20]. Les faits concernaient un litige entre propriétaire et locataire concernant le fonctionnement de la galerie Saatchi à Londres, le juge a ordonné aux parties de tenter une médiation malgré la forte opposition de Shirayama et ses conseils et des allégations de malhonnêteté. Le juge a mis en avant le fait que les parties avaient un contrat de bail à long terme, des intérêts économiques communs pour la résolution du litige, l'existence de questions allant au-delà du strict droit, l'absence de désavantage inhérent à une tentative de médiation, beaucoup à gagner, la nécessité de faire réunir les parties pour baisser la température[21] et, enfin les économies en frais potentiellement importantes.

L'affaire *Dunnet v. Railtrack plc*[22] a permis à la Cour d'appel de rappeler aux parties leurs obligations de recherche de solutions par ADR au titre des règles de procédure. Dans la foulée de cette décision, le recours à la médiation a considérablement accéléré.

Ensuite, dans l'affaire *Halsey v. Milton Keynes General NHS Trust*[23], la Cour d'appel a néanmoins rappelé qu'il ne serait pas approprié d'obliger les parties à faire une médiation contre leur gré, mais pourra les sanctionner en frais de procès si le refus était injustifié. La Cour veille à ce que le droit des parties à l'accès au tribunal soit préservé, mais a énoncé les critères permettant aux parties de déterminer si une médiation était appropriée. Par exemple, le refus de faire une médiation peut être justifié s'il était souhaitable de résoudre un point de droit difficile ou peu

18. Pour d'autres développements sur les ADRs, voir titre 2.
19. Shirayama Shokusan v Danovo 2003 EWHC Ch 3006.
20. Hurst v Leeming 2001 EWHC 1051.
21. *European Mediation Training for Practitioners of Justice A Guide to European Mediation.* Chapitre : *Finding a Successful Conclusion*, Éd : *Association for International Arbitration :* dans le chapitre *Finding a Successful Conclusion* de Phillip Howell-Richardson, un médiateur connu dans le domaine commercial à Londres, indique que, dans son expérience, il y a des litiges où il faut passer par l'impasse afin de faire sentir aux parties les limites de leurs positions, et de leur demander pourquoi ils sont bloqués ; ce qui permet souvent de modifier la dynamique de la situation "*Passing Impasse 'the darkest hour'*".
22. Dunnet v Railtrack plc 2002 EWCA Civ 303.
23. Halsey v Milton Keynes General NHS *Trust* 2004 EWCA 576.

clair et de faire déclarer le droit sur un point de droit ou de fait non encore traité par la jurisprudence. Depuis, la Cour d'appel a récemment jugé qu'il était possible d'ordonner une médiation sans trahir le principe d'accès au tribunal et à un procès[24].

Par ailleurs, la Cour d'appel a rappelé aux professionnels du droit leurs obligations de contribuer à la recherche de solutions amiables. Dans l'affaire *Burchell v. Bullard*[25], la Cour d'appel (LJ Ward) indiquait que « ... les professions juridiques doivent s'informer au sujet de la médiation de son utilité. Elles ne peuvent sans risque esquiver une demande raisonnable de faire une médiation... ».

Dans une affaire de litige de voisinage, *Faidi v. Elliott Corporation*[26], le juge Lord Justice Jackson (auteur du rapport sur les frais de justice du même nom), siégeant à la Cour d'appel, a indiqué que les frais d'avocats s'élevaient à plus de £140 000 pour un dossier qui aurait été susceptible de solution par la médiation. Il a indiqué qu'au lieu d'encombrer les tribunaux par des questions de droit complexes, et si les parties avaient un tel souci pour le bien-être des avocats, ils auraient pu faire une médiation et donner la moitié des honoraires à la Fondation des familles d'avocats dans le besoin !

Dans l'affaire *Phillip Garritt-Critchley v. Andrew Ronnan*[27], il a été jugé que le fait que les parties étaient trop loin dans leurs positions et que la partie en défense se sentait dans une position forte en droit, ne justifiait pas un refus de médiation[28].

SECTION 4 **LE DÉROULEMENT DE LA PROCÉDURE**

1446 Le procès débute par diverses étapes préliminaires (§ 1), puis suppose des conclusions écrites (§ 2) et, ensuite, de s'interroger sur la preuve (§ 3), de procéder à la mise en état (§ 4). Le procès se déroule (§ 5) et l'appel peut être possible (§ 6). Enfin, une problématique, très britannique, celle des liens entre les coûts et la procédure, doit être évoquée (§ 7).

§ 1. LES ÉTAPES PRÉLIMINAIRES

1447 **L'assignation en justice ou *claim form*. *Service of process*'. Signification. *Judgment in default* ou jugement par défaut. La notification d'intention de défendre. Les demandes en cours de procédure ou *interlocutory proceedings*.** La procédure est initiée par le dépôt au greffe (*Central Office* de la

24. Churchill v Merthyr Tydfil CBC, préc.
25. Burchell v Bullard 2005 EWCA Civ 258.
26. Faidi v Elliott Corporation 2012 EWCA Civ 287.
27. Phillip Garritt-Critchley v Andrew Ronnan 2014 EWHC 1774.
28. *Adde*, pour le refus de répondre à une invitation à faire une médiation serait à première vue déraisonnable et injustifiée, PGF II SA v OMFS Company 2013 EWCA Civ 1288.

High Court à Londres ou auprès d'une antenne en province) ou le *County Court* d'une demande formelle (*claim form*) énonçant brièvement la description des parties et la nature de la demande.

Le document doit être signifié (*served*) au défendeur. Habituellement, cela se fait par courrier simple et le *solicitor* du demandeur certifie dans un *affidavit* que la signification a été effectuée tel jour par ce biais à la dernière adresse connue du défendeur.

En l'absence de réponse dans le délai imparti (selon que le défendeur se trouve dans le ressort ou pas), le demandeur peut demander au tribunal de délivrer un jugement par défaut (*judgment in default*).

Celui-ci peut notifier son intention de défendre (*notice of intention to defend*) et doit dans ce cas faire signifier ses conclusions en défense dans le délai prévu par les règles de procédure ; faute de quoi le demandeur peut obtenir un jugement par défaut.

Le tribunal peut être saisi de différentes demandes au cours de la procédure. Il s'agit notamment de la *preliminary issue* ou question de droit préliminaire. Le tribunal peut être saisi à tout moment d'une demande d'une décision du tribunal sur une question préliminaire telles que : la prescription de la demande (*limitation of action* ou *action is time barred*) ; ou l'absence de tout fondement juridique sur la base des faits censés soutenir l'action en justice présentée dans la demande (*claim not known to the law*). En cas de succès, la demande ou le moyen concerné est radié (*struck out*). L'objectif est d'éviter une perte de temps et de frais pour les parties et le tribunal en cas de demande prescrite ou sans base légale.

Il peut s'agir aussi du *challenge to the juridiction* ou contestation de la compétence internationale du tribunal anglais : au cas où le défendeur entend soulever l'incompétence du tribunal en tant que point de droit préliminaire (*in limine litis*), il doit demander une audience spécifique sans s'engager plus loin dans la procédure.

Enfin, il peut s'agir d'un *summary judgment* ou jugement rapide : lorsque le demandeur considère que les conclusions et moyens de défense déposés par son adversaire ne contiennent aucun élément probant, il peut demander au tribunal une audience à bref délai pour obtenir un jugement sans procès : *summary judgment part 24.* Le demandeur peut demander une audience permettant de trancher l'affaire sans procès détaillé (*summary judgment*) s'il apparaît que le défendeur n'a aucun moyen valable de défense à la demande ou sur un point particulier soulevé dans ses conclusions en défense. Dans ce dernier cas, le demandeur doit disposer d'une position inattaquable (*unanswerable case*). Il ne s'agit aucunement d'un mini-procès. La position factuelle et juridique doit relever de l'évidence. Il peut s'agir également d'une demande de radiation (*summary dismissal*)[29]. Lors de cette audience les parties produiront des attestations et documents pertinents (*affidavits*) et le juge donnera sa décision sommaire sur le siège : jugement ou autorisation de défendre. Un appel est possible. Dans tous les cas où l'affaire prend la voie vers le procès, la prochaine étape consiste en l'échange de conclusions écrites détaillées (*written pleadings*).

29. Global Asset Capital v Aabar Block SARL 2017 EWCA Civ 37.

§ 2. LES CONCLUSIONS ÉCRITES OU *WRITTEN PLEADINGS*

1448 **La forme et le contenu des *pleadings*. Les différentes étapes des *pleadings*. Les détails de la demande : *statement of claim*.** Le juriste français sera surpris de la relative concision des conclusions écrites en Angleterre, ou de citations détaillées de sources législatives ou jurisprudentielles. Il existe des ouvrages spécialisés en matière de *pleadings : Atkins Court Forms*, *Bullen & Leake*, *Precedents of Pleadings*, permettant aux parties ou leurs conseils de reprendre les formulations classiques correspondant à chaque type de demande ou de moyen, selon la nature de l'affaire. Ces formulations sont ensuite complétées par les faits spécifiques de l'affaire.

Le *claim form* ne constitue que l'étape formelle de saisine notifiée au défendeur. Il peut néanmoins contenir des indications succinctes concernant la nature et le montant de la demande. Pour les affaires plus complexes, les détails de la demande sont habituellement contenus dans une *statement of claim* qui doit énoncer les faits essentiels sur lesquels est basée la demande en droit et informer suffisamment la demande en fournissant les détails (*particulars*). Les parties doivent attester de la véracité des faits allégués dans leurs conclusions, sous peine de parjure ou de condamnation au frais du procès (*statements of truth*, part 22). Chaque type d'action en justice ou droit reconnu par le droit commun ou la loi (*cause of action*) nécessite la preuve des faits constitutifs de l'action. Il est indiqué succinctement comment ces faits seraient constitutifs d'un délit ou d'un manquement contractuel ou d'un autre fondement juridique.

1449 **La réponse du défendeur.** Il incombe ensuite au défendeur soit :

— d'accepter sa responsabilité par une *admission ;* et éventuellement de mettre le demandeur en demeure de prouver son préjudice ;

— de nier les faits en notifiant les moyens de défense ("serve a defence") et de mettre le demandeur en demeure de préciser les allégations en fournissant des éléments détaillés (*particulars*) des faits, ainsi que de son préjudice (*request for further and better particulars of the statement of claim*). La négation des allégations factuelles est intitulée "*traverse*". Un point de droit soulevé en défense est appelé "*demurrer*" ;

— et/ou de nier que les faits soient constitutifs d'une action connue du droit commun (« *denial* »). Dans ce cas, il peut être demandé au tribunal de déterminer le point préliminaire de savoir si les faits allégués pourraient être constitutifs d'un droit connu du droit (législatif ou de droit commun) avant même le procès qui sera tenu pour les établir ;

— de demander au tribunal de radier la demande considérant qu'elle ne dévoile pas les ingrédients essentiels à l'éventualité d'une action réussie (*summary dismissal* ou *strike out*) (voir par exemple : *Global Asset Capital v. Aabar Block SARL*)[30].

30. Global Asset Capital v Aabar Block SARL 2017 EWCA Civ 37.

1450 **La demande reconventionnelle du défendeur (*counterclaim*). La réponse du demandeur (*reply*) et les ultimes répliques (*rejoinder*). La définition des questions à soumettre au juge lors du procès (*the issues*).** Le défendeur peut en même temps notifier une demande reconventionnelle (*counterclaim*). Une défense et demande reconventionnelle sur la base de compensation de dettes est appelée "*set off*".

En réponse au *counterclaim*, le demandeur notifie un "*reply*" en contestant les allégations factuelles ou juridiques soulevées par le défendeur (*join issue*) et demande éventuellement des précisions ("*further and better particulars of defence...*"). Les parties peuvent compléter leurs réponses par des répliques (*rejoinders*) en cas de besoin et afin d'affiner les points litigieux.

Une fois l'échange de conclusions écrites épuisé, les parties sont en mesure de déterminer les questions (*issues*) que le tribunal aura à trancher. Les conclusions permettent aux parties et au juge de déterminer comment l'affaire devra être traitée dans sa gestion par le tribunal. Cela se manifeste par le biais d'une attribution de niveau de complexité qui va impacter la configuration ultérieure du procès (coûts, témoins, nombre de témoins experts...) (*case allocation : fast track/intermediate ou multi track*) lors d'une première audience de mise en état (*first case management conference*). La communication des preuves, notamment documentaires, se fera en fonction des *issues* et permettra également au tribunal, lors d'audiences ultérieures et en tant que de besoin, de gérer l'affaire jusqu'au procès. Depuis 2023, le tribunal dispose également du pouvoir d'ordonner une limite aux coûts en fonction du *track* attribué, y compris les dossiers plus complexes (avec quelques exceptions).

§ 3. LA PREUVE (*"EVIDENCE"*)

1451 **Les principes généraux.** Au cœur de la réussite ou d'un échec d'un litige les parties ne s'embarquent en contentieux qu'après avoir soigneusement étudié avec leurs conseils les preuves de leurs prétentions et allégations, au risque de se voir condamner très lourdement en matière de frais et honoraires, sans parler de leurs propres coûts inutilement dépensés. Le tribunal veille depuis les réformes Jackson de 2013 également sur la proportionnalité de la communication de pièces que les parties sont obligées de conserver et de divulguer dans leur intégralité, même les pièces embarrassantes.

En règle générale, tout fait litigieux doit être prouvé par la voix de témoin. La première question que posera l'avocat anglais à son client est de savoir s'il existe des témoins crédibles des faits. Souvent les seuls témoins sont les parties elles-mêmes, qui doivent se préparer pour l'épreuve de feu qu'est l'interrogatoire à la barre du tribunal ; (par exemple pour savoir si des négociations orales ont abouti à un contrat).

Si le litige porte sur une question technique, il sera nécessaire de faire appel à des témoins experts. Même si les relations commerciales génèrent des quantités importantes de documents, il est fréquent que les relations se soient nouées sans contrat écrit détaillé ou dans des conditions prêtant à discussion. Ainsi, la question de savoir si un contrat a été noué et, le cas échéant, son contenu, le choix d'une loi ou d'un tribunal, peut nécessiter l'examen de nombreuses pièces (souvent des courriels) échangés pendant de longs mois entre les parties. Dans un autre registre, un projet de construction d'un avion, d'une usine de liquéfaction de gaz naturel ou une centrale nucléaire peut générer des centaines de milliers de documents impliquant des procédures complexes de coordination entre les parties. La recherche de responsabilités éventuelles nécessitera l'analyse d'échanges souvent sur un certain nombre d'années. Des moyens importants (logiciels de recherche et d'analyse) seront mis en œuvre. Les tribunaux (tout spécialement la *Technology & Construction Court*) sont équipés pour permettre une audience sans papier. Les documents qui sont pertinents aux questions en litige doivent être tous répertoriés dans une liste détaillée, puis produits ou communiqués électroniquement, embarrassants ou non. Leur examen préalable par les avocats est essentiel pour déterminer les chances de succès et les risques encourus. La question de la confidentialité ou le droit au secret de certaines pièces ("*legal privilege*") et la pratique des services juridiques britanniques fera l'objet de développements compte tenu de son importance pour les entreprises. Si le droit commun n'exclut l'admissibilité d'aucune preuve même obtenue de manière illicite, les règles concernant l'exclusion de certaines preuves, notamment celles obtenues d'une manière illicite ou détournée, ont évolué en raison des principes directeurs du procès, les dispositions de la Convention européenne du droit de l'homme, l'évolution des principes concernant la bonne administration de la justice et les règles en matière de confidentialité et de confiance ("*breach of confidence*"). Ce sujet ne sera pas traité plus en détail. Tous ces éléments concourent également à l'analyse de la durée et le coût de la procédure. Une partie importante de la gestion de risque sera consacrée aux coûts potentiels. Avant même de commencer une procédure, des preuves doivent faire l'objet d'une analyse détaillée par les professionnels du droit concernés et parfois les éléments clés mis sur la table avant toute procédure dans le cadre de la recherche d'une solution amiable. Ainsi l'étape de préparation de la procédure peut s'avérer détaillée et coûteuse, mais permet de gérer les risques considérables attachés à toute procédure.

1452 **Les étapes de la preuve.** La preuve en matière civile s'effectue essentiellement en quatre étapes :

— *affidavit evidence*, notamment dans le cadre de procédures d'urgence et la signification de la procédure ;

— la communication des pièces ("*discovery*" "*disclosure*") ;

— l'inspection et l'analyse de preuves matérielles, "*real evidence*", notamment dans le cadre d'expertises techniques telle l'analyse technique de la défaillance d'une machine, le plus souvent il sera nécessaire de faire appel à des experts compétents ;

— l'interrogatoire des témoins à l'audience, au cas où il reste des points factuels en litige.

1453 **Les déclarations assermentées "*affidavit evidence*".** Les *affidavits* sont des affirmations factuelles écrites faites par des témoins directs attestant la véracité des faits et/ou documents mentionnés dans la déclaration qui est faite de manière solennelle sur la Bible, le Coran ou simplement affirmé devant un *solicitor*.

Les *affidavits* remplissent également plusieurs fonctions en matière de preuve :

— les procédures d'urgence ;

— la signification de la procédure qui est effectuée habituellement par les *solicitors.*

1454 **Communication de pièces ("discovery") : « *disclosure and inspection of documents CPR part 31* et *"discovery" evidence CPR part 32* » et *Practice Direction 57AD* pour les litiges devant les *Business and Property Courts*.** Avant d'envisager d'entamer une demande ou procédure judiciaire, il est essentiel de savoir si les éléments dont on dispose pour soutenir la demande peuvent être considérés comme suffisants en termes de preuve.

La communication précoce des documents pertinents (sous toutes formes – papier, électronique, photographies, enregistrements vidéo ou sonores) est la règle. Normalement, dans la nouvelle procédure depuis Woolf, les documents essentiels devraient être sur la table dès les premiers échanges préliminaires avant procès, ce qui sera suivi d'une communication structurée par la production de listes de pièces pertinentes et leur inspection ("*standard disclosure*"). Les règles ont été réformées en 2022. Les parties sont obligées de conserver toutes les pièces dès qu'un litige paraît être envisageable. Cette obligation s'étend aux documents détenus par des tiers. La partie concernée doit prendre toute mesure raisonnable en vue de leur conservation. L'importance de la gestion et la communication des pièces électroniques sont prises en compte par les règles. La perte de documents peut affecter de manière adverse le résultat du litige. Ainsi leur conservation en forme papier et/ou électronique est indispensable. L'auteur a connu un dossier où les archives des filiales d'un groupe français avaient été rassemblées dans un entrepôt en région, sans méthode de classement par filiale ou de repérage, le privant de preuves indispensables dans le procès anglais.

Le tribunal conserve la possibilité d'ordonner, lors de l'audience de mise en état ("*case management conference*"), une communication de pièces adaptée à l'affaire dans le but d'atteindre l'objectif prépondérant. Les parties doivent communiquer un *Disclosure Review Document* destiné à définir le champ de recherches des éléments documentaires pertinents. Cela permet le cas échéant de ne produire que les documents pertinents à certaines questions ("*issue by issue*") ; ou ceux qui permettent de voir les lignes d'investigation potentielle ("*train of enquiry*") ; ou seulement les documents pertinents à une liste de questions. Depuis les réformes Jackson en 2013, les parties sont contraintes à une étape préliminaire consistant en un rapport sur la communication ("*disclosure report*") avec des indications précises sur les documents, leur forme (papier ou électronique) et leur localisation.

Un budget doit être communiqué pour la mise en œuvre de la procédure de communication (en termes de temps facturable et de frais). Une déclaration de véracité doit également être produite par chaque partie.

La suffisance des preuves documentaires sera souvent au cœur des enjeux du procès. La préparation de cette étape est essentielle. La procédure de communication de pièces a pour objet d'obliger les parties à communiquer tous les documents, correspondances, échanges électroniques, données, etc. en leur possession ou sous leur contrôle qui sont pertinents.

Il n'est pas question de ne sélectionner que les seules pièces qui soutiennent ses propres thèses.

La communication des preuves et pièces pertinentes se fera principalement sur la base des faits allégués dans les conclusions écrites. C'est une étape clé de toute procédure car la découverte tardive de documents ou leur absence dans la liste de documents pertinents va certainement être exploitée par l'adversaire. Il n'est pas exclu toutefois que les parties « découvrent » par la suite de nouveaux documents ou dossiers qui n'avaient pas été communiqués ; ou tout simplement se rendent compte que les premières recherches de dossiers et de documents n'avaient pas été concluantes. Dans les groupes de sociétés où les documents sont archivés ou stockés sur serveurs à l'extérieur, des moyens considérables doivent être déployés pour s'assurer que tous les documents sont présents dans le dossier judiciaire. Cette tâche devient plus difficile si le personnel de l'entreprise a changé, ce qui est un cas fréquent. Cela nécessite la revue par les parties et leurs avocats de tous les dossiers ayant trait de près ou de loin aux questions posées.

La visite aux entrepôts d'archivage ou un travail de fourmi sur des chaînes de correspondances électroniques est souvent indispensable. Par exemple, dans une affaire de construction d'une usine, des centaines de milliers de documents peuvent être générées. Concrètement, la communication se fait par liste puis examen physique des dossiers ou la mise à disposition de dossiers électroniques lisibles. Néanmoins, une coopération entre les parties, leurs conseils et le tribunal est nécessaire afin de réduire le nombre de documents à un volume maniable et raisonnable, ainsi que le coût de recherche et de communication.

Les documents électroniques posent une difficulté particulière compte tenu, dans certains cas, de leur nombre et volume. Dans l'affaire *Pyrrho Investments Ltd & MWB Business Exchange Ltd v. MWB Property Ltd and others*[31], le nombre de documents électroniques potentiellement concernés par la communication était estimé à 17,6 millions, réduit à 3,1 millions après un premier traitement de tri électronique ("*deduplication*"). Les règles de procédure Practice Direction B sous la règle CPR 31.7 permettent au tribunal de décider ce qui est raisonnable en termes de communication de documents électroniques. Il tient compte notamment du nombre de documents, de la nature et de la complexité des questions en jeu, de la praticabilité de recherche et du coût. L'objet est d'assurer la pertinence d'une communication. Dans l'affaire *Pyrrho Investments*, le tribunal a autorisé une recherche par le biais d'un logiciel prédictif ("*predictive coding software*") afin d'éviter le temps et le coût significatif généré par une recherche manuelle. La décision de Master Matthews indique la méthodologie utilisée pour ces logiciels. Au cas où le défendeur peut démontrer que la liste de documents du demandeur est incomplète, la procédure est arrêtée en attendant leur production. Ainsi un dossier peut rester inerte pendant des années ou être radié par le tribunal en cas de non-production des documents. Rappelant que si les parties doivent lister tous les documents pertinents, et les mettre à disposition des avocats de la partie adverse, un tri doit être effectué et un dossier convenu entre les avocats pour les besoins de l'audience afin

31. Pyrrho Investments Ltd & MWB Business Exchange Ltd v. MWB Property Ltd and others 2016 EWHC 256 Ch.

d'en sortir ceux qui ont trait aux points litigieux (et minimiser la taille du dossier soumis au juge).

1455 **La confidentialité des documents échangés avec les conseils ou "*legal privilege*".** Une des premières questions qu'aura à traiter le *solicitor* avec son client sera de savoir quelles pièces devront faire l'objet d'une communication obligatoire ; ou si certaines pièces peuvent bénéficier d'une éventuelle confidentialité ou secret et être ainsi exclues de l'obligation de communication. Il s'agit de la question de "*legal privilege*" qui recouvre différents aspects dont notamment la question de savoir si des offres de transaction (habituellement faites sous la mention "*without prejudice*") sont confidentielles. Dans la pratique, cette question relève également des relations entre les clients et leurs conseils, ainsi que l'organisation interne des entreprises et de leurs services juridiques, notamment en matière des procédures relevant du droit de la concurrence. Il s'agit non seulement des obligations au sujet d'un litige né, mais aussi de toute l'organisation en amont de la conservation et des limites de la protection du secret de l'entreprise. Une fois un document est *privileged,* il l'est pour toujours. Le « privilège » de confidentialité appartient au client qui est seul à pouvoir y renoncer. Ce privilège est destiné à permettre aux clients (dont les entreprises employant les juristes d'entreprise) de prendre conseil en ce qui concerne leurs droits et obligations en toute confidentialité, sans entrave ou risque de communication. Le privilège existe depuis très longtemps dans la jurisprudence du droit commun, qui l'a déclaré comme relevant d'un double intérêt général : la bonne administration de la justice et l'amélioration du respect du droit en tous domaines. En cela le fondement de l'intérêt général du secret en Angleterre est similaire que celui du droit français. Son caractère de droit fondamental dans le système du droit anglais a été conforté par la Conv. EDH, intégrée au droit anglais en 1998. Le privilège est réservé aux professions juridiques réglementées. En 2013, la Cour Suprême a déclaré que le privilège ne pouvait s'étendre aux correspondances entre les experts-comptables et leurs clients en matière fiscale, malgré le fait que cette profession soit le principal prestataire de conseils en cette matière éminemment juridique. Comme cela sera évoqué plus loin, ce domaine aura vocation à évoluer puisque deux juges de la Cour Suprême considéraient que le principe de la jurisprudence devait s'appliquer aux experts-comptables en cette matière. Sous le contrôle strict du tribunal et de la déontologie des professionnels anglais du droit, les abus sont évités, ou sanctionnés de manière publique et parfois sévère (radiation et/ou amendes).

En droit anglais, le privilège de confidentialité des correspondances entre *solicitor* ou *barrister* et leurs clients a été établi par les tribunaux dès le XVIe siècle. Il concerne tout conseil à un client en matière juridique relatif aux droits et obligations en droit. La question de savoir qui est le client pose parfois difficulté tout particulièrement au sein de sociétés d'une certaine importance et en présence d'un service juridique. En règle générale, il s'agit du groupe de personnes désigné pour traiter une question juridique au sein de l'entreprise, un directeur ou responsable d'un service commercial ou le *Board*. Une discussion au sein des pays de *Common law* existe, les tribunaux australiens prenant une position plus libérale que les tribunaux anglais et de Hong Kong sur cette question. Le conseil en matière juridique doit être l'objet prépondérant de la relation et la correspondance. Le privilège s'étend également à toutes communications entre les *solicitors* et *barristers* et leurs clients dans le seul but de l'obtention d'informations ou de conseils relatifs à un contentieux en cours ou raisonnablement prévu, ou de sa gestion. Dans ce cas on parle de "*litigation privilege*". La Cour d'appel a confirmé que les communications entre les membres d'un conseil d'administration aux fins de décider les conditions d'un projet d'accord transactionnel dans le cadre d'un contentieux en cours, en discussion avec leurs conseils, faisait partie de la gestion du contentieux[32]. L'objectif du "*legal advice privilege*" est d'encourager et de permettre aux clients de communiquer en toute confiance les détails de leurs affaires, pour citer un des juges « à se déboutonner » sans réticence, et sans aucun droit de regard d'une autorité quelconque. Cela est considéré comme essentiel afin de permettre aux individus et aux entreprises de se faire guider en matière juridique. Cet objectif est considéré comme dans l'intérêt général. Le droit à la confidentialité d'abord considéré comme une règle de procédure est aujourd'hui établi en tant que droit fondamental et constitutionnel. Le *solicitor* et le *barrister* sont liés à jamais par le secret et ne peuvent s'en défaire. En revanche, le client peut renoncer à son privilège. La question de savoir si les conseils prodigués par les *solicitors* et *barristers* exerçant en entreprise bénéficiaient du privilège de confidentialité a été tranchée par la Cour d'appel dans l'affaire *Alfred Crompton Amusements Machines v Commissioners of Inland Revenue*[33], où il a été jugé que leur rôle de conseil en matière juridique donnait lieu aux mêmes obligations professionnelles et le même privilège bénéficiant à leur « client » ou employeur. La Cour ne voyait aucune différence entre le *solicitor* ou *barrister in house* et leurs collègues exerçant en cabinet. Pour la Cour, la fonction est identique.

Il existe toutefois quelques limites au *legal privilege*. Ainsi la Cour conserve le droit de vérifier que le privilège demandé correspond bien aux catégories établies, et que le document avait été établi principalement dans le but de conseiller le client en matière juridique. La communication à des tiers peut constituer une renonciation au *legal privilege*, dans certaines circonstances. Une autre limite à la confidentialité concerne les activités de conseil des *solicitors* ou *barristers* sortant de leur rôle habituel. En effet, certains participent activement à l'activité commerciale de leurs employeurs ou de leurs clients et exercent un véritable rôle de conseil en matière d'investissement, politique financière ou dans l'organisation générale de l'entreprise. Les conseils donnés à ce titre ne peuvent bénéficier du privilège.

Les correspondances entre les avocats étrangers et leurs clients bénéficient au Royaume-Uni du même privilège de secret. Il n'a pas été question de regarder leur niveau de formation, de compétence ou leur discipline. Le critère essentiel concerne leur fonction de conseil en matière juridique. Logiquement donc, leurs conseils donnés en Angleterre ou à une entreprise anglaise peuvent bénéficier du même privilège devant les tribunaux anglais. En cas de difficulté ou de contestation, la Cour cherchera à vérifier que le contexte de privilège relève bien de la confidentialité entre client et avocat/juriste d'entreprise en vue d'obtenir son conseil ou préparer sa défense dans le cadre d'une procédure judiciaire ou réglementaire.

32. WH Holding v E20 Stadium LLP 2018 EWCA civ 2652.

33. Alfred Crompton Amusements Machines v Commissioners of Inland Revenue 1974 AC 405.

Les méthodes adoptées par les services juridiques "*legal departments*" des entreprises au Royaume-Uni illustrent la mise en pratique des principes énoncés. Typiquement, les services juridiques protègent les communications confidentielles entre eux et les salariés ou dirigeants de la façon suivante :

— toute collecte d'information sensible, ou discussions, concernant des éventuels litiges est généralement dirigée par le service juridique pour assurer leur confidentialité et éviter des échanges entre services ou opérationnels qui ne seraient pas nécessairement confidentiels ;

— les dossiers papier et électronique du service juridique sont tenus à part des dossiers et archives de l'entreprise ;

— les *solicitors* ou *barristers* sont membres de leurs organisations professionnelles respectives et cotisent à une assurance de responsabilité professionnelle afin de maintenir leur statut professionnel à part entière ;

— les rapports mensuels du service juridique au conseil d'administration ("*Board*") en matière juridique sont consignés dans un rapport distinct portant une mention "*confidential privileged*" ou une mention indiquant qu'il s'agit de conseils en matière juridique ("*legal advice*") ;

— les correspondances (courriers et courriels) avec le service juridique portent une mention identifiant leur origine du service juridique ou lorsqu'ils sont envoyés à leur destination et portent également la mention "*confidential et privileged*" ;

— chacun de ces documents doit émaner ou être à destination d'un *solicitor* ou *barrister* porteur d'un certificat d'exercice en cours ("*current practising certificate*") pour renforcer la nature juridique de la fonction et des conseils donnés ;

— les services des régulateurs n'acceptent pas toujours le privilège de toutes les correspondances du service juridique dans une affaire donnée, mais sont obligés de cantonner les correspondances, dont le statut protégé est contesté, dans un dossier à part qui fera ensuite l'objet d'une discussion détaillée sur le plan juridique, puis éventuellement du contrôle du tribunal, qui pourrait examiner les documents pour vérifier leur statut protégé avant leur éventuelle communication ;

— la seule exception au statut protégé concerne les enquêtes des services de la concurrence de la Commission européenne, où les communications des services juridiques à l'intérieur d'une société ou d'un groupe ne bénéficient pas du *privilege*.

1456 **Les secrets industriels des entreprises. "*Real evidence*"-"*Expert evidence*".** Lorsqu'un litige concerne par exemple une contrefaçon de brevet, ou une infraction au droit de la concurrence, la communication de pièces sensibles risque de dévoiler les secrets de fabrication, l'état de la recherche et le savoir confidentiel d'une entreprise, ou la stratégie de l'entreprise dans son marché et vis-à-vis de ses concurrents. Même si le principe de droit est que les documents communiqués dans le cadre d'un litige ne peuvent être utilisés que dans ce cadre strict, cette protection minimale ne suffit pas à protéger les intérêts des entreprises. Ainsi, dans ces cas le tribunal peut ordonner l'exclusion de certains documents de l'obligation de communication[34]. Il peut également ordonner que les pièces jointes aux conclusions ou déclarations soient « scellées » et ne soient pas rendues publics. Le tribunal peut ordonner exceptionnellement que l'audience soit fermée au public. De manière

34. Voir par exemple Smith & Nephew v Convatec Technologies Inc 2014 EWHC 146.

pratique, les *solicitors* peuvent convenir que seuls certains membres de leurs équipes ont accès aux documents confidentiels ("*confidentiality clubs*"). La directive européenne 2016/943 harmonisant les règles concernant la protection des secrets des entreprises n'était pas encore mise en œuvre au Royaume-Uni au moment de la finalisation de ce livre.

Les preuves matérielles, telles que les machines ou pièces défectueuses d'un appareil, font souvent l'objet de témoignages d'experts. Ces experts sont interrogés à la barre comme les autres témoins, mais l'expert peut donner son opinion sur la question technique qui lui est soumise, à la différence des témoins non experts, qui ne peuvent donner leur opinion.

L'expert à une obligation prépondérante d'assister la Cour concernant les questions relevant de sa compétence et doit faire preuve de neutralité. Les règles de procédure concernant les experts se trouvent dans la partie 35 des *Civil Procedure Rules* (« CPR ») (experts and assessors part 35).

À la différence de la France, il n'existe pas en Angleterre une liste officielle d'experts reconnus par la Cour. Les faits techniques ou scientifiques, ou relevant de la pratique commerciale ou sectorielle, nécessitant souvent une opinion sur un sujet litigieux, sont prouvés par des témoins, qui doivent être des experts reconnus dans leur matière. Les CPR encouragent les parties de choisir un seul expert indépendant si possible afin de limiter les frais, mais dans les affaires complexes il sera souvent nécessaire de faire appel à différents experts pour traiter des questions posées dans leur domaine de spécialisation. Le tribunal peut aussi autoriser les parties à faire témoigner les experts de son choix, qui peuvent éventuellement être des salariés spécialisés. Mais dans tous les cas ceux-ci doivent toujours rester impartiaux.

Les avis des différents experts et les éventuelles différences d'opinions sont ainsi confrontés et permettront au juge de trancher la question. Habituellement les experts sont interrogés à la suite ; mais le tribunal peut ordonner qu'ils soient entendus ensemble : "*hot-tubbing*".

Les instructions communiquées par une partie à l'expert doivent être produites dans les débats.

Il n'existe pas de liste officielle d'experts. Il incombe aux parties de rechercher un expert reconnu et indépendant. Un rapport écrit doit être établi par chaque expert et communiqué à la partie adverse qui peut poser questions écrites. Si possible les experts sont encouragés à rechercher un consensus sur les questions. Après un échange de rapports écrits, le ou les experts peuvent faire l'objet d'interrogatoires ("*examination*" et "*cross-examination*") à l'audience comme témoin sur les points non résolus. Seul le témoin expert peut donner son opinion sur une question. Le témoin expert a le devoir de donner son avis au tribunal de manière indépendante et impartiale afin d'aider le juge dans sa détermination des questions factuelles. Le témoin expert sera soumis aux mêmes interrogatoires qu'un témoin des faits. Dans la pratique de la *Court of Admiralty* dans le domaine maritime, la Cour peut nommer des assesseurs destinés à vérifier des faits techniques et éclairer la Cour sur la pratique maritime. En effet, s. 70 *Senior Courts Act* 1981 permet à la *High Court* de nommer un assesseur indépendant pour aider le tribunal à trancher des questions techniques ou scientifiques. La pratique dans la procédure de la *High Court* en Angleterre était notamment issue de la pratique devant *Admiralty Court* qui faisait appel à des assesseurs experts en matière nautique. Un autre exemple concerne le domaine des brevets. Cette pratique a été consacrée par les *Civil Procedure Rules* suite à la loi de 1997 (Woolf).

1457 **Preuve par témoin ("*witness statements*" et "*examination of witnesses*"). Le témoin crédible. La présence des témoins.** Tout fait litigieux doit être prouvé par les témoignages émanant de témoins directs et crédibles ("*credible witness*"). Il doit seulement témoigner des faits dont il a été le témoin direct. Il ne peut donner son opinion. Les témoins sont initialement interrogés par les *solicitors* afin de préparer une relation écrite de ce que le témoin pourrait dire au procès ("*witness statement*" également appelé "*proof of evidence*"). Ce document servira au *barrister* (ou *solicitor advocate*) de la partie concernée qui procédera à l'interrogatoire du témoin ("*examination in chief*").

Il doit être accompagné d'une déclaration solennelle du témoin affirmant la vérité du "*witness statement*" ("*statement of truth*"). Ce témoin sera ensuite soumis à l'interrogatoire de l'avocat de la partie adverse ("*cross-examination*"). Le témoin fera l'objet d'un questionnement destiné à tester sa crédibilité en tant que témoin puis la véracité des faits dont il ou elle prétend être le témoin. Quelques exemples de l'interrogatoire concernant la crédibilité sont donnés ci-dessous.

Lors de des interrogatoires des témoins, le juge n'intervient que pour assurer le respect des règles de procédure et la loyauté des débats. Il ou elle peut éventuellement demander à un témoin de répondre aux questions ou de clarifier ses réponses. C'est le juge qui décide qui sont les témoins crédibles et quels faits sont avérés. Les témoignages doivent être évalués par le juge comme étant vrais en toute probabilité. Le niveau de preuve requis en matière civile est basé sur une évaluation des probabilités ("*balance of probabilities*"). En matière commerciale, le juge fait état dans son jugement de son évaluation de la crédibilité des témoins et de la véracité probable de leurs témoignages avant de procéder à l'énoncé de sa décision sur les faits que le juge considère comme avérés.

Un professeur de métallurgie appelé comme témoin expert avait communiqué un rapport scientifique très détaillé, avec calculs complexes, indiquant les bases de son témoignage, et écrit apparemment en son nom. En réalité, le rapport avait été écrit par son assistant à la faculté. Le professeur a été obligé d'avouer à la barre dès les premières questions qu'il venait témoigner sur un rapport qu'il n'avait pas écrit lui-même. L'adversaire le savait parce que l'autre témoin-expert, qui était également professeur de métallurgie, connaissait parfaitement le style d'écriture de l'autre professeur ! La crédibilité de ce dernier a été ainsi sérieusement écornée dès le début de son interrogatoire.

Dans une autre affaire plus récente opposant BSkyB, un diffuseur de programmes par satellite à un fournisseur de mise à jour de son système de gestion des relations clients[35], il était question de savoir si le fournisseur avait volontairement induit BSKYb en erreur lors de la négociation du contrat. L'ancien directeur commercial du fournisseur, qui avait mené les négociations, s'est targué d'avoir obtenu un diplôme de gestion MBA d'une école de commerce basé sur une île des

35. BskyB Ltd v HP Enterprise Services UK Ltd (anciennement Electronic Data Systems) 2010 EWHC 86 TCC.

Caraïbes, où il disait venir régulièrement en avion. Mais il s'est avéré qu'il n'y avait aucun aéroport sur l'île, et que l'école délivrait les diplômes sans vérifier les qualifications ou les connaissances des « étudiants », qui n'assistaient à aucun cours ! Sa crédibilité fut détruite dès les premières minutes de l'audience. Le juge, après avoir entendu l'interrogatoire des témoins, a considéré que l'existence des fausses déclarations lors de la négociation était établie ; et que leur effet juridique invalidait les limitations contractuelles de responsabilité du fournisseur.

Plus généralement le tribunal sera attentif aux tentatives de « reconstruire » l'histoire par la voix d'un témoin. L'interrogatoire fera inévitablement ressortir les failles de mémoire et les incohérences entre les témoignages écrits (*witness statements*) et les réponses du témoin lors de l'interrogatoire au procès[36].

Les témoins pertinents doivent assister à l'audience volontairement ; ou, si nécessaire, après convocation par le tribunal. Le fait de ne pas déférer à la convocation, ou de refuser de répondre aux questions, sans raison valable, peut être sanctionné par une procédure d'outrage au tribunal (*civil contempt*). La personne défaillante risque une forte amende voire une peine de prison (jusqu'à deux ans). Dans certains cas, le tribunal peut autoriser le témoignage et les interrogatoires par un système de vidéo-conférence sécurisée[37].

§ 4. LA MISE EN ÉTAT

1458 La mise en état (ou *pre-trial case management and directions*) donne une place importante au juge (A) pour le déroulé de la procédure. Les parties et leurs conseils sont encouragés à saisir le juge au stade précoce pour amorcer l'organisation de la procédure. Il peut avoir plusieurs audiences selon la difficulté de l'affaire puis une dernière audience plus près du procès pour finaliser les détails. Les conseils doivent communiquer dès le départ leurs estimations du temps et du coût de la procédure, qui seront mises à jouir en tant que de besoin et sous leurs responsabilités (B).

A. LE RÔLE DU JUGE

1459 Le rôle du juge est multiple et permanent au cours de la procédure. Les parties peuvent saisir le juge à tout moment en cas de difficulté. Différentes audiences seront tenues en fonction de l'évolution de l'affaire.

1460 **Choix de voie (*track*).** Dans un premier temps, le tribunal aura à déterminer l'attribution d'un *track* ou la voie procédurale pour l'affaire (notamment *fast or multiple*).

36. Hodgson v Hammond (Re Breach of Duty) 2025 EWHC 1261 KB (le mémoire défaillant d'un médecin dans une affaire de négligence médicale).

37. Civil Procedure Rules 32.3 et voir Langley v GMB 2020 EWHC 3619 QB pour un exemple des critères utilisés par les tribunaux pour décider l'opportunité d'entendre les témoins par visioconférence.

Le juge tiendra compte du montant en jeu, de la nature de la demande, de la présence ou non de questions factuelles ou juridiques complexes, du nombre de parties, de la présence d'une demande reconventionnelle (*counterclaim*) éventuelle et de sa complexité, du nombre de témoins, de l'importance des enjeux pour les parties et de leurs circonstances, notamment financières.

Dans un premier temps, et lors de l'attribution d'un *track*, le tribunal fixera également un calendrier pour le dépôt de conclusions et la production de pièces (*directions*).

Les parties sont encouragées, à ce stade, de préparer un résumé des points litigieux agréé par elles, ce qui permet de déterminer sur quels points les parties doivent produire les pièces et établir les preuves par le biais des attestations écrites des témoins qui seront appelés à être interrogés lors du procès. Une date sera prise pour la prochaine audience de procédure.

Le plus souvent cette première étape se fera par échanges écrits entre les parties et le tribunal, sauf besoin de discussion particulière ou litige sur un point de procédure.

1461 **La recherche d'une solution par ADR.** Les règles de procédure prévoient que les parties et leurs conseils doivent coopérer pour rechercher une solution amiable pour autant que cela soit possible, le tribunal doit encourager les parties à utiliser une méthode alternative de résolution du litige lors de la mise en état (*case management*).

1462 **Le contrôle des coûts de la procédure.** Différentes obligations et procédures tentent aujourd'hui de contrôler les frais :

— *allocation questionnaire* qui oriente l'affaire à un stade précoce sur un des *tracks*. Les conseils doivent affirmer avoir discuté avec leurs clients des possibilités offertes par ADR ;

— identification des questions non résolues, et des documents ou témoignages clés ;

— *disclosure report* par lequel les parties informent sur l'étendue de la communication de pièces afin de permettre un contrôle de coûts en évitant une communication excessive de documents ;

— ordonnance de communication de pièces « à la carte » par le choix dans un *menu of disclosure options* ;

— ordonnance de procéder à une audience sur des questions clés préliminaires de droit et/ou de fait ;

— *costs budget estimate :* les parties et leurs conseils doivent estimer les frais et coûts de la procédure par avance et les communiquer à l'autre partie et ses conseils. Ces estimations seront prises en compte en fin de procès en ce qui concerne les taxations d'honoraires et de frais. Le juge peut limiter les coûts lors de l'audience de mise en état (*case management*) en tenant compte du principe de proportionnalité par rapport à l'enjeu. Après le procès, le tribunal peut vérifier les estimations d'honoraires d'un Solicitor et décider ce qui serait raisonnable dans toutes les circonstances[38]. Le rapport du *Civil Justice Council* en mai 2023[39] considère la budgétisation des honoraires et frais essentielle. Il est prévu que l'utilisation des technologies digitales dans l'organisation de la procédure va générer des économies significatives ;

— propositions officielles de transaction (dont le montant n'est pas connu du tribunal avant le jugement) : si le montant alloué par le tribunal est inférieur à la proposition la partie gagnante ne récupère les frais que pour la période antécédente à la proposition (Part 36 Offer). Cette procédure impose une sérieuse réflexion sur le risque et l'aléa du procès ;

— risque de sanctions en frais et honoraires pesant personnellement sur le *solicitor* si la procédure est retardée ou rendue plus complexe en cas de manquement par rapport aux règles de procédure.

1463 **La gestion de la procédure (*active case management*).** Les tribunaux anglais sont proactifs voire directifs en matière de ADR afin d'atteindre l'objectif primordial, « en encourageant les parties d'avoir recours à l'ADR si le tribunal le considère approprié et en facilitant ce recours (notamment par un renvoi) » lors du *Case Management Conference*.

1464 **L'information du tribunal (*further information*).** Ces audiences peuvent également concerner des demandes d'informations complémentaires et des garanties financières concernant les frais de procès (*security for costs*). L'objectif est d'éviter une perte de temps et d'argent des parties et une mauvaise utilitsation des ressources du tribunal.

B. L'AUDIENCE DE MISE EN ÉTAT (*CASE MANAGEMENT CONFERENCE & PRE-TRIAL REVIEW*)

1465 **Mise en état.** Par la suite, au moins une audience de mise en état plus détaillée sera tenue dès que les contours de l'affaire seront précisés, permettant des *directions* et un calendrier, concernant l'éventuelle modification des conclusions écrites (*amendment of pleadings*) ; la communication des attestations (*witness statements*) des témoins, la nomination de témoins experts, la préparation et le dépôt des liasses de documents et de conclusions pour le procès, la notification des résumés écrits des arguments (*skeleton arguments*), les listes de jurisprudence et résumés des *cases*, le besoin de préciser les questions que le tribunal sera amené à trancher ; enfin la durée prévisible de l'audience (*trial*) et les frais estimés de la procédure et la gestion des frais ; puis plus généralement la préparation du procès.

Le juge sera amené à évaluer les possibilités de recherche de transaction, le degré de pertinence des questions soulevées par les conclusions, le maintien du calendrier et son respect, et le contrôle des frais. Les parties et leurs conseils disposent de peu de latitude pour demander des renvois ou laisser filer les étapes sauf à subir des sanctions financières en termes de frais et honoraires ou la radiation de

38. Practice Direction 43 para 6.6 et voir pour un exemple : Harrison v Eversheds LLP 2017 EWHC 2594 QB.

39. Civil Justice Council Costs Review Final Report May 2023.

leurs moyens. Une date sera prise pour une dernière audience de procédure avant le procès (*pre-trial review*) et une date de procès sera fixée en fonction de la durée prévue, et de la disponibilité du juge et des salles d'audience. Les règles de procédure enjoignent les parties autant que possible de se mettre d'accord sur le contenu du projet d'ordonnance de case management à soumettre au juge pour son accord. Des modèles d'ordonnances sont à disposition des parties (*model directions*) qui peuvent ensuite être adaptées aux circonstances de l'affaire. Les délais impartis par le tribunal peuvent être éventuellement prolongés par accord entre les parties, mais le tribunal peut en tenir compte en ce qui concerne les frais si le prolongement a un impact adverse sur la gestion du rôle du tribunal. Il est à noter que ces audiences peuvent donner lieu à contestation et la partie perdante sur un point de procédure peut être condamnée aux frais de l'audience (y compris de son adversaire). Sinon, les frais sont désignés comme "*costs in the case*" et se rajoutent aux frais de procédure que le juge aura à allouer lors du procès. Une dernière audience de procédure sera tenue avant le procès (*pre-trial review*) quelques semaines avant la date prévue, pour traiter toute difficulté et permettre au procès de se dérouler sans discussions préliminaires inutiles ; selon un calendrier précis et la préparation des documents à communiquer au tribunal (*trial bundles*) notamment par voie électronique, et les précédents qui seront cités.

§ 5. LE PROCÈS (*TRIAL*)

1466 Le procès doit être préparé (A), puis l'audience a lieu (B) et le jugement est délivré (C).

A. PRÉPARATION

1467 **Le dossier d'audience (*trial bundle*).** Le demandeur (habituellement son conseil) doit déposer ce dossier à la Cour en temps utile avant la date d'audience, qui contient :

— un index ;

— un résumé court et neutre (si possible limité à 25 pages) des prétentions des parties (habituellement convenu entre elles ou leurs conseils), la chronologie des événements litigieux, le résumé des faits, puis les questions et arguments litigieux que chaque partie envisage de présenter à l'audience et les points à trancher par le juge (*skeleton arguments*) (normalement limité à 20 pages) Le Président de la Cour Suprême Lord Reed a récemment rappelé que souvent « moins d'information est mieux que trop... » (v. *infra*, n° 1565), s'agissant du dossier que le juge sera amené à lire avant l'audience pour prendre connaissance du litige. Il citait une affaire où un dossier de 8 000 pages avait été déposé par les avocats, mais où seulement 200 à 250 pages ont été citées lors du procès. Le juge a indiqué qu'il avait du mal à comprendre l'objectif des conseils, et qu'il valait « mieux construire à partir de rien que de tailler et réduire à partir de tout »[40].

40. White Winston Select Asset Funds LLC v Mahon 2019 EWHC 1381 (Ch).

— les conclusions écrites ;
— les déclarations écrites des témoins y compris les experts ;
— les plans ou photographies ;
— tous les documents communiqués, les ordonnances de la procédure
— les précédents (*authorities*) cités et sur lesquels les parties s'appuient. Une récente affaire rappelle les dangers de l'utilisation de l'intelligence artificielle dans les recherches[41]. Dans cette affaire, la *barrister* et les *solicitors* ont été sévèrement réprimandés par le juge qui a recommandé des poursuites pour faute professionnelle. Ils ont été condamnés par ailleurs à payer les frais inutilement engagés par l'autre partie. Le juge a considéré que l'utilisation de l'IA pour des recherches juridiques sans plus de vérifications constituait, à tout le moins, un cas de négligence professionnelle.

1468 **La préparation des témoins.** Si la partie qui appelle un témoin ou ses conseils peut évoquer le contenu de la déclaration que le témoin envisage de faire en vérifiant avec elle ou lui les faits – notamment en relation avec les documents communiqués –, en aucun cas il ne peut être procédé à un *coaching* du témoin pour orienter son témoignage. En règle générale, le feu de l'interrogatoire fait ressortir le fait qu'un témoin a été « coaché » au détriment de sa crédibilité.

B. L'AUDIENCE *"TRIAL HEARING"*

1469 **Déroulé.** C'est le demandeur ou son conseil qui ouvre les débats avec une courte plaidoirie d'ouverture (*opening speech*) rappelant succinctement les raisons de la demande et les preuves que le demandeur entend apporter. Il est généralement interdit au demandeur de modifier ou élargir sa demande lors du procès. Il doit être cantonné aux allégations plaidées dans les conclusions[42]. Les témoins du demandeur sont ensuite interrogés à la barre par l'avocat du demandeur, notamment pour confirmer la véracité du contenu de leur déclaration écrite (*examination in chief*). Ils seront interrogés à leur tour par l'avocat du défendeur (*cross-examination*) qui prendra tout son temps pour tester la crédibilité du témoin et l'exactitude des faits que celui-ci énonce, puis exposer les faiblesses de leurs témoignages.

Contrairement au procès pénal, les avocats peuvent essayer de mener le témoin vers une réponse ou une admission (*leading questions/leading the witness*).

Selon la complexité des faits et le nombre de témoins nécessaires, l'audience peut durer quelques heures voire quelques jours ou semaines. Après la clôture de cette étape, les parties concluent par des plaidoiries de clôture (*closing speeches*) qui doivent reprendre les faits tels qu'exprimés par les témoins et les arguments de droit, en corrigeant les allégations et arguments d'origine si les témoignages démontrent une autre réalité ; puis répondant éventuellement à des points qui n'avaient pas été déjà traités, et en précisant la nature et le montant éventuel des

41. The King on the application of Frederick Ayinde and London Borough of Haringey And between Hamad Al Haroun and 1) Qatar National Bank QPSC 2) QNB Capital LLC [2025] EWHC 1383 (Admin) ; voir également Lord Chief Justice Practice Direction Citation of Authorities et Artificial Intelligence Guidance for Judicial Office Holders 14 April 2025.

42. Inspired Education Online Ltd v Crombie 2025 EWHC 1326 (Ch).

remèdes recherchés. L'audience sera clôturée par les plaidoiries finales (*closing speeches*) des avocats des parties, celui du défendeur en premier puis l'avocat du demandeur.

C. LE JUGEMENT

1470 **Prononcé.** Il est rare que le juge délivre son jugement oralement (*ex tempore*) à l'issue de l'audience. L'affaire est généralement mise en délibéré, et le jugement *handed down* à une audience prévue à cet effet. En délivrant son jugement, le juge donnera son avis sur la crédibilité des témoins, tranchera les questions factuelles et juridiques. Le juge devra ensuite déterminer la question de savoir laquelle des parties devra supporter les frais et honoraires de l'autre partie.

1471 **L'exécution.** L'exécution du jugement nécessite une demande au tribunal (*High Court* ou *County Court* selon le montant) autorisant une mesure d'exécution. Typiquement, les mesures peuvent prendre différentes formes :

— la saisie de biens meubles par l'huissier (*enforcement officer/Bailiff*) (*warrant for execution*) ;
— une hypothèque judiciaire sur des biens immeubles ;
— la saisie sur salaires ;
— la saisie entre les mains de tiers (souvent une banque) ;
— la demande de mise en faillite personnelle (*bankruptcy*), ou redressement d'une société (*insolvency*).

Différents moyens existent pour obtenir des informations concernant le débiteur, y compris sa comparution devant le tribunal pour répondre aux questions concernant ses moyens. Le refus de répondre ou un mensonge avéré devant le juge peut constituer un *contempt* ou être puni pénalement.

Exécution de jugements et décisions des tribunaux étrangers. Depuis la sortie du Royaume-Uni du système établi par le règlement UE 1215/2012 concernant la compétence judiciaire la reconnaissance et l'exécution des décisions en matière civile et commerciale, à la suite du Brexit, l'exécution de décisions de tribunaux étrangers au Royaume-Uni dépend depuis mi-2025 de plusieurs traités internationaux, deux lois britanniques et le droit commun. En ce qui concerne ceux provenant de pays membres de l'Union européenne (et certains autres pays), c'est la Convention de La Haye du 30 juin 2005 sur les accords d'élection de for qui s'applique ou la Convention de La Haye sur la reconnaissance et l'exécution des jugements étrangers en matière civile et commerciale du 2 juillet 2019 qui s'appliquent selon les cas. Pour certains autres pays, les lois britanniques *The Administration of Justice Act 1920* ou *The Foreign Judgments (Reciprocal Enforcement) Act 1933* peuvent s'appliquer. À défaut, une assignation formulant une demande basée sur la dette constatée par le jugement étranger peut être déposée devant la *High Court* selon la procédure de droit commun. C'est le jugement du tribunal anglais qui sera éventuellement exécuté par la suite.

§ 6. L'APPEL DEVANT LA *COURT OF APPEAL* ET LA *UK SUPREME COURT*

1472 **La distinction entre l'appel et *judicial review*.** Un appel concerne la contestation devant une cour ou tribunal supérieur au sujet des faits et du droit (*appeal on the merits*). *Judicial review* concerne la contestation de la compétence ou la légalité de la procédure utilisée par un tribunal ou une autorité (y compris un ministre) pour prendre une décision. Ce chapitre ne traite des appels de la *High Court* vers la *Court of Appeal*. Différentes voies d'appel existent selon le type et degré de tribunal. Le sujet ne sera pas traité plus en détail.

1473 **La possibilité de faire appel.** La *Court of Appeal* reçoit les appels de la plupart des décisions des *County Courts*, *High Court*, *Upper Tribunal*, *Employment Appeal Tribunal* et *Competition Appeal Tribunal*. Les appels doivent être formés dans un délai rapide suivant la décision ou jugement concerné (7 ou 21 jours selon les cas). En règle générale, aujourd'hui l'appel à la *Court of Appeal* n'est pas de droit. Les contraintes en termes de moyens ont amené la Cour à revoir ses procédures pour éviter une paralysie de son fonctionnement. Le temps d'attente était en moyenne de 19 mois en 2016. Aujourd'hui l'appelant doit pouvoir démontrer l'existence de moyens sérieux pour obtenir le droit à une audience (voir aussi *supra*, n° 169).

En premier lieu, une demande doit être formulée auprès de la *Court of Appeal* qui doit évaluer si l'appel soulève des questions qui méritent un appel avec des chances raisonnables de succès.

L'objectif est d'éliminer d'emblée les affaires où l'appelant n'a vraisemblablement aucune chance de réussir. Il en va de même devant la Cour Suprême où l'appel n'est pas de droit, et fait l'objet d'un filtrage (v. *supra*, n° 163).

1474 **L'audience d'appel.** Les parties et les conseils doivent déposer un dossier avec des arguments sommaires (*skeleton arguments* – aujourd'hui le dossier est déposé en forme électronique, y compris devant la *UK Supreme Court UKSC Digital Services Portal*) et le temps d'audience pour entendre les arguments des parties est limité autant que possible. Les juges demandent aux Solicitors et Barristers d'organiser les dossiers de façon à, ce que seulement les éléments essentiels soient inclus dans les côtes. Le dossier doit inclure un document rappelant les faits et questions sur lesquels les parties sont d'accord pour éviter une dispersion des discussions (*Agreed Statement of facts and issues*). Les nouvelles technologies ont eu tendance à générer des dossiers plus volumineux au point où les juges sanctionnent les avocats au cas où le dossier dépasse ce qui est nécessaire. Dans une affaire récente le juge a ordonné aux avocats de payer £20 000 de frais et honoraires pour un dossier jugé excessivement volumineux[43]. Dans certains cas, l'affaire est traitée sur dossier sans audience en présence des parties et leurs conseils. La Cour ne procède à un réexamen des faits que lorsque de nouveaux faits ont été découverts après le procès en première instance – faits qui n'auraient pas pu être découverts auparavant avec une diligence raisonnable et qui auraient susceptibles de modifier la décision de la

43. Bailey v Stonewall and others ET/2202172/2022.

Cour ou du tribunal en première instance. Le plus souvent, la Cour d'appel est appelée à trancher des questions de droit. Mais l'audience orale continue d'être la norme et « l'événement le plus important » dans la procédure, notant que les audiences tenues en ligne sont déjà utilisées, notamment depuis le Covid et pour certaines affaires[44].

1475 **Le *leapfrog appeal* (l'appel « saute-mouton »).** Ce système d'appel permet à un tribunal de première instance (y compris les instances d'appel des *statutory tribunals*)[45] de proposer qu'un appel soit dirigé directement à la *Supreme Court*, sans passer par la *Court of Appeal*. Le comité d'appels (*appeals panel*) de la *Supreme Court* doit néanmoins décider si l'appel direct peut être accepté.

Leapfrog peut être approprié dans les cas suivants :

— un point de droit d'importance est en jeu (*point of law of public importance*) ;

— la jurisprudence de la *Court of Appeal* est déjà établie et reviendrait à annuler ou confirmer la décision du juge en première instance, nécessitant un appel à la *Supreme Court ;*

— les appels lorsqu'un point de droit relatif à la Convention européenne des droits de l'homme est en jeu et la jurisprudence de la *Court of Appeal* indique qu'un appel serait destiné à l'échec devant la *Court of Appeal*.

§ 7. LES FRAIS ET HONORAIRES DU PROCÈS

1476 **Les enjeux des coûts de la procédure.** L'enjeu des frais et honoraires prend une place centrale dans la stratégie et la gestion de la procédure. Nous avons vu que la responsabilité de la gestion du coût du procès et partagée entre les conseils et le juge dans le cadre du *case management*, mais qu'*in fine* les conseils portent une lourde responsabilité de gestion étant tenus par les estimations qu'ils doivent soumettre au juge. À la fin du procès, le juge décide de l'attribution éventuelle des frais et honoraires au vainqueur. Les conseils des parties vont tenter de se mettre d'accord sur le montant, sinon la question est soumise à un juge spécialisé (*taxing officer*) qui décide quels frais et honoraires peuvent être pris en compte et le montant acceptable. Il sera procédé à un examen détaillé du dossier du conseil et les fiches des temps passés. Une audience sera tenue si nécessaire afin de permettre au *taxing officer* d'entendre les parties ou leurs conseils. Le sujet des frais de procès est devenu plus complexe depuis que les *solicitors* ont été autorisés à convenir avec leurs clients un honoraire partiellement basé sur le résultat : *conditional fee agreements* ou *damages based agreements*. Ceci est le plus souvent soumis à la condition de facturer un honoraire de base raisonnable, éventuellement en dessous des taux horaires habituels.

44. Voir le discours de Rt Hon The Lord Reed of Allermuir (President of the UK Supreme Court) "Oral Hearings in the United Kingdom Courts: Past Present and Future devant The Legal Training and Research Institute of Japan", 29 November 2023.

45. Voir par exemple, First Port property Services Ltd v Settlers Court RTM Company & Ors 2022 UKSC 1 (*leapfrog from Upper Tribunal Lands Chamber*).

Toutefois, ces honoraires de résultat ne sont pas toujours récupérables contre l'adversaire. Les *solicitors*, leurs clients et les éventuels assureurs doivent envisager tous les risques associés au contentieux et l'éventualité de l'insolvabilité de la partie adverse.

1477 **L'importance des évaluations des coûts en cours de procédure (*costs estimates*).** Comme indiqué dans le paragraphe traitant de *case management*, les parties doivent communiquer des *statements of costs* destinés à fixer les montant de frais et honoraires en jeu et qui peuvent faire l'objet d'une attribution à l'une ou l'autre partie par le juge à l'issue du procès ; et, sauf exception, s'y tenir !

1478 **La demande de caution pour couvrir les risques des coûts (*security for costs*).** Dans le cas où une des parties a raison de croire que l'autre partie (établi dans le ressort ou à l'étranger) risque de ne pas être en mesure de payer les frais et honoraires alloués en fin de procès, elle peut demander à tout moment au juge d'ordonner le paiement d'une caution au greffe du tribunal à titre de sûreté. Il s'agit de cas où l'autre partie est dans une situation financière délicate au vu de ses derniers comptes. Le juge devra procéder à un exercice délicat qui permet de sécuriser la situation de la partie qui demande la sûreté et qui n'empêcherait pas l'autre partie de faire valoir ou défendre ses droits. Le juge tiendra compte notamment des difficultés potentielles d'exécution et de recouvrement et s'il apparaît que l'autre partie a pris des mesures pour dissimuler ses biens ou les rendre difficiles d'accès. Le fait que la partie demandant la mesure aurait contribué aux difficultés financières de son adversaire est un élément dont tiendra compte le juge.

1479 **Les offres de transaction secrètes et le système des consignations au tribunal "*offers to settle and payments into court settlement part 36*".** Une des particularités de la procédure anglaise concerne le choix d'une partie du moment d'effectuer un paiement confidentiel au greffe du tribunal (qui n'est porté à la connaissance du juge qu'après le jugement sur le fond afin de lui permettre de décider la question des frais et honoraires) (Part 36 *CPR Payment into Court*). Ce paiement doit constituer une véritable proposition transactionnelle et peut être accepté jusqu'au 21e jour avant le procès.

Cette offre oblige l'autre partie à réfléchir sérieusement quant à l'opportunité de poursuivre la procédure, car au cas où le montant du jugement est moins élevé que le paiement au greffe, elle ne pourra récupérer aucun frais ou honoraire engagé à partir de la date du paiement et risque d'être obligé de rembourser les frais de l'adversaire engagés dans la même période.

TITRE 2

LES MODES ALTERNATIFS DE RÈGLEMENT DES CONFLITS : *ALTERNATIVE DISPUTE RESOLUTION* (ADR)

1480 Les modes alternatifs de règlements des conflits connaissent une grande richesse en Grande-Bretagne. Son essor a été favorisé par le nouveau pouvoir des juges d'ordonner la médiation. Bien qu'une discussion existe pour savoir si l'arbitrage est un mode ADR, ce chapitre contient un bref aperçu de l'arbitrage, compte tenu de son importance au point de vue des affaires internationales (chapitre 1) et, à l'instar d'autres systèmes juridiques étrangers, la médiation est privilégiée par les entreprises (chapitre 2).

CHAPITRE 1
LES DIFFÉRENTS TYPES D'ADR PRATIQUÉS AU ROYAUME-UNI

1481 Le droit anglais propose une grande diversité d'ADR (section 1) qui ont chacun leurs avantages et leurs inconvénients (section 2).

SECTION 1 LES DIFFÉRENTES TECHNIQUES

1482 Afin de mieux cerner les différentes techniques d'ADR une distinction est faite entre : négociation, médiation et adjudication.

§ 1. LA NÉGOCIATION : PRATIQUE CONTRACTUELLE ET PROCÉDURALE

1483 **Contenu.** L'objectif est d'engager et de structurer une négociation directe entre les parties, parfois en faisant intervenir un tiers neutre qui peut donner un avis non liant aux parties sur leur litige. Elle peut être prévue par le biais d'une clause contractuelle, faisant partie, usuellement, d'une clause dite "*stepped* ou *tiered dispute resolution clause*", qui prévoit un processus en plusieurs étapes encadré par des délais : négociation directe entre les instances dirigeantes des parties, suivi d'une médiation, puis en cas d'échec, un arbitrage ou saisine du tribunal. Il est souvent fait appel, selon le type de contrat, et notamment dans les contrats de longue durée tels les contrats de construction, à l'intervention de tiers experts à qui les parties confient le pouvoir de trancher des litiges techniques pour permettre au projet d'avancer, sous réserve d'un arbitrage lorsque le projet est terminé (*adjudication, dispute boards, expert determination*) (v. *infra*, n° 1485). Lorsqu'il s'agit de questions juridiques (ou d'autres), la technique de "*Early Neutral Evaluation*" (*ENE)* peut être utilisée, et souvent prônée par la *Commercial Court*,

Technology and Construction Court, et les autres *Business and Property Courts,* qui peuvent nommer un tiers (ou plus rarement un juge), pour donner un avis confidentiel à un stade précoce du litige. L'avis peut concerner l'intégralité du litige ou une question spécifique. La pratique de ENE a été le sujet de décisions de justice ; et il semble probable que développement de l'intelligence artificielle peut également apporter des aides à la résolution des litiges[1].

§ 2. LA MÉDIATION ET LA CONCILIATION

1484 **Médiation. Conciliation.** Les techniques de médiation et de conciliation sont similaires, mais dans la conciliation le juge ou tiers indépendant joue un rôle plus actif. Dans le cas de la médiation, c'est un médiateur indépendant des parties et du tribunal qui est nommé pour aider les parties à trouver une solution. La médiation serait la méthode de résolution la plus utilisée et connaît une croissance importante (17.000 médiations en 2022 dont environ 64 % en ligne). La médiation concernait des litiges d'une valeur globale de £20 milliards annuelle. Le taux de réussite est de l'ordre de 92 %. Il est estimé que des coûts en termes de temps de gestion des entreprises, pertes de productivité et frais juridiques d'environ £5,9 milliards ont été évités par l'utilisation de la médiation en 2022[2]. Des proches variantes existent, tel *dispute resolution adviser* et *project mediation* dans l'industrie de la construction pour les gros projets de génie civile.

Les parties peuvent convenir de mettre en place une médiation, ou le juge peut l'ordonner dans certains cas limités avec l'accord des parties. Dans la terminologie utilisée au Royaume-Uni, une distinction peut être faite entre la majorité des médiations qui sont organisées par les parties avec ou sans le concours d'un fournisseur de services de médiation, puis la médiation « judiciaire » organisée, ordonnée ou proposée par le tribunal, éventuellement avec le concours d'un juge :

— "*Court of Appeal mediation scheme*" (CAMS), à la disposition des parties dans la plupart des cas (exceptant les affaires complexes ou à enjeu important), qui peuvent recourir au CAMS avant de plaider l'affaire (CEDR est l'organisme autorisé par la Cour pour gérer ces médiations) ;

— "*Court Ordered ADR*" *Commercial Court* (par exemple ENE) ;

— "*Court Settlement Process*" utilisé par le *Technology and Construction Court* ;

— "*Court Annexed Mediation*" utilisé par les *County Courts* ;

— "*Judicial Mediation*" utilisé par les "*Employment tribunals*" (tribunaux compétents en matière du droit du travail).

La plupart des médiations proposées par ces tribunaux ont pour trait commun la possibilité de désignation d'un juge du tribunal en tant qu'évaluateur ou médiateur. Bien entendu si l'évaluation ou la médiation échoue, un autre juge sera désigné pour poursuivre la procédure et présider au procès. La médiation est activement

1. Voir l'article par Victoria McCloud : Judicial Early Neutral Evaluation Centre for Socio-Legal Studies, Faculty of Law University of Oxford-Amicus Curiae Series 2 Vol.1, 487-95 et Telecom Cnetre (UK) Ltd v Thomas Sanderson Ltd 2020 EWHC 368 QB.

2. CEDR Tenth Mediation Audit 2023.

utilisée dans les procédures de divorce et le droit de la famille, dans les litiges du travail, les litiges en matière de logement, de voisinage, de litiges contractuels et d'affaires, les dommages corporels etc. Le gouvernement a pris en 2011 un engagement solennel d'avoir recours à la résolution alternative de litiges partout où cela a été possible. L'administration fiscale a introduit le principe dans ses propres procédures. Le gouvernement et les entreprises ont intégré la médiation dans leurs contrats et leurs pratiques de règlement de litiges par différents moyens institutionnels et sectoriels. En ce qui concerne les procédures de droit administratif (*judicial review*), la médiation est également utilisée. La médiation judiciaire a fait l'objet d'essais pilotes dans l'équivalent des conseils de prud'hommes (*Employment Tribunal*). Les règles de procédure devant les *statutory tribunals* (tribunaux spécialisés créés par la loi pour traiter des domaines spécifiques tels les droits à des prestations de sécurité sociale ou aides des collectivités [*Social Entitlement Chamber*]) prévoient comme les règles de la procédure civile l'obligation de rechercher une solution par voies alternatives si possible.

Ces tribunaux traitent un nombre très important d'affaires (des centaines de milliers chaque année). Ceci a eu un impact considérable sur le traitement des litiges au Royaume-Uni. L'écho s'est porté jusqu'à tous les pays de *Common law*. Un échange d'expériences se fait notamment avec les États-Unis, Hong Kong, Singapour et l'Australie. La médiation est maintenant bien ancrée dans le paysage judiciaire britannique dans tous les domaines et en croissance permanente.

§ 3. LES PROCÉDURES DITES « ADR » IMPLIQUANT UNE DÉCISION SUR LES MÉRITES ET/OU LE DROIT

1485 **Notion.** Les parties peuvent convenir d'une procédure plus rapide et informelle que la procédure judiciaire classique, de surplus, confidentiel, et souvent moins onéreux.

Le plus connu concerne l'arbitrage, "*arbitration*", national ou international, qui est régi par la loi *Arbitration Act 1996* lorsque le siège de l'arbitrage choisi par les parties se situe au Royaume-Uni. Cette loi était destinée à mieux réglementer l'arbitrage au Royaume-Uni et permet notamment aux parties d'exclure des appels des sentences arbitrales. Sous réserve que les parties aient convenu par écrit d'avoir recours à l'arbitrage, et du respect des règles d'ordre public et du contradictoire, la sentence peut faire l'objet d'une exécution forcée, le Royaume-Uni ayant ratifié la convention de New York pour la reconnaissance et l'exécution des sentences arbitrales étrangères de 1958. La possibilité d'appel aux juridictions nationales peut être exclue par le contrat. La loi exclut le recours à l'arbitrage pour certains litiges, tel que ceux entre employeur et salarié. Une nouvelle loi *Arbitration Act 2025* complète le dispositif légal existant en vue de renforce la place de Londres comme place internationale dans ce domaine. Il est estimé qu'environ 3600 arbitrages internationaux ont eu lieu à Londres en 2023 dans le domaine maritime, des assurances, les matières premières, et les contrats internationaux. En bref résumé, loi de 2025 prévoit notamment que la loi applicable à l'arbitrage sera celui du siège de l'arbitrage, sauf clause contraire. L'arbitre est doté d'un nouveau pouvoir (y compris lors d'une audience préliminaire) de rejeter la demande en arbitrage ou les moyens de défense, au cas il apparaît qu'ils sont destinés à l'échec ou sans réelles chances de succès. La loi prévoit également la possibilité de nommer un arbitre en urgence aux fins d'ordonner des mesures provisoires. Par ailleurs, la loi impose aux arbitres un devoir de transparence renforcée pour assurer leur impartialité. Environ 20 % des affaires soumises à la Commercial Court à Londres concerne l'arbitrage, notamment les questions de compétence, d'irrégularité, les appels sur point de droit (lorsque cela n'est pas exclu par le contrat), et les mesures provisoires dans le cadre de la procédure d'arbitrage.

Le rapport annuel (2024) de la London Court of International Arbitration confirme que Londres reste une place de choix pour les arbitrages internationaux. L'activité de la LCIA concerne notamment les secteurs du transport et des matières premières (gaz, charbon et métaux-29 %), et la vente internationale de marchandises (36 %)[3].

L'"*Adjudication*" est une procédure utilisée pour les contrats de construction dans le but de faciliter des solutions intérimaires rapides (parfois définitives), pour permettre au projet de se poursuivre sans interruption et faciliter les paiements. Un tiers spécialisé (ingénieur), est nommé à cet effet par les parties ou un organisme indépendant. Les parties peuvent se réserver la possibilité de faire trancher la question ultérieurement par le tribunal ou un arbitre à l'achèvement du projet.

"*Dispute board*", "*Dispute review boards*" sont une variante plus sophistiquée pour les grands projets, où les parties nomment un panel souvent composé d'ingénieurs et juristes, pour prendre des décisions liant les parties, durant la période des travaux afin de permettre au projet d'avancer. Les parties peuvent décider au niveau du contrat si les décisions peuvent être contestées ultérieurement ou non après l'achèvement du projet.

La technique de l'"*expert determination*" est utilisée pour les contrats de haute technicité où les parties conviennent d'avoir recours à un expert, notamment en cas de litige sur des questions techniques ou d'évaluation financière. Si les parties le choisissent dans leur contrat, cet expert pourra disposer du pouvoir de trancher le litige définitivement, sauf en cas d'erreur « manifeste », soit une erreur facilement évidente sans recherches poussées[4].

3. LCIA Annual Casework Report.

4. WH Holding Ltd v E20 Stadium LLP 2025 EWHC 140 Comm.

SECTION 2 LES RAISONS D'UNE CROISSANCE ININTERROMPUE DE LA MÉDIATION DEPUIS PLUS DE 20 ANS

1486 Les ADRs connaissent un intérêt vif qui s'explique par un net encouragement, voire dans certains cas une obligation, à recourir à ces techniques (§ 1). Mais cela n'écarte pas de nombreux obstacles (§ 2).

§ 1. L'ENCOURAGEMENT AUX ADRS, DEVENU UNE QUASI-OBLIGATION

1487 **Avantages.** On peut dénombrer de multiples raisons pour le développement rapide et continu de la médiation au Royaume-Uni :

— la réalisation d'économies très importantes en termes de temps des équipes dirigeantes, rapidité pour le consommateur, et de frais de justice et honoraires d'avocats évités... £2,4 milliards en 2013 ;

— l'attitude favorable du législateur et des juges au plus haut niveau ; (le CEDR dans son rapport de 2023 estime les économies générées par la médiation seulement dans le domaine des litiges consommateurs à 706 jours d'audience et £19 m de frais de tribunal) ;

— l'initiative du gouvernement : *ADR Pledge 2011/DR Commitment/Justice for Business* et collectivités locales (instruments par lesquels l'État et les collectivités locales s'engagent à avoir recours à l'ADR dans le cadre de leurs procédures et traitement de litiges) ;

— le souhait du ministère de la Justice de réduire le budget de la justice par l'utilisation de l'ADR ;

— le soutien de CBI (Medef britannique/ICAEW – experts-comptables et commissaires aux comptes) et la plupart des organismes professionnels/fédérations commerciales et industrielles ;

— un niveau bien informé de connaissances sur ADR parmi les entreprises internationales ou de taille importante (voir information du *Commercial Bar* à Lord Jackson) ;

— l'ADR intégré dans les bonnes pratiques et conditions générales des entreprises notamment en relation avec le consommateur mais aussi des contrats complexes : construction, technologie, etc. ;

— la validité des clauses de négocier avant procédure ;

— la récente décision de la Cour d'appel en 2023 (*Churchill v Merthyr Tydfil*) (v. *supra*, n° 1444), concernant le pouvoir des juges d'ordonner une médiation, puis les nouvelles contraintes des *civil procedure rules* notamment la modification en octobre 2024 des règles de procédure civile (CPR 1.1, CPR 1.4 €, et CPR 29.2 (1A)) permettant au juge d'ordonner la médiation à toutes les étapes de la procédure ;

— les pratiques des tribunaux spécialisés en matière commerciale (par ex. *Court Annexed Mediation – Technology and Construction Court*) ;

— la publication de guides et de practice statements par les tribunaux informant les parties dans le détail au sujet de l'ADR (e.g. *Guide to Commercial Court Practice, Practice Statement : ADR Waller J...*) ;

— la pratique proposée par le *Commercial Court* d'*Early Neutral Evaluation* de l'affaire par un juge qui ne participera pas à la procédure si les parties poursuivent le litige ;

— les ADR ou *NDR Orders* du *Commercial Court*. Si elles n'imposent pas ADR, les parties ont tout intérêt à tenter une médiation car si l'affaire va jusqu'au procès, le juge en tiendra compte lorsqu'il ou elle doit évaluer la question de frais ;

— la jurisprudence : sanctions en frais de justice pour le refus déraisonnable de recherche d'une solution par la médiation ou l'ADR ;

— le *Solicitors Code of Conduct* imposant aux *solicitors* une obligation déontologique de recherche de solutions amiables et de tentative de l'ADR (au Royaume-Uni les *solicitors* et les *barristers* peuvent être salariés d'une entreprise, du gouvernement et des collectivités locales sans perdre leur statut professionnel, et restent donc soumis à leur déontologie. Leur employeur doit garantir leur indépendance par écrit. Il est probable, mais à vérifier, que leur présence au sein des entreprises et des organismes étatiques ou locaux contribuent à la recherche de solutions et à l'utilisation de l'ADR) ;

— l'existence de professionnels reconnus de la médiation : un corpus de médiateurs expérimentés de bonne réputation ;

— l'existence de panels de médiateurs accrédités dans certains domaines : droit de la famille ;

— l'autorégulation et codes éthiques efficaces (pour l'instant).

Parallèlement, des services juridiques *low cost* et électroniques se développent, notamment par le biais des services juridiques des grandes chaînes de supermarchés (Tesco, The Coop, etc.) permettant de proposer un service de médiation à coût abordable[5].

L'augmentation significative des dépens de la justice civile peut avoir un effet d'encourager les justiciables d'utiliser la médiation. Il peut aussi avoir l'effet de les décourager.

§ 2. LES OBSTACLES À L'ADR

1488 Malgré le développement important des ADR's et notamment de la médiation au Royaume-Uni, il existe toujours des freins de différents ordres à son utilisation ou des situations où son utilisation ne serait pas appropriée

1489 **Rémunération des conseils et coûts juridiques.** Au départ, l'ADR signifiait pour beaucoup de professionnels du droit (*Accepting Diminished Remuneration* ou

5. Voir Lord Neuberger, président de la Cour Suprême : *Has Mediation had its Day? Gordon Slynn Memorial Lecture*, para. 33 et la question de la condition préalable d'avoir tenté un processus d'ADR à l'obtention de l'aide juridictionnelle (*The 2005 Legal Services Commission Funding Code and Guidance*, http://www.legalservices.gov.uk/civil/guidance/funding_code.asp) cité par le Pr. Hazel Genn and others "*Twisting arms: court referred and court linked mediation under judicial pressure*").

Alarming Drop in Revenue). Si la résistance des professionnels s'est estompée avec la réforme de la procédure, et surtout depuis la réforme Jackson, la plupart des *solicitors* conservent ses réflexes du duel judiciaire et souhaitent défendre la position des clients jusqu'aux derniers détails (certains diront jusqu'au dernier "*billable hour*" !). La conséquence est que les *solicitors* ont eu tendance à préparer le PAP comme pour une procédure détaillée en arrivant à la médiation, préparés comme pour le procès,

1490 **Les coûts concentrés en amont (*front end loading*).** Même après les réformes Woolf et Jackson il paraît que les professionnels du droit ont encore tendance à préparer le traitement du litige comme pour un procès. Les *pre-action protocols* et la préparation de la médiation en seraient responsables.

Les *solicitors* indiquent également que les règles sont redevenues trop complexes avec pour conséquence une augmentation du temps passé et du coût pour le client, alors que cela n'est pas l'esprit des nouvelles règles et de la médiation. Les médiateurs se plaignent que certains Solicitors et Barristers tentent encore de faire le procès devant le médiateur, détournant la médiation de son mode opératoire et son but.

Il s'ensuit que le coût pour le client peut continuer à être significatif, alors que l'objet des réformes était le contraire.

Il a fallu un rappel récent de la Cour d'appel qui indiquait qu'un *solicitor* ne serait pas coupable de négligence professionnelle si une médiation n'avait pas traité tous les détails du litige. Les récentes réformes au sujet des coûts dans la procédure civile (*fixed recoverable costs*) commencent à avoir un impact sur cette question.

CHAPITRE 2
UN ADR À SUCCÈS : LA MÉDIATION

1491 Les techniques alternatives de résolution de litiges dont la médiation connaissent en Grande-Bretagne un grand succès dans le monde des affaires. Environ 28 601 affaires ont été résolues grâce à ces techniques en 2024. Il convient d'envisager son encadrement contractuel (section 1), sa pratique (section 2) et ses acteurs (section 3).

SECTION 1 L'ENCADREMENT JURISPRUDENTIEL, LÉGAL ET CONTRACTUEL DE LA MÉDIATION

1492 **La jurisprudence et les règles de procédure civile puis la validité des clauses ADR forment un encadrement solide à la médiation.** L'évolution de la jurisprudence permettant aux juges d'ordonner la médiation en 2023 et la modification des règles de procédure civile pour le permettre à toutes les étapes ont déjà été évoquées (v. *supra*, n° 1487). Par ailleurs, les tribunaux ont notamment validé les clauses de négociation de bonne foi et de négociation préliminaire (lorsqu'elles sont correctement rédigées) avant ADR ou procédure au tribunal. Pour les contrats commerciaux importants, il est aujourd'hui presque de rigueur de prévoir une clause de résolution de litiges multi-niveaux (*multi-tiered* ou *stepped dispute resolution clause*). Ces clauses prévoient, en effet, que les parties doivent recourir successivement par des techniques d'ADR allant de la négociation entre présidents ou membres du plus haut niveau de direction des parties, en passant par la médiation ou techniques similaires (parfois en employant une phase d'adjudication temporaire pour éviter des retards de l'exécution du contrat ou du projet), et en finissant en phase d'adjudication (arbitrage ou tribunal), au cas où les précédentes techniques n'auraient donné aucune solution permanente au litige.

1493 **Le contrat de médiation.** Avant de s'engager dans une médiation, il est d'usage (et fortement conseillé) de signer un contrat de médiation qui liera les parties en litige et le médiateur ou le prestataire institutionnel[1]. La plupart des contrats prévoient notamment que :

— les parties s'interdisent de faire un PV de la médiation (sauf en ce qui concerne une éventuelle transaction) et que tous les documents créés spécifiquement pour la médiation (y compris les notes des parties et leurs conseils) sont confidentielles et ne peuvent être produits en justice ;

— le médiateur ne peut en aucun cas être appelé en tant que témoin au sujet de la médiation ;

— les parties et le médiateur peuvent à tout moment mettre fin à la médiation. Le médiateur peut y procéder dans les circonstances définies dans le code éthique.

1494 **La confidentialité de la médiation et des discussions en vue de transaction.** La confidentialité de la médiation a été confirmée par les tribunaux dans différentes affaires. Il s'agit de ce que les juristes anglais appellent "*qualified privilege*" qui protège les discussions confidentielles menées souvent sous l'égide du qualificatif "*without prejudice*", même directement entre les parties et en dehors de leurs conseils. Il convient de rappeler que les discussions de bonne foi en vue de rechercher une solution amiable à un litige (même directement entre les parties) sont considérées comme confidentielles. Sauf exception les parties ne peuvent pas en faire état devant le juge. La question de savoir si la confidentialité des communications avec des tiers dans le cadre d'une discussion transactionnelle a été tranchée par la High Court en 2024 au sujet de rapports techniques demandés par une des parties au litige pour préparer la discussion. Le juge a considéré que seuls les rapports ou communications avec des experts faisant partie intégrante des discussions entre les parties pouvaient être protégés par la confidentialité[2].

La question de l'existence de *qualified privilege* peut être éventuellement soumise à l'examen du tribunal dans certains cas. Il s'oppose à l'*absolute privilege* connu notamment en droit de l'État de Californie où aucun témoignage ne peut être ordonné par le tribunal en ce qui concerne le déroulement d'une médiation, ce qui aurait conduit à certains abus de la médiation dans cet État.

Le tribunal peut-il exiger des preuves du déroulement d'une médiation pour vérifier l'existence d'une transaction ? L'affaire *Brown v. Rice & Patel* l'a confirmé. Dans la pratique les conventions signées avec les médiateurs tentent de prévenir le risque en l'absence de circonstances exceptionnelles.

1495 **Contenu d'une clause de médiation.** Il est fréquent dans les contrats anglais ou internationaux de prévoir des clauses prévoyant plusieurs étapes de résolution des litiges (*stepped dispute resolution clause*) : une première phase de réunion obligatoire des dirigeants des parties ; puis, en cas d'échec, la médiation suivie, en l'absence de transaction, d'un arbitrage. Il est usuel de prévoir les règles de médiation

1. C. Le Gallou, « La clause de médiation préalable et obligatoire – Approche de droit anglo-saxon », *in Les règlements amiables des différends* (sous la direction de L. Casaux-Labrunée et J.-F. Roberge), LGDJ, à paraître 2018.

2. BNP Paribas Depositary Services Ltd v Briggs & Forrester Engineering Services Ltd 2024 EWHC 2575 TCC.

et d'arbitrage d'une institution comme la Chambre de commerce internationale, le Centre de médiation et d'arbitrage de Paris, la *London Court of International Arbitration*, le *Centre for Effective Dispute Resolution*, ou une institution locale similaire selon les cas, par exemple à New York, Singapour ou Hong Kong, puis le lieu et la langue de la médiation et l'arbitrage. Il est également important de prévoir les délais de négociation et de médiation, afin d'éviter des tactiques de retardement ainsi que la loi applicable et, dans certains cas, la possibilité pour l'arbitre d'allouer les frais et honoraires à la partie gagnante, au cas où cela n'est pas déjà prévu par le règlement de l'institution concernée.

SECTION 2 LA PRATIQUE DE LA MÉDIATION

1496 Les étapes de la médiation. Brown & Marriott dans leur ouvrage sur ADR proposent dix étapes :

— l'enquête initiale : les parties avec le médiateur qui explique le processus et les règles du jeu (ou règlement du prestataire), les coûts, la confidentialité et le cadre juridique de la médiation, le besoin de la signature et présence des décideurs, le lieu neutre de la médiation... ;

— les parties s'engagent dans le processus et signent le contrat avec le médiateur (ou le prestataire, suivi de la désignation du médiateur) ;

— les échanges préliminaires (résumés des demandes et moyens en défense, documents essentiels) et les préparatifs ;

— la réunion : le médiateur rencontre les parties (éventuellement en réunion avec chaque partie séparément, en accord avec l'autre suivie d'une séance plénière : les parties présentent leurs positions succinctement) ;

— les suppléments d'informations dans la réunion plénière en tant que de besoin ;

— la facilitation de la négociation, où différentes techniques sont utilisées :

• 1. caucus entre médiateur et chacune des parties séparément, permettant un approfondissement des relations entre médiateur et chaque partie/exploration confidentielle en vue de médiation indirecte/expression des émotions/découverte des stratégies/identification des pistes pour solutions ;

• 2. réunions plénières de reprise de discussion en direct/réunion experts.

• La médiation est habituellement « facilitative » et non « évaluative », le médiateur ne donnant aucune opinion, avis ou recommandation durant ou à la fin de la médiation ;

• 3. stratégies pour sortir de l'impasse ;

• 4. fin de la médiation et rédaction d'une éventuelle transaction ;

• 5. phase de suivi éventuel ou de l'homologation éventuelle de la transaction.

1497 **Les techniques de la médiation.** Les techniques diffèrent selon le type de litige. Dans la *Family Mediation*, les parties restent souvent dans la même pièce où il existe un haut degré d'émotion. La médiation et les réunions relativement courtes s'étalent sur quelques semaines. Dans le domaine civil ou commercial, la méthode habituelle est la médiation dite « facilitative » où, après une réunion plénière, le médiateur consulte les parties séparément en faisant des allers et retours entre elles pour essayer d'avancer la réfection et la discussion. Le médiateur est censé jouer un rôle entièrement neutre ; et ne donne aucune indication de son avis sur les positions respectives des parties. Il n'est pas exclu, néanmoins – et notamment en cas d'impasses – que le médiateur pourra avoir recours à une suggestion d'évaluation, du moins un rappel des risques encourus respectivement par les parties si le litige n'est pas transigé, ou en les aidant à réfléchir ou formuler leur "BATNA" (*best alternative to a negotiated agreement*) afin de mettre en relief les désavantages du contentieux judiciaire. Cela relève du jugement et de la sensibilité du médiateur dans chaque cas.

1498 **Le coût de la médiation.** Le coût moyen d'une médiation varie selon la nature de l'affaire : environ £300 pour une médiation auprès du *County Court* (tribunal d'instance), £5 000 en moyenne pour une affaire commerciale, sans complexité ou enjeux majeurs, avec médiation sur une journée dont la préparation du médiateur et un suivi dans les jours suivants ; jusqu'à £40 000 ou plus pour une affaire commerciale complexe avec un enjeu important (quelques millions de livres) ; sans compter, dans chaque cas, les honoraires des conseils.

SECTION 3 LES ACTEURS ET INSTITUTIONS DE LA MÉDIATION EN ANGLETERRE : ENTRE AUTORÉGULATION ET ÉTHIQUE

1499 **Les médiateurs.** 48 % sont des juristes (source CEDR rapport annuel 2013). Dans le domaine de la construction : il y a moins de juristes/médiateurs et plus de spécialistes/experts de la construction. L'âge moyen des médiateurs se situerait autour de 55 ans. Le CEDR indique que seulement 130 médiateurs sont bien connus sur la place en Angleterre dans le domaine commercial.

1500 **Les organismes ou prestataires de médiation.** Les plus importantes institutions privées de l'ADR et de la médiation au Royaume-Uni sont le CEDR et ADR Group. Ils ont été des précurseurs et jouissent d'une excellente réputation outre-manche et à l'international. Ils ont élaboré des règlements ADR, des contrats de médiation et de médiation et des chartes d'éthique pour les médiateurs. Ils représentent en quelque sorte le « droit commun » de la médiation au Royaume-Uni.

Le *Civil Mediation Council* a été créé par le gouvernement pour encourager la médiation. Ce haut conseil de la médiation, qui est indépendant (composé de médiateurs, de prestataires institutionnels, de représentants du barreau et des *solicitors*, de deux ministères et deux enseignants universitaires) commence à réguler la médiation de manière informelle et développe ses propres listes ou panels de médiateurs agréés. C'est le point de passage pour le *National Mediation Helpline* établi par le ministère de la Justice et qui a utilisé ADR Group comme prestataire.

Voici une liste non exhaustive de prestataires :

— des panels de médiateurs agréés et formés ont été élaborés par différentes institutions : CEDR (*Centre for Effective Dispute Resolution*), ADR Group, *The Academy of Experts, Chartered Institute of Arbitrators, The Law Society, Royal Institute of Chartered Surveyors, London Court of International Arbitration* LCIA, *Independent Mediators...* ;

— la Médiation ou ADR sectoriel : différents exemples du développement de la médiation existent : ABTA (agences de voyages), *Home Builders, Internet service providers*, etc. (certaines fédérations sectorielles ont recours aux services fournis par CEDR) ;

— le *Workplace mediation :* utilisé avant que les relations n'aient totalement dégénéré. Le *Civil Mediation Council* tient un registre d'une quarantaine de médiateurs spécialisés dans ce domaine. L'ACAS fournit un service spécialisé et bénéficie d'une longue expérience dans le domaine des conflits industriels ;

— l'*Employment mediation :* il relève traditionnellement du domaine de l'ACAS mais des systèmes pilotes de *judicial mediation* ont été organisés et la médiation peut être également organisée par les parties. Il n'y a aucune interdiction de médiation dans ce domaine ;

— le *DAS Legal Expense Insurers :* l'ADR Group fournit des services médiation pour la filiale britannique de l'assureur allemand dans le domaine des litiges immobiliers et de bornage. Le DAS fournit déjà un service de conseil juridique par téléphone à ses assurés.

1501 **Régulation des médiateurs.** Il n'existe aucune réglementation légale des médiateurs (il en est de même pour les arbitres). La mise en œuvre de la directive oblige le Royaume-Uni à encourager l'adoption de codes éthiques et la formation initiale et continue des médiateurs afin d'assurer la conduite efficace, impartiale et compétente vis-à-vis des parties.

En réalité, la plupart des codes éthiques des organismes d'agrément au Royaume-Uni vont plus loin en se référant à des critères tels que : compétence, neutralité, confidentialité, disponibilité, vérification de la volonté réelle de chaque partie de participer à la médiation, pouvoir des parties et du médiateur de mettre fin à la médiation à tout moment, absence de conflits d'intérêts – du moins déclaration aux parties et leur consentement de poursuivre la médiation –, loyauté, absence de conseil en droit de la part du médiateur, publicité des médiateurs, caractère professionnel et exactitude, assurance de responsabilité professionnelle.

Les organismes de médiation ont élaboré des chartes qui sont conformes à la directive ou du moins inspirées par elle.

Il y a un débat au Royaume-Uni sur la réglementation de la médiation, la qualification et le contrôle des médiateurs. Pour l'instant, la balance penche en faveur de l'autorégulation (*light touch*) sous l'égide d'instances de la société civile et les professions ; mais une récente étude rapportée dans l'audit annuel sur la médiation 2023 du CEDR indique qu'une majorité des médiateurs ne serait pas opposée à la régulation de la profession.

Il n'y a pas eu de difficultés avérées pour l'instant. Les tribunaux sont intervenus dans de rares cas où une difficulté de comportement (spécialement des parties) ou concernant l'existence d'une transaction.

HUITIÈME PARTIE
LA RÉGULATION DES MARCHÉS ET DES AFFAIRES – LA PRÉVENTION ET LA RÉPRESSION DES INFRACTIONS ÉCONOMIQUES

1502 **Régulation des marchés et des affaires. Prévention et répression des infractions : une articulation toute en subtilité.** Si, historiquement, l'on pouvait observer une moindre importance du droit pénal dans la régulation des affaires au Royaume-Uni, la politique actuelle des autorités en matière de prévention, contrôle, poursuite et sanction des infractions remet l'emphase sur le besoin de répression face à la croissance de la délinquance financière, tant au niveau national, qu'international, notamment du fait de l'utilisation des nouvelles technologies et instruments et des plateformes digitaux (tels que cryptomonnaies) par les délinquants. La législation a été renforcée et l'action des autorités dans la prévention et la répression mieux coordonnée. Les pouvoirs de sanction administrative et financière, ainsi que les sanctions civiles permettant d'indemniser les victimes et saisir les biens mal acquis, ont également été renforcés. Depuis 2024 les autorités de régulation ont augmenté leur utilisation de l'arsenal pénal, même si la majorité des infractions de la régulation ou de la réglementation ne font pas l'objet de procédures pénales au sens classique devant les tribunaux. Elles sont réprimées par des amendes ou sanctions financières (parfois conséquentes), l'indemnisation des victimes, et des sanctions administratives (par ex. : intervention, suspension ou interdiction d'un opérateur). Ces mesures sont accompagnées d'une emphase accrue des autorités sur l'information, la formation et la prévention par le biais de pouvoirs permettant aux autorités d'obliger les opérateurs à adopter des systèmes et une organisation adéquate (y compris par l'emploi de salariés compétents), pour la gestion de leurs risques propres.

1503 **L'efficacité limitée de la répression pénale dans les affaires.** L'expérience britannique a montré que la prévention couplée de sanctions administratives, dont des amendes, et les sanctions civiles ont été globalement plus efficaces en termes de ressources disponibles et de la prévention, même si cela n'a pas empêché des crises périodiques et des infractions de grande envergure. La poursuite pénale de ces dernières s'avère plus difficile dans le cadre de la procédure d'assises avec jury populaire, compte tenu de la complexité des infractions financières et la nécessité de convaincre un jury populaire que l'accusé est coupable au-delà de tout doute raisonnable. Ainsi, le choix du législateur et des autorités de régulation est plutôt de donner des pouvoirs accrus aux autorités de régulation d'enquêter, poursuivre et sanctionner les contrevenants directement, parfois associés aux actions administratives ou civiles permettant l'indemnisation des victimes (les sanctions dites « administratives ou civiles »). Les régulateurs imposent aux opérateurs l'utilisation des nouvelles technologies à bon escient pour prévenir les délits ; et n'hésitent pas à imposer des sanctions en cas de défaillances ou inadéquations des systèmes des opérateurs. La procédure pénale est plutôt réservée pour les infractions plus graves. La transaction pénale, qui permet de différer les poursuites en contrepartie du paiement d'une somme dissuasive et un engagement du contrevenant de mettre en place des mesures de remédiation et de conformité future, est aussi une solution préférée.

1504 **L'infraction dans les affaires.** La notion d'infraction pénale dans le domaine des affaires recouvre une vaste panoplie d'activités et d'infractions. Les infractions incluent des crimes tels que la fraude, grand banditisme, le blanchiment, le financement du terrorisme, infractions aux sanctions nationales et internationales, et la corruption ; ou les plus graves manipulations des marchés financiers (tels les délits d'initiés – *insider dealing* – ou fausses informations aux marchés – *market abuse*), qui font l'objet de procès devant la *Crown Court* avec jury. Il y a également différents délits et contraventions tels que ceux liés à la sécurité au travail, la composition et la sécurité des produits ou la protection de l'environnement. Les plus graves infractions concernent l'homicide involontaire commis par une société (*corporate manslaughter*) en raison d'un défaut de sécurité d'un produit ou des infractions à la réglementation de la sécurité au travail, où la société risque des amendes significatives, et ses dirigeants risquent la prison.

1505 **Les difficultés créées par le Brexit.** Le droit et pratique européens et les liens avec les autorités de régulation européennes avaient une place importante dans ce domaine avant la sortie du Royaume-Uni de l'Union européenne, d'autant plus que Londres avait apporté une contribution significative à l'élaboration de la régulation au niveau européen (*Capital Markets Union programme*). Le Brexit pose des défis considérables, notamment par ce que l'Accord de commerce et de coopération n'a rien prévu au sujet des services financiers. Les opérateurs britanniques dans ce secteur étaient contraints de s'implanter dans l'UE (notamment à Amsterdam pour le marché boursier ; Paris et Francfort pour les services financiers), afin de continuer à prester leurs services dans l'UE, tout en conservant la majorité de leurs salariés à Londres. La complexité risque d'être accentuée par le potentiel pour la divergence des normes, y compris au niveau des règles comptables et de communication financière. Une loi *Financial Services and Markets Act* 2023 est venue poser les jalons de la régulation du secteur financier et bancaire post-Brexit. Cette loi est destinée à donner une nouvelle impulsion à la place internationale de Londres dans le domaine financier et des marchés. Une loi *Subsidy Control Act* 2022 introduit un nouveau régime de contrôle des subventions au titre de l'Accord Commercial et de Coopération avec l'UE. Malgré les risques de divergence, une coopération a été maintenue avec les homologues européennes du *Treasury* et les régulateurs britanniques.

1506 **Annonce.** Il convient d'envisager dans un premier temps la régulation des marchés et des affaires (titre 1), puis dans un second temps la répression à travers le droit pénal et la procédure pénale (titre 2). Les effets du Brexit et les risques de divergence entre la régulation britannique et européenne feront l'objet seulement de brèves discussions, s'agissant de domaines complexes, évolutifs et spécialisés.

TITRE 1
MARCHÉS ET RÉGULATION

1507 Au Royaume-Uni, les affaires font l'objet d'encadrements variés à travers les institutions gérant les marchés, et une centaine de régulateurs, ainsi que des autorités chargées de surveillance, d'enquête et de la répression dans le domaine des affaires, puis les associations professionnelles, qui recouvrent différents domaines : régulation des marchés, des services financiers, régulation des institutions et professionnels, notamment du secteur bancaire, des nouvelles technologies et celui des assurances. Une revue de la régulation par le gouvernement est en cours (en 2025) en vue d'améliorer leurs priorités, leur indépendance et efficacité et la décomplexifier. L'objectif est de concilier la gestion de risque et le besoin de croissance dans l'économie[1]. Ce chapitre présentera de manière succincte les principaux marchés et régulateurs (chapitre 1), puis approfondir les principales autorités de régulation et d'autorégulation dans la répression et le contrôle des affaires (chapitre 2).

1. Voir par exemple le rapport du House of Lords Industry and Regulators Committee inquiry February 2024.

CHAPITRE 1
PRÉSENTATION GÉNÉRALE

1508 L'organisation actuelle des marchés (section 2) est le fruit d'une longue évolution historique (section 1). Après le Brexit, et l'exclusion des services financiers de l'Accord de commerce et de coopération entre le Royaume-Uni et l'Union européenne, un dialogue a été instaurée en 2023 pour redévelopper la coopération entre les autorités financières respectives dans le cadre d'un renouveau des relations (v. *infra*, n° 1525).

SECTION 1 HISTORIQUE DE LA RÉGULATION AU ROYAUME-UNI

1509 **La période du Moyen Âge à la fin du XIXe siècle.** La première régulation des marchés était constituée par les chartes royales (*royal charters*) octroyées par la Couronne au Moyen Âge à certains ports et villes, leur permettant d'organiser et contrôler leurs activités économiques, par exemple les poids et mesures (*weights and measures*).

Le législateur intervenait ponctuellement devant des exigences de santé ou de sécurité publique telles les réglementations sur la vente de denrées alimentaires et de la bière sur les marchés ; ou pour réglementer l'accès aux marchés ou les prix qui y étaient pratiqués. Des principes juridiques du droit commun (par ex. "*tort of unfair competition*") permettaient aussi d'empêcher certains actes de concurrence déloyale. Au cours du XIXe siècle, le Parlement a décidé de réguler les chemins de fer, ainsi que la forme juridique des banques qui étaient constituées soit au titre d'une charte royale, soit en forme de sociétés (*joint stock company*). En 1694 la *Bank of England* a été fondée en qualité de banque privée afin d'agir en qualité de banquier du gouvernement. Elle a été autorisée à émettre de la monnaie au XVIIIe siècle. Une charte royale en forme de loi, *Bank Charter Act* 1844 assoit son statut sur le plan légal en qualité d'émetteur de monnaie. Elle a été nationalisée en 1946. Elle participe aujourd'hui à la régulation des marchés et du secteur financier à travers un département intitulé *Prudential Regulation Authority* créé en 2013. En 1900, le *Moneylenders Act* régulait les *moneylenders* ou prêteurs d'argent qui n'étaient pas constitués en forme de banque. Le législateur a également décidé d'établir des procédures d'inspection des mines et usines à cette époque. Les lois pénales sanctionnaient certaines infractions dans le domaine bancaire et financier notamment des escroqueries liées aux effets de commerce négociables. Sinon, une forte tradition d'autorégulation des marchés bancaires, financiers et d'assurance de la *City* établie depuis le XVIIe siècle continuait à être le socle essentiel de régulation informelle jusqu'aux réformes impulsées par différentes crises sur les marchés, notamment à partir de 1979. Jusque-là, l'autorégulation était principalement tournée vers les règles d'accès et de la régulation interne des marchés.

1510 **La montée en puissance de la régulation au cours des XXe et XXIe siècles. Concurrence et consommation.** Des autorités chargées de surveiller la concurrence en Grande-Bretagne existent depuis 1948 : *Monopolies and Mergers Commission* et a été remplacée par la *Competition Commission* (devenue depuis *Competition and Markets Authority*) (CMA). *The Office of Fair Trading* (« OFT »), agence de l'État indépendante plus particulièrement chargée de la consommation et de la répression des fraudes, a été établie par le *Fair Trading Act 1973* avec un rôle de répression de pratiques abusives, mais avait aussi pour rôle de promulguer des codes de bonnes pratiques en concertation avec les acteurs sectoriels en vue de protéger les consommateurs. L'OFT avait également des pouvoirs en matière de concurrence. Ses activités ont été réattribuées à de nouvelles autorités après la crise financière de 2008.

Ces développements allaient de pair avec le renforcement progressif de la protection des consommateurs par le Parlement, par exemple, le *Trade Descriptions Act 1968*. Dans la foulée, le crédit à la consommation a été réglementé par le *Consumer Credit Act 1974*.

En 1979, après des faillites de différentes banques, le Parlement a légiféré pour instaurer une régulation des banques sous l'égide de la Bank of England.

Dans les années 1980, période de dénationalisation et de privatisation de certains secteurs tels les télécommunications, l'électricité, gaz, eau, chemins de fer, différentes autorités de régulation avaient été créées, telles l'*Office of Telecommunications* (Oftel, devenu Ofcom), notamment pour éviter des abus de pouvoir monopolistique sur ces nouveaux marchés. Depuis, différentes législations sont venues réglementer des secteurs variés de l'économie telles le *Food Safety Act 1990* (denrées alimentaires), le *Property Misdescriptions Act 1991* (biens immobiliers). *The Groceries (Supply Chain Practices) Market Investigation Order 2009* a établi un Code de bonnes pratiques régulant les relations entre les chaînes de supermarchés et leurs fournisseurs. Un *Grocery Code Adjudicator* indépendant veille sur la conformité des acteurs de ce secteur.

Avant le Brexit, différentes réglementations comme les *General Product Safety Regulations 2005* (qui mettait en œuvre la directive 2001/95 sur la sécurité générale des produits), et *Consumer Protection from Unfair Trading Practices Regulations 2008* (qui mettaient en œuvre la directive 2005/29 sur les pratiques commerciales déloyales), ont renforcé la protection du consommateur.

Les suites de la crise financière de 2008 ont vu l'éclatement de l'*Office of Fair Trading* en trois nouvelles autorités : *Competition and Markets Authority* (CMA), *Trading Standards Authority* (TSA) puis *Financial Conduct Authority* (FCA) venue remplacer *Financial Services Authority* (FSA).

Financial Services and Markets Act 2000, qui intégrait les principales réglementations européennes en la matière, établissait un cadre juridique de régulation du secteur financier dont une autorité d'émission "*UK Listing Authority-Official List*" qui fait partie de *Financial Conduct Authority* responsable de la surveillance des communications faites au marché, du contenu des prospectus et de la conformité aux règles d'émissions sur les marchés. Mais cette loi a été modifiée par la *Financial Services and Markets Act* 2023 destinée à introduire un nouveau régime de régulation post-Brexit. Les objectifs de cette loi étaient de permettre la transformation de la régulation existante à la suite du Brexit, la simplifier et encourager l'innovation (*Fintech*), croissance et compétitivité sur le plan international. Cette loi a notamment introduit un objectif secondaire pour les régulateurs du secteur financier (PRA et FCA) de faciliter la compétitivité de l'économie britannique. La House of Lords a publié un rapport sur l'efficacité de la mise en œuvre de la loi en juin 2025[1]. La loi était suivie d'un mémorandum signé entre le Royaume-Uni et l'Union européenne sur la coopération en matière de services financiers, destiné à assurer des échanges d'information, de consultation et de coopération entre les régulateurs des deux marchés. Les risques de divergence pourraient néanmoins naître, notamment dans de nouveaux domaines où le Royaume-Uni n'avait pas hérité de régulation européenne, tels les secteurs du financement des nouvelles technologies vertes et les crypto-monnaies. Cette réglementation est complétée par la loi sur les sociétés : *Companies Act 2006*, qui oblige la communication d'informations aux marchés et permet notamment la surveillance des actionnaires, ainsi que la surveillance des autorités, dont la police et le *Serious Fraud Office*. Ces acteurs feront l'objet de discussion dans le chapitre sur les autorités de régulation. L'environnement réglementaire du London Stock Exchange est également composé de différentes strates de réglementation professionnelle des acteurs des marchés. La participation de conseils reconnus du secteur (par ex. : NOMADS, *nominated advisers* sur le marché alternatif AIM-*Alternative Investment Market de la London Stock Exchange*), ainsi que les obligations légales des sociétés agréées pour tenir les registres des actionnaires de sociétés cotées (*registrars*), les règles professionnelles des *solicitors*, *accountants*, et *auditors* intervenant sur les opérations pour assurer la bonne marche des activités sur le marché, est un des traits saillants de la réglementation. Un *City Code on Takeovers and Mergers* (*Takeover Code* existant depuis 1968), élaboré par le *Panel on Takeovers and Mergers* établi actuellement au titre de la *Companies Act* 2006, constitue un code reflétant les pratiques et règles éthiques de comportement commercial généralement acceptées par les praticiens du marché dans le domaine des fusions et acquisitions de sociétés. Le *Panel* est composé notamment de représentants des principales associations de gestionnaires des marchés et de professionnels (notamment avocats et experts-comptables). Ces

1. House of Lords Financial Services Regulation Committee 2nd Report session 2024-25 – Growing pains: clarity and culture change required-an examination of the secondary international competitiveness and growth objective.

règles sont composées de six principes généraux tirés de la loi, puis de règles (*rules*) détaillées, qui sont destinées à assurer un traitement équitable (*fair*) des actionnaires, ainsi qu'un cadre ordonné des fusions/acquisitions. Les principes et règles sont complétés par des *Practice Statements*. Les contenus de ces réglementations ne sont pas traités plus en détail dans le cadre de ce livre. La régulation des systèmes de paiement a été instaurée par la *Financial Services (Banking Reform) Act* 2013 qui a créé le *Payment Systems Regulator*. De nouvelles législations dans le domaine pénal sont venues renforcer les dispositifs de régulation et autorégulation. Elles seront évoquées plus loin (v. *infra*, n° 1563).

1511 **Le statut et le développement des nouvelles autorités de régulation.** Le statut des différentes agences chargées de régulation est particulier. Certains ministères et autorités locales ont le pouvoir de réguler directement certaines activités. Mais, la plupart des agences de régulation (environ 116 en 2024) sont indépendantes du gouvernement (*non-ministerial departments*, qui sont des agences du gouvernement sans tutelle ministérielle) ; ou des "*non-departmental public bodies*" (qui sont des entités distinctes de l'État créées par une loi avec une fonction spécifique, tel *Health and Safety Executive*). Chacune de ces agences est sponsorisée par un ministre qui est responsable vis-à-vis du Parlement pour leur bon fonctionnement. Elles sont dotées d'un budget par le Trésor et leur agent comptable est responsable envers le Parlement de l'utilisation des ressources. Curieusement la *Supreme Court* est sur le plan administratif un *non-ministerial department*, sans rattachement à un ministère, mais fonctionnellement proche du ministère de la Justice et dépendant du Trésor pour son budget. Ainsi, depuis les années 1970, de nombreuses nouvelles instances spécialisées ont été créées pour traiter des questions de régulation sectorielle des affaires ainsi que dans les secteurs financier, bancaire et boursier – sans nécessairement supplanter les instances ou pratiques d'autorégulation, caractéristique traditionnelle des marchés et activités sectorielles britanniques. Le *Department for Business and Trade* a créé un département ("*Better Regulation Executive*" aujourd'hui intitulé "*Regulation Directorate*") pour mener une revue de la régulation et sa réforme ponctuelle. Ce département est complété par un *Regulatory Innovation Office* établi en octobre 2024 pour assurer un lien entre le gouvernement, les autorités de régulation et les entreprises.

Dans certains cas, les régulateurs encouragent le développement d'une autorégulation en complément des actions du régulateur. Les objectifs de la régulation étaient notamment de traiter des imperfections des marchés, d'assurer leur stabilité, prévenir des risques systémiques et de sanctionner les sociétés ou personnes en infraction.

1512 **Les nouveaux caractéristiques de la régulation.** Dans leur article sur la montée de la régulation en Grande Bretagne (*The Rise of the British Regulatory State ;* Levi-Faur et Gilad 2004), ces auteurs notaient un processus progressif de « formalisation » et de « codification » de la régulation informelle ; puis « la prolifération de nouveaux mécanismes et techniques de régulation, meta-régulation et autorégulation imposée ».

Cette transformation marquait la fin de l'ère où les affaires étaient auto réglementées par un "*club government*", à la suite du déclin de l'économie britannique à l'époque des années 1970.

Elle était également accompagnée de tendances vers la prévalence des systèmes d'audit, d'inspection, autorisation et surveillance de la concurrence (*meta-régulation*) ; complété par les codes de bonne conduite largement acceptés dans différents secteurs de l'économie telle l'autorégulation imposée par des autorités ou créées par les acteurs du secteur (*Advertising Standards Authority* dans le domaine de la publicité), et dont les décisions s'imposent aux acteurs dans leur ensemble, et à des acteurs individuels qui peuvent être sanctionnés pour le non-respect des règles.

1513 **La régulation des sociétés et des marchés.** Le *Companies Act 1985* prévoyait que le *Department of Trade and Industry* (dénommé *Department for Business and Trade* depuis 2023 – et anciennement *Department for Business, Energy and Industrial Strategy « BEIS »* et *Departement for Business Innovation & Skills*) puisse mener des enquêtes concernant des infractions à la législation sur les sociétés : gestion des sociétés ou les infractions liées à leur insolvabilité.

Après la période de dérégulation des marchés durant les années 1980 ("*the Big Bang*"), qui a vu une croissance importante de délits financiers, le gouvernement a créé le *Serious Fraud Office* (au titre de la loi *Criminal Justice Act 1987*). C'est une agence indépendante dotée de pouvoirs d'enquête et de poursuite, destinée à combattre les délits financiers et le crime organisé dans ce domaine.

En 2000, le *Financial Services and Markets Act 2000* a vu la création de la *Financial Services Authority* (FSA) (devenu *Financial Conduct Authority* depuis), doté d'un objectif de réduire la criminalité financière, mais aussi de réguler des acteurs et marchés bancaires et financiers. Cette autorité dispose également de pouvoirs au titre de *Banking Act 1987.*

À la suite du Brexit, le FCA poursuit ses activités sous l'égide de la loi *Financial Services and Markets Act* 2023. Un *Subsidy Advice Unit* (SAU) – bureau spécialisé dans l'évaluation et le monitoring des subventions, a été ajouté, début 2023, aux compétences de la *Competition and Markets Authority*. Le SAU n'a aucun pouvoir d'enquête ou de poursuite. Les contestations en cette matière sont portées devant le *Competition Appeal Tribunal*. L'objectif est de garantir un terrain de jeu égal (*level playing field*) entre le Royaume-Uni et l'Union européenne. À la différence des règles européennes qui prévoient un contrôle préliminaire de la Commission UE, le nouveau régime britannique prévoit une auto-évaluation des autorités publiques des subventions qu'elles proposent d'adopter, sous réserve de contrôle ultérieur par le SAU. Selon certains commentateurs, une décision récente du *Competition Appeal Tribunal*[2] concernant la collecte de déchets commerciaux, laisserait présager une divergence d'approche en cette matière par rapport à l'Union européenne, aggravée par des différences de terminologie et de contexte de la régulation. Dans le domaine de la régulation des gestionnaires de fonds alternatifs (*Alternative Investment Fund Managers*), la réglementation datant de 2013 basée sur les règles européennes a fait l'objet d'une consultation début 2025 (*HM Treasury* et *FCA*) en vue d'assouplir certains aspects, et rendre le marché londonien plus

2. The Durham Company Ltd (trading as Max Recycle) v Durham County Council 2023 CAT 50.

attractif, ce qui pourrait entamer une divergence avec la réglementation européenne. Des propositions de nouvelles règles seront publiées en 2026.

En 2023 un accord de principe pour reprendre une coopération en matière régulation des services financiers a été signé entre le Royaume-Uni et l'Union européenne. Le forum de discussion ainsi ouvert par cet accord n'empêcherait pas nécessairement des éventuelles divergences de réglementation. Par ailleurs, la Commission européenne a prolongé en janvier 2025 la reconnaissance des activités des contreparties centrales du Royaume-Uni sur les marchés financiers jusqu'en juin 2028. Ces activités sont gérées par la *Bank of England* et sa *Prudential Regulation Authority*. Ce sujet ne sera pas traité plus en détail.

1514 **De nouveaux pouvoirs et sanctions des régulateurs.** En 2008, la loi *Regulatory Enforcement and Sanctions Act 2008* a renforcé les pouvoirs des autorités de régulation notamment dans le domaine des sanctions administratives ou civiles que peuvent imposer les régulateurs et qui permettent une répression plus efficace en évitant les difficultés de convaincre des *magistrates* ou des jurés de la *Crown Court*, dans le cadre rigoureux de la procédure pénale et la preuve orale. Ainsi les autorités de régulation sont, pour la plupart, dotées de pouvoirs allant au-delà des pouvoirs habituels des autorités de police qui, généralement, ne peuvent exiger aux personnes objet d'une enquête de répondre à des questions. Certaines autorités disposent de pouvoirs leur permettant d'obliger, sous peine de sanction, les personnes objet d'enquêtes à communiquer des informations et à répondre aux questions. Ces pouvoirs sont accompagnés de la possibilité d'imposer des sanctions administratives ou « civiles ». Ces sanctions incluent le pouvoir d'imposer la présence d'un gestionnaire externe, ou d'exclure un opérateur d'un marché, ou de prononcer des sanctions financières parfois très lourdes, dont certaines excèdent des centaines de millions de livres sterling. L'autorité doit être convaincue au-delà de tout doute raisonnable de la réalité de l'infraction avant de prononcer une sanction financière (qui peut inclure le montant des bénéfices engrangé par l'entreprise du fait de son infraction "*disgorgement*"). Les entreprises peuvent faire l'objet d'injonctions d'indemniser les victimes (*compensation orders*). Dans d'autres cas, telle une notification de prohibition (excluant un opérateur de son marché), seulement une suspicion raisonnable doit être établie par l'autorité. Ces sanctions sont souvent précédées d'avertissements. Dans tous les cas, le principe de contradictoire doit être respecté et les autorités doivent publier des indications quant à leurs pratiques et standards de comportement attendu. La Convention européenne des droits de l'homme et la loi *Human Rights Act 1998* exercent une influence importante sur les procédures des autorités de régulation. Les autorités doivent publier les noms des entreprises sanctionnées avec les détails des sanctions. Il s'agit de renforcer la dissuasion par le "*naming and shaming*" pour encourager les autres ! Une consultation est en cours courant 2025 au sujet de la divulgation des noms d'opérateurs faisant l'objet d'une enquête. La plupart des autorités ont également des pouvoirs de poursuite pénale en tant que de besoin. Compte tenu des ressources disponibles, le coût et le temps nécessaires aux poursuites pénales, les autorités préfèrent agir par la voie administrative et civile si possible. La législation a évolué pour mettre à la disposition des autorités de régulation de nouveaux outils tels que les notifications préalables, l'imposition de conditions et engagements de conformité et de fonctionnement futur de l'opérateur concerné, communication régulière d'informations, remboursement de préjudice, prohibition (exclusion d'un marché)... Le professeur Julia Black dans son rapport "*A Review of Enforcement Techniques*" de mars 2009[3] notait que les principaux outils de sanction utilisés dans le contexte de la régulation des affaires étaient :

— des pouvoirs d'enquête ;
— des avertissements précontentieux ;
— des sanctions monétaires ou financières ;
— le pouvoir d'imposer des conditions à la poursuite d'une activité ;
— des pouvoirs d'imposer la remise en état d'une victime d'une infraction ;
— la publication des actions du régulateur (nommant les entreprises coupables) ;
— le pouvoir d'obtenir des engagements de conformité ou de remédiation de la part des opérateurs, notamment par le biais de programmes d'action dont la mise en œuvre par l'opérateur est suivie par l'autorité. En termes des sanctions civiles, Madame le Professeur Black notait qu'il existe des régimes de responsabilité civile qui coexistent avec les régimes de régulation, soit dans le domaine du droit civil public (actions portées par les autorités de régulation pour obtenir la réparation de préjudices causés par une infraction telles que pollution) ; puis des régimes de droit civil privé permettant à des victimes d'infractions administratives d'actionner l'opérateur sanctionné par l'autorité de régulation, sur le plan du droit commun. Ces actions viennent compléter les pouvoirs de sanction administrative des autorités de régulation d'imposer, par exemple, des amendes qui peuvent être d'un montant significatif (10 % du chiffre d'affaires ou des amendes d'un montant illimité pour certaines infractions). Les procédures des autorités de régulation ne sont pas comparables aux procédures pénales classiques décrites plus loin. Compte tenu de l'absence des garanties habituelles de la défense en matière pénale (par exemple le droit de ne pas répondre et la séparation de l'autorité d'enquête de l'autorité de poursuite et de jugement), la loi *Regulatory Enforcement and Sanctions Act 2008* a instauré des principes applicables aux autorités de régulation dans le cadre de l'exercice de leurs pouvoirs de sanction, et notamment le droit de faire appel dans certains cas ; l'obligation des autorités de publier des guides indiquant les conditions de l'intervention et d'action de l'autorité concernée ; la transparence ; une obligation de compte rendu, de proportionnalité et de consistance. Le respect de la Convention européenne des droits de l'homme est également un élément essentiel qui a fait l'objet de la publication par le gouvernement d'un guide spécifique de bonnes pratiques pour les autorités de régulation. Les autorités doivent régulièrement rendre compte de leurs activités au ministre responsable devant le Parlement pour la mise en œuvre de la législation concernée.

1515 **Le renforcement de la régulation des marchés après la crise financière de 2008 et face aux défis des nouvelles technologies.** Le *Financial Services Act 2012* a instauré un nouveau système de régulation des marchés financiers partagé entre l'*HM Treasury*, la *Bank of England* et trois nouveaux organismes : le *Financial Policy Committee* de la *Bank of England* (responsable de régulation au niveau

3. Annexe A Law Commission Report "Criminal Liability in Regulatory Contexts Consultation Paper n° 195" *UK Law Commission*.

macro-économique du système financier dans son ensemble), la *Prudential Regulation Authority* (PRA, responsable de micro-régulation prudentielle des institutions), et la *Financial Conduct Authority* (FCA, responsable de la régulation des marchés et des activités dans ce secteur où exercent environ 50.000 opérateurs). La FCA a remplacé l'ancien *Financial Services Authority*. Cette nouvelle structure a été suivie en 2014 par la création de la *Competition and Markets Authority* (CMA) qui a repris les activités de la *Competition Commission* et de l'*Office of Fair Trading*. C'est la loi *Enterprise and Regulatory Reform Act 2013* qui a établi cette nouvelle autorité de la concurrence. Le rôle de l'ancien OFT dans la répression des fraudes de grande consommation a été transféré aux inspections des collectivités locales (*trading standards*) avec un organisme national, le *National Trading Standards*, dont la vocation est de coordonner la politique de répression et d'organiser l'agrément des inspecteurs. La CMA doit coordonner ses activités notamment avec la PRA. FCA et CMA assurent un rôle général de surveillance, de protection, d'enquête et de poursuite dans leurs domaines respectifs. Elles accomplissent des fonctions régulatrices en termes d'influence sur les comportements et le règlement des marchés. Ces deux principales autorités dans le domaine de la concurrence et des activités financières ont des rôles différents et complémentaires par rapport aux régulateurs sectoriels tel le marché de l'électricité comme Ofgem, *Civil Aviation Authority*, etc. et mènent en tant que de besoin des enquêtes conjointes.

— Les pouvoirs de la CMA ont été renforcés par la *Digital Markets, Competition and Consumers Act* 2024. Cette législation a notamment pour objectif de protéger le consommateur contre les nouvelles méthodes de vente en ligne. La loi a également augmenté les pouvoirs d'enquête à la CMA et de demander des informations aux entreprises. Elle peut notifier des infractions et imposer des amendes aux opérateurs économiques. Un appel à la *High Court* est possible. Par ailleurs, la CMA émet des avis et conseils (*guidance*), aux fins de prévention.

1516 **Le principe de la régulation indépendante sous contrôle des tribunaux.** Dans son discours "*The Currie Lecture*" au *Cass Business School* en 2014, David Currie, *Chairman Competition and Markets Authority*, notait que malgré des pressions politiques sur le gouvernement d'intervenir ponctuellement, notamment depuis la crise financière de 2008, il existait « un large consensus politique pour le principe de la régulation indépendante des marchés » (*i.e.* par des autorités de régulation indépendantes), soumise au contrôle des tribunaux. Les décisions des autorités sont susceptibles d'appel dans certains cas, ou de revue par la Cour pour contrôle de légalité (*judicial review*) dans d'autres. Comme le notait la *Constitution Committee* de la *House of Lords* dans son rapport de 2003, la question se pose au sujet du contrôle des autorités de régulation. Le comité notait que les recours au tribunal offraient un moyen souvent limité de contrôle ; et si la Convention européenne des droits de l'homme et certaines directives européennes (par ex. dans le secteur des communications) ont eu des effets concernant les droits des personnes régulées, le contrôle du Parlement et l'instauration de codes de bonne conduite des régulateurs restent des moyens importants de maintenir un équilibre. Les questions de l'opportunité de conférer à une même autorité à la fois les pouvoirs d'enquête, de poursuite et de sanction, la cohérence des compétences et la coordination des multiples intervenants dans les systèmes de régulation actuels, restent néanmoins posées. *The House of Lords Industry and Regulators Committee* a publié un rapport en 2024 proposant des réformes au sujet de l'efficacité, l'indépendance, et l'obligation de rendre compte des autorités de régulation[4].

1517 **L'efficacité des régulateurs.** Le *Public Bodies Act 2011* a institué des pouvoirs permettant au gouvernement d'abolir ou de fusionner certaines agences de l'État ; et certaines réformes ont depuis affecté l'organisation de certains aspects de la régulation : fusion de *Competition Commission* et OFT dans le cadre de la création du CMA, et la fusion des services de procureur de l'administration fiscale et *Crown Prosecution Service*.

Au-delà des critères strictement juridiques, le gouvernement et des institutions comme la Banque mondiale ont établi des critères pour évaluer l'efficacité et la justesse de l'intervention des régulateurs (notamment pour la Banque mondiale dans le domaine des infrastructures). Ces considérations dépassent de très loin cet ouvrage (voir par ex. l'article de Jon Stern "*City University: the Evaluation of Regulatory agencies*"). La collaboration entre régulateurs est un des thèmes d'actualité. En mai 2024 *Information Commissionerr's Office* et Ofcom (le régulateur des services des télécommunications) ont publié une déclaration conjointe concernant les questions soulevées par la *Online Safety Act* 2023 et les menaces des technologies émergentes. Cette loi est destinée à protéger les enfants et adultes lors de leurs contacts avec les services et émissions en ligne et permet aux différentes autorités, notamment Ofcom, de veiller aux bons usages des fournisseurs et leurs devoirs de prendre soin vis-à-vis des utilisateurs (*duty of care*). En décembre 2024, Ofcom a publié un code précisant les contenus illicites.

1518 **L'héritage du droit européen dans le domaine financier.** De nombreux règlements et directives venaient compléter la législation britannique de régulation pré-Brexit, notamment au sujet des marchés et instruments financiers et le fameux *passporting* dans le cadre des piliers de libre circulation et établissement, ce qui n'a pas été continué après le Brexit. L'*European Securities and Markets Authority* (ESMA), autorité indépendante créée par le règlement 1095/2010 UE, dans la foulée de la crise financière de 2007-2008 participait avec les autorités britanniques à la coordination du contrôle et de la prévention des risques systémiques, développe un règlement (*rulebook*) unifié pour les marchés financiers et promeut la convergence des politiques de régulation. Le rôle de l'ESMA au Royaume-Uni a été repris par les différentes autorités britanniques qui supervisent aujourd'hui directement des agences de notation et les référentiels centraux de produits dérivés (*trade repositories*). Compte tenu du volume de ces législations et le niveau de détail nécessaire à leur traitement, il ne sera question que de brèves références à ces législations dans ce chapitre. Il convient de noter que des régulations d'origine européenne affectant différentes professions et activités telles que banques, courtiers, marchés, gestionnaires de fonds, chambres de compensation, assureurs, fournisseurs de services de paiement, etc. seront repris par tranches sur plusieurs années après

4. Who watches the watchdogs? Improving the performance, independence, and accountability of UK regulators, 1st Report of session 2023-24 HL Paper 56 8 February 2024.

consultation par le Trésor britannique. Une délégation de pouvoirs aux régulateurs pour compléter la réglementation post-Brexit est également prévue. Un MoU a été signé en juin 2023 entre le Royaume-Uni et l'Union européenne prévoyant une collaboration et des échanges réguliers sur des questions communes et les décisions d'équivalence pour l'accès aux marchés respectifs. Dans le domaine de la sécurité des produits une nouvelle loi *Product Safety and Metrology Act 2025* est venue renforcer les législations existantes, pour la plupart héritées de l'appartenance du Royaume-Uni à l'Union européenne. L'objectif de cette nouvelle loi est de permettre le développement de nouveaux produits et les nouvelles technologies telles l'intelligence artificielle, et les marchés en ligne, et en permettre la sécurité, tout en restant au diapason des développements en droit européen et l'absence de frontières dans le domaine digital. Par ailleurs des réglementations détaillées ayant trait à de nombreux secteurs d'activité ont d'ores et déjà été adoptées par les ministères concernés pour intégrer ou transformer des réglementations européennes dans le droit britannique.

1519 **D'autres développements récents.** Plusieurs nouveaux développements dans le domaine des droits des consommateurs et des sanctions financières internationales sont à signaler (mais ne feront pas l'objet de discussion), notamment :

— le *Freedom of Information Act 2000* établissait un droit d'accès du public aux informations détenues par les autorités. C'est le *Information Commissioner's Office* qui est l'autorité chargée du respect de cette loi. Ce sujet n'est pas traité plus en détail ;

— le *Modern Slavery Act 2015* qui crée des délits en matière d'esclavage et de trafics d'êtres humains et la création d'un *Anti Slavery Commissioner* chargé des enquêtes et de la répression ;

— la loi *Consumer Rights Act* de 2015 a introduit, en droit anglais, la *class action* dans le domaine de la concurrence, permettant à des groupes de consommateurs et/ou de petites et moyennes entreprises de saisir le *Competition Appeal Tribunal* (CAT) – et ce à condition que la classe de plaignants soit reconnue comme représentative par le CAT –, soit d'une plainte accompagnée d'une demande en dommages-intérêts (demandes dites "*stand-alone claims*"), soit d'une plainte basée sur les résultats d'enquêtes menées par les autorités de régulation telles que la Commission de l'UE, la *Competition and Markets Authority* ou la *Financial Conduct Authority* (demandes dites "*follow-on claims*") ;

— l'annonce de la création en 2016 d'un *Office of Financial Sanctions Implementation* au sein du *Treasury* dans le cadre d'une loi destinée à améliorer la mise en œuvre des sanctions internationales et européennes, accompagnée d'une loi qui clarifie et alourdit les peines applicables en cas d'infractions aux décisions des instances internationales en matière de sanctions (*Policing and Crime Act* 2017) ;

— la dérégulation : il convient également de signaler l'entrée en vigueur en mars 2017 de la loi dite *Deregulation Act 2015* qui oblige les autorités de régulation à tenir compte de l'objet législatif de la promotion de la croissance économique, dans leurs attributions de ressources administratives, les politiques de prévention et de répression, ainsi que dans les sanctions qu'elles peuvent prononcer. Elles doivent comprendre et tenir compte de l'environnement, du développement et des cycles économiques de chaque secteur qu'elles régulent (*Growth Duty*), de la proportionnalité de leurs décisions et adopter une approche transparente vis-à-vis des entreprises concernées. L'*Enterprise Act 2016* impose un rapport régulier de la part des autorités de régulation concernant l'exécution de leurs fonctions. Le but est de rapprocher les régulateurs des entreprises et réduire les coûts de l'administration pour le contribuable ;

— *The Money Laundering Terrorist Financing and Transfer of Funds (Information on the Payer) Regulations 2017* impose des obligations additionnelles sur les opérateurs pour prévenir les risques de blanchiment ;

— la *Data Protection Act 2018* suivi de la *Data (Use and Access) Act 2025* qui établissent les règles de protection de données en droit du Royaume-Uni. La réglementation issue de RGDP européenne reste en vigueur après le Brexit avec des modifications mineures. *L'Information Commissioner's Office* est l'autorité chargée d'assurer le respect de cette réglementation. Ce sujet ne sera pas traité plus en détail ;

— la loi *The Digital Markets, Competition and Consumers Act 2024* établit un cadre réglementaire des marchés digitaux (notamment en ligne), élargit la protection des consommateurs et permet à la *Competition and Markets Authority* de mettre des entreprises en infraction directement à l'amende, ou de saisir le tribunal ;

— l'adoption de normes internationales dans le cadre du *FATF/GAFI* renforçant les pouvoirs de saisie et récupération de biens provenant de la criminalité économique internationale (2023/24).

1520 **Les évolutions en matière du droit pénal des entreprises.** Différentes lois ont institué des infractions pénales pour les entreprises :

— En matière de santé et sécurité au travail, le *Health and Safety at Work Act 1974* ; le *Consumer Protection Act 1987* concernant la responsabilité des fabricants et distributeurs de produits de consommation ;

— Le *General Production and Safety Regulations 2005* en matière de la sécurité des produits (sous l'égide desquelles des réglementations détaillées par type de produit ou secteur sont prises). Ces réglementations ont été conservées après le Brexit (voir *The Product Safety and Metrology etc. (Amendment etc.) (EU Exit) Regulations* 2019) ;

— Le *Corporate Manslaughter and Homicide Act 2007* en matière d'homicide involontaire commis par des sociétés.

Ces législations sont complémentées par des réglementations pénales dans des secteurs spécifiques tels que les médicaments ou les aliments. Certaines de ces législations sont d'inspiration européenne.

SECTION 2 APERÇU DES MARCHÉS

1521 **La régulation à plusieurs niveaux (rappel).** La régulation actuelle dans le domaine des affaires se situe à plusieurs niveaux :

— la législation propre à certaines activités, par exemple le commerce des denrées alimentaires ; la protection du consommateur, et différents aspects du secteur des nouvelles technologies ;

— la régulation de différents secteurs de l'économie comme les télécommunications ou les aéroports ;

— la régulation de la concurrence sur les marchés ;

— la régulation des marchés et services financiers (dont les nouveaux produits et services digitaux et technologiques tels que "*Fintech*" (innovation des services financiers par la technologie), "*Regtech*" (technologies destinées à faciliter la conformité réglementaire) et "*Insurtech*" (développement technologique des marchés d'assurances) et "*Legaltech*" ou "*Lawtech*" (transformation digitale du secteur du droit)) ;

— la jurisprudence qui apporte par exemple des définitions des opérateurs (voir par exemple *Olympia Securities Commercial* concernant la définition de "*financial institutions*")[5] ;

— la régulation de certains aspects de l'activité commerciale tel que les relations entre les plus grosses chaînes de supermarchés et leurs fournisseurs ;

— l'auto-régulation de certains secteurs et marchés ;

— la régulation professionnelle, notamment de l'audit et de la gouvernance des sociétés ;

— la régulation de certains aspects du marché du travail, notamment dans le domaine de l'horticulture qui utilise de nombreux travailleurs étrangers pour des périodes saisonnières ;

— la répression des délits dans le domaine des affaires, les procédures et sanctions administratives et civiles. Par exemple, le Royaume-Uni est doté depuis 2010 d'une loi ayant effet extraterritorial dans le domaine de la corruption considérée comme une des lois les plus répressives en la matière.

1522 **Domaine en évolution et complexe.** Le droit anglais de régulation a fait l'objet de réformes successives et récentes, destinées à renforcer le contrôle des autorités à la suite de différentes crises, la montée en puissance du crime organisé et les nouveaux défis des technologies de l'information. Il sera question de différents régulateurs, notamment la *Financial Conduct Authority* responsable de la surveillance et la régulation des marchés de la *City*, la *Competition and Markets Authority* responsable de la surveillance de la concurrence, et la *Prudential Regulation Authority* responsable de la santé du système financier. Comme déjà évoquée, le Brexit est venu ajouter une couche de complexité supplémentaire.

5. Olympia Securities Commercial v WDW Ltd and Arazim Gibraltar Ltd 2017 EWCH 2807 citant The Argo Fund Ltd v Essar Steel Ltd 2006 EWCA Civ 241.

1523 Pour mettre ce système en contexte, il est utile de disposer tout d'abord d'un aperçu des principaux acteurs (§ 1), puis l'existence d'associations spécifiques (§ 2) et les marchés de la *City* (§ 3).

§ 1. PRÉSENTATION GÉNÉRALE DES DIVERS ACTEURS

1524 **Variété des acteurs.** Si la description détaillée des acteurs de la *City* et du secteur bancaire et financier dépasse les objectifs de ces présents développements, il est utile de relever, pour référence, l'existence d'un certain nombre d'acteurs, tels que les banques, les courtiers admis en bourse (*stockbrokers'*), les *traders* (opérateurs) des marchés financiers et les marchés des produits dérivés, ainsi que les "*financial and security brokers*" opérant sur ces marchés.

Dans le domaine du commerce international, se trouve d'autres acteurs concourant au financement des échanges commerciaux de marchandises tels les *Finance Houses : factoring*, *forfaiting* (*factors and discounters association*), *discount companies*, *countertraders* opérant les ventes au troc (*barter and reciprocal sales, disposal and switch, swap, buy back, framework countertrade agreement*, etc.).

1525 **Marchés et autorégulation-coopération avec les autorités européennes.** Les marchés de la *City* sont caractérisés par une tradition historique d'autorégulation qui a, peu à peu, cédé la place à une régulation législative (voir le chapitre sur les autorités de régulation). Ainsi, certains marchés sont réglementés par des législations nationales et européennes spécifiques, notamment les marchés financiers et le secteur bancaire, qui imposent la surveillance d'autorités de régulation telles les *Financial Conduct Authority*, *Competition and Markets Authority* et *Prudential Regulation Authority*. Un dialogue permanent et structuré au sujet des services financiers entre les autorités financières britanniques et européennes se poursuit dans le cadre du MoU signé en 2023. Lors de leur 3e réunion à Londres en février 2025 étaient présents : *HM Treasury, Director General for Financial Services et EU Commission Director General for Financial Stability, Financial Services and Capital Markets, Bank of England, Financial Conduct Authority, European Central Bank* et les autorités européennes de supervision *: EBA, ESMA, EIOPA et EU Single Resolution Board.* L'importance d'une coopération structurée en matière de régulation, les mesures anti-blanchiment et sanctions internationales était soulignée. Les perspectives économiques, la stabilité financière, la régulation bancaire (Basel III), les marchés digitaux et les technologies, la réforme des marchés et la finance durable ont fait l'objet des discussions. Le Royaume-Uni a affirmé son intention de légiférer en matière de crypto-biens dans la suite du règlement UE sur les crypto-biens. Malgré cette coopération renouvelée l'avenir du *reset* des relations dans ce domaine proposé par le Royaume-Uni reste incertain, notamment en matière d'équivalence pour l'accès aux marchés, dont seulement une avait été octroyée par l'UE au Royaume-Uni sur les contreparties de compensation centrale.

§ 2. DES ASSOCIATIONS SPÉCIFIQUES, L'AUTORÉGULATION DANS LE SECTEUR DIGITAL ET NOUVELLES TECHNOLOGIES ET LA RÉGULATION LÉGALE

1526 **Autorégulation.** Dans le cas des marchés réglementés, les procédures de règlement des litiges sont établies par la loi, avec appel des décisions de l'autorité de régulation à un tribunal spécialisé puis la Cour d'appel. L'autorégulation recouvre les règles d'admission des opérateurs et de fonctionnement du marché, les règles concernant les opérations sur le marché et les procédures de règlement de litiges, parfois avec la possibilité d'appel sur un point de droit ou de régularité de la procédure aux tribunaux de droit commun. Les marchés ont créé des associations spécifiques qui concourent à leur régulation et autorégulation évoquées ci-dessous. En revanche, dans le domaine des nouvelles technologies, les services digitaux, cybersécurité et l'intelligence artificielle le gouvernement et les autorités de régulation annoncent un renforcement de l'arsenal législatif.

1527 ***Loan Market Association* (LMA).** Cette association regroupe 880 des principaux acteurs du marché des prêts syndiqués, les *syndicated loans* (prêts impliquant un groupe de prêteurs à un emprunteur donné) regroupant des opérateurs de 69 pays. Des banques et institutions financières, des cabinets d'avocats, emprunteurs et régulateurs d'une soixantaine de pays participent aux activités de LMA. Son objectif est de promouvoir les bonnes pratiques du marché. Cette association propose différents documents et modèles de contrats mis au point avec le concours des différents acteurs du marché.

1528 ***International Swaps and Derivatives Association* (ISDA).** Cette association créée en 1985 regroupe plus de 1000 acteurs du domaine des produits dérivés ainsi que représentants de gouvernements venant de 76 pays, et développe des conditions générales contractuelles spécifiques à ces marchés (tel l'ISDAMA, ISDA *Master Agreement*), promeut les règles de bonne gouvernance des marchés et coordonne avec les régulateurs nationaux et internationaux.

1529 **Les nouvelles technologies, les services digitaux, cybersécurité et l'intelligence artificielle (IA), son autorégulation et le renforcement de la régulation légale.** Dans ces domaines en rapide évolution différentes actions et initiatives de la part du gouvernement, le Parlement, les régulateurs et des associations d'autorégulation sectorielles sont à prendre en compte. Il s'agit ici d'un très bref aperçu d'un sujet important. En juillet 2024 le discours du Roi, indiquant les projets législatifs du nouveau gouvernement travailliste, annonçait son intention de légiférer dans le domaine digital et de l'AI. Une première loi *Data (Use and Access) Act 2025* annonce un renforcement de l'arsenal législatif et une *Information Commission* remplaçant l'*Information Commissioner's Office* dotée de pouvoirs supplémentaires. Les modifications aux lois sur la protection de données sont destinées à promouvoir l'innovation et la croissance économique. Un deuxième projet de loi *Cyber Security and Resilience Bill* sera probablement introduite pour discussion au Parlement courant 2025. Elle sera destinée à introduire une législation similaire à la directive UE NIS 2 de décembre 2022 (DORA) et remplacerait la réglementation

UE NIS1 2018 toujours en vigueur au Royaume-Uni au titre de la législation européenne assimilée (*retained/assimilated EU law*). Les pouvoirs de l'*Information Commissioner* et autres autorités de régulation seront renforcés dans ce domaine, notamment concernant les fournisseurs de services digitaux (cloud et en ligne) (*relevant digital service providers*), et les fournisseurs de services aux autres entreprises utilisant des réseaux pour la gestion des technologies de l'information (*managed service providers*). Les spécifications techniques et les obligations déclaratives liées à des incidents de sécurité cyber seront renforcées. Les autorités de régulation FCA, ICO, Ofcom et CMA ont publié des plans stratégiques répondant à ces préoccupations. Par ailleurs, différentes organisations professionnelles participent à la discussion et l'élaboration de règles dans ce domaine, telles que UK Cyber Security Council, mais l'ère de la seule autorégulation dans le secteur semble prendre fin face aux menaces connues, *The Digital Markets, Competition and Consumers Act 2024* avait déjà imposé une réglementation des plateformes dominantes du secteur. Le Royaume-Uni a aussi ratifié la Convention Cadre sur l'Intelligence Artificielle et les Droits de l'Homme, la démocratie et l'État de droit du Conseil de l'Europe en septembre 2024. Le gouvernement a également annoncé la future régulation des crypto-biens (*crypto assets*).

L'UK Cyber Security Council, régi par une charte royale octroyée en 2022, est un organisme de régulation volontaire pour les acteurs dans ce domaine, chargé de développer et promouvoir des standards nationaux et de créer des titres professionnels.

1530 **Les marchés de la City.** Il faut distinguer les marchés de matières premières (A) de ceux sur les opérations financières (B) et les marchés de l'assurance et de la réassurance (C).

A. LES MARCHÉS DE MATIÈRES PREMIÈRES (*COMMODITY MARKETS*)

1531 **Présentation.** Les opérations se divisent classiquement entre les "*physical trades*" (les ventes directes sur le marché avec livraison des matières ou produits concernés) ; et les opérations futures et/ou intangibles destinées à couvrir un risque sans que l'opération ne soit nécessairement accompagnée d'une livraison physique des marchandises. Très succinctement, les marchés les plus connus sont :

— *London Metal Exchange :* métaux non ferreux, aluminium, cuivre, étain, nickel, plomb, zinc, cobalt, alliages, etc. ; la FCA a annoncé en 2025 une réforme du cadre réglementaire de ce marché transférant certaines responsabilités de surveillance au LME.

— *International Petroleum Exchange* et *New York Mercantile Exchange :* ce marché traite des produits pétroliers, énergies, métaux... Ces marchés mondiaux sont interconnectés notamment entre Londres et New York et régulés par les règles de leurs propres marchés et autorités, qui coordonnent leurs activités ;

— *ICE Futures Europe* : ce marché est spécialisé en les matières premières agricoles, blé, café, sucre, maïs, etc. Les opérateurs sur ces marchés sont soumis aux règles édictées par IFEU sous la supervision de la FCA.

B. LES MARCHÉS DES CAPITAUX ET FINANCIERS

1532 **Présentation.** Dans le cadre du financement des entreprises, les principaux leviers utilisés sont les marchés. Selon les statistiques de *TheCityUK*, Londres est la principale place pour les opérations concernant les devises, taux, financement international (*corporate banking*), assurance maritime, et gestion de fortune.

1533 **Le *London Stock Exchange* (LSE).** Pour ne citer que quelques marchés et leurs organismes de régulation, nous pourrons évoquer à titre d'exemple, le *London Stock Exchange* (LSE) : il s'agit d'un des plus importants marchés des capitaux au monde avec une histoire remontant au XVIIe siècle. Le LSE est un marché réglementé (*Regulated Investment Exchange*) au titre de la loi *Financial Services and Markets Act 2000* qui réunit des sociétés et investisseurs dans le cadre de *primary* ou *main market* (concernant les opérations directes entre les sociétés cotées et le marché) et de *secondary markets* (les autres opérations).

Différents types d'instruments ou de produits sont cotés sur le LSE, dont les actions des sociétés cotées (*ordinary shares*) ; les obligations (*bonds*) ; différents types de produits dérivés de marchés de produits ou de matières premières ; des produits structurés ; ainsi que les *gilts*, *government bonds* émis en livres sterling par le Trésor britannique (*HM Treasury*). Comme pour les titres, il existe des *primary and secondary debt markets*. LSE veille sur les opérations des marchés en imposant une réglementation (*rule book*), notamment concernant l'admission des acteurs et des titres, en coordination avec les régulateurs légaux. Les règles sont constituées notamment de *core rules* traitant des règles d'admission, les services des membres, la conformité réglementaire, les frais, les règles de comportement (informations trompeuses, pratiques prohibées, suspension, situations particulières sur le marché, etc.), et les systèmes et les opérations (*trading*).

Le LSE chapeaute également l'*Alternative Investment Market* (AIM) qui a été créé en 1995, et qui est spécialisé dans l'émission et cotation de sociétés en croissance de taille moins importante que les sociétés cotées sur le marché principal. Ce marché a élaboré sa propre réglementation qui s'insère dans le cadre réglementaire de LSE. C'est d'ailleurs le marché de prédilection des *start-ups* dans le domaine de produits innovatifs dans le domaine des services financiers "*Fintech*", les services de conformité réglementaire (*compliance*) "Regtech" ; et les produits innovants du secteur juridique "*Legaltech*" tels que l'intelligence artificielle. Le *Legaltech* (marché de services juridiques) fait également l'objet de régulation par le *Solicitors Regulation Authority* et le *Legal Services Board*, régulateurs spécifiques de ce secteur. *London Stock Exchange* comprend également le marché spécialisé des produits dérivés, *swaps*, taux, changes et autres instruments, dont une chambre de compensation des opérations en euros, géré par LCH Ltd. Cette dernière dispose de son propre règlement (*rule book*) qui prévoit les règles d'admission et des opérations sur ces marchés. Le *rule book* prévoit que les membres et opérateurs sont soumis à la loi anglaise et l'arbitrage du *London Court of International Arbitration*. Les opérateurs acceptent également la compétence des tribunaux anglais pour tout litige ne relevant pas de l'arbitrage prévu par le règlement. Une consultation initiée par la LES et FCA est en cours en 2025 au sujet des règles du marché AIM, notamment concernant notamment les offres publiques et admissions au marché, la gouvernance, et les déclarations à faire en cas d'opérations significatives.

§ 3. LE MARCHÉ DE L'ASSURANCE ET RÉASSURANCE

1534 **Contexte général.** Le marché se divise en deux secteurs principaux : consommateurs et *non-consumer* (ce dernier étant également appelé *London company market*). Il est réglementé par l'*Insurance Act 2015* et les règles des marchés de l'assurance (tel que Lloyds) et surveillé par *Prudential Regulation Authority* et *Financial Conduct Authority*. La loi de 2015 a mis à jour le droit anglais des assurances pour tenir compte des évolutions significatives du marché et a notamment introduit des modifications aux conséquences de la règle de bonne foi absolue « *uberrimae fidei* » imposant à l'assuré une lourde obligation d'information préalable (*fair presentation of risk*). Les tribunaux ont adopté une approche stricte des obligations du futur assuré. La règle radicale permettant à l'assureur d'annuler la police a été atténuée ; et des règles précises de recherche et de communication d'informations par un assuré commercial ont été établies par la loi.

1535 ***Consumer/non-consumer.*** Les sociétés d'assurance traitant du secteur des assurances pour les consommateurs doivent satisfaire aux législations et normes prudentielles, et les réglementations protégeant les consommateurs. Le secteur *non-consumer* (*commercial and specialty insurance*) de l'assurance est concerné par les risques des opérateurs commerciaux dans différentes activités telles l'aviation, maritime, transports, immobilier commercial, etc.

1536 **Des acteurs spécifiques.** Différentes associations des acteurs du marché concourent à la gouvernance et à la modernisation des pratiques d'un marché dont le chiffre d'affaires dépasse les £100 milliards, telles que *Lloyds Market Association*, *London Market Group* (assurances et réassurances spécialisées) et *International Underwriting Association of London (80 cabinets d'underwriters)*. Un des acteurs les plus connus, Lloyds, spécialisé dans l'assurance de risques spéciaux, qui regroupe environ 52 courtiers et 94 syndicats d'assureurs, est régi par une loi spécifique, *The Lloyds Act 1982*. Cette loi établit une structure spécifique de gouvernance pour Lloyds. Les gestionnaires sont soumis à la double tutelle de la PRA et la FCA en plus des règlements des marchés d'assurance.

Les courtiers (*insurance brokers*), qui sont les intermédiaires entre les assurés et les assureurs, sont en relation avec les assureurs sur le marché (*underwriters*) qui sont organisés en *syndicates* (groupes de personnes assurant un risque spécifique).

L'assurance des risques maritimes (*marine insurance*) est un secteur spécifique réglementé depuis 1906 par la *Marine Insurance Act*, aujourd'hui modifié par *Insurance Act 2015*, qui définit ce type d'assurance en relation avec les pertes en mer (*marine losses*), notamment tous les risques associés aux périls de la mer. Un contrat d'assurance type, est utilisé selon le type de risque : *Institute Cargo Clauses*, *Institute Clauses Strikes* et *Institute War Clauses* avec des variables selon le type de transport ou de produit.

CHAPITRE 2
LES PRINCIPALES AUTORITÉS DE RÉGULATION – INSTANCES D'ENQUÊTE, DE POURSUITE, DE RÉPRESSION, DE CONTRÔLE ET D'AUTORÉGULATION

1537 **Variété et articulation des diverses autorités.** Afin d'éclairer les développements qui vont suivre, il est nécessaire de rappeler que dans le domaine de la délinquance financière ou économique, il existe différentes autorités d'enquête (section 1), puis de se focaliser plus précisément sur les autorités de régulation des marchés (section 2), les autorités sectorielles (section 3), les instances étatiques et régionales d'enquête et de poursuite (section 4), les tribunaux spécialisés (section 5), le *Financial Reporting Council section* (6), et, enfin, les organismes d'autorégulation (section 7).

SECTION 1 PRÉSENTATION GÉNÉRALE DES DIVERSES AUTORITÉS

1538 **Énumération des autorités.** Ces diverses autorités sont la police, les autorités spécialisées comme les PRA (qui fait partie de la *Bank of England*), FCA, CMA, et *Information Commissioner's Office*, ainsi que des agences spécialisées comme *Serious Fraud Office*. Dans les affaires ne relevant pas des autorités spécialisées comme SFO, FCA ou CMA, c'est la police qui est chargée de l'enquête, puis le *Crown Prosecution Service* (CPS) qui sera chargé de diligenter les poursuites. Le CPS dispose d'une division spécialisée en matière de délinquance financière (*Serious Economic, Organised Crime and International Directorate-anciennement appelé "Fraud Prosecution Division"*). En revanche, CMA, FCA et SFO peuvent enquêter et diligenter les poursuites. Ces régulateurs disposent de pouvoirs légaux leur permettant d'enquêter, de poursuivre et de sanctionner, soit au niveau civil, soit au niveau pénal, des infractions à la réglementation, et décider du sort des licences administratives spécifiques. En ce qui concerne les sanctions civiles, le législateur britannique a été inspiré par la pratique de régulation aux États-Unis. Ainsi, une caractéristique importante de leurs pouvoirs concerne la possibilité dans certains cas d'imposer des sanctions, telles des pénalités financières ou interdictions, pour des délits « civils » sans passer par la procédure pénale et la preuve d'un délit intentionnel devant les instances pénales. Il s'agit, par exemple, du *Financial Conduct Authority* en matière des abus de marché (*market abuse regime*). Les pouvoirs de certaines autorités de régulation sont *concurrents*, notamment dans le domaine de la concurrence où la FCA et la CMA disposent des mêmes pouvoirs.

Un règlement existe pour définir les conditions dans lesquelles l'une ou l'autre peut intervenir (*Concurrency Regulations and Concurrency Guidance*). Le principe général est d'éviter que deux autorités soient saisies du même dossier. La PRA, qui assure la stabilité et la résilience des institutions financières, agit en étroite liaison avec la FCA dont le rôle est d'assurer la protection des consommateurs dans le domaine des marchés et produits financiers. Un réseau de régulateurs britanniques a été créé pour améliorer la collaboration entre les différentes agences de régulation (*UK Regulators' Network*).

1539 **Compétences.** La collaboration a été accentuée depuis la crise financière entre différentes autorités dont les services spécialisés de police (tel la *City of London Police* doté d'une unité spécialisé en matière de délinquance financière), *National Crime Agency* (organisme chargé de la collecte d'information et d'enquêtes en matière de crime organisé, "*serious and organised crime*"), *Crown Prosecution Service*, *HMRC* (impôts et douanes), *Treasury* (direction du Trésor) et autres ministères.

Cette répartition des compétences est le fruit du développement pragmatique de ce domaine par le législateur et les gouvernements successifs destiné à mieux combattre la délinquance financière sous toutes ses formes. Les différentes autorités coopèrent dans leurs enquêtes (par ex. enquête conjointe de CMA et OFGEM et le marché de l'énergie). Les sources sont principalement législatives, mais aussi européennes, tels le règlement européen 648/2012 sur les marchés dérivés, le règlement européen sur les abus de Marché 596/2014 dit « MAR » (*Market Abuse Régime*) (complété par un régime *UK Mar* post-Brexit)[1], et le règlement 139/2004 en matière de fusions remplacé par un régime britannique sous l'autorité du CMA. Les régulateurs, notamment dans le domaine de la concurrence et de la répression de la criminalité financière continuent d'entretenir des relations étroites et suivies avec leurs homologues européens et dans les pays extérieurs comme le CFTC (*Commodities Futures Trading Commission*) et SEC (*Securities and Exchange Commission*) aux États-Unis. Mis à part l'influence importante du droit européen, certains aspects de la législation britannique dans ce domaine sont inspirés par le droit et pratique américaine. Enfin, la dévolution législative et réglementaire aux pays membres du Royaume-Uni (Pays de Galles, Écosse et Irlande du Nord) a eu pour effet de « régionaliser » certains aspects législatifs et institutionnels de la régulation. Par exemple, au Pays de Galles un *Food Standards Agency* gallois veille au respect de la législation alimentaire qui entre dans les compétences dévolues à

1. Voir notamment The Market Abuse (Amendment)(EU Exit) Regulations 2019 and The SME Growth Markets Regulation (EU) 2019/2115.

l'Assemblée galloise (*Welsh National Assembly*) et l'administration galloise. Ce livre ne traite pas plus loin des effets de la dévolution.

SECTION 2 LES AUTORITÉS DE RÉGULATION DE MARCHÉS

1540 Il faut évoquer trois autorités de régulation des marchés, le *Prudential Regulation Authority* (§ 1), le *Financial Conduct Authority* (§ 2) et le *Competition and Markets Authority* (§ 3).

§1. LE *PRUDENTIAL REGULATION AUTHORITY* (PRA)

1541 **Missions.** Cette autorité, établie par la *Bank of England* (BoE) en 2013 après la crise financière de 2008, est dotée de la responsabilité de la surveillance des institutions (environ 1500) qui gèrent des risques significatifs sur les marchés financiers. Ainsi elle contrôle notamment les banques et institutions de dépôt, les sociétés de crédit hypothécaire (*building societies*), *credit unions* (v. *supra*, n° 995), les assureurs dont les agents de la Lloyds et les principales firmes d'investissement (*investment firms*). La réglementation européenne MIF (marché instruments financiers – MiFiD) a été assimilée dans le droit anglais mais est en cours de revision par les autorités britanniques.

Le PRA a établi un règlement détaillé (*PRA Rulebook*) (notamment des règles de solvabilité) pour les marchés de banque et d'investissement ainsi que le marché des assurances et d'autres acteurs et un cadre d'évaluation de risque systémique (*Proactive Intervention Framework*) des plus importants établissements financiers qu'elle surveille, afin de classer les risques et ajuster les interventions du régulateur. Ces interventions vont croissant de la surveillance annuelle systématique, à des demandes de remédier à des déficiences avérées, à des modifications de gestion et de l'équipe dirigeante et des restrictions des opérations capitalistiques ou de la distribution de dividendes ; jusqu'à la vente de biens ou d'activités voire la saisine du tribunal (*High Court Chancery Division Companies Court*) pour la mise en redressement de la société.

1542 **Pouvoirs.** Le PRA dispose de pouvoirs d'obtenir des informations et d'intervention dans les affaires des personnes qu'elle régule ; ou de limiter leur accès aux marchés. Si elle préfère la prévention elle dispose de pouvoirs d'imposer des sanctions financières, de prononcer des interdictions de marché à l'encontre des personnes, ou d'engager des poursuites pénales.

§ 2. LE *FINANCIAL CONDUCT AUTHORITY* (FCA)

1543 **Missions.** Héritière des fonctions et des pouvoirs de la *Financial Services Authority* au titre de *Financial Services and Markets Act 2000* (complétée et modifiée par *Financial Markets and Services Act 2023*), la FCA a été créée par la *Financial Services Act 2012* et dotée d'une nouvelle mission de protection des consommateurs des services financiers (y compris les retraites privées) et d'assurer le bon fonctionnement des marchés financiers. Depuis le Brexit, la FCA assure la surveillance au titre des dispositions transitoires, puis la réglementation UK des opérations de finance sur titres. Elle concourt à assurer l'intégrité du système financier britannique sous l'égide de la *Prudential Regulation Authority*. Elle met en œuvre les recommandations du *Financial Stability Board* (organisme international établi sous l'égide du G20), Plus généralement, FCA est dotée du pouvoir de réglementer les quelque 26 000 entreprises spécialisées dans les produits et services financiers, aux fins d'atteindre les objectifs législatifs qui sont de maintenir la confiance dans les marchés, assurer la stabilité financière, promouvoir la connaissance des règles, la protection des consommateurs et la réduction de la délinquance financière. FCA est ainsi responsable de la supervision du commerce des instruments financiers, des marchés émettant des instruments (*securities*) par le biais de monitoring des informations communiquées par les opérateurs, les prospectus et la conformité aux règles de cotation (*listing rules*). Dans ce cadre, une société souhaitant émettre des actions sur le marché (*London Stock Exchange* par exemple) doit déposer une demande d'agrément qui sera suivie d'une enquête pour assurer la conformité avec les *listing rules* et le *Combined Code*. La question de la gestion des chaînes d'approvisionnement (la gouvernance environnementale et sociale – *modern slavery*), est pertinente dans ce cadre. FCA surveille les marchés pour empêcher et sanctionner des abus de marché dans le cadre de la réglementation et la répression des abus de marché ; notamment le règlement UE en vigueur depuis 2016 (et du *Market Abuse Directive 57/2014*). Cette réglementation traite notamment de différents « délits » des marchés et du traitement des "*whistleblowers*". FCA surveille également les fonds déposés par les clients des opérateurs afin de prévenir les délits financiers. Concrètement, le FCA classifie les opérateurs en quatre classes selon les risques aux consommateurs sur les différents marchés (*retail markets*), et les marchés entre opérateurs (*wholesale markets*). Pour ce faire, elle développe des instruments et procédures adéquates en conséquence. Cela implique une analyse de la solidité financière des opérateurs, leur gouvernance et culture interne, la conception des produits, les procédures de vente et le suivi des clients. FCA assure également :

— la conformité des acteurs du secteur financier en matière de blanchiment. Ceux-ci doivent notamment nommer un "*compliance officer*" interne responsable de conformité et mettre en place des procédures adéquates pour prévenir les risques de blanchiment ;

— la mise en place d'un livret (*Handbook*) de principes de comportements (*behaviours*), et un Code de bonnes pratiques pour les marchés, notamment en matière d'abus de marché (*Code of Market Conduct*) ;

— la lutte contre la corruption : la corruption peut être considérée, le cas échéant, comme un acte contraire à la concurrence sur un marché financier. Dans la pratique, cela se traduit par l'imposition par FCA ou SFO de normes et procédures internes aux entreprises et destinées à éviter la corruption. L'enquête et la poursuite sont plutôt du ressort de *Serious Fraud Office ;*

— un objectif d'assurer la saine concurrence sur les marchés. Si nécessaire, elle réfère des cas d'abus de concurrence à *Competition and Markets Authority.*

La *Financial Conduct Authority* a émis des règles pour les nouveaux marchés constitués par le *Fintech* et le *Regtech et plus récemment l'Assurtech et d'autres formes de nouvelles technologies impactant le secteur des services financiers.* Il s'agit notamment de la réglementation des nouvelles technologies mise en œuvre dans le cadre des marchés et services financiers (*Fintech*) ; et les technologies nouvelles utilisées pour assurer une conformité réglementaire vis-à-vis des régulateurs (*RegTech*). En 2015, FCA a lancé un projet destiné à favoriser l'introduction de nouveaux opérateurs dits *Regtech*, spécialisés notamment dans la création de logiciels et systèmes dans le domaine de la vérification de conformité aux règles des marchés réglementés, la fonction de communication et partage d'informations sur les marchés et entre les opérateurs et l'autorité réglementaire ; puis l'analyse et la gestion de risque (par exemple les risques prudentiels).

Il s'agit également de permettre à des sociétés innovatives (*start-ups*) de pouvoir accéder à ces marchés réglementés et y faciliter leur insertion et opération. Le moyen choisi par la *Financial Conduct Authority* a été de créer un cadre spécifique "*Project Innovate*", avec un service support spécifique, "*Innovation Hub*", au sein de l'autorité, permettant de trouver un équilibre entre la protection des consommateurs et usagers d'un marché et l'intérêt de l'introduction de nouvelles technologies et pratiques sur le marché. Dans un deuxième temps, un *sandbox* (bac à sable) permet un filtrage de projets pour vérifier leur compatibilité avec la réglementation, puis dans certains cas, un accès limité et sur mesure (marché pilote), pour tester le fonctionnement de nouveaux outils sur les marchés, sous la supervision de l'autorité de régulation. Dans certains cas, une dispense ou une adaptation des règles (mais non pas la loi) serait accordée par FCA lorsqu'il serait dans l'intérêt du marché et son fonctionnement. La FCA poursuit ces développements dans le cadre de son plan stratégique 2025 pour encourager l'innovation technologique des marchés, notamment des systèmes pour l'évaluation de la conformité de la gouvernance environnemental et social (par ex., les *blockchains*).

Au-delà de la conformité des opérateurs, la *Financial Conduct Authority* mène une politique active de surveillance, de prévention et d'intervention lorsqu'elle le juge nécessaire. En 2025 FCA a annoncé la création de bureaux aux USA et en Asie pour faciliter l'accès aux marchés britanniques. Le combat contre la délinquance financière est également annoncé comme un des piliers de son action stratégique.

FCA est également l'autorité de régulation des systèmes de paiement au titre de la loi *Financial Services (Banking Reform) Act 2013* qui a créé le *Payment Systems Regulator* (PSR). Il s'agit de la supervision des systèmes de paiement interbancaires tels que BACS, CHAPS, C&C, FPS, LINK, Mastercard, Visa, etc. Cette autorité exerce également des pouvoirs en matière de concurrence dans ce domaine aux côtés de CMA. PSR était également l'autorité désignée au titre de la réglementation européenne en la matière (*EU Payment Services Directives 2007/64 et 2011/83 on access to payment systems* ; *Regulation 2015/751 "Interchange Fee Regulation"*/ commission d'interchange pour les paiements par carte). Le gouvernement a annoncé l'abolition du PSR en 2025. Ses fonctions seront intégrées dans les attributions de la FCA.

1544 **Pouvoirs de sanction.** Différentes sanctions peuvent être imposées par le FCA : bloquer ou obliger le retrait d'un produit, suspendre une cotation, la régulation des contrats, exclusion d'un opérateur agréé d'un marché et l'imposition d'amendes (sanctions civiles financières) (plus de £175m d'amendes prononcées en 2024). La FCA peut également imposer aux opérateurs des exigences (*requirements*) dans leur organisation interne, si la FCA juge nécessaire pour la protection des consommateurs. La politique actuelle de la FCA (en 2024-2025) est d'intervenir de manière pro-active, par exemple en ordonnant aux opérateurs d'employer des gestionnaires (y compris externes) et personnes compétentes, et d'avoir une organisation adéquate en place face aux risques spécifiques de l'activité de l'opérateur. Cela concerne également l'efficacité des systèmes d'information interne, la résilience opérationnelle face aux risques de cyber-attaque ; et les obligations dans ce domaine des fournisseurs de services critiques aux opérateurs des marchés au titre de la *Financial Services and Markets Act* 2023 (faisant écho au *Digital Operational Resilience Act* (DORA) de l'UE). Ces fournisseurs auront bientôt l'obligation d'informer la FCA et la PRA dès qu'ils ont connaissance d'incidents. Elle peut également imposer l'indemnisation des consommateurs lésés[2]. Les enquêtes menées par la FCA sont de plus en plus basées sur des enquêtes de données (*data led enforcement*). Depuis 2022 la FCA a introduit un "*Consumer Duty*" imposant aux opérateurs des devoirs renforcés vis-à-vis du consommateur. Les sanctions civiles prononcées par FCA ont été significatives notamment concernant les banques impliquées dans la manipulation des marchés financiers ou le manque de systèmes de surveillance internes. Certaines banques ont été condamnées à payer des amendes significatives pour le défaut de vérification des activités des clients.

Dans le cadre d'une approche graduée destinée à assurer la conformité des acteurs, elle peut également émettre des *private warnings* (avertissements confidentiels) et des *warning notices* qui précèdent une poursuite ; puis engager des transactions (*executive settlements*) pour éviter des poursuites civiles ou pénales. En 2014, le montant des amendes imposées par FCA aux banques et institutions financières s'élevait à £1,47 milliard, notamment en relation aux manipulations des marchés des changes et LIBOR. Par ailleurs, les sommes provisionnées par les banques et institutions financières pour l'indemnisation de clients et épargnants se sont élevées en 2014 à £4,47 milliards en raison de différentes infractions réglementaires ou demandes civiles.

1545 **Pouvoirs d'enquête.** La FCA dispose de pouvoir d'enquête (y compris dans le cadre de mandats de perquisition), et de poursuite pénale, notamment en ce qui

2. Pour un récent exemple de l'exercice de ces pouvoirs et leurs limites, voir Financial Conduct Authority v BlueCrest Capital Management UK LLP 2024 EWCA Civ 1125.

concerne la corruption, le blanchiment, et certains délits de fraude spécifiques aux marchés financiers, le crédit à la consommation, les délits d'initiés, la sécurité des données des consommateurs et le financement du terrorisme. Elle coopère avec les différentes autorités de police, PRA, SFO, CMA et les régulateurs européens (*European System of Financial Supervision* et *European Supervisory Authorities*) et régulateurs d'autres pays. Les enquêtes de FCA peuvent avoir également des conséquences au niveau des relations contractuelles entre les opérateurs et leurs clients sur les marchés ; et donner lieu à des actions civiles en justice (*follow on litigation*). Les conclusions des enquêtes des autorités de régulation peuvent servir de base à une action des personnes s'estimant lésées par le non-respect de la réglementation par des entreprises ou banques opérant sur les marchés[3].

1546 ***Financial list.*** La création récente d'une chambre spécialisée de la *Commercial Court* de la *High Court* (*financial list*) répond également au besoin créé par les conséquences civiles des enquêtes de FCA. Les décisions de FCA sont susceptibles de revue par l'*Upper Tribunal* qui peut recadrer une décision en la renvoyant à FCA pour exécution conforme. Des appels sont dirigés vers *High Court*, *Court of Appeal* et *Supreme Court*. Le FCA est audité par la *National Audit Office* qui publie ses rapports.

§ 3. LE COMPETITION AND MARKETS AUTHORITY

1547 **Pouvoirs.** Créée par la loi *Enterprise and Regulatory Reform Act 2013*, la mission du CMA est de protéger le consommateur par la mise en œuvre des lois sur la concurrence et la consommation, et la sanction des abus des marchés. La CMA a repris les activités de l'*Office of Fair Trading* et *Competition Commission* à compter du 1er avril 2014. CMA intervient principalement dans le domaine des abus de concurrence et du contrôle des fusions. Elle agit en coordination avec les régulateurs des différents secteurs réglementés tels les marchés de l'électricité, eau, gaz, télécommunications etc. qui sont responsables de la surveillance de la concurrence dans leurs secteurs spécifiques. Ces secteurs constituent environ 25 % de l'activité économique du pays. CMA peut intervenir pour reprendre une enquête en matière de concurrence au régulateur sectoriel, en tant que de besoin. Le développement des pouvoirs de la CMA suivant la *Digital Markets, Competition and Consumers Act 2024* face aux évolutions des méthodes de vente aux consommateurs a déjà été évoqué (v. *supra*, n° 1515). Par ailleurs, un *Office for the Internal Market* a été créé en 2021 (*United Kingdom Internal Market Act 2020*) sous l'égide de la CMA, afin de fournir aux autorités une surveillance et des informations au sujet des marchés internes des différents pays du Royaume-Uni, devenu nécessaire après le Brexit. Également dans la foulée du Brexit un *Subsidy Advice Unit* a été créé sous l'égide de la *Subsidy Control Act* 2022 et sous l'autorité de la *Department for Business and Trade* et *CMA* pour surveiller et conseiller les autorités en matière de subventions. Cette loi a été votée dans le cadre des obligations du Royaume-Uni au titre de l'Accord de commerce et de coopération avec L'Union européenne. Il est

3. Hockin v The Royal Bank of Scotland 2016 EWHC 925 Ch.

question notamment de vérifier dans le cas de subventions importantes, si les critères établis pour éviter une distorsion de concurrence pouvaient exister. Le *Competition Appeal Tribunal* est compétent en cas de litige. Une première décision est intervenue en 2023 et établi des définitions concernant notamment ce qui constitue une autorité publique, une subvention et une entreprise. La définition de l'entreprise serait plus restreinte que celle utilisée par la CJUE et pourrait annoncer une divergence future avec le droit européen[4].

La CMA est également compétente pour ce qui concerne les pratiques anticoncurrentielles sur les différents marchés, ou du fait d'entreprises individuelles, notamment les cartels et abus de position dominante (*Competition Act 1998*). Elle émet, notamment, des décisions concernant les accords de fourniture et de distribution (*vertical block exemptions*), un des domaines où un risque de divergence avec l'Union européenne peut exister. La CMA est également compétente pour contrôler les fusions régies par *Enterprise Act 2002* lorsqu'une fusion d'entreprises serait susceptible d'affecter la concurrence de manière significative, et certains seuils de chiffres d'affaires ou de part de fourniture du marché (*share of supply test*) sont dépassés. La CMA procède en deux étapes (*two phase review*). La première phase vise à déterminer si les critères sont applicables, puis, le cas échéant, la deuxième phase d'enquête plus détaillée est menée par un panel indépendant différent des décideurs de CMA impliqués dans la première phase. Des délais légaux s'imposent à CMA pour rendre ses avis. Les entreprises concernées peuvent négocier des engagements spécifiques destinés à remédier aux éventuelles difficultés. En cas de difficulté, la CMA peut imposer le dé-tricotage de la fusion et imposer des amendes importantes basées sur le chiffre d'affaires mondial des entreprises ou groupes fusionnés. Des amendes peuvent être imposées pour le refus de communiquer les informations demandées. La CMA dispose de deux outils dans le cadre de ses pouvoirs : les études de marchés (*market studies*), et les enquêtes de marché (*market investigation*) ou des enquêtes concernant les activités sur les marchés réglementés. Les études de marché sont destinées à modifier des pratiques des marchés par le biais d'engagements des acteurs concernés. En cas de besoin, le CMA dispose de pouvoirs lui permettant de sanctionner des pratiques illicites éventuellement révélées par les études et enquêtes. La CMA dispose de pouvoirs d'enquête qui comprennent la surveillance et l'enregistrement secret de conversations au titre du *Regulation and Investigatory Powers Act 2000*, et a le droit d'obtenir un mandat pour effectuer des perquisitions (*search and seizure warrants*). Les sanctions que peut imposer la CMA sont civiles ou pénales. Par exemple, la CMA peut décider de prohiber une personne de gestion d'une société (*disqualification*) (*Company Directors Disqualification Act 1986 ss9A-E*). Elle peut également imposer des amendes « civiles » (administratives) significatives, certaines dépassant les millions de livres sterling. Un appel de ses décisions peut être porté devant le *Competition Appeals Tribunal*.

La CMA peut négocier des transactions et le niveau des sanctions et peut tenir compte du degré de coopération des entreprises dans l'enquête. Plus généralement, la CMA encourage la mise en place de programmes de conformité au sein des

4. The Durham Company Ltd (trading as Max Recycle) v Durham County Council 2023 CAT 50.

entreprises et des marchés (*compliance programmes*) et établit des codes de bonnes pratiques tel le *Green Claims Code* destiné à empêcher le *greenwashing*. Il est également question de la bonne gouvernance des chaînes d'approvisionnement.

> **Le UK Competition Network**
>
> Un organisme de coordination *UK Competition Network* permet une meilleure coordination des différents acteurs dans le domaine de la concurrence. Sur le plan européen et international *European Competition Network* et *International Competition Network* permettent aux régulateurs d'échanger des informations et coordonner leurs enquêtes, ou déterminer quel régulateur serait le mieux placer pour mener l'enquête et engager les mesures utiles. Le rôle de surveillance et de poursuite des entreprises dans le cas d'infractions individuelles aux lois de consommation a été transféré aux organismes de répression des fraudes des collectivités locales (*Trading Standards Officers*). Un *National Trading Standards Board* a été établi pour coordonner les efforts des différents bureaux locaux de *Trading Standards*. Depuis le Brexit, un accord de coopération a été finalisé fin octobre 2024 entre les autorités britanniques et européennes à ce sujet dans le cadre de l'Accord commercial et de coopération entre le Royaume-Uni et l'Union européenne. Sa mise en vigueur doit faire l'objet d'une ratification formelle.

SECTION 3 **LES AUTORITÉS SECTORIELLES**

1548 **Remarque générale.** Il existe une pléthore de régulateurs sectoriels dont par exemple : Ofwat (eau), *Gas and Electricity Markets Authority* et Ofgem (électricité et gaz), *Environment Agency*, etc. Une description détaillée de ces autorités dépasse les possibilités de cet ouvrage, ce sont Ofcom, autorité de régulation dans le domaine des communications, et *Information Commissioner's Office* (ICO) qui seront brièvement décrites.

1549 **L'Ofcom et ICO.**

Ofcom : régulateur du secteur des communications, société créée par la loi, établie par *The Office of Communications Act 2002*, elle met en œuvre la *Wireless Telegraphy Act 2006* et notamment la *Communications Act 2003* (qui mettait en vigueur les directives européennes dans ce secteur). Une directive de 2014 et *Roaming Regulation* viennent ajouter des obligations en matière d'accès aux moyens de transmission et des frais d'accès. Une question se pose actuellement concernant la mise en œuvre des projets européens en matière de numérique. L'Ofcom dispose également de pouvoirs en matière de concurrence du secteur au titre de *Competition Act 1998* et *Enterprise Act 2002*. Une récente affaire a permis au tribunal de définir la limite des pouvoirs de Ofcom en relation avec des émissions d'actualités diffusées par une chaîne privée GB News. Ofcom a décidé, sur la base de plaintes du public sur les contenus, que la chaîne avait enfreint le code de bonnes pratiques de Ofcom qui exigeait l'impartialité, alors que l'émission était présentée par un homme politique. La question était de savoir quel était le degré de latitude d'interprétation du code par Ofcom ? Le tribunal considérait que le régulateur ne devait pas faire une interprétation prospective du code en présence de nouvelles pratiques télévisuelles et politiques[5].

L'Ofcom est compétente pour réguler la télévision, la radio (y compris certains aspects des activités de la BBC), la vidéo sur demande, les télécoms lignes fixes et mobiles et tout appareil émettant sur les ondes. La loi de 2003 instaurait un régime d'autorisation générale sous réserve de conformité des opérateurs à des conditions générales de droits (*General Conditions of Entitlement*) qui constituent le socle de la régulation du secteur. Sa mission légale est de protéger les intérêts des citoyens et consommateurs et promouvoir la concurrence. Afin de mener à bien sa mission, elle dispose de pouvoirs notamment de requérir des informations des opérateurs, négocier des conditions de concurrence, mener des enquêtes et imposer des amendes et autres. Ofcom est également régulateur dans le domaine des services digitaux, notamment sous l'égide de la *Online Safety Act* 2023 destinée à réprimer des contenus illicites diffusés en ligne. Ofcom a le pouvoir d'imposer des amendes aux entreprises qui ont failli à empêcher la diffusion de tels contenus. Ofcom a publié fin 2024 un code énonçant les mesures que les entreprises doivent mettre en place pour éviter les contenus illicites.

Par ailleurs, l'Ofcom co-régule le secteur de la publicité diffusée sur les ondes (*broadcast media*) avec *Advertising Standards Authority* l'autorité d'autorégulation établie par l'industrie de la publicité, à qui Ofcom a délégué une partie de ses fonctions de régulation dans ce domaine, tout en conservant un droit d'intervention en dernier ressort (*Deregulation and Contracting Out Act 1994* et *The Contracting Out (Functions Relating to Broadcast Advertising) and Specification of Relevant Functions Order 2004*, ordonnance prise sous l'égide du *Communications Act 2003*).

ICO : The Information *Commissioner's Office* est notamment responsable de la régulation dans le domaine de la protection de données (*Data Protection Act* 2018), et les communications électroniques. Il est responsable du suivi de la décision des autorités européennes au sujet de l'adéquation de la législation britannique de protection des données. Le Royaume-Uni a intégré la législation européenne assimilée dans le droit anglais à la suite du Brexit telle que modifiée par des règlements spécifiques : *Data Protection, Privacy and Electronic Communications (Amendments etc.)(EU Exit) Regulations 2020* (*UKGDPR*). Cette décision fera l'objet d'une revue en 2025. C'est un domaine où un risque de divergence future existe.

5. R (on the application of GB News Ltd) v OFCOM 2025 EWHC 460 Admin.

SECTION 4 LES INSTANCES ÉTATIQUES OU RÉGIONALES D'ENQUÊTE ET DE POURSUITE

1550 **Variété des instances.** Les différentes autorités mentionnées dans la section précédente travaillent en coopération avec différents services de police, fiscaux et douanes, et de poursuite dont :

— National Crime Agency Economic Crime Command, International Corruption Unit et Bribery and Corruption Intelligence Unit (enquête) ;

— City of London Police Economic Crime Directorate et son National Fraud Intelligence Bureau (enquête) ;

— services régionaux de Police, Regional Organised Crime Units, Regional Asset recovery teams, Regional Fraud Teams (enquête) ;

— HMRC-fiscalité et douanes (enquête) ;

— Attorney-General's Office, Serious Fraud Office, Crown Prosecution Service (poursuites).

Il ne sera question ici que du SFO (§ 1), *Crown Prosecution Service* (§ 2) et le *Department for Business and Trade* (§ 3).

§ 1. LE *SERIOUS FRAUD OFFICE* (SFO)

1551 **Objectifs.** Établi par la *Criminal Justice Act 1987*, le rôle de SFO est défini par section 1(3) de la loi qui dispose que le directeur de SFO est chargé par la loi d'enquêter sur toute infraction soupçonnée comme constituant une fraude grave et complexe. La loi ne définissait pas ce qui constitue une fraude grave et complexe. La politique de SFO indique que la décision d'ouvrir une enquête est guidée par plusieurs considérations :

— la criminalité soupçonnée est-elle susceptible d'affecter les intérêts financiers et commerciaux du Royaume-Uni et la *City* en particulier ?

— les préjudices réels ou potentiels en termes économiques sont élevés ;

— l'ordre public est affecté de manière importante ;

— la nouveauté de la criminalité.

— sa nouvelle approche basée sur (i) un encouragement à l'autodénonciation précoce d'infractions par les entreprises en contrepartie de sanctions négociées, coopération avec les autorités, et l'utilisation des conventions de différer des poursuites sur la base d'engagements des entreprises ; (ii) une nouvelle impulsion de la répression de la corruption internationale ; (iii) une revue de la protection des *whistleblowers* annoncée en avril 2025. Cette approche vient à la suite d'une série d'échecs retentissants des poursuites menées par le SFO ces dernières années devant les tribunaux, malgré quelques succès emblématiques.

1552 **Pouvoirs.** Dans les cas relevant de sa compétence, le SFO mène l'enquête, décide des poursuites et les engage jusqu'au procès. Il mène également les procédures nécessaires pour confisquer et saisir les biens des condamnés et les gains de leurs délits, que ce soit au titre de jugement civil ou pénal. SFO est également une autorité désignée au titre des accords de coopération judiciaire internationale (*mutual legal assistance*). Il ne peut utiliser ses pouvoirs d'obliger la production de documents détenus à l'étranger par un ressortissant étranger, mais doit passer par les accords d'assistance judiciaire[6].

Le SFO est sous le contrôle de l'*Attorney-General* et emploie environ 500 personnes : *solicitors*, *barristers*, enquêteurs, experts-comptables, experts spécialisés (*forensic experts*). Les enquêtes ont très fréquemment une dimension internationale. Certaines enquêtes impliquent l'engagement de sommes très importantes pour mener à bien les investigations, compte tenu de leur nature internationale, de leur complexité et de la sophistication des délinquants. Si l'affaire va jusqu'au procès, celui-ci peut nécessiter plusieurs semaines, parfois plusieurs mois d'audiences pour présenter les détails de l'affaire au jury, puis interroger et contre-interroger les témoins à l'audience.

1553 **Illustration. Rolls-Royce.** Par exemple, dans le cadre de l'enquête en matière de corruption concernant Rolls-Royce et l'accord transactionnel (*deferred prosecution agreement*) signé en 2017[7], Rolls-Royce s'est engagée à verser des amendes de £239 millions et de payer une somme de £258 millions au titre des bénéfices obtenus des affaires objet de l'enquête. Le SFO a, en outre, récupéré £12,9 millions au titre de ses frais d'enquête. Sachant que par le passé, il s'était avéré très difficile d'obtenir des condamnations par un jury en matière de fraude complexe dans le cadre de la procédure pénale classique, SFO s'est vu conféré des pouvoirs renforcés lui permettant d'exiger des réponses et la communication d'informations de la part des personnes objet d'une enquête, alors que devant la police un suspect a le droit de garder le silence ; même si, en 1994, *Criminal Justice Act* introduisait la possibilité pour le tribunal et le jury de tenir compte du silence de l'accusé à son encontre (*adverse inference*). Des procédures particulières sont prévues pour certaines infractions, tel le *Deferred Prosecution Agreement* (convention de poursuite différée) introduit par la loi *Crime and Courts Act 2013*, dont Standard Bank et Rolls Royce ont bénéficié dans le cadre de récentes enquêtes.

Cette convention est possible lorsque l'entreprise a fait preuve d'un degré suffisant de coopération avec SFO lors des différentes phases d'enquête ; et elle s'engage à prendre des mesures concrètes pour modifier ses pratiques et son organisation. L'entreprise doit, en outre accepter le risque de voir réactiver les poursuites en cas de manquement à ses engagements. SFO a publié en mai 2025 un avis détaillé sur le sujet (*External Guidance on Corporate Co-operation and Enforcement*) qui précise les mesures que doit prendre une entreprise objet d'une enquête qui demande une coopération renforcée de la part de l'entreprise pour bénéficier d'une convention de poursuite différée. C'est le SFO ou l'avocat général délégué (*Director of Public Prosecutions*) qui sont autorisés à engager cette procédure particulière avec l'accusé. La convention est ensuite homologuée par le tribunal ; et

6. R (on the application of KBR Inc) v Director of the Serious Fraud Office 2021 UKSC 2.
7. Voir également : Serious Fraud Office and Rolls Royce Plc, Rolls Royce Energy Systems Inc Southwark Crown Court Case nº U20170036-approved judgment.

une description détaillée des faits fondant la poursuite est arrêtée entre les parties. Ces deux documents sont publiés[8].

§ 2. LE *CROWN PROSECUTION SERVICE SERIOUS ECONOMIC, ORGANISED CRIME AND INTERNATIONAL DIRECTORATE "SEOCID"*

1554 **Présentation.** Cette division qui existe depuis 2007 (antérieurement sous le nom *Fraud Prosecution Division*) est saisie par la police pour décider l'initiation de poursuites notamment dans le domaine des affaires avec un enjeu dépassant £750 000 en matière de corruption de fonctionnaires, d'escroqueries commises au détriment de l'État ou d'États étrangers, d'affaires de blanchiment complexes, de cyber crime (qui constitue en 2024 plus de la moitié des infractions poursuivies) et d'évasion fiscale. Depuis 2010, le service de procureur de *HMRC* (*Revenue and Customs Prosecution Office*) a été intégré dans la *CPS Fraud Prosecution Division, devenue depuis la Serious Economic, Organised Crime and International Directorate*. Cette fusion des services a été instaurée au titre de règlement passé sous l'égide de *Public Bodies Act 2011*. Ce changement était stimulé par la complexité croissante des infractions pénales et fiscales et qui sont souvent liées par exemple dans le domaine de la corruption ou des escroqueries. Les services du CPS sont souvent impliqués dans les enquêtes afin d'assurer la solidité juridique des preuves, et de définir les infractions à la vue des résultats préliminaires de l'enquête.

§ 3. LE *DEPARTMENT FOR BUSINESS AND TRADE (DBT)* (ANCIENNEMENT *DEPARTMENT FOR BUSINESS, ENERGY & INDUSTRIAL STRATEGY*)

1555 **Missions.** Le DBT est spécialement compétent en matière d'infractions aux lois sur les sociétés (*companies acts*), soit en termes des obligations légales de conformité, soit en termes d'insolvabilité.

DBT a deux équipes d'enquêteurs (*inspectors*) qui sont regroupées sous l'égide d'*Insolvency Service* et *Companies* et *DBT Criminal Enforcement Team* qui peuvent dans certains cas engager les poursuites, et, dans d'autres cas, saisir l'autorité compétente telle que *Director of Public Prosecutions, Crown Prosecution Service* ou *Financial Conduct Authority*, en lui communiquant leur rapport aux fins d'une prise de décision sur l'opportunité de poursuites. Le secrétaire d'État peut également demander au tribunal de procéder à la liquidation de la société concernée. Selon les cas les enquêteurs du DBT coopèrent avec les autres autorités telles que SFO, HMRC ou FCA.

8. Serious Fraud Office v Standard Bank Plc -jugement du Président Queens Bench Division Southwark Crown Court Case n° U20150854 30/11/2015 et Serious Fraud Office v Rolls-Royce Plc Rolls-Royce Energy Systems Inc. jugement du Président Queens Bench Division-Southwark Crown Court Case n° U20170036 17/01/17.

SECTION 5 LES TRIBUNAUX SPÉCIALISÉS

1556 ***Competition Appeal Tribunal*.** Pour rappel, il existe deux instances spécialisées en matière d'appel de décisions des autorités de régulation, le *Competition Appeal Tribunal* et l'*Upper Tribunal Tax and Chancery Chamber*.

Le *Competition Appeal Tribunal* est compétent pour tout le Royaume-Uni, notamment pour juger des appels des décisions du *Competition and Markets Authority* en matière de concurrence, et celles des autorités de régulation dans les domaines de télécommunications (OFCOM), gaz et électricité (GEMA), eau, chemins de fer, transport et contrôle aérien, systèmes de paiement (PSR), services du secteur de la santé, et le secteur des services financiers.

1557 **L'*Upper Tribunal Tax and Chancery Chamber*.** Une chambre spécialisée de ce tribunal reçoit les appels de ses décisions notamment du *Financial Conduct Authority*, notamment pour les affaires suivantes :

— mesures disciplinaires concernant les sociétés et personnes agréées sur les marchés ;
— décisions concernant des abus de marchés ;
— retrait d'un agrément ou des modifications d'agrément ;
— décisions d'interdiction de travailler sur des marchés réglementés.

Un appel peut être formulé devant la *High Court* puis la Cour d'appel et *Supreme Court*.

1558 **Le *Southwark Crown Court*.** En ce qui concerne les tribunaux spécialisés en matière de délinquance financière, *Southwark Crown Court* à Londres est désigné comme un *Serious Fraud Centre*. Un nombre important d'affaires de délinquance financière sont jugées par les jurys devant cette Cour sans que cette compétence exclue les autres *Crown Courts*. Un projet en cours d'étude prévoit la création en 2026 d'un tribunal spécialisé en matière de délinquance financière complexe dans la City de Londres.

SECTION 6 L'INSTANCE LÉGALE DE RÉGULATION PROFESSIONNELLE DANS LE DOMAINE FINANCIER : *FINANCIAL REPORTING COUNCIL* (FRC)

1559 **Présentation.** Le FRC est le régulateur indépendant des professions d'audit, expertise-comptable et des actuaires. Les obligations légales de FRC sont établies sous l'égide de la *Companies Act 2006* (modifiée). Il rend compte annuellement de ses activités. Le FRC était désigné en tant qu'autorité compétente au titre de la législation européenne. Les règles s'inscrivaient dans le cadre du droit européen en la matière notamment la directive 2014/56 et le règlement UE 2014/537 qui établissent le cadre des règles d'audit au plan européen. Le FRC établit les règles de gouvernance des sociétés et surveille également la conformité des conseils d'administration en matière de *reporting* financier. Établi en 1990 puis réformé en 2012, ce conseil surveille les instances professionnelles a intégré le rôle d'*Accounting Standards Board and Professional Oversight Board*. FRC est également impliquée dans la publication des normes comptables ("*generally accepted accounting standards*", "*UK GAAP*") exigées par *Companies Act 2006 ;* et la surveillance des instances professionnelles de l'audit, de l'expertise comptable et des actuaires. Le FRC est à l'origine du *Stewardship Code* (dernière version 2020 en cours de revue en 2024 à la suite de l'adoption du *Corporate Governance Code)*. Le *Stewardship Code* s'applique aux opérateurs investissant des fonds pour le compte d'épargnants et retraités, notamment fonds de pensions, gestionnaires d'actifs, assureurs, et prestataires de services dans le domaine financier. Ce code établit des principes de bonne gouvernance (et corrélativement de responsabilité) dans le domaine. Le FRC est responsable de la mise en application de la législation et établit des tribunaux spécialisés.

SECTION 7 LES ORGANISMES D'AUTORÉGULATION

1560 **Une tradition des marchés et certains secteurs.** La tradition de l'autorégulation au Royaume-Uni dans différents secteurs de la vie économique reste un trait caractéristique des affaires qui a été rappelé dans l'introduction historique, ainsi que dans le contexte des marchés de la *City* dans la partie consacrée à l'organisation des affaires. Le lecteur est invité à se reporter à cette partie pour plus d'informations concernant l'autorégulation des marchés.

Les décisions de certains acteurs de l'autorégulation sont reconnues dans leurs effets par les tribunaux. Cette section prendra comme exemple l'*Advertising Standards Authority* qui avait été créée par l'industrie de la publicité en 1962.

1561 **Industrie et commerce : l'autorégulation et co-régulation de différents types.** Un exemple précurseur concerne, l'industrie de la publicité au Royaume-Uni qui a établi un comité sur la pratique publicitaire en 1962. Aujourd'hui, ce comité s'intitule *Advertising Standards Authority* une autorité créée par les opérateurs du secteur. Cela accompagnait le développement des mouvements de lobbys des consommateurs dans les années 1960, tel que *Consumers Association* (créée en 1957) qui publie magazine emblématique *Which?*. *Advertising Standards Authority* a rédigé deux codes régulant la publicité circulant sur les ondes (*UK Code of Broadcast Advertising*) (co-régulé avec OFCOM), et les autres publicités (UK *Code of Non-broadcast Advertising, Sales Promotion and Direct Marketing*). L'ASA est également compétent pour la publicité en ligne. Dans le fonctionnement de l'ASA, il existe un conseil (*council*), composé de membres indépendants (pour deux tiers) et de représentants de la profession de la publicité et des médias. Ce conseil décide de la conformité des publicités. Le travail du conseil est soutenu par des comités spécialisés qui mettent à jour les codes ; ainsi qu'un service qui étudie et instruit les plaintes de consommateurs. ASA a également un service de conseil à la disposition des annonceurs et publie des avis et des informations qui concourent à la prévention. ASA collabore avec les autorités légales de régulation (notamment *Trading Standards*, FCA et CMA), et les instances européennes de la profession. Si différents gouvernements se sont penchés sur la question de savoir si la législation et les contrôles administratifs devaient être renforcés, la conclusion était de préférer le système d'autocontrôle qui avait fait ses preuves, et évitait d'alourdir les coûts pour le contribuable. L'objectif des codes de publicité est de prévenir toute publicité mensongère ou susceptible d'induire le public en erreur, nuisible ou considérée comme répugnante. Ces codes exigent que toutes les allégations publicitaires doivent être vérifiées par leurs auteurs avant diffusion. Pour la publicité sur la télévision et radio, ASA fonctionne au titre d'un contrat avec Ofcom le régulateur sectoriel. ASA mène ses propres contrôles, et a reçu environ 37 000 plaintes en 2014. 60 % de ces plaintes ont fait l'objet d'une enquête menée par ASA.

Dans le cas d'une enquête formelle (au cas où un accord de modification ou de retrait n'a pas été trouvé avec l'annonceur), le conseil de l'ASA (*council*) peut déterminer si la publicité concernée enfreint le Code puis, le cas échéant ordonner son retrait. Elle émet un avis formel en la forme d'*adjudication*. Ses décisions peuvent faire l'objet d'une ordonnance du tribunal enjoignant l'exécution de la décision par l'annonceur concerné. Ses décisions peuvent aussi faire l'objet d'une revue par une personnalité indépendante (*independent reviewer*) conformément au Code de publicité d'ASA, et les décisions de l'ASA et de l'*independent reviewer* peuvent ensuite faire l'objet de contrôle de légalité par le tribunal[9]. Une revue peut également conduire à la demande de l'annonceur par *Independent Reviewer of Advertising Standards Authority*[10].

Ensuite, dans le secteur des relations publiques, quelque 20 000 entreprises actives dans ce secteur sont membres de la *Public Relations and Communications Association* qui dispose d'une charte éthique permettant l'exclusion de membres qui ne respectent pas la charte. À l'automne 2017, cette association a décidé d'exclure un membre très connu à la suite de son implication dans une campagne de relations publiques en Afrique du Sud.

Le gouvernement joue également un rôle dans l'encouragement de l'autorégulation par le biais d'engagements pris par des entreprises (*Government Sponsored Voluntary Regulation*), tels que la réduction de sel dans les aliments ou la protection de l'environnement. Dans le domaine des médias en ligne, les principaux fournisseurs régulent l'utilisation de leurs services. Par ailleurs, des codes de bonne conduite ont été établis pour des secteurs spécifiques de l'industrie et du commerce sous l'égide de *Chartered Trading Standards Institute* (organisme à but non lucratif) le cas échéant avec le soutien de la *CMA* et *Trading Standards UK*.

9. Smith Kline Beecham Plc v Advertising Standards Authority 2000 EWHC Admin 442.

10. Voir par exemple *R (Mathias Rath BV et Ltd) v Advertising Standards Authority & Independent Reviewer of Advertising Standards Authority 2000 EWHC Admin 428* ; et *R (Sainsbury's Supermarkets Ltd) v Independent Reviewer of Advertising Standards Authority 2014 EWHC Admin 3680.*

Dans le domaine de l'IA, le *Frontier Model Forum* une association à but non lucratif établie en 2023 par Anthropic, Google, Microsoft et Open AI puis Amazon, et Meta a vocation à identifier et développer les meilleures pratiques dans le domaine des systèmes issus de l'IA, faire avancer la science et faciliter le partage d'informations dans le but de gérer les risques liés aux menaces cyber.

Ces exemples de l'autorégulation montrent son importance dans les comportements d'acteurs économiques au Royaume-Uni.

TITRE 2

LA DÉLINQUANCE FINANCIÈRE ET ÉCONOMIQUE : INFRACTIONS, AUTORITÉS ET PROCÉDURES

1562 **Les autorités concernées par la délinquance financière.** Dans le domaine financier et économique, les principales agences sont *National Crime Agency (qui regroupe des unités spécialisées : National Economic Crime Centre, Joint Money Laundering Intelligence Task Force, UK Financial Intelligence Centre (coordinant des actions des autorités pénales et civiles-régulateurs), et Proceeds of Crime Centre)* ; HMRC (Fisc et Douanes) ; puis le *Serious Fraud Office (responsable de poursuites de délinquance financière grave), Financial Conduct Authority, Competition and Markets Authority*, et les différents services spécialisés de la *Police*, et *Crown Prosecution Service*, et le *Department for Business and Trade*. Ces services sont concernés par différents types de délinquance financière ou économique, notamment le blanchiment, infraction aux sanctions internationales, financement de terrorisme, la fraude (au sens large), la corruption, abus de marché, les délits d'initiés, pratiques anti-concurrentielles, les cartels, les abus de position dominante, et les délits au titre des lois sur les sociétés. Dans certains cas, les compétences de FCA et CMA sont concurrentes et une coordination est nécessaire entre les deux autorités. Selon les cas, l'enquête sera menée par l'autorité compétente suivie d'une sanction civile ou administrative ou sera confiée à la police et le procureur. Un projet de loi en cours d'examen devant le Parlement britannique en avril 2025, *Criminal Justice Bill* est destinée à renforcer les pouvoirs d'enquête et poursuite des autorités dans ce domaine. D'ores et déjà la *Financial Conduct Authority* utilise ses pouvoirs existants pour rappeler à l'ordre des institutions financières dont les systèmes de contrôle sont défaillants, notamment dans la prévention des risques et vérification de clients. Elle vient, en 2025, d'imposer des amendes très importantes (de l'ordre de £16m à £28m à deux banques). Le *Serious Fraud Office* repart dans le combat contre les délits d'initiés.

1563 **Place du droit pénal et de la procédure pénale.** Bien que la vie des affaires au Royaume-Uni soit encadrée davantage par l'autorégulation, la prévention des comportements illicites et l'incitation des pratiques vertueuses, la répression n'est pas totalement absente et de nombreuses infractions existent (chapitre 1) ; les principes de procédure pénale, lors des enquêtes et des procès doivent être respectés (chapitre 2).

CHAPITRE 1
LES INFRACTIONS DANS LE MONDE DES AFFAIRES

1564 **Les infractions.** Les infractions relèvent tant du droit pénal des affaires (section 1) que du droit pénal spécial appliqué aux affaires (section 2), ainsi que la prescription (section 3).

SECTION 1 LES DIFFÉRENTES INFRACTIONS SPÉCIALES FINANCIÈRES ET ÉCONOMIQUES

1565 **Le blanchiment ou *money laundering*.** La loi *Proceeds of Crime Act 2002* est au cœur du dispositif de la lutte contre le blanchiment de l'argent provenant d'une activité délictuelle ou criminelle (*criminal property*) que ce soit d'activités délictuelles classiques ou des trafics de drogues, terrorisme etc. Cette loi s'inscrit dans le cadre de différentes conventions internationales et de législation européenne en la matière. Elle a été modifiée par la loi *Criminal Finances Act* 2017, qui a notamment introduit le pouvoir aux autorités de régulation, et à la *High Court* dans des cas graves, d'ordonner à toute personne (y compris des sociétés) d'expliquer l'origine de sa richesse (*unexplained wealth order*) lorsqu'il existe de motifs raisonnables de soupçonner que les revenus de la personne n'auraient pas suffi à expliquer l'origine de cette richesse. La loi prévoit également la possibilité des saisies conservatoires de biens faisant l'objet d'un soupçon, même sans avis préalable à la personne. Les informations fournies à la suite d'une ordonnance peuvent être communiquées aux différentes autorités d'enquête, y compris à l'étranger. Le niveau de preuve requis pour obtenir une ordonnance est celui du procès civil (*balance of probabilities*). La loi *Economic Crime and Transparency Act* 2023 a élargi la liste des autorités disposant de pouvoir d'enquête et de saisie en vue d'une ordonnance de confiscation de biens issus d'activités délictuelles ou criminelles.

Trois infractions sont établies par la loi, dont notamment la transformation d'argent obtenue par une activité délictuelle ou criminelle, son déguisement ou transfert en dehors du ressort ; le fait de participer à tout acte destiné à faciliter l'acquisition, rétention, utilisation, ou contrôle de *criminal property*, en connaissance de cause ; ou l'acquisition, utilisation ou possession de *criminal property*. Ainsi, les institutions financières et professionnelles, réglementées ou non, sont à risque de concourir à une infraction au titre de cette loi, s'ils ne mettent pas en place des systèmes pour éviter de recevoir "*criminal property*". Une obligation de déclaration de suspicion est également établie par la loi. Toutes les institutions financières et cabinets de *solicitors*, expertise-comptable et audit doivent nommer une personne responsable des déclarations de suspicion (*money laundering reporting officer*). En réalité, ce dernier va gérer les systèmes nécessaires pour éviter que *criminal property* soit perçue par l'institution ou le cabinet. Ainsi, un contrôle en amont de nouveaux clients est indispensable. La déclaration à la police, ou autre autorité désignée, est la dernière protection permettant d'établir un moyen de défense prévu par la loi. Depuis 2021 les entreprises proposant des services dans le domaine des crypto-biens ou crypto-monnaies doivent être immatriculées auprès de la FCA au titre des *Money Laundering, Terrorist Financing and Transfer of Funds (Information on Payer) Regulations* 2017.

Parmi les autorités concernées par la lutte contre le blanchiment se trouvent : *HM Treasury*, *Home Office*, la *Police* (par exemple le service spécialisé en crypto-monnaies de la *Metropolitan Police à Londres*), *HMRC*, *Financial Conduct Authority*, *Crown Prosecution Service*, SFO et différentes organisations professionnelles des secteurs particulièrement à risque. Des sanctions civiles peuvent également être prononcées par FCA à l'encontre des institutions financières au cas d'insuffisance de leurs systèmes de détection ; et les autorités peuvent saisir et faire confisquer les biens concernés.

Les sanctions sont sévères et la prison inévitable en cas de condamnation. Un *solicitor* qui avait organisé un acte translatif de propriété immobilière alors qu'il aurait dû soupçonner une origine illicite de l'argent, et n'avait pas fait une déclaration de soupçon a été condamné à six mois de prison malgré le fait qu'il n'avait perçu que ses honoraires habituels, et qu'il avait également été radié de la profession, et avait des problèmes de santé conséquents à l'affaire. Les sanctions sont souvent beaucoup plus lourdes.

1566 **Fraude (*fraud*).** La fraude est définie par la loi *Fraud Act 2006* qui prévoit trois différents actes délictuels constitutifs de fraude : fraude par une fausse et malhonnête déclaration (*false representation*) ; fraude par l'absence malhonnête de communication d'information en présence d'une obligation légale (mensonge par omission) ; et l'abus malhonnête de position (notamment lorsque l'accusé occupait une position de confiance en matière de sauvegarde des intérêts financiers d'une personne : salariés, tuteurs, mandataires, usage de données logiciels de l'employeur, etc.). Un nombre croissant de délits frauduleux de différents types sont commis par le biais de systèmes d'information et de communication. En l'absence de législation spécifique, les poursuites sont menées sous l'égide de la *Fraud Act*

2006. Des réformes aux lois *Misuse of Computers Act 1990* et la *Digital Economy Act 2010* prévoient le renforcement de l'arsenal législatif dans ce domaine. La *Crown Court* peut ordonner la confiscation des biens du condamné ; et la *High Court* a le pouvoir de nommer un administrateur (*receiver*) chargé de rechercher et récupérer les fruits de la fraude avec pouvoirs de perquisition. C'est souvent un cabinet d'expertise-comptable ayant les ressources nécessaires (notamment pour la fraude à l'échelle internationale) qui sera nommé.

En ce qui concerne le combat contre la fraude dans le domaine des délits financiers, il existe une superposition de pouvoirs d'enquête et de poursuite des autorités notamment *Serious Fraud Office* et *Financial Conduct Authority*. Les autorités disposent de pouvoirs de régulation et doivent également accomplir une surveillance des marchés et activités dans leur ressort afin de détecter les fraudes. La réalité du crime organisé international nécessite souvent une coopération étroite entre les conseils des victimes (experts-comptables et *solicitors*) et les autorités pour la préparation du dossier.

Les poursuites en matière de fraude sont portées devant la *Crown Court*, et la peine de prison est presque systématique pour ce type de délit. La peine maximale pour fraude est de 10 ans (s. 1(3) *Fraud Act*).

1567 **La corruption (*bribery and corruption*).** La corruption est définie par *Bribery Act 2010*. Différents délits sont établis, notamment lorsqu'une promesse d'avantage financier ou autre avantage sont proposés afin que le bénéficiaire de la promesse ou l'avantage exécute de manière inappropriée une fonction ou activité dans l'administration publique, les affaires, au cours d'un emploi, ou en tant que dirigeant d'une entreprise ou société. La loi a un effet extraterritorial. Toute infraction, même commise à l'étranger, peut être poursuivie au Royaume-Uni. Ainsi, des sociétés ou firmes étrangères disposant d'une filiale, succursale, représentation ou activité au Royaume-Uni peuvent être poursuivis pour des faits commis par leurs maisons-mère ou les sociétés du groupe situées à l'étranger. L'exécution inappropriée d'une fonction ou activité est définie par rapport à ce qu'une personne raisonnable du Royaume-Uni pourrait considérer comme étant inappropriée, autrement dit les jurés à *Crown Court*, qui est compétente en la matière. Une société ou *partnership* anglais peut également être condamné pour les faits de leurs dirigeants, salariés, préposés, représentants ou intermédiaires. Un moyen de défense prévu par la loi concerne les entreprises qui ont mis en place des systèmes adéquats pour empêcher la corruption[1]. Un débat concerne la signification du mot "*adequate*" dont l'interprétation est, in fine, du ressort du jury, mais où le juge peut proposer des indications. Un juge des cours supérieurs interrogé devant le Parlement en 2019 au sujet du fonctionnement de la loi de 2010 suggérait que le mot "*adequate*" pourrait signifier ce qui serait raisonnable dans toutes les circonstances. Les politiques et procédures ainsi établies doivent être énoncées dans les contrats que signent les entreprises britanniques avec leurs partenaires étrangers, tels les intermédiaires, agents commerciaux et distributeurs.

1. Voir R V Skansen Interiors Ltd- Southwark Crown Court 2018 pour un exemple où les procédures internes ont été jugées insuffisantes.

Les principales autorités concernées dans ce domaine sont SFO et FCA, ainsi que la *City of London Police et la National Crime Agency*. Si SFO, la *Police* et *Crown Prosecution Service* sont principalement concernés par la répression et poursuite des infractions, FCA contrôle et sanctionne les institutions financières en cas d'insuffisance des leurs systèmes anti-corruption (sanctions civiles d'amende). Dans ce cadre FCA a établi des principes et procédures dans un *Handbook* et *Principles of Business*.

L'arsenal de sanctions pénales inclut notamment une peine de prison (*custodial sentence*) ; des amendes qui sont illimitées dans leur montant, même devant les *magistrates courts* (*Legal Aid, Sentencing and Punishment of Offenders Act 2012*). Selon les infractions, différentes sanctions complémentaires peuvent être ordonnées, dont la confiscation de biens (*confiscation order*), la saisie de biens issus des infractions (*civil recovery order*) (*Proceeds of Crime Act 2002*) ; ou une ordonnance destinée à empêcher le condamné à récidiver en lui imposant des restrictions dans ses activités (*serious crime prevention order*) (*Serious Crime Act 2007*). Par ailleurs, le tribunal ou la cour peut ordonner aux personnes condamnées de payer les honoraires et frais engagés par l'autorité de poursuite, ainsi qu'aux dépens (*costs Orders*). Les montants peuvent être très élevés (des dizaines voire des centaines de millions de livres sterling), compte tenu de la complexité des enquêtes en matière financière. L'autorité de poursuite peut également suspendre les poursuites dans le cadre d'un protocole signé avec l'accusé et homologué par le tribunal (*deferred prosecution agreement*). Cet aspect sera exposé sous la section concernant *Serious Fraud Office*. Les sanctions peuvent être cumulatives.

1568 **Le délit d'initié (*insider trading*) (*market manipulation*) et abus de marché (*market abuse*).** Il existe deux types de délit d'initié, d'une part, le délit d'initié et manipulation de marché, et, d'autre part, l'abus de marché.

S'agissant tout d'abord du délit d'initié et manipulation de marché, le délit d'initié a été défini par *Criminal Justice Act 1993*. Il est constitué par le fait pour une personne physique de procéder à des opérations sur un marché réglementé sur la base d'informations d'initié. *Financial Services and Markets Act 2000* a créé des infractions civiles d'initié et d'abus de marché.

La définition de l'information d'initié a pour origine la directive Européenne 89/592 CEE. Elle concerne des informations obtenues en connaissance de cause d'une personne ayant des connaissances d'initié (*inside source*), concernant une valeur ou titre spécifique côté sur un marché (*security*) qui n'est pas dans le domaine public, mais qui, le cas échéant, aurait un effet significatif sur la valeur concernée. Le délit est constitué lorsque l'initié utilise ces informations pour effectuer des opérations sur le marché, ou les communiquer à un tiers dans ce but, ou l'encourager à le faire. Ces infractions concernent notamment l'utilisation ou la diffusion par une personne physique ou morale d'informations provenant d'initiés (et la manipulation du marché, activités sur le marché donnant une impression trompeuse ou fausse ou l'utilisation d'artifices et des comportements qui peuvent altérer un marché). L'infraction proche de manipulation des marchés était déjà réprimée par *Financial Services Act 1986* à laquelle a succédé la loi *Financial Services and Markets Act 2000*, permettant à FCA d'initier des poursuites pénales. Toutefois, cette infraction relève plutôt actuellement des infractions civiles introduites par cette même loi ; et le gouvernement britannique a décidé de ne pas opter pour la mise en œuvre du projet de directive Européenne de 2011 dans ce domaine, considérant que la loi anglaise était déjà suffisamment complète.

Financial Services and Markets Act 2000 a doté FCA de pouvoirs d'enquête et de poursuite civile et pénale. La loi de 2000 prévoit ainsi des infractions civiles qui sont poursuivies par FCA en lui permettant de confisquer les bénéfices obtenus par les délinquants. Début 2025, un trader s'est vu confisquer £586 711 à la suite de sa condamnation pour un délit d'initié après des poursuites diligentées par FCA. La FCA mène une action vigoureuse dans ce domaine afin d'encourager l'intégrité des marchés et la coopération des opérateurs pour éviter des abus de marché.

S'agissant de l'abus de marché, cette infraction a été mise à jour en vue du Brexit par *The Market Abuse (Amendment) (EU Exit) Regulations* 2019. Deux infractions civiles spécifiques ont été établies : la communication de fausses informations aux autorités régulation (FCA ou PRA) en connaissance de cause (*knowingly*) ou avec une inattention coupable (*recklessly*). Ceci concerne notamment les informations liées à la conformité. L'autorité doit être convaincue au-delà de tout doute raisonnable de l'existence de l'infraction. Il en est de même des informations concernant les prix ou valeurs du marché et communiquées dans le but d'inciter une personne à effectuer une opération sur le marché, ou pour obtenir un gain.

D'autres infractions sont constituées par la communication de fausses informations relatives à un indice (*benchmark*) du marché ; puis les règles concernant l'obligation de publier des informations exactes lors de la mise sur le marché de titres de société (*listing rules* – règles de cotation). La loi *Financial Services Act 2012* a introduit des infractions pénales dans ce domaine et réorganisé les autorités de surveillance avec la création de FCA et PRA. Cette loi a été mise à jour par la *Financial Services and Markets Act 2023*. Les dirigeants sont responsables de l'exactitude et la suffisance des informations publiées par la société qui peut (ainsi que les dirigeants concernés) encourir de lourdes amendes imposées par le FCA et/ou le PRA.

C'est le *Financial Conduct Authority* qui est l'autorité compétente. Le FCA peut imposer des amendes civiles au cas où elle établit la réalité de l'infraction. La voie civile a été préférée compte tenu des difficultés d'établir l'infraction pénale (« fraude ») dans ce domaine. Dans le cadre de l'infraction civile, FCA n'est pas obligée d'établir l'intention malhonnête (*intent/mens rea*). Un acte de négligence peut être constitutif de l'infraction.

La politique de FCA serait plutôt d'assurer la santé des marchés que de poursuivre des opérateurs qui auraient agi de manière accidentelle. En revanche, elle impose des principes de fonctionnement des opérateurs dans le cadre de son *Code of Market Conduct* (mis à jour en juillet 2025 – Rel 49) qui donne, sans exhaustivité, des indications de ce qui peut constituer un abus de marché. Les opérateurs sont également soumis aux principes d'organisation et de gestion du FCA "*Handbook*". Dans les récentes poursuites concernant la manipulation du LIBOR les autorités ont toutefois préféré baser leurs poursuites sur une infraction pénale de conspiration de fraude (*conspiracy to defraud*). Enfin les opérateurs sont obligés d'informer FCA en cas de soupçon raisonnable de l'existence d'un abus de marché.

1569 **Les pratiques anticoncurrentielles, cartels, et abus de position dominante**. Les lois *Competition Act 1998* et *Enterprise Act 2002* répriment les pratiques anticoncurrentielles concernant les accords et pratiques concertées qui empêchent, limitent ou faussent la concurrence. En l'absence d'une exemption en raison de la taille des opérateurs ou les marchés concernés, des amendes significatives peuvent être imposées, les contrats annulés et des demandes en dommages-intérêts lancées par les personnes affectées. L'interdiction de gestion d'une société peut également être demandée par CMA. Cela a été le cas pour 30 administrateurs disqualifiés à la suite d'enquêtes de la CMA (Voir par exemple sous *Enterprise Act 2002 & Company Directors Disqualification Act* 1986 en cas d'infractions en matière de concurrence). Dans les cas les plus graves des sanctions pénales sont prévues.

Les cartels sont considérés comme les infractions les plus graves et les plus sévèrement réprimées (prison et amendes illimitées) au titre de *Competition Act 1998* et *Enterprise Act 2002*. Il s'agit notamment de fixation des prix entre opérateurs d'un marché, division des marchés, trucage des appels d'offres ou les limitations de production ou de vente de biens ou de services. CMA dispose de pouvoirs lui permettant de mener les enquêtes et d'initier des poursuites pénales en matière de cartel. L'abus de position dominante concerne une entreprise en mesure d'agir indépendamment de ses clients, concurrents et consommateurs, notamment lorsqu'elle détient une part significative du marché ; et qui abuse de sa position pour imposer des conditions inéquitables, des prix excessifs ou discriminatoires, refus de vente ou ventes liées. La CMA a imposé des amendes d'environ £600m. de 2013 à 2023. La CMA peut également accepter des engagements d'entreprises objet d'une enquête ; ce qui a été le cas de Meta et Amazon en 2023. La législation a été complétée plus récemment par la loi *Procurement Act 2023* qui traite des marchés publics et a créé un régulateur spécifique *Procurement Review Unit*. La loi *Digital Markets, Competition and Consumers Act* 2024 vient créer un écosystème digital plus compétitif et transparent, notamment en réglementant les plateformes digitales les plus importantes, qui sont soumises à un statut particulier (*Strategic Market Status regime*) qui doivent adopter des codes de comportement spécifiques (spécialement les contrats d'abonnements) ; et informer la CMA d'opérations excédant £25m. La CMA dispose de pouvoirs d'imposer des pénalités directement allant jusqu'à 10 % du chiffre d'affaires en cas d'infraction du droit de la consommation[2].

Les pratiques anticoncurrentielles et leurs conséquences civiles et pénales relèvent principalement des régulateurs sectoriels dans leurs marchés respectifs, et du CMA lorsque des questions dépassent le cadre strict d'un secteur spécifique. La compétence du CMA est néanmoins concurrente avec les régulateurs sectoriels, et elle peut intervenir en tant que de besoin. FCA a également une obligation d'assurer la saine concurrence sur les marchés financiers dans le cadre de compétence partagée avec CMA. *Competition Appeal Tribunal* (CAT) est compétent pour recevoir des appels en matière de concurrence. La *Consumer Rights Act 2015* a donné compétence à CAT en matière de procédures collectives (*class actions* ou *collective*

2. Voir notamment le discours à Kings College London de Juliette Enser Directrice Executive par interim des enquêtes de la CMA en décembre 2024.

proceedings). Les conditions dans lesquelles il est possible de participer dans la plainte sont contrôlées par le tribunal (voir par exemple *Merricks v. Mastercard CAT 1266/7/7/16*, affaire où après appel jusqu'à la Cour Suprême, il a été jugé qu'environ 46 millions de consommateurs pouvaient réclamer des dommages-intérêts dans le cadre d'une action collective).

Les sanctions sont de différents ordres : sanctions pénales notamment dans le domaine des cartels, amendes « administratives ou civiles » et dommages-intérêts au plan civil notamment pour les victimes de cartels. Les droits des consommateurs ont été notamment renforcés par *Consumer Rights Act 2015 ;* et la mise en œuvre par le Royaume-Uni de la directive européenne sur les dommages-intérêts en matière de concurrence (*EU Damages Directive 2014/104*) (*Claims in Respect of Loss or Damage arising from Competition Infringements... Regulations 2017 assimilated EU law*). Ces dispositions précisaient certaines notions concernant la communication de pièces dans le cadre de la procédure et la prescription.

1570 **Les délits en matière du droit des sociétés.** Relevant principalement du *Department for Business and Trade*, les délits en matière de sociétés (conformité et insolvabilité) sont définis notamment par *Companies Act 2006*.

Le Department of Business and Trade dispose de pouvoirs d'enquête et de poursuite qui sont traités dans la section « Autorités d'enquête et de poursuite ».

SECTION 2 LE DROIT PÉNAL APPLIQUÉ AUX AFFAIRES

1571 **Introduction.** La *Law Commission* britannique a engagé une consultation détaillée sur la question de la responsabilité pénale dans différents domaines de la régulation[3]. Dans son rapport publié en 2010, la *Law Commission* notait que depuis 1997 environ 3 000 nouvelles infractions avaient été créées par le législateur, pour la plupart dans le domaine réglementaire ou de la régulation. Environ 3 000 décrets d'application sortent chaque année, dont la majorité est rédigée par les quelque 60 agences nationales de régulation. Or, la *Law Commission* a constaté que le nombre de poursuites et le niveau des sanctions financières étaient très faibles. Depuis *Regulatory Enforcement and Sanctions Act 2008*, les autorités de régulation jouissent de pouvoirs d'imposer des mesures et sanctions non pénales, ce qui a diminué le besoin de création d'infractions pénales spécifiques, et de poursuites pénales, dans le domaine de la régulation des entreprises. Mais dans certains cas le manquement au titre d'une mesure « civile » ou administrative édictée par une autorité de régulation devient une infraction pénale. En plus des différentes législations mentionnées plus haut, les lois *Policing and Crime Act* 2017 (sanctions internationales), *Bribery Act* 2010 (corruption), *Criminal Finances Act* 2017 (évasion fiscale), *Economic Crime and Corporate Transparency Act* 2023 et

3. "Criminal Liability in Regulatory Contexts Consultation Paper n°°195" *UK Law Commission.*

un projet de loi *Criminal Justice Bill* en cours de passage devant le Parlement (en 2025) sont pertinents dans ce domaine. Ces lois imposent aux entreprises des obligations de prendre des mesures adéquates pour empêcher la commission de certains délits.

1572 Il convient de rappeler les sources du droit pénal (§ 1), la notion d'infraction (§ 2) et les responsabilités encourues (§ 3).

§ 1. LES SOURCES

1573 **L'influence initiale de la *Common law*.** Les sources des infractions pénales sont la *Common law* et "*statute*", cette dernière source étant devenue la plus importante en termes du nombre d'infractions reconnues par la loi. La *Common law* a été à l'origine de la plupart des délits et crimes qui sont issus de la jurisprudence, tels que l'homicide volontaire (*murder*) ou involontaire (*manslaughter*), agression (*assault*), conspiration à la fraude (*conspiracy to defraud*), etc., dont l'origine de certains remonte du Moyen Âge. Il en va de même pour les principes majeurs de la responsabilité pénale tels que l'intention « *mens rea* » et les défenses telles que *duress*, incapacité ou autre. Mais, dans l'affaire *R. v. Withers*[4], la Cour a décidé que les tribunaux n'avaient plus le pouvoir, au titre du droit commun, de « découvrir » ou d'élargir le champ des délits et crimes.

1574 **Les lois.** Le Parlement a institué des infractions pénales dans de nombreux domaines, notamment dans le domaine des affaires, du droit des sociétés, de la santé et de la sécurité des produits, et dans le domaine de pollution de l'environnement, pour ne donner que quelques exemples. Plus récemment, *Product Regulation and Metrology Act* 2025 (dénommé *The Metrology and Product Safety Bill au début de son passage devant le Parlement) ; The Economic Crime and Corporate Transparency Act* 2023, *Modern Slavery Act* 2015, et *Proceeds of Crime Act* 2002 ont déjà été évoquées à titre d'exemples de législations plus récentes.

Les lois du Parlement prévoient assez fréquemment que les détails des infractions et les sanctions seront établis par voie réglementaire, laissant ainsi au gouvernement le soin de compléter le dispositif pénal. Il est rare que les décrets d'application (*subordinate legislation*) soient refusés par le Parlement dans le délai prévu par la loi. Les lois pénales sont strictement interprétées par les tribunaux. Les principes de prévisibilité du droit, la non-rétroactivité, de l'interprétation stricte (*strict construction*) des lois sont des fondements du droit dans ce domaine.

§ 2. LA NOTION D'INFRACTION PÉNALE

1575 **Définition.** Les différents types d'infraction dans le droit des affaires sont nombreux : *trading standards offences*, blanchiment, financement de terrorisme, escroquerie, délit d'initié (*insider dealing*), *market abuse*, corruption

4. R v Withers 1975 AC 842.

(*bribery and corruption*), évasion fiscale (*tax evasion*), pollution de l'environnement, santé et sécurité de produits et santé et sécurité au travail (*product health and safety* et *health and safety at work*), cartels, délits de concurrence etc. Dans certains cas de délits dits "*either way offences*", l'accusé a le choix d'être jugé soit devant la *magistrates court* sans jury ou devant *Crown Court* avec jury.

1576 **L'*actus reus* et *mens rea* les éléments classiques des infractions pénales.** Dans la plupart des cas, le procureur doit établir, sans doute raisonnable, l'existence des faits constituant l'infraction (*actus reus*), une intention coupable (*mens rea*) souvent constituée par une connaissance des faits incriminés (*knowingly*), ou un comportement gravement négligent (*recklessly*) (par ex. sans égard à la nature véridique ou fausse d'une déclaration ou les conséquences d'un comportement). Le procureur doit prouver un lien de causalité entre le comportement de l'accusé et les effets de l'acte. Il existe également des délits où la responsabilité pénale de l'entreprise et ses dirigeants est « stricte » où le procureur n'est pas obligé de prouver l'intention (v. *infra*, n° 1577 et 1578).

§ 3. LES RESPONSABILITÉS

1577 **La responsabilité pénale des sociétés commerciales.** Dans certains cas, une société commerciale (personne morale) est directement impliquée, par exemple du fait du non-respect des conditions d'une autorisation administrative octroyée à la société elle-même, même si l'acte coupable a été commis par un salarié à qui une délégation avait été donnée (*delegation principle*). Le *mens rea* est directement attribué à la société. Dans d'autres cas, il s'agit des actes ou omissions commis au nom de la société par ses dirigeants ou préposés investis de pouvoirs de direction (*directing mind or will*) au cours de leurs fonctions dont le *mens rea* est identifiée avec la société (voir par ex. *Tesco Supermarkets v. Natrass 1972 AC 153 et jurisprudence subséquente*). La possibilité de plaider "*due diligence*" (que la société avait pris toutes précautions nécessaires) peut ouvrir un moyen de défense.

Dans certains cas, le tribunal a pris une vision plus large de ce qui peut constituer le champ des préposés identifié à la société (par ex. *British Steel Plc 1995 2 AC 500*). La connivence ou la négligence est ici identifiée et la société (*identification principle*) qui permet de poursuivre la société pénalement. Ceci est la voie souvent choisie dans certains domaines (tel que l'environnement) ; sans nécessairement exclure des poursuites à l'encontre des dirigeants et préposés concernés. La loi *The Economic Crime and Corporate Transparency Act* 2023 a modifié le principe d'identification qui permet désormais d'établir la culpabilité d'une personne morale lorsque le délit est commis par un cadre supérieur (*senior manager*) (de la maison mère, filiale ou succursale), investi d'un rôle significatif dans les décisions dans la gestion des activités de la société, et dans le cadre de leurs pouvoirs réels ou apparents. Ce changement est destiné à éviter les difficultés d'identification des personnes investies de pouvoirs de direction. Ce nouveau principe s'applique à certains délits, notamment le vol, l'évasion fiscale, corruption, le terrorisme, le blanchiment, l'escroquerie, les infractions concernant les sanctions et divers délits en relation avec des activités réglementées. La loi a créé un nouveau délit en cas de manquement par une société d'une taille importante (atteignant au moins 2 des critères suivants : chiffre d'affaires excédant £36m. ou bilan £18m. ou plus de 250 salariés), d'empêcher la commission d'un délit d'escroquerie. La loi peut s'appliquer en cas de délit commis à l'étranger avec des effets au Royaume-Uni. En défense, la société peut mettre en avant notamment l'existence de procédures adéquates pour empêcher la commission de délits. La *Modern Slavery Act* 2015 qui impose une responsabilité des sociétés au sujet de la conformité de leurs chaînes d'approvisionnement a déjà été évoquée *supra*, n° 117, 135, 667, 1081 et 1519.

1578 **La responsabilité sans intention (*strict liability*).** Dans le cas de certaines infractions, comme celles relevant du droit de l'environnement, il n'est pas nécessaire de prouver une intention coupable (*mens rea*), mais simplement l'existence de faits constitutifs de l'infraction (*actus reus*) qui peuvent être la conséquence d'actes ou d'omissions. Il s'agit des infractions dites "*strict liability offences*", telles les infractions relatives à la sécurité des produits ou des secteurs spécifiques. Un exemple est le délit d'empêcher un acte de fraude (*fraud*) au titre de la loi *Economic Crime and Corporate Transparency Act* 2023, ce qui oblige les entreprises d'une taille significative à disposer de mesures sérieuses de prévention et de gouvernance (*reasonable procedures*).

Les *General Product Safety Regulations 2005* mettant en œuvre la directive 2001/95 en la matière concernent tous les produits sauf ceux réglementés ailleurs. Cette réglementation a été conservé dans le cadre du Brexit et complémenté par *The Product Safety and Metrology etc. (Amendment etc) (EU Exit) Regulations* 2019. Les *regulations* prévoient une responsabilité pénale dans le cas de tout produit ne répondant pas à l'obligation de sécurité. Il est présumé qu'un produit soit conforme lorsqu'il satisfait aux normes édictées par la loi ou des normes nationales volontaires correspondant aux normes européennes (*European Standard* et normes de la marque « CE »). Des extensions et modifications post-Brexit sont prévues par la réglementation publiée en 2024 (« *UKCA mark* »). Dans d'autres cas, il est nécessaire de démontrer que le produit ne satisfait aux attentes raisonnables des consommateurs en matière de sécurité. Les caractéristiques du produit, sa présentation, les instructions et avertissements sont des éléments parmi d'autres qui entrent en ligne de compte pour déterminer si le produit satisfait à l'obligation de sécurité. Dans certains cas, la loi prévoit des infractions spécifiques, comme les médicaments, les aliments, les jouets et les produits cosmétiques ; dans d'autres le *Department for Business and Trade* dispose du pouvoir de réglementer des produits au titre de *Consumer Protection Act 1987*. Le seul fait pour le fabricant de commercialiser un produit dont la sécurité est défectueuse est constitutif d'une infraction. En revanche, dans le cas d'un distributeur l'accusation doit établir que ce dernier avait connaissance du manquement à l'obligation de sécurité d'un produit. Il est possible pour le fabricant et le distributeur de mettre en avant pour leur défense, que toutes mesures utiles avaient été prises pour éviter une infraction, notamment en amont au niveau de la conception et de la fabrication, puis en aval au niveau du marketing et de la distribution du produit. Des infractions spécifiques concernant les produits utilisés dans le cadre du travail sont prévues par *Health and Safety at Work Act 1974*.

1579 **La responsabilité d'une société commerciale des faits de ses préposés (*vicarious liability*).** Certaines lois prévoient que la société soit responsable pour les actes de ses préposés (*vicarious liability*) (par exemple, section 1(1) *Property Misdescriptions Act 1991*). Ces principes n'excluent pas que l'accusé soit démuni de moyens de défense. Comme dans les cas de corruption, l'accusé peut plaider, dans certains cas, qu'il ou elle avait mis en place tous les systèmes adéquats pour prévenir un acte de corruption (*due diligence defence*).

L'homicide involontaire commis par une société

La loi *Corporate Manslaughter and Corporate Homicide Act 2007* prévoit la responsabilité pénale d'une société en cas de décès causé par le défaut d'un produit commercialisé par une société. La responsabilité est engagée en cas d'une négligence grave par la direction d'une société (*management*) dans la mise en œuvre de la sécurité par la société et son organisation, "*gross breach of the relevant duty of care*". Il s'agit de comportement très en deçà de ce qu'il pourrait être raisonnable d'envisager. C'est le jury de la *Crown Court* qui décide de cette question au vu des témoignages concernant l'organisation de l'entreprise, et sa gestion de la sécurité des produits. Des amendes de £180 000 jusqu'à £20m. sont prévus. Pour les fatalités dans le cadre du travail c'est la *Health & Safety at Work Act* 1974 qui est concernée.

Les peines encourues sont des amendes pour la société et des amendes et/ou la prison pour les dirigeants. Les amendes typiques sont de l'ordre de £300 000 mais peuvent atteindre plus de £1m selon les cas, et sont théoriquement sans limite. La politique pénale en matière de condamnations sera évoquée plus loin.

SECTION 3 LA PRESCRIPTION DES POURSUITES EN MATIÈRE PÉNALE

1580 **Principes.** Le Parlement n'a jamais prévu une période de prescription pour les infractions criminelles relevant de la compétence de *Crown Court*. Dans le cas des infractions relevant de la compétence de *Magistrates Courts*, les poursuites doivent être normalement entamées dans les six mois suivant la commission de l'infraction (*Magistrates Courts Act 1980*). Toutefois, des exceptions sont prévues pour des infractions à certaines législations réglementaires, telles qu'en matière de santé et de sécurité au travail, où le délai de poursuites est de 6 ou 12 mois de la date où l'autorité de poursuites dispose de preuves suffisantes pour lancer une poursuite ; ou de trois mois à compter de la décision de *Coroner's Court* ou d'une enquête publique (*public enquiry*) en cas de décès (*Health and Safety at Work Act 1974*). Dans de très rares cas, la Cour peut ordonner un arrêt des poursuites en cas de préjudice avéré aux droits de la défense. Dans une affaire *R v*

Sawoniuk, l'accusé a été condamné en 1999 pour un meurtre commis en Biélorussie en 1942[5]. Son argument devant la Cour d'appel que le passage du temps rendait inapproprié un procès a été rejeté par la Cour. Un article intéressant à ce sujet relève notamment que les nouvelles technologies permettraient la conservation plus efficace de preuves ce qui serait une nouvelle justification possible du maintien de l'absence de période de prescription en droit anglais[6].

5. 2000 2 Cr App Rep 220 cité par Richard Vogler dans son article Why is there no Statute of Limitations for Criminal Cases in England and Wales? – University of Sussex – DPCE Online.

6. Richard Vogler 2021 Why is there no Statute of Limitations for Criminal Cases in England and Wales – University of Sussex – DPCE Online.

CHAPITRE 2
LES PRINCIPES GÉNÉRAUX DE LA PROCÉDURE PÉNALE

1581 **Procédure pénale.** Afin d'avoir une vision complète de la répression des infractions commises dans la vie des affaires, une présentation synthétique des principes généraux de la procédure pénale est utile, à travers l'étape de l'enquête et la poursuite (section 1) et les grandes règles de procédure pénale (section 2).

SECTION 1 L'ENQUÊTE ET LA POURSUITE

1582 **Les services de police : l'enquête.** Hormis les autorités spécialisées en matière de délinquance financière et économique mentionnées plus haut, les enquêtes sont menées par les services de police en Angleterre et le Pays de Galles. Ceux-ci sont organisés depuis le début du XIXe siècle autour du Comté (*County Constabulary*) géré par un *chief constable* ; ou autour des grandes conurbations. Ces forces étaient sous la tutelle d'une *local police authority* consistant d'élus locaux et *magistrates*. Londres avait sa propre force de police (*Metropolitan Police*) qui rapportait directement au maire de *Greater London* et au ministre de l'Intérieur. La *City* de Londres avait également sa propre force de police plus spécialisée dans la délinquance financière. Depuis 2012, les forces de police à l'extérieur de Londres sont sous la tutelle de *Police and Crime Commissioners* élus localement, et chargés d'assurer le maintien de l'ordre et les services de police adéquats en coordination avec les autorités nationales.

Comme il a été indiqué plus haut, un certain nombre d'unités de police spécialisées ont été créées au niveau national pour combattre le crime organisé, la délinquance financière et le terrorisme.

Il n'en reste pas moins que chaque agent de police a une obligation constitutionnelle dérivée du droit commun de maintenir l'ordre public (*King's Peace*) ce qui lui permet d'opérer des arrestations. Ces pouvoirs sont renforcés par des lois spécifiques notamment en matière de perquisition, de détention provisoire et d'interrogatoire.

1583 **La poursuite.** Après enquête par l'autorité concernée, et selon la gravité des faits, l'affaire est portée soit devant les *magistrates courts* et jugée par le *district judge* ou un banc de *magistrates* sans jury (*summary offences* ou *either way offences*), soit devant la *Crown Court* où l'accusé sera jugé par un jury.

Lorsque l'enquête a été menée par la police, une concertation étroite aura eu lieu entre la *Police* et *Crown Prosecution Service*, parfois dès le début de la procédure, concernant la décision d'initier des poursuites qui devra être prise par le procureur. Dans le cas de la sécurité des produits, pour ne donner qu'un seul exemple dans la pratique, le procureur tiendra compte notamment le niveau de risque, les mesures de sécurité prises, de la réputation de l'entreprise et les mesures prises par elle en matière de sécurité, y compris des mesures pour notifier les autorités de l'existence d'un risque, pour remédier au défaut ou rappeler les produits, ou le fait que des accidents ont déjà eu lieu, avant de décider si des poursuites sont justifiées. Le cas échéant, l'accusé fait l'objet d'une accusation formelle (*charge*). Ensuite, la poursuite (*prosecution*) est menée par *Crown Prosecution Service* (ou dans les cas les plus graves par le *Director of Public Prosecutions* ou *Attorney-General*). *Crown Prosecution Service* aura la responsabilité de la conservation des preuves, dont il aura éventuellement à justifier devant le tribunal en cas de contestation. Dans le cas de poursuites menées par les autorités de régulation dotées de pouvoir d'enquête, la décision incombe à l'autorité seule, mais dans certains cas les plus graves, ou lorsqu'il est prévu par la loi, le *Director of Public Prosecutions* ou *Attorney-General* doit être consulté au préalable. Un *Code for Crown Prosecutors* s'applique à toutes les autorités de poursuite. Il n'existe pas en droit anglais une institution comparable au juge d'instruction en France. L'enquête est menée à charge par la police ou l'autorité compétente, puis une décision de poursuivre sera prise s'il apparaît qu'il existe de preuves suffisantes pour justifier un procès. Si les autorités avaient recueilli des déclarations de témoins au cours de leur enquête, ceux-ci seront convoqués à l'audience où leurs témoignages seront mis à l'épreuve des interrogatoires oraux des avocats. Si l'affaire est jugée devant la M*agistrates Court*, en cas de condamnation, les magistrats peuvent décider de la peine appropriée ou envoyer l'affaire à la *Crown Court* pour la fixation de la peine selon les cas. Par ailleurs les autorités de régulation dotées de pouvoirs de poursuite, peuvent initier elles-mêmes les poursuites ou en référer à la police ou le Crown Prosecution Service. Dans certains cas il peut co-exister des poursuites menées par les autorités de régulation et une poursuite pénale.

SECTION 2 LES GRANDES RÈGLES DE PROCÉDURE PÉNALE

1584 **Contenu.** Les règles de procédure pénale reposent sur diverses sources et obéissent à des principes généraux (§ 1). Outre ces généralités, il convient de se focaliser aussi sur les règles régissant la procédure préliminaire (§ 2), la preuve (§ 3) et le procès (§ 4).

§ 1. SOURCES ET GRANDS PRINCIPES

1585 **Les sources de la procédure pénale.** La procédure pénale est régie par les *Criminal Procedure Rules 2020* et *Criminal Practice Directions 2023 prévues par Criminal Procedure and Investigations Act 1996*. Ce qui suit constitue un résumé très succinct d'un domaine du droit complexe. Un comité permanent (*Criminal Procedure Rule Committee*) est chargé de la mise à jour des règles de procédure. Ce comité est composé de 18 personnes dont *Lord Chief Justice*, *Director of Public Prosecutions*, juges, *barristers* et *solicitors*, un représentant de la police et deux représentants de la société civile.

1586 **Les principes généraux de la procédure pénale.** Comme en matière civile, la procédure pénale est régie par un objectif prépondérant (*overriding objective*) qui est le traitement juste des affaires dans le respect de toutes les parties concernées par la procédure : accusé, témoins, victimes, et jurés. La présomption d'innocence est reconnue et la procédure adversariale est le fondement de la procédure. Les questions de fait et de droit doivent être identifiées dès que possible. Ces principes s'imposent aussi à toutes les parties prenantes.

Les règles de procédure incluent des règles de gestion des affaires (*case management rules*) qui obligent le tribunal à gérer de manière efficace la progression de la procédure. Les audiences sont publiques. Les parties et les témoins (dont les officiers de police) sont tenus d'être présents, faute de quoi, le tribunal peut lancer un mandat d'arrêt et condamner la personne pour outrage.

Si c'est l'accusé qui ne se présente pas à l'audience, le tribunal peut poursuivre l'audience avec le risque que la personne soit condamnée en son absence. L'absence du procureur entraîne la radiation de l'affaire (*dismissal*).

§ 2. LA PROCÉDURE PRÉLIMINAIRE

1587 **La première comparution (*first hearing*).** Selon les cas, la décision de poursuivre est prise par l'autorité de poursuite (*Crown Prosecution Service*, SFO, FCA...) après enquête par l'autorité concernée (*Police*, SFO, FCA...).

Une première convocation est notifiée à l'accusé pour comparaître devant *Magistrates Court* pour une première audience (*first hearing*). L'accusé est notifié des charges (qualification légale des infractions, références législatives) et une indication succincte des faits retenus. Quelle que soit la nature du délit, la première étape est une première comparution de l'accusé devant *Magistrates Court* afin de savoir si l'accusé plaide coupable ou non (*plea before venue hearing*). Il lui sera demandé d'indiquer s'il ou elle a été conseillé(e) et prévenu(e) des conséquences d'un plaider-coupable. Selon la gravité de l'affaire, cette audience préliminaire se déroulera soit devant un *district judge* (affaires plus graves ou complexes), soit devant un banc de plusieurs *magistrates* (*Justices of the Peace*).

1588 **Le plaider coupable (*guilty plea*).** Si l'accusé plaide coupable, le procès est évité ; et le tribunal (*Magistrates Court* ou *Crown Court* selon la compétence) décide immédiatement de la peine après avoir entendu le procureur au sujet des faits (notamment aggravants), les condamnations antérieures. Ensuite, la défense est entendue en ce qui concerne les circonstances atténuantes (*plea in mitigation*). En cas de divergences significatives entre les parties au sujet de faits allégués lors de cette audience, une audience spéciale (*Newton hearing*) sera tenue, éventuellement en présence de témoins interrogés à la barre, afin de clarifier la situation, et de permettre au tribunal de décider de la peine appropriée.

1589 **Le "*not guilty plea*".** En cas de plaider non coupable, l'affaire sera mise au rôle au *Magistrates Court ;* ou envoyé à la *Crown Court* pour jugement devant jury (*allocation procedure*). Si l'affaire relève de *Crown Court*, l'accusé sera notifié formellement des charges retenues contre lui ou elle (*indictment*), qui énonce les chefs d'accusation (*counts*) ainsi que les faits allégués comme étant constitutifs de l'infraction (*particulars*). Les preuves détaillées en possession du procureur sont communiquées à la défense. Devant *Crown Cour*t une première audience (*plea and trial preparation hearing*) aura lieu pour préparer le procès et fixer une date. Le résumé qui suit s'applique en règle générale aux procès devant les *Magistrates Courts* et la *Crown Court*, sauf mention particulière.

§ 3. LA PREUVE

1590 **La communication de preuves.** Préalablement au procès les parties auront communiqué tous les éléments de preuve sur lesquels elles s'appuient. Les déclarations des témoins (y compris les officiers de police, les experts et autres témoins oculaires) prennent la forme de *statements* qui seront communiqués à ce stade afin de permettre aux parties de préparer le procès (notamment les interrogatoires que mèneront les avocats – procureur et défense). Un état d'éventuelles condamnations passées de l'accusé sera également fourni à la défense ; mais, sauf exception, cet état ne sera ni communiqué au jury ni rendus publics pendant le procès. Si, toutefois, l'accusé souhaite témoigner de ses antécédents le procureur pourra décider d'informer la Cour des condamnations antérieures. Dans d'autres cas plus limités, si ces condamnations sont pertinentes aux faits objet du procès le juge pourra autoriser leur communication au cours des audiences.

1591 **La charge de la preuve et niveau de preuve.** La charge de la preuve (*burden of proof*) pèse sur le procureur. Il s'agit d'une obligation légale (*legal burden of* *proof*). Le procureur doit généralement prouver la commission de l'infraction au-delà de tout doute raisonnable (*standard of proof*) en apportant à la Cour les preuves indiscutables des faits allégués (*the evidential burden*), et de l'existence de l'intention coupable (*mens rea*) de l'accusé (sauf dans les cas de *strict liability*). Il existe un nombre limité d'infractions où la preuve de l'absence d'infraction incombe à l'accusé (*reverse burden*), par exemple certaines infractions à la sécurité des salariés. Dans ce cas, le niveau de la preuve (*standard of proof*) qui pèse sur la défense est moins strict. Il s'agit d'une question de probabilités (*balance of probabilities*). Les preuves doivent être pertinentes, admissibles et d'une fiabilité suffisante (*sufficient weight*). S'il apparaît à tout moment que le procureur ne serait pas en mesure d'établir la preuve d'une infraction, la défense peut demander à la Cour de décider sans attendre que le procureur ne soit pas en mesure d'établir la réalité de l'infraction, le juge peut décider d'arrêter l'affaire immédiatement en prononçant "*no case to answer*". C'est la fin du procès. Enfin, à la fin des audiences d'interrogatoire des témoins et les plaidoiries, le juge peut décider que les preuves produites par le procureur sont insuffisantes. Dans ce cas, le juge peut demander au jury d'acquitter l'accusé, ou décider de renvoyer l'affaire devant un autre jury qui n'aura pas entendu les preuves considérées comme insuffisantes.

1592 **L'admissibilité de preuve.** Au cas où une question quant à l'admissibilité d'une preuve est soulevée (par exemple, la confession de l'accusé), celle-ci sera débattue et tranchée par le juge en l'absence du jury par une procédure dite « voire dire ». On parle du "*trial within a trial*". Par exemple, certains faits peuvent faire l'objet du secret professionnel et leur admissibilité peut être contestée éventuellement.

1593 **Les différentes méthodes de preuve. Témoins. Documents. Ordinateurs et autres.** La preuve peut prendre différentes formes, mais l'essentiel est la comparution (obligatoire sous peine de sanctions), et l'interrogatoire des témoins directs des faits allégués constitutifs de l'infraction. Les policiers comme les citoyens doivent se soumettre à l'interrogatoire des avocats de l'accusation et de la défense (*examination and cross-examination*).

La méthode de preuve la plus usuelle est l'interrogatoire à la barre des témoins par les avocats de l'accusation et de la défense. C'est l'avocat de la partie qui appelle un témoin qui procède à un premier interrogatoire (*examination in chief*) suivi du contre-interrogatoire du témoin par l'avocat de la partie adverse (*cross-examination*). Un éventuel réexamen de témoin est possible afin de clarifier des points soulevés lors des interrogatoires. L'interrogatoire des témoins est considéré comme le meilleur moyen de prouver un fait car ouvert au contradictoire du *cross-examination*, épreuve qui, entre les mains d'un *barrister* ou *solicitor advocate*, est redoutable pour faire sortir la vérité ou du moins les faiblesses d'un témoignage.

Les *depositions* qui sont des déclarations faites devant un juge sont en principe admissibles ; mais les déclarations écrites (*witness statements*) ne peuvent être produites qu'avec le consentement de la partie adverse.

Les preuves documentaires telles que documents, archives d'affaires, certificats etc. doivent être produites et prouvées par un témoin qui peut attester de leur authenticité. Les comptes rendus, notes et registres conservés par une société dans le cours normal de son activité peuvent être produits sauf doute quant à son origine.

Les preuves émanant d'un ordinateur sont admissibles sous réserve de fiabilité ; et sauf si elles dépendent d'informations fournies par une personne dont les déclarations doivent être vérifiées par témoignage oral devant la Cour.

Les cartes, plans, photographies, croquis et modèles doivent normalement être prouvés par l'interrogatoire de la personne qui les a pris ou confectionné sauf si la partie adverse accepte leur véracité.

Les enregistrements vidéo ou sonores ne sont admissibles que dans le cadre des exceptions de la règle de *hearsay evidence* car s'il s'agit de prouver la véracité de ce qui a été dit ou vu par une personne ; et il est nécessaire de convoquer et interroger la personne en tant que témoin.

Les objets et informations enregistrées électroniquement (sur ordinateur, sur un système d'enregistrement tel que CCTV ou sur un test d'alcoolémie) sont considérés comme constituant une preuve matérielle (*real evidence*). Ces preuves parlent d'elles-mêmes et sont normalement admissibles.

1594 **L'exclusion de certains témoignages : la règle de *hearsay*.** "*Hearsay*" est défini par la section 114 *Criminal Justice Act 2003* comme étant toute déclaration qui n'a pas été faite par témoignage oral devant la Cour ou le tribunal. Il s'agit de représentations de faits dont l'exactitude dépend d'informations fournies par une personne non présente à l'audience.

Ainsi, un témoin ne peut témoigner de faits dont il ou elle n'a pas été le témoin direct ou ceux qui lui ont été relatés par un tiers. En règle générale, "*hearsay*" n'est pas admissible en tant que preuve de la vérité du fait ou d'une déclaration si la personne n'est pas entendue en tant que témoin.

Il existe un certain nombre d'exceptions à cette règle dont notamment, les déclarations d'une personne qui n'est pas en mesure d'être interrogée en tant que témoin en raison de son décès, d'incapacité, d'absence à l'étranger et qu'il n'est pas raisonnablement possible de la faire venir ; ou la personne ne souhaite pas témoigner en raison de crainte de représailles.

Le juge doit être convaincu de la nécessité de la production de telles preuves. Il ou elle rappellera à l'audience qu'il n'avait pas été possible d'entendre le témoin. Les confessions sont admissibles, mais lorsqu'il s'agit d'une confession faite devant une autorité, il convient de prouver que la personne avait été prévenue de son droit de rester silencieux, et que toute déclaration pourrait être utilisée en tant que preuve.

§ 4. LE PROCÈS (*TRIAL*)

1595 **L'audience (*trial hearing*).** Dans le cas où l'accusé a plaidé non coupable, le procès s'ouvre avec une présentation succincte par le procureur des faits de l'affaire, les références aux textes définissant les infractions et les preuves chronologiques que le procureur entend prouver par les témoins (*opening statement*).

Le dossier convenu entre les parties et le juge doit être disponible. Toute admission de fait doit être indiquée. Ensuite, le procureur appellera ses témoins pour l'interrogatoire, puis contre-interrogatoire par l'avocat de la défense. À la clôture des interrogatoires des témoins appelés par le procureur, il ne sera plus possible pour le procureur, sauf cas exceptionnel, de présenter d'autres témoignages.

La défense pourra ensuite demander le rejet de l'accusation sur la base d'absence de preuves ou de moyens juridiques. En cas de poursuite du procès, c'est au tour de la défense d'appeler ses témoins et les soumettre à l'interrogatoire, d'abord par l'avocat de la défense, puis contre-interrogatoire par le procureur. Il sera possible pour le procureur de présenter des preuves qui viennent contredire les preuves produites par la défense (*evidence in rebuttal*). Le procureur présentera ses remarques finales (*closing speech*), suivi des plaidoiries de la défense. Le juge doit ensuite résumer les questions à décider par le jury et leur donner des indications quant aux principes de droit applicables (*directions*). En matière de délinquance financière complexe une erreur de droit peut être fatale à la validité d'un verdict de coupable prononcé par le jury. Tel fut le cas dans les affaires *Hayes* et *Palombo*, où la *UK Supreme Court* a cassé le verdict dans l'affaire de la manipulation des marchés interbancaires LIBOR et EURIBOR[1].

1596 **La délibération du jury.** Le jury est ensuite invité à se retirer pour délibérer en secret sans le juge. Les 12 jurés doivent rester ensemble et sans contact avec l'extérieur jusqu'à ce qu'ils arrivent à un verdict unanime, ou, après un délai raisonnable, majoritaire de 10. En cas de besoin les jurés sont hébergés dans un hôtel avec des précautions appropriées pour les empêcher d'être en contact avec des tiers. Au cas où le jury décide que l'accusé est coupable, c'est le juge seul qui décide ensuite de la peine (*sentence*) en présence de l'accusé et du jury.

1597 **Les peines.** Certaines infractions graves font l'objet de peines minimales, d'autres font l'objet de *sentencing guidelines* élaborés par un conseil indépendant (*Sentencing Council*) où siègent notamment des juges et procureurs éminents. Dans le cas de *corporate manslaughter* (homicide involontaire commis par une société et ses dirigeants du fait d'un défaut d'un produit causant un décès), ou des infractions graves à la sécurité des produits ou la santé et sécurité des consommateurs ou au travail, il existe des *guidelines* spécifiques. C'est le juge, seul, qui décide de la peine. Il ou elle doit tenir compte notamment de la gravité de l'infraction, le risque de préjudice et les circonstances financières du condamné. Il est prévu que les peines doivent avoir un réel impact économique afin de prévenir toute récurrence de l'infraction. Les amendes peuvent atteindre des sommes importantes (potentiellement au-delà de £20 millions voire plus selon la taille et le chiffre d'affaires de la société). Le juge peut également ordonner la publication du jugement aux frais de la société.

En cas de condamnation à une peine de prison, l'accusé est emmené en détention à la suite de l'audience. Il ou elle peut ensuite faire appel à la Cour d'appel de sa condamnation et/ou de la peine.

1. R v Hayes, R v Palombo 2025 UKSC 29.

INDEX

Les chiffres renvoient aux numéros des ***paragraphes***

A

B

C

H

I

J

K

L

Q

V

W

Z

TABLE DES MATIÈRES

(Les chiffres renvoient aux numéros des pages)

COLLECTION DOMAT

Paul-Henri Antonmattei, *Droit du travail*, 5e éd., 2025

Emmanuel Aubin-Kanezuka, *Droit de la fonction publique*, 2023

Jean-Bernard Auby, Hugues Périnet-Marquet et Rozen Noguellou, *Droit de l'urbanisme et de la construction*, 13e éd., 2025

Mathias Audit, Sylvain Bollée et Pierre Callé, *Droit du commerce international et des investissements étrangers*, 3e éd., 2019

Pierre Avril, Jean Gicquel et Jean-Éric Gicquel, *Droit parlementaire*, 7e éd., 2023

Francis Balle et Alexandre Joux, *Médias et sociétés*, 19e éd., 2024

Jean Bart, *Histoire du droit privé, De la chute de l'Empire romain au XIXe siècle*, 2e éd., 2009

Bernard Beignier et Sonia Ben Hadj Yahia, *Droit des assurances*, 5e éd., 2024

Florence Bellivier, *Droit des personnes*, 2e éd., 2023

Alain Bénabent, *Droit des obligations*, 21e éd., 2025

Alain Bénabent, *Droit des contrats spéciaux civils et commerciaux*, 15e éd., 2024

Alain Bénabent et Rebecca Legendre, *Droit de la famille*, 7e éd., 2024

Claude Blumann, Louis Dubouis et Nathalie Rubio, *Droit matériel de l'Union européenne*, 9e éd., 2024

Thierry Bonneau, *Droit bancaire*, 16e éd., 2025

Thierry Bonneau, Pauline Pailler, Anne-Claire Rouaud, Adrien Tehrani et Régis Vabres, *Droit financier*, 5e éd., 2025

Michel Borgetto et Robert Lafore, *Droit de l'aide et de l'action sociales*, 12e éd., 2024

Jean Boulouis, *Droit institutionnel de l'Union européenne*, 6e éd., 1997

Philippe Braud et François Burdeau, *Histoire des idées politiques depuis la Révolution*, 2e éd., 1992

François Burdeau, *Histoire de l'administration française, XVIIIe-XXe siècles*, 2e éd., 1994

Frédéric Buy, *Droit des contrats d'affaires*, 2023

Rémy Cabrillac, *Droit des régimes matrimoniaux*, 14e éd., 2025

Jérôme Caby, Alain Couret et Gérard Hirigoyen, *Initiation à la gestion, Connaissance de l'entreprise à partir de ses principaux documents obligatoires*, 3e éd., 1991

Nicolas Cayrol, *Droit de l'exécution*, 3e éd., 2019

René Chapus, *Droit administratif général*, t. 1 (15e éd., 2001) *Service public, Police, Responsabilité, Actes, Organisation et justice administratives, Séparation des autorités administratives et judiciaires, Conflits d'attribution* ; t. 2 (15e éd., 2001) *Fonction publique, Domaine public, Travaux publics, Expropriation*

René Chapus, *Droit du contentieux administratif*, 13e éd., 2017

Martin Collet, *Finances publiques*, 10e éd., 2025

Jean Combacau et Serge Sur, *Droit international public*, 13e éd., 2019

Gérard Cornu, *Droit civil, Introduction au droit*, 13e éd., 2007

Gérard Cornu, *Droit civil, Les biens*, 13e éd., 2007

Gérard Cornu, *Droit civil, Les personnes*, 13e éd., 2007

Gérard Cornu, *Droit civil, La famille*, 9e éd., 2006

Gérard Cornu, *Linguistique juridique*, 3e éd., 2005

Françoise Dekeuwer-Défossez, Édith Blary-Clément et Caroline Le Goffic, *Droit commercial, Actes de commerce, Fonds de commerce, Commerçants, Concurrence*, 13e éd., 2023

Jean Devèze et Philippe Pétel, *Droit commercial, Instruments de paiement et de crédit*, 1992

Nicolas Dissaux, *Droit rural*, 2e éd., 2024

Nicolas Dissaux et Romain Loir, *Droit de la distribution*, 2e éd., 2024

Thibault Douville, *Droit des données à caractère personnel*, 2023

William Dross, *Droit des biens*, 7e éd., 2025

Michel Fromont et Jonas Knetsch, *Droit privé allemand*, 2e éd., 2017

Jean Gaudemet, *Sociologie historique, Les maîtres du pouvoir*, 1994

Jean Gaudemet et Emmanuelle Chevreau, *Les institutions de l'Antiquité*, 8e éd., 2014

Jean Gaudemet et Emmanuelle Chevreau, *Droit privé romain*, 3e éd., 2009

Paul-Marie Gaudemet et Joël Molinier, *Finances publiques*, t. 1 (7e éd., 1996) *Politique financière ; Budget et Trésor*, t. 2 (6e éd., 1997)

Jean Gicquel et Jean-Éric Gicquel, *Droit constitutionnel et institutions politiques*, 39e éd., 2025

Gilles J. Guglielmi, Geneviève Koubi et Martine Long et la collab. de Gilles Dumont, *Droit du service public*, 4e éd., 2016

Daniel Gutmann, *Droit fiscal des affaires*, 16e éd., 2025

Jacques Héron, Thierry Le Bars et Karim Salhi, *Droit judiciaire privé*, 7e éd., 2019

Emmanuel Jeuland, *Droit processuel général*, 5e éd., 2022

Christian Jubault, *Droit civil, Les successions, Les libéralités*, 2e éd., 2010

Jérôme Julien, *Droit de la consommation*, 5e éd., 2025

Yves-Marie Laithier, *Droit comparé*, 2024

Thierry Lambert, *Procédures fiscales*, 6e éd., 2024

Marie Lamoureux, *Droit de l'énergie*, 3e éd., 2025

Paul Le Cannu et Bruno Dondero, *Droit des sociétés*, 11e éd., 2025

Cécile Le Gallou et Simon Wesley, *Droit anglais des affaires*, 2e éd., 2025

Suzanne Lequette, *Droit du numérique*, 2024

Pierre Mayer, Vincent Heuzé et Benjamin Remy, *Droit international privé*, 12e éd., 2019

Michel Menjucq, *Droit international et européen des sociétés*, 7e éd., 2024

Yves Mény et Yves Surel, *Politique comparée, Les démocraties (Allemagne, États-Unis, France, Grande-Bretagne, Italie)*, 8e éd., 2009

Marcel Morabito, *Histoire constitutionnelle de la France de 1789 à nos jours*, 18e éd., 2025

Sébastien Neuville, *Philosophie du droit*, 2e éd., 2021

Sophie Nicinski, *Droit public des affaires*, 10e éd., 2025

Roger Perrot, Bernard Beignier et Yves Strickler, *Institutions juridictionnelles*, 20e éd., 2024

Jacques Petit et Pierre-Laurent Frier, *Droit administratif*, 19e éd., 2025

Nicolas Petit, *Droit européen de la concurrence*, 4e éd., 2024

Frédéric Pollaud-Dulian, *Droit de la propriété industrielle*, 1999

Romain Rambaud, *Droit des élections et des référendums politiques*, 2019

Jacques Robert et Jean Duffar, *Droits de l'homme et libertés fondamentales*, 8e éd., 2009

Raphaël Romi, Gaëlle Audrain-Demey, Blanche Lormeteau et Marie Baudel, *Droit de l'environnement et du développement durable*, 12e éd., 2024

Dominique Rousseau, Pierre-Yves Gahdoun et Julien Bonnet, *Droit du contentieux constitutionnel*, 13e éd., 2023

Corinne Saint-Alary-Houin, Marie-Hélène Monsériè-Bon et Caroline Houin-Bressand, *Droit des entreprises en difficulté*, 14e éd., 2024

François Saint-Bonnet et Yves Sassier, *Histoire des institutions avant 1789*, 7e éd., 2022

Carlos Santulli, *Droit du contentieux international*, 2e éd., 2015

Roger-Gérard Schwartzenberg, *Sociologie politique*, 5e éd., 1998

Christophe Seraglini et Jérôme Ortscheidt, *Droit de l'arbitrage interne et international*, 2e éd., 2019

Serge Sur, *Relations internationales*, 7e éd., 2021

Romuald Szramkiewicz et Olivier Descamps, *Histoire du droit des affaires*, 4e éd., 2024

Philippe Théry et Charles Gijsbers, *Droit des sûretés*, 2e éd., 2024

Jacques Ziller, *Administrations comparées, Les systèmes politico-administratifs de l'Europe des Douze,* 1993

PEFC
10-31-1316
Certifié PEFC
Ce produit est issu de forêts gérées durablement et de sources contrôlées
www.pefc-france.org

IMPRIM'VERT®

Imprimé en France sur des papiers provenant exclusivement de l'Union européenne et issus de forêts gérées durablement par Dupliprint, 733 rue Saint-Léonard, 53100 Mayenne

Ce livre est imprimé sur un site sous management environnemental certifié **AFAQ ISO 14001**

Achevé d'imprimer en octobre 2025
Numéro d'impression : 3001080V
Dépôt légal : octobre 2025